中国证券业协会 ◎ 编

创新与发展

中国证券业2019年论文集

中国财经出版传媒集团
中国财政经济出版社

图书在版编目（CIP）数据

创新与发展：中国证券业2019年论文集／中国证券业协会编．－－北京：中国财政经济出版社，2020.8
　　ISBN 978－7－5095－9850－4

　　Ⅰ.①创… Ⅱ.①中… Ⅲ.①证券业－中国－文集 Ⅳ.①F832.51－53

中国版本图书馆CIP数据核字（2020）第099777号

编辑人员：姜婧一　刘相君　　　　责任校对：徐艳丽
　　　　　　李亦博　李劭琛
责任编辑：翁晓红　　　　　　　　封面设计：孙俪铭

中国财政经济出版社 出版

URL：http：//www.cfeph.cn
E－mail：cfeph@cfeph.cn
（版权所有　翻印必究）

社址：北京市海淀区阜成路甲28号　邮政编码：100142
营销中心电话：010－88191537
北京时捷印刷有限公司印刷　各地新华书店经销
787×1092毫米　16开　73.75印张　1 819 000字
2020年8月第1版　2020年8月北京第1次印刷
定价：200.00元
ISBN 978－7－5095－9850－4
（图书出现印装问题，本社负责调换）
本社质量投诉电话：010－88190744
打击盗版举报热线：010－88191661　　QQ：2242791300

《创新与发展：中国证券业 2019 年论文集》编委会名单

顾　　　问：陈共炎

主　　　编：安青松

委　　　员：（按照姓氏笔画排序）

万华伟	王　松	王常青	王琳晶
毕玉国	刘肃毅	闫　峻	孙树明
李　康	李格平	杨　龙	何　如
何之江	张向阳	张佑君	陈　亮
岳克胜	周　易	贺　青	陶永泽
黄金琳	黄朝晖	阎卫星	储晓明
霍　达	瞿秋平		

执行主编：葛伟平　彭镇华　王燕红　孟宥慈
　　　　　张冀华　李亚琳

执行副主编：曹永强

前　言

2020年是全面建成小康社会和"十三五"规划的收官之年，也是资本市场建立三十周年。新时代赋予了中国资本市场新的使命和定位，全面深化资本市场改革为证券行业发展注入了新的活力。设立科创板并试点注册制重大改革成功落地，新修订的《证券法》获得顺利通过，提高上市公司质量行动计划全面展开，"合规、诚信、专业、稳健"的行业文化加快形成，证券行业迎来了创新发展的战略机遇期。在全面推进资本市场改革和证券业高质量创新发展的关键时刻，我们更加需要充分发挥证券行业智库的智慧和力量，深化对国际国内金融形势的研究，深刻理解资本市场的初心、本质和规律，从而为实体经济发展提供更高质量、更有效率的金融服务。

近年来，中国证券业协会认真履行《证券法》赋予的"组织会员就证券业的发展、运作及有关内容进行研究"的重要职责，积极组织证券业研究工作，借鉴国际先进发展经验，检视我国资本市场的问题和不足，传导资本市场改革、发展、稳定的声音，形成了大量具有指导性、借鉴性、针对性的研究成果。这些研究成果多数为一线证券从业人员对当前行业重要热点问题的所思、所感、所悟，为建设一个规范、透明、开放、有活力、有韧性的资本市场发挥了积极作用。

为集中展示证券行业年度研究成果，充分发挥证券行业"研究智库"功能，进一步促进行业研究力量为资本市场发展献言献策，我们精选2019年证券业协会内刊《中国证券》《传导》158篇文章结集出版，包括证券公司董事长谈证券业高质量发展32篇、庆祝新中国成立70周年专题15篇、证券行业文化建设26篇、推进资本市场基础制度建设30篇、证券经营机构高质量创新发展55篇，供学习交流。在此，感谢每一位作者的辛勤贡献！

由于编写时间紧迫,《创新与发展:中国证券业 2019 年论文集》的编撰工作难免有疏漏、错误之处,敬请业内同仁、广大读者提出宝贵意见和建议。

中国证券业协会
2020 年 6 月

目 录

证券公司董事长谈证券业高质量发展

推动证券公司高质量发展，增强服务实体经济能力 …………………… 张佑君（3）
把握机遇、回归本源、守住底线，更好服务实体经济 …………………… 周 杰（7）
促进改善内外部发展环境，推动证券行业高质量发展 …………………… 杨德红（13）
以优秀文化为引领，推动投资银行高质量发展 …………………………… 王常青（20）
充分发挥金融科技价值，打造证券业高质量发展核心动力 ……………… 何 如（27）
提升全业务链投行服务能力，推动证券公司全面转型发展 ……………… 潘鑫军（32）
提升集团一体化经营管理能力，推动证券行业高质量发展 ……………… 杨华辉（38）
提升证券公司全面风险管理水平，推动证券行业高质量发展 …………… 李 玮（46）
证券公司高质量发展的几点思考 ……………………………………………… 黄炎勋（54）
打铁还需自身硬
　——证券公司高质量发展之路的认识与思考 ……………………………… 蔡 咏（59）
优化行业生态环境及制度设计　推动证券业更高质量发展 ……………… 吴承根（64）
锐意改革　优化生态　推动证券行业高质量发展 ………………………… 章宏韬（72）
坚持改革创新，推动证券行业高质量发展 …………………………………… 李福春（78）
促进证券行业高质量发展，形成创新驱动发展新格局 …………………… 范 力（84）
建设强大的资本市场，打造高质量发展的创新资本形成的新引擎 ……… 余 磊（90）
打造核心竞争力，切实提升服务实体经济能力 ……………………………… 菅明军（94）
积极拓宽市场融资渠道，推进实体经济发展 ………………………………… 冉 云（101）
回归本源，专业专注，助力实体经济高质量发展 …………………………… 张宝荣（108）
践行初心使命，推动资本市场高质量发展 …………………………………… 翟建强（114）
加强投资银行功能建设　全面提升核心业务能力 ………………………… 廖庆轩（120）
加强投资银行功能建设，全面提升核心业务能力 …………………………… 冯鹤年（123）
推动经纪业务转型升级，塑造财富管理专业能力 …………………………… 何之江（129）
以客户为中心搭建财富管理平台 ……………………………………………… 施 华（134）
财富管理，守正方能致远 ………………………………………………………… 陆建强（140）
财富管理前景广阔，风物长宜放眼量 ………………………………………… 徐朝晖（144）
塑造特色优势　实现差异化发展 ……………………………………………… 魏庆华（153）
回归本源　聚焦主业　探索新时代证券公司差异化高质量发展路径 …… 侯 巍（158）
紧抓历史机遇，抢占中小券商高质量发展高地 ……………………………… 曹 宏（164）
以金融科技为引领，推动中小券商创新与突围 ……………………………… 俞 洋（170）

科技赋能，创新未来
　　——金融科技助力证券业务转型与重构 ·················· 徐　燕（177）
建设发展区域资本市场、服务地方经济的思考 ················ 陶永泽（184）
资本市场是全面深化改革的"排头兵" ···················· 刘学民（189）

庆祝新中国成立 70 周年专题

中国经济金融 70 年 ····························· 朱云来（197）
我国资本市场并购重组制度建设的实践经验 ················· 安青松（207）
推动融资融券和转融通业务发展　完善资本市场基础交易制度 ········· 隆武华（212）
深化认识　凝聚智慧　更好地服务资本市场强国梦 ········ 阎卫星　罗江松（217）
乘风破浪会有时
　　——中国资本市场发展历程与思考 ···················· 蔡　咏（222）
服务实体经济高质量发展　打造国际一流投资银行 ·············· 何　如（229）
深化改革开放，推动我国债券市场高质量发展 ················ 牛冠兴（236）
一家区域券商创业路上的关键三年 ······················ 吴永敏（244）
证券研究是资本市场腾飞的翅膀 ······················· 李　康（249）
改革与开放稳步推进　构建"专业、高效、有活力、有韧性"的资本市场
　　——新中国成立 70 周年资本市场发展回顾与展望 ············· 瞿秋平（255）
汲取历史智慧　汇聚澎湃力量　用实干担当助推资本市场高质量发展 ······ 步国旬（259）
回归服务实体经济本源、发挥专业投行中介功能 ··············· 黄金琳（264）
金融科技助力证券业高质量发展 ······················· 毕玉国（270）
回看资本市场发展历程　展望证券公司财富管理 ··············· 罗黎明（276）
三十春秋栉风沐雨　不忘初心砥砺前行 ···················· 郭　纯（283）

证券行业文化建设

打造科技赋能、创新进取的文化特色与品牌形象
　　——华泰证券对文化建设的思考与实践 ·················· 周　易（291）
在守正创新中推动文化重塑　在行业前行中实现文化进步 ··········· 贺　青（295）
弘扬行业正气　传承企业文化 ························ 张佑君（298）
建设优秀企业文化，推动公司健康发展 ···················· 王常青（300）
海通证券三十而立　强化"软文化"与"硬制度"建设 ············ 瞿秋平（305）
坚持建设先进企业文化，增强公司核心竞争力 ················ 陈　亮（309）
励新图强，敦行致远
　　——招商证券文化建设的探索与实践 ··················· 熊剑涛（311）
固本强基、守正出奇，打造"有信仰、敢担当"的一流国有金融企业
　　——申万宏源对企业文化建设的思考与实践 ··············· 储晓明（315）
全力打造"三正"企业文化品牌　为建设健康良好的行业文化贡献力量 ····· 步国旬（318）

加强和改进证券公司品牌文化建设，发挥文化在证券公司品牌打造中的作用
.... 蔡 咏 刘 涛 黄 卓（321）
浅析金融企业品牌文化建设与发展
——以天风证券为例 .... 郭怡人 余 艳（327）
文化引领 助力"四个一流"战略愿景
——广发证券企业文化建设实践 .... 孙树明（333）
以文化融合为契机 重塑文化建设价值体系 .... 蔡 咏（337）
践行"中泰共识" 推进高质量发展 .... 李 玮（340）
新时代证券行业以党建引领企业文化建设研究
.... 中国证券业协会人力资源管理委员会行业文化建设课题组（343）
引领、嵌入与协同：国有企业党的建设与企业文化建设发展研究
——以西南证券为例 .... 陈 琴 田 恬（350）
家国天下荟人文，春风化雨水流深
——光大证券企业文化建设创新性研究 .... 张海伦（357）
激发活力，焕发青春，再创辉煌
——浅谈如何解决证券机构中年资深员工的职业倦怠问题
.... 游 娜 孔丹扬 刘媛博（365）
打造最具浙商特色的金融机构
——"浙商古道行""浙商股道行"构建浙商证券品牌竞争力 .... 吴承根（373）
新时代企业文化建设中的新媒体应用分析
——以信达证券为例 .... 霍 蜜 徐长卿（378）
关爱基层员工，提升企业凝聚力
——长城国瑞证券关于加强基层员工队伍建设的调研报告
.... 谢定亮 赵 莎 孙 菲 康爱凤（384）
证券公司从业人员道德风险防控调研情况报告
.... 原中国证券业协会人力资源管理委员会专题研究小组（390）
证券从业人员道德风险防范对策研究 .... 吕祥友 胡增永 张 敏 苗国伟（401）
浅析证券公司保荐代表人道德风险的产生和防范机制 .... 秦煜翔 曲 盛（409）
基于问题权变模型的证券从业人员职业道德研究
——以金融产品销售处罚案例为例 .... 赵嵩宇 韩泽欣 吕 英（416）
证券公司及从业人员违法违规行为与合规风险防范研究
.... 东亚前海证券有限责任公司课题组（423）

推进资本市场基础制度建设

设立科创板并试点注册制对提高上市公司质量的影响研究
.... 何诚颖 张立超 戴丹苗（435）
科创板制度创新下融券效用分析与思考 .... 刘 硕 卢 阳 邹家齐 杨彦宇（444）
科创板投资风险与制度防范分析研究 .... 王光清 徐 郦 张海新（451）

上市公司退市基础制度完善研究 ……………………………………… 朱 琳（459）
我国 A 股退市制度的问题及完善路径研究 ………… 刘 丽 孙田田 徐 凤（470）
跨境证券交易与港股通交易服务的优化 ……………………………… 徐亚钊（479）
证券市场国际化倒逼交易机制优化 …………………………………… 沙 石（483）
交易机制优化视角下的系统流动性风险防范策略分析
　　——境外经验及其借鉴 ……………………………………… 李 滨 王 雯（492）
资本市场双向开放的国际比较与借鉴研究 ………… 新时代证券股份有限公司课题组（500）
资本市场对外开放与输入型风险防范研究 ………………………… 李迅雷 徐 驰（510）
场外市场进一步加强服务实体经济能力的研究
　　…………………………………………… 中国证券业协会场外市场委员会专题研究小组（521）
资本市场如何助推产业升级
　　——美国案例及其启示 ………………………………… 海通证券股份有限公司课题组（526）
资本市场支持乡村振兴战略研究
　　——以我国资本市场支持"三农"企业发展为例
　　……………………………………………………… 中泰证券股份有限公司课题组（535）
粤港澳大湾区多层次资本市场协同发展机制研究
　　……………………………………… 但 超 付建辉 胡良发 崔晓雯 秦 睿（548）
基于资本市场视角的国企改革发展研究 ……………… 中原证券股份有限公司课题组（560）
以制度基础和管理创新增强上市公司内生驱动力
　　——关于上市公司高质量发展的研究思考 ………………… 陈 雾 杨欧雯（570）
资本市场主体商誉减值风险研究 ……………………………………… 刘春松（576）
美国主经纪服务实践与监管及其启示 ………………………… 徐亚钊 侯 希（586）
新金融工具准则对证券行业的影响研究
　　………………………………………… 中国证券业协会财务会计委员会专题研究小组（592）
房地产投资信托基金发展路径与税收政策研究
　　……………………………………… 中国证券业协会资产管理业务委员会专题研究小组（598）
交易报告库的国际发展与国内实践 …………………………………… 肖 鹏（607）
美国交易报告与合规系统介绍及对我国场外数据生态建设的启示 ……… 李 琳（614）
交易报告机制探究
　　——欧盟交易报告机制及借鉴 ……………………………………… 孙舒颖（621）
我国私募科技监管的电子签约视角探析 ……………………………… 钟振东（627）
绿色评级助力我国绿色债券市场行稳致远 …………………………… 方怡向（634）
绿色债券信息披露制度研究报告
　　……………… 中国证券业协会绿色证券委员会绿色债券信息披露制度研究课题组（641）
我国债券市场违约风险防范研究 ………………… 李 湛 方鹏飞 王静瑶（647）
资本市场生态改善研究 ………………… 李 康 许 雯 张屹君 孙烨枞（657）
证券集体诉讼制度研究 ………………………………………… 蔡立峻 郭絮吟（671）
强制退市模式下非诉路径投资者保护 ………… 李 筠 高 颖 刘 照 苗家伟（678）

证券经营机构高质量创新发展

回归本源，优化结构，推动证券行业高质量发展
　　——在第二届新时代资本论坛上的发言 ……………………… 安青松（689）
打造多样化生态体系，推动证券行业高质量发展 ……………… 董　晨　杨丰强（694）
证券公司服务金融供给侧结构性改革研究 ……………………………… 张志刚（701）
金融供给侧改革背景下的券商业务转型研究 ……………… 王　剑　戴丹苗　李锦儿（710）
注册制背景下证券公司投行能力与责任体系建设 …………… 沈　娟　王　可　陶圣禹（723）
关于进一步强化证券公司责任与能力的建议
　　………………… 中国证券业协会"进一步强化证券公司责任与能力"课题组（732）
证券公司国际化经营研究 ……… 国元证券股份有限公司　合肥工业大学联合课题组（737）
从金融本质属性角度加强证券行业综合经营能力研究
　　………………… 中国证券业协会"进一步强化证券公司责任与能力"课题组（745）
关于推动证券公司规范数据治理、建设数据生态的研究报告
　　………………………………… 中国证券业协会信息技术委员会专题研究小组（751）
数据治理在证券公司的应用研究 …………………………… 李鲁川　杨　韬　高　健（755）
后大数据时代的金融行业数据管理模式探讨
　　——从数据需求到数据资产与数据价值的演化 …………… 张洁彬　方　伟（763）
金融科技助力证券公司数字化转型研究 …………………………… 王恩会　於勇成（772）
证券公司投资银行业务管理数字化转型初探 ……………… 任宏伟　孙　静　姜欣然（779）
境外市场券商业务结构演变与盈利模式研究
　　………………… 王青怡　方　馨　梁　斌　张款慧　商　康　胡　晓（790）
证券公司强化财富管理能力研究
　　………………… 中国证券业协会"进一步强化证券公司责任与能力"课题组（806）
券商经纪业务转型财富管理的困境与路径分析
　　………………………………… 朱有为　马溯纲　王新槐　何慈恩（811）
中小券商财富管理业务的发展模式探究 …………………… 缴文超　张译从　孔文彬（820）
金融科技推动证券零售业务高质量发展研究
　　………………………………… 中国证券业协会互联网证券委员会专题研究小组（829）
金融科技赋能证券经营机构财富管理转型研究 ……………………… 赵　阳　江雅文（838）
金融科技赋能投资管理
　　——招商证券投资服务体系的金融科技实践
　　………………… 易卫东　郑继翔　赵斗斗　邓　维　瞿　韬（848）
证券公司客户服务体系建设研究 …………………… 武平平　张一纬　杨　策　王　畅（857）
新监管形势下证券资产管理行业的发展趋势研究
　　……………………………………… 国泰君安证券股份有限公司课题组（866）
证券公司资产管理业务国际化的现状、困境与发展建议
　　………………………………… 中国证券业协会资产管理业务委员会专题研究小组（874）

金融科技在证券公司资产管理业务中的应用发展研究
　　……………………… 中国证券业协会资产管理业务委员会专题研究小组（884）
资产证券化基础资产研究 ……… 中国证券业协会资产管理业务委员会专题研究小组（892）
区块链技术在资产证券化的应用及价值研究 ………… 申万宏源证券有限公司课题组（900）
区块链在场外市场的应用研究 ……… 中国证券业协会托管结算委员会专题研究小组（908）
证券公司参与区域性股权市场的现状及对策
　　………………………… 中国证券业协会场外市场委员会专题研究小组（918）
收益凭证业务开展现状及相关政策建议
　　………………………… 中国证券业协会场外市场委员会专题研究小组（931）
监管新规下场外期权业务发展的建议
　　………………………… 中国证券业协会场外市场委员会专题研究小组（938）
证券公司场外业务监测监控研究 …… 中国证券业协会场外市场委员会专题研究小组（946）
证券公司场外衍生品业务监测监控研究
　　………………………… 中国证券业协会场外市场委员会专题研究小组（956）
美国、中国香港证券投资咨询业务发展现状及经验借鉴
　　…… 中国证券业协会证券分析师、投资顾问与首席经济学家委员会专题研究小组（969）
证券公司科创板业务的风险点分析与防范研究
　　………………………… 高　玮　王　西　张丽英　徐大为　赵　岩（987）
当前证券经营机构风险管理面临的主要问题与对策研究
　　………………… 吴承根　王青山　盛建龙　浙商证券股份有限公司战略企划部课题组（994）
完善证券公司合规及风控体系研究 … 李守伟　张　哲　陈宝如　关益众　曾伟强（1002）
深化改革背景下的股票质押风险防范研究 ………… 施怿垠　吕阅通　齐　琳（1006）
证券公司资产托管业务的风险与应对 ……………… 资产托管业务风险与应对课题组（1014）
证券公司买方业务联合风控实施探究 …………………………………… 闫晓华（1027）
国际投行风险管理之道对我国的启示 ………………………… 刘　嫣　阴彦博（1034）
金融科技在美国资本市场的运用实践
　　——美国金融科技发展与监管培训报告摘要
　　………………………… 中国证券业协会"美国金融科技与监管"培训组（1039）
证券行业的金融科技演进及其风险分析 ……… 胡开南　李　滨　王　雯　肖晓超（1049）
证券精准智能化服务平台探索与实践 …………… 肖　钢　李剑戈　陶　昆（1058）
区块链在托管结算业务中的应用研究
　　………………………… 中国证券业协会托管结算委员会专题研究小组（1066）
金融科技在证券公司风险管理领域的应用研究
　　………………………… 中国证券业协会风险管理委员会专题研究小组（1075）
证券公司客户信息安全防护体系构建研究
　　………………………… 恒泰证券股份有限公司　梆梆安全研究院联合课题组（1083）
2018年证券行业人力资源管理研究报告
　　………………………… 原中国证券业协会人力资源管理委员会专题研究小组（1091）
证券行业投资顾问人才发展建设研究 …………… 广发证券股份有限公司课题组（1103）

发挥IOSCO平台功能，加强评级机构合作与交流 …………………… 裴永刚（1112）
新形势下中国信用评级行业的高质量发展 ……………… 戴晓枫　陈文沛（1118）
证券经营机构私募资产管理计划非标资产投资研究
　　…………………… 中国证券业协会资产管理业务委员会专题研究小组（1124）
私募资产管理业务投资者教育体系构建研究
　　…………………… 中国证券业协会资产管理业务委员会专题研究小组（1132）
私募资产管理机构培训体系构建研究
　　…………………… 中国证券业协会资产管理业务委员会专题研究小组（1141）
凝聚行业合力，发挥专业优势，证券业服务脱贫攻坚出实招重实效
　　………………………………………… 中国证券业协会会员管理部（1149）
精准扶贫中金融企业文化建设调研与思考
　　——以长江证券2016—2018年金融扶贫实践为例 ……… 长江证券股份有限公司（1159）

证券公司董事长谈证券业高质量发展

推动证券公司高质量发展，增强服务实体经济能力

张佑君[*]

中国经济改革40年的辉煌成就，源于深化改革、持续开放、自下而上的不断尝试与实践。当下我国正处于经济快速发展之后的关键转折期，中国需要建设高质量的资本市场和证券行业，服务国家战略，助力实体经济转型升级。中国本土投行同样应该抓住当前发展机遇，积极采取行动，推动行业不断前行，共同促进资本市场繁荣，提升资本市场对国民经济的贡献度。下面从注册制、财富管理转型、国际化三个方面进行分析。

一、以注册制为契机，发挥投行定价能力

在中国经济发展新阶段，需要高质量的资本市场助力经济降杠杆、提效率。中国直接融资占比较低，发展速度较慢，2017年美国和日本直接融资与间接融资规模比例分别为1.52和1.14，而中国该比例仅为0.79。过去5年，美国和日本该指标分别提高了0.04和0.25，而中国仅提高0.01。同时，制造业转型升级需要大量的风险资本投入，服务业企业普遍存在平均规模偏小、资产偏轻、抵押物欠缺的问题，无法通过间接融资有效解决。

当前设立科创板并试点注册制改革有助于优化上市公司结构，支持经济发展新动能。20世纪70年代，美国纳斯达克市场曾助力美国转型升级。面对全球能源危机和产业结构调整，美国推出了服务于高科技产业的纳斯达克市场。这个以创业板和柜台市场为主要平台、以风险资本和特定的合格投资者为主体的新型资本市场，促进了硅谷科技产业带的形成与高科技产业的持续快速发展，成功推动经济转型。纳斯达克占全美首次公开发行（IPO）市场规模从1970年的52.0%升至2018年的99.1%。我国设立科创板并试点注册制开创了高质量资本市场建设的新纪元，在发行审核、上市门槛、定价配售、交易制度、退市制度等问题上均

---

[*] 作者简介：张佑君，现任中国中信集团有限公司总经理助理、中信证券股份有限公司董事长、党委副书记，中国证券业协会副会长、中国银行间市场交易商协会副会长、上海证券交易所第四届理事会会员理事、深圳证券交易所第二届会员监事。原载于《中国证券》2019年第2期。

做出了重大制度创新。

证券行业应抓住注册制的改革机遇,实现从通道型投行向综合型投行转变。具体体现在以下三个方面:

首先,投行从发行通道回归定价销售本源。过往 IPO 重审核、轻发行,注册制下的 IPO 是严审核、重发行。过往发行价格由监管指导,投行专业能力无处体现,缺乏差异化的竞争,导致承销业务陷入价格战。2016—2018 年,A 股市场超过 20 亿元的 IPO 项目,加权平均承销费率分别仅有 0.7%、1.3% 和 1.0%,2018 年底上海农商行的发行,承销费率甚至低至 0.05%。在注册制下,发行审核侧重于强化信息披露,不对项目质量发表意见,由市场投资者对公司投资价值作出判断。如何确定发行时机、如何给出买卖双方满意的价格、能否发行成功,都取决于投行的研究能力、定价能力、机构分销能力和资本实力。发行企业更愿意为差异化的能力付费,促进行业回归健康发展道路。

其次,投行业务多元化,提高资源配置效率。现行发行制度扭曲了新股定价。以并购业务为例,由于市场定价扭曲带来壳资源泡沫,导致基于产业需求的并购发展不足,阻碍投行业务多元化发展。注册制推行有望提高发行审核效率,股票上市和退市市场化,发行定价理顺和壳价值消失,企业的融资不再单纯以股份公开上市为目的,更多是基于产业需求、公司发展阶段和资金运用考虑。这将促使券商积极打通业务链,加强非 IPO 业务资源投入,为客户提供资本孵化、股权融资、债券融资、并购重组和结构化融资等一揽子服务,促进投行业务多元化,提高资源的配置效率。

最后,对证券公司全面服务实体经济的综合金融能力提出更高要求。注册制下的新股发行,无须等待利润达标,只要营收达标、拥有核心技术或是商业模式被市场认同,即有机会发行上市。投行项目选择由后端逐步向前端发展,覆盖更广阔、更早期的客群,尤其是具有快速成长潜力、符合国家经济发展方向的科创类公司,形成金字塔式的客户基础。投行从项目狩猎模式转为伴随企业成长的畜牧模式,意味着要对前沿产业有更深入的研究,对企业在不同成长阶段的金融需求有更充分的理解和更丰富的工具储备,为企业提供全生命周期的服务。这对未来证券公司的综合金融服务能力提出了更高要求。

二、以客户为中心,向财富管理转型

经纪业务作为证券公司基础业务,发挥着服务客户需求、促成证券交易、维护交易秩序的核心作用。多层次资本市场的发展和完善、证券市场工具不断复杂化、境内外市场联动不断加强、市场波动加剧,都要求投资者专业性要求和风险承受能力不断提升。在这个背景下,不少投资者直接交易股票的需求在减弱,而机构、高净值个人以及居民可投资资产规模快速增长,对投资理财的需求日益迫切。

经纪业务立足居民投资需求,有助于深化金融产品和服务的供给侧改革,支持建立综合化金融服务平台,为广大投资者提供更加便利、多元的金融服务。在 2000 年前后,美国大型投资银行的传统经纪业务陆续升级为财富管理,在客户交易需求基础上,通过投资顾问等服务满足客户财富管理需求而完成华丽转身。2017 年,摩根士丹利、嘉信理财和瑞银集团(UBS)收入中,财富管理业务占比分别达到 44%、49% 和 55%,财富管理业务已经成为国际投行的核心业务。

从海外经验来看，服务大众客户的嘉信理财以资产管理费和交易佣金等标准化收入为主；服务高净值客户的摩根士丹利、UBS则以个性化的账户管理费为主。而当前国内券商经纪业务仍以佣金收入为核心，提供的服务长期局限于通道性质的股票经纪业务，为客户提供投资顾问、财富管理的服务明显不足，能力也不高。

证券公司应充分发挥在产品设计、产品销售、投资顾问等方面的特色优势，围绕客户需求推动经纪业务转型升级，为客户提供财富管理服务。在机构和高净值个人财富管理市场上，国内券商有几个方面有待加强：建立综合理财服务账户体系、投顾队伍向理财顾问转型、搭建全球产品和服务平台、扩大客户覆盖范围。

与国际成熟的市场环境相比，目前券商在境内开展财富管理业务，会遇到缺乏账户功能、不能代客交易、收费模式单一等障碍。为突破以上障碍，尚需以下四个方面的政策支持：一是进一步丰富券商金融产品代销牌照；二是允许券商投资顾问收费模式多元化；三是财富管理专项试点，允许财富管理业务独立使用定向资产管理业务牌照；四是为券商客户提供独立于保证金账户的财富管理顾问账户，并允许有资质的投资顾问代理客户执行账户交易。

2018年中信证券启动全面财富管理转型，以客户需求为中心，重塑业务流程，构建产品和服务体系，探索商业模式转型，希望在借鉴国际经验的基础上，走出一条有中国特色的券商财富管理发展道路。

三、坚持国际化，积极融入全球竞争与协作

金融对外开放正在加速。最新公布的《外商投资准入特别管理措施（负面清单）》将证券公司、基金公司、期货公司的外资持股比例放宽至51%，并将在2021年取消金融领域所有外资持股比例限制。瑞士银行、野村证券、摩根大通、瑞士信贷拟将其在现有合资公司或新设合资公司的持股比例提升至51%；富达基金、桥水基金、贝莱德、毕盛投资等纷纷在华设立资管公司和发行产品；海外资管巨头纷纷通过其在中国的外商独资企业（WOFE）以私募基金管理人的形式进军中国；合格境外机构投资者（QFII）额度增加至3 000亿美元，MSCI将公布对于A股纳入因子扩大市场咨询的结果等。从发达金融市场开放经验来看，对外开放有助于本国资本市场的机构化、专业化和市场化。

金融市场加速开放，对中国证券行业而言机遇与挑战并存。机遇在于：对外开放有助于履行竞争中性原则。对外资开放的领域，也必然对内资开放。在交易工具和交易品种日益完备、市场竞争日益充分的情况下，有助于发挥本土券商的客户服务优势，丰富业务范围。挑战在于：如果不能聚敛国际一流人才、实行有效的激励机制、提升国际化管理水平，则容易重蹈日本市场由外资主导的覆辙，丧失本土资产定价权。与高盛、摩根士丹利、美银美林等外资顶级投行相比，中资投行在全球视野、人才储备、资本规模、系统平台和创新能力上还存在一定差距。通过人员流动、产品和业务学习，中资投行正在努力补足短板。

为了提升中资投行的国际竞争力，以下四个方面尚需寻求政策支持：一是向券商开放结售汇业务资格；二是试点探索券商跨境专项账户，在一定的框架范围和额度内，允许资金双向跨境流动；三是颁发配套的跨境业务专门监管政策，如监管指标、合规限制清单、信息隔离要求等，使得跨境业务有章可循；四是加强国际监管沟通和协调，帮助中资投行在国际市

场获得更多业务牌照和公平竞争环境。

面对国际竞争，中信证券将继续坚持国际化道路。利用中信里昂海外业务平台，充分发挥"一带一路"区域拥有最多当地机构、销售网络、清算交收设施的中资证券公司优势，为中资企业亚洲跨国并购、当地市场开拓提供优质的服务。2018年在我国香港地区，中信里昂保荐公司数量排名中资券商第一位；在日本，作为联席经办人参与软银电信公司在东京交易所的IPO，实现了中资券商在日本资本市场的突破；此外在欧洲、亚洲、中东均有业务布局，加强"一带一路"沿线国家和地区的业务开拓。中信证券将积极开拓新的国别业务，抓住不同国家不同发展阶段的机遇，为全球企业和机构客户提供企业融资、资本市场、资产管理、另类投资和财富管理服务。

在中国经济转型升级、资本市场加速开放的大背景下，中信证券将聚焦主业，抓住设立科创板并试点注册制改革的机遇，通过专业能力支持实体经济转型升级；积极进行财富管理转型，扩大客户覆盖范围，以客户为中心组织资源，为客户资产保值增值做出应有的贡献；继续坚持国际化，在帮助中国企业"走出去"以及支持"一带一路"倡议的过程中，积极融入全球竞争与协作。中信证券全体员工，将不忘初心，牢记使命，期望通过长期不懈的努力，最终实现公司的发展愿景——成为全球客户最为信赖的国内领先、国际一流的中国投资银行。

把握机遇、回归本源、守住底线，更好服务实体经济

周 杰*

过去 30 余年证券行业高速发展，截至 2018 年末，国内证券公司已扩张至 131 家，总资产达到 6.26 万亿元。然而，回顾证券公司 30 年发展历程，在从零起步、迅猛发展的过程背后，也经历着十年一轮回"发展——风险——规范——再发展"的几度浮沉。如今，在中国经济高质量转型的过程当中，作为直接融资的主战场，资本市场正迎来历史性的发展机遇。作为资本市场核心载体的证券公司，更需要把握机遇、回归本源、守住底线，以更高质量的发展，支持实体经济发展，服务国家战略。

一、把握科创板并试点注册制的战略机遇，证券公司亟待步入更高质量的发展阶段

（一）中国经济转型需要高质量发展的证券公司，科创板并试点注册制提供了战略机遇

1. 中国经济转型需要强大的资本市场提供支撑

在供给侧改革的引领下，中国经济正处于从总量扩张向结构优化转变、产业结构升级转型的新时代。中国经济的高质量发展，需要金融体系进一步深化改革，提高直接融资比重，促进间接融资体系向直接融资体系转型。与间接融资相比，直接融资可以减少信息不对称，提高资本市场效率，降低企业融资成本，服务实体经济尤其是创新创业企业的发展。根据中国人民银行的数据，近年来，我国直接融资占比虽然已有所提升，但仍处在较低水平（2017 年我国直接融资占比为 32%，美国在 80% 以上，日本、德国 70% 左右，印度和印度尼西亚 65% 左右）。因此，作为直接融资的主战场，强大的资本市场是中国经济转型发展的

---

* 作者简介：周杰，硕士研究生，曾先后任职于上海万国证券有限公司、上海上实资产经营有限公司、上海实业医药科技（集团）有限公司、上海实业控股有限公司、上海上实（集团）有限公司和上海医药集团股份有限公司。现任海通证券股份有限公司党委书记、董事长，上海市第十四届、第十五届人大代表，兼任上海证券交易所监事、薪酬委员会主任，上海证券同业公会会长，上海金融业联合会副理事长。原载于《中国证券》2019 年第 3 期。

必然选择。

2. 强大的资本市场需要高质量的证券公司作为核心载体

证券公司是资本市场最重要的金融机构，是资本市场直接融资功能的主要承担者。因此，为了保障资本市场直接融资功能的有效运作，需要努力做强做优做大证券公司，提升证券行业服务实体经济的能力，以更好地发挥市场资源配置优势。

3. 科创板并试点注册制为证券公司高质量发展提供了战略机遇

上海证券交易所设立科创板并试点注册制，是党中央、国务院的重大战略决策，是完善中国多层次资本市场基础设施的重要举措，具有极强的现实意义和深远的历史意义。科创板并试点注册制中长期将重塑证券行业生态，在促使证券公司发挥资本市场的核心功能、深度融入并推动市场化改革进程的同时，要求证券公司打造并持续提升综合的多元金融服务能力（包括专业能力、定价与销售能力、合规风控能力、综合金融服务能力等），促进内部资源整合、组织架构和流程的优化，大力提升协同能力。证券公司作为这项制度变革的核心参与者和受益者，将迎来改革转型、高质量发展的历史性战略机遇。

4. 中国企业"走出去"需要本土证券公司保驾护航

"一带一路"倡议持续推进，将进一步加速中国企业的国际化进程，客观上需要既有本土经验又有国际视野的金融机构提供全方位的金融服务。然而，在目前中国企业"出海"的过程中，中国金融机构的服务主要集中在中资银行海外分支机构的贷款服务，一方面无法完全满足企业海外业务发展的融资规模，另一方面更无法覆盖企业的综合金融服务需求。从近几年的数据来看，中国企业的海外并购仍然主要依靠外资投行，国内证券公司的跨境服务能力明显不足。这就要求证券公司努力实现高质量发展，提升跨境服务能力以及国际竞争力，为"走出去"中资企业提供并购交易及境外发债上市等投资银行特长业务，促成"走出去"企业与境外资本市场的直接对接，更好地为企业的国际化提供全方位的金融服务（见表1）。

表1　　　　　　　　　2018年中国前五大海外并购交易

交易买方	交易标的	交易标的所属国家或地区	交易金额（亿美元）	买方财务顾问
中远海控、上港集团	东方海外国际	中国香港	83.1	瑞银
天齐锂业	智利化工矿业	智利	40.7	摩根士丹利、Sinolink
宁波均胜	高田公司	日本	15.7	Jefferies、KPMG Corp Fin、瑞银
远大医药、鼎晖投资	Sirtex	澳大利亚	13.4	Lazard
南方电网	Transelec	智利	13.0	德意志银行、Lazard

注：联想控股18.2亿美元收购卢森堡国际银行的交易由于未披露买方财务顾问，未在表中体现。

（二）证券公司高质量发展需顺应六大趋势

在国家战略持续推进以及提升直接融资的内在要求的背景下，我国现代化经济体系建设和金融改革将不断深化，市场需求将日益多元，证券行业将拥有广阔的发展空间。证券公司的高质量发展离不开行业发展的大趋势，立足当下看未来，中国证券行业面临以下六个方面的变革。

1. 国内证券公司正从通道型中介转向资本型中介

无论是从国际投行的发展轨迹看，还是从国内综合性大券商正在推进的举措看，通道型中介向资本型中介的转向是大势所趋，也是国内券商走向国际投资银行市场的必由之路。随着牌照的日益放开以及互联网证券等业态的兴起，证券行业当前以通道型中介业务收入为主体的盈利模式将逐渐向基于资本优势、客户基础以及专业服务能力的资本型中介模式转型，证券公司已经进入重资本型业务与轻资本业务深度融合的发展阶段，以更好地满足客户多元化的金融需求，更好地服务实体经济。

2. 国内证券公司要从以业务为中心转向以客户为中心

在证券公司以交易通道为核心、基于牌照及业务资格优势的传统盈利模式将逐步难以为继的同时，与证券公司和资本市场一同成长的客户在专业能力、议价能力持续提升的过程中，也衍生出更为综合化、多元化以及个性化的需求。面对市场环境、竞争格局的变革，客户资源的竞争必将日趋白热化，以客户为中心的服务体系将成为现代投资银行构建差异化竞争优势、取得行业领先地位的核心基石之一。

3. 资本市场的客户结构日益从散户为主到散户逐步机构化

当前，证券公司正面对着日益膨胀、空间巨大的资产管理与财富管理市场。一方面，国内可投资金融资产规模伴随社会经济的高速增长迅速提升；另一方面，作为中国资本市场走向成熟的必然趋势，散户机构化将为资产管理与财富管理市场引入大量的资金以及客户需求；此外，中国资本市场的国际化进程将衍生出大量跨境资产管理与财富管理的全球综合金融服务需求。与此同时，市场竞争也是激烈而充分的，在资产管理与财富管理市场中，证券公司还要面对来自银行、保险、信托、基金公司等金融机构的竞争。若想在硕大的市场中分一杯羹，基于人才的主动管理能力和产品设计能力将成为资产管理的核心竞争力。

4. 国内证券公司的市场纵深战略逐渐从以境内为主转向境内外联动发展

在国家战略和政策的引导下，在资本市场双向开放、资本配置国际化进程加速，客户跨境投融资需求增强等多方因素推动下，市场和客户的国际化发展将推动证券公司国际化进程大大加速。为满足客户全球综合金融服务需求，跨境联动将日益深入。

5. 证券行业的合规与风险管理日趋规范严格

合规与风险管理是证券公司业务持续发展的支柱和基石，近年来，随着各项证券业务资格的放开以及各家证券公司集团化、国际化战略的不断推进，再加上客户各类综合化金融服务需求的不断延伸，券商业务在产品种类、服务模式、地域覆盖等各方面的复杂程度显著提升。同时，境内外监管部门的监管日趋严格，监管部门新出台了一系列规章制度，也对证券公司提出了更高的合规与风险管理要求。

6. 金融科技正加速塑造证券行业的基础和格局

无论是面向客户服务的业务发展和转型，还是合规与风险管理等中后台职能管控效率的提升，都需要打造强大的金融科技平台，实现金融科技从服务业务向推动业务和引领业务转变。可以预见，以移动互联和人工智能为特点的金融科技，正在不断塑造证券行业发展的基础和格局。

二、证券公司高质量发展的核心在于回归本源,提升服务能力,守住防范风险的底线

(一)回归本源,提升服务国家战略和实体经济的能力

证券公司的高质量发展,首先必然要回归投资银行的"本源"。投资银行作为资本市场的核心载体,其设立的初衷就是为实体经济提供基于投资、融资、交易、托管等基础功能的、涵盖客户全生命周期的全产业链服务。

证券公司打造高质量发展,就是要充分发挥其"资本中介"的职能定位,以客户,尤其是企业客户为中心,延伸客户服务的价值链,满足实体经济发展转型的需求,服务国家战略。

(二)提升证券行业国际影响力与话语权,助力强大的资本市场建设

证券公司,尤其是系统重要证券公司的高质量发展,要以提升行业国际影响力、助力资本市场建设为己任。证券公司要进一步加速推进国际化进程,形成本地市场与跨境联动相辅相成的良性循环,满足实体经济日益增长的多品种、跨区域的全球综合金融服务需求,提升国际定价权。

(三)合规经营,守住不发生系统性金融风险的底线

证券公司的高质量发展建立在稳守合规经营底线的基础之上,必须持续提升全面合规风控管理水平。尤其对于系统重要的证券公司来说,还需要有行业层面的担当和责任,要从专业机构角度出发,不断强化防范风险的主体责任,将自身打造为守住不发生系统性金融风险底线的中坚力量。

三、双管齐下,多措并举,推进证券公司高质量发展

在推进高质量发展的过程中,一方面,需要一如既往得到监管机构的推动支持,强化行业的顶层设计;另一方面,也需要证券公司不断深化改革创新,激发自身活力,倡导专业专注,提升能力能级。双管齐下,回归本源、守住底线,提升对国家战略和实体经济的服务能力。

(一)做大做强,助力打造强大的资本市场

1. 做大做强证券公司,完善行业顶层设计,优化行业资源配置

目前,中国资本市场"大市场、小行业"的格局仍亟待改变。一方面,2018年全国证券业资产总额6.26万亿元,仅为银行业的2.3%,相当于一家中型银行的水平,相比较3 693家上市公司、总市值62.3万亿元的证券市场规模,还有海量的潜在企业客户和数亿计的交易类客户,无论是在服务的覆盖面还是服务的深度上都存在较大的差距。另一方面,我国证券行业的集中度也亟待提升,根据中国证券业协会2017年公布的行业经营数据,中国前十大证券公司收入占比仅为49.1%,提升空间明显。同时,与当前在顶层设计下逐渐成

型的多层次资本市场体系相比,证券行业层面的顶层设计仍有待进一步完善。

对于证券行业及证券公司来说,做大是做强的必然基础。建议从国家战略层面更加重视证券行业发展的广度和深度,完善证券行业顶层设计,实行差异化监管,优化行业资源配置,适时放开"一参一控"限制,并支持符合条件的证券公司开展行业并购,尽快做强做大投行主业。同时,允许符合条件的证券公司通过直投或境外子公司等合适途径,适时进入银行、信托、保险等其他金融业态,实现综合化经营,提升综合实力。

2. 证券公司自身要做大做强公司规模,提升资产负债管理能力

一方面,建议进一步放宽证券公司的境内外融资渠道,简化境内融资审批流程,允许证券公司动用自身资产负债表创设产品,提升负债经营功能;将净资本的核算置于集团层面,支持证券公司集团化战略的进一步深入。

另一方面,证券公司也要着力提升资产负债管理能力,完善资产负债管理的配套体系,加大对优质资产的战略配置,优化资产负债的匹配性管理,加强汇率管理和跨境资金的安排及调动。

(二) 抓住科创板并试点注册制的契机,深化改革创新,激发自身活力,延伸客户服务价值链,提升实体经济服务能力

1. 深化改革创新,抓住科创板并试点注册制的战略契机

在科创板并试点注册制的改革当中,证券公司要充分发挥金融中介的功能,深入参与并推动资本市场向市场化、法治化方向发展。证券公司要着重培养以专业能力、定价及销售能力、合规风控能力为核心的综合金融服务能力,充分发挥证券公司的价值发现功能,严把项目风险关,作为总协调人推动督促发行人、其他中介机构、战略配售者、一般投资人等参与各方切实尽责,提高信息披露质量,促进市场健康发展;此外,证券公司应当抓住科创板和注册制改革的历史机遇,不断加强人才队伍建设,培育专业专注精神,深耕新经济领域,打造特色品牌,增强投行业务的核心竞争力。

2. 进一步推进以客户为中心的业务服务体系建设

为适应从以业务为中心转向以客户为中心的发展趋势,以客户、尤其是企业客户、机构客户为中心的服务体系将成为证券公司构建差异化竞争优势、取得行业领先地位的核心基石之一。未来,证券公司要继续积极提升各业务板块以客户为中心的综合服务能力;同时,以金融科技平台为基础打造客户管理体系,推动各业务板块间的协同发展。

3. 进一步丰富业务及产品线,提升客户综合金融服务能力

目前资本市场呈现"重场内、轻场外"的倒金字塔结构,场内市场中主板企业数量多于中小板企业,中小板企业多于创业板企业;相较于场内市场,场外市场目前总体仍处于业务发展初期。这与实体经济中企业构成结构相反,造成资本市场为中小企业提供融资服务能力不足。

建议进一步丰富证券公司的业务及产品线,为综合金融服务能力的提升奠定基础。首先,推动证券公司依托柜台市场拓展各类有助于中小创企业融资的金融产品以及各类衍生品等,为实体经济提供风险管理工具,同时也能更好地满足居民多样化的财富管理需要;其次,进一步丰富衍生品品种,允许证券公司提供外汇类衍生品服务,提升商品衍生品市场的广度和深度,配合实体企业的风险对冲、套期保值和资金流动性管理需求及投资者的跨境资

产配置需求,加强我国在国际大宗商品市场及其衍生品市场上的话语权;最后,探索做实证券公司托管职能,试点客户资金和资产的一级托管模式。

(三)提升证券公司全球综合金融服务能力,服务国家战略

1. 加强跨境联动,推动国际化发展

对于已推进国际化战略的证券公司,要进一步践行"客户跟随"方针,做强、做优、做大海外子公司,并且积极推进跨境联动;通过加强跨境联动,发展境内外本地市场;通过境内外本地市场的发展进一步促进跨境联动。这样形成良性循环,提升证券公司全球综合金融服务能力。

对于已设立海外机构的证券公司,建议设置集团年度专项外汇额度和开设可在集团内自主使用的跨境专项账户,为走出去的中资企业提供境内外投融资服务,积极落实国家"一带一路"倡议。同时,赋予证券公司结售汇资格,拓展在资金账户、外汇服务和跨境结算等方面的基础服务。

2. 着力打造全球化金融机构

建议进一步支持符合条件的证券公司在境外新设、收购、参股各类金融机构,探索开展综合经营,鼓励在境外设立各类子公司、分公司,提升国际化水平。对于初步完成海外布局的证券公司,要进一步优化海外业务布局,扩展经营区域和业务领域。

(四)强化金融科技平台建设,塑造智慧型投资银行

随着金融科技的发展,证券公司无论是业务发展和转型,还是集团管控水平的提升,强大的金融科技平台都必不可少。未来,证券公司要继续推动金融科技从服务业务向推动业务和引领业务的转变,构建明晰的信息化战略规划,树立大数据思维,深度挖掘数据价值,提高证券公司信息系统的可扩展性,为客户提供更加智能化、精准化、专业化和个性化的金融服务;同时,通过金融科技平台建设,提升内部管理水平,解决各项制度流程落地的"最后一公里"。

(五)切实提升合规风控能力,守住防范风险底线

证券公司要切实提升整个集团层面整体的合规风控水平,牢牢守住不发生系统性风险的底线。在合规管理方面,要培育全方面合规的治理内控环境,构建集团化的合规管理体系,实现"合规管理全覆盖",倡导全员合规意识,稳守合规经营的底线;在风险管理方面,要完善集团范围内可测、可控、可计量、可应对的全面风险管理体系,构建集团基于客户的风险信息共享体系。

促进改善内外部发展环境，推动证券行业高质量发展

杨德红[*]

在 2018 年中央经济工作会议上，习近平总书记提出，资本市场在金融运行中具有牵一发而动全身的作用，要通过深化改革，打造一个规范、透明、开放、有活力、有韧性的资本市场。国务院金融稳定发展委员会在专题会议强调，要发挥好资本市场的枢纽功能，在实施稳健中性货币政策、增强微观主体活力和发挥好资本市场功能三者之间，形成三角形支撑框架。作为资本市场最主要的参与主体，证券业的高质量发展建立在完善资本市场枢纽功能的重要前提下，这离不开顶层设计、法律法规、政策制度、监管环境和行业形象等内外部发展环境的全方位支持。

一、证券业高质量发展离不开优质的内外部发展环境

（一）资本市场在国民经济体系和金融体系中的战略定位是决定证券业高质量发展的关键因素

1. 党中央高瞻远瞩，对资本市场作出新论断、进行再定位，为行业持续健康稳健发展开启新篇章

从境外资本市场和国民经济交互关系的历史经验来看，资本市场在国民经济体系和金融体系大格局中的战略定位越高，直接融资体系越发达，经济发展的韧性和抗风险能力就越强，经济转型升级的过程也越顺畅。当前全球主要创新型发达经济体的背后，都离不开功能强大的多层次资本市场体系对实体经济的有力支撑。耳熟能详的例子是美国，其风险投资、各级资本市场与新兴产业联动的一体化机制较为顺畅成熟，长期以来为其产业升级和技术进步提供了资金保障，也是美国经济结构较为顺畅转型的重要推动因素之一。

---

[*] 作者简介：杨德红，工商管理硕士，金融从业 30 年。原国泰君安证券股份有限公司党委书记、董事长，曾在上海国际信托投资有限公司、上海国际集团、上海国际集团资产经营有限公司、上海爱建股份有限公司等企业任职。原载于《中国证券》2019 年第 2 期。

在2018年中央经济工作会议对资本市场作用做出重大新论断之前，我国资本市场在整个金融体系中的战略定位高度较为有限，"大市场小行业"问题突出。一方面，是2018年末沪深两市总市值超过43万亿元，居全球前三位；另一方面，国内证券公司体量与本土资本市场的国际地位极不相称——根据中国证券业协会公布的行业经营数据（未经审计），2018年末，全行业131家证券公司总资产为6.26万亿元，当期实现净利润666.20亿元，仅相当于高盛一家国际大行或本土一家股份制银行的规模。证券行业体量小、力量薄，也反过来影响资本市场服务实体经济效能的发挥，制约了经济、市场、行业的良性互动。

令人振奋的是，党中央高瞻远瞩，对资本市场作出新论断、进行再定位，"资本市场枢纽功能"的提出恰逢其时，必将为行业持续健康稳健发展开启新的篇章。

2. 我国新旧动能转换、构建现代化经济体系急需资本市场发挥更大的枢纽性功能

当前，中国特色社会主义建设进入新时代，经济已由高速增长阶段转向高质量发展阶段，建设现代化经济体系是跨越关口的迫切要求和我国发展的战略目标。我国社会融资结构长期以商业银行间接融资为主导，2018年末我国社会融资结构中，间接融资占比超过80%。一般来说，银行信贷相对偏好重资产的传统制造业。而引领经济增长新动能的创新转型产业领域，如重点产业核心技术升级和消费服务升级等，因其技术创新快、不确定性较高，以及轻资产、需求多元化等特点，并非银行间接融资金融服务之所长，这也是造成我国新兴经济和中小企业融资难、融资贵问题的重要原因之一。相比之下，对风险有较好定价能力和吸收能力的资本市场及证券公司，更有能力同时满足新经济企业融资需求和投资者投资需求，是推动我国经济转向高质量发展的重要支撑。

3. 我国深化宏观去杠杆、有效防范金融风险急需资本市场发挥更大的枢纽性功能

以间接融资为主导的社会融资结构造成了当前我国金融风险过多集中于银行体系的局面，也不利于降低宏观杠杆水平。尽快建立健全多层次资本市场体系、充分发挥资本市场的枢纽性功能、显著提高直接融资比重，是优化企业债务和股本融资结构、保证资金在生产和流通环节实现良性循环的重要举措，也有助于分担和疏导商业银行体系集聚的金融风险，促进金融体系的健康持续发展。

（二）法律法规、监管制度是行业高质量发展的制度基础

从境外成熟资本市场的经验来看，完善的法律法规和监管制度对资本市场和证券业的高质量发展至关重要。借鉴境外经验，结合我国国民经济和金融体系发展实际，要尽快形成融资功能完备、基础制度扎实、市场监管有效、投资者合法权益得到有效保护的多层次资本市场体系，必须加强顶层设计、加强监管协调、提高资本市场战略定位、完善基础制度保障、改善营商环境等，相关方面多管齐下，为行业高质量发展提供更加强有力的支持。

二、资本市场发挥枢纽功能，对改善证券业内外部环境提出了更高的要求

（一）资本市场发挥枢纽功能，对顶层设计的配套制度建设与完善提出了更高要求

"健全金融监管体系，守住不发生系统性金融风险的底线"是党的十九大对当前我国金融工作提出的具体要求和目标。为防范系统性金融风险，我国逐步转型建立了"一委一行两会"的新监管体系，不断加强监管统筹和协调，取得了系列显著的成果。其中，中国证

监会负责统一监督管理全国证券期货市场，维护证券期货市场秩序，保障其合法运行。未来面对金融市场越来越高的复杂性和关联性、面对新时期资本市场和证券业应承担的更大职责，当前的金融监管还面临着不小的挑战。

一是要充分考虑不同监管政策效果叠加可能对资本市场造成的较大影响。资本市场关联度高，受政策预期影响大，不同监管单位出台的政策都可能与宏观政策、资本市场现行机制产生"叠加效应"。

二是要充分考虑不同类型金融机构在开展同类业务时可能面临的监管约束不完全一致的问题。一方面，本土券商在业务和市场准入等方面仍受到较多限制，在参与银行间市场、壮大托管业务规模、拓宽融资渠道等方面也面临诸多障碍，因而能提供综合金融服务的深度和广度有限，规模体量难以出现质的飞跃，迄今未能形成与本土银行、保险等金融机构比肩的系统重要性证券业机构；另一方面，在资本市场双向开放提档加速背景下，外资投行所在国家若不能给予对等的开放条件，也会制约本土券商的国际化发展水平和跨境并购投资进程。

（二）资本市场发挥枢纽功能，对建设更完备的基础功能及制度提出了更高要求

与90万亿元的GDP规模相比，当前我国证券化率（A股总市值/GDP）尚不足50%，大约是美国证券化率的1/3，具有显著的增长空间。资本市场要在构建现代化经济体系的过程中发挥枢纽性功能，急需补齐在投融资等基础性功能和制度方面的不足。

1. 我国资本市场存在投融资不平衡以及一、二级市场不平衡的现象，不利于资本市场长期健康平稳发展

长期以来，我国资本市场存在投融资功能不匹配的现象，投资功能明显弱于融资功能。以2016—2018年为例，我国A股的累计新股IPO及再融资规模逾5万亿元，但同期主要指数均呈现下跌态势。在一级市场持续扩容的同时，投资者未能从二级市场获得匹配的收益回报。一、二级市场若长期处于不平衡状态，将不利于A股市场树立长期信心，也会进一步加剧我国股市"牛短熊长"的局面。

2. 资本市场融资功能的市场化程度、长效性、可预期性有待提升

在成熟市场中，企业的进入和退出都是市场资源配置的选择，是优胜劣汰的结果。为保护中小投资者利益，我国股票发行一直实行较为严格的核准制度，同时对上市企业的再融资行为进行持续监管，但也使得资本市场的融资功能供给不能完全与实体经济直接融资需求快速增长的步伐相匹配，大量合格企业较难及时有效地通过资本市场和投行服务获得更多资源。

在发行定价方面，上市公司的真实价值较难通过发行市盈率指导机制得到较好展现，投资者的价值投资、风险判断的意识和能力也较难得到培育和提高，各方市场参与主体的能力和利益保障机制都有进一步提高的空间。

在发行节奏方面，股票发行节奏是维护市场稳定的重要工具，如新股发行审批周期普遍偏长，市场主体就较难准确安排发行节奏，不利于及时有效地满足上市企业的融资需求。

在退市制度方面，A股的退市率远低于欧美以及我国港台等市场水平。国际主要资本市场的退市率总体来说在2%—10%，其中英、美市场在10%左右，中国香港、台湾地区大约为2%，美国市场每年的退市公司数量基本与IPO数量相当。相比之下，我国每年的退市率尚不及0.5%，处于较低水平。资本市场若无法建立完备的优胜劣汰机制，则不利于其持续

发挥筛选优质企业的功能。一方面会导致部分上市公司竞争活力下降，甚至逐渐偏离主业，热衷于资本运作和市场炒作；另一方面也可能挤占上市资源，不利于真正具备增长潜力的企业获取资源，也不利于A股上市公司的正常交替和整体质量提升。

3. 长期价值投资理念仍有待培育推广

作为新兴资本市场的代表，我国A股的投资者结构仍呈现较为典型的以个人投资者为主、短期投资占比偏高等特点。若不计入产业资本及政府持股，过去10年的A股流通市值中，个人投资者的持股市值占比始终在70%左右，交易量占比超过80%，均远高于成熟市场水平。

专业机构投资者力量尚未实现质的突破。以公募基金行业为例，历经20余年的发展历程，2018年末其持有的股票市值仅为1.6万亿元，占A股总市值比例不足4%。同时，公募基金的股票投资也呈现较明显的短期化特征，过去10年偏股型基金的平均换手率高达400%，远超美国水平（50%左右）。偏向短期化的投资风格，间接导致公募基金行业难以为投资者实现稳健持续的收益回报，也导致其自身规模受市场涨跌影响明显，未能实现有效突破。又如，会计准则在取消"可供出售金融资产科目"后，金融企业中长期股票投资业务当期持仓市值的波动将在更大程度上影响其利润表，也在一定程度上影响了中长期资金持续增加入市的意愿。

资本市场风险管理功能的不完善、不对称，也是中长期增量资金入市面临的重要现实障碍。当前场内风险对冲工具品种相对单一，尤其是个股类的场内风险对冲品种尚未推出，股指类场内衍生品种交易限制仍然较为严格；融券机制功能尚不完备，2018年末两市融券余额规模仅有67亿元，不及融资余额的1%；场外衍生品市场尚处于起步阶段，体量相对偏小。总体来看，专业机构投资者还难以通过有效的风险管理落实投资理念，难以实现稳健持续的收益回报。

投资者保护的有效性仍需进一步提升。我国证券市场高度重视投资者保护工作，但是在上市公司信息披露的对称性及违法处置力度、中小投资者的集体诉讼索赔等方面，还存在改善的空间。相关政策机制的不断健全，将更有利于中小投资者树立长期投资的信心。

（三）资本市场发挥枢纽功能，对证券行业基础性制度与时俱进提出了更高要求

部分基础性制度修订相对滞后，一定程度上难以满足新时代资本市场的发展要求，不利于证券行业做大做强。以客户证券保证金三方存管制度为例，我国三方存管制度出台的背景及立法本意，主要目的是保障客户资金安全。从历史角度看，出台三方存管制度在当时的确具有必要性；从实践效果看，它在一段较长的时间内对稳定证券行业发展也的确发挥了积极作用。但历经十多年的运行，三方存管制度一定程度上造成了证券公司和商业银行在证券公司客户资金托管交收方面的权责不平衡，过度限制了证券公司作为金融企业合法运用客户资产的权利，阻碍了证券公司的快速发展。时至今日，我国证券行业经营管理水平已经发生了质的飞跃，证券公司内控体系不断完善，客户资金已实现集中存管，投保基金实现对证券公司交易结算资金完整性、封闭性的严格监控，改革证券交易结算资金三方存管制度的条件已经成熟，有必要加快《证券法》等相关法律法规和监管条例的修订，给予证券行业更广阔的发展空间。

与国际成熟资本市场的现代投资银行相比，本土券商被赋予的基本功能尚不完备，在部分创新业务领域难以突破，不利于形成一批具有国际竞争力的一流投资银行。例如，面对规

模庞大且与日俱增的社会财富管理需求，本土券商尚不具备理财账户的支付、投资、交易等全部基础功能，难以充分发挥跨一、二级市场的专业优势，提供全产品、全业务、全服务的一站式理财服务，无论是与本土银行还是国际投行相比，均明显处于劣势。再如，现代金融机构的跨境业务和国际化发展不可避免地会涉及外汇业务，但是目前多数本土券商还没有获得外汇业务牌照，制约了跨境业务的多样化发展，少数获得牌照的大型券商，也无法享受与银行同等业务待遇，较难实质性开展规模化业务。

本土券商通过市场化并购重组做大做强仍存在政策性障碍。除了现行"一参一控"政策的限制，2018 年 4 月发布的《证券公司股权管理规定（征求意见稿）》中，要求证券公司控股股东满足"净资产不低于人民币 1 000 亿元"及"最近 3 年主营业务收入累计不低于人民币 1 000 亿元"等要求，符合相关条件的证券公司数量较少，但符合条件的商业银行及外资金融机构较多，这也将在很大程度上限制证券公司间开展并购重组，反而使其面临更激烈的外部竞争。

（四）打造有活力、有韧性的资本市场，推动行业高质量发展对专业化、市场化的监管手段提出了更高要求

行业高质量发展，对监管的专业性和一致性提出了更高要求。监管政策较高的连贯性和衔接性，将减少不必要的资源浪费，有利于券商形成持续的政策预期和业务规划，促进其做大做强。

行业高质量发展，对监管的市场化和灵活性提出了更高要求。加大负面清单、事后备案等多元化监管方式运用，将有利于提升监管效率，支持证券公司在一些关键机遇上把握最佳的时间窗口，也会有效降低业务创新壁垒，提高市场参与主体的微观活力。

行业高质量发展，对自律监管提出了更高要求。充分发挥行业自律监管和投资者社会监督的作用，将更有利于充分发挥行业一线参与主体在监管环节的作用，也有利于其树立自我约束、自我管理的自律理念。

三、促进改善内外部发展环境，推动证券行业高质量发展的意见和建议

（一）完善资本市场顶层制度设计

一是在全面提升资本市场战略地位的基础上，坚持市场化取向，加快完善多层次资本市场基础制度建设，全面系统扎实地促进资本市场更好地发挥枢纽功能，增强资本市场服务实体经济的能级。二是加强统一监管、协调监管，促进市场化资源配置功能的有效发挥。持续推进监管协调，落实统一监管，减少不必要的重复监管，推动证券公司深化市场化体制机制改革，更好地激发活力。三是营造金融体系内更加公平的竞争环境，确保证券公司在业务准入、市场准入方面获得同等对待。

（二）以推出科创板、试点注册制为契机，不断优化完善资本市场基础性制度，为行业发展营造良好的政策环境

作为资本市场的增量改革，推出科创板、试行注册制，从根本上把整个市场运行规则置于市场化的原则下，是中国资本市场的破冰之举，是推动完善资本市场市场化功能的里程碑

式举措。科创板的推出,弥补了现有资本市场的短板,为众多处于不同发展阶段的科创型企业提供了融资平台,有利于代表新经济和新技术的创新型企业的发展,是完善我国资本市场结构的合理安排和重要举措。科创板试点注册制,有利于实现准入市场化、定价市场化、资源配置市场化和监管市场化,是我国资本市场与国际成熟资本市场接轨的重要一步。因此,建议抓住推出科创板、试点注册制的契机,推动优化完善资本市场投融资等基础性功能的建设。

首先,充分借鉴成熟资本市场的经验,高标准建设市场化准入、发行、交易、信息披露、投资者适当性管理、退市与处罚等科创板基础制度,落实以信息披露为中心的注册制审核理念,让市场真正发挥资源配置作用。在此基础上,以科创板推出为契机,逐步将市场化机制推广至已有板块,不断提高市场资源配置在投融资功能中的决定性作用,推动实现资本市场的投融资功能平衡和一、二级市场总体平衡。

其次,多措并举,建设完备的资本市场投资功能。一是大力培育引入长线资本。一方面,建议协调优化关于权益投资的会计准则制度,减少证券公司自有资金、保险公司等重要的中长期专业机构投资者开展股票投资业务的顾虑;引导公募基金、私募基金建立基于长期价值投资理念的绩效考核和激励机制。另一方面,加快丰富场内外衍生品种,完善场内多空交易机制,放松不必要的交易限制,为中长期增量资金提供更完备的风险管理工具和制度。二是加强投资者保护。建立集体诉讼、股东诉讼代表制度,建立并完善体系化的损害赔偿救济制度,有效保护中小股东利益;加大对上市公司信息披露违规、欺诈发行的处罚力度,同时加大对证券欺诈索赔的支持力度,建立成熟的投资者民事索赔制度;按照多元、快速、有效的原则不断完善上市公司信息披露制度。

(三)完善证券行业基础性制度建设,为行业发展营造良好的政策支持

以促进资本市场、证券行业高质量发展为目标导向,推动《证券法》《证券公司监督管理条例》等有关法律法规相关条款的修订工作。

为满足资本市场更高的定位要求,以及客户日益多元化、复杂化、个性化和综合化的金融服务需求,不断丰富和完善证券公司的功能供给。例如,借鉴美国、中国香港等国家和地区的先进经验,探索完善证券公司在财富管理、衍生品、外汇等领域的创新机制,推动行业传统业务转型升级。

支持证券行业开展市场化并购重组。探索放宽对证券公司开展境内外证券同业并购的限制,促进减少行业同质化竞争,提升行业资源配置效率。

(四)加强市场化监管,推动打造一批国际一流投行

守住不发生系统性金融风险的底线,加快落实系统重要性证券业机构的评估和认定工作。在合规经营、切实防范系统性金融风险的底线基础上,支持鼓励证券业创新发展,推动形成一批具有国际竞争力、品牌影响力和系统重要性的现代投资银行。

持续推进证券行业"放管服"改革,加快从重事前审批向事中事后监管转变,优化行业发展环境。进一步明确行业自律的职能与定位,促进市场机制、自律管理充分发挥各自作用;加强自律检查,进一步扩大自律监督检查范围,明确自律处罚效力,增强自律规则对行业的约束力和公信力,构建自律、行政、司法相互协调、相互补充的现代行业治理格局。

（五）建设诚信文化，加强责任担当，提升证券行业社会形象

持续强化证券公司及其从业人员的社会责任和诚信意识。证券公司要营造全员合规风控文化，强化从业人员廉洁执业，净化市场生态环境；强化投资者适当性管理责任，加强投资者教育和保护力度；秉持"金融报国"理念，服务国家战略，强化履行社会责任。

以优秀文化为引领，推动投资银行高质量发展

王常青*

2019年是中华人民共和国成立70周年，也是中国改革开放40年之后资本市场迈入新发展阶段的开局之年。习近平总书记于2018年11月5日宣布，在上海证券交易所设立科创板并试点注册制。2018年中央经济工作会议明确指出，"资本市场在金融运行中具有牵一发而动全身的作用，要通过深化改革，打造一个规范、透明、开放、有活力、有韧性的资本市场"，对资本市场的战略定位提到了一个新的高度，对证券行业提出了新的更高要求。作为资本市场和证券公司中最受关注也最具有代表性的以企业融资、收购兼并、财务顾问为核心的投资银行业务，在中国经历了20多年的快速发展之后，也需要认真总结经验，透彻审视问题，明确今后方向，争取尽快再上新台阶，以更好地适应资本市场新的发展形势，更好地为实体经济发展做出新的更大贡献。

笔者在投资银行领域工作了26年，在此重要时点，愿意结合中信建投证券公司的具体实践，围绕投资银行这个领域，略陈个人一些心得体会，并就当前投资银行发展中存在的突出问题以及下一步努力的方向，提出个人一些不成熟的看法和建议，以就教于同行专家，更希望有助于推动中国投资银行高质量发展。

一、优秀的投行文化是投资银行健康发展的基石

中信建投证券公司成立于2005年，虽然在证券经纪等业务领域积累了不少网点、客户、人才等，但在投资银行业务领域，可以说基础薄、底子差，项目几乎没有，人员也大量流失。面对这一状况，公司当时的所有投行人没有气馁，而是脚踏实地，砥砺前行，从细致服务好每一个客户、认真做好每一个项目、不断汇聚行业优秀人才做起，一步一个脚印，经过

---

* 作者简介：王常青，现任中信建投证券股份有限公司党委书记、董事长，兼任中国证券业协会副会长、北京证券业协会常务副理事长、中国证券业协会投资银行委员会主任委员、上海证券交易所第二届监事会监事、北京市朝阳区政协委员。原载于《中国证券》2019年第3期。

十多年的不懈努力，中信建投证券的投资银行业务终于取得了长足的进步，在行业有了一席之地。根据有关统计数据，中信建投证券主承销家数和金额连续6年位居行业前3名；有些指标，如股权再融资金额、公司债家数与金额等连续多年位居行业第1名，也完成了很多有行业影响力的重大项目。仅以2018年为例，公司完成了宁德时代和深信服的IPO项目、中国重工发行股份购买资产及市场化债转股、京蓝沐禾PPP项目可持续发展资产支持专项计划、中信泰富有限公司熊猫公司债券、龙湖拓展住房租赁专项公司债券等。

中信建投证券公司投资银行业务之所以能够不断进步并接连取得良好成绩，最重要的是信奉、尊崇和践行了符合投资银行业务本源特点的共同的文化，我们把这个共同文化概括和总结为十条准则，也就是《中信建投证券投资银行业务共同准则》，在公司内部被称为"316共同准则"。这个准则形成之后得到了广大投资银行业务人员的认同，通过深入学习和讨论，大家认为，公司投资银行业务接下来要继续前进和取得进步，必须继续践行这十条准则。如果用一句话总结，就是"培养优秀文化是投资银行业务健康发展的重要根基"。具体说来，以下五个方面尤为重要。

第一，始终坚持我们是客户永远的"乙方"，致力于为客户提供高质量的优质服务。投资银行本质上是服务业，客户就是业务之本，也是公司的衣食父母。多年来我们始终把客户开发与服务放在各项工作的首位，对各类客户都会采取有针对性的开发与服务模式。比如对大型国有商业银行、股份制银行、大型央企集团等，我们认为需要调动公司的所有资源才能为之提供综合性的满意服务，为此我们推出了大客户经理制，让公司领导和高职级核心骨干分工负责，为这些客户提供服务，取得了很好的效果，接连争取到很多银行与央企的大型项目，成为提高公司市场地位的重要因素。我们也认为，服务好每一个客户就是我们服务实体经济的最佳途径和手段，为实体经济中最活跃、最有潜力和成长性、最优质的客户提供金融服务，就能更好地促进经济的发展与社会的进步，为此提出"让最好的企业成为我们的客户，让我们的客户成为更好的企业"的理念。这方面的例子不胜枚举，公司在金融地产、TMT行业的优势，在其他新经济领域的优势，都得益于不断开发与服务优质客户。在具体服务过程中，还始终坚持把客户的体验、客户的利益放在最重要的位置。这就是努力树立的客户文化，也是投资银行业务赖以长期发展的基础。

第二，始终坚持市场化的共享机制，汇聚行业最优秀的人才。投资银行是高度依赖高素质人才的行业，没有高素质的专业人才队伍，发展投资银行业务就成了无本之木。汇聚人才、凝聚人才，是投资银行业务管理者要付出很大心血的重要工作。中信建投证券公司投资银行业务的快速发展与人才不断汇聚相伴始终，二者相辅相成。我们多年来的经验是，坚决不搞包干制，也不搞提成制，始终坚持市场化的共享机制，坚持先人后事和五湖四海的用人理念，致力于吸引和培养志同道合、有共同价值观的优秀人才，通过提供合理的激励机制和良好的职业平台，凝聚队伍、激励士气、共创事业。尤其愿意为能力突出的青年才俊提供职业发展的快车道，助力他们成就理想人生。在中信建投证券公司，很多年轻人经过短短几年的努力往往就脱颖而出，成为业务的中坚力量与行业的精英翘楚。

第三，始终坚持把口碑和信誉放在重要位置，致力于成为受人尊敬的投资银行。信誉和口碑是公司最值得珍视的无形资产，也是投资银行业务赖以发展壮大的基石。同时信誉和口碑难积易毁，必须像爱护眼睛一样倍加珍惜。正是由于对信誉与口碑的重视，中信建投证券公司服务的客户的回头率很高。经统计，2006年以来完成的94单IPO项目，截至目前，超过 90% 的客户依然由我们持续服务着，这在整个行业都是极为突出的。还曾经有过连续十多年为客户提供持续服务的案例，也有许多连续 5 次、7 次为客户提供发行债券服务的案例。正是这些客户的信赖和选择，推动了公司投资银行业务市场声誉的不断提高，有力促进了公司投资银行业务的快速发展。

第四，始终坚持守法合规，守住执业质量和风险控制的底线。投资银行业务的严格监管属性决定了执业过程中必须始终牢牢树立依法合规的意识，制定完备的业务管理制度，养成重视执业质量与风险控制的素养。在投资银行业务发展过程中，有不少证券经营机构因为违法违规而受到监管部门的严厉处罚，甚至被停牌，这种处罚的后果极其严重。这种案例和教训在国内外同业中屡见不鲜，因此，中信建投证券公司一直向投资银行业务人员反复强调，要以史为鉴，汲取国内外金融机构兴衰成败的教训，坚决杜绝违法违规行为，同时也要全面加强合规管理、质量管理与风险防范，确保所承做的每个项目经得起监管检查与历史的检验。

第五，始终坚持良好的职业操守，与各利益相关方合作共赢。投资银行在很多人心目中是一个"高大上"的职业，客户对从业人员有着很高的期待和要求，要想在这个行业真正立足并取得事业上的成功，除了具备较高的专业能力之外，还必须具备良好的职业操守。我们深信，正直诚信为立身之本，职业操守为立业之基。良好的职业操守首先要有强烈的团队精神，一名优秀的投资银行家只有把自己融入一个强有力的团队中，并在其中最大程度发挥自己的能力和潜力，才有可能不断取得事业上的成功。因此，我们不会容忍那些毫无组织纪律性、甚至置个人利益于公司和客户利益之上的员工。其次，良好的职业操守还要求我们要始终坚持公平竞争精神，尽管行业竞争十分激烈，但绝不能放低自身要求和自律精神，绝不能诋毁竞争对手。最后，良好的职业操守需要妥善处理业务开展中各利益相关方的关系，我们珍视在业务上友好合作的伙伴，愿意共享资源、相互配合，共同服务好客户。

二、中国投资银行业的历史成绩、面临的问题与挑战

中国证券市场成立近 30 年以来，相关制度和规则持续完善，逐步建立起了交易所、银行间市场及场外市场等互为补充的多层次资本市场体系。投资银行作为证券市场最本源的业务之一，相关制度的建立和完善见证着证券市场发展的每一个阶段。

（一）投资银行业务相关制度体系已较为全面

从股票发行制度来看，1993 年国务院颁布《股票发行与交易管理暂行条例》，标志着我国股票发行审批制的正式确立。1994 年至今，我国股票发行制度先后经历了"额度管理""指标管理""通道制管理"和"保荐制"四个阶段。2019 年 3 月 1 日，科创板注册制试点规则正式落地，即将实施与国际接轨的注册制，这是一个重大的历史性变化。

从债券发行制度来看，历史上不同的债券品种分别由中国人民银行、国家发改委、中国证监会等多个部委监管，不同的监管模式也产生了差异化的业务标准，增加了金融机构之间竞争的不公平，同时也产生了很多监管套利。2018 年底，中国证监会联合中国人民银行、国家发改委共同发布了《关于进一步加强债券市场执法工作有关问题的意见》，中国证监会获得了统一的执法权，债券市场终于将逐步告别长期以来"九龙治水"的局面。

经过多年的发展，尽管目前国内投资银行业务的相关制度相比国外成熟资本市场还有一定差距，特别是股票发行制度的市场化程度有待提高，但整个制度体系相对完备，无论是股权类融资品种还是债券融资品种的种类都已经比较齐全。

（二）投资银行为我国经济发展做出了重要贡献

截至 2019 年 3 月 12 日，我国沪、深两市 A 股上市公司共有 3 606 家，合计市值 52.49 万亿元，上市公司数量排名全球第 4 位，市值排名全球第 2 位，证券化率达到了 58.32%，投资银行为我国证券市场输送了大量优质的上市企业，这些构成了我国证券市场最基础的资产。

中国证券市场成立以来融资规模总体呈现出持续上升的态势。2018 年证券市场实现股权融资共计 1.38 万亿元，其中 IPO 融资 1 378 亿元，上市公司再融资 1.02 万亿元，新三板与区域性股权市场分别实现融资 604 亿元和 1 783 亿元；交易所债券市场发行各类债券 8.82 万亿元。此外，并购重组实现交易金额 2.58 万亿元，同比增长 38%。投资银行业为国家供给侧改革和经济结构的转型升级提供了强有力的支持。

（三）投资银行目前面临的问题与挑战

投资银行业随着中国经济的发展取得了长足的进步，但当前阶段也有一些问题和瓶颈亟待解决。

1. 传统业务同质化竞争加剧

投资银行传统业务的同质化竞争加剧，导致佣金持续走低，通道业务创收难度加大。2016—2018 年，A 股市场非公开发行股票项目的平均保荐承销费率呈现逐年下降的趋势，分别为 0.59%、0.42%、0.39%。2018 年初，市场甚至出现了不少极端案例，如上海农商行 IPO 项目的保荐费仅 5 万元、承销费率仅 5‰；华夏银行非公开发行股票项目的保荐承销费仅 42 万元。债券市场零费率，甚至倒贴承销费的情况更不鲜见。之所以出现恶性价格战，主要原因在于国内投资银行业长期以来单纯依靠牌照和政策开展业务，业务广度和深度与国际投资银行有较大差距，差异化发展不够充分。

2. 外资投行的全面进入可能改变现有竞争格局，商业银行也是潜在的竞争对手

2017 年 11 月，财政部宣布，外国投资者直接或间接投资证券、基金管理、期货公司的投资比例限制从当前的 49% 上调至 51%，上述措施实施 3 年后，投资比例将不受限制。短期内，我国投资银行与以高盛为代表的外资投行在业务发展理念、国际化程度、估值定价、交易撮合、风险控制、内部管理等方面均存在较大差距。外资投行完全进入后，可能会给投资银行业带来服务理念、能力水平等方面全方位的变革和提升，同时也势必会分流部分本土投资银行的现有客户。除了客户方面的争夺外，外资投行必然还将与本土投行在人才资源方面展开激烈争夺。

另外，商业银行也是重要的潜在竞争对手。目前商业银行已经在债券承销、结构化融资、财务顾问等业务领域驾轻就熟，很多商业银行都设立了投资银行部门，广泛开展投资银行业务。一旦监管部门放开商业银行的投行牌照，其资金实力、客户规模、综合服务等方面的优势，将会给现有证券公司的投资银行业务带来巨大挑战。

3. 风险管控水平参差不齐

中国证监会副主席李超在多次讲话中都提到，投资银行行业内存在风控水平参差不齐的情况，很多证券公司的风险管理不到位，风控意识不到位，制度体系不到位。历史的经验告诉我们，迄今为止倒闭和经营失败的证券公司，几乎没有一家是被竞争对手打败的，无一例外是自己在遵纪守法与合规风控等方面出了问题，最终自己打败了自己。

2018年，针对3家证券公司在保荐或并购重组业务执业过程中未能勤勉尽责履行核查义务以及投行业务风控合规不到位的情况，中国证监会对这3家证券公司和8名相关责任人做出了行政处罚决定，累计罚没金额5 300余万元。

2018年，债券市场中信用债违约事件频发，全年共有160只债券发生违约，合计违约规模约为1 205.61亿元，是2017年全年的3.57倍，预计2019年债券违约形势仍较严峻。

4. 投资银行在支持高科技和新经济企业发展方面存在能力不足的情况

我国经济进入新常态，经济增长动力由传统的投资驱动步入高科技、新经济模式驱动的新阶段。近年来国家陆续出台了《中国制造2025》《"十三五"战略新兴产业发展规划》等，正是试图引领我国新一轮的科技和产业变革。

2008—2018年，美股市值前10名公司的格局由"能源+消费"转变为"互联网+科技"。在美国高科技、新经济巨头诞生及发展壮大过程中，美国资本市场和投资银行在其中发挥了巨大的培育和支持作用。而近十年来A股市场除茅台入局外，仍保持"能源+金融"的格局，可见过去十年我国资本市场和投资银行在支持高科技、新经济企业方面未能有太多建树。

三、以优秀文化为引领，推动行业健康发展

当前国家的供给侧结构性改革战略、"一带一路"倡议、创新驱动战略都给投行业务发展提供了历史性的机遇；特别是在当前资本市场推出科创板注册制试点重大举措的背景下，投资银行业的发展无疑将迈入新的阶段。此时，投资银行业更应该树立正确、健康的投资银行理念和文化，抓住历史机遇，共同推动投资银行业高质量发展。

（一）提高执业质量和抗风险能力

由于一定程度上存在的质控、内核等内部控制体系在实际运作当中出现了"走过场""有名无实"等问题，中国证监会于2018年颁布了《证券公司投资银行类业务内部控制指引》。各家证券公司需要按照规定加强投资银行业务"三道防线"建设，各道防线守土有责，切实提升投资银行类业务内部控制水平，有效防范化解风险，促进行业规范发展。合规风控不到位是投资银行业高质量发展的拦路虎，是生或死的问题，这一点需要全体行业成员的共同重视。

（二）明确自身定位和发展方向，形成差异化发展格局

为应对外资投行、商业银行等机构可能给本土证券公司投资银行业务带来的冲击，从投资银行个体来说，需明确自身定位，制定差异化竞争战略，形成自身优势或特色领域。未来，投资银行业可以有"大而全"的业务综合型投资银行；也可以有"小而美"的专注于某些细分领域的精品型投资银行。

对于外资投行全面进入国内市场这一点，我们也无须妄自菲薄，本土投行在政策把握、及时响应客户需求方面具备自身独特的优势。外资投行进入国内市场一段时期内，将会有所侧重，或走精品投行路线，或侧重服务某一类客户群体，或侧重提供某一类服务，或侧重跨境业务。本土投资银行应充分利用好不多的宝贵时间苦练内功，尽快建立及提升自身核心竞争力。

（三）以注册制试点和科创板推出为契机，提升投资银行服务客户的综合能力

科创板的注册制试点和市场化发行机制的推出，无疑将重塑投资银行业的生态，投资银行不能再单单依赖通道业务生存，必须深度发掘客户多样化需求，提高自身估值定价能力、交易撮合能力、资源配置能力乃至投资能力等多方面服务客户的综合能力。只有拥有强大综合能力的投资银行才能在科创板市场的大浪淘沙中生存下去。

（四）重视金融科技在投资银行业务转型中的重要作用

随着数字化、智能化的信息技术在证券领域的应用，单纯依靠人力完成尽职调查以及依靠人脉资源开发客户的模式需要加快转型和不断创新。投资银行需要利用大数据分析提高客户开发、底稿审核效率以及加强风险管理，还可以利用区块链、云计算等技术帮助投行人员开展材料搜集、行业研究、尽职调查。

（五）响应"一带一路"，支持服务实体经济高质量发展

当前"一带一路"建设正处于全面推进的关键节点，投资银行应发挥自身所积累的专业化综合金融服务能力，担当起国家重点企业走出国门的助力者角色。同时，投资银行应主动回归本源，围绕实体经济需求，利用资本市场在债转股、破产重整等产品和技术方面的优势，为化解金融风险做出应有的贡献，发挥资本市场的桥梁作用，助推中国经济转型升级。

（六）投资银行业的发展需要证券市场监管制度的不断改革和进步

投资银行业要往前继续发展，既需要行业自身努力，同时也离不开整个证券市场监管制度的进步和相关规则的进一步市场化。

从监管和规则的层面来说，改革面临的局面错综复杂，难以一蹴而就，需要从千丝万缕中找到痛点，并以此为抓手进行改革。在推进科创板注册制试点的过程中，我们感受到市场对于新股审核及发行制度市场化改革的认同和期待。2019年1月31日科创板相关制度的征求意见稿发布至3月12日，在短短的23个交易日，上证综指就累计上涨18.41%，一扫2018年单边熊市的阴霾。

在当前良好的局面下，我们建议，待科创板成功开板并稳定运行一段时间后，要积极推动主板、中小板及创业板的IPO制度改革，并以此为抓手，循序渐进推动证券市场其余融资品种的市场化改革，完善多层次资本市场体系，最终实现各参与主体归位尽责的应有格局。只有这样才能充分激发市场活力，提高A股市场支持和培育高科技、新经济企业的能力，增强证券市场服务实体经济的能力。

总之，无论从国家经济转型和创新发展的战略需要来看，还是从投资银行业自身演进的历史阶段来看，中国投资银行业在经过多年的历练和积淀之后，即将迈入全新的发展阶段。

整个行业既面临着千载难逢的重大历史机遇,同时也面临着重塑行业发展理念和创新发展的重大挑战与艰巨使命。作为置身其中的所有投资银行从业人员都应当以先进投行文化为引领,以应有的历史责任担当为使命,勤奋敬业、追求卓越,努力推动中国投资银行业的高质量发展,为促进中国经济的结构转型升级和创新发展做出新的更大贡献。

充分发挥金融科技价值，
打造证券业高质量发展核心动力

何 如*

科学技术是第一生产力，是推动社会进步的动力。当前，全球正经历科技与产业高度融合、深度叠加的新变革，伴随着云计算、大数据、人工智能等技术的发展和成熟，证券业也大步迈入"金融科技"新时代。在中央政治局第十三次集体学习中，习近平总书记明确提出，要适应发展更多依靠创新、创造、创意的大趋势，推动金融服务结构和质量来一个转变。要实现这样的转变，关键就在于加快科技创新与金融服务的融合，充分发挥金融科技的价值。可以说，在下一轮发展的大潮中，金融科技不仅将成为各大券商打造竞争优势的重要手段，更将成为推动整个行业高质量发展的核心动力。

一、金融科技的发展趋势

按照国际权威机构金融稳定理事会（FSB）的定义，金融科技是指科学技术带来的金融创新。近年来，大数据、云计算、人工智能、区块链等新技术的出现，推动了金融科技的快速发展和变革，改变了客户使用金融服务的方式，也改变了金融行业的竞争格局。国内外金融机构都认识到发展金融科技的重要意义，纷纷加大投入，开展布局。

国际上，金融与科技融合发展趋势明显。一方面，国际领先投行纷纷加大科技投入，其近年来对数字化转型和金融科技创新的投入已近税前利润的20%[1]；与此同时，还纷纷投资科技创新企业。华尔街六大投行均投资了人工智能投研分析公司Kensho；高盛、花旗等多家投行投资了Digital Asset和Axoni等区块链公司。仅2017年，高盛在金融科技领域就至少

---

* 作者简介：何如，硕士，高级会计师。曾任深圳发展银行副董事长、行长、党委副书记，2005年1月至今任国信证券党委书记、董事长，现兼任中国证券业协会副会长、上海证券交易所理事、深圳市证券业协会会长、深圳市第六届人民代表大会常务委员会委员、鹏华基金董事长。原载于《中国证券》2019年第5期。

[1] 麦肯锡咨询公司：《展望2019中国证券业：把握五大趋势六大主题》，2019年1月10日。

投资了 15 家企业；高盛 CEO 更是自称高盛为一家科技公司，其员工近 1/3 为科技人员。另一方面，大型科技公司（BigTech）利用其拥有的海量数据、客户资源和技术优势进入金融服务领域，苹果公司推出了电子支付、电子信用卡等金融服务；亚马逊公司从 2011 年到 2017 年共为多个国家的 20 000 家小企业发放 30 亿美元贷款。①

国内金融行业中，银行业布局金融科技战略行动较为迅速。招商银行在 2017 年提出建设"金融科技银行"的口号，并成立了专门的金融科技基金。国有大型银行也纷纷联手互联网巨头，布局金融科技应用；其中，工商银行联手京东，布局征信、消费金融、供应链金融等领域；建设银行联手蚂蚁金服，布局信用卡、支付等领域；农业银行联手百度，共建金融大脑；中国银行联合腾讯，统一金融大数据平台。深圳前海微众银行作为国内首家开业的互联网民营银行，完成了第一笔放贷业务。该银行既无营业网点，也无营业柜台，更无须财产担保，而是通过人脸识别技术和大数据信用评级发放贷款。此外，中国平安于 2019 年将"金融+科技"更加清晰地定义为平安的核心主业；微众银行与腾讯云于 2019 年 3 月宣布成立金融科技创新实验室，合作研发面向"开放银行"场景的金融科技应用。

国内证券业对金融科技的重视和投入程度也在不断提升。2017 年共有 12 家券商披露了研发投入总额及占营收的比例，其中国信证券研发投入 5.82 亿元，占营收比重 4.88%，均排名行业前列。② 从 2018 年年报来看，在行业整体收入出现下滑的情况下，大多数券商研发投入却不降反升，其中，华泰、国泰君安等券商信息技术投入超过 10 亿元。③ 与此同时，证券业发展金融科技的政策环境也在不断完善。2018 年 12 月 19 日由中国证监会发布的《证券基金经营机构信息技术管理办法》，就是为引导证券经营机构充分利用现代信息技术手段完善客户服务体系，改进业务运营模式，提升内部管理水平，增强合规风控能力，更好地保护投资者权益和服务实体经济而制定的。这体现了监管对实施金融科技战略的高度重视，为证券经营机构大力发展金融科技创造了有利的外部条件。

二、金融科技在证券业的应用场景

随着金融科技的不断发展与广泛应用，其对证券业的影响主要呈现在以下几方面：一是金融科技的应用能力决定证券经营机构未来的核心竞争能力，包括客户服务能力、财富管理能力、投资管理能力、风险管理能力等；二是有力推动证券经营机构数字化转型，提升资源整合能力和效率，从而实现产品与服务创新，实现业态升级、优化和变革；三是全面提升证券经营机构服务客户个性化、专业化水平，进而有效提升客户体验的满意度和投资者投融资能力；四是大幅提升证券经营机构内部运营管理水平，加快实现智能化运营与数字化运营。在这样的影响下，证券业的商业模式和应用场景将出现革新，证券经纪业务、投行业务、机构业务、投资和资管业务、运营风控等领域都将利用金融科技进行改造升级，智能化、一体化的证券业新生态呼之欲出。

---

① CB Insights 公司发布：《2018 亚马逊金融服务领域调查报告》，中文互联网数据资讯中心网站，2018 年 6 月 26 日，网址：http://www.199it.com/archives/741 367.html，最后访问日期：2019 年 5 月 1 日。
② 上市券商 2017 年年报。
③ 上市券商 2018 年年报。

（一）证券经纪业务

金融科技有利于提升证券经纪业务数字化、智慧化运行服务水平，降低客户获取和客户服务的成本。在客户营销方面，以身份信息、消费数据等多层次数据为基础，基于客户的风险偏好、收益偏好，采用响应预估①及最优补贴模型，可以有针对性地触达不同的需求，降低获客成本，提升资金获取效率。在投顾服务方面，依靠人工智能和大数据分析，为更广泛的客户提供更高效灵活的资产配置服务。目前，智能投顾应用已开始起步，如国信证券推出的"金太阳智投"系列产品，通过智能化为投顾赋能，提供精准化服务和产品，为客户带来了行情、交易和理财的全新体验。在客户服务方面，智能客服有效分担了人工客服的压力，并具有应答速度快、准确率高和合规高效等特点，在应用过程中获得了证券经营机构与客户的认可。在网点建设方面，以"科技＋服务"加速证券业网点转型，发挥生物识别、远程视频柜员机（VTM）等前沿科技作用，逐步实现服务网点标准化、轻型化和虚拟化。

（二）投行业务

金融科技有助于提升投行业务对"潜在机会"的捕捉，通过增强专业数据分析能力和动态督导能力，提升业务专业水平和工作效率。在机会挖掘方面，可利用网络爬虫等技术对海量的工商、监管、投融资、新闻资讯等各方面信息进行整合处理，实现对资本市场产业链相关客户的挖掘，带动投行综合化联动营销。在提升业务办理效率方面，通过基于深度学习和自然语言处理的"文档审核""文档自动生成"以及机器人流程自动化（RPA）等技术，实现业务活动数字化、电子化和自动化，大幅提升投行业务办理效率。在业务督导和服务方面，运用基于行业分析、产业链图谱、上市公司问题发现、智能舆情监控等方面的大数据技术，实现相关企业的全方位风险评估和目标定价，实现投行业务事后监督和管理。

（三）机构业务

随着国内机构投资者的快速发展，机构业务内涵也从传统的"经纪通道"向"一站式主经纪商服务"发展。这需要证券经营机构在"募集、投资、管理"全过程中提供智能化、集约化、高效能的优质服务。在募集销售方面，通过人脸识别、云计算等技术，自动实现投资者的适当性评估和风险动态匹配；运用区块链、加密安全算法，系统化保存签约记录，保障募集过程合规化，提升募集效率。在投资交易方面，随着投资品种的不断丰富，机构投资能力的差异将体现为其对金融信息和数据的获取及处理能力上；证券经营机构可构建金融大数据中心，提升数据接收及处理的深度、广度，提供交易策略的分析和优化建议。在运营管理方面，建立智能化运营平台，整合多经纪商、多终端、多品种的交易数据，结合机器学习、金融工程模型，分析大类资产配置、投资运作情况，辅助投后管理。

（四）投资和资管业务

未来可应用个性化的财富管理、智能投资、自营投研等技术提升投资和资管业务水平。

---

① 指投放广告或产品推荐后，预估客户是否点击或者购买的概率。

在投资标的调研阶段，借助舆情监控、大数据经济指数等，获取更广、更深的信息。在投资标的筛选阶段，利用研报自动化解读、企业经营性数据预测等手段形成差异化投资因子。在投资组合建立阶段，利用人工智能技术可提升决策能力。在组合运行风控阶段，利用结合情景分析的智能配置从宏观和市场情绪角度发掘多资产关联关系，完成智能配置及调仓。

（五）运营风控

在运营管理领域，可结合金融科技整体提升证券经营机构的数字化运营能力。数字化运营支持跨部门的业务能力和客户服务整合，实现以客户为中心以及整体业务价值的最大化；支持跨业务条线的运营统筹，结合机器人流程自动化（RPA）的应用，实现公司级运营管理整体化、高效化和智能化。在合规风控领域，依托金融科技，证券经营机构的全面风险管理将实现质的提高。例如，国信证券正在建设的全面风险管理系统，可实现风险事件提取的自动化、智能化，全面、及时、合理、有效地防控风险。同时，在证券经营机构开展市场风险管理、信用风险管理、反欺诈、反洗钱、征信、客户身份识别、客户关联关系挖掘等工作的过程中，智能化和大数据技术也将发挥核心作用。

总体来说，通过大数据、云计算、人工智能等技术对各项业务的赋能，金融科技应用可渗透到证券经营机构经营管理的各个环节，将在提升运营效率、强化风险识别、挖掘潜在业务机会等方面展现出巨大潜力和勃勃生机。

三、以金融科技打造证券业发展核心动力

金融科技在证券业应用前景广阔，以金融科技驱动证券业发展已是行业共识、大势所趋。但与此同时，投入不足、人才短缺以及金融科技创新过程中出现的新风险也在一定程度上制约了证券业金融科技战略的实施。下一步，我国证券业迫切需要从战略的高度，深刻理解证券科技的创新与进步对金融生态的深远影响，紧紧抓住新一轮信息科技变革的历史机遇，把科技赋能作为行业高质量发展的重要推动力，形成创新驱动行业发展的新局面。

（一）加大投入力度，强化金融科技布局

目前，行业领先的证券经营机构IT系统建设年度投入基本已达到营业收入的6%，但与国外证券机构及国内银行业相比，证券业整体对金融科技的资金投入仍显不足。在金融科技逐渐成为证券行业发展推动力的潮流趋势下，证券经营机构必须进一步加大金融科技投入，完善战略布局，加强与大型科技公司的战略合作，尽快实现数字化转型目标，不断提升证券业金融科技渗透率，增强后续发展动力。

（二）实施"人才战略"，促进科研机构发展

领军人才匮乏一直是阻碍当前金融科技发展的瓶颈之一，"懂业务的不懂技术，懂技术的不懂业务"的现象也造成了复合型人才短缺。证券业应当深入实施人才优先发展战略，完善金融科技人才的培养、引进和使用机制，制定差异化的金融科技人才专项政策，夯实金融科技创新的人才基础。可成立国家级、地方级的金融科技研究院，推动顶尖科研力量和国内领先金融机构的合作，致力于金融科技应用理论研究、金融科技产业应用等关键技术的研

发,实现金融标准化的技术能力输出,引导形成金融科技创新机制。同时,建立金融科技研究中心,加强与证券经营机构等机构的产、学、研互动,重点解决企业在金融科技实践中的问题和难点。

(三) 推动组织变革,完善科技创新体制

发展金融科技需要进行组织推动与变革。《证券基金经营机构信息技术管理办法》发布后,已有多家证券、基金机构明确表达了成立金融科技子公司的意愿。中信证券金融科技子公司"信息与量化服务有限公司"已进入实质运作,招商证券的金融科技子公司"招商金科"正在筹备中。此外,借鉴新加坡星展银行在新加坡地区开展的"星展创投计划"模式的深圳金融科技垂直孵化平台已开始运作,将为证券经营机构利用外部科技团队打造金融科技产品提供有效途径。

(四) 建立激励机制,形成鼓励创新合力

证券经营机构可设立金融科技创新基金,鼓励开展创新项目;并将创新作为加分项纳入绩效考核指标,提升"开展创新"对员工绩效的正面影响。有条件的证券经营机构还可建立"金融科技应用创新实验室",结合自身发展需要,进行"应对业务挑战""优化业务运营"的创新,进而起到对创新的"催化"作用。此外,证券经营机构可充分利用内外部资源,加强与高校、科研院所、技术供应商、金融同业等机构的合作,形成创新生态,通过优势互补,促进业务创新和价值实现。

(五) 落实监管要求,防范金融科技风险

金融科技的应用使得市场活动更为数字化、虚拟化、复杂化,加大了市场监管难度。另外,新技术的应用使得交易速度和交易量呈几何级数增长,加快了风险传播速度和影响力,极易引发市场系统性风险。针对这样的风险隐患,中国证监会多年来持续发布信息技术管理规范及要求,对证券经营机构合规及风险管理的信息技术配备、信息技术的资源投入、信息技术服务机构管理以及数据治理等都提出了更高的要求。证券经营机构需积极对标新规要求,构建适用、管用的风险防控体系和安全保障体系,实现创新与风控的平衡,高效杜绝金融风险的跨界传播与扩散。

金融科技大潮势不可当,其在证券业各个场景的应用,不仅迅速改变着行业的发展现状,更是清晰勾勒出了未来的发展趋势。相信在证券经营机构和相关监管部门的共同努力下,证券业将勇立金融科技发展潮头,以科技创新赋能金融服务,形成新的发展核心动力,推动行业发展质量再上新台阶。

提升全业务链投行服务能力，推动证券公司全面转型发展

潘鑫军[*]

当前，我国正处在深化供给侧结构性改革和推动高质量发展的关键时期，推进新旧动能接续转换，服务经济转型升级，增强微观主体活力，提升产业链水平，都需要资本市场更好地发挥资源配置、资产定价、风险管理等功能。证券公司作为资本市场的核心中介服务商，应当回归本源、突出主业、坚守底线、修炼内功，把握以科创板注册制为代表的资本市场改革发展机遇，围绕全业务链条提升综合投行服务能力，更好地服务实体经济，同时推动证券公司全面转型，实现证券行业的高质量发展。

一、把握时代机遇建设现代投资银行，服务实体经济转型升级

证券公司高质量发展必须以服务实体经济为宗旨，把握实体经济的转型方向，紧跟实体经济的需求变化，在扩大直接融资规模、降低实体企业融资成本、提升资本市场资源配置效率等方面发挥更大作用；在服务实体经济的同时，也将推动证券公司不断完善业务布局体系，提升专业服务能力，加快建设现代投资银行进程。

首先，实体经济转型升级需要资本市场赋能。当前，我国经济发展迈入新常态，新技术、新产业、新业态、新模式"四新经济"层出不穷。从发展规律来看，新经济普遍具有与传统行业不同的创新性和专业性，技术迭代快、投入周期长、发展前景不确定性较大，其间投资、融资、并购等各类金融服务需求可能切换很快并且没有明显的阶段性特征。而我国现阶段以间接融资为主的社会融资结构，尚无法全面满足新经济多元化、多层次的金融服务

---

[*] 作者简介：潘鑫军，工商管理硕士，高级经济师，现任东方证券股份有限公司党委书记、董事长，东方花旗证券有限公司董事长，上海东方证券资产管理有限公司董事长，中国证券业协会第六届理事会理事，上海市证券同业公会监事长，上海证券交易所理事会会员自律管理委员会委员，中国共产党上海市第九次、第十次代表大会代表，上海市第十三届、第十四届、第十五届人民代表大会代表等职务。原载于《中国证券》2019年第7期。

需求，甚至有可能影响实体经济的发展速度。建设多层次资本市场，通过直接融资提高资源配置效率，是当前证券行业发展的重要任务，更为证券公司带来了巨大的发展机遇。证券公司通过全业务链的投行服务，为新经济企业提供全产业链、全生命周期、全方位覆盖的综合金融服务，将有效促进实体经济的转型升级。

其次，全业务链投行服务是建设现代投资银行的核心要义。随着中国经济的转型发展和直接融资的快速增长，客户的金融服务需求更趋多元化、个性化、精细化。证券公司必须回归投资银行本源，以实体经济需求为出发点和落脚点，加快从通道型投行向综合型投行转变，从"以牌照为中心"向"以客户为中心"转变，发展成为具有完整业务链和服务链的综合金融服务商。一方面，需要转换投行的经营理念，从倚赖牌照优势承销发行向价值引导和资源配置回归，着力打造适应资本市场长远发展要求的定价能力、销售能力和产品设计能力等核心竞争力；另一方面，要具备产业思维，从客户需求出发，以投行业务为重要突破口，协同打造以风险投资、股权融资、债券融资、并购重组、资产证券化、资本中介、资产管理等为核心的综合金融服务体系，实现全业务链协同和价值延伸，不断推动业务模式转型，拓宽证券公司的发展空间。

最后，制度变革为投资银行提供了全面转型发展的契机。科创板和注册制试点携变革浪潮而来，成为中国资本市场改革的里程碑，对落实创新驱动和科技强国战略、完善资本市场基础制度、激发市场活力、推动高质量发展意义重大；金融监管部门积极支持资本市场重大改革开放措施在上海落地实施，上海国际金融中心建设加速推进，积极支持上海资本市场各类主体做优做强做大，都为区域发展提供了良好的外部环境。东方证券作为一家总部位于上海的A+H股上市券商，将充分运用政策机遇和区位优势，加快向现代投资银行转型发展的步伐。

二、多措并举，全方位提升全业务链投行服务能力

提升全业务链的投行服务能力，是证券公司把握资本市场改革机遇、建设现代投资银行的必由之路。全业务链投行，不再局限于传统投行承销保荐的业务视角，更加注重各业务条线在客户、业务、牌照、资金、风控等多方面的整合与协同，构建起全面综合、高效协同的业务体系和支持体系，满足客户全方位、全生命周期的投融资需求，加快向综合性的现代投资银行迈进。近年来，东方证券持续探索现代投资银行转型发展，不断提升专业能力和市场竞争力，结合公司的具体实践，我们对证券公司建设全业务链投行提出如下建议：

（一）增强资源协同能力

协同协作能够提升资源配置效率，是构建全业务链投行的基石。我国证券公司长期以来主要依靠牌照开展业务，资源和能力分割在不同的业务条线，难以发挥整体合力；金融服务的广度和深度与国际投资银行有较大差距，难以满足实体经济多元化、多层次的需求。证券公司建设全业务链投行，应当真正建立以客户为中心的业务模式，增强跨业务板块、跨母子公司的客户共享、业务协作和资源整合，设计、提供具有市场竞争力的综合金融解决方案。例如，以资产证券化、并购重组为龙头，综合服务于经济结构战略性调整和产业转型升级；以财务顾问和市值管理业务为龙头，综合服务于国资国企深化改革和混合所有制经济发展；以承销保荐、直接投资、并购基金和新三板业务为龙头，综合服务于中小企业融资需求；以

资产管理、投资咨询、资本中介、PB业务为龙头，综合服务于企业客户和机构客户的财富增长需求。

（二）增强国际化经营管理能力

证券公司的国际化业务布局实现了本土资源的跨境延伸，丰富了全业务链投行的内涵。近年来，在国家政策支持和"一带一路"倡议引导下，大量中国企业"走出去"发展，带来跨境金融服务的巨大需求；沪深港通扩大额度、A股正式"入摩"、外资投行入华落地、QFII/RQFII等制度持续完善，提升了"引进来"的能级和水平。证券公司应抓住全面对外开放带来的资本市场改革机遇，充分发挥专业和客户资源优势，打造境内外资源协同平台，形成本地市场与跨境联动相辅相成的良性循环，满足实体经济多品种、跨区域的全球资源布局和资产配置需求；与此同时，还要建立长效的跨境联动机制与内部协同激励机制，加强对境外业务发展战略、合规风控的统筹管控，提升国际化经营管理能力。

（三）增强合规与风险管理能力

合规与风控是证券公司的生命线，是构建全业务链投行的安全保障。证券公司应守牢合规风控底线，坚持合规管理、风险管理、内部控制之间的有机结合，坚持合规风控与企业文化、党风廉政建设的有机结合，坚持合规风控与绩效管理、薪酬管理、责任追究机制的有机结合，提升管理的全局性和有效性。同时，合规风控要与展业经营同步跟进，为业务创新发展保驾护航。特别是在建设全业务链投行过程中，跨部门、跨业务领域的协同协作越来越多，如何有效实现责任分摊、防火墙设置、风险控制，将会带来一系列挑战。合规风控要积极介入集团协同和创新业务的推进过程，深入分析各业务板块的特色与风险点，有针对性地制定监控阈值、管理规范，提升系统检测与数据的交叉分析能力，成为公司可持续发展的安全保障。

（四）增强金融科技的引领能力

金融科技正在引发证券行业商业模式的颠覆性变革，也将大幅提升全业务链投行的服务效率。证券公司应以金融科技应用为突破口，推进金融产品创新和服务创新，改善客户体验，提升服务效率；依托特色产品资源，以大数据为助力，为客户提供个性化、定制化服务，满足不同客群的资产配置需求，提升产品设计定价能力；借助信息科技工具加强数据管理，提升合规风控的自动化程度；探索符合业务实际的风险管理技术、工具和模型，提升管理的精细化水平。

（五）增强党建和企业文化的保障能力

党建和企业文化提升全业务链投行的"生产力"。证券行业是以人为本的行业，证券公司要建立专业化、高层次的人才队伍体系，一方面，需要尊重人才，建立市场化的激励机制，做到个人业绩与报酬所得相挂钩，公司发展与个人利益一体化，提升员工的工作热情与效率；另一方面，更需要发挥党建和企业文化的力量，做好柔性管理和中长期平衡，将员工个人职业规划与企业发展战略相融合，将物质回报和精神回报相平衡，激发员工的归属感、幸福感和成就感，不断增强企业的凝聚力、战斗力和创造力。

三、以科创板注册制为契机，推动证券公司全面转型发展

设立科创板并试点注册制，是深化资本市场改革开放的基础制度安排，也是资本市场改革的试验田，在发行上市、保荐承销、市场化定价、交易规则、退市机制等方面作出重大改革，将给证券行业的竞争格局、经营理念、盈利模式带来深远影响，同时也在倒逼证券公司提升全业务链投行能力、实现高阶转型发展。我们应当抓住科创板的变革机遇，以投行业务为突破口和发力点，串联起轻、重资产业务，形成一体化、全能型、全业务链现代投行经营模式，乘着资本市场改革的东风，走出全面转型发展的新路径。

（一）回归投资银行本质，提升资产定价能力

科创板的多元化上市标准、市场化发行定价、差异化交易机制以及保荐人跟投等一系列制度，对证券公司的资产定价能力、投资研究能力、保荐承销能力等提出了更高的要求。相比以往"发行通道"的角色，国内投行业务将更注重"承销"职能，市场化的承销能力和定价能力将成为投行的核心竞争力。

首先，投行要回归价值发现本质，重点关注具有核心竞争力的创新企业。注册制下，证券公司能否保荐企业成功上市，主要考验的是挑选优质企业和发现企业价值的能力。投行部门要全面领会科创板的设立宗旨和政策导向，围绕科创板重点聚焦的六大行业，兼顾科技创新和合规规范，审慎挑选成长性好、运营规范、拥有核心技术与市场地位的企业保荐上市，既为科创板输送高质量的上市标的，也为服务创新经济做出贡献。作为东方证券的投行子公司，东方花旗将寻找符合条件的优质公司作为服务科创板的重点工作，重点方向集中在医疗、高端制造、新一代信息技术、新材料等行业，重点区域集中在长三角、珠三角等地区。

其次，整合客户资源，构建强大的承销网络，精心准备做到"发得出"。注册制下，新股发行将转入买方市场。证券公司如何推荐承销的股票、如何选择发行时机、向谁询价定价，都需要承销商有强大的机构投资者资源作支持。投行部门要协同研究所、机构业务部门的客户资源，搭建广泛的机构客户网络，精准对接投资者与拟上市公司，寻求认同企业发展思路的长期战略投资者。东方花旗始终秉承精品投行策略，着力提升承销保荐的质量；同时，积极维系与机构客户关系，搭建强大的销售网络，为每一次的发行承销保驾护航。

最后，提升定价能力，努力实现多方投资者共赢，做到"发得好"。注册制下，合理定价将成为证券成功发行的关键因素。科创板企业盈利能力分化，投行的市场化定价能力对能否成功上市及上市后的股价表现起到了关键作用。证券公司应当综合考虑发行人、一级市场打新、二级市场投资者等多方立场，结合研究、投资等多个部门的观点，审慎合理定价，努力做到多方共赢，形成专业化的投行品牌。投资研究是东方证券的核心优势业务，公司在一、二级市场及买方、卖方投资研究方面都有专业化的布局，通过内部探讨，多方观点交流碰撞，有助于投行做出更加有效的定价决策。

（二）统筹协调业务资源，推进建立一体化的全业务链投行体系

在科创板的规则体系下，投行将成为调动整个证券公司资源的"牛鼻子"，而不再只是企业发行上市融资的通道。如果不能以投行业务为核心提升综合金融服务能力，不能有效协

调各业务部门或板块的资源，那么这样的证券公司在投行业务方面会逐渐被边缘化。在此背景下，证券公司应当坚持客户驱动、投研先行，通过客户共享、集团协同，建立投行、研究、投资、资管、经纪等一体化的综合金融服务体系，构建起全业务链投行的核心竞争力。

一是研究部门发挥研究定价和产业资源优势，与投行进行全项目周期协作。注册制下，券商研究将重塑专业价值和业务模式。无论是科创板潜在项目的挖掘，还是投行项目的配合，券商研究都有潜力发挥出更大的价值。首先，在项目承揽承做期，研究部门协助进行项目价值分析，对公司的基本面、技术前景、报送科创板的合理性提出分析建议，为投行部门筛选项目提供支持。其次，在项目承销期，研究所出具投资价值报告，提供企业基本面分析与估值区间。最后，在发行路演阶段，在合规范围内向投行提供协助。东方证券研究所将服务科创板作为核心任务，抽调骨干分析师成立科创板工作小组，发布科创板公司覆盖制度、估值方法指引、审核规范、报告模板等，并积极参与投行的科创板项目，撰写投资价值分析报告、开展路演推介等，助力科创板企业的顺利发行。

二是做大私募股权投资业务链，深化与投行的联动发展。证券公司的私募股权投资可以为早期的创新企业提供资金和战略资源支持，并通过后续股票上市或股权退出赚取企业成长的投资收益。但在传统的核准制模式下，IPO 资源存在稀缺性，发行节奏受监管影响较大，私募股权投资的回报周期较长，退出效率也不高。科创板及注册制试点，不仅为私募股权投资带来新的退出渠道，提升项目退出效率，而且企业的估值模式、申报流程都更接近海外成熟市场，将会减少一、二级市场估值价差，引导投资机构专注于企业基本面的价值挖掘，促进私募股权迎来价值投资时代。此外，还可以探索私募股权投资为投行导流优质的项目资源，实现投资与投行的联动发展，进一步提升对创新企业的综合金融服务能力。近年来，东证资本作为东方证券的私募基金子公司，践行多元化投资策略，不断拓展股权投资业务链，做大股权投资业务规模，所投行业与科创板的契合度较高，目前已有多个项目申报科创板上市，投研优势持续得到市场化验证。

三是落实跟投安排，并与保荐业务形成有效制衡。科创板设置的跟投制度，进一步强化了保荐、承销等中介机构的鉴证、定价作用，从源头推动证券公司把控科创板企业质量，也实现了保荐、跟投与发行人、投资者的利益捆绑，形成有效的相互制衡机制，提升科创板企业定价的合理性。保荐人跟投制度对证券公司的资本实力提出了更高要求，2019 年以来行业超过 10 家证券公司新设或增资另类投资子公司。东方证券也已向另类投资子公司东证创新增资 20 亿元，增资后注册资本达到 50 亿元，资本实力显著增强；同时，东证创新在部门设置、业务流程、跨墙管理、交易系统及证券账户等方面进行了充分准备，规范科创板战略配售业务流程，确保跟投决策的独立性，与保荐业务之间形成有效的相互制衡。

四是资管板块发挥投研能力优势，架设科创企业成长和客户财富增长相结合的桥梁。科创板针对创新企业的特点，在资产、投资经验、风险承受能力等方面设置了较高的投资者适当性要求。证券公司旗下的券商资管或基金公司，可以多管齐下参与科创板相关业务，成为证券公司全业务链投行服务体系中的重要一环。一方面，科创板市场可比公司较少，传统估值方法可能不适用，发行定价难度较大，券商资管和公募基金可以发挥投研能力优势，作为专业机构投资者参与科创板询价定价，为科创板企业合理定价发挥重要作用；另一方面，券商资管和公募基金可以充分把握居民财富增长的机会，研发设计科创板公募产品，让不符合开户门槛的中小投资者也能分享科创企业发展的红利，或者定向设立资管产品，服务于科创板上市公司的高管、核心员工的战略配售和股权激励计划，陪伴科创企业发展壮大。东证资管作为行业首家券商资管公司，始终坚持价值投资和长期投资理念，积极关注科创板优秀上市公司的潜在投资机会，参与科创板首批上市公司网下投资者初步配售打新；东方证券作为第一大股东参股的汇添富基金已发行汇添富科技创新公募基金，并通过汇添富战略配售基金、存续的可投资A股的基金，充分把握科创板带来的发展机遇。

五是经纪部门加强投资者管理，挖掘区域性资源。科创板设置了严格的参与门槛，保护中小投资者利益，也有助于维护市场交易的稳定性。证券公司经纪部门作为这一规则的实际执行者，更要严把入口关，做好投资者适当性管理工作。一方面，遵循规则，打击"垫资开户""借道打新"等违规操作；另一方面，做好投资者教育，保证交易顺利开展，并鼓励中小投资者通过公募产品参与科创板。另外，分支机构是证券公司整体业务的窗口，尤其是地方性的营业部，可以成为投行的项目来源渠道。考虑到科技创新类企业在北京、长三角、珠三角等地区分布较多，可以有针对性地强化资源对接机制，在合规前提下，鼓励部门间的项目推介，实现多方共赢。

四、结语

"周虽旧邦，其命维新"，我国进入经济转型升级的关键时期，金融机构应主动服务国家战略，为实体经济提供更高质量、更加精准的金融服务。证券公司作为直接融资服务的核心供应商，应当增强各业务领域的资源整合协同，尤其是把握科创板注册制的机遇，加快向综合型投行全面转型，提升服务实体经济的广度和深度，推动行业实现高质量的发展。东方证券作为总部位于上海的大中型证券公司，将把握好上海国际金融中心建设和科创板注册制的双重时代机遇，发扬"团结、进取、务实、高效"的企业精神，充分发挥主观能动性，协调自身资源与业务优势，加快创新转型发展，努力建设成为为客户提供综合金融服务的现代投资银行。

参考文献

[1] 中国证监会. 易会满主席在第十一届陆家嘴论坛上的讲话[EB/OL]. http://www.csrc.gov.cn/pub/newsite/zjhxwfb/xwdd/201906/t20190613_357251.html. 2019-6-13.

[2] 中国证监会. 易会满主席在科创板开板仪式上的致辞[EB/OL]. http://www.csrc.gov.cn/pub/newsite/zjhxwfb/xwdd/201906/t20190613_357249.html. 2019-6-13.

[3] 中国证监会. 证监会有关负责人就设立科创板并试点注册制有关问题答记者问[EB/OL]. http://www.csrc.gov.cn/pub/newsite/zjhxwfb/xwdd/201906/t20190628_358403.html. 2019-6-28.

[4] 安青松. 落实金融供给侧结构性改革任务 推动证券业财富管理高质量发展[EB/OL]. 中证协发布, 2019-6-5.

[5] 沈娟, 刘雪菲, 陶圣禹, 蒋昭鹏. 证券行业新龙头系列四：投行新模式研究, 从科创板改革看投行新模式崛起[R]. 华泰证券, 2019-6-19.

[6] 杨涛. 科创板将带动卖方研究进入黄金时代[N]. 上海证券报, 2019-2-19.

提升集团一体化经营管理能力，推动证券行业高质量发展

杨华辉*

一、证券行业面临的机遇和变化

（一）资本市场迎来改革发展重大机遇

1. 资本市场地位提升到前所未有的高度

党中央、国务院始终关注资本市场的稳定健康发展，资本市场的地位提升到前所未有的高度。2018年10月，国务院金融稳定发展委员会专题会议强调要发挥"资本市场枢纽功能"；11月，习近平总书记在首届进博会上宣布在上海证券交易所设立科创板并试点注册制；12月，中央经济工作会议将资本市场的战略地位提升到"牵一发而动全身"的高度，提出要打造"规范、透明、开放、有活力、有韧性"的资本市场。2019年1月，中央全面深化改革委员会会议提出，要增强资本市场对科技创新企业的包容性，提高服务实体经济能力。党中央、国务院不仅指明了我国资本市场的发展目标和改革的中长期方向，也在扩大改革开放、夯实市场基础、完善制度规则体系、培育稳定投资者队伍以及加快推进增量改革等方面进行了系统部署，为我国资本市场发展打开了广阔空间。

2. 资本市场制度改革往深水区不断推进

为打造"融资功能完备、基础制度扎实、市场监管有效、投资者合法权益得到有效保护的多层次资本市场体系"，监管层陆续出台系列重磅改革措施：第一，设立科创板并试点注册制，统筹推进发行、上市、信息披露、交易、退市、投资者适当性管理等基础制度改革；第二，退市新规利剑出鞘，对上市公司重大违法强制退市相关配套机制作出

---

* 作者简介：杨华辉，经济学博士，高级经济师。历任兴业银行上海分行党委委员、副行长，兴业银行杭州分行党委书记、行长，兴业国际信托有限公司党委书记、董事长、总裁，现任兴业证券股份有限公司党委书记、董事长，兼任兴证（香港）金融控股有限公司董事局主席。原载于《中国证券》2019年第6期。

具体规定；第三，并购重组迎来松绑，支持优质企业参与上市公司并购重组，缩短 IPO 被否企业筹划重组上市时间。此外，还通过完善停复牌制度、发布减持新规以及修改回购制度等措施，使得资本市场的基础性制度建设取得长足进展，有助于市场生态的完善和市场机制发挥作用。

（二）证券行业发展呈现新格局

1. 经营管理集团化

国务院《关于进一步促进资本市场健康发展的若干意见》明确提出，要"推动证券经营机构实施差异化、专业化、特色化发展，促进形成若干具有国际竞争力、品牌影响力和系统重要性的现代投资银行"。在证券公司建设现代投行的过程中，各大券商也正朝着集团化、专业化、特色化、差异化方向发展。2009 年以来，券商在传统证券业务、期货、基金、直投、另类投资及国际业务等领域纷纷设立子公司，子公司对证券公司集团整体的收入贡献占比稳步提高。与此同时，监管也高度关注券商子公司的发展与管理。2012 年以来，中国证监会陆续出台子公司管理相关的管理规范和条例。2016 年末，中国证监会再次要求各证券公司"强化母子公司一体化管控，形成功能定位清晰、组织架构合理、主业突出、母公司管控到位、约束机制健全的子公司管理体系"。

2. 客户需求综合化

无论是个人客户还是企业客户，对于券商提供金融服务的综合化需求都越来越高，需要证券公司提升专业能力，打破业务壁垒，切实践行"以客户为中心"，服务于客户全生命周期的多重金融服务需求。从居民个人角度来看，普通富裕阶层和高净值人群的增长衍生出多元、复杂且个性定制化的财富管理需求。麦肯锡报告显示，众多零售个人客户希望券商能够成为其财富管理服务的一站式平台，获得定制化的投资配置建议，提供高回报产品或特定产品的优先购买权。从企业角度来看，对券商提供全价值链金融服务的要求也越来越高，从 IPO 的发行、再融资、债券发行到并购重组、投资乃至海外业务等系列财务咨询顾问服务全面升级。

3. 业务模式多元化

纯通道业务财务回报不断萎缩，券商业务来源日趋多元，创新业务占比不断提高。经纪业务竞争不断加剧，整体佣金率呈现逐年下滑趋势，已从 2012 年的 0.76‰ 下滑至 2018 年的 0.31‰ 左右，通道价值持续降低，行业经纪业务收入占总收入比重也已从 2012 年的 39% 下降至 2018 年的 23%。随着个人客户通过产品间接参与市场的增加，投资者逐渐向机构化转变，机构交易服务和风险中介需求增加，这会大大促进券商行业资产配置和风险管理业务的发展。依赖于资产负债表扩张的机构销售交易、自营、做市及投资等重资本业务将会成为券商业绩的主要推动力。此外，以融资融券、股指期货、约定购回式证券交易等为代表的新业务层出不穷，这在很大程度上将拓宽证券公司的业务经营范围（见图 1）。

4. 业务布局国际化

一方面，我国证券市场对外开放进程明显加快。证券、基金、期货行业外资持股比例限制大幅放宽；A 股成功纳入明晟（MSCI）指数，并于 2019 年 6 月纳入富时罗素（FTSE Russell）指数；QFII 和 RQFII 进一步扩容；沪深港通每日额度扩大 4 倍，沪伦通正式启动；外国人开立 A 股账户政策进一步放开；原油期货、铁矿石期货及 PTA 期货等引入境外交易

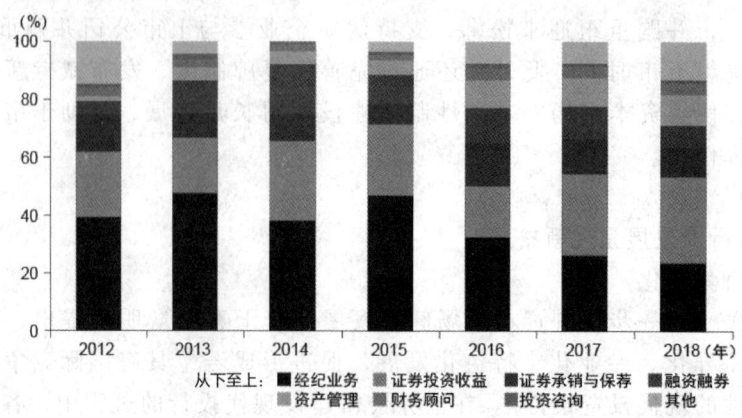

图 1　证券行业收入结构

资料来源：Wind 资讯，兴业证券研究分析。

者。另一方面，在"请进来"的同时，随着人民币国际化进程以及"一带一路"倡议的推进，证券公司积极践行"走出去"。已有包括海通证券、中金公司、兴业证券等在内的多家券商，通过境外新设机构、业务合作及并购等方式在海外市场布局。截至 2017 年末，已有 30 家券商境外子公司实现境外收入 263 亿元，境外子公司在券商总营收中的占比也在不断提升。

5. 金融科技融合化

科学技术是第一生产力，金融科技与证券业的深度融合是实现高质量发展的必由之路。近年来，证券业通过运用大数据、云计算、人工智能、区块链等新技术，推动传统业务转型，创新业务模式，提高管理效率，促进合规风控、运营管理智能化。不少券商已从战略的高度布局金融科技，或斥巨资收购境外金融科技企业，或与国内互联网巨头在金融科技领域进行深度合作，或从国内外招聘大批科技人才进行自主研发。未来利用金融科技进行数字化转型，对于证券公司而言已不再是"做不做"，而是"怎么做"的问题。科技与证券业的结合将从简单的应用转变为更加深度的融合。

二、证券公司集团化经营管理面临的挑战

过去证券公司高度依赖牌照红利，客户对产品和服务的需求也较为单一，长期形成了"以牌照为中心"的业务经营模式。经纪、投行、资管、自营各业务条线及各子公司聚焦于独立的产品和服务，追求单一服务收入最大化，缺乏协同以及对全局价值链的关注。同时，券商的管理也仅仅是跟随业务的发展不停地在"修修补补"，缺乏从集团整体层面进行一体化管控。伴随着日益激烈的市场竞争环境，券商以客户需求为着力点，不断拓展新的业务领域，并对产品、业务、渠道及服务体系等方面进行全面系统整合，以向客户提供全方位的综合金融服务。在这一过程中，券商集团化管理面临以下六大挑战：

（一）如何加强对境内外子公司的管控

证券公司集团化发展首先需要明确的就是子公司的定位及管理模式问题。当前主流券商

基本都已经设立了基金、期货、资管、投资及境外等各类子公司，但整体而言，对子公司定位不明晰、管控力不足，子公司经营风险隐患较大。以境外子公司为例，部分券商境外子公司股权架构和组织架构较为复杂，与母公司间的联系也相对不足。母公司缺乏有效管控境外子公司的手段，容易导致境外子公司稽核审计、合规管理、风险管理等内部控制体系产生问题，并诱使风险事件发生。券商其他子公司在业务发展过程中也面临着与境外子公司相似的问题。因此，券商母公司仍需加强对子公司的垂直与穿透管理，明确各子公司在集团发展中的定位，将子公司的合规与风险管理纳入统一体系，实现集团整体利益的最大化。

（二）如何构建业务单位之间的协同

证券公司要真正"以客户为中心"提供综合金融服务，实现集团整体利益的最大化，必须重新设计证券业务的价值链条、重新定义各业务单元在集团发展中的定位，同时设计并实施推动各业务单位高效协同的体制机制。特别是在科创板推出以后，科创板在企业上市、发行、交易、退市等多项制度上都有较大突破，新的市场规则和制度为券商业务模式带来根本性的变革。科创板对券商的服务需求涉及经纪、投行、研究、自营、资管、另类、私募基金子公司等多个业务单元，需要券商各业务条线走出"各自为政"的传统模式，积极围绕客户需求提供一体化的综合金融服务，各业务协同作战，制定有效的业务协同机制。

（三）如何重塑分公司的功能与定位

传统证券公司由于高度依赖经纪业务线下拓客，业务结构单一、经营规模较小，一般只设置"总部—营业部"两级管理架构。近年来，伴随证券业务的规模化与多元化，两级模式难以支持证券公司的长足发展和有效管控，证券公司纷纷设立分公司，采取"总部—分公司—营业部"的三级管理模式。截至2017年底，共有98家券商设立了1 254家分公司。但不同于商业银行多年以来已经形成的定位清晰、功能完善、管控到位的总分架构，多数证券公司对分公司的功能定位尚不明确，已经开设的分公司或职能架空，或类营业部，大多数未能真正发挥区域综合管理和业务推动作用，分公司在证券公司中的功能和定位亟须重塑。

（四）如何平衡发展与合规风控的关系

2018年暴发的股权质押风险、债券信用违约风险以及海外并购与投资风险提醒我们，一旦合规风控出现问题，不但会影响短期的经营和业绩，甚至会危及企业生存之根基。发展与合规风控是相辅相成的关系。一方面，风险控制是为业务发展服务的，之所以控制风险是为了更好地实现业务发展；另一方面，业务发展也需要匹配券商现有的风险控制水平及能力，否则容易导致企业掉入"只顾埋头拉车"盲目发展的陷阱中。只有把握好二者之间的平衡，才能真正推动证券公司建成基业长青的百年老店。

（五）如何提升集团精细化管理的水平

任何一个成规模、有体系、多元化的组织，要管控经营成本、提升组织效率，就必须不断提升企业内部精细化管理水平，既包括相关制度的建立、运营管理的集中统一，也包括授权管理体系的建立和信息化水平的提升。精细化管理要求建立一整套标准的、规范的制度管理体系，最终渗透并落实到每个业务条线、每个部门及每个员工身上。伴随着业务重资本化、信用利差收窄及创新业务不断涌现,如何丰富资金来源、降低资金成本、做好资产配置、提高资金收益及平滑收益波动等,均对券商的精细化管理水平形成了极大考验。目前证券公司精细化管理普遍存在较大的提升空间。

(六)如何推动金融科技的有效投入与应用

我国证券行业金融科技投入呈现上升趋势,由2012年的52亿元增长到2017年的116亿元,但相对国外大型投行而言,仍存在着较大差距。以2017年为例,证券行业金融科技投入占总营收的比例为3.7%,占净利润的比例为10.3%,远低于国际领先投行金融科技投入占净利润近20%的水平。从行业内部结构来看,金融科技的投入仍主要集中在华泰证券、国泰君安证券及广发证券等头部券商,中小券商对金融科技的投入力度相对较低。此外,从金融科技在证券行业的应用来看,不同细分领域的落地程度存在较大差异,大数据和云计算等领域获得较为广泛关注,而人工智能、区块链以及其他新兴领域的应用仍显不足。

三、兴业证券集团化经营管理实践

在我国资本市场迎来新的重大历史性发展机遇的背景下,券商若想谋得长远健康稳定发展,必须紧跟时代步伐,不断提升集团化管理水平,以应对证券公司集团化管理面临的挑战。从2017年末开始,兴业证券确立集团一体化发展的理念,明确了母公司、子公司、分公司在集团中的定位,下面结合兴业证券实践谈谈提升券商集团化经营管理水平的思路。

(一)全面加强集团党建工作

兴业证券集团公司党委始终将政治建设摆在首要位置,把党的领导贯穿到日常工作的各个方面和全部过程,坚决落实"三重一大"集体决策制度,推动各级领导切实履行好"一岗双责",切实肩负起管党治党的政治责任,努力发挥党委核心作用。同时,不断完善组织建设与制度建设,设立党委办公室、党委组织部、纪检监察室、党委宣传部、兴证党校等部门贯彻落实集团党建工作,把党的领导和党的建设纳入公司章程,实现党的领导和公司治理的有效融合,全面完成集团下属各单位的二级党委、党总支及党支部的设立,实现集团党组织体系全覆盖,推动落实党内生活制度化、规范化、常态化。此外,全面加强党员管理、队伍建设及党风廉政建设。培养党员参加组织生活的良好习惯,坚持正确选人用人导向和党管干部的原则,加强对集团各单位的党风廉政建设工作监督。

(二)加强对子公司的垂直与穿透管理

为了在各细分金融领域提升专业能力,最大化发挥每一块金融牌照的功能和价值,提升市场竞争力,提升对集团的业务贡献和财务贡献,兴业证券首先明确子公司发展定位,要求各子公司归位尽责,聚焦主业、提升专业。同时不断加强对子公司的垂直管理与穿透管理,全面梳理子公司相关管理制度,要求子公司参照公司总部顶层设计,完善公司治理、党建工作、重大事项、组织人事、财务资金、合规风控等方面制度建设,同时确保各项制度执行落实到实处,通过制度运行来规范子公司经营管理。此外,在金融科技规划与建设、运营管理、风险管理、合规管理、授权管理等方面贯彻集中统一穿透管理原则,在集团一体化的发展思路和理念基础上统筹规划和落实。

（三）推进分公司综合化转型

明确了做大做强分公司的基础定调，兴业证券根据分公司经营管理体制改革决策部署，进一步明确分公司经营主体地位，对当地业务竞争力负责，集中统一管理辖区分支机构。推动总部相关业务及其客户和资产全面下沉到分公司，落实分公司人力、财务等资源投入与管理授权，加大对分支机构特别是核心区域的资源投入，分公司作为集团各项业务发展综合平台、有形载体的地位不断得到强化。此外，兴业证券还大力推动分公司队伍规范有序发展，重视分支机构班子建设，提拔和引进一批年富力强的干部，配齐配强核心区域班子；全面强化分公司中后台能力建设，在分公司设立综合管理部、合规风控部、运营管理部、财富管理部，加强构建功能有效的分公司中后台部门，为分公司业务发展提供强有力的风险合规内控支撑。

（四）完善集团协同相关机制建设

一方面，兴业证券搭建了有效的集团协同机制，建立考评体系、完善考核指标，引入双算、多计等考核激励机制，持续优化协同定价政策与资源配置政策；推动相关系统建设、开展集团协同分析、建立分公司联系挂钩工作机制，不断探索并完善集团协同；成立核心区域集团业务协同发展委员会，推动集团资源整合，提高核心区域竞争实力。另一方面，紧抓集团协同文化建设，在集团上下齐心协力、有效推动之下，集团协同的调研、宣导、培训与实践在集团各单位、各层级广泛开展、深入推进，形成了人人谈协同、人人推协同的良好氛围，涌现了一大批协同的创新案例、优秀案例。集团协同深入人心，母、子、分公司协同服务客户的主动意识和综合能力进一步增强。

（五）高度重视科创板带来的发展机遇

兴业证券高度重视科创板带来的发展机遇，在年度工作会议上作重点部署，发文明确科创板工作的发展目标、组织体系和行动方案，成立由公司党委成员参与的领导小组和七个专项工作小组，全面推动科创板相关工作。

2019年3月28日，由兴业证券担任保荐机构和主承销商的福光股份科创板上市申请被受理。5月30日，福光股份发布首次公开发行股票招股说明书，成为科创板第四家披露上会稿的申报企业。此外兴业证券还建立了一整套科创板客户挖掘"靶向筛计划"，利用外部数据对全国科创企业进行全面挖掘，通过项目团队及分支机构开展前期尽调。同时，兴业证券还有序做好科创板相关的业务准备、技术准备、投资者宣导和员工培训工作。根据上交所统一部署，配合开展各业务准备和技术改造、测试演练等，全力保障科创板与试点注册制能够平稳推出、稳健运行；高度重视对员工的专业能力培训，有针对性地开发相关培训课程，在集团内部大力推广。未来，兴业证券还将更进一步发挥集团协同效用，借力各地分支机构，加强对省内科创行业潜力企业的深度调研和重点开发。同时，兴业证券也在积极加强与各家PE、VC、产业基金的合作，提供优质企业标的，让投资方和企业方能够实现资金的有效运作，充分共享科创板制度红利。

（六）加强合规与风险管理能力建设

兴业证券积极推动建立集团统一的合规管理、风险管理与风险处置体系。强化风控合规能力建设，推动集团风控合规管理全覆盖；同时，从协助健全风控制度、开展项目风险审核、提醒关注风险隐患、指导协调风险处置等角度全面深化集团风险管理工作。兴业证券在内部也积极倡导并培育良好的内部控制文化，以强化员工的风险防控意识。此外，构建投行业务质量管控的长效机制。在认真落实证券公司投行内控指引、新设风险管理二部、专司投行内核并由首席风险官分管的基础上，将质量控制部从投行部门独立，与业务部门一道，共同建立起分工合理、权责明确、相互制衡、有效监督的三道内部控制防线，为投行业务的长远健康发展打下坚实基础，为迎接科创板发展机遇打下了坚实基础。

（七）推进精细化授权管理体系建设

为了加强授权管理体系建设，形成一套促进业务发展、分层管控风险、权责利统一的精细化授权管理体系，公司通过业务、财务及资金使用授权管理体系的建立，做好集团人权、事权、财权及业务权的分级分层管理，优化管理秩序、提高管理效率。业务授权管理体系梳理覆盖集团各子公司、总部各部门及各分支机构。此外，各项基础制度建设工作不断加强。结合监管要求、外部变化和内部转型等多方面因素，集团公司各单位积极对各项制度进行梳理、评估、修订和完善，广泛覆盖适当性管理、声誉风险管理、业务授权、财务授权、金融工具分类管理、投行项目立项标准、代销产品管理及经纪人管理等经营管理工作的多个方面。

（八）不断加大金融科技投入力度

兴业证券始终把提升集团金融科技能力摆在至关重要的位置，并不断加大金融科技的投入力度。第一，不断夯实集团信息安全基础，强化信息系统安全的底线意识，丰富运维技术手段和技术储备，提升应急演练与应急预案的有效性，确保系统运行安全。第二，加大金融科技应用融合，积极利用大数据、云计算、人工智能等新技术，在客户服务、市场分析、风险定价方面开展创新尝试，进一步提升公司中后台管理的智能化水平。第三，加快金融科技前瞻性布局，把科技金融建设提高到集团战略高度，借鉴行业内外先进经验，抓紧开展集团金融科技发展规划研究，找准投入方向和工作重点，加快布局和落实，以实现从保障业务发展到牵引业务发展的战略性转型。

四、结语

目前，中国经济已全面进入新常态的新阶段，经济结构转型也已步入关键窗口期。自2018年10月以来，中央高层不断释放资本市场改革发展的新信号，资本市场地位被提升到了前所未有的高度。证券公司作为资本市场的重要参与主体，面临着经营管理集团化、客户需求综合化、业务模式多元化、业务布局国际化以及金融科技融合化的多重趋势和一系列集团化经营管理挑战。在此背景下，证券公司需要与时俱进，不断提升现代化经营管理水平，从而牢固建立核心竞争优势，真正担负起时代赋予的发展使命。

参考文献

[1] 杨华辉. 我国股份制商业银行内部控制理论与设计 [M]. 上海财经大学出版社, 2006.

[2] 王凤彬, 江鸿, 王璁. 央企集团管控架构的演进: 战略决定、制度引致还是路径依赖——一项定性比较分析 (QCA) 尝试 [J]. 管理世界, 2014 (12): 92—114.

[3] 邓萍. 提高证券公司财务精细化管理能力的对策探讨 [J]. 企业改革与管理, 2017 (15): 118—119.

[4] 胡宇新, 吴晓灵. 用"穿透式"监管化解资管风险 [J]. 中国金融家, 2017 (3): 52—53.

提升证券公司全面风险管理水平，
推动证券行业高质量发展

李 玮*

2018年中央经济工作会议提出，资本市场在金融运行中具有牵一发而动全身的作用，要通过深化改革，打造一个规范、透明、开放、有活力、有韧性的资本市场。资本市场的地位被提高到一个历史新高度。证券公司是资本市场最重要的中介机构，本身是经营风险的行业，风险管理能力是其核心竞争力，也是支撑行业高质量发展的生命线。

当前，经济发展的内外部环境面临深刻变化，资本市场各项改革措施逐步推进，在为证券公司经营发展带来巨大机遇的同时，也带来一定的不确定性。历史经验反复证明并将继续证明，能够稳妥应对不确定性的证券公司一定是那些以服务实体经济为根本，具备完备风险管理体系、稳健风险管理文化、审慎风险管理能力的证券公司。证券公司应不断完善风险管理体系，提升全面风险管理水平，推动行业高质量发展。

一、证券业高质量发展需平衡五大关系

健全有效的全面风险管理机制是证券公司持续健康发展的基石，也是推动行业实现高质量发展的必由之路。美国次贷危机的历史经验表明：创新能够支撑证券公司快速发展，但忽视风险控制的过度创新可能带来灭顶之灾。推动证券行业高质量发展需重点平衡五大关系：

一是"稳"和"进"的关系。"稳"和"进"是辩证统一的，"稳"是主基调、是大局；"进"是方向、是目的。就证券行业而言，"稳"，就是经营效益要稳，业务发展要稳，合规风控要稳，员工队伍要稳；"进"，就是各项业务的竞争力要进，客户资产规模要进，基础管理能力和风险管理水平要进，共同推动行业向更高层次迈进。

---

* 作者简介：李玮，中共党员，经济学博士，正高级会计师。第十二届、第十三届全国人大代表。现任中泰证券股份有限公司党委书记、董事长，中国证券业协会理事（2007年1月至今），山东省证券业协会会长等职务。曾获"全国五一劳动奖章""山东省劳动模范"等荣誉称号。原载于《中国证券》2019年第5期。

二是"危"和"机"的关系。2018年以来，国内外经济形势日益复杂严峻，实体企业特别是中小企业仍然面对"融资的高山"，防范化解重大金融风险的任务仍然艰巨；同时宏观经济也在发生积极变化，包括货币政策逐渐宽松，信用环境逐步修复，监管政策出现微调，资本市场改革不断深化，支持科创企业、民营企业、小微企业发展的一系列重大措施陆续出台，为证券行业发展带来巨大机遇。证券公司既要对危机有足够估计，做好充分准备；又要辩证看待危机，危中寻机、化危为机，努力将经济波动期转变为发展机遇期，实现逆势发展、弯道超车。

三是自身发展与服务实体经济的关系。服务实体经济是金融机构的天职，也是金融机构发展的重要驱动力。尤其在当前市场面临诸多挑战的形势下，只有扎根实体经济的沃土，才能支撑行业更好地茁壮成长。证券公司应聚焦"一带一路"、创新创业、绿色发展、民营经济、乡村振兴、脱贫攻坚等，着力优化资源配置，加大服务创新力度，努力实现精准服务，在为实体经济提供高质量金融服务的同时，获得源源不断的发展动力。

四是严格监管和创新发展的关系。当前，虽然证券行业仍处于严监管时期，但经济高质量发展和资本市场改革开放，对证券公司的创新能力提出了更高要求，也带来了创新发展的机遇；股指期货松绑，也在一定程度上预示着随着股市异常波动影响的逐渐减弱，之前收紧的监管政策正在逐步回归常态。证券公司应准确把握并积极适应这一新的发展形势，在严控风险的前提下，紧跟实体经济需求，紧跟监管导向，紧跟行业发展前沿，以创新推动新发展，培育新动能。

五是业务发展与防范风险的关系。中央经济工作会议要求，打好防范化解重大风险攻坚战，防范金融市场异常波动和共振。经济下行压力促使各种风险隐患不断暴露，风险防范的压力有增无减。证券公司既要重业务发展，更要重风险防范；既要防"黑天鹅"，也要防"灰犀牛"。只有建立健全有效的风险评估、防范和化解机制，将风险管理融入产品和业务创新发展的全过程，避免以规避监管和脱离实体经济需要进行的伪创新，才能保证创新的实效性和可持续性，确保行业长久持续发展。

二、以史为鉴，高度重视证券公司全面风险管理

（一）国内外重大金融风险案例分析和启示

近30年来，金融机构风险事件频发，部分案例金额巨大、情节恶劣，对金融机构的信誉和社会形象带来了不利影响。总结、分析这些风险案例的经验和教训，可为完善证券行业风险管理体系、提升全面风险管理水平提供思路和借鉴（见表1）。

表1　　　　　　　　　　　　　国内外重大金融风险案例

事件	原因分析	启示
巴林银行破产	内部管理制度和体系存在大量问题，包括管理层失职，内部控制松散，前台业务部门与行政财务管理部门职责不明，内外部审计失效，有效的风险管理机制缺乏，代客交易部门与自营部门未能有效隔离，奖金结构与风险参数比例失当，全球性的信息沟通协调机制缺乏	建立完善的内部控制机制、有效的内外部审计机制和完善的风险管理机制，健全完善风险限额管理体系，正确处理风险与收益的关系，加强金融机构外部监管

续表

事　件	原因分析	启　示
德国金属公司套期保值失败	外部市场因素是巨额亏损的主要原因，如石油输出国组织（OPEC）未达成协议使得石油价格出现短时间内下跌；同时也暴露出持仓头寸数量巨大、展期套期保值固有风险以及母公司决策失误、会计准则存在冲突等大量内部风险管理失误问题	采用对冲策略规避风险，及时调整规模降低风险，扩大信息透明度，增加流动性，寻求银行担保等增信方式解决信用风险问题
2011年瑞士银行巨亏23亿美元	内部控制环境不健全、内部控制制度执行不严格、交易部门结构不合理，导致交易业务内控缺陷、场外市场监管缺位、复杂衍生品过度投机	夯实基础设施建设，加强衍生品风险防范；加强内控制度建设，提高金融机构风险管理水平
2008年法国兴业银行巨亏	内部监控机制未完全运转，高绩效文化无视风险警报，限额管理有计量漏洞，信息隔离墙有制度漏洞，信息系统有技术漏洞	重视内控文化建设，培养全面风险管理意识；加强操作风险防范，增强信息系统的可靠性；提高风控人员素质，搭建风险管理组织架构
美国长期资本管理公司破产	外部因素是巨额亏损的重要原因，如俄罗斯金融风暴；同时也暴露出忽略应用数学模型的假设前提、隐含风险因子和无法建模的相关性变化、VaR模型本身缺陷和错误解读等模型风险，以及大规模的杠杆交易、市场恐慌下的流动性风险等	有效管控模型风险，合理使用金融杠杆，准确度量流动性风险，加强风险限额管理，定期进行充分的压力测试和情景测试
中航油破产	内部缺少风险管理文化，缺乏对金融衍生品业务风险的认识，未能有效落实风险限额管理制度，未能有效执行内控监督机制；中航油集团总部与新加坡子公司信息沟通不畅，对子公司没有进行严格监督	健全内控管理机制，理清管理职责；建立全面有效的风险管理体系；全面认识金融衍生品业务的风险
2013年光大证券"乌龙指"	高频套利信息系统漏洞，内部风险控制流于形式，交易所对券商风险监管不足，应急处理能力欠缺	强化信息系统安全，完善内部控制机制，加强自有资金管理，建立应急处理机制，实施交易所会员授权限额管理措施
2008年雷曼兄弟倒闭	次贷危机的外部经济环境影响，客户终止业务，外部做空；业务过于集中，迅速发展不熟悉的业务，高杠杆交易，风险管理在管理层面前失效，管理层处理失误	正确对待金融创新，保持合理的业务结构，保证风险管理的独立性、权威性和有效性，避免"经验主义"和"盲目乐观"造成巨额损失
摩根大通伦敦鲸事件	欧债危机、美国宏观经济数据、媒体的穷追猛打等外部原因；首席信息官（CIO）职能错位、限额管理问题、模型管理问题、风险管理人员问题等内部因素	所有投资行为都必须在公司内部控制和风险管理体系下严格运作，严格执行风险限额管理制度；审慎使用模型；加强对场外衍生品业务的风险评估和内部控制
2008年中信泰富"炒汇"巨亏	市场风险、产品风险、合约陷阱、内控失效	完善内部控制和公司治理；正确认识并执行套期保值交易，防范投机心理；加强套期保值工具的风险评估、计量和监测
日本住友商事巨亏	内部管理制度和体系问题有监督体制失效、内部控制松散、缺乏独立的风险管理机制；外部监管乏力也是一个重要原因	建立完善的内部控制机制，树立全面风险管理意识；搭建风险管理组织架构，建立独立的风险管理机制；加强金融机构的外部监管

续表

事件	原因分析	启示
2012年骑士资本高频交易系统故障损失	未将自己的交易系统纳入限额管理的前端控制，交易系统的实际控制功能缺失；交易系统模块的改造、上线均缺乏严格测试的嵌入步骤；缺乏对自身员工的风险管理宣导和教育工作	完善程序化交易监管体系；及时落实监管规定，完善内控流程；强化限额管理，实现重要指标前端控制；加强风险宣导，提高全体员工风险意识
AIG信用衍生品巨亏	"片面注重利润"的企业文化、忽视对员工职业操守的考察与培养、激励机制较为"短视"、资产负债表外隐藏的高风险；监管机构对跨行业经营业务的模糊管制、由于忽视对信用因素的计量和对宏观经济的监测导致风险管理缺失	构建良好的控制环境，保持审慎的经营理念，招聘和培养具有良好职业道德的业务人员，建立合理的绩效考核机制；健全风险识别与评估机制，明确金融衍生品交易的目的；构建实时风险识别与评估系统
基德公司债券交易虚构利润	公司估值系统本身的问题；内控不完善，未有效实现岗位制衡；管理层缺乏对巨额利润的调查	充分认识风险与收益的"双刃剑"效应；及时落实监管规定，完善内控流程；建立模型和系统的定期评价机制

（二）对证券公司全面风险管理的认识

国内外重大金融风险案例表明，任何一家企业发生风险事件都将付出沉重代价。证券公司本身作为经营风险的行业，实施积极有效的全面风险管理的重要性更突出、要求更高。只有高度重视全面风险管理工作，才能保持基业长青。

1. 健全的风险治理架构是全面风险管理体系的重中之重

证券公司应当建立健全与其自身发展战略相适应的全面风险管理架构，有效开展全面风险管理工作。从实践来看，证券公司需要建立层级合理的管理组织架构，董事会作为风险管理决策层，承担最终的风险管理责任；监事会负责对董事会和经理层履行风险管理职责进行监督；经理层组织实施风险政策；相关风险管理部门负责具体开展风险管理日常工作。同时，建立由业务部门、风险管理部门和审计部门组成的风险管理三道防线，实施事前、事中与事后的风险防范、监控与评价工作。

2. 有效的风控前置是提升全面风险管理的重要手段

风控不应仅仅作用于最后的审核端，更应延伸到前方业务端、客户端，从最早接触客户、业务（产品）开始做好尽调与风险侦查，通过全面、多维度的搜集信息，进行充分的初期评估和考察以及项目可行性分析，做到"具体问题，具体分析"，将风险控制在源头，而不是简单地提高风控门槛以及机械化的后期资料审核。目前，国际性大投行将风控前置，强调风控在公司运营管理中的重要性。无论在组织架构中的部门设置，还是政策制定、业务拓展中都十分强调加强风险识别、风险测量、风险评估、风险控制。通过建立完善的风险管理组织架构及风险控制策略、操作规程，相关风险管理人员能够直接监察单项交易，新产品、新业务开发以及交易限额确定等都必须事先取得风险管理部门及其他控制部门批准。风险管理部门有权要求削减个别交易的风险限额，甚至有权否决交易。证券公司应通过风控前置将风险管理前移并嵌入包括产品设计、引入、销售、交易管理等各业务环节，有效识别、评估、监测各类风险，全面提升风险管理的有效性。

3. 完备的风险管理系统是全面风险管理体系的重点

风险管理系统能为开展风险计量和监测、执行风险管理流程提供必要的技术基础。证券公司应建立与业务复杂程度和风险指标体系相适应的风险管理信息技术系统,以此有效计量、监控和报告公司整体风险及各业务条线、各部门、分支机构及子公司风险。风险管理系统具有如下功能:一是明确自身风险偏好,在风险偏好的框架下,设置关键风险指标作为重要管控手段,并对影响证券公司实现目标的潜在事项或因素进行全面识别、系统分类和问题查摆,确保系统有效运行;二是构建与自身业务发展相适应的风险计量模型,以此为基础应用跨风险管理工具,包括风险识别、综合压力测试等,系统评估公司整体风险承受能力,确保在压力情景下的风险可测、可控、可承受;三是完善风险处置及应对机制,从被动的揭示风险转向主动的风险管理和对冲。

4. 强大的风险文化体系是全面风险管理体系的灵魂

风险文化是企业文化理念体系和行为规范在风险管理中的具体体现,是风险管理活动中各个层面员工认同并自觉遵守的风险管理理念、价值观念和行为规范,由风险文化的植入、评估、培训以及风险调整绩效考核体系两大核心要素组成。2008年金融危机后,风险管理文化已被看作金融行业企业的硬性战略资产,被定位为风险管理的首要组成。国际投行高度重视风险文化,高盛在其早期建立的"每个人都是公司风险官"的风险文化上进一步发展,强调风险管理是全体员工日常工作内容之一,只有在风险被充分识别且有效防范和控制措施到位的前提下才能开展创新业务。证券公司一要把风险文化提升到企业文化的高度,明确公司风险管理的理念和原则,用于指导风险管理工作;二要制订完善的风险管理培训评估计划,对各层级和各岗位人员开展风险管理培训;三要将风险管理纳入员工和部门绩效管理体系,鼓励员工就业务开展和产品设计等工作是否符合风险政策进行交流研讨。

(三) 中泰证券完善全面风险管理体系的实践经验

中泰证券自2007年收购天同证券证券类资产以来,始终以建立风险管控长效机制为目标,持续健全内控机制和风险管理约束机制,不断强化合规管理和风险管控,构建起了完备的风险管理体系。2018年,中泰证券正式发布《中泰共识》,对"合规风控至上"原则进行重新释义,就如何有效传导稳健的风险文化进行阐述,提出"全力抓好合规风控,确保公司行稳致远"的工作要求,要求公司正确处理业务发展与防范风险的关系,既要重业务发展,更要重风险防范,谨慎而不保守,积极而不冒进,严守风险底线;要求公司各单位将风险管理摆在各项工作的首要位置,不忽视一个风险,不放过一个隐患,不容忍一个失误,筑牢风险防范的铜墙铁壁。

近年来,随着金融科技、监管科技的兴起,中泰证券积极顺应行业发展趋势,推进风险管理信息化建设,以全面风险管理体系为基础,结合行业特点、监管热点,围绕操作风险、市场风险与信用风险三大风险类型,推进实施了"同一客户风险信息集中管理""市场风险计量引擎、风险管理商业智能系统与领导驾驶舱""信用风险评级、经济资本准备及绩效评估体系"三个项目建设。在公司层面首次明确了同一客户认定标准,推动全业务线同一客户风险信息等数据收集,建立了承载相关功能的信息系统,实现了同一客户跨业务、跨部门风险信息的集中管理、展示和共享,帮助业务部门更加真实、深入地了解客户风险状况并向客户提供更具针对性的服务。

中泰证券全面风险管理工作实践经验表明：将金融科技与证券公司风险管理工作相结合能极大提高风险管理工作的质量和效率，通过金融科技手段建立并逐步完善与自身业务和行业风险指标体系相适应的风险管理信息技术系统，实现风险信息的集中化、智能化管理，是证券行业下一步重点创新方向。未来，中泰证券将持续加大对金融科技助力风险管理工作发展的研究及投入，加强对风险管理智能分析系统的自主研发力度，确保公司风险管理能力与业务发展相匹配。

三、提升证券公司全面风险管理水平，推动行业高质量发展的建议

防范化解重大风险被中央确定为三大攻坚战之首，防范化解重大风险尤其是金融风险是当前及今后一段时间经济工作的首要任务。证券行业应深刻理解党和国家"防范化解重大风险"的政策基调，准确把握内外部经济环境的深刻变化，积极适应风险管理的新形势，有效应对各类新情况、新问题、新挑战，坚持底线思维，围绕"风险全覆盖、可监测、可计量、有分析、能应对"，在全面贯彻落实监管规定和要求的基础上，努力构建"事前严防、事中严管、事后严处"的全面风险管理体系和风险管理长效机制，不断提升自身风险识别的前瞻性、风险把控的全面性、风险处置的科学性；同时，不断创新风险管理工具和手段，推动传统风险管理转型升级，更好地服务实体经济发展。

（一）建立健全风险管理高点化对标机制

证券行业应清醒认识、准确判断当前金融业风险防控面临的新形势、新任务，深刻领会党和国家关于经济、金融、资本市场发展的新政策、新举措、新要求，提升对有关资本市场热点和风险点的敏感度，及早认清并善于发现那些带有苗头性、方向性的变化因素，合理预见各种可能出现的极端不利情况和风险点，全面提高风险管理的前瞻性和专业性。一是明确对标对象。及时对标分析各项监管规范要求、监管政策调整要领，从"全覆盖、可监测、能计量、有分析、能应对"五个方面对全面风险管理进行对标分析，从"招人才、上系统、建制度、重投入"四个方面完善风险管理保障措施，全面提升风险管理水平。二是勇于借智借力。国外投资银行发展历史较长，在长期的风险管理实践中积累了丰富的经验。无论是风险管理框架，全面、分层次、立体的管理模式，还是风险量化技术模型，功能强大的风险管理信息系统等，都较国内先进。证券公司应积极学习借鉴国外一流投资银行的风险管理经验和做法，探索借鉴国际先进的风险管理理念和方法，形成适合本土特色的创新性风险管理模式和方法。

（二）建立健全风险管理长效机制

一是设定合理的风险限额。限额管理是证券公司进行风险管控的重要、有效手段，限额管理的有效性离不开业务系统的前端控制。证券公司应针对开展的所有业务建立包括系统前端控制在内的风险限额管理机制，并形成权责明晰的限额分配体系。通过定期梳理、自查、评估并持续跟踪系统前端控制指标运行情况，确保前端控制指标运行有效并符合监管要求和公司风险管理需要。二是对金融产品实施全生命周期管理。实施全生命周期管理不仅要对金融产品实施事前基本要素的甄别和管理，还要对金融产品的全程进行监控和深度跟踪、分

析，掌握金融产品全貌，全面反映风险状况。三是强化内部监督功能。充分发挥业务流程中各环节、各岗位相互制衡、风险防范作用，通过标准化流程管理提高风险控制效率，通过内部评估、检查、稽核等方式及时发现风险隐患，以违规问责增强风险管理体系的威慑力。

（三）实行风控前置，全面提高风险管理的有效性、独立性、权威性

目前，证券公司业务结构日益复杂，投资交易工具种类日渐增多，特别是一些交叉性金融工具的使用，造成风险管控难度加大，跨市场、跨区域风险增加，急需通过有效的风控手段提高风险管理效率和效果。一是在证券公司产品引入环节实行风控前置。目前证券公司产品引入风险评价不足，造成一些真正的好产品因不符合合规要求难以引入，而一些劣质产品却因能够迎合合规要求得以引入，造成"劣币驱逐良币"。建议在产品引入环节实行风控前置，预先评估产品风险，适当放宽评级较高产品的进入门槛，丰富证券公司财富管理产品线。二是在场外衍生品业务实行风控前置。目前，场外衍生品业务已经成为高盛等华尔街投行重要的业务支柱。近年国内场外期权业务也发展较快，鉴于场外衍生品业务复杂程度较高、个性化、灵活性较强，潜在风险明显较高，建议证券公司在开展业务时实行风控前置，在产品设计、风险定价、合约签订、执行交易等环节实施有效的风险评估和管理，有效规避信用风险、市场风险、流动性风险、结算风险等。三是优化风险管理组织架构，完善首席风险官配置。在部门设置、人员配备、考核机制、管理流程上保持一定的独立性，使风险管理部门与业务部门之间既相互制约又相互协同，形成不同业务部门内部各岗位间相互制衡、有考核有监督的联动联防关系；树立风险管理体系的权威性，确保风控要求有效执行，保证风控管理体系高效运转；借鉴J.P.摩根等国际性大投行风险管理经验，在公司层面和各业务板块设立风险管理委员会，配置首席风险官，完善风险汇报机制，各业务板块风险全部纳入公司整体风险治理体系，各业务板块的重大事项可提交公司风险委员会或其他相关委员会，提升风险管理决策效果和能力。

（四）突出高层引领和全员渗透，着力宣导风险管理文化

证券公司良好的风险管理文化和全员风控合规意识是风险管理的基础，也是风险管理体系有效运行的重要保障。一是建立自上而下、上下贯通的风险管理文化。提高全员风险意识，形成高层理解和支持、员工接受和认同的文化氛围，打造"人人要合规、人人防风险"的风险管理文化。二是建立健全激励约束机制。建立健全科学化考评、制度化奖惩制度，将惩罚型、被动式的考核转变为激励型、主动式管理，将与风险管理效果挂钩的绩效考评结果切实、有效地纳入公司绩效考核体系中，提高员工的风险管理意识与责任感，为全面风险管理体系的有效运行奠定良好的基础。三是创新风险管理文化宣导的方式方法。通过编撰风险管理成败的经典案例，提高全员对全面风险管理工作重要性的认识，树立风险管理理念，完善风险管理机制建设。

（五）创新风险管理工具和方法，推动传统风险管理转型升级

证券行业要想更好地服务实体经济发展，助力打赢防范化解金融风险攻坚战，必须立足金融风险管理的本质，借助金融科技加快数字化转型，依托大数据、云计算、人工智能、区块链、知识图谱、生物识别等技术应用，构建科学的全流程风控体系，促进传统风控方式转

型升级。一是改进方法使风险计量更准确。运用大数据平台、实时流数据处理技术和可视化管理等重构风险监察系统，通过采集实时风险信息，抓取业务特征数据，实现全流程的风险识别，达到异常交易监控和反欺诈管理目的；在风险预警指标、历史数据统计分析、客户持仓行为分析、交易行为模式分析、监察报告等方面实现实时风险计量与管控，确保事前事中风控的时效性。二是优化流程使风险管理更高效。依托大数据、人工智能等技术，推动场景输入、风险预测等风控流程的智能化改造；通过持续优化、改进风险管理信息技术系统，推动更多人力工作向智能化风险管理信息技术系统转变，实现更加高效、快捷的风控流程改造。三是开发技术使风险管理效能更大。建立基于大数据的全面风险管理数据中心，为证券公司风险管理过程中有效处理市场风险、流动性风险、操作风险、信用风险等提供数据基础管理平台；建立大数据思维模式下的企业信用风险评级体系，利用大数据及机器学习技术挖掘企业经营数据中隐藏的规律模式，分析优质企业经营状况共性，实现个性化征信和企业资质的有效分层，为甄别高风险客户、进行风险定价以及开展个性化服务提供决策依据。四是应用新技术使防风险空间更广。探索区块链在证券公司风险管理中的应用，基于区块链技术多点存储、不可篡改等特征，探索应用私有链或联盟链模式，在关键业务环节设置监控探针，形成追溯机制，提升跨行业、跨市场交叉性金融风险的甄别、防范和化解能力。

证券公司高质量发展的几点思考

黄炎勋[*]

2018 年 12 月,中央经济工作会议对资本市场发展地位做出了新论断,对行业发展提出了新要求,资本市场牵一发而动全身的地位得以提升和明确。中央提出要通过深化改革,打造一个规范、透明、开放、有活力、有韧性的资本市场,并尽快落地科创板和试点注册制,这将为资本市场的发展打开全新的局面、注入澎湃的动力。作为资本市场的重要主体,证券公司实现高质量发展是在我国发展新的历史方位和新的时代坐标上,与时俱进、守正创新,服务国家战略的题中之意。高质量发展应追求既"快"又"稳":发展"快"要靠紧跟时代要求、回归业务本源、围绕人才和科技创新发力;发展"稳"则要依托强有力的合规理念和风控措施,构建优秀的企业文化来实现。

一、紧跟时代要求,把握时代脉搏

回顾过去的 20 余年,中国证券市场走过了成熟市场上百年的道路,规模不断壮大,制度不断完善,已经成长为全球第二大证券市场。证券市场从诞生起,就站在中国经济改革的最前沿,引领了经济、社会诸多重要体制、机制的变革,是中国经济市场化转型的重要成就。

现阶段,建设一个强大、开放、透明的证券市场,具备国家层面的战略意义。十八届三中全会明确体制改革的重要方向是市场在资源配置中起决定性作用和更好地发挥政府的作用;十九大报告强调了深化金融体制改革、增强金融服务实体经济能力、提高直接融资比重、促进多层次资本市场健康发展的要求。在此背景下,证券市场将从实现经济体制重大变

---

[*] 作者简介:黄炎勋,现任安信证券股份有限公司党委书记、董事长,曾任国家开发投资公司资本运营部总经理、国投资本控股有限公司总经理、中国投融资担保股份有限公司党委书记、董事长,渤海银行股份有限公司董事、锦泰财产保险股份有限公司董事、国投财务有限公司董事、国投创新基金管理公司董事长、海峡汇富产业投资基金管理公司董事、中国国际商会常务理事、中国融资担保业协会会长。原载于《中国证券》2019 年第 8 期。

革和经济增长方式转变、推进经济的可持续发展、提高国际竞争力和保障经济安全等深层次上承载其历史使命。具体来说，体现在如下几个方面：其一，新经济的发展和崛起伴随的巨大融资需求需要证券市场来满足；其二，证券市场充分发挥资源配置功能，是促进产业结构调整和增长方式转变的有效途径；其三，提高直接融资比例，化解债务危机，必须通过做大证券市场实现；其四，社会经济领域的各项深层次改革，如养老、医疗改革等都需要证券市场提供金融支持；其五，进一步深化对外开放和实现人民币国际化，必须发展具备强大竞争力的证券市场来作为后盾。

站在国家层面和历史使命高度，证券公司努力探寻高质量发展的路径，做强做优做大，不断增强活力、影响力、抗风险能力，承担起更多的企业社会责任，是顺应时代发展的必然选择。从安信证券来看，就是要积极依托国投集团这一强有力的股东平台，通过"三轮驱动"（三轮：中大型企业全能投行、中端富裕客户O2O财富管理、中大机构客户服务），打造"六大平台"（资管、融资、投资、海外、研究、数字化），走高质量发展之路，为服务国家战略做出自己应有的贡献。

二、确立正确的发展理念，回归业务本源，服务实体经济，实现高质量发展

推动证券行业迈向高质量发展，重塑行业发展理念是前提。要摒弃早期的粗放式发展方式，将"创新、协调、绿色、开放、共享"的新发展理念贯穿全过程。新发展理念拓展了发展的内涵，除突出更高质量发展外，还强调更有效率、更加公平、更可持续发展。同时，要深刻把握高质量发展和服务实体经济的关系。实体经济是金融的立业之本，服务实体经济是金融的本源；失去这个本源，金融高质量发展就成了无的之矢。金融如果脱离了实体经济需要，只是自我循环，必将积累泡沫引发金融风险，这在世界经济金融发展史上已经多次得到验证。

证券行业迈向高质量发展之路，如何起好步、走稳步？

首先，要立足国家战略高度，切实把握整个资本市场在国民经济中牵一发而动全身的枢纽定位和新的使命，主要体现在四个方面：一是提升资本市场直接融资比例和更好地发挥资本配置功能，以此促进全要素劳动生产率的提高；二是通过落实科创板和注册制，推进金融供给侧结构性改革，构建多层次资本市场，把资源更有效率地配置到新一轮科技革命和产业革命领域，提升经济创新力和竞争力，从而形成创新驱动发展的新动能和新格局；三是打好防范金融风险的攻坚战，进一步牢牢守住不发生系统性金融风险的底线；四是进一步扩大资本市场开放，通过开放来进一步增强市场的包容能力，提升其对新经济的支持力度；通过开放来倒逼资本市场各项基本制度的完善，提升其在全球资源配置中的地位和能力。

其次，从证券行业中观层面看，应重点围绕完善市场基础功能和提升机构竞争力。一是完善行业顶层设计，创造条件促进行业主体规模和能力提升，支持头部券商加快建设国际一流投行。二是完善监管规则，更好地适应新发展方式的要求。坚守金融服务实体经济的原则，平衡好规范和创新发展的监管尺度；对于金融科技方面的前沿创新，给予一定的鼓励和包容度。三是加强监管统筹和协调，统一监管约束和消除监管套利，恢复投资银行缺失的基础功能（如支付功能受限、托管功能缺失），改善薄弱环节（交易功能），构建完整业务链条，丰富证券产业发展生态。四是引导行业丰富供给能力，鼓励机构多样性发展、差异化竞

争,从依靠通道服务创收转向多样化业务和专业化服务创收。

最后,从证券公司层面看,主要应回归业务本源,围绕提升业务专业能力和效率,更好地发挥投行风险定价、风险分散与风险管理核心职能,推进高质量发展。所谓回归业务本源,核心是突出投行作为资本市场领域的直接金融中介的功能,提升包括投资、融资、产品创设、风险定价和管理等关键业务能力,承担起资本市场组织者、投融资安排者、财富管理者、产品创设者、产品销售商、流动性提供者、风险管理者以及跨市场资源整合者的特殊关键角色。具体而言,应主要从以下几个方面努力:立足零售客户的投资需求,加速向线上线下联动的财富管理转型,提供专业的财富管理平台和丰富的资产配置产品服务;大力拓展机构客户,完善机构综合金融服务平台,丰富场内外投融资工具,围绕不同类型的企业客户和交易客户构建差异化服务体系;从发行通道回归定价和销售本源,深耕行业能力,为客户提供全方位的投融资、并购重组、资产管理、风险管控、交易便利等综合解决方案,打造交易型投行;积极投身"一带一路"倡议,构建跨界服务能力,支持客户"走出去";以客户为中心,重构业务流程,强化内部协同,提供一揽子解决方案等。

三、面向未来、面向市场、面向国际,着力人才队伍建设升级

未来公司的竞争,尤其是证券公司的竞争,归根结底是人才的竞争,人是证券公司的第一生产力。当前,从高质量发展需要的角度看,证券行业中复合型、创新型、国际化人才比较缺乏,尤其是在财富管理、并购重组、资产证券化、互联网金融等业务领域存在人才瓶颈。走高质量发展之路,必须高度重视人才、培养人才、留住人才。

一要重视对中高端、复合型人才的培养和储备。随着行业创新的不断推进和证券公司未来业务的差异化发展,中高端人才、复合型人才的需求越来越大,特别是券商国际化渐渐被各家券商列入公司战略之一,对复合型人才的需求更多,将直接影响业务的发展;同时,随着中国证券行业对外开放的逐步扩大,国际一流投行开始进入国内市场,开始与国内券商展开直接的正面竞争,国际一流投行的本土化,将会进一步加剧对本地中高端人才和复合型人才的竞争。

二要进一步完善激励约束机制,增强市场化激励。与先进的国际投行比较,国内券商在建立科学合理的薪酬体系、完善激励约束机制、提高人力成本投入有效性等方面仍然任重道远,长期激励机制建设尚缺乏充分的制度配套。在这方面,可能因为强调公平、平衡,而忽视了不同业务、不同岗位的差异性,或者有差异但是不够,没有充分体现出来,激励方法不科学。在激励机制方面,同样要坚持这样一个理念:要与券商的业务定位、战略定位相匹配,要有竞争力;同时要保证机制的兑现,要把它制度化,保证政策的连续性,使人才能够安心工作。在考核方面,应从简单的数量指标向质量指标转变,强调质量指标,强调相对指标。

三要加快培养和引进先进的国际人才。证券公司人才的国际化是国际竞争力提升的关键,要有计划有步骤地培养和引进国际化人才,建立一支适应国际竞争的专业化人才队伍。首先是通过合作培养,通过与国际投行在人员、技术、业务上的合作交流,锻炼自己的国际化人才队伍;其次是"引进来",在国际范围内招聘专业人才,尤其是吸引在国外投资银行业有着丰富经验的海归人员加盟;再次是"送出去",有目的选送相关业务人员和管理人员到国外大投资银行培训和工作,通过参与国际业务,培养国际型人才。

四、积极拥抱金融科技，推动业务模式重构

金融科技建设是金融供给侧结构性改革的重要内容。随着互联网金融监管政策的不断完善，互联网金融已从"跑马圈地式"的粗放发展模式，逐步迈入以"科技驱动"为导向的金融科技发展阶段。为提高核心竞争力，证券公司必须迎合时代趋势，将科技赋能于金融服务，进行业务重构，形成差异化竞争优势，全面提升风险防范能力和管理水平。近年来，人工智能、大数据、云计算、区块链等金融科技新技术的快速创新与应用，正在重构整个金融生态模式，特别是在区块链、金融云服务、大数据风控、智能投顾、身份识别、智能客服、智能获客等领域，金融科技已经快速影响和渗透金融业底层架构及前、中、后台业务。

具体看，金融科技已经在逐步推动新型证券行业生态重建方面发挥着积极作用。例如，在零售经纪业务方面，证券业正探索面向大众客户打造体验一流的完全线上化服务，对大众客户实现线上展业获客、线上业务办理、在线咨询服务、在线业务推介等客户全生命周期全流程线上分层管理。目前已有券商开始以移动端手机证券 APP 为核心，承载整个零售经纪业务，为客户提供一站式便捷交易服务体验。在证券金融业务方面，已经开始基于大数据、人工智能以及区块链技术，来更好地提供融资类业务的贷后管理、差异化授信与定价、融资类业务智能风控、资券资源智能化投放或回收，以及不可篡改电子凭证服务等。在机构业务方面，在基于云计算的交易主机托管服务、利用区块链技术提升 TA 工作和估值对账工作的便捷性和准确性方面对业务赋能。在运营管理方面，一些券商开始对交易、清算、结算、交收流程进行全面改造，搭建自动化操作平台，对工作中大量的人工操作进行监控或转化为系统自动甚至智能处理；着手建立风险监控系统，实现对核心系统各种交易风险的智能监控；采集各个系统清算数据，通过大数据分析实现对清算结果的跨系统钩稽核对；以类机器人的方式代替人工进行固定的、重复的操作性工作，提升交易结算管理的自动化程度、降低各种操作风险。

当前，证券行业金融科技应用还存在一些痛点和问题需要加快解决：一是区块链在证券市场还处于研究阶段，仅有一些初步应用；二是因金融行业实行分业经营和牌照管理，券商很难获得客户多维度数据，数据量和多维度两个基础条件都不能有效满足，大数据技术在券商领域始终没有找到合适的应用范围；三是智能投顾作为人工智能技术和证券行业需求最为契合的领域，在应用深度上还有很大发展空间，但是由于分业经营体制下牌照的限制，以及代客理财和自动交易受限，较难推进。究其原因，人才、投入和机制都亟须深刻变革。除复合型 IT 人才稀缺外，金融科技人才的特性与券商现有机制文化的差异导致其难以被传统券商吸引和保留；IT 整体投入不足，证券业平均 IT 投入远低于银行业水平，在 IT 投入上偏重短期效应；内部机制上，多数证券公司没有把发展金融科技提升到战略层面，没有确立支持金融科技长期可持续发展的组织架构，导致金融科技的应用往往是局部的，或者不成体系。

此外，监管的导向对金融科技的发展尤为重要。建议：一是加快制定、修订相关的监管法律制度，使之与行业金融科技发展需求相适应；二是积极鼓励证券公司在组织、机构、人才等方面加大对金融科技领域的探索；三是联合业内主要金融科技公司与券商一起制定相应的业内标准，探索建立科学全面的金融科技监管评估框架；四是积极打通数据隔阂，加强与金融科技公司、证券公司及其他金融公司在监管数据信息上的合作，搭建全国范围的数据库，实现对有效监管数据的共享等。

五、坚持合规经营，不断提高风险管控能力

合规风控能力是证券公司核心竞争力的体现。证券公司应该深入领会，准确把握"依法、全面、从严"监管精神，坚守合规底线不动摇；同时，建立健全全面风险管理体系，提高风险管理水平。

长期以来，合规经营虽被证券业奉为圭臬，但在心理上和实践中，却可能不时被摆在"发展""利润""效率"的对立面。国内外证券业的发展经验和教训告诉我们，对合规与发展的关系必须有更全面、清晰的理解，要谋求高质量发展，离不开合规经营的保驾护航，决不能牺牲规范求发展。具体来说，一是要让合规文化在企业扎根、成长，呈现一片盎然生机。要不断通过学习和实践，让全体员工充分认识到合规经营的重大意义，真正从心底里接纳"合规"二字。合规不仅为我们提供行为范例，避免重蹈覆辙，而且帮助我们恪守自律，促进形成自我约束机制，创造公司声誉和企业价值。二是力求通过制度和流程的合理安排与科学设计，确保合规经营方针的大力执行。从安信证券的实践来看，在公司总体制度安排方面，力求制度到位、岗位明确、流程清晰；在业务流程的设计方面，全面实施"前后台分离"的集中管理，强化公司总部在交易、财务、客户资源、信息系统等方面的集中管理能力，实现前后台的相互制衡和风险的有效控制；在经营决策层面，建立逐级授权制度，签订授权责任书，明确各层级的工作规则，加强对高级管理人员的履职监督。这些制度和流程的安排与设计，为公司合规运行提供了保障，为业务的健康发展打下了基础。三是要坚持通过强有力的合规检查，增强合规管理的严肃性和有效性。合规检查是发现风险隐患、防范合规风险的有效手段，也是宣传合规理念、推动合规文化建设的重要途径。

从风控角度看，证券公司本身就是经营风险的，任何业务都存在一定风险，为保障证券公司稳健经营，关键是要建立健全与证券公司自身发展战略相适应的全面风险管理体系，以保证公司各类风险可测、可控和可承受。现阶段，随着行业创新不断推进，证券公司风险管理的方式方法、技术手段的要求越来越高，尤其是在中介业务逐步向资本驱动业务转型后，"吃牌照饭"等制度性红利的空间越来越小，做好风险计量和风险定价工作就越来越重要。为此，需要从公司总体层面去把握业务风险度，积极借助各种模型和以往的经验判断，建立风险数据集市、引入先进的海外风险管理系统和搭建风险管理门户，强化对风险的预测和量化，进一步加强内部沟通，综合平衡好风险和业务发展的关系，及时处置好业务风险隐患。

打铁还需自身硬
——证券公司高质量发展之路的认识与思考

蔡 咏[*]

"忽如一夜春风来",市场回暖使得资本市场受到空前关注。习近平总书记在 2019 年 2 月 22 日的中央政治局就完善金融服务、防范金融风险的第三次集体学习上指出,"金融是国家重要的核心竞争力,金融安全是国家安全的重要组成部分,金融制度是经济社会发展中重要的基础性制度",同时强调"深化金融供给侧结构性改革要以金融体系结构调整优化为重点,为实体经济发展提供更高质量、更有效率的金融服务"。这是对作为金融体系重要组成部分的资本市场的充分肯定,也为其发展指明了方向。中国证监会主席易会满在 2 月 27 日的国新办发布会上进一步明确表示,"资本市场这个'晴雨表'功能主要通过上市公司来体现,提高上市公司质量是重中之重"。证券公司作为上市公司和资本市场之间最重要的桥梁与纽带,一定要走高质量发展之路,在控制风险的前提下,为实体经济提供高质量的中介服务,事关资本市场的成败,是金融能否发挥国家重要核心竞争力的重要保障。如何充分理解和做到证券公司的高质量发展,证券公司怎样才能走好高质量发展之路?综合各方面实际情况来看,笔者对证券公司高质量发展的认识与思考如下:

一、充分发挥服务实体经济的功能,站位要高

证券公司高质量发展必须坚持服务实体经济,以服务实体经济作为首要功能,而且这个功能要得到充分发挥。除了通常包括的为企业提供投融资服务促进实体经济增长外,还应该

---

[*] 作者简介:蔡咏,高级经济师,安徽国元金融控股集团公司党委委员;中国证券业协会理事、人力资源管理专业委员会主任;中国证券行业文化建设委员会顾问;亚洲金融智库研究员;中华全国工商业联合会并购公会常务副会长、永久理事,全球并购研究中心理事会副主席;中国人民大学国际并购与投资研究所理事;安徽省证券期货业协会名誉会长;深圳证券交易所战略发展委员会委员;上海证券交易所博士后导师;安徽财经大学客座教授。原载于《中国证券》2019 年第 3 期。

深刻理解"充分发挥"的内涵。具体来讲就是要提高站位，关注社会发展对证券公司的要求，从科技企业发展壮大、混合所有制改革、并购重组、中小微企业融资需求、保护投资者权益、增加市场活力和韧性等多方面推进创新企业加快发展，主动为实体经济排忧解难、为资本市场增添活力、为投资者保驾护航。在过去 20 多年间，我国证券行业从无到有、从小到大、从区域到全国，得到了迅速发展，走过了一些成熟发达市场上百年的道路。截至 2018 年 12 月底，131 家证券公司总资产为 6.26 万亿元，净资产为 1.89 万亿元，净资本为 1.57 万亿元，客户交易结算资金余额（含信用交易资金）9 378.91 亿元，托管证券市值 32.62 万亿元，受托管理资金总额 14.11 万亿元。证券公司作为资本市场的重要机构和参与者，也是我国经济快速发展中成长最快的行业之一，证券公司应立意更加高远，承担与其自身地位相称的更加高层次的功能角色，更加有效地支持实体经济发展，积极主动承担更多服务实体经济的业务活动，通过深化金融供给侧结构性改革，将服务实体经济的责任意识进一步融入行业发展和公司的日常经营活动中，形成在资本市场中普遍接受的行为准则。

二、大力提升证券公司实力，资本规模要大

长期以来，我国证券公司由于同质化发展及其他原因，过分依赖政策和 A 股二级市场，典型表现是"靠天吃饭"。如上所述，截至 2018 年底，我国 131 家证券公司总资产 6.26 万亿元，而同期美国高盛公司总资产折合人民币约有 6.25 万亿元，高盛公司一家的总资产就与我国全部证券公司的总资产基本相当，这反映出我国证券公司规模过小、竞争力不足的残酷现实，证券公司要想在未来经济发展中做出更大贡献，必须奋起直追、做大规模。简单来讲，证券公司核心竞争力有的是业务规模，有的是服务能力，有的是效益，有的是团队，应结合自身情况寻求差异化发展。证券公司核心竞争力都需要有与之相适应的资本金规模作基础，需要保持一定的资本金实力。据观察，十几年来证券公司收入利润排名与其资本金实力排名基本一致。尽管资本金增大后短期内可能使净资产收益率（ROE）水平下降，但是资本金大了抗风险能力相应会增强，市场不好时也能承担更大的风险，所以资本金实力规模仍是证券公司高质量发展的一个重要基础条件。

三、全方位满足客户进入多层次资本市场的需求，客户服务能力要强

证券公司提供的产品本质上是一种服务，客户满意度是衡量证券公司业务质量的关键指标。国内金融行业中，证券行业是市场竞争最为激烈的，尤其是目前高度同质化市场中，谁能提供最适合客户需要的产品、更好的客户服务、更快的客户响应，谁就能在竞争中脱颖而出，获得更好的发展，也意味着更高的发展质量。不同客户的差异化服务必须借助多层次资本市场来实现，目前各级政府十分重视多层次资本市场的建设。经过 20 多年的发展，我国已经初步建立了由主板、中小板、创业板、新三板、区域性股权市场等构成的多层次资本市场体系，尤其是习近平总书记于 2018 年 11 月 5 日在首届中国国际进口博览会上宣布在上海证券交易所设立科创板并试点注册制，支持上海国际金融中心和科技创新中心的建设，不断完善资本市场基础制度，这将我国多层次资本市场建设推进到了一个新的历史阶段。李克强总理于 2019 年 3 月 5 日在第十三届全国人民代表大会第二次会议上作的政府工作报告中再

次强调,"改革完善资本市场基础制度,促进多层次资本市场健康稳定发展,提高直接融资特别是股权融资比重"。显然,证券公司高质量发展需要统筹协调各种资源,扩大视野和格局,调动各方面积极性,全方位满足各方主体进入多层次资本市场的投融资需求,以专业的业务能力和职业素养为客户提供资本中介增值服务。

四、在资本市场对外开放中增强跨境业务能力,国际化经营范围要宽

随着我国金融开放格局的确立,外资金融机构在华的自由度和话语权都将提高,这将给国内证券公司带来巨大冲击,但大多数国内证券公司仍相对闭塞,只看到了国内的竞争对手,没有足够的国际竞争危机感,真正打造具有国际竞争力的国内证券公司能力明显不足。监管部门对此认识十分深刻,一直鼓励国内证券公司发展壮大走出国门,前不久又推出了"跨境业务"资格。跨境业务是指公司本部开展的涉外业务,拥有这个资格才可以开展相关的境外业务,并与中资券商境外分支机构联手开展业务。按照中国证监会国际化竞争水平分类评价加分标准,海外收入占证券公司总收入的10%就可以加分。努力提升国际化经营水平是对外开放赋予我国证券公司的重大使命,也是自身持续高质量发展的必然要求,证券公司责无旁贷,必须义无反顾地落实推进。

五、打造金融科技运用能力,科技手段要新

随着互联网与金融间的跨界融合持续加深,国内金融科技发展迅猛,这让"金融科技"成为近年来金融圈最为炙手可热的潮流词。证券经营机构和金融科技企业优势互补、深度融合是大势所趋,必将大大加速金融证券体系和业务模式的变革,进一步提升证券服务实体的效率和质量。证券业拥抱"金融科技"也是互联网时代发展普惠金融的一个重要载体,借助互联网技术与金融平台的搭建,发挥金融科技的巨大力量,可以为证券公司发掘更多的潜在客户需求,以全维度的投融资产品和服务为客户提供量身定制的解决方案,努力打造一个集数据、配置、渠道、产品、服务于一体的更加智能化的金融证券服务生态圈。

六、专业人才培养应先于业务发展,团队建设要早

证券行业对从业人员的经济、金融、投资分析等方面的知识和经验要求较高,是典型的知识型、智力型行业。证券公司业务核心在于经营管理风险,依托各类专门人才才能开展相关工作,对人才的要求相对其他行业要高得多,同时由于业务的专业性强,大多需要团队协同,因此人才团队建设始终是证券公司高质量发展的核心任务。证券监管部门对证券公司开展业务实行严格的资格审核,目前证券公司所拥有大多数业务资格均需要专业的业务团队来进行,没有专业的运作人才,相关业务就无法展开。人才培养是证券公司高质量发展的重中之重,而且人才团队建设必须走在业务发展及经营管理的前面。

七、严控隐性潜在风险或损失，资产质量要高

证券公司业务基础是为客户提供投融资服务，核心在于通过管理风险创造价值，其自身发展无时无刻都有着风险陪伴，这显然对证券公司的资产质量提出了较高要求。没有隐性潜在风险或损失才能表明证券公司资产质量高。知易行难，要想真正做到这一点对证券公司来讲并非易事。2018 年 3 月至 12 月，随着市场持续下行，证券公司群体出现了大面积的股权质押风险、债券"踩雷"风险等，多家证券公司承受了大规模的资产减值计提，各级政府不得不紧急出台相关政策为民企纾困以避免系统风险，所暴露出的股权质押风险和债券违约风险问题，为证券公司下一步如何加强股权质押风险管理和固收投资风险管理提供了有益的经验与教训，可以进一步促使证券公司提高风险管控水平。

八、满足监管要求，风控、合规指标要达标

为提升风险控制指标的有效性，促进证券公司持续稳定健康发展，证券监管部门很早就制定了《证券公司风险控制指标管理办法》和配套措施，为适应不断变化的市场形势，2016 年 6 月再次修订发布并于同年 10 月正式实施。修订后主要通过资本杠杆率对公司杠杆进行约束，综合考虑流动性风险监管指标要求，财务杠杆率大体为 6 倍左右；通过风险覆盖率、资本杠杆率、流动性覆盖率及净稳定资金率四个核心指标，构建合理有效的风控指标体系，是有效管控证券公司经营风险的有力保障，证券公司必须认真执行，确保各项风控指标持续达标。在合规管理方面，不能违规经营是证券公司的立身之本，理应成为证券公司高质量发展的根基。证券公司在追求利益最大化的道路上始终与业务风险、合规约束相伴，依法合规经营则是证券行业的底线。业务发展、风控并行和合规约束是证券行业发展的核心要义。敬畏规则、遵守规则、主动合规、违规问责应成为行业共识，真正做到有所为、有所不为，这样才能实现证券公司的持续健康发展。

九、培育风清气正的证券行业文化，价值观、理念要正

证券公司高质量发展的关键在于人才，由于证券行业的专业性导致其具有较高的从业门槛，尤其是专业性较强的一线投资、投行和研究人员。证券从业人员"跳槽"现象频繁，正常的人员流动对于行业发展是必要的，但过于频繁的"跳槽"，会影响证券公司稳定乃至整个行业的发展。同时，由于证券市场"新兴加转轨"初级阶段的基本特征还没有发生根本性的变化，证券行业目前存在的对投资者服务意识不足、行业特色不明显等问题亟待解决，证券从业人员专业的服务能力有待加强，社会责任担当意识和层次也需要进一步改进。解决上述存在的问题，仅仅依靠提高薪酬待遇、强化制度管理等"硬性"办法是不够的，还需要通过树立正确的价值观和培育积极进取的企业文化，发挥文化在证券公司专业团队建设中的影响作用，也是践行习近平总书记"文化强国"重要思想在证券行业的具体体现，可以提高证券公司人员素质、促进证券行业的可持续发展。

十、经济、社会效益一起抓，履行社会责任要实

如果没有改革开放 40 年中国经济的快速发展，没有中国特色社会主义市场经济理论和实践的强大支撑，我国资本市场不可能取得现在的成绩，证券公司的迅速发展也无法想象。证券公司理应在获得较大经济效益的同时积极主动承担更多的社会责任，感恩和反哺社会、履行社会责任。作为一家国有上市证券公司，国元证券一直非常注重履行社会责任，积极投身于党中央提出的脱贫攻坚战略，从 2007 年上市至今通过结对帮扶、教育扶贫、金融扶贫、消费扶贫等方式积极参与国家大力倡导的"精准扶贫"攻坚战，范围覆盖安徽全省并逐渐扩展至西藏、新疆、宁夏、青海、贵州等少数民族地区。2016 年、2017 年公益性支出总额和支出占营业收入之比两项指标位居行业前列，先后获得"2018 中国证券期货业扶贫卓越贡献奖""安徽上市公司履行社会责任贡献奖"等荣誉。在证券公司走好高质量发展的道路上，经济、社会效益一起抓、双丰收，履行公司的社会责任决不可或缺，而且还要更加重视、积极参与其中。

经过十几年来的创新发展和业务转型，国元证券紧跟行业发展步伐，从区域性券商发展成为在全国有一定知名度的综合类证券公司。国元证券目前在高质量发展方面已经初见成效，由于公司上下的共同努力，拥有了面向未来高质量发展的好的起点，也具备了下一步高质量发展的基础。这两年是国元证券加快业务转型步伐，提升盈利能力，以客户为中心，重塑业务系统，打造面向未来的差异化核心竞争力，使公司的高质量发展水平进入国内证券行业前 20 位，并实现向具有本土优势和国际视野的现代投资银行迈进的关键时期。同时，2019 年也是建国 70 周年，公司深入贯彻落实党的十九大精神和安徽省委省政府的各项决策部署，抓住资本市场和证券行业深化改革的战略机遇期，坚定差异化竞争的战略定位，以服务实体经济和满足客户需求为导向，推进零售业务向财富管理转型，全力备战科创板和注册制，推进机构服务体系的建立与完善，树立投资管理业务的新模式，提高科技运用的水平和国际业务的发展能力。在实现高质量发展的过程中，在行业中既不掉位，还要促使排名前移，进一步增强公司资本金实力，打造综合实力较强、业务有特色、资产质量高、合规风控达标、有差异化核心竞争力的现代投行，为建设"五大发展美好安徽"做出更大的贡献。

综上所述，证券公司应该紧随国家经济发展步伐，提高政治意识，集思广益、上下联动，谋划高质量发展，更好地适应行业开放和监管变化的新形势，全面加强风险经营能力、投资交易能力、产品设计能力、金融科技能力、研究分析能力等核心业务能力建设，深刻理解金融科技、技术进步对经济生态、人文生态、金融生态的深远影响，探索向金融科技深度转型，在做大做强自身的同时，不断提升服务实体经济能力，为实现我国经济健康持续发展发挥重要作用。走高质量发展之路是证券公司未来几年的战斗号令和发展纲领，谋划高质量发展需要提高政治意识，要有更高的发展定位，要制订更好的工作方案，要集思广益、上下联动，心往一处想、劲往一处使，使高质量发展成为各家证券公司的共同奋斗目标；要主动对照证券公司高质量发展的要求找出差距、补上短板，积极谋划高质量发展的路径，更好地适应行业开放和市场转暖的新形势，推动证券行业形成敢于担当、比学赶超、奋发有为的氛围，为推动高质量发展做出应有的积极贡献。

优化行业生态环境及制度设计推动证券业更高质量发展

吴承根[*]

中国证券业伴随着国家的改革开放,已走过了风云激荡的近三十年历程。俗话说"三十而立",当下的中国证券业需要凝神静气,系统思考证券行业下一步的成长走向及发展逻辑。大的背景是我国正处于中华民族伟大复兴的历史时期,处于较长一段时间的战略机遇发展期,中国经济在面对内外发展的诸多矛盾及约束下,依然需要提质增效,寻求更高质量发展,激发各类市场主体的创新活力,推动已经在全社会引起最广泛共识、众所期盼的经济结构调整及产业升级。正如《伟大的博弈》[①]一书所表达的中心要旨——资本市场的博弈对应着大国的博弈和兴衰,资本市场的崛起与大国经济发展相辅相成。要实现真正的国富民强,资本市场的建设已经成为胜负手。近年来,党中央审时度势,对中国资本市场的下一步建设发展作出了一系列重要的指示,需要全体证券业同仁认真领会,仔细研读,并在行业的制度设计及生态环境建设上加以考虑。当下的首要矛盾是证券行业相对孱弱的发展状态与全社会对直接金融相对较高的期望值的不匹配。自2012年以来,全社会已经达成共识:为了解决融资难融资贵问题,确保各业态、各所有制经济主体的健康良性发展,需要大力发展直接金融,有计划降低间接金融在金融供给体系中的权重。但经过较长时间的运行,以上问题依然没有明显破题。中国证券行业发展步履依然谨慎,证券行业整体规模小、竞争力弱,整体资产规模占金融业资产及非银金融体系比重双双较低,证券行业营收、净利润以及资本回报率日渐式微。另外,外部环境复杂程度增加、宏观经济增长动能放缓以及信用风险频发都给资本市场带来了较大的不确定性。

构筑一个改革创新和金融开放下的证券行业新格局,建立普惠金融环境下的资本市场枢

---

[*] 作者简介:吴承根,硕士,高级经济师。现任浙商证券股份有限公司董事长,从事金融工作30多年,先后在中国人民银行、国家外汇管理局、浙江省人民政府、中国证监会系统任职。曾获"浙江经济年度人物""浙江金融创新人物""人文社科领军人才"等殊荣。原载于《中国证券》2019年第7期。

① [美] 约翰·S. 戈登著,祁斌译,中信出版社2005年版。

纽，必须解决五大平衡问题，才能使万众瞩目的资本市场成为国家转型升级源源不竭的动力源泉：一是证券业的发展与整个金融业态发展的平衡；二是各类金融（监管）工具宏观运用的平衡；三是国际开放及本土金融安全的平衡；四是融资与投资的平衡；五是产业集中与发展公平的平衡。

一、证券业的发展与整个金融业态发展的平衡

（一）加快政策提速，推动直接融资发展

我国直接融资占总融资比例过低，不利于经济结构转型。目前，我国直接融资的比例已提升到30%左右，而美国直接融资的比例约为80%，德国和日本等发达国家则维持在70%左右。美国有较高的直接融资比例，得益于其市场主导型的金融结构。近十年来，美国三大股指稳步上升，且债市规模庞大，使得其直接融资比例仍在不断上升。我国则由于长期受计划经济时期政策的影响，以银行为首的间接融资为主，且股票市场长期低迷，债券市场规模较小，使得直接融资比例长期处于低位。纵观发达国家的历史进程，直接融资的比例和经济发展息息相关。20世纪80年代，美国经济引擎从工业转向服务、消费、科技行业，服务业的核心资产是知识产权和人力资本，难以从银行获得抵押贷款。在这期间，美国股权融资占总融资的比重大幅上升，助推其经济转型成功。我国现在也已处于产业结构升级期，融资结构亟待改变以服务于经济转型。加快政策提速、加快多层次资本市场建设、推动直接融资发展迫在眉睫。

我国直接融资发展历史较短，法律法规和相关政策还不够完善，资本市场还存在明显的制度缺陷。根据《中华人民共和国公司法》和《股票发行与交易管理暂行条例》中的有关规定，股份公司申请上市近三年要连续盈利，并且同股同权。事实上，国内许多公司由于处于扩张阶段而暂时亏损，即使已经开始爆发式增长，也无缘国内的股市。阿里、腾讯、百度等公司同股不同权，最后只能谋求海外上市。反观美国纳斯达克市场，企业可以根据自身财务特征选择上市条件，亏损企业达到条件也能上市；直接融资的限制条件更为宽松，有利于上市公司二级市场融资发展。

（二）杠杆率适度提升，比肩国际同行

对比国际成熟市场，中国证券行业的杠杆率显著偏低。当前中国证券市场的杠杆率约为3.4倍，而欧洲和美国证券市场的杠杆率分别为18.4倍和10倍左右，杠杆率进一步提升的空间很大。以美国的金融市场为例，杠杆率提升是驱动证券行业净资产收益率（ROE）进一步提升的重要因素。美国证券行业的净资产收益率变化可以分成三个阶段：（1）20世纪80年代初期通道业务主导阶段：净利润率推动ROE；（2）20世纪80年代后期及90年代中介业务主导阶段：资产周转率提升ROE；（3）2000年后重资产业务主导阶段：杠杆率驱动ROE。由此可以看出，当金融市场发展到一定的发达程度，由轻资产业务（经纪业务、投行业务和资产管理业务等）转变为重资产业务（投资类业务和资本中介业务等）之时，杠杆率的提升势在必行。

在金融去杠杆的背景下，证券行业更应该识别"好的杠杆"，为优质企业进行有效的资源配置。我国证券行业的真实杠杆水平比名义杠杆水平更低。当前证券公司的资产负债表

中，杠杆资金主要为客户保证金，而这块业务以同业存款的形式存在，如果剔除这部分保证金，证券公司的杠杆水平更低。杠杆资金主要用于信用业务以及债券投资，对于一些资金紧张的新兴科技企业尤为重要。加大杠杆资金的合理投放，能够推动处于孵化期的优质科技型企业解决融资难的问题，将社会资源合理投放到高效且具有发展潜力的行业中。

（三）深化金融评级，加大风险治理

当前我国信用评级体系有着诸多问题。第一，本土评级机构实力较弱，难以取得金融话语权。在金融全球化的背景下，谁掌握国际信用评级，谁就有金融定价权。目前，全球评级业务由世界三大评级机构垄断，我国本土评级机构实力较弱，且被不断渗透，除大公国际外，均被美国评级公司收购或正在被收购。第二，相关法律不完善，缺乏对评级机构的统一监管。我国信用评级是伴随企业债券发行而产生的，然而我国企业债券由多个监管部门监管。例如上市公司发行债券由中国证监会监管，短期融资债和票据由央行监管，企业债和中小企业集合债由国家发改委监管。三个部门认可的评级机构有交叉也有不同，监管理念、内容和力度也有较大差别，因而三个部门在信用评级监管实践中的权限有待进一步确定。第三，信用评级得不到重视，信用缺失严重。在信用征集方面，尽管我国目前征信体系正在逐步建立，但对征信体系没有形成相关的法律法规，强制申报制度不完善，信息公开手段仍然落后。

要以政策扶持和加强监管相结合的方式加大对风险的治理。第一，扶持本国评级机构，维护国家金融安全。可以选择若干有发展潜力的评级机构给予政策上的扶持，扩大我国评级机构在国际上的竞争力，争取市场话语权。第二，推进征信立法，建立信用评级机构监管的法律框架。在明确赋予中国人民银行管理信用评级机构法定职责的同时，对国家发改委、中国证监会的管理权限进行界定，并将评级机构的准入条件、人员素质、执业规范、信息披露、独立性及利益回避安排、退出机制、监管部门的具体监管措施纳入法律监管框架。第三，推动建立良好的信用环境，进一步推动社会信用体系建设。包括建立和完善信用信息的采集及共享机制，完善守信激励及失信惩戒机制，健全破产机制等。

二、各类金融（监管）工具宏观运用的平衡

（一）丰富金融工具箱，酌情综合治理

在金融供给侧结构性改革深化、兼顾宏观杠杆的稳定且保持总量适度的背景下，央行表示要进一步完善防控金融风险政策工具箱，并同步出台了一系列结构性支持措施。其中央行运用和创新结构性货币政策工具，加强宏观审慎管理，促进信贷结构优化，效果立竿见影。对于金融工具箱的理解如下：其一，财政金融工具在培育长期资本市场方面的领先作用；其二，货币政策金融工具在防范金融风险方面的规范性作用以及化解金融风险方面的调节作用；其三，消费（产业）金融工具作用于实体，有效的消费（产业）金融工具将反映市场情况；其四，最重要的是金融市场工具，也就是说直接作用于金融体系，对于体系内参与者决策与战略规划产生直接影响的工具。

金融政策工具只有在与金融市场工具相适应时，才能恰如其分地产生正面效应。举个反例，2016年熔断机制在推演可行的基础上实行，但实际操作出现一定问题：一方面，在已

有的涨跌停制度下的熔断是否能够进一步控制证券市场的风险,也就是必要性不充分;另一方面,在缺少做市商的现有体制下,如果发生熔断,复盘后的流动性如何保持充足、业务政策如何保障。相比较而言,美国的熔断机制覆盖指数以及个股,虽然保守程度不如 A 股熔断机制,但其更新版涨跌幅限制制度(LULD)的执行标准以价格区间、指数范围、交易时间为区分,对症下药。熔断是为了限制非常规原因的大幅崩盘,在使市场冷静的同时,还需要金融机构、上市公司以及政府在熔断期间的积极反馈与信息传递,但显然政策未能匹配 2016 年的金融市场。

监管工具箱与券商的业务平衡对于证券业发展至关重要。近年来资管新规促进券商资管业务向主动管理看齐。为了降低业绩波动,未来券商发力点侧重于衍生品资产以及复杂定价的金融工具,所以监管工具箱的业务指导与风险控制和金融工具的发展须长期平衡。

(二)疏通传导逻辑,夯实定价体系

在信用体系稳定的基础上,价格的传导围绕同业展开。在传统的货币政策框架下,央行的货币政策操作主要针对一级交易商、大型银行,从而银行与非银机构的流动性显著分层。非银机构是金融体系的重要参与者,它所代表的信用实体相对信用层级较低。在非银机构合理高杠杆水平下,非银机构的收益从风险理论来说是匹配的,券商与银行相比较更容易受市场预期的影响,一旦银行向非银机构供给资金意愿下降,券商的流动性将受到极大限制。而眼下的银行体系因为存在接管个例,导致银行的流动性分层加剧,券商在风险暴露阶段对于流动性较为敏感,资金传导链条长,一级交易商中券商(投行)占比低,券商的头寸管理相对困难,转而只能在交易所市场获取高成本资金。适当提高一级交易商中非银机构的占比,并对多元化非银机构以及交易商进行金融支持,在银行融出无力时能够有效消解非金融体系由于市场风险偏好过度调整而产生的短期流动性压力。美国在金融危机期间对于非银机构的流动性风险缓释源于一级交易商信贷工具(PDCF),即给予非银机构直接流动性窗口,也证实非银信贷工具的有效性。

(三)打开长短期融资,增强流动性匹配

2018 年末,券商总资产较上年末微增,但净资本收益率持续下滑。一方面,金融降杠杆降低了体系内风险;另一方面,限制券商的杠杆自由度制约了直接融资的多元化,经纪业务下滑,"两融"利息收入下降,券商净利润集中于前十大券商。券商是直接融资的主要信用对手方,一端对接金融市场,另一端对接直接融资方(实体经济等);一端控制成本、平衡流动性,另一端控制杠杆与风险。某银行被接管,拉开了同业刚兑被打破的序幕,后续容易产生信用波动引致风险。打开同业融资的长期发展链条除了直接的流动性干预以外,对于同业融资路径的制度支持和风险缓释工具运用是一种创新的尝试。券商在业务规模上升有限的基础上,寻求资本补充。部分头部券商发行转债或者发起定增,寻求业务拓展,如同业收购以及战略性的股权投资。部分券商将经纪业务向财富管理转型,或转型为以中介类业务及投资交易类业务为主的综合业务模式。而短期融资问题,目前主要以建立头部券商为稳定器的非银体系、直接融资体系为核心,一方面银行可以投资于头部券商的金融债券,另一方面头部券商维稳非银流动性,增强与信用的匹配。后续需要进一步探索完善建立证券公司业务的流动性支持体系。

三、国际开放及本土金融安全的平衡

(一) 灵活开放市场,谨慎评估风险

更灵活、更开放的市场与更谨慎、更细致的风险评估体系是推动证券业高质量发展的先决条件。党的十九大以来,中央在经济工作会议和博鳌论坛等重大场合多次强调要深化金融市场改革,放开市场准入,强化竞争政策的基础性地位,创造公平竞争的制度环境等,推动金融行业全方位对外开放。与此同时,中央将防范化解重大风险放在"三大攻坚战"之首位;国务院成立金融稳定发展委员会,多次召开防范化解金融风险专题会议。

2017年10月,习近平总书记在十九大报告中提出了全面深化改革和总体国家安全观等。2018年4月,总书记在博鳌论坛开幕式上发表主旨演讲,向全世界传递了继续改革开放、放宽市场准入的信号。2018年4月28日出台的《外商投资证券公司管理办法》放开了外资持有券商股份比例的限制、放开了合资证券公司业务范围等一系列条款,给外资券商"松绑"。一年多的时间里,3家外资控股券商横空出世,18家外资券商排队入场。2018年9月,海外自然人可开立A股账户;2019年1月,合格境外机构投资者(QFII)总额度由1 500亿美元倍增至3 000亿美元。2019年6月,中国银保监会主席郭树清在陆家嘴金融论坛上作出承诺,将进一步扩大国内银行、保险、证券、信托的开放,尤其欢迎有经验的资产管理机构与中国的同行一道筹集人民币资金,投入人民币证券市场。

2018年4月,中国人民银行下发《关于规范金融机构资产管理业务的指导意见》(简称"资管新规"),明确打破刚性兑付,对嵌套业务施行穿透性监管,禁止开展多层嵌套和通道业务,降低分级杠杆,让资管业务回归主动管理本源。长期来看,"资管新规"有助于规范市场乱象,有利于资本市场健康发展,体现了中央对风险评估体系的高标准、严要求。

(二) 引入先进经验,扩大国际资本流入

积极引入成熟市场先进经验,不断扩大优质国际资本流入,保障中国证券业高质量发展。我国的资本市场与西方发达国家相比起步较晚,尚不成熟。因此,金融补短板要不断参考、借鉴西方国家成功的案例,择优引入国内资本市场。引入的同时,还需因地制宜,对相关细节进行符合我国国情的微调,避免"南橘北枳",水土不服。

从西方国家资本市场与其实体经济的发展进程来看,资本市场在金融运行中具有牵一发而动全身的作用,要通过深化改革,打造一个规范、透明、开放、有活力、有韧性的资本市场,提高上市公司质量,完善交易制度,吸引更多国际资本、中长期资金进入我国资本市场,促进我国经济增长和就业,也有利于资源的合理配置。此外,扩大国际资本流入还能起到"稳外资""稳外贸"的双重作用,符合中央经济工作会议中提到的"六稳"要求。

作为资本市场的增量改革,2019年6月13日科创板正式开板,是中国资本市场的破冰之举,是推动完善资本市场市场化功能的里程碑式举措。科创板针对战略新兴产业在一系列制度上进行大胆改革,为科技类行业丰富融资渠道、促进产业结构升级,弥补了现有资本市场的短板。科创板作为金融供给侧结构性改革的重要抓手,让金融更好地服务实体经济,有利于实现准入市场化、定价市场化、资源配置市场化和监管市场化,落实以信息披露为中心的注册制审核理念,让市场真正发挥资源配置作用。科创板的顺利推出,是我国资本市场与

国际成熟资本市场接轨的重要一步，是扩大优质国际资本流入的良好助力。

（三）开拓境外市场，夯实本土产业升级

加快开拓境外市场，夯实本土证券产业升级换代。为满足资本市场更高定位要求，满足客户日益多元化、复杂化、个性化的金融服务需求，国内券商需继续大力发展金融创新，积极开拓海外证券市场，提高国内券商在全球资本市场的知名度和行业地位，练好行业"外功"。此外，拓宽证券公司服务范围，探索放宽对证券公司开展境内外证券同业并购的限制，促进减少行业红海竞争，夯实本土产业升级，开辟新蓝海，提升行业资源配置效率是练好证券产业"内功"的不二法门。

目前，本土券商部分创新业务领域难以突破，不利于形成一批具有国际竞争力的一流投资银行。本土券商尚不具备理财账户的支付、投资、交易等基础功能，大部分券商未取得外汇业务牌照，难以充分发挥其跨境、跨市场的专业优势，无法提供全方位、一站式理财服务。无论是与本土银行还是国际知名投行相比，均处于明显劣势。本土券商可借鉴美国、瑞士等领先市场的先进经验，探索发展、完善证券公司在财富管理、衍生品交易、外汇等领域的创新机制，满足国内乃至国际客户多元化、复杂化、定制化的配置需求，推动行业传统业务转型升级，推动行业高质量发展。

在"一带一路"倡议的带动下，2015年以来，少数几家大型券商成功实现了"走出去"的战略目标，但由于旧框架、旧条款的限制，无法充分发挥其专业化的竞争优势，放不开拳脚，以至于海外拓展多年来举步维艰，进展缓慢，无法做到多点开花、星火燎原。要加速国内券商进军国际的步伐，落后的、不必要的旧条款亟须解除；国内券商必须拿起"金融创新"这把"尚方宝剑"，才能在境外市场因地制宜，披荆斩棘。

四、融资与投资的平衡

（一）深化信用分层，拓展融资渠道

国内信用分层不匹配，中小企业资金需求难以满足。当前国内债券市场的融资分层情况依旧显著，在市场上占据绝对多数的中小企业，其信用债发行规模往往只占总发行规模的极小部分，正面临着严峻的融资形势。一方面，在经济下行的压力下，中小企业债务违约情况有所增加，部分市场主体规避情绪加重。商业银行、保险等机构投资者风险承受能力有限，而中小企业的信用评级普遍较低，不符合这类机构的入库标准。在投资者范围较小的状况下，供需不平衡导致中小企业融资难融资贵。另一方面，部分中小企业对影子银行融资较为依赖，在经济去杠杆的大背景下，面临着融资渠道转换的阵痛。

（二）融资渠道需要扩展，以满足优质中小企业的需求

一是发展债券市场，增加资本有效供给，改革现有的企业债券监管模式，推行中小企业债券发行核准制，放宽中小企业债券募集资金的使用限制和上市交易限制；针对不同的经营主体、投资主体和资金需求主体，可以调整债券融资工具结构，丰富融资工具品种，给具有不同投资偏好的投资者以更大的选择空间。二是发展多层次的资本市场，逐步建立全国性的中小企业资本市场，以实现资源在全国范围的合理、顺畅流动。三是加快中小企业信用担保

体系的建设，建立银行与中小企业之间的良好信用关系，提高中小企业的信用观念。

（三）增强有效信用价差，完善市场信息沟通

信用价差期限结构以及市场信息的有效传导首先会由金融开放产生客观需求。信用价差也将普遍运用于衍生工具的各个方面，如金融套利、风险管理和金融衍生品定价等。现阶段，企业债期限和品种相对不丰富，主体、债项评级与隐含评级又存在差距，制约了信用衍生品的发展与定价。长期的监管分割与市场分割使得衍生品市场不具备市场化条件下的数据获得，难以搭建基于有效信用价差的模型。同时，宏观经济、微观企业主体以及流动性的信用体系亟待强化，由此，市场信息沟通也应更有效。

在信用结构调整的背景下，大力建设征信体系，为信用市场提供信用信息交流与共享是市场信息沟通的最直接手段；同时，券商广泛参与信用市场以及采用合适的杠杆参与市场，是完善信息沟通、构筑有效市场的客观要求。

（四）改革资金供给侧，有效对接需求

坚持推进资金供给侧改革，有效定点对接实体经济需求。李克强总理多次提到，市场经济的核心要素是资本，资本的要义不仅要管好而且要用好。当前我国经济面临整体下滑态势。实体经济特别是中小微企业更是遭遇发展瓶颈。资金不足已经成为中小企业发展的拦路虎。调整资金结构、合理分配资金，是资金供给侧结构性改革的主要内容。资金供给侧改革就是要消除这种资金的不平衡，提高资金配置效率。

需求不足仅仅是经济疲软表象，供需错配才是实质原因。仅靠一味地刺激需求无法永久维持经济长期稳定增长，要从供给端、资金源头开始着手改革，刺激经济潜在增长力才是关键。杜绝"大水漫灌"式的流动性释放，定向、精准地给中小微企业输送纾困资金，保障实体经济活力。建立严格的资金分配制度，改革财政、税收政策，调整财政资金投资结构，加大实体经济资金的有效供给，减少无效供给，提高资金供给结构对需求结构的适应性，有效对接实体经济需求，才能确保我国经济平稳换挡、持续发展。

五、产业集中与发展公平的平衡

近年来行业主管部门着力推动证券行业产业集中度的提高，并在各类监管措施中设计了各类监管指标对此加以引导。诚然，近年来券商的各项统计数据表明行业的收入及利润向头部券商集中，但以此作为行业未来的监管导向，并不利于中小券商的发展。对于这个问题，不能割裂历史静态地看。回顾中国证券公司的发展历程，不难得出这样一个结论：目前头部券商占据的优势地位除市场竞争因素外，还受益于各类行政力量及诸多因素的推动，如背后大股东的所有制性质，不同性质的大股东对于证券公司的业务发展推动力可能完全不同。比如说央企背景的券商在业务竞争中经常会获得一些"特殊待遇"，但这种领先并不完全由市场化竞争所带来，不会让券业同行真正服气和尊重。此外证券公司上市时间的早晚也会对未来发展产生较大影响。目前的头部券商大多上市时间早，从资本市场累计融资的金额大，但分析头部券商的盈利能力，并没有发现领先的资本回报率。另外，国内券商大多发端于各省域国资体系，但客观来看各区域国资监管理念、文化以及券商发展所需的资源配置情况差异

较大,不能构成市场经济体系公平的竞争环境,这些政策差异需要较长时间的改革才能消除。此时如照搬海外市场现状,人为地圈定鼓励谁发展、限制谁发展,可能会扼杀绝大多数中小券商的经营活力。当然在欧美国家,行业主管机关并没有运用行政化的手段去人为调节不同规模券商的发展走向。全球第一投行高盛集团,在20世纪70年代就是华尔街的一家二线投行,如果当时人为划层监管的话,怎么会有当下在全球范围声名卓著的高盛?更何况当下强调证券业要紧密服务实体经济,服务在国民经济中发挥重要作用的民营经济及中小微企业,中小券商大多属于省域券商,与域内企业天然亲近,能够更好地体现直接金融的真正内涵。我们呼吁管理层给不同规模的券商创造公平的竞争环境,减少不必要的因规模而设置的"玻璃门""弹簧门",鼓励高质量的基于市场化的竞争,确保将证券业服务实体经济这一理念落到实处。

锐意改革　优化生态　推动证券行业高质量发展

章宏韬*

近30年来，我国证券基金行业践行金融报国理念，为改革开放、经济发展做出重大贡献的同时，也实现了资本市场和行业自身的快速发展。但是，我们也清醒地认识到社会投融资需求与资本市场发展不平衡不充分的矛盾比较突出：从金融体系整体结构来看，直接融资与间接融资倒挂严重，储蓄率高；从资本市场融资结构来看，场内市场与场外市场、公募融资与私募融资倒挂严重，股权融资比例非常低。相对于境内银行保险行业、海外同业以及我国经济转型发展的需要，我国证券行业突出的问题是发展不足和结构失衡，作为国家经济金融政策传导器和市场稳定器作用发挥不够。党中央高瞻远瞩，提出要加快推进金融供给侧结构性改革，发挥资本市场优化资源配置的枢纽功能。中国证监会、行业协会、交易所和证券经营机构应当共同努力，积极推进监管改革和行业转型，在发展中实现方向校准、生态优化和质量提升，提升证券行业整体实力。监管和自律机构要优化市场体系、制度体系、优化监管资源配置，营造包容开放的环境，鼓励改革创新，保护公平竞争。证券基金经营机构应回归本源、遵循常识、突出主业，在发展中形成差异化和特色化，实现自身产品与服务供给侧改革。

一、提升证券行业整体实力，需要包容开放的外部环境

营造包容开放的外部环境，要以供给侧结构性改革为主线，着力解决金融机构体系结构的不平衡、资本市场体系结构的不平衡、监管体系资源配置的不平衡、证券行业内部竞争的不平衡问题。

---

* 作者简介：章宏韬，工商管理硕士，经济师。现任华安证券股份有限公司董事长，兼任华富基金管理有限公司董事长、华安期货有限责任公司董事，中国证券业协会托管清算委员会副主任委员。历任安徽省农村经济管理干部学院政治处职员，安徽省农村经济委员会调查研究处秘书、副科级秘书，安徽证券交易中心综合部（办公室）经理助理、副经理（副主任），安徽省证券公司合肥蒙城路营业部总经理，华安证券有限责任公司办公室副主任、总裁助理兼办公室主任、副总裁、总裁。原载于《中国证券》2019年第9期。

(一)夯实证券公司基础功能,优化金融机构体系结构

在托管、交易、融资、投资、支付五大基础功能方面,商业银行明显强于证券公司。除股权融资之外,商业银行在债券承销、并购重组、资产证券化等投行业务方面多点开花。2018年,银行间债券市场发行债券37.8万亿元,占比86.7%。除代理交易外,商业银行在理财产品、基金销售、保险销售、资产托管、账户管理、支付结算、高净值服务等财富管理业务方面占尽优势。券商龙头只抵得上一家中等城商行的规模。"大银行小证券"之下,金融风险过多集中于银行体系,要转化银行过高的储蓄率,解决资金在风险偏好和期限上的错配,需要更好地发挥证券公司等非银机构的作用。在认识上提升资本市场战略地位的同时,还要在实践中研究探索全面放开证券行业五大基础功能,特别是适应证券基金行业规范发展的新形势,改革证券交易结算资金三方存管制度,丰富证券公司融资渠道,鼓励账户与保证金业务的创新,鼓励不同行业相互融入,放宽证券公司在银行间市场承销债券等准入限制。

(二)推进资本市场改革创新,优化资本市场体系结构

除融资结构倒挂外,资本市场体系结构还有以下四方面问题值得关注:一是上市公司质量没有很好地反映在价格上。过于关注筹资功能而忽略价值发现功能,发行审核与定价、退市、并购重组缺少市场化机制。二是单边市买涨杀跌容易发生"踩踏"。过于关注交易功能而忽略风险转移功能,融券机制发展不足,期货、期权等场内衍生品品种较少,价值投资者和投机者得不到市场分离,现金分红与成熟市场相比仍有较大差距,机构投资者交易行为短期化。三是资源配置效率不高。发行审核周期长,不能满足产业快速发展的需求;固定市盈率定价机制、上市后再融资功能的弱化和退市不畅催生企业逆向选择,优质企业上市意愿不强,而部分劣质企业IPO做一锤子买卖。四是股票与债券发行市场均不同程度存在割裂,中小板、创业板、新三板等功能定位不清,银行间市场与交易所市场之间割裂,场外市场发展不足,缺乏分层次的创新型权益融资工具(例如AB股),企业扎堆IPO或选择境外上市。由此,证券公司作为资本中介的功能得不到充分发挥,缺少提升交易撮合、资产定价能力的动力。因此,需要平衡好稳定与创新、疏与堵、破与立的关系,优化制度方面的顶层设计。特别要抓住设立科创板并试点注册制的契机,在增量市场优化完善投融资基础性功能的建设,明确各层次场外市场功能定位,尽快复制经验启动A股、新三板存量改革;提升新三板交易流动性,丰富区域股权市场融资功能;丰富场内外衍生品种,对所有A类券商放开场外期权业务资格。

(三)强化资本市场监管力度,优化监管体系资源配置

计划经济转轨为市场经济,经常陷入"一放就乱,一管就死"的两难境地,主要原因在于有限的监管资源没有用在刀刃上,没有管住重点。就证券行业监管来看,一是事前管得多。较多的资源配置在事前的资质审核,未必完全符合市场竞争和监管公平的原则,也容易形成监管背书,还会导致权力寻租。二是行政监管多。协会、交易所主要起着行政监管的传导和延伸作用,真正的行业自律作用发挥不充分,难以产生权威性的行业共识和规范。三是微观事项管得多。一些过细的监管措施初衷很好,但扰乱了证券公司正常管理体系,也制约了证券公司的创新空间和能力的发挥。"放管服"改革,优化运营商环境,也是金融供给侧

结构性改革的重要内容。证券行业经过多轮治理已经较为规范，资本市场法治化也有长足进步。当前需要进一步优化监管资源：一是抓住重点。将资源重点配置到资本市场顶层设计以及对违法违规行为事中监控和事后稽查，把强监管集中于增强信息披露，查处内幕交易、操纵市场、利益输送等重大问题上来。二是加强授权。充分发挥行业自律监管功能，明确行业协会、交易所的事中、事后监管职责。三是突出效率。减少事前审核，增加负面清单、事后备案，将发行、定价等资源配置交给市场，将公司治理、经营发展等微观事项归位于证券经营机构。

（四）引导公平和充分的竞争，优化证券行业生态环境

目前，证券行业竞争有三个问题：一是不公平。一些行业政策较多体现了大券商的意志，一些经营长期规范稳健的中小券商未能享受国民待遇，"扶优限劣"的监管导向往往演变为"扶大限小"的实际操作，容易诱导券商走"规模为王"的老路。例如2017年《公司债券承销业务规范（征求意见稿）》；分类评级过多采用业务规模指标，一些创新业务资格需AA评级，实际上限制竞争。二是不充分。市场竞争日趋激烈，集中度日益提高，但仍可依靠牌照红利生存，较少有券商市场化并购。三是低端化。竞争同质化、竞争低端化的困扰由来已久，但中小券商在增加长期投入、推进差异化发展上既缺少动力，也缺乏基础。近年来随着重资产业务的发展，服务同质化的轻资产业务地位已经削弱，市场不断扩容也缓解了佣金、承销费下滑带来的不利影响，行业差异化、特色化经营有所进展。差异化、特色化经营是市场长期演进的结果，是在市场主体充分发展的基础上通过竞争形成的。应当营造公平的竞争环境，给予经营规范的所有券商同等的业务转型空间，鼓励行业并购，通过市场化赛马机制，让优秀证券公司在真刀真枪的战斗中脱颖而出，使其更有能力承担维护金融安全的角色。金融开放"新11条"的推出，对优化竞争生态也是一件好事，同时也建议双向开放，在推进境内券商走出去方面给予更多政策优惠。

二、提升证券行业整体实力，需要奋发有为的中小券商

打铁还需自身硬。提升证券行业的整体实力，应有一个完整的行业生态，差异化并不意味着绝对的单一化，特色化需要建立在充分发展的基础上。中小券商也要以供给侧结构性改革为主线，推进自身产品与服务的供给侧结构性改革，在制定经营战略时应关注以下几点：

一是政治站位要与中央部署相一致。金融是国家重要的核心竞争力，服务实体经济、服务人民生活是证券行业的初心和使命。践行这个初心和使命，回归本源、遵循常识、突出主业，推进行业高质量发展，方向就不会错。

二是业务规模与风险管控能力相匹配。重资产业务必然带动杠杆的提升，高收益业务必然伴随风险的积聚，中小券商应坚持量力而行，适当综合化不意味着盲目铺摊子、搞大而全；适度开展重资产业务、高杠杆业务、高风险业务应当与证券公司资本实力、流动性情况相匹配。坚持稳中求进的总基调，坚持遵循金融发展规律，节奏就不会错。

三是企业文化与证券行业文化相一致。中国证监会主席易会满提出要打造"合规、诚信、专业、稳健"的行业文化，这是在行业血的教训基础上总结和提炼出来的，应当作为证券基金经营机构和员工共同遵守的行业道德规范。遵循共同的价值导向，行业生态就不

会差。

对中小券商而言，要在竞争格局中拥有一席之地和发挥独特作用，除了坚守以上三点以外，关键要解决发展不足的问题，以全业务链作为发展基础，在发展中尽快培育、强化和形成差异化、特色化优势。

（一）夯实证券公司发展基础，需要全业务链布局

1. 服务实体经济需要证券公司全业务链支撑

证券公司作为专业中介机构，需要发挥资本中介的作用，连接投融资两端，为资产端找资金，为资金端找资产。资金端、资产端业务一个都不能少。服务实体企业需要提供全生命周期的持续服务，不同发展阶段的实体企业有风险投资（VC）、私募股权投资（PE）、上市、再融资、并购重组、风险管理、跨境投资、股权管理等多方面的需求，企业股东或员工也有股权激励、股票质押、证券交易等需求，某些情况下还需要设计针对性的金融工具来匹配。例如使用信用衍生品为债券发行增信，运用夹层基金、并购基金为并购提供流动性支持，综合使用期货、期权、场外期权等衍生品帮助实体企业套期保值或防控股票质押穿仓风险。

2. 履行政治责任、社会责任需要证券公司全业务链支撑

国有企业是中国特色社会主义经济的"顶梁柱"，应当具备"六种力量"。很多中小券商实际控制人是当地政府（部门），落实当地政府要求，执行专项任务，也少不了综合业务平台支撑。例如，华安证券为纾困民营企业设计了股债并举、标本兼治、上市公司与大股东兼顾的一揽子纾困方案，涉及投行、资管、股票质押、私募股权、场外衍生品等多个条线。

3. 优化业务结构、分散经营风险需要全业务链支撑

近年来，由于经纪等传统通道业务萎缩、通道佣金下滑，部分券商加快重资产业务布局，逐步摆脱仅依靠牌照和通道类业务的轻资产模式，有效缓解了单一经纪业务带来的靠天吃饭困境，也弥补了投资银行业务因政策变化带来收入下降的风险。

4. 打造综合服务平台需要全业务链支撑

随着客户需求不断多元化，券商的竞争越来越依靠系统性的力量，对资源、组织、优势的整合要求很高。投资者机构化是业内公认的趋势，打造面向机构投资者的综合服务平台，衍生品、做市、托管与外包业务必不可少。中小券商如果没有业务牌照，将失去培育新利润增长点的机会，只能在通道业务红海中浮沉。打造面向产业客户的综合服务平台，股票质押、场外衍生品、境外业务必不可少，如果缺少股票质押业务牌照，投行客户没有办法维护。打造面向零售客户的财富管理平台，场外衍生品业务必不可少，没有场外衍生品业务资格，不仅财富管理所需的自有产品线残缺，自营业务也缺少风险对冲、增强流动性、向客需转型的抓手，与一般投资公司没有区别。

（二）建立竞争的相对优势，需要探索差异化发展路径

美国营销专家布鲁斯·亨德森指出，如果各个竞争者都能有某些有利条件并对某些顾客形成吸引力，那么该行业就可能因为差异化而形成相对稳定的竞争格局。海外市场确有所谓全能投行、精品特行、纯经纪折扣商，但时代背景、监管环境和微观层面的资源禀赋不同，我们可以借鉴，却不能照搬。中小券商需要结合自身情况选择差异化路径。例如，实施大本

营战略，躬耕本地市场，发挥区域资源优势；专注场外市场，服务中小微企业，错开与大型券商的竞争；聚焦先进制造业、战略新兴产业等新经济领域，缩小行业研究的范围，整合研究所、投顾、资管、自营、股权投资、另类投资等研究资源，在细分行业形成自身特色；利用地域（一线城市）人才禀赋，提升主动管理能力和风险管控能力，打造投资管理优势；坚定以客户为中心，重塑业务流程，打造财富管理的优势；聚焦客户体验，大力发展金融科技。

中型券商大多已经形成全业务链发展的基础。例如，建立了较为规范的公司治理体系，拥有较全面的业务牌照，设置了全国性的网点布局，具备较强的资本实力和盈利能力，形成了较为均衡的收入结构，具有较强的合规意识与风险管控能力。但位居中流的综合实力并不天然构成竞争优势，也不具备规模累积的品牌优势，只有在资源整合能力、供需匹配能力方面发力，把全业务牌照、全国性网点布局等资源整合成全业务链，才能在此基础上寻求在特定区域、特定行业、特定细分领域形成特色。

三、华安证券公司的发展实践

2012年初，在行业近1/3券商面临亏损的艰难形势下，华安证券坚定提出以公开发行上市为核心的"二次创业"发展战略，明确目标，抢抓机遇，在推进管理改革、丰富产品体系、优化人才队伍、塑造品牌形象、强化风险管控等方面持续努力，公司的业务体系和战略布局更趋完善，"买卖并重"的盈利模式逐步成熟，规范发展理念进一步深化，行业竞争力进一步提升，尤其是通过公开发行上市，实现了资本战略的重大突破。到2017年末，华安证券网点数量较2011年末实现翻番，总资产、净资产翻了将近两番，客户资产（托管证券市值和受托管理客户资产）增长6倍，收入、利润规模分别增长2.4倍和7.5倍，相当于用6年时间再造了两个"华安证券"，主要经营指标的行业排名由中等偏下进入中等偏上。2018年初，结合自身净资本实力，华安证券又开启了以"全面跻身行业三分之一位次"为目标的第三次创业。当前及今后较长时间内，华安证券将脚踏实地、固长补短、加强资源整合与业务协同，在全业务链发展基础上逐步培育、逐步加强、逐步形成发展特色。

（一）打造服务中小微企业的新经济投行

一是细分市场，逐步去通道。由审核通道向通道与非通道并重转变，将眼光更多投向基于国企改革、产业并购的财务顾问业务。二是细分行业，提升专业度。聚焦新旧动能转换中催生的新产业，重点关注新一代信息技术等战略性新兴产业，培养细分行业的专家。三是细分客户，服务中小微企业。华安证券总部、子公司与分支机构共建服务单元，提供普惠金融服务，为中小微企业充当常年资本市场顾问。四是细分区域，攻坚长三角。抓住长三角一体化和上海自贸区扩容机遇，深入推进重点区域破壳攻坚行动。五是打造大投行平台，发挥全业务链优势。整合投行、投资、资管、信用、研究、场外、私募股权等资源，把科创板作为公司适应投资银行转型的一次全面检验，向现代投资银行转型。

（二）打造服务大众理财的财富管理机构

财富管理有经纪、资产配置、私人银行三个阶段，华安证券当前尚处于中间阶段。华安证券要做的财富管理，就是以资产（AUM）为王，推动商业模式从交易驱动转型为客户资产驱动。一是强化产品需求与供给的对接，以场外衍生品、资管做大做强自有产品体系，以严选外部产品为补充，逐步丰富金融产品线，实现对客户各类风险偏好、流动性需求的全覆盖。二是扩大投资顾问业务外延，打造资产配置服务体系。通过各类投资顾问提供资产配置服务，一方面，把客户的资产在公司账户体系内形成闭环，一部分直接投向二级市场交易品种，一部分投向公司自有产品，一部分投向公司外部的产品；另一方面，要保障客户资产的增值保值，吸引更多的资产进入。华安证券已将经纪业务管理委员会调整为财富管理委员会，设立了专门的金融产品部做产品评价和售后风控。组织架构调整只是开始，当前正力推围绕"以客户为中心"重塑业务流程、以"客户资产保值增值"为目标调整考核体系等关键工作。

（三）以科技、服务与管理智慧为核心，布局金融科技

金融科技投入巨大，中小券商必须量力而行。华安证券将坚持实用路线，围绕如何为客户创造价值、为员工创新生产工具去构建科技证券服务体系，不谋一时，不图虚名。一是聚焦客户体验，使交易型客户获得更好的体验、财富管理型客户获得更多有价值的服务。继续推进标准化服务向线上迁移，降低边际服务成本，支持分支机构集中精力开展获客和对中高端客户的个性化服务；以算法模型、交易策略为核心，打造人工智能服务；强化大数据和人工智能应用，提供智能化、场景化、一站式的财富管理服务。二是聚焦员工体验，提升工作平台的信息化、数字化水平，将人力资源从繁杂低效的工作中解放出来。

（四）以优秀的企业文化汇聚优秀的人才

证券行业是高端人才的聚集地，越是高端人才，个性越鲜明，想法越多样，认识越难统一。华安证券非常重视政治建设和文化塑造，以"既仰望星空、又脚踏实地"的信念和使命来凝心聚力，以"敬业、进取、担当、协同"的价值观来激发攻坚克难的热情、营造干事创业的氛围，以"诚信、稳健、专业、和谐"的理念指导经营。这种经营理念与易会满主席提出的八字行业文化不谋而合，经过多年实践已经成为华安证券文化的内核。我们把合规风控作为生命线，作为稳健经营的前提；把"和谐"运用于正确处理股东、公司、员工、客户及社会各方面的关系和利益来寻求公司价值最大化。主要的不足还是专业性，不仅是业务发展方面的专业性，也包括风险管理方面的专业性，这是下一步着重努力的方向。

海外成熟市场已经有200多年的历史，我国境内资本市场起步晚，但二者环境要求不一样、发展阶段不一样，海外经验可以借鉴、教训应当吸取，但不适宜照搬照抄。我们既要看到在市场规模、法制建设、监管体系、行业治理、金融开放等方面的成绩，也要回归资本市场功能定位，正视问题、研究症结，发展中的问题还是要在发展中解决。服务实体经济使命光荣、防控系统性金融风险责任重大、建设多层次资本市场任务艰巨，中小型券商特别是国有中小型券商也应当成为值得市场各方信赖的一支力量。"兄弟阋于墙，外御其侮"，攻坚克难时期，大券商要有大格局、大风范、大智慧，中小券商要改善公司治理结构，增强风险管控能力，在全业务链基础上逐步探索形成差异化、特色化优势，形成共生共赢、和谐稳定的行业生态，共同践行行业的初心与使命。

坚持改革创新，推动证券行业高质量发展

李福春[*]

党的十九大报告指出，我国经济已由高速增长阶段转向高质量发展阶段，正处在转变发展方式、优化经济结构、转换增长动力的攻关期。在新的经济发展形势下，我国金融体系正面临深刻变革，资本市场将承担起促进经济创新转型的重任。作为资本市场的核心金融中介，证券公司要勇于承担推动资本市场发展的历史使命，坚持改革创新，推动行业高质量发展。

一、证券行业承担着推动资本市场发展、服务经济转型升级的光荣使命

（一）中国经济转型升级需要高质量的资本市场服务

我国经济进入高质量发展阶段，创新已成为推动经济发展的核心驱动力。在新的经济发展阶段和发展模式下，我国金融体系面临调整。习近平总书记在中共中央政治局第十三次集体学习时强调，要适应发展更多依靠创新、创造、创意的大趋势，推动金融服务结构和质量来一个转变。而资本市场在推动经济创新转型中发挥着至关重要的作用，由于科技创新企业轻资产、高风险的特点，其普遍面临信贷融资难题，当前我国以间接融资为主的金融体系难以适应经济转型发展的需要，资本市场将成为支持科技创新企业融资的主要场所。

经济的高质量发展需要高质量的资本市场服务，但目前我国资本市场服务实体经济无论是在总量上还是结构上，都存在巨大的提升空间。2018 年，我国社会融资结构中，间接融资占比达 63.97%，股票和债券等直接融资占比仅 14.73%。与此同时，中国有大量的新经济企业到海外上市。截至 2018 年末，在美国和我国香港上市的中国企业分别达 213 家和

---

[*] 作者简介：李福春，硕士，高级工程师。现任东北证券股份有限公司党委书记、董事长，深圳证券交易所第四届理事会战略发展委员会委员，上海证券交易所第四届理事会政策咨询委员会委员，东证融汇证券资产管理有限公司董事，银华基金管理股份有限公司董事，中证机构间报价系统股份有限公司监事。曾任一汽集团公司发展部部长，吉林省经济贸易委员会副主任，吉林省发展和改革委员会副主任，长春市副市长，吉林省发展和改革委员会主任，吉林省政府党组成员、秘书长。原载于《中国证券》2019 年第 6 期。

1 087 家，总家数与 A 股上市公司总数的比值达 36.42%，总市值与 A 股的比值达 75.77%；并且在美国上市的中资企业中，医疗、信息技术、电信服务等新经济企业的市值占比超过 30%。我国资本市场在服务经济创新转型、完善创新资本形成机制方面仍然存在较大的创新空间。

（二）资本市场变革对证券行业发展提出更高要求

随着资本市场在服务实体经济中的重要性大幅提升，资本市场在金融体系中的战略地位日益突显。为充分发挥资本市场功能，资本市场正深入推进关键制度创新。2018 年 11 月 5 日，国家主席习近平在首届中国国际进口博览会开幕式上宣布，将在上交所设立科创板并试点注册制。科创板在企业上市、发行、交易、退市等多项制度上都有较大突破；同时，相关制度创新将形成可复制、可推广的经验，逐步复制到现有板块和市场，资本市场的改革创新将全面推开。

资本市场的改革创新对证券行业的发展提出了更高要求。作为中国资本市场改革的"试验田"，相关制度创新以市场化改革为主要方向，将对证券行业发展产生深远影响。科创板企业发行上市同时涉及证券发行、股权激励、股份托管、战略投资等，条件成熟时还将引入做市商机制，业务需求可能涉及投行、经纪、研究、另类、自营、资管等各业务条线，将真正引导券商形成以客户为中心的业务体系，提升综合金融服务能力，重构券商业务服务模式和盈利模式。同时，科创板实行市场化发行定价机制，将对券商的研究、定价、承销等专业能力提出新的挑战。随着资本市场改革创新的深入推进，作为资本市场的核心金融中介，证券行业实现高质量发展是推动资本市场高质量发展的客观要求。

二、证券行业高质量发展已经具备较好基础

（一）证券行业发展迅速，服务实体经济能力持续提升

自 1987 年 9 月 27 日我国成立第一家证券公司以来，经过 30 多年的发展，证券行业不断扩容，尤其是近 10 年来，我国证券行业发展迅速，行业已初具规模。截至 2018 年底，我国证券公司会员达到 131 家，总资产共计 6.26 万亿元，净资产共计 1.80 万亿元，分别是 2008 年的 1.22 倍、5.22 倍和 5.27 倍，期间净资产基本保持 10% 以上的年增速。随着行业的快速发展，其服务实体经济的能力也持续提升。股权融资方面，截至 2019 年 4 月底，A 股上市公司数量已达 3 610 家，2018 年 A 股股权融资额达 1.05 万亿元，证券公司承销的债券规模达 5.93 万亿元，过去 5 年年均增速分别达 21.38% 和 39.05%。

（二）行业国际化初具格局

在证券行业迅速发展的大背景下，证券行业国际化已初具格局，部分大型券商已经在我国香港、欧洲、北美等地区布局，中小券商也纷纷进入香港。据不完全统计，目前已有 30 家证券公司在香港设立子公司，另有 5 家在香港以外地区设立子公司和分支机构。少数大型券商已经初步实现了全球布局，分支机构遍及我国香港、新加坡、印度以及英国、葡萄牙等欧洲和南美洲地区，境外业务收入占比接近 30%，与摩根士丹利等国际投行水平相近。

（三）创新业务布局有所积累

2012年以来，证券行业各项创新业务加快推进，转融通、股票质押式回购、柜台交易业务、中小企业私募债等业务正式启动；私募基金综合托管业务、证券投资基金托管业务、非金融企业债主承销资格等业务向券商开放；放开证券公司依法设立另类投资、私募基金等子公司；扩大证券自营投资品种范围；沪、深证券交易所推出信用保护工具试点。创新业务探索加快，2018年，股权投资和其他业务收入大幅增长，分别同比增长72.38%和26.42%，收入占比合计达13.07%。创新业务的开展大大拓展了券商的市场空间，证券公司综合经营能力大大提升，为证券行业的高质量发展打下了良好的基础。

（四）行业持续规范发展，防风险能力大幅提升

我国证券行业发展至今，已初步建立了一套较为完善的监管制度，自2005年证券公司综合治理以来，行业持续规范发展。在券商业务范围持续拓展、业务复杂度持续提升的情况下，行业从未发生系统性风险。过去十几年来，行业监管制度不断完善，监管水平持续提升。行业已建立了较为成熟的以净资本和流动性为核心的风险控制指标体系和风险监管制度，根据分类监管原则对证券公司进行评级，对不同类别证券公司规定不同的风险控制指标标准和风险资本准备计算比例，并在监管资源分配、现场检查和非现场检查频率等方面区别对待。与此同时，行业的合规经营和风险管理理念逐步加强，合规风控能力大幅提升。各证券公司普遍建立了较为完善的合规风控管理组织架构和制度体系，行业防范系统性金融风险的能力大幅提升。

三、证券行业高质量发展面临着严峻挑战

（一）证券行业规模整体较小，与我国经济和资本市场发展程度不匹配

我国证券行业规模整体较小。从国际横向对比来看，我国证券公司与国际投行相比，规模差距十分明显。2018年我国最大的证券公司中信证券总资产为6 531亿元，相当于高盛的10.21%，净资产相当于高盛的24.73%，营业收入相当于高盛的15.08%。与我国其他金融行业相比，2018年，在银行、保险、信托、证券四大金融支柱中，证券行业总资产占比为1.98%，净利润占比为2.93%。与之相对应的是，2018年，我国经济总量达90万亿元，排名全球第二位，为美国的66%；我国股市总市值在全球排名第二位；2018年股票和债券等直接融资在社会融资总额中占比为14.73%。证券行业绝对规模与我国经济和资本市场发展水平不匹配，对行业的高质量发展形成了制约，也影响了行业服务实体经济的能力。

（二）行业集中度较低，同质化竞争仍然严重

证券行业市场集中度总体较低，2018年，证券行业前十大券商总资产占比为50.84%，营业收入占比49.46%。而根据Wind统计，2018年前十大商业银行总资产占商业银行比重达66.52%，净利润占比达72.39%；前十大人身保险公司保费收入市场占有率达73.60%，前十大财产险公司保费收入市场占有率达85.22%。行业发展不成熟、市场仍处于发展初期的混沌竞争状态，同质化竞争较为严重。各大中型券商普遍以打造综合性证券公司为战略目

标，多数券商发展特色不明显，收入结构和行业基本一致。同时，监管扶持大券商的政策导向，进一步加剧了市场的低价竞争。近两年，部分大中型券商为争夺行业排名，在股债承销上以远低于正常水平的承销费率承揽项目，对行业的正常发展产生了不利影响。

（三）业务模式传统，创新能力有待提高

国内证券公司业务模式整体较为落后，仍然高度依赖通道业务和投资业务。在业务结构上，2018年，经纪业务与自营业务收入占比超过50%；投行、资管业务占比较小，不足25%；新业务收入占比较低，不足15%。而2018年，高盛集团的投行、资管业务占比达40.65%，机构客户服务占比36.82%，机构客户服务主要是为客户提供销售交易业务；摩根士丹利财富管理业务收入占比43%。

同时，在业务模式上，经纪业务仍以交易通道服务为主，财富管理转型处于起步阶段；资管业务主动管理能力不强，特色不明显；投行业务以承销与保荐业务为主，帮助企业与资本市场对接、进行产业整合、完善企业制度、助力企业做大做强等服务功能相对不足；自营业务投资策略和投资工具单一，面临着较大的市场波动风险。与国际投行成熟的业务模式和专业能力相比差距明显。

（四）行业功能存在缺失

从证券公司对实体经济的服务功能上看，企业和个人存在融资、投资、避险、交易、支付等方面的需求。从融资功能看，银行间债券市场是企业债券融资的主要场所，但仅12家证券公司具备非金融企业债务融资工具主承销商资格；避险功能不足，多数证券公司不具备外汇衍生品业务相关资格，场外期权业务一级交易商仅限于12家AA评级券商；支付功能缺失，绝大多数证券公司不具备支付资格；此外，作为金融中介机构，多数证券公司不具备资金托管功能，目前仅有16家证券公司拥有证券投资基金托管人资格。相对于其他金融机构，证券公司服务实体经济的功能存在缺失。

（五）扩大金融开放对行业带来潜在冲击

自习近平总书记在博鳌亚洲论坛2018年年会上宣布大幅度放宽市场准入以来，我国金融开放持续提速，目前已有外资控股保险、证券、基金公司获批。未来我国金融业全面开放是大势所趋，将对证券行业带来潜在冲击。

一方面，发达经济体普遍采取混业经营制度，国际大型投行已全部实现混业经营，在我国分业经营制度下，为国内证券行业带来特殊挑战。外资投行不仅在跨境业务中能够借助母公司的混业经营优势为客户提供综合化的金融服务，在境内也可能通过控股不同的专业金融子公司实现实质性的混业经营，例如，瑞银集团和摩根大通在国内同时拥有银行子公司和证券子公司。国内证券行业在与外资竞争中面临着监管制度不对称的挑战。

另一方面，外资投行经过长期的历史积累和在成熟市场的长期竞争，在专业能力和综合实力上远远领先于国内证券公司。行业对外开放后，外资投行在跨境业务、投行、财富管理等领域将具备明显的优势，并可能占据市场高端领域，重塑证券行业格局。

四、努力推进创新转型,实现证券行业高质量发展

(一)积极做大做强,提升行业综合实力

规模是证券行业服务实体经济、参与国际竞争的重要前提。在重资本化趋势下,证券行业要积极做大做强,提升综合实力,为服务实体经济、参与国际竞争打造坚实的发展基础。一方面,积极利用多种融资工具,通过资本补充提升证券公司资本规模;另一方面,监管要鼓励行业开展市场化并购重组,推动行业通过整合尽快做大做强。

(二)回归本源,提升专业能力,鼓励行业创新

习近平主席在中共中央政治局第十三次集体学习时指出,金融要为实体经济服务,经济是肌体,金融是血脉,两者共生共荣。证券行业要实现高质量发展,必须回归行业本源,为实体经济提供专业的金融服务。要转变过去依赖牌照的通道业务模式,形成以客户为中心的业务体系,在服务实体经济过程中,提升行业专业能力。同时,要提升行业创新能力,鼓励行业积极开展业务创新,为经济创新转型提供更加多样化的金融工具,特别是推进金融衍生品的创新发展,为证券行业提供交易和风险管理服务创造条件。

(三)推动行业差异化发展,建设多样化行业生态体系

在新的经济和金融形势下,推动行业差异化发展是提升服务实体经济、实现行业高质量发展的内在要求。一方面,在宏观经济增速放缓的背景下,随着证券行业逐步回归本源,行业逐渐进入中低速增长阶段,在存量竞争格局下,差异化发展是新形势下行业发展的必然要求;另一方面,推动行业差异化发展是打造多样化行业生态体系、更好地服务实体经济的需要。在创新驱动发展模式下,中小企业是创新的中坚力量,而大型金融机构天然倾向于服务大型企业。因此,打造一个大、中、小证券公司全面发展的多层次证券行业生态体系,对于服务多样化的创新主体,特别是中小科创企业有着重要意义。

为推动行业差异化发展,既需要证券公司重新审视自身的战略定位,也需要监管部门为行业差异化发展创造必要的制度环境,包括给予中小券商必要的业务资格、取消非市场化的业务准入限制,进一步提升行业监管的市场化程度,通过发挥市场优胜劣汰机制,让行业在市场竞争中实现差异化发展,从而形成多样化的行业生态体系。

(四)完善基础性制度,提升证券行业综合金融服务能力

在资本市场改革创新的新趋势下,证券公司业务模式正面临深刻重构,以客户为中心的业务模式要求证券公司围绕客户需求,提供一体化的综合金融服务能力。因此,一方面,证券公司需要加强业务协同,完善公司内部业务协作机制,形成一体化业务开展能力;另一方面,证券公司需要完备的金融服务功能。因此,建议进一步完善证券公司的融资、投资、避险、交易、支付等服务功能,为证券公司提供相关业务牌照;同时,在扩大金融开放的新形势下,逐步探索金融混业经营,以应对外资金融机构实质性混业经营优势带来的潜在冲击。

（五）提升行业国际化能级，积极参与全球竞争

证券行业作为我国金融体系中日益重要的组成部分，只有在全球范围内参与国际竞争，才能形成我国金融核心竞争力。当前，在现有行业国际化布局的基础上，建议进一步鼓励更多证券公司"走出去"，提升行业国际化经营能力，应对金融开放新形势；同时，提升行业国际化能级，实现境外混业经营。目前已有少数券商在境外初步实现了混业经营，但多数证券公司"走出去"仍然以证券业务为主。建议鼓励证券公司在境外逐步进入其他金融业务领域，通过境外混业经营，在国际业务上实现与外资券商的同台竞技。此外，在国际化过程中，建议加强国内外监管协调，推动金融业对等开放，为行业国际化发展创造公平的竞争环境。

促进证券行业高质量发展,形成创新驱动发展新格局

范 力*

我国经济发展进入"新常态"阶段,由投资驱动的传统动能向创新驱动的经济新动能转型。2018年12月,中央经济工作会议提出"资本市场在金融运行中具有牵一发而动全身的作用,要通过深化改革,打造一个规范、透明、开放、有活力、有韧性的资本市场",明确了资本市场的重要地位与未来改革目标。站在新的历史方位上,证券业坚持回归本源、优化结构,推动实现高质量发展是跨越关口的必由之路。

一、资本市场改革大时代,推动证券公司高质量发展

金融是国家重要的核心竞争力,金融制度是经济社会发展过程中的重要制度。改革开放以来,我国金融改革开放循序推进,资本市场不断深化改革,资本市场的发展取得历史性的成就。当下,我国的资本市场改革进入新的阶段,设立科创板及试点注册制代表了我国资本市场"增量改革"和制度创新,IPO严审常态化、资管新规、退市重组等新规定标志着我国基础制度建设的不断完善,A股纳入MSCI、富时罗素以及外商投资法彰显我国深化金融改革开放的进程不断推进。我国进入经济发展的关键转折期和资本市场改革的大时代,中国的资本市场和证券公司更应该把握机遇,积极采取行动,深化金融供给侧结构性改革,把握服务实体经济的本质,探索高质量发展的路径,推动证券行业发展和金融市场的不断繁荣。

(一)资本市场制度创新,科创板领衔市场化改革

2018年11月5日,国家主席习近平在首届中国国际进口博览会开幕式演讲中宣布将在

---

* 作者简介:范力,高级经济师,复旦大学与香港大学MBA,南京大学哲学学士。现任东吴证券股份有限公司党委书记、董事长、总裁,苏州国际发展集团有限公司副董事长;中国证券业协会固定收益专业委员会副主任委员,江苏省证券业协会会长,苏州上市公司协会会长;江苏省第十三届人大代表,苏州市第十六届人大代表。原载于《中国证券》2019年第4期。

上海证券交易所设立科创板并试点注册制。2019年3月2日，中国证监会和上交所正式发布设立科创板并试点注册制的主要制度规则，科创板规则正式落地。在上海证券交易所设立科创板并试点注册制是实施创新驱动发展战略、深化资本市场改革的重要举措，对于支持科技创新、推动经济高质量发展、推进资本市场市场化改革具有重要的战略意义。通过科创板的设立，有助于为具有较强成长性的企业提供融资渠道，增强资本市场对科技创新企业的包容性，完善我国资本市场基础性制度建设，推动实体经济发展并提升我国金融"软实力"。一系列资本市场基础制度大胆创新的政策频出，正推动我国多层次资本市场健康发展。

整体而言，我国证券行业仍然存在"大市场小行业""大场内小场外""大公募小私募""大管制小自律"的问题，行业的发展与我国经济发展的战略定位仍有不相称的地方。国内证券公司与国际上领先的证券公司相比，仍然存在一定差距，体量与国内资本市场的国际地位也不符合。值此设立科创板并试点注册制为代表的资本市场制度创新之机，证券公司需要积极参与到市场化改革当中，配合国家经济发展的战略实施，强化中介机构的责任感和动力，增强服务实体经济的能力。同时证券公司需要尊重法治、遵循市场规律，积极参与竞争，通过重组、兼并等方式进行资源整合，保持行业整体格局的动态优化。

（二）股权融资严审常态化，债券融资稳妥推进

股权融资方面，2018年IPO保持严审常态化。在中国证监会严把源头的趋势下，困扰市场IPO"堰塞湖"现象终于得以消退。债权融资方面，债券品种不断丰富，债券市场发展稳妥推进，逐步统一银行间债券市场和交易所债券市场的评级业务资质以及统一评级标准未来可期。

立足于当前经济形势，证券公司需要不断增强抵御风险的能力，加强投资银行能力建设，提高资源配置效率，推动直接融资尤其是股权融资的有效发展；坚持创新是培育核心竞争力的根本途径，充分发挥资本市场的枢纽功能。

（三）完善基础制度建设，防范化解重大金融风险

为激发市场活力和防范化解重点领域金融风险，一系列政策措施陆续落地，推动基础制度建设不断完善。2018年4月，《关于规范金融机构资产管理业务的指导意见》（资管新规）正式公布，进一步明确了资管业务的方向。2018年11月，沪、深证券交易所发布停复牌新规，对停牌期限和信息披露等内容作出规范；中国证监会修订了《关于改革完善并严格实施上市公司退市制度的若干意见》；沪、深证券交易所发布《上市公司重大违法强制退市实施办法》，明确了重大违法强制退市的具体违法情形和实施程序，新增"五大安全"重大违法强制退市情形，同时加大退市监管工作力度。2018年以来，面对上市公司股权质押风险问题，监管层多措并举促进民营企业融资，加大支持民营企业发债力度，地方政府纷纷设立纾困基金，银行、保险等通过信贷或者发行专项产品等方式给予支持，证券行业成立专项资管计划对接项目。

防范化解重大金融风险仍是当下和将来的重要任务，证券公司任重道远，需要发挥主体责任感，加强金融风险监测预警，牢牢守住风险底线，建立覆盖各业务条线、业务环境、从业人员和境内外分支机构的全面风险管理体系，在稳经济、稳金融、稳预期方面发挥重要作用，促进资本市场的持续稳定繁荣发展。

(四) 资本市场扩大对外开放，国际化进程加速

我国资本市场对外开放的步伐正在加快，在"走出去"与境外交易所合作，通过市场功能的发挥实现产品的互挂、互通、互联的同时，也"引进来"，引进境外投资者，加快海外机构投资者进入中国的步伐，推动我国资本市场的国际化进程。

在吸引外资方面：为进一步完善内地与我国香港股票市场互联互通机制，中国证监会将沪股通和深股通每日额度分别调整为520亿元，沪港通下的港股通及深港通下的港股通每日额度分别调整为420亿元。同时，合格境外机构投资者（QFII）总额度由1 500亿美元增加至3 000亿美元。此外，《外商投资准入特别管理措施（负面清单）》取消银行业外资股比限制，将证券公司、基金管理公司、期货公司、寿险公司的外资股比放宽至51%，并将于2021年取消金融领域所有外资股比限制。我国金融市场不断释放扩大对外开放的积极信号，满足境外投资者的投资需求，积极拓宽境外投资者进入中国资本市场的渠道。

在我国资本市场的国际化进程方面：在先后开通"沪港通""深港通"之后，"沪伦通"制度设计出炉。同时MSCI宣布增加中国A股在MSCI指数中的权重，并通过三步把中国A股的纳入因子从5%增加至20%。富时罗素宣布将A股纳入其全球股票指数体系，分类为次级新兴市场。这将为我国A股市场带来千亿级别增量资金的同时，也不断显示我国资本市场的国际化进程加速，积极参与到全球资本市场的资源配置当中。

在外商投资权益保护方面：2019年3月15日，十三届全国人大二次会议表决通过了《中华人民共和国外商投资法》，积极促进外商投资，保护外商投资合法权益，规范外商投资管理，推动形成全面开放新格局。

我国资本市场的对外开放进入新的纪元，给国内证券公司带来机遇的同时，也带来挑战。面对顶尖的外资证券公司，国内证券公司在资本实力、人才储备、管理水平和创新能力上仍存在一定差距，但是金融市场的加速开放也为国内证券公司带来了拓展海外业务的契机，同时充分的市场竞争也不断优化市场资源配置，提升国内证券公司的核心竞争力和综合实力。证券公司要具有全球化浪潮下的时代感、责任感和使命感，在充分发挥本土竞争力的同时，走国际化道路，积极拓展海外业务，深耕海外布局。

二、抓住发展新机遇，强化综合竞争力

（一）经纪业务转型探索，财富管理未来可期

随着证券公司的牌照红利逐步弱化（低附加值盈利模式下市场竞争激烈，经纪业务佣金率持续下滑），经纪业务逐步向高附加值、高价值率的财富管理模式转型。相较于传统经纪业务，以财富管理驱动的经营模式具有诸多优势：一是收入结构更为均衡、盈利能力更加稳定，可平滑业绩波动；二是业务具有高成长性，长期发展空间广阔；三是更显著的协同效应（以客户为中心的业务导向优于传统券商的通道模式，能够有效联动经纪、投行、资管、研究等业务实现广泛的交叉销售），长期有望形成以财富管理驱动各线业务的可持续增长模式。

从客户需求来看，收入增长和消费升级驱动财富管理需求崛起，中国财富管理行业空间广阔。据波士顿咨询统计，2016年全球私人金融财富增长5.3%，而以中国为龙头的亚太地

区增速达到9.5%，领衔全球，且中国私人财富规模强劲增长，是亚太地区增长的核心驱动力（增速高达13%）。据贝恩咨询统计，到2017年末中国有187万名高净值人士（以可投资资产1 000万元人民币以上为基准），坐拥可投资资产共计58万亿元人民币，人均可投资资产达3 109万元人民币。此外，2009—2017年，高净值人群通过专业机构管理的财富占比从不足40%提升到60%以上，预计未来中国财富管理增量需求仍将持续增长，中国财富管理机构长期发展潜力巨大。

从财富管理视角来看，当前国内券商的财富管理业务仍处于初级阶段，目前相关业务主要包括金融产品代销、投资咨询服务和资产管理中少量的主动管理，但金融产品代销的价值率相对较低，而资产管理则以定向资管（大部分是通道业务）为主，由于受限于渠道及客户资源，现阶段券商对财富管理领域的渗透率仍然不足，未来提升空间广阔。考虑资管新规重构财富管理格局（例如打破刚兑、产品净值化等），通道嵌套等低价值率业务模式将受限制，具有主动管理特色的产品将受追捧，专业化的资管机构在变局中将迎来新机遇。证券公司在品牌、资本市场资源、专业能力等方面具有先天优势，在财富管理领域大有可为。

（二）科创板"增量改革"，推进行业业态重塑

科创板是"改革开放的重大战略部署、资本市场的重大制度创新、完善多层次资本市场体系的重大举措"，将成为资本市场"增量改革"的试验田，对于我国资本市场具备划时代的意义。首先，科创板试点注册制，在发行、交易、信息披露、退市等各个环节进行制度创新，建立健全以信息披露为中心的股票发行上市制度，将加快全市场由"核准制"向成熟市场的"注册制"转变。其次，科创板增强资本市场对实体经济的包容性，有望提升直接融资尤其是股权融资比重，经济高质量发展将进入提质增量阶段。最后，科创板是完善多层次资本市场体系的重要补充，在制度层面补齐资本市场服务科技创新企业的短板，使投资者得以共享科技创新企业的发展红利。

作为科创板制度革新的核心践行者，证券公司有望迎来诸多机遇：一是科创板注册制将降低原有核准制下的新股套利空间，以询价机制定价，证券公司投行作为专业审核者对申报公司进行检查督导，在原有单一承销职能基础上取得了定价权。二是科创板实行"绿鞋机制"，券商获得超额配售权，可以获取稳定市场价格下的买卖价差；此外投行职能从传统"卖方承销"转变为"综合发行服务"，参照海外经验，有利于提升投行与基金、保险等大型机构投资者的黏性。三是科创板试行"跟投"，允许发行人的保荐机构相关子公司或实控该保荐机构的券商相关子公司参与发行战略配售，并设置锁定期，以推动保荐机构审慎定价，"跟投"制度为券商带来一、二级市场联动获取投资收益的机会，同时也相应产生投资风险，充分考验投行的定价能力。四是投行业务链有望重构，券商有望由通道业务向全面协同的综合投行服务转型。目前国内传统投行业务以通道为主，投行部独立展业，各部门联动较少，与海外券商相比差异明显。科创板及注册制推出后，由于涉及定价、销售、跟投等，未来投行部将与研究、机构销售、财富管理、直投等各部门广泛协同。

作为金融供给侧结构性改革的先行者，科创板有望以"增量"促进"存量"改革，增强金融服务实体经济能力，提高直接融资比重，促进多层次资本市场健康发展，推进证券行业的业态重塑。随着投行承销保荐能力专业化、询价定价市场化、战略配售普及化、跟投机制常态化，券商将实现从单一业务转向多元化业务、从通道业务到综合型服务商的转型。

自国家提出设立科创板并试点注册制改革以来,东吴证券一直积极配合发展大局,参与其中,与中国证监会、上交所、地方政府、企业多方沟通,并积极建言献策;同时,主动做好投行业务结构的转型,组建专门团队,针对科创板和试点注册制的一系列要求,加强公司各业务模块的联动,增强服务实体经济的能力。

(三) 创新业务稳步推进,丰富服务实体经济路径

实体经济是经济发展的坚实基础,是一国经济的立身之本。服务实体经济发展是资本市场自身发展的内生动力和根本方向,也是实体经济取得长远发展的内在需求。实体经济与资本市场紧密结合在一起,才能具备长远发展的根基和动力。目前国内经济存在"脱实向虚"倾向,资本市场供给结构失衡,金融创新乏力,且资本市场服务实体经济的手段较单一,资本市场服务实体经济的层次和手段亟待丰富。

在多层次资本市场构建中,场外市场业务是重要一环。我国场外市场包括新三板("基础层+创新层")和区域性股权交易市场,多层次股票市场初步形成,体系框架与美国基本一致,但场外市场活跃度低、融资及交易定价功能不足。对标美国,美国衍生品市场标的包括利率、外汇、权益和商品,场内衍生品市场有纽交所、纳斯达克、芝加哥交易所集团、芝加哥期权交易所和国际证券交易所等,以期权和期货品种为主,而场外衍生品市场远大于场内。

我国衍生品市场发展相对薄弱,以场内为主,金融衍生品种类较少。场内衍生品市场以商品期货为主(包括上期所、郑商所、大商所),金融期货期权 2010 年后才放开,品种仅 6 种,交易所包括中金所(股指期货和国债期货)和上交所(上证 50ETF 期权)。相较于美国,我国衍生品市场种类较少,且场外衍生品发展薄弱。

近两年来券商衍生品业务应用出现较大幅度增长,部分券商的衍生品业务成为其业绩领先的重要支持。上市券商的衍生金融资产,从 2017 年上半年的 92 亿元增长到 2018 年上半年的 356 亿元,增幅 287%,衍生金融负债从 121 亿元增长到 357 亿元,增幅 195%。

(四) 拥抱金融科技,驱动行业未来发展

目前,全球信息技术革命不断深化,金融科技在各领域的广泛应用和深度渗透,使许多行业的商业模式发生了颠覆性变革。从国际视角而言,据麦肯锡数据,海外投行对科技创新和数字化转型的投入占税前利润近 20%,技术人才比例高达 30%,数字化在客户交互、决策、流程、创新四大方面均发挥着重要作用,如利用数字化的销售和交易渠道加强和客户的联系互动、利用大数据对客户进行精准画像、实现客户交易过程自动化以降低成本和差错、通过投资参与布局金融科技创新等。

从国内视角而言,加大对 IT 领域的投入已成为近些年证券业的共识,各家券商纷纷将金融科技作为战略性业务发展方向以及保证长期竞争力的核心之一。目前国内先发布局的券商已陆续加大自主开发力度,逐步建立自主的研发团队,开展金融科技战略布局,如华泰、广发、海通等券商在移动终端、大数据、智能投顾等方面先发投入;部分券商通过与科技公司合作推动科技化转型,如中金公司和腾讯、阿里签署战略协议,银河证券和阿里签署战略合作协议,华泰证券收购 AssetMark 等;此外,也有部分券商积极寻求业务突破点、探索差异化发展路径,如长江证券推出智能财富管理系统 iVatarGo,东吴证券与赢时胜、奥飞娱乐

成立东吴金融科技,定位金融科技综合服务商,主营金融科技业务和泛资产管理业务等。

对于传统金融机构而言,金融科技对服务效率的提升已成为未来核心竞争优势,积极拥抱技术成为行业共识,未来拥有先发优势的传统金融机构将占得先机,科技赋能金融或将成为金融业强者恒强的实现路径。对国内证券行业而言,短期内以投顾智能化和量化投资(机器选股、自动交易)为主的财富管理将成为主要发展方向,未来量化投资、区块链等方面的应用值得期待。

中国经济的高质量发展,需要一个强有力的资本市场支持,而证券行业的高质量发展是其中的关键一环。东吴证券将会继续围绕金融服务实体经济发展的根本宗旨,聚焦主业,坚持"待人忠、办事诚、共享共赢"的价值理念,持续优化业务模式、创新金融工具,建设规范化、市场化、科技化、国际化的证券控股集团,为证券行业高质量发展贡献更多的力量。

建设强大的资本市场，打造高质量发展的创新资本形成的新引擎

余 磊*

从 2018 年 12 月中央经济工作会议提出"资本市场在金融运行中具有牵一发而动全身的作用，打造一个规范、透明、开放、有活力、有韧性的资本市场"，到中共中央政治局第十三次集体学习时提出"深化金融供给侧结构性改革"，资本市场的定位上升到了前所未有的高度。随着中国经济转型进入"深水区"，大力推进金融供给侧结构性改革，压制过剩和低效金融供给、创造高效金融供给，提升配置效率，为国家经济转型打造一套高效的资本形成的新引擎，已经成为资本市场的历史性任务。

一、建设强大的资本市场、大力发展直接融资是解决中国经济杠杆率偏高和信用创造机制不畅等重大问题的有力抓手

过去 20 年，我国资本形成的引擎是以商业银行为主体的间接融资。在快速工业化、城镇化过程中，银行可以高效率地把储蓄动员起来，快速转化为长期资本形成，迅速提升经济的资本密度。但是随着传统经济模式下资本投入的边际产出率快速下滑、经济转向高质量发展的诉求愈发迫切，高度依赖银行和"影子银行"进行信用创造的金融体系逐渐暴露出诸多弊端。

第一，企业融资所筹集的资金大部分以债务形式计入，被用于支持既有债务体系循环的比例越来越高，因此相同规模的间接融资对经济增长的边际拉动逐渐下滑，进而不断推升全社会债务水平和杠杆率。根据国际清算银行（BIS）的统计，2018 年第三季度中国宏观杠杆率（不含金融部门）已达到 252.7%，处在历史高位；M2/GDP 达到 202.9%，在世界各主

---

* 作者简介：余磊，武汉大学法学博士，现任天风证券股份有限公司董事长，曾担任人福医药集团股份公司副总经理兼董事会秘书。原载于《中国证券》2019 年第 4 期。

要经济体中高居榜首。我国金融体系盘根错节相互牵连的潜在风险、地方政府的隐性债务风险等，皆与此有关。

第二，经济转向高质量发展需要大量创造技术资本、人力资本、智力资本、信息资本、知识资本，形成一批以科技、知识、技术、数据等要素为核心的新经济产业。这类企业的资产更多表现为专利、技术、商誉、平台等无形资产，具有发展速度快、股权结构复杂以及盈利不确定等特点。但银行主导下的间接融资模式不能形成风险共担、收益共享的市场化融资机制，且偏好重资产、周转快的传统工业，一些具有成长潜力但尚未进入成熟期的创新型企业在资本市场经常面临间接融资困境。

因此，要解决中国经济发展过程中的高债务、信用创造机制不畅等问题，改变金融体系脆弱性，创造足够的信用增长支持经济，推动经济高质量发展，亟须改变以间接融资为主的融资结构，建立强大的资本市场，通过直接融资提高要素的配置效率。截至2019年2月，社会融资规模存量中的间接融资（贷款）占比高达68%，直接融资（股票+债券）占比仅17%，其中股权融资占比更是不到4%，未来可以提升的空间非常大。

长期以来，由于股票供求结构、上市公司行业结构和投资者结构等失衡，证券公司责任缺位等深层次问题的存在，我国资本市场的规模和功能难以得到有效提升。例如，2018年末，中国沪、深两市总市值43.49万亿元，约占中国GDP的48.31%，而美国上市公司总市值37.8万亿美元，约占美国GDP的184.3%。对比中美GDP体量和上市公司市值体量，中国的资本市场规模至少存在翻倍的空间。要解决资本市场中存在的长期问题，需要从增量改革的思路出发，对资本市场进行彻底的体制机制变革。资本市场改革也必须为国家经济转型打造一套高效的资本形成新引擎。

二、从制度层面构建以集体诉讼和损害赔偿为原则的法律体系，形成以强大投行为基础的强大资本市场

大国崛起和资本市场的强大密切相关。20世纪初，美国投资银行在证券市场为美国钢铁业筹资后开始建立起强大的钢铁产业，而后美国的国防军工、汽车、造船业的崛起等基本是借助资本市场完成的。20世纪70年代，美国资本市场及创业基金等投融资体系开始进入飞速发展期，成功对接了生物医药、通信、电子信息、新材料等科技创新。正是这段时期的有效对接，使得美国经济快速高质发展。

强大的资本市场核心功能在于效率定价、价值发现，把经济资源导向最有效率的产业和企业，创造价值。我国资本市场从20世纪90年代发展至今出现的问题就在于一直没有培养出能够承载资本市场核心功能的市场化主体和基础制度。

市场化主体应该是强大的投行。首先，投行可以发挥资本市场的定价机制作用，使资本市场的长期估值趋于合理化；其次，投行的交易撮合能力能够为资本市场创造流动性，长期稳定资本市场的价值中枢，成为资本市场的压舱石；最后，投行通过参与上市公司长期投资，对上市公司形成约束和管理，引导长期资金入市，使得大量资金转化为经济发展的长期资本，为中小企业、创新型企业提供权益型资本，提升全社会创新资本的形成能力。

因此，中国资本市场要实现高质量发展、打造中国创新资本形成的新引擎，需要建设一批强大的投行，需要有"中国的高盛、摩根士丹利"去承载中国资本市场的核心功能。美

国资本市场从 1792 年《梧桐树协议》以来，经过 200 多年自上而下的历史积淀，已经形成了集信托责任、商誉、专业精神、高超的金融技术于一身、掌握市场定价权的投资银行。

制度层面的问题同样重要。2019 年 2 月 22 日，习近平总书记在中央政治局集体学习时强调"深化金融供给侧结构性改革，增强金融服务实体经济能力"，提到中国证券市场的惩戒成本过低。对比美国乃至全球最有效率和深度的资本市场，美国资本市场之所以如此强大，是因为制度层面构建了一套非常完善的法律制度体系，所谓资本市场的两根支柱——集体诉讼和损害赔偿。

过去 30 年，中国资本市场的各种利益关系和价格体系较为紊乱，存在多种分利和套利的结构，导致二级市场主要靠"流动性溢价"的价差模式赚钱，很难真正享受到经济和企业成长的红利。中国资本市场的改革需要解决这个症结，科创板作为改革的试验田，其中一个重要的任务就是构建资本市场的两根支柱，一定要支撑起中国未来证券市场的基本架构。

三、研究通过注资证券公司做大资本市场主体规模，探索一条实现中国特色的资本市场核心功能的路径，实现信用创造机制的再造

中国的资本市场迫切需要培育出能够承担资本市场核心功能的市场化主体，因此，找到强大投行的形成路径，应成为资本市场改革坚持的方向。

美国的高盛、摩根士丹利等投资银行可以掌握市场的定价权，是因为它经历了 200 多年自上而下的市场积淀。但现阶段中国经济转型已进入"深水区"，各方面矛盾盘根错节，并没有太多的时间和空间去接受市场要素自然培育生长的过程，所以需要另辟蹊径，尝试以商业银行的模式去探索一条实现中国特色的资本市场核心功能的路径，用商业银行"资本为王"的模式去实现"中国特色"的资本市场核心功能。

资本从哪里来？在具体操作上，可选择具有系统重要性的综合性证券公司和质地优良的地方性证券公司，向全国社保基金和各地方社保基金大规模发行可转换债券、永续债券或优先股权，由全国社保和各地方社保认购。社保以划拨的国有企业和国有金融机构的股权为质押，央行以相应交易结构支持。事实上的"政府信用"注资后，有条件的证券公司可以进一步再向社会发行股份募集资本。如果由此形成投行相当规模的资本金，那么再撬动形成庞大的企业权益资本。

从宏观层面而言，上述改革使得央行信用通过证券公司的中介作用形成信用扩张，在传统的商业银行和财政渠道之外开辟直接融资这一新的信用创造渠道，有利于疏通目前不畅的信用创造机制，将资金导向实体经济。

举例而言，目前国内 131 家证券公司资本金总额约为 1.6 万亿元，如果借由注资和市场融资将资本金扩大至 5 万亿元，其中 2 万亿元用于建立二级市场流动性长期稳定机制，3 万亿元用于建立一级市场发行承销机制，并且规定投行在承销股票时需以自有资金认购 10% 的发行股份，将由此撬动形成企业 30 万亿元的权益资本。如果摊到 5 年运行，每年新增权益资本融资 6 万亿元，占每年新增社融规模的 1/4，那么全社会的资本结构会得到根本性改造，中国高杠杆高债务问题可得到实质性的解决。更大的意义在于，在此过程中，我们能构建创新型资本形成的金融资源配置体系，随着市场体系和制度环境的改善，支持足够多的能够承担风险的 PE 和 VC 资本投入创新中，国家创新优势和创新发展路径才能形成。

四、以增量改革为原则、以证券公司为主导、以机构投资者为支撑，对资本市场进行改革试点

我国改革开放 40 年，最成功的经验就是先进行"增量改革"，再由"增量改革"到"存量改革"。中国资本市场的存量规模已然很大，如果直接在原有板块上进行监管制度和运行机制的重大改革，很容易对现有市场产生较大冲击，不利于市场的稳定运行。因此，决策层从"增量改革"的思路出发，建立新的市场板块作为改革试验田，试点注册制并建立有效的隔离机制。除了试点注册制以外，在新市场中还可探索发行、上市、交易、中介、监管等环节的配套制度改革创新，让市场机制发挥更大作用，取得经验以后，再向全市场推广，从而切实解决资本市场长期存在的老大难问题。

在试点改革过程中，证券公司获得注资后必须用自身资本参与资本市场业务，肩负起证券市场"看门人"的职责。一是要求券商以自有资本参与认购其承销的证券并锁定 3—5年，将券商与二级市场投资者利益绑定，形成市场化约束力量，这样券商在市场中选择 IPO 企业的时候，会强化对市场的责任，选择优秀的可持续盈利的好企业。二是要求券商在证券上市后，全面承担起其对上市企业的研究支持、市场定价和流动性支持等义务，强化券商对发行企业的持续督导责任，建立保荐人长期保荐、保荐代表人声誉约束、投行业务内控约束等事前约束机制，这将在很大程度上有助于解决上市公司质量较差、发行定价效率低下、上市后运作不规范等证券市场的一系列顽疾。

长期机构投资者的壮大是资本市场发展的另一支柱。大力发展长期机构投资者，既是壮大资本市场的必然要求，也是金融体系优化结构的内在需要，更是资本市场改革稳定进行的有力支撑。要切实放低养老基金、保险资金、各类社会保障资金等机构投资者进入市场的门槛和融资门槛，形成多元化、多层次、相互竞争的专业化机构投资者队伍，使机构投资者的理性投资成为市场的主导性潮流和力量。特别是在新股配售环节要加大对长期机构投资者的政策倾斜力度，促使其有效参与新股询价，把证券公司、机构投资者、公众投资者、上市公司等资本市场参与主体的利益有效联结起来，核心是理顺价格形成机制。在"投资多元化、运营专业化、信息透明化"的原则下，长期机构投资者可扮演市场"最后投资人"的角色，在股票市场出现非理性的严重低估时购入相关股票，既可以起到稳定市场、提振投资者信心的作用，又可以降低这类长期资金的资产配置成本，提高其长期投资回报水平。

通过增量改革能够化解中国资本市场长期以来积累的一些根本性矛盾，建立长期健康的向好预期，使中国经济逐步以资本市场为中枢而得到新的发展动能。春江潮涌，当前我国正处于经济转型升级、动能转换的关键期，建设一个规范、透明、开放、有活力、有韧性的资本市场有利于引导更多的金融活水浇灌实体经济，有利于推进更多的风险资本投入创新，最终使企业受益于融资便利提升和创新资本积累、投资者受益于市场价值长期稳定、居民受益于财富保值升值，打造与全球第二大经济体匹配的强大资本市场。

打造核心竞争力,切实提升服务实体经济能力

菅明军*

2018 年底召开的中央经济工作会议将资本市场在整个经济、金融运行中的地位和作用提高至"牵一发而动全身"的地位,并指出了资本市场深化改革的目标,即"打造一个规范、透明、开放、有活力、有韧性的资本市场",也向市场传达了党中央、国务院对 2019 年乃至未来较长一段时间内资本市场整体运行状态的殷切期望。2019 年 2 月 22 日中央政治局就完善金融服务、防范金融风险举行第十三次集体学习,习近平总书记指出"金融是国家重要的核心竞争力"。作为国家金融体系的重要组成部分,资本市场的地位也随之进一步提高。

证券行业是根植于资本市场的特殊行业,资本市场定位的空前提高,为未来证券行业的不断砥砺前行奠定了坚实的基础;深化金融供给侧结构性改革,适应经济高质量发展,切实增强服务实体经济的能力,是证券行业高质量发展的根本目标。随着各项政策措施进入"一砖一瓦"的实施阶段,资本市场不仅会在稳经济、稳金融、稳预期等方面发挥更积极的作用,也将给市场各参与主体带来重大战略机遇。

证券公司作为资本市场最主要的中介机构,应积极把握新一轮资本市场改革开放的历史性机遇,围绕为实体经济提供更高质量、更有效率的金融服务,打造核心竞争力,攻坚克难,锐意改革,果断布局,实现做大做强。

一、证券行业实现高质量发展是契合新一轮资本市场改革开放的客观要求

(一)科创板注册制推动证券公司各项业务实现深度融合

2018 年 11 月 5 日,习近平总书记在首届中国国际进口博览会开幕式发表主旨演讲,提

---

* 作者简介:菅明军,经济学博士,高级会计师,中共河南省委候补委员,河南省人大常委。现任中原证券股份有限公司党委书记、董事长,兼任河南省证券期货业协会会长。曾任国家财政部综合计划司干部,河南省财政厅办公室副主任、亚太会计集团常务副总裁、河南省财政厅办公室主任、河南省政府省管国有企业监事会主席、中原证券股份有限公司总裁。原载于《中国证券》2019 年第 12 期。

出在上交所设立科创板并试点注册制。进入2019年，作为落实创新驱动和科技强国战略的重大改革举措，完善资本市场基础制度、激发市场活力和保护投资者合法权益的重要安排，科创板注册制推进的速度屡超市场预期。

科创板注册制以充分市场化为前提，在上市条件、定价原则、交易制度、退市制度、信息披露等多个方面相较主板、中小板、创业板均实现突破和创新，是我国资本市场基础制度的重大变革。在科创板注册制平稳运行一段时间后，各项创新制度有望向主板、中小板、创业板全面推广，以增量改革促存量转型的方式，逐步减少行政干预，引导市场提高资源有效配置效率，进而激发市场深层活力，推动直接融资比重不断提升。

为最大化限制发行人与保荐机构的利益捆绑，抑制IPO市场化定价泡沫化，吸取过往教训以防微杜渐，上海证券交易所在2019年4月16日正式发布的《上海证券交易所科创板股票发行与承销业务指引》中，明确了科创板试行保荐机构另类投资子公司跟投的规定。作为科创板注册制最重要的制度创新之一，"跟投机制"将推动证券公司进一步实现投行、研究、另类投资、信用、创新等各项业务深度融合、协同，推动证券公司逐步迈向真正意义上的"一站式"综合金融服务提供商，切实做到高质量、高效率服务实体经济，并与实体经济共同走向繁荣。

第一，发行价格是注册制下证券发行成功与否的核心要素之一。由于使用自有资金跟投，证券公司在科创板企业IPO市场化定价时会更趋于理性。定价过高将使得跟投资金锁定期结束后出现亏损的风险增大，而定价过低也不利于标的企业的承揽及后续维护。因此，定价能力成为区分科创板以及未来注册制全面推行后各公司投行业务水平高低的重要指标之一。在此过程中，研究业务的深度协同是确保投行项目成功以及跟投资金未来成功退出的重要保障。

第二，在投行业务部门完成标的企业承销与保荐业务的同时，证券公司另类投资子公司将开立专用证券账户存放跟投获配股票，这也需要另类投资业务与投行业务强化业务协同。此外，各公司也需加强对运营资金的科学分配与管理能力。

第三，在跟投获配股票处于锁定期时，证券公司研究业务部门需要对标的企业所处行业、企业基本面进行持续跟踪，以期较为准确地把握锁定期结束后的退出时点，实现收益最大化。同时，投行业务部门也能够结合研究成果，适时帮助标的企业进行再融资。

第四，在持有跟投获配股票的过程中，是否将持有的股票向证券金融公司借出或收回也需要信用业务部门的协同；在监管允许的前提下，能否利用持有的跟投获配股票进行衍生品等创新业务的创设，以及未来能否在科创板推行做市制度，我们拭目以待。

（二）财富管理需求的不断增长推动证券公司业务转型升级

党的十八大以来，以习近平同志为核心的党中央坚持以人民为中心，出台实施了一系列惠民政策措施，带动居民收入继续快速增长。根据国家统计局发布的《新中国成立70周年经济社会发展成就系列报告》，2018年我国人均国民总收入达到9 732美元，已经高于中等收入国家平均水平。2018年居民人均可支配收入达到28 228元，其中，城镇居民人均可支配收入从2013年的26 467元增加到2018年的39 251元；农村居民人均可支配收入从2013年的9 430元增加到2018年的14 617元。此外，城乡居民的收入来源也从单一走向多元，工资性收入占人均可支配收入的比重不再占据绝对主体，经营、财产和转移收入比重增加。

其中，2018 年城镇居民人均财产净收入占比为 10.3%，比 1985 年提高 9.8%。

中国经济潜力大、韧性足，随着中国经济由高速增长阶段转向高质量发展阶段，城乡居民人均可支配收入以及人均财产净收入占比依然具备较大的增长空间。广大人民群众财富的不断积累带来了巨大的财富管理需求，财富管理将成为未来一段时间整个证券行业发展的主旋律，并将推动证券公司传统业务转型升级。

第一，证券经纪业务是证券公司传统的基础性业务，也是证券公司收入和利润的主要来源之一。近年来，金融科技的开发运用、个人投资者开户限制的放开、竞争的不断加剧，使得行业代理买卖证券业务平均净佣金率持续向成本线靠拢，传统依赖通道的证券经纪业务经营模式难以维系。因此，加快经营模式的转型，不断提高财富管理服务收入的比重，延缓或弥补通道收入的下滑，是证券经纪业务转型发展的重要方向。

第二，我国人口基数大，区域发展程度不同，使得广大人民群众对于财富管理的需求存在客观差异，这给证券经纪业务摆脱同质化、实现差异化竞争创造了良好条件。证券公司应当以投资者适当性管理为依据，以投资者财富管理目标为导向，借鉴国际最佳实践，提升专业水平，满足不同类型投资者个性化的财富管理需求，勇于担当社会财富"管理者"的角色。

（三）资本市场双向开放推动证券公司"走出去"

近年来我国资本市场对外开放程度不断提高。在互联互通机制下，沪港通、深港通规模扩容，沪伦通整装待发；内地与我国香港之间的"债券通"也已开通；人民币正式加入国际货币基金组织特别提款权货币篮子；2018 年 A 股正式纳入明晟指数体系；2019 年 A 股正式纳入富时罗素指数体系，明晟指数纳入 A 股比例持续提高；监管部门还通过完善合格境外机构投资者等相关制度，以及内地、香港基金互认等举措，促进内地资本市场相关制度与国际标准接轨，为证券公司拓展国际业务带来了契机。

中国作为全球第二大经济体，持续坚定不移地推进改革开放。中资企业在全球资源配置、市场服务方面逐步掌握产业链的主导权，在海外市场产业并购的速度也在逐步加快。帮助中资企业利用好境内、境外的市场资源，完成投融资、并购重组等活动，为国家"一带一路"建设添砖加瓦，是证券行业切实服务实体经济实现高质量、高效率发展的重要体现之一。

2018 年以来，部分证券公司陆续获得跨境业务试点资格，在资本市场双向开放的背景下，鼓励证券公司"走出去"的政策导向已现端倪。个别国际业务开展时间早、业务开展程度高的证券公司，国际业务收入贡献度日益显著。随着政策导向的倾斜、国际业务开展的逐步深化，未来国际业务将逐步成为各证券公司打造多元化收入结构、构建差异化竞争优势的重要一环。

（四）提升全面风险管理能力是实现证券行业高质量发展的根本保障

近年来，随着证券行业各项创新业务的不断涌现，证券公司集团化、国际化经营战略的不断实施，全面风险管理水平不足、合规风控基础不牢的问题有所暴露。不断完善风险管理体系、提升全面风险管理能力是证券公司抓住行业改革发展难得的历史机遇、实现证券行业高质量发展的根本保障；全面风险管理能力已经成为证券公司的核心竞争力之一。

第一，应持续落实《证券公司全面风险管理规范》等监管要求及公司相应内部制度，优化完善全面风险管理体系建设，不断完善风险管理制度体系，健全风险管理组织架构，加强风险管理信息技术系统建设，优化风险控制指标体系，加强专业人才队伍建设，强化风险应对机制等。

第二，应制定风险偏好和容忍度体系，并与公司发展战略有机结合，通过定期及不定期压力测试评估极端风险，把多层次风险管理制度体系覆盖全公司。

第三，应持续推进风险管理信息系统建设，设立风险管理信息系统专项预算，借助金融科技构建集中、时效、量化的风险管理技术支柱，切实提高公司风险管理信息化水平，并有效增强公司风险识别、量化评估和控制的能力。

第四，应将各子公司纳入全面风险管理体系，探索构建有效的子公司风险管理模式，确保全面风险管理体系与公司发展战略相适应。

二、近年来证券行业发展面临新格局

（一）证券行业分化现象有所加剧

根据中国证券业协会的统计，2018年证券行业营业总收入为2 662.87亿元，较2015年峰值的5 751.55亿元下降53.70%；净利润总额为666.20亿元，较2015年峰值的2 447.63亿元下降72.78%。在行业盈利能力持续回落的背景下，盈利能力集中度反而出现持续提升。2018年行业营业收入排名前5位、前10位证券公司的集中度分别为43.22%、64.94%，达到2012年以来的最高水平；净利润排名前5位、前10位证券公司的集中度分别为46.18%、72.99%，达到历史最高，证券行业的分化现象有所加剧。在行业各细分业务领域中，投行业务的分化现象最为显著。

（二）证券行业加速对外开放

我国证券行业的对外开放始于中国加入世界贸易组织，允许外资持有证券公司股权的比例不超过33%，并延续了较长时间。2018年4月28日，中国证监会正式发布《外商投资证券公司管理办法》，将外资持有证券公司股权比例的限制放宽至51%，2021年后投资比例不受限制。2019年7月20日，国务院金融稳定发展委员会办公室发布《关于进一步扩大金融业对外开放的有关举措》，提出11条有关我国金融业加速对外开放的举措，其中将取消证券公司、基金管理公司和期货公司外资投资比例限制的时间由2021年提前至2020年，我国证券行业对外开放的步伐不断加快。

2019年以来，已有包括瑞银集团、摩根大通、野村控股、摩根士丹利在内的国际知名投行通过股权转让、新设、增资等多种方式取得国内证券公司控股权。除此之外，更多国际大行正在摩拳擦掌、跃跃欲试，相信不久的将来会看到更多外资控股证券公司的身影。

初期外资控股证券公司受制于资本实力相对较弱、客户储备相对不足等因素，只能聚焦于少数专业化程度、业务门槛相对较高的业务领域。但中长期看，随着金融供给侧改革以及新一轮资本市场改革开放的不断深化，国际投行在财富管理、注册制下的证券承销与保荐、衍生品交易、做市等业务领域的经验及优势将逐步得以体现，进而冲击我国证券行业现有竞争格局。

但事物总具有两面性,既对立又统一。国际投行进入我国证券行业产生了"鲶鱼效应",倒逼国内证券公司,特别是中小证券公司攻坚克难、锐意改革,打造核心竞争力,构建差异化的竞争优势,切实提升服务实体经济的能力,推动自身实现高质量发展,以期在未来激烈的市场竞争中立于不败之地。

(三) 证券行业并购整合引发关注

2018年12月以来,在证券行业分化现象有所加剧的背景下,个别证券公司推出行业内并购整合的方案引发市场高度关注。

从中长期看,证券行业加快并购整合符合政策导向及行业发展规律。首先,证券行业逐步加快并购整合是践行金融供给侧改革的重要体现,有利于优化证券行业的机构体系、市场体系、产品体系,有助于为实体经济发展提供更高质量、更有效率的金融服务;其次,并购整合有助于增强证券行业的整体竞争力,有助于内资证券公司直面国际投行的全面竞争;最后,从成熟资本市场的发展经验看,证券行业逐步走向整合是行业发展的客观规律和必经阶段。对于大型证券公司而言,通过并购整合能够进一步巩固自身的行业头部地位;对于中小证券公司而言,在能够产生协同效应的前提下,通过并购整合能够快速实现自身的跨越式成长,实现"弯道超车"。

三、攻坚克难、锐意改革

为积极把握新一轮资本市场改革开放带来的历史性机遇,有效应对近年来证券行业发展面临的新格局,回归证券公司本源,优化结构,打造核心竞争力,推动自身实现高质量发展,中原证券于2018年4月做出了全面深化改革的战略决策。此次改革是一次以市场化、专业化为方向的全方位改革;同时,提出了"二次腾飞"的发展目标:即再用三年左右的时间,使中原证券的综合实力和经营业绩稳居行业第一方阵,一些重要业务领域位居行业前列,为我国资本市场做出应有的贡献。

(一) 大力加强合规风控能力建设

除从监管部门引进优秀人才全面负责公司合规风控工作外,中原证券进一步强化了合规管理总部和法律事务总部的职责,优化了各层级全覆盖的合规管理体系,全面梳理、提高了规章制度的精细化和可操作性,持续开展合规风控宣导培训,将合规纳入绩效考核体系,并加大对合规风控和稽核发现问题的问责及督促整改力度,促进了全员合规文化形成,保障了各项合规风控制度的落实,夯实了各级管理人员的合规风控责任,营造了合规风控底线不能碰、不敢碰、不想碰的氛围。

(二) 确立投行业务的核心地位

中原证券围绕力争三年内投行业务进入行业前20名的发展目标,按照大投行、全业务链条的思路,对投行条线全面改革。建立了以投行管理委员会为核心的集体决策机制,拥有了13个既专业分工又紧密合作的业务部门和两个资本市场部,初步形成了北京、上海、郑州三个区域性投行总部格局;推出了新的绩效考核机制和专业技术职级制度,形成了吸引、留住优秀人才的竞争性考核和人才机制;成立了专门的质量控制总部和融资管理部,构建了涵盖"三道防线"的内控架构,提升了内控质量。目前投行业务发展势头强劲,投行项目储备数量和业务收入大幅提升。

(三) 正式启动证券经纪业务向财富管理转型

证券经纪业务向财富管理转型是行业共识、大势所趋。经充分酝酿,2019 年初,中原证券正式启动证券经纪业务向财富管理转型的改革,分两个阶段进行:第一阶段是推进总部层面的机构改革和职能、人员调整,目前机构设置和职责界定已经完成,人员的内部调整和外部引进正在有序推进中;第二阶段是分支机构改革,探索以分公司为利润中心的总分机构改革方向,对于条件成熟的分公司,中原证券将通过赋予适当的人、财、物自主权,使其责、权、利对等,由现有的经纪业务分公司转变为公司直接管理的分公司,真正成为公司各项业务及产品在区域市场的展示平台、营销平台、服务平台,真正成为能够独立核算的利润考核单元,以充分调动其更好地服务及拓展客户、加快向财富管理转型的积极性。总部各相关部门职能则转变为主要业务管理及向分公司提供专业支持与服务,并在金融产品引入等方面接受分公司的评价。加强投顾人员培训,提高投顾人员专业研究水平,给投顾业务发展打下坚实基础。

(四) 明确另类投资、私募基金业务战略

中原证券根据"做优投资"的业务战略,积极转变投资理念,对另类投资子公司——中州蓝海和私募基金子公司——中鼎开源进行了改革。其中,中州蓝海优化了投资策略,确定了以股权投资为主、金融资产投资为辅的业务方向,以及以 Pre - IPO、上市公司并购重组为主的投资退出方向,优化了公司治理和内部管理架构,设立了投资评审委员会,与母公司投决会共同构成了层次清晰的投资决策体系。改革后的中州蓝海密切协同投行,加大了优质项目股权投资力度,逐渐稳步退出二级市场金融产品投资,果断处置、成功化解风险项目,呈现良好的发展态势;前期投资的一些优质股权项目,目前正逐步进入收获期。

(五) 明确中原股权交易中心的发展方向和目标

明确中原证券控股的中原股权交易中心要进一步做大做强,成为河南省非上市企业进入资本市场的首选地,切实发挥河南省资本市场孵化器的重要作用。截至 2019 年 6 月底,中原股权交易中心已累计挂牌企业 5 600 家,在全国 34 家区域市场中排名第 6 位,累计为企业融资近 60 亿元;增设"上市后备板",挂牌企业质量明显提升;完成对河南省 80 家农商行股权的托管,会员结构持续优化,成为中原证券服务实体经济的有力抓手和河南省发展多层次资本市场的重要载体。2019 年下半年争取在中心设立"科创板块",做好培育孵化,助力河南省高新技术企业尽快进入更高层次的资本市场。

(六) 加快探索国际业务新的经营模式

作为中原证券的国际业务平台,香港中州国际未来具有很大发展潜力。2019 年下半年对其重新进行发展定位,进一步探索符合国际业务特点和中原证券实际的经营模式,采取设定合理可行的盈利目标、实施审慎的合规政策和稳健的风控政策、全面加强与母公司的业务

联动、巩固提升牌照业务及壮大资本实力等措施，全面调整业务结构，优化盈利模式，促进稳健发展，实现公司打造"香港中心"的战略布局。

四、结语

当前中国资本市场改革开放正加快推进，证券行业既面临巨大的发展机遇，也面对诸多挑战，正如逆水行舟、不进则退，我们需要时刻保持强烈的危机意识和发展的紧迫感。我们坚信，在习近平新时代中国特色社会主义思想指引下，在监管部门以及证券行业全体同仁的共同努力下，只要我们坚定不移地推进改革，持续提升专业水平，积极防范化解风险，全面推动提质增效，就一定能再接再厉，推动证券行业实现高质量发展！

参考文献

[1] 国家统计局. 沧桑巨变七十载 民族复兴铸辉煌——新中国成立70周年经济社会发展成就系列报告之一 [EB/OL]. http：//www.stats.gov.cn/tjsj/zxfb/201907/t20190701_1673407.html. 2019－7－1.

[2] 国家统计局. 人民生活实现历史性跨越 阔步迈向全面小康——新中国成立70周年经济社会发展成就系列报告之十四 [EB/OL]. http：//www.stats.gov.cn/tjsj/zxfb/201908/t20190809_1690098.html. 2019－8－9.

[3] 中国证监会. 易会满主持召开证券基金经营机构座谈会 [EB/OL]. http：//www.csrc.gov.cn/pub/newsite/zjhxwfb/xwdd/201907/t20190705_359021.html. 2019－7－5.

积极拓宽市场融资渠道，推进实体经济发展

舟 云[*]

党的十九大报告要求，"深化金融体制改革，增强金融服务实体经济能力，提高直接融资比重，促进多层次资本市场健康发展。健全金融监管体系，守住不发生系统性金融风险的底线"。这是对金融领域的根本要求，是指导金融改革发展稳定的行动指南，是做好新时代金融工作的根本遵循。

随着中国特色社会主义进入新时代，金融服务实体经济的根本任务是以服务供给侧结构性改革为主线，推动经济发展质量变革、效率变革、动力变革、实体经济高质量发展。近年来，证券行业围绕经济转型升级，优化资金配置，扩大资金有效供给，在推动经济平稳发展、助力企业腾飞中发挥了重要作用。

下面从深化金融体制改革、融资渠道的多样性、新格局下的转型以及金融风险控制四个方面具体分析证券行业如何更有效地推动实体经济的发展。

一、深化金融体制改革，证券业提质增效

（一）构建多层次资本市场服务实体经济发展

中国经济增速逐步换挡，进入中等增速时期。一方面，过高的经济增速没有必要且成本较高。随着人口红利的消退、全要素生产率的下降以及资本回报率的回落，中国经济的潜在增长率也在逐步下行。尽管2017年的经济增速出现小幅回升，但在全要素生产率尚未明显提升之前，中国的经济增长仍将保持"减速换挡"的格局。如果追求过高的经济增速，势必需要大量的政策刺激，这可能再度带来产能过剩、环境污染、结构错配等问题，与十九大报告确立的"求质"方针不符，也与中国经济改革的大方向背道而驰。另一方面，仍需保

---

[*] 作者简介：舟云，高级管理人员工商管理硕士（EMBA），现任国金证券股份有限公司董事长，国金鼎兴投资有限公司董事。曾任成都金融市场职员，成都市人民银行计划处职员，成都证券公司发行部经理、总裁助理、副总裁、监事长，国金证券有限责任公司监事长，国金证券股份有限公司监事会主席。原载于《中国证券》2019年第4期。

持一定的经济增速来为改革营造稳定的环境。经济增速如果下滑过快，势必造成总需求快速下降、价格大幅下跌、居民和企业信心下降、失业率上升等问题，不利于经济结构的调整，甚至有可能造成社会的不稳定。在经济增速换挡时期，防范金融风险、深化金融体制改革、构建多层次资本市场支持实体经济发展、提高直接融资比重正变得日益重要。

深化金融体制改革是释放经济活力、提高全要素生产率的重要手段。目前，经济增长由高速增长阶段向高质量发展阶段转变，只有通过制度变革和技术创新提高资本回报率，才是解决当前中国经济根本性问题的关键，而深化金融体制改革是整体制度变革当中的重要组成部分。

构建多层次资本市场服务实体经济发展是当前证券业发展的重要任务之一。从供给侧结构性改革的角度出发，不同的企业性质和规模对金融服务的诉求不尽相同，对金融风险的承受能力也差异较大。单一的金融市场，难以全面、高效地服务实体经济，甚至有可能阻碍实体经济的发展速度，导致全要素生产率的下降。通过营造多层次资本市场，对不同类型的企业、不同规模的企业以及不同创新层次的企业提供不同的金融服务，能够更有效地提高金融服务的效率，提升金融服务的质量，带来全要素生产率的改善和整体经济质量的提高。

（二）提高资金配置效率

鼓励企业增加直接融资，能够提高货币政策传导效率，有助于降低企业融资成本。直接融资和间接融资并没有绝对的孰优孰劣之分，发达经济体有以直接融资为主的，也有以间接融资为主的。从表面看，中国直接融资比重过低，需要提高，但深层的问题是二者均是资金配置的手段，并无优劣之分，在金融稳定和促进经济增长方面，也不存在孰优孰劣的问题，核心问题是要提高资金的配置效率。从实践看，我国直接融资和间接融资在效率方面都存在问题，因此，在提高直接融资比重的同时，需要通过制度建设提高二者的效率。从当前来看，间接融资占比过高部分约束了资金配置效率：一方面，导致货币政策传导效率下降，政策的逆周期效用下降；另一方面，推高了企业融资成本，并且抑制了股票市场、企业债市场的发展壮大，不利于资源的优化配置。未来看，证券业不断提升自身能力、更好地为企业债券和股票融资服务，是当前证券业服务实体经济发展的主要抓手。

在中国经济增速进入换挡期的过程中，提高经济增长的质量正在变得日益重要，而证券业在有效防范金融风险的前提下，深化金融体制改革，加大金融开放，通过构建多层次的金融市场，支持企业增加直接融资，能够有效地服务实体经济，为中国营造"创新型"社会创造更好的金融环境，也是当前证券业供给侧结构性改革的主要任务。

二、投行转型在即，跨境并购业务大有作为

（一）注册制带来的投行转型新动力

国务院总理李克强在2019年的政府工作报告中提出，要改革完善资本市场基础制度，促进多层次资本市场健康稳定发展，提高直接融资特别是股权融资比重。但是，在现有资本市场融资体制下，以核准制为核心的股权融资体系对于大部分具有成长性与核心技术但盈利能力较弱的企业来说，则是一道难以逾越的障碍，政策实施难以落地；而科创板的推出则为实体经济在资本市场融资提供了一个便捷渠道。然而，传统核准制下投行业务模式早已定

型，随着注册制的到来，投行亟须进行转型升级，未来投行需要从通道型向综合型转变。注册制不仅给投行业务部门带来了新的机会，更重要的是包括投行在内的整个券商业务模式的转变。

第一，科创板注册制开拓了投行客户资源，允许尚未盈利、甚至亏损，但拥有核心技术且符合国家战略发展方向的科技创新型企业发行上市。这就需要投行人员具备一定的研究能力，或与研究部门通力合作，共同发现并培养具备科创属性的企业。同时，券商直投子公司也可以有意识地跟进寻找符合科创板定位的投资标的。

第二，科创板注册制放开了发行价管制并设置券商跟投机制。投行需要与发行人商讨，预估市值与发行价格，寻找可比上市公司，确定估值模型，合理预计客户市值，不断提升估值定价的能力；投行还需要与跟投子公司预估拟发行的价格区间以及投资盈亏分配事宜，降低跟投风险。

第三，科创板注册制放开了战略配售机制，投行在发行询价阶段寻找战略投资者时，可以协调经纪业务部门的客户资源，例如一些资金实力较强的私募基金；投行也可以从自身客户资源库中寻找合适的战略投资者。此外，首发上市日融资融券的放宽也可以让战略投资者将获配的锁定期股份作为融资融券标的，为经纪业务部门提供业务机会。

第四，券商资产管理部门可以帮助发行人高管与核心技术人员在首发时设立专项资产管理计划参与战略配售，形成投行与资管部门的业务联动。

因此，科创板注册制度的实施不仅丰富了投行传统的承揽与承做业务，更是利用投行业务窗口优势调动各方面资源，带动经纪、研究、投资、资管等部门的协调发展，扭转以往各个部门各自为战、利益不一致的局面，使投行由过往的通道型投行转变为利益一致、协调发展的综合型投行。

资本市场服务实体经济，长期以来一直是我国金融制度改革的一项基本政策。在这一基本政策下，国金证券始终坚持"客户至上、专业规范"等核心价值观，秉承"让金融服务更高效、更可靠"的使命，为客户提供全方位的金融服务。

（二）利用跨境并购"走出去"

早些年前，我国部分企业就已经通过跨境并购实现了国际化发展。随着我国经济实力的增强与企业的发展壮大，中国企业海外并购的目标从早些年"获取自然资源储备、引进品牌与技术"的目标逐渐转变为"制胜国内、向海外市场输出"的目标。

然而，国内企业跨境并购之路并非一帆风顺。从宏观层面来看，2018年人民币贬值和中美贸易摩擦使部分国内企业对美国市场发展前景有所担忧；美国、澳大利亚等部分发达国家市场也存在部分领域投资限制，在一定程度上加大了跨境并购的难度。从企业自身情况来看，部分企业未对并购标的实施充分尽调，导致并购后整合困难、标的估值虚高、交易对价不公允、企业利益受损。从中介机构方面来看，部分国内投行作为财务顾问在海外业务布局狭窄、团队经验不足、资源不全，无法满足收购方对项目筛选、海内外资源撮合的要求；加之国内外法律与会计准则存在差异，导致收购方案可能存在法律或会计方面的瑕疵。

风险与机遇并存。在全球化并购浪潮下，国内企业积极借助"一带一路"倡议的东风设立企业转型升级目标，强化企业品牌建设、管理能力、技术水平，真正实现企业走向全球化。面对跨境并购大好机遇，国内投行也需要积极转型以应对跨境并购中的风险。一是适当扩大海外布局，加强海外团队建设，积极了解当地政治、经济、法律和技术环境，探索并持续跟踪当地有投资价值的标的企业；二是积极撮合并购双方，共同制订整合方案，使双方对企业资源与企业文化的整合意见协调一致；三是拓宽融资渠道，创新融资方式，支付对价不再只局限于现金收购与发行普通股，还可以充分利用产业并购基金、发行优先股或可转债等多种融资方式；四是建立可复制的境外并购模式，通过案例库的形式为跨境并购提供多种选择方案。

三、资管新规促成新格局，全面服务实体经济

（一）资产证券化成为资本市场融资新路径

资产证券化作为股、债之外的第三条资本市场融资路径，服务市场经济中的个人消费者、企业客户、政府部门等各参与主体，助力实体经济发展。

第一，资产证券化服务个人消费者，助力实体经济发展。近年来随着我国GDP增速放缓，长期支撑中国经济高速增长的投资和出口变得乏力，消费对于GDP增长的贡献率逐渐增大，由2014年的51.6%上升为2018年的76.2%。资产证券化通过盘活消费金融类、住房租赁类等基础资产，服务个人消费者，助力实体经济发展。首先，消费金融类资产证券化有助于提高信贷渗透率，通过提供差异化金融服务满足消费升级的需求。消费金融类资产具备无抵押、无担保、小额分散等特征，涉及传统金融所不能完全覆盖的个人消费市场。资产证券化通过加快此类资产流转，提高信贷的渗透率，实现普惠金融。此外，随着"互联网+"的赋能，消费金融类资产逐渐覆盖包括3C产品、教育、旅游、租房、装修等在内的场景，通过降低融资利率提升利润空间。其次，住房租赁类资产证券化有助于建立租购并举的住房制度以增加住房供给，推进形成"房住不炒"。2018年4月，中国证监会、住房城乡建设部联合发布了《关于推进住房租赁资产证券化相关工作的通知》，在利用资产证券化工具增加住房供给的同时，也倒逼住房租赁市场的运营者更加标准化、规范化，以提高民众住房体验。

第二，资产证券化服务企业客户，助力实体经济发展。资产证券化是降低资产负债率、解决民营企业融资问题的有效工具。首先，我国政府在《关于加强国有企业资产负债约束的指导意见》中提出，要建立和完善国有企业资产负债约束机制，到2020年末，平均资产负债率相比2017年末降低2个百分点左右。出表型资产证券化有助于国有企业降杠杆，促进国有企业高质量发展并防范化解系统风险。2008年金融危机以来，由于反周期的刺激政策，国有企业经历了显著的加杠杆过程。近年来劳动力增长率经历了结构性的、不可逆的下降，以及目前我国所处的经济新常态阶段，降杠杆稳风险成为国有企业的重点工作。出表型资产证券化，可以将国企表内债权或不动产类资产真实销售，通过融入资金偿还其他债务以达到"降杠杆"的效果。其次，供应链资产证券化有助于纾缓民营企业融资难融资贵这一问题。具体融资方式包括：（1）传统供应链资产证券化融资方式，即以核心企业应付账款为底层资产，为核心企业一级供应商提供融资；（2）"创新区块链+供应链"资产证券化融资方式，区块链技术与物联网技术将供应链上各层的物流信息、合同信息与资金信息记录在分布式账本上，通过核心企业、各级供应商交叉验证，确保供应链信息的真实且不可篡改，区块链技术使资产证券化为核心企业二级或二级以上的供应商提供融资成为可能。

第三，资产证券化服务政府部门，助力实体经济发展。我国政府承载着基础设施建设的重大职能，基础设施投资给政府带来较大负担。根据 Wind 资讯数据，2018 年我国财政收入 18.34 万亿元，而我国在 2017 年基础设施投资额达到 15.06 万亿元。PPP 项目资产证券化、基础设施 REITs 等资产证券化工具均能缓释基础设施建设带来的资金压力。首先，PPP 项目资产证券化能够为社会资本参与方提供常态化稳健的退出渠道，通过调动社会资本参与方来引入民间资本参与 PPP 项目，缓释政府的资金压力。其次，公募基础设施 REITs 如果未来顺利推出，则一方面能募集同基础设施建设期限相匹配的资金，另一方面公募 REITs 广泛的投资群体也能进一步降低融资成本，缓解政府资金压力。

（二）资管新规落地带来的券商资管行业变革

资管新规提出了金融机构资产管理业务的原则之一是坚持服务实体经济的根本目标。这既充分发挥了资产管理业务功能，切实服务实体经济投融资需求，又严格规范引导，避免资金脱实向虚在金融体系内部自我循环，防止产品过于复杂，加剧风险跨行业、跨市场、跨区域传递。新规强调"去通道、限嵌套"，要求资产管理业务回归本源和主动管理，限制原有的资金在金融体系内部空转的影子银行模式，引导资金脱虚向实。券商资管应积极响应新规要求，坚持服务实体经济，具体表现为以下两个方面。

首先，券商资管应积极提升投资研究能力，在资管新规框架内设计相应的权益性投资产品，如定向增发、大股东增持、员工持股计划等，实现与实体经济特别是新兴产业的有效衔接；同时，券商资管还应积极参与多层次资本市场建设，如目前新兴的科创板市场，为上市公司提供定制化的资产管理服务。

其次，资管新规明确鼓励投向符合国家战略和产业政策要求、符合国家供给侧结构性改革要求的领域；鼓励支持经济结构转型，支持市场化、法治化债转股，降低企业杠杆。对于符合国家战略和政策的特定资管产品，监管也明确指出可以豁免适用部分规则，且在产品备案中也可享受绿色通道服务。在上述政策支持下，同时基于券商在投资银行类业务（包括 ABS）中积累的丰富投融资经验，券商可以在实体经济企业的债务融资、并购重组、产业整合、优化债务结构等方面发挥专业优势，为企业提供高效、多样化的金融服务。

四、当前融资环境下的风险管理现状

（一）金融监管需从"量"到"质"转变

2008 年发轫于美国的金融危机迅速蔓延全球，这场危机让社会各界都认识到金融的核心本质是风险管理。目前我国金融形势总体稳定，但仍面临着国内外多种因素的影响——国际上，世界经济复苏乏力，贸易保护主义抬头，金融市场动荡不断，国际投资持续低迷；国内经济下行压力增加，结构失衡问题突出，外贸数据疲软，内需增长乏力，部分实体企业经营困难，融资成本高企。

过去一年，党中央稳步推进结构性去杠杆，稳妥处置金融领域风险，实施积极的财政政策和稳健的货币政策，提出"稳就业、稳金融、稳外贸、稳外资、稳投资、稳预期"，有力维护了金融市场的平稳运行。

2019 年，我国金融市场面临着新形势、新挑战，A 股年初显著上涨，上交所科创板启动在即,中美贸易谈判持续进行,美股看空持续增加,英国"脱欧"进程受阻……上述种种情况,均给金融市场发展带来了不确定性,需要金融行业不断加强风险管理工作,健全风险管理体系,夯实风险防控基石,防范系统性金融风险。

防范金融风险,需要金融监管从"量"到"质"的转变。金融工作的天职是为实体经济服务,金融监管的目标是为了让金融"回归本源"。

(二)证券行业持续推进全面风险管理

近年来,我国资本市场改革逐渐深入,证券行业仍处于快速发展中,但也面临着诸多问题与挑战,例如金融市场扩大开放、互联网金融方兴未艾、业务创新日益复杂、业务佣金持续下调等。

在监管部门及行业自律组织的指导下,证券行业加强了全面风险管理体系建设,一定程度上提升了证券公司风险管理能力和风险防控水平。但因为内外部经营压力,在股东要求投资收益回报的压力下,部分证券公司过于关注提升公司盈利能力,扩大利润空间,而忽视业务运营中存在的各种风险,风险管理工作裹足不前,甚至漏洞百出。例如2018年部分证券公司因股票质押式回购业务发生多笔合同违约风险进而大幅计提资产减值,致使净利润大幅下降,等等。

在一次次经验教训和监管部门的指导中,我国证券行业逐步接受了风险管理是生命线的基本理念,意识到风险管理是公司的核心竞争力之一。同时监管部门发布的《证券公司全面风险管理规范》《证券公司风险控制指标管理办法》《证券基金经营机构信息技术管理办法》等法律法规及自律规则给证券公司开展全面风险管理提供了明确的指导和规范,证券行业全面风险管理工作持续完善之中。

面对较为复杂的国内外市场环境,国金证券持续坚持业务拓展与合规风控并重的基本原则,严格按照监管部门相关要求,夯实公司"合法合规是基础"和"风险管理是前提"的经营理念,持续推进全面风险管理工作,致力于建立健全与公司风险偏好、自身发展战略相适应的全面风险管理体系,保障公司持续稳健运行。

五、结语

整体来看,中国经济结构正在发生变化,打造创新型社会成为当前阶段的主要任务。在这个过程中,金融风险防范变得更加重要,金融行业体制改革不断深化,金融行业对外开放速度不断加快,这都对证券行业提出了更高的要求。

第一,全面防范金融风险,一切经营发展以"稳"为先。随着金融开放的加快,金融市场波动可能有所加大,传统的刚性兑付的格局有可能被打破。只有推动建立全面的风险管理体系,不断提高风险防范能力,以更高的风险防控标准持续稳健经营,才能护佑行业健康成长。

第二,回归金融本源,更好地服务实体经济发展。通过构建多层次的资本市场体系,加大对企业直接融资的支持,为实体企业提供高效的金融服务,才能有效降低实体企业融资成本、提升实体企业的盈利能力、提高全社会的全要素生产率,才能营造有利于创新的金融环境,配合经济结构调整,适应新的高质量发展的经济增长模式。

第三，把握改革机遇，助力企业腾飞。在金融市场开放过程中、在金融体制改革过程中，会有新的金融服务形式出现，也会对原有的金融服务提出更高的要求。企业只有充分把握证券业改革的大方向，结合自身特点和优势，打造富有特色的金融服务，才能把握住金融改革和开放带来的行业红利，不断发展壮大。

第四，调整企业战略，打造公司文化，培养公司人才。新时期的金融市场，对证券行业意味着新的战略定位。随着中国资本市场的快速发展，证券公司需要及时调整企业战略进行应对。打造优良的企业文化，提高企业凝聚力，培养具有竞争力的人才队伍，才能保证证券公司在未来激烈的市场竞争中得以生存、发展、壮大。

回归本源，专业专注，助力实体经济高质量发展

张宝荣*

党的十九大报告指出，我国经济已由高速增长阶段转向高质量发展阶段，正处在转变发展方式、优化经济结构、转换增长动力的攻关期。实体经济的高质量发展，离不开金融体系的有效支撑。作为金融体系的重要组成部分，资本市场具有"牵一发而动全身"的作用，而证券行业作为资本市场最主要的参与主体，应顺应时代要求，回归本源、专注主业、练好内功，不断优化金融供给结构、提升金融供给质量，助力实体经济高质量发展。

一、回归市场中介本源，证券行业肩负助力实体经济高质量发展的历史使命

（一）服务实体经济是金融工作的天职和宗旨

"经济兴，金融兴；经济强，金融强。"脱离了实体经济这个根基，金融业就成了无源之水、无本之木。习近平总书记高度重视经济金融工作，多次强调金融服务实体经济的重要性。在第五次全国金融工作会议上，习近平总书记指出，金融是实体经济的血脉，为实体经济服务是金融的天职，是金融的宗旨，也是防范金融风险的根本举措；在中央政治局第十三次集体学习时，习近平总书记强调金融要为实体经济服务，满足经济社会发展和人民群众需要。这些重要论述科学地阐述了金融与实体经济的辩证关系，为新时代中国金融发展指明了方向。

改革开放40年来，我国金融体系在服务实体经济发展方面发挥了重要作用，但还存在一些短板，主要体现在结构性失衡：一是直接融资和间接融资比例失衡。从2018年社会融资规模存量结构来看，股票和债券等直接融资占比仅17.1%，包括人民币贷款、外币贷款、委托贷款等的间接融资占比达82.9%。过于依赖间接融资和债务融资，导致我国企业杠杆率过高、银行经营风险上升等问题。二是直接融资中股权和债权比例失衡。在直接融资

---

* 作者简介：张宝荣，中共党员，高级工程师。现任国开证券股份有限公司党委书记、董事长，曾任国家开发银行投资业务局、市场与投资局党支部书记、局长。原载于《中国证券》2019年第12期。

17.1%的占比中，企业债券和地方政府专项债占比为13.6%，股票市场融资占比仅为3.5%，直接融资以债务融资为主，股权融资占比较低，对解决企业权益性资金来源不足问题所发挥的作用还不充分。三是间接融资中信贷供给结构失衡。相较于民营和小微企业，大型国有企业具有充足的抵押品，在信贷融资中具有天然优势。截至2018年末，全国全口径小微企业贷款余额占各项贷款余额的比例为23.81%，金融支持小微企业的力度还有待加强。

进入2019年，中央提出要深化金融供给侧结构性改革，将服务实体经济作为重要任务之一，要求以结构调整优化为重点，优化融资结构和金融机构体系、市场体系、产品体系，为实体经济发展提供更高质量、更有效率的金融服务。金融机构要履行好职责，必须紧扣中央要求，拿出"啃硬骨头"的决心和"钉钉子"的韧劲，在服务实体经济上狠下功夫。

（二）助力三大变革是证券行业的历史使命

要实现经济高质量发展目标，必须推动质量、效率和动力的"三大变革"，重点是推动产业结构转型升级。回顾工业革命以来的产业发展路径可以看到，科技创新引领产业革命，资本市场为产业革命注入了强大动能。进入新时代，第四次工业革命为实体经济带来数字化、网络化、智能化发展机遇，要求证券行业顺应产业发展趋势，回归市场中介本源，发挥资源配置、资产定价、缓释风险作用，为优化供给体系质量、提升经济发展效率、探寻新的增长动能贡献更大力量。

发挥资产定价作用，优胜劣汰、提高质量。完善资本市场定价机制，通过高效的市场定价奖优罚劣，引导资本向优质企业聚集，实现优胜劣汰，在服务实体经济方面更好地发挥监督、引领作用。

发挥资源配置作用，用好增量、盘活存量。一是引导资源向科技创新领域聚集。技术研发具有高度不确定性的特征，科技创新企业往往轻资产运营，早期缺乏盈利能力。相较于传统间接融资模式，股权融资可以更加高效地满足技术创新企业需求。二是助力盘活现有资源。通过并购重组支持优质企业扩大产能，完善市场渠道，收购品牌，收购技术，向上下游产业链延伸；用好资产证券化等手段盘活存量资产，提高资金使用效率。三是用好境内境外两种资源。加大对外开放力度，通过"引进来"和"走出去"，在全球范围汇聚优质要素服务发展。

发挥风险缓释作用，促进资本形成，降低债务风险。发展多层次股权市场，促进资本形成，助力降低企业债务率和杠杆水平，有序消化债务风险。发展固定收益市场，推动企业将非标融资向标准化融资转移，降低企业融资成本，提升盈利水平，降低违约风险。

二、提高金融供给质量，证券行业面临探索差异化发展模式的重要任务

（一）优化供给结构，需要构建多维供给体系

当前，持续深化改革的正面效应不断显现，新的增长动能持续释放，中国经济稳中向好、长期向好。实体经济的健康发展、居民财富的持续增长、资本市场加速对外开放为行业发展提供了良好环境，以科创板注册制为代表的全面深化资本市场改革为行业发展注入了持久动力，证券行业面临重大发展机遇。要把握好机遇，必须立足金融供给侧结构性改革要

求,提高金融供给质量,畅通资本市场和实体经济的循环,为实体经济提供更加精准、更加高效的金融服务。经过几十年的持续探索,证券市场初步形成了一批实力较强的头部券商和独具特色的中小型券商,多层次、特色化的行业体系粗具雏形。同时也应看到,证券行业仍然存在一些短板,表现在以下方面:一是同质化,如机构定位同质化、业务品种同质化、业务特色不鲜明;竞争策略同质化,过度竞争与服务空白同时存在。二是通道化,如作为投行业务核心能力的价值发现、估值定价、风险管理能力还有欠缺,中介责任履职不到位;资管业务结构上通道业务占比较高,主动管理能力不足。

展望未来,构建一个特色鲜明、结构合理的证券行业体系是高质量服务实体经济的必然要求。这需要在打造若干实力强、影响大的头部券商,在提升国际竞争力的同时,鼓励中小型券商积极探索差异化发展模式,丰富金融供给结构。从长远看,特色精品券商发展路径是大多数券商未来的重要选择。一是中国经济的广阔纵深为特色精品券商发展提供了必要条件。中国区域广阔,地区差异大;行业种类多,产业分工细化;客户群体多样性强,诉求不同,客观上需要个性化、差异化、定制化服务。精品券商更专注于服务某些区域、领域、行业、客户,通过持续聚焦核心业务、深度挖掘独特优势,在细分领域可以练就很强的专业能力,积累丰富的业务资源,进而保持竞争力和拓展空间。二是监管政策导向为特色精品券商发展提供了明确指引。2019年7月4日召开的证券基金经营机构座谈会指出,具备条件的优质头部券商要有"大格局""大视野",踏踏实实做好自己的事情,当好领头羊,做好排头兵。绝大多数券商要向差异化、专业化、特色化发展。在特定行业、一定区域内精耕细作,做出特色、做出强项、做出专长、做出精品。2019年7月5日,中国证监会发布《证券公司股权管理规定》,出台了系列措施推动证券公司分类管理、引导差异化发展。2019年9月,中国证监会全面深化资本市场改革工作座谈会提出,要完善差异化监管举措,支持优质券商创新提质,鼓励中小券商特色化、精品化发展。这都为特色精品券商的发展提供了明确指引。三是打造核心竞争力是券商探索特色精品发展路径的内在动力。近年来,证券行业进入优胜劣汰、特色发展的格局重塑期,头部券商具有较强的资金实力和风险定价能力、完善的机构和客户布局,获得了显著的竞争优势。与此同时,金融对外开放提速,外资投行在国际化运作、资金实力等方面具备相对优势,行业竞争日趋激烈。要应对市场竞争,证券公司必须打造优势业务,提升核心竞争力,实现特色发展。

(二) 实现特色发展,需要找准独特发展优势

打造特色精品券商,首先要找准发展优势,打造业务特色。

在业务领域上找特色优势。如拉扎德公司(Lazard Freres)专注于财务顾问和资产管理业务,其净资产收益率超过了高盛等大型综合性投行。证券公司可立足自身特点,在权益类业务、固定收益类业务等细分领域寻求特色优势。

在客户类型上找特色优势。如爱德华·琼斯(Edward Jones)公司,秉承"为市郊及乡镇独立投资人士提供个人投资服务"的战略,专注于个人客户业务,是北美金融服务业中领先的零售经纪商。证券公司可结合发展战略,在机构客户业务、零售客户业务等领域寻求特色优势。

在深耕区域上找特色优势。证券公司可以立足熟悉当地情况、贴近当地客户等特色,结合自身专业特长,在机构和业务布局等方面寻找差异化优势,更好地服务区域发展。

在金融科技上找特色优势。当前新一代信息技术迅猛发展，金融与科技呈现深度融合的态势，为行业发展带来深刻变革。以区块链技术为例，其分布式数据库的特性可在降低代理中介成本、提高交易结算效率、提升风险防控的有效性等方面发挥重要作用，甚至替代现有系统。证券公司可通过加大自主开发力度、与科技公司合作等方式积极布局金融科技领域，打造业务优势。

（三）打造精品券商，需要专业专注练好内功

打造特色精品券商，必须发扬工匠精神，精益求精。

精品体现在对行业发展的精准把握。精品券商聚焦于一项或几项核心业务，对所服务领域的历史沿革、发展现状、未来趋势有深刻的理解，拥有敏锐的市场洞察力和极强的前瞻性。通过集中精力打造专业细分领域的特色优势，精品券商在核心业务上具有与综合性券商竞争的能力。在此基础上，通过深度挖掘核心优势，精品券商可以进一步打造相关业务条线，实现优势业务"由点及面"的拓展和对特定行业、企业的高质量服务。

精品体现在客户服务的精耕细作。精品券商在聚焦核心业务领域、准确把握行业脉搏的基础上，要能够根据客户不同阶段的实际需求，为客户提供融资、并购、投资等方面定制化的金融服务方案并保持紧密关系。在深度合作的基础上，进一步帮助企业完善公司治理和股权架构、规范运营、优化流程，为客户提供全生命周期的全方位金融服务。

精品体现在对风险情况的精准研判。风险防控是高质量发展的基石。精品券商对宏观形势、行业形势、客户情况要有全方位的深度了解，并借助科技金融等手段对风险情况进行精准研判，不断完善内部流程和制度，通过流程和制度把控风险，从项目入口端把控风险，实现自身健康发展。

精品体现在合规管理的精细入微。证券行业是资本市场最重要的专业机构，是资本市场的"看门人"。精品券商要树立牢固的合规意识、打造完善的内部控制流程、建立健全合规问责机制，为持续健康发展提供坚实保障。

精品体现在企业文化的精心培育。文化是企业的灵魂，是企业生存和发展的内在动力，是增强企业凝聚力、提升企业软实力的无形资产。证券行业作为资本市场最主要的参与主体，要建设"合规、诚信、专业、稳健"的行业文化，精品券商要打造高素质人才队伍，助力提升行业美誉度和公信力，筑牢健康发展的根基。

三、提升治理水平提高经营质效，汇聚澎湃动能开启证券业高质量发展新征程

（一）完善治理体系，夯实制度基础

党的十九届四中全会提出了促进国家治理体系和治理能力现代化建设这个重要命题，证券行业需要从监管、企业自身等多维度多措并举提升治理水平、提高治理能力，促进高质量发展。

从监管层面，一是加强资本市场制度建设。总结推广科创板改革经验，稳步实施注册制，完善市场基础制度。加强上市公司监管，完善发行上市、信息披露、再融资、并购重组等制度，提高上市公司质量。二是引导行业实现特色发展。充分考虑大型券商和中小型券商不同的业务特点，以提高行业供给质量、优化供给结构为目标，进一步完善差异化监管政

策,引导行业实现特色化发展。

从券商层面,一是完善公司治理。我国证券行业大部分是国有企业,必须坚持党的领导与公司治理的有机统一,加强"三会一层"建设,明确职责定位,完善治理格局。规范高管层履职,切实加强高管层履职约束。完善发展战略规划,明确战略定位,加强发展战略管理。二是加强制度建设。严格落实监管要求,打造符合各公司实际、与业务能力相匹配、体现业务特色的制度体系,扎紧制度篱笆,杜绝"牛栏关猫"。

(二) 强化风险防控,提升发展质量

一是推动存量风险化解。把防范化解重大风险作为一项重要的政治任务,聚焦股票质押、债券违约、私募基金等重点风险领域,创新风险化解工作方式方法,多措并举推动风险化解,助力打赢打好防范化解重大风险攻坚战。

二是加强全面风险管理体系建设。健全组织架构,完善业务流程,规范业务操作,同时加强风控系统建设,建立量化的风险指标体系,打造专业风控团队,对经营发展中的各项风险进行准确识别、审慎评估、动态监控、及时应对和全程管理。

(三) 坚持守正创新,破解发展难题

一是要加强金融产品创新。在监管合规的基础上,发挥证券行业融资融智专业优势,聚焦服务国家战略,积极开展产品创新,通过创新破解发展难题。

二是要加强金融科技创新。要从战略高度认识大数据、云计算、人工智能和区块链等新一轮信息科技变革对证券行业的深远影响,积极布局信息技术相关领域,提升金融科技应用能力,促进证券行业与实体产业的深度融合、与金融科技的深度融合,更好地发挥金融科技赋能作用,增强金融风险防范能力,打造创新驱动发展新格局。

(四) 打造企业文化,坚守职业操守

紧紧围绕行业文化核心理念,结合自身特点做好企业文化建设,让企业文化真正入眼入脑入心。一是以合规筑底线。着力打造合规文化体系,让"合规"成为一种理念、态度、习惯,保障各项法律法规、监管要求和规章制度在企业经营管理的各个环节中得到自觉贯彻落实。二是以诚信铸品牌。"人无信不可,民无信不立,国无信不威。"对于证券行业,诚信是义务,也是自身发展的必然要求。坚持价值准则和职业操守,履行中介机构勤勉审慎、归位尽责的义务,以诚信赢得社会信任、打造企业品牌。三是以专业提能力。券商是提供专业金融服务的机构,专业能力是安身立命之本。聚焦价值发现、估值定价、风险管理等核心领域加强专业能力建设,用好学习培训等方式加快知识更新迭代,同时加强实践探索,让专业素养和工作能力跟上时代节拍。四是以稳健促发展。把握好风险和收益的平衡、长期和短期的平衡、局部和整体的平衡,确保资本充足、业务稳健、风险可控,推动业务发展行稳致远。

(五) 履行使命责任,展现担当作为

证券业要履行好时代赋予的使命责任,必须提高站位,在新时代展现担当作为。一是在产业转型升级上争取更大作为,助力提升产业基础能力和产业链水平,促进传统产业转型升

级，培育实体经济新动能。二是在基础设施补短板上争取更大作为，助力完善关系国计民生的基础设施，为国民经济持续健康发展提供更加有力的支撑。三是在区域协调发展上争取更大作为，助力京津冀协同发展、长江经济带发展、粤港澳大湾区建设、长三角一体化发展等战略实施。四是在高质量共建"一带一路"上争取更大作为，支持企业跨境并购重组、海外能源资源合作、先进技术引进。五是在降低融资成本上争取更大作为，努力推进股、债以及股债结合等多种融资服务，在降低实体经济杠杆率方面发挥更大的作用。六是在保障改善民生上争取更大作为，通过高质量的金融服务助力打赢脱贫攻坚战，切实履行社会责任。

国开证券作为国家开发银行子公司，秉承"增强国力、改善民生"的使命，在探索特色精品券商发展路径、运用资本市场力量服务国家战略方面进行了积极探索。在打造特色业务方面，国开证券发挥协同优势、品牌优势、创新优势，着力打造固定收益业务特色。在国家发改委公布的企业债券主承销商和信用评级机构信用评价中，国开证券连续4年排名前10位，2018年度排名首位。在服务国家战略方面，国开证券积极支持基础设施补短板、制造业高质量发展、脱贫攻坚、"一带一路"建设等重点领域，累计参与铁道债发行总规模1.46万亿元，助力铁路等领域重大项目建设；承销全国首单制造业优质主体企业债，支持制造业转型升级；承销全国首单民企优质企业债券，积极助力民企加强技术研发、降低融资成本；承销首单境内上市公司"一带一路"公司债券，支持境内企业"走出去"，被国家发改委评价为"主动对接国家重大战略、重点规划方面在企业债券改革创新取得进一步突破的典型案例"；承销全国首单易地扶贫搬迁项目收益债，支持贫困地区建设，开创了以债券融资形式支持扶贫的先例。在2018年度中国证券期货业扶贫工作评选中，国开证券荣获"优秀融资扶贫奖""优秀创新扶贫奖"等奖项。

新时代赋予新使命，新时代呼唤新作为。国开证券将以习近平新时代中国特色社会主义思想为指引，聚焦国家战略重点，积极助力国民经济重点领域、薄弱环节建设，努力实现资本市场业务与开发性金融的有机结合，为实体经济高质量发展做出更大贡献。

践行初心使命，推动资本市场高质量发展

翟建强*

当前，我国经济已由高速增长阶段转向高质量发展阶段，正处于转型升级、动能转换的攻关期。随着我国经济社会发展的内外部环境、供需关系和动力机制发生深刻变化，过去主要依靠"要素驱动"和"规模扩张"实现"数量追赶"的发展模式已难以为继，经济发展面临质量变革、效率变革和动力变革的迫切需要。在这个背景下，经济增长中创新要素的重要性空前增加，创新成为引领我国经济高质量发展的第一动力。深入实施创新驱动发展战略，抢抓新一轮科技革命和产业变革的机会窗口，不断增强经济创新力和提高全要素生产率，是推进供给侧结构性改革、实现经济高质量发展的关键命题。

金融是实体经济的血脉，是资源配置和宏观调控的重要工具。作为金融系统的重要组成部分和直接融资的主战场，资本市场能有效动员和聚集大量金融资源配置到经济社会发展的重点领域和薄弱环节，是国家重要的核心竞争力，是发挥市场配置资源决定性作用的基础性平台。实现中国经济高质量发展，迫切需要提高直接融资特别是股权融资比重，有效解决我国经济杠杆率偏高和创新不足等问题。大力构建更加包容、更加精准推动高新技术产业和战略性新兴产业发展的高质量金融服务体系，增强资本市场对提高我国关键核心技术创新能力的服务水平，促使经济增长由过去主要依靠要素和投资驱动的旧增长动能转向主要依靠科技创新驱动的新增长动能，是推动经济高质量发展的重要手段，也是经济高质量发展的内在要求。

一、准确把握新时代资本市场定位和使命，更好地服务实体经济高质量发展

资本市场具有推动产业结构调整升级的天然优势，强大的资本市场是实现创新驱动和经济转型升级的关键因素之一。始于科技、成于资本，已成为现代科创企业成长壮大和经济转

---

* 作者简介：翟建强，正高级会计师，现任财达证券股份有限公司党委书记、董事长，河北大学、河北经贸大学等高校客座教授。原载于《中国证券》2019年第11期。

型升级的显著特征。资本市场体系能够提供一套融资方和投资方风险共担、利益共享机制，通过资本市场与科技的高效对接以及资本市场的"甄别—筛选—培育"机制，能有效把潜在的产业机会转化为实实在在的经济推动力；而且，资本市场的技术创新和人力资本转化机制及其支持创新创造创富的强大杠杆作用和示范效应，能从根本上持续增强经济创新力和竞争力。

党的十九大强调，"提高直接融资比重，促进多层次资本市场健康发展"，增强金融服务实体经济能力。2018年12月，中央经济工作会议指出，"资本市场在金融运行中具有牵一发而动全身的作用，要通过深化改革，打造一个规范、透明、开放、有活力、有韧性的资本市场"，明确了我国资本市场改革发展的总目标。2019年2月，中央政治局就完善金融服务、防范金融风险举行第十三次集体学习，在当前关键时期再次全面阐述金融地位，强调要在经济金融"共生共荣"关系中深化对金融本质和规律的认识，针对当前"金融业的市场结构、经营理念、创新能力、服务水平还不适应经济高质量发展的要求"提出"金融供给侧结构性改革"重大战略选择并进行具体部署，进一步明确了资本市场的重要地位与未来改革发展目标。

习近平总书记强调，金融与经济共生共荣，金融要回归本源，以服务实体经济、服务人民生活为本，服从服务于经济社会发展和国家战略，为实体经济服务是金融的天职和宗旨，也是防范金融风险的根本举措；要贯彻落实新发展理念，围绕建设现代化经济体系提供精准金融服务，适应发展更多依靠创新、创造、创意的大趋势，推动金融服务结构和质量来一个转变；要抓住完善金融服务、防范金融风险这个重点，推动金融业高质量发展，立足中国实际，走出中国特色金融发展之路；要把发展直接融资放在重要位置，形成融资功能完备、基础制度扎实、市场监管有效、投资者合法权益得到有效保护的多层次资本市场体系。习近平总书记关于金融工作和资本市场的系列重要论述论断，深刻回答了新时代资本市场的功能定位和历史使命，为新时代资本市场改革发展指明了方向。

经过29年系统发展，我国资本市场实现了从无到有、从小到大的跨越式发展，为经济发展做出了历史性贡献。目前，我国已建立起由沪深主板、中小板、创业板、科创板、新三板、区域性股权市场和证券公司柜台市场等组成的多层次资本市场体系，股票市场、债券市场和商品期货市场规模已位居世界前列。但是我国资本市场总体上发展还不成熟，一些深层次结构性体制机制性缺陷制约了资本市场服务实体经济的质量和效率。2019年9月，中国证监会召开全面深化资本市场改革工作座谈会，提出了12个方面一揽子重点改革任务，以前所未有的改革力度和决心强化资本市场改革顶层设计、着力优化资本市场制度供给，系统推进我国资本市场从规模增长迈向高质量发展，更好地服务经济高质量发展大局。

加快构建与我国经济高质量发展的要求相适应的强大的资本市场体系，增强资本市场与经济高质量发展的适配性，创造高效金融供给，更充分发挥资本市场对实施创新驱动战略的支撑作用，为科技创新和经济转型打造一套高效的资本形成新引擎，助推发展方式转变、经济结构优化和增长动力转换，是新时期资本市场的历史性任务，也是金融供给侧结构性改革的重要内容。

二、充分发挥科创板"试验田"作用，持续推进体制机制创新

代表高新技术产业和战略性新兴产业方向的科技创新型企业，是实施创新驱动战略的重要载体。设立科创板并试点注册制，是畅通科技、资本和实体经济循环，加速科技成果向现实生产力转化的重大机制创新，是补齐资本市场服务科技创新制度短板，进一步落实创新驱动、加快培育壮大经济增长新动能的重大国家战略。在面临复杂严峻的内外部经济形势和风险挑战下，发挥资本市场在支持科创企业、培育新经济动能方面的独特优势，通过增量改革设立科创板，加强社会资金供给与科技创新资金需求精准对接，将金融资源精准高效配置到"符合国家战略、突破关键核心技术、市场认可度高的科技创新企业"，自然就成为深化金融供给侧结构性改革的一项必然选择。

截至2019年10月底，科创板已有168家申请上市企业，已审核通过84家，已注册60家，已上市40家，首发融资总额达536.6亿元，总市值5 808.4亿元，投资者已达440多万名，交易活跃度较高。数据显示，2019年前三季度已上市科创板公司营业收入和净利润分别同比增长14.9%和41.2%，比创业板公司相应增速分别高出6.1个和47.1个百分点（创业板净利润下降5.9%），比全部A股公司（不含科创板）增速分别高出6.3个和34.6个百分点，科创板业绩增速明显高于其他板块。科创板支持了一批符合科创定位的企业上市（不少科创企业是细分领域领军者），其科创支持功能、价值发现功能和示范效应开始显现。

科创板的设立涉及我国资本市场一系列制度和理念的重塑。科创板的使命，除了自身支持培育科创企业、推动创新驱动之外，还要发挥改革"试验田"作用，通过形成可复制可推广的经验推动资本市场基础制度创新和全面深化改革。目前，中国证监会和上交所出台了一系列实施意见、管理办法、业务规则和具体操作指引，在企业盈利、股权结构、信息披露、投资者保护等方面制定了适应科创企业成长特点的包容性和适应性制度安排，初步建立了科创板完整的业务体系。但因科创企业成长的内在不确定性特征以及公司可比度降低，长期来看，至少需要持续关注科创板面临的四方面风险挑战，并适时进一步完善基础制度建设和强化市场监管。

第一，发行定价挑战。为公平公正高效遴选优质科创企业，上交所已经成立了科创板科技创新咨询委员会、上市委员会和自律委员会，通过公开问询方式最大程度上能够保证拟上市企业的科创属性。但另一方面，科创企业的合意发行价格内生于对企业未来成长的正确预期，同时还要确保参与询价的专业机构投资者的独立和专业，不能串谋侵害发行企业和中小投资者利益。这在科创企业具有高度异质性和不确定性、行业估值可比性减弱的情况下，如何构建起一套适合科创企业的估值体系，就自然成为价格发现机制的一大挑战。

第二，道德风险挑战。科创企业要求掌握关键核心技术，在科技创新上有巨额投入，如何确保企业将募集资金真正投入有潜力的技术研发是个难点。因为科技创新的高风险特征（研发风险和技术迭代风险，同时缺乏有效的行业技术类比），容易滋生外部监督很难完全克服的企业滥用资金的道德风险，这决定了科创板需要制定更加满足科创企业内生激励需要的制度安排（以更好地激发企业家精神）。制度的不断完善需要过程，更有赖于科创板的实践反馈，显然，这在科创板初期是个挑战。

第三，保荐发行挑战。如上文所述，真正的科技创新往往缺乏行业类比，越是靠近前沿

创新就越缺乏技术上的类比和参照，这就给保荐机构和其他证券服务机构带来执业技术上的挑战。如何提高科技创新理论素养，尤其是在对相关科技创新深入理解的基础上做到发行文件和信息披露的"真实、准确、完整"，对于当前大多数保荐人和证券服务机构来说，是个巨大挑战。

第四，投资理念挑战。科创板的定位和企业成长特征，本质上要求价值投资理念，但我国广大投资者（包括很多所谓的机构投资者）实质上还都是散户思维，缺乏独立的科技创新趋势研究、产业公司研究及其价值判断，基本还处于从众跟投状态。这对于没有更多行业参照系的科创企业而言，更加大了企业价值发现的困难。而科技创新的高风险特征决定了未来科创板退市将与注册发行一样成为常态。投资者的现有理念和投资行为与科创板对价值投资理念内在要求的差距，不论对投资者自身还是对科创板的平稳健康发展来说，都是一个挑战。

面对上述风险挑战，科创板相关规则需要根据实践反馈持续推进创新和进行针对性的完善。在诸如基于上市企业绩效表现的股份锁定动态期限制度（以更好地激发和培养企业家精神）、减持股份价格与发行价挂钩的股份减持机制（能更好地消除发行定价泡沫）等方面有进一步完善改进的空间。尤其需要指出的是，对科创板的减持规则要格外慎重，基于科创企业的成长特点，发行人的股份锁定期限应该相对更长，以构建激励相容的利益捆绑机制。科创板一方面要为已经是好苗子的科创企业提供成长壮大的资金支持；另一方面也要培养和激发进行持续创新的真正企业家精神，防止发行人过早套现离场导致的一系列风险。

此外，如何真正打破刚性兑付和强化投资者权益保护，如何进一步完善信息披露确保给市场提供一个全面真实的上市公司，同时如何真正落实投资者风险自担的市场逻辑，都需要在现有体制机制上做出巨大的增量改革和创新。科创板的平稳健康发展将是一个在治理实践中不断进行制度完善和强化监管的动态过程。

三、加大区域券商上市支持力度，增强区域经济创新发展能力

证券行业是充分竞争的行业，头部券商的"先占优势"非常明显，行业集中度持续提升。2016—2018年，前十位券商利润占行业总利润的比重从2016年的52%大幅上升至2018年的87%，大型综合性券商的资本实力、专业能力、人才资源、风险控制及管理能力的优势加速凸显。在行业日趋激烈的开放竞争格局下，区域性中小券商的生存发展压力日益增加。

多层次资本市场建设是推进创新发展和经济转型升级的重要举措。"多层次"不仅体现在市场体系的层次上，同时也体现在不同规模的券商服务体系的差异性上。大型券商具有资金、人才和规模优势，在深耕传统业务之外，着力推进技术、业态和模式创新，引领行业发展方向并展开国际竞争；相比而言，广大中小券商一般处于跟跑状态，但一些券商具有聚焦重点优势领域集中发力取得重点业务突破的潜力，而且中小券商一般都是从特定区域起步，具有熟悉本土企业的优势，在有效服务地方经济中（尤其在服务地方中小企业方面）具有独特作用和优势。

以财达证券为例。财达证券成立17年来，在河北省委省政府大力支持下，始终秉承"竞进有为，行稳致远"的核心价值观，坚持诚实守信、规范发展，先后通过并购佳木斯证

券、收购原河北证券不良资产、引入民间资本和战略投资者等方式，几年几大步，持续做强做优做大金融国资，实现了从小到大、从区域到全国、从单一经纪类券商到综合类全牌照券商的三大跨越。作为河北省唯一法人证券公司，财达证券始终将自身发展壮大与更好地服务河北实体经济发展相结合，对于支持省内重点领域和薄弱环节的资本中介业务给予激励政策倾斜。2013年以来，面对河北省资本市场发展的滞后局面，财达证券在行业内较早推动资本市场智库建设，充分发挥高端专业人才优势深度参与省内相关课题和政策研究，相关智库成果获得省委省政府主要领导同志的大量指示、批示，多项建议已转化为政府决策，有力推动了相关工作。

此外，虽然目前河北挂牌上市公司较少，但河北有近5 000家的国家级高新技术企业存量以及每年新增约10 000家科技型中小企业，财达证券不只是对已满足挂牌上市条件的企业做竞争性业务，还可以充分发挥区域优势，利用资本中介平台从源头上参与培育、支持科创企业成长壮大，对满足不同层次资本市场支持方向的企业，可以通过直投、资管、债券等多重工具定制投融资服务；对于发展到一定规模的规范企业，可以进一步保荐挂牌上市，为企业全生命周期提供高效的资本市场服务支撑，助力本土科技型中小企业长高、长壮、长大。下一步，财达证券将持续延伸服务产业链，支持配合河北省有关部门加强科技型中小企业有关资本市场、规范管理和企业家精神方面的培训提升，系统性增强河北创新发展软实力。

综上所述，区域性中小券商是多层次资本市场体系的重要组成部分，尤其在服务区域经济发展中具有不可替代的作用。这既能充分发挥中小券商根植地方、服务地方的优势和积极性，也利于形成必要的行业竞争，提升专业服务水平。但这些券商资本补充相对缓慢，严重制约着相关业务开展。以财达证券为例，截至2018年底，财达证券净资本为97.17亿元，在全国131家证券公司中排名第47位，远低于行业平均162.46亿元的净资本规模，与行业排名前十位券商平均854亿元净资本更是相去甚远（43家A股上市券商的平均净资本也超过300亿元）。财达证券资本实力偏弱，直接制约相关业务开展，导致服务实体经济和抗风险能力不足，一定意义上这也是河北省资本市场生态发展滞后的重要原因。

针对行业发展分化加剧的态势，中国证监会可以通过"一省（市）一司"等方式重点支持区域券商发展，同等条件下给予上市等绿色通道，加快符合条件的区域券商上市进程，形成持续高效的资本补充机制并倒逼中小券商做优做强，加快提升资本市场服务区域实体经济和创新发展能力。

面对新时代资本市场高质量发展的客观需要和紧迫要求，财达证券将以"不忘初心、牢记使命"主题教育为契机，深入学习和准确把握习近平总书记关于资本市场改革发展的系列重要指示、批示，不断深化对金融本质和规律的认识，坚守服务河北、服务实体经济的初心，把自身改革发展壮大的强烈愿望与服务河北创新发展大局紧密结合，与更好地服务京津冀协同发展和雄安新区规划建设国家重大战略紧密结合；坚持问题导向和底线思维，坚持稳中求进工作总基调，持续推进市场化改革，在目前财达证券平台和品牌相对不足的情况下，通过建立"对标行业，优于市场"的激励机制持续培育、引进高素质专业人才团队，以持续的人才结构优化推动业务结构优化；对标对表行业先进，勇于刀刃向内，找差距、补短板、挖潜能，以自我革命、再次创业的精神面貌狠抓各项改革发展举措落实落地，以狠抓落实诠释初心使命，不断提升专业服务水平，继续发挥根植河北熟悉本土企业的优势，充分发挥好河北唯一法人券商的资本中介平台功能。

我们相信，在各级主管部门的坚强领导和大力支持下，财达证券在促进河北转型升级、创新发展和实现高质量发展中一定能大有作为，为服务区域经济和国家战略、推动我国资本市场高质量发展作出应有的贡献。

参考文献

[1] 安青松. 回归本源，优化结构，推动证券行业高质量发展［J］. 中国证券，2019（1）.

[2] 高培勇. 经济运行稳中有变条件下保持宏观调控定力［J］. 求是，2019（2）.

[3] 易会满. 努力建设规范透明开放有活力有韧性的资本市场［N］. 人民日报，2019-9-11.

[4] 中共中央. 中央经济工作会议［R］. 2018-12-21.

加强投资银行功能建设　全面提升核心业务能力

廖庆轩[*]

2019年4月，习近平总书记视察重庆，对重庆提出了发挥"三个作用"的要求，从战略和全局的高度为新时代重庆发展导航定向，希望重庆更加注重从全局谋划一域、以一域服务全局，努力在推进新时代西部大开发中发挥支撑作用、在推进共建"一带一路"中发挥带动作用、在推进长江经济带绿色发展中发挥示范作用。西南证券是唯一注册在重庆的证券公司，也是重庆市第一家上市金融机构，公司全面落实习近平总书记的重要指示，做好金融供给侧结构性改革，服务实体经济转型升级，积极融入国家发展战略。

投资银行业务长期以来是西南证券的优势和核心业务，也是公司实现未来发展战略、落实好金融服务实体经济要求的关键"棋子"。2019年6月，科创板正式开板，开启了中国资本市场发展的新阶段，其一方面赋予了证券公司投行的市场发行定价权，并将以此为基础延伸在资本市场的话语权，提升投资银行业务在我国资本市场和金融体系中的重要性；另一方面科创板新机制将促进证券公司业务结构的调整和盈利模式的转型，具备更强定价能力等投行专业能力和资本金实力的证券公司有望抢占先机，投资银行业务将迎来新的战略转型机遇。作为一家长期以投资银行业务作为主要战略方向的证券公司，西南证券就如何把握资本市场改革机遇、服务国家战略和实体经济进行了深入的思考和全面的工作部署。

打造投资银行核心竞争力的关键因素包括：构建清晰的发展战略，建设高效稳定有担当的投行团队，提供资本支持，提升风控水平和运营效率，实现稳健发展。近年来，西南证券按照上述理念，在加强投资银行功能建设、全面提升核心竞争力方面主要开展了以下几方面工作。

---

[*] 作者简介：廖庆轩，管理经济学硕士，高级经济师。现任西南证券股份有限公司党委书记、董事长。历任重庆市商业银行行长、重庆市国资委副主任、重庆市人民政府副秘书长、重庆渝富资产经营管理集团有限公司董事长、重庆市国资委主任、第十二届全国人大代表等职务。原载于《中国证券》2019年第11期。

一、明确发展战略，提升投资银行平台化发展能力

经过多年来在投资银行领域的深耕和对市场客户需求、监管政策要求的深入理解，西南证券逐步厘清明确了投行业务的两个核心战略要素：提升定价能力和增强协同能力，实现投资银行平台化发展。

在科创板机制要求下，定价能力将成为体现投行业务实力的核心能力，新股的合理定价对成功配售、发行后股价稳定等均具有重要意义。可以预期的是，科创板引导的定价机制市场化改革将逐步延伸到主板和中小板市场，未来定价合理性将主要基于投资者对企业价值的判断，因此对投行的定价能力提出了更高要求。此外，定价能力提升还将带动再融资、并购重组等业务定价回归价值本身，激发客户需求并促进项目顺利开展。专业定价能力提升，要求研究能力先行，证券公司将重塑研究价值和发展模式，打造研究定价权和影响力。投行优质项目的挖掘和合理定价，也依赖于证券公司扎实的研判分析能力。未来证券公司将更加重视研究能力培育，通过深化研究的广度、深度、高度和质量，实现宏观、产业链、行业研究等全方位能力提升，打造高水平的研究定价权和影响力。投资银行业务人员除了必备财务和法律等传统投行的专业技能外，更要深入研究行业发展趋势，提升发现客户投资价值的能力。

随着中国资本市场的发展和客户自身规模的逐步壮大，投资银行客户的服务需求日益综合化，客观上要求公司必须具备较强的综合服务能力，主要体现在三个方面：一是投行内部协同，通过内部资源协同支持保障业务顺利推进，深入挖掘客户多元融资和咨询需求，开辟业务增量空间；二是公司资源的综合运用，在合规的前提下，通过充分利用投行、资管、投资、研发、新三板及经纪等业务资源，为客户提供全方位、多层次的综合化金融服务；三是深化境内外一体化协同能力，深度拓展国际业务发展空间。2019年6月，西南证券公司总部组织投资银行、香港子公司西证国际证券等多个业务和管理条块，结合"不忘初心、牢记使命"主题教育，围绕如何发挥境外子公司作用、做好境内外业务联动、融入国家"一带一路"建设进行了深入调研探讨。西南证券将着力加强母公司与香港子公司在投资银行业务领域的深度合作，全面服务企业客户在境内外多个市场的资本运作需求，积极响应国家"一带一路"倡议。

二、健全绩效考核机制，打造高效稳定有担当的投资银行业务团队

投资银行业务本质上是以人为核心的业务，因此需要相应的机制约束和文化引导。通过有效的团队建设机制和价值观培育，塑造积极正面的投资银行业务文化，对于建设一个长期稳定、健康发展的投行业务团队尤为重要。

以满足新时期行业发展需求为出发点，西南证券近几年全面实施了投行业务整改，其中一条主线就是以绩效考核改革为抓手，全面夯实团队建设。例如，按照合规管理办法和投行内控指引等要求，公司在投行业务整改中制定了覆盖业务全环节（立项、尽职调查、质控、内核程序、申报、持续督导和日常用印文件审核）的负面行为考核办法，对业务开展中可能出现的负面行为起到事前警示和事后问责的作用。通过绩效考核方式的改革，公司在一线业务团队和人员层面贯彻了"合规风控创造价值"的执业理念和以公司整体利益为先的执

业思维方式,理顺了业务质量产出和业务绩效考核分配之间的正相关关系,为投资银行业务的全面发展奠定了坚实的基础。

三、公司层面加大资本投入,助推投资银行业务拓展空间

随着市场竞争形势的变化,就行业整体来看,证券公司传统业务的收入贡献能力逐步下降。在此背景下,头部证券公司前瞻性地布局资本业务,已逐步形成证券公司新的收入增量。科创板制度规定,保荐机构须以自有资金参与战略跟投,和投资者共担风险和收益,客观上要求证券公司对投资银行业务提供资本支持,同时,证券公司全产业链业务经营也需要资本基础。因此,公司资本实力正在成为决定证券公司投行业务拓展空间大小的关键要素之一。未来,投行业务专业能力强、公司资本金充足、风险管理能力较好的证券公司,有望在新一轮的投行市场竞争中占据先机。

四、全面提升风险管理水平,实现稳健发展

首先,从观念宗旨上,西南证券要求投资银行业务人员始终把"风控是投行核心竞争力"的观念摆在第一位,通过专业的风险判断和风险控制能力,保障业务的稳健发展,打造对公司、监管和客户的三方信誉,形成良性循环的机制。其次,在控制与管理风险的手段上,公司要求业务人员在执业过程中不消极躲避风险,而是主动发现风险、判断风险、暴露风险、提示风险,与公司合规风控部门一起研讨风险应对方案。进一步,公司要求履行一线合规、风控、质控职责的工作人员能主动面向业务、面向客户、面向市场,就业务风险提供解决思路,切实承担起"合规风控创造价值"的职责。西南证券始终秉承严谨的风险理念,不断优化主动风险管理手段,强化相关专业部门的风控职责,从而逐步提升投资银行业务风险管理的整体水平。

五、提升科技实力,促进投资银行业务提质增效

在通过技术手段提升投行管理水平方面,近年来西南证券进行了积极有效的探索。公司建立了在行业内领先的投行业务底稿电子化管理系统、项目管理系统、风险预警系统和债券违约风险管理系统,未来还将尝试智能审核系统。公司将坚持以科技智能化手段提升投行业务质量和效率的道路,全面拥抱数字化转型,通过技术手段构建一个具有承上启下枢纽作用的数字化大平台,实现投行业务中审核、分析、操作等基础流程工作的智能运营与体系化运作,构建强大的运营支撑体系,提升资源利用效能,释放投行前台人员的战斗力,让业务人员更聚焦于满足市场客户需求,做好深耕服务。同时,公司在风险管理技术系统上深耕细作,以科技助力公司打造专业化、集团化、平台化的合规风控核心竞争力。

2019年欣逢新中国成立70周年,我们将继续深学笃用习近平新时代中国特色社会主义思想,把握资本市场改革机遇,服务国家发展战略和实体经济需求,推动证券公司高质量发展,团结协作、努力奋斗,共同把西南证券建设成为具备一流的创新意识、业务能力和管理水平的现代投资银行。

加强投资银行功能建设，全面提升核心业务能力

冯鹤年[*]

投资银行是资本市场的重要参与者，在经济结构调整和转型过程中，是连接资本和企业的重要桥梁。党的十九大报告明确指出"深化金融体制改革，增强金融服务实体经济能力，提高直接融资比重，促进多层次资本市场健康发展"，点明了金融服务实体经济的核心定位，也指出了投资银行作为专业服务机构所应承担的基本功能和定位。

当前实体经济正处在新旧动能转换的关键阶段，需要进一步提升直接融资比例，满足不同类型企业多层次融资需求，从而推动经济发展由高速增长阶段转向高质量发展阶段。新时代背景下投资银行以其专业性手段，承担着支持供给侧结构性改革、实现实体经济新旧动能转换的市场职能。新时代背景下投资银行需紧密把握自身定位，进一步提升核心业务能力，推动我国经济向高质量阶段发展。

一、有效服务实体经济是投资银行的基本功能

（一）投资银行以服务实体经济为基本功能

投资银行业务起始于有价证券承销，投资银行负责将证券以特定价格向投资者出售，机构在证券销售过程中起到发行人与投资者的中介桥梁作用，帮助市场形成较为公允的风险定价，也进一步促进了资本市场的持续发展。

投资银行通过有价证券发行的保荐和承销职能，帮助企业在首次公开发行、再融资发行以及发行股份购买资产方面获得资金支持。随着越来越多的企业及项目获得资本市场的支持，社会资金逐步向具有发展潜力和优势的实体企业和行业聚集，为国家经济的发展提供了

---

[*] 作者简介：冯鹤年，法学硕士，高级经济师。现任泛海控股股份有限公司董事、民生证券股份有限公司董事长、党委书记，民生投资有限公司董事长，民生股权投资基金管理有限公司董事长，民生期货有限公司董事长，中国通海国际金融有限公司执行董事。历任中国证券监督管理委员会法律部副主任、非上市公众公司部主任、创业板发行监管部主任，山东证监局局长兼党委书记。原载于《中国证券》2019 年第 8 期。

重要的资本助力。

从成熟市场的经验来看，无论是国家还是金融机构，都高度重视投资银行的发展，积极运用投行业务服务实体经济，实现资源优化配置目标。截至2018年底，我国证券公司数量达到131家，总资产为6.26万亿元，净资产为1.89万亿元。其中，94家机构拥有保荐资格，超过百家的证券公司及投行子公司实现股债承销收益。全行业2018年实现承销和保荐业务净收入达到258亿元，财务顾问净收入32亿元。全年完成了IPO发行数量105家，募集资金1 378亿元。

过去十年间，我国投资银行帮助2 000多家企业实现IPO融资共计1.8万亿元。通过增发、配股、优先股、可转债和可交换债等方式实现再融资共计8.8万亿元，公司债发行规模达到7.4万亿元。投资银行通过股债发行的保荐与承销，有效地帮助了实体经济扩宽融资渠道、推动企业规模化发展，较好地服务了实体经济、助力企业成长。

（二）进一步提升直接融资比重有助于经济结构调整

有效的金融资本供给能够为实体经济发展形成巨大推动力。在早期工业化发展阶段，产业供给往往滞后于社会持续增长的需求。实体企业需要获得资金支持来加速规模扩张，实现规模效益。

我国金融服务实体经济长期以间接融资为主要渠道，间接融资在社会融资总量中的占比约在八成左右。企业主要通过银行信贷来满足大部分资金需求。但是随着企业自身杠杆水平和负债成本达到一定程度，间接融资逐渐难以满足扩容需求，需要通过直接融资来拓宽企业融资渠道。

近年来，我国资本市场股权融资规模总体保持增长态势，从2009年的4 500多亿元增长至2018年的12 000亿元。2018年我国社会融资总体规模中，包含债券融资和股票融资在内的直接融资规模达到近3万亿元，但是在社会融资总量中的占比仅为15%，仍处于较低水平，距离发达国家50%以上的直接融资比重还有较大的差距，一定程度上制约了我国经济结构调整步伐。

随着经济结构调整步伐加快，科技创新型企业需要拓宽股权融资渠道，控制好自身的资金杠杆和负债规模，因此直接融资逐渐成为不可或缺的融资渠道补充。企业可以通过股权融资或公司债发行获得直接融资支持。股权融资包括首次公开发行登陆资本市场，之后通过再融资方式扩大融资渠道、汇聚投资者资金，助力经营和发展。

（三）提高直接融资比重是金融供给侧结构性改革的重要目标

2019年2月习近平总书记在中央政治局第十三次集体学习时强调，要深化金融供给侧结构性改革，增强金融服务实体经济能力。我国当前资本市场改革持续深化，已经进入金融供给侧结构性改革的重要阶段。金融供给侧结构性改革旨在解决实体经济融资过程中的结构性问题，加强金融供给与多元化金融需求、多层次经济结构之间的匹配性，因而金融供给中的结构性问题将会是改革的重点内容。

当前经济结构转型是以新旧动能转换为着力点，其中大量中小企业将会成为科技创新的主力。在以间接融资为主的金融供给体系中，银行风险偏好较低，对于抵押担保等增信手段要求较高，能够适应重资产、规模化的工业企业融资需求，但是难以满足轻资产、重创新、高风险的科技创新型企业的融资需求。因此，亟须调整融资结构，提升直接融资比重，加强金融机构对实体经济的服务。

无论是企业初创还是转型发展，都会存在较大的商业不确定性，传统的间接融资难以满足不断增长的风险投资需求。因此，让"专业的人"做"专业的事"，发挥投资银行在保荐承销、风险定价、财务顾问、金融产品等方面的专业服务能力，能够有效促进直接融资的形成。

二、注册制改革趋势下投资银行的核心竞争力

投资银行是为企业提供投融资服务的专业化机构，从发达市场经验来看，其发展历程经历了从单一的证券承销保荐到综合金融服务商的转变，以不断满足不同市场主体的多元化金融需求。当前我国股票首次公开发行注册制正逐步推行，投资银行的专业服务要求也在不断提高，专业化发展已经成为实现行业差异化、特色化发展格局的重要路径。

（一）以投行业务服务为根基

聚焦股债发行的承销保荐业务，能够为投资银行的长期发展构筑良好的基础。全球知名的金融机构，如摩根大通、高盛、UBS、花旗集团等，其长期稳健的发展都离不开传统的投行业务板块。金融机构的海外扩张也是首选投行业务作为立足点，以此来打开海外业务市场。这都充分显示出投行业务作为业务核心的重要地位。

目前，欧美的投资银行占据全球投行业务市场的优势主导地位，拥有较强的全球服务和资产配置能力，服务具有全球影响力的跨国机构及企业客户。全球大型投资银行收入排名中，摩根大通、美国银行、高盛集团位居领先位置，2018年的营业收入分别达到1 042亿美元、880亿美元和359亿美元。全球投资银行收入规模排名前十位均为欧美投行，在全球资本市场投行业务收入的市场占有率达到一半。

未来随着我国资本市场开放进程加快，国内投行需要加快形成具有差异化、特色化的行业格局。目前我国营业收入排名靠前的投行有中信证券、海通证券和国泰君安证券，2018年分别实现营业收入372亿元、238亿元和227亿元。全行业营收排名前十位的投行的营收市场占有率为45%，投行业务收入市场占有率为46%。实力较强的投资银行资本实力和团队实力突出，业务规模长期保持优势地位。从近十年的行业发展格局来看，如果股债承销保荐以及财务顾问实力稳定，那么投资银行自身往往能够在激烈的行业竞争中保持稳固地位。

（二）以风险定价为核心能力

2018年11月科创板及试点注册制提出后，仅8个月的时间，首批科创板企业就完成发行注册并"整装待发"。科创板在发行、上市、交易以及退市等基础制度方面取得了重大的创新和突破，允许未盈利企业首次公开发行和上市交易，采用市场化定价方式，放宽涨跌幅交易限制，要求投资银行采取"保荐+跟投"模式，制定强制退市规则等。随着科创板加速落地，再融资规则优化、创业板重组上市放宽、对外开放举措持续推进，存量改革的步伐也在不断加快。

随着资本市场改革的不断深化，投资银行必须加快专业化转型，适应注册制环境下投行

业务的新要求。由于科创板证券发行与承销规定采用市场化的新股定价方式，发行人和主承销商可以通过初步询价确定发行价格，或者在初步询价确定发行价格区间后，通过累计投标询价确定发行价格。市场化的定价方式将突破传统发行方式的估值限制，同时加大了包销和跟投对投资银行带来的投资风险。这就要求投资银行须严把项目质量关，扎实做好拟上市公司价值研究，为投资者提供较为公允的发行定价区间。

（三）以合规风控为生命线

投资银行的业务基于风险定价开展，有效的内控机制是业务发展的立身之本。从国外投行的发展历程来看，近百年行业发展的重要阶段和事件往往伴随着市场风险的发生，以及之后不断完善的金融监管体系演变。以美国为例，从20世纪早期的金融混业经营，到1933年美国《格拉斯－斯蒂格尔法案》（Glass－Steagall Act）出台，确立了分业经营、分业监管体系；1999年《金融服务现代化法案》的出台，标志着混业经营的回归；而2008年次贷危机之后，《多德－弗兰克法案》加强了对混业经营的大型金融机构监管。

一个世纪以来美国资本市场的运行经验表明，在市场发展过程中，投资银行的合规运营和风险管控是保障资本市场稳定的重要基石，也是投资银行的立身之本。投资银行业务的重心在于综合性的机构服务，除了开展股债发行承销、并购重组财务顾问之外，投资银行的业务范围涵盖了信用业务、做市商业务、衍生品业务、资产证券化业务等。产品和业务的不断创新为市场带来活力，加强了投资银行对机构服务的能力，但也伴随着相应的风险投资交易风险。

从海外市场发展经验来看，无论是分业经营还是混业经营，投资银行都需要不断加强自身的风险管控，业务开展应当满足合规要求。当前我国《证券公司合规管理实施指引》的实施对证券公司合规管理和风控提出了更高的要求，证券公司的合规风控在组织架构中的重要性显著提升。目前，加强投资银行合规风控已经成为完善组织架构的重要一环，从2017年起国内投行就已经先后开始通过内外招聘的方式扩充内控部门人员规模，以适应监管的要求和公司自身发展的需要。

三、对外开放背景下应加快提升投行核心竞争力

当前我国资本市场开放进程不断加快，A股纳入MSCI指数、富时罗素的比重稳步提升，外资机构持股比例限制放开，外资参与市场程度不断提高。对外开放将加快我国资本市场制度及机制完善，境内投资银行亟须提升核心竞争实力。

（一）推动差异化发展，形成比较优势

随着科创板及试点注册制的运行，投资银行将迎来新的发展阶段。未来随着直接融资比重的稳步提升，资本市场改革深化，投融资环境将获得持续优化，有利于投资银行积极发挥资本中介、风险资产定价职能，引导社会资本向科技创新型企业汇集。

从美国市场的成熟经验来看，中小规模投行如果能够形成某项业务特色，在特定产品或服务上具有较强的竞争优势，也能够形成较强的竞争实力，其中关键在于人力队伍的建设。在欧美市场，大型投行长期占据着投行业务收入前十位的位置，但是在细分领域的并购业务

收入，精品投行，如 Lazard、Evercore Partners、Centrerview 的业务竞争实力突出，能够与大型投行直接展开竞争。

目前，国内证券公司行业差异化、特色化的发展路径正在显现：一是综合类证券公司发挥资源优势，实现规模化发展；二是专业类证券公司聚焦细分领域的业务突破点，推动特色业务发展，加快形成比较优势；三是服务创新性证券公司运用技术优势，推动业务快速发展。长期来看，投资银行必将进入精细分类阶段，需要专注在自身擅长的行业、区域或领域，通过专业化程度来实现差异化发展，聚焦和深耕优势业务，建立品牌优势。

未来我国证券行业市场发展空间广阔，各地区经济发展特点不同，中小企业金融服务需求各异，需要各类投资银行参与细分领域市场，也需要相关行业政策引导和保障，更好地服务实体经济、盘活市场存量资源，有力支持国家经济发展战略目标的实现。

（二）加强人才储备，聚焦实体经济服务

投资银行业作为智力密集型的金融服务产业，需要投资银行中的专业工作人员具备极高的专业性。投资银行的人才储备和团队建设一直是保持竞争力的基本要素。以专业人才和团队为基础，投资银行才能够逐步形成客户储量和业务特色，保证投资银行的竞争优势。这既需要我国高等院校持续输出高质量的金融专业人才，也需要引进国外的专业人士来加强我国投资银行的人员专业化水平，在合理的薪酬制度设计下有效发挥各类专业人才的积极性，推动我国投资银行的长远发展。

在专业人才队伍的支持下，投资银行还需要聚焦投行主业，实现服务实体经济目标。现代企业的一切投融资活动背后都源自投资银行的推动和设计，包括企业上市融资、组建股份公司、企业分拆、并购交易、债务重组、投资管理和证券交易等。企业是经济的命脉，科技创新型的企业成长关系到经济结构调整，投资银行应当聚焦服务实体经济目标，调动投行人力队伍、发挥专业优势，与企业共同成长，帮助企业应对行业周期和自身生命周期变化，推动其成长为更具竞争实力的企业。

（三）增强资本实力，提升抗风险能力

长期以来，我国投资银行一直存在资产体量小、造血能力不足、盈利能力较弱的问题。目前，我国证券公司规模和收入占金融行业比例仍然较低。从上市公司近年来的整体情况来看，我国证券行业上市公司总资产规模仅占所有金融业上市公司总资产的 3.4%，净利润仅占 6.4%；中国证券公司收入占比约为 5%，而美国投行的收入占比能够达到约 20% 的水平。无论资产规模还是收入规模，我国证券行业占比明显较低，与成熟市场的结构还有较大差距。

综合类投资银行保持发展就需要稳步提升资本规模，规模化是提升投资银行综合实力的有效路径。我国投资银行可以通过引进战略股东、并购重组或再融资、加大资本投入来提升资产规模，同时把握业务的核心竞争力，形成良好的持续经营能力和盈利能力。

（四）运用金融科技提高综合效益

当前信息技术的发展和应用已经改变了传统证券业务的成本结构，线上获客引流的成本要低于实体营业网点的获客成本，佣金率下降是技术发展和应用的必然结果。这也倒逼投资

银行必须改变"靠天吃饭"的营利和发展模式。投资银行应当根据自身情况,提高技术和研发投入,根据实体经济的投融资需求,适度创新产品和服务,提升投行业务的活力。

投资银行应逐步提升金融科技的运用,加大信息系统投入,提升公司的运营效率,提升业务专业化水平和服务质量。未来大数据、人工智能及区块链等新技术的应用,必将增强投资银行在财富管理、投资咨询、投资交易、产品设计、托管结算以及风险防范等方面的业务能力。金融科技运用将会成为投资银行提升自身竞争实力的重要因素之一。

(五)持续加强内控机制建设

经过了近三年的严监管,市场投融资环境得到明显改善,市场机构的规范性水平显著提升。"管住人、看住钱、扎牢制度防火墙",对资本市场和中介机构提出了更高的合规运营要求。因此,合规风控能力是投资银行核心竞争力的重要体现。投资银行应不断加强自身的合规建设,巩固和夯实发展基础。

投资银行及工作人员应当遵守职业道德和行为准则,防范利益冲突。同时应建立起较为完善的风险防控机制,把关项目质量、研判业务风险。投行机构负责人、高管、下属单位负责人及其他工作人员,应在经营决策、运营管理和执业行为过程中识别合规风险,主动防范、应对和报告等。强化内控机制是投行服务创新型企业的必要前提,投资银行应当依法合规运营,严把项目质量关,树立起"生命线"意识,才能够真正实现竞争力提升的目标。

参考文献

[1] 黄涛,李浩民. 金融供给侧结构性改革:重点任务与路径选择 [J]. 改革,2019 (6):73—83.

[2] 陈卫东. 金融供给侧改革需要解决核心问题 [N]. 经济参考报,2019 - 6 - 26 (007).

[3] 董竹,周悦. 金融体系、供给侧结构性改革与实体经济发展 [J]. 经济学家,2019 (6):80—89.

[4] 辛乔利. 美国投行的崛起 [J]. 金融博览,2019 (1):20—21.

[5] 尹中立. 科创板:证券市场制度的探索性创新 [N]. 社会科学报,2019 - 7 - 4 (002).

[6] 校坚. 证券公司投资银行业务合规管理的分工与协调——以证券发行保荐业务为例 [A]. 创新与发展:中国证券业2017年论文集 [C]. 中国财政经济出版社,2018:8.

推动经纪业务转型升级，塑造财富管理专业能力

何之江*

新时代背景下，资本市场的重要性被提到了前所未有的新高度。证券公司作为连接资本市场与实体经济的中介机构，承担着时代赋予的重要使命。当前金融市场加速开放，科创板试点注册制稳步推进，证券行业发展节奏加快，证券公司传统业务的转型升级，符合资本市场供给侧结构性改革思想，有助于夯实市场基础，更好地满足实体经济多样化的金融需求。

资本市场同时也是居民收获财产性收入的来源之一，从这个视角看，证券公司则是连接居民与社会财富的重要媒介。我国改革开放历经40多年发展和积累，居民财产存量达到一定程度，以财产要素获取收益已经成为拓宽收入分配渠道的新契机。在提升居民财产性收入方面，证券公司财富管理业务大有可为。

一、行业变迁孕育新的机遇

近年来，金融市场的宏观要素和微观结构都发生了可观的变化，证券行业自身不断适应外部环境变迁并加快传统业务转型，为财富管理提供了良好的内外部契机。

（一）金融市场内部要素发生变化

金融开放是中国金融改革的一项关键举措，它将深刻改变我国资本市场生态，带来新的发展机遇。随着国内外市场互联互通不断增强，跨国金融机构加大布局力度，更多的境外投资者将深度参与我国资本市场，其交易理念和先进技术也将直接影响境内投资者的行为模式，资本市场的估值体系有望重塑，机构投资者将扮演更加关键的角色。外资控股的证券公

---

* 作者简介：何之江，山东大学硕士，现任平安证券股份有限公司董事长，执行委员会主任委员、总经理兼首席执行官、财务负责人。曾任中国银行纽约分行资金部高级交易员、中国银行法兰克福分行资金部经理、招商银行总行资金交易部副总经理、平安银行总行首席资金执行官兼执委会委员、浙江稠州商业银行总行行长、平安银行总行行长特别助理、平安银行总行副行长等职务。原载于《中国证券》2019年第9期。

司在国际业务、机构投资者服务、综合财富管理等方面拥有丰富经验,将倒逼国内证券公司强化资产定价能力和专业服务能力。

《关于规范金融机构资产管理业务的指导意见》于 2018 年正式印发,针对金融产品,新规涉及打破刚性兑付、规范资金池以及推动净值化管理等。过去,宏观经济的高速增长支撑了规模庞大的银行信贷及"影子银行"资产的扩张,这些资产被包装成为面向个人投资者的理财产品并提供显性或隐性担保。投资者则对金融机构销售的非标理财产品存在刚性兑付的预期,形成了国内投资者大量投资配置于所谓"高收益、低风险"类固收理财产品的独特现象。在实行新规之后,资产管理行业重新划定赛道,除了产品端的竞争更加直接以外,资金来源端要求金融机构强化产品评价能力、组合配置能力,建立长期服务思维。

科创板试点注册制同样影响深远。除了具备多重宏观意义以外,站在微观层面,它对于证券公司的转型也意味着前所未有的机遇和挑战。首先,科创板需要证券公司整合研究、投行、投资、财富管理等多个条线,对组织架构的灵活性和内部协同的效率提出了更高要求;其次,科创板的适格客群恰好是财富管理中最为关键的中高净值人群,从研究到服务,都需要更加精细化、专业化,从这个角度看,科创板是证券公司财富管理能力的试金石。

(二)家庭资产配置观念逐渐普及,资本市场投资者群体壮大

随着经济持续增长、居民财富积累和金融产品的普及,国内的家庭及个人理财群体逐渐壮大,多年来,无论是投资于金融资产的绝对规模,还是金融资产占家庭总资产的比例都在以较快速度稳步提升。

资本市场也不断涌入大量新增投资者。截至 2019 年上半年末,中国结算公司公布的国内自然人开户数已经超过 1.53 亿户,较 5 年前增长近 1 倍;深交所发布的历年"个人投资者状况调查"系列报告显示,新开户客群的平均年龄存在逐年下降的趋势,年轻人在市场中的参与度在提高。

与之对应的情况是,国内居民的金融素养仍有较大提升空间,并且在教育、收入、地域、年龄等方面存在较大的内部差异,而金融素养水平往往与家庭金融资产组合的多样性、分散程度呈正相关。中国人民银行的调查结果显示,在储蓄、贷款、保险、投资等各类别的金融知识中,国内金融消费者最为欠缺的是与投资相关的知识。对于证券公司而言,既要通过扩展业务边界来承接更广泛的客群,又要以长线思维去耕耘这个市场,才能把握好这个机会。

(三)在行业竞争及监管推动下,行业探索经纪业务的转型升级

传统经纪业务的转型升级是行业内一直探讨的问题,多年来形成了"知易行难"的共识。传统经纪业务长期维持着以通道交易为核心的局面,从商业模式本质上去探究,它符合"交易规模×通道费率"这样一个基本框架。过往行业整体处于增量市场状态,客户资产和市场容量都在向上攀升,而以零售客户为主的通道交易业务则是相对简单直接的创收途径。

近些年,在互联网证券的推动下,业务遍布全国的大型证券公司、区域型证券公司以及拥有互联网背景的新生力量交错竞争,打破了原来各占一方的局面,市场份额的切分方式发生了转变,于是价格竞争突出,行业佣金触底并向成本线逼近,业务规模和通道费率都面临下行压力。

时至今日，经纪业务仍然具备极强的生命力，只是从可持续发展的角度来看，它遇到了商业模式上的瓶颈。这需要解决两方面的问题：一是原有商业模式有待改造和扩充；二是原先的业务质量和业务效率不高。顺着这两条逻辑，行业和监管都在共同探索新的出路。

对于经营机构，传统经纪的转型涵盖很多议题，其中既包括目标客群的再定位、服务和收费模式的变化、经纪内部收入结构的再平衡，也包括管理决策机制的变化。机构经纪业务、产品配置和综合财富管理的探索，都是题中之意。行业监管层面，新的规则正在酝酿，监管层有意推动证券经纪业务差异化经营，并逐步引入主经纪商业务机制等。这些受监管认可的业务形态上的突破，将为行业继续探索新的商业模式打开空间。

二、传统经营模式无法匹配新的行业趋势

从成熟市场的经验看，基于客户交易的传统经纪业务对于经营机构的收入贡献逐渐降低，但它本身并没有弱化，而是在庞大的体系中演变成为一项基础设施性质的功能。经纪业务依然贡献核心价值，需要改变的是它的经营方式。

（一）传统经纪业务式微的关键原因

1. 从证券公司的角度看，单一的通道交易业务难以实现差异化定价

经历了坐商、行商和网金三个时代，证券公司从被动获客到主动获客，积极性和参与度越来越高，但始终没有解决业务高度同质化的问题。这首先与前面提及的"增量市场"逻辑有关，经营机构没有充足的动力自我变革，后端对于客户的专业服务也不够；其次，未来商业模式的拓展也需要监管予以支持，允许多样化的服务模式、收费模式的存在。

2. 从投资者角度看，大量的投资者难以通过证券公司提供的交易工具、交易品种实现资产保值增值的目标

对于多数家庭和个人投资者而言，参与资本市场的最终目标是实现资产的增长，但方式却千差万别。从整个投资流程看，一位投资者从产生投资想法，到决定资产配置比例，再到资金划付和交易的实现，证券公司受限于业务资质难以完整地参与整个过程，实现服务闭环。长期下来，会让投资者对于证券公司功能属性的看法产生偏差，认为只有高风险资产适合通过证券公司进行投资，从而形成一个负向的循环。

3. 更关键的原因在于证券类资产的高波动性，不能为投资者贡献稳定的回报

过去的若干年，国内家庭资产以较高比例配置于地产，甚至不惜加大杠杆去投资。如果将地产看作一项投资品，那么它在过去的高回报是建立在这种资产的低波动特点之上，并且拥有较低成本的、通畅的融资渠道。两者相比，股票资产的长期回报其实很可观，可以反映一定时期内的经济增长和企业盈利，但它的波动很大，这会弱化投资者的持有体验，导致频繁择时、持有期较短，从而降低资产的长期回报率。

判断一种商业模式是否成熟，可以观察整个链条上的所有参与者是否都有不同程度的获益，并且可持续地获益。以上三个因素相互作用，渐渐形成了证券公司与客户"双输"的局面，造成传统经纪业务的式微。

(二) 海外财富管理机构的经验和对比

以摩根士丹利为代表的全能投行和以嘉信理财为代表的综合型财富管理机构,对国内证券公司的未来发展路径给予了不同维度的启示。这些机构财富管理业务的收入主要来源于客户资产,而国内证券公司的创收路径则多与证券市场行情和客户的交易有关。

以摩根士丹利为例,其财富管理业务2018年的内部收入结构中,账户管理费占据一半以上,交易佣金和净利息各占两成左右,换言之,其与行情高度相关的收入仅占四成。相比之下,国内证券公司则有80%以上的业务与证券市场行情高度相关,即便是带有狭义财富管理性质的金融产品销售业务,也很难做到与市场表现弱相关。

未来经纪业务市场由增量获取到存量竞争的格局将长期存在,证券公司的探索方向应是降低资产的高波动对于客户收益和经营成果的影响,找到更具可持续性的商业模式。

三、证券公司应加快财富管理能力建设

选择了财富管理业务这样一个新起点,证券公司便置身于一个更宽阔同时竞争也更加激烈的市场。如今标准化的金融产品越来越普及,形成具有竞争力的财富管理模式,已经成为各类金融机构共同的目标。证券公司应立足自身的独特优势,加快财富管理能力的建设。

(一) 在行动观念上,全面践行"以客户为中心"

"以客户为中心"不是一句口号,而是财富管理的基本要求。在一个实现闭环的体系中,客户需求是触发业务的起点,也是评估一项业务成败的关键,它要求金融机构从头设计新的业务流程和运行机制,这一点并不容易做到。金融机构都摆脱不了盈利压力,而长期的转型势必是一个不断探索、反复试错的过程,这就要求我们在奔跑中调整姿势。

"以客户为中心"的另一层含义在于,经营机构需要全面了解客户的投资意愿和投资偏好,对于不太理性的投资者,需要引导其优化投资模式,真正实现投资手段与投资目标的契合。在这个过程中,证券公司的角色与此前有所不同,应由原来的业务承接方或业务推介方转变为了解客户、引导客户者。

(二) 在业务布局上,构建买方视角的财富管理服务体系

如果将财富管理看作是连接资金端与资产端的一项业务,好的财富管理就是尽可能减少其中的错配和摩擦成本,通过为客户提供优质、高效的产品和服务,去匹配他们的需求。

绝大多数投资者进行投资的动机都是获得财富的增值,在过去,单一的、承诺兑付的预期收益型产品可以基本满足这样的需求。但在金融产品净值化趋势形成后,金融机构需要在资产获取、产品设计和销售配置环节体现更强的专业性,通过加强研究、利用组合配置帮助客户规避单一资产的高波动,提升资产的长期收益。

应构建买方视角的财富管理服务体系。所谓买方视角,指的是证券公司从买方的角度,帮助客户进行投资方案的设计、投资工具的匹配和最终交易的实现,并以客户账户的实际收益作为衡量业务成效的标准。过去,证券公司内部的条线划分通常很清晰,研究、经纪、资管、投行等各司其职,而在买方业务的框架下,则需要在财富管理业务条线引入市场研究、

产品评价等职能，以研究引领业务，协同调动资管、投行等资源，形成解决方案后通过销售服务、投资顾问等向下传导，最终将服务输送给客户，构建完整的财富管理服务体系。

买方视角的另一面强调服务的定制。传统的金融服务遵循"二八原则"，八成的经营收入来自两成的客户，这决定了金融机构服务资源的分配。但如今在金融科技的支持下，服务于大众客户的多样化解决方案成为可能。嘉信理财一直以其广泛的投资顾问网络和高质量的私人财富顾问服务为业内称道，但同时它也没有放弃在智能投资顾问服务上的不断探索，甚至首创了按月订阅制的收费模式，让更多零售客户以简单易理解的方式接触到定制化投资服务。

（三）在配套管理机制上，为专业能力和优质服务留出空间

在以交易规模和通道费率为业绩驱动因素的传统经纪业务中，费率因素通常跟随行业趋势，因此对交易规模的追逐成了管理与考核中最重要的诉求。而在财富管理的框架下，专业能力、服务质量乃至客户账户的收益情况都至关重要，它关系到整个商业模式的可持续性。面向零售客户的财富管理是一个需要建立长期信任关系的过程，在考核、激励机制等方面不应过于短视，要为专业能力和优质服务留出空间。

（四）平安证券财富管理实践

在取得互联网转型先发优势的基础上，平安证券零售业务加大客户经营力度，努力从传统经纪业务向交易与投资并重的模式转型，贯彻"以客户为中心"的业务思想，并建立了以"科学投资"为基本理念的客户服务体系和以"买方服务"为行动指南的财富管理业务执行体系。此外，公司注重运用金融科技手段，帮助客户解析账户收益和风险来源，并辅以投资者教育和专业投顾服务，着眼长期，改善客户的投资行为模式，力求实现资产的长期增值。

平安证券在2018年推出了科学投顾业务，初期以股票类为核心，逐步扩展到全品类的金融产品和投资工具，为客户提供覆盖投前账户分析、投中股票及产品综合配置建议、投后账户管理的全流程服务。一年来，科学投顾已服务40 000多名签约客户，管理资产超过200亿元，客户产品配置渗透率提升明显，账户综合收益有所增强，全账户服务模式经营效果逐步显现。

四、结语

经纪业务与财富管理是两种可以兼容的商业模式，并不必然存在转型与被转型的关系。证券公司可以通过改善经纪业务的传统经营方式实现更高的经营质量和经营效率，同时也应努力培养财富管理能力，树立长期品牌。财富管理模式的成功与否，最终需要靠客户的账户来检验，优质的财富管理将会增加居民财富，让更多人实实在在地受益于经济增长。

以客户为中心搭建财富管理平台

施 华*

2008年,由美国次贷危机引发的全球性金融危机导致世界各国经济增速下滑。危机之后,各国失业率剧增,实体经济生存愈发困难。与此形成鲜明对比的是财富管理市场的异军突起,在危机中找到了生存和发展的机会。

财富管理的理论基础最早可追溯到19世纪帕累托提出的"二八定律":20%的客户可以带来80%以上的利润。从金融机构的角度来说,就是为少数的中高端客户提供综合优质的服务,便可带来更高的利润。后来,经过100多年的学术讨论和业务实践,财富管理逐步发展成为以客户为中心,根据客户需求和目标,向其提供一系列专业的投资和规划服务,实现风险控制和客户资产增值的综合性业务。

近些年来,国内各券商相继开始推动传统经纪业务向财富管理转型,然而目前国内的财富管理业务仍处于萌芽时期,大多数券商财富管理业务暂时没有形成成熟的体系。财富管理业务可分为三个阶段:第一阶段是以投顾为主向客户提供服务;第二阶段是以产品为中心,注重产品设计和产品推广;第三阶段是以客户为中心,根据客户自身需求,为其量身定制理财服务,规避风险的同时实现客户资产增值。目前国内券商财富管理业务的发展处在第二阶段。

一、发展财富管理的原因

(一)国外发展财富管理的原因

不同于国内财富管理业务刚刚起步,20世纪90年代财富管理在美国便开始盛行,经过30多年的发展,北美模式已成为世界流行的典型财富管理模式之一。回顾和总结美国财富管理业务出现的原因,主要是外部市场环境的积极推动和旧业务模式的被迫转型。外部环境

---

* 作者简介:施华,硕士,现任北大方正集团有限公司执行委员会成员、副总裁兼首席运营官,方正证券股份有限公司党委书记、董事长,北大方正人寿保险有限公司董事长。原载于《中国证券》2019年第8期。

的影响主要有以下三个方面：

第一，美国养老金、税费结构复杂。人们不愿花费时间在烦琐的报税流程和养老金缴纳上，而专业机构可以利用其信息优势和专业技能，为客户提供包括养老计划和税收筹划等在内的专业财富管理服务。

第二，养老金入市。美国的养老金结构分为法定养老金、雇主养老金及个人养老保险。企业为员工设立的 401（k）[①] 账户，可投资于包括共同基金、债券、股票在内的市场上大多数金融产品。美国投资公司协会数据显示，2018 年末，401（k）账户资产中共同基金占比为 63%。企业将 401（k）账户交由专业管理人员专门管理，员工在退休后可享受这一资产的投资收益。这种养老金入市的举措，扩充了金融市场的资本存量，也促进了财富管理行业的蓬勃发展。

第三，美股长牛。1990 年之后，美国经历了长达 113 个月之久的牛市，大盘涨幅高达 417%，股指上行，为共同基金、股指类产品带来了较大的销售空间，在经济复苏的大环境中，居民可投资资产持续增长，财富管理机构的客户数量也随之增加。

与对环境变化的顺势而为不同，证券业内部则是不得不为的痛苦转型。1975 年佣金率自由化制度实行，佣金收入不再是以前依靠行业政策就可毫不费力获得的"天然"收入，经纪业务竞争加剧，各投行不得不开始寻找新的利润增长点和多元化的发展模式。大投行将转型重点放在机构业务上，着重发展做市业务。折扣券商则转而为零售客户提供较为廉价的通道服务，并开始探寻以零售客户为核心的财富管理模式。

（二）国内发展财富管理的原因

国内发展财富管理的原因与国外类似，但是略有不同。首先，国内也出现了以养老金为代表的机构投资者大量入市的情况，相比于个人投资者，机构投资者具有团队和专业优势，且资金量大，而随着注册制、退市等制度和政策方面的建立和完善，未来机构投资者在金融市场中所占比重将越来越大。其次，另一个与国外相同的情况是国内券商如今正在经历佣金下滑的过程，Wind 数据显示，2013 年行业平均佣金率为 0.80‰，2018 年则下降至 0.27‰，券商经纪业务收入占总收入的比例也由 2009 年的 79% 降低为 2018 年的 29%。最后，中国经济发展进入"新常态"后，由积极的财政政策和外资不断提升的 A 股持仓的政策导向等因素可以看出，我国股票市场长期向好的逻辑是不变的。

二、财富管理的现状

近年来，我国高净值人群数量快速增加。根据招商银行的公开数据，2008 年我国资产在 1 000 万元以上的高净值人群有 30.2 万人，到 2018 年这一数字变为 197 万人，10 年间高净值人数增加了 5.5 倍。高速增加的高净值人群，为财富管理业务在我国的发展奠定了基础。与高净值人群数量增长相统一的是，其可投资资产规模的扩大。从 2008 年到 2018 年，我国高净值人群可投资资产由 8.8 万亿元增长到 61 万亿元，增加了近 6 倍，其中，资产规

[①] 401（K）计划是指美国 1978 年《国内税收法》新增的第 401 条 k 项条款的规定，是一种由雇员、雇主共同缴费建立起来的完全基金式的养老保险制度，相当于企业年金。

模超过 1 亿元的超高净值人群占比由 11% 增长到 41%。随着高净值人群数量的增加和财富量的扩大，他们对财富管理的需求越来越强，这极大地推动了我国财富管理市场的发展。

但由于起步较晚，我国券商的财富管理业务在数量和模式上较发达国家仍有一定差距。国外大型投行，如瑞银、高盛等，以客户为导向单独设置分支机构，将高净值人群作为主要客户，对其进行包括财富传承规划在内的全面综合的财富管理服务，盈利模式以管理费为主。国内券商相关部门设置目前还是以产品为导向，由资产管理部和财富管理部分别负责产品的创设和销售，盈利模式以佣金为主。在产品结构上，国外财富管理业务产品种类繁多，并且包括量身定制的个性化理财方案。目前国内券商则缺乏对客户的个性化定制，资管产品仅包括股票型、债券型、混合型、货币市场、另类投资和 QDII 六大类基金。相较于国外投行可提供的结构化、全球化的高端产品，国内财富管理产品还有很大的深度挖掘空间。此外，当前各大银行、券商、基金公司等提供的产品大同小异，也是我国财富管理业务的一大不足之处。

三、券商发展财富管理的禀赋

现阶段国内涉足财富管理业务的机构主要有五大类：证券公司、商业银行、信托公司、公募基金和私募基金。那么券商相对于其他金融机构，有哪些优势和禀赋，如何才能形成差异化价值定位呢？券商客户群体较为单一，营业网点布局也不如商业银行密集，客户覆盖能力与银行相比具有明显劣势。但是在产品设计、产品创新甚至产品定制方面，券商有全面的宏观、行业和公司的研究体系以及专业的复杂量化模型的开发能力可以提供支持。作为股票市场唯一的发行承销机构，以及金融产品买卖的主要中介，券商有跨一、二级市场的业务范围，在资产获取方面具有天然优势。因此，券商应该充分利用在研究、产品创设和资产管理方面的优势，以客户为中心，根据客户需求，开展更专业、更有特色、更能发挥自身优势的定制化理财服务。至于在产品范围及销售能力方面的不足，券商可通过优化产品销售平台，加强人员培训，尤其是注重提高客户经理的服务能力来尽力补足，以更全面、更高质量地满足高净值客户的需求。

由招商银行和贝恩公司联合发布的《2019 中国私人财富报告》显示，在金融市场不确定性较高的时期，高净值人群对银行稳健且体系化的风格更为认可，财富管理会向商业银行集中。在各境内财富管理渠道中，私人银行尤其是股份制银行越来越成为高净值人群境内理财的第一选择，选择非银行财富管理机构的比例则大幅下降，券商在个人财富管理业务方面暂无优势。此时，券商则应该充分发挥一、二级市场优势，开展主经纪商业务，紧抓机构客户尤其是有财富管理需求的企业，在企业生命周期的不同阶段，提供包括融资融券、营运支持、资本引介、风险管理、交易平台搭建、投资策略开发等投融资一体化的咨询及服务。

四、券商发展财富管理的路径

（一）盈利模式的改变

目前，国内券商经纪业务的盈利模式主要是销售金融产品获得手续费收入、开展融资融券业务获得利息收入、代理证券交易获得佣金收入。这三种盈利模式与产品销量和收益相关，但与客户资产的规模和增值无关。国外投行的盈利模式则是管理客户资产获得综合管理费收入、提供特定投资策略获得投资策略费收入、提供其他服务获得佣金和加价收入。综合管理费涵盖账户管理、结算交割、资产保管和绩效评估等财富管理业务所有基本收费项目，费率由客户资产规模决定。以美林证券为例，低于500万美元的账户，综合管理费的最高费率不超过客户资产的2.2%；高于500万美元的账户，综合管理费率为客户资产的2%。在综合管理费之外，财富管理机构还会通过对有相关需求的客户提供特定投资策略或特定投资组合模型来收取特定的投资策略费用。以摩根大通为例，选择使用J.P. MCAP模型的客户，对应费率为资产的0.34%—0.43%，而选择使用SAS股票投资组合策略的客户，对应费率为资产的0.75%。

（二）组织架构的改变

从组织构架上看，国外大投行多数下设银行部门，银行渠道可以扩大财富管理业务客户涵盖范围，这是国内券商所不具备的优势。财富管理业务发展较好的瑞银和摩根士丹利这两大集团都单独设置了财富管理部门。瑞银在财富管理部门之下根据业务范围又分别设置全球财富管理、全球资产管理、个人和企业银行、投资银行、公司中心五个分支；摩根士丹利则根据服务内容的不同，在财富管理部门下设经纪和投资咨询服务、金融和财富规划服务、年金和保险产品、信贷和其他贷款产品、银行和退休计划服务。在国内，由于业务发展较为初级，财富管理与资产管理、私人银行、投资公司没有明确的界限和区分，很长一段时间内，财富管理业务是经纪业务或资管业务甚至投资业务下的一个小分支。随着对财富管理业务关注度的提升，国内的证券公司也开始在组织结构上做出调整。2018年，中信证券将经纪业务发展与管理委员会更名为财富管理委员会；2019年初，银河证券也宣布将经纪业务部更名为财富管理部。

券商经纪业务向财富管理转型已成为行业共识，但组织架构的改变绝不仅仅是更改名称这么简单，由于财富管理业务的综合性和复杂性，在部门设置时还必须考虑与投行和资产管理业务之间的协同。以瑞银为例，其著名的"One Firm"模式，使投资银行、财富管理、资产管理三大业务部门之间可以交叉销售产品，共享客户资源，在产品设计、销售交易和研究方面，发挥各自所长，良好的协同机制使其具有卓越的执行能力得以为客户提供综合服务，全面满足客户需求。瑞银"One Firm"的模式自2006年提出至今已有13年，对于财富管理业务刚起步的国内券商来说直接移植是不现实的，但成功的经验值得借鉴。财富管理业务与投资银行业务的协同主要基于"交叉销售"模式，即投资银行部门在向自己客户提供服务的基础上，可以将有个人财富管理需求的客户推荐给财富管理部门并获取分成。随着企业家群体在高净值群体中重要程度的提升，一些财富管理业务发展成熟的国际机构尝试建立"企业家团队"直接服务企业家客群，这种团队由包括投行、经纪、研究等条线在内的各类专业人员组成，可以有针对性地提供高效的跨业务条线的服务。与资产管理业务的协同在国际上主要采用三种模式：一是财富管理部门的客户经理兼顾销售与投资管理职能；二是在财富管理部门内设立专门的资产组合管理团队；三是在资产管理部内，专人为高净值客户进行资产组合管理。第一种模式是客户关系驱动型，第三种模式对专业性要求较高，国内券商应结合自身财富管理业务的发展程度和资产管理业务的能力来选择相应的模式，但这三种模式均需要为财富管理业务的运作成立独立的资产管理团队。

（三）股权合作

回顾瑞银和摩根士丹利这两家顶级财富管理机构的发展历史，合并、参股等股权合作手段对于其财富管理业务发展的推动作用是十分直接且显著的。1998年，瑞士两大银行——瑞士联合银行与瑞士银行合并成为如今的瑞银集团。合并之后，瑞银集团总资产增加至1万亿瑞士法郎，管理客户资产规模增加至1.32万亿瑞士法郎。自此，瑞银集团成为世界第一大财富管理公司。2000年，瑞银收购了美国著名的零售经纪商普惠公司，开始进军美国市场。2003年，瑞银加快财富管理业务的全球布局，分别在法国、美国、英国等国家收购多家投行的财富管理业务分部。2005年，瑞银开始登陆中国市场。不断的合并与收购形成的全球布局使瑞银有能力吸引全球范围内的高净值客户，在全球资产端与产品端同时发展。同样，摩根士丹利在金融危机之后进行业务调整时，就将公司旗下的财富管理业务与花旗银行旗下美邦、英国奎尔特、澳大利亚美邦的零售部门合并，成立了摩根士丹利美邦这一专门的财富管理公司。

在国内，通过股权合并扩大业务规模的案例在券商与互联网公司之间也屡见不鲜，证券公司借助互联网企业的技术和平台优势，发展金融科技，提高线上影响力，在客户流量上实现优势互补。互联网企业也因此获得券商的专业支持，得以推出线上金融产品和服务，在互联网金融方面积极布局。2017年中金公司与腾讯公司的合作以及2018年华泰证券与阿里巴巴的合作均起到了扩大客户范围的效果。综上所述，股权合作这一最直接的扩张方式，可以迅速扩大业务范围、增加客户群体和提升全球资产配置资源。然而海外并购门槛高，成本大，并购后公司之间的融合又考验管理体系与执行能力。如今支持国家"一带一路"建设则为券商的全球布局提供了新的思路，在"一带一路"沿线国家并购、合资设立或者新设分支机构已成为一些券商壮大国际业务新的战略选择。

（四）服务方式

财富管理业务的核心是为高净值客户提供全面的理财服务满足个性化需求，对客户了解程度的大小直接决定了所提供的服务"个性化"的强弱，进而影响服务质量。美林客户服务的第一步就是了解客户的人生目标，推断客户的风险承受能力以及进行财富管理的目的，为此美林还专门开发Discovery App，对客户的社保、健康、信托、长期收入等目标进行详细的规划。瑞银将客户的目标分为财务独立、家庭、健康、事业、自我改进、生活方式、旅游休闲、社会责任和环境、社交参与、投资参与度十大板块，通过帮助客户梳理人生目标，可以更有针对性地制订计划。相较于国外，国内券商在细分客户种类和搜集客户资料、深入了解客户需求方面还有很多不足之处，应构建更细化的客户分类体系，根据所属高净值群体类别、客户目标和客户需求提前进行甄别，作为之后提供差异化服务的依据。

提高客户服务质量的另一个重要的方面是质量稳定和数量充足的投顾团队。在国外投行中美林证券、摩根士丹利、瑞银的投顾人数都达到了10 000人以上。而国内即使是头部券商，投顾人数也没有超过2 000人，投顾团队在人数上差距明显。在培养体系上，为提高投顾人员能力、防止投顾人才流失以及提高激励以保证工作质量，摩根士丹利有针对财富管理投顾人员的FAA计划，瑞银也有WPA计划，而国内无论是行业整体还是单个公司都还没有一套成体系的培养方案。

（五）金融科技

优秀的投顾人才培养周期长、流动性较大，当投顾人员数量不能满足业务规模扩张的需求时，智能投顾就成为一个很好的补充。在美国，投行和财富管理机构纷纷推出智能投顾平台，同时专业投顾远程服务的方式也开始流行。智能投顾依托大数据建立模型来测定客户风险偏好，根据不同风险偏好，可自动为投资者提供投资组合选择，高速的数据处理还可以实时监控、实时调整。并且平台一旦建立，后续便只需投入很少的维护成本，将大量问题标准化处理的特征能覆盖更多的中低净值群体，服务之前缺乏投资顾问的长尾客户。智能投顾扩展了财富管理的外延，使其脱离时间、地点和人力成本的桎梏，通过发展智能投顾，财富管理的门槛被降低，券商可以提供多层次和精细化的服务，可以运行更复杂的算法，提供更高质量的服务，提高服务效能。

五、结语

本文通过与国外大投行的对比，概括分析了我国财富管理业务得以发展的原因、发展现状和券商发展财富管理业务的优劣势和禀赋，最后从盈利模式、组织架构、股权合作、服务方式和金融科技五个角度为国内券商发展财富管理业务的路径提出建议。

随着国民收入的提高、利好政策的出台以及券商传统经纪业务的不断成熟，高净值人群对财富管理的客观需求和券商财富管理供给意愿越来越强烈。毫无疑问，财富管理业务是券商发展的一片蓝海，但由于发展时间较晚且经验不足，我国财富管理业务还未实现从交易导向到客户导向的根本转变，仍长期滞留于以产品为中心的第二阶段，并且存在客户分类不细致、产品结构单一、产品同质化严重和投顾人员不足等亟须改善的问题。对于这些不足，最主要的是要明确以客户为中心的业务导向，适当借鉴国际同行先进经验，立足国情，搭建切合券商实际情况的财富管理平台。

参考文献

[1] 孟庆江. 智能投顾在新型财富管理中的理论与实务研究 [J]. 金融纵横, 2019 (5): 42—49.

[2] 姜学军, 胡晨旭. 国外财富管理的运作模式比较及借鉴 [J]. 理论界, 2017 (6): 52—58, 66.

[3] 王增武, 黄国平, 陈松威. 财富管理的内涵、理论与实证 [J]. 金融评论, 2014, 6 (6): 113—120, 124.

[4] 李君平. 私人财富管理研究述评与展望 [J]. 外国经济与管理, 2014, 36 (8): 73—81.

[5] 朱颖. 中国券商财富管理转型研究 [D]. 上海: 上海外国语大学, 2013.

[6] 波士顿咨询. 全球财富报告 [R]. 上海, 2008.

[7] 招商银行, 贝恩公司. 2019 中国私人财富报告 [R]. 深圳, 2019.

财富管理,守正方能致远

陆建强*

2019年初,中共中央政治局在第十三次集体学习时,提出要深化对国际国内金融形势的认识,正确把握金融本质,深化金融供给侧结构性改革。这是"金融供给侧结构性改革"第一次被提出,在财富管理领域需要进一步明确定位。金融的核心在"融",但目前在"融"上出了一些问题,资金没有流向真正需要它的地方,由此产生了金融扭曲,违背了金融的价值,也加剧了金融风险。近年来的各种财富乱象,不但使老百姓的财产蒙受损失,更让财富管理机构甚至整个行业的形象受损。无论是明确财富管理在金融供给侧结构性改革中的定位,还是重塑财富管理的行业形象,都需要我们在新形势下厘清对财富管理的认知。

一、融资、理财两端发力,全局思维盘活存量,财富管理的蓝海正在打开

(一)金融的初心既是服务实体经济,也要服务财富增值

金融本身并不能直接创造财富,金融的价值是通过参与资源分配、融入实体经济来实现的。由此,我们常说,金融的本质是服务实体经济。其实,金融服务有"两翼":一方面是为企业、机构和需要资金的人融资,把资金输送到实体经济最需要的地方;另一方面是为百姓理好财,提供多层次、多品种、风险收益匹配的产品,为社会财富的保值增值服务。金融的价值既在服务融资一端,也在服务财富增值一端。融资和理财,双翼一体,两端发力,财富方能转化为资本,才是金融畅通之道。而且随着经济社会的发展,财富管理、财富增值的功能越来越重要。现在老百姓手上有资金,但找不到合适的产品,超过六成以上以现金、存款和银行理财产品的形式沉淀下来,没有转化成资本,促进社会的再生产、再发展。这反映的是财富管理的滞后。

---

* 作者简介:陆建强,哲学硕士,现任财通证券股份有限公司党委书记、董事长,中国证券业协会理事会理事,浙商总会常务理事兼金融服务委员会主席,浙江省并购联合会第一届理事会会长。曾任浙江省人民政府副秘书长、办公厅党组成员。原载于《中国证券》2019年第6期。

（二）新时代既要聚焦高质量，也要聚焦大财富

党的十八大提出了迈入新时代的历史方位判断。进入新时代，最重要的就是聚焦高质量发展，其中一个重要的标志，是发展方式从做大增量切换到盘活存量和做大增量并重，逐步向主要以盘活存量为主过渡。可以说，实现转型升级和高质量发展，最重要的是要素集聚、资产整合、盘活财富，而包括资产证券化在内的财富管理正是盘活资产，实现资产、资金和资本有机转化的重要路径。因此，高质量发展需要大财富管理。

改革开放 40 年来，我国成功进入中等收入国家行列。在向高收入国家迈进的过程中，金融市场的改革和升级至关重要。2018 年，我国城市家庭的户均总资产规模为 161.7 万元，户均净资产规模为 154.2 万元，户均可投资资产规模为 55.7 万元，中国家庭财富总值已列于世界第二位。未来十年，社会财富还将快速增长。胡润财富报告显示，目前中国拥有千万资产的高净值家庭有 201 万户，比 2018 年增长 8.1%，预计 5 年后将达到 285 万户，10 年内将翻倍至 410 万户。同时，我们要清醒看到，经济进入新常态后，从高速增长转向中高速增长，中国经济增速已经从 10% 以上降至目前 6.5% 左右，进入"稳增长、调结构"的深度改革期，这或将会影响资产价格的上涨速度，降低同等风险水平下资产的回报率。因此，投资单一资产获利的难度将大大提升。而相较于投资单一资产，全局性的大类资产配置思维才能更好地控制风险，切实提高收益。从国际上看，全球人均家庭金融资产/人均 GDP 是 2 倍，美、德、法、日、韩、中国台湾等经济体的人均家庭金融资产/人均 GDP 分别是 4.1 倍、1.8 倍、2.3 倍、3.5 倍、2.1 倍、5.1 倍，而中国目前约为 1.6 倍，未来空间非常大。

（三）针对需求，大力提升吸引资金能力和财富管理能力

2000 年，中国财富仅仅占全球财富的 5%，2016 年占 9%，预计到 2030 年，中国财富占比将和欧洲相当，而目前中国的财富管理业务仅仅是开始，财富管理的蓝海正在打开。如今缺的不是资金，而是吸引资金的能力；缺的不是财富，而是财富管理的能力。

以财通证券总部所在地——浙江省为例，这里以民营经济、浙商大军闻名。浙江经济还有一个特点，那就是藏富于民，资源不多财富多。2018 年，浙江人均居民收入达到 4.6 万元，仅次于北京和上海。全省拥有千万资产的高净值家庭有 19.6 万户，排在全国第 5 位，仅次于北京、广东、上海、中国香港。全国高净值家庭最密集的城市中，杭州、宁波分列第 6 位、第 7 位。近年来，浙江省明确提出打造钱塘江金融港湾的使命，正全力打造财富管理和新金融创新中心，有许多像玉皇山南基金小镇这样的金融特色小镇，集聚了一大批财富管理的专业机构和人才。其中，仅山南基金小镇私募基金管理人就有近 3 000 家，基金规模超过 10 000 亿元。作为财富管理机构，能在浙江发展，注定大有可为。

二、拥抱大资管时代，守正是硬道理

蓝海已在，未来已来。如何拥抱大资管时代，分享财富管理大发展的时代红利？路径千万条，守正第一条，守正方能致远！

首先，"正"在坚守初心。财富管理的初心，一是配置资源，活跃市场，服务经济发展；二是发现价值，定位价格，实现财富增值。随着经济和生活水平的发展及财富的增长，

中国投资者的复杂度在增加,中国的财富对产品需求的复杂性也在增加,财富管理机构在提供金融服务的时候,不论做怎样的结构设计、创新怎样的产品,服务实体经济发展、实现价值的增值始终是财富管理机构的方向与目标。回归初心,就是要以市场需求为导向,开发出个性化、差异化、定制化的金融产品,满足不同风险偏好的财富管理需求,要做到"总有一款适合你"。

其次,"正"在使命担当。看到当下财富管理行业的现状,我们必须清楚使命所在:坚守底线,提升行业规范发展水平,营建财富管理良好形象。财富管理行业集聚了大量的专业人士,年轻又有活力。但是,优秀的内涵不能仅仅看作是有多少业务能力,而是必须在社会上有正能量的导向,有定力、有担当、有责任,切实帮助老百姓理好财、传承好财富。要清醒地看到,财富管理不仅是一项极具前景的行业,更是时代赋予财富管理机构的一项崇高的使命,建设高水平的小康社会需要有高质量的财富管理。财富管理不能简单地作为一项业务来对待,而是应该当成一份神圣的事业去坚守。

最后,"正"在财富生态。一个行业守正,需要行业生态的打造。生态首先是正确的心态,财富管理的起点是财富、终点是幸福,但幸福的程度不是取决于钱包的厚度,而是大家对财富以及财富管理的理解程度。所以,财富管理机构除了提供优质产品和服务,更要帮助社会建立正确的财富观。其次是演进的业态。财富管理业态的发展有其自身规律。目前财富管理机构主要还停留在产品导向型的阶段,以卖金融产品为主,下一步财富管理机构要按照供给侧结构性改革的精神提升至客户需求导向型阶段,最终可能会发展为全权委托型。当然,这需要制度的保障和信任的支撑。最后是积极的状态。"事在人为",在需求充分的情况下,财富管理的事业能做多大、对高质量发展和高水平建设的贡献能有多大,主要取决于财富管理机构的状态。

三、构建立体服务圈,共同打造专业、共享、惠民的财富生态

财通证券作为一家浙江省属的上市证券公司,始终坚持为实体经济服务、为百姓理财服务。10年前,财通证券就已经开始在财富管理领域进行布局,目前已经构建了横跨证券与期货、境内与境外、公募与私募的财富管理体系,总的财富管理规模约3 000亿元,并且在特定的领域已经形成特色和优势。比如,永安期货和永安国富的资产管理在行业属于佼佼者;财通资管在固收领域、财通基金在定增领域、财通资本在政府产业基金以及财通香港在境外资产管理方面也都有各自的特色;同时,私募PB业务这几年也发展得非常快。

目前,财通证券正在打造"更贴心的财富管理专家"。针对私募机构目前的痛点和实际需求,财通证券整合了投研、经纪、财富、金融科技等资源,并广泛对接各类社会资源,着力构建360°立体私募服务圈,为私募机构提供五大服务:

一是"私募星计划"培育成长服务。加强对中小私募机构的全程培育、扶持成长。通过实盘大赛等方式,遴选出一批优秀的初创型私募机构,为其提供从0到1的各类孵化服务。除了种子基金支持以外,将根据私募机构所处的生命周期,在合规管理、风险管控、发展规划等方面提供各类服务,为其赋能增效,携手与私募机构共同成长。

二是多渠道的资本中介服务。发挥资金渠道多元化优势,一方面通过自有资金直投,另一方面发挥集团140家分支机构、永安期货等子公司网点以及建立战略合作的第三方渠道,

为私募机构提供强大的代销能力。

三是特色化的投资研究服务。加强集团化协同,联合总部研究所、永安期货、财通资管等各种资源,打造联合投研团队,发挥各自在金融端和产业端的优势,为私募机构提供"产业链+市场行情"的特色投研服务。

四是新一代信息系统服务。借助金融科技的力量,深化与蚂蚁金服等机构的战略合作,联手开发新一代信息技术系统,提供交易、风控、投研一体化的信息解决方案,提升私募机构的服务体验。

五是"1+N"交流共享服务。每年,在杭州举行大规模的私募峰会,邀请业内优秀私募机构共同探讨经济形势、分享投资理念、对接市场资源。在此基础上,在各地举行数场各具特色的专题路演和研讨会。通过这种"1+N"的模式,为各类私募机构提供多层次、多维度的交流共享平台。

在金融供给侧结构性改革、推动经济高质量发展的关键时期,金融只有不忘初心,才能守正致远。春耕夏种为秋实,财通证券愿与所有财富管理机构一起,秉持初心,共同成长,打造专业、共享、惠民的财富生态,服务好经济的转型升级,也服务好老百姓的财富管理。

财富管理前景广阔,风物长宜放眼量

徐朝晖[*]

一、证券经纪业务进入存量竞争阶段,转型升级成大势所趋

经过20余年的蓬勃发展,国内证券行业已步入成熟阶段,大券商龙头地位稳固的同时也涌现出一批有特色的中小券商,随着证券公司数量的不断增加,市场竞争也日趋激烈。

国内券商的主要盈利来源之一是经纪业务,但经历了10年佣金竞争后,同质化严重的传统经纪业务已成为红海市场。2018年股基交易量较2008年已增加近4倍,但2018年代理买卖证券净收入较2008年反而下降了29.32%。可见经过行业保底佣金放开、"一人多户"政策刺激和网上销户的实施,经纪业务市场目前已高度市场化,进入了存量竞争阶段。为了应对经纪业务激烈的市场竞争,券商纷纷通过降低佣金费率的方式抢占市场份额,同时随着网上开户的普及和券商互联网技术的运用,经纪业务佣金率进一步下滑。2018年行业平均佣金率降至3.48‰,对比国际市场均处于很低的水平。如香港市场股票平均交易佣金费率约为成交金额的2.5‰;日本传统券商佣金率8‰,网络券商佣金率0.4‰。佣金率持续下滑导致券商盈利能力不断下降,行业龙头中信证券销售净利率在2008—2010年平均达45%,而2016—2018年平均已下降到27%。中小券商下滑趋势更为严重,西部证券相应期间平均销售净利率从40%降为22%。佣金下滑也导致了经纪业务收入占收入总额比例发生了明显的变化,2016年受制于两市交易量的萎缩,经纪业务占比较2015年下降了近14个点,2017年和2018年证券投资业务收入甚至超过了经纪业务收入(见图1、图2)。

---

[*] 作者简介:徐朝晖,硕士,现任西部证券股份有限公司党委书记、董事长,华泰保险集团股份有限公司监事会主席。原载于《中国证券》2019年第7期。

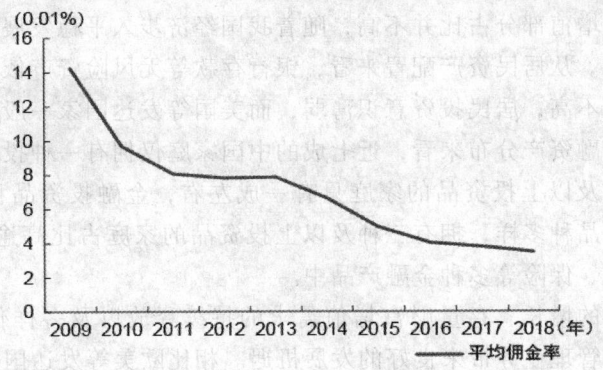

图 1 证券行业平均佣金率

资料来源：Wind，西部证券。

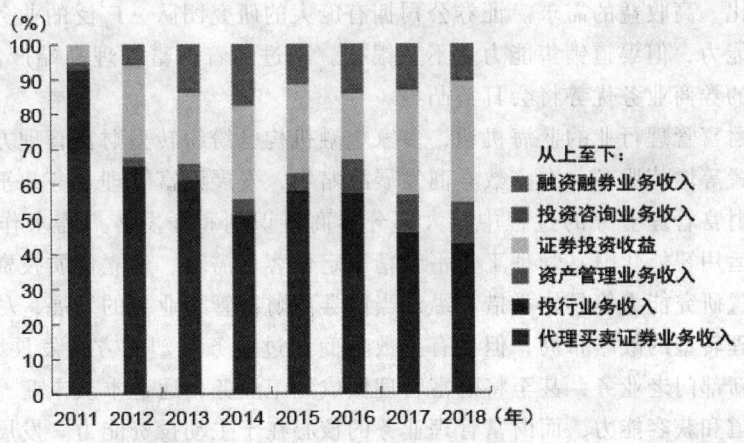

图 2 证券公司收入结构

资料来源：Wind，西部证券。

在激烈的市场竞争环境下，传统经纪业务的盈利模式已经是明日黄花，业务升级迫在眉睫。早期多家券商在转型方面已经做了积极探索，比如与知名互联网公司合作进行线上导流，对客户进行细分，实行差异化服务，通过流程改造降低运营成本等。但这些均未真正改革经纪业务的盈利模式。经纪业务升级的关键在于突破传统的同质化通道服务，从单纯以获取交易佣金为主的前端收费模式，向以收取管理费为主的后端收费模式转变。

二、财富管理市场崛起，或成券商蓝海机遇

近年来，我国财富管理行业快速发展，财富管理需求高度景气。据贝恩公司《2019中国私人财富报告》显示，2018年，中国高净值人群人均持有可投资资产约3080万元人民币，共持有可投资资产61万亿元人民币；预计到2019年底，高净值人群持有的可投资资产规模将达约70万亿元。根据波士顿咨询的预测，未来在经历短期经济周期波动之后，2023年中国个人可投资金融资产有望达到243万亿元人民币，年复合增长率约11%。可见，财富管理行业面临非常广阔的蓝海。

从财富增长的驱动力来看，中国财富增量主要源于经济快速增长带来的新增财富，利用

存量财富获得的投资增值部分占比并不高,随着我国经济步入平稳发展期,预计存量财富管理需求将会长期旺盛。从居民资产配置来看,银行存款等无风险资产依然是中国居民偏好的资产,金融资产占比不高,居民投资意识薄弱,而美国等发达国家一般银行存款占总资产的比例仅有两成。从金融资产分布来看,近七成的中国家庭仅拥有一种投资品,约两成拥有两种投资品,拥有三种及以上投资品的家庭只有一成左右,金融投资品种单一且股票占比偏高;而美国居民投资品种多样,拥有三种及以上投资品的家庭占比高逾六成,分配在股票、信用产品、共同基金、保险等多种金融产品中。

可投资资产规模的增长、存量财富增值需求的持续释放以及多样化金融产品的不断涌现,将会为我国财富管理业务带来良好的发展机遇。相比欧美等发达国家,中国高净值客户的财富管理市场尚处于起步阶段,目前银行是主导的金融机构。银行由于其具有低风险、避险的特点,因此,在设计、研发产品时会受到很大的限制,可能无法满足高净值客户日益增长的产品多元化、高收益的需求。证券公司拥有庞大的研究团队、广泛的业务范围和出众的资本市场投资能力,但渠道销售能力远不及银行。不过随着财富管理高端产品需求的膨胀,研究能力强大的券商业务优势将会日益凸显。

为了抓住财富管理行业的蓝海机遇,多家金融机构已纷纷转型财富管理方向,发力产品代销和资产配置等增值服务。在多数券商发展战略中,发展财富管理业务几乎成为业内普遍共识。在发展财富管理业务的过程中,大部分券商将识别和开发客户需求作为业务重点部署,规划包括运用智能化财富管理工作平台精准定位客户需求、建立优质投资顾问团队、提高大类资产配置研究能力等具体举措。纵观当前券商财富管理业务的发展,尽管多数券商已经开始财富管理转型的战略布局,但仅有少数券商通过业务重塑的方式发展财富管理业务,大部分券商是新部门老业务,甚至将财富管理做成经纪业务,通道本质未变。经纪业务的核心在于业务通道和获客能力,而财富管理业务的核心在于主动投资能力。发展财富管理业务需要摒弃牌照红利时代的固有思维,以客户需求为中心打造全新的财富管理服务体系。

三、他山之石:海外金融机构财富管理模式

目前,中国财富管理行业尚处于相对初级的发展阶段,但在美国、欧洲、日本等发达国家,该业务模式已经趋于成熟。各类金融机构纷纷将财富管理作为主营业务,给予大量的资源投入,财富管理业务甚至成为国际大投行盈利能力最强的核心业务。以下通过对瑞士、美国和日本的投资银行财富管理业务模式和特点进行总结,以探求我国证券公司财富管理业务未来发展路径。

(一)瑞银:重视客户需求,采用自上而下的大类资产配置策略

欧洲是财富管理的起源地,瑞士私人银行业务兴起于 18 世纪末,专门为少数富商提供私密性的金融服务,之后逐步演化成向全球高净值人士提供全方位、个性化的财富管理服务。瑞银集团(UBS)是全球最大的财富管理机构,财富管理咨询公司 Scorpio Partnership 的报告显示,2017 年末瑞士银行全球财富管理规模高达 2.4 万亿美元,居于全球首位。瑞银通过为这些资产提供资产配置服务,每年可赚取近 90 亿美元的组合管理和投资顾问费,贡献了财富管理部门总收入的 55% 以上,而手续费和交易性佣金收入合计仅占总收入

的 20%。

瑞银财富管理模式核心在于对客户需求的理解能力和自上而下的资产配置能力。客户需求方面：瑞银通过客户战略服务部（Client Strategy Office，CSO）加深对客户需求、行为和偏好的理解，以定制契合的产品并更好地为客户服务。资产配置方面：瑞银成立了用来传达投资机会和市场风险的首席投资官办事处（Chief Investment Office，CIO），CIO 由瑞银全球网络平台上的经济学家、策略分析师、研究员、其他部门的专家以及外部专家构成；CIO 在综合各方面投资意见的基础上，根据自己的判断发表对宏观经济的预测和对各类投资工具的投资观点，用来指导战略性和战术性资产配置方案；财富规划师将会依据资产配置方案和客户需求，为其匹配和执行具体的投资方案。

（二）摩根士丹利：专业产品筛选能力、优秀理财顾问团队，叠加金融科技赋能

美国是全球个人财富最集中的地区，高净值客户数量全球第一，因而财富管理行业也非常发达。据统计，美国财富管理机构出售的金融产品占据近 60% 的市场份额，远高于其他国家。与欧洲相比，美国财富管理行业市场格局较为分散，除了私人银行、大型券商等传统财富管理机构外，中小型独立券商和独立财务顾问也占有一定的市场份额。在 2007 年金融危机后，部分大型金融机构将财富管理业务作为转型重点发展方向，其中摩根士丹利通过外延并购的方式积极扩张财富管理版图，取得了显著的成效，业绩和估值均对高盛实现了逆袭。Scorpio Partnership 的年度报告显示，在 2013 年底，摩根士丹利全球财富管理规模为 1.3 万亿美元，居于行业第 4 位，而到 2017 年底，规模已达到 2.22 万亿美元，仅次于 UBS 的 2.4 万亿美元管理规模，跃居行业第二位，而高盛管理规模 2017 年仅有 0.46 万亿美元。从盈利能力来看，2014 年开始，财富管理部 ROE 已超过其他部门，部门净利润占比高达 37.4%（见图 3）。

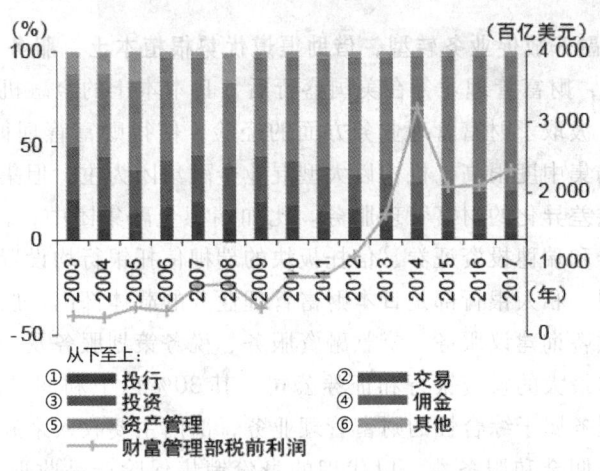

图 3　摩根士丹利财富管理部收入按业务线拆分

资料来源：摩根士丹利年报，西部证券。

美国金融市场非常发达，可供配置的金融产品非常丰富，产品多样化使得筛选能力和理财顾问团队成为金融机构财富管理业务的核心竞争力。摩根士丹利的财富管理部下设的产品和服务部结合研究团队最新的研究成果，从市场筛选出优质的产品，然后再加入资产配置观

点，传递给客户部。客户部是财富管理部最主要的部门，以理财顾问团队为主要构成，客户部通过对客户需求的深度研究，根据每个客户的情况提出建议，实现优化资产配置（见图4）。依靠专业的产品筛选能力和优秀的理财顾问可以吸引客户购买摩根士丹利的财富管理服务，盈利正来自客户每年账户金额的年费，约1.5%，这笔一揽子的顾问费是长期而持续的，因此构成了摩根士丹利稳定的收入来源。2017年摩根士丹利财富管理业务仅占用不到25%的资金，但可以创造44%的营收。

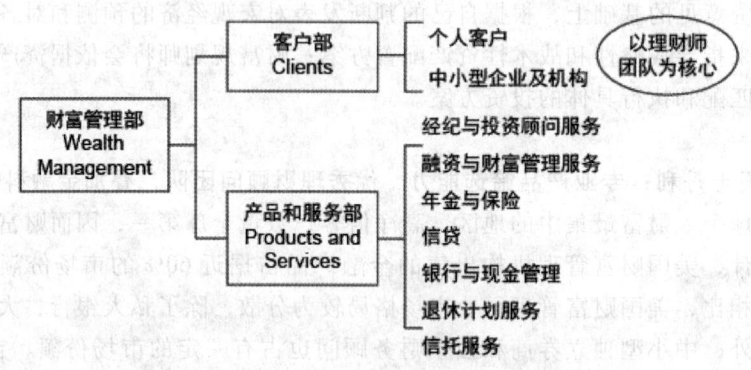

图4 摩根士丹利财富管理部内部架构

资料来源：摩根士丹利年报，西部证券。

摩根士丹利发展财富管理业务还有一个显著的特点，即利用金融科技这一利器支撑财富管理业务转型。近年来摩根士丹利的IT预算重点投向财富管理业务，致力于利用金融科技打造财富管理业务护城河。目前摩根士丹利计划在两年内向15 000名财务顾问普及新的技术咨询平台WealthDesk，该平台可以为财务顾问提供近12种新技术工具和服务。

（三）野村：金融开放促业务转型，借助渠道优势根植本土、服务本土

20世纪90年代，财富管理业务在美国盛行后，日本本土的金融机构通过与欧美大型金融机构的业务往来，汲取了财富管理业务方面的经验，使得财富管理得以在日本蓬勃发展。日本的财富管理市场集中度很高，机构以大型混业金融集团为主，但集团内成员可根据各自优势独立向客户提供差异化的财富管理服务。比如瑞穗金融集团中，银行板块的瑞穗银行、券商板块的瑞穗证券和瑞穗投资证券、信托板块的瑞穗信托银行均设置有从事财富管理咨询业务的私人银行部门。私人银行部是日本财富管理业务的载体部门，服务不仅包括资产管理及投资，还包括提供咨询建议服务、贷款融资服务、税务策划服务及一些增值服务等。

野村控股是日本最大的投资银行和证券公司，其30%以上利润来源于日本零售银行市场。野村零售部的服务属于综合性的财富管理业务，部门主要收入来源包括为客户提供咨询服务和投资建议收取佣金和服务费，以代理的身份销售保险产品收取保险公司的代理佣金等。野村证券零售部早期收入主要来源于经纪业务佣金收入，后由于金融开放，欧美大型证券公司进入日本市场，加剧了市场竞争，野村证券意识到仅为日本的投资者提供买卖股票获取佣金的盈利模式已难以为继，于是开始积极探索新盈利模式，即针对各种投资者开展基金、保险等金融产品的销售等一系列理财服务以获取管理费。业务转型后，凭借稳定的客户基础和良好的本土声誉，野村证券零售业务收入保持了较好的增长势头。野村证券拥有159

个零售网点，网点由拥有丰富资产管理服务经验的员工针对超富裕层、富裕层，提供高质量咨询服务。在客户服务方面，野村证券始终坚持通过面对面交流、线上和电话联系等渠道向零售客户提供高质量的产品和金融服务，而且能够根据客户需求及时调整产品。本土金融机构的渠道布局优势以及文化优势使得外资难以进入财富管理市场，外资零售端市场份额占比很低导致外资纷纷退出，比如花旗银行已经在2014年宣布彻底退出日本零售银行业务。

四、中小券商如何发展财富管理业务

近年来，券商业绩分化明显，大券商更能凭借规模优势形成马太效应，行业集中度加速提升，2018年净利润口径的市场集中度CR10较2017年提升了10个百分点（见图5）。多家龙头券商先行一步，开启了财富管理转型之路，并取得了初步成效。在2018年市场低迷的情况下，部分龙头券商代销金融产品业务实现了逆势增长，PB业务市占率有所提升。大券商在承销业务、投资咨询业务、资产管理方面具有显著的资源优势，可以为发展财富管理业务提供强大支撑。面临财富管理行业蓬勃发展的形势，中小券商如何抓住发展机遇是值得深思的问题。

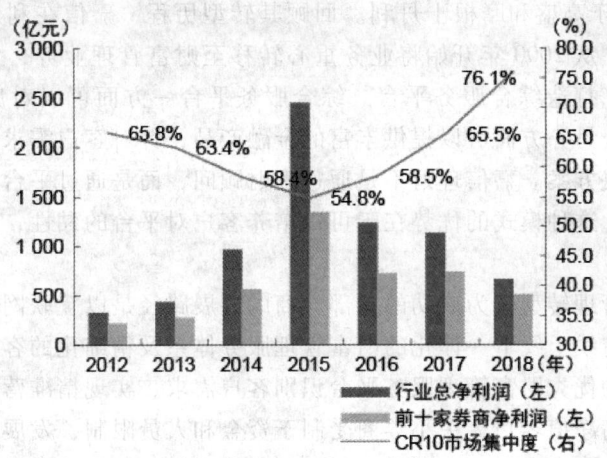

图5　证券行业2012—2018年市场集中度（净利润CR10）变化

资料来源：Wind，西部证券。

（一）中小券商财富管理是否有发展空间

欧洲和日本财富管理业务集中度较高，绝大部分市场份额由大型混业经营金融集团占据，头部效应明显。中国目前财富管理市场的形势与日本20世纪90年代相似，处于初级发展阶段，结合日本发展经验可以看出，依赖品牌效应和规模效应，大型券商财富管理业务发展前景较为明朗。那么中国中小券商财富管理是否还有发展空间呢？参考美国财富管理行业竞争格局，中小券商通过提供差异化服务也可以占有一定的市场份额。而且财富管理业务属于零售业务，渠道布局非常重要，中小券商在本地拥有一定的优势，可以为客户提供面对面的高质量财富管理服务。最终中国财富管理市场竞争格局应和银行市场类似，呈现哑铃型分布，哑铃一头是头部券商提供综合性财富管理服务，哑铃另一头是众多中小金融机构，聚焦

当地,提供特色化财富管理服务。另外,中小券商如果能抓住财富管理机遇或许可以实现细分领域头部化,最终带动整体实力的全面提升。因此中小券商财富管理转型不仅有可为,甚至大有可为。

(二) 中小券商如何选择财富管理业务发展方向

结合海外经验,财富管理业务发展方向一般有两条路径。一条路径是精品投行模式,即构建专业的、优秀的研究团队和产品研究团队,依靠线下理财顾问为高净值客户提供高质量高附加值的财富管理服务,即前述的瑞银和摩根士丹利模式。业务模式是在金融产品研究和分析的基础上,结合大类资产配置观点,针对客户需求构建合理的资产组合,重点在于由上至下的主动投资管理能力和资产配置能力。另外一条路径是互联网模式,即借助金融科技力量,通过互联网平台为大众客户提供相对优质且低附加值的财富管理服务。业务模式是利用金融科技为用户做产品的选择,重点在于平台的优质产品筛选能力,该业务模式的典型成功案例是嘉信理财。

嘉信理财是美国一家为个人客户提供低价服务的互联网综合金融服务公司,在近十年内实现了由经纪业务向财富管理的成功转型,目前已经发展成为美国零售金融服务的市场领导者,PE估值甚至高于高盛和摩根士丹利。回顾其转型历程,嘉信在利用折扣券商身份积累充分的客户资源后,从2000年开始将业务重心转移至财富管理业务,发展逻辑是通过不断加大对科技的投入,打造综合服务平台。综合服务平台一方面可以对庞大的客户群进行分层,实现精准服务;另一方面可以提供丰富的金融产品,针对客户需求为客户智能化筛选产品,构建一揽子解决方案。嘉信理财不是通过理财顾问,而是通过平台为客户提供具有针对性的财富管理服务,这种模式的优势在于可以培养客户对平台的黏性,为公司带来稳定的收入来源。

目前国内财富管理转型较为成功的头部券商的发展路径是以互联网模式为主、精品投行模式为辅,通过打造线上线下一体化的财富管理服务体系及精细化的客户运营模式,线上构建受客户广泛认可的优秀财富管理服务平台识别客户需求、实现精准营销,线下招募和培养专业投资顾问服务高净值客户。中小券商受制于资金和人员限制,发展路径可以考虑选择一种模式作为主攻方向,在取得一定的客户规模后再引入另一种模式,实现"1+1>2"的效果。比如中小券商可以根据自身特点在以下两种路径中选择其一:(1) IT优势明显的中小券商可以加大金融科技投入,成立财富管理平台识别客户需求,打造智能化APP优化金融产品体系,满足普通大众财富管理需求,以量取胜;(2) 主动投资能力强的中小券商可以构建优秀的投资研究团队、产品研究团队和投资顾问团队,为高净值客户提供高水平资产配置服务,以价取胜。

(三) 中小券商如何设定财富管理业务管理目标

目前券商各业务部门的管理一般基于利润目标,但财富管理业务尚处于起步阶段,如果管理单纯以利润为导向会影响业务发展。尤其是对于中小券商来说,如果无限放大财富管理业务对利润的追求,可能会将关注点限定在渠道端,重复经纪业务的老路。那么如何设定财富管理业务管理目标?财富管理业务的盈利模式是来自管理费,管理费来自服务客户的资产规模,将财富管理的价值定位在客户数量和管理的资产数量上,相应业务的KPI考核应由盈利调整为客户数多寡以及客均资产高低,这样有助于实现业务的长足发展。

(四) 如何构筑财富管理业务护城河

为了在财富管理业务发展中取得竞争优势,券商无论选择何种发展路径均需要打造高门槛、无法替代、不可复制的核心竞争能力,构筑业务护城河。为了深入理解财富管理业务的核心竞争力,首先要通过厘清财富管理与经纪业务、资产管理业务的差异,了解财富管理的业务本质。与经纪业务相比,财富管理侧重财务与金融规划,根据委托资产收取一定比例的管理费用,而经纪业务属于交易型业务,根据交易金额收取佣金。与资产管理业务相比,财富管理业务关注点在于客户,重点在于资产配置,即依据每个客户的不同需求制订不同的规划方案,而资产管理业务关注点在于资产,重点在于产品设计,即通过设计优质产品募集资金投入资本市场。简言之,财富管理业务本质在于通过各类产品帮助客户完成资产配置的过程,也就是将客户现有资产转化为各类金融资产的过程。财富管理业务的核心竞争力在于客户需求的洞察能力、金融产品分析和筛选能力以及资产配置能力。

1. 客户需求的洞察能力

财富管理区别于资产管理的特点就是关注客户需求,行业未来竞争将集中在客户需求理解的竞争,因此建立机制识别和定义客户需求非常重要。中小券商可以考虑通过 IT 技术和管理平台对客户进行分级管理,在客户分级的基础上精准定位客户需求,抢占财富管理市场。这点可以学习商业银行的做法,根据资产规模对客户进行分级,对不同等级的客户推荐不同的服务和产品。此外,还可以学习瑞银,在财富管理部下设立客户分析部专注于研究客户需求、行为和偏好,定制符合各类客户需求的产品组合。

2. 金融产品分析和筛选能力

为了帮助客户实现财富保全和增值的目的,财富管理机构首先需要对金融产品的风险、收益特征有专业的分析能力。在金融产品的分析方面,券商财富管理部门可以考虑:(1) 在合规的基础上借助研究所的力量,利用券商研究所的策略分析师、行业研究员、专家网络获取投资机会和市场风险相关的信息;(2) 外包咨询团队获取宏观经济的预测和各类金融产品的投资观点;(3) 内部设立专业的投资分析团队捕获金融产品价值信息。中小券商建议采取前两种经济性较高的方案。在对金融产品进行分析的基础上,财富管理部门需要在内部构建产品团队,为客户提供多样化的自下而上的金融产品评价和筛选服务。券商财富管理部的产品团队不是以提供独家产品为目的,而是为顾客筛选合适的产品,并以此打造公司品牌。产品团队是证券公司与银行竞争的关键点,目前银行因为可以提供多种金融产品,有"金融超市"之称,但银行未提供优质的产品评价和筛选服务。

3. 资产配置能力

拥有良好的资产配置能力是券商财富管理业务形成核心竞争力的关键因素。目前大部分证券公司财富管理部的业务导向路径是产品供应→找到客户→销售产品,这意味着证券公司仅仅承担着卖产品的职责,未发挥资产配置功能,因此收取的也仅仅是金融产品代销费。这种代销模式只是在与银行竞争渠道端资源,无法发挥券商投研方面的优势。券商的研究实力、市场化程度在金融机构中处于领先地位,凭借强大的研究实力能更好地为客户进行大类资产配置。为了摆脱与银行的同质化竞争,建议券商财富管理业务构建需求导向路径,即客户有需求→找到产品→满足客户,以资产配置能力满足客户需求。

（五）重视金融科技对财富管理业务的支持

发展财富管理业务离不开金融科技的支持，中小券商需要高度重视 IT 技术在经纪业务转型中的作用。金融科技在财富管理方面的应用有多方面，初级应用是建立财富管理平台为投顾提供投资策略、客户关系管理、资产托管和资产组合管理等财富管理解决方案；高级应用是通过智能投顾将资产配置过程进行智能化管理，智能投顾可以对客户的风险偏好、风险承受能力进行数据评估，进而通过智能算法计算和筛选出适合客户投资风格的产品组合。

参考文献

[1] 王洪栋，张光楹，廉赵峰．财富管理与资产配置（第二版）[M]．北京：经济管理出版社，2013．

[2] 曾梦雅．十年变革，十年激荡：中国证券业经纪业务路在何方？[R]．北京：2017．

[3] 张祥．投中研究院：2015 年中国财富管理行业研究报告 [R]．北京：2015．

[4] 唐子佩，张潇．探寻佣金大战的边界——券商经纪转型系列报告之一 [R]．上海：2016．

[5] 陈福，陈卉．财富管理专题——嘉信理财的经验和启示 [R]．上海：2018．

[6] 吴熙晨．我国证券公司客户服务模式研究 [D]．天津：天津大学，2013．

[7] 孙婷．日本证券行业的荣与觞——日本非银金融调研系列之一 [R]．上海：2017．

[8] 王钧．财富管理行业国际比较研究 [R]．北京：2015．

[9] 张祥，梁立明，刘利，投中研究院．2017 年中国财富管理行业研究报告 [R]．北京：2018．

[10] 招商银行，贝恩公司．2019 中国私人财富报告——中国私人银行业：回归本源 [R]．北京：2018．

塑造特色优势　实现差异化发展

魏庆华*

当前我国处于金融供给侧结构性改革和国企改革的关键时期，金融行业面临巨大的机遇与挑战。金融行业的改革开放是历史的必然选择，金融行业对实体经济的反哺功能仍有巨大提升空间。以非银金融为代表的证券行业将面临深层次的变革，在此期间，东兴证券将抓住机遇勇于迎接挑战。2015年东兴证券通过IPO上市、2016年通过定向增发实现了资本层面的跨越。近年来，东兴证券各项财务指标稳步提升。公司通过较高的盈利水平取得了高于同等规模券商的营收和净利润，实现了净资产的积累，扩大了资产规模，进而提升了公司的市场竞争力。

根据中国证券业协会统计数据，2018年度东兴证券在券商中总资产排名为第21名、净资产排名为第16名。2018年受市场环境整体情况影响，东兴证券经纪业务收入、投行业务收入、融资融券业务利息收入等较上年同期有一定程度下降，但与全行业相比，下降幅度较小。东兴证券将从人才、系统、资本、特色四个层面入手，做大做强投行、资管、经纪、融资融券、研究等传统优势业务，将公司的综合业务能力推向新的高度。未来东兴证券将通过管理创新和机制创新，加强各业务线之间的协同协作，打造"大投行、大资管、大销售"的业务价值链，逐步建立有特色的综合财富管理机构。

2019年7月10日，三大国际信用评级公司穆迪投资者服务有限公司、标普全球公司及惠誉国际评级有限公司分别发布了对东兴证券的信用评级报告。穆迪给予东兴证券首次长期发行人评级"BAA2"，评级展望为"稳定"；惠誉给予东兴证券长期发行人违约评级"BBB+"，评级展望为"稳定"；标普给予东兴证券长期发行人"BBB"评级和短期发行人"A-2"评级，评级展望为"正面"。国际评级公司对东兴证券的正面评价，有利于降低公

---

* 作者简介：魏庆华，博士，高级经济师。现任东兴证券股份有限公司党委书记、董事长，兼任中国证券业协会第六届理事会理事，中国证券业协会固定收益委员会副主任委员，上海证券交易所第四届理事会风险管理委员会委员。曾任福建清流人民银行副行长，闽发证券副总裁、总裁，东兴证券股份有限公司副总经理、总经理。原载于《中国证券》2019年第8期。

司的综合运营成本，塑造良好的市场品牌及形象。

一、以高素质人才推动证券公司高质量发展

人力资本是证券公司长远、稳定、可持续发展的重要软实力，人力资本对于证券公司发展至关重要。人力资本建设的核心有两点：第一，构建市场化的管理体系和竞争机制，盯住头部券商和市场化激励机制较好的券商。第二，和公司中短期发展目标紧密结合，如果以创利和改善 ROE 为核心目标，就必须聚焦买方人力资本；如果以品牌建设和影响力为核心目标，就必须在投行、研究等卖方领域匹配人力资本。为了提升人力资本的整体效能，东兴证券将构建人才阶梯式发展的激励机制：针对初入职场的应届生，促使其快速成长并转型为成熟的技能型员工；针对业务型人才，通过职级晋升和薪酬激励留住核心骨干。在人力资本流动性较大的金融行业，构建人才内部晋升机制，有利于留住核心业务人才，避免人力资本的损失带来公司整体劳动效能的下降。同时，人才储备也将以业务发展为导向，招募符合公司战略发展的专业型人才、管理型人才，并将人才匹配到适合的工作岗位中。公司的发展离不开高质量人力资本的支持，依据岗位的产能效率及时优化公司人力资源的分配结构，将是东兴证券人力资源制度改革的重要方向。

人力资本效能的提升离不开人力资源的激励，建立效率与公平兼顾的考核机制对东兴证券提升人力资本效能尤为关键。降低公司各业务条线的交易成本是提升人力资本效能的重要手段。例如，公司各类行政办公系统须以使用效率为主要导向，降低干部和员工在行政事务中的时间成本。行政管理中的事项均以标准化、制度化、流程化的程序来予以规范，不断简化和优化各类行政管理制度。而构建公平的考核体系则要求建立量化的考核机制，前台、中台、后台均须通过量化考核的评价方式。构建好效率与公平兼顾的考核体系后，人力资本的积极性便可有效发挥，也为公司各项业务的开展奠定人力资本基础。由于证券行业市场化程度相对较高，而市场化激励又往往优于国有企业激励，人力资本的周期性流失成为常态。针对优质人力资本的流失，东兴证券将出台相应的政策来解决痛点。例如，构建以业绩为导向的职级晋升机制，既有利于留住公司的核心骨干团队，又有利于吸引业界精英加盟。同时，公司还将单位骨干分为专业型人才、管理型人才、营销型人才等，依据不同的类型实行分类管理和考核；对业绩突出的核心骨干人才实行专项奖励，充分发挥公司的优质人力资本潜能。

二、加大证券公司的金融科技投入，提升运营能力

在互联网迅猛发展的时代，金融服务效率的提升与金融科技的发展密切相关，证券公司业务、平台、账户、产品的创新都将依托于金融科技的发展。例如，量化或金融衍生品的发展都要借助于金融科技的力量。不过，由于金融科技短期内较难产生显著效益，若没有清晰的战略目标和良好的执行力，金融科技对证券公司生产力的提升难以发挥应有的效应，因此证券公司的金融科技建设往往被中小券商忽视。从国内证券公司的成功经验来看，依靠金融科技实现业务超越式发展的典型案例有两个：一是华泰证券，依靠"系统优势+互联网营销"实现经纪业务占有率第一；二是国金证券，其成立的专业托管子公司——国金道富依

靠技术优势,在主经纪商业务(PB业务)方面实现了领先,极大地推动了经纪业务的发展。

目前,证券公司在金融科技的投入主要体现在信息系统方面,从国内证券公司信息系统投入力度的横向对比来看,2018年东兴证券在信息系统的投入位于全行业中等偏上水平,与资产、营收规模匹配;信息系统投入金额为1.54亿元,排第22名,信息技术人员薪酬为0.677亿元,排第21名,信息技术投入考核值达1.375亿元,排第24名。尽管公司在信息系统方面的资金投入力度较大,但尚未达到以"系统"为核心竞争力的品牌效应。因此,未来东兴证券将充分运用大数据、人工智能、移动APP等手段创新业务模式,挖掘新的利润增长点,提高盈利能力。据相关媒体报道,美国投行业务数据中,近50%的支出是网络信息费用的支出,信息系统的投入在券商经营成本中占据重要比例。未来东兴证券将加大对于行政办公、客户营销和维护、人力资源考核、财务报销等各类信息系统的资金投入,降低公司行政管理、日常办公、人力资源考核、合规风控等体系的交易成本,进而提升公司运营管理体系的综合效能。

三、做大做强资本,夯实公司各业务条线的发展基础

东兴证券由中国东方资产管理股份有限公司(以下简称"中国东方")托管经营闽发证券后于2008年5月成立,旗下有东兴期货、东兴投资、东兴资本、东兴香港4家全资子公司,在全国拥有14家分公司和68家证券营业部。东兴证券2018年实现营业总收入33.14亿元,实现归属于母公司所有者的净利润10.08亿元;2019年第一季度实现营业总收入10.27亿元,同比增长56.23%;归属于母公司所有者的净利润5.55亿元,同比增长99.98%。东兴证券的净利润同比数据总体优于行业平均,这受益于公司拥有雄厚的中国东方股东背景。中国东方是由财政部、全国社保基金理事会共同发起设立的国有大型非银行金融机构。

金融行业增长驱动力主要来自资本,公司资本实力决定了公司的收入和利润规模。提升证券公司收入和利润排名的根本在于资本,近几年东兴证券抓住了上市的重要机遇期,净资本实现稳步增长。做大做强东兴证券的资本基础,对夯实公司各业务条线的资源根基至关重要。没有雄厚的资本支持,在经济下行的大环境下,券商业务很容易受限于资本支撑而难以发展。因此依托中国东方的股东优势,做大做强东兴证券的资本实力,对东兴证券的各项业务发展都具有重要的现实意义。

在做大做强东兴证券资本的基础上,还应充分发挥中国东方平台内的资源协同及整合效应。截至2018年末,中国东方合并总资产超过万亿元,设有25家分公司和1家经营部,业务涵盖资产管理、保险、银行、证券、信托、普惠金融、信用评级和海外业务等,拥有中华联合保险、大连银行、东兴证券、中国东方(国际)、邦信资产等14家控股公司。中国东方旗下的保险、银行、信托、海外业务等可为东兴证券提供较好的业务协同机会。另外,东兴证券拥有综合实力较强的卖方研究所,可为中国东方集团内各公司提供全方位的研究服务。截至2018年,东兴证券与中国东方开展的各项业务协同规模达1 000亿元以上,业务贡献收入近3亿元。在金融行业竞争日益激烈的时代,金融机构普遍获客成本较高,中国东方将为公司提供低成本的获客渠道。

未来，公司将秉持协同发展理念，从客户、品牌、渠道、产品、信息等方面与中国东方及其下属公司实现资源整合，进一步做大做强资本，全面提升公司各项经营业绩在证券行业中的排名。

四、塑造东兴证券特色优势，实现差异化发展

国内外证券市场的格局表明，证券公司竞争力的高低主要取决于公司规模、成长盈利能力和市场影响力。公司类型不同，所依靠的推动力就有所不同。第一梯队券商主要通过资本运作形成规模效应，比如海通证券收购境外投资银行实现业务多元化、中信证券收购里昂证券开拓海外市场。中小型券商，如方正证券和兴业证券，通过挖掘市场需求，推出特色金融服务，提升资本回报率，实现资本的不断积累，提升在行业中的整体地位。东兴证券将通过塑造与其他券商不同的特色优势，在证券行业的竞争中实现差异化发展。当前，对公司业绩贡献度较高的有自营业务、经纪业务、投行业务、资产管理业务和资本中介业务。自营业务主要包括权益类投资业务和固定收益类投资业务，该类业务为公司带来持续的利润增长，具有较强的资本积累能力。2018年公司自营业务分部实现营业收入5.03亿元，占公司营业收入的比例为15.17%。公司固定收益类投资业务斩获荣誉，被赋予"2018年银行间本币市场最佳进步奖"。当前，证券行业竞争加剧和不断下行的佣金率，都将倒逼公司推动各项业务转型。东兴证券在证券行业中属于"肩部券商"，与行业领军者的差距短期内无法消除，盈利能力的快速提升将通过提升优势业务竞争力、改善薄弱板块的经营业绩来实现。

（一）塑造有特色的综合财富管理机构

近年来，我国中产群体的数量不断扩大，对财富管理的需求也不断提升。国际经验表明，当人均GDP超过1 000—3 000美元区间时，居民财富的高速增长将提升市场差异化投资需求。当前投资于股票、债券、基金和收藏品的居民数量也在不断增加，多元化资产配置和财富管理需求日益提升。为了把握住市场新兴机遇，东兴证券将根据市场需求打造"有特色的综合财富管理机构"。公司将不断拓宽业务范围，创新产品种类，为客户提供融资、资产管理、投资顾问、衍生工具等金融服务。2018年度证券公司经营业绩排名显示：东兴证券累计实现证券经纪业务净收入（含席位租赁）5.59亿元，位列第28名；2018年股票基金代理买卖业务累计成交金额为1.67万亿元，市场份额0.83%。公司经纪业务整体发展较好，但证券行业结构和服务的单一性抑制了其高增长率。而放眼未来，高净值零售客户的财富力量不可小觑。针对高净值零售客户进行圈层式营销，增强客户对于公司的综合业务黏性，进而提升高净值零售客户对公司的综合贡献度至关重要。未来，东兴证券将充分利用中国东方平台内基金、保险、银行等资源，发挥集团内公司协同协作效应，充分利用大数据时代下的信息优势，通过已有的存量客户，以点带面对高净值零售客户进行圈层营销，通过公司的卖方研究协助营销大量的优质机构和零售客户，进而提升客户对于公司的综合贡献度。

（二）积极参与政府主导项目，提升业界影响力

2018年10月16日，海淀区属国资和东兴证券联合发起设立支持优质科技企业发展基金，基金规模100亿元，首期20亿元已完成募资；参与设立100亿元纾困基金的海淀科技

金融资本发行了规模为 8 亿元的纾困专项债，由东兴证券联席主承销。这有利于提升东兴证券在事业单位、金融系统、民营科技公司的影响力，以及在市场和社会上的美誉度，有助于公司另辟蹊径向第一梯队靠拢。提升市场影响力的案例中较为经典的是高盛协助 ESB 完成对 INCO 的反并购，制止了 INCO 的恶意收购行为，保护了委托方 ESB 的合法权益，从此高盛开启了反并购业务的热潮，并跻身世界一流投行。从国内华泰证券投资银行业务和浙商证券资产管理业务跻身行业前列的发展历程来看，市场影响力决定券商在客户心目中的形象和市场地位，较高的影响力有助于券商开拓新的客户，实现业务快速增长，最终扩大券商整体业务规模，提升公司的市场竞争力。

（三）构建东兴特色卖方研究体系，提升市场影响力

在塑造东兴证券特色优势方面，除了积极参与政府主导的各类纾困基金项目外，提升公司卖方研究的市场影响力也是重要一环。近年来，东兴证券研究所的市场影响力日渐提升，目前各类研究员普遍具有相关行业研究和金融经济的双重专业背景，研究范围覆盖宏观经济、投资策略、行业与上市公司、金融衍生品、量化投资和海外市场等业务领域。东兴研究所将秉承"基本面研究和价值投资逻辑"把产业方向挖深、吃透，"价值逻辑"要求有把宏观背景看穿、看远的研究精神，对推荐的每一家上市公司都要求深度调研。东兴研究对于公司在市场的品牌和影响力提升方面极为重要，构建具有东兴特色的卖方研究体系也是塑造独特竞争优势并实现差异化发展的关键。

回归本源 聚焦主业 探索新时代证券公司差异化高质量发展路径

侯 巍*

2017年第五次全国金融工作会议指出，金融要把为实体经济服务作为出发点和落脚点，全面提升服务效率和水平，把更多金融资源配置到经济社会发展的重点领域和薄弱环节，更好满足人民群众和实体经济多样化的金融需求。2019年2月，中共中央政治局举行第十三次集体学习，习近平总书记指出，深化金融供给侧结构性改革，必须找准金融服务重点，以服务实体经济、服务人民生活为本。

作为金融业重要的市场主体，证券公司必须紧紧围绕"服务实体经济、服务人民生活"这个根本，回归本源、聚焦主业，在向财富管理转型中不断塑造差异化竞争优势，在服务实体经济中实现自身高质量发展。回归本源，就是证券公司要聚焦主业，以服务实体经济和财富管理转型为抓手，提升能力，提高效率，进而满足客户多元化的资产配置需求。差异化竞争优势，就是证券公司要在新形势下找准定位，做深、做精、做透优势业务，打造品牌影响力。总体而言，回归本源是塑造差异化竞争优势的前提和条件，不断提升竞争力是塑造差异化优势的根本路径。

一、服务实体经济、做优财富管理是证券公司的本源所在

服务实体经济是金融立业之本，是金融的天职和宗旨。证券公司的基本功能，一方面是为实体经济提供多元化专业化综合金融服务，另一方面是为广大投资者进行财富管理，通过把"闲散"资金导入实体经济，让人民群众分享经济发展红利。服务实体经济与财富管理有机结合，决定了证券公司在金融业的独特地位。对于证券公司而言，既可满足广大投资者

---

* 作者简介：侯巍，现任山西证券股份有限公司党委书记、董事长、总裁，中德证券有限责任公司董事长，山西股权交易中心有限公司董事长，中国证券业协会理事，中国上市公司协会理事，山西省证券业协会会长，山西省基金业协会副会长。原载于《中国证券》2019年第7期。

的资产配置需求，又打通了资金流入实体经济的通道，也提升了构建资产和吸引负债的能力，其中介职能得到充分发挥。

（一）打造证券行业核心竞争力，要聚焦服务实体经济

金融是国家重要的核心竞争力。20 世纪 80 年代，美国凭借纳斯达克市场助力，实现以信息技术为代表的高科技产业崛起，引领了新一轮产业革命的潮流。打造中国证券行业的核心竞争力，需要证券公司聚焦服务实体经济，通过提高自身服务水平、专业能力，提供一揽子高质量金融服务，将各类发展要素资源配置到具有广阔发展前景的战略性领域，加速产业转型升级和市场优胜劣汰，实现经济高质量发展目标。

（二）锻造差异化竞争优势，要聚焦财富管理

当前，在金融业全面开放成为大势所趋、"互联网+"日益走向深入的背景下，证券行业发展面临前所未有之大变局。面对机遇和挑战，证券公司纷纷在战略规划中提出"以客户为中心"，打造差异化竞争优势。而要打造差异化竞争优势，一是要求证券公司从构建服务实体经济生态圈、提升服务实体经济能力圈做起，耦合投资银行、资产管理、证券经纪、证券投资和研究业务，紧密协同，精准服务，夯实"以客户为中心"基础，搭建投资者与企业之间的牢固纽带；二是要求抓住"资产配置"，向财富管理转型，在打造差异化金融产品上下功夫，不断提升金融产品设计、筛选能力和资产配置能力，构建跨市场、跨品种的多元化金融产品体系，满足客户多样化资产配置需求，降低投资风险，实现财富保值增值，从而真正建立以客户为中心的服务体系。

（三）防范金融风险，要聚焦服务实体经济

防范系统性风险，关键是要提供基于实体经济需求的金融服务。脱离了实体经济的真实需求，必然会出现系统性风险，导致金融体系运转失灵和全社会经济秩序的混乱。2008 年，发源于美国的金融危机，根本原因在于衍生品层层嵌套，对实体经济造成巨大破坏，由此带来一批华尔街巨头的倒下。近年来，党中央提出"大力振兴实体经济，培育壮大新动能"，就是要金融回归本源、脱虚向实、防范风险。证券公司要聚焦实体经济的真正需求，打造全产业链、全生命周期的金融服务，避免资金在金融系统内部层层嵌套、脱实向虚，从根本上防范系统性风险。

二、国内证券公司与国际同行相比仍有较大提升空间

经济的高质量发展需要高质量的资本市场服务。经过 30 余年的发展，我国证券行业得到长足发展，基本功能不断完善，成为服务实体经济发展的不可或缺的中坚力量。据中国证券行业协会统计，截至 2018 年 12 月底，131 家证券公司总资产为 6.26 万亿元，为 2011 年的 3.98 倍，与同时期银行的 2.34 倍和保险的 3.05 倍相比，发展速度有目共睹。

我国证券公司从诞生起与美国同行定位不同。美国投行是在其产业结构调整、新兴企业崛起、通过资本市场筹集资金需求激增的背景下，作为资本中介机构而发展壮大起来的。我国证券行业是在政府推动经济体制改革的政策驱动下诞生和成长的。产生的背景与方式不

同,发挥的功能也不同,这也带来了我国证券公司中介属性的不足。与国外同行比较,国内证券行业资产规模仅与高盛一家公司相当。随着我国资本市场对外开放升级、证券行业国际化进程加快,我国证券行业发展潜力巨大。

(一)证券公司需要提升服务实体经济和财富管理的定力和能力

与国外同行相比,国内证券公司大多处在同质化的经营和竞争中,靠牌照红利,以通道和交易业务为主,进行回应式服务,存在监管套利。总体上看,服务实体经济的定力和能力不足,财富管理本质上也没有脱离传统通道业务,仅限于金融产品的销售及投资顾问服务,尚未实现以客户为中心、为客户提供全生命周期的金融服务。

(二)证券公司需要提升构建资产和吸引负债的能力

国内证券公司的交易、托管、清算、支付和融资等基础功能还需完善,在创新业务领域难以形成有效突破,如目前执行的三方存管机制、综合支付功能受限等,难以充分发挥跨一、二级市场的专业优势,提供全产品、全业务、全服务的一站式理财服务,对证券公司的可持续、差异化发展构成制约,其直接表现就是国内证券公司构建资产和吸引负债能力不足。据中国证券行业协会统计,截至2018年底,我国证券行业净资产约为高盛集团的3倍,但总资产规模仅为98%。国内证券公司负债渠道及途径受限,利用资产负债表程度不足,杠杆率普遍较低,而国际同行的杠杆率均在10倍以上。在产品与服务创新方面,国际同行较为注重差异化与专业化,而国内证券公司难以结合市场特点和客户的特殊需求来设计与制定创新产品及服务策略。

(三)证券公司需要加强机构投资者服务能力

经过多年的充分竞争,美国的一流证券公司已经具备了强大的综合竞争优势,既有高盛、摩根士丹利等大型证券公司,同时也有一批特色化的精品证券公司。国外同行多年来以服务机构投资者及高净值客户为主,积累了丰富的经验,而我国投资者结构以个人投资者为主。国内证券公司对机构投资者的服务能力都亟待进一步加强。

三、深化金融供给侧结构性改革,为证券行业差异化高质量发展提供坚实保障

深化金融供给侧结构性改革,要建设一个规范、透明、开放、有活力、有韧性的资本市场,完善资本市场基础性制度,把好市场入口和市场出口两道关,加强对交易的全程监管。

(一)以有为监管塑造有效市场

在尊重市场规律的基础上,以有效及时的监管政策引导市场预期,规范市场行为,支持证券公司专注于服务实体经济和财富管理,塑造有效的市场。在牌照管理上,可以设置相应标准,引导证券公司自主选择业务方向及发展重点,使中小型证券公司主动适应政策、市场、监管,选择优势业务做优做强,从而走出百企一面、同质竞争的被动局面,实现行业转型发展。

（二）完善基础功能，鼓励多渠道补充资本

当前，证券公司业务对资本的渴求非常强烈，优化资产负债表成为提升净资产收益率的重要手段。再造证券公司的交易、托管、支付、融资和投资等基础功能，建立有效市场，满足企业和投资者个性化需求，才能真正实现证券行业的高质量发展。同时，受限于"一参一控"和地方政府的国资背景对证券公司的控制，证券公司通过并购重组发展壮大较为缓慢。因此要鼓励和支持证券公司通过多渠道补充资本，优化资本负债表。

（三）培养和壮大机构投资者群体

资本市场的稳定发展离不开机构投资者的参与，虽然近几年机构投资者占比逐步提升，但总体规模还比较小。以机构投资者为主体的市场，更有利于价值投资理念的推广，也会有效促进资源配置、投研、公司治理等能力的提高，提升市场对中长期资金的吸引力。成熟的资本市场中，机构投资者是中流砥柱。通过制度改革和投资者教育，建立价值投资理念，引导社保、投资基金等机构投资者入场，能够有效发挥"压舱石"的作用。

四、实施差异化发展战略，推动中小证券公司高质量发展

当前，我国有131家证券公司，竞争非常激烈。据中国证券行业协会统计，截至2018年底，前十大证券公司的净利润占全行业70.72%，比上年同期提高20个百分点，行业集中度进一步提升，中小证券公司面临较大的生存压力。实施差异化发展战略，对于中小证券公司高质量发展显得尤为重要。

（一）锻造差异化优势，实现特色化、差异化发展是中小证券公司的必然选择

从国外证券公司的发展轨迹来看，收入和业务结构在金融市场的发展中历经波折和变化，差异化竞争成为证券行业做大做强的关键一步。成熟金融市场形成了既有综合型、大而全的龙头证券公司，又有专注于某一领域的精品证券公司。目前，我国的证券公司仍处于牌照资源保护下的"靠天吃饭"模式，差异化不足，经营特色不显著。在国民经济高质量发展、外资涌入、科创板推出、行业集中度提升的形势下，中小证券公司打造差异化优势成为必然，要想在未来占有一席之地，就需要在智能化和改革开放的大趋势下，专注于优势区域、优势业务，提升竞争力，锻造差异化优势。

山西证券在寻求差异化发展方面做了有益的探索。2016年，山西证券制定新的五年发展规划，提出了"深耕区域，聚焦行业，特色化优势"的差异化发展战略，并取得了一定的成效。在新的内外部形势下，山西证券确定侧重于重点区域、重点业务、重点行业方面有自身优势或特色领域的差异化发展道路。

（二）锻造差异化优势，融入国家战略和地方经济发展，服务实体经济是重要途径

证券公司要提升站位意识，主动融入经济发展大局，积极响应支持国家战略，提升行业影响力。"一带一路"正全面推进，证券公司必须在国际合作、经济转型的发展机遇中找准定位，发挥专业化综合金融服务优势，提升专业能力和水平。对于中小证券公司来说，更应

融入国家发展战略，融入区域规划，精耕区域与行业，才能实现高质量发展。

近年来，山西证券主动融入国家发展战略、融入山西经济大局，积极构建服务实体经济生态圈，提升服务实体经济的能力圈。在服务地方经济方面，山西证券针对山西国资国企改革的重点难点，摒弃回应式服务，主动介入、绵绵发力、久久为功，践行"想都是问题，做才是答案"的工作理念，完成诸多项目，如帮助山西路桥通过重大资产重组实现了业务转型，从根本上改善了上市公司资产质量和盈利能力；协助山西汾酒引入战略投资者，成为央企和地方国企战略合作的典范。这些标志性项目的完成，既增强了山西证券的区域优势，也进一步提升了市场影响力。作为山西股权交易中心的战略股东，山西证券积极推动和深度参与山西省区域股权市场的建设，为中小微企业提供股改、挂牌、托管、融资融智等服务，为壮大山西省资本市场的"塔基"发挥了重要作用。山西证券将继续根植区域，为地方经济提供更加优质、高效、便捷的金融服务，努力使服务地方经济成为我们的差异化竞争优势。

（三）锻造差异化优势，必须以推进财富管理转型、全方位满足客户资产配置需求为主抓手

未来，证券行业发展的方向是传统零售业务向新零售业务转变，客户综合服务向以客户分层为基础的专业服务转变，以产品为中心的单一业务向以客户为中心的综合资产配置转变。为满足客户资产配置的需求，证券公司应充分发挥产品设计、筛选、主动管理等能力，持续完善多元化产品供给体系，为不同客户提供定制化、差异化、个性化的金融产品。对于中小证券公司来说，应着力打造为区域第一品牌，成为区域内客户资产配置首选。目前，高净值人群的财富保值增值与其他金融需求越来越向资本市场贴近，证券公司有机会依靠自身优势向精准化服务迈进。

目前，山西证券也在积极探索财富管理转型方向，调整组织架构，进一步优化客户分层，以金融产品和投资顾问为抓手，产品体系持续完善，客户服务满意度逐步提升。

（四）锻造差异化优势，必须把握金融科技先机

证券行业与其他金融行业相比，业务复杂度更高，业务实时性要求更强，客户适当性要求更严。金融科技将给证券公司带来长尾客户、成本的降低、数据处理形式的重构以及服务效率的提升。特别是在生物识别、智能投顾、量化投资、区块链的应用场景的创新上可能会有质的提高，探索出一条适合证券行业金融科技发展的新模式。

目前，不论是国家战略层面还是商业领域都在不断加大资本投入，抢占金融科技的先机。因此，迫切需要把握金融科技的发展机遇，深入研究金融科技及业务模式创新，促进我国金融科技的蓬勃发展，是顺应时代变革的重中之重。金融科技推动证券公司业务革新的同时，也影响着运营管理方式的变革。

2018年底，中国证监会发布《证券基金经营机构信息技术管理办法》，允许经营机构设立信息技术专业子公司，允许经营机构母子公司共享信息技术基础设施。为了顺应金融科技发展潮流，并把金融科技打造为差异化竞争优势，山西证券筹划设立金融科技子公司，全面提升自主开发能力和服务能力，更好地服务实体经济和财富管理转型。

（五）锻造差异化优势，企业文化建设不可或缺

证券行业是一个"新型+转轨"的朝阳行业，与国外成熟市场的证券公司相比，还是一个年轻人居多的"黑发"行业，充满活力、朝气蓬勃，但"阅历少、社会经验缺乏、易浮躁、流动性大"，蕴涵着较高的经营风险和道德风险。证券公司加强企业文化建设，不仅有利于集聚人才、稳定队伍，也有利于防范风险和提升证券公司的品牌价值。

企业的核心价值观和文化建设对中小证券公司差异化竞争优势的形成更为重要。从成立之初到发展壮大，山西证券秉承"以义制利、诚信为本"的晋商精神，逐步形成了以"风控比盈利更重要""规则比权力更重要""合规比创新更重要"等"十个更重要"为核心的规则意识，以"体育精神""亮剑精神"等为核心的进取意识，并最终升华为"以义制利、协作包容、追求卓越"的核心价值观。公司立志做"好金融"，聚焦服务实体经济和财富管理转型方向，奉行客户利益至上，坚持以客户为中心，营造简单透明的经营文化，创造对现状永不满足的机制和持续自我改进的氛围。

历经30多年的发展，国内证券行业正在面临着重新定位、重塑运营模式的历史使命。证券公司应当站在新时代的高度，肩负历史责任感和使命感，为中国资本市场的健康发展做出新的更大贡献。未来，山西证券将继续坚守金融本源，聚焦服务实体经济和财富管理转型方向，坚持"差异化、专业化、市场化、集约化"的发展路径，构建以客户为中心的全业务链服务体系，为广大客户提供优质的金融服务。

紧抓历史机遇，抢占中小券商高质量发展高地

曹 宏*

当前在经济动能转换的时代大背景下，资本市场的定位已经上升到了前所未有的高度。随着中国经济转型驶入深水区，大力推进金融供给侧结构性改革，减少低效金融供给，创造高效金融供给，提升资金配置效率，为国家经济转型打造一套高效的资本引擎，已经成为资本市场的历史性重任。在这一背景下，中小券商应谋求差异化竞争和实现高质量发展。本文就国家建设粤港澳大湾区、中国特色社会主义先行示范区（以下简称"双区"）的发展政策，尝试对如何破题进行探讨。

一、粤港澳大湾区、中国特色社会主义先行示范区的历史定位

2019年2月18日，中共中央、国务院印发《粤港澳大湾区发展规划纲要》（以下简称《纲要》），要求将粤港澳大湾区建设成为富有活力和国际竞争力的一流湾区和世界级城市群，打造高质量发展的典范。

2019年8月18日，中共中央、国务院发布《关于支持深圳建设中国特色社会主义先行示范区的意见》（以下简称《意见》），充分肯定了深圳改革开放所取得的显著成绩，将深圳的战略定位从"经济特区"升级为"先行示范区"，提出将深圳建设成为高质量发展高地、法治城市示范、城市文明典范、民生幸福标杆、可持续发展先锋的战略定位。深圳由此被赋予了在更高起点、更高层次、更高目标上推进改革开放的新的历史使命。

在这一宏大的历史背景下，作为金融行业的一员，尤其是扎根深圳20多年的上市券商，我们也在思考，如何积极响应国家关于"粤港澳大湾区"和"中国特色社会主义先行示范区"的"双区"建设总要求，助力深圳增强核心引擎功能，实现高质量发展，更好地服务于"率先建设体现高质量发展要求的现代化经济体系"的发展目标。我们认为，"双区"提

---

* 作者简介：曹宏，硕士，现任长城证券股份有限公司党委书记、董事长，兼任深圳市长城证券投资有限公司董事长，曾任职于中国华能集团有限公司、深圳能源集团股份有限公司。原载于《中国证券》2019年第11期。

出了新的历史条件下,资本市场探索创新和对外开放的重大使命。深圳作为改革开放的先行者,战略新兴产业集聚,中小企业较多,资本市场有效链接人才、资金、技术和信息等要素的主要功能可为深圳的科技创新发展提供支撑。"双区"为努力探索在新形势、新环境下实现证券行业高质量发展提供了政策支持,为打造金融创新的试验田赋予了动力。

二、"双区"给证券行业带来的历史机遇

《纲要》明确提到,要有序推进金融市场互联互通,充分发挥香港、澳门、深圳、广州等地的资本市场和金融服务功能;《意见》明确提到,要提高金融服务实体经济能力,发展绿色金融。可以预见的是,中国资本市场发展将迎来重要的发展契机,充分发挥粤港澳大湾区和中国特色社会主义先行示范区的"双区"驱动效应将有利于大力拓展直接融资渠道,有利于建设国际金融枢纽,有利于建设科技创新金融支持平台,作为资本市场核心参与体的证券行业将迎来发展的历史机遇。

(一)"双区"顶层设计为证券行业打开政策空间,带来更多更好的发展机遇

"双区"政策下的金融融合发展是一项复杂的工程,资本市场重要性不断提升,金融开放政策与产业支持政策无不加速推动着经济的转型升级,深化金融产业协同,促进大湾区多层次资本市场健康稳定发展。《纲要》提出建设国际金融枢纽,大力发展特色金融产业,有序推进金融市场互联互通。资本市场互通程度的深化,将加快联动合作机制的建立健全,促进跨境金融服务的有序开展,拓展金融合作关系与领域。作为中央顶层制度设计框架下的重要部署,《意见》提出,完善创业板发行上市、再融资和并购重组制度,以科创板为抓手推动注册制改革,创新科技管理机制,促进人才、资金、技术和信息等要素高效便捷流动,推动实体经济改革创新和证券行业开放创新。《纲要》与《意见》发出的明确信号,极大利好资本市场全面深化改革和健康发展,为探索建设粤港澳大湾区跨境金融市场提供政策支持。同时,证券公司作为市场组织者、交易撮合者、流动性提供者和财富管理者,充分的政策空间将进一步为证券行业财富管理、资产管理、投资银行等多业务线协同联动创造新机遇。

(二)资本市场国际化进程深化有利于证券行业主动加入、积极参与应对国际资本循环和竞争

粤港澳大湾区作为我国开放程度最高、经济活力最强的区域之一,涉及"一国两制"背景下的"三税区三货币三法律",社会经济结构多元、法律制度体系复杂,《纲要》和《意见》明确提出进一步开放要求,将有助于粤港澳大湾区提升整体实力和全球影响力,引领证券行业深度参与国际交流与合作。在资本市场方面,在发展完善"沪港通""深港通"和"债券通"等机制的经验基础上,提出加速推动境内市场与港澳及其他境外金融市场互联互通和金融(基金)产品互认,为我国证券行业拓展国际业务提供广阔空间,充分发挥资本市场的桥梁枢纽作用。通过"走出去"和"引进来",进一步加强对外开放与深化内部改革,进一步开放要素市场,促进资金跨境流动,为证券行业国际化发展带来重要机遇。

（三）实施创新驱动发展要求证券行业通过创新增强内生发展能力、打造核心竞争力

习近平总书记曾指出，科学技术是第一生产力，创新是引领发展的第一动力。《纲要》与《意见》明确提出要实施创新驱动发展战略。大湾区将打造成为"具有全球影响力的国际科技创新中心"，为金融服务科技创新发展提供充足空间。一方面，科技创新有利于吸引资本、科技、人才等要素集聚，促进实体经济发展，证券行业可充分利用以沪深主板、科创板、中小板、创业板等为代表的多层次资本市场为实体经济服务，发挥资本对科创企业的支持引导作用，极大提升行业发展空间；另一方面，证券行业也要推动自身创新、增强内生发展能力以适应不断发展的实体经济的金融需求。与实体产业不同，证券行业的创新核心在于盈利模式的创新，而"双区"建设将为这一创新提供发展动力和契机。此外，证券行业还可以着眼于管理模式等进行创新，加强协同创新、提升内部管理效率。

三、因势利导，推动中小券商高质量发展

粤港澳大湾区集中了一批优秀券商，资源向头部企业集中趋势明显，加之在国家金融开放的大背景下，未来行业的竞争必将更加趋于白热化。证券行业的"阶层固化"虽未成型，但中小券商若不能在获客能力及服务能力上出奇兵、走新路，则很难逃脱泯然众人乃至被淘汰的命运。道阻且长，行则将至。在发展思路上，我们有以下一些思考：

（一）以创新战略思维引领高质量发展

中小券商要充分发挥自身组织灵活、决策效率高、资源配置精准等优势，在战略思维上时刻保持对创新的敏感度，以"敢为人先"的气魄和"敢闯敢试"的作风，打造有效的组织能力、高效的决策能力、机敏的应变能力、迅速的行动能力以及全面的风控能力，为客户提供差异化、特色化、个性化的增值金融服务，实现高质量发展。同时，中小券商要顺应科学技术、客户群体的发展，以科技赋能重塑业务生态，以信息技术缩短业内差距，以高质量发展实现赶超跨越。

（二）以创新驱动发展，寻求差异化发展战略，实现高质量发展

1. 以创新驱动发展，增强证券公司核心引擎功能

证券行业应紧跟实体经济发展形势，积累金融产品创新能力，以客户为中心，倒逼自身产品、服务、管理革新。中小券商提供全品类金融产品的能力弱于大型券商，一方面，更应以实体经济发展需求为出发点，不断丰富产品品类，努力扩大服务范围，持续提高服务质量，以全产品工具服务于不断科技创新的实体经济；另一方面，也要积极顺应发展趋势，不断推动自我革新，延展现有盈利模式，突破常规组织架构，以快速适应实体经济的创新发展。从实践方面来看，证券行业的创新主要体现为：

（1）盈利模式的创新。在现有金融牌照监管框架下，证券行业盈利模式较为传统和单一，中小券商尤其明显。要通过产品工具的创新，逐步摆脱通道业务的单一盈利模式，这需要证券公司不断加强主动管理能力、提高投研能力以及跨业务线整合能力。一方面，中小券商应根据自身禀赋，着眼于证券公司联通资本、资金与实体经济三大领域的功能，在合规运

作的前提下，选准突破口，有效整合公司各业务线，以多项传统业务类型交叉融合，探索"集成＋跨界联动"的创新盈利模式；另一方面，中小券商应紧抓政策导向，注重金融产品工具的创新需求，从提供服务和产品的能力上下功夫，加强产品设计能力，提高主动管理能力，以迅速解决客户综合性金融需求，如"双区"政策提出研究完善创业板发行上市、再融资和并购重组制度、创造条件推动注册制改革、探索知识产权证券化、产学研深度融合、境内外金融市场互联互通和金融（基金）产品互认、人民币国际化等，中小券商应充分利用自身"船小好调头"的优点，适时调整战略布局，积极争取先行先试。

（2）管理模式的创新。盈利模式的创新，将不断推动管理模式的创新。相较于头部券商，中小券商在资本实力、品牌、人才储备等方面均不占优势，只有通过整合业务牌照、提高协同效率、推动组织变革等方式，打破传统组织矩阵和运作结构，通过创新管理机制，加强前台人员提供综合性金融服务的能力，构建强健的中后台，突出团队作战，以满足客户多元化的金融需求。如中小券商普遍较为落后的金融科技方面，可突破现有组织架构，以金融科技子公司的形式集中组织资源以寻求突破发展；在线上、线下融合方面，打通现有经纪业务、资产管理业务与金融科技的组织壁垒，以财富管理为抓手，融合发展；在投资与研究中，以研究为基础和支持，推进财富管理、科创投资等新业务类型。

2. 以"双区"要求为导向，着力打造差异化竞争优势

中小券商受制于自身实力不足、资源有限等因素，寻求差异化竞争策略已成为发展共识。"双区"建设为中小券商打造差异化发展优势提供了新思路和新视角，中小券商可以从把握和发挥区位优势、紧跟产业发展方向、以科技创新为业务赋能等方面寻找突破口进行聚焦，集中资源实现突破。我们认为，可从以下三个方面进行突破：

（1）以符合"双区"发展要求和方向的战略新兴产业为导向，打造投研优势。粤港澳大湾区以其研发优势和高新技术产业为基础，集聚了一批产业链条完善、辐射带动力强、具有国际竞争力的战略性新兴产业集群，战略新兴产业的发展将直接带动经济高质量发展。中小券商可以符合"双区"发展要求和方向的战略新兴产业为行业导向，以新型显示、新一代通信技术、5G和移动互联网、人工智能、网络空间科学与技术、生命信息与生物医药、高性能医疗器械、高端装备制造、新材料等为重点行业，通过构建强大的研究能力覆盖、引领投资等业务板块，形成新兴细分产业有特色、有声音的研究力量，打造细分产业有成就、有能力的投资力量，进而进一步引领、辐射其他业务条线。

（2）以更加彻底和全面的科技创新赋能转型升级。在科技创新赋能业务发展的新赛道上，中小券商尤其应当具有紧迫感、危机感，提早开展金融科技战略布局，在产品设计、流程优化等方面推进与科技公司的深入合作，借助优秀科技公司的技术积累，以更加包容和灵活的组织架构创建金融科技研发团队，拓展金融科技的应用场景，加速新技术、新成果的应用和转化。

（3）以更加开放的姿态打造跨境业务优势。适应"双区"发展要求，中小券商应发挥区位优势，充分研究内地与境外业务互联互通机制，创新发展并抢占跨境业务新赛道，打造跨境业务优势，如围绕特色金融产业和境内境外市场互联互通和金融（基金）产品互认，发掘跨境财富管理、跨境债券、绿色债券、跨境股权投资、人民币国际化等业务机会。

（三）长城证券的发展探索与思考

回顾公司发展历程，长城证券多年来栉风沐雨，不忘初心，戮力同心，砥砺前行，从未停下探索转型的脚步。在2018年底成功上市后，公司顺应新时代、新趋势，未来将着重从以下三个方面努力打造核心竞争力：

1. 以客户为中心，打造综合金融服务平台，为客户创造价值

随着竞争的愈发激烈，单一业务竞争演变为多项业务协同的链条化竞争，为客户提供优质的综合金融服务将成为证券公司未来发展的核心竞争力之一。长城证券正探索"以客户为中心"，围绕"零售、企业、机构"三大客户群重构业务生态圈，由"牌照中心"向"服务中心"转型，打造综合金融服务平台：构建线上线下一体化的财富管理服务体系服务零售客户；以投资银行业务为核心，整合全金融产品工具，为企业客户提供覆盖全生命周期的综合性金融服务；以符合"双区"发展的战略新兴产业为重点行业，实现研究、投资的引领和覆盖，提高主动管理能力，构建有特色的机构业务生态。

为将"以客户为中心"的业务生态体系落到实处，长城证券正着力打造可快速响应客户需求的强大中台和高效的协同机制，深入研究并理解客户需求，促使中台充分发挥对前台业务的参谋、引领、协调、提升的作用，强化业务条线之间的互动协同和资源整合，建立高效的内部协作机制，落实"以客户为中心"的组织架构体系，加强"协同合作"的文化宣贯，为客户提供一站式综合金融服务。

2. 发展全产业链投行服务模式，向现代投资银行全面转型

长城证券提出要坚定不移地向现代投资银行全面转型，加快探索全产业链投行服务模式，整合投行、投资等优势资源，充分发挥综合服务优势与协同效应，形成业务有特色、团队有品牌、客户有典范的全产业链精品投行发展模式，为客户提供全生命周期投融资服务，在不同阶段提供VC/PE、挂牌做市、配套融资、转层转板、并购重组等一揽子金融服务。

为实现上述目标，长城证券积极探索投资银行业务组织架构变革，以专业化分工为方向重构业务团队设置，聚焦重点行业和优势产业，持续推进业务结构均衡发展，重点构建股债齐头并进、跨境协同的业务结构，加强与投资、研究等业务的联动。全面提升对客户的管理和维护水平，从产品工具、服务效率、服务模式等多方面积极探索适应市场及客户需求的新的营销及服务模式。

3. 积极拥抱金融科技，打造科技赋能的现代化证券公司

科技已成为社会发展的先进生产力，国际领先金融机构的发展也表明，充分运用金融科技手段推动业务转型是证券公司业务发展最为重要的战略选择之一。长城证券顺应时代发展，积极拥抱金融科技，不断加大投入力度，加快技术创新成果的应用，以数字化思维变革公司管理，重塑业务模式。

以科技赋能业务发展，长城证券将在财富管理领域，借助金融科技展开线上线下整合、客户分析及需求匹配、业务支持及优化等工作，实现自动高效的精准营销；开发财富管理工作平台，为投资顾问提供全面智能化的客户服务支持，不断刷新客户服务体验和预期。在资产管理领域，利用金融科技提升资产管理业务寻找优质资产、产品设计、投资研究、风险定价和敏捷交易的五大能力。在投资研究领域，利用自然语言处理、知识图谱和因果推理等技术加强行业研究，利用深度学习构建量化策略平台，实现行情解码、策略研究。在投资银行

领域，利用大数据应用和海量信息整合分析洞察企业价值和风险，全面助力投行业务风控管理智能化。

以科技提升运营管理，长城证券将运用数字化思维，逐步消除信息孤岛，推进系统整合，简化业务流程，逐步实现公司行政管理、运营等领域的数字化、智能化，全面提高运营效率；运用科技手段，以精细化管理理念全面升级管理模式，做好成本核算，优化公司各项资源的配置，深挖潜力，实现有限资源的价值最大化。在风控、合规、质控、内控等风险管理领域，运用数据挖掘、机器学习等技术优化风险防控数据指标、分析模型，精准刻画客户风险特征，有效甄别高风险交易，提高证券业务风险识别和处置的准确性。

长城证券发展至今已24年，作为一家立足深圳的上市券商，公司发展取得的成绩得益于改革开放和深圳"敢为天下先"的开创精神。今天，站在历史发展的新节点上，"双区"为公司带来了前所未有的新一轮发展机遇。勇立潮头风帆劲，齐心奋楫绘蓝图。作为国有控股公司，长城证券将深入贯彻落实十九大精神，在习近平新时代中国特色社会主义思想引领下，不断增强"四个意识"，坚定"四个自信"，做到"两个维护"，将深圳自信与创新的城市品格注入长城证券发展血液，以产融结合服务实体经济为宗旨，坚持以客户为中心和价值创造为目标，防范抵御风险，打造差异化、特色化服务模式，不断推进公司更高质量发展，成为一家治理规范、业绩优良、具有自身特色和可持续发展的现代化券商。

以金融科技为引领,推动中小券商创新与突围

俞 洋*

为全面贯彻党的十九大精神,进一步落实第五次全国金融工作会议要求,促进金融科技健康可持续发展,2019 年 9 月 6 日中国人民银行印发《金融科技(FinTech)发展规划(2019—2021)》(以下简称《规划》),要求到 2021 年建立健全我国金融科技发展的"四梁八柱",进一步增强金融业科技应用能力,实现金融与科技深度融合,协调发展,明显增强人民群众对数字化、网络化、智能化金融产品和服务的满意度,使我国金融科技发展居于国际领先水平。要达到这一要求,包括证券公司在内的各持牌金融机构都要在依法合规前提下加速金融与科技深度融合,实现科技赋能金融优化发展。对于中小券商来说,在细分领域开展金融科技合理应用、金融服务提质增效、风险技防能力增强等方面的布局,可实现创新与突围。

一、国外金融高科技发展历程和现状

(一)金融科技的内涵与外延

根据金融稳定理事会(FSB)与《规划》,金融科技是技术驱动的金融创新,旨在运用现代科技成果改造或创新金融产品、经营模式、业务流程等,推动金融提质增效。从内涵上看,在金融科技的整个环节中,技术驱动是核心,金融创新是手段,金融提质增效是目标,通过科学技术的迅速发展推动金融产品、金融服务平台和金融风险防控等各领域的创新和变革,最终实现金融服务实体能力、自身业务创新和获客能力得到极大提升。从外延上看,在与金融深度合作的过程中,技术切入金融产业链范围不断扩大;金融业务平台边界无限拓展;金融产品设计理念发生颠覆性变革;金融机构自身获客能力和盈利能力得到巨大提升;金融效率成几何级数增长;企业融资渠道极其顺畅,融资成本大大降低;金融风险技术防控

---

* 作者简介:俞洋,证券从业经验 27 年,现任上海华鑫股份有限公司总经理、华鑫证券有限责任公司董事长,曾在中国人民银行任职。原载于《中国证券》2019 年第 11 期。

更加及时和有效。

（二）国外金融科技的发展和现状

金融科技发端于发达国家的商业银行支付体系。迄今为止，金融科技历经三个发展阶段：电子化时代、信息化时代和数字化时代，目前正处于数字化时代初期。

电子化时代（1970—1990年）：这一阶段的特征是电子支付大幅缩短银行业务流程。1967年，英国巴克莱银行部署了世界上第一台自动提款机（ATM），意味着传统支付模式被打破。此后电子支付系统迅速发展，国内和国际支付开始步入电子化时代，以银行为主的金融业务流程更加便捷，商业银行管理和服务效率明显提高。随着互联网技术发展，电子化时代开始向信息化时代转变。

信息化时代（1990—2016年）：这一阶段以互联网广泛使用为特征，基于互联网平台移动终端的迅速发展，使得各金融业务资产端、交易端、支付端和资金端之间建立了互联互通体系。特别是，资金交易渠道发生巨大变革，金融信息共享与业务对接在网络平台瞬间完成，互联网金融新业态不断涌现，如2005年3月在英国成立的Zopa公司，开P2P借贷行业之先河。[①] 随着科技与金融融合逐步加深，以及人工智能产业的崛起，金融科技开始以信息化为基础向数字化时代转变。

数字化时代（2016年至今）：数字化时代典型特征是信息透明、高速高效和边界模糊。随着云计算和大数据快速发展，人工智能产业崛起，科技赋能金融的范围从银行扩散至保险、证券行业，从传统支付及风险控制扩散到财富管理、投资等领域。全球顶级投行加大数字化金融软件开发，如摩根大通创造出金融合同解析软件COIN、资产组合管理及投资软件You Invest等金融科技产品；汇丰银行在英国市场推出的智能投顾服务MyInvestment，可以投资于全球股票、债券和房地产市场。以数字化金融为特征的金融科技正全面发力，从各个领域冲击着我们对传统金融产业的认知，颠覆着原有的金融生态。

二、国内金融科技发展概貌

国内科技与金融的融合要晚于境外发达市场经济体，在进入信息化时代之后，我国金融科技的发展速度明显加快，传统金融机构纷纷布局金融科技，一批头部互联网公司已进军金融业。目前，国内数字化金融企业异军突起，在人工智能、大数据、云计算、区块链等技术应用方面取得了亮丽成果，我国金融科技发展已引起各界广泛关注。

（一）国内金融科技的发展和运用

1. 国内金融科技的发展历程

我国金融科技发展大致分三个阶段。第一阶段是自20世纪80年代中期开始，金融电子化系统广泛应用于各业务和办公领域。第二阶段大致自20世纪末开始，随着互联网技术发展，传统金融业务从线下转到线上。线上服务平台发展迅速，金融企业与客户之间实现了业

[①] 参见《P2P行业鼻祖：Zopa的诞生（一）》，未央研究，时间：2014年5月3日，网址：https://www.weiyangx.com/29 380.html，最后访问日期：2019年9月26日。

务办理、产品及服务购买、线上支付等网络平台的全流程交互。金融企业获客渠道、客户运营、业务等在互联网支持下迅速发展,这一阶段互联网金融的平台特征较明显。第三阶段大致从2017年伊始,随着规划互联网金融的监管政策次第出台,互联网金融不仅仅局限于平台范畴,以数字化发展的技术驱动特征更加明显,技术开始切入到金融产业的各个链条环节,科技赋能开始覆盖金融全产业链流程以及金融管理全模块,在人工智能、大数据、云计算等技术驱动下,金融业的发展已经具有明显的数字化特征,目前数字化金融发展方兴未艾。

2. 国内金融科技领域的运用

从金融科技发展总体看,国内金融科技应用主要表现在以下三个领域:一是新型支付手段。随着技术的不断精进和用户使用场景的多元化,传统支付业务逐渐被移动支付、第三方支付、跨境支付等新型支付手段替代。特别是移动支付领域发展迅猛,2018年中国第三方移动支付交易规模达190.5万亿元,同比增速58.40%。① 二是新型融资模式。以消费金融和P2P网络借贷为代表的互联网金融得到大规模发展,以在线消费金融为例,截至2018年末,我国在线消费金融市场规模达19 211.7亿元,预计我国在线消费金融市场规模在2019年、2020年将分别达31 349.6亿元、46 698.4亿元。② 三是数字化智能服务。科技赋能金融开始以数字化形式运用到智能投顾、智能客服等方面,如基于大数据的量化投资模型;以语音技术、知识图谱等为基础的智能客服终端。③

从证券行业看,金融科技发展主要表现在三方面:一是金融科技人才的迅速增加。近年来,证券公司对IT及IT人员的投入不断加大。二是智能投顾发展较快。国内金融科技中的智能投顾发展速度惊人,预计到2022年,中国智能投顾管理资产总额将超6 600亿美元,用户数量超过1亿,行业空间巨大。④ 三是科技运用到证券业的各个领域。金融科技在证券业务中的前端应用(如精准营销、智能客服等)不断深化和拓展,并向中、后端延伸,越来越多的证券公司逐步实现智慧运营的转型,在管理决策、业务办理、风控合规等方面不断深化技术应用,推出新产品,满足用户的个性化需求。2018年底在证券行业开展的金融科技专项调研显示,人工智能、大数据、云计算、区块链这四项金融科技,79家券商至少有一项应用落地。⑤

(二)国内金融科技发展现状

虽然我国仍处于金融科技发展初期阶段,但金融科技正以迅猛的势头重塑我国的金融业生态,科技与金融的融合日渐深入,市场认可度急剧攀升。从公开数据看,2017年,我国金融科技企业的营收总规模达到6 541.4亿元;2018年,这个数字已经涨到了9 698.8亿

---

① 参见《如何看互联网金融行业的过去与未来?》,艾瑞咨询,时间:2019年7月23日,网址:https://mp.weixin.qq.com/s/JWBBIuKzpB2uekhGdSAE9A,最后访问日期:2019年9月25日。
② 参见《2018—2019中国金融科技专题研究报告》,联众智达,时间:2019年6月28日,网址:https://mp.weixin.qq.com/s/vlxw2vyy6gEUXNZdjZ2kGQ,最后访问日期:2019年9月25日。
③ 韩涵:《中国金融科技产业生态分析报告》,载《信息安全与通信保密》2018年4月版,第119页。
④ 参见《智能投顾行业深度报告:技术为镐,蓝海掘金》,行业报告研究院,时间:2019年6月14日,网址:https://mp.weixin.qq.com/s/CLRRGDhNaM9m4etz4ujsww,最后访问日期:2019年9月25日。
⑤ 曹永强:《金融科技对券商运营模式影响逐渐凸显》,载《证券时报》2019年7月15日,A06版。

元；艾瑞咨询预计 2020 年金融科技企业的营收总规模将达到 19 704.9 亿元。① 具体来看，国内金融科技的发展现状如下：

1. 一批互联网金融企业已跻身于世界金融科技强手之林

我国已经出现一批基于互联网平台发展起来的金融科技企业，从原有的互联网企业衍生出一批科技与金融深度融合的互联网金融巨头，我们也可以称之为金融科技巨头。根据 2018 年毕马威与澳大利亚知名金融科技风投机构 H2 Ventures 联合发布的《2018 全球金融科技 100 强》榜单，中国企业占据了 11 个席位，仅次于美国和英国，且排名整体靠前，在前 10 名中占据了 4 个席位。② 蚂蚁金融、京东金融、百度（度小满金融）分别位列第一名、第二名、第四名。互联网巨头依靠自身的数据及技术优势，将金融服务切入用户生活场景中，快速成长为金融科技领域的独角兽企业。同时，这些互联网巨头逐步建立起完整的生态闭环，为用户打造集支付、征信、借贷及资产管理为一体的全方位服务。③

2. 传统大型商业银行已经开始布局金融科技

在我国宏观经济进入新常态后，经济增长进入由量到质的结构调整阶段，叠加互联网平台助力企业升级转型的经济效应非常明显。一批传统金融机构顺应经济结构调整需要，开始布局金融科技，纷纷设立金融科技部门或金融科技子公司，加大人力、财力和物力投入，组建金融科技专业团队，互联网、人工智能、大数据、云计算和物联网等技术和理念已经被运用于一些金融企业的业务条线、金融终端和金融产品的设计中。如兴业银行、平安银行、招商银行、建设银行等传统金融机构自 2015 年起就相继成立金融科技子公司；工商银行于 2017 年 3 月完成了创新实验室的组建；建设银行于 2018 年 4 月推出了无人银行，实现个人业务由机器办理。④

3. 券商传统业务发展钝化，正借助科技赋能发力

长期以来，由于政策监管较严、市场规模较小等因素制约，证券业的创新动能明显不足，同质化现象比较突出，传统业务仍然占据较大比重。随着科技与金融的融合发展，证券业开始加大科技投入，以借助科技赋能带动证券业各个领域的变革和创新。根据中国证券业协会 2019 年 6 月公布的《2018 年度证券公司经营业绩指标排名情况》，2018 年国内 98 家证券公司对信息系统的投入之和已达 130.67 亿元，同比增长 16.43%，较上一年投入力度明显加强。⑤ 叠加我国证券市场机构化趋势明显，资本市场开放步伐加快，这对证券行业的金融产品创新、金融服务创新和金融效率提升提出了迫切的要求。通过科技赋能金融，加快科技与金融深度融合速度，将成为证券行业在金融科技领域新的逐鹿场，中小券商可凭借小而

---

① 参见《中国金融科技发展现状研究报告》《2019 中国金融科技研究报告：巨头布局 势不可挡！》，综合艾瑞咨询、云融科技，时间：2018 年 2 月 28 日、2019 年 7 月 31 日，网址：https://mp.weixin.qq.com/s/b4TawquWNQ8HaWtHjyoukw、https://mp.weixin.qq.com/s/mDh4c7rFmtS_L5REfHtDRA，最后访问日期：2019 年 9 月 25 日。

② 参见《2019 中国金融科技研究报告：巨头布局 势不可挡！》，云融科技，2019 年 07 月 31 日，网址：https://mp.weixin.qq.com/s/mDh4c7rFmtS_L5REfHtDRA，最后访问日期：2019 年 9 月 25 日。

③ 李颖：《金融科技内涵、趋势与路径》，载《改革探索》2018 年第 11 期，第 25 页。

④ 参见《2019 中国金融科技研究报告：巨头布局 势不可挡！》，云融科技，2019 年 7 月 31 日，网址：https://mp.weixin.qq.com/s/mDh4c7rFmtS_L5REfHtDRA，最后访问日期：2019 年 9 月 25 日。

⑤ 参见《2018 年度证券公司经营业绩指标排名情况》，中国证券业协会官网，时间：2019 年 6 月 18 日，网址：https://www.sac.net.cn/hysj/zqgsyjpm/，最后访问日期：2019 年 9 月 25 日。

灵活的优势，在金融科技领域实现换道超车，如华鑫证券在 2017 年布局金融科技，2018 年确定依托金融科技实行换道超车的发展战略，取得了明显效果。

三、华鑫证券金融科技的实践和运用

根据国内外宏观经济形势变化，以及金融科技发展态势，2017 年伊始，华鑫证券便提出了"以金融科技为引领，聚焦证券主业，积极服务于实体经济，发展成为客户提供高品质金融解决方案的科技创新型金融服务商"的发展思路，以实现新的突围目标。在此基础上，华鑫证券推出了包括"特色系统—特色策略—研发支持—资金支持—托管服务"在内的"五位一体"机构智能化服务方案，并面向私募基金发布了快速交易渠道、实盘仿真平台、智能下单系统、行研数据服务、定制化服务 5 项基于大数据与人工智能的主经纪商（Prime Brokerage，PB）服务类产品，已经取得初步成效。归纳起来看，华鑫证券金融科技的实践运用主要围绕以下四个方面展开：

（一）以金融科技创新推动业务转型发展

2018 年，华鑫证券按照"技术引领业务"的发展思路，加大投入，着力打造行业领先水平、具备华鑫证券特色的金融科技综合服务平台，平台是涵盖投资交易、账户管理、策略组合、服务研究、研发投教、公司融资的综合电子化交易管理平台，并重点推进"一个平台+三个系统"研发，即 N 视界平台和奇点特色交易系统、引力波数据分析系统、星途移动投资终端，为构建金融科技服务生态圈提供支持。在实际使用场景中，华鑫证券始终围绕"以科技为先，以服务为本"的原则，为所有华鑫证券客户提供更好的体验和回报，已有初步成效，2019 年上半年，华鑫证券经纪业务市场占有率在全行业 103 家券商中排名第 46 位，较 2018 年提升 5 位。

（二）开发出简化交互操作的智能终端，并增添投资乐趣

华鑫证券在充分考虑投资者各种需求的基础上开发出了称为"五大掌门"的金融科技产品，由"奇点交易系统、N 视界、全真派、数据服务和量身定制专属服务"五个模块组成。投资终端的智能化和便捷化，不仅帮助投资者大大缩短了开户流程，更重要的是让投资者在投资全过程中体会到投资的乐趣，并降低认知门槛。如手机模拟交易终端"全真派"，既有用，又有趣，不仅实现了所有金融产品的交易，而且还从产品概念、界面风格到活动设计进行了极具创意的武侠风设计；在突破行业内固有思维基础上，大幅简化交互操作，且将推出的一系列极具特色智能交易产品与"十二星座"个性一一对应，让投资者在投资过程中增添了有趣的体验，从而对产品的认知门槛也大大降低。①

（三）构建金融科技队伍，创新制度流程

自实施金融科技战略部署后，华鑫证券已从证券、期货、现货交易所等行业核心单位引

---

① 参见华鑫证券官网金融科技部分，网址：http://www.cfsc.com.cn/hxweb/main/smfw/wdzm/index.html，最后访问日期：2019 年 9 月 25 日。

进 40 余位金融科技人才，初步构建了具有一定核心竞争力的复合型金融科技团队。在金融科技产品研发中，采用互联网企业研发模式，引入产品经理负责制，快速实现产品和团队从无到有。在公司经营管理中，母公司华鑫股份积极筹建金融科技公司，以聚集金融科技的资源优势，构建面向多种应用场景的产品服务体系，培育核心竞争力；通过管理制度创新，促进金融科技产品发展，形成公司新的增长点。

（四）加强多方合作，助力金融科技新突破

2017 年和 2018 年，母公司华鑫股份与仪电中央研究院联合申报项目获批仪电集团重点支持研发项目，项目得到了评审专家的高度评价。此外，华鑫证券与华东师范大学计算机与软件工程学院进行深度合作，并将取得的成果反哺于华鑫金融科技产品。华鑫股份充分借助"外脑"，实现产学研联动、优势互补，未来在金融科技领域也将不断实现新突破。目前，华鑫证券正沿着金融科技发展的道路砥砺前行，加速科技与金融的深度融合，有望在各个业务条线、金融服务和金融产品模块，借助金融科技发力，顺利实现中小券商的创新和突围。

四、金融科技未来发展及券商应对方向[①]

（一）证券行业要紧跟科技与金融的深度融合趋势

未来金融科技的快速发展，主要表现在云计算、大数据、人工智能、区块链四大技术对金融产业的深度推动，将继续对金融行业的各个领域产生持续、深远的影响，金融产业模式演变与业态发展反过来加速金融科技的发展。大数据背景下，数据治理机制将更加完善，金融行业的数据壁垒将会打破，金融业数据融合应用通道将会建成，全国一体化大数据中心体系将会建立。未来金融与司法、社保、工商、税务、海关、电力和电信等行业的数据资源融合应用变得顺畅，在建立起互联互通的数据服务系统、跨地区跨部门跨层级的数据融合应用机制后，金融机构特别是证券行业，谁能最快最有效通过大数据平台得到最有价值的市场投资信息、最先提供便捷的服务，谁就更可能赢得市场机会。

（二）加大金融科技研发投入，夯实金融服务基础

金融科技业务的发展需要良好的软硬件金融基础设施作为支撑，如智能量化投资模型、有效的风险控制、透明的信息传递等。中小券商更要精准对标，选准突破点，在未来几年逐步有的放矢地大规模增加金融科技研发费用，夯实与相关业务密切相关的金融科技平台建设，特别是加大金融服务提质增效方面科技研发的投入，可保证对客户、对实体经济的有效性，为用户提供优质的信息技术及管理服务，最终实现横向贯通、纵向精进的平台发展战略，从而拓展更广泛的投融资渠道。

（三）健全智能投顾服务体系，为客户提供差别化的财富管理

随着人工智能和云计算的快速发展和运用，智能投顾领域的数据聚集和挖掘、机器学

[①] 本部分内容参考央行印发的《金融科技（FinTech）发展规划（2019—2021 年）》中第三章第四节、第五节的内容。

习、模型分析、客户风险特征的精准刻画都将得到明显加强；另外，行为科学也将融入金融科技中，以全面评估客户风险。如通过一些工具设计"游戏"形式，通过投资者在"游戏"中的表现评价其对市场环境和投资组合变化的反应情况，以此评估投资者的风险偏好，以给投资者提供更准确的投资建议。同时，通过金融科技平台（如人工智能）对市场状态进行不间断监测，使投资组合与投资者的风险状况尽可能一致，为投资者提供更快速更有效的财富管理咨询、顾问等服务。

（四）增强券商合规防控能力，有效对接金融科技审慎监管

在金融科技发展态势下，技术创新是核心驱动要素，而不是目标，目标是金融服务提质增效。因此，技术发展加快了金融变革速度，但也伴随着大量风险。券商未来在风险管控上将遇到两方面的挑战和应对：一方面，券商自身在开发金融科技的同时要迅速建立起技术预警同步机制。券商业务在跨市场、跨行业、跨区域的资本流动加快下，速率和效率也同时加快，线上交易终端APP更新和升级将快速发展，客户身份、财产、账户、信用和交易等数据资产通过云计算、大数据和人工智能等手段而精准获取。上述因素意味着金融科技风险防范程度远高于传统金融，要求券商在开发金融科技过程中，同时加强金融信息传输安全性、存储加密性和双向认证等技术的保证，确保新技术条件下的金融信息安全，要求各券商大力自建金融网络完全的管控体系。另一方面，在防范金融科技带来的合规风险时，做到事前管控能够有效对接审慎监管。随着科技赋能金融的快速发展，有可能带来相关业务的野蛮生长，以及金融科技产品和服务的门槛和底线极易被打破。监管层将利用科技平台优势，在监管穿透、监管技术上创新审慎监管机制，将使得证券各机构合规风险的执行情况很快被识别，这就要求各券商必须加强金融科技创新产品规范管理，明确金融科技条件下的监管红线和底线，能够充分利用金融科技做到事前源头的管控，最终有效对接来自监管层的金融科技审慎监管。

科技赋能，创新未来
——金融科技助力证券业务转型与重构

徐 燕[*]

当前，我国金融科技发展步入快速成长阶段，科技的进步正在极大地重塑包括证券在内的金融服务业，各家券商也分别加大信息技术投入、研发投入和人才储备投入。根据中国证券业协会公布的《2018年度证券公司经营业绩排名情况》，国内证券公司2018年对信息系统的投入之和已经超过了130亿元人民币，较上年的增幅超过16%，金融科技正成为券商发展战略的重点布局领域之一，未来也将成为相互角力的核心战场。

一、科技伴随证券行业发展历程

从第一家证券交易所的成立至今，中国证券市场经过了近30年的发展。从信息科技角度纵观证券行业发展历程，其实也是运用科技不断改革创新的30年。整体来看，证券行业信息技术的运用及革新可以分为以下三个阶段：

（一）证券电子化阶段

20世纪90年代，上海证券交易所和深圳证券交易所成立最开始就采用了无纸化电子撮合竞价交易平台。证券公司最初所提供的只有经纪业务服务，获取资讯行情主要通过电台、卫星数据传输等方式，"红马甲"、电话委托、传真委托都是当时较为常见的委托方式。这个阶段券商的核心诉求是把客户的交易订单顺利、快速、安全地传递至交易所，扩大经纪业务的服务供给能力。券商之间竞争最早的信息技术比拼，就是比拼更快的电话、传真接入，

---

[*] 作者简介：徐燕，博士。现任湘财证券股份有限公司董事长，曾任北京大学法学院副教授，美国达维法律事务所律师，中国证券监督管理委员会上市公司监管部处长，金杜律师事务所合伙人，湘财证券股份有限公司董事兼总裁。原载于《中国证券》2019年第12期。

更稳定的交易系统，更快的行情传输和订单执行等，这时科技运用开始逐渐成为证券业发展的生命线。

(二) 互联网证券阶段

随着互联网技术的发展，2000年3月30日中国证监会正式出台《网上证券委托暂行管理办法》（证监信息字〔2000〕5号），这一标志性的法规出台进一步催生出新的证券业务模式。WEB方式、手机WAP方式和客户端炒股开始兴起，尤其是经过2006—2007年"大牛市"，由于电子通讯的发展、手机炒股的便捷性优点，使得手机炒股快速流行起来，网上交易已成为投资者的主要委托方式，占整个市场交易的65%以上。

2013年是中国证券业发展过程中一个重要的时间节点，也被普遍认为是中国互联网金融元年。中国证券业协会于2013年3月15日发布了《证券公司开户客户账户规范》，这个规定的颁布打破了以往只能现场开户的局限，创新性地放开了对非现场开户的限制，明确证券公司不仅可以在经营场所内为客户现场开立证券账户，更可以依据一定技术手段如通过网络视频见证或认可的其他方式为客户开立证券账户。新的技术方式和开户方式促使互联网金融有了快速发展的机会。

2014年4月至2015年3月，55家证券公司获得互联网证券业务试点资格，可通过互联网拓展业务。当时，包括湘财证券在内的11家券商获得"单向视频开户"创新业务试点资格。湘财证券敏锐地抓住此次行业机会，不断提升技术技能，以技术创新为突破口改造提升传统金融服务渠道和服务能力，借助网上开户、单向视频、人脸识别、活体检测等创新技术，实现了45秒极速开户体验，线上开户率达到99%以上。

这一阶段，各家证券公司大多成立了电子商务部或者互联网金融部，专注于互联网证券业务的开展，互联网证券业务已经由早期的创新业务变成了常规业务。2014年9月，湘财证券成立了网络金融部，并以陆家嘴营业部作为创新基地全面开展互联网证券业务，通过互联网金融平台打造客户综合服务生态圈，实现线上线下业务的互动和相互融合。2016年上半年度"百强证券营业部"榜单揭示，湘财证券上海陆家嘴营业部在全国8 000余家营业部中位列前十，互联网证券模式效应初显。

(三) 金融科技发展阶段

随着互联网金融的爆发性发展，为鼓励科技创新，促进互联网金融技术发展，中国人民银行会同有关部委牵头、起草、制定了互联网金融行业的"基本法"——《关于促进互联网金融健康发展的指导意见》，该指导意见于2015年7月18日对外发布。随着该指导意见的颁布，2016年也被普遍认为是中国互联网金融监管元年。而这个时候一个新的名词"金融科技"开始登场，之后以A（AI，人工智能）、B（Blockchain，区块链）、C（Cloud，云计算）和D（Big Data，大数据）为代表的新技术名词开始出现。

金融科技翻译于英文"FinTech"。国际金融稳定理事会给出了一个关于金融科技国际通用的标准定义："金融科技是技术带来的金融创新，它能够产生新的商业模式、应用、过程或产品，从而对金融市场、金融机构或金融服务的提供方式产生重大影响。"

金融科技的飞速发展延伸了证券公司与客户的接触点和接触方式，使证券公司能够更好地洞察客户和服务客户。目前多家证券公司已明确将金融科技纳为其核心竞争力和战略发展方向，通过金融科技与财富管理双轮驱动，推动业务转型升级与模式重构（见图1）。

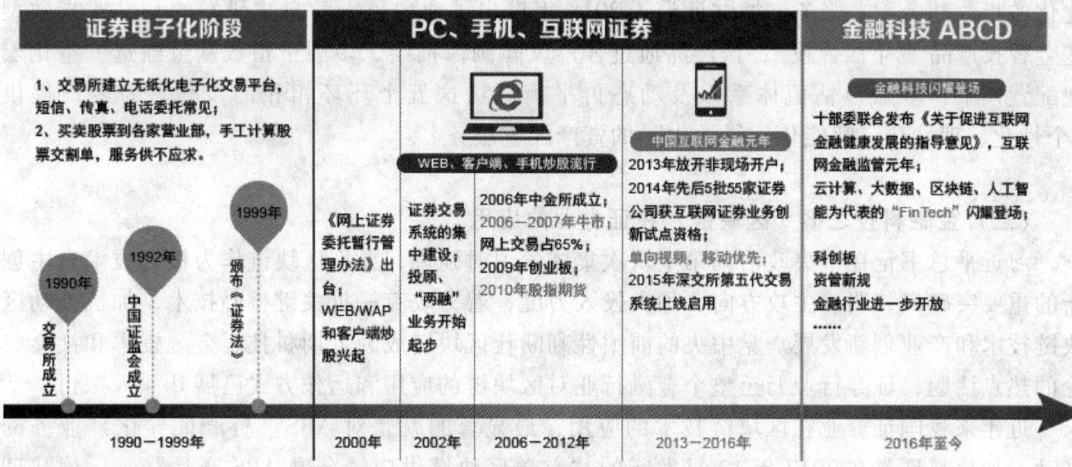

图 1　证券行业科技发展历程图示

二、当前金融科技在证券业的创新实践

近年来，金融科技在证券行业的应用不断深化，对证券公司商业模式的变革也产生了极为重要的影响，加大对金融科技的重视和投入已成为证券行业共识之一。不仅各大综合类证券公司紧跟时代步伐加大对金融科技的投入，部分中小规模证券公司也在积极寻找突破点，希望通过差异化的发展路径，突出特色优势，以求利用金融科技弯道超车。

作为一家互联网基因深入业务骨髓的企业，湘财证券历来重视将前沿科技与证券业务有机结合。早在 2012 年，湘财证券创新以战略资本链的方式进行深度闭环合作，精准选择金融科技合作伙伴，集结其优势资源，专注打造构建金融科技服务体系。2018 年 12 月 23 日，湘财证券正式发布服务于私募机构客户的"金刚钻"和服务于互联网零售客户的"百宝湘"两大金融科技服务品牌。

（一）金融科技之 A（人工智能）在证券业的应用

人工智能技术的发展离不开大数据、云计算以及智能硬件的发展，这些技术作为基础支撑了人工智能技术的发展，而智能化将是金融科技日后发展的重要方向。智能化是指用计算机代替人脑来进行分析并作出决策。目前人工智能还处于发展初期，用人工智能来进行决策技术还未成熟，但是可以利用人工智能完成大规模量化和替代部分人力分析的部分，或将人工智能应用于包括用户行为和产品分析、智能工具、量化交易、高频交易等，同时在智能投顾、智能客服、智能投教、智能交易、智能投研等领域也均有实践应用。

智能投顾（Robo‑Advisor）就是人工智能与投资顾问的结合体，它是一种结合人工智能、大数据、云计算等新兴技术以及现代投资组合理论（MPT）的在线投资顾问服务模式。Credio 数据显示，美国智能投顾行业资产管理规模从 2014 年的 43 亿美元，一跃飙升至 2018 年的近 4 000 亿美元，发展异常迅速。通过美国资本市场有效性的验证，只有不到 10% 的主动管理基金能够打败市场，被动投资的理念大为流行，这是智能投顾的市场基础；另外，相对于传统的投资顾问付费模式，智能投顾产品门槛低，客户利用小额闲散资金也能享受到专业化的指数基金配置服务。湘财证券于 2018 年推出了业内第一款自主研发的一站式指数型基金智投产品"年糕智投"，该产品通过客户风险画像描绘、多因子指数基金甄选、量化宏观配置模型、多账户估值体系以及动态再平衡算法这五个环环相扣的步骤，为客户提供"个性化、理性化、智能化、科学化"的资产配置服务。

（二）金融科技之 B（区块链）在证券业的应用

习近平总书记在中央政治局第十八次集体学习时强调，要把区块链作为核心技术自主创新的重要突破口，明确主攻方向，加大投入力度，着力攻克一批关键核心技术，加快推动区块链技术和产业创新发展。党中央的前瞻性判断让区块链成为近期科技、金融资本和社会舆论的热点话题，证券行业乃至整个金融行业对区块链的应用和运作方式已展开深入探讨。

近年来我国证券业在区块链技术的应用，最显著的就是对 ABS（资产证券化）业务的推动。如德邦证券在 2017 年 12 月发行的"首单区块链供应链金融 ABS 产品"——德邦证券浙商银行池融 2 号资产支持专项计划，由杭州趣链科技有限公司提供底层技术支持，由浙商银行和德邦证券联合打造的。同年 9 月，百度金融联合天风证券发行了"首单区块链场内 ABS 产品"——百度 - 长安新生 - 天风 2017 年第一期资产支持专项计划。在 2018 年和 2019 年，包括华泰证券、天风证券、广发证券、中泰证券等数个券商都相继推出了多个区块链 ABS 产品。

目前证券行业对区块链的研究仍在探索中，未来仍要继续学习，不单是技术更新，更多的是要将业务场景加入进来，借用区块链的技术来发展证券行业，丰富应用范围。湘财证券正在推广的客户积分计划，就是结合了区块链技术，主要解决客户贡献度的度量问题以及集团客户之间的积分共享问题。

总而言之，区块链技术的应用特点具有交易即清算、信息披露成本降低、中介成本降低等优点，并有望解决金融市场价值链上的痛点，但其应用仍具有一定挑战性。

（三）金融科技之 C（云计算）在证券业的应用

云计算作为一种突破性技术和创新服务模式，现已成为支撑各行业发展的关键信息基础设施。云计算应用发展的政策环境也逐步完善，为金融业信息技术资源需求提供了一种崭新的解决方案。

美国国家标准与技术研究院（NIST）将云计算总结为"三类服务方式、四种部署方式"。三类服务方式包括基础设施即服务（IaaS）、平台即服务（PaaS）和软件即服务（SaaS）；四种部署方式包括私有云、公有云、混合云和社区云。证券行业作为金融业的一部分，本身对信息技术的依赖性很强，对 IT 基础设置的计算资源要求很高，如果依靠不断叠加自建资源，既需要增加建设及管理成本，也容易造成资源的闲置浪费。云计算弹性扩展、随需提供的服务方式能有效改善资源使用效率和业务运营方式，在推动数据集中化管理的同时大大降低成本。在实际运用中，云计算不仅可以为证券行业提供类似 IDC 托管机房的互联网接入、主机托管等传统服务，还可以提供虚拟化主机及云计算、大数据处理等更高层的服务。例如，"上证云"（上交所行情及委托交易云服务）为券商提供的上交所行情数据推送服务，满足了该业务带宽消耗大、网络延时短、安全要求高、系统吞吐速度快、发布中心地域散、建设周期短的需求，充分发挥了云资源池覆盖广、网络配套能力强、云安全服务合规的技术架构和资源能力优势，为证券市场提供了一个低成本、高可用的云服务平台。通过云计算的解决方案，有效解决了证券行业发展所依赖的数据存储和计算能力。

（四）金融科技之 D（大数据）在证券业的应用

证券行业数据资源较丰富，并且业务发展中对数据的依赖程度也较高。随着业务发展，证券公司逐步意识到大数据在企业战略中的作用和地位，并在大数据应用领域快速布局。作为未来业务发展的重要技术支撑手段，大数据技术、各应用分析模型和算法等将逐渐走进证券公司各项日常运营活动中，凸显"数据驱动业务"的重要地位。

证券行业的主要收入来源于经纪业务、投融资服务、资产管理和自由资金投资等业务，常见的大数据应用场景有以下三种：

1. 客户画像，千人千面

证券行业拥有的数据类型有个人属性信息（如用户名称、手机号码、家庭地址、邮件地址等）、交易用户的资产和交易纪录，用户收益数据。证券公司可以利用这些数据和外部数据来建立业务场景，筛选目标客户，形成较为立体的"客户画像"，根据客户的特点进行精准营销，提供适合的产品，实现"千人千面"的跨屏、跨站的个性化产品及资讯的推荐和服务，提高单个客户收入。

2. 量化投资，投前研究

量化投资用区别于传统基本面分析和技术面分析的量化分析方法，从数量化的角度去挖掘存在某种数学关系的投资策略，包括量化选股策略、量化择时策略、市场中性策略、算法交易、套利交易和高频交易等。量化投资通常包括 5 个阶段：数据采集阶段、数据清洗加工阶段、构建量化因子库阶段、构建选股模型阶段和交易执行阶段。在迈尔·舍恩伯格及库克耶所著的《大数据时代》中，大数据是指不用随机分析法（抽样调查）这样的捷径，而采用所有数据进行分析处理。IBM 也曾提出大数据的 5V 特点：Volume（大量）、Velocity（高速）、Variety（多样）、Value（低价值密度）、Veracity（真实性）。而量化交易正好具备了所有大数据的特征，能够更有效地把金融市场所有的数据大数据化，从而找出市场交易的规律。

3. 客户细分，MOT 管理

客户细分是市场竞争格局下的一种必然选择，通过分析客户的账户状态（类型、生命周期、投资时间）、账户价值（资产峰值、资产均值、交易量、佣金贡献和成本等）、交易习惯（周转率、市场关注度、仓位、平均持股市值、平均持股时间、单笔交易均值和日均成交量等）、投资偏好（偏好品种、下单渠道和是否申购）及投资收益，来进行客户聚类和细分，从而发现客户交易模式类型，找出最有价值和盈利潜力的客户群以及他们最需要的服务。通过"MOT"（关键时刻，Moment Of Truth）管理，更好地配置资源和政策，改进服务，抓住最有价值的客户。

三、证券业与金融科技深度融合的趋势展望

2019 年 8 月，中国人民银行印发了《金融科技（FinTech）发展规划（2019—2021

年)》，确定了六方面重点任务：一是加强金融科技战略部署；二是强化金融科技合理应用；三是赋能金融服务提质增效；四是增强金融风险技防能力；五是强化金融科技监管；六是夯实金融科技基础支撑。从未来发展趋势分析，云计算、人工智能、大数据、区块链和5G等新兴技术，在实际应用过程中变得越来越紧密，彼此的技术边界却不断削弱并且更加交叉融合。科技创新俨然已经成为金融业发展的核心力量，甚至在某种程度上改变了业务生态。未来，我国证券行业将形成以金融科技应用创新为焦点的竞争新格局。

（一）金融科技带来盈利模式的转变

众所周知，国内券商以往是依靠经纪业务支撑收入的半边天，但通过近年来的费率改革，证券公司平均佣金水平已从千分数整体迈入万分数量级。同时，随着越来越多海外证券开启"美股零佣金时代"，经纪业务降佣潮也逐渐蔓延到国内。如何维持庞大的分支机构和网点员工等运营成本，如何摆脱"价格战"而谋求新生，已成为券商不得不面对的课题。

随着金融科技的不断发展，将来可能打破原来以人际关系维系的渠道和商业模式，在统一的数字化平台上基于资金本身的属性进行配置、风控和产品设计，降本增效。通过金融科技与财富管理双轮驱动，让高效、低成本服务长尾客户成为可能；而智能投资或全面取代人工，投顾业务与资产管理业务面临变革；散户机构化进程加快，量化投资成为发展趋势。随着这些技术的发展，我们可以预见不久或将彻底颠覆现有的以人工为主的资产管理领域。证券公司将从以牌照为中心向以服务为中心进行战略转型，通过科技赋能业务创新，从而带来业务盈利模式的全新转变。

（二）金融科技带来服务模式的转变

伴随证券行业对外开放持续扩大、金融科技对金融行业的不断渗透，证券公司将从传统通道服务向全面财富管理业务和综合金融服务进行转型，证券公司的服务模式也必将被重构。探索运用人工智能技术，包括机器学习、数据挖掘等手段为客户提供智能化应用和服务，将使传统的、仅依靠人工完成的客户服务形态开始不断向自动化、智能化、多渠道化的方向推进。这一转变在以金融行业为主的客服密集型企业内更为明显，智能客服已经逐渐成为行业刚需。

金融科技创新下的服务模式可以改善客户的服务体验；基于规模化的数据处理可以实现智能营销；通过个性化的用户画像可以实现对客户类型、需求、喜好的精确预测。证券公司对客户新型的服务模式将具有服务范围更广、服务对象更多、服务效率更高、服务方式更足的特点。券商的客户服务将会走向虚拟化、智能化以及线上线下协作推动业务的发展之路。

（三）金融科技带来监管机制不断完善以及监管科技的崛起

金融科技带来业务和服务创新的同时，也可能会带来新的监管风险。金融科技渗透的范围扩大，监管边界的界定和风险防范手段也会遇到更大的困难。近年来互联网金融风险事件层出不穷，P2P、网贷公司大规模倒闭，各类机构过度获取个人隐私和数据等乱象已经给金融行业监管敲响了警钟。金融与科技的跨界结合以及技术的快速发展，将会凸显出对监管机构在机制和能力方面不断完善的要求。

英国于2016年提出的"监管沙盒（Regulatory Sandbox）"得到了发达国家金融市场的

积极响应和仿效,也为国内金融科技监管机制提供了有益借鉴。国务院金融稳定发展委员会的成立为我国实施"监管沙盒"提供了必要的基础条件。随着监管机制的变化,监管层也将利用技术落实监管理念和手段的升级。如目前已建立的金信网银大数据检测预警金融风险平台,就是以大数据、云计算为技术支撑;央行反洗钱检测分析中心持续探索大数据技术在非结构化数据处理、数据采集、统计分析等领域的应用。

总体而言,金融科技已经以难以形容的速度和深度进入了金融领域应用的方方面面。无论是证券公司还是监管层,都应以开放并敬畏的态度去拥抱它所带来的变化。我们相信,金融科技将会为证券行业带来非常大的转变和机遇。

参考文献

[1] 申万宏源:金融科技引领下证券公司的商业模式重构及监管机制研究 [J]. 中国证券,2018 (4):63—80.

[2] 毕玉国. 金融科技助力证券业高质量发展 [J]. 中国证券,2019 (10):65—69.

建设发展区域资本市场、服务地方经济的思考

陶永泽*

2019年2月，习近平总书记在中共中央政治局第十三次集体学习时强调"深化金融供给侧结构性改革，增强金融服务实体经济能力"。推进金融供给侧结构性改革，既要重点解决体制性、结构性问题，更要抓住地方政府债务纾解和中小企业融资等地方经济运行中的突出问题剖析研究，寻求切实可行的解决方案。2014年以来，华创证券发起设立贵州股权交易中心，建设区域性底层资本市场。实践表明区域性股权市场完全可以成为纾解地方政府融资困境、服务中小企业、支持地方经济发展的基础平台。

一、现有金融体系难以差异化适应不同地区经济发展需求，需要更大力度发挥场外资本市场的作用

我国各地区经济发展水平、资源禀赋、产业结构差距巨大，对应的金融需求也存在巨大的差异。中西部地区基础设施薄弱、人均收入水平偏低、扶贫攻坚任务重、产业聚集度低等经济的基本特征，决定了其与东部发达地区所需要的金融供给是完全不同的。然而，现有的金融体系和监管制度自上而下的运行方式，缺乏从地方经济中自发生长出来的金融形态，难以对地方经济的金融需求做出及时、有效、"接地气"的响应。具体而言：

第一，中西部地区面临较大债务压力，现有方式难以有效纾解。基础设施建设是中西部欠发达地区经济和社会发展的重要前提。在中西部省份追赶东部的快速发展期，必须集中投入"补短板"，大力建设基础设施。由于这一阶段实体资产尚未形成，金融机构很难大规模介入，使得地方政府必须主动负债，所以阶段性负债率高企是难以避免的情形。但从当前现实运行情况看，一些财政金融政策难以顾及不同地区发展的实际情况。2017年以来，受资管新规、财政纪律整肃等因素的影响，中西部地区面临的金融环境叠加收紧，一些地区的基

---

* 作者简介：陶永泽，现任华创证券有限责任公司董事长，华创阳安股份有限公司董事长，中国证券业协会、上海证券交易所理事。证券从业时间20年。原载于《中国证券》2019年第5期。

础设施建设陷入困境，部分在建项目出现了资金无法接续、停工等问题。以贵州为例，2017年下半年以来贵州省融资平台债券发行规模大幅回落，2018年贵州兑付规模超过发行规模，净融资额首次出现缺口，给步入发展快车道并肩负扶贫攻坚历史使命的贵州经济带来了很大的困扰。

第二，银行主导的间接融资体系导致政策传导机制不畅，难以真正服务本地中小企业。数量众多的中小企业是地方经济生态的主体。中小企业往往具有轻资产、经营和流动性较为脆弱等特征，是融资市场的弱势群体。从中西部地区情况看，中小企业主要集中在服务本地居民生活的消费和服务业领域，以及为地方基建提供配套服务的建材、环卫、劳务施工等领域。这些中小企业在发展初期很难提供充足的抵押品，多数时候只能依靠亲戚朋友、民间借贷等方式解决融资问题，很难从全国性商业银行主导的间接融资体系中获得信贷支持。在间接融资主导的金融体系下，信用创造的机制是"央行—银行—实体经济"，银行是信用创造的主体，其风险偏好、风险定价能力、放贷意愿、监管考核等都会影响最终的信贷投放。2018年以来，为缓解信用紧缩特别是中小企业融资难问题，央行接连通过各种方式向市场释放流动性，但信用紧缩问题并没有得到有效解决，货币政策传导遭遇了银行低风险偏好的梗阻。

第三，区域性资本市场存在明显的制度短板，无法有效发挥服务地方经济的作用。区域性股权市场立足于当地金融服务，符合目前国家支持中小企业、民营企业的战略定位，是我国多层次资本市场体系的重要组成部分，也应当是资本市场服务地方经济的重要基础设施。然而，当前我国的区域性股权市场在制度设计上未能因地制宜，并未考虑区域经济社会发展差异，严格限定交易品种、交易制度、投资者范围等，使得目前大部分股权交易中心的融资和价值发现功能基本丧失，业务模式雷同，普遍处于实质亏损状态，难以发挥为中小企业提供金融服务的政策初衷。

美国的经验表明，场外市场具备低门槛、个性化、高度灵活等优势，与中小企业和地方政府融资需求具有契合性，场外市场的交易规模和参与融资的非上市公司数量均远大于场内市场，多样化的资产和风险偏好各异的投资者汇集其中，不仅形成了最富有深度和韧性的交易，更为中小企业和地方政府融资提供了强有力的资金支持。截至2018年底，美国场外市场规模达到635万亿美元，其中固定收益市场规模为41万亿美元，而同期美国股票市场总市值只有31万亿美元。

场外市场丰富多样化的债务融资工具极大促进了美国城市化进程，缓解了地方政府市政建设资金紧张问题，为中国纾解地方债务提供了参照。2018年，美国市政债券的年发行量超过4307亿美元，总市值超过3.9万亿美元。其中，与项目挂钩的市政收益债是美国州和地方政府融资的主要形式，平均期限在15年以上，底层资产极其丰富，从高速公路、港口、市政供水体系到消防车，再到学校校舍和公共机构的办公大楼，甚至地方政府所支持的私人投资都可以市政债的名义发行。在中小企业融资方面，场外的高收益债券市场发挥了重要作用。2008年金融危机后，美国商业银行一度削减了其对中小企业的贷款，在此期间美国高收益债市场为大量评级BB－C之间甚至无评级的科技企业提供了融资支持，且期限多在10年以上，有效对冲了银行体系信用收缩带来的冲击。2018年美国高收益债券市场规模达到1.6万亿美元，多数高收益债券发行规模相对较小，发债人无法满足在交易所市场上市的要求，也难以从银行体系获得如此超长期限的贷款。

二、贵州股权交易中心服务地方经济的实践与思考

近年来,华创证券主导运营的贵州股权交易中心秉承"立足贵州、服务实体"的原则,把握风险底线,构建地方经济和金融新的生态,有效弥补了区域金融基础设施不足的短板,打通金融到实体微循环的关键一公里。

第一,区域性股权市场是金融深化的关键一公里。场外市场作为直接融资的主战场,能够实现资金到实体经济的直接无缝对接,是提高资产金融化水平、推动金融深化的关键。对于中西部内陆区域而言,发展场外市场更是推进其金融深化、改善金融抑制的重要支撑。传统银行体系具有显著的资金虹吸现象,加剧了金融资源区域分布的不均,资金向东部等发达区域集聚,欠发达地区本身急需资金,却往往成为资金供给方,进一步抑制了欠发达地区的经济金融发展,欠发达地区中小微企业融资难问题也更加突出。2019年以来,商业银行贷款正在加速流向长三角、珠三角、北京和东部沿海省市,而欠发达地区金融环境显著恶化,民企融资困难加剧。因此,推动区域性股权交易中心的健康发展,对于改善欠发达地区的融资困境具有极其重要的意义。贵州股权交易中心过去几年下沉至贵州省内60多个市县,创设了"区域资本市场+互联网"的区域性底层基础资产交易市场,按照拾遗补阙、项目开发和流动性支持的原则,在风险可控的前提下,疏通金融体系堵点、支持实体企业融资,取得了良好效果。截至2019年3月末,贵州股权交易中心挂牌展示企业1 961家,注册资本合计1 477.15亿元,累计融资近928亿元。贵州股权交易中心成立5年来对贵州省57个市县、151家发债主体提供了流动性支持,其中为31个贫困县、75家企业累计融资169.26亿元。

第二,区域性股权市场是地方基础金融资产生成的底层平台。由于贵州处于追赶发展阶段,负债率位于全国前列,多数金融机构采取简单的规避措施,导致融资压力居高不下。近年来贵州股权交易中心对于纾解地方债务问题进行了更加深入的思考:一是以动态发展的眼光看待地方债务问题。中西部地方债务高企有其阶段性,在赶超发展期,都会经历一个高负债时期,在此阶段应该更多地采取"分母策略"降低杠杆水平,即在合理控制分子端债务增长速度的同时,盘活存量债务、激发经济增长活力,做大分母端资产规模。截至2019年3月末,贵州股权交易中心仅仅提供了145.56亿元的流动性支持,就确保了133个地方国有企业的正常运转,迄今为止未发生一例违约。二是场外市场的非标准化特性使得任何具有未来现金流的资产都可以予以定价并产品化,实现资产流动性的活化。在纾解地方基础设施融资困境中,贵州股权交易中心引入投行化的手段和金融工具,对基础资产进行现金流重组,进行合理的产品结构设计,再通过全流程的风险控制体系把控风险,把政府传统的、未进入金融市场的基础资产变为可交易、可持续融资的金融资产,真正实现了"盘活存量资产"的金融创新效果。截至2019年3月末,地方基础设施建设类企业在贵州股权交易中心融资余额为131.30亿元。

综合来看,贵州股交中心的探索为纾解地方债务提供了新的思路。在分子端改善企业的债务结构,以流动性支持为支点,可以系统性降低地方债务风险和融资成本;在分母端提高证券化比例,以盘活资产存量为抓手,结合区域资源禀赋,打通产业链条,培育优势行业,整合核心资产,系统性提升地方资产的估值,通过加速分母增长的方式最终降低杠杆率水平。2012—2018年,贵州经济年均增长11.6%,实现了经济增速从"落后"到"跟跑"、

再到"领跑"的历史性转变,累计减少农村贫困人口818.9万人。

第三,区域性股权市场是中小企业的孵化器。最能体现金融服务地方经济社会价值的,莫过于支持分布最广、数量最多的中小企业。贵州股权交易中心备案发行的产品余额中,中小微企业募投金额112.60亿元,金额占比69.84%,真正承担起了区域性股权市场服务中小企业的责任定位。

贵州股权交易中心立足微观实际,深入分析中小企业当前的经营生态,将中小企业划分为以下三种类型,针对性地抓住其痛点加以改善,在缓解内陆区域的中小企业融资难上探索出了独特的"贵州方案":第一类是处于制造业产业集群中、为龙头企业提供配套的中小企业。这类中小企业适用于供应链金融,可与核心企业通过资信捆绑来获得金融支持,以产业集群内部的物流和资金流作为抵押品。第二类是为地方城市基建等提供服务的建材建筑、环保环卫企业。这类企业的经营状况高度依赖于其所在区域政府的支付和融资能力,因此,改善地方基建项目的融资环境,能够从根本上优化以地方政府为核心需求方的相关中小企业现金流。第三类是本地化的消费和服务业,例如餐饮、娱乐、教育、旅游等。这类中小企业是典型的轻资产、重人力行业。针对这类中小企业,贵州股权交易中心致力于构建"产业生态互联、金融科技驱动"的生态网络,利用大数据、人工智能、区块链和金融支付技术,按照不同场景业务逻辑,固化业务流程,连接产业、商圈、企业,采集经济行为数据,匹配经济活动信息流和资金流,实现资金端、资产端的对应,从而改变传统的抵押品逻辑,有效实现了金融服务的介入。截至2019年3月末,企业账户支付资金结算平台系统累计开立机构账户275户,累计交易额62.83亿元,有效支持了"中小企业集群""美丽乡村产业"等多个项目。

三、政策建议

我国的资本市场从建立到发展更多是由政策自上而下设计推动,而非市场演化的结果,缺少从场外到场内市场自下而上的自然演进过程,资本市场结构呈现畸形的倒金字塔形。场外市场发展滞后导致场内市场发展的根基不稳,资本市场层次单一,体系不健全、结构性失衡等短板明显。《证券法》修订草案三审已明确区域性股权市场的法定地位和功能,确认区域性股权市场是我国多层次资本市场体系的重要组成部分。大力规范发展区域性股权市场,重点在于破除服务地方经济和中小企业的制度障碍。

(一)赋予地方政府主监管责任,推动区域性股权市场差异化个性化发展

尽管2017年出台的《区域性股权市场监督管理试行办法》明确了省级人民政府依法对区域性股权市场进行监督管理并负责风险处置,但该办法对单只证券持有人数量、交易制度、交易品种等都做出了明确限制,并没有授予地方政府充分的权限,致使各区域性股权市场难以因地制宜服务地方经济,同质化经营问题突出。建议应允许地方政府根据区域经济发展差异和中小企业个性化需求进行区域化的制度安排,给予区域性股权市场充分的灵活性。

一是建议开放单只证券持有人数量累计可以超过200人的限制,试行做市商制度,提高市场活跃度和流动性。

二是建议明确区域性股权市场在质押登记、信息披露监管、国有股权转让、产品创新发

行等业务上的法律地位，明确区域性股权市场运营机构的金融机构地位，明确财税支持政策，引导金融机构合作，从而促进区域市场规范发展，提升区域市场公信度。

三是建议明确新三板的各项优惠政策同样适用于股权交易中心，明确非上市金融机构应当在区域性股权市场进行股权托管。

（二）鼓励债券型融资工具发展，试点多样性的产品创新

区域性股权市场的"草根"属性决定其在政策制定上需要更大的创新空间。

一是建议根据中小企业的切身需要，放开并鼓励区域性股权市场积极开展优先股、私募债、资产支持证券等证券品种。区域性股权市场目前证券发行品种仅限于在非公开发行、转让中小微企业股票、可转换为股票的公司债券，中小企业切实需要的债权类融资工具基本处于空缺。

二是建议支持区域性股权市场的金融创新。针对区域经济普遍性需求和中小企业个性化需求，以市场需求为导向，创新交易品种，允许先行先试，条件成熟并经监管部门许可后全面实施。

（三）鼓励金融机构积极参与区域性股权市场投资

建议多元化投资者主体，将区域性股权市场股票及可转债纳入主流金融机构投资"白名单"，鼓励金融机构积极参与区域性股权市场投资，有利于资产端和资金端的风险收益匹配以及风险分散，拓展区域性股权市场的深度。

资本市场是全面深化改革的"排头兵"

刘学民*

党的十九大报告提出中国特色社会主义进入新时代,明确了中国发展新的历史方位,经济金融各领域掀起了全面深化改革的新浪潮。党中央、国务院高度重视资本市场改革发展,给予资本市场"牵一发而动全身"的高度定位,要求"通过深化改革,打造一个规范、透明、开放、有活力、有韧性的资本市场",为资本市场改革明确了目标和方向。为此,中国证监会成立了全面深化资本市场改革领导小组,制订了资本市场改革总体方案,提出了12个方面的重点改革任务,在顶层设计层面进行了充分的理论研究和经验准备。随着中国证监会系统全面深化资本市场改革工作座谈会召开以及易会满主席在《人民日报》发表署名文章,资本市场全面深化改革的大幕正式开启。

一、资本市场改革总体方案彰显市场化政策基调

此次改革紧紧围绕"打造一个规范、透明、开放、有活力、有韧性的资本市场"这个总目标,将市场化原则贯彻始终,在资本市场改革总体方案的各个方面得到了充分彰显。

(一)资本市场改革总体方案具有突出的市场化思维

2019年8月25日,中国证监会召开会议研讨细化资本市场改革总体方案。方案的第一大特点就是市场化政策取向,明确提出要"实行更加市场化的制度安排,尊重市场规律,充分发挥市场在资源配置中的决定性作用,真正把选择权交给市场"。中国证监会有关负责人也在多个场合强调,要"坚持市场化改革方向""敬畏市场""按市场规律办事,相信市场、依靠市场"。资本市场历史上也曾经历多次改革,但是还没有哪次改革将市场化放在如

---

* 作者简介:刘学民,硕士,高级经济师。现任第一创业证券股份有限公司董事长,兼任创金合信基金管理有限公司董事长、第一创业投资管理有限公司董事、深圳第一创业创新资本管理有限公司董事;曾任北京京放经济发展公司总经理、佛山证券有限责任公司董事长、水晶投资有限公司董事兼总经理。原载于《中国证券》2019年第9期。

此优先的位置,可以说,坚定的市场化导向是此次改革区别于过往历次改革的鲜明特征,也是此次改革最令各方期待的政策基调。

(二) 资本市场改革总体方案强调市场机制作用

设立科创板并试点注册制,实行以信息披露为中心的发行审核制度,发行人应充分披露使投资者作出价值判断和投资决策所必需的信息,确保信息披露真实、准确、完整。此外,科创板还实行市场化的发行承销机制,新股的发行价格、规模、节奏通过市场化方式决定,充分发挥机构投资者定价能力,建立以机构投资者为参与主体的询价、定价、配售机制。首批25家科创板企业自7月22日上市交易以来,市场运行总体平稳,初步实现了改革预期,这不仅是科创板的成功,而且是市场机制的胜利,科创板已经成为市场化改革的生动范例。易会满主席指出,证监会将抓住科创板改革的有利契机,发挥好科创板改革试验田作用,形成可复制可推广的经验,以此带动资本市场全面深化改革。可以预见,科创板开展的成功增量改革将有效带动存量改革,大幅提升资本市场活力和韧性,充分彰显市场机制的巨大力量。

(三) 资本市场改革总体方案激发市场主体活力

此次改革注重发挥市场主体作用,赋予上市公司、中介机构更大的操作空间,加强投资者权益保护,增强市场的内在稳定性。在推动上市公司提高质量方面,充分发挥资本市场并购重组主渠道作用,畅通多元化退市渠道,促进上市公司优胜劣汰;优化重组上市、再融资等制度,支持上市公司分拆上市试点。在中介机构能力建设方面,加快建设高质量投资银行,支持优质券商创新提质,鼓励中小券商特色化、精品化发展;推动公募机构大力发展权益类基金。在投资者保护方面,推动建立具有中国特色的证券集体诉讼制度,探索建立行政罚没款优先用于投资者救济的制度机制,推动修改或制定虚假陈述和内幕交易、操纵市场相关民事赔偿司法解释。

(四) 资本市场改革总体方案完善多层次市场体系

我国资本市场由主板、创业板、科创板、新三板、区域性股权交易市场、柜台市场等场内外市场共同组成,已经形成了比较完善的多层次资本市场体系。此次改革方案明确提出,要进一步补齐多层次资本市场体系短板,推进创业板改革,加快新三板改革,选择若干区域性股权市场开展制度和业务创新试点,允许优质券商拓展柜台业务。经过改革,多层次资本市场体系将更加健全,可以更好地满足各类企业融资需求,提高服务实体经济的能力。

(五) 资本市场改革总体方案着眼于市场建设全局

资本市场是一个复杂的巨系统,内部关联性高,信息传递实时性强,对改革的系统性提出了很高的要求。此次改革坚持系统方法论,是对资本市场建设开展的一次系统工程。当然,此次改革也绝不是"眉毛胡子一把抓",改革瞄准关系市场运行全局的基础性制度,扎实推进关键制度创新,弥补制度短板,真正抓住了资本市场改革发展的"牛鼻子",有望达到事半功倍的效果。

二、资本市场是促进经济高质量发展的强大"助推器"

2019年8月31日,国务院金融稳定发展委员会召开会议,对资本市场提出的要求是:构建良好市场生态,增强资本市场的活力、韧性和服务能力,使其真正成为促进经济高质量发展的"助推器"。

(一)我国经济正处于跨越"中等收入陷阱"的冲刺阶段

"中等收入陷阱"的概念由世界银行于2006年提出,指一个国家的人均收入达到中等水平后,由于不能顺利实现经济发展方式的转变,导致经济增长动力不足,最终出现经济停滞的一种状态。世界银行目前将人均GDP在1 025美元以下界定为低收入,1 026—3 995美元界定为低中等收入,3 996—12 375美元界定为高中等收入,12 375美元以上界定为高收入。根据统计,发达经济体人均GDP由1万美元提高到2万美元一般需要5—12年,比如,新加坡用了5年,韩国用了12年。照此推断,我国2018年人均GDP接近1万美元,未来5—10年将是跨越"中等收入"进入"高收入"行列的冲刺阶段。因此,我国当前正处于改革促发展的关键时期。

(二)落入"中等收入陷阱"意味着经济增长陷入长期停滞甚至倒退

世界银行调查显示,从1960年到2008年,全球101个中等收入国家和地区中,只有13个成功发展为高收入经济体。由此可见,并非所有中等收入国家都能成功跨入发达国家行列,事实上,绝大多数发展中国家都落入了"中等收入陷阱"。比如,马来西亚、墨西哥、巴西、阿根廷等国家在20世纪70年代就进入了中等收入国家行列,但之后30年人均GDP却一直停滞在3 000—5 000美元,始终没能跨越"中等收入陷阱"。而且就算短暂进入高收入国家行列,也有可能因为经济增长不可持续再次退回中等收入,比如,巴西、阿根廷等部分国家曾经一度突破高收入门槛,但很快再次跌落。因此,跨越"中等收入陷阱"不是靠简单的经济刺激就能实现的,必须依靠产业升级带来的可持续增长动能。

(三)创新驱动是跨越"中等收入陷阱"的关键一招

总结产业转型升级的规律,需要经历四个阶段:第一阶段,加入全球分工体系,在国外技术主导下开展初级产品加工,如越南;第二阶段,通过产业集聚形成配套产业链,但仍以国外技术为主,如泰国、马来西亚;第三阶段,通过技术消化吸收,掌握了技术与管理能力,能够生产高质量的产品,如韩国、中国台湾;第四阶段,依靠创新驱动,具有技术创新和产品设计能力,成为全球产业链的领导者,如美国、日本、欧盟。我国目前总体上处于第三阶段,要想进入更高发展水平的第四阶段,就必须走创新驱动发展道路。党的十九大报告指出,创新是引领发展的第一动力。以科技创新驱动高质量发展,是贯彻新发展理念、破解当前经济发展中突出矛盾和问题的关键,也是加快转变发展方式、优化经济结构、转换增长动力的重要抓手。科技创新正在为经济发展注入新动力。

(四) 推动创新需要市场化的风险承担机制和显著的财富效应

创新意味着未知和风险,为了应对不确定性,一方面要搭建专业协作的创新体系,如针对美国硅谷的研究表明,一家成功的创业企业需要从大学、研究中心、咨询机构、风投公司、投资银行等至少12类主体获得支持;另一方面要允许试错,建立市场主导的社会化风险分担机制,强化风险承受能力,防止风险向个别机构和领域集中。鼓励创新还要有令人心动的显著财富效应,必须遵循"高风险、高收益"的基本规律,形成"重赏之下,必有勇夫"的激励机制;科技型企业家集专业技术、市场经验、管理才能于一身,是推动产业升级、提高经济综合竞争力的基本力量,给予他们相应的财富和声誉回报,有助于进一步激发"万众创新"的创业热情。

(五) 资本市场拥有推动创新的独特优势和完善机制

在经济高质量发展的新时代,资本市场无疑是推动创新、落实创新驱动发展战略的最有力手段。首先,资本市场汇聚了投资、中介、咨询等各类主体,形成了高效协同的创新支持网络。其次,资本市场可以为创新企业提供充足的长期股权投资资金。据统计,我国资本市场已为3 458家企业提供资本金13万亿元,PE累计投资创新企业19万亿元。再次,资本市场培育了理性规范的投资群体,牢固树立了风险自担意识,"买者自负"文化深入人心。最后,资本市场高度市场化的定价机制展现出令人惊叹的造富能力。2019年福布斯全球富豪榜显示,亚马逊首席执行官(CEO)杰夫贝佐斯以1 530亿美元的财富成为世界首富,微软创始人比尔盖茨以1 020亿美元排名第二位,这些科技型企业家通过资本市场实现了财富效应的最大化。

三、资本市场是深化国企改革的"主战场"

国企改革一直是我国经济体制改革的核心内容,深入推进国企改革对于我国经济乃至政治领域都具有特别重要的意义。

(一) 国企改革进入"管资本"为主的新阶段

1978年以来,国企改革先后经历了四个阶段:一是"管理机制创新"阶段。20世纪80年代,国企改革开始探索所有权和经营权相分离,通过放权让利、利改税、拨改贷等方式推动企业独立经营、自负盈亏。二是"企业制度创新"阶段。20世纪90年代,国企改革重在明确计划与市场的关系,探索建立现代企业制度,初步解决了国有经济部门如何适应市场竞争的问题。三是"监管体制创新"阶段。进入21世纪,国企改革重点转向国有资产管理体制改革,成立了国资委,由国资委统一行使国有企业监督管理职权。四是"全面深化创新"阶段。党的十八大以来,国企改革进入监管、产权、经营管理等多层次齐头并进的全面深化创新阶段,并开始以管资本为主加强国有资产监管。进入新时代,党中央、国务院更加注重国企改革顶层设计,2018年中央经济工作会议指出:"要加快国资国企改革,坚持政企分开、政资分开和公平竞争原则,做强做优做大国有资本,加快实现从管企业向管资本转变,改组成立一批国有资本投资公司,组建一批国有资本运营公司,积极推进混合所有制改革。"

（二）推动国企向资本市场集中是"管资本"的重要手段

2018年国企改革进入冲刺阶段，"双百"行动在全国范围铺开，从多地国资委出台的任务规划来看，推动国企向资本市场集中是"管资本"的重要手段。例如，广东省国资委提出："建立有利于国有资本实体形态与价值形态互相转换的有效机制，以提高国有资本流动性为目标，积极推动经营性国有资产证券化。健全国有资本市场化退出机制，加快处置低效无效资产，支持企业依法合规通过证券交易、产权交易等资本市场，以市场公允价格处置企业资产，实现国有资本形态转换。"又如，北京市国资委也提出，要推动条件成熟的一级企业实现整体上市。再如，2019年8月获批的《深圳市区域性国资国企综合改革试验实施方案》把上市公司作为国有企业的主要组织形式，要求"大力推动国有企业上市，创造条件实现集团公司整体上市，加大市场化并购上市公司力度，推动国有资产向上市公司集中，使上市公司成为深圳国有企业主要组织形式和管理资本的重要载体"。

（三）资本市场为国企改革树立了标杆和示范

上市公司是现代企业制度最具代表性的企业组织形式，是一种有效率、有竞争力的企业制度安排，也是世界知名企业采取的主要组织形式。首先，上市公司是优质公司的集中代表。上市公司往往属于各自细分行业的龙头企业，在经营规模、盈利水平、技术装备等方面处于行业一流，反映了一个国家企业的最高发展水平。其次，上市公司规范运营的要求很高。上市公司需要符合一系列公司治理相关的准则要求，包括"三会一层"的组成和运作、激励约束机制、控股股东及其关联方的行为规范、环境保护和社会责任以及信息披露与透明度等各个方面。最后，上市公司处于公众的广泛监督之下。上市公司除了接受法律法规以及监管部门的约束以外，作为公众公司还要接受广大公众的监督。尤其是对于全民所有制的上市国企来说，其经营管理暴露在"阳光"下，接受人民监督，有助于改善管理、预防腐败，实现国有资产保值增值。

（四）资本市场为国企改革提供了高度市场化的制度环境

党中央、国务院印发的《关于深化国有企业改革的指导意见》明确指出，国有企业改革要遵循市场经济规律和企业发展规律，坚持政企分开、政资分开、所有权与经营权分离；促使国有企业真正成为依法自主经营、自负盈亏、自担风险、自我约束、自我发展的独立市场主体。把国有企业打造成为独立的市场主体，充分激发和释放企业活力，提高市场竞争力和发展引领力，是深化国有企业改革的出发点和落脚点。经过多年改革，国有企业总体上已按市场规律运行，但是国有资产定价以及国企内部的经营管理机制，特别是企业内部的用人、薪酬与激励机制等一系列问题，仍是阻碍国有企业经营效率提升的重要因素。在这些国企改革难点重点领域，资本市场可以提供高度市场化的制度环境，为国企改革提供市场化解决途径。一方面，资本市场尊重市场规律，依据市场规则、市场竞争实现效益最大化和效率最优化，使市场在资源配置中发挥最大作用；另一方面，资本市场还遵循"公开、公平、公正"的"三公"原则，在信息透明的前提下，让市场参与各方自由博弈，形成广泛认同的完全市场化的价格。因此，资本市场为国企提供了最为市场化的制度环境，可以帮助国企充分贯彻市场原则，形成市场化的用人、薪酬与激励机制，改善内部经营机制；同时，还可以给予国有资产公允定价,促进国有资产的合理流动、国有经济布局和结构的战略性调整,防止国有资产流失。

(五)资本市场为国企混合所有制改革创造了便利条件

党的十八届三中全会对混合所有制进行了系统阐述,明确了混合所有制是不同所有制资本的交叉持股和相互融合,掀开了混合所有制改革的大幕。党的十九大报告进一步提出"深化国有企业改革,发展混合所有制经济,培育具有全球竞争力的世界一流企业"的重大论述,为混合所有制改革描绘了更加宏伟的蓝图。发展混合所有制的主要目的是实现不同所有制资本间的共同发展和有效制衡,资本市场无疑是不同所有制资本间相互持股、互相促进的有利平台。借助资本市场,不同所有制资本容易达成共同的经营理念、产生各方均可接受的资产价格、提供快速便利的流动性渠道、形成市场化的公司治理机制。在此基础上,实现不同所有制资本文化的有效融合,提高企业向心力和凝聚力,达到"$1+1>2$"的协同效果。

四、总结

全面深化资本市场改革的号角已经吹响,此次改革在资本市场发展史上具有里程碑意义,必将极大完善资本市场基础制度,极大发挥市场机制作用,极大推动资本市场从量变到质变,使之真正成为经济高质量发展的强大"助推器"。全面深化资本市场改革还担当着国家全面深化改革的"排头兵"和"领头羊"角色,对于全面深化改革具有全局性意义。证券公司要牢牢抓住新时代创新发展机遇,不忘初心、牢记使命,不断增强服务实体经济能力,加快业务转型步伐,落实高质量发展要求,为建设强大的资本市场不懈奋斗!

庆祝新中国成立 70 周年专题

中国经济金融 70 年*

朱云来**

古代中国历史绵延几千年，不愧东方文明古国，源远流长。新中国发展转眼已是 70 年，已然世界第二大经济体，成就卓著。回顾历史，环望世界，可以温故知新，助益未来。

新中国建立之初，百废待兴，一穷二白，世界冷战，封锁对抗。中国人民自力更生，奋发图强，克服困难，砥砺前行。过去 70 年，大致分为前后两个历史阶段，无论是国内条件还是国际环境，都有很大的差别，发展方式也很不一样。但是总体说来，这两个时期的经济增长速度都高于同期世界平均增长速度（20 世纪 70 年代除外，见图 1）。前面 30 年的艰苦奋斗，为后来的发展建立了重要的工业、科技和教育基础；后面 40 年的改革开放开启了更快发展、融入世界的崭新局面。

---

* 本文未经著作人授权，不得转载、引用、改编、编纂本文中全部或任何部分之文字、数据及与之相关的任何描述及内容。

** 作者简介：朱云来先生 1998—2014 年在中国国际金融股份有限公司（简称"中金公司"）工作，曾担任总裁兼首席执行官。其间，中金公司业务快速发展、规模迅速扩张，并多次获得《欧洲货币》《亚洲货币》等国际知名媒体颁发的奖项。朱云来先生拥有丰富的投资银行业务经验，先后主持、领导了中国电信移动电话业务收购及增发，中国石化、中国铝业、中国电信、中国网通、中国人寿、中国人保、中国国航、中国神华、建设银行、东风汽车、招商银行、工商银行、中信银行、中煤能源、中国远洋、中国太保、中国建筑、农业银行、光大银行、邮储银行、中广核、中国华融、中国再保险、联想控股、浙商银行、中国能源建设、中国北车、华润医药、哈尔滨银行、中金公司、杭州银行、铁建装备、新华网、上海电影首次公开发行等多个大型改制上市项目，以及其他多个主要行业的重组及并购项目。朱云来先生重视研究业务，全面推进研究导向的投资银行业务服务模式，系统建设包括研究、投资银行、销售交易、投资管理和财富管理等在内的全方位资本市场业务平台。一方面，积极拓展中金公司国际化战略，开拓海外市场，先后在纽约、伦敦和新加坡增加设立新的分支机构；另一方面，在国内持续拓展业务网络体系，在国内重点城市新开设 16 个营业部，与原有的北京、香港、上海、深圳分支机构一起形成覆盖国内国际的完整服务网络。朱云来先生曾被评为"亚洲最具影响力的 25 位商界领袖"之一（《财富》），"投资银行业亚洲银行家杰出成就奖"（《亚洲银行家》）和美国《机构投资者》杂志的《机构投资者在线》网站首次颁发的"大中华地区 2010 年度金融行业最佳高管金奖"。加入中金公司之前，朱云来先生曾在国际性投资银行瑞士信贷第一波士顿纽约总部以及会计师事务所安达信公司芝加哥地区工作；中国证券业协会兼职副会长（2007 年 1 月—2015 年 9 月）。朱云来先生拥有威斯康星大学气象学博士学位、芝加哥德保罗大学会计学硕士学位、瑞士信贷第一波士顿国际银行家学院工商管理硕士学位。原载于《中国证券》2019 年第 10 期。

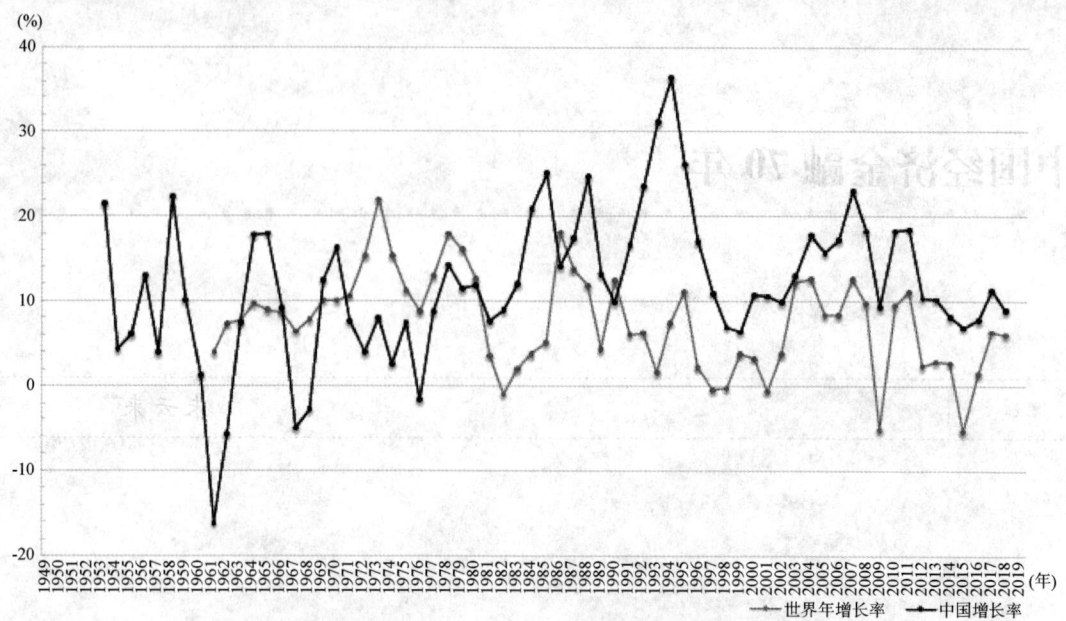

图 1　中国与世界经济增长比较（名义增长率）

70年来，时光荏苒，经济金融，气象万千，犹如一幅巨幅历史画卷。文字所限，此处只能略表一二，挂一漏万。作为一个重要的开端，中国人民银行已于新中国成立前先行成立，开始发行国家货币，即第一套人民币（1948年12月1日）；1949年成立中国人民保险公司；1951年成立农业合作银行；1954年通过首部《宪法》；1977年恢复银行独立组织系统，恢复高考；1978年改革开放，农村改革；1979年设立专业银行（农行、建行、中行），颁布《中外合资经营企业法》；1983年颁布《关于人民银行专门行使中央银行职能的决定》，各专业银行向商业银行转型；1984年工商银行成立，颁布《关于经济体制改革的决定》；1990年首家期货交易所成立，上交所正式营业；1991年清理三角债；1992年成立中国证监会；1993年公布《关于金融体制改革的决定》，出台"宏观调控十六条"；1994年外汇体制改革，设立三大政策性银行；1995年实施《保险法》，实施《商业银行法》；1997年召开全国金融工作会议，亚洲金融危机爆发，银行间债券市场成立；1998年国企改革，发行特别国债注资四大银行；1999年四大银行资产管理公司成立；2001年加入世界贸易组织；2002年第二次全国金融工作会议推动国有银行改革及上市并拟订中国银监会履行银行、信托监管职责；2003年成立中国银监会；2007年邮储银行挂牌；2008年世界金融危机；2013年提出"一带一路"倡议；2015年提出供给侧结构性改革；2019年通过《外商投资法》（更多可以参见文末附表以及浩瀚史籍）。

值得一提的是，成立于1952年的国家统计局系统记录了一份中国经济发展的数字历史。基于这份珍贵的记录，我们可以追循中国发展历程中的许多方面，可以加深对于这段历史的认识和理解，以及对于经济发展和经济学原理方面的理解。

任何一个国家的发展，最重要的一个方面就是经济的发展，一个繁荣富强的国家一定要有一个良好的经济基础。经济学的核心就是研究经济原理和经济发展。这里我们试图运用经济学原理，依据国家统计局的数据记录，进行基础的分析和观察，提出粗浅的思考。限于资料和时间，难免会有疏漏之处，还请大家不吝赐教。

经济学中最基础的概念就是产品生产。全社会产品生产价值的总和就是经济学中常说的生产总值（以下简称"产值"），代表了一国经济每年活动的总成果。图2显示了中国70年产值变化的历史数据（图中方柱）。产值（以当年价格计量，又称"名义产值"）从1952年的679亿元到2018年的900 310亿元，年均增长11.5%。扣除价格变动因素，年均增长8.1%，其中前30年平均年增5.9%，后40年年均增长9.3%。经济学中，生产总值＝产品数量×产品价格，因此，价格的变动就会直接影响产值的变动。图2中曲线③表示价格指数（整体经济平均价格水平）的变动。以1952年（基年）为100，前30年（1952—1977年）价格指数基本平稳，通胀很低；1978年以后，1978—1992年增长较快，1993—1995年快速增长，1995—2003年较为平稳，2003—2011年较快增长，2012—2018年增长趋缓。图2中曲线②和曲线①分别表示真实产值增长率和名义产值增长率，可以看出1952—1977年二者几乎一致，因为这段时间通胀很低，1978年之后，二者差异较大，特别是在通胀较高时段，反映了价格因素对产值的影响。70年间经济增长总体速度较快，但也包含显著的周期性波动。

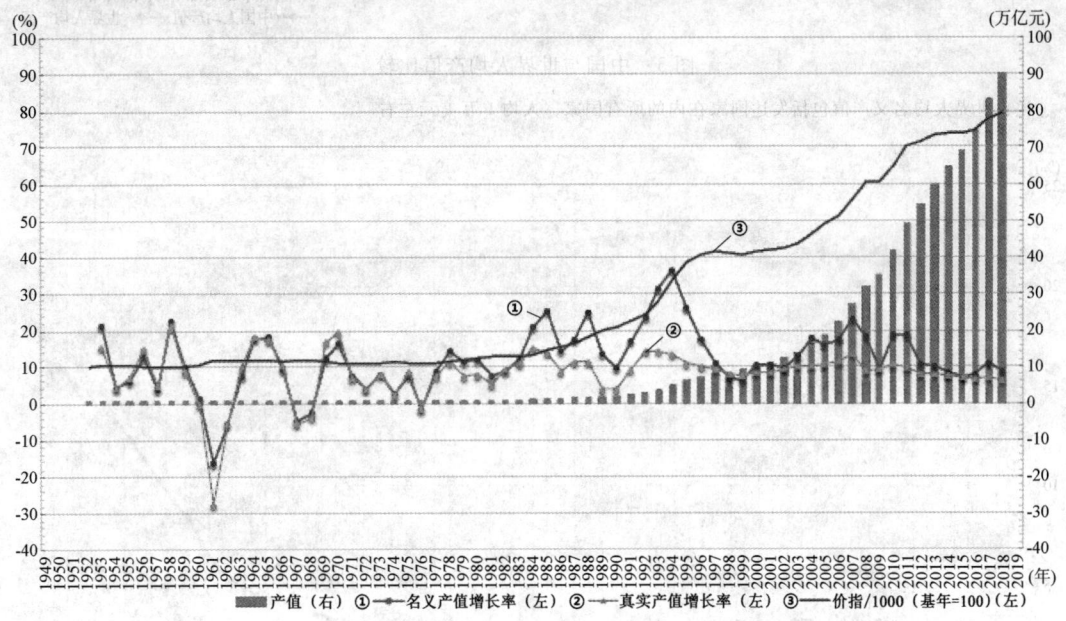

图2 产出增长与价格因素

根据世界银行数据，中国经济发展初期与世界人均产值相比较低，之后随着中国经济的迅速发展，中国人均产值迅速接近世界人均产值水平（见图3），中国产值的世界占比也从1995年以前的3%大幅增长到2018年16%的水平，而同期中国人口占世界人口的比重从22%降到18%（见图4）。

经济学中另一个核心基础概念是货币供应（以下简称"货币"）。货币是经济中用来进行产品交换的一般等价物（钞票中介），主要包含钞票（现金）和存款两个部分，即货币＝钞票＋存款。货币总量通常与经济规模（产值总量）紧密相关。货币供给形成的机制是通过银行发放贷款（货币发行）。值得注意的是，这里所说的货币（即货币供应总量）的本

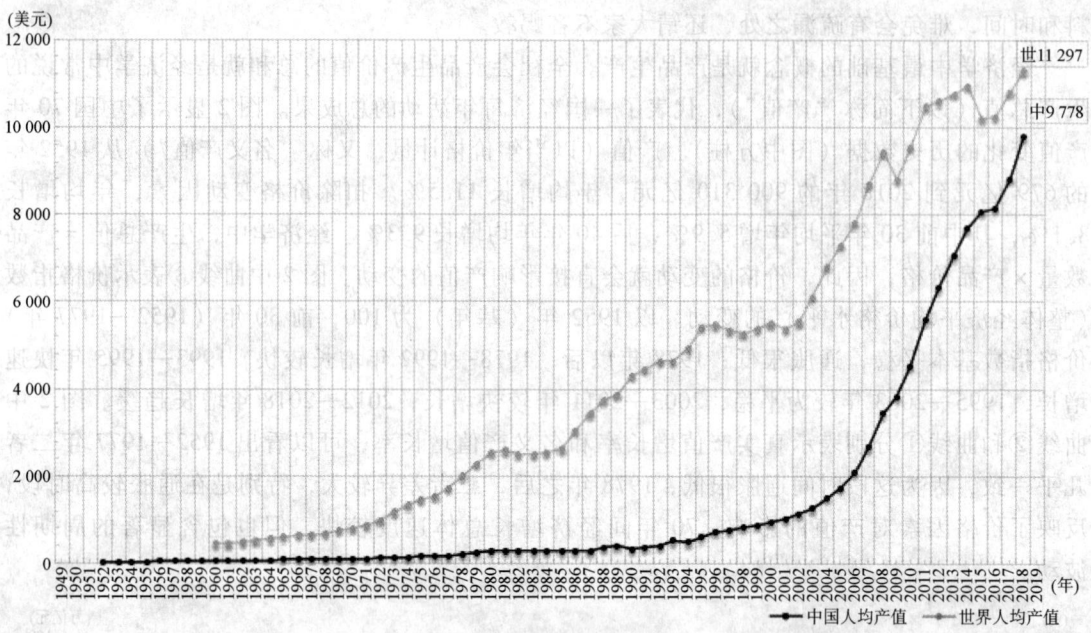

图 3 中国与世界人均产值比较

注：世界人均名义产值包括发达国家在内的所有国家，人均 1 万美元左右。

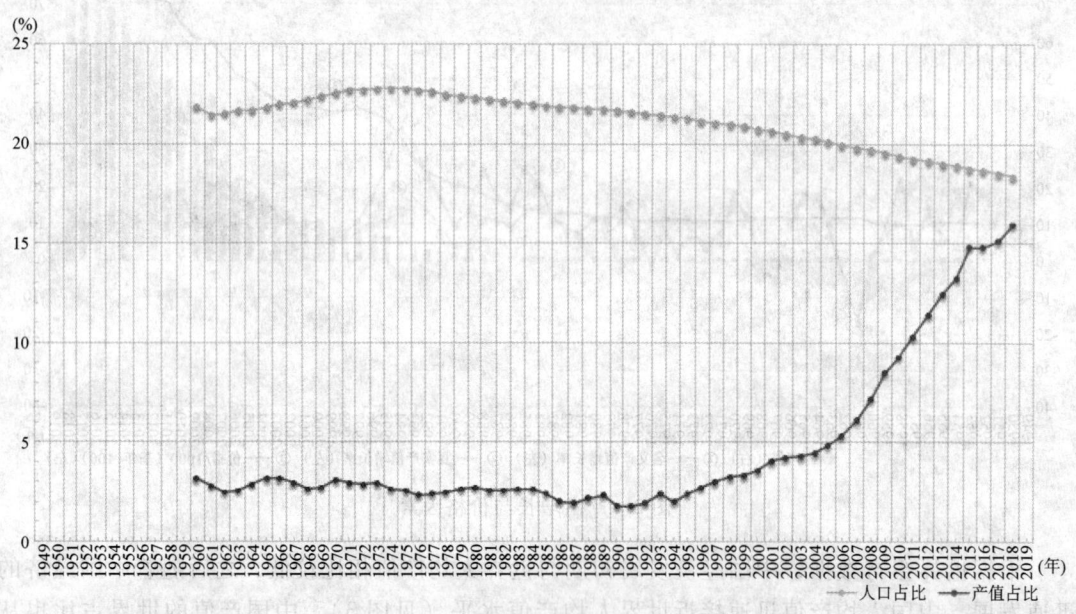

图 4 中国人口与产值的世界占比

质，以及包括货币的更为广义的概念——金融的本质，是经济中不同经济主体之间的资源融通（借用）。图 5 中方柱表示历年货币总量，从 1952 年的 121 亿元增至 2018 年的 183 万亿元，年均增长 15.7%。其中前 30 年总体平均增长 9.9%，但是前期波动较大，后期比较平稳；后 40 年总体平均增长 19.7%，前期总体偏高，后期有所降低，几经周折。通货膨胀率与货币增长率相关较为紧密，观察可见，较高的货币增长率常会伴有较高的通货膨胀率。

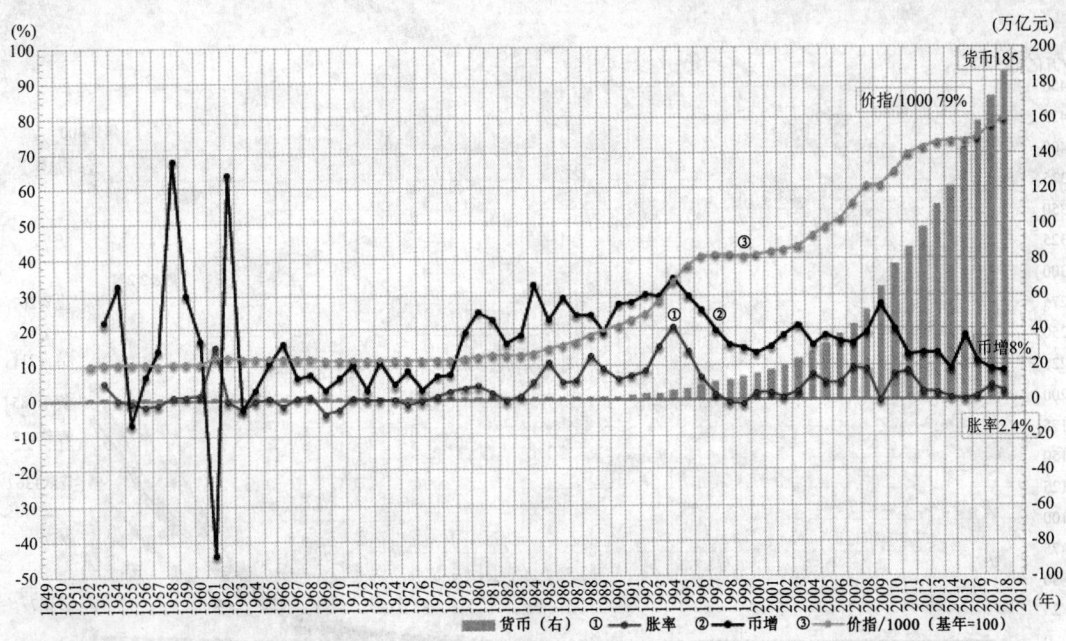

图5 货币（供应、增长、通胀与价格）

从图6中可以进一步看到钞票、存款、贷款和货币总额的历史变化，这四大变量反映了传统银行核心存贷业务的规模。也许因为金融业务较为复杂，国家统计局也相应有多个不同的统计口径。为了系统比较不同口径之间的差异，在图6中也放入了其他三个不同口径的统计。其中"金融机构人民币信贷收支表"统计口径除了包含上述传统银行核心存贷业务之外，还包括债券投资、储备资产、股权及其他投资、国际资产及负债等科目，所以这个统计口径大于传统银行业务口径。"其他存款性公司资产负债表"统计口径包含了"其他存款性公司"所有资产负债科目，因此这个口径大于上述信贷收支口径。"所有机构相互融通所有融资科目总和"，根据国家统计局"资金流量表"推算而得，因此这个科目是包含或大于前述所有科目的最大口径。可惜统计年鉴的数据还不够完整，细节说明也不够充分，准确分析解读尚待改进。方柱表示累计国民储蓄总和，即实物资本形成和净出口累计总额，可以视为实物资产总额与国外资产总额之和，即可以"被借"的积累总额。作为包含一切社会融通活动的金融，通常包含几种基本形式，除了前述的银行，还有证券、保险、信托、基金等。2017年股票（1997—2017年）累计融资总额12.0万亿元，债券年末托管金额75.0万亿元，保险资产总额16.9万亿元，信托资产总额26.2万亿元，基金资产规模11.6万亿元。同期银行存款余额164.1万亿元，贷款120.1万亿元。

如上所述，金融代表了经济中的融通（债务）总额，产值代表了经济中的生产总额。因此，二者之比可以衡量经济中融通与产值的比例关系。因为融通总额可有如上几个不同口径的统计，因此融产比也有几个不同口径。从图7可看出，币产比与信产比数值非常接近，而且数据历史较为完整。融产比的趋势与上述二者类似，统计科目口径最为完整，但是历史数据相对较短。以货币产值比为例，前30年比值较低（1952—1977年平均40%左右），后40年比值持续增长（2018年达到210%）。这个口径也是国际上经常引用的债务产值比的指标。图8为中国币产比与世界平均水平变动比较，1978年之后中国币产比增长速度持续高

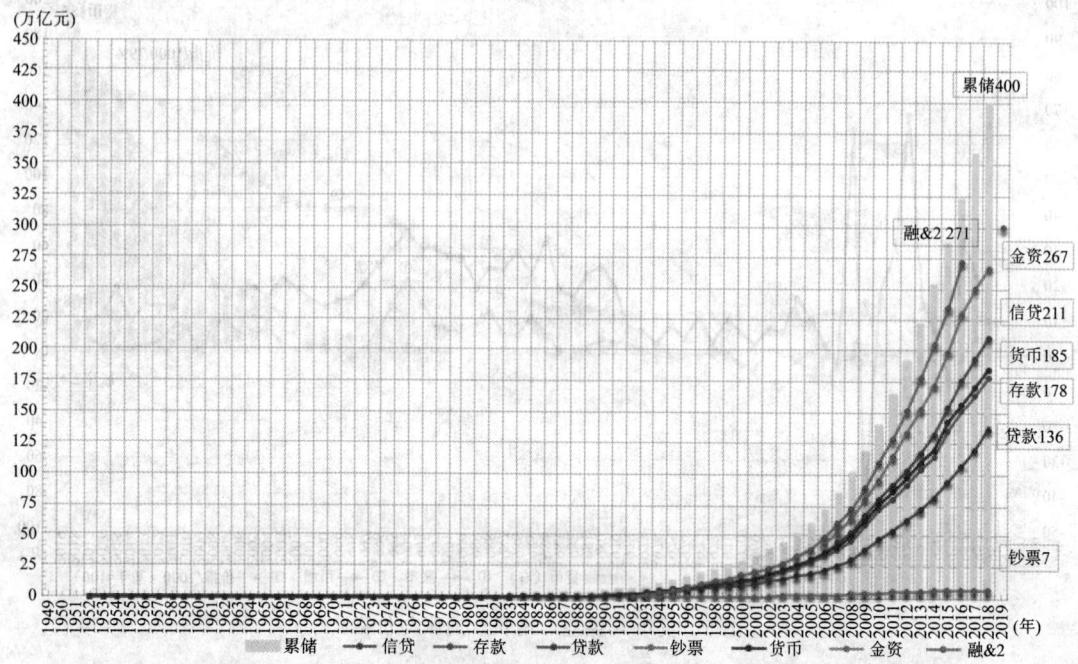

图 6 金融（货币、银行、信贷、非银）

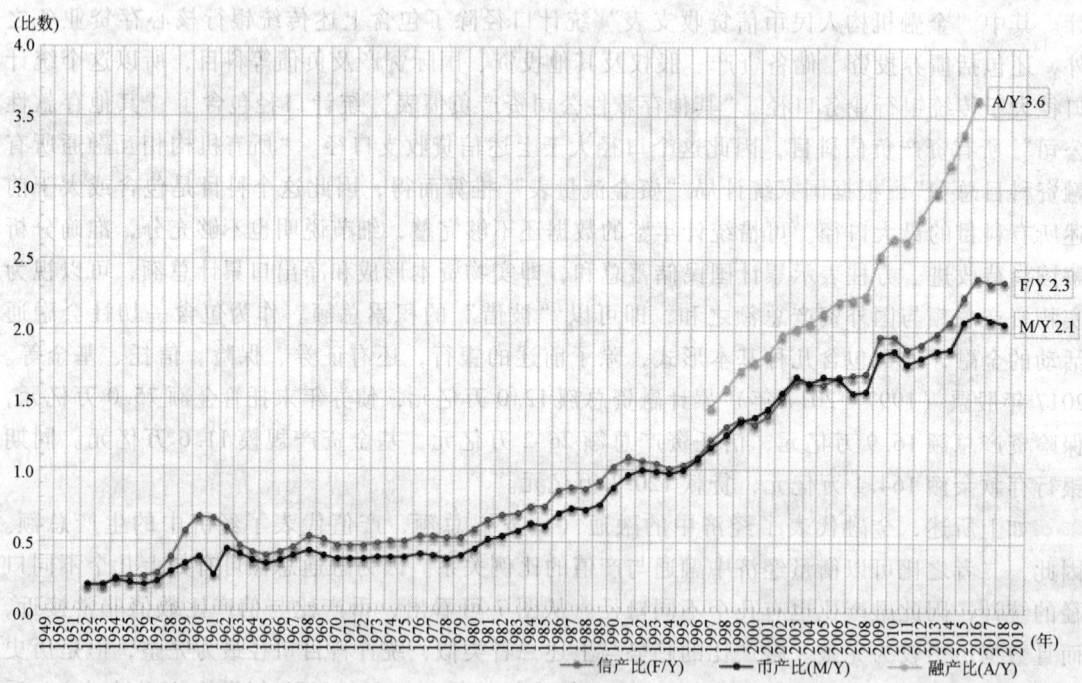

图 7 货币产值比，信贷产值比，总融产值比

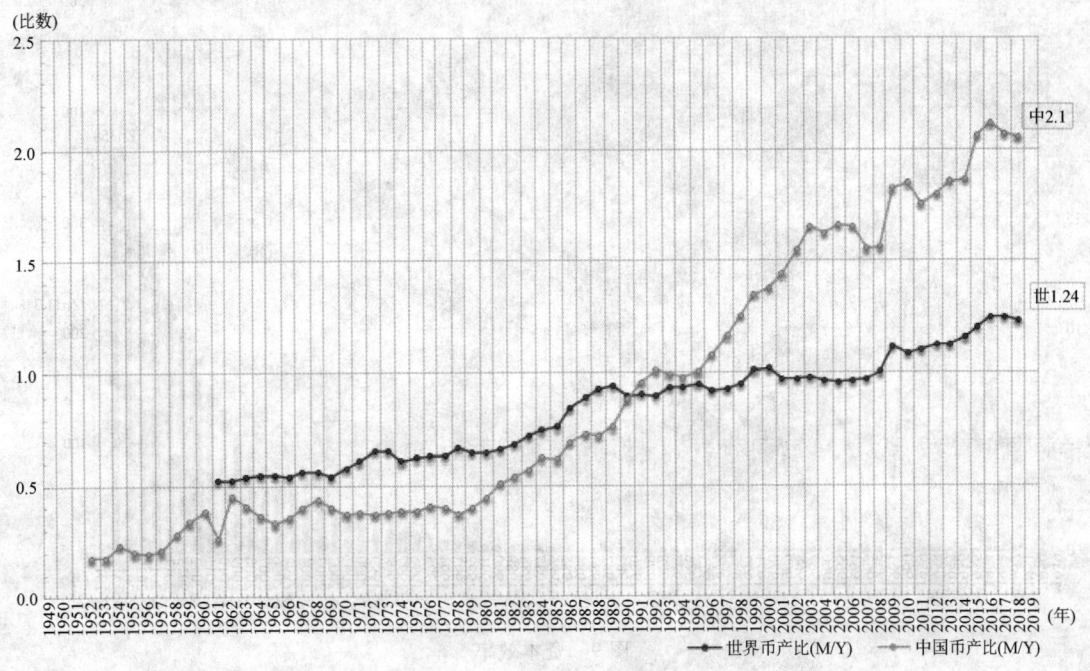

图 8　中国与世界的币产比

于世界平均水平。

　　经济学中第三个重要的基础概念是效率。如果每年的产值代表一个经济总体的产出，国民储蓄（产值 - 居民消费和政府开支）可以代表经济效用，累计国民储蓄总额代表一个经济总体的累计历史积累（资本），作为经济产出的物质基础，那么这个经济总体的投入产出效率可以用当年产值除以同年实物资产总额来衡量。图 9 方柱代表累计国民储蓄总额（扣除折旧），从 1952 年的 1 261 亿元增长到 2018 年的 3 584 690 亿元；曲线为经济总体的资本效率（当年国民储蓄除以同年累计国民储蓄总额）。观察发现，前 30 年除 1958—1963 年波动较大外，平均在 5% 左右，后 40 年大致在 10%—20%。70 年间出现了 8 次较大波动，分别是在 1953—1955 年、1956—1962 年、1963—1969 年、1970—1976 年、1977—1983 年、1984—1990 年、1991—2002 年、2003—2018 年。其中三次最为显著的波动周期是 1956—1962 年、1991—2002 年、2003—2018 年，区间宽度分别为 16%（17%—1%）、8%（22%—14%）、7%（18%—11%），区间均值分别约为 9%、18%、15%。这里似乎存在一个金融投资悖论：每次投资效率增长过快就会导致其后投资效率降低，投资增长衡量数学上等价于投资效率衡量。

　　总结上述分析，中国经济金融 70 年发展取得巨大成就，总体说来一直保持着较高速度的增长以及较高的投资回报。但是，经济发展也非一帆风顺，具有比较显著的波动特征。随着经济规模的不断扩大，投资和效率的挑战也在增加。特别是 2008 年世界经济危机之后，资本效率呈现下降趋势，总体债务处于较高水平，但是根据币产比的指标来看，2016 年之后债务增加趋势已经得到扭转，说明宏观调整措施取得一定成效。面向未来，我们相信，只要不断深化改革，大力发展科技创新，中国一定可以发展得更快更好。

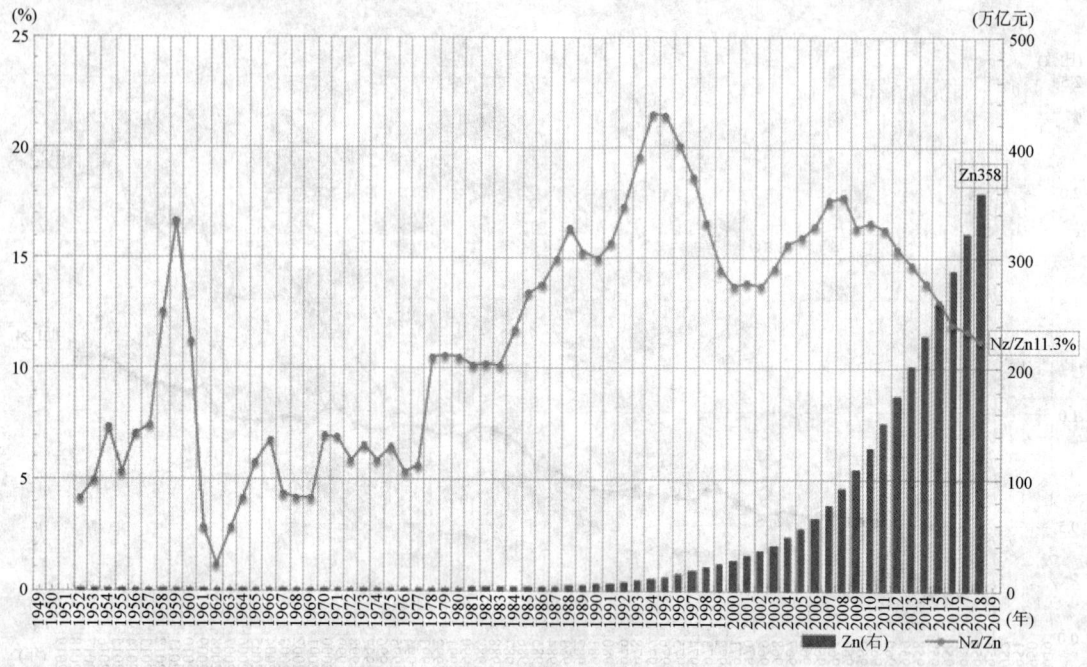

图 9 资本效率

附表：	中国经济发展大事
年份	记事
1948	中国人民银行成立并发行新中国第一套人民币
1949	中华人民共和国成立；中国人民银行召开首次全国保险工作会议；中国人民保险公司成立
1951	成立农业合作银行；建立农村信用合作社
1952	成立国家统计局；成立国家计划委员会
1953	"一五"计划（1953—1957 年）；《中国银行条例》颁布
1954	《共同纲领》通过；全国人大一次会议通过了首部《宪法》
1956	公私合营银行纳入人民银行体系；所有存款贷款利率全部由人民银行管理
1958	"二五"计划（1958—1962 年）；停办国内保险业务
1959	三年困难时期（1959—1961 年）
1964	第一颗原子弹爆炸成功
1966	"三五"计划（1966—1970 年）；中国人民银行并入财政部
1970	第一颗卫星发射成功
1971	"四五"计划（1971—1975 年）；恢复联合国大会席位
1976	"五五"计划（1976—1980 年）
1977	全国银行工作会议决定恢复银行独立的组织系统；恢复高考
1978	十一届三中全会确立解放思想改革开放，工作重心转向经济建设；中国人民银行与财政部分开办公；农村改革

续表

年份	记事
1979	恢复农业银行；成立建设银行（从财政部分离出来）；成立中国银行（从中国人民银行分离出来）；成立国家外汇管理局；首家信托公司成立；首家外资银行代表处（日本输出入银行北京代表处）设立；人大通过《中外合资经营企业法》；恢复国内保险业务；提高农产品收购价格（1979—1981年，农民收入总计增长66.4%）
1980	成立国家经济体制改革委员会；中国人民保险公司复业；恢复在国际货币基金组织和世界银行的合法席位
1981	"六五"计划（1981—1985年）；重新开始发行国债；人大通过《经济合同法》
1982	新中国成立以来统计部门首次以年鉴的形式向全社会发布统计数据：《中国统计年鉴1981》
1983	国务院颁布《关于人民银行专门行使中央银行职能的决定》；《统计法》颁布
1984	工商银行成立（从人民银行分离出来）；人民银行开始专门行使中央银行职能；各个专业银行（工、农、中、建）开始向商业银行转型；首只股票公开发行；十二届三中全会通过《中共中央关于经济体制改革的决定》
1985	国务院制定的《保险企业管理暂行条例》实施；《国家金库条例》发布
1986	"七五"计划（1986—1990年）；交通银行重新组建（首家股份制商业银行）；首个证券交易柜台营业；人大颁布《外资企业法》
1987	首家证券公司成立
1988	七届人大一次会议首次把私营经济写进《宪法修正案》；首次发行百元面值人民币；人大颁布《中外合作经营企业法》
1990	首家期货交易所成立；上交所正式营业
1991	"八五"计划（1991—1995年）；清理"三角债"；深交所正式营业；首个股票指数发布；中国证券业协会成立
1992	邓小平南方谈话；中国证监会及证券委成立；《中华人民共和国海商法》出台（海上保险）
1993	《股票发行与交易管理暂行条例》由国务院发布并实施；内地首只H股在港交所上市；《企业债券管理条例》由国务院发布并实施；国务院作出关于实行分税制财政管理体制的决定（分税制改革）；国务院出台《关于金融体制改革的决定》（确立央行宏观调控体系）；出台《中共中央国务院关于当前经济情况和加强宏观调控的意见》（宏观调控十六条）
1994	外汇管理体制改革，实现汇率并轨；内地首家N股（海外股）在纽交所上市；开始实行银行结售汇制度（全国统一的银行间外汇市场）；银行体系改革，设立三大政策银行（国开、农发、进出口银行），原有各个专业银行转型成为商业银行（工、农、中、建）
1995	《中华人民共和国保险法》实施；《中华人民共和国商业银行法》实施
1996	"九五"计划（1996—2000年）；中国人民保险公司改组为中国人民保险（集团）公司
1997	银行间债券市场成立；《证券投资基金管理暂行办法》颁布；《证券交易所管理办法》颁布；香港回归；亚洲金融危机；第一次全国金融工作会议，开启国有商业银行改革
1998	中国证监会与国务院证券委合并；首家公募基金公司国泰基金成立；首批证券投资基金"开元"和"金泰"同时宣告成立；财政部发行2 700亿元特别国债注资四大银行（第一次）；中国保监会成立；国企改革；全国人大审议通过《证券法》

续表

年份	记事
1999	四大银行资产管理公司成立，剥离处置不良资产1.3万亿元；《证券法》实施；《公司法》实施；国务院批准的《期货交易管理暂行条例》实施；澳门回归
2001	"十五"计划（2001—2005年）；中国加入世界贸易组织；《信托法》实施
2002	第二次全国金融工作会议，部署银行改革上市并拟订中国银监会履行银行、信托监管职责；合格境外机构投资者制度（QFII）在内地确立和实施
2003	中国银监会成立；中央汇金公司成立，第二次对中行、建行注资
2004	《证券投资基金法》实施
2005	建行上市；中国信托业协会成立；人民币汇率形成机制改革；上市公司股份全流通改革
2006	"十一五"规划（2006—2010年）中行上市；工行上市；全国集中统一的个人和企业信贷征信系统建成运行
2007	公司债发行正式启动；中国投资有限责任公司成立；邮储银行挂牌
2008	全球金融危机爆发
2010	股指期货上市；农行上市；国务院批准的《中国证监会股票发行核准程序》发布
2011	"十二五"规划（2011—2015年）
2013	《征信业务管理条例》出台；"一带一路"倡议
2015	供给侧结构性改革
2016	"十三五"规划（2016—2020年）
2017	决定设立国务院金融稳定发展委员会；五部委联合发布《关于规范金融机构资产管理业务的指导意见》；中国保监会发布《保险公司合规管理办法》
2018	中国银行保险监督管理委员会成立；资管新规正式落地
2019	人大通过《外商投资法》；科创板正式开板

参考文献

[1] 国家统计局. 中国统计年鉴 [M]. 中国统计出版社，1981—2019.

[2] 中国金融年鉴编辑部. 中国金融年鉴 [M]. 中国金融出版社，1986—2018.

[3]《辉煌70年》编写组. 辉煌70年——新中国经济社会发展成就（1949—2019）[M]. 中国统计出版社，2019.

[4] 国家统计局. 新中国六十五年数据表 [EB]. 官网发布时间：2015-02-12.

[5] 国家统计局国民经济综合统计司编. 新中国六十年统计资料汇编 [M]. 中国统计出版社，2010.

我国资本市场并购重组制度建设的实践经验

安青松[*]

并购重组是资本市场的关键制度，是市场化配置资源的重要方式。伴随着我国资本市场基础制度的不断完善，资本市场并购重组主渠道功能不断增强，上市公司并购重组交易规模已由1995年的1.6亿美元增长至2018年的3 000多亿美元，在促进经济结构调整和发展方式转变方面发挥了积极作用。29年来，我国资本市场并购重组经历了股权分置格局下、股权分置改革推进中和完善市场化制度安排三个重要阶段，各个阶段并购重组制度建设的实践经验客观反映了特定时期的制度变迁逻辑和市场发展规律，对当前落实金融供给侧结构性改革，全面深化资本市场改革，加快完善资本市场基础制度，打造一个规范、透明、开放、有活力、有韧性的资本市场，具有重要的历史借鉴意义。

一、股权分置格局下的并购重组

我国股票市场建立之初，涉及国有企业改制上市，为照顾对传统公有制概念的"路径依赖"，采取"存量不动，增量上市"的改革方法，随着股票市场的发展，进一步形成"公开发行前股份暂不上市流通"的股权分置格局，这种状况从1990年沪、深证券交易所开业，一直持续到2005年股权分置改革。在股权分置格局下，上市公司相同的普通股划分为流通股和非流通股，造成同为普通股股东持有的股份"同股不同权，同股不同价"。由于权益不平等形成的两类股东，在上市公司并购重组活动中更容易产生负面激励和逆向选择；在"活股生活股，死股生死股"的监管政策导向下，控制权市场的形成和并购重组活动的动机受到制度制约。

---

[*] 作者简介：安青松，经济学博士，从事证券工作26年。现任中国证券业协会党委书记、执行副会长（法定代表人）。曾任北京市天桥百货股份有限公司首任董事会秘书，中国证监会股权分置改革领导小组副主任，上市公司监管部副主任，中国上市公司协会党委委员、副会长兼秘书长，青岛证监局党委书记、局长，天津证监局党委书记、局长兼天津稽查局局长。该文转载自《中国金融》2019年第19期；原载于《中国证券》2019年第10期。

并购重组包括上市公司收购和上市公司资产重组活动。在这一阶段，早期上市公司收购主要依据1993年国务院颁布的《股票发行与交易管理暂行条例》，核心制度是收购人强制全面要约收购义务和持股权益变动强制信息披露义务（以下简称"两强义务"）。这套制度基本是照搬照抄香港全流通市场的做法，没有做出与内地市场股权分置格局相衔接的制度安排。1998年制定的《证券法》中，上市公司收购基本沿用了这一制度框架。2002年监管部门依据《证券法》制定的《上市公司收购管理办法》（以下简称《收购办法》）和《上市公司股东持股变动信息披露管理办法》，承续以"两强义务"为基础规范上市公司收购活动，但是在强制要约收购义务中，针对股权分置格局规定了两种要约定价原则。上市公司资产重组在1998年以前主要是作为一类重大事件进行临时报告和公告。1998年为缓解执行退市规定形成的维护社会稳定压力，监管部门发布26号文《关于上市公司置换资产变更主营业务若干问题的通知》，对高风险上市公司通过重大资产重组改变主营业务行为进行规范。2000年监管部门发布75号文《关于规范上市公司重大购买或出售资产行为的通知》，将重大资产重组的监管，由事前审批改为事后备案，进一步鼓励面临退市风险公司通过重组化解危机。2001年为遏制虚假重组、推动实质性重组，监管部门发布105号文《关于上市公司重大购买、出售、置换资产若干问题的通知》，将事后审批改为事中审批，并对重组的条件、信息披露、决策和申报程序等作出具体规定。这一阶段是资本市场并购重组制度的萌芽时期，制度引进与市场实践存在差异。由于股权分置产生的股份权益不平等，制约了控制权市场的形成；上市公司重组制度的政策目标主要是挽救危机公司、缓解退市压力。

1993年深宝安通过二级市场举牌收购延中实业流通股，成为我国首例上市公司收购案；1994年珠海恒通收购上海棱光，成为通过国有股协议转让实现控制人变更首例，引起市场广泛关注。但是在股权分置格局下，由于资本市场基础制度的缺陷，并购重组活动市场化交易程度低，以政府推动挽救经营危机、化解退市压力为主要特征。1997年为服务实现国有企业三年脱困目标，监管层提出"拟IPO企业须兼并2家亏损国有企业"的政策，并支持上海市和纺织行业开展亏损国有上市公司资产重组试点，1997—1998年50多家上海市属国企上市公司通过并购重组重新焕发生机，深中集、上海港机、邯郸钢铁等成为兼并亏损企业实现跨越式发展的典型案例。2001年为避免集中退市引发社会稳定风险，上海市政府对4家市属国有控股上市公司进行"补血式"资产重组，同年上海水仙放弃重组终止上市，首开我国资本市场建立优胜劣汰机制先例。上述挽救危机型并购重组，主要采用传统的现金购买、资产置换方式实现，具有现金成本高、交易规模小、市场化程度低的特点。在这一时期，探索市场化并购重组的个案开始零星"试水"。1999年在监管部门指导下，中关村科技与琼民源完成首例流通股换股上市；2000年上交所上市公司同仁堂首开分拆子公司同仁堂科技在香港创业板上市先例；2003年南钢股份依据《上市公司收购管理办法》发出股权分置格局下首单"同股不同价"的全面要约收购说明书；2004年TCL集团成为换股合并实现整体上市的首例。

二、股权分置改革推进中的并购重组

2005年4月，经国务院批准，中国证监会发布《关于上市公司股权分置改革试点有关问题的通知》，启动了股权分置改革试点工作。2005年9月，中国证监会发布《上市公司股权分置改革管理办法》，在上市公司全面推开股权分置改革。截至2006年12月底，1 248家上市公司完成股权分置改革，市值、家数占比均达95%，股权分置改革基本完成。为适应股权分置改革形成的"同股同权，同股同价"的全流通市场格局及股份作为并购重组支付工具的出现，监管部门同步完善相关并购重组法规体系。2005年制定或联合制定发布《上市公司回购社会公众股份管理办法（试行）》《外国投资者对上市公司战略投资管理办法》《外国投资者并购境内企业的规定》《国有股东转让所持上市公司股份管理暂行办法》等规则，规范公司股份回购行为及特殊类型、特殊主体的并购重组活动。2006年修订发布《上市公司收购管理办法》，将强制全面要约收购制度调整为强制要约收购制度，允许部分要约和比例要约，将原有《上市公司股东持股变动信息披露管理办法》相关内容并入其中，并进一步规范一致行动人行为。

2008年监管部门制定发布《上市公司重大资产重组管理办法》（以下简称《重组办法》）、《上市公司并购重组财务顾问业务管理办法》，全方位构建规范上市公司重大资产重组活动的制度安排，首次从规则层面确立上市公司发行股份购买资产交易方式，为并购重组交易的市场化、标准化、大型化奠定制度基础。同年修订《上市公司收购管理办法》，建立收购人自由增持制度，即豁免收购人在12月内增持不超过1%股份的强制要约收购义务；制定发布《关于上市公司以集中竞价交易方式回购股份的补充规定》，将上市公司股份回购行为由事前核准改为事后备案，进一步提高回购行为灵活性。这一阶段是我国资本市场并购重组制度系统性、体系化建设的重要时期，这些制度建设成果既体现股权分置改革的总体设计，也反映全流通市场发展的基本逻辑，初步形成市场化并购重组的整体制度框架。在股权分置改革方案设计中，曾提出建立存量股份转售制度，但是由于我国股票市场发行制度是基于增量发行而构建，存量发售制度一直未形成，为后来市场出现存量股份"清仓式减持""恶意减持"问题留下制度漏洞。

这一阶段资本市场并购重组主渠道功能初步显现。2006—2009年上市公司参与的并购重组累计交易规模为16 162亿元人民币，较2002—2005年累计规模2 675亿元人民币，增长504%。2006—2009年上市公司并购重组交易额在境内并购交易总额的平均占比为48%，而2001—2005年同口径的平均占比仅为18%。我国资本市场规模化、市场化的并购重组创新实践，发端于2006年开始的上市公司股权分置改革与并购重组组合操作，共计275家上市公司通过创新交易方式、支付方式的并购重组完成股权分置改革。在股权分置改革基本完成后，这些组合操作成为示范案例，进一步推动并购重组向大型化、市场化、创新化发展。这一阶段资本市场并购重组充分体现了经济快速增长和产业整合加快的发展态势，主要交易方式可以分为五类：第一类是集团公司通过向上市公司注入资产的方式实现整体上市。例如，长江电力以承接债务、发行股份及支付现金的方式向三峡总公司购买三峡工程发电资产和辅助生产专业化公司股权；中国船舶集团主营业务借助沪东重机整体上市；双汇发展发出首单"同股同价"的全面要约收购说明书，并采取反向收购实现双汇集团整体上市。第二类是同一控制下若干个上市公司之间通过吸收合并实现集团化整合。例如，河北钢铁集团旗下三家上市公司换股吸收合并实现整体上市；攀钢钢钒发行股份购买攀枝花钢铁集团下属资产，同时换股吸并攀渝钛业和长城股份实现整体上市；中国铝业通过吸收合并旗下上市子公司山东铝业、兰州铝业实现整体上市；潍柴动力换股吸收合并旗下上市子公司湘火炬实现整体上市。第三类是非同一控制企业通过吸收合并进行产业整合，实现强强联合。例如，东方航空与上海航空、中国医药与上海医药合并整合。第四类是控股股东和主营业务同时发生改变的重组上市（亦称借壳上市），金融企业、房地产企业、文化企业成为本阶段重组上市的主流。例如，广发证券、新华联、新华传媒等通过与股权分置改革组合操作实现借壳上市。第五类是上市公司分立上市试点。2009 年为解决历史遗留问题，在监管部门指导下，东北高速启动开创性的分立上市试点。

三、完善市场化制度安排进程中的并购重组

随着股权分置改革的完成和资本市场基础制度的完善，并购重组成为资本市场配置资源的重要方式，但是由于市场化制度供给不足，在市场发展实践、制度建设和机制运行方面产生诸多问题和挑战。在市场发展实践方面，借壳上市案例频繁发生，但是缺乏具体的制度规范，在既无明确概念定义也无清晰标准界定的情况下，导致严重的监管套利；并购重组中时常伴生内幕交易，但是举证难、认定难、惩戒不足，形成严峻的监管挑战；上市公司同业竞争、关联交易问题普遍存在，亟待解决，影响提高上市公司质量。在制度建设方面，资产、现金对价不能同步操作，并购融资受限；以股份对价并购重组制度尚不完备；上市公司收购制度、重组制度的适应性、适当性和有效性亟须进一步增强；上市公司合并、回购、分立、分拆制度不健全。在机制运行方面，尚未形成中介机构执业激励和约束机制，中介机构事责不对等、问责不到位、创新无动力；并购重组审核和停复牌工作标准化、公开化、流程化亟待完善。2010 年 10 月，为贯彻落实《国务院关于促进企业兼并重组的意见》（国发〔2010〕27 号），监管部门组织围绕"如何有效发挥资本市场功能，支持促进并购重组，更好地服务于宏观经济政策目标"和"如何健全完善监管工作，规范引导并购重组活动，扬长避短，趋利避害，统筹解决存在的问题，更好地适应市场客观需求"课题进行深入调研论证，以坚持市场导向、强化监管为方向，增加制度供给，减少审批环节，提高审核效率和透明度，加强中介机构责任和作用，建立内幕交易综合防控体系为主要内容，形成并发布推进完善资本市场并购重组的十项工作安排（以下简称"十项工作安排"）。十项工作安排是推进市场化并购重组的顶层设计和整体解决方案，从 2010 年起按照十项工作安排确立的改革方向，监管部门陆续推出了多项改革措施，并根据实践不断修订完善《上市公司收购管理办法》《重组办法》等法规，进一步规范推动市场化并购重组实践。境内资本市场并购重组规模从 2010 年的 634 亿美元增长到 2018 年的 3 000 多亿美元；市场化并购重组快速发展，非同一控制下并购重组从 2010 年的逾 300 宗，增加到 2018 年的近 1 900 宗，资本市场并购重组主渠道作用得以有效发挥。

在这一阶段，推进十项工作安排的落实，形成以下五个方面的具体实践：一是拓宽上市公司并购重组融资渠道。2011 年监管部门修订《重组办法》，允许上市公司在发行股份购买资产时向特定对象发行股份进行融资。2012—2015 年，上市公司通过配套融资的方式分别融资 196.75 亿元人民币、442.65 亿元人民币、852.97 亿元人民币、3 140.46 亿元人民币，呈现快速增长趋势。二是丰富并购重组支付工具，推广定向可转债运用。2014 年监管部门修订《重组办法》，允许上市公司可以向特定对象发行可转债用于购买资产或者与其他公司合并。截至 2019 年 8 月末，已有 33 单并购交易公告使用定向可转债作为支付对价工具，涉及的并购交易金额达到 302.99 亿元人民币。三是资产交易定价更加市场化。放宽发行股份

购买资产定价的选择空间,可选择定价基准日前20个、60个、120个交易日均价作为市场参考价。允许交易各方基于交易实质、交易各方权利义务等因素协商约定标的资产价格,允许上市公司对不同交易对方支付不同的交易对价。取消了非同一控制下并购重组交易中强制交易对方做出业绩承诺要求,交易双方可基于商业判断对对赌条款进行灵活的设计,在保证各自基本利益诉求的基础上,更有利于并购重组完成后的后续整合。四是不断优化重组上市标准。2011年修订《重组办法》首次明确界定重组上市概念、标准和行为规范;2014年修订《重组办法》进一步明确重组上市比照IPO标准进行审核;2016年修订《重组办法》将重组上市认定标准的财务指标扩展至营业收入、净利润、总资产、净资产、发行股本,且规定上市公司实际控制人突击入股标的、认购配套融资的部分在认定上市公司实际控制权时予以剔除计算,进一步从严界定重组上市;2019年《重组办法》修订征求意见稿中,提出拟将控制权变更后注入资产不构成重组上市的年限由5年缩短至3年,同时剔除了判断借壳时的净利润指标,适度放宽重组上市认定标准。随着重组上市规则不断完善,重组上市活动逐步回归理性,"炒壳"现象得到抑制。截至2019年8月31日收盘,A股上市公司市值不足30亿元人民币的公司共940家,不足20亿元人民币的公司共299家,壳公司的高溢价现象有所缓解。五是并购重组审核效率大幅提高。2013年监管部门对并购重组行政许可实施扶优限劣的审核分道制;2014年取消现金购买资产的行政许可;2018年推出"小额快速"并购重组审核机制。通过简政放权,90%以上的并购重组交易已无须监管部门审核,发行股份购买资产类交易的审核周期已由2012年的约160天缩短至2019年的约90天。

经过29年的持续发展,我国资本市场并购重组主渠道作用不断增强,成为盘活存量、优化结构,促进优胜劣汰和提高上市公司质量的重要机制。29年的实践表明,尊重市场放松管制,尊重法治宽严相济,尊重专业激励创新,市场导向扶优限劣,强化监管兴利除弊,是资本市场并购重组制度建设的重要经验,也是贯通资本市场基础制度建设的基本发展逻辑。

推动融资融券和转融通业务发展
完善资本市场基础交易制度

隆武华*

一、全球证券借贷业务发展情况及趋势

证券买空和卖空即信用交易行为,在全球已有400余年的历史。20世纪60年代,现代意义上的证券借贷交易开始正式出现。经过多年的发展,证券借贷已是国际金融市场实现多空平衡发展的成熟业务,提供证券借贷功能的各类平台已成为全球金融市场重要的基础设施。全球经验事实表明,证券借贷与证券交易功能独立、平行发展、互为补充、同等重要,市场影响中性,共同构建了资本市场核心基础制度框架。

一是全球证券借贷业务发展成为资本市场重要的基础功能制度。从2012年至2018年,全球证券借贷业务蓬勃发展,证券借贷余额由1.4万亿美元上升至2.5万亿美元,增幅78.6%,可借资产由12.8万亿美元上升至19万亿美元,增幅48.4%,逐渐发展成为全球资本市场不可或缺的基础功能制度和资产管理工具。2018年,全球证券借贷业务收益近100亿美元,其中亚洲股票借贷收入22亿美元,同比增长约27%,是共同基金、养老金、政府机构等各类证券出借机构十分重要的收入来源。国际证监会组织在1999年的报告《证券借贷交易:市场发展及影响》中认为,证券借贷在提供市场流动性方面扮演着重要角色。金融稳定委员会(FSB)2013年在一份文件中表示,证券借贷和回购对于支持价格发现和二级市场流动性具有重要作用,是金融中介机构开展做市、投资、风险管理等活动的重要工

---

* 作者简介:隆武华,博士,现任中国证券金融股份有限公司副总经理,中国证券业协会融资融券专业委员会副主任委员。曾任财政部财政科学研究所副研究员、副处长,并先后在国务院证券委、中国证监会政策研究室、深交所工作,任副处长、处长和总监,中国财政学会理事。2000年9月—11月,受中国证监会派遣,到巴黎做经济合作与发展组织(OECD)访问学者,研究欧洲资本市场、会员制金融机构及证券交易所的股份化问题。原载于《中国证券》2019年第10期。

具。一项对全球 111 个证券市场的研究发现，对于允许依托证券借贷卖空股票的市场而言，其股票的总体波动性比限制卖空股票的市场低，出现负收益率极端值的频率也要小得多。总的来看，大量事实证据表明，证券借贷在资本市场融通资金、提高资券流动性、发现资产价格、提高资产收益率、平抑市场波动、消除市场泡沫等方面发挥着重要的作用。

二是全球证券借贷市场呈现向集中化平台模式发展的趋势。欧美市场证券借贷业务早期呈现高度分散化的特征，存在着信息不对称、单独征授信管理复杂度高、搜索交易对手成本高、对手方违约风险大等问题。20 世纪 90 年代以来，自发的集中化趋势开始显现，大量交易汇聚到统一的电子化平台进行，交易结算也逐渐集中到中央对手方。2008 年金融危机后，欧美金融监管机构意识到必须加强对卖空行为的监控和对信息披露的监管，开始着手设立证券借贷交易数据库，大力推行集中化证券借贷平台和中央对手方机制，并要求衍生品交易通过中央对手方清算。摩根大通、纽约梅隆、花旗、巴黎证券服务公司、道富银行等国际大型银行，以及明讯银行、欧洲清算等中央证券存管机构，都推出了第三方担保品管理服务，市场参与者开始选取第三方担保品管理机构集中管理担保品。日本、韩国、中国台湾等亚洲市场则从一开始就采用了转融通集中模式，在服务融资融券业务发展方面取得了良好的效果。

与分散化模式相比，集中化的证券借贷平台可以直接匹配出借人和借入人的证券借贷申报，实行灵活的、可协商的期限和费率机制，满足市场主体对于各证券品种的出借与借入需求，降低市场参与者搜索交易对手的成本，提高成交效率；集中化的第三方担保品管理服务有利于统一执行担保品实时盯市、估值、补仓、替换等操作，降低担保品管理成本，优化担保品资产配置，减轻信用违约风险。

三是全球证券借贷市场监管趋严。美国自有卖空行为以来，就始终存在着对卖空的监管，出台各种法律，制定各种规则，有时甚至直接禁止卖空，充分说明了对卖空进行监管的必要性和紧迫性。2018 年金融危机后，全球金融监管部门进一步认识到审慎监管的重要性，陆续出台的巴塞尔协议Ⅲ、《证券融资交易监管条例》（SFTR）等监管规定，都直接或间接地对证券借贷业务产生了影响：第一，增加优质资产需求量。巴塞尔协议Ⅲ对流动性覆盖率设置了严格的要求，借入人对政府债券等高质量流动资产的需求大幅上升。第二，提高市场透明度。欧盟的《证券融资交易监管条例》对证券金融交易数据报送、披露义务和担保品再利用进行了规定，旨在进一步提高证券融资市场的透明度，使监管机构能够及时发现并评估潜在风险。第三，降低特定交易对手的风险敞口。欧洲银行管理局针对影子银行作出规定，对欧盟的金融机构与影子银行主体的单笔交易风险敞口和全部交易的汇总敞口作出限定，以降低与监管框架外从事类银行业务的机构交易的风险，并解决欧洲快速扩张的影子银行等可能造成系统性风险的问题。上述更为严格的监管规定，迫使部分风控能力较差、不符合监管要求的参与人退出证券借贷市场，同时催生了借贷优质资产的旺盛需求，提高了业务规范运作水平，降低了业务运行风险。

四是全球证券借贷监管部门依托统计监测机制不断增强风险防范意识和水平。金融危机之前，国际证券借贷业务长期缺乏数据统计监测体系，监管层无法全面掌握证券借贷市场的具体情况，难以实现看穿式监管，累积了风险隐患。金融危机之后，各国际组织出台的一系列政策都体现了监管部门对构建风险统计监测体系的重视。2013 年，金融稳定委员会发布《解决证券借贷和回购业务中的影子银行风险的政策框架》，建议各个国家和地区的监管机构收集并上报证券融资市场的相关数据，使监管机构能够实时而全面地掌握市场趋势和发展情况。2015年,金融稳定委员会发布了《全球证券融资数据收集汇总的标准和程序》,定义了各个国家和地区应当收集的证券借贷、保证金借贷和回购的数据要素,描述了数据收集时从报告主体到区域监管机构,再到全球数据汇总机构的两层数据架构及数据统计要求。2018年,欧盟在《证券融资交易监管条例》下宣布新措施,规定自2020年4月起,欧盟范围内所有企业须将证券融资交易报告发送至欧洲证券和市场管理局(ESMA)的中央数据库,强制要求报告已了结的证券融资交易的详细信息,包括证券借贷、股票质押、回购和保证金贷款等。长期来看,风险统计监测体系可以提高证券借贷业务的透明度,使监管机构能够及时、全面监控市场动态和风险,增强逆周期调节功能,防范证券借贷业务引发系统性金融风险,为其良性发展提供保障。

二、我国融资融券及转融通业务发展历程和经验启示

为贯彻落实2005年新修订《证券法》和国务院指示精神,2006年2月起,中国证监会认真分析当时我国资本市场与证券行业发展状况,对我国融资融券的业务模式、运行框架和规则进行全面系统的顶层设计研究。2008年6月,国务院颁布施行《证券公司监督管理条例》,确定我国采用融资融券业务集中模式:"证券公司从事融资融券业务,自有资金或者证券不足的,可以向证券金融公司借入。"2010年3月31日,经国务院同意,中国证监会推出证券公司融资融券业务试点。2011年10月,中国证监会颁布施行《转融通业务监督管理试行办法》,进一步明确中国证券金融公司集中统一运营转融通业务。2012年8月和2013年2月,中国证券金融公司分别推出转融资、转融券业务,标志着"融资融券—转融通"的信用业务模式和运行框架基本形成。

截至2019年9月,融资融券业务余额9 692.15亿元,其中融资余额9 562.27亿元,融券余额129.88亿元。转融通业务余额375.03亿元,其中转融资余额288.76亿元,转融券余额86.27亿元。多年来,中国证券金融公司向证券公司累计融出资金13 320.6亿元,融出标的股票222.74亿股,成交金额2 500.2亿元,有效拓宽了证券公司融资渠道、弥补了其自有资金和证券不足,促进了融资融券业务的平稳发展。

推出融资融券业务,建立证券市场信用交易机制,是完善资本市场功能的重要举措,是我国资本市场发展的内在要求。一是为资本市场提供了一种双向信用交易机制。目前我国资本市场已成为全球最大的新兴市场,逐步完善我国资本市场功能、增加股票信用交易方式,是我国资本市场发展的客观需要。融资融券业务交易实现了证券市场"买空""卖空"双向交易,可以说是证券市场日益走向成熟的标志。二是为资本市场提供制度化的资金融通渠道。我国证券市场建立以来,一直缺乏投资者规范的融资渠道,证券市场出现的市场风险和证券公司风险往往与违规融资有密切关系。推出融资融券业务,形成规范合理和有监管的资金融通渠道,不仅有利于理顺证券市场的融资活动,保护投资者利益,而且有利于从制度上改善市场的资金供应,促进证券市场活跃和健康发展。三是为证券公司拓展业务和服务实现转型提供了途径。融资融券业务拓宽了证券公司业务范围,增加了证券公司收入来源,改善了证券公司盈利模式。2018年,证券公司融资融券业务利息收入为672亿元,占到营业收入的25.2%,融资融券利息收入占公司营业收入比例超过50%的达到6家。四是培育了庞大优质的投资者群体。多年来,融资融券规模和客户基础均得到了显著提升,不仅成为证券

公司的第三大业务收入来源，更是投资者特别是个人和一般机构投资者进行信用交易股票的主要手段。目前，融资融券客户超 500 万人，其中个人客户占比高达 99%，有融资融券负债的客户 120 万名，每日参与融资融券交易的活跃客户约 20 万人。尽管客户群体庞大、个人客户居多，但绝大部分客户熟悉业务规则，有合约意识，少有恶意违约和拖欠债务的情况。

融资融券制度设计的重要一环还在于全市场集中的业务风险监测监控。依托底层合约和交易数据，监管方面能够穿透监测业务运行风险，准确把握业务规模变动趋势，从宏观层面把控客户杠杆水平、规模适当性、个券交易风险和证券经营机构风险等。2015 年股市异常波动中，得益于集中监测机制下扎实可靠的风险统计数据，场内融资融券业务风险陆续得以平稳有序化解。

整体看，融资融券业务制度安排能够在有效隔离风险的前提下，通过中国证券金融公司沟通货币市场和资本市场，拓宽合规资金入市和证券融通渠道，为融资融券业务提供支持，满足了我国资本市场实际需要，同时也解决了分散信用模式缺乏且难以有效集中管理与风险监测等问题。从国内外信用交易的发展经验来看，我国应当继续坚持"融资融券—转融通"的集中模式，以便对融资融券实行集中统一的监测、监控，及时掌握整体运行情况和风险状况，必要时还可发挥转融通制度的"断路器"功能，运用市场化手段间接调节证券市场资金、证券的供求关系。

三、我国发展融资融券和证券出借业务五个方面的思考

融资融券交易日益成为我国资本市场重要的基础交易制度，既顺应了金融集中监管趋势，也给予行业创新发展的市场化空间。为建设一个规范、透明、开放、有活力、有韧性的资本市场，需要始终坚持平稳、集中的发展方式，客观看待融券工具净化市场生态的作用，清理不规范不透明的地下信用交易，促进资本市场长期健康发展。

一是需要坚持融券成为资产配置和上市股票风险对冲的市场化手段。在境外成熟市场，融券是资产配置和上市股票风险对冲的重要手段之一，发挥着组合风险对冲、跨品种套利、抑制股价泡沫、揭示上市公司治理缺陷和财务问题的关键作用，不仅规范了市场交易秩序、为投资者卖空提供正规渠道，还降低了个股波动、平抑股价泡沫，也为国际一流投行的业务扩展创造了条件。当前我国融券业务逐步迈入成长的黄金时期，社会各界对融券的认知逐步理性正面，专业机构投资者基于多空套利的交易需求不断涌现，金融机构也存在管理资产的风险对冲需求。结合我国经济转型发展需要和证券行业发展诉求，需要坚持融券成为资产配置和上市股票风险对冲的市场化手段，让融券工具净化市场生态，推动资本市场稳步健康发展。

二是需要坚持严格监管和监测监控成为我国融资融券业务持续发展的前提条件。我国融资融券业务自设计之初就采取了"融资融券—转融通"的集中模式，证券公司自有券源不足时需要集中向中国证券金融公司借入，并由中国证券金融公司集中监测监控融资融券业务风险，从业务模式设计上就把控住了分散式融券、监管信息盲区等风险弊端。监管制度层面对客户执行全市场相对统一的准入门槛、保证金比例，设置单只证券、单个客户可融资融券规模上限等风控阈值，对维护业务平稳发展起到了关键作用。2015 年股市异常波动期间场

内融资融券风险整体可控，而场外分散式的配资配券出现了大的风险事件，成为股市异常波动的导火索。情况危急时，监管层不掌握场外分散的配资配券情况，十分不利于把握和处置市场风险。可见，发展我国融资融券业务必须坚持相对严格的监管制度，确保各业务环节均纳入监管范围，始终重视风险监测监控机制建设，必要时还需要实施统一的逆周期调节措施，降低业务风险。

三是需要坚持卖空与揭黑相结合成为融券业务发展的重大趋势。融券卖空在西方已有400年以上历史，无数事实证明，股票市场价格是由其基本面决定的，即便揭黑者信息不是十分准确，在充分信息披露的情况下，没有丑闻的公司股价也会回到基本面水平。因此，在融券发达的成熟市场，专业卖空机构善于发现上市公司的问题甚至丑闻，从而以市场化的方式严惩财务造假公司，倒逼公司治理水平的提升。在2008年全球金融危机中，雷曼兄弟故意隐瞒次债损失，遇到了强劲的卖空者和揭黑者，继而出现融资难和信用危机。在我国，融券业务规模尚小，从发展的眼光看，卖空与揭黑结合是一个通过市场力量强化上市公司监管的必然过程，有利于证券市场的长远发展，需要客观看待。

四是需要坚持集中统一的证券借贷平台成为完善资本市场基础交易制度的关键一环。欧美证券借贷市场在近几十年的发展中，经历了从分散再到相对集中的趋势，已逐步发展成为一个与证券交易相对平行独立的市场，是全球资本市场重要的基础交易制度。随着我国证券市场交易机制的不断完善、专业机构投资者的发展壮大和风险对冲投资工具的日益丰富，证券借贷需求将不断涌现。根据市场的不断发展，需要逐步推动建立集中统一的证券借贷平台，并同步提供第三方担保品管理服务和统计功能，减少出借人、借入人的中间操作环节，降低借贷业务违约风险，必要时发挥"断路器"功能，确保证券借贷市场风险可控。

五是需要坚持打击非法地下信用交易。地下信用交易行为不仅违背了证券账户实名制要求、通过非法渠道扩大杠杆资金规模，还由于缺少制度约束，导致股票价格急涨急跌。在我国2015年股市异常波动中，地下信用交易配资杠杆高达5—10倍，开户门槛较低，入市规模不可控制，投机性强，追高买入后引发了集中抛盘和流动性踩踏事件。境外市场均从立法高度注重培育和发展信用交易，20世纪早期美国市场各渠道配资蜂拥入市，在缺乏统一规管的情况下投机活跃，直接导致1929年美国股市崩盘，此后美国对股市杠杆资金交易进行统一规管，自此之后杠杆资金交易平稳可控。当前我国非法场外股票配资平台有所减少，但并未根绝，多数以"股票投顾""资金撮合"等字眼取代"股票配资"，本质仍是配资。为增强资本市场的韧性，需要坚决打击和取缔非法地下信用交易，引导市场合理融资需求转至规范有序的场内融资业务。

深化认识 凝聚智慧 更好地服务资本市场强国梦

阎卫星 罗江松[*]

新中国成立70年来,中国共产党带领全国各族人民不断战胜各种困难挑战,经受各种风险考验,走过了极不平凡的光辉历程,在经济社会发展方面取得了举世瞩目的伟大成就,也积累了宝贵的经验。深化对新中国成立70年来发展道路的认识,对促进证券行业更好地面对未来改革发展的新形势、承担新任务和迎接新挑战,具有十分重要的指导意义。

一、对新中国成立70年来发展道路的认识

(一) 这是一条坚持中国共产党领导的道路

正是在中国共产党的正确领导下,中国人民才得以完成新民主主义革命和社会主义革命,建立起中华人民共和国和社会主义基本制度,进行了社会主义建设的艰辛探索;改革开放以来,中国共产党团结带领中国人民大踏步赶上了时代,实现了中华民族从站起来到富起来的伟大飞跃;进入新时代,以习近平同志为核心的党中央举旗定向、砥砺奋进,团结带领人民推进伟大事业、实现伟大梦想,推动党和国家事业取得全方位、开创性历史成就,发生深层次、根本性历史变革,中华民族迎来了从富起来到强起来的伟大飞跃。习近平总书记在党的十九大报告中指出,办好中国的事情,关键在党,中国特色社会主义最本质的特征是中国共产党领导,中国特色社会主义制度的最大优势是中国共产党领导,坚持和完善党的领导,是党和国家的根本所在。

(二) 这是一条坚持将人民利益放在首位的道路

从嘉兴南湖的一叶扁舟、井冈山的星星之火到中流砥柱、民族先锋;从革命战争年代的

---

[*] 作者简介:阎卫星,现任广东证券期货业协会会长,曾在共青团广州市委宣传部、广东省劳动厅劳动学会、广东省证监会任职,1996年担任广东证券业协会秘书长,2003年至今任广东证券期货业协会会长;罗江松,硕士,现任广东证券期货业协会副秘书长,曾在齐鲁证券、长江证券任职。原载于《中国证券》2019年第10期。

前仆后继、社会主义建设时期的上下求索,到改革开放的伟大实践,再到中国特色社会主义新时代的砥砺奋进,中国共产党始终将人民利益放在首位,始终以为中国人民谋幸福、为中华民族谋复兴为初心和使命。70年披荆斩棘,70年风雨兼程,共产党秉持以人民为中心的发展思想,把人民对美好生活的向往作为奋斗目标,把改善人民生活、增进人民福祉、保障人民民主权利作为出发点和落脚点,在人民中寻找发展动力、依靠人民推动发展、使发展造福人民。人民是中华人民共和国的坚实根基,也是共产党执政的最大底气。

(三) 这是一条坚持从社会主义初级阶段的基本国情出发、实事求是的道路

1957年,第一个五年计划指标均大幅度超额完成,人民群众建设社会主义的热情高涨,使得许多人认为完全有可能在全国范围内以比第一个五年计划高得多的速度进行建设。由于对社会主义建设经验不足,对经济发展规律和中国经济基本情况认识不足,滋长了骄傲自满情绪,发生了"大跃进"运动。党中央和毛泽东等国家领导人以实事求是的态度,认真深入基层开展调查研究,摸清实际情况,及时调整政策,纠正错误,国民经济进入全面调整时期,逐步走出低谷。习近平总书记在党的十九大报告中强调,必须认识到,我国社会主要矛盾的变化,没有改变我们对我国社会主义所处历史阶段的判断,我国仍处于并将长期处于社会主义初级阶段的基本国情没有变,我国是世界最大发展中国家的国际地位没有变。我们的事业越前进、越发展,新情况新问题就会越多,面临的风险和挑战就会越多,面对不可预料的事情就会越多。必须坚持从现阶段的基本国情出发,集中精力办好自己的事,这样才能赢得主动、赢得优势、赢得未来。

(四) 这是一条坚持平衡好改革与稳定的道路

在以改革激发活力、推动社会深刻变革的同时,中国一直保持社会大局稳定,使秩序与活力实现了有机统一。中国共产党作为中国特色社会主义事业的坚强领导核心,发挥总揽全局、协调各方的作用,确保国家得到有效治理,有力应对各种风险挑战,成为社会稳定的根本政治保证。同时,我们党又把发展作为执政兴国的第一要务和解决中国所有问题的关键,持续推进改革开放,不断激活发展动能,为变革与进步提供强大动力。尤其是党的十八大以来,以习近平同志为核心的党中央坚持稳中求进工作总基调,坚持底线思维,增强忧患意识,强调防范化解重大风险,强调把改革的力度、发展的速度和社会可承受的程度统一起来,采取"六稳"等一系列举措着力平衡好各种关系,以改革开放的新进展巩固经济社会稳定大局,推动党和国家事业发生历史性变革、取得历史性成就。

(五) 这是一条坚持自力更生、艰苦奋斗、甘于奉献的道路

新中国成立之初,面对的是一个经历100多年战乱、满目疮痍的烂摊子,国家一穷二白,人民生活极端贫困,工农业基础十分薄弱,国民经济几近崩溃。70年来,中国人民白手起家、自力更生、艰苦奋斗,艰难而又坚定地走出了自己的一条大路。中国的发展,靠的是"干惊天动地事,做隐姓埋名人"的为国创业精神,"两弹一星"元勋等仁人志士们以身许国,用全部的生命与激情,拥抱国家使命,凝聚成绚丽的光芒,照亮了永不受人欺辱的强国梦想;靠的是甘于牺牲、无私奉献的开拓精神,无数热血青年或栉风沐雨、扎根边疆,或不畏艰险、洒血川藏,或顾全大局、拓荒北大仓;靠的是"摸着石头过河"的探索精神,

不走帝国主义、殖民主义老路，不照搬西方国家发展模式，而是结合中国实际、总结经验教训、借鉴人类文明，敢闯敢试，走出一条自己的路。

二、对证券行业现存问题的认识

伴随着中国经济改革开放的进程，中国证券行业历经近30年的波折与锤炼，从无到有、从小到大，经过综合治理与创新发展，取得了巨大成就，已成长为国民经济和金融市场体系中重要组成部分。但是，行业的发展与国家战略和资本市场持续健康发展的要求相比，还存在一些差距，暴露出了存在的一些问题。

（一）党建工作未落到实处，难以起到引领促进作用

部分公司党组织体系不够健全，党建基础较为薄弱，公司在业务部门、下属公司层面没有全面建立党组织；有的公司党委主体责任落实不到位，党务工作与业务工作不同步，厚此薄彼甚至刻意淡化党的工作；有的公司纪委监督责任履行不够到位，纪检监察力量不够甚至形同虚设，缺乏足够数量的专职纪检干部形成震慑。

（二）"以客户为中心"的意识尚未在行业内普遍得到牢固树立

证券行业仍处于转型发展与创新变革初期，以产品或者业务为中心仍占主流意识，"以客户为中心"的价值观念仍未真正成为证券公司发展的整体战略核心，相应的企业文化仍处于培育阶段，证券公司各层级、各部门间在推进转型变革态度、意愿等方面仍未达成统一共识，因此很难将客户需求作为指引战略发展方向。有的证券公司虽然开始树立了"以客户为中心"的理念，但是缺乏对盈利贡献较高客户群体的识别，复杂需求的收集、传导、分析与满足能力也较弱；有的证券公司未围绕客户需求设计组织结构，导致部门协同意愿与能力弱，客户诉求响应时间长；有的证券公司人员知识结构老化，难以有效满足客户多方面的金融需求。

（三）对自身定位认识不足，难以形成核心竞争优势

一些公司过于追求"大而全"的经营模式，未从自身的人才储备、资本金实力、风控能力、技术系统等方面的实际情况出发，盲目扩大经营网点和业务条线，反而对现有客户挖掘不深，为客户提供服务的深度、广度、精细度不够，难以形成自身的独特竞争优势。有的还过度重资产运行，迅速扩张融资类业务，忽视潜在风险。

（四）未平衡好合规与创新的关系

合规经营是证券公司生存和发展不可逾越的底线，创新发展则是公司安身立命之本。有的公司组织体系快速扩张，新业务增加迅猛，但是合规风控能力跟不上，结果遭受了严重的风险损失和监管处罚；有的公司安于现状，依然主要靠吃牌照红利生存，缺乏创新意识和探索精神，在推动传统业务转型方面无甚亮点，在促进行业与金融科技融合方面进展缓慢，逐渐丧失了竞争力。

三、新中国发展历史对行业未来发展的经验借鉴

（一）要切实巩固和加强党的建设，坚持党对公司的领导

证券公司，尤其是国有性质的证券公司，一是应健全完善与公司法人治理结构相适应的党建工作体制机制，将党建工作总体纳入公司章程、工作制度、议事规则和人事任命，发挥党组领导核心作用和党委政治核心作用，将党建工作具体纳入支部组织和日常经营，发挥基层党组织战斗堡垒作用和党员先锋模范作用；二是健全完善与公司风控合规管理相结合的执纪监督问责体系，将公司党委领导班子"一岗双责"与证券公司风控管理委员会有机结合起来，切实落实管党治党责任；三是健全完善与公司业绩考核相挂钩的党务绩效激励机制，坚持"既管业务又管党务"的正确绩效观，绩效考核既要考核经济效益，也要考核党建工作。

（二）要真正将客户利益放在首要位置，牢固树立"以客户为中心"的经营思想

一是要努力培育"以客户为中心"的企业战略愿景，逐步从以产品/业务为中心向以客户为中心转型，探索"以客户为中心"的经营管理哲学内涵，构建相关配套管理体系；二是充分利用本身所具有的海量客户资源和网络数据，依靠自身投研团队、信息技术团队等通过对客户需求全面收集和深度挖掘，提高对客户的分析与精细化管理能力，为后端产品的研发与设计提供基础支撑；三是构筑矩阵化管理的组织结构体系和考核激励机制，建立部门间有效的信息交流和产品服务协调响应机制，打破各业务条线各自为战的局面，形成经纪业务、股权融资、固定收益、并购等业务间的协同效应；四是加强人才队伍的优化建设，建立合理有效的人才发展路径，实现人才能力综合化、全面化。

（三）要结合自身实际，找准行业定位和竞争优势，全力打造核心竞争力

对绝大多数证券公司来说，要多对行业发展现状进行调查研究，对行业所处的国内外环境进行认真分析，对自身的人才储备、资金实力、专业优势有清醒的认识和准确的判断，不盲目跟随，实事求是地制定符合自身实际的发展战略和发展路径，并及时进行策略调整，在某个区域或某项业务上做深做精，保持和提升自身竞争力。

（四）要在坚守合法合规的前提下，培育敢试敢闯的企业文化，弘扬开拓精神

奥地利著名经济学家熊彼特提出的"破坏性创造"理论认为，市场经济的优越性在于不断地创造新技术、新组合、新模式。西方经济确实有危机和周期性，但这恰恰是经济有活力和有动力的表现，是其生命力的源泉。证券行业是伴随着改革开放产生的，也是伴随着从计划经济体制过渡到市场经济体制产生的，本身就充满市场经济的活力，带着改革创新的基因，在相关政策制度的引领下，确实取得了长足的创新发展成就。但是证券行业不能仅仅依赖于政策红利带来的制度创新，更多的应该是围绕实体经济的需求方面，大胆地开发新产品、深化新服务，激发干事创业的热情与竞争活力，同时管理风险、经营风险，这样才能更好迎接资本市场开放带来的新挑战。

正要迈入而立之年的证券行业步履稳健，正是脚踏实地干事业、锐意进取闯天下的时

候，要紧紧围绕服务实体经济的初心，以满足投资者多方面的需求为中心，努力提升行业综合素质和核心竞争力，为建设"规范、透明、开放、有活力、有韧性"的资本市场服务，为建设富强、民主、文明、和谐、美丽的社会主义现代化强国贡献力量！

参考文献

［1］中国证券监督管理委员会．中国资本市场发展报告［M］．北京：中国金融出版社，2008．

［2］陆一．闲不住的手——中国股市体制基因演化史［M］．北京：中信出版社，2008．

［3］国务院新闻办公室．新时代的中国与世界［M］．北京：人民出版社，2019．

乘风破浪会有时
——中国资本市场发展历程与思考

蔡 咏[*]

自1990年沪、深证券交易所成立以来,我国资本市场近30年间从无到有、从小到大、从区域到全国,得到了迅速发展,走过了一些发达国家成熟市场上百年的道路,在各参与者的共同推动下,市场规模不断壮大,中介机构、从业人员和以公募、私募基金为代表的机构投资者不断成熟,法律制度、交易规则、监管体系逐步健全完善,行业发展取得了多方成效。党和政府十分重视资本市场建设和发展,2018年中央经济工作会议上明确指出"资本市场在金融运行中具有牵一发而动全身的作用,要通过深化改革,打造一个规范、透明、开放、有活力、有韧性的资本市场"。回溯、总结和思考资本市场建设过程中的重要事件和发展规律,有利于进一步促进资本市场发展,增强市场服务实体经济的能力,为经济持续健康发展继续做出更大贡献。

一、中国资本市场发展的历程回顾

(一)成立两家证券交易所,开启资本市场巨额融资的大门

1990年11月,上海证券交易所由中国人民银行批准正式设立,这是新中国成立以来内地第一家证券交易所。随后,1991年4月深圳证券交易所获人民银行批准设立。两家证券交易所的成立标志着新中国正式开启资本市场之门,掀开了以股票市场为核心的资本市场建设新篇章。29年弹指一挥间,A股市场已从"老八股"发展成为拥有3 600多家上市公司、

---

[*] 作者简介:蔡咏,高级经济师,国元证券股份有限公司原党委书记、董事长;安徽国元金融控股集团公司党委委员;中国证券业协会理事、人力资源管理专业委员会主任;中国证券行业文化建设委员会顾问;亚洲金融智库研究员;中华全国工商业联合会并购公会常务副会长、永久理事,全球并购研究中心理事会副主席;中国人民大学国际并购与投资研究所理事;安徽省证券期货业协会名誉会长;深圳证券交易所战略发展委员会委员;上海证券交易所博士后导师;安徽财经大学客座教授。原载于《中国证券》2019年第10期。

1.55 亿名投资者、融资总量达 13 万亿元之多、总市值超 50 万亿元稳居世界第二位的证券市场，成为全球市场主流资金配置资产必不可少的选择之一。

（二）股权分置改革为资本市场健康发展打下坚实的基础

由于我国仍处于社会主义初级阶段，资本市场是在向市场经济转轨过程中从试点开始逐步发展起来的，因此，市场建设初期缺乏完善的制度设计，改革措施又相对滞后。随着市场规模的迅速发展壮大，一些初期并不突出的问题逐步成为市场进一步发展的障碍，包括上市公司股权分置、股份制改制不彻底、机构投资者规模较小、市场产品类型单一和运行机制缺失等，其中最大的障碍就是"股权分置"问题。所谓股权分置，是指 A 股市场上市公司股份被分为两类：一类是上市公司公开发行前股东所持股份（绝大多数为国有股），只能通过协议转让，称为非流通股；另一类是上市时公开发行的股票，可以在交易所挂牌交易，称为可流通股。这一特殊现象源于初期的股份制改造不彻底以及当时的国有股东缺乏上市流通的内在需求等历史背景。2004 年 1 月，国务院发布《国务院关于推进资本市场改革开放和稳定发展的若干意见》（"国九条"），明确提出"积极稳妥解决股权分置问题"，股权分置改革正式提上日程。2005 年 4 月，经国务院批准，中国证监会发布《关于上市公司股权分置改革试点有关问题的通知》，启动了股权分置改革的试点工作。经过两批试点后，国务院五部委于 2005 年 8 月联合发布了《关于上市公司股权分置改革的指导意见》，标志着股权分置改革全面展开。2005 年 9 月，中国证监会又下发《上市公司股权分置改革管理办法》，沪、深两市股权分置改革至 2006 年底基本完成。股权分置改革作为一项制度性改革，对迄今为止资本市场发展的影响是深远的，真正促进了市场固有功能的发挥，使得证券市场成为完整意义上的市场，切实保护了公众投资者的合法权益，为推进市场长期健康发展奠定了坚实的基础。

（三）交易所板块、证券业和金融产品的创新为资本市场增添可持续发展动力

我国资本市场从诞生之日起就是一个"新兴加转轨"的市场，面临较大的社会压力和体制约束，在稳健运行的同时，只有持续创新才能实现可持续发展。2006 年 9 月，中国金融期货交易所成立，修订后的《公司法》与《证券法》正式实施，标志着资本市场逐渐走向法制化，为更高程度上规范资本市场发展提供了基础条件。2010 年 3 月，融资融券试点正式启动，这是推进市场基础性建设的又一重要举措；2010 年 4 月沪深 300 股指期货上市交易，市场进入了产品创新的新时期。2012 年 5 月，证券行业创新大会召开，推出行业创新发展 11 条举措，拉开了行业创新的序幕。2015 年国内期货及衍生品市场稳步拓展，包括上证 50ETF 期权、10 年期国债期货、上证 50 股指期货和中证 500 股指期货等金融产品相继推出，市场衍生工具趋于丰富，为资管机构进行风险管理提供了更多的选择。新的金融产品不断推出，标志着资本市场产品创新迈上了探索之路，为资本市场的可持续发展提供了源源不断的发展动力。

2004 年 5 月，中国证监会正式批复同意深交所设立"中小企业板"，专为具有收入增长快、盈利能力强的中小企业上市融资创造条件；2009 年 10 月，深交所设立"创业板"，首批 28 家公司挂牌上市，主要为从事新技术产业、成立时间短、规模较小，但成长性好的企业提供较为宽松的上市融资机会。当前，中国经济正处在向高质量发展的新阶段，科技创新

将成为经济增长的主要驱动力,经济增长的巨大潜力来源于科技创新产业。然而,国内证券市场对新技术、新产业、新业态、新模式支持力度明显不足,近十几年中涌现的像 BATJ(百度、阿里巴巴、腾讯、京东)等一批科技巨头大多选择赴境外上市。有鉴于此,2018 年 11 月初中央决定在上交所设立科创板,并试点注册制;随后,中央全面深化改革委员会通过设立上交所科创板并试点注册制的总体实施方案。经过紧锣密鼓的准备,科创板于 2019 年 6 月正式开板,7 月、8 月两月第一批和第二批科创板公司挂牌上市交易。科创板以"火箭"般速度落地,时间之短、效率之高,在我国资本市场改革发展史上罕有先例。设立科创板是在科技强国、经济转型、中美贸易摩擦及资本市场低迷等多重大背景下推出的,释放出不同凡响的积极信号,其最为重要的意义就是资本市场支持服务国家战略,吹响了证券一、二级市场改革的进军号角。试点"注册制"是资本市场的重大制度创新,是对证券发行体制的重要改革,彰显了资本市场持续创新改革、锐意进取的决心和信心。

(四)多层次资本市场建设和对外开放是我国资本市场发展壮大的必由之路

经过多年的探索和尝试,我们认识到资本市场必然是多层次的市场架构,以定向服务不同需求的投融资者,并最终达到服务实体经济的目的。我国多层次资本市场建设始终伴随着参与方众多、不断纠错、日趋完善的艰辛摸索,中央和各地政府一直给予高度重视和支持。早在 2003 年 10 月《中共中央关于完善社会主义市场经济体制若干问题的决定》中首次提出建立多层次资本市场体系、完善资本市场结构;2013 年 11 月,党的十八届三中全会通过《中共中央关于全面深化改革若干重大问题的决定》,明确提出要"健全多层次资本市场体系";2013 年 12 月,国务院发布《关于全国中小企业股份转让系统有关问题的决定》,目前新三板全国扩容,多层次资本市场建设取得新的进展,新三板市场挂牌企业已近万家,市值约 2.5 万亿元。另一方面,2017 年 1 月,国务院办公厅下发《关于规范发展区域性股权市场的通知》,正式将区域性股权市场纳入多层次资本市场体系,同时规范了"四板"市场的功能定位和业务要求。目前,全国区域性股权市场共有 34 家,挂牌企业约有 3 万多家。

当今世界经济联系日趋紧密,唯有开放包容才能持续发展壮大。中国证监会主席易会满在 2019 年 9 月 11 日《人民日报》署名文章中也强调"开放也是改革。我们将进一步落实习近平总书记指示精神,加快推进资本市场高水平对外开放,广泛开展国际交流合作,不断提高我国资本市场的国际化水平和服务能力"。我国资本市场遵循循序渐进的原则,有序稳妥地推进对外开放进程,近几年呈现加速开放态势。早在 2002 年 11 月先后推出 QFII(合格境外机构投资者)、QDII(合格境内机构投资者)、RQFII(人民币合格境外投资者)等制度;2014 年 11 月、2016 年 12 月又推出沪港通、深港通,2017 年 3 月推出债券通,2019 年 6 月 17 日沪伦通在英国伦敦证券交易所正式启动,资本市场对外开放进程持续加快。目前,国际资本市场三大指数:标普道·琼斯、MSCI、富时罗素均纳入中国 A 股指数。不仅如此,我国证券交易所还通过直接参股或控股境外交易所参与国际资本市场,如上交所、德意志交易所、中金所 2015 年 10 月联合成立"中欧国际交易所"(简称"中欧所"CEINEX),是中国资本市场对外开放的重要事件;又如 2016 年 12 月,深交所与上交所、中金所等组成联合体,成功竞得巴基斯坦交易所(KLSE/PSE)股权成为控股股东,是资本市场落实"一带一路"倡议的重大突破。2019 年以来,中国人民银行按照"宜快不宜慢,宜早不宜迟"的原则思路,又推出了 11 条金融业对外开放的具体措施,并宣布取消 QFII、RQFII 投资额度的限制。

二、中国资本市场发展的认识与思考

中国资本市场用了不到 30 年时间，从无到有，已经发展成为世界第二大体量的市场，取得了举世瞩目的辉煌成就。在这个过程中，有着许多值得深入思考的经验和教训，主要体现为以下几个方面：

（一）资本市场定位、架构和运行基础

1. 服务实体经济是资本市场的首要目标，也是我国资本市场建设发展的出发点和落脚点，任何时候都不可偏离

怎么有利于服务实体经济，就应该怎么发展资本市场。资本市场服务实体经济的核心在于合理有效配置资源，表现在为国民经济发展的重点行业和优质企业融通急需的资金，这也正是 2019 年重点推出科创板的重要背景和意义所在。尽管资本市场发展成绩显著，但相对银行等金融机构提供的间接融资而言，资本市场直接融资规模尤其是股权融资比例还远远不够，未来发展空间仍然十分广阔。所以，为更好地服务实体经济，资本市场的发展方向仍然是要加大 IPO 改革力度，清理和处理各种制度障碍，从审核制尽快过渡到真正意义上的注册制，鼓励和完善再融资、并购重组、发行债券等多种直接融资制度。

2. 资本市场必然是多层次的有机统一整体架构，这是由国内经济的复杂性和市场参与主体的多样性所决定的

由主板、中小板、创业板、科创板、新三板、四板、场外市场、柜台市场为层次的市场架构应为"正三角形"的金字塔形，决不可"头重脚轻"而倒置。尽管多层次资本市场架构体系已基本建成且初具规模，但仍存在诸多问题，其中最核心的问题在于各板块独立运作，缺乏有效的衔接，即有效可行的转板制度至今尚未真正建立起来，客观上形成了资源的浪费，也造成了新三板改革的尴尬境地和区域股权交易市场发展的"瓶颈"制约问题。

3. 上市公司质量是资本市场的基石，基础不牢，信心动摇

近年来，上市公司质量"惊天变脸"时有发生，对市场造成了极大破坏，影响极其恶劣。提高上市公司质量的制度建设已刻不容缓，关系到整个资本市场的未来发展。建议尽快建章立制，督促上市公司及中介机构归位尽责，采取切实有效的办法，大力推动上市公司提升内在质量，完善包括以信息披露为核心的上市公司监管措施，从上市公司资产质量、盈利水平、分红状况、市值管理等多维度制定严格法律规范予以约束和引导，确保上市公司具有较高的内在质量。

（二）充分保护和平衡一、二级市场投资者的利益

1. 平衡好一级市场融资者与二级市场投资者之间的利益关系是能否引入长期资金入市的关键，也是促进资本市场可持续发展的有力保障

长期以来，市场中各方更关注一级市场，二级市场沦为一级市场变现套利的场所，客观上造成了证券市场"牛短熊长"的现象。资本市场是投融资平衡的市场，两者不可失衡。尊重市场规律，发挥市场在资源配置中的决定性作用，真正把选择权交给市场，这需要从制度设计上充分平衡和捆绑一、二级市场参与方的利益，使一级市场参与方必须在二级市场长

期走好的情况下才能实现退出获利,迫使拥有长期资金来源的参与方从只关注一级市场向兼顾二级市场转变,从而真正起到二级市场稳定器的作用。例如:(1)强制分红制度,可以依据不同板块,结合境内外二级市场平均市盈率做出不同规定;(2)IPO 制度改革,捆绑参与各方长期利益,不仅是追溯相关保荐机构的责任,还需要拿出真金白银参与,实现利益共享;(3)大股东业绩承诺,与企业持续经营业绩挂钩,延长限售期;(4)政府资金可以进入二级市场,规定较长时间且业绩达到承诺后才可以退出;(5)证券机构分析师的利益与二级市场长期表现相关联等。

2. 投资者尤其是中小投资者的利益应当得到充分保护

由于历史原因,资本市场中小投资者数量众多,近期一些上市公司突发重大问题退市使得广大中小投资者蒙受重大损失,合法利益难以有效保障,这充分暴露了在保护中小投资者利益问题上存在制度缺陷,需要尽快在诸如赔偿制度、集体诉讼、退市制度安排等方面进行制度性安排予以妥善解决。

(三) 前瞻有效的资本市场法治建设和运行监督

1. 资本市场法治建设应逐步加强,加大违法违规的成本与代价

尽管我国已初步建成包括《证券法》《基金法》在内的法律法规体系,但由于资本市场发展迅速,法律法规建设始终相对滞后,与发达资本主义国家相比差距甚大。可喜的是,最高人民法院 2019 年 6 月 20 日发布了《最高人民法院关于为设立科创板并试点注册制改革提供司法保障的若干意见》,从依法保障以市场机制为主导的股票发行制度改革顺利推进、依法提高资本市场违法违规成本、建立健全与注册制改革相适应的证券民事诉讼制度等方面提出了 17 条举措,这显示了社会各方充分重视资本市场的法治保障和建设。我们希望以此为契机,进一步系统性地加大资本市场法律供给和处罚,重点打击财务造假、内幕交易、操纵市场等违法行为。

2. 加强顶层设计,加大对市场风险管控的前瞻性制度研究,处理好监管政策和措施的一致性与灵活性之间关系

2015 年中的股市巨大波动、2016 年初推出的熔断机制、股票质押隐性风险及债券"爆雷"等事件已显示出市场监管体系和制度方面存在的缺陷,应以史为鉴,充分吸取教训,严防风险累积,划定不发生系统性风险的底线,筑牢风险防控的大堤,为市场稳健发展保驾护航。

3. 真实的信息披露是资本市场运营的必要条件,应促使参与各方"讲真话",树立"反欺诈"的诚信氛围

必须严格规范信息披露制度,譬如规范招股说明书、会计报告等公开信息,确保信息披露真实性,加大虚假信息披露的处罚力度。

4. 资本市场各中介机构和自律组织必须归位尽责,发挥好自身的定位作用,不忘初心与使命

规范和引导证券公司、会计师事务所、律师事务所、评级和评估等中介机构切实履行义务,不断提高职业水平,做好资本市场看门人。市场自律组织扮演好本职角色,服务市场健康发展。证券、基金、期货业、会计师、律师等协会组织充分发挥行业自律功能,加强组织管理,严格约束会员公正执业。

（四）加大开放、持续创新、保护金融生态，实现可持续发展

1. 资本市场应加大对外开放力度，继续有步骤地促使与国际资本市场的互联互通

资本市场的魅力源于其开放性，唯有加大对外开放，才能使得资本市场系统免于耗散和熵增而永葆活力。我们要继续坚定地、有步骤地、稳妥地加大 QFII、RQFII、沪深通、深港通、债券通、沪伦通等多种开放渠道力度，积极主动向国际市场推介国内资本市场，鼓励吸引境外长期资金进入中国市场，通过资本市场强化中国经济与世界的交融和发展。

2. 持续创新始终贯穿于资本市场发展的全过程，不断通过创新丰富市场产品品种和融资工具

资本市场发展本身是一个系统工程，各种金融工具的推出和持续创新提供了风险管理的有效手段，断章取义的片面发展实际上不利于风险管理和控制，资本市场发展的问题要在创新发展中解决，决不可因噎废食。建议适时尽快推进做市商制度、完善做空机制，加快推出各类股指期货、个股期权等金融衍生产品。

3. 各级政府部门既要利用资本市场为区域经济发展筹措资金，更要保护地方金融生态，促使区域内上市公司维护信用，诚信对待投资者

任何事物都有两面性，不能只重视索取而忽视建设，资本市场亦如此，不能只重视融资而忽视对投资者的利益回报。良好的金融生态是资本市场健康持续发展的土壤，不仅是各级证券监管部门，还包括金融办、发改委、经信委、国资委等在内的各级政府部门务必要统一认识、精诚合作，充分认识到构建良好的地方金融生态的重要意义，树立诚信意识，谋求区域经济的长期可持续发展。

三、小结和展望

党的十九大开启了全面建设社会主义现代化强国的新时代，站在新中国成立70周年的时点上，我们任重而道远。金融是现代经济发展的核心，资本市场是金融体系的重要组成部分，牵一发而动全身。易会满主席在2019年5月对资本市场和上市公司提出了"四个敬畏"（敬畏法治、敬畏市场、敬畏专业、敬畏风险）和"四条底线"（不披露虚假信息、不从事内幕交易、不操纵股票价格、不损害上市公司利益）的要求，这是我国资本市场健康可持续发展的核心保障，也是深化金融供给侧结构性改革的客观要求。2019年9月上旬，中国证监会在北京召开全面深化资本市场改革工作的座谈会，提出了"深改12条"，明确了资本市场近期迫切需要解决的、中长期需要逐步完善的，乃至涉及全局性改革发展的12项重要任务，就是从市场化、法治化的原则出发，探索既遵循成熟市场规律和惯例，又符合我国现阶段发展特征的资本市场发展之路。面对未来更加开放的国内外竞争环境，所有市场参与各方都应当志存高远，担负起资本市场服务国家战略的光荣责任和使命，在做大做强自身的同时，服务实体经济和广大投资者，为实现我国经济健康持续发展和中华民族伟大复兴做出更大贡献。

参考文献

[1] 蔡咏. 实践的眼睛：证券公司与资本市场研究 [M]. 北京：中国经济出版社，2015 年.

[2] 中国证券业协会人力资源管理专业委员会行业文化建设课题组. 社会主义核心价值观引领下证券行业价值观的提炼与践行研究 [J]. 中国证券，2017（10）：2—6.

[3] 蔡咏. 打铁还需自身硬——证券公司高质量发展之路的认识与思考 [J]. 中国证券，2019（3）：14—18.

[4] 蔡咏，刘涛，黄卓. 加强和改进证券公司文化建设，发挥文化在证券公司品牌打造中的作用 [J]. 中国证券，2019（6）：27—32.

[5] 中国证券业协会. 中国证券业发展报告（2019）[M]. 北京：中国财政经济出版社，2019.

服务实体经济高质量发展　打造国际一流投资银行

何　如[*]

一、引言

2017年10月18日，习近平总书记在十九大报告中指出："中国特色社会主义进入了新时代，这是我国发展新的历史方位……我国经济已由高速增长阶段转向高质量发展阶段，正处在转变发展方式、优化经济结构、转换增长动力的攻关期，建设现代化经济体系是跨越关口的迫切要求和我国发展的战略目标。"推动高质量发展是当前和今后一个时期中国发展思路、制定经济政策、实施宏观调控的根本要求。

从政治经济学的角度来看，高质量发展实质是生产方式的变革，是生产力发展和生产关系变革的有机统一。高质量发展就是生产力的提高和生产关系的优化调整。经济高质量发展是以科技创新为主动力的发展，是经济结构协调的发展，是绿色的发展，也是共享的发展。不论从理论研究的角度，还是从经济发展实践的角度来看，资本市场在促进科技创新、助力经济结构调整、推进绿色发展、推动共享发展方面都起着举足轻重的作用。中国经济要实现高质量发展离不开强有力的资本市场支持。中国资本市场三十年的发展，在推动中国财富增长、培育拥有现代企业制度的上市公司群体和专业化的金融中介机构、培养一大批能抗风险的投资者群体、开辟直接融资渠道、改革投融资体制、提升资本配置的效率等方面对中国经济与社会发展做出了重要的贡献。同时，得益于中国经济的发展，中国资本市场也实现了跨越式发展。截至2018年底，A股上市公司3 584家，总市值48.76万亿元，A股总市值排名世界第二位；2009—2018年，中国股票市场累计募集资金10.64万亿元，年平均募资超过1万亿元，募集资金规模世界第一。

---

[*] 作者简介：何如，硕士，高级会计师。现任国信证券股份有限公司党委书记、董事长，兼任中国证券业协会副会长、上海证券交易所理事、深圳市证券业协会会长、深圳市第六届人民代表大会常务委员会委员、鹏华基金董事长。曾任深圳发展银行副董事长、行长、党委副书记。原载于《中国证券》2019年第10期。

展望未来，证券公司作为资本市场最重要的中介机构，必须认清形势，抓住机遇，积极拓展服务实体经济的广度和深度，在新时代实现新作为，进而实现打造一流投资银行的目标。

二、经济高质量发展离不开资本市场支持

（一）资本市场促进科技创新

经济高质量发展的根本动力是科技创新，而资本市场对于经济的创新驱动发展具有巨大的推动作用。研究表明，当经济发展到一定阶段，以证券市场为主导的金融结构会促进创新、市场竞争，进而能够更有效地配置社会资源。德米尔古克·肯特和罗斯·莱文对全球150个国家和地区进行实证分析发现，在高收入国家和地区，股票市场相对于银行更活跃、更有效率。随着一国变得越来越富有，保险公司、养老基金、共同基金和其他非银行金融中介机构占GDP的比重越大，其金融系统也越来越倾向于资本市场导向型。

从发达国家经济发展的实践经验来看，信息通信技术、生物医药制造等科技产业的崛起离不开高度发达的资本市场支持。科技创新具有投入大、周期长、风险高等特点，低风险承受能力的银行间接融资难以为科技创新提供足够的支持，而资本市场则为社会资本与科技创新搭建了一座坚实的桥梁。在过去的几十年间，美国和日本在科技创新方面处于全球领先的位置，而这一切正是得益于两国都具有发达的资本市场。蓬勃发展的风险投资为科技创新企业提供源源不断的资本，多层次的资本市场不仅为风险投资提供顺畅的退出渠道，也为科技创新企业成长提供高效的资本集聚平台。

当前，世界范围内新一轮科技革命和产业变革孕育兴起，云计算、大数据、物联网、人工智能、基因编辑、生物制药等技术革新步伐明显加快，国家间的科技竞争日益激烈。对此，必须加快推进金融改革，特别是深化资本市场改革力度，优化金融结构及资本市场结构，服务关键核心技术创新、服务经济高质量发展。

（二）资本市场助力经济结构调整

经济发展就是经济结构转变的过程，高质量发展就是经济结构协调的发展。目前，中国经济产业结构、城乡结构、区域结构、国际产业分工等方面亟须调整，而资本市场是推动经济结构调整的重大利器。以产业结构调整为例，产业结构优化升级要求资源配置到发展潜力更好、生产率和技术水平更高的产业中。资本市场的融资功能是产业转型升级的催化剂，资本市场不仅通过再融资、并购重组加快推进传统产业升级步伐，而且通过资本市场有效的价值发现和融资功能可以促进新兴的高新技术企业IPO、债券融资，加快培育战略性新兴产业发展，推动经济结构调整。

当前，运用新技术、新业态、新模式改造提升传统产业需要资本市场发挥更加积极的平台作用；同样，培育发展战略性新兴产业，推动集成电路、第五代移动通信、飞机发动机、新能源汽车、新材料、人工智能等产业发展也需要资本市场发挥平台作用；再者，在推动国企改革、推进混合所有制、提升国有企业资本运营效率方面，资本市场也可以发挥重大作用。

（三）资本市场推进绿色发展

随着可持续发展理念的兴起，绿色发展逐渐成为全球共识。绿色经济以及绿色环境的发展需要绿色金融的推动影响，需要有效的金融政策和金融体系来促进绿色发展。

从发挥资本市场作用推进绿色发展的实践来看，强制披露环境信息、编制发布绿色股票指数、发展绿色证券投资基金、发行绿色债券、发起设立绿色产业基金等资本市场绿色发展举措的持续实施，极大地提升了资本市场服务绿色发展战略、服务科技创新的能力，推动了经济的绿色发展。以绿色债券为例，2018年全球绿色债券发行期数为1 543期，发行规模达到1 673亿美元（约1.14万亿元人民币），其中美国、中国和法国在全球绿色债券发行规模排名前三位，分别为341亿美元、309亿美元和142亿美元，合计占全球总规模的47%。绿色债券募集资金投向最大的三大领域分别为新能源行业、建筑行业和交通行业。①

（四）资本市场推动共享发展

经济发展的最终目的就是为了满足人民群众对美好生活的追求。充分发挥资本市场共享机制是一国经济实现共享发展的有效途径。

在现金和活期存款、定期存款、养老基金、保险计划、共同基金和货币基金的资产配置中，2016年美国居民资产配置结构为：现金和活期存款（2.5%）、定期存款（22%）、货币基金（2.7%）、共同基金（31%）、养老金（53%）。② 而共同基金与养老基金绝大部分的投资对象正是证券市场各类产品。美国国民储蓄率一直居于较低水平，储蓄在GDP中所占的比例是发达国家中的最低水平。美国家庭财富的很大比重就是证券类金融资产。正是得益于配置证券类金融资产为主，美国家庭能够充分分享美国经济发展成果，美国证券市场可以说成为安全积累财富的机器和投资大众的提款机。从1801年至2018年，美国股票市场的实际回报率都有着出色的表现：1802—1870年，年收益率为7.0%；1871—1925年，年收益率为6.6%；1926—2001年，年收益率为6.9%；2001—2018年标普500指数的年收益率为7.7%。投资者在股票市场的收益远大于投资长短期债券、国库券和黄金。

三、当前证券行业服务经济高质量发展存在的几个问题

党的十九大以来，中国证券行业呈现出良好的发展态势，越来越多的证券公司从简单通道服务向多样化专业服务转变，从只提供单一标准化产品向提供多元化个性化产品转变，从单纯从事境内业务向境内外业务并举转变，从同质化经营向差异化发展转变。行业的综合服务能力和市场应变能力正在逐步提高。但总体来看，证券行业作为资本市场的主力军和先锋队，服务实体经济高质量发展的能力还有待进一步提升。

（一）资产规模偏小制约证券公司发展空间及服务实体经济能力

在我国银行、证券、保险三大金融机构中，证券业总资产最小，其抗风险的能力也相对

---

① http：//www.sohu.com/a/297627488_238300，最后访问日期：2019年10月9日。
② http：//wemedia.ifeng.com/49541448/wemedia.shtml，最后访问日期：2019年10月9日。

最弱。截至 2018 年 12 月末，银行业金融机构资产总额为 261.4 万亿元①；而同期 131 家证券公司总资产为 6.27 万亿元②，仅是国内银行业总资产的 2.4%，都抵不上一个高盛集团（6.65 万亿元人民币③）。与此同时，随着中国资本市场的开放，外资控股证券公司的加入，要求中资券商提升资本实力，以增强国内证券公司在资本市场的竞争力。高盛集团海外收入占比连续 20 年保持在 40% 以上。而我国海外业务占比最高的海通证券，2018 年海外营收占总营收的比重也只有 28%。④ 中国证券公司资产规模偏小，国际化程度低的经营状况严重制约了证券公司的进一步发展空间和服务实体经济的能力。

（二）业务创新能力偏弱影响证券行业服务实体经济能力的提升

过去，在中国证券市场快速发展的有利条件下，证券公司普遍采取粗放式的经营模式，主要定位是以证券经纪和证券承销为主营业务的传统金融中介，仅满足于提供通道服务，专业化水平和服务能力普遍不高。随着创新业务开展，尤其是更复杂的金融衍生产品的推出，对国内证券公司的创新能力无疑提出了更高的要求。但是，与国际投行相比，国内证券市场的金融创新还处于起步阶段，国内证券公司对金融创新的理解及应用还未到位，这一方面是由于中国高端复合型金融人才的相对缺乏，另一方面是对业务创新资金投入的动力不足。总体来看，各证券公司创新业务大致趋同，针对客户需求设计的特色创新产品尚待推出。由于产品和服务趋同化，证券公司无法展开真正的差异化竞争，价格战成为同业竞争的主要手段，特别是在经纪业务佣金率上体现得尤为明显。⑤

（三）金融科技内生动力不足无法满足实体经济全价值链发展的需求

现阶段，我国证券行业仍然存在金融科技应用广度不足、深度不足和创新不足的问题，多数证券公司仍未把金融科技应用上升到公司战略的高度。国内证券行业金融科技的应用多限于移动化、智能投顾、智能客服等与零售经纪业务和交易相关的领域，在投行、研究等业务以及中后台管理方面的应用偏少，未能实现业务全面覆盖。同时，金融科技在证券行业的应用目前多数限于对部分业务场景的线上化、移动化和用户体验优化，疏于对数据的获取和分析利用，未能形成完整的数字化服务能力。例如有些证券公司虽然掌握客户的交易数据和行为数据，但未能构建详细的客户画像，或者未能充分利用客户画像对客户展开具有针对性的服务。此外，相较于金融科技在支付、信贷等领域的创新，国内证券行业的金融科技应用创新不足，仍然以技术分析、基本面分析等传统分析方法为主，缺乏对新闻、社交媒体以及其他市场信息的应用和判断。

---

① 参见《华夏时报》2019 年 11 月 11 日：《银保监会：2018 年末银行业境内总资产 261.4 万亿元 保险业总资产 18 万亿元》。
② 数据来源于《中国证券业发展报告（2019）》，中国财政经济出版社 2019 年版。
③ 2018 年世界 500 强排名，网址：http://www.fortunechina.com/global500/136/2018，最后访问日期：2019 年 9 月 20 日。
④ 参见海通证券 2018 年年报。
⑤ 根据中国证券业协会的数据，行业平均佣金率已经从 2008 年的 0.126% 下降到 2018 年的 0.032%。

(四) 服务实体经济高质量发展亟须证券公司提升合规风控能力

依法经营、合规诚信是证券公司的生命线。伴随着证券行业创新业务的快速发展，合规管理在各个方面暴露出不少问题。如在 2015 年证券市场出现的异常波动中，场外配资、融资融券、股票质押、分级基金等业务均暴露出风险事件，给证券行业的合规管理工作带来了巨大挑战。从一些主要业务来看，传统经纪业务由于面临行业佣金率持续下降困境，同时网络服务商在互联网证券业务规模上力压证券公司，挤占证券公司经纪业务份额，市场竞争环境更加严峻。经纪业务存在投资者适当性管理不到位和对分支机构风险管控不到位的问题，投行业务存在未能勤勉尽责的问题。另外，当前国际经济环境更加复杂多变，国内经济增速放缓，资本市场风险也随之增加，证券公司亟待提升合规风控能力，严守不发生系统性风险的底线。

(五) 经济全球化进程加速倒逼证券公司开展国际化业务布局

在世界经济一体化、金融活动全球化的背景下，中国经济正在深度融入世界，人民币正在加速国际化，资本市场国际化步伐也在加快。随着金融市场开放程度的不断加大、人民币正式加入 SDR、内地保险资金参与沪港通、深港通的持续推进等因素，国内证券公司的国际化战略布局也迎来重要契机。虽然经过多年的国际化发展和布局，但国内证券公司的收入来源大多依赖于本土，国际化程度较低，一旦国内市场遭遇大幅调整、业务受限等情况，对业绩和盈利的冲击将较为明显，无法通过国际市场的收入来平滑业绩波动。

四、打造一流投资银行，服务实体经济高质量发展

高质量发展需要高质量的投资银行提供高质量的金融服务。因此，证券公司必须全方位提升服务实体经济能力，在服务实体经济实现高质量发展的同时，实现打造国际一流投资银行的目标。

(一) 夯实证券公司资本实力

当前，融资融券、股票质押式回购、并购业务、新三板业务、做市商业务、跨境业务等业务均对证券公司的资本金有很高的要求，资本缺口已成为制约证券公司业务规模进一步扩大的瓶颈。随着证券行业经营环境和盈利模式的加速变革，证券公司要赢得未来竞争并保持长期竞争力，必须进一步夯实资本实力。对此，证券公司可从自身发掘能够生成稳定现金流的债务，如"两融"债权、股票质押债权、约定回购债权等，并针对此类债权进行证券化打包，从而实现改善财务杠杆、解决资金流动性、拓宽融资渠道等。除了发展自身融资类业务，监管层也要支持证券公司通过增资扩股、兼并重组、挂牌上市等方式扩充资本实力。

(二) 坚持创新驱动与转型发展

经济转型需要一个发达的资本市场。作为资本市场的重要参与者，证券行业的加速发展和转型也是势在必行。未来在证券行业发展空间打开和客户需求向综合化演进的趋势作用下，证券公司将从"单一通道"向"综合金融机构"迈进，从"牌照为中心"转向"客户

为中心",主动探索特色化的发展路径,确定公司业务重点。如传统经纪业务随着佣金率水平的普遍下降以及市场成交量的持续萎缩,可以通过互联网牵引、经纪业务驱动的方式来打通投行、销售、投资、交易等业务模块,将互联网基因贯通至各个业务链条之中;投行业务要打造全价值链服务,加快并购基金、场外市场业务以及资产证券化业务的开拓;资管业务要逐步向综合金融服务转型。与此同时,证券行业需要支持加快产品服务创新步伐,丰富市场产品品种,鼓励证券公司依法自主开展业务产品创新;支持行业开展对智能金融、区块链等新技术的研究和应用,拓展金融服务实体经济的广度和深度。

(三) 强化金融科技融合应用

当前信息科技新技术迅猛发展,"金融科技""数字化转型"的理念和实践在国内外金融企业受到重视并初见成效。信息技术战略的前瞻性、技术应用的领先性以及信息技术与业务进一步高度融合和互相促进,已成为证券公司竞争力的重要组成部分。金融科技应用有利于推动证券行业传统业务转型,探索新的产品,创新业务模式,提高管理效率,促进合规、风控智能化,从而全面提升证券业服务实体经济能力。因此,证券公司要从战略高度关注金融科技的创新变革及其对行业生态的深远影响,把科技赋能作为证券行业高质量发展的重要推动力,持续加大金融科技的投入力度,将新技术应用充分融入公司各战略举措与重点工作中,利用信息技术推动业务全方位发展;夯实技术基础,大力发展创新能力,建立行业领先的科技应用能力,向创新型IT转型;同时引入人工智能等新技术,建设人工智能平台支持业务发展,保证数据存储安全,提升证券交易效率,补充金融科技产业链的薄弱环节,形成创新驱动证券业发展的新局面。

(四) 健全完善合规风控体系

随着依法从严全面监管要求持续深入,监管新规频发,监管尺度、口径变化较快,证券公司合规风控要提升监管敏锐性及合规判断能力。要杜绝片面追求"痕迹管理",不能止于简单提要求,要在坚守合规风控底线的同时,立足于支持和促进证券公司各项业务发展。要加大合规风控资源特别是信息系统建设投入,加强并表风险管理,落实全面风险管理各项要求。要积极开展重点业务领域风险排查,全面梳理可能导致内控失效的关键因素,细化各岗位的管理责任,强化重大风险的监控、提示和报告职责。要持续完善投资者适当性管理制度,认真开展投资者适当性管理自查工作,提升适当性管理有效性。要适应反洗钱监管形势新变化,及时梳理、完善反洗钱内控制度与流程,加大反洗钱检查与处罚力度,扎实做好反洗钱各项工作。要层层落实保密工作责任制,筑牢证券公司保密工作的坚强防线。

(五) 多渠道推动国际化发展

要提升综合服务能力和竞争力,证券行业的国际化发展必须要有新突破。证券公司应抓住机遇,主动走出去,借助全球网络布局和多元化业务平台优势,创新产品、服务,帮助用户利用好国际、国内两个市场、双重资源。要把握好"一带一路"机遇,加速证券公司自身的国际化进程,证券行业需要得到充分的支持:一是支持证券公司通过发行股票、债券、公募、信贷、保险等各类资产证券化的创新方式,扩大证券公司海外产品创新和业务拓展的空间;二是支持和推动发展离岸证券交易市场(包括在他国设立离岸证券交易机构、证券交易所跨境上市、收购当地证券公司等），促进人民币国际化，满足企业和投资者对使用人民币结算、投资保值、风险管理的内在需求；三是审慎地把握资本市场对外开放的时机。在资本市场完全开放之前，通过政策上的支持使中国证券公司有充足的空间和时间发展壮大其国际业务，待时机成熟时再完全开放资本市场，使国内证券公司及其海外分支机构有条件、有能力分享这一重大改革成果。

深化改革开放,推动我国债券市场高质量发展

牛冠兴[*]

新中国成立 70 年来,在党的坚强领导下,我国从封闭落后迈向开放进步,从一穷二白迈向繁荣富强,创造了一个又一个伟大的奇迹;尤其是改革开放的 40 年来,社会生产力突飞猛进,经济持续高速发展,成为全球第二大经济体和第一增长引擎,对世界经济增长贡献率由 1978 年的 3.1% 上升到 2018 年的 27.5%。我国债券市场自 1981 年启动国债发行以来,不断探索,开拓创新,从无到有,从小到大,实现了跨越式发展和历史性飞跃,市场规模已居全球第二、亚洲第一,债券品种逐渐丰富,投资者日趋多元,政策法规和制度不断完善,基础设施日益完备,市场运行质量不断提升,在我国经济发展和金融稳定中发挥了非常重要的作用。但由于历史和体制的原因,我国债券市场还不够成熟,依然存在诸多深层次问题;同时,我国经济处于重大转型期,产业和金融供给侧结构性改革的不断深化,"一带一路"的不断推进,对我国债券市场的发展也提出了更新更高的要求,促进债券市场高质量发展成为摆在我们面前的首要任务。回顾历史,展望未来,不忘初心,牢记使命,本文拟结合市场认知和业务实践,就如何推动我国债券市场高质量发展谈些粗浅看法,仅供大家参考。

一、债券市场对经济发展和金融稳定发挥着重要功能作用

债券市场是经济发展的助推器和金融运行的稳定器,高质量的债券市场有利于减少社会融资对银行信贷的过分依赖,有利于改善货币政策和宏观调控的实施效果,有利于促进经济和金融的一体化。纵观世界各个发达的经济体和成熟的金融市场,都有一个发达而成熟的债券市场,债券市场对经济发展和金融稳定意义重大,不可或缺,发挥着极其重要的作用。

---

[*] 作者简介:牛冠兴,经济学硕士。现任中证信用增进股份有限公司董事长、执委会主任。曾先后担任招商证券总裁、招商基金董事长、南方证券行政接管组组长、安信证券董事长、中国证券业协会副会长(1999 年 12 月—2015 年 9 月)。原载于《中国证券》2019 年第 10 期。

（一）发展历程

我国债券市场伴随着改革开放和经济发展不断成长，从零开始，不断探索，逐步壮大。从市场组织角度看，我国债券市场发展大致经历三个阶段。

第一阶段：以场外市场为主导（1981—1991年）。

1981年财政部为平衡财政预算开始发行国库券；1988年为解决流动性问题，政府开始设定部分地区作为转让试点，允许部分已发行的国库券上市转让；1991年初，国债流通转让的覆盖区域大大增加，400个地市级以上城市纳入其中，柜台交易机制逐步建立，但未形成统一的债券市场。这一阶段是我国债券市场的初期阶段。

第二阶段：以交易所市场为主的阶段（1991—1997年）。

1991年伴随沪、深证券交易所成立，债券的交易重心逐渐向场内市场转移，但发行利率的形成机制较为行政化，1995年国债招标发行试点获得成功，开启债券发行市场化进程。之后，沪、深两大交易所不断丰富交易品种，国债和企业债陆续进入市场，期货、回购等不同交易方式相继推出，市场流动性、交易量显著提升。"327"国债事件发生后，国债期货市场被关闭，场外债券市场被停止，交易所成为我国唯一合法的债券市场。这一阶段是我国债券市场的发展阶段。

第三阶段：以银行间市场为主的阶段（1997年至今）。

1996年12月，中央国债登记结算有限责任公司正式成立，成为唯一由财政部授权的国债登记托管机构，承担国债的总托管人职责，同时也被中国人民银行指定为银行间债券市场登记、托管、结算机构，这标志着银行间债券市场中央证券托管制度的建立。1997年，财政部颁布《国债托管管理暂行办法》，中国人民银行颁布《关于各商业银行停止在证券交易所证券回购及现券交易的通知》，标志着银行间债券市场的正式建立。随后非银金融机构等各类投资主体陆续获准加入，银行间市场的成员数量、资金规模及覆盖范围大幅提升，2001年银行间债券市场的发行、交易、托管规模开始全面超越交易所债券市场，并一直保持绝对优势。数据显示，2018年债券市场共发行各类债券43.6万亿元，其中，银行间债券市场发行债券37.8万亿元，占比约为87%；债券市场现券交易量156.7万亿元，其中，银行间债券市场现券交易量150.7万亿元，占比约为96%。这一阶段是我国债券市场的扩张阶段。

（二）发展成就

我国债券市场从单一的国债开始，用了不到40年的时间，成为全球第二、亚洲第一的债券市场，债券品种、制度建设、市场体系、市场开放等都取得显著进步。

1. 市场规模跃居全球前列，债券品种较为齐全

目前我国债券品种已涵盖国债、地方政府债、央票、金融债、企业债、项目收益债、公司债、私募债、可交换债、可转换债、中期票据、短期融资券、定向融资工具、资产支持证券、熊猫债等，品种较为齐全。市场规模实现跨越式增长，截至2019年5月末我国债券市场托管余额已达91万亿元，成为仅次于美国的全球第二大债券市场；到2019年8月末，市场规模上升至95.1万亿元，稳居全球第二位、亚洲第一位。

2. 法律法规和制度建设逐步完善

我国债券市场主要分为银行间市场和交易所市场两大类，不同的债券品种分别由财政

部、发改委、中国人民银行、中国银保监会、中国证监会等多个部门分别监管，对应的法律法规体系，则由全国性法律、行政法规、部门规章制度等共同组成。此外，还有各类中介服务机构制定的业务规则等规范操作性文件，以及各部门机构制定的自律性协议或业务协议。这些法律法规和规章制度为债券市场快速发展提供了基本保障。

3. 市场开放取得相当大的进展

近年来，我国债券市场对外开放步伐不断加速，2019 年 7 月 20 日，国务院发布的 11 条扩大金融业对外开放措施中，涉及我国债券市场开放的就有三条，包括"允许外资机构在华开展信用评级业务时，可以对银行间债券市场和交易所债券市场的所有种类债券评级""允许外资机构获得银行间债券市场 A 类主承销牌照""进一步便利境外机构投资者投资银行间债券市场"。截至 2019 年 7 月末，境外机构累计持有中国债券已突破 2 万亿元，其中 90% 为直接开户持有。据专业机构估计，未来 5 年，投资国内债券市场的海外资金流入规模将达 7 500 亿美元至 8 500 亿美元。

（三）重要功能和作用

债券市场在我国经济发展和金融稳定中发挥了极其重要的功能和作用，主要体现在三个层面：

1. 发挥资源配置功能，促进实体经济发展

首先，债券市场为实体经济发展提供金融支持。数据显示：2014 年、2015 年、2016 年、2017 年、2018 年，我国各类债券发行规模分别为 10.98 万亿元、22.88 万亿元、35.6 万亿元、39.85 万亿元和 43.1 万亿元。截至 2019 年 8 月，债券市场托管余额 95.1 万亿元，其中国债 15.2 万亿元、地方政府债 20.9 万亿元、金融债 22.5 万亿元、公司信用债 20.9 万亿元、资产支持证券 3.3 万亿元、同业存单 10.1 万亿元。其次，强化债务管理。对发行人能够形成有效的外部约束，监督发行人稳健经营和规范财务。再次，优化资源配置。通过市场化机制和导向，实现投融资的合理配置，引导资金向优质企业集中。2019 年 1—9 月，企业债券发行主体等级分布 AA 及以上的占 73%，债项等级分布 AA 及以上的占 75%。

2. 发挥宏观调控的功能，促进金融市场稳定

第一，债券市场是政府进行宏观调控的有力抓手。政府可以在银行间债券市场，通过贴息免税、公开市场操作等手段对宏观经济进行调节。公开市场操作能起到调控货币供应量、影响市场利率的作用，政府债券可用于弥补地方赤字、筹集建设资金、调控地方经济发展等。第二，债券市场能够发挥基准定价作用。从国际经验来看，国债利率通常被认为是无风险资产利率，成为其他金融资产进行定价的基准。而我国绝大部分国债在银行间债券市场中发行、交易，由此产生的国债收益率曲线为我国金融市场提供金融基准价格。第三，债券市场能够发挥风险管理功能。一方面，投资者在银行间债券市场配置不同信用等级的债券，体现了社会资金对各个行业风险的分散；另一方面，由银行间债券市场派生的各种衍生金融产品，为市场提供了有效的风险缓释及管理工具。

3. 发挥市场媒介功能，促进经济对外开放和发展

近年来，中国人民银行等监管部门在制度、机制、配套政策等方面，从发行和投资两个维度，全方位推进中国债券市场的对外开放，包括引入境外投资主体，对境外机构投资者投资境内债券提供政策支持，并在技术与操作层面加大基础设施对外开放的力度，优化入市流

程,推进信用评级业对外开放,推出跨市场的债券指数公募基金等。第一,围绕"一带一路"试点,落实相关政策,支持"一带一路"沿线国家(地区)政府机构、注册企业及金融机构在境内市场发行政府债券、公司债券,鼓励境内企业发行、募集资金用于"一带一路"建设的公司债券。2018年熊猫债发行规模达到948.9亿元,2019年上半年发行规模为425.4亿元。第二,推动内地与香港债券市场互联互通业务。2017年7月3日"债券通"正式上线试运行,截至2019年6月末,共有1 038家境外机构投资者通过"债券通"渠道进入银行间债券市场。第三,助推中资企业境外发债。2015年9月,国家发改委调整境外发债审批制为备案登记制,中资美元债发行规模放量增加,2017年约2 387亿美元,2018年约1 793亿美元,2019年上半年约1 191亿美元,相比上年同期增长23%。

二、影响我国债券市场高质量发展的因素

从规模上看,我国债券市场成绩显著,但从质量上看,与成熟债券市场相比,还存在很大的差距,主要表现为市场严重分割、市场结构不合理、资产流动性较差、市场透明度和开放度有限、市场运行效率不高等,这些问题严重影响我国债券市场的运行质量和金融功能的发挥,应引起高度重视并在未来的发展中逐步解决。

(一)市场分割影响公平性和透明度,导致流动性和便利性变弱

目前我国债券市场多头监管,导致多层面的市场分割:一是立法体系的分割。目前我国债券市场法律法规体系包括全国性法律、行政法规、部门规章制度等,涉及市场监管、品类监管、主体监管、交易规则等,政出多门,法规繁杂。二是监管体系分割。我国债券市场主要分为银行间市场和交易所市场两大类,不同的债券品种分别由财政部、发改委、中国人民银行、中国银保监会、中国证监会等多个部门分别监管。由于监管体系不同,不同市场对准入标准、资金用途、信息披露、评级机构选择、主承销商资质等均有很大不同。三是交易体系和托管体系的分割,从托管机构来看,银行间债券市场由中央国债登记结算公司和上海清算所登记托管,交易所债券市场由中国证券登记结算公司登记托管,各家机构在托管机制、结算方式、估值体系等方面均存在差异。

市场分割对市场质量带来诸多问题:一是影响市场公平性,既易造成不同市场的债券定价偏离,又会导致市场对同一业务功能的中介机构出现差别对待的现象。二是影响市场透明度,降低了投资机构搜集公开信息的效率,也增加了发行人自身的发行成本和信息披露成本。三是影响市场流动性,投资者被分割使得市场难以接纳全面多元的需求,以持有到期为主,交易性需求不足。此外除企业债等品种可以进行转托管操作外,其他债券都难以进行跨市场交易,不同市场的转托管也存在一定的操作难度,大大降低了流动性。四是影响市场便利性,分割的账户及结算体系造成跨市场障碍,使得交易流程较为烦琐,并增加了其中的操作风险。

(二)透明度不高导致市场融资、定价及配置功能弱化

我国信用债市场透明度不高主要体现在三个方面:一是信息不够透明。发行人信息披露滞后、信息残缺、信息虚假等问题较为突出,市场难以对发行人的主体信用及债项信用进行

有效识别。二是定价机制不够透明。银行间市场的做市商力量相对薄弱，难以为买卖双方提供充足的流动性，实际上很多品种的交易定价还是由投资者以询价方式来逐笔达成，价格透明度较低。三是发行方式不够透明。由于簿记建档的招标过程和招标结果不公开，发行价格的确定过程不够透明，透明度不高自然会强化投资机构避险心理，使得市场定价扭曲，影响资源配置效率。

（三）债券市场的国际化程度仍有待进一步提升

近年来，中国债券市场对外开放步伐不断加速，开放程度持续扩大，但开放的广度和深度仍有较大提升空间。在市场规模方面，截至2018年末，境外投资者在银行间市场的持债规模占比为2.3%，持有国债规模占比为8.1%，与我国债券市场庞大的体量相比，境外机构的市场参与度仍有待进一步提升；在交易品种方面，由于缺少有效的信息获取途径和风险管理工具，境外机构对境内发行主体普遍认知不足，因而总体投资风格谨慎，偏向于信用等级较高、期限偏中短期的券种，债券投资的精细化程度不高；在机构业务方面，虽然已有多家外资银行已取得债券承销、债券做市等核心业务资质，但总体业务体量较小，且业务集中度较高；在海外市场方面，根据国际清算银行发布的债券数据，截至2019年第一季度我国国际债券存量为2 200亿美元，仅占我国债券总量的1.6%，远低于大部分欧美国家，这意味着境内机构在境外发行债券的提升空间依旧很大，"走出去"的步伐需要进一步加快。

综上，我国债券市场质量依然受制于诸多因素，经济发展和金融稳定的功能发挥受到较大限制。展望未来，需要转变战略思路，将质量作为债券市场发展的主基调，采取积极稳妥的措施，解决深层次的问题，提升债券市场运行质量。

三、关于我国债券市场高质量发展的若干建议

我国经济已由高速增长阶段转向高质量发展阶段，与此相应，我国债券市场也必须由规模发展转向质量发展，这既符合经济发展的要求，也是我国债券市场自身发展的必然选择。为此，一方面要在历史发展的基础上，借鉴成熟市场的成功经验，通过深化改革，激发市场活力，不断完善监管机制、运行机制和基础设施，建立良性的生态环境和健全的信用服务体系；另一方面要深入研究和借助人工智能、区块链、云计算和大数据等新兴技术，改变传统的监管模式和运行模式，提升我国债券市场的监管效率和运行效率，促使债券市场更加透明、高效、有活力、有韧性。

与股票市场比较，债券市场涉及更多更复杂的资产、品种、参与主体、交易方式和流程环节，需要更多的市场主体共同构建债券市场生态体系，确保债券市场高质量发展。中证信用成立4年来，一直在信用科技领域进行探索，从一家传统的债券增信机构逐渐发展成为一家信用科技综合服务商，致力于通过科技驱动的方式打造服务于信用资产全生命周期的基础设施，为客户提供信用风险管理、信用增进、信用资产交易管理等全信用价值链服务，在降低风险管理成本、提升资产流转效率、化解信用资产投资风险等方面已初步取得成效。在此结合工作实践，从监管机制、信用服务、基础建设、市场开放四个维度，就我国债券市场高质量发展谈些看法和建议，仅供参考。

（一）监管机制方面

债券市场是强监管市场，监管机制对债券市场运行质量非常关键。基于现状，可从三个方面进行完善。

1. 建立统一的监管机制、监管规则和监管标准

统一债券监管体系，统一监管规则，从投资人准入、发行人要求、项目审核、资金用途、信息披露、发行方式、交易规则、托管结算规则、违约处理机制以及评级机构准入等方面入手，建立内在统一的标准和要求，增强市场规范性、一致性、严谨性和透明度，提高监管效率。

2. 借助科技力量，转变监管模式

科技监管在风险数据整合、风险建模、分析预测、实时交易监控、汇报和拦截、法律法规跟踪等方面优势明显，目前世界各国都把强化监管科技应用实践作为丰富金融监管的重要手段，旨在提升监管水平、持续监管创新、降低监管成本、防范监管套利。建议高起点制定债券市场监管科技发展规划，加快监管科技的试点应用，通过机构端和监管端的系统对接嵌入等方式，实现实时、穿透、精准监管。

3. 利用技术手段，提升合规质量

强监管，重处罚，是新常态下的债券市场监管长期取向，合规风险成为发行人、金融机构及中介服务机构的首要风险，为此要进行大量的投入和能力的培养。由于近年来金融监管政策调整频繁、监管法规数量剧增，传统的人海战术难以应对，因此应加大科技投入，通过科技的方式，实现合规科技化。一方面，机构端能够从监管端获取数字化的监管要求并准确转化为内部约束，确保机构和业务实时合规；另一方面，机构端可以实时向监管端传输数据，动态形成各种合规报告，减少人工干预，提高合规质量和效率。

（二）信用服务方面

面对经济增速下降和信用违约常态化，投资机构对信用风险的识别、评价、监测、预警等方面的服务需求日趋强烈，提升信用服务能力愈发重要，其中涉及信用数据、信用评级、信用内评、报价、定价等多个服务层面。

1. 加大数据整合力度，建立多源、高质、智能的数据库

一方面，要强化发行主体的信用责任和行为准则，提高信息披露质量和市场透明度；另一方面，可打通监管体系的数据渠道，搭建我国债券市场信用数据平台，规范第三方数据的管理和使用，对数据获取、数据安全、数据运用等进行全方位监管。在合规的前提下，加强数据整合，提升数据质量，丰富数据维度，为市场提供信用大数据服务。

2. 进一步优化评级方法，提升信用评级质量

信用评级是现代债券市场重要的组成部分，具有特殊的地位，对风险定价具有引导性作用，合规运营和评级质量是信用评级机构的两大生命线。在行业开放背景下，在监管层面，监管机构应着重对债券评级结果的产生和评级机构的资质等进行有效管理，建立和完善必要的评级机构退出机制，确保信用机构合规运营；在技术层面，评级机构要建立科学有序的信用评级制度，引进国际上先进的评级理念和评级方法，提升评级质量和公信力，真正发挥风险揭示作用；在科技层面，依托新技术开发信用风险工具和模型，提供更为准确可靠的信用评级模型，并为风控专业人士提供交易对手信用风险解决方案，更好地服务投资者。近年来，以穆迪、标普、惠誉为代表的国际主要资信评级机构都在加大金融科技的投入力度。

3. 进一步完善市场估值服务体系

鼓励市场化机构参与第三方独立估值平台的建设，以便形成更加及时、准确的报价、定价信息平台。在报价方面，目前国内市场已出现一站式的聚合报价信息平台，面向金融机构的交易员展示实时的债券报价信息，为债券从业者提供更加便利的交易信息服务，将寻找对手方、询价、商定交易要素等步骤通过系统化的方式来解决。在定价方面，一些第三方市场机构通过将专家经验进行体系化、系统化改造，为固定收益投资人提供专业的估值、定价及信用分析服务，服务内容包括全市场发债企业信用评价分档、公募债券发行定价分析、存量债券独立估值分析等，实现了对发债主体100%的全覆盖。

4. 进一步加强投资机构内评系统建设

长期以来，投资机构主要是依靠传统的信用风险模型，通过发行人历史财务数据等信息来判断其信用风险，存在数据缺失、模型不完善、系统不完备等问题，很难对风险进行量化分析和实时监测。而依靠大数据，利用量化和科技手段进行信用风险管理，可实现全流程的监控和度量，逐步从"人控"向"数控、机控"转变，由被动式的风险防御向主动式的风险监控预警转变，使得风险防范更精准、更及时。中证信用在数据风控方面也进行了持续有效的探索和实践，形成了多源、合规、智能化的数据能力，构建"数据+模型+系统"的内评解决方案（Credit Master），为客户提供数据驱动的信用风险管理服务，帮助客户建立智能化的信用风险管理能力。

（三）基础建设方面

鼓励国内的专业机构参与债券电子交易服务平台的建设。我国债券市场体量较大，参与机构众多，场外交易比重大，难以做到像股票一样标准化交易，电子化交易是大势所趋。目前在境外成熟市场，电子化交易正逐渐成为主流。从境外市场的情况来看，债券市场向电子化方向转移的速度正在加快，电子化交易规模呈增长趋势。Greenwich Associates 的调研结果显示，2018年第三季度，美国已有超过70%的债券投资机构使用电子交易平台，26%的公司债交易是以电子化交易方式完成，较2018年第一季度19%的占比有较大幅度提升，而债券电子化交易量在欧洲的占比已超过50%。目前，我们了解已有多家市场化机构，以境内外交易所等基础设施为中心，围绕投资者在交易、风控、数据分析等环节的痛点，用平台化的方式向其提供价格发现、风险管理及报价信息服务。

（四）市场开放方面

进一步扩大债券市场开放度，提升国际市场影响力。首先，要进一步完善债券市场开放的制度规则，积极推进发行交易、信息披露、信用评级、会计、审计、税收等相关制度规则与国际接轨，完善资金汇兑、风险对冲等方面的便利措施；其次，借鉴"债券通"的经验，推动境内基础设施与更多国际主流电子交易平台及相关基础设施加强合作；再次，丰富债券市场金融工具和交易机制，满足境外投资者需求，包括扩大对境外机构的做市商群体、完善债券市场估值服务、稳妥发展金融衍生品、完善债券违约处置机制等，通过引进境外资金，来降低一级市场的利率中枢压力，完善债券市场化定价，从而降低境内实体经济的融资成本；最后，要建立债券跨境担保市场，推进境内外债券互认，进一步扩大人民币债券的影响力。

我国庞大的经济体量和巨大的发展潜力，为债券市场的发展提供了广阔的发展空间，同时也赋予了债券市场更高的使命。在未来的工作中，必须坚持市场化的理念和发展策略，坚持改革开放，以质量为导向，以科技为驱动，全面提升市场服务功能，强化基础设施建设，创新发展风险管理工具，守住风险控制底线，把我国债券市场不断推向新高度，为我国经济的高质量发展和金融稳定做出更加积极的贡献。

一家区域券商创业路上的关键三年

吴永敏*

2019年是新中国成立70周年。70年风雨兼程，中国社会和经济都发生了翻天覆地的变化。这其中，一个重中之重的变化就是中国资本市场从无到有、从小到大，到今天已然成为世界第二大规模。

回望中国资本市场29载征程，我心潮起伏、倍感荣耀。作为一个亲历者，尤其是能在全国经济实力强劲的地级市苏州，与一家区域性券商共同成长，我何其有幸。回首从业经历，许多故事历历在目。而其中，又有三个年头最为难忘。正是在这三个年头，应着资本市场快速发展和苏州经济腾飞的步伐，东吴证券完成了起跑、规范和飞跃这三个关键节点。

一、2002年：起跑之年——占据根据地优势，实现"三大跨越"

东吴证券的前身是苏州证券，成立于1993年4月。成立之初，公司注册资本3 000万元，员工20人，只有1家营业部。我1999年到公司时，公司员工人数也只有70多人，营业部共2家。1999年12月31日，来到公司后的第一个跨年夜，午夜12时整，我和员工们一起，在公司中心机房见证公司计算机系统顺利进入新千年，整个电脑设备未受"千年虫"影响。

进入新千年，公司发展驶入了快车道。2002年5月，公司完成从1.04亿元到10亿元的增资扩股，更名为"东吴证券有限责任公司"。这不仅仅是名字的变更，更是在响亮地宣告：东吴实现了具有战略意义的"三大跨越"，属于一个区域券商快速发展的步伐已经迈出：

一是实现从传统国有企业向现代企业的大跨越。东吴证券的股本结构已经与原来的苏州

---

* 作者简介：吴永敏，硕士，高级审计师，曾任东吴证券股份有限公司党委书记、董事长、总裁，中国证券业协会财务会计与风险控制专业委员会主任委员，中国证券业协会理事（2007年1月至2014年5月）。原载于《中国证券》2019年第10期。

证券发生了很大的变化,苏州以外的股东占37%,民营资本占38%。通过建立权责分明、管理科学、激励与约束相结合的现代企业管理制度,公司完全按照法人治理结构规范运作,以适应市场的竞争。

二是实现从区域性公司向全国性公司的大跨越。通过战略性的调整完成全国性公司的网点布局,打造一个面向全国的业务体系。当年,东吴证券还与当时台湾最大券商元大京华进行交流沟通,签订合作意向,探索公司发展新模式。

三是实现从经纪类公司向综合类公司的大跨越。除了传统经纪业务外,东吴证券将目光瞄准了投资业务和资产管理业务,并全力拓展投资银行业务,全面启动国债债券承销业务,筹建基金公司,力图充分运用并发挥综合类证券公司的优势,在各个业务领域发展自己的业务。

一家尚不满十岁的区域券商,敢将目标瞄准"综合类、全国性、现代企业",东吴证券的底气在哪里?

正是来自"区域"两字。东吴证券脱胎于苏州、成立于苏州,一方水土养一方人,苏州就是孕育东吴证券的这方水土,为我们准备好了天时、地利、人和。

说"天时",当时中国证券市场高速发展,市场规模、投资者规模都呈现出几何级的增长,苏州也不例外,这为东吴证券跳跃式发展提供了充分的条件和广阔的市场。

说"地利",指的是环境的积极作用。苏州地区是我们的根据地,也是全国有名的发达地区,2001年苏州经济综合排名列全省第一位、全国第六位。东吴证券背靠苏州,面向经济发达的江、浙、沪长江三角洲,还能承接上海的溢出效应。当时,苏州正处于高速增长期,工业园区和高新技术开发区正吸引着大量的跨国公司落户,带来了资金、先进的技术和管理模式,带动了地方经济格局的全面提升。同时,经济的发展也提高了生活水平,百姓口袋里的钱多了,自然会想到要更好地管理它,东吴证券正好以优质的服务为他们提供了这样一个平台,也为公司自身的业务发展找到了良好的契机。

而"人和"是最为重要的,企业的竞争力归根结底就是人的竞争。当时的东吴证券就是聚集了这么一帮当地"土生土长"的证券人,他们没有什么高学历,也谈不上什么"高大上",有的连普通话也说不好,但他们朴实、勤奋、扎根地方,与社会融成一体,为客户全心服务,因此深得客户信任,有核心客户群,牢牢把握了客户资源;他们用心,虚心,有责任心,善于学习,在实践中边干边学,从不懂到懂,从外行到内行;他们肯吃苦,没有白天黑夜,没有周六、周日,不计报酬,不谈条件。就是这样的"一帮人",成为公司创业时期的一批重要力量,也成为公司日后发展中的骨干力量。而这样"一帮人"与当时的证券发展背景,与区域文化非常贴近、非常适应。

二、2007年:规范之年——看不清的事不做,没有设计好的事不做

作为企业负责人,我参加过很多会议、作过很多报告。多年之后,许多会议、报告湮灭在了时光里,唯有2007年的年度工作报告,我至今历历在目。

2007年2月11日,公司召开年度工作会议,在作了题为《振奋精神,抢抓机遇,扎实工作,规范发展,全面开创东吴证券发展新局面》的工作报告后,我又着重讲了三点:一要牢记血的教训,绝不让历史重演;二要抓住机遇,加快发展,让东吴证券发展与苏州地位

相匹配;三要对投资者知恩报恩,反哺回报。

之所以印象深刻,是因为时点特殊。持续的熊市让证券公司发展陷入困境,而作为一个年轻的行业,证券行业度过了初创期、不规范高速发展期,进入到了一个风险集中爆发的阶段,行业到了生死存亡的关键时刻。

为了化解风险,促进行业健康发展,2004—2006年,一场艰苦卓绝的券商综合治理"攻坚战"打响了。在这个过程中,东吴证券与很多券商一样,经历了一段非常困难的时光,有人离开了,但更多的东吴人留了下来,与公司并肩作战。硬仗过后,2006年7月下旬,在中国证券业协会组织的规范类券商的评审中,东吴证券获得全票通过,成功步入规范类证券公司行列。

经此一役,我和所有东吴人接受了一个刻骨铭心的教训——"合规比发展更重要"。在这个行业发展,就像是在爬树,有很多人走得早、爬得快,遥遥领先,但是如果没有合规意识,控制不住风险,随时就会掉下来,爬得越高、摔得越重。

对于区域性券商来说,由于规模相对偏小,抗风险能力相对较弱,因此,做好风险控制比发展更为重要。我们有一句非常朴实的话——看不清的事不做,没有设计好的事不做。因此,我们在合规经营和风险防范方面,做了大量的基础性工作。在公司的治理架构上,我们建立了分工合理、职责明确、报告关系清晰的"三会一层"组织架构,确保各自独立行使职能。在制度建设上,我们制定了一百多项各类基础管理制度、业务制度和风险管理制度,建立了规范化的业务操作流程体系,建立和完善了公司合规制度体系,做到全面覆盖、有效衔接。在风控体系上,我们构建了以风险控制委员会、风险控制执行委员会、风险管理部、风险管理岗位的垂直型四级风险控制管理体系,形成了切合实际的、行之有效的事前防范、事中控制、事后稽核与问责的风险控制机制。

规范之后,再谋发展。2007年的东吴证券,在活下来之后,另一个问题摆在了面前——随着证券公司综合治理圆满结束,证券行业进入常规监管阶段,行业迎来高速发展期,竞争格局向规模化和集中化方向发展,各家券商千方百计扩大规模,设点布局,行业同质化竞争日趋激烈。在这样的背景下,要如何找到一条适合自己发展的道路,既解决生存问题,更解决发展问题?

首先,我们选择充分利用苏州的区位优势和资源优势,做熟、做透、做深、做细苏州市场,进一步深化根据地战略。我们在县市区设立地区总部,2009年公司在苏州所属5个县级市和1个区,成立了6家分公司,依托公司总部后台,实现业务向前延伸,公司在投资银行业务、经纪业务的拓展上均取得显著成效。"下沉"到县级区域成立地区总部、分公司,这是东吴证券首创。

其次,我们当好地方政府参谋,本着"立足苏州市场,服务地方经济"的宗旨,东吴证券积极参与苏州资本市场建设,贯彻实施苏州金融带动战略,推动地方经济发展。主动当好各级政府的财务顾问,为地方企业发展、上市提供专业化服务。

最后,全面服务投资者。长期以来,公司致力于投资者财富增值,全面推进和创新投资者服务。通过向客户提供的增值服务和主动回访服务来增加服务黏合度,从而有效提升客户的满意度和忠诚度。公司专业咨询研究人员分片分组定期对乡镇投资者进行现场证券知识普及和投资咨询服务。

实践证明,"根据地战略"是我们从公司实际、苏州区域经济特点及行业内在发展规律出发，选择的一条可持续发展的正确道路。而且区域性券商的发展与区域社会经济的发展相辅相成、相得益彰，能为区域内投资者提供更为细致、周到的服务。发展区域性优质券商是新形势下我国证券行业贯彻科学发展观、改变行业同质化竞争、实现全行业和谐平稳发展的有效路径之一，也符合现时中国社会经济发展的特点。

三、2011年：飞跃之年——超前布局稳扎稳打，上市速度业内罕见

2011年12月12日，东吴证券在上海证券交易所成功上市，成为全国第18家上市券商，也是首家地级市上市券商。此时，距2010年12月28日公司召开上市工作动员大会、正式启动IPO仅350天，这个速度堪称"奇迹"。

"奇迹"背后，是东吴人埋头做事、不事喧哗的勤勉与低调。而事实上，早在2007年，我们便已经开始布局，朝着这一目标，稳扎稳打、步步靠拢。

彼时，较之其他类型企业上市，证券公司有更高的要求——除了要符合企业上市的一般要求外，证券公司还必须达到一定的竞争力指标，即对券商核心业务的绝对值指标和连续两年增长率指标在行业排名中有要求。

多年深耕经济基础深厚的苏南地区，我们很清楚，东吴证券的经纪业务有这个底气。加上2009年创业板开板，公司抓住机遇，投行业务快速发展，也达到了监管要求。

但此时问题也来了，竞争力指标以中国证券业协会公布的行业排名为准，一般这一排名的公布时间为每年5月底或6月初，如果等到这时再递交申报材料，到年底仅剩半年时间，很难在这么短的时间内完成各项审核。如果进入下一年度，那么各项业务指标也需随着更新，那又是新一轮的年度排名。

这个循环必须破解，既然发现了问题，就要去推动解决。为此，我们主动向中国证监会相关部门反映情况，并提出了建议。最终，中国证监会接受了东吴"先申报材料受理，排名发布后再审核竞争力指标"的建议，公司的上市之路不再有任何障碍。

2011年3月21日，东吴证券正式向中国证监会递交首次公开发行A股并上市申报材料，迈出登陆资本市场的关键一步。2011年9月9日，公司IPO顺利通过中国证监会发行审核委员会2011年底第204次会议审核。2011年11月28日至12月7日，公司股票发行从开始询价到验资结束历时10天，最终确定发行价格6.5元/股，募集资金总额32.5亿元。

随着2011年12月12日上交所钟声的敲响，东吴证券的发展也进入了新纪元，同时产生了另一个"连锁效应"：鉴于东吴证券提出的合理化建议，中国证监会随之修改了证券公司上市相关规则，以后上市的证券公司都可以沿用这一规则。这也算是我和东吴证券为行业发展做出的贡献。

在证券行业工作的这些年头，如果说深耕东吴证券让我对这一行有了纵深的体会，那么在中国证券业协会财务会计与风险控制专业委员会的工作，则让我对行业的宽度、广度感慨颇深。

作为委员会的主任委员，多年来，我和委员会同仁十分关注行业税收政策和风险管理。尤其是2012年起，金融创新步伐明显加快，证券公司业务结构发生巨大变化，原有的风险控制指标已经跟不上需求。在监管部门的指导下，中国证券行业引进西方发达国家的做法，开始使用技术指标控制风险。

这套指标非常科学、高效，但因为体系庞大，且随着业务的发展，难免有不完善之处。为此，委员会一面开展调研，一面召集会议，请来监管部门、行业专家、券商代表，探讨实际操作中的各项问题，寻找解决之法。这样的探索，从 2012 年起，每年持续进行，并及时向监管部门报送委员会的调研结果和合理化建议，促成风险管理各项指标和行业规范的渐臻完善。

实践证明，我们的努力是有效的。受益于这套行之有效的风险管理系统，国内券商平稳度过 2015 年股市危机。

我们都是大时代里的小水滴。回首过去，东吴证券的发展正是折射了中国资本市场的发展历程，折射了国家、时代的发展印记。展望未来，中国已经进入高质量发展的新时代，东吴证券的发展更有底气和信心。站上新的起点，东吴证券正面临新的历史使命，承担新的责任，必须要有新的突破。但正如过去 20 多年来我们坚持的，东吴证券是有"根"的企业，根据地战略成就了我们的过去、指引着我们的未来。如今东吴证券的各项业务依旧根植于此，我们正以专业的能力服务着苏州经济社会高质量发展的大局。同时，在巩固根据地的基础上，东吴证券也在积极向外拓展，并用根据地的成功经验推广到全国各地。衷心祝愿东吴证券的明天更精彩，中国资本市场的明天更美好，祖国的明天更辉煌！

证券研究是资本市场腾飞的翅膀

李　康*

新中国成立 70 年来，我国国民经济发生了翻天覆地的变化。改革开放以来作为经济增长助推器的资本市场在其中起到了重要的作用。资本市场是国民经济投融资环节中的重要一环，健康的国民经济离不开健康的资本市场，而成熟的资本市场又离不开成熟的证券研究。证券研究是资产定价和风险管理的核心过程，回顾证券研究业伴随着资本市场发展的过程，在"独立诚信、谨慎客观、勤勉尽职、公正公平"的行业执业规范下，我们能够看到一条明显的从稚嫩到成熟的艰难探索的痕迹。

一、我国资本市场证券研究业务发展历程

（一）混沌启蒙时期（前期 1984—1990 年，后期 1990—1996 年）

1984 年是我国迈向市场经济的关键一年。十二届三中全会通过的《中共中央关于经济体制改革的决定》拉开了经济体制与企业改革的大幕。1984 年 1 月 1 日才成立的工商银行，在同年的 11 月 18 日，受飞乐音响委托，公开向社会发行的股票于当日被民众抢购一空。1986 年 11 月，邓小平同志向访华的纽交所董事长范尔霖赠送了一张"飞乐音响"的股票，被海外媒体称为中国经济改革深化的标志性事件。

1. 研究方法欠成熟，监管法规不完善

由于行业刚刚起步，交易手段简单，信息的极度不对称，虽然投资者对股票的研究服务需求旺盛，但当时证券研究方法并不成熟，主要研究手段是技术分析与信息整理，主要产品是股评报告会与股评传真件，这些早期的证券分析人员被称为"股评家"。股评家们还通过

---

* 作者简介：李康，博士，高级经济师。现任湘财证券股份有限公司首席经济学家、副总裁兼研究所所长，中国证券业协会监事（2002 年 7 月至今），证券分析师、投资顾问与首席经济学家委员会主任委员，上海市金融工程研究会副理事长，中国经济体制改革研究会特邀研究员，中国政法大学破产法与企业重组研究中心研究员，上海交通大学高级金融学院 MBA 委员会顾问与学院论文导师，华东政法大学经济法学院及上海财经大学金融学院兼职教授及硕士生导师。原载于《中国证券》2019 年第 10 期。

电视、广播、报纸等媒介手段向公众传播自己的观点，客观上也加深了广大投资者对资本市场的了解。但是，由于法律法规的不完善，证券投资咨询当时处于监管的灰色地带，甚至发生了一些通过内幕交易、联合坐庄等方式牟取不正当利益的案例。

1990年12月起沪、深证券交易所相继正式营业，标志着证券市场进入正式起步阶段。1991年8月中国证券业协会的成立与1992年10月国务院证券委、中国证监会的成立则显示了中国证券市场的自律监管与行政监管体系成型。当时专业的机构投资者数量较少，广大投资者对于新生的证券市场还比较陌生。在此背景下，出现了一批相对专业的投资咨询公司，从事早期的证券研究。证券研究所也在这个时期成立，1993年诞生了一批最早的证券研究人员，标志着券商证券研究业务的正式诞生。

2. 研究职能尚未区分，首席制度借鉴海外

由于服务对象单一，证券分析师和投资顾问的职能并未做严格的区分。首席经济学家制度当时在海外已经获得推广，但当时内资机构还未设立这个职位。直到1995年我国第一家中外合资的证券公司成立，聘请了我国首位首席经济学家，标志着我国首席经济学家制度的开启。1996年起，一些券商的研究机构开始了以公司研究为核心的基本面研究，开辟了有别于技术分析的新研究模式，为证券公司研究业务的转型奠定了基础。

（二）探索前行时期（1997—2004年）

1. 监管法规出台，自律机构诞生

1997年底，国务院证券委《证券、期货投资咨询管理暂行办法》发布，开启了对证券投资咨询业的系统监管，结束了行业的监管真空状态。1998年4月，中国证监会继续发布了管理实施细则，明确规定了行业的资格管理与业务范围。同年12月全国人大颁布的《中华人民共和国证券法》进一步规定了证券投资咨询机构及从业人员的管理问题。

1999年，证券从业资格考试首次举办，逐步实现了证券分析师持证上岗。2000年7月，中国证券业协会证券分析师专业委员会成立，发布《中国证券分析师职业道德守则》，提出"独立诚信、谨慎客观、勤勉尽职、公正公平"的十六字原则，开启了证券业协会对证券分析师行业的规范化管理。2001年先后加入亚洲证券分析师联合会（ASAF）与国际注册分析师协会（ACIIA），积极与国外同行开展交流，推动行业发展。2003年，《新财富》杂志首次推出票选内地资本市场分析师的活动，开启了通过机构投票来评选优秀分析师的新模式。

2. 多种业务模式并进，客户结构逐渐多样

在加强规范化管理后，证券投资咨询行业有了较大的发展，业务模式已经从原有的股评发展到多种模式并进的阶段。主要业务模式有证券研究服务、投资咨询服务、财务顾问与财经咨询服务等。

证券研究服务的主要面向对象是机构客户，包括基金公司、保险公司、投资公司与上市公司等。随着大型公募基金公司相继成立，1998年8月，中国证监会发布《关于加强证券投资基金监管有关问题的通知》，明确基金管理公司可以选择财务状况良好、经营行为规范、研究实力较强的证券经营机构，向其租用专用交易席位。自此基金公司逐渐成为证券公司研究服务的主要客户与利润来源。2001—2005年，机构投资者迅猛发展，市场投资者结构的变化开启了证券研究业的新业态。而投资咨询服务主要面向个人投资者，通过向证券营业部和投资者提供投资报告或解盘语音节目的形式提供服务。

与此同时，个别大型券商与外资券商的首席经济学家开始在公开渠道发表对于国内外宏观经济及资本市场的观点及策略分析，首席经济学家这一职位及制度开始逐渐被市场及大众了解，首席经济学家的研究权威性开始初步建立。

3. 盈利能力问题显现，行业发展再遇瓶颈

这个阶段虽然业务模式上有了较大的规范与拓展，但行业仍然缺乏利润支撑点。证券研究服务方面，具有一定规模的研究机构较少，研究机构缺少特色产品和核心产品。业内尚没有具有广泛影响力的龙头公司，也缺少行业影响力大、行业声望高的明星分析师。一些研究机构研究分工不明，研究人员涉猎领域广但深度较浅，研究水平难以提高。

在传统投资咨询业务方面，浮动佣金制实施后，返佣空间大幅缩小，维持专业证券投资咨询公司生存的收入来源大幅减少。同时，随着互联网的逐渐普及，大量的免费咨询产品挤占了该块业务的盈利空间。

（三）快速发展时期（2005—2010年）

1. 行业监管进一步完善，投资者教育引起重视

2005年10月27日，全国人大常委会审议通过了新修订的《中华人民共和国证券法》。虽然这一时期的机构投资者规模迅猛增长，个人投资者仍在A股市场中占有很高的比例。个人投资者具有专业知识缺乏、抗风险能力较差、价值投资意识淡薄、操作快进快出等特点。为了帮助个人投资者了解证券市场的特点与风险，熟悉相关法律法规，树立正确的投资观念，从2007年起，监管机构与自律机构着手开始投资者教育系列活动，并作为今后的日常工作。证券研究机构发挥了相当正面与重要的作用。

2. 积极探索盈利模式，研究业务快速发展

2007年2月，中国证监会发布了《关于完善证券投资基金交易席位制度有关问题的通知》，鼓励基金选择财务状况良好、经营行为规范、研究实力较强的证券公司，向其租用交易席位，将基金分仓和证券公司的研究实力挂钩。机构投资者有别于普通投资者，更重视基本面分析与价值投资，证券公司研究部门的研究风格受到青睐。因此各大证券公司开始将提升研究能力作为佣金分仓差异化竞争的重要环节乃至证券公司的核心竞争力之一，大力发展证券研究业务。

3. 市场化促进良性竞争，首席制度逐渐成熟

随着证券分析师评选活动越来越受到市场的认可，优秀证券分析师的个人价值也逐步体现，开始形成市场影响力与号召力，促进了券商研究业务的发展。为了提升研究所整体的研究实力，证券公司对于研究行业的配置也日趋全面，能够满足机构投资者资产配置全方位的研究需求。

同时，首席经济学家制度开始逐渐成熟，首席经济学家开始成为证券公司的常设职位。首席经济学家以其过硬的专业素质与独到的分析视角，在为公司高管出谋划策充当公司智囊的同时，也对与国计民生挂钩的重大问题发表自己的观点，具有很大的行业影响力与社会影响力。因此一些证券公司开始从国际著名机构、著名院校以及业内聘任首席经济学家，以此来提升自身研究实力和行业影响力。

（四）逐步成熟时期（2011年至今）

1. 研究业务明确分类

2011年1月1日《发布证券研究报告暂行规定》与《证券投资顾问业务暂行规定》正式实施，明确将传统的证券投资咨询业务区分为两种基本形式，即发布研究报告业务与证券投资顾问业务。前者是指证券公司、证券投资咨询机构对证券及证券相关产品的价值、市场走势或者相关影响因素进行分析，形成证券估值、投资评级等投资分析意见，制作证券研究报告，并向客户发布的行为，主要包括涉及证券及证券相关产品的价值分析报告、行业研究报告、投资策略报告等。后者则指证券公司、证券投资咨询机构接受客户委托，按照约定，向客户提供涉及证券及证券相关产品的投资建议服务，辅助客户作出投资决策，并直接或者间接获取经济利益的经营活动。投资建议服务内容包括投资的品种选择、投资组合以及理财规划建议等。前者是证券分析师通过为机构客户提供专业研究获得分仓收入和研究收入的一种业务模式；后者则更多是为中小投资者提供专业投资建议，帮助客户实现资产的保值与增值。

2. 证券分析趋于成熟

《发布证券研究报告暂行规定》正式实施，对发布证券研究报告的流程管理中涉及的选题、撰写、质量控制、合规审查、发布这五大环节均提出了具体的规定和要求。随着证券研究业务的规范和发展，行业发布证券研究报告数量也迅速增长，同时研究报告也较之前更具深度、覆盖面更广。研究产品的推广形式也开始更加多样化，主要包括宏观策略会、专题会、路演推介、视频讲座、联合调研等。佣金分仓收入成为证券公司研究部门稳定的收入来源，部分证券公司加大了对研究机构的投入与扶持。在投入方面，呈现出两极分化的趋势，一些券商持续加大对研究部门的投入，甚至打造以研究业务为特色的券商品牌。

3. 投顾业务再受重视

这一时期的投资顾问服务主要用于配合经纪业务的发展，组织形式主要为总部部门与分支机构（如证券营业部）合作。良好的投资顾问服务能加强客户的黏性，提升客户满意度。在大资管时代，投资顾问业务逐渐体现出向财富管理模式转型的趋势，通过为客户定制理财计划，来满足不同客户在不同人生阶段的财务需求。

4. 行业智库作用得以初步发挥

在这一时期，首席经济学家也积极通过更多公开渠道来表达自己对于宏观经济和资本市场的观点，越来越多受到市场投资者的重视。为了进一步扩大业内首席经济学家的影响力，加强行业智库建设，中国证券业协会证券分析师与投资顾问委员会于2018年10月改组为中国证券业协会证券分析师、投资顾问与首席经济学家委员会，证券公司与基金公司的众多首席经济学家加入委员会，并建立了首席经济学家季度例会制度。例会制度促进了证券公司主流首席经济学家和代表市场主流观点的投资机构的交流，汇集市场对国家政策的建议为决策提供参考，也加强了行业的自律管理。

5. 行业乱象得到整顿

证券分析师外部评选活动对证券研究行业产生了深远的影响，促进了行业的快速发展，但在评选过程中也逐渐积累了一些乱象，不正当拉票、投票权货币化等行为影响了评选活动的公正性，削弱了行业的公信力。2018年10月大部分证券公司研究部门抵制行业内不正当评比行为也导致了有关评选单位自动暂停当年的评选活动,客观上遏制了乱象的蔓延,有利于行业的风清气正与长远的健康发展。

二、我国资本市场证券研究业务展望

(一)证券分析业务:积极寻求差异化,"量体裁衣"发展策略

目前,卖方研究佣金分仓的盈利模式过于单一,竞争日趋白热化,加大了卖方研究行业盈利下行的压力。随着佣金下调的趋势及海外佣金制改革的实践,反思行业的本源,规划未来的方向,寻找新的盈利模式是研究行业迫在眉睫的挑战。

业内普遍认同的观点是:当前卖方研究产品同质化程度较高,且过分执着于基金的需求,虽有一定的现实合理性,但忽视了其他买方机构的需求,如银行、保险、海外机构等机构投资者更注重资产的安全性与长期投资,卖方研究可更关注大类资产配置与风险管理。另外,不同的卖方研究机构应该有不同的发展策略。对于大型券商的研究机构来说,可发挥规模效应的同时注重研究产品化,把研究拆分为不同的环节与模块,根据客户的需求来组装成产品,从而构建金融超市。对于中小券商的研究机构来说,可走重点研究、特色化服务的道路,以某个领域为突破口,走差异化发展道路。相比于大型券商,中小券商的研究机构在公司内部的管理体制、完善风控与内部考核定价机制健全的前提下更可以结合公司战略着力于内部服务。总之,随着AI技术的发展与成熟,资本市场的交易佣金下调趋势日趋明显,证券研究业的下一步挑战更大。

(二)投资顾问业务:新的利润增长点,长尾领域待挖掘

随着中国经济的发展,国内投资者的理财需求激增,投资顾问业务具有很大的发展空间。而目前的投资顾问模式仍是佣金与公司产品代销为主创造收入,与资产规模与资产收益率的联系较弱。

我国A股市场的个人投资者一直占有很高的比例,随着对知识产权的保护与重视,为这些投资者提供合适的投资咨询将有可能是行业新的利润增长点,同时能改善资本市场"羊群效应"显著的生态。随着付费获取资讯、信息逐渐成为社会尤其是年轻群体接受的方式,通过公众号、APP、智能投顾等渠道开拓客户群体,增加客户体验度与黏性是可预期的新亮点。投资顾问向全面财富管理过渡的趋势日见清晰。

(三)首席经济学家制度:发挥行业标杆作用,上谏国策下稳市场

首席经济学家例会制度的建立,标志着我国证券研究行业首席经济学家制度建设与行业的发展。此前首席经济学家仅代表个人及其所在机构的研究观点,缺少相互交流促进以及与监管部门沟通的平台。首席例会制度的建立,能够有效增强首席经济学家的市场影响力与研究成果的高效率社会化。

同时,作为重要的智库力量,首席经济学家可以向政府与监管部门传导市场真实的声音,通过深度研究为政府的政策提供前瞻性建议与参考方案;另一方面,通过定期对国内外热点经济金融问题的探讨交流与发布研究成果与信息,可以有效减少市场非理性预期,减少市场非理性波动。

三、结论与启示

随着投资理念的成熟,中国资本市场告别了基于技术分析的"看图说话"时代。证券研究影响力的提升伴随着机构投资者的壮大,并同时成为市场投资理念的引领者,证券价格的变动与上市公司的业绩预期结合得更加紧密。"价值投资"理念在得到市场验证后,在获得了投资者广泛认同的同时也促进了市场的成熟与完善。

证券研究业伴随着资本市场30余年的发展而逐渐壮大,同时证券研究以其助力信息传播与价值发现、影响并规范市场的投资理念促进了我国资本市场的发展与下一步的腾飞,但研究的公信力依赖于自身的研究水平、风险约束、道德自律及市场法律制度的发展建设进程。我国证券研究的发展与成熟见证了过去资本市场的不断成长,证券研究从开始模糊的科普工作真正转变为挖掘内涵价值、促进产业成长、完善金融制度的一项重要的专业性工作。展望未来,证券分析师在注重挖掘公司价值的同时,越来越关注产业链的研究,使资本市场对于实体经济的服务功能更加紧密。投资顾问以其专业的分析引导个人投资者进行理性投资,从而改善资本市场的生态环境。首席经济学家作为行业意见领袖,促进市场理性预期,提高行业的宏观研究水平与促进制度建设。依托于不断成熟的证券研究业发展,我国资本市场在更好地发挥实体经济助推器重要作用的同时也能使广大的投资者充分分享改革开放与国家经济发展的制度性红利。

参考文献

[1] 中国证券业协会.中国证券业发展报告[M].中国财政经济出版社,2003—2015.

[2] 范永进,陈岱松,李济生.见证中国股市[M].上海三联书店,2009.

[3] 中国证券业协会.证券投资分析(2012)[M].中国金融出版社,2012.

[4] 刘昆.证券公司投资咨询业务的模式研究——卖方研究的兴起演变和国际比较[D].北京化工大学,2016.

[5] 孙文龙.我国证券分析师股票评级的投资价值研究[D].复旦大学,2010.

[6] 徐跃.关于我国证券分析师盈利预测的实证研究[D].厦门大学,2007.

[7] 欧永生.金融机构不妨引进首席经济学家制度[J].中国经济导报,2005.

[8] 季松.证券投资咨询业市场规制研究——基于制度变迁的视角[D].北京交通大学,2017.

[9] 于菲.中国证券投资顾问业务发展定位与模式研究[D].山东大学,2013.

[10] 马忠.首席经济学家制度破茧[J].商业文化,2005.

改革与开放稳步推进
构建"专业、高效、有活力、有韧性"的资本市场
——新中国成立70周年资本市场发展回顾与展望

瞿秋平[*]

新中国成立70年历经沧桑，政治、经济、科技、文化等各项事业取得举世瞩目成就，自强自信屹立于世界东方；资本市场近30年实践探索，在习近平新时代中国特色社会主义思想指引下，牢牢铆住市场化、法治化发展方向，不断深化改革、扩大开放，成为全球资本市场重要组成部分。

一、资本市场不忘初心、劈波前行

自1984年11月18日飞乐音响第一次向社会公开发行股票以来，我国资本市场便以全新的面貌及惊人的速度发展推进。市场规模不断扩大，上市公司从"老八股"的零星数量到2019年8月底的3 697家，沪深总市值达60.05万亿元，超越日本列于全球第二位，国际影响力显著增强。

（一）资本市场的投资品种不断丰富，市场结构不断完善健全

资本市场深度、广度大幅拓展，逐步构建出多层次、高效率、全覆盖的市场体系，满足实体经济和居民多元化的投融资需求。从成立初期的股票、国债少量交易品种发展到现今包

---

[*] 作者简介：瞿秋平，复旦大学经济学硕士。现任海通证券股份有限公司党委副书记、董事、总经理，海通国际控股、海通国际证券董事局主席。曾任工商银行上海分行、江苏省分行副行长，上海银行党委书记、行长、副董事长，中国证监会派出机构工作协调部主任、投资者教育办公室主任、非上市公众公司监管部主任；兼任国务院参事室金融研究中心专家委员会委员，中国证券业协会副会长（2017年5月至今），深圳证券交易所理事等职务。原载于《中国证券》2019年第10期。

括股票、债券、证券投资基金、期货及其他衍生品、资产证券化产品等各类品种,产品体系和市场结构不断完善。股票市场多层次逐步完善,随着科创板的开启,由主板、中小板、创业板、科创板、全国中小企业股份转让系统及区域股权转让系统等构成的多层次资本市场已见成效;债券市场发展迅速,从无到有大跨越发展,国债、地方债、金融债、企业债、公司债、可转债、可交换债等品种齐全,债市规模高达91.34万亿元,跻身世界前列。

(二) 上市公司规模壮大、质量稳步提升,对经济和行业的代表性增强

资产证券化率水平显著提升,A股市场上市公司总市值占GDP的比重从市场成立之初的0.53%发展至今的59.95%,2007年还曾达到126.15%的高位。上市公司从最初的寥寥可数,到现在覆盖国民经济所有行业,较全面地反映宏观经济面貌、契合经济发展方向。不少行业代表性强的龙头公司和大型企业均在A股发行上市,这些公司成长的过程也是我国资本市场稳步成熟的过程,它们是实体经济的生力军和发动机,也是资本市场的支柱。随着上市公司质量提高、行业覆盖度广泛,资本市场从一开始帮助国企脱贫解困的定位出发,到逐步形成了行业覆盖面广、龙头企业集聚、经济代表性强的能够真正反映宏观经济的"晴雨表"。上市公司质量提升、治理规范,不仅增强了资本市场的国际竞争力,也使得市场资源配置功能充分体现。

(三) 资本市场融资功能凸显,为实体经济提供了有力支持

从1990年7家上市公司募集2.35亿元起步,到2018年融资额达到1.21万亿元,沪、深市场累计为实体经济提供融资规模达13.65万亿元。直接融资为实体经济提供了有力支持,在各个"五年规划"期间,资本市场对相应重点产业融资支持都有一定倾斜,在战略高度上与国家大政方针行动一致。

(四) 以证券公司为代表的证券中介机构实力不断增强,发展步入新轨道

截至2019年6月30日,131家证券公司总资产达7.10万亿元,净资产为1.96万亿元,客户交易结算资金余额(含信用交易资金)1.37万亿元,受托管理资金本金总额13.59万亿元。2019年上半年,131家证券公司实现营业收入1 789.41亿元,净利润666.62亿元。证券公司从事的业务范围从最初的代理买卖逐步扩展到以经纪、承销保荐、自营、资产管理为主,同时包含财务顾问、融资融券和股票质押、直投、OTC、期货、信托等多类业务的综合体系。龙头证券公司的业务延伸至海外,海外市场成为综合性大券商重要的盈利来源。

(五) 证券投资基金成为重要的财富管理平台,优化资本市场投资者结构

截至2019年9月,境内137家基金管理公司共管理5 766只基金,管理资产共计13.50万亿元,其中非货币基金资产合计5.79万亿元。同时,积极引入境外优质基金管理人,丰富资本市场的投资者类型,引导先进的投资方法和价值投资理念,营造资管行业良性竞争环境。截至2019年4月,中外合资基金管理公司共有44家,外资股权达到49%及以上的共14家。

(六) 循序渐进、稳步推进资本市场开放,积极融入全球金融市场

在我国市场经济逐步融入全球化的背景下,资本市场不断成熟和完善,对外开放步伐也

不断加快。2002年我国开始试点合格境外机构投资者制度（简称"QFII制度"），由此拉开了资本市场开放的序幕。17年来，外国投资者通过QFII、RQFII等制度参与境内资本市场交易，增强境内外联通、丰富投资者类型，同时也对我国资本市场稳定起到积极正面的作用。资本市场开放的步伐并未止步于相对成熟的QFII制度，通过交易所间的互通合作，资本市场获得了更多对外开放的机会。2014年11月17日，"沪港通"正式开通，随后"深港通"跟进。截至2019年9月，沪股通、深股通股票数量分别达到871家和1 138家，港股通达到596家。2019年6月17日，"沪伦通"正式启动，标志着我国资本市场开放步伐进一步加快。

（七）基础性制度不断改革创新，形成发现问题、解决问题的良性循环

我国资本市场起步晚，基础较弱，建立之初，由于历史原因和问题，在制度设置时遗留了一些不完善的体制和方案。为了解决我国资本市场特有的各方面问题，资本市场建立以来，管理层一直致力于各项基础制度的建设和完善，改革资本市场由于历史原因造成的不合理制度和因素，以期资本市场的长远稳健发展。为了解决我国长期制度原因造成的同股不同权问题，从2005年起，中国证监会、国资委等监管部门发布一系列的改革试点法规，启动股权分置改革。股权分置改革为资本市场带来了稳定长远发展的制度和物质基础，理顺了资本市场的定价机制，优化了资本市场资源配置基本功能，同时也有助于优化企业的治理结构。为改善资本市场建立之初散户作为市场主力带来的证券市场投机性较强的问题，从2000年开始，我国大力推动具有较高专业素养的机构投资者进入市场。机构投资者拥有各类专业人才，相对理性，投资理念和框架相对稳定，对稳定资本市场起到了较好的示范作用。此外，不断强化与健全资本市场主要参与机构的合规管理、风险控制，多层次资本市场建设，投资者保护等多项基础制度建设，为市场发展奠定了良好的制度基石。

（八）资本市场的壮大与发展对社会发展的影响日渐深入

在市场经济观念和投资理念的树立方面，资本市场承担着重要角色。价格发现功能推动公司治理的完善，上市公司经营管理模式的改变推进着现代企业法治化、规范化、契约化的转变，而公开透明的制度环境则将诚信公平等观念日益渗透入人心。通过制度规范的构建，法律框架、交易规则和监管体系日渐成熟，在"三公"原则下，社会主义市场经济体系的建立与维护通过资本市场有较明确的呈现。

二、资本市场各项改革将继续深化

党的十九大报告提出要"深化金融体制改革，增强金融服务实体经济能力，提高直接融资比重，促进多层次资本市场健康发展"，这既是今后中国经济实现高质量发展对证券行业和资本市场的必然要求，也为我国继续深化多层次资本市场改革指明了方向。

首先，坚持市场化、法治化原则，加快推进以信息披露为核心的注册制改革，进一步完善资本市场各项基础制度，充分发挥资本市场的枢纽功能。与核准制相比，注册制以形式审核为主，具有高效率、高透明度、高度包容性和高度可预期性等优点，能够有效避免市场供求失衡，减少不必要的干预，充分释放市场化的竞争活力，有利于建设一个生态更加健康的

股票市场。与此同时,金融供给侧结构性改革要求继续优化询价和配售机制,提高证券公司作为股票承销商的自主权,进一步完善退市机制,简化退市程序,加强退市制度的"刚性",提升资本市场进行资源配置的效率,真正做到"有进有出、能上能下"。另外,加快推进《证券法》修订工作,积极探索建立证券集体诉讼制度,加大证券市场违法犯罪惩处力度,切实提升对证券违法犯罪行为的威慑力。

其次,加强金融基础设施建设,继续深化多层次资本市场改革,进一步丰富证券行业和资本市场服务实体经济的手段,着重提升服务新经济的能力。2019年6月,上海科创板市场正式开板,这对于我国资本市场发展具有里程碑式的意义,是进一步推动多层次资本市场深化改革和服务创新驱动发展战略的重要举措。

最后,随着中国经济改革开放进程持续深入,科技创新和生产效率提升对于实现经济高质量发展愈发重要。因此,要进一步提升我国证券行业和资本市场的全球竞争力,就必须坚定不移地继续深化金融供给侧结构性改革,充分利用最新的金融科技手段,进一步加强中央证券存管与证券结算系统、中央对手方交易和交易报告库等金融基础设施建设,打造一个更加"专业、高效、有活力、有韧性"的资本市场。

三、资本市场双向开放将稳步推进

一个强大的市场最终必须是一个开放的市场,开放的市场才能够及时了解市场动向,才能永葆创新活力,也才能为一国经济提供高效的资源配置作用。深化金融改革开放,是防范化解金融风险的"治本之策"。

证券行业开放可先行于金融账户开放,促进证券行业量与质同步提升。外资金融机构的进入不涉及资本大进大出,并与中资机构受境内监管机构同等监管,风险相对较低。同时,金融行业本质上属于竞争性服务业,对外开放可以增加国内竞争、引入新的经营管理理念,促进本土机构竞争力提升、行业创新发展。目前,国内证券行业本质上并未摆脱同质化竞争状态,更没有形成真正的不可替代的核心竞争力与经营特色,同时行业规模体量小,与境内市场形成"大市场、小机构"的鲜明对比,行业对外开放可以促进行业规模的提升。

中国资本市场对外资具有长足的吸引力。相较于发达经济体低缓的经济增长水平,我国长期将保持稳中有进的宏观经济环境,2016年以来供给侧结构性改革有效推动了国内经济转型发展,降低了金融体系的系统性风险。随着资本与金融账户相关开放措施逐渐推进,境外资本流入规模逐渐增加、对A股的参与度逐渐加大,A股市场投资结构将呈现机构化特征,资本市场效率和资源配置功能将不断优化,境外资金的进入也催动金融衍生品创新提速、市场风险管理功能不断完善。

值此新中国成立70周年之际,资本市场改革发展也进入新阶段,科创板顺势而生、"沪伦通"顺利通车。2019年9月中旬,中国证监会主席易会满在全面深化资本市场改革工作座谈会上,重点提出全面深化资本市场改革"十二条",这将是今后较长一段时间内资本市场全面、有序、稳妥推进改革开放的指导方略。我们坚信,在"打造一个规范、透明、开放、有活力、有韧性的资本市场"总目标的指引下,在"十二条"的战略指导下,资本市场必将迎来高质量发展新格局。

汲取历史智慧　汇聚澎湃力量
用实干担当助推资本市场高质量发展

步国旬[*]

"历史,总是在一些特殊年份给人们以汲取智慧、继续前行的力量"。[①] 2019 年是新中国 70 周年华诞,70 年砥砺奋进,70 年春华秋实。70 年来,在中国共产党的领导下,经济社会发展发生了翻天覆地的深刻变化,取得了举世瞩目的伟大成就,充分彰显了中国特色社会主义的道路自信、理论自信、制度自信、文化自信。作为中国特色社会主义市场经济体系的重要组成部分,资本市场紧随改革开放步伐蓬勃兴起,经过近 30 年的艰辛探索和不懈奋斗,走过了波澜壮阔的发展历程,取得了有目共睹的发展成就。作为 20 世纪 90 年代初即步入资本市场的一名"老兵",在资本市场探索奋斗了近 30 年,亲身经历了资本市场上发生的大事要事,伴随资本市场走过了发展的"娄山关""腊子口",见证了资本市场由小到大一步步走向繁荣。抚今追昔,看到伟大祖国和资本市场取得的丰硕成果,感到心潮澎湃、由衷自豪。鉴往知今,唯有不忘初心、牢记使命,实干担当、奋发有为,才能与伟大祖国、与资本市场一道从胜利走向胜利,从辉煌走向新的辉煌。

一、创业艰难百战多,风雨兼程 30 年

作为资本市场发展的亲历者,特别感恩这个伟大时代,为自己能够投身证券行业感到幸运和自豪。遥想 1990 年,对于资本市场和南京证券而言,都是一个特殊的年份。这一年,

---

[*] 作者简介:步国旬,硕士,正高级经济师,律师资格。现任南京证券股份有限公司党委书记、董事长,中国证券业协会理事(2014 年 5 月至今)。1992 年起担任南京证券高管,历任南京证券总经理助理、副总裁、董事、总裁。曾荣获"建设新南京有功个人""南京市五一劳动奖章""全国金融系统思想政治工作先进工作者"等荣誉。原载于《中国证券》2019 年第 10 期。

[①] 习近平:《开放共创繁荣 创新引领未来——在博鳌亚洲论坛 2018 年年会开幕式上的主旨演讲》,2018 年 4 月 10 日。

上海、深圳证券交易所正式运营，中国现代意义上的资本市场开始扬帆起航。也是这一年，经中国人民银行批准，南京证券创建成立，成为江苏首家证券公司和我国最早的证券公司之一。由此，我们跟随初生的资本市场，从南京中山东路200号（南京证券最早的办公地址）"一个柜台、两个窗口"起步，开启了激荡人心的创业奋斗之路。

回望近30年的奋斗历程，我们始终怀着金融报国的梦想，从零起步、艰苦创业。资本市场跌宕起伏，风险步步紧随，困难重重叠叠，在这里谋发展走的是一条布满荆棘、充满未知的道路，创业之艰辛、成长之艰难，只有亲身经历者体会最为深刻。特别是发展早期，既没有先例可循，也没有经验可鉴，只能"摸着石头过河"。我们白天在柜台服务客户，夜晚在后台核对数据，每天都要工作到很晚，但是没有人喊苦喊累，因为我们对新生的资本市场充满梦想和希望。每天深夜当我下班走在中国人民银行南京分行大楼前面的大路上，回头看到营业部大厅发出的通明灯光，都会心潮澎湃，为投身改革浪潮而激动不已。后来，我们也由此形成了以"中山东路200号的灯光"为象征的创业精神。通过坚持不懈的努力，我们以自己特有的坚定步伐，坚持发展质量优先、稳步扩张成长，闯出了一片广阔天地。公司总部从最初的南京中山东路200号迁址到大钟亭8号，现在又迁入南京河西金融城；公司注册资本从成立初期的1 000万元，经历多轮增资扩股，增加到32.99亿元；分支机构由南京地区的1家，不断开疆拓土，扩展到遍及全国各大中心区域的110余家；干部员工从最初的13人，壮大到2 000多人的队伍。我们由当初创业的一条"小舢板"，经过近30年资本市场的风雨洗礼和岁月考验，成长为一艘勇立潮头乘风破浪的"大船"，这其中有汗水和泪水，也有感动和喜悦。

回望近30年的奋斗历程，我们始终保持稳健发展的战略定力，苦干实干、规范经营。2003年，我由南京证券副总裁转任总裁。上任之初，我便与公司领导班子统一思想，提出"走出长三角、走向全中国"的战略构想。随着形势发展，到2005年初，经过反复思考和摸索，形成了将公司建设成为"规模适度、平台完整、业绩显著、特色鲜明的一流现代金融企业"的战略目标和"三步走"的具体发展战略：第一步，走出长三角，走向全中国；第二步，成为创新类证券公司，有效改善盈利模式；第三步，成为上市公司，实现基业长青。

从2003年开始，我们历时15年坚定不移实施"三步走"战略，先后经过托管原西北证券，获评创新试点类证券公司，收购或设立期货、基金、直投、另类投资、股权托管交易等子公司，在全国股转系统挂牌，成功在上海证券交易所主板上市等步骤，成功实现"三步走"战略。在这些工作中，尤以托管原西北证券最为艰难曲折，令人难以忘怀。2005年，在中国证监会和南京市委市政府的大力支持下，我们主动请缨，领受了托管原西北证券的重任。我至今仍记得2005年12月9日下午3点30分这一历史性的时刻，我们正式进驻原西北证券总部和各营业部、服务部开展托管，经过半年多夜以继日的艰苦努力，成功完成托管任务，做到了市场稳定、客户稳定、员工稳定，并收购了西北证券证券类资产，实现了南京证券营业网点量的翻番和规模化经营质的飞跃，经营区域从此由长三角走向了全国，成为一家真正意义上的全国性证券公司。

回望近30年的奋斗历程，我们始终坚持并加强党的领导，党建统领、文化兴企。中国资本市场是具有中国特色的资本市场，国有金融企业必须始终坚持党的领导、加强党的建设。近30年来，我们在资本市场的风云变化、跌宕起伏中，始终坚持党的领导不动摇，坚持把党的建设、思想政治工作、企业文化建设与经营发展相互融合、互促并进，逐步形成了"正统、正规、正道"的企业文化。"正统"就是坚持党的领导、加强党的建设，始终保持国企本色。我们不断巩固国有企业政治优势，坚定不移地强化公司党委的领导核心和政治核心作用；针对公司点多、线长、面广的特点，创新完善"一三五"组织体系，将党的建设一贯到底；始终坚持"党管干部""党管人才"原则，打造了一支忠诚、干净、担当的干部员工队伍。"正规"就是依法合规、审慎稳健，经营管理规范有序。我们始终坚持走正规发展的道路，时刻将合规、稳健和控制风险放在第一位，坚持"小心驶得万年船"经营理念，违法违规的事情坚决不做、风险收益不相称的事情坚决不做、不明朗不确定的事情坚决不做。"正道"就是义利兼顾、大道直行，积极履行社会责任。我们始终坚持走与社会共生共荣、融合发展的康庄大道，坚持义利兼顾、正道直行，既努力创造阳光利润，又大力推动社会进步，主动肩负社会责任，积极为地方经济社会发展贡献力量。我们将企业文化贯穿到经营管理和改革发展的各方面、全过程，在潜移默化、耳濡目染中使广大员工"入眼、入脑、入心、入行"，使之成为南京证券独特的核心竞争力，为公司健康稳定发展提供了强大精神动力。

二、踏平坎坷成大道，感悟体会弥足贵

近 30 年来，在南京市委市政府的正确领导下，在中国证监会、各地证监局及社会各界的大力支持下，经过公司历届领导班子和全体干部员工的持续奋斗，我们推动南京证券与资本市场同呼吸、共命运，形成了"特别稳健、特别规范、特别讲文化"的经营管理特色，构建了健全完善的规章制度体系，打造了"正统、正规、正道"的企业文化，锻造了一支"特别能吃苦、特别能战斗、特别能奉献"的干部员工队伍，创造了持续盈利、从未亏损、稳定回报的行业记录。回首奋斗历程，有几个方面的体会，尤为深刻。

一是我们必须始终坚守服务实体经济的初心和使命。习近平总书记强调，金融是实体经济的血脉，为实体经济服务是金融的天职，是金融的宗旨，也是防范金融风险的根本举措。在近 30 年发展历程中，我们始终坚持服务实体经济的初心和使命。时任中国人民银行南京分行行长白世春同志在公司创立大会上指出，"成立南京证券其宗旨是，按照国家经济、金融政策和法规，以发展经济、稳定货币为目标，引导消费资金向建设资金转化，为企业向社会直接筹资服务，为公众证券投资服务"。时至今日，这一宗旨的精神实质仍然没有过时。20 世纪 90 年代初，我们循着这样的宗旨，为各类地方企业代理发行了建设债券、企业债券、短期融资债券等，代理发行实物债券数量居江苏全省第一位；创造性地组织"证券发行团"承销了"南京新百""宁天龙"社会公众股，成功完成南京市首次股票发行工作，先后参与南京新港、华东电子等一大批股票的承销和分销工作。公司自 2004 年成为国内首批保荐机构后，积极帮助一大批企业完成 IPO、股权分置改革、重大资产、再融资、新三板挂牌等工作，为企业发行各类债券和融资工具，通过多种形式帮助企业通过多层次资本市场进行融资。2019 年 7 月 22 日，在科创板开市的历史性时刻，南京证券保荐的南微医学作为全国首批和南京首家科创板企业成功上市，为助力更多科创企业通过科创板融资打下良好基础。

"皮之不存，毛将焉附"。近 30 年的发展历程让我们深刻体会到，实体经济是证券公司

赖以生存的根本,服务实体经济是证券公司业务的本源,我们既能在服务实体经济中壮大业务,也能在实体经济发展中获得红利。

二是我们必须正确处理稳健经营和创新发展的关系。证券行业是一个高度市场化的行业,近年来伴随日新月异的金融科技浪潮,证券行业的竞争更趋激烈。同时,证券公司业务门类广泛,专业性较高,管理单元面多量广,各个层面的风险均不容忽视。这要求我们在业务发展中,一方面要保持稳健经营,做到各项业务合法合规,坚决防范各类风险;另一方面要注重创新,不断提升核心竞争力。在稳健方面,我们坚持"小心驶得万年船",建立了行之有效的合规风控体系,尤其注重保持业务发展与风险控制之间的平衡,公司也由此创造了良好的经营业绩。在创新方面,我们在平时稳健经营的基础上,看到机会就勇于担当、大胆出击,托管原西北证券、收购湖北金龙期货就是我们勇于出击的经典案例。当前,市场上不少企业或因为盲目追求规模扩张,或因为冒进开展创新业务,而出现较大经营风险,教训非常深刻,应当说,南京证券稳健经营、稳步发展的经营方针对诸多实体企业仍具有借鉴意义。

三是我们必须切实增强大局意识和责任担当。作为资本市场的重要参与者,证券公司必须注重增强自身的大局意识和责任担当,以实际行动响应国家政策和号召,努力为资本市场繁荣稳定和国家经济社会发展做贡献。在创业奋斗中,南京证券始终坚持敢于担当、勇挑重担、金融报国。无论是托管高风险券商,还是客户资金第三存管工作;无论是客户账户规范,还是投资者适当性管理工作,南京证券都积极响应、迅速行动、坚决落实,每次都快速高效、保质保量、不折不扣完成任务,得到中国证监会、中国证券业协会和监管机构的充分肯定。在2015年股市异常波动期间,我们主动响应号召,以实际行动增持股票,为确保资本市场稳定贡献力量。近年来,南京证券响应国家支持民营经济号召,发起设立并成功落地南京民营企业纾困和发展基金,以此支持民营企业发展;响应"一司一县"倡议,与宁夏同心县开展结对帮扶,助力深度贫困地区脱贫攻坚,获得良好反响。

四是我们必须不断加强党的建设和企业文化建设。伴随着中国资本市场的建设,证券行业用短短的20余年时间走过了发达国家200多年的发展历程,发展速度之快,取得成就之大,举世瞩目。近年来,虽然证券行业改革力度越来越大、法律法规越来越健全、监管也越来越严格,但还是存在"行业跑得太快、思想跟不上发展步伐"的问题,违规违法现象依然存在,经营和道德风险始终挥之不去。其中原因是多方面的,但从长远看,加强职业道德建设,构建优秀企业文化,无疑是破解这一难题的重要途径。我们在创业奋斗过程中,推动南京证券逐步形成了"正统、正规、正道"的企业文化,在这一企业文化的指引下,南京证券成为中国证券行业首家获得"全国文明单位""全国五一劳动奖状"的证券公司,先后荣获"全国企业文化优秀奖""全国金融系统企业文化建设标兵单位"。南京证券连续18年获得"江苏省文明单位",连续19年获得"南京市文明单位",先后获得江苏省和南京市"国有企业创建'四好'领导班子先进集体""先进基层党组织"等荣誉称号。中组部和江苏省委、南京市委重要内刊、简报多次刊发南京证券企业文化和党建工作经验做法。公司涌现出一大批省市劳动模范、服务明星和"青年文明号"。可以说,"三正"企业文化既是南京证券在过往奋斗中形成的精神成果,也是指引南京证券继续前行的精神灯塔,同时,也为证券行业文化建设积累了有益经验。

三、而今迈步从头越,时代呼唤新作为

习近平总书记在中共中央政治局第十三次集体学习时强调,金融是国家重要的核心竞争力。资本市场在金融运行中具有牵一发而动全身的作用,必将成为国家重要核心竞争力的组成部分。中国证监会主席易会满在2019年7月4日证券基金经营机构座谈会的讲话,进一步为证券公司当前和今后一段时间的发展明确了要求、指明了方向。我们要积极抢抓发展机遇,严守合规风控底线,苦练内功夯实发展基础,乘势而上做大做强资本市场,在实现大国崛起中追求更大发展。

一是要以专业服务为抓手,全力助推实体经济发展。我们要坚持服务实体经济的天职和宗旨,主动适应经济转型发展的内在要求,进一步回归服务实体经济的本源,把更多金融资源配置到经济社会发展的重点领域和薄弱环节,更好地满足实体经济多样化的金融需求,在推动经济实现质量变革、效率变革、动力变革等方面展现更大作为。

二是要以合规风控为基础,不断完善内部管理机制。合规发展和风险管理是证券公司安全运营、持久发展的坚实基础。我们要把强化合规风控作为可持续发展的生命线,建立健全与自身发展战略相适应的合规风控体系,不断优化合规风控架构体系,完善规章制度,坚守职业操守,体现专业精神,牢牢守住底线,发挥好资本市场的"看门人"、直接融资的"服务商"、社会财富的"管理者"、资本市场的"稳定器"、市场创新的"领头羊"作用,共同创造良好的市场秩序、稳定的市场环境。

三是要以党的建设为保障,凝聚企业发展强大合力。我们要进一步深入贯彻落实好全国国企党建工作会议精神,全面加强党的建设,全面落实从严治党要求。坚持把党的领导有效融入公司治理各个环节,牢固确立党组织在公司治理中的法定地位。始终牢记党领导下的国有企业的责任担当,大力弘扬"正统、正规、正道"的企业文化,确保党的建设、思想政治工作同企业经营发展同步推进,不断强化国有企业综合发展优势。

四是要以履行社会责任为使命,树立良好企业形象。认真贯彻党中央国务院打赢脱贫攻坚战精神,全力落实好中国证监会扶贫工作要求和中国证券业协会"一司一县"倡议,立足资本市场,多措并举、真帮实扶,助推贫困地区实现全面脱贫。坚持"发展成果与社会共享",进一步主动投身社会公益,更加积极地承担社会责任,继续巩固和强化南京证券党的建设、企业文化、社会公益等方面的工作品牌,不断提升企业社会形象。

30年甘苦,砥砺奋进;30年求索,岁月如歌。实现中华民族伟大复兴的中国梦,需要资本市场和证券行业在新时代承担新使命、展现新作为。我们必须以习近平新时代中国特色社会主义思想为指引,把思想和行动统一到党中央对金融工作的战略布局上来,以实际行动落实好服务实体经济、防控金融风险、深化金融改革等工作任务,为中国资本市场建设和经济社会发展做出更大贡献。

回归服务实体经济本源、发挥专业投行中介功能

黄金琳*

1990年12月19日上海证券交易所开业,1991年7月3日深圳证券交易所开业,中国资本市场正式开始起航。1988年8月华福证券诞生在福建这块改革热土上,作为资本市场蓬勃发展的见证者和参与者,30年来始终以强烈的责任感与勇于担当的精神,与中国经济和资本市场同呼吸、共成长。

一、华福证券致力打造集团化、全流程的全能型投行

短短近30年我国资本市场从无到有、从小到大、从弱到强,一举跨越了西方国家百年进程,取得了令世人瞩目的发展成就。华福证券紧抓资本市场发展机遇,完成构建证券全牌照业务体系,以业务创新促创收,以优化结构促转型,致力打造集团化、全流程的全能型投行。

(一)助力多层次资本市场体系建设

党的十六届三中全会明确提出"建立多层次资本市场体系",经过多年的建设发展,我国逐步建立起包括股票、债券、外汇以及金融衍生品在内的场内市场,以及包括全国中小企业股份转让系统、区域性股权交易、券商柜台交易在内的场外市场;2019年7月科创板开板并试点注册制,标志着完整的多层次资本市场体系架构已形成(见图1)。华福证券积极响应多层次资本市场体系建设号召,投行业务以债券和资产证券化等产品为突破口,创造了全国首单绿色创投债、全国首单创新创业可转债、全国首单上交所公募创新创业债、全国首单地产类租赁资产证券化项目等发行先例,在业界树立了专业良好的投行品牌。

---

* 作者简介:黄金琳,现任华福证券有限责任公司党委书记、董事长。历任福建省政府机关事务管理局副局长,华侨信托公司党组成员、总会计师,广发华福证券副总裁兼总会计师,党委书记、董事长。原载于《中国证券》2019年第10期。

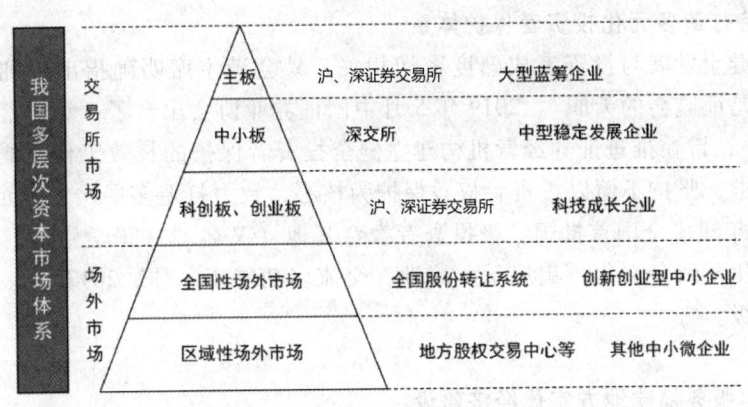

图 1　我国多层次资本市场体系

资料来源：中国证监会，华福证券。

（二）坚持以客户为中心改进客户体验

近 30 年来，我国资本市场规模的全球占比持续提高。2018 年末沪、深两市上市股票 3 666 只，沪、深两市股票总市值合计 49.55 万亿元，全球排名第二位；债券市场规模也同步增加，2018 年末中国债券市场余额超过 80 万亿元，全球债券市场排名第三位。华福证券依托快速发展、蓬勃兴旺的资本市场，坚持以客户为中心改进客户体验，提供便捷高效的证券经纪服务，代理证券交易市场份额稳居行业前列；严格履行投资者适当性管理原则，构建符合客户需求的金融产品体系，满足客户多样化投资需求，并实现客户资产保值增值。

（三）顺应行业趋势提升主动管理能力

根据中国证券投资基金业协会统计，2018 年底证券、基金、期货及私募资产管理业务总规模约 50.5 万亿元，其中证券公司及其子公司资产管理规模达 13.4 万亿元。随着资管新规及配套细则相继落地，券商资管业务必然回归财富管理本源，逐步提升证券投资主动管理能力。华福证券主动适应资管新规要求，平稳有序降低通道类业务规模，持续推进主动管理业务转型，2018 年底管理资产规模 2 387 亿元，月均规模行业排名第 13 位（2014 年行业排名第 4 位）。

（四）稳健发展，综合实力稳步提升

经过多年发展，证券公司行业规模实力和专业能力得到大幅增强，业务类型和经营品种日益丰富，服务实体经济的成效日益显著。截至 2018 年底，注册证券公司 131 家，总资产 6.26 万亿元，净资产 1.8 万亿元，净资本 1.57 万亿元。面对竞争日益激烈的行业环境，华福证券保持快速稳健发展势头，综合实力稳步提升，2011 年以来营业收入和净利润年均复合增速超过 20%，成本管理能力始终保持行业较好水平，2015 年净资本收益率达 55.55%，行业排名第一位。

（五）坚持打造多元化投资者保护体系

资本市场健康发展与投资者成熟度密切相关，易会满主席明确指出"加强监管保护投资者合法权益是证监会的天职"，2019年5月中国证券业协会出台了《证券经营机构投资者教育工作指引》，旨在推进证券经营机构建立健全投资者保护的长效工作机制。华福证券贯彻监管部门要求，坚持不懈以投资者权益保护为核心，致力打造多层次、多元化的投资者教育体系。2015年建成全国首批国家级投资者教育基地（又名"守正学堂"），融合中国传统文化、证券文化及闽台文化，集展示、培训、交流多功能于一体，2017年、2018年连续两年荣获优秀评级。

（六）切实服务福建地方实体经济建设

华福证券深耕福建市场，努力推动福建省资本市场发展，服务地方实体经济。公司连续多年被评为福建省纳税百强企业，2011—2018年累计贡献各类税收达72.5亿元，为股东单位累计分红19.28亿元，主要受益者均为福建省属国资企业。公司主承销的"泉州市城建国有资产投资有限公司小微企业增信集合债券"获评福建省2016年度十大金融创新项目，是福建省首单，也是目前唯一的小微企业增信集合债券，具有良好的示范作用和可推广性。

二、资本市场改革需要壮大证券公司竞争力

2018年12月，中央经济工作会议定调资本市场"牵一发而动全身"的战略定位，确定"透明、开放、有活力、有韧性"的资本市场改革目标。易会满主席首谈监管理念时，强调必须"敬畏市场、敬畏法治、敬畏专业、敬畏风险"，努力形成工作合力，共同促进资本市场高质量发展。

（一）开放政策将夯实中国资本市场改革基础

贸易摩擦爆发以来，中国以扩大开放、推动合作的姿态向世界展现自信和勇气。国家领导人多次发表主旨演讲，推动中国资本市场进一步扩大开放。监管部门扎实推进各项改革，以实际行动落实中央有关深化资本市场改革、推动资本市场扩大开放的战略部署，紧锣密鼓出台了一系列资本市场扩大开放的措施，2019年9月10日更是重磅出炉"深改12条"，提出了"加快推进资本市场高水平开放""充分发挥科创板的试验田作用"等深化资本市场改革的重要任务（见表1）。

表1　　　　　　　　　　　资本市场改革开放系列政策措施

时间	举措
2018年4月28日	《外商投资证券公司管理办法》正式公布并实施，境外股东持有证券公司的股权比例放宽至51%
2018年5月4日	大连商品交易所的铁矿石期货开启引入境外交易者业务
2018年11月27日	《关于境外机构投资境内债券市场企业所得税增值税政策的通知》颁布，自2018年11月7日起至2021年11月6日止，对境外机构投资境内债券市场取得的债券利息收入暂免征收企业所得税和增值税

续表

时间	举措
2018年11月30日	郑州商品交易所PTA期货正式引入境外交易者
2019年4月22日	中日证券业协会签署了《中日证券业协会合作框架协议》，上海证券交易所与日本交易所集团在论坛期间签署了ETF互通协议
2019年6月17日	沪伦通正式启动，上交所上市公司华泰证券股份有限公司发行的沪伦通下首只全球存托凭证（GDR）产品在伦交所挂牌交易
2019年9月10日	取消合格境外机构投资者（QFII）和人民币合格境外机构投资者（RQFII）投资额度限制。同时，RQFII试点国家和地区限制一并取消
2019年9月10日	中国证监会在京召开全面深化资本市场改革工作座谈会，提出了当前及今后一个时期全面深化资本市场改革的12个方面重点任务

资料来源：中国证监会，华福证券。

这些举措是长期的系统工程，将借鉴国际资本市场先进经验推动多层次资本市场建设，夯实中国资本市场改革基础。资本市场改革迎来再辉煌的战略机遇期，必将依托强大的制度优势、战略定力继续做大做强。华福证券将努力依托历史发展机遇，以香港为对外业务拓展窗口走向世界，继续做大做强。帮助中国企业在国际上"长袖善舞"，助力中国从制造大国向制造强国迈进，从进口替代向"卖到全世界"迈进。

（二）资本市场新的发展规划将推动中国经济迈向高质量发展

改革开放40年，中国面临着从制造大国向制造强国迈进的历史使命，一方面要依靠市场力量对传统产业进行优化配置，提升竞争力；另一方面要推动国家战略性新兴产业的发展，提升整体经济发展附加值。两个层面都需要发展资本市场，以发挥其重要支撑作用。

首先，资本市场的并购重组功能是实现产业经济资源优化配置作用的最有效手段。依靠完善的多层次资本市场平台，产业经济体可以通过资产证券化、债转股、兼并收购等市场化方式，以合理市场定价和交易撮合，让资源依靠市场的力量进行自由组合，影响较小，成本最低，效率最高，有效减少社会资源浪费和社会性成本，帮助产业建立自我调节和实现供需自平衡的顺畅良性运行机制，从而帮助行业优势企业巩固核心竞争力内涵，实现产业做大做强的百年基业梦想。

其次，我国战略新兴产业的崛起和赶超离不开发展资本市场的支撑。战略新兴产业代表未来，代表新的科技革命和产业变革的希望，将引领未来经济社会的发展。例如美国的电脑芯片技术、日本的新材料技术、中国华为的5G技术等，其共同焦点在于竞争激烈、人才门槛高、高风险高投入，只有资本市场风险投资的偏好特性能够给予支撑。这已为历史事实所证明：美国过去30年VC、PE产业很发达，帮助高科技与资本快速高效对接，促进高科技产业更快占领世界制高点，领先于全球。中国战略新兴产业代表中国高科技的未来，实现资本与高科技的紧密结合，将加快和提升战略新兴产业发展速度和规模。

未来中国经济无论是存量的优化，还是增量的创造，乃至抵御单边贸易带来的负面冲击，强大的、开放的资本市场将是"定海神针"和"魔术棒"，必将进一步推动中国经济迈向高质量发展的新时代。证券市场中介机构作为资本市场的重要参与者，必将在此重要进程中发挥更大的作用，为中国深化经济转型、实现高质量发展提供重要支持。

（三）证券公司将迎来巨大的发展机遇并发挥更大作用

近 30 年来，证券行业累计为上市公司募集股权资金达 12.68 万亿元，募集债券资金达 64.94 万亿元，有力推动了中国实体经济的崛起。助力诞生了福耀玻璃、格力电器、美的电器等国际知名制造企业，奠定中国成为制造大国的地位；也推动了中国平安、中国建筑、招商银行等蓝筹企业成功走向世界，为中国经济基建、外贸、消费"三驾马车"的同步腾飞奠定扎实金融基础；还帮助以恒瑞医药、比亚迪、海康威视为代表的各类民营企业依托资本市场成功"孵化"并迅速成长为世界级的大企业。

按照全球一体化的发展趋势，中国资本市场的第四个十年是走向世界的十年，将为中国经济进一步融入世界经济、建立人类命运共同体提供重要机遇。2019 年 9 月，证监会研究布置全面深化资本市场改革的十二项重点任务。资本市场改革迎来再辉煌的战略机遇期，必将依托强大的制度优势、战略定力继续做大做强。

证券公司作为资本市场的重要成员，任重道远并充满机遇：证券公司不仅仅满足于国内资本市场的证券经纪、股票承销、资产管理等传统业务，还将稳步推进场外股权市场、衍生品市场等创新业务，服务国家深化资本市场改革的发展战略，加快参与欧美成熟资本市场的合作拓展。一方面为国内经济和实体企业走向世界提供国际资本市场服务支持，另一方面有利于帮助其国内外业务形成合力，打造核心竞争力。

三、回归服务实体经济本源、发挥专业投行中介功能

回归服务实体经济本源、发挥专业投行中介功能是推动证券公司实现高质量发展的必要条件。我们认为，实现高质量发展关键在于把握好资本市场发展的政策机遇，找准定位培育好差异化经营模式，倡导好积极向上的企业文化，建立好稳定高效、团结奋进的人才队伍，引入实力雄厚战略投资者提升资本实力等。

（一）把握好资本市场发展的政策机遇

资本市场作为实体经济转型的纽带，发挥着为企业发展转型提供资本资源配置的重要功能，完善多层次资本市场体系必然是未来资本市场建设发展的重要任务。证券公司应当善于把握资本市场发展的政策机遇，顺应监管政策导向做大做强证券主业，积极探索新形势下证券业务新领域、新市场、新模式，构建与证券市场相关度较高的财富管理体系，实现以客户为中心、以资产配置为核心的财富管理业务模式，逐步提升证券中介服务实体经济的能力。

（二）找准定位培育好差异化经营模式

当前证券行业竞争格局呈现头部集中的典型特征，应当鼓励不同类别证券公司构建差异化发展优势。头部券商资本实力领先和综合业务能力较强，可以发挥资源优势实现规模化发展，形成综合金融业务优势参与国际化竞争；中小型证券公司可以根据股东背景、人才储备等资源，加快构建细分行业、细分业务以及特定领域的专业能力，提升特定领域的业务竞争力和品牌形象。

（三）倡导敢拼敢闯、积极向上的企业文化

企业文化为全体员工树立了共同的价值理念，对全体员工有着巨大的凝聚作用，营造积极向上的企业文化和精神氛围，能够推动企业实现良性发展。未来十年是中国资本市场走向世界的十年，证券经营机构作为重要参与者应根据自身资源禀赋和发展重点，建立外向型的企业发展文化。包括建立走向世界、富于进取、顽强拼搏的狼性文化，高度协作、强力执行的战士文化，开放包容、跨界思维、差异化经营的创新文化等，以敢拼敢闯、积极向上的经营氛围建立走向世界的"奔跑基因"，帮助新时期证券公司实现向国际化、综合化、现代化投行迈进。

（四）建立稳定高效、团结奋进的人才队伍

作为知识密集型企业，人才队伍是证券公司保持竞争力并发展壮大的关键。随着金融脱媒加快和资本市场发展，证券公司必须树立更加开放的世界观布局全球战略，着力构建良好的选人用人机制，加大内部培养培训力度，培育稳定高效、团结奋进的人才梯队，建立创新人才合理流动机制，把人才放在最适合的位置上，充分发挥他们的特长和作用，将真正的创新人才选出来、引进来、用起来，形成广纳贤才、人尽其才的制度体系。

（五）引入实力雄厚战略投资者提升资本实力

净资本是衡量经营机构资本实力、监管评价的一个重要指标，净资本与券商的业务范围、业务规模直接挂钩。大型券商往往资本实力雄厚并且经营规范，进而取得更大的发展机会，实现较强的竞争实力，获取更大的市场份额。在走向世界的发展机遇期，股东背景优势将决定证券公司未来的发展后劲，因此证券公司要争取引入实力雄厚的战略投资者提升资本实力，争取能够在企业发展的关键时期及时给予资本和发展战略支持，避免遭遇阶段性发展瓶颈、不进则退。

金融科技助力证券业高质量发展

毕玉国[*]

2019年是新中国成立70周年,是全面建成小康社会、实现第一个百年奋斗目标的关键之年。70年砥砺奋进,70年春华秋实,书写了伟大复兴的时代画卷。金融是现代经济的核心,是国家重要的核心竞争力,资本市场在金融运行中具有牵一发而动全身的作用。经济兴、金融兴,经济强、金融强。新中国成立70年来的光辉历程和伟大成就离不开金融和资本市场的支持。

党的十九大报告指出:"深化金融体制改革,增强金融服务实体经济能力,提高直接融资比重,促进多层次资本市场健康发展。"作为资本市场最重要的参与主体,证券业始终坚持回归本源,深度服务实体经济发展。近年来,行业实力不断增强、综合金融服务能力不断提升,在有效促进资本形成、优化资源配置、实现财富管理、风险管理以及推动资本市场高质量发展等方面发挥了不可替代的作用,成为推动现代化经济体系建设的重要力量。截至2019年6月30日,国内131家证券公司实现总资产7.10万亿元,净资产1.96万亿元,客户交易结算资金余额(含信用交易资金)1.37万亿元,受托管理资金总额13.59万亿元。2018年,国内资本市场实现股权融资规模3 606亿元、债券融资规模2.48万亿元,直接融资规模2.84万亿元,直接融资占比14.75%,与资本市场建立初期的不足5%、2007年完成股权分置改革后的11.09%相比,实现了较大程度提高。

近年来,随着新一代网络信息技术的迅猛发展,以"ABCD"(人工智能、区块链、云计算、大数据)等为代表的新兴科技为证券行业高质量发展注入了新的活力。技术与业务的融合度不断加深,全球金融科技浪潮风起云涌,各类传统业务面临新技术的挑战,业务模式出现新变革,证券公司正向线上化、数据化、智能化方向转变。展望新时代,证券行业迫切需要从战略发展的高度,增强对技术发展及应用的重视程度,借助技术优势打造核心竞争

---

[*] 作者简介:毕玉国,经济学博士,正高级会计师,现任中泰证券股份有限公司党委副书记、总经理,中国证券业协会财务会计委员会主任委员、上海证券交易所理事会风险管理委员会委员、深圳证券交易所会员自律管理委员会委员。原载于《中国证券》2019年第10期。

力，推动实现更高质量发展。

一、证券业金融科技发展历程

纵观行业发展历程，科技贯穿始终，证券行业的发展历史就是运用科技不断改革创新的过程。整体来看，可以分为三个阶段：

（一）交易电子化阶段（20 世纪 90 年代初期）

我国证券业在传统金融领域出现时间相对较晚，20 世纪 80 年代以银行证券部、信托投资公司的形式出现。随着计算机技术进入大发展阶段，证券交易进入电子化（无纸化）时期。20 世纪 90 年代，上海证券交易所和深圳证券交易所均建立了无纸化电子交易平台，证券发行和交易彻底实现了无纸化，投资者可通过电子登记账户实现相关的证券权利，手中不再持有实物证券；各证券公司积极引入计算机、通信网络等信息技术，用于替代传统的人工交易模式，实现交易结算等核心业务的电子化，并先后完成了交易系统集中工程，在金融电子化方面走在了金融体系的前列。交易电子化的实现压缩了运营成本、提高了服务效率，是技术驱动业务能力提升的最初形态。

（二）互联网金融阶段（2000—2014 年）

技术与金融的融合度不断深入，以互联网、移动互联为代表的信息技术对传统证券业务开展形成渗透，网上开户、网上证券交易等新模式出现。2000 年 4 月，中国证监会颁布《网上证券委托暂行管理办法》，部分证券公司开始尝试建设网上交易系统；2008 年，网上交易已成为市场投资者主要委托方式，占整个市场交易的 65% 以上；2013 年 3 月 25 日，中登公司发布《证券账户非现场开户实施暂行办法》，允许实行见证开户、网上开户等非现场开户形式，放开了"现场开户"限制，网上开户业务得到监管部门认可并有多家证券公司全面实施。证券公司在在线销售理财产品、提供业务咨询以及资产管理等方面，迈出了与互联网的合作步伐。同时，开发互联网金融平台打造客户综合服务生态圈，实现线上线下业务相结合。如中泰证券始终坚持以客户为中心，以用户体验为优先目标，打造了服务互联网客户的齐富通 APP、掌 e 通 APP 和线上投顾服务产品，通过对人、工具、场景的重构以及资源整合和业务协同，实现了线上服务体系优化及完善，增强了用户体验；齐富通 APP 峰值月活数高达 307.91 万户，服务能力及行业竞争力位居行业前列。这一阶段，证券行业依托互联网渠道红利优势，业务空间得到拓展、服务效率实现提升、运营成本大幅降低，带来了行业发展模式的较大变革。

（三）金融科技阶段（2014 年至今）

基于互联网的模式创新越来越难以满足日益广泛、复杂和个性化的金融需求。这一阶段，证券业技术应用持续深化，业务融合度不断提升。证券公司基于人工智能、区块链、云计算、大数据等新技术，不断加大自身在风险管理和定价能力、成本管控和资源投放、产品营销和客户触达等方面的应用力度，推动传统业务转型升级、创新业务发展、管理效率提高、合规风控智能化水平提升。科技与证券业的结合已从简单的"拼接"转变为深度的

"融合"。多家证券公司已明确将金融科技纳为其核心竞争力,利用科技力量赋能业务发展,推动向财富管理转型升级;行业内已有近半数证券公司基于人工智能等技术,为客户提供智能客服、客户画像、个性化资讯、智能投顾、智能交易等服务;部分证券公司正在着手研究区块链在证券结算、发行、内部合规管理等方面的运用。如中泰证券近几年积极借力金融科技赋能,实现业务与科技融合发展,成为公司打造现代化投资银行的重要战略支柱,对公司高质量发展形成强大支撑;公司自主研发并打造了一系列具有领先优势的金融科技产品,包括拓展高净值客户的 XTP 极速交易系统、极大提升业务办理效率的集中运营系统、提高内部工作效率的蜂巢办公系统、以大数据平台为基础的场外配资智能检测系统、节省大量客服成本的智能客服系统等。其中,XTP 极速交易系统已成为业内股票程序化交易的第一品牌,在性能、稳定性方面位居行业顶尖水平,能够完美契合量化交易客户的多样化需求。

整体来看,不管是信息技术,还是互联网、移动互联技术,还是以 ABCD 为代表的新兴技术,都对行业高质量发展具有很大的促进作用。但是,证券业与金融科技的融合度还有待进一步提升,金融科技发展程度有待进一步深化,距离实现真正的技术引领创新、技术驱动行业变革,从而培育核心竞争力方面还有一定差距。而自 2017 年"信息技术投入考核值"指标首次被纳入证券公司年度分类评价,行业信息技术投入和人员招聘力度逐年加大,但与摩根大通(近 5 年研发投入资金由 54.3 亿美元增加至 77.1 亿美元,研发投入占营业支出比重由 7.71% 升至 13.2%)等境外顶级投行每年数十亿美元的金融科技投入水平相比,仍有较大差距。

二、证券业金融科技发展新趋势

科技运用是证券业发展的生命线,证券业与金融科技的深度融合能为提升客户综合金融服务能力和体验、降低运营成本、提高运行效率等方面提供新的不竭动力,是推动行业高质量发展的必由之路。

(一)数字化、智能化是新时代证券行业发展的新方向

2019 年 8 月,中国人民银行印发了《金融科技(FinTech)发展规划(2019—2021年)》,确定了六方面重点任务:一是加强金融科技战略部署;二是强化金融科技合理应用;三是赋能金融服务提质增效;四是增强金融风险技防能力;五是强化金融科技监管;六是夯实金融科技基础支撑。金融科技将是新时代证券行业向高质量迈进的重要支撑,数字化、智能化将是实现跨越式发展的重要方向。未来,我国证券行业将形成以金融科技应用创新为焦点的竞争新格局。证券行业只有通过加大技术投入,努力打造数字化智慧型金融平台,加大专业人才招聘力度,持续加强金融科技平台的开发和大数据、人工智能等新技术的应用等,才能助力各业务条线向线上化、数据化、可视化和智能化方向发展,构建形成技术创新的"护城河"。

(二)"以客户为中心"是金融科技赋能行业发展的基本原则

面对日新月异的技术进步和风云变化的市场需求,能否高效、精准地为客户提供服务将成为证券公司提升核心竞争力的关键。未来,证券公司将借助金融科技手段,实现从"以

产品为中心"向"以客户为中心"的转变。借助互联网平台覆盖智能手机、PC、PAD 等主流终端，能够整合、共享多种渠道信息，以此建立不同渠道之间在产品、服务、流程上的对接与配合，为客户提供一站式、实时的综合服务；依托个性化、组件化、参数化的模块设计，全面整合服务资源，由标准化的服务模式向定制化的生产模式转变，实现针对性、个性化服务。

（三）完善的数据治理体系是金融科技赋能证券业高质量发展的重要支撑

证券行业发展至今已积累了海量数据，数据已成为证券公司的重要资产。2019 年 6 月 1 日起施行的《证券基金经营机构信息技术管理办法》明确要求："证券基金经营机构应当结合公司发展战略，建立全面、科学、有效的数据治理组织架构以及数据全生命周期管理机制，确保数据统一管理、持续可控和安全存储，切实履行数据安全及数据质量管理职责，不断提升数据使用价值。"未来，证券公司数据治理决策机构、管理机构、执行机构将根据数据治理总体规划，针对数据标准、数据质量、数据安全、数据全生命周期管理、数据仓库、数据价值挖掘等进行专项研究，逐步树立数据治理文化，促进数据成为有效的生产要素，将数据价值融入证券公司经营管理决策之中，提升证券公司客户服务水平，推动证券业高质量发展。

（四）全场景应用是金融科技赋能证券业转型发展的重要依托

随着金融科技的迅速发展，技术将不断渗透到资本市场证券发行、上市、交易、结算以及客户身份认证、精准营销、风险管理、运营保障、日常监管等各个领域。未来，全场景应用将会更加深化：一是云计算方面，证券公司通过云技术建立网络设备资源池实现资源共享；通过云平台实现业务系统和管理系统的集约化管理，提高效率、降低成本。二是大数据方面，证券公司在长期经营管理过程中积累了海量的客户数据、交易数据，通过精准营销、精细化经营，能够充分挖掘数据价值，有效提升管理质量和效率。三是区块链方面，通过在关键业务环节设置监控探针，对业务流程中信息流、资金流进行传输监控，形成有效的追溯机制，提升风险的甄别、防范和化解能力。四是人工智能方面，语音识别、图像识别、机器学习等技术在客户身份识别、精准营销、智能投顾、智能审核等方面的应用，将极大地提高证券公司的运营效率、降低操作风险。

三、金融科技助力证券业高质量发展的建议

新时代，证券业应积极把握科技发展新趋势，推动行业创新研发与应用，以科技赋能为更好满足实体经济需求、助力防控金融风险以及深化改革提供新的动力。

（一）提高证券业对金融科技的认识水平和重视度

习近平总书记在中共中央政治局集体学习中明确提出，要适应发展更多依靠创新、创造、创意的大趋势，推动金融服务结构和质量来一个转变。证券业要实现这样的转变，关键在于充分发挥金融科技价值，加快推动技术创新与证券服务的融合。近年来，以高盛、摩根大通为代表的国际一流投行持续开展科技改革和技术赋能，高盛甚至将自身定位为"一家

科技公司"。国内证券业应切实从战略发展的高度出发，提高行业对金融科技重要性的认识水平和重视度，深刻理解以大数据、云计算、人工智能和区块链为代表的新一轮信息技术变革对行业发展及变革的深远影响，有效提高金融科技运用水平，把深化金融科技运用作为推动行业高质量发展的第一生产力，通过科技赋能有效拓展证券业发展的广度和深度，推动资本市场向市场化、规范化、国际化方向发展。

（二）加强行业监管机构对金融科技的顶层设计、统筹规划和指导引领

证券行业应强化规划引领，完善金融科技顶层设计，始终坚持把服务实体经济作为金融科技助力证券业高质量发展的出发点和落脚点，充分利用科技手段，提高证券服务供给对实体经济需求变化的适应性和灵活性。证券监管机构、证券经营机构、金融科技公司要齐心协力，凝聚政界、业界、学界智慧，从可持续发展的角度加强金融科技在证券业的战略部署，厘清证券业务与金融科技的边界和责任划分，强化技术支撑，推动金融回归服务实体经济的本源，有效平衡创新发展与监管安全的关系，确保证券业金融科技发展的平稳、有序、可持续，形成具有我国证券业发展特色、面向具体领域和场景，多层次、立体化的金融科技发展体系。

（三）坚持以客户为中心和深度服务实体经济，推动行业做大做强和向数字化、智能化方向迈进

证券市场投资者对金融产品和服务需求的分散化、差异化、多样化特征，对证券业金融科技应用及发展提出更多新的要求。证券业借力金融科技实现高质量发展，应在尊重金融本质的基础上，坚持服务实体经济，利用科技手段提高金融效率、降低交易成本、丰富业务空间、优化业务模式，在严防创新风险及坚守合规底线的基础上，努力提升金融科技创新应用与监管要求的契合度，推动发挥证券业在服务实体经济、防控金融风险、深化金融改革等方面的重要作用。坚持以客户为中心的基本原则，合理并综合运用新兴技术，穿透挖掘客户需求，做到真正了解客户、服务客户、引领客户，努力提升客户体验度及服务水平，推动实现从传统的通道业务服务商，向财富管理业务、投资管理业务、投资银行业务、销售与交易业务并举的综合证券服务商转型。充分利用大数据、云计算、人工智能等新技术，在客户服务、市场分析、投资顾问、财富管理、风险定价、内部控制等方面进行创新尝试，推动行业向数字化、智能化方向转型发展。

（四）调整优化客户账户资金存管方式，提升客户体验及服务效率、降低运营成本

目前，客户交易结算资金实行第三方存管。该模式下，投资者各类资金账户数目繁多、结算路径及业务流程复杂、业务支持系统连通性差，增加了信息系统整合升级、流程优化及运行效率提升的难度。同时，证券业每年向存管银行支付约 20 亿元的高额存管费用增加了行业运营成本，降低了行业整体利润水平，不利于证券行业竞争力和服务实体经济能力的提升。建议调整客户交易结算资金存管模式，突出证券公司在客户资金管理中的主体责任，在不改变现有客户资金账户体系、存管模式的前提下，打通经纪、信用、衍生品三大资金圈的客户资金流转路径，在证券公司内为客户建立跨体系资金内部转账通道，实现场内客户交易

结算资金互联互通，优化业务流程，提高客户体验度及业务运行效率。

（五）加强金融科技数据基础设施建设，推动证券行业数字化运营管理

随着行业发展和技术进步，证券公司堆积了各类客户管理、投资交易、结算托管、风险管控等系统。鉴于各系统建设时间、建设单位及用途不同，系统林立、数据孤岛逐渐成为行业实现数字化的障碍。面对分散的系统、庞大的数据和日益复杂的客户服务需求，证券业要不断强化金融科技基础设施建设，制定统一的数据标准和规范，破解数据非标准化、封闭化、分割化格局；建设高效新型数据库，自动化采集和存储经济、金融、商业活动、社交媒体等多地域、多领域的海量数据资源，通过模式识别和数据挖掘分析工具实现数据集成、分析与共享，形成碎片化数据聚合效应；加强数据挖掘及分析、技术深度应用等专业人才培养，支撑证券业信息技术改造升级和金融科技深度应用及发展。

（六）加强各业务条线技术应用，提升证券业合规风控水平

金融科技在证券业的广泛应用不断冲击传统合规风险管理的范围和框架，金融科技的跨市场、跨行业、跨机构、跨区域特征使得风险的传染性更强、传播渠道更多、波及范围更广、扩散速度更快、监控与应对更困难，对证券公司利用金融科技进行合规风控管理的意愿和能力提出更高的要求。一是证券公司要将金融科技融入业务系统，提升系统计算能力，解决压力测试、情景分析和风险监控的计算难题，实时获取市场行情、监控业务风险状态，多维度、多层次、多视角生成风险报表，主动识别、预警、控制风险。二是树立数据驱动意识，通过大数据平台充分认识证券市场中各参与者的行为及其联系，利用深度学习技术分析参与者行为数据，在数据公开、科技共享的背景下提高合规管理水平。三是加强技术合作与共享，强化金融科技在证券发行、信息披露、投资交易、风险监测预警、违法行为监控等领域的应用，全面提升证券业合规风控水平。

（七）加强监管科技应用，优化金融科技监管

监管科技（RegTech）是当前金融科技与风险监管相结合的产物，通过大数据、云计算、人工智能、区块链等创新技术应用，能够有效提高信息透明度和风险管理能力，化解监管难题。为持续应对金融科技高速发展带来的风险，建议进一步加大对金融监管科技方面的投入，建立一体化、安全、高效、便捷的监管业务综合平台，继续推进大数据平台建设，为金融科技监管提供快速准确的数据支持；充分发展和利用大数据分析、人工智能等监管科技手段，强化交易行为分析、异常交易识别等功能，优化风控合规监控指标体系，提高风险监测识别能力；遵循穿透式监管理念，基于产品功能、业务本质和法律属性明确监管主体和适用规则，有效实施对创新产品、业务和行为的全流程监管；借鉴英国金融行为监管局（FCA）监管经验，整合监管部门、金融机构等社会主体及其相应科技力量和资源，建立多方有效合作的监管平台，实现对传统金融机构和互联网金融服务公司的综合行为监管。

回看资本市场发展历程　展望证券公司财富管理

罗黎明[*]

2019年是新中国成立70周年。70年来,在中国共产党的领导下,中国人民和中华民族团结奋进、披荆斩棘,取得了世界瞩目的伟大成就。而伴随着改革开放的历史进程,中国资本市场和证券公司也经历了从无到有、从小到大、从不规范到逐步成熟完善的发展历程,并对我国经济发展、人民富裕和国家强盛做出了重要贡献。当前,证券公司财富管理业务正处于加速转型的关键节点,需要我们回望历史、总结过去,继而找准方向、蓄力未来。

一、资本市场及财富管理业务发展历程回顾

(一)初始萌芽阶段(1978—1990年)

党的十一届三中全会后,我国全面启动经济体制改革,资本市场也开始萌生。1981年,我国恢复发行国债;一些企业开始进行股份制改革,并发行企业债和股票,1984年,上海飞乐音响公司成功发行新中国第一只股票。随着各类证券持有人交易意愿的日益增强,对证券流通与发行的中介需求日渐增加,证券公司开始出现。1987年,新中国第一家证券公司——深圳经济特区证券公司在深圳成立,不久在上海也先后成立了万国证券、申银证券、海通证券等一批证券公司。

这一时期,居民的财富积累刚刚起步,理财意识不强且投资产品匮乏,银行储蓄是最主要的投资渠道,国库券和股票开始进入居民生活。

(二)形成发展阶段(1990—2007年)

20世纪90年代初,沪、深证券交易所,中国证券业协会,中国证券监督管理委员会先后

---

[*] 作者简介:罗黎明,计算机专业博士,现任中国银河证券股份有限公司执行委员会委员、业务总监,中国计算机用户协会副理事长,全国金融标准化技术委员会证券分技术委员会委员,证标委信息披露领域专业工作组首席专家,中国证券业协会互联网证券委员会副主任委员。原载于《中国证券》2019年第10期。

成立,标志着全国性资本市场开始形成。在此后十多年里,我国资本市场在多方参与者的高度关注下快速发展,机构数量、市场规模、制度建设、监管体系均实现了重大突破。但由于资本市场在我国是新生事物,只能"摸着石头过河",在试错中完善和创新,在实践中找出一条适合我国国情的发展道路,这期间不可避免地出现了各种问题。同样,证券公司在经历了初期快速发展后,整个行业内控不健全、合规意识薄弱等问题愈发严重,并在2001—2005年市场行情快速下跌中凸显出来,2004年的南方证券事件充分暴露了证券行业违规经营的风险,大批证券公司倒闭,整个行业开始出现危机。因此,国务院于2004年1月发布"国九条",明确了我国资本市场发展方向,开启了资本市场一系列改革,包括股权分置改革、提高上市公司质量、改革发行制度等。同时,证券行业也开始了为期三年的综合治理,为下一阶段的发展奠定了坚实基础。

这一时期,我国居民的财富管理出现了深刻的变革。一是投资产品的扩容。股票、债券、基金、期货均进入了居民的投资领域,丰富了投资品种,但仍以股票投资为主。二是居民的投资理念得到了很大的改观。巨大的财富效应促使居民财富从银行加速流入资本市场,而股票市场几次牛熊交替,也使得投资者的风险意识逐步增强。此时证券公司业务较为单一,经纪业务占绝对优势,财富管理方面以提供股票交易代理买卖通道为主,代销产品仅集中在公募基金产品,并受营销渠道、市场大幅波动影响,规模较小。

(三)规范成长阶段(2007—2018年)

随着股权分置改革和证券行业综合治理的完成,资本市场开启了规范成长阶段。这一时期,创业板、新三板先后开通,我国多层次资本市场体系逐步形成;融资融券,股指期货相继推出,A股交易机制进一步完善;沪港通、深港通、债券通先后通车,MSCI和富时罗素也相继将A股纳入其指数体系,资本市场对外开放加速。证券公司内控机制不断健全,抵御风险能力显著增强,资产规模、盈利能力稳步提高,业务范围持续拓展,专业水平快速提升,不少公司进军海外,开启了国际化进程。

这一时期,我国财富管理行业也呈现出百花齐放、蓬勃发展态势。银行、信托、保险、证券、第三方理财机构及互联网金融公司纷纷发力,立足自身资源禀赋,尝试通过各种方式满足客户日渐复杂化、多元化的财富管理需求,居民财富管理的选择范围和渠道获得极大拓展,全球资产配置需求日渐增强。证券公司财富管理业务也取得了长足发展,在业务品种、专业水平、资产配置能力、代销金融产品种类等各方面均显著提升,能够为客户提供专业、综合的资产管理服务;但由于其自身交易优势未能充分发挥,以及理财产品定价机制扭曲,相较银行和信托而言,证券公司财富管理业务发展仍相对较缓。

(四)加速转型阶段(2018年至今)

2018年以来,我国资本市场改革继续深化推进,进入加速转型阶段。科创板成功推出,注册制开始实践,给资本市场注入了新的活力,多层次资本市场体系进一步完善;QFII和RQFII投资限额取消、沪伦通正式通航、标普道琼斯指数纳入A股、MSCI和富时罗素继续扩容,资本市场对外开放明显提速。这些都给证券公司发展带来新的机遇,同时也对其综合能力提出更高要求,战略选择、专业水平、人才队伍、科技投入都将影响未来的市场竞争格局,证券行业必将加速分化。

这一时期,我国居民财富管理也进一步向市场化、精细化、品牌化发展。一方面,经过

30多年的发展,我国居民的财富积累、投资理念和风控意识均大幅提升,对财富管理的多样化、个性化、便利化提出更高要求;另一方面,财富管理行业竞争加剧,各类机构基于自身优势纷纷转型,定位不同目标客户展开激烈争夺。而证券公司在经历了一人多户、佣金持续下滑、产品同质化严重、同业竞争加剧、外资控股证券公司加速入场等问题后也亟须转型。资管新规的落地,打破了银行信托理财产品刚性兑付,使得市场定价机制更加合理,也使资产配置业务真正落地成为可能,为证券公司财富管理转型提供了良好契机。2018年中信证券、中国银河证券等多家证券公司调整内部组织架构,明确向财富管理转型,龙头证券公司充分利用自身资源禀赋,探索财富管理转型之路,中小证券公司也立足自身定位,纷纷跟进,证券公司财富管理未来可期。

二、证券公司财富管理业务的历史贡献

作为资本市场的重要中介,证券公司财富管理业务在整个历史进程中为居民投资者、实体经济以及资本市场都做出了巨大贡献。

(一) 对居民投资者的贡献

财富管理业务的发展对居民投资者的影响尤为突出。一是满足了居民多样化投资需求,使居民的投资品种由早期单一的储蓄,拓展到股票、债券、基金、期货等多种理财工具,投资市场由国内拓展到海外,投资渠道由线下拓展到线上,较好地满足了居民日益增长的财富管理需求;二是增强了居民的投资理财意识,证券市场的快速发展不断革新我国居民的财富管理观念,提高了居民投资和主动理财意识,财富管理的概念愈发普及;三是提高了居民对国民经济的参与度,证券市场的财富效应吸引越来越多居民投资者参与到资本市场,开始关心企业和宏观经济的发展,通过资本市场分享我国经济增长的红利,实现财富保值增值(见图1、图2)。

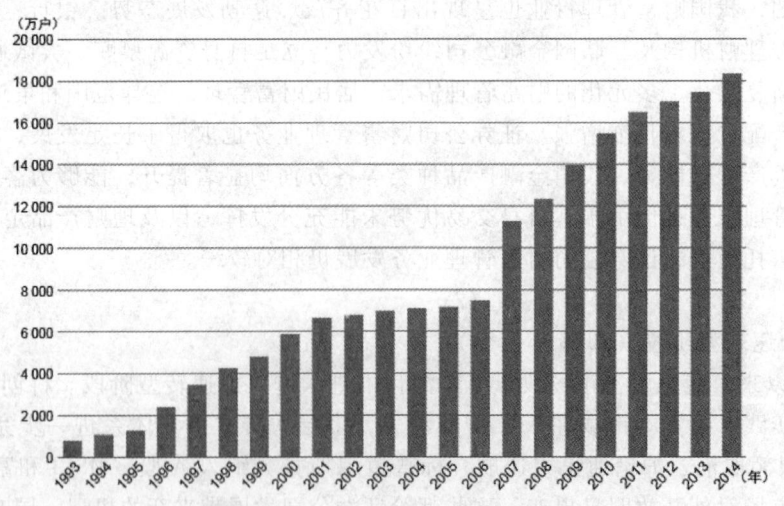

图1 1993—2014年投资者期末股票账户数

注:(1) 2002年开始对大量不规范账户进行清理。(2) 中国证券登记结算有限公司自2015年起不再披露投资者期末股票账户数,改为披露期末投资者数量。

资料来源:中国证券登记结算有限公司。

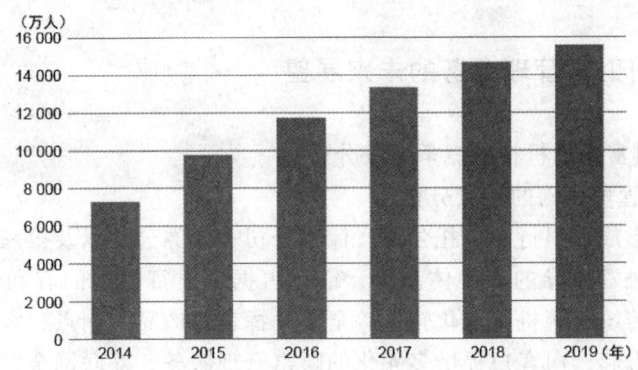

图 2　2014—2019 年期末投资者数量

注：期末投资者数量指持有未注销、未休眠的 A 股、B 股、信用账户、衍生品合约账户的一码通账户数量。
资料来源：中国证券登记结算有限公司。2019 年数据截至 2019 年 8 月 31 日。

（二）对实体经济的贡献

财富管理业务的发展对我国实体经济有巨大推动作用。一是财富管理为企业融资提供了重要的资金来源，有助于企业做大做强，支持实体经济发展；二是通过财富管理，加速了投资者财富增长，带动了消费与相关服务业的发展，促进了实体经济的增长；三是财富管理资金有力地支持了国家各项大政方针的落地发展，如"一带一路"、津京冀协同发展等。

（三）对资本市场的贡献

财富管理业务的发展对资本市场有重要促进作用。一是推动社会多元化资产的形成，资本市场规模不断增长。为更好地满足客户多样化财富管理需求，证券公司加快了金融产品的研发和创新，股票、债券、基金、期货及各类衍生品快速发展，资本市场日趋活跃、规模不断扩大，有力推动了多层次资本市场体系的建设和完善（见图 3）。二是有利于资本市场资源配置功能的发挥。财富管理是投资者参与资本市场的主要方式，是资本市场主要的资金来源，有利于充分发挥资本市场资源配置功能。三是促进资本市场不断完善。投资者作为市场重要的参与者，其需求和利益保障是资本市场改革的主要出发点，持续推动我国资本市场各项制度不断完善。

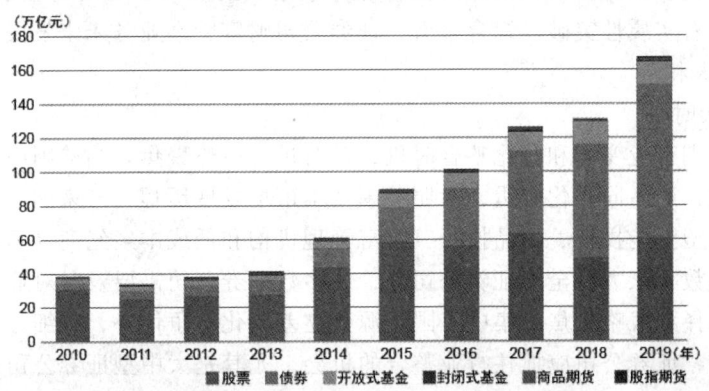

图 3　2010—2019 年各类金融产品市场规模

注：2019 年数据截至 2019 年 8 月 31 日。
资料来源：Wind。

三、证券公司财富管理业务的未来展望

(一) 境内外财富管理机构的竞争比较分析

1. 与境内财富管理机构的比较分析

当前,我国已形成以银行、信托公司、保险公司、证券公司以及第三方机构为主的财富管理格局,在间接融资主导的金融体系下,银行占据了财富管理的有利地位。尤其是近年来,以银行为首的传统金融机构深化转型,全面发挥自身产品、网点、客户基础等优势,第三方财富管理机构崛起,向客户提供多元化的财富管理服务,互联网金融流量巨头开始牢牢把控大众客户,而证券公司财富管理仍在以交易驱动的旧有模式下,同质化现象严重、业务协同能力低,自身禀赋难以充分发挥,亟待转型。

作为股票市场唯一的发行承销机构以及金融产品买卖的主要中介,证券公司财富管理需利用自身优势,充分发挥跨一、二级市场资产获取优势和强大的产品定制、细分行业研究、量化模型开发、投资管理等能力,提供投融资一体化的咨询及服务,提升主动管理能力,更全面、更高质量地满足不同客户的财富管理需求,真正实现财富管理业务的转型升级。

2. 与境外财富管理机构的比较分析

不论是以客户需求为先、自上而下进行大类资产配置的瑞银,还是以金融科技赋能、主打优秀理财顾问团队和专业产品筛选能力的摩根士丹利,或是以渠道优势服务本土、借金融开放之机促进业务转型的野村,或以折扣券商优势积累客户资源、借助金融科技为互联网平台用户进行优质产品筛选的嘉信理财,整体来看,境外财富管理行业已相当成熟,并呈现出生态多样化、服务多元化、手段智能化的特征。相比境外,中国证券公司财富管理业务起步较晚,总体仍处于模式探索与经验积累阶段,在服务模式的专业化、多元化、差异化、定制化等方面均与境外财富管理机构有较大差距,需重点强化和提升资产配置、产品筛选、账户管理、金融科技等方面的能力。

(二) 证券公司财富管理业务发展方向

近年来,国内不少证券公司已在财富管理体系建设上加大了力度,也取得了一定进步,但整体转型尚未有实质性突破。综合来看,证券公司财富管理业务未来发展,应重点把握好"天时、地利、人和"。

1. 适应"天时"

一是清醒识别行业变革和分化整合时机,及时进行战略聚焦。当前国内证券公司大都以全牌照经营为主,产品同质化严重,参照美国资本市场发展历程,未来国内证券行业也将加速分化,形成大型全能投行、精品投行、财富管理机构和低成本经纪商等不同侧重的多层次行业结构。除少数几家大型全能证券公司外,大多数证券公司需要及时对业务、客户、区域和渠道等进行选择和战略聚焦,集中有限资源建立差异化竞争优势,在细分领域实现行业专精。在此过程中,证券公司应抓住行业整合的机会,尤其是大中型证券公司可适时通过并购实现跨越式发展。

二是顺应国际化发展趋势,在与境外财富管理机构的竞争阵痛中成长。随着中国金融开放的步伐逐步加快,势必为证券行业带来新的活力和契机。一方面外资财富管理机构的进入

将倒逼国内证券公司加快转型步伐，特别是对客户全球大类资产配置和一站式金融服务需求的满足，应尽快建立"在岸+离岸"一体化投资平台，并强化和提升相应的风险定价能力；另一方面，外资投资者的引入将进一步推动证券市场机构化，而机构服务对于国内证券公司的资本金实力、内部业务协同、行业和公司研究能力、衍生品创设和开发能力都提出了更高要求。

2. 扩大"地利"

一是以金融科技为支撑，助力财富管理转型。顺应金融与互联网深度结合的新趋势，积极推进传统业务数字化、互联网化、智能化；充分利用客户资料库资源，运用"大数据"，深度挖掘客户需求和业务机会；全方位提升用户体验和打造金融服务生态平台，开发智能投顾，配合线下网点转型，打造线上线下一体化的全渠道服务体系；通过流程再造和智能运营实现"实时性、高效率、低差错"，持续降本增效。

二是以产品优选为手段，推进财富管理转型。内部创设和外部引进并举，尽可能丰富和完善产品供给品种，建立多层次全品类的产品配置体系，满足客户更广泛需求；建立基于互联网的线上线下相结合的产品发行市场和产品销售系统；发挥证券公司专业优势，建立产品准入优选与分类评价体系，完善产品持续跟踪评估和退出机制，提高产品综合服务能力。

三是以账户管理为目标，提升财富管理格局。根据境外经验，发达国家和地区在传统经纪业务向综合财富管理转型的过程中，都进行了各类证券金融服务的整合，统一账户体系和账户管理业务逐步发展成熟，因此未来我国财富管理业务整体格局的提升也将以实现账户管理为阶段目标，通过充分发挥证券公司多领域的财富归集能力，整合体系内各类账户，建立全品种的账户管理业务模式，更好地为客户提供一揽子金融服务和个性化投资方案。

3. 紧盯"人和"

一是以客户为中心。向财富管理转型的核心就是以客户为中心，为客户的资产进行保值增值，这就要将客户的需求场景化，关注不同客户的不同需求以及同一客户不同的人生阶段需求。建立客户分类和适当性制度，精准客户画像，洞悉客户需求：一方面，对机构及高净值客户提供点对点的专业化、策略化、定制化服务，同时，未来随着房产税、遗产税、资本利得税等政策的出台，中国的高净值客户尤其是超高净值客户对于家族治理、财富规划和家族信托等服务的需求将与日俱增，需要提前布局和提升围绕家族传承的服务能力；另一方面，在对散户通过互联网提供智能化服务（AI）的同时，更要重视对普通投资者的精心辅导和正确引导，进一步加强投资者的财富管理意识和能力，扩大客户基础，肩负起培育高端客户的责任和使命。

二是以人为本。以人为本首先体现在以保障业务转型落地为核心的组织架构调整，打破牌照间的壁垒，修复各业务板块间的割裂，增强总部服务能力和协同能力，实现跨业务的共享客户和共同服务；其次要贯彻和强化"客户和公司利益最大化"的利益共享、风险共担、创新协同的企业文化，从理念上改变本位主义和各自为战的状况；最后要强化专家型人才质量对财富管理业务的支撑，建立市场化的人才体系和具备市场竞争力的薪酬激励机制，重点强化投资顾问、产品筛选、资产配置、家族信托等专业型人才队伍的建设，搭建良好的个人发展平台，实现人才引入和人才培育的突破。

证券公司财富管理业务的转型，既是历史的必然趋势，也是时代的需要，更是新时代资本市场的发展方向。习近平总书记指出，强化金融服务功能，应以服务实体经济、服务人民生活为本，要更好地满足人民群众和实体经济多样化的金融需求。因此，以客户为中心不只是说说而已，客户的小目标，就是我们的大目标。证券公司要切实担负起全民财富管理机构的责任，既做高净值客户的财富管理，也要做好更广大人民群众的普惠金融，让每个投资者都能分享到我国经济增长的红利，进而实现个人财富的保值增值。

参考文献

[1] 中国证券监督管理委员会. 中国资本市场发展报告 [M]. 北京：中国金融出版社，2008.

[2] 牛冠兴. 中国证券行业的回顾及思考 [J]. 中国证券，2018 (12)：66—70.

[3] 胡松，欧天奕，高培亮. 中国证券公司历史功过评述 [J]. 资本市场，2012 (3)：36—40.

[4] 施华. 客户至上券商财富管理应转变理念谋突破 [N]. 中国证券报，2019-9-4 (A03).

[5] 李风华等. 国内券商财富管理业务模式研究 [J]. 中国证券，2018 (4)：39—49.

[6] 中国证券业协会"进一步强化证券公司责任与能力"课题组. 证券公司强化财富管理能力研究 [J]. 中国证券，2019 (8)：33—36.

[7] 徐朝晖. 财富管理前景广阔，风物长宜放眼量 [J]. 中国证券，2019 (7)：22—29.

[8] 黄河，袁伟，王璞，李瑞航. 展望2019中国证券业：把握五大趋势六大主题 [R]. 北京：2019.

[9] 曲向军，周宁人，黄婧，马奔，吴克晔，黄晴乾. 中国私人银行的下一个十年 [R]. 上海：2018.

三十春秋栉风沐雨　不忘初心砥砺前行

郭　纯*

2019年是新中国成立70周年，70年风云际会，新中国从一个积贫积弱国家，一跃成为当今世界第二大经济体，综合国力的历史性跨越引世人瞩目。作为新中国最早一批踏入证券行业的从业人员，驻足此70周年的关口回望，我更加深刻感受到中国资本市场的发展与新中国经济的发展之间的相辅相成，共同壮大。我于1983年毕业进入银行业工作，迄今已有30余年。30余年的岁月变迁，我的岗位也伴随着中国证券业的发展不断变化。1983年毕业后，我先在工商银行上海静安区办事处工作，1987年调入工商银行上海信托投资公司从事证券业，1997年被委任为申银万国（香港）集团有限公司董事副总经理一职，前往香港工作。可以说，在我30余年证券业生涯中，入行与职业的发展伴随着中国证券市场从无到有，从弱小变成熟，从境内市场逐步开放到亚太地区，并且进一步以香港为跳板，辐射到欧美市场的成长。

回想证券业最初的年代，我们虽然没有现在良好的条件，没有一个清晰的未来方向，但是大家有的是激情、梦想和坚定的信念。对公司的未来和证券业的前程，每个人心中都洋溢着满满的自信，脑中都充盈着梦想。正是在这种梦想的支撑下，中国证券业才会长足发展到今天。而我也有幸，在当时进入中国证券市场拓荒者行列，与中国证券业一起成长并逐步走向成熟。本文选取我30余年在该行业的些许所历所感，以窥中国证券行业萌发与成长历程之一角，让大家感受到那段开拓进取与激情澎湃的历史。

一、上海篇

（一）证券之路的起航

我与金融的缘分是在上海开始的。1981年，我刚满16岁，考入了上海银行学校；1983

---

* 作者简介：郭纯，工商管理硕士，申万宏源（香港）有限公司副董事长。曾任前上海申银证券有限公司国际市场部副经理、申银万国（香港）集团有限公司董事副总经理、申银万国（香港）有限公司执行董事、申银万国证券股份有限公司国际业务总部总经理、申万宏源（国际）集团有限公司董事副总经理、申万宏源（香港）有限公司执行董事总裁及申万宏源证券有限公司国际业务总部总经理。原载于《中国证券》2019年第10期。

年 8 月从银行学校毕业以后分配至中国人民银行上海静安区办事处。当时全国只有一家银行，即中国人民银行。1984 年，国家决定中国人民银行不再从事商业银行业务，而专门行使中央银行职能；同时，单独成立中国工商银行，承担原中国人民银行的工商企业存贷、结账结算以及私人储蓄等业务。我按照组织安排，进入中国工商银行办事处信贷科工作。工行静安区办事处信贷科主要管理着上海仪表局及纺织局的信贷业务，我主要参与纺织局管辖的棉纺织厂、织布厂以及印染厂的信贷工作。1987 年，我被调入工商银行上海信托投资公司业务二部。当时上海信托投资公司设在外白渡桥北端，如今俄罗斯驻上海领事馆对面的浦江饭店。公司设有两个业务部门，业务一部负责委托贷款业务，二部则从事证券业务。至此，我正式踏入了证券行业。

1988 年以前，国内还没有专业的证券公司，当时唱主角的是信托投资公司，工商银行上海信托投资公司静安证券业务部是全国第一个证券业务部。新中国第一次发行的股票——飞乐音响，即为工行上海信托投资公司主承销的。1986 年，邓小平同志将一张飞乐音响股票赠送给当时纽约证券交易所董事长约翰凡尔赛。当时业务二部的经理是黄贵显老师，职员有虞志皓和朱德明两位老师。在我调入工行上海信托投资公司同年，从日本研修回国的阚治东调入公司任副总经理，主管证券和投资业务。阚总结合其在日本学习的证券市场经验及知识对我们的证券业务进行了创新与改进，我有幸参与其中。当时由于国内证券市场还处于发展初期，交易中的股票数量有限，因此并没有一个股票指数。阚治东、胡瑞荃、边晓敌和我参考"东京证券交易所股票价格指数"等编制方法，结合上海当时股市实际情况，编制出静安指数。此外，鉴于当时股票发行上市却没有资料提供给投资者，我们商量以后决定要编制一份手册公布上市公司的情况。于是便有了国内第一份股票年报——《1988 年股票年报》，主编是阚治东，黄贵显、强纪英和我是责任编辑。1990 年初，《1989 年股票年报》和静安指数正式对外发布，引起境内外媒体的高度关注，新华社上海分社专门发表了《上海股票投资者现在有了可靠的"参谋"》一文。

1988 年，全国最早的 3 家证券公司申银、海通、万国证券成立。在 3 家证券公司成立之前，上海的股票发行和交易均是由工商银行上海信托投资公司独家办理。而后，在人民银行上海分行组建了上海申银证券公司、上海国投牵头组建了上海万国证券公司以及交通银行组建了上海海通证券公司之后，人民银行为扶持新成立的三家专业证券公司，在国债和股票业务方面都对信托投资公司采取了一定的限制政策，这使得工商银行上海信托投资公司在上海证券市场的垄断优势受到了严重挑战。为应对此冲击，工商银行上海市分行开始筹备自己的证券公司，但由于当时设立证券公司仍在试验阶段，人民银行不予批准设立新的证券公司。而后，我们与人民银行上海市分行达成共识，将申银证券公司转让至工商银行上海市分行。1990 年 9 月，工商银行上海信托投资公司的证券业务正式"借壳"申银证券公司，在阚总带领下，我也和原工商银行信托投资公司的部分同事一起走上了专业证券公司的创业之路，参与了申银证券公司的筹备工作，并参与起草了《申银证券公司筹备实施方案》。

（二）上交所第一单

1989 年，中央决定设立上海证券交易所。由于上交所筹备工作相当紧迫，当时几家证券公司都参与承担了一些筹备工作。我则有幸参与了上交所"受托买卖有价证券规则""上海证券交易所清算交割业务规则"等业务规则的定稿。除此之外，我还参与了经纪人的红马甲培训，所用材料均由我本人起草并反复修改。

1990年12月19日，上海证券交易所正式成立，隆重的开业仪式在黄浦路19号浦江饭店二楼举行。对于中国证券业而言，这是具有历史性意义的一天，而对于我个人而言，这一天的经历也格外值得留念。那个时候买卖股票，是各地打电话到交易所，然后各证券公司派驻交易大厅内的现场交易员，即"红马甲"再按指令输入电脑终端进行现场交易。当时，我正是75位身穿红色马甲的会员驻场代表之一。作为上海申银证券有限公司市场部副经理兼首席驻场代表，我代表公司抽到的席位号是16号，但当时因为时间仓促，我身穿的红马甲未来得及印上号码就进场了。

开市当天，每家证券公司都在摩拳擦掌，力争抢到开市的第一单。为此，我们也在开业之前做了很多准备，包括接受一些客户的委托，以及制定场内操作策略。在开市前一天，申银证券公司的领导向我提出要争取做两个"第一"：争取当日交易额第一；争取做成第一笔交易。交易所开业后的首笔业务，这一历史性的业务，人人都想拔得头筹。在开市锤声响起之前，所有的红马甲们都在电脑屏幕前蓄势待发，我也屏气凝神地盯着电脑屏幕。而就在临近开盘前极短的时间，我突然发现屏幕上的光标已经在闪动，我立刻意识到已经可以进行买单输入了，只是还不能进入买卖。于是，我第一时间先将买单打入界面：电真空2 000股，买进价格是365.70元。这样等开市以后，我就只需按下一个键，即可买卖。买单刚刚输入完成，我就听到了响亮的一声开锣声，开市了！此时，我应声按下交易键，电脑屏幕上立刻翻出红色（红色代表成交）。"电真空股票成交了！"不知道谁轻轻叫了一声，我跑到交易大厅中间那只大柜台前，按下了电脑键盘上的"F2"，显示屏显示：海通证券公司自营卖出50手电真空股票，价格为365.70元；申银证券公司以每股365.70元价格委托买进50手。此时，距离开市还不满1分钟。由于当时是实物交易，每笔委托须填写委托单，成交以后盖章确认成交单，我兴奋地以小跑的速度到了"黄马甲"面前，完成了上述几道手续。

抢到了第一笔交易，未及细尝喜悦之情，我的思绪立即进入了第二个兴奋点，我在筹备着如何做到当天交易额的第一。当时，我的另两位同事不断接到公司报来的委托单，我按时间先后、价格优先的原则把它们一笔笔输入电脑。成交以后，继续上述手续，穿梭于整个交易大厅。到收盘时，我通过电脑查询到申银证券公司当日交易额占了总交易额的20%。

首日交易中，申银证券当日交易额稳居第一，同时做成了第一笔交易，圆满完成开业前设定的目标。收盘后，公司领导要我回去参加庆功会，我才发现自己累到实在走不动路了。但是在一天的交易中，我却沉浸其中，丝毫没有察觉。对当时的我们而言，这一个新的行业太富有吸引力了。

二、香港篇——出海第一课

1996年9月，申银证券与万国证券在国内合并，成为当时中国证券业最大的一单合并，合并后的申银万国号称当时中国证券业市场的航空母舰。1996年底，公司决定委派我作为负责人去重组原申银证券和原万国证券的海外业务。两家公司在1992年相继开始发行B股，中国第一只B股即为原申银证券所发行，在国内B股市场，两家公司皆处于领先地位。为进一步拓展业务，两家公司分别在1992年底和1993年在香港设立了各自的分支机构。其中申银设立了上海申银控股有限公司和上海申银（香港）有限公司，万国则设立了上海万国

（香港）集团有限公司和上海万国（香港）有限公司。并且两家公司都分别在香港申请了证券经纪业务牌照、期货业务牌照、企业融资牌照以及投资顾问牌照。可见，二者在海外业务方面都具备相当的实力，其后相关的整合工作也随之更为复杂与谨慎。接到公司委派通知后，我于1996年11月动身去香港，1997年1月正式安顿下来，开始着手工作，一直到2000年，经过近3年的时间，才把原有两家公司所有的香港持牌业务都整合到申银万国（香港）有限公司（香港联交所上市公司）。作为最早出海在香港发展的中资券商参与者之一，我与申银万国一起，经历了这些年来香港股市与经济的沉浮，也在其中收获了成长与提升。

1997年在我初到香港之时，正值香港回归前期，整个市场形势一片大好。当时西方发达国家正陷入周期性衰退中，而亚洲经济尤其是东南亚经济增长却"风景这边独好"，令世界为之惊叹，媒体报道更是不吝向好之词。此时的中资券商也一度沉浸在"东亚奇迹"的喜悦中，并开始加快进入香港市场的脚步，期待以香港为跳板，快速融入亚洲市场，在飞速发展的东亚经济中分得一杯羹，而对其中潜在的风险则不甚了了。然而，从1997年下半年开始，亚洲金融风暴爆发并迅速蔓延至香港市场，香港的股票市场、房地产市场以及汇率市场都同时受到了冲击，无一幸免。国际资本市场的瞬息万变犹如当头棒喝，此时中资券商才如梦方醒，开始认识到要在国际资本市场立足，必须学会如何控制风险、应对风险以及完善风控体系以规避风险。

申银万国作为最早出海的中资券商，同样由于事先风险意识不足，未能有效控制风险，在亚洲金融危机爆发中，也遭受了冲击。其中，给我留下深刻印象的是，申银万国（香港）公司的一位重要企业客户的故事。该客户拥有香港两家上市公司，其大股东也为香港著名企业世家。为促进公司发展，该客户以控股上市公司股票作抵押，进行了2.9亿港币贷款。当时该上市公司股票市值远高于其贷款金额，而当金融风暴来临之时，其股价却一再暴跌，致使抵押品严重受损。同时，由于该企业其他投资也受到市场冲击，导致其既无法提供资金，也无法追加保证金，直接导致了贷款风险。由于该客户为公司当时主要客户，且金额较大，某种程度上由于该企业无法及时偿还贷款，可能直接影响公司整体的流动性。面对如此局面，香港公司的经营班子及时讨论应急方案，迅速联络几家贷款银行，一起对债务人进行债务重组。经过几轮讨论分析，我们决定采取两方面应对措施：一是第一时间抓住该企业可盈利的现有资产。我们从债务人手上获取了其国内一条高速公路的经营权，以该条公路收费权现金流偿还部分贷款，一定程度上降低了未偿贷款对香港公司流动性的影响；二是通过谨慎的分析，我们认为该企业通过一定时间，是有能力重新恢复经营的。因此，我们将债务剩余部分通过发可转债，给予一定时间，分期让企业慢慢从经营中恢复，其后逐步转换成股票，在二级市场出售，以获得收益抵扣债务。2000年，我们与银行、上市公司达成了债务重组协议。由于处理及时，所拿到的资产（公路经营权）较为优质且有流动性，保证了香港公司的现金流。同时，随着企业经营的慢慢复苏及转好，股票价格逐渐稳定并开始上升，我们适时地将可转债转换成股票，然后在二级市场上售出。通过这两部分处理，经过近10年时间，我们不仅收回了2.9亿港元的贷款，更有3亿多港元盈余，顺利渡过了这一危机。

通过此次事件，香港资本市场给我们这些初次出海的中资券商上了生动的一课。在此之前，光凭借理论，我们并不清楚什么地方会有风险，或是风险来自何处。就上述案例而言，理论上，该企业的抵押品质量在当时仍属良好，因为上市公司股票作为抵押品，其市值远远超过了贷款金额。中资券商在早年出海时，对香港市场的风险认识都存在不足，因此操作上略显粗糙。当然在市场稳定平静时，对这些风控的缺漏并不能自知，只有当金融风暴来临之时，风险才会暴露出来，也将中资券商的薄弱的风险意识赤裸裸地展现在市场中。经历了这一事件，我们清醒地认识到加强对融资贷款业务的风控的必要性。随后，由我牵头和完善了对该项业务的要求，其中针对上述案例，我们对单一股票质押业务制定了更为严格的要求，包括质押股票占整个上市公司股权比例的要求、单个股东贷款限额、内部授信定期自查以及市场突发情况下紧急措施等。

经过了第一次危机后的完善，在香港市场之后的一系列波动与冲击中，譬如，曾经出现过的科网股泡沫破灭、辉山乳业爆盘、汉能爆盘以及香港 50 多家中小盘股爆盘这样的冲击，特别是 2008 年金融海啸，相比 1997 年的亚洲金融危机而言，来势更为凶猛，影响更为广阔，但香港公司都经受住了不同的考验，贷款控制没有出现坏账情况，且贷款规模做到了和净资产规模 1:1 左右的水平，既保持了业务的规模，又有效地控制了风险。同时，贷款净收入也成为香港公司一个主要的收入来源，占整个收入近 1/3。这也证明我们吸取第一次的教训并进行的完善是及时且有效的，并且对之后的业务发展尤其是防范系统性风险打下了一个良好基础。

时间飞逝，从我入行至今已有三十余年。回顾一路走来，我仍然庆幸自己选择了这一行业，有幸参与了中国股市的建立与发展，也有幸见证了中资券商以香港为跳板走出去，参与国际市场的进程。在历史的洪流中，每一位证券从业人员皆为沧海一粟，但正是由于每一位拓荒者的砥砺奋进才有新中国证券业的辉煌。沧桑巨变三十载，不变的是证券从业人员的初心和使命，以及为新中国金融业发展肩负的责任和担当。

百年潮未落，风起再扬帆。展望未来，面对更加复杂严峻的国际国内经济金融局势，我国资本市场及证券行业改革与发展的脚步不会停歇。我相信在不远的将来，在国际市场上，一定会有中资券商的一席之地，足以与欧美大行比肩，共同在全球市场中发挥作用，为中国资本市场贡献力量，从而为中国经济建设提供血脉支持，推动两个百年奋斗目标的实现。

证券行业文化建设

打造科技赋能、创新进取的文化特色与品牌形象
——华泰证券对文化建设的思考与实践

周 易[*]

一、加强文化建设在行业走向高质量发展中意义重大

2019年11月21日，易会满主席在证券基金行业文化建设动员大会上的讲话阐明了新时代证券行业文化的核心理念和内涵，明确了今后行业文化建设的路线图和关键举措，开启了行业文化建设的崭新阶段。中国证券业协会同日发布的《证券行业文化建设倡议书》凝聚了行业共识，首次为行业全体经营机构和从业人员廓清了文化建设的努力方向。行业发展30多年来，把文化建设放到引领行业健康发展的战略高度，这还是第一次。

证券行业正在经历深刻变革，传统的发展和管理模式都在被重新定义，面对纷繁复杂的变化，唯有明确每一个从业人员面向未来的共同价值观和行为准则，证券业才能处变而不乱、行久而愈坚。以"合规、诚信、专业、稳健"为核心的行业文化，正是我们能够仰赖的方向与坚守。

二、华泰证券企业文化建设的特色与实践

文化超越制度，在华泰证券28年的发展历程中，文化成为驱动公司前行、跨越的原动力。特别是近些年来，华泰证券从本土走向国际，吸引了越来越多不同文化背景的人才加入。为此，华泰证券赋予了"高效、诚信、稳健、创新"的核心价值观以新的内涵，提炼

---

[*] 作者简介：周易，2006年加入华泰证券，现任华泰证券股份有限公司首席执行官、执行委员会主任，兼任中国证券业协会理事、兼职副会长，上海证券交易所第四届理事会会员理事、战略发展委员会副主任委员、国际化发展委员会委员，深圳证券交易所战略发展委员会委员。原载于《中国证券》2019年第12期。

出"开放、包容、创新、奋斗、担当"的企业文化，让 9 000 多名员工从"被管理"走向"有共识"，让科技赋能、创新进取的品牌形象日益鲜明。与此同时，华泰证券始终坚持党的建设对企业文化建设的引领，把党建与企业文化建设有机融合，不断提振全体员工征战市场的"精气神"。

（一）合规、稳健，筑牢企业文化的基石

华泰证券始终坚守"合规是底线，风控是能力"的发展理念，坚持奉行稳健的风险文化，围绕"机制＋平台＋文化"，以数字化为支撑，着力打造先进的合规与风险管理体系。

华泰证券倡导主动合规，让合规风控真正融入业务发展的全流程，努力创造专业价值。实行合规的垂直化管理和合规风控的专项考核，让负面清单"入脑入心"，着力强化全员"守土有责"的思想意识，强化全员敬畏市场、法治和风险的自律意识。除了创新合规风控宣导培训方式，华泰证券还重视用数字化工具赋能合规与风险管理，打造了先进的投顾理财服务"云平台"，设定工作任务必须通过工作手机或 PC 端服务完成。在支持投顾高效展业的同时，在任务管理、过程管理、服务留痕三方面充分实现所有对客户的服务过程有记录、发送内容有校验，切实推动可指导、可追溯、可还原的财富管理合规展业。华泰证券自主开发了信用分析管理系统，从行业、发行人、个券等多个维度，全面内嵌到固定收益、资产管理、融资融券等业务条线的工作流中，着力打造一流的信用资产风险管理平台和信用资产交易平台。通过实施标准化、数字化管理，公司推动全员把合规意识培养成职业习惯，让合规习惯转换成职业自觉，着力将稳健的企业文化打造成面向未来的核心能力。

（二）专业、诚信，厚植企业文化的根脉

多年来，华泰证券用专业与诚信在财富管理、投资银行、资产管理等重要业务领域赢得了客户的口碑，基于客户导向的全业务链综合服务模式也赢得了客户的信赖。这都离不开我们对创造专业价值的不懈追求，离不开对员工专业服务精神的持续打磨。

华泰证券建立了集"项目体系、课程体系、讲师体系、云端体系"四位一体的完整培训体系及实施系统，切实提高培训的系统性、针对性和实战性。同时，秉持诚信也是效益的理念，深入开展职业道德教育，配合绩效考核目标的调整，引导员工聚焦长期利益，减少急功近利，自觉廉洁从业，让客户能始终信赖我们的专业能力。

华泰证券还非常重视用数字化手段进一步打磨专业，推进服务质量和服务效率互促并进，驱动员工在每个服务环节精益求精。从 2014 年开始，华泰证券在业内率先上线投行电子工作底稿系统，切实推动投行工作全流程、标准化管理，以及对项目组执业情况的全过程有效监督，并实现了与科创板全流程电子化审核的高效对接，带动了全行业对投行工作底稿管理模式的革新，全面提升了投行业务整体工作效率和质量。目前，投行工作底稿全面电子化已经在全行业正式推广。

（三）开放、包容，培育企业文化的底蕴

华泰证券自 2015 年 H 股上市和 2016 年收购美国 AssetMark 开始，步入了开放化和国际化发展的新阶段。2019 年，华泰证券通过沪伦通机制登陆伦交所，境外子公司 AssetMark 成功分拆上市，自此成为国内首家在上海、香港和伦敦三地上市的金融机构，也建立起中国内

地、中国香港、美国三地联动的发展格局，境内外母、子公司不同文化背景员工的常态化交流互动也丰富了公司的文化内涵。

为更好地适应国际化发展步伐，华泰证券致力于营造开放、包容的文化氛围，大力盘活用人机制，扩大选人用人视野。一方面，吸纳更多国际化和复合背景的高素质人才加入公司，全球校园招聘目前正在美国顶尖高校全面开展；同时也注重从基层和业务一线选拔干部，从"做事用人"到"用人做事"，坚决摒弃论资排辈，给优秀年轻人才更大的舞台空间。另一方面，明确容错纠错机制，用心倾听多元声音，为勇于创新、敢于担当的行为营造有利的环境氛围。2018年以来，通过"走出温室"大讨论，鼓励所有员工为公司发声，共同思考新的未来发展方向。

（四）科技、创新，重塑企业文化的基因

10多年来，华泰证券始终不渝打造金融科技的核心能力，让科技创新的基因深深植入公司文化。重新定义了科技的功能，让科技从后台支撑走向驱动和赋能业务发展。与此同时，通过自主研发积累的技术底蕴和专业科技人才队伍，为打造平台化、体系化的竞争优势奠定了坚实基础。

2018年，华泰证券的IT投入总额超过10亿元，IT人员目前也超过800多人，有国内外知名科技机构背景的员工越来越多，这为文化生态注入了更多的跨界创新思维和涌动的创意活力。2019年是华泰证券全面数字化转型元年，公司鼓励各部门积极尝试用数字化的视角和思维，全面梳理和加快推进前中后台的数字化建设，切实做好科技赋能这篇文章。华泰证券举办了多场科技博览会，向客户全面展示自主开发的行情服务系统、投资交易智能系统等近20项前沿数字产品，全力为客户提供更加专业的服务，也传递着科技驱动型的公司文化形象。前不久，华泰证券数字化创新实验室发起的"你好，创客"2019创新创意大赛刚刚结束。众多一线员工、中后台部门以及外部合作伙伴一起提出和打磨金融科技创意，优秀创新项目公司还会支持落地，激发了全员参与热情，累计1 000多人次参加，4 000多人参与项目评选。

（五）责任、担当，回归企业文化的初心

华泰证券始终坚信，有责任、有担当，方能走得更高、更远。作为国有大型上市证券公司，要自觉拥有不负时代、不辱使命的责任担当和家国情怀，用专业能力更好地履行社会责任。

华泰证券积极服务创新驱动和产业升级的国家战略。自2012年开始，投行业务就坚定实施行业定位，主动放弃对项目数量和业务规模的一味追求，着力聚焦于TMT、大健康等新兴产业和绿色经济领域，已经为90多家客户提供了专业服务，累计服务客户总市值超3万亿元，在科创板业务领域也跻身行业最前列，助力一批新经济领域优秀企业做大做强。

华泰证券积极开展精准扶贫，针对帮扶贫困地区情况，实施智力、金融、产业及消费等多元扶贫方式；结合"益心华泰 一个明天"公益项目，资助扶贫地学校和困境儿童，推动教育公平，立足扶贫地的长远发展。华泰证券也创新公益事业，积极响应习总书记提出的"长江大保护"战略，发起"益心华泰 一个长江"环保公益项目，推动母亲河的生态保护。华泰证券还为员工提供丰富的公益服务机会——探访扶贫点、一对一资助困境儿童、在长江源开展自然观察等,成为"益心华泰"志愿者已经成为公司许多年轻员工的自觉行动。

三、用实际行动把行业文化建设落地做实

根据易会满主席在证券基金行业文化建设动员大会上的讲话精神以及中国证券业协会发布的《证券行业文化建设倡议书》精神,华泰证券将做好企业文化建设的顶层设计,优化文化建设的定位和内涵,明确文化建设的"路线图"和实现路径,在落地、做实、做细上下功夫,让先进的文化真正融入经营发展的血脉,成为提升公司"软实力"和打造核心竞争力的原动力。

下一步,华泰证券将做好以下重点工作:一是明确制度机制,将文化建设要求制度化嵌入到业务、管理全流程,抓好选人用人、考核激励及职业操守等关键环节;二是凸显文化特色,切实将科技赋能、创新进取的文化特色与品牌形象融入战略、业务、管理、服务的细节中,真正把文化品牌转化为竞争优势;三是更好地履行社会责任,用专业实力积极开展普惠金融、绿色金融、金融扶贫及投资者教育保护等方面的服务创新、产品创新,积极践行 ESG 理念;四是加强学习交流,积极向国内外同业及跨业先进机构学习文化建设的经验和做法,互学互鉴。

作为证券行业的一分子,华泰证券呼吁全行业机构要以不忘初心的使命与担当,把文化建设放在公司发展的战略性高度,以实际行动为打造"合规、诚信、专业、稳健"的行业文化,建设"规范、透明、开放、有活力、有韧性"的资本市场贡献力量,真正让优秀的文化成为重塑行业品牌形象、传递行业专业价值的亮丽名片。

在守正创新中推动文化重塑
在行业前行中实现文化进步

贺 青[*]

党的十八大以来，以习近平同志为核心的党中央高度重视社会主义文化建设，习近平同志指出："文化是一个国家、一个民族的灵魂。文化兴国运兴，文化强民族强。"党的十九届四中全会将"坚持和完善繁荣发展社会主义先进文化的制度，巩固全体人民团结奋斗的共同思想基础"作为坚持和完善中国特色社会主义制度、推进国家治理体系和治理能力现代化的重点任务之一。2019年11月21日，证券基金行业文化建设动员大会在京召开，中国证监会党委书记、主席易会满提出，要加快行业文化建设，优化行业发展生态，着力提升证券基金机构软实力和核心竞争力。会后，行业文化建设倡议书随之发布，行业文化建设被提升至一个新的高度。

一、深刻领悟，切实增强行业文化建设的紧迫感和责任感

易会满主席指出："办好资本市场的事情，一靠站位和情怀，二靠改革，三靠良好生态和文化的塑造。"从中国资本市场自身发展历程来看，文化是重要支撑，在实践中形成了以"市场化、强竞争、积极进取、自强不息"等为表征的核心价值，为证券基金行业披荆斩棘、发展壮大提供了丰厚滋养。然而，与证券基金行业规模、资本实力、利润水平等"硬指标"的快速增长相比，行业文化、职业道德等"软实力"发展仍然相对滞后，健康的投资者文化和组织文化缺失，制约着行业经营质量和经营效率的全面提升。近年来，行业内监管套利、底线竞争、过度扩张等问题屡禁不止，弄虚作假、服务变质、违规操作等风险时有发生，这些现象的产生根本上是源于文化建设的滞后和缺失。有鉴于此，如何进一步凝聚全

---

[*] 作者简介：贺青，工商管理学硕士，经济师。现任国泰君安证券股份有限公司党委书记、证券行业文化建设委员会副主任委员。曾任中国太平洋保险（集团）股份有限公司总裁、党委副书记。原载于《中国证券》2019年第12期。

行业力量，弘扬核心价值观，共同建设规范、透明、开放、有活力、有韧性的资本市场，已成为当前的迫切任务。

证券基金行业文化建设动员大会的召开不仅为行业文化建设指明了方向，也针对行业发展不平衡、不协调、不规范等突出问题提供了系统性解决方案。对于当前行业文化建设方面存在的问题，我们要正确区分、区别对待：有的需要针锋相对，重拳出击，尤其对严重背离行业文化精神的违法违规行为，要落实"双罚"与"终生追责"，将严重影响行业声誉形象的"害群之马"及时清理出行业；有的则可综合运用教育、行政、经济等手段，坚持"以文化人""以文育人"，以健康良好的文化引领方向、凝聚人心、促进发展。

二、躬身笃行，积极探索行业文化建设的新格局和新路径

近年来，国泰君安深入学习贯彻习近平总书记关于社会主义文化建设的重要思想，坚持以社会主义核心价值观为引领，提炼形成以"金融报国"为核心的《国泰君安共识》，探索优秀文化对公司改革发展的引领和促进作用，为行业贡献了正向的思想资源和精神价值，体现了大型金融国企的责任和担当。

在文化建设实践中，我们取得了一些成绩，也总结了一些经验，主要体现在四个方面：一是坚持党的领导，牢牢把握文化建设正确方向，成立国泰君安党校，设立企业文化部，举全司之力参与精准脱贫，把报国情怀化为服务国家战略和履行社会责任的自觉行动。二是助力公司发展，将文化建设融入公司战略管理、业务发展、客户服务、风险防控、干部考核等方方面面，把文化引领力转化为市场竞争力，公司综合实力稳居行业前茅。三是注重员工参与，坚持将员工作为文化建设主体，把共识文化贯穿于员工培训、干部培养、创先评优之中，提高员工对公司文化的知晓度和认同感，变感受者、学习者为讲述者、践行者，进而成长为维护者、传承者。四是致力品牌塑造，不断萃取升华文化建设工作成果，以"有特色、叫得响"为目标，打造各类文化建设品牌项目，创立《国泰君安人》内刊，建成纵览公司创业史、发展史、荣誉史的展示中心。在共识文化引领下，国泰君安连续12年获得中国证监会AA级分类评价，先后荣获上海市企业创新文化"十佳品牌"和中国金融系统"企业文化建设标兵单位"等荣誉称号，"金融报国"正逐渐成为公司独特而闪亮的文化名片。

三、立破并举，努力争当行业文化建设的排头兵和先行者

未来，国泰君安将继续高举习近平新时代中国特色社会主义思想伟大旗帜，坚持党对文化建设的集中统一领导，按照动员大会精神，坚持问题导向，强化刚性约束，压紧压实各级党组织文化建设工作的政治责任、领导责任，以立为本、立破并举，以"合规、诚信、专业、稳健"为公司文化建设总遵循，力争为行业文化建设做出国泰君安人新的更大的贡献。

（一）坚守合规底线，将合规内化为公司发展生命线

证券公司是资本市场的"看门人"，依法合规是首要行为准则。我们要始终敬畏规则、遵守规则、守住底线，持续倡导"风险管理创造价值，合规经营才有未来"的信念，加强全员合规教育，变"要我合规"为"我要合规"。我们要善于驾驭风险、主动作为、推动创

新,以合规建设为公司发展赋能,构建经得起市场检验的合规风控体系,提高风险防控的前瞻性、主动性和针对性,促进业务创新发展。

(二)践行诚信义务,将诚信构筑为全员共同价值追求

人无信不立,业无信不兴,诚信是社会主义核心价值观重要内容,更是证券行业兴业之基。我们要坚守诚信执业理念,内建道德准则,外树行为规范,坚决杜绝内幕交易和利益输送,把保障客户财产安全作为首要目标。我们要秉持"以诚待人、信守承诺"信条,彰显以客户为中心的经营哲学,为客户创造价值,与客户共同成长,以诚信赢得市场信任和尊重。

(三)铸就专业特色,将专业打造为公司核心竞争力

专业是证券公司安身立命之本,也是摆脱"底线竞争"和跨越"红海"的关键一招。我们要将人才作为公司战略性资源,培养建设一支政治过硬、本领高强的干部队伍,打造知敬畏、守底线、能战斗、讲奉献、有情怀的专业人才队伍。我们要在客户服务、市场研究、金融科技等方面砥砺"金刚钻"、苦练"手艺活",以专业能力、专业态度和专业精神塑造公司形象,创造领先优势。

(四)坚持稳健基调,将稳健塑造为企业鲜明经营风格

稳健是金融本质要求,印证于国外投行和国内行业发展史,也将实践于当下风险防控攻坚战和持久战。我们要处理好风险管控和业务拓展的关系,把稳健经营理念体现在产品设计、投资交易、客户服务以及公司经营管理各方面,确保不发生重大系统性风险。我们要兼顾好当期利益与长远目标,建立更加科学均衡的考核机制,改变短期行为模式。我们要平衡好激励与约束,实现有效管控与激发创造的有机统一。

弘扬行业正气　传承企业文化

张佑君[*]

文化建设是资本市场健康发展的支柱，为资本市场长期稳定健康发展提供价值引领和精神支撑。党的十八大以来，以习近平同志为核心的党中央高度重视文化建设。党的十九届四中全会提出"坚持和完善繁荣发展社会主义先进文化的制度"。中国证监会党委书记、主席易会满同志在证券基金行业文化建设动员大会上系统论述了行业文化建设的重要意义、总体目标、工作思路、重点任务和机制保障，为下一步做好行业文化建设指明了方向、提出了要求，倡导建设"合规、诚信、专业、稳健"的行业文化，共同促进行业长期稳定健康发展。

作为证券行业的一分子，中信证券成立24年来，始终重视并将文化建设摆在公司经营发展的重要位置，以服务中国经济社会发展为己任，继承并发扬中信集团的文化基因，注重企业文化建设，积极向员工宣导，牢记新时代发展过程中初心与使命，努力为资本市场和社会经济的发展贡献力量。

坚持党的全面领导，加强公司治理。中信证券将党建作为企业发展的"根"和"魂"，牢固树立"践行国家战略、服务实体经济"意识，并贯穿经营管理全过程，为公司发展提供坚强政治保障。公司在发展过程中，不断完善公司治理，逐渐形成党委全面领导、股东大会最高决策、董事会战略指导、监事会独立监督、经营管理层具体落实的治理格局，为公司整体发展和文化建设指引方向。

坚持继承文化基因，沉淀优秀传统。中信证券继承了中信集团"遵纪守法，作风正派；实事求是，开拓创新；谦虚谨慎，团结互助；勤勉奋发，雷厉风行"的优秀文化基因，逐步形成自身的企业文化传统，包括直面问题、敬畏市场、主动求变的危机意识，低调做人、低头做事、谦虚谨慎的处事风格，勤俭节约、崇尚简明、摒弃缛节的优良传统等，为公司发展创造良好的文化氛围和强大的力量源泉。

---

[*] 作者简介：张佑君，现任中国中信集团有限公司总经理助理，中信证券股份有限公司党委副书记、董事长，中国证券业协会副会长，中国银行间市场交易商协会副会长，上海证券交易所第四届理事会会员理事，深圳证券交易所第二届会员监事。原载于《中国证券》2019年第12期。

坚持诚信文化，强调合规经营，严抓风险控制。诚信是行业立身之本，也是公司积极倡导的基本理念。中信证券将文化建设的基本要求嵌入公司业务流程、内控合规、风险管理之中，倡导勤勉尽责、廉洁从业，以制度建设承载文化理念，建立健全规范化、标准化、系统化、流程化的管理制度体系，实现人员和业务的一体化、全覆盖管理。严抓制度落实，固化良好品行，通过日常宣传培训倡导良好的价值追求、经营理念和行为规范，培育具备内生动力、持续正向反馈的文化生态。

坚持以员工为根本，实现"人才强企"。员工是企业文化建设的根本，员工的价值理念、执业行为所凝聚的共识，最终形成普遍性的价值认同和文化积淀。始终坚持"德才兼备、以德为先"的选人用人原则，不断探索完善具有中信证券特色的选人用人模式，实行基于市场对标的绩效评估、职务与职级能上能下、薪酬能增能减的市场化机制，在奖惩、招聘、培训等多个环节引导员工文化价值取向、提升员工专业水平。同时，积极致力于提高员工自豪感、使命感、荣誉感、成就感、幸福感，贯彻实施"人才强企"战略，鼓励员工与公司共成长。

坚持履行社会责任，与社会共发展。中信证券从自身特点出发，切实履行社会责任，实现企业与社会的共同发展，极大地丰富和拓展了企业文化建设内涵。通过专业化金融服务，成功实现企业上市融资、改善企业治理结构、推动资本跨境流动、促进资本市场健康稳定发展。服务实体经济，推进行业发展，支持"一带一路"建设，助力民营经济，服务"三农"，积极发行绿色债券。认真履行脱贫攻坚社会责任，开展"一司一县"结对帮扶、教育扶贫，利用资本市场创新开展产业扶贫。

在新时代"坚持和完善繁荣发展社会主义先进文化的制度"的大背景下，中国证券行业迎来了加强文化建设、推动行业健康发展的战略机遇。我们坚信，在党中央、国务院的正确领导下，在各级监管机构的关怀指引下，证券行业必将呈现出"合规、诚信、专业、稳健"行业文化蓬勃发展的新局面。中信证券将致力弘扬行业正气，传承企业优秀文化，久久为功，有所作为，为推动行业文化建设，打造规范、透明、开放、有活力、有韧性的资本市场做出自身应有的贡献！

建设优秀企业文化，推动公司健康发展

王常青*

党的十八大以来，以习近平同志为核心的党中央高度重视文化建设。习总书记指出："没有文明的继承和发展，没有文化的弘扬和繁荣，就没有中国梦的实现。"对企业来讲，文化建设十分重要。企业文化是企业的灵魂，是企业软实力和核心竞争力的重要体现，也是推动企业发展的不竭动力。中信建投证券自2005年成立以来，一直高度重视企业文化的建设工作，始终把建设优秀企业文化作为重要任务，放在突出位置来抓。公司在积极拓展业务的过程中结合自身实际，在继承中信集团优秀企业文化的基础上，坚持以人为本，不断深化文化建设，努力用优秀的文化理念教育人、培养人、引导人、激励人，基本形成了包括核心价值观、使命、愿景等在内的健全完善的企业文化体系，有力地促进了公司持续健康发展。

一、以不忘初心、追求卓越为指导思想，形成以"有作为才能有地位"为核心价值观的中信建投文化体系

中信建投证券的企业文化是伴随着中国资本市场的发展进程，在中信集团倡导的"遵纪守法，作风正派；实事求是，开拓创新；谦虚谨慎，团结互助；勤勉奋发，雷厉风行" 32字中信风格的引导下孕育并不断丰富和发展起来的。

作为国内大型证券公司，面对复杂多变的市场环境和日趋激烈的市场竞争，中信建投证券第一任董事长黎晓宏同志在公司成立伊始，就明确提出"有作为才能有地位"，要求公司上下树立奋发有为的良好文化氛围。按照这一要求，公司历届领导班子都十分重视企业文化的提炼和总结，首先是把"有作为才能有地位"确立为公司的核心价值观，后来又相继总结提出了公司的使命、愿景和企业精神、经营哲学、经营方针等重要理念。公司党委也十分

---

* 作者简介：王常青，现任中信建投证券股份有限公司党委书记、董事长，兼任中国证券业协会副会长、北京证券业协会常务副理事长、中国证券业协会投资银行委员会主任委员、上海证券交易所第二届监事会监事、北京市朝阳区政协委员。原载于《中国证券》2019年第12期。

重视企业文化的塑造，把企业文化建设作为公司战略的重要组成部分，将建设先进的企业文化作为公司提升核心竞争力、实现跨越式发展的重要抓手。公司领导多次在年度工作会议上、赴基层考察调研和指导工作的过程中，对公司的发展方向、经营理念和员工行为规范等进行宣传和引导，努力让每一位员工都能深刻领会并自觉践行公司倡导的文化内涵。几乎所有分支机构都在经营场所的重要位置张贴公司文化的宣传标语，让员工对公司的企业文化都能够耳熟能详。在推进企业文化建设过程中，不仅注重对标国内外知名金融企业，学习借鉴其优秀的企业文化建设理念，将这些经过实践与时间检验的理念融入中信建投证券的企业文化中，而且也十分重视发挥员工的主动性和创造性，在提炼和总结公司的企业精神和使命、愿景时，在全系统范围内都广泛开展了征集活动，通过自下而上的方式，充分吸收、总结广大员工在工作实践中的切身体会，使公司倡导的文化理念有深厚的群众基础。

经过14年的深入实践，公司已经初步形成了具有中信建投特色的企业文化体系。中信建投证券确立自身的发展使命是："汇聚人才、服务客户、创造价值、回报社会"。发展愿景是："通过五年的努力，使公司主要核心业务指标进入同业前五名，成为具备综合优势、管理先进、信誉卓著、受人尊敬、健康发展的国内一流证券公司。"为实现公司的使命，公司以"有作为才能有地位"为核心价值观，以"诚信、专注、成长、共赢"为企业精神，确立了"以人为本、以邻为师、以史为鉴"的经营哲学，在发展中遵循五个"坚持"，即"坚持正确而清晰的战略方向、坚持发展速度与质量的平衡、坚持把风险管理放在重要位置、坚持先人后事和五湖四海的用人理念、坚持走健康发展之路"的经营方针。

在形成公司的企业文化体系的同时，中信建投证券还积极推动各业务线结合自身业务特点，总结提炼企业文化理念，把取得成功的主要经验总结固化下来，通过内部学习宣传和引导，进一步推动业务更好发展。以投资银行业务为例，经过多年的发展，投资银行业务线坚持"央企战略""重点行业战略""中小板战略""人才战略"等四大战略，取得了连续六年位居行业前三名的较好成绩。同时我们也清醒地认识到，要巩固这一成绩还需要下更大力气，为此，2017年3月专门召开高职级员工座谈会，总结提炼出了《中信建投证券投资银行业务共同准则》（以下简称《316共同准则》）。《316共同准则》内容共有十条，归纳了公司投行业务取得优异成绩的制胜原因、行为准则，以及对未来发展的思考和定位，从投资银行业务的服务态度、品牌塑造、合规风控、社会责任、诚信立身、人才战略、团队协作等各个角度阐述公司投行业务的理念和文化，确立了"让最好的企业成为我们的客户，让我们的客户成为更好的企业"的发展理念，充分反映了中信建投人奋发向上的精神面貌和职业风采；经纪业务线立足于"服务创造价值，诚信赢得客户"，狠抓市场拓展和客户开发服务工作；其他业务也通过树立自身的发展理念，取得了较快的发展。

二、以各项机制为保证，精心构建具有中信建投证券特色的企业文化建设运行体系

（一）主要领导亲自抓，各部门分工协作推动企业文化建设

中信建投证券历任主要领导亲自总结企业文化内涵，并多次在各类会议中强调文化建设的重要性：一个公司拼到最后，比拼的一定是文化，而只有尊重历史的、有文化传承的公司才能健康发展。中信建投证券十多年来发展取得成功的经验中很重要的一条归结为，公司一

直保持着一个奋勇争先、自我加压的勤勉拼搏精神和"简单"的公司文化。

文化建设需要调动各方面的力量，分工协作，共同参与，才能不断深化，并真正发挥作用。中信建投证券高度重视企业文化建设运行体系的构建，在公司党委的大力推动下，形成了领导带头抓、主管部门负责组织、相关部门分工落实、公司工会、共青团配合的企业文化建设组织运行体系。公司"十三五"发展规划将"建设公司特色文化，树立卓越行业声誉"纳入公司发展战略，将丰富企业文化内涵、树立企业文化形象、促进企业文化养成作为公司未来发展的重要目标。公司充分发挥共青团、工会在企业文化传播当中的重要作用，通过广泛开展主题征文、文体比赛、大型健步走等各种活动，提升员工对公司的凝聚力和向心力。

（二）注重合规经营，积极推进公司合规文化建设

易会满主席在证券基金行业的文化建设动员大会中指出：合规是底线，证券基金机构要把合规经营摆在更加突出的位置，坚持合规创造价值、合规人人有责，带头做法律规则的坚定信仰者和践行者，让合规意识融入血液，装入心头，深入骨髓。中信建投证券高度重视合规管理，坚持"无制度，无业务；无质控，无业务；无培训，无业务"的合规管理理念，通过合规月报、季报、企业号、现场及视频会议、定期发布《当前重点监管新规》、编纂公司内外规汇编及行业典型案例汇编等方式，积极开展多种形式的合规培训工作，保障公司各项决策及员工的执业行为符合监管规定要求。同时公司高度重视对员工廉洁从业行为的管理工作，对员工业务开展过程中应当注意的禁止行为做了详细列举并及时提醒。此外，公司还通过开展投资者教育、普法宣传等活动，深入社会基层，宣传证券知识，切实保护广大中小投资者的切身利益。

（三）把企业文化纳入员工培训和评先活动中

中信建投证券坚持社会主义核心价值体系教育，体现促进人的全面发展的本质要求，通过员工培训广泛传播企业文化。公司采取现场培训、视频培训、E-learning 网络培训、境外培训等手段，针对不同类别的员工，开展内容丰富、形式多样的培训，并将合规、诚信、廉洁从业培训放在最重要的位置中，将公司文化核心理念融入每次的培训中。同时，公司坚持每年度在全系统范围内持续开展"十佳先进集体、十佳员工和创新协同奖评选活动"，选拔优秀集体和先进个人作为公司广大员工的学习榜样，充分发挥优秀员工的示范带头作用，鼓励创新协同，在公司内部真正形成了追求卓越、努力拼搏、不断创新、乐于奉献的浓厚文化氛围。

（四）鼓励员工积极学习，努力创建学习型金融企业

增强员工的文化和学习意识，是企业文化建设的基础工作。中信建投证券积极打造学习型组织，公司从 2011 年开始每年举办所有年轻员工参与的"中信建投证券扬帆杯业务知识技能大赛"，促进年轻员工不断学习，不断创新，保持公司的生机和活力。此外，公司还经常在所有中层干部中推广读书活动，比如，公司曾经专门组织各机构负责人阅读杰克·韦尔奇的《赢》，公司各部门、分支机构负责人结合对本职工作的领悟提交了 100 多份读书笔记，对自身的工作理念和工作方式作了全面反思，取得了很好的效果。《316 共同准则》发布后，公司多个部门和机构都组织了全体同事集体学习，交流心得体会，通过把实践探索与提炼出的企业文化结合起来,加深对公司企业文化的理解和践行。

三、以优秀企业文化为强大动力,促进公司持续健康发展

(一) 优秀的企业文化很好地促进了公司经营业绩的提升

中信建投证券始终认为,文化建设的核心和灵魂是社会责任。证券公司无论发展得多大,都不能忘记服务实体经济、服务广大客户的初心和本分,应该把持续服务和满足人民对美好生活的向往作为公司的使命和发展的动力。在优秀的企业文化引领下,公司健康发展,经营效益不断提升,服务实体经济成效显著:14年来,公司员工人数由成立之初的2 100人上升至9 473人,证券营业部由原来的87家发展至304家,子公司由1家发展至5家。总资产由成立之初的92亿元上升至2 466亿元,增长25.8倍;净资产增至556亿元,是最初的22倍。净资产收益率连续多年位居市场前20大券商第1名。公司的投资银行业务连续6年位居行业前3名,为以京沪高铁、宁德时代为代表的众多优质企业提供了直接融资服务,在积极服务实体经济方面做出了我们的贡献。

(二) 通过企业文化建设塑造公司品牌形象

中信建投证券始终珍视和维护公司声誉,在良好的企业文化理念引导下,积极为客户提供有价值和能够带来增值的服务,塑造公司良好品牌。公司各业务线多次荣获中国证监会、中国证券业协会、沪深证券交易所等权威机构颁发的"优秀投行奖""优秀保荐机构""中国最佳证券经纪商""中国最佳经纪业务服务品牌""最具影响力研究机构""证券期货业科学技术奖"等奖项。此外,公司还获得中国企业文化研究会颁发的"改革开放35周年企业文化竞争力30强"、中国金融思想政治工作研究会颁发的"全国金融企业思想政治工作先进单位"等荣誉,公司北京丹陵街证券营业部荣获"全国金融五一劳动奖状"和"全国金融职业道德建设十佳班组"荣誉称号等。这些荣誉的获得很好地提升了公司的市场影响力和美誉度,也促进了业务的更好发展。

(三) 积极参与脱贫攻坚,深入践行"回报社会"的公司使命

在推动企业文化建设的过程中,中信建投证券始终不忘履行社会责任。公司积极开展扶贫及社会公益活动,14年来,公司累计向国家级贫困地区及灾区捐款5 792万元。同时,还积极响应证券业协会号召,大力开展"一司一县""一县一企"结对帮扶、捐资助学、扶危济困、植树造林等活动,先后与山西省吉县等5个县(市)签署了结对帮扶协议,派出挂职干部2名,援建了山西安家皂小学和四川广元希望小学,捐资陶行知教育基金会、"美丽中国"项目,成立"中信建投证券—吉县扶贫济困基金"等;每年定期组织员工进行绿化劳动,参加志愿者义工活动等,将回报社会作为公司企业文化建设的重要内容。

2019年11月21日,易会满主席在证券基金行业文化建设动员大会上对证券行业文化建设的总体目标、工作思路、重点任务和机制保障作了详细阐述,提出了明确要求,并十分精辟地指出,文化建设是资本市场健康发展的支柱,良好的行业文化是行业软实力和核心竞争力的体现,要常抓不懈。为倡导培育健康行业文化,构建资本市场良好生态,中国证券业协会同日发布《证券行业文化建设倡议书》,向全体证券从业人员提出以"合规、诚信、专

业、稳健"为核心的六点行为倡议。以易会满主席的这次讲话为标志，证券行业的文化建设开始进入全面发力、不断深化的全新阶段。公司将认真学习贯彻落实易会满主席的重要讲话精神和中国证券业协会的倡议书，进一步提高认识，加强领导，明确目标，细化措施，多方发动，全员参与，将公司的企业文化与"合规、诚信、专业、稳健"的行业文化建设核心理念有机结合起来，按照"挂图推进"的总要求，以"踏石留印，抓铁有痕"的工作作风，在已有成绩的基础上，进一步深化公司的企业文化建设，努力为证券行业的文化建设和健康发展、为中国实体经济的健康快速发展做出新的更大的贡献。

海通证券三十而立
强化"软文化"与"硬制度"建设

瞿秋平*

党的十八大以来,以习近平同志为核心的党中央高度重视社会主义文化建设。党的十九届四中全会将"坚持和完善繁荣发展社会主义先进文化的制度,巩固全体人民团结奋斗的共同思想基础",作为坚持和完善中国特色社会主义制度、推进国家治理体系和治理能力现代化的重点任务之一。2019年8月,中国证监会党委成立行业文化建设工作领导小组,并印发了工作纲要。

2019年11月21日,证券基金行业文化建设动员大会在京召开,中国证监会党委书记、主席易会满在会上作了题为《加快行业文化建设 优化行业发展生态 着力提升证券基金机构软实力和核心竞争力》的重要讲话,要求认真学习贯彻党中央国务院加强文化建设的决策部署,努力开创行业文化建设新格局,用文化的力量引领方向、促进发展、塑造形象,为建设规范、透明、开放、有活力、有韧性的资本市场注入新动能、提供新支撑。

文化建设是资本市场健康发展的支柱。海通证券成立31年来,始终秉承"行稳致远"的发展理念,成功度过了多个市场和业务周期。

一、三十年"行稳致远",一路坚持"以客户为中心"战略

海通证券1988年成立,是中国境内20世纪80年代成立的证券公司中唯一未被收购重组过、至今仍在营运并且未更名的大型证券公司。31年来,海通证券不断经受证券市场的

---

* 作者简介:瞿秋平,复旦大学经济学硕士。现任海通证券股份有限公司党委副书记、董事、总经理,海通国际控股、海通国际证券董事局主席。曾任工商银行上海分行、江苏省分行副行长,上海银行党委副书记、行长、副董事长,中国证监会派出机构工作协调部主任、投资者教育办公室主任、非上市公众公司监管部主任;兼任国务院参事室金融研究中心专家委员会委员、中国证券业协会副会长(2017年5月至今)、深圳证券交易所理事等职务。原载于《中国证券》2019年第12期。

风雨考验，始终居于行业前列，这背后离不开海通证券一以贯之的发展理念。

海通证券自成立以来，一直秉承着"行稳致远"的发展理念。"行稳"代表的是公司一贯秉承的"稳健乃至保守"的风险管理理念。在30多年的经营中，这个理念让公司成功度过了多个市场和业务周期，适应行业转型发展。搭建覆盖全公司的风险管理体系，切实落实全面风险管理要求，有效地管理市场风险、信用风险、流动性风险和营运风险；已在各业务之间建立了有效的风险隔离机制和适当的预防机制，处理潜在利益冲突；此外，还建立了独立和集中化的内部审计及合规体系，用以有效检查、监督各项营运和交易的合规性、真实性、完整性、有效性。

"致远"则代表了海通证券"一张蓝图绘到底"的战略引领。公司的战略是海通证券人集体智慧的结晶，也是海通证券多年来的发展根基。30多年来，面对宏观经济、行业趋势以及竞争形势的不断变化，海通证券在与时俱进的同时，一路坚持"以客户为中心"的"12345"战略（一体两翼、三轮驱动、四根支柱、五大能力），以打造国内一流、国际有影响力的中国标杆式投行为使命，为员工创造价值，实现美好生活；为客户创造价值，实现共同成长；为股东创造价值，实现卓越回报。

二、"软文化"与"硬制度"两手抓 打造健康的行业生态

当前资本市场的新生态正在重塑，中国证监会主席易会满提到要"加快行业文化建设，优化行业发展生态，着力提升证券基金机构软实力和核心竞争力"。海通证券在文化建设方面的发展战略也着重强调两大方面。

（一）强化"软文化"与"硬制度"建设

企业文化是公司的软实力，也是公司的核心竞争力。"上下同欲者胜"，海通证券文化的核心就是志同道合的海通人，按照海通证券的战略和理念，齐心协力，为打造国内一流标杆投行这个共同的事业，携手共进。每一个海通证券人都把公司文化的传承作为自己的使命，将公司整体利益的提升作为重要目标，经过30多年的发展，形成了海通证券特有的文化积淀。制度是真文化和假文化的试金石，没有制度保障的文化是虚幻的文化，不严格执行制度的文化是没有生命力的文化。海通证券将持续强化制度体系建设，强化对制度执行的监督，让每项制度都体现出文化的力量和精髓，在制度的执行中加深对文化的理解和认同。

（二）对标先进文化，共建健康行业生态

中国经济正转向高质量发展的新时代，海通证券在经历了30多年的高速发展后，也将迈入新的发展阶段。海通证券要打造中国标杆式投行、系统重要型券商，需要对标国际最高标准、最好水平，推进文化和品牌建设，将文化内化为实力、外化为竞争力。输出产品的同时输出文化，推广品牌的同时推广文化，突出企业文化个性的同时融入行业共同文化，努力提供高质量的中介服务，共建高质量的资本市场。

比如，作为地处上海的大型券商，海通证券在抓住金融服务实体经济发展这根主线、积极推进供给侧结构性改革、积极参与资本市场对外开放的同时，牢牢把握总部位于上海的地理优势，全力落实推进上海三大新任务、四大品牌以及五个中心建设。

海通证券踊跃参与助力上海各项重大任务的推进，截至 2019 年 6 月末，为上海本地企业（含地方政府债）提供的融资总额近 14 000 亿元。首先，公司抓住科创板推出的历史性机遇，在新一代信息技术、高端装备制造和新材料、新能源及节能环保、生物医药、技术服务等领域深耕细作，已成功申报科创板项目 13 个，7 个为投行承销保荐项目，其中天准科技、中微半导体 2 家企业已完成注册发行，创鑫激光、硅产业 2 家企业已过会待发行；6 个为私募股权投资项目，其中容百科技、申联生物、久日新材 3 家企业已完成注册发行。其次，公司着眼于长三角一体化发展的实际需求，在上海、浙江、江苏、安徽四地设立营业部超过 100 家，为长三角地区的企业提供一揽子服务。2018 年起先后与上海松江区、浙江省地方金融监督管理局、杭州市、金华婺城区、安徽省投资集团等单位签署战略合作协议，持续深入进行网点布局。再次，公司积极参与自贸区金融创新业务，早在 2014 年就设立了上海自贸试验区分公司，临港新片区方案发布后，公司主动邀请上海市金融办有关负责人进行政策解读，为布局新片区积极准备。最后，公司积极践行"以客户为中心"的理念，努力在金融领域擦亮"上海服务"金字招牌。

三、坚持党的领导、加强党的建设是"根"和"魂"

易会满主席同时也指出加强证券基金行业文化建设的几项重点举措，首先就是进一步强化党的领导与公司治理的有机结合。坚持党的领导、加强党的建设是国有企业的"根"和"魂"，是我国国有企业的独特优势。国有证券基金机构要努力成为加强行业文化建设、防范道德风险的"排头兵"，发挥好引领、示范和带动作用。

海通证券公司党委始终把坚持党的领导、加强党的建设作为公司发展的"根"和"魂"，充分发挥党组织的战斗堡垒和党员的先锋模范作用。以保持和增强政治性和先进性为主线，先后开展"改革立新功、实干创佳绩""贯彻十九大，建功新时代""践行新思想、岗位做贡献"等党建主题活动，激发党员活力。选树先进典型，提振干事创业的精气神。先后开展"两优一先"评选表彰、职工立功竞赛、"两学一做"优秀组织生活案例及"入党那一天"优秀主题征文、青年演讲比赛、党建工作品牌评选等活动。结合"不忘初心、牢记使命"主题教育，在全体干部中开展"争当海通好榜样"活动，引导党员干部比学赶超，组织全体员工参与"海通好榜样"网络投票评选，在公司上下营造风清气正的干事创业环境。

多年来海通证券不断提升实体经济服务能力，推进集团高质量发展。经过 31 年的发展，海通证券基本建成了以证券为核心，业务涵盖期货、资产管理、私募股权投资、另类投资、融资租赁、境外银行等多个领域的金融服务集团。公司在把握好资本市场全局和局部、当前和长远、创新和风险之间关系的基础上，始终将"以客户为中心"作为战略的出发点和落脚点，以"做深服务价值链，构建客户生态圈"作为总体发展思路中的关键着力点，通过股权融资、债券融资、并购融资、新三板、股权投资、租赁业务等多种形式，积极为实体经济提供综合金融服务。截至 2019 年 6 月底，海通证券为实体经济（含地方政府债）提供的融资总额超过 85 000 亿元。为进一步缓解民营企业融资难融资贵问题，海通证券出资 50 亿元，设立"证券行业支持民企发展系列之海通证券资管 1 号 FOF 资产管理计划"，截至 2019 年 9 月底，合计支持民企发展计划基金总规模 480 亿元，其中已实际出资规模超过 100

亿元。

此外，海通证券发挥金融服务专业优势，推动贫困地区实现社会经济转型。多年来，海通证券发挥国有大型金融企业在国家脱贫攻坚战略中的生力军作用，通过资本市场金融帮扶、"一司一县"产业帮扶、新一轮农村综合帮扶、社会慈善公益帮扶、教育培训智力帮扶等各种形式，不忘初心凝心聚力，牢记使命扶贫攻坚。公司先后与安徽省亳州市利辛县、江西省赣州市宁都县、安徽省六安市舒城县、云南省文山州西畴县等国家级贫困县结对，全力支持贫困县"脱贫摘帽"。2016年至今，公司服务国家级贫困地区融资金额达15.24亿元，精准扶贫金额4 400余万元，帮助建档立卡贫困户脱贫人数7 969人，为贫困地区产业升级和经济发展贡献了力量。公司积极发挥专业优势，在融资策划、债券发行、企业上市、并购重组等方面为贫困县企业提供全方位的金融服务，帮助企业拓宽融资渠道、降低融资成本、抵御市场风险，助力贫困地区企业和经济发展。2019年7月，为利辛县城乡发展建设投资集团有限公司发行了总额为5.85亿元非公开扶贫专项公司债券（S19利发1、S19利发3），同时成功创设了首单以扶贫专项债为标的的信用保护合约（CDS），借助债券信用衍生品的联动发行模式，标的债券（S19利发1）最终打破2019年区县级AA标的最低发行利率，以5.6%的票面利率顺利发行。

文化是一种成为习惯的精神价值和生活方式，它的最终成果是集体人格，当从业人员合法合规的业务行为始终如一变为习惯，就形成了先进的行业文化。海通证券将认真贯彻落实中国证监会统一部署，认真提炼总结海通文化，在工作中践行海通文化，确保海通文化在行业中的先进性和引领性，同时将文化融入经营管理，用文化的力量引领方向、促进发展、塑造形象，为贯彻落实服务实体经济、防控金融风险、深化金融改革三项任务，建设国内一流、国际有影响力的中国标杆式投行提供强大动力。

坚持建设先进企业文化，增强公司核心竞争力

陈 亮*

文化是一个国家、一个民族的灵魂。文化兴国运兴，文化强民族强。国家、民族如此，企业亦然。企业文化是企业的灵魂，是公司核心竞争力的重要组成部分。银河证券坚持党的领导，践行企业核心价值观，努力建设"以人为本、机制顺畅、管理精细、风清气正"的企业文化，激浊扬清，正本清源，营造正气充盈、敢于担当、勇于创新、团结协作的良好工作氛围，建设与"打造航母券商、建设现代投行"战略目标定位相适应的先进企业文化，并通过党建活动等形式宣导实施，使之成为指导员工的价值取向和行为规范，不断增强员工的责任心与使命感，提高员工对公司的认同感和归属感，提高对公司的忠诚度和对工作的敬业度，发挥企业文化在公司战略实施过程中的引领作用。

一、明确公司愿景及使命，践行核心价值观

银河证券在《公司五年战略规划》中，明确了公司的愿景为：在规划期内致力于成为在亚洲资本市场上领先的投资银行和具有系统重要性的证券业金融机构，通过践行公司"创新、合规、服务、协同"的核心价值观，努力完成"聚焦国家战略实施，支持实体经济发展，服务居民财富管理，践行企业社会责任，实现公司价值、股东回报、员工利益与社会责任的有机结合"的使命，构建了较为完整的企业文化体系。同时，作为强化《公司五年战略规划》中"坚持合规经营，健全内控体系"战略举措具体落地实施的重要举措，公司组织起草《内部控制体系建设发展战略规划》，推动公司内部控制各道防线厘清工作思路，在公司内部搭建并压实业务线内控第一道防线履职尽责，打造风控、合规、案防、审计监督协同合力模式，切实发挥"1+4"内部控制协作机制，推动内部控制体系建设优化统筹。

---

* 作者简介：陈亮，工商管理硕士，现任中国银河证券股份有限公司党委副书记、总裁、执行委员会副主任、兼任首席风险官。历任宏源证券股份有限公司总经理助理、新疆营销经纪中心总经理、经纪业务总部总经理，宏源证券股份有限公司副总经理兼宏源期货有限公司董事长，申万宏源集团股份有限公司和申万宏源证券有限公司党委委员，申万宏源集团股份有限公司董事、总经理，申万宏源西部证券有限公司党委书记、执行董事。原载于《中国证券》2019年第2期。

二、以党建促经营,带动企业文化建设全面提升

党的核心力和企业的向心力相互依存,推动企业党建工作,将党建工作核心要求准确运用到企业文化管理理念中,能够带动企业文化全面建设和提升。银河证券在中投公司党委、中央汇金的坚强领导和大力支持下,坚持以政治建设统领党建工作,在习近平新时代中国特色社会主义思想指引下,强化"四个意识"、坚定"四个自信",坚决维护习近平同志党中央的核心、全党的核心地位。坚持党建工作强"根"铸"魂"、治司兴企,将党的领导和完善公司治理相统一,努力抓好党委班子建设,强化带头示范作用,发挥党组织领导作用,把方向、管大局、保落实,支持董事会、监事会、经营层依法履行职责,保证党和国家方针政策、上级党委重大决议的贯彻执行。

银河证券全面强化党建基础,从思想、制度、机制、组织、平台五个方面具体推动落实,强化学习,制订并发放《党的建设工作要点》《党员干部应知应会100个关键词》等手册,开展多种形式的党宣活动,确保党建知识入脑入心;强化考评,在党建工作考核中坚持党建不优、考核不优原则,积极探索党建目标管理与经营业绩考核相结合的有效途径;强化组织,加强专职党务干部队伍建设,一级分公司党总支全部配备党建专员;强化系统,发挥公司信息技术优势,以新技术助力全面从严管党治党,打造了党建管理、考核两大平台,有效提升了支部标准化、信息化建设水平。公司不断推动党建工作与公司文化及经营管理深度融合,围绕发展抓党建、抓好党建促发展,把党建工作成效转化为公司发展活力和竞争实力。

三、坚持合规经营,增强防范化解风险能力

当前我国经济面临着较大的下行压力,经济结构优化、新旧动能转换、防范金融风险任务艰巨,证券行业在竞争加速、开放提速、监管趋严的市场环境下,各项业务也面临着严峻的发展形势。银河证券主动适应"严监管"环境,坚持合规经营的核心企业价值观,坚守"不碰红线,不踩灰色地带,不打擦边球"的"三不"原则,全面深化以直接面对客户的一线单位为第一道防线、合规风控为第二道防线、内部审计为第三道防线,互为补充、相互强化的内控体系建设。抓好重点领域、重点环节的内控管理,以公司纳入并表管理试点为契机,推动建立风控合规的穿透式管理体制,加大内部监督力度。完善以当事者第一责任、直接管理者领导责任、继任者纠错责任、监督者监督责任、在岗者追责责任为基本内涵的责任体系建设,强化责任追究制度,积极营造以"三不"原则为基础、精通业务为前提、执业行为准则为基准、监管要求为标准、发展意识为目的的合规文化,为公司可持续发展提供前提和保障。

2019年11月21日,证券基金行业文化建设动员大会在京召开。中国证监会党委书记、主席易会满出席会议,并作了题为《加快行业文化建设,优化行业发展生态,着力提升证券基金机构软实力和核心竞争力》的讲话,对文化建设提出了明确要求。银河证券将准确把握新时代证券基金行业文化的核心理念和重要内涵,坚持合规底线,履行诚信义务,打造特色专业,保证稳健运营,努力开创证券基金行业文化建设新格局,用文化的力量引领方向、促进发展、塑造形象,为建设规范、透明、开放、有活力、有韧性的资本市场注入新动能、提供新支撑。

励新图强，敦行致远
——招商证券文化建设的探索与实践

熊剑涛*

当前，中国特色社会主义进入了新时代，资本市场全面深化改革的十二项举措正在塑造新的市场格局。新时代、新市场迫切需要新的证券行业文化。2019年11月21日，在证券基金行业文化建设动员大会上，易会满主席作了题为《加快行业文化建设 优化行业发展生态 着力提升证券基金机构软实力和核心竞争力》的讲话。讲话指出，要统一思想，凝聚共识，加快建设"合规、诚信、专业、稳健"的行业文化。易会满主席的讲话，为证券行业文化建设指明了方向，也为招商证券的文化建设工作提供了重要指引。立足行业特点、传承百年招商局优秀文化基因，招商证券积极建设以"励新图强、敦行致远"为核心的企业文化，既倡导专业、创新、担当，又注重风控、合规、稳健，以优秀的文化为引领，努力构建依法合规、稳健经营的良好社会形象。

一、始终坚持党对文化建设的领导

党的领导是招商证券扎实履行央企、国企社会责任的重要保证。公司坚持党的领导，把加强党的领导与完善现代企业治理有机结合，通过党建进章程、党委"三重一大"决策机制，从制度上保障党委发挥把方向、管大局、保落实的领导作用。公司党委把文化建设作为根本性问题和基础性问题，纳入党委研究决定事项，进行部署和推动，以文化建设提升核心竞争力。

公司党委始终保持正确的政治站位，带领公司主动融入国家战略，服务实体经济，积极参与国家"一带一路"建设、精准脱贫、防范化解金融风险等重大部署。公司成立扶贫工

---

* 作者简介：熊剑涛，工学硕士、工商管理硕士。现任招商证券股份有限公司党委副书记、总裁，中国证券业协会经纪业务委员会副主任委员，中国结算董事会技术委员会委员。原载于《中国证券》2019年第12期。

作领导小组，党委书记霍达是第一责任人，结对帮扶安徽省石台县和河南省内乡县，针对两个对口帮扶贫困县的不同特点，开展各具特色的扶贫工作。公司发挥金融扶贫的优势，在2019年8月帮助内乡县生猪生产加工企业牧原股份完成50亿元的再融资，最近又为其安排了5亿元的专项融资，盘活了公司供应商的应收账款，所融资金用来筹建新的养猪场。在公司党委的领导与推动下，近年来，招商证券还推出了全国首单以"一带一路"命名的熊猫债券，积极以自有资金参与2015年A股市场异常波动的稳定和2019年非银机构流动性纾困工作，取得良好的社会效应。

招商证券党委将培养知国情、接地气的证券人作为一项重要工作，通过公益活动和扶贫实践培育年轻员工的爱国情感，建立员工"义与利"的正确价值观。公司强调，要将公司的公益慈善平台建设成为"意识形态宣传的阵地、爱国主义教育的基地、公益慈善文化培育的园地"；结合送温暖进农户、送书籍进校园、送资本市场知识进企业等公益活动，加强对青年员工的国情教育。招商证券还组织了一个青年调研团到对口扶贫县石台县开展调研活动，为当地发展旅游产业和特色农业提供专业咨询，把公益扶贫与青年教育结合起来，收效良好。

二、努力建设"励新图强、敦行致远"的特色文化

招商证券传承大股东百年招商局"爱国、自强、开拓、诚信"的优秀文化基因，在与资本市场共同发展的过程中，沉淀行业经营与发展经验，形成了独具招商证券特色的文化，这个特色凝练为公司的核心价值观——"励新图强、敦行致远"。

"励新图强、敦行致远"的内涵，既强调担当进取，专业制胜，以创新打开发展空间、发展壮大；又强调依法合规，诚信立业，以稳健实现永续经营、基业长青。这一核心价值观高度契合了"诚信、合规、专业、稳健"的行业文化目标与要求，成为招商证券发展壮大的方向指引。

（一）招商证券的文化特色中，灌注的是"招商血脉，蛇口基因"

招商证券自然地传承了百年招商局集团的两大优秀基因：一个是"与祖国共命运，同时代共发展"的家国情怀，企业视国运即商运，持续担负起"以商业成功推动时代进步"的企业使命；另一个是勇立时代潮头、与时俱进的创新基因，在时代的发展与变迁中，企业不断识变、应变、求变，持续励新图强。

（二）招商证券的文化特色中，"诚实守信，合规经营"是立业根基

诚信稳健是公司经历了证券市场大起大落，用行业教训与自身经验换取来的认知总结。适应行业发展的新要求，招商证券已将"质量第一、效益优先、规模适度"作为新的战略发展理念。在"敦行致远"的文化旗帜下，招商证券坚持诚信经营、稳健发展，并坚持以制度体系养成合规风控文化。多年来，公司董事会、经营层始终倡导并践行"合规从高层做起、全员主动合规、合规创造价值、合规是公司生存发展的基础"等合规文化理念，自上而下带头做合规文化的坚定信仰者和践行者。在2018年10月举办的"招商证券投资银行业务合规与尽职调查专题培训"会议上，针对投行执业风险和投行人员的执业操守，公司

党委书记、董事长霍达明确提出投行人员要严守"三条底线",即严守道德底线、安全底线、专业底线。守住道德底线,要做到"四不"——不串通作假、不帮忙送礼、不搞职务侵占、不私自入股;守住安全底线,要严格遵守各项法律法规和执业指引的规定要求,将合规执业理念切实落实到工作中的各个环节;守住专业底线,要不断提升专业能力,对获得的资料和信息要有合理的怀疑和独立专业的判断。基于证券行业"经营风险"的特点,公司在经营管理基本法中,将"风险管理能力"列为公司核心竞争力之一,明确提出了"坚守底线、预防为先、量化管理、人人有责"的工作要求。近年来,公司率先开展量化风险管理、率先参与全面风险管理等工作,以自身的探索,为行业提供了风险管理的先行样本。

(三) 招商证券的文化特色中,"以客户为中心"是核心经营理念

珍惜客户信任,与客户建立长期关系是公司的服务准则之一,是招商证券时刻铭记在心的重要认识。在行业从"牌照竞争"转向"专业制胜"的过程中,以客户为中心是基本要求。招商证券坚持以"客户需求"为导向,积极推动向以客户为中心的现代投资银行经营模式转型。2019年,针对科创型中小微企业面临融资难、融资贵的问题,招商证券发挥自身"资本+资本中介"综合服务商的优势,推出"羚跃企业成长计划",改革投行业务的展业模式,打通内部服务的各个环节,整合市场各方资源,为种子企业提供覆盖全生命周期和全方位的定制化金融产品,满足科创型中小微企业不同发展时期的融资需求,帮助企业实现规范发展,陪伴企业共同成长。

三、以专业的文化管理保障企业文化落地

文化是软实力。将软实力做出竞争力,需要文化建设的方法论指导。招商证券在经营实践中不断探索文化建设之道,初步形成了自己文化建设的逻辑、体系和方法。

招商证券文化建设始终遵循"内化于心、固化于制、外化于行、显化于形"的逻辑。内化于心,就是建立立体宣导体系,借助培训、考试、内刊内网、文化活动、文化产品、言传身教等各种途径,推动文化理念入脑入心。固化于制,就是将核心理念解析为一个个文化因子,分别建立保障制度,公司把文化理念贯穿到制度建立、修订和废止的全过程,并定期、不定期开展制度审查,这是保障文化落地的关键。外化于行,就是要把理念化为公司经营管理和员工的行为规范,在实践中落实文化。在经营过程中,公司分别制订了《管理者行为准则》《员工行业准则》《职业高压线》《客户服务准则》《协同宣言》等一系列的行为规范与要求。显化于形,就是注重文化的物质产出,在办公场所的管理、VI系统的管理、产品服务设计管理等方面融入文化因子。每年设计当年度的文化主题宣传张贴,营造文化环境。

招商证券文化建设的体系,体现于公司的《文化管理办法》中。在做好文化落入各项经营管理制度的同时,为确保文化建设的有序开展,公司还制订了《文化管理办法》,明确了公司文化建设的领导机构、统筹推进部门、协同推进部门和执行部门及各自职责,规定了企业文化工作的总体原则、内容、方法和程序,确立了"知、信、行、改"的闭环管理体系。同时,制度还规定文化建设要"纳入战略规划、纳入工作计划、纳入经费预算、纳入评估考核",确保该项工作有分工、有计划、有经费、有评估,能够落到实处。在文化建设

的各个环节,公司也分别建立了相应的规章制度或明确方案,如《企业文化建设评估方案》《媒体危机管理办法》《新媒体管理办法》等,确保各项工作有章可循。

以主题文化年的方式开展文化建设,是招商证券选用的重要方法。公司坚持开展文化主题年建设,从2010年起每年突出一个重点,持续推动文化落地。每年围绕一个主题策划开展系列改进举措和文化活动,文化手段与管理手段并用,积小胜为大胜,逐步推进文化落地。2019年,确定"质效提升"为年度主题,并提出"协同最美、担当最帅"文化口号。围绕主题,深入开展"质效提升工程",并通过任务承担、项目牵头、问责追责强化干部的责任担当意识,通过联合小组、跨部门合作、考核裁量等方式强化协同意识,营造了"协同最美、担当最帅"的氛围。

文化建设保障了公司的健康发展。公司多次获得政府部门和媒体评选的"十大证券公司金牛奖""证券公司社会责任金牛奖""最令投资者满意的证券公司"等奖项,塑造了合规稳健、客户至上、勇于担责的品牌形象。

四、以"纲"为纲持续提升文化软实力

开展行业文化建设,打造"诚信、合规、专业、稳健"的行业文化,是中国证监会落实国务院有关部署,提升行业核心竞争力,提升资本市场服务实体经济能力的一项重要举措。招商证券将以中国证监会主席易会满在行业文化建设动员大会上的讲话为指引,全面落实《建设证券基金行业文化、防范道德风险工作纲要》精神,久久为功,深耕"忠、专、实"的行业文化底蕴;坚持不懈,厚植"合规、诚信、专业、稳健"的行业文化理念。结合实际,持续改进提升公司文化建设,重点做好以下工作:以合规、诚信、专业、稳健为重点,扎实做好文化落地,使文化共识成为员工"发自内心"的声音;完善制度机制,使文化与经营管理充分融合;抓好考核激励、选人用人、职业操守三个关键环节,做好树标杆、立标准、严惩戒三项工作,加强诚信文化和廉洁文化建设,切实防范道德风险。

展望未来,招商证券将以强有力的文化建设助推公司转型变革,实现质效提升,打造具有国际竞争力的中国最佳投资银行,更好地服务我国经济高质量发展。

固本强基、守正出奇，打造"有信仰、敢担当"的一流国有金融企业

——申万宏源对企业文化建设的思考与实践

储晓明[*]

申万宏源证券深入学习习近平新时代中国特色社会主义思想，按照中投公司提出的"打造有信仰、有担当的国有金融企业"的要求，守理想信念之"正"，出创新转型之"奇"，以敢于担当的精神尽国有金融企业之"责"，以良好的文化积淀护航企业规范经营，努力走出一条迈向现代投资银行的转型之路。

一、加强党的建设：坚守国有金融企业的"根"和"魂"

"求木之长者，必固其根本"。党的建设作为国有企业的"根"和"魂"，不仅关系到国有企业改革发展的方向，更是现代企业制度下国有企业做强、做优、做大的核心竞争力。多年来，申万宏源党委始终注重加强党的领导、强化党的建设，坚持"两手抓、两手硬"，在抓好企业重组整合、经营管理的同时，旗帜鲜明讲政治，理直气壮抓党建，坚持"两个服务"（服务于企业经营管理中心工作，服务于调动广大干部员工的积极性、主动性、创造性）的指导思想。一是坚持党的领导与法人治理优势相结合，明确党委会审议作为公司重大事项决策的前置程序；严格执行民主集中制，对"三重一大"事项集体讨论决策。二是党建主题活动与核心业务发展相结合，紧扣转型发展的现实需求加强基层组织建设，一年一主题、年年有特色，开展"三创三争""三查三整顿""两学一做三争创"等系列基层党建活动，扎扎实实开展"不忘初心、牢记使命"主题教育，基层党组织的战斗堡垒作用和党员的先锋模范作用明显加强。三是党的建设与企业文化建设相结合，开展井冈山精神、长征

---

[*] 作者简介：储晓明，高级经济师，现任申万宏源集团股份有限公司和申万宏源证券有限公司党委书记、董事长。原载于《中国证券》2019年第12期。

精神、延安精神"三种精神"专题教育活动，大力倡导"唯实求新、厚德笃行"的企业核心价值观，持续厚植奋发有为、昂扬向上的创业文化，攻坚克难、自觉落实的执行文化，顾全局、讲团结、重协作的合作文化，发扬主人翁精神、加强担当意识的责任文化，强化合规意识、坚守监管底线的红线文化。在重组整合和香港上市过程中形成"重组精神""明珠精神"，成为持续推动公司健康发展的强大精神动力。

二、创新转型：打造国有金融企业改革的不竭动力

习近平总书记指出，创新是一个民族进步的灵魂，是一个国家兴旺发达的不竭动力，也是中华民族最深沉的民族禀赋。申万宏源党委始终坚持把发展基点放在创新上，把创新作为引领发展的第一动力，把转型作为持续发展的必由之路。一是坚持内涵式发展和外延式拓展相结合的转型道路。推进"四大布局""四项基础工作"落地，加快做大做强。深耕五大重点区域市场，集中力量挖掘粤港澳大湾区、长三角等重点区域市场潜力。明晰子战略，指导各条线、分公司、子公司制定子战略，支持分公司差异化发展，支持子公司做大做强。二是持续推进业务创新转型。加快业务转型，零售业务从传统代理业务向财富管理业务转型，机构业务从佣金收入向手续费收入转型，资产管理业务从通道业务向主动管理业务转型，大投行业务从项目服务向综合金融服务转型，证券投资交易业务从传统自营向综合交易、协同服务转型。三是紧紧抓住金融人才这个创新的核心要素。坚持正确的选人用人导向，把党管干部、党管人才和市场化选聘、竞争性选拔结合起来，深化"五位一体"人力资源体系改革，加快"六类"干部人才队伍建设，在公司营造鼓励创新、宽容创新的浓厚氛围。

三、责任担当：践行国有金融企业的初心和使命

国有金融企业是国有经济的核心组成部分，是国家金融安全基石的重要组成部分，被赋予了重大的政治责任、经济责任和社会责任。"没有高质量的中介服务，就没有高质量的资本市场。"申万宏源证券作为金融国企，把为资本市场、为实体经济、为广大居民提供专业高效的中介服务作为公司经营管理的重中之重，坚持在政治经济社会发展中发挥作用，敢于担当、勇于作为。一是在服务资本市场方面勇于担当。申万宏源证券从代理发行中国第一张A股、第一张B股以来，一直致力于推动中国资本市场发展。2019年，全面筹备科创板业务并拔得头筹，保荐和主承销的安集微电子于7月16日完成发行，是首批过会三家企业之一。二是在服务实体经济方面勇于担当。响应"一带一路"倡议，加大相关跨国并购重组业务力度，帮助国内优质企业"走出去"；支持大型企业、龙头企业融资、并购重组，以服务央企等大中型国有企业为突破口，目前公司战略客户已达到67家。针对中小微企业融资难、融资贵的痛点问题，改建成立"中小企业金融服务总部"，打造中小企业服务产业链，进一步保持中小企业金融服务领先优势，新三板累计推荐挂牌数量、发行家次行业排名第1位。三是在服务人民生活方面勇于担当。加大投资者教育力度，通过全国巡回培训、投教基地培训、走进学校社区等方式，2019年累计开展投资者教育100多场、参与活动超过4万人次。加大定点扶贫投入力度，截至目前，累计向甘肃省会宁县等"六县一区一村"投入各类帮扶资金近1.2亿元（其中2019年投入资金超过4500万元），帮助贫困地区企业融资

超过 260 亿元。申万宏源证券作为唯一券商，入选国务院扶贫办"金融扶贫"典型案例。

四、合规经营：筑牢国有金融企业发展的基石

申万宏源证券坚持追求风险可控的发展，有所为、有所不为，坚决守住合规发展的底线，履行好资本市场"看门人"角色。一是严格防范系统性风险。申万宏源证券以实际行动践行"稳健是保证"的论断，在经济下行背景下主动放慢部分业务节奏，加强对业务超常规发展部门的内部审计，防范其他金融部门的风险渗透；主动在全公司范围内开展风险大排查专项活动，梳理风险点；加强反洗钱工作力度，积极配合金融监管部门防范化解系统性风险。二是建立健全风险管理体系。加强集团化风险管控，尤其加强对子公司、孙公司的风险管控力度；结合"以案促改"，加强对重点领域、重点岗位、重点人的风险管控力度；健全包括贷前尽职调查、贷时审查、统一授信、核保核押、后期管理、风险处置等环节的项目管理机制；完善项目问责机制。三是持续强化合规风控意识。大力加强合规与风险管理文化宣导，颁布《合规手册》，制定实施严禁操纵市场、严禁违规提供融资便利等"六项禁令"，明确员工执业行为的合规底线，加强员工执业行为管控，牢固树立"红线文化"。四是大力推进廉洁文化建设。坚持"预防为主，综合施措，标本兼治"的基本原则，教育倡廉、制度保廉、活动促廉，切实发挥廉洁文化约束导向和凝心聚力的巨大作用，为公司和谐稳定发展创造良好环境，让廉洁合规意识融入血液、装入心头、深入骨髓。

五、厚植文化：构建国有金融企业做优做强的核心竞争力

"健康良好的行业文化是行稳致远的立身之本。"申万宏源证券切实贯彻落实证券基金行业文化建设动员大会上易会满主席的讲话精神，以及中国证券业协会发布的《证券行业文化建设倡议书》，第一时间成立公司文化建设领导小组和工作小组，第一时间组织公司全体干部员工学习会议精神，第一时间加强全面宣传，在顶层设计方面加大研究落实。一是进一步坚持和加强党的全面领导，以习近平新时代中国特色社会主义思想武装头脑、指导实践、推动发展，将"不忘初心、牢记使命"主题教育中全体干部员工焕发出来的责任担当意识和奋发向上的精气神转化为公司的文化内涵，巩固提升公司"有信仰、敢担当"的文化品牌；二是进一步完善公司文化建设体制机制，将文化建设嵌入公司经营、管理、合规管理、风险控制、选人用人、考核激励以及员工职业行为管理各个方面、各个环节，以制度强化文化认同，确保文化建设"落地有声"；三是进一步凝结沉淀公司文化特色，继续落实好金融"三大任务"，巩固深化公司在普惠金融、绿色金融、金融扶贫以及投资者教育保护等方面的特色做法，将公司经营理念内化为文化习惯，培养全员的理念认同和文化自觉，把文化品牌转化为企业竞争优势。

下一步，申万宏源党委将以党的十九大和十九届四中全会精神为指引，在中国证监会、中国证券业协会的指导下，落实中投公司党委的各项工作部署，将融入公司发展血脉的文化基因与"合规、诚信、专业、稳健"的行业文化相结合，牢记使命、正道直行、久久为功，持续打造"有信仰、敢担当"的一流国有金融企业，为重塑行业品牌形象、传递行业专业价值贡献力量！

全力打造"三正"企业文化品牌　为建设健康良好的行业文化贡献力量

步国旬[*]

近30年来，南京证券在中国证监会、中国证券业协会、各地证监局及社会各界的大力支持下，在地方党委的正确领导下，与资本市场同呼吸、共命运。经过公司历届领导班子和全体干部员工的接续奋斗，我们形成了"特别稳健、特别规范、特别讲文化"的经营管理特色，构建了健全完善的规章制度体系，打造了"正统、正规、正道"的企业文化，走出了一条党建统领、文化兴企的跨越发展之路。

一、坚持"正统"就是坚持党的领导、加强党的建设，始终保持国企本色

我们始终认为中国资本市场是具有中国特色的资本市场，国有金融企业必须始终坚持党的领导、加强党的建设，筑牢国有企业的"根"与"魂"。我们把坚持党的领导、加强党的建设作为南京证券的优良传统和政治本色，推动党建工作写入公司章程，明确公司党委在法人治理结构中的法定地位，制定出台党委会议事规则，完善公司"三重一大"事项决策程序，依法支持"三会一层"行使职权。针对公司点多、线长、面广的特点，形成"一三五"组织体系："一"就是一个支部一座堡垒，坚持把支部建在营业部，公司遍布全国的116家分支机构、30个部门、5个子公司实现党的组织全覆盖；"三"就是"三向培养"交叉任职，坚持把业务骨干培养成党员、把党员培养成业务骨干、把党员骨干培养成管理干部的"三向培养"路径，推行党政一肩挑，目前95%以上的基层党委、党（总）支部书记实现党政一肩挑；"五"就是"五有"标准建强支部，坚持有班子、有制度、有阵地、有经费、

---

[*] 作者简介：步国旬，中共党员，硕士，正高级经济师，律师资格。现任南京证券党委书记、董事长。1992年起担任南京证券高管，历任南京证券总经理助理、副总裁、董事、总裁。曾荣获"建设新南京有功个人""南京市五一劳动奖章""全国金融系统思想政治工作先进工作者""全国金融系统文化建设先进工作者"等荣誉。原载于《中国证券》2019年第12期。

有考评，推动基层党组织建设制度化规范化。公司党委由成立之初的3个党支部，发展到目前下辖4个二级党委、7个党总支、81个党支部、792名党员，通过党的组织把遍布全国的干部员工紧密团结起来，坚决贯彻落实党中央决策部署，努力服务于国家发展战略，切实维护金融稳定和国家金融安全，保护投资者合法权益。

二、坚持"正规"就是依法合规、专业稳健，经营管理规范有序

面对资本市场的风云变幻，合规诚信、专业稳健、依法经营是证券行业的生命线。我们坚持"小心驶得万年船"，时刻把合规、专业、稳健和控制风险放在第一位，始终坚持规范经营、合规发展，坚守底线、不碰红线，形成包括整体控制、合规与风险控制、业务控制等5方面近500项规章制度，建立了良好的公司治理和内部控制体系。每年层层签订党风廉政建设责任书，建立从董事会到业务部门及分支机构的五级合规风险管理组织体系，先后成立投资决策委员会、风险控制委员会、证券发行内核小组，实行业务部门、分支机构、子公司风控合规专员垂直管理，形成行之有效的合规风险控制体系。定期开展合规培训、反洗钱宣传、防范内幕交易等活动，充分运用蓝天大讲堂、员工培训等形式，将"遵纪守法、爱岗敬业"专题教育作为全体员工必修课，让恪守职业道德成为广大员工的行动自觉。近年来，公司1家营业部被评为全国职工职业道德建设先进单位，3家营业部分获"全国三八红旗集体""全国五一巾帼标兵""全国工人先锋号"称号，39家分支机构获得国家或省市"青年文明号"。公司在中国证监会证券公司分类评价中连续四年被评为A类，在上海证券交易所上市公司2018—2019年度信息披露工作评价结果中荣获A类评级，在新三板主办券商执业质量评价中获评"一档"，2019年公司获得AAA主体信用评级。

三、坚持"正道"就是义利兼顾、大道直行，切实履行社会责任

社会是企业生存和发展的必要条件。我们始终坚持走与社会共生共荣、融合发展的康庄大道，既努力创造阳光利润，又大力推动社会进步，主动肩负社会责任，积极为经济社会发展贡献力量。在公司内部，我们坚持"五必访五必谈"建设和谐企业，建设员工文化艺术展厅，设立"职工书屋"，开展迎新春文艺会演、书法绘画展、摄影比赛、体育健身等系列活动，让每一名员工身心愉悦。近年来，先后建成江苏省首家证券历史陈列馆，举办庆祝改革开放40周年、庆祝新中国成立70周年职工书画摄影展，汇编《岁月如歌》企业文化丛书。在社会上，我们积极投身脱贫攻坚战，持续通过资本、产业、党建等多种方式，助推国家级贫困县宁夏同心县、贵州从江县脱贫攻坚，结对帮扶南京六合龙袍街道、江宁横溪街道，文明创建结对帮扶山西隰县、淮安花桥村。连续多年组织无偿献血志愿服务活动，已成为公司一项优良传统。积极向见义勇为基金、好人基金等捐款，设立"南京证券慈善基金"，用于助学、助老、助幼、助困等慈善项目。各分支机构、子公司也常态化开展扶贫帮困、捐资助学、环境保护、志愿服务等公益活动，公司精神文明建设取得丰硕成果。近三年来，累计捐款捐物4 000余万元，公益性支出占比一直保持在4‰左右，树立了良好企业形象。

文化凝聚力量，文化引领发展。一直以来，我们坚持把"三正"企业文化作为推动南

京证券发展的"利剑",作为打造百年老店的灵魂,作为团结、凝聚和激励员工与企业同成长、共命运的强大精神支柱,将之贯穿到企业经营管理和改革发展的各方面、全过程,在潜移默化、耳濡目染中使广大员工"入眼、入脑、入心、入行",形成了独特的企业核心竞争力。"三正"企业文化推动南京证券创造了持续盈利、从未亏损、稳定回报的行业记录,先后成为行业首家获得"全国文明单位""全国五一劳动奖状"的证券公司,获得"全国企业文化优秀奖""全国金融系统企业文化建设标兵单位",中组部、地方党委和行业内刊简报多次介绍公司经验做法。"三正"企业文化使公司上下不断保持团结向上、奋发有为的蓬勃朝气、昂扬锐气、浩然正气,成为公司持续健康稳定发展的力量源泉,为公司实现基业长青提供了坚强保证。

下一步,我们将坚持以习近平新时代中国特色社会主义思想为指导,认真贯彻落实证券基金行业文化建设动员大会精神,积极响应《证券行业文化建设倡议书》号召,深入践行"合规、诚信、专业、稳健"的行业核心文化价值观,进一步丰富"三正"企业文化内涵,推动公司上下坚守服务人民美好生活向往的初心使命、服务实体经济的天职宗旨,坚持职业操守,体现专业精神,守住合规底线,履行社会责任,推动企业文化建设与公司经营发展双向融合、互促并进,不断为行业文化建设探索出更多有益经验,为建设一个规范、透明、开放、有活力、有韧性的资本市场,努力推动中国经济高质量发展,实现中华民族伟大复兴的中国梦做出更大贡献!

加强和改进证券公司品牌文化建设，发挥文化在证券公司品牌打造中的作用

蔡咏 刘涛 黄卓*

习近平总书记在党的十九大报告中提出了"培育具有全球竞争力的世界一流企业"的战略要求，并指出"文化是一个国家、一个民族的灵魂；文化兴国运兴，文化强民族强"。作为资本市场的重要组成部分，证券行业肩负着服务实体经济、防控金融风险、深化金融改革的光荣使命。在改革开放40周年背景下，践行社会主义核心价值观引领下的证券行业价值观，加强和改进证券公司品牌文化建设，发挥文化在证券公司经营中的作用，可以增强服务实体经济能力，为我国社会经济持续健康发展做出更大贡献。

一、企业品牌文化建设的内涵

企业品牌文化是一种组织文化，是文化现象在企业里的体现和企业外部空间的延伸。对内而言，是指企业在生产经营实践中逐步形成的为整体团队所认同并遵守的价值观、经营理念和企业精神以及在此基础上形成的行为规范的总称；对外而言，是指企业的文化设施、教育、培训和娱乐以及对外宣传的一系列事物，诸如（LOGO）、歌曲、口号、旗帜等。

企业品牌文化一般包括四个维度：精神层、制度层、行为层和物质层，与品牌文化的内部体现和外部延伸高度匹配。精神层是企业在生产经营中受到一定的社会文化背景、意识形态影响而长期形成的企业意识和文化观念，包括企业使命、企业价值观、企业责任、企业精

---

* 作者简介：蔡咏，高级经济师，安徽国元金融控股集团公司党委委员；中国证券业协会理事、人力资源管理专业委员会主任；中国证券行业文化建设委员会顾问；亚洲金融智库研究员；中华全国工商业联合会并购公会常务副会长、永久理事，全球并购研究中心理事会副主席；中国人民大学国际并购与投资研究所理事；安徽省证券期货业协会名誉会长；深圳证券交易所战略发展委员会委员；上海证券交易所博士后导师；安徽财经大学客座教授。刘涛，上海交通大学管理学博士、高级经济师，国元证券研究中心高级研究员。黄卓，美国德州农工大学金融学硕士，国元证券研究中心研究员。原载于《中国证券》2019年第6期。

神等内容；制度层是精神层的重要载体，具体表现为企业的产权制度、领导体制、组织结构、管理制度等；行为层是精神层和制度层的外延，包括企业员工的行为规范、企业礼仪、沟通行为和服务行为等；物质层是企业文化的表层，也是最容易感知的，包括企业的建筑物风格、产品形式、员工着装等。

二、证券公司品牌文化建设的重要意义

我国证券行业经历了 20 多年发展，从不成熟逐步走向成熟，从监管缺位到逐步完善，从初具规模到发展壮大，为我国经济发展做出了日益重要的贡献。尽管如此，仍然存在着诸多不足：首先，证券市场规模较小，交易品种单一，无法充分满足广大投资者的需求，尤其表现为产品和服务高度雷同。其次，上市公司质量问题，如"欣泰电气"IPO 财务造假案、千亿市值公司"康得新"突发财务危机等事件。最后，严重的信息不对称导致证券行业频发内幕交易。此外，随着金融业对外开放的加快，国内证券公司将面临更为激烈的国际竞争，国际视野下全面提升我国证券行业竞争力刻不容缓。

加强和改进证券公司品牌文化建设可以作为提升竞争力的重要抓手，发挥文化在证券公司品牌打造中的作用，提高公司内部的凝聚力和忠诚度，增强证券公司的软实力，实现可持续发展。例如，精神层上可以树立诚信合规精神，引导证券公司依法合规经营，有效规避内幕交易等不诚信行为；制度层上积极完善各项规章制度，加大对违规行为的处罚力度；行为层上大力开展多种品牌文化建设活动，拉近员工与企业、企业与客户之间的距离，用更直接有效的沟通方式解决信息不对称问题；物质层上可以利用独具特色的表现形式展现本行业、企业的风采，获得更多客户的信任，助力企业的长远发展。

三、我国证券公司品牌文化建设的现状和问题

（一）现状与特点

1. 证券公司品牌文化建设概况

我们从中国证券业协会 98 家会员证券公司官网上查找了与企业文化相关的内容。共有 54 家公司有明确的企业文化板块，详细说明其企业文化构成；26 家公司在其公司简介或社会责任板块对其企业文化进行了少量介绍；18 家公司没有找到和企业文化相关的内容。具体关键词上，"诚信""专业""创新""卓越"等出现次数较多，体现了较高共识，可概括为以下四个特点：

（1）诚信经营。"诚信"是认可度最高的证券公司品牌文化建设高频关键词，占比高达 55.81%，相关表述为"诚信守信""诚信至上""诚信为本"等。

（2）重视合规。所有公司的企业文化建设板块都不同程度强调了合规经营的重要性，且 43.02% 的品牌文化建设关键词中明确包含"规范"，诸如"规范管理""规范经营""规范运作"等。

（3）客户至上。证券公司大多在企业文化建设中充分重视服务客户以应对激烈竞争，强调"客户至上"原则。例如广发证券明确提出"坚持以客户为中心，洞悉客户需求，聚焦客户期望，努力实现客户利益最大化，提供比竞争对手更优质的服务"；方正证券在企

愿景和价值观中均提到"坚持客户导向、以客户为中心,重视维护客户利益"。

(4)以人为本。许多公司的品牌文化建设关键词中包含"人本"二字,将人才培育置于企业品牌文化建设的重要位置。例如长江证券树立了"量才适用,绩效为先,公平竞争,长效激励"的人才培育方针,无论是正式员工还是实习生都有着完整、严格的培养流程,这让长江证券在近几年发展迅猛,研究收入跃居全行业第一位;又如天风证券提倡内部创业文化,鼓励员工进行创新,通过制度引导、高管带头,充分发挥每一位员工的主观能动性。

2. 证券公司品牌文化建设差异

按照证券公司净资产规模大小进行排序统计分析相关数据,可以得到以下结论:

(1)净资产规模越大的公司越重视承担社会责任,价值观趋同性也越强。净资产规模排名前20位的券商中接近一半都将诸如金融报国、社会责任等关键词明确写进其企业品牌文化建设中。例如,国泰君安将金融报国作为企业理念的核心,争做行业健康发展的领跑者;申万宏源、中泰证券等都将社会责任作为企业品牌文化建设的重点,号召员工积极参与捐款、赈灾等社会公益活动。在这些大型券商中,诚信、价值、责任、专业等关键词多次被写进企业价值观或口号中。

(2)中型券商的企业品牌文化建设往往更加突出特色,更加强调竞争意识。面对更为严峻的竞争环境,为避免同质化,中型券商深知企业品牌文化建设是提升竞争力的重要抓手,寻找特色是其应对竞争的重要途径。无论是国元证券的企业文化树,还是财通证券的"知其心·精于业·敏于行",红塔证券的"财富如沙、智汇成塔",都是极具特色的企业品牌文化创新。

(3)小型券商企业品牌文化建设稍显缺乏,多家券商没有自己的核心品牌文化宣传内容。净资产规模小于50亿元的22家公司中,仅有半数的公司具备完整的品牌文化体系,且雷同度高。

由此可见,证券公司经营规模和企业品牌文化建设是相互依存的关系:一方面,公司规模越大,往往更加重视品牌文化建设,重视品牌效应对社会、对客户的影响;另一方面,良好的品牌文化建设也会反作用于企业经营,帮助公司做大做强。

(二)问题与不足

1. 底蕴缺乏,客观原因不可忽视

一个公司的品牌文化不是一朝一夕就可以形成的。西方企业很多是家族式企业,经过几百年的传承从而形成了稳定、深入人心的品牌文化。我国现代企业制度确立较晚,证券业更是在改革开放之后才发展起来。我国证券公司都很年轻,尚缺乏底蕴的积累,其品牌文化建设往往雷同、缺乏特色,无法提炼出符合企业自身的内核,还需要不断通过实践积累才能逐步解决。

2. 格局尚小,社会责任意识不到位

证券公司是改革开放的最大参与者和受益者。如果没有改革开放40多年间我国经济的迅猛发展,没有中国特色社会主义市场经济理论和实践的强大支撑,我国资本市场不可能取得现在的成绩,证券公司也无法像今天这样蓬勃发展。然而,作为改革红利的受益者,我国证券公司企业品牌文化建设所体现的社会责任意识仍然不够,回报社会的格局尚小。除了个别大型券商提出了金融报国、回报社会等理念外,中小型券商的这种社会责任意识还没有充分体现出来，关注点大多集中在自身经营上。作为我国多层次资本市场的重要组成部分，证券公司理应志存高远，承担起更重的社会责任，更好地服务实体经济发展。

3. 安于现状，进取性、前瞻性、开放性不足

当今国际政治、经济、文化环境变幻莫测，竞争不断加剧，未来的国际竞争实际上也是不同国家背景的企业文化竞争。习总书记多次强调"没有高度的文化自信，没有文化的繁荣兴盛，就没有中华民族伟大复兴"。然而，目前我国证券公司的品牌文化建设整体上仍然安于现状，缺乏进取性、前瞻性和开放性。截至 2018 年 12 月 31 日，131 家证券公司总资产为 6.26 万亿元人民币，同期高盛集团总资产为 931 796 百万美元，折合人民币约 6.40 万亿元，高盛一家投行就超过我国全行业总资产，这无疑反映出我国证券公司规模过小、竞争力不足的残酷现实。随着我国金融开放格局的确立，外资机构在华的自由度和话语权都将提高，这将给国内券商带来巨大冲击，但大多国内券商仍相对闭塞，只看到了国内的竞争对手，没有足够的国际竞争危机感，真正立志打造具有国际竞争力券商的公司明显不足，现有的行业文化显然应该更有进取性。

4. 传统文化重视不够，难以形成特色

习总书记在十八届中央政治局第十三次集体学习时强调，抛弃传统、丢掉根本，就等于割断了自己的精神命脉。虽然我国证券公司成立时间不长，但可供证券公司吸取的传统文化养分却十分丰富。党中央提出的"全面建成小康社会"奋斗目标，就是在结合我国实际国情基础上吸收借鉴我国传统文化中"小康"思想精华，体现了对传统文化的继承与超越；"和平统一、一国两制"的伟大构想是对中国特有的"和合"思维的当代阐发；"依法治国，以德治国"的理念将传统法治思想和德治思想进行现代性转化；科学发展观秉承了"天人合一"的传统文化基因；习近平新时代中国特色社会主义思想深刻阐释了马克思主义中国化的文化内涵，其治国理政思想是对中国传统治国安邦、修齐治平思想的超越与转化；"人类命运共同体"理念是对"天下为公""世界大同""仁者爱人"思想的创新性发展。证券公司的品牌文化建设显然也可以借鉴我国优秀的传统思想，不仅可以形成有特色的企业品牌文化，还能够发挥出品牌文化的民族先进性，充分发挥国际竞争中的价值导向作用。某些地域文化同样很值得挖掘，如国元证券在其品牌文化建设中就嵌入了徽商文化，把徽商文化中"贾而好儒"的核心理念运用到企业经营中去，立志做到诚信经营、志存高远。其他诸如齐鲁文化、晋商文化、浙商文化等等地域性文化都是极具特色又有时代价值的，理应被更多的券商提炼、汲取和运用。

四、证券公司品牌文化建设的原则

（一）坚持党的领导

习总书记在全国国有企业党的建设工作会议上指出，坚持党的领导、加强党的建设是我国国有企业的光荣传统，是国有企业的"根"和"魂"，是我国国有企业的独特优势。我国大多数证券公司作为国有资产经营的践行者、实体经济发展的护航者有责任有义务固根镇魂，在品牌文化建设方面重视坚持和加强党的领导，成为贯彻新发展理念、全面深化改革的保障力量，成为实施"走出去""一带一路"建设等重大方针的攻坚力量。

（二）服务实体经济

我国资本市场发展的核心要义是利用资本市场发展实体经济。证券公司作为资本市场的核心力量，必须努力建设先进的投行和现代金融服务体系，在进行品牌文化建设时紧紧围绕服务实体经济的目标，砥砺前行。

（三）践行证券行业价值观

证券经营机构经过二十多年的发展，通过不断学习社会主义价值观理论和生产实践的洗礼，逐步提炼出证券行业核心价值观：国家层面——爱国、责任、奉献、服务；行业层面——诚信、合规、人文、普惠；个人层面——专业、勤勉、自律、成长。证券行业在品牌文化建设中践行行业价值观进而外化为行动力，可以为推动证券市场的健康发展和实现国家富强、民族振兴、人民幸福提供强大的精神动力。

（四）防控金融风险

目前在国际经济形势复杂、地缘政治风险增加、中美贸易战背景下，稳定的金融市场是经济平稳运行的基本保障。习总书记在 2018 年 7 月 31 日的中央政治局会上强调了"六个稳"，即"稳就业、稳金融、稳外贸、稳外资、稳投资、稳预期"，再一次把防控金融风险放到首要位置。证券公司的品牌文化建设要特别注意加强风控意识，提升金融风险防范能力和水平，学习国际先进金融管理技术，从内部制度建设上把金融风险降到最低。

五、加强和改进证券公司品牌文化建设的具体措施

（一）不忘初心，深刻学习和践行核心价值观

由国家政治理想、社会价值取向、个人行为准则三个层面构成的证券行业核心价值观是证券行业文化的灵魂，是全体行业从业人员的共同理念基础。证券公司应当发挥党员的模范带头作用，加大党建工作保障力度，深入学习和践行社会主义核心价值观和证券行业价值观。

（二）建章立制，完善内部各项规章制度

品牌文化建设一定要有健全的制度保障：及时建立和调整可调动各部门积极性的组织架构；始终把风险控制作为经营前提，建立完善的风险管理制度；进行科学规划、深入调研，制定出尽可能公平合理的绩效考核制度，创造良性竞争环境。

（三）与时俱进，提升专业能力，保障服务质量

提供让客户满意的产品和服务是证券公司立身之本，必须与时俱进、密切跟踪市场、定期开展专业业务学习，诸如邀请业务骨干、外部专家进行经验分享、专题教学，选拔基层优秀员工前往总部核心部门乃至国际国内优秀同行学习、轮岗、交流等。

（四）加强宣传，充分利用新媒体

随着新媒体时代的到来，企业面临新型的网络传媒环境。新媒体平台主要包括网站、手机应用、微博、微信、各类视频上传平台等，具有时效性强、参与度高、变化性大等特点。证券公司的品牌文化建设必须积极融入新媒体浪潮，注重引入熟悉新媒体特性的人才，构建品牌文化新媒体宣传团队，利用新媒体优势提高宣传频次和质量。

（五）全员参与，开展丰富的文化建设活动

企业品牌文化深入人心必然要求在对外宣传时做到真实饱满，相关活动落到实处、具有吸引力，充分调动公司内部员工的积极性，实现全员参与。以国元证券为例，定期举办的新春联欢会、元宵节"猜灯谜"活动让大家一同感受到公司愉悦的节日气氛；此外还组建了各类运动、文艺兴趣小组，让志同道合的员工相互交流、切磋，增进了解和信任，营造和谐上进的氛围。

六、小结和展望

党的十九大开启了全面建设社会主义现代化强国的新时代，站在改革开放40周年的时点上，我们任重而道远。金融是现代经济发展的核心；资本市场是金融体系的重要组成部分，牵一发而动全身；证券公司则是资本市场的重要参与者和建设者。面对未来更加开放的国内外竞争环境，我国证券公司理应志存高远，担负起资本市场服务国家战略的光荣责任和使命，在社会主义核心价值观引领下，在国家层面提倡爱国、责任、奉献、服务精神，行业层面倡导诚信、合规、人文、普惠意识，个人层面秉承专业、勤勉、自律、成长原则，建设进取、前瞻、开放的企业文化，发挥文化在证券公司品牌打造中的作用，践行"文化强国"战略，在做大做强自身的同时，服务实体经济，为实现我国经济健康持续发展和中华民族伟大复兴做出更大贡献！

参考文献

[1] 中国证券监督管理委员会. 中国资本市场发展报告 [R]. 北京：中国金融出版社，2008.

[2] 蔡咏. 实践的眼睛：证券公司与资本市场研究 [M]. 北京：中国经济出版社，2015.

[3] 中国证券业协会人力资源管理专业委员会行业文化建设课题组. 社会主义核心价值观引领下证券行业价值观的提炼与践行研究 [J]. 中国证券，2017 (10)：2—6.

[4] 王明胤. 企业文化定位·落地一本通 [M]. 北京：中华工商联合出版社，2016.

[5] 刘志迎. 企业文化通论 [M]. 合肥：合肥工业大学出版社，2004.

[6] 张华东. 证券业企业文化建设 [J]. 中国金融，2012 (5)：25—26.

浅析金融企业品牌文化建设与发展
——以天风证券为例

郭怡人 余 艳[*]

一、企业文化对金融企业的重要性

文化是一个民族和社会的血脉,是一个企业的灵魂,对企业的长期发展具有重大的作用。由于金融行业的特殊性,长期以来金融企业将更多精力放在资金与渠道上,容易忽视品牌文化建设在金融企业发展中的重要作用。在企业的实际发展中,企业文化主要有以下三点作用:

(一)聚集人才,稳定队伍

由于证券公司的特殊属性,青年人才的不断流入成为证券行业持续创新与发展的动力。青年员工刚刚走出象牙塔,进入社会,充满理想,胸怀壮志,能吸引凝聚青年员工的不单单是薪酬和职位,更重要的是企业文化。以天风证券为例,近年来天风证券凭借着优秀的企业文化吸引汇聚了诸多行业佼佼者,使得公司业务有了重大的突破。

(二)防范风险,合规经营

高盛是深谙永胜之道的老牌公司,而其得以永胜的法宝,就是建设强大的后台,形成人人合规的企业文化。高盛东南亚区合规负责人 Sean Mc Hugh 先生在采访中说过,高盛之所以在大风大浪中屹立不倒,不仅因为高盛的业务优秀,而且因为高盛的合规管理和风险控制同样优秀,后台与前台一样强,甚至比前台更强。

---

[*] 作者简介:郭怡人,余艳,就职于天风证券股份有限公司品牌管理部企业文化岗。原载于《中国证券》2019年第6期。

(三) 树立良好形象,提升品牌价值,增强企业核心竞争力

从某种程度上讲,金融机构最重要的是客户的信任感,优秀的企业文化能帮助企业树立良好的品牌形象,获得市场和客户的认可。

二、天风证券在企业文化体系化建设中的理论模型

企业文化的形成是一个长期积淀、顺势调整、臻于完善的过程。下面以天风证券为例,阐述其企业文化精要及企业文化体系化建设的理论模型——企业文化核心构成,即金字塔模型。

(一) 天风证券企业文化精要概述

天风证券将企业文化作为公司的生命线和基础,在长期发展中逐步形成了其独特的文化精要概述:"与客户共生共荣"的客户观和"以创业者为本"的人才观,这二者构成上升的双螺旋结构,形成天风证券的企业文化基因。

1. "与客户共生共荣"的客户观

作为一家以客户为中心的金融企业,"与客户共生共荣"是天风证券始终坚持的核心价值观。天风证券通过利用所有专业能力,提升资金的利用效率,提升经济运行的效率,综合运用各种金融工具满足客户的需求。

金融公司的利润来自客户,公司的口碑、形象、品牌同样来自客户。但是从客户角度来看,他们在金融资本面前往往显出弱势。天风证券作为一家年轻的金融企业,竭尽全力以客户为中心,推动客户成长,并在客户成长中享受其成长的收益。

2. "以创业者为本"的人才观

在智力高度密集的证券行业,竞争归根结底是人才的比拼与竞争,过去是人才为资本服务,而现在应该是资本服务人才。在天风证券内部营造创业的氛围,在合规风控的前提下,给一批有产业研究热情的金融人才提供施展的机会和平台。

(二) 天风证券企业文化体系化的理论模型——企业文化核心构成

1. 天风证券企业文化核心构成

所谓企业文化的体系化建设是指使企业文化各构成要素自身系统化、规范化以及各构成要素相互关系系统化、规范化,由此使企业文化各要素及各要素之间形成内在的有机联系,进而使这种有机联系的企业文化体系渗透于企业的经营管理体系中,成为企业基业长青的基因和动力。

自2000年成立至今,天风证券一直非常重视企业文化体系化的建设,让文化融入公司发展的方方面面,融入每个员工的血脉。为能更高效地抓住市场机会,锻造一支充满战斗力的队伍,企业文化是激发员工斗志、驱动员工创业热情的重要推手。通过企业文化让员工形成统一意志达成共识,引导全员合力协同,用企业文化聚焦,在战场上持续赢得胜利。在长期发展和实践中,天风证券形成了企业文化核心构成模型,并以此发展成由理论到实践的体系化结构(见图1)。

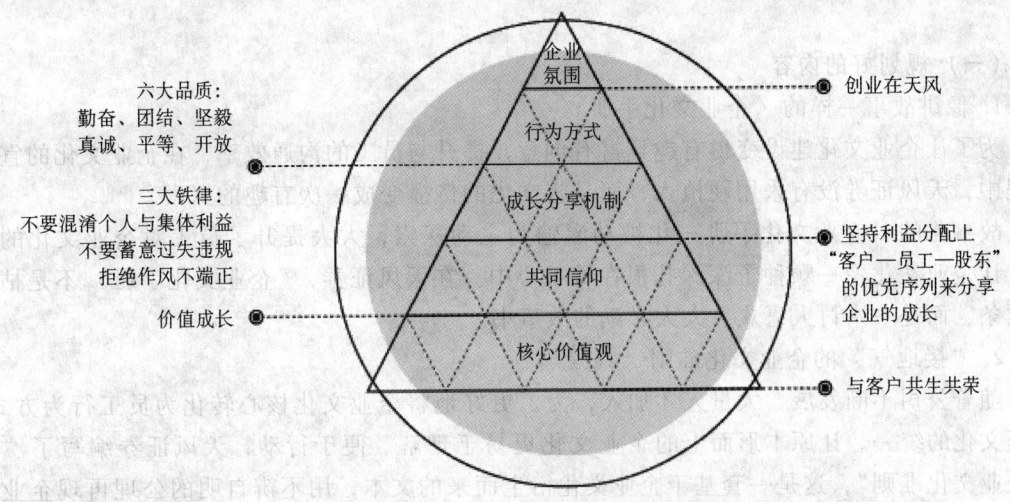

图1 天风证券企业文化核心构成(金字塔)

经过19年的发展,天风证券逐渐形成的企业文化核心构成(金字塔)承载着传播企业文化的重任,特别是对新入职的员工来说,结构清晰的金字塔模型能够让其感知天风企业文化的精髓。

2. 天风证券企业文化核心构成的传播学意义

金字塔模型不仅简洁易懂,其意义还远非如此,根据传播学重要理论之一的传播效果理论阐述,对受众接受的信息来说,传播效果分为三个层面:

第一个层面:认知结构的变化。金字塔模型讲述的不是深奥晦涩的道理,而是通俗易懂的观点,当受众(新员工)看到金字塔模型时,很容易领会天风证券所倡导的企业文化核心及提倡的行为规范,因而在认知层面有所增益。

第二个层面:态度和价值观的变化。金字塔模型顾名思义,深厚的基底是所有力量的来源,所以,金字塔最下面是天风证券最为核心的价值观。共同信仰、成长分享机制、行为方式以及文化氛围都是基于核心价值观,受众在接受核心价值观的同时,自身态度和价值观也在发生变化。

第三个层面:行为的变化。从认知到态度再到行动,是一个效果累积、深化和扩大的过程,天风证券企业文化核心构成(金字塔)实现了对受众从认知增长到态度转变的过程,受众认同天风证券的文化,就必然会从行为上有所改变。天风证券倡导的文化和行为,员工不仅理解、认同,而且形成统一意志达成共识,合力协同,从而做出正向的回应。

三、天风证券在企业文化体系化建设中的实践与反馈

天风证券为建立共同的价值观念和企业目标,从内容上紧扣企业发展战略,规划好的内容;通过线上线下相结合,让企业文化上传下达,建设好的渠道;让员工互通互动,举办形式丰富多样的企业文化活动,不断"搞事情"。在此基础上,只有不断地在实践中验证反馈,才能不断完善天风证券企业文化体系化的建设。

（一）规划好的内容

1. 像讲故事一样的《企业文化手册》

为了让企业文化建设变得有趣且富有创意，提升与员工的沟通效率，在企业文化的宣导过程中，天风证券没有采用硬植入，而是将文化的传播变成一次有趣的探索。

故事化的《企业文化手册》化被动灌输为主动探索，大大提升了员工对企业文化的兴趣，让企业文化像一颗种子深深扎根在员工心中。在天风证券，《企业文化手册》不是枯燥的教条，而是一本讨人喜欢、人人必读的故事书。

2. "接地气"的企业文化准则

随着公司不断发展，大量人才加入，为了更好地将企业文化核心转化为员工行为方式，保证文化的统一，让原本形而上的企业文化更易于理解、便于行动，天风证券编写了"天风企业文化准则"，这是一套基于企业文化衍生而来的文本，用不辨自明的公理再现企业文化的核心坚持，用源于公理的定律赋予价值具象指引，用公理定律给出具有操作性的行动倡议和建议（见图2）。

图2 天风企业文化准则

（二）建设好的渠道

1. 企业内刊——《风景》

天风证券创办内刊已10年有余，2015年内刊升级更名为《风景》。《风景》内容紧跟企业发展战略，继续传承以人为本地传递企业文化的使命，记录天风人的创业故事，反映天风人不断进取的态度。

2. 微信公众号——橙色星系

2016年，天风证券创建自媒体平台——"橙色星系"微信公众号，打造天风人的文化社区，大大提升了传播频率和传播效果。

3.《风景》通讯员大会

为增进总部与各分支机构、各分支机构之间的企业文化沟通，天风证券不定期召开

《风景》通讯员大会，使通讯员更好地理解与感受企业文化，成为企业文化的传播因子，以及提升通讯员工作的专业能力，巩固双向沟通渠道，将他们打造成为企业内部的KOL（关键意见领袖）。

（三）不断"搞事情"

为了更好地将企业文化落到实处，用优质的企业文化感染人、塑造人、丰富员工的生活，天风证券积极举办各项文化活动。

1. 场景化——有感染力的文化氛围

营造良好的工作环境和企业文化氛围，在公司办公区域张贴主题海报，激发员工斗志。

2. 互动化——有趣的互动方式

（1）天风2018日历征集活动。天风证券2017年举办"天风365"企业文化活动，号召全体员工参与制作天风2018年日历，将自己在天风的工作感受和生活体验通过日历中的文字传递。

（2）"来！捡书吧"。天风证券2018年5月4日（五四青年节）和2019年4月23日（世界读书日）举办"来！捡书吧"大型读书社交活动，在办公区投放共计500余本图书，员工"捡书"、读书、传递书，营造了积极向上的读书学习气氛。

3. 仪式化——让员工得到激励和反馈

"勋章学长授勋"仪式。为了更好地践行公司内部的"学长文化"，树立忠于职守、热于奉献、持续奋斗的勋章学长精神，从2015年开始，公司开展"勋章学长授勋"活动，设立"学长授勋日"，为入职年满5年、10年、15年的员工颁发学长勋章，肯定他们在天风的付出和努力。学长勋章的颁发也大大激发了员工的融入感和归属感。

（四）企业社会责任融入企业文化

企业的成长伴随着责任的承担，而责任也驱使着员工成长。

2018年初，天风证券在全公司开展"橙色暖阳"助学计划公益筹款活动，员工热心参与并筹集大批善款以及学习用品。2018年6月，天风证券为来自公司"一司一县"结对帮扶国家级贫困县房县和利川的小朋友安排与奥运冠军见面、听天风学长的财商课、观看跳水世界杯开幕式等活动。

天风证券将精准扶贫与企业文化紧密地融合在一起，用更贴近的方式让更多人了解，让更多的力量参与进来。下一步，天风证券将继续贯彻落实中国证监会关于"资本市场服务脱贫攻坚"的相关要求，加大资源投入和金融支持力度，加强金融协同和资源对接，帮助结对帮扶贫困地区深化脱贫攻坚，提高脱贫质量。

（五）关爱员工活动

天风证券每月举办生日会，当月过生日的同事与非过生日的员工一起分享生日的喜悦。母亲节，公司为每位员工准备了礼物。公司每年还会举办趣味运动会，吸引上百名员工参加，在提升员工身体素质的同时增强团队间、部门间的交流合作，提升员工的凝聚力和合作精神。

(六)党建活动

天风证券为认真贯彻落实党的十九大报告精神,以为人民群众服务为核心,以提升党员整体素质为主线,结合天风证券实际情况,更加注重党员干部的思想引领,更加注重党组织的合力凝聚,更加注重党建服务大局的效能发挥,为天风证券的各项工作提供强有力的组织保障。

在思想政治建设方面:深入学习贯彻党的十九大精神,抓好思想政治工作,夯实党员干部思想基础。督促基层党组织主抓党员教育,提升党员素养,进一步深化学习型党组织建设。在马克思200周年诞辰和建党97周年之际,天风证券组织党员干部赴长沙、韶山、宁乡等地开展红色革命教育,追寻革命足迹,追溯红色记忆,传承红色基因。

在组织建设方面:按照年度发展党员计划完成了对党员、预备党员、入党积极分子、团员的确认工作。新党员参加党务知识培训,不断提高机关党建工作水平,激发组织活力,进一步夯实组织基础。

在智慧党建方面:天风证券与湖北人民政府签署"一司一县"结对帮扶合作协议后,为中共房县县委、房县人民政府"智慧党建"系统与精准扶贫工作引入大数据技术与服务。

在党群共建方面:坚持开展足球、羽毛球、瑜伽等各类文体活动,较好地展现了天风人团结、有活力的文化氛围。

四、结语

企业文化体系化建设一方面是企业文化建设深入、持久和有效的内在要求和重要保证,另一方面也是企业可持续发展的必要前提。通过以上研究,我们也更加深刻地认识到金融企业文化建设对企业的发展具有重大意义,要想文化建设深入人心,持久有效,必须建立体系化的企业文化。

天风证券处在新的发展阶段,我们相信,独有的企业文化能让我们继续披荆斩棘,继续奋进前行,在成为"国际化综合金融集团"的路上走得更远,为国家供给侧结构性改革、经济转型升级贡献力量。

参考文献

[1] 罗志荣. 企业文化体系化意义何在 [J]. 企业文明, 2009 (04): 20—22.

[2] 焦洋. 企业文化与品牌文化关系的研究 [D]. 首都经济贸易大学, 2009.

[3] 王滨, 刘晓宇, 刘亚明. 企业文化在现代企业发展中的作用 [J]. 知识经济, 2016 (19): 91 + 93.

文化引领　助力"四个一流"战略愿景
——广发证券企业文化建设实践

孙树明*

党的十九大报告指出，文化是一个国家、一个民族的灵魂。文化兴国运兴，文化强民族强。企业是社会的细胞，优秀的企业文化是中国特色社会主义文化的重要组成部分。广发证券在发展壮大过程中，始终坚持培育优秀的企业文化，坚持传承与发展并重，坚持文化建设与日常经营相结合，坚持价值创造与履行社会责任相结合，打造良性企业发展生态，引领企业高质量发展。

一、坚持传承与发展并重

（一）文化根基深厚

广发证券在市场上一直被视为一家有文化的公司，从根本上说是因为在成立之初，公司经营管理层就高度重视企业文化工作。早在1993年，陈云贤博士就提出了"团结、开拓、求实、高效"的广发证券精神；1998年，形成了广发证券特色企业理念和行为准则；1999年，发布了较为系统的企业文化纲要，明确了"知识图强，求实奉献"的核心价值观，对公司的发展战略、企业精神、公司行为规范、人才观、实现机制、评价标准等方面做出了阐述。由陈云贤博士创作的司歌《未来荣光》在广发传唱至今，指引广发人不断飞越梦想、开拓未来。广发证券经历过中国资本市场大大小小各种风浪，但总体发展一直较为平稳，而公司能够发展成为中国资本市场上的一支重要力量，广发证券特有的企业文化功不可没。

（二）文化薪火相传

2013年，在公司发展即将迈入1/4世纪之际，公司启动了战略重点项目——企业文化

---

* 作者简介：孙树明，广发证券股份有限公司党委书记、董事长。经济学博士、高级经济师，中国上市公司协会副会长，中国证券业协会副会长，上海证券交易所理事，深圳证券交易所监事。原载于《中国证券》2019年第12期。

传承与发展项目，由笔者亲自挂帅，担任项目领导小组组长，林治海总裁担任项目领导小组副组长，经营班子为领导小组成员，各单位负责人为工作小组成员。2015年，在继承广发文化DNA的基础上，颁布了新版企业文化纲要，成为引领公司发展的纲领性文件。新版企业文化纲要的核心内容主要包括：使命是以价值创造成就金融报国之梦；愿景是成为具有国际竞争力、品牌影响力和系统重要性的现代投资银行；核心价值观是知识图强，求实奉献，客户至上，合作共赢；经营管理理念是稳健经营，持续创新，绩效导向，协同高效。由此可以看出，我司企业文化纲要与中国证券业协会发布的《证券行业文化建设倡议书》高度契合。

（三）文化战略引领

新版企业文化纲要基于现实、传承历史、面向未来，有较强的前瞻性，集中体现了广发证券的发展途径、价值追求和经营原则，进一步奠定了公司持续发展的文化根基。在广发文化的指引和支撑下，2017年底公司启动新一轮五年战略规划：为落实"客户至上"核心价值观，新五年战略规划以"客户中心导向"为纲领；为实现"成为具有国际竞争力、品牌影响力和系统重要性的现代投资银行"愿景目标，新五年战略规划将新阶段的战略愿景定位于"四个一流"，即一流的资源配置型投行、一流的财富管理机构、具有国际竞争力的一流投行和具备全面风险管理能力的一流投行。广发证券坚持不懈继续推进企业文化建设，带领全体员工励精图治、奋发图强，为促进中国资本市场发展和实现中华民族伟大复兴的"中国梦"贡献力量。

二、坚持文化建设与日常经营管理相结合

广发证券力求将核心价值观和经营管理理念全面融入团队建设、日常管理、制度和流程等环节，把企业文化建设与日常经营管理真正融合起来，使企业文化转化为公司发展的强大动力。

广发证券企业文化建设遵循统一部署、协同联动、全员参与、共同建设的原则，由党群工作部统一推进，战略发展部、董事会办公室、人力资源管理部等多部门协同配合，总部各部门、各分支机构、各全资子公司逐级落实，形成系统化的企业文化管理体系。公司企业文化管理的组织结构分为三层：领导层（企业文化领导小组），推进层（党群工作部为主体，战略发展部、董事会办公室、人力资源管理部等职能管理部门协助）和执行层（各单位企业文化落实小组）。在完善的企业文化管理体系框架下，企业文化管理职能到位，企业文化活动开展活跃，员工参与积极性高。

（一）坚持全员参与

在新版企业文化纲要制定过程中，调研问卷覆盖全体员工，文化访谈覆盖全部中高层管理者。在新版企业文化纲要落地过程中，组织全员开展文化宣讲活动、文化研讨活动、行为改进活动、故事案例征集活动等，夯实了企业文化建设的群众基础，落地成效明显。

（二）坚持载体创新

在充分利用和发挥传统宣传媒介的基础上，利用"互联网+"的高效便捷和交互性，创新活动载体。充分利用官网官微、内部办公系统、办公墙、员工饭堂、荣誉室、VI等物化宣传媒介传播公司文化理念。深入挖掘企业内部典型故事案例，制作企业文化故事汇微视频，潜移默化地引导员工进行行为改进，将文化理念转化为行为习惯。

（三）坚持"四个结合"

企业文化建设坚持与党建工作、工会工作、公益工作和业务工作相结合。坚持在公司党委的领导下开展企业文化工作，提升员工政治意识、使命意识和责任意识，找准工作方向；依托工会组织优势，通过人文关怀活动、文化体育活动、劳动技能竞赛和评优表彰活动等，不断增强企业凝聚力和向心力；通过社会公益活动，履行企业公民责任，践行公司核心价值观；结合公司日常业务活动，渗透企业文化理念，坚持用专业服务为客户创造价值，切实发挥文化对业务的促进作用。

（四）坚持制度化建设

开展企业文化制度匹配性审计工作，对照新版企业文化纲要对公司制度进行全面审查，检视各项制度背后的立法精神与价值观、经营管理理念是否一致，对不符合企业文化纲要的制度进行改进或废止。用文化来指导制度，用制度来塑造、约束或激励所有员工，解决了企业文化和企业管理"两张皮"的问题。落实核心价值观考核，将价值观考核纳入员工绩效考核制度中，将文化建设与绩效管理深度结合。

三、坚持价值创造与履行社会责任相结合

（一）先行先试，行业典范

作为资本市场的重要参与者，广发证券始终将自身价值创造与国家经济社会发展紧密结合，积极响应国家经济政策，通过价值创造服务实体经济，支持国家产业转型升级。"致富思源修公德，铁肩道义著华章"，广发证券不仅在资本市场有较强影响力，在履行社会责任方面也先行先试，通过扶贫济困、捐资助教、抗灾救灾等一系列行动，发挥专业优势，为社会贡献力量。

（二）平台运作，传递大爱

自1991年成立以来，广发证券就已经开始了公益的旅程，先后在全国12个省捐建"广发希望小学"20余所，连续5年捐赠"南粤山区优秀教师奖励基金"，持续支持农村教育事业发展。公司成立了我国证券行业注册资金规模最大的企业慈善公益基金会——广发证券社会公益基金会，通过扶贫济困、捐资助教、抗灾救灾等一系列行动，为社会贡献力量，成为证券行业公益实践典范。作为第一家与联合国粮农组织合作的中国企业，开展"联合国可持续发展目标示范村"项目，从农业产业发展着手，以农民田间学校为载体，通过"互联网+农业+金融"的模式，对贫困地区进行全方位帮扶。

(三) 对口帮扶，成效显著

为积极落实国家扶贫战略部署，响应广东省委省政府和中国证监会、中国证券业协会的号召，广发证券积极参与国家、省扶贫工作，先后帮扶广东省乳源县龙溪村、广东省乐昌市百家洞村和天井岗村，结对帮扶国家级贫困县海南省五指山市，充分发挥金融机构专业优势，金融扶贫、产业扶贫、教育扶贫、公益扶贫多措并举，形成证券行业精准扶贫的巨大合力。

广发证券作为行业领先的头部券商，将不忘初心，把握有利外部条件和自身优势，弘扬广发优秀企业文化精神，进一步巩固文化建设成果，提升专业服务能力，为促进行业文化建设和资本市场发展贡献智慧和力量。

以文化融合为契机 重塑文化建设价值体系

蔡 咏*

国元证券自2001年成立之初，就从实施CIS管理体系入手，以文化融合为契机，重塑文化建设价值体系，提出"打造百年老店"的战略愿景和"为您创造美好生活"的责任使命，凝练"团结、敬业、求实、创新"的企业精神和"诚信为本、规范运作、客户至上、优质高效"的经营理念，确立"诚信立足市场，服务创造价值"经营口号，成为国元证券企业文化的核心内涵和稳固基石，完成了企业文化创建与规范、成熟与深植、转型与创新的三个步骤，在实践中不断丰富完善企业文化内涵，引领公司改革创新发展，形成具有国元特色的企业文化体系。

一、合规、风控：稳健运行的指南针

国元证券始终秉持"依法合规、稳健经营"的价值理念，是业内较早提出"业务发展，风控合规先行"的券商。2009年制订《员工合规手册》、34项基本管理制度、504项公司规章、205项部门规章，嵌入业务经营和日常管理的各方面，具体固化企业的价值观念。通过"董事会—经营层—内控部门—业务部门风控岗"的四层风控架构，事前、事中、事后的全流程风险管理机制，独具国元特色的"12345"风控体系（"12345"风控体系的"1"是指一个风控理念，即"风险控制是公司的生命线"；"2"是指双重风控体制；"3"是指三道风险防线；"4"是指四层风控架构；"5"是指五大风控支柱），全员共享的《内控手册》，无死角的内控矩阵，将防范化解经营风险落实到业务的每个环节。

风控合规意识已融入国元人的血液，成为国元人的行动自觉。国元证券经历证券市场多

---

* 作者简介：蔡咏，高级经济师，国元证券股份有限公司原党委书记、董事长，安徽国元金融控股集团公司党委委员；中国证券业协会理事、人力资源管理专业委员会主任；中国证券行业文化建设委员会顾问；亚洲金融智库研究员；中华全国工商业联合会并购公会常务副会长、永久理事，全球并购研究中心理事会副主席；中国人民大学国际并购与投资研究所理事；安徽省证券期货业协会名誉会长；深圳证券交易所战略发展委员会委员；上海证券交易所博士后导师；安徽财经大学客座教授。原载于《中国证券》2019年第12期。

年风雨,始终平稳有序运行,未发生重大经营风险或廉洁风险,多次被评为"上市公司内部控制百强企业"。

二、诚信、守约:安家兴业的根基

国元证券继承了徽商文化"以信取义、义利并举"的优良基因,制订了《诚信管理暂行办法》,将诚信贯穿于每一项工作和流程之中。公司作为较早上市的证券公司,数十年如一日地严把信息披露关,未被深交所出具一份监管函,未发布一例更正公告,连续12年被深交所评为最高等级A。与众多客户保持长期稳定的合作关系是公司"诚信立足市场,服务创造价值"的最好诠释。如自2008年保荐科大讯飞上市起,该客户6次将再融资、并购等资本市场服务交由国元证券,因双方的良好合作,"中科大系"的科大智能、科大国创、科大国盾量子的上市、并购重组均由国元证券承做。其中,科大国盾量子也是安徽首家科创板企业,赢得了市场良好的口碑和赞誉。

三、专业、创新:持续发展的动力源泉

国元证券秉持"业务有分工,创新无边界"的价值理念,以客户需求为核心,将专业、创新的价值理念落实到经营管理的全过程中。2006年第一批在香港设立全资子公司——国元国际,第一批开展"深港通"业务资格,不断提升跨境金融服务能力。整合投行、信用、资管、投资、区域市场等多业务条线融合作业,创立"投行+"服务实体经济模式,通过整体上市提高证券化率、股权回购和转换等手段,开创了安徽省内五种国企混改模式,为实体经济发展贡献金融智慧。

"金数据"项目取得了三项国家发明专利,专利数在证券行业排名第一位。"证券个性化服务关键技术与服务系统研究"研发项目,获得"安徽省科学技术奖"科技进步类三等奖,是业内首家荣获省级以上科学技术奖的证券公司。国元证券的专业服务水平、创新能力提升构建了持续发展的核心竞争力,驱动和赋能业务良性发展。

四、责任、担当:回馈社会的应尽之责

国元证券大力倡导企业社会责任价值理念,服务实体经济,支持公益事业,践行投资者教育,勇担社会责任。积极响应国家及监管机构服务实体经济号召,在"一带一路"、中部崛起、长三角一体化、粤港澳大湾区等建设方面,始终走在服务实体的一线,近3年来累计为各类企业融资2 000多亿元,连续7年在安徽省支持地方经营业绩考核中荣获"优秀"等次。累计向社会捐赠资金7 000多万元,对口帮扶寿县、太湖、六安裕安区3个国家级贫困县,开展智力、金融、产业及消费等多元化精准扶贫;在全国20多所高等院校设立"国元证券奖助学金",投行员工自发成立"雪莲花爱心基金"等,每年资助2 000多名在校贫困学子。打造了安徽省首家证券投资者教育基地,目前申报"国家级投教基地"正在公示阶段;校企合作连续多年举办"国元证券杯"安徽省大学生金融投资创新大赛,创新投资者保护内涵,成为推动投资者教育纳入国民教育体系的创新实践。

五、人文、和谐：员工成长的内在凝聚力

国元证券倡导公司与员工共同发展的价值理念，激发员工热情，关爱员工成长。建立文化内刊《国元证券报》、企业手册《文化的力量——国元证券企业文化建设探索与实践》和公司荣誉室，成为公司文化信息上通下达的重要沟通渠道和树立企业品牌形象、实现软公关的舆论宣传阵地。编辑出版《闪光的足迹》，记录公司发展历程，成为承载企业文化"内生"与"外化"的载体。创作司歌《团结铸千秋》，进一步增强员工认同感和归属感。推动各层级员工培训，为员工创造更多的职业发展空间。实施员工持股计划，成为业内首家实施员工持股的A股上市券商，将员工利益与公司长期发展绑定，提高员工凝聚力和公司竞争力。

六、新时期，新作为

党的十九大以来，国元证券积极配合并参与中国证券业协会文化建设相关调研，承接相关课题，撰写《推动证券行业文化建设与道德风险防控，引领行业高质量发展》《加强和改进证券公司品牌文化建设，发挥文化在证券公司品牌打造中的作用》和《社会主义核心价值观引领下证券行业价值观的提炼与践行研究》专题调研报告，先后两次荣获中国政研会和中证金融政研会优秀研究成果一等奖。

2019年11月21日行业文化建设动员大会召开，易会满主席在证券基金行业文化建设动员大会上的讲话指出，文化建设是资本市场健康发展的支柱，良好的行业文化是行业软实力和核心竞争力的体现，阐明了新时代证券行业文化的核心理念和内涵，明确了今后行业文化建设的路线图和关键举措，开启了行业文化建设的崭新阶段。2019年11月21日，中国证券业协会正式成立"中国证券行业文化建设委员会"，笔者也被邀请成为委员会顾问，为行业的企业文化建设贡献一分力量。

国元证券第一时间组织专题会议，贯彻落实大会精神，明确公司下一阶段文化建设方向和思路，具体部署了行业文化建设"宣传倡导期"的各项工作任务，为打造"合规、诚信、专业、稳健"的行业文化做出更大努力：一是切实加强组织领导，成立党委统一领导、经理层大力支持、专门部门协调指导、业务条线具体实施的企业文化建设领导机制；二是对标行业文化建设总体要求，优化公司文化建设规划，加快文化建设行动方案落地；三是完善业务部门考核激励制度中与目前行业文化建设要求不相适应的部分，将行业文化建设镶嵌在各业务条线发展中；四是坚持不懈做好企业文化建设，通过长期聚集、久久为功，切实发挥文化建设对企业乃至行业的精神支撑和价值引领作用。

践行"中泰共识" 推进高质量发展

李 玮*

近年来,中泰证券股份有限公司持续加强文化建设,系统归纳自身文化要素,开展顶层设计,推进基层实践,构建了以"中允行健,明德安泰"为核心价值观的"中泰共识",自觉契合了"合规、诚信、专业、稳健"的行业文化精神实质和内在要求,有效推动了公司文化建设进程和经营管理开展。下一步,公司将不断加强和完善文化建设,为推动公司实现高质量发展提供有力支撑。

一、高层引领,强化顶层设计

公司文化曾经经历过聘请外部机构、组织内部团队进行顶层设计的过程,但效果不佳。在总结经验的基础上,中泰证券实施了高层亲自进行顶层设计这样一种效率最高的设计方式,创造了公司高层进行企业文化顶层设计的范例。十多年来,主要领导以强烈的历史责任感和使命感,谋划公司发展大计,规划公司发展战略,对于公司的发展方向、管理思想、经营理念、道德观和员工行为规范等有过许多精辟的论述,对公司文化内涵做出许多精确解读,成为公司文化的重要内容和权威阐释。2015年,利用公司更名改制契机,公司领导在领导班子(扩大)读书会上,系统地提出了公司使命、愿景、经营理念、中泰精神、道德观等文化新理念。公司高层虚心纳谏,广泛听取干部员工的意见建议,将公司字号含义——"中允行健,明德安泰"确定为公司的核心价值观,列入公司文化理念条目中的首条,强化核心层文化导向作用,形成了凝聚公司广大干部员工智慧的"中泰共识"。2018年,公司专门召开发布会,正式推出公司文化理念,并得到干部员工普遍认同。

---

* 作者简介:李玮,中共党员,博士,高级会计师。现任中泰证券股份有限公司党委书记、董事长,兼任中泰金融国际有限公司董事长。历任莱芜钢铁总厂财务处副处长、处长;莱芜钢铁股份有限公司财务部主任、副总经理;莱芜钢铁集团有限公司副总经理、总会计师、董事;鲁银投资集团股份有限公司总经理、董事长;齐鲁证券有限公司党委书记、董事长等职。原载于《中国证券》2019年第12期。

二、全员参与，推动基层践行

"有一个梦，从来就有……"，《一起加油》的司歌与"中国梦"遥相呼应，扣人心弦；"四全精神"成为公司上下追求卓越的精神标杆；"四个至上"的经营理念张口即来，日益深入人心；"七个倡导、七个反对"的道德观，也是耳熟能详，令人警醒。"中泰共识"正在公司全体员工内心落地生根，这正是推动基层实践的结果。

中泰证券从理念设计伊始，就注重引导全员参与。2017年，公司开展文化理念梳理工作，以座谈、研讨、提交书面建议等多种形式，充分挖掘广大员工的群体性智慧和创造性思维，进一步丰富了文化理念内涵。

2018年以来，中泰证券大力开展文化宣讲工作，组织宣讲20余场次。各类重要培训中，文化理念培训成为必讲课程。通过宣讲，广大干部员工深化了对理念内涵和实践要求的理解和把握，增进了文化认同，成为"中泰共识"的积极践行者。

中泰证券注重文化建设的宣传力度，及时报道践行企业文化的优秀案例，在群众体育、文艺会演、党建共建等各项主题活动中融入公司文化因素，进一步提升了广大员工的文化意识、合规责任、职业荣誉，营造了浓厚的文化氛围。

三、注重融合，发挥文化效能

中泰证券认为，文化建设和经营管理工作是企业发展的"一体两翼"，不可或缺。在推进企业文化建设过程中，坚持围绕中心、服务大局，十分注重文化与经营管理工作的深度融合，克服文化建设自弹自唱的老毛病，提出要将文化态度考察列入招聘环节，将文化理念学习列入培训环节，将文化理念考核列入后备干部和人才选拔环节，要求企业文化进管理、进活动、进网点、进岗位、进家庭，发挥文化对确立公司发展战略、经营方针和管理方式的导向作用，发挥文化在制度建设中的引领作用，发挥文化对公司改革创新发展的推动作用，为推进公司高质量发展注入了强大动力。

中泰证券专门召开全员合规风控大会，要求各级干部员工进一步树牢"合规风控至上"经营理念，真正将合规经营从"监管要求"转变为"自我需求"，将合规风控打造成核心竞争力，为建设高质量现代投资银行保驾护航。2019年以来，公司合规风控工作取得实质性成效，违规事件数量显著下降，重大违规事项得到了杜绝。公司积极配合中国人民银行等单位落实反洗钱工作基本制度，加强重点区域风险防控，开展形式多样的反洗钱宣传培训活动，反洗钱各项工作成效显著，近两年来在中国人民银行济南分行反洗钱分类评级中连续被评为AA级。公司坚持规范发展新三板业务，努力为中小企业发展和多层次资本市场建设做出应有贡献，推荐及持续督导挂牌企业数量、融资金额和执业质量评价，均位居行业前列。

四、突出特色，打造文化品牌

中泰证券文化特色鲜明，突出地表现在三个方面：
一是体现了公司创新创业的不凡足迹。公司围绕"化解风险——规范运作——创新发展"这一主线,通过解决历史遗留问题、增资扩股、规范运作、整合山东证券资源,解决了生存问题,拓展了发展空间,造就了公司文化开放、包容、稳健、进取等特质和神韵。

二是始终与行业改革发展命运与共。公司坚持科技是第一生产力、人才是第一资源,坚持完善资本补充机制,坚持风控合规底线不动摇,坚持以改革促进发展、以创新驱动发展,适应了行业的转型升级,也使公司文化打下了深深的行业文化烙印。注重把"合规、诚信、专业、稳健"的行业文化理念和要求与公司文化理念相对接,使其融入公司经营管理全过程。

三是坚持传承优秀中华传统文化基因。公司根植于齐鲁大地、孔孟之乡,天然携带着传统文化的基因,秉承儒家文化诚实守信、义利并举等思想,在追求自身发展的同时,积极履行依法合规经营、推动资本市场发展、提升员工职业价值、维护社会和谐稳定、承担企业公民责任等社会责任,彰显了公司致力于服务实体经济、让投资者充分分享经济发展的财富成果、助力实现资本市场中国梦的文化情怀。

五、拥抱机遇,助力行业文化

文化自信是一个国家、一个民族发展中更基本、更深沉、更持久的力量。党的十九届四中全会提出,必须坚定文化自信,牢牢把握社会主义先进文化前进方向,坚持和完善繁荣发展社会主义先进文化的制度,巩固全体人民团结奋斗的共同思想基础。2019年11月21日,中国证监会召开证券基金行业文化建设动员大会,作出加快建设"合规、诚信、专业、稳健"行业文化的决策部署。

新形势催生新机遇。中泰证券决心按照监管部门、自律组织的部署和倡议,积极主动把行业文化建设与自身文化建设紧密结合起来,把行业文化建设的基本要求嵌入业务流程、内部控制、合规管理之中,建立健全长周期的考核评价体系和收入分配机制,培养和锻炼一批道德操守过硬、作风优良、业务精通的高素质金融人才,筑牢珍惜职业声誉、恪守职业道德的思想防线,在常抓与抓长上下功夫,在落细、落小、落实上下功夫,切实担负建设行业文化、防范道德风险、履行社会义务的主体责任,真抓实干、持续用力、久久为功,把公司文化建设提高到一个新水平,努力成为加强行业文化建设、防范道德风险的"排头兵"。

新时代证券行业以党建引领企业文化建设研究

中国证券业协会人力资源管理委员会行业文化建设课题组*

一、研究的背景与意义

习近平新时代中国特色社会主义思想开辟了马克思主义中国化的新境界，是全党全国人民为实现中华民族伟大复兴而奋斗的行动指南。党的十九大报告指出，"深化金融体制改革，增强金融服务实体经济能力，提高直接融资比重，促进多层次资本市场健康发展"。习总书记在全国国有企业党的建设工作会议指出，坚持党的领导、加强党的建设，是我国国有企业的光荣传统，是国有企业的"根"和"魂"。企业文化是企业的灵魂，只有适合时代特征、符合行业及自身发展规律的企业文化及其有效践行才能使企业生生不息。

我国证券行业以国有证券公司为主体，证券行业的党建工作与企业文化建设工作是同向一致的。国有证券公司党组织工作的出发点和落脚点是提高企业效益、增强企业竞争实力、实现国有资产保值增值。研究与探索新时代证券行业以党建引领企业文化建设，找到推动党建工作与企业文化建设、经营管理深度融合的新规律、新对策，无疑对我国金融和社会经济的发展具有十分重要的现实意义。

二、新时代我国证券行业以党建引领企业文化建设现状

（一）我国证券行业发展及证券公司现状

党的十八大以来，资本市场迎来改革发展新时代，证券行业紧扣风险防范和稳定发展，不断完善各项基础制度，持续深化多层次资本市场改革，证券行业服务实体经济和供给侧改

---

* 课题组成员简介：周兵，中国银河证券股份有限公司人力资源部董事总经理；王欢星，中国银河证券股份有限公司人力资源部副总经理；张宇，中国银河证券股份有限公司人力资源部高级副经理。原载于《中国证券》2019年第6期。

革的能力稳步提升。截至2017年底（下同），全国共有证券公司131家，其中，在沪、深证券交易所上市的证券公司30家，在香港联交所上市的证券公司14家，在全国股权转让系统挂牌的证券公司7家，中外合资证券公司11家。证券公司总资产6.14万亿元，净资产1.85万亿元，客户交易结算资金余额（含信用交易资金）1.06万亿元，托管证券市值40.33万亿元，受托管理资金本金总额17.26万亿元。2017年证券公司全年实现收入3 113.28亿元，实现净利润1 129.95亿元，行业净资产收益率为6.11%。证券公司已注册从业人员35.07万人。

（二）我国证券行业以党建引领企业文化建设情况调研

中国证券业协会（以下简称"协会"）一直以来重视推动行业文化建设。在总结历年证券行业企业文化建设研究的基础上，着手探索在新时代对证券行业的新要求下，证券行业如何以党建引领企业文化建设的实践规律，以促进证券行业、金融行业乃至整个社会经济的持续健康发展。为此，协会人力资源管理委员会课题组召开了由11家代表性证券公司参加的专项研讨会，提出了思路，进行了全行业的问卷调查并对10多家代表性公司的案例进行了深入研究。

1. 问卷调研

协会向全行业131家证券公司及其证券子公司发放了调查问卷，共回收有效问卷100份，占比达76%。行业中总资产前20名的证券公司有18家进行了反馈。100家证券公司中，国有控股为64家，民营17家，外资2家，合资6家，其他（指没有控股股东的混合所有制企业）11家。问卷调研结果如下：

（1）党组织覆盖了除4家外资背景公司外的所有其他证券公司；67%的公司设有专门的党建部门；员工中党员占比为24%；党建部门专职人员占员工的0.15%。

在调查的100家证券公司党组织中，86家设立党委，3家为党总支，7家为党支部，4家外资背景证券公司未有党组织覆盖。100家证券公司共下辖党委81个，党总支313个，党支部3 920个，党员60 809人，党员占251 909名员工的24%。其中64家国有控股证券公司的员工中党员占比为26%。

67家证券公司设有专门的党建部门，22家公司的党建由综合办公类部门承担，7家公司有党组织覆盖，但公司内无专职的党建职能部门。接受调查的公司中，有375人从事党建专职部门的工作，占员工总数的0.15%。

（2）大型证券公司多由党委来统筹推进企业文化建设。对于"谁是公司统筹推进企业文化建设的主体？"这个问题，100家证券公司中，选"党委"的49%，选"党委及经营管理层"的15%，选"经营管理层"的36%。在18家大型证券公司中选"党委"的14家，占78%；选"经营管理层"的1家，占6%；选"党委及经营管理层"的3家，占17%。

对于"贵公司在企业文化建设由哪个部门具体负责推动？"这个问题，100家证券公司的回答中，有17家公司由多部门共同主导企业文化建设，有83家由单部门主导。多部门主导模式下的部门构成包括办公室（党委办公室/总经理办公室）、工会、团委、党委专门部门、人力资源部。

83家单部门主导模式下的主导部门及占比如下：综合类部门61家，占74%；人力资源部门10家，占12%；品牌公关类部门4家，占5%；战略部门4家，占5%；文化部门2

家，占2%；其他类部门2家，占2%。

（3）"合规""专业""责任"三个关键词在证券行业的经营战略与企业文化内涵中不断得到强化。2012年以来，100家证券公司中，有44家逐步调整了经营战略，调查显示，100家证券公司有40家调整企业文化（核心价值观）表述，18家大型证券公司中有11家进行了调整。

针对"2012年以来，按顺序以下哪些方面是贵公司在战略与文化实践中不断强化的？"的问题，参与反馈的100家证券公司中，"合规"占84%，"专业"占45%，"责任"占40%，"创新"占38%，"协同"占37%，"客户"占34%；18家大型证券公司的选择占比是："合规"72%，"创新"56%，"客户"50%，"责任"33%，"专业"33%，"协同"28%。

以上显示，对整体而言，"合规""专业""责任"是证券公司进入新时代不断强化的最重要的三大主张；对于大型证券公司而言，除"合规"外，不断强化的战略与文化元素是"创新"与"客户"。"创新"与"客户"是稳固他们行业地位的关键要素。

（4）党组织的学习与活动、工团活动成为证券公司在践行企业文化时最重要的形式和手段。在回答"贵公司在企业文化建设方面有哪些手段与形式？"时，100家证券公司中，选择"培训"的占90%，选择"主题活动"的占88%，选择"党组织的学习与活动"的占87%，选择"工团活动"的占86%；18家大型证券公司的选择是："党组织的学习与活动"占100%，"主题活动"占100%，"工团活动"占94%，"培训"占94%。

（5）64%的证券公司、80%的大型证券公司认为党的思想优势、作风优势与纪律优势等转化为企业的文化优势，并推动了企业的健康发展。对于"自2012年以来，贵公司在践行企业文化与党的建设工作目前结合程度如何？"的问题，64%的公司认为"党的思想优势已激励干部新担当，并发挥党员践行企业文化的先锋模范作用"；64%的公司认为"党的作风和纪律优势已转化为合规经营文化的优势，为企业健康发展保驾护航"。在18家大型证券公司中，有16家选择"党的思想优势已激励干部新担当，并发挥党员践行企业文化的先锋模范作用"，占比89%；有15家选择"党的作风和纪律优势已转化为合规经营文化的优势，为企业健康发展保驾护航"，占比83%。

2. 案例研究

通过对行业内十多家证券公司典型案例研究发现，新时代证券行业以党建引领企业文化建设涌现出许多具有借鉴意义的鲜活案例。

（1）新时代中国特色社会主义思想指引证券公司调整或丰富自己的企业文化内涵。中信证券近年提出了"七个坚持"来指引公司的经营管理工作，具体为：坚持党的领导，为公司发展提供坚强政治保障；坚持践行国家战略、服务实体经济的经营宗旨；坚持以客户为中心、与客户共成长的经营方针；坚持合规经营、严控风险的经营理念；坚持创新创业、永不懈怠的进取精神；坚持以人为本、市场化管理的人才强企战略；坚持和发扬公司优秀的企业文化和传统。

招商证券2013年发布的"企业文化共识"中，对其核心价值观"励新图强，敦行致远"赋予了新的内涵：与时俱进，开拓进取，以创新打开发展空间；立足当下，着眼长远，以稳健实现永续经营。在内涵上，把创新与稳健提升到同等重要地位。

国泰君安证券2016年完成对企业文化的系统梳理与总结提炼，发布《国泰君安共识》，强调诚信、责任、亲和、专业、创新、金融报国、社会责任等新理念。

中泰证券近年来提炼了"中允行健,明德安泰"的核心价值观。

银河证券2016—2017年明确提出要建立以"合规、创新、协同、服务"为要素,以"以人为本、机制顺畅、管理精细、风清气正"为落脚点的公司文化。

光大证券近年来也将企业文化内涵调整表述为:为国家图富强,为天下聚财富。

(2) 党委统筹协调党建与企业文化建设是新时代证券公司党建引领企业文化建设的重要特征。国泰君安证券党委成立主要领导亲自担任负责人的文化建设领导小组,在党委办公室下设企业文化二级部,构建了党政工团分工协作、齐抓共管的文化管理体制。公司通过党委会、党政联席会议等形式对实施文化管理进行学习讨论、宏观把握和决策部署。

中泰证券将企业文化顶层设计与党建主体责任相结合,充分发挥党建工作对企业文化建设的政治引领作用。

广发证券的党建工作和企业文化建设工作由公司一把手亲自抓,进行统一领导,统一部署,切实把企业文化建设、党的建设融入经营管理中。在实际工作中两项工作可以实现高度融合、高效开展、共促互融。

光大证券公司党委秉承金融报国的信念,全面弘扬"为国家图富强,为天下聚财富"的核心价值观,从公司发展历史,尤其是"二次创业"的艰辛历程中,提炼出"光大证券十条",大力倡导敢于归零、使命必达,敢打硬仗、勇争一流的创业者精神。

(3) 工作实践中,新时代证券公司党建与企业文化建设活动逐渐紧密结合,虽形式各异,但党建的引领本质相同。广发证券不断加强基层党组织建设,坚持"双向进入、交叉任职"的原则,绝大多数党支部书记由所在部门的党员领导担任,确保基层党组织和党员领导干部在企业文化建设和经营发展工作中发挥引领作用。坚持把党员培养成为生产经营骨干,把生产经营骨干培养成党员。

中信证券把企业文化作为公司核心竞争力的重要组成部分,加大建设力度,以文化软实力凝聚力量,提升中信证券企业文化的影响力。公司从人才招聘、行为管理和年度行为规范考核等方面都将企业文化的要求融入日常员工管理中,并要求党员发挥先锋模范作用。

国泰君安证券以党建工作为抓手,持续推进文化深度融入和影响扩展,全力推动《国泰君安共识》理念向制度、行为、形象等层面渗透转化。将文化理念融于公司的产品和服务中,贯穿于公司品牌宣传中。

南京证券始终坚持支部建在营业部。充分借鉴我党我军"支部建在连上"这一基本原则,确定了把党支部建在营业部的工作思路,在筹建营业部的同时考虑筹建党支部,从一开始就注重发挥党支部在推动营业部发展中的政治核心作用。切实推动一岗双责交叉任职。

中泰证券将企业文化践行与党建主题教育相结合,构建党建引领文化建设的联动机制。践行工作中充分发挥领导班子带头作用和党员先锋模范作用,落实到过硬党支部建设工作中,融入党管干部、党管人才工作中。

国信证券不断延伸党组织的工作手臂,实现了党的建设和企业文化建设的双轮驱动,相互促进,共同推动公司经营发展。把政治思想教育与企业文化、企业经营相结合,向公司党员干部作专题辅导报告。

银河证券专门成立了党建工作部,向公司全员印发了《中国银河证券党建工作要点》和《党员干部应知应会100个关键词》,以党建引领经营管理各项工作(见图1)。

图1　中国银河证券以党建促经营谋发展，通过党建学习提高业务经营管理水平

（三）证券行业以党建引领企业文化建设情况的总结分析

第一，整体而言，证券公司中党的基本组织、基本队伍、基本制度已经建立，大型证券公司在以党建引领文化建设上较其他证券公司积累了更多实践经验。证券公司员工队伍中有24%的党员，还有占总员工数量0.15%的党建部门专职人员，这为整个行业以党建引领企业文化建设打下了坚实基础。

第二，新时代中国特色社会主义思想对证券公司企业文化内涵的演进有直接影响，具体表现在合规、客户、责任等核心文化要素上。一是更强调合规。根据十九大、全国金融工作会议和中央经济工作会议决策部署，"防范化解重大风险"为三大攻坚战之首。依法合规经营是有效防控风险的重要抓手。二是更突出责任担当。进入新时代，证券行业对服务于实体经济的认识得到进一步提高。证券公司将为新时代我国深化供给侧结构性改革、加快建设创新型国家等重大战略部署承担更多责任。三是更注重服务客户。证券公司服务实体经济，就是为企业提供全方位的金融服务，支持实体经济发展。

第三，党建领域的活动已经成为证券公司践行企业文化的重要手段和方式。不少证券公司已经逐渐认识到党建与企业文化建设之间内在的联系，并以党建思想、党建领域工作来引领企业文化工作，使党的很多传统优势逐步转化为践行优良企业文化的优势，进而转化为证券公司的改革发展成果。上述结论在大型证券公司中表现得尤为突出。

第四，本次调研结果印证了2016年协会相关课题关于证券公司企业文化建设研究的结论："几乎所有公司都有明确的企业愿景，能够明确阐述其核心价值观；大部分公司都能从精神、制度、行为、物质等不同层面和方式积极建设企业文化、践行核心价值观"。[1] 在2016年研究结论中强调"落实和与时俱进是企业文化建设与核心价值观践行中公认的重点和难点"。[2] 而在本次调研中发现，这些公认的重点与难点在部分大型证券公司已经破题。通过党建工作来引领推动核心价值观的传播落地，最终取得了丰硕的企业发展成果。

---

[1][2]　中国证券业协会人力资源管理专业委员会行业文化建设课题组：《证券行业价值观的提炼与践行研究》，载《思想政治工作研究》2017年第9期，第21—22页。

(四) 证券行业以党建引领企业文化建设中存在的不足

1. 对以党建引领企业文化建设的深刻性认识不足

具体表现为：有的国有证券公司对党建的核心思想引领企业文化内涵提炼的认识不深刻；有的在思想上还没有透彻认识到以党建积极拥抱企业文化建设，是实现党建工作成效转化为企业发展优势的有效途径。

2. 党建工作与企业文化建设工作融合度不够

党建工作关于组织、思想、制度、干部、作风纪律等各方面的建设成果还没有输出到文化建设上。在以企业文化建设为抓手、丰富党建工作内涵、使之更具体化，在以党建促企业文化建设、保障优秀企业文化执行、实现企业战略落地等方面融合不够。

3. 在企业文化建设中，充分发挥党员模范带头作用，用先进典型的行为影响更多员工的力度不够

没有将践行企业文化的标杆与党建领域标杆相结合，没有将党组织的先进性融入企业文化之中。

三、证券行业以党建引领企业文化建设的展望

本次调研结果显示，不同所有制、不同规模、不同发展阶段的证券公司在党建引领企业文化建设的形式、手段上不尽相同，但取得良好效果的公司，无一例外都坚持党建引领企业文化建设、服务生产经营不偏离，破除党建的"单打一"模式，将企业改革发展热点、难点作为党建工作重点，并以企业改革发展成果来检验党组织的工作成效和战斗力。展望未来，在证券行业以党建引领企业文化建设的道路上，我们希望看到以下丰硕的成效。

（一）以党的政治优势确保企业文化建设的正确航向

党委把方向、管大局、保落实，重点管政治方向、领导班子、基本制度、重大决策和党的建设。党委承担党建与企业文化顶层设计的主体责任，确保公司战略与企业文化建设紧扣国家战略与行业使命，始终在正确的航道上。

（二）以党的组织优势提升基层单位的执行能力，将企业文化基因在组织的末梢有效表达

党的组织优势在证券公司基本实现了基层党组织全覆盖。基层党支部承担践行企业文化落地生根的直接责任。企业文化的内化成行与公司各项制度的落地是检验基层党组织成效的最重要指标之一。

（三）以党的思想优势激励干部担当与作为，发挥党员践行企业文化的先锋模范作用

坚持选优配强党支部书记，推进"双向进入、交叉任职"，培养了一支政治立场坚定、经营管理能力突出、有担当能创新的党支部干部队伍。坚持把党员培养成为生产经营骨干，把生产经营骨干培养成党员，把生产经营骨干的党员培养为干部，在人才培养和选拔中优先考虑优秀党员。将党员作用的发挥与企业员工奉行的核心价值观结合起来。

（四）以党的作风和纪律优势引领合规经营文化建设，为企业健康发展保驾护航

党的作风和纪律优势是我党的传统优势，各级党组织和党员员工在保持客观清醒的头脑、绷紧合规之弦、强化风险意识、保证金融安全等方面应成为践行合规经营文化的表率。同时要求每个党员都成为合规风控监督员，让公司日常运转时刻处于有效监督之中。

最后，我们希望在习近平新时代中国特色社会主义思想统一指导下，证券行业通过党建引领企业文化建设，推动党建工作与生产经营深度融合，推动优秀的企业文化落地生根，提升证券公司的核心竞争力，实现国有金融资产的保值增值，为促进经济社会发展、实现中华民族的伟大复兴做出新的贡献。

引领、嵌入与协同：国有企业党的建设与企业文化建设发展研究

——以西南证券为例

陈 琴 田 恬[*]

一、党的建设与企业文化建设的关系

（一）政治优势——引领

企业文化是一种亚文化，它立足于社会文化基础上，具有地域性和民族性。企业文化是企业在生产经营实践中逐步形成、为全体员工所认同并遵守、带有本组织特点的使命、愿景、宗旨、精神、价值观和经营理念，以及这些理念在生产经营实践、管理制度、员工行为方式与企业对外形象的体现的总和。国有企业是中国特色社会主义的重要物质基础和政治基础，是中国共产党执政兴国的重要支柱和依靠力量，公有制经济制度决定了国有企业的根本性质，也决定了国有企业文化的根本属性。习近平总书记强调，坚持党的领导、加强党的建设，是我国国有企业的光荣传统，是国有企业的"根"和"魂"，是我国国有企业的独特优势。我国国有企业是社会发展的重要力量，其重要性首先表现在政治上，因此在新时代，国有企业文化的政治价值观应成为国有企业文化最根本的要素和组成部分，主导国有企业文化的其他要素，引领国有企业文化建设的发展。

（二）结构关系——嵌入

企业文化是在企业的长期发展实践中形成的，同时还随着社会的进步和变革不断发展和演进，不断彰显新的时代内涵。企业文化作为一种非正式的制度安排，具有导向、激励、约

---

[*] 作者简介：陈琴，副研究员，西南大学博士研究生，现任西南证券股份有限公司党群部副部长；田恬，现任西南证券股份有限公司团委副书记。原载于《中国证券》2019 年第 6 期。

束和协调等功能和作用。《关于深化国有企业改革的指导意见》明确了要把加强党的领导和完善公司治理统一起来，规定国有企业党组织在公司法人治理结构中具备法定地位。嵌入性是新经济社会学的核心概念之一，党的建设以基层党组织的形式内嵌于企业的内部治理体系中。习近平总书记在全国国有企业党的建设工作会上强调，坚持党对国有企业的领导是重大政治原则，必须一以贯之；建立现代企业制度是国有企业改革的方向，也必须一以贯之。两个"一以贯之"就是要求现代国有企业制度要把党的领导融入公司治理各环节，把企业党组织内嵌到公司治理结构之中，明确和落实党组织在公司法人治理结构中的法定地位，并确保企业发展到哪里，党的建设就跟进到哪里，党支部的战斗堡垒作用就体现到哪里。

（三）作用机理——协同

企业文化以企业的发展为目标，以人为中心，是由相互联系、相互作用的要素组成的开放的有机体，国有企业经营管理过程中的一切经济行为和管理行为都是企业文化的载体和价值体现。国有企业的性质和特点决定了党的建设和企业文化建设都是国有企业核心竞争力的重要组成部分，他们之间在指导思想、组织结构、实践主体、内容载体和效力发挥等层面存在着紧密的内在联系，在建设主体、内容和机制等方面存在协同发展的机理，在系统价值观的形成、组织建设、制度建设等方面具有共生效应。党的建设和企业文化建设的协同共生，有利于保证党组织的领导核心和政治核心作用的发挥，有利于建设高素质、适应时代需求的管理队伍和职工队伍，有利于国有企业发展理念向最优化方向动态演变。

二、党的建设和企业文化建设情况分析

研究采用问卷调查的方法，选取了国有企业西南证券的员工为调查样本，以在线推送问卷的方式调查员工对公司党的建设和企业文化建设的认知情况。此次调查问卷共收回有效问卷347份，从回收的问卷来看，本次调查对象的年龄、学历、岗位等特征分布较为均衡。

（一）国有企业党的建设认知情况分析

调查发现国有企业在坚持党的领导、加强党的建设方面取得了较好效果；党对国有企业的领导是政治领导、思想领导、组织领导，国有企业党组织在公司治理过程中发挥了领导核心作用，做到了把方向、管大局、保落实，党的组织建设与公司经营管理体系紧密融合，齐头并进；基层党组织的战斗堡垒作用和党员先锋模范作用得到了发挥，这对推动国有企业持续、有效发展，提升经营业绩意义重大。但目前在国有企业党员队伍中，依然存在极少数党员党的意识淡化、理想信念出现模糊动摇的情况（见图1和图2）。

（二）国有企业企业文化建设认知情况分析

近年来，国有企业坚持用社会主义核心价值观指引企业文化建设，通过思想引导、典型引路和文化助力，在引领国有企业员工自觉将社会主义核心价值观内化于心、外化于行方面取得了较好效果。调查显示，大多数国有企业员工认同所在企业的企业文化，认为企业文化是企业核心竞争力的重要组成部分，但30岁以下、50岁以上员工对企业文化认同度相对偏

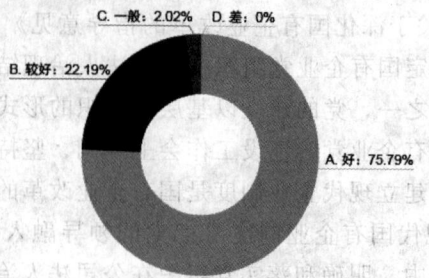

图 1 对党的建设工作的整体评价

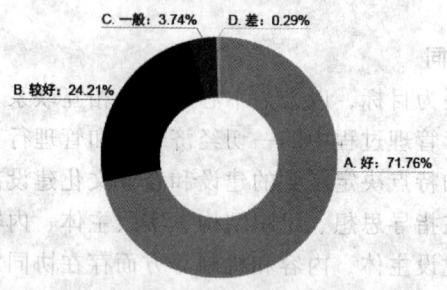

图 2 各级党组织发挥作用情况

低。在文化传播方面，内部刊物、公司网站、理念宣贯等文化传播渠道效率较高，员工能主动认知并自觉践行。此外，绝大部分员工认为企业管理者及员工的思想和行为充分彰显了企业文化，普通员工对于企业文化的理解和认同较管理人员偏弱（见图3—图7）。

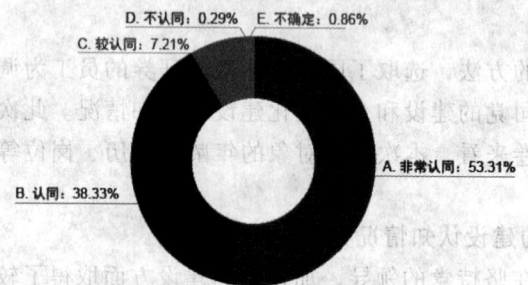

图 3 对企业文化的认同度

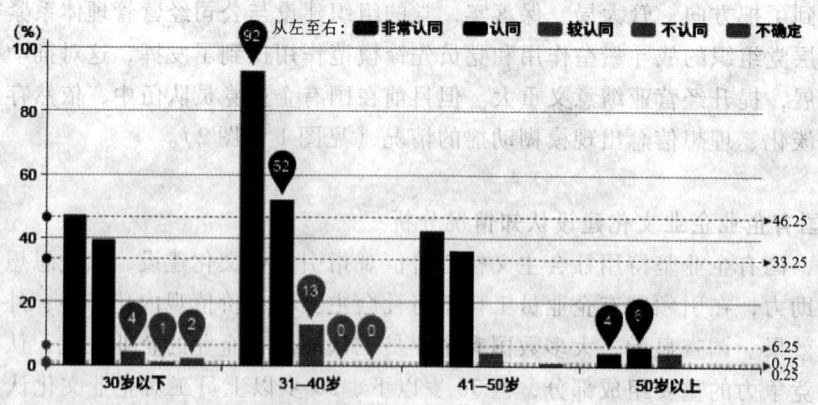

图 4 员工年龄与企业文化认同度的交叉分析

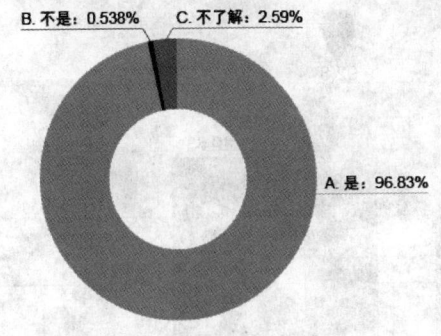

图 5 企业文化是否为企业核心竞争力的重要组成部分

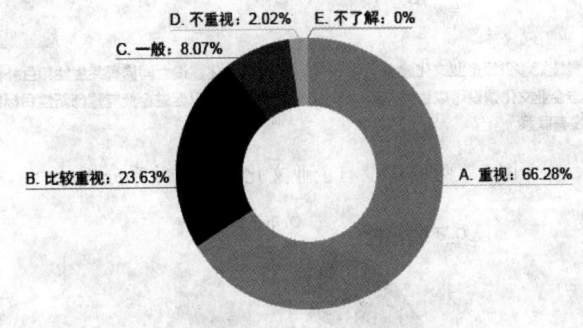

图 6 对企业文化建设的重视程度

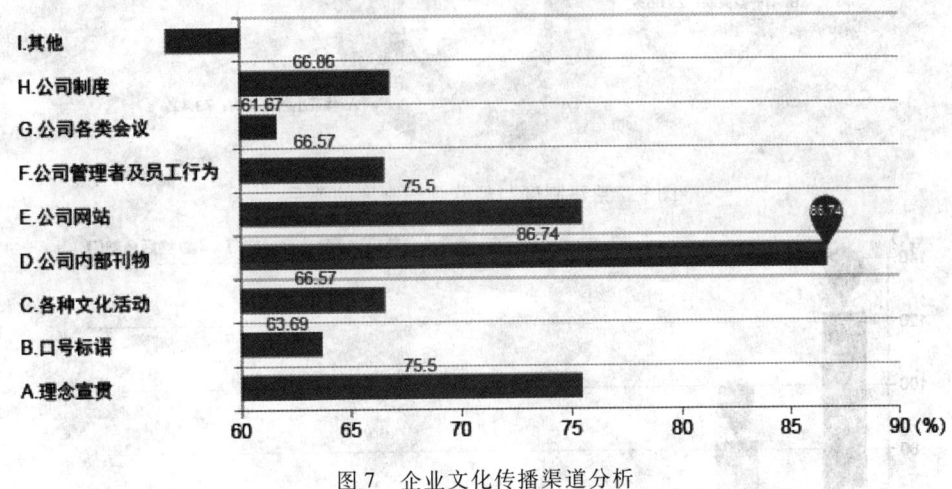

图 7 企业文化传播渠道分析

（三）国有企业党的建设与企业文化建设关系的认知情况分析

调查显示，有 93.37% 员工认为党的建设在企业文化建设中得到了凸显，有 97.69% 的员工认为党的建设应该与企业文化紧密结合起来，有 93.08% 员工认为党的建设和企业文化建设是为国有企业中心任务进行系统服务的，绝大多数员工对党的建设引领企业文化建设有比较清晰的认识和判断，认为国有企业党建制度与公司经营管理制度之间体现的是制度同构的关系。但目前国有企业党的建设与企业文化建设还存在思想认识不够、缺乏创新性、时效性不够和机制尚不健全等方面的问题，其中最突出的问题是缺乏创新性（见图 8—图 11）。

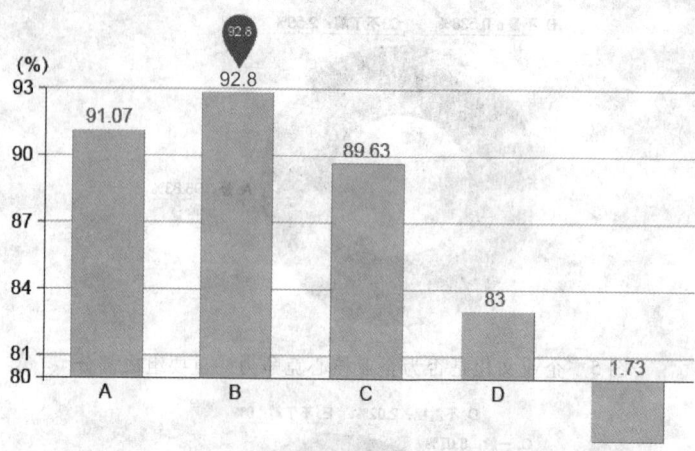

图 8　党的建设与企业文化建设的关系分析

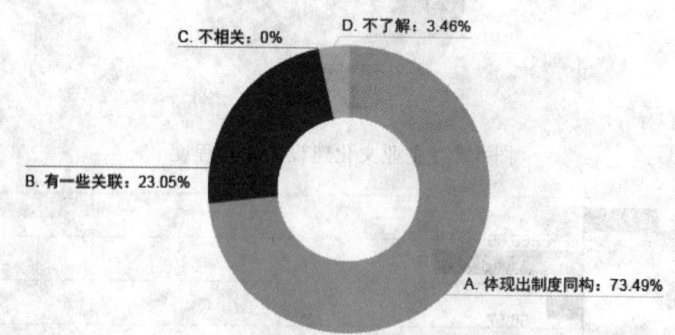

图 9　党建制度与经营管理制度的关系

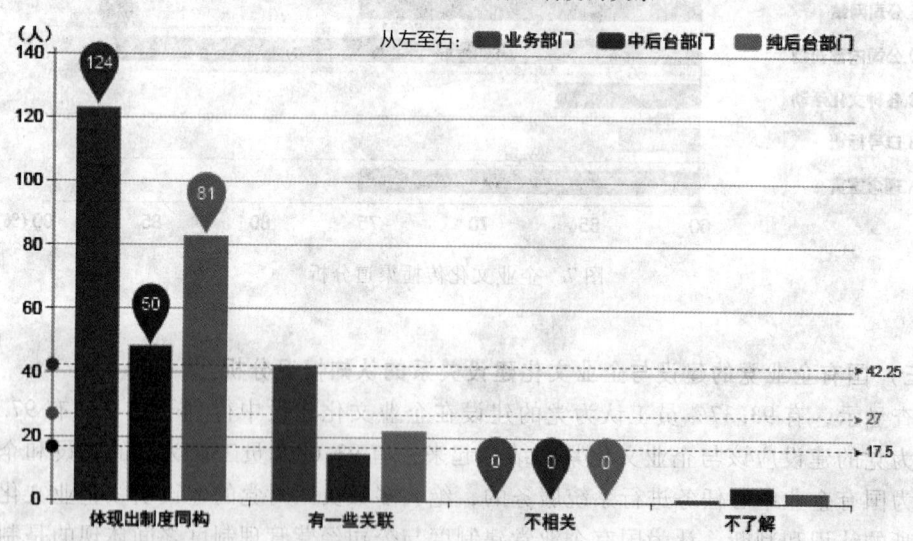

图 10　员工对党建与企业文化关系认知的交叉分析

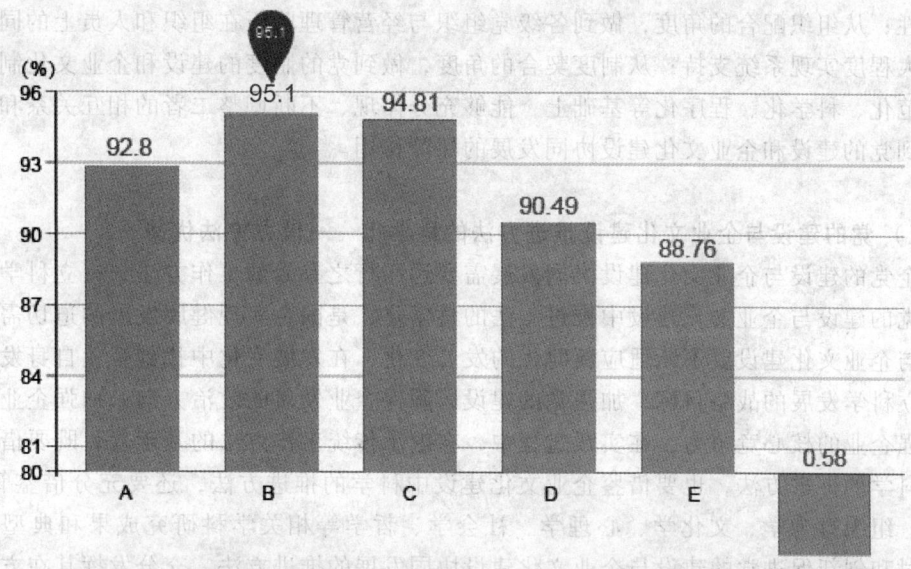

图 11 党建如何引领企业文化建设的分析

三、党的建设和企业文化建设协同发展路径

（一）党的建设引领企业文化建设——借力政治优势

由于对国有企业的社会价值和功能认识得不全面、不准确，导致党的建设工作在国有企业一度出现了弱化、淡化、虚化、边缘化等现象。在社会主义市场经济条件下，国有企业不仅具有经济责任，还具有政治、文化、社会等方面的责任，必须坚持党的领导和现代企业制度，在企业治理过程中加强党的建设，充分发挥国有企业独特的政治优势。党的"初心"集中体现在党的先进性和纯洁性，国有企业加强党的建设就是要保持党的先进性和纯洁性，做到坚持和发展马克思主义、不谋取私利、坚持人民立场、严格党的政治纪律和政治规矩，让党的建设引领企业文化建设，起到积极的示范、感染、带动、凝聚作用，让党的思想教育成为企业文化精神层面的核心内容。

（二）党的建设与企业文化建设的系统构建——借力系统优势

党的建设和企业文化建设是企业核心竞争力的有机组成部分，始终为健全和完善现代企业制度服务，为提升国有企业经济活力、影响力和控制力服务。党的建设与企业文化建设是国有企业的子系统，同时党的建设与企业文化建设涵盖整个企业系统，并通过系统整体彰显出来。党的建设和企业文化建设之间的共生性和互补性为二者的系统同构提供了基础和可能，系统同构有利于党组织作用的有效发挥，有利于建设高素质的经营管理队伍，有利于各类资源的整合与共享，推进国有企业改革发展的新局面。二者的系统同构可以从思想、组织和制度等不同的层面进行：从思想融合的角度，做到党的建设和企业文化建设思想理论导向的共同性；从组织配合的角度，做到各级党组织与经营管理队伍在组织和人员上的同构和配合，更大程度实现系统支持；从制度契合的角度，做到党的制度的建设和企业文化制度的建设在规范化、科学化、程序化等基础上，能够充分体现、不断调整二者的相互关系和相互作用，起到党的建设和企业文化建设协同发展的保障作用。

（三）党的建设与企业文化建设推进方法的科学化——借力方法优势

国企党的建设与企业文化建设协同发展需要运用行之有效的工作方法，树立科学发展理念，在党的建设与企业文化建设中推进方法的科学化，是国企实现健康发展的迫切需要。党的建设与企业文化建设要不断适应新时代的发展变化，在发展变化中找到企业自身发展的位置，确立科学发展的战略目标，加强党的建设以确保企业发展的政治方向，加强企业文化建设以增强企业的核心竞争力。在实践过程中，在继承传统工作方法的基础上，既要借鉴党的建设中科学的推进方法，也要借鉴企业文化建设中科学的推进方法，还要充分借鉴管理学、经济学、组织行为学、文化学、心理学、社会学、哲学等相关学科研究成果和典型成功案例，探讨和创新促进党的建设与企业文化建设协同发展的推进方法，充分发挥其在方法上的优势，提高协同效应，实现全面进步、全面过硬。

（四）党的建设与企业文化建设创新的协同——借力创新优势

国有企业要保持其核心竞争力，就需要结合时代的变化和需求不断创新。企业文化包括精神文化、行为文化、制度文化和物质文化，是不断发展创新的，国有企业文化的创新涉及企业的方方面面。在党的建设和企业文化建设中应充分利用发挥二者的共生效应：第一，通过党的建设、工作理念的创新引领企业文化建设的创新；第二，通过构建党的建设与企业文化建设管理系统，实现二者在结构上的创新，整合各方面资源，提高效益；第三，通过推进党的建设和企业文化建设工作方法的科学化，实现二者在方法上的创新与协同；第四，结合新时代的新要求，党的建设和企业文化建设在工作内容上要不断创新。

参考文献

[1] 习近平. 习近平在全国国有企业党的建设工作会议上的讲话 [EB/OL]. 2016-10-10. http://www.12371.cn/special/xjpgqdjjh/.

[2] 艾亮. 企业文化建设研究 [D]. 天津大学，2012.

[3] 周秀红，孔宪峰. 国有企业党建与企业文化创新的共生效应 [J]. 武汉理工大学学报（社会科学版），2011 (24)，2：164—168.

家国天下荟人文，春风化雨水流深

——光大证券企业文化建设创新性研究

张海伦*

大国崛起，离不开大国金融；大国金融的健康发展，离不开中国特色的优秀金融文化。党的十九大的召开，标志着中国经济开启了变革发展的新航程。证券行业作为中国经济转型发展的践行者，必须解决一个问题，那就是创建有中国特色的优秀金融文化。站在新一轮变革的起点，证券行业要想创新发展，必须将社会主义核心价值观融入自身的品牌文化建设，将以党建为魂的企业文化融入公司的经营活动中。

光大证券股份有限公司（以下简称"光大证券"）作为央企背景的金融机构，始终以新时代中国特色社会主义思想为指导，坚持将社会主义核心价值观融入金融企业文化建设中，作为公司的安身立命之本和持续发展之道。

在23年的发展历程中，光大证券经过不断的积淀、提炼，形成了一套较为完整的企业文化价值理念，并以此为核心，衍生出党建文化、家园文化、制度文化、执行文化、学习文化、扶贫文化和职工文化七大体系，构建出具有光大特色的企业文化建设版图（见图1）。

一、一个核心："家国天下"视角下的文化理念建设

光大证券自创建之日起，就带有浓厚的家国情怀。公司的控股股东光大集团是中央管理的国有重要骨干企业，30年来为国家改革开放做出了积极贡献。公司以"打造中国一流投资银行"为企业愿景，以"综合化经营、国际化战略、创新引领、合规稳健"为经营理念，形成了一套完整的企业文化价值观体系和坚实的理论依据。

通过官网、官微、协同平台、文化长廊等宣传平台，光大证券以企业文化价值观体系为

---

* 作者简介：张海伦，光大证券股份有限公司董事会办公室员工。原载于《中国证券》2019年第6期。

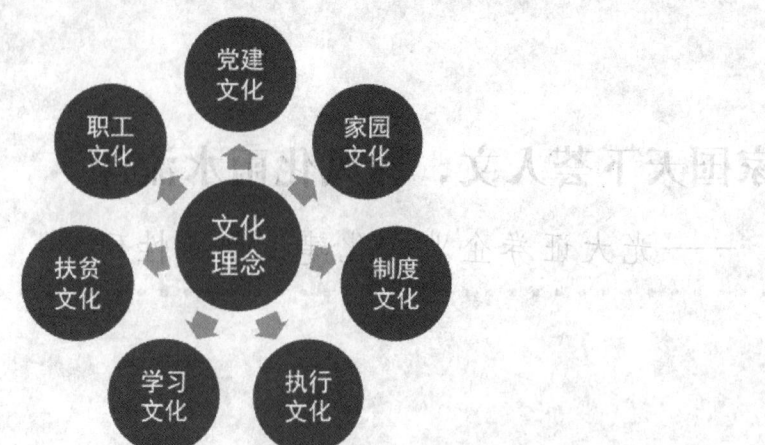

图 1 企业文化建设"一个核心"与"七大体系"

核心,多维度分步执行、层层落实。公司总部一楼的企业文化长廊,在空间环境内嵌入企业文化要素,以公司的建筑空间承载文化理念,形成一种静默而强大的气场,使公司的企业文化润物细无声地融入员工心中。同时,公司通过组建新闻通讯员队伍和党建联络人队伍,形成了完善的企业文化宣导体系,使公司的核心价值观和经营理念能够第一时间传导至各基层党组织,层层落实到位。

二、七大体系:"春风化雨"式的文化落地框架

(一)"红色基因,信念引领",培育特色党建文化

党的十九大以来,在光大集团新航程下,光大证券党委紧扣集团党委聚焦"三力"、关注"三声"、做实"五双"的要求,制订公司"红色堡垒工程"方案并组织实施,把党建工作往实里推、往深里做、往细里抓,为打造中国一流投资银行提供源源不断的"红色动力"。2018年以来,公司荣获"全国金融系统思想政治工作标兵单位"称号;党建微视频《举旗定向 砥砺奋进 以一流党建打造中国一流投资银行》入选"2018年全国金融系统党建创新成果微视频十佳案例",《小小"口袋书"随身"警世钟"》《信仰的力量》分别入选"百优案例""优秀提名案例",树立了"红色光大"的金字招牌。

1. 加强班子建设,当好"红色领头雁"

光大证券领导班子切实增强"四个意识",坚定"四个自信",始终同党中央保持高度一致,进一步增强了坚决落实中央精神和集团党委决策部署的政治使命和政治担当。公司领导班子努力当好坚定理想信念的"排头兵",做政治的明白人,做发展的领路人,做群众的贴心人,在集团新战略下找准"发展新坐标"。

2. 强化基层导向,守牢"红色主阵地"

光大证券党委以"红色堡垒工程"为抓手,牢固树立起党的一切工作到支部的鲜明导向,着力提升基层组织力,守稳筑牢公司"前沿阵地"。公司党委不断探索多样载体,通过"情景式"学习、"体验式"学习、"云课堂"学习等方式,推动党员学习由"要我学"向"我要学"转变;让身边先进典型"活"起来、"立"起来,推动基层典型从"点上经验"

向"面上开花"转变;抓好党建制度梳理和"废改立"工作,推动基层党建由"粗放型"向"精益型"转变。

3. 落实"五双"要求,增强"红色驱动力"

光大证券党委按照党的建设和企业建设"五双"目标要求,积极推动党建工作融入中心工作、融入管理链条、融入价值创造,实现党的建设和经营发展有机结合、双赢共促。通过构建齐抓共管的"责任共同体",光大证券将党建工作要求纳入各单位年度绩效合同,并制订任务清单,明确基层党建"做什么""谁来做""怎么做"的问题;通过打造合作互享的"党建生态圈",光大证券与集团兄弟单位、金融同行、企业等开展党建联建活动,促进业务协作;通过建设攻坚克难的"基层强堡垒",光大证券开展党员营销服务竞赛等活动,强化执行力建设,确保完成甚至超额完成年度经营指标。

(二)"不忘初心,枝叶关情",携手共建家园文化

1. 兄弟同心,携手共筑"光大梦"

光大证券的控股股东光大集团是横跨金融与实业、海内与海外,涵盖银行、证券、保险、基金、信托、期货、租赁、投资和环保、文旅、医药等实业的大型金融控股集团。"光大是一家,发展靠大家",光大集团成立35年以来,致力于建设"温馨家园",促进集团内各板块资源整合与协同发展,密切金融板块和实业板块的联动关系,实现以融助产、以产促融,充分发挥集团协同优势,用"一个光大"理念为客户创造新的服务体验。光大集团不仅在公司与公司之间成立了领导小组,在各城市分行也下设区域联席会议制度。依托集团"金融+产业"的优势,围绕集团"三大一新"战略,各企业发挥专业优势,行成合力,联动发展,逐步实现生态圈的构建。2018年初,光大证券在集团建言献策活动中提出,要打造光大"党建联盟",实现共建共享共赢,构建起资源共享、优势互补、共创共赢的工作机制,以党建联建成效助推集团实现高质量发展。

2. 以人为本,争做光大证券"主人翁"

建设光大证券文化家园,需要每一位员工自觉发挥主人翁精神。光大证券每年定期召开职工代表大会,就公司相关规章制度、经营管理、业务发展、福利保障等事项向职工代表征询意见和建议,推进公司民主管理建设,为公司党委和经营班子科学决策提供依据。光大证券切实落实员工的利益,丰富员工在企业的生活,通过整合各项企业资源,积极为员工服务,努力达成员工的各项诉求,切实做到员工的利益为先。尤其是2018年光大证券"三项活动"开展以来,全体员工上下齐心协力,为公司未来发展出谋划策。"为政以德,譬如北辰,居其所而众星共之"。光大证券每一位员工都是公司发展的参与者、推动者,每一条建议都会经过绿色通道直达管理层的案头,公司宽容开放、鼓励创新的企业文化为凝聚员工智慧、助力公司发展创造了自由的氛围。

3. 以司为家,构建命运"共同体"

光大证券企业文化旨在建立员工的责任感和使命感,将自己的所作所为置于公司的发展之中,把公司的目标作为自己的目标,把公司的责任视为自己的责任,把公司的利益视为自己的利益,以一种与企业血肉相连、命运相通的使命感去做好每一件事情。公司通过深化"职工之家""人心工程"建设,给员工送温暖、送文化、送清凉、送健康。公司如家长般真心关爱并扶持家庭成员成长,家庭成员以感恩之心回报家庭,整个大家庭按照开放科学的

家规来运作,共创光大家业。

(三)"欲知方圆,则必规矩",建立贯彻制度文化

制度文化主要包括组织机构、管理制度和选拔机制三个层面。在组织机构上,光大证券经过二十余年的发展,在实践中进一步明确了企业文化建设领导小组及办公室的职能作用,形成了科学合理、高效务实的协同工作机制,并在公司范围内搭建企业文化建设宣导体系,各部门、各分公司、各营业部及各子公司负责人为企业文化建设第一责任人。近年来,光大证券逐步建立起规范的内部管控体系和相应的激励约束机制,企业文化建设办公室对企业文化建设进行了多方面的统筹、规划、布局和推进,勇于探索,大胆创新,改变固有的企业文化建设思维,在利用传统文化传播渠道的同时,发挥新媒体、自媒体的积极作用,积极围绕社会主义核心价值观进行企业文化宣传。企业文化建设办公室的建立为公司企业文化的落地实施提供了组织机制,公司逐渐从管理文化向文化管理延伸,广大党员群众的自我管理意识和能力进一步增强,执行力不断提高,公司上下步调一致。

在管理制度上,光大证券以企业文化指引各条线工作,优化制度、规范行为、提高绩效;根据公司实际情况以及企业文化建设的组织架构,制作了《光大证券企业制度汇编》《光大证券员工行为守则》《光大证券品牌视觉形象手册》《光大证券空间识别系统手册》,将文化建设成果融入各项规章制度和工作要求中,同时以制度保证企业文化建设的落地实施。

在选拔机制上,光大证券以"德才兼备、业绩导向、群众公认"为原则进行人才选拔,将党管干部、党管人才的原则和市场化选聘机制相结合,打造了竞争择优、横向交流、能上能下的动态机制,让人才"流动"起来,形成了一种文化观念和用人导向。2015年,光大证券引入MD职级体系,针对不同类型的岗位建立了详细的晋升标准,建立了以业绩和能力为导向的职业发展通道,解决了千军万马只能走提干"独木桥"的困境,实现了岗位能上能下、员工能进能出、薪资能高能低。此外,公司实行干部任用红黄牌制度,强化考核结果应用,不断扩大群众在干部选拔任用、考核评价工作中的参与度,强化了"庸者下、平者让、能者上"的用人机制。

(四)"令出必行,行则必果",全面推进执行文化

1. 主动作为,用责任担当增强执行动力

2018年初,光大证券在集团的领导下,开展"建言献策、同业对标、战略优化"三项活动,通过内部督导和对标同业,提高工作效率,紧扣时间节点,逐项落地工作方案,确保工作质量。公司内网同步开设"建言献策"反馈专栏,公司领导对各级干部员工提出的建议进行逐一回复,并建立督办单制度保证各项措施执行的时间进度,保证方案真正实施落地。

2. 迎难而上,用过硬本领夯实执行基础

光大证券按照奖优、治庸、罚劣的原则,建立健全科学的工作绩效评估机制和监督问责机制,充分调动员工执行的积极性和主动性。光大证券经营管理层带头执行各项规章制度,以自身的率先垂范影响和增强团队的执行力;基层员工不断丰富自己的知识结构,掌握科学的执行方法,养成高效执行的习惯,做到"接受任务不找借口、执行任务不讲困难、完成

任务追求圆满"。2018年上半年,光大证券总部公文平均会签时间比2017年同比减少32.5%。公文流转的提速增效,从一个侧面反映了公司整体执行力的有效提升。

3. 精益求精,用创新精神提高执行质量

提高工作质量不仅需要不折不扣的执行力,而且需要敢为人先的创新精神。光大证券从2010年起至今,每年均设立"金阳光创新奖"和"金点子奖",充分激发员工的创新潜能,鼓励员工充分发挥主观能动性,创造性地开展工作、执行指令。2018年初,光大证券开展"建言献策、同业对标、战略优化"三项活动,从内部建言和外部调研两个渠道,拓宽创新思路,更新执行理念。公司管理层多次强调,干部员工要在坚定战略、明确方向的基础上,培养立足大局的大胸襟、迎难而上的意志力和立即行动的执行力。只有树立起在执行中创新、创新中执行的全局意识,才能使执行的力度更大、速度更快、效果更好。

(五)"学有所成,知行并进",积极倡导学习文化

学习是企业可持续发展的基石,也是证券从业者的必备素质。为此,公司创设了阳光学院和阳光书院两大平台,实现读书文化和培训文化"两手抓":以阳光学院落实培训文化,形成学习的制度保证;以阳光书院倡导主动读书文化,推进学习的习惯养成。

阳光学院的培训工作覆盖公司全体干部和员工,是公司文化宣导的平台和人才成长的加油站。近两年来,阳光学院针对各级干部和员工开展领导力、业务培训,不断完善教育培训体系,有效提升了领导力,加强了人员和业务的协同;积极建设"伯乐"队伍,打造人才高地,提高了管理层对人才识别的精准度,同时也提升了员工的认同感和归属感,大大增强了团队凝聚力。

阳光书院是光大证券于2015年1月创建的公益书友会,旨在建成光大特色的公共关系互动平台及企业文化建设平台,为各界人士打造专属的全年读书计划。阳光书院以书友会的形式定期组织读书活动,通过公司OA网、内刊报纸、微信公众号、海报宣传等不同形式传递至公司各级员工,并定期邀请证券行业及社会各界精英人士推荐经典读物,受到了公司全体干部员工的热情追捧,得到了行业内外的广泛好评。

(六)"逢山开路,遇水架桥",着力探索扶贫文化

践行社会责任是券商不变的宗旨。作为央企控股国有证券公司,光大证券一直将践行国家战略作为重要历史使命。公司第一时间响应国家号召,与湖南新田县、宁夏西吉县和江西万安县、兴国县、寻乌县5个国家级贫困县签署结对帮扶协议,并帮扶山西隰县等4个地区产业发展,捐助贵州遵义道竹小学、陕西延安桥镇小学(原列宁小学)、江西赣州龙竹小学,帮扶数量稳居行业第一梯队。

自2016年以来,光大证券持续推进精准扶贫活动,切实打造精准扶贫工作体系,创新"一二三四五"扶贫工作法①,着力探索推进"证券+"综合扶贫模式②,创造了独具光大

---

① "一二三四五"扶贫工作法即依托光大阳光公益基金这"一个平台",积极落实集团、中国证监会"两头要求",加强与帮扶地区业务、党建、公益"三个对接",提升大局、联动、共享、市场"四种意识",做到责任、落实、保障、督导和宣传"五个再强化",广泛开展结对帮扶,加快项目落地,切实做好精准扶贫工作。

② "证券+"综合扶贫模式,即"证券+基础设施"、"证券+实业"、"证券+期货+保险"、"证券+资本"、"证券+智本扶贫"、"证券+教育扶贫"、"证券+公益慈善"、"证券+产业"、"证券+消费扶贫"。

特色的扶贫文化。

1. 重视"统"，为扶贫工作提供政治保障和组织保障

光大证券党委对扶贫工作高度重视，第一时间成立了光大证券扶贫工作领导小组，下设扶贫工作办公室，为扶贫工作提供全面的组织保障。目前，已形成公司主要负责人挂帅推动，公司扶贫办统筹协调，相关分公司负责与结对地区对口联络，业务部门提供专业服务保障，中后台部门予以支持配合的扶贫工作体系。

2. 突出"问"，为精准扶贫把脉问诊

一是走出去。光大证券与当地政府、企业家进行协商、座谈，访问重点企业，掌握了第一手情况，逐步探索形成高度契合当地情况的特色扶贫项目。公司选派业务骨干赴湖南省新田县、江西省赣州市寻乌县挂职，扎实做好贫困人口识别和建档立卡工作，找寻致贫短板，协调公司资源，推进精准扶贫工作。二是请进来。光大证券邀请结对帮扶贫困县领导和企业家来公司实地考察，接受有针对性的金融知识培训，努力发挥行业优势，通过对接融资项目，助力对口帮扶地区发展。

3. 立足"本"，强基固本，打牢脱贫基础

按照中央"真扶贫，扶真贫"的要求，自然资源最稀缺、贫困面最大、贫困程度最深的少数民族地区是扶贫工作的重中之重。光大证券结合对口帮扶地区实际，集中资源直面解决痛点，将道路、饮水、通讯等基础设施建设，以及因病致贫、因病返贫作为关键点，创新开展"阳光护苗""阳光园丁无忧"，为师生购买重大疾病保险，改善当地基础设施建设水平，消除因病致贫、因病返贫问题。

4. 着眼"干"，从单兵突进到组团服务

光大证券进一步优化联系服务机制，将原来从总部业务部门选派骨干到当地挂职的方式，改变为所在地区分公司派专人进行对接服务，发挥其更熟悉当地情况、更了解当地需求、更快速实现对接的优势，确保与结对地区尽快实现务实高效对接。此外，让经验更丰富的挂职干部对分公司扶贫联系干部进行"传帮带"，使分公司快速有效形成组团服务的工作模式。依托公司整体的专业优势和客户资源，光大证券充分利用当地自身资源，围绕"一县一企"要求，有效实现精准扶贫。

5. 紧扣"帮"，从定向捐赠到阳光公益

光大证券 2017 年与上海市慈善基金会协商设立光大阳光公益基金，定向扶贫捐助规模逐渐扩大，扶贫攻坚的职责从临时性、期限性的工作上升为长期性、常态化的践行社会责任的担当。

（七）"寓教于乐，助力成长"，打造多元职工文化

1. 放飞梦想，青春活力意气新

光大证券积极创造条件满足职工个性化需求，定期组织联欢会、运动会、文艺比赛和户外活动，牵头成立职工俱乐部及公司合唱团、舞蹈队，培养和发展职工的业余爱好，帮助他们制订活动计划和活动管理制度，并在活动经费等方面给予一定支持。近年来，光大证券举办"光证体育节"，组织开展公司职工运动会、职工羽毛球大赛、乒乓球大赛和"光大坐标"城市定向挑战赛等丰富多彩的文体活动，进一步丰富了企业文化的内涵，展现了职工文化蓬勃发展的生动局面，也为员工队伍建设提供了源源不断的"动力源"，形成了职工文

化建设与时代发展相协调、与企业文化相融合、与工会职责相匹配、与职工需求相适应的良好局面。

2. 论道文化，春风化雨入人心

2017年以来，光大证券通过举办"光证文化节"，打造企业文化特色品牌，达到宣传推广、信息传递和文化凝聚的作用。"光证文化节"以"8·18司庆纪念日"为契机，举办"为你读书"阅读分享会、"名师讲堂"、"光证之夜"文艺会演、"诗词大会"比赛、"读书人说"征文比赛、"融情夏令营"等系列活动。"光证文化节"探索了一条企业宣传新途径，通过视频直播和新媒体宣传，实现线上线下传播双轨并行，全国各地分支机构可同步参与公司总部文化活动，进一步扩大信息覆盖面，增强文化节影响力。"光证文化节"的举办，为员工搭建了一个交流、学习和成长的多元化平台，进一步丰富员工业余生活，提高员工文化素养，激发员工使命感，凝聚员工归属感，赋予员工荣誉感，使广大员工被浓厚的企业文化熏陶和感染，让光大文化"潜移默化入心田"。

3. 深入基层，人心工程送温暖

光大证券着力深化人心工程建设，注重提升员工幸福感，贴近基层、贴近实际，踏踏实实为员工办实事、办好事。为了解决上海房价居高不下、青年员工望房兴叹的问题，公司与静安区政企合力建设青年公寓，解决金融青年才俊扎根上海的后顾之忧，让员工"更体面地生活，更有尊严地工作"。公司主动关爱帮扶困难员工，将日常帮扶与集中慰问"无缝对接"，完善突发疾困救助与长期帮扶工作互补机制，实现帮扶工作制度化、常态化，确保慰问帮扶工作"全覆盖、有跟踪、重服务"。公司党政工领导每年春节和中秋节到困难职工家中进行慰问，2018年春节慰问困难职工48人次17.6万元，全年困难补助4人次8万元，帮扶员工7人次41万元。

三、总结

"群之所为事无不成，众之所举业无不胜。"光大证券通过近两年来的宣导和建设，使企业文化如涓涓细流，汇入员工心田，激发着干部员工的创业热情。公司在行业发展中凸显了"光大特色"，打造了独特的"光大气质"。短短两年内，全体员工呈现出前所未有的归属感、自信心和荣誉感。2018年，公司荣获"全国金融系统思想政治工作标兵单位"及"2017—2018年全国金融系统文化建设先进单位"荣誉称号，连续4年荣登"亚洲品牌500强""中国品牌500强"榜单，荣获"2018中国证券期货业优秀创新扶贫奖"、福布斯"2018年全球最佳雇主榜单500强"等荣誉。企业文化建设不是企业的外在点缀，而是增强企业综合竞争力、提高企业效率、改进企业管理的必然要求。也许文化不能解决企业赢利不赢利的问题，但是一个企业若要保持卓越的核心竞争力，靠的一定是文化。光大证券把奋斗图强的家国情怀融入员工的日常工作，把十九大精神真正转化为企业发展的前进动力、具体措施和行动方案，真学、真懂、真信、真用，力争在风云诡谲的资本市场上永葆生命力（见图2）。

团结奋进，山海可蹈；勠力同心，未来可期。光大证券在集团的坚强领导和战略引领下，将扎实践行习近平新时代中国特色社会主义思想，以文化力带动发展力，以组织力带动凝聚力，以内驱力带动执行力，以竞争力带动品牌力，以高质量发展续写光大证券事业新篇章。

图 2　光大证券荣获"2017—2018 年全国金融系统文化建设先进单位"称号

参考文献

[1] 中国金融思想政治工作研究会，中国金融企业文化促进会．金融企业文化建设实践与探索［M］．北京：中国金融出版社，2012：363—370．

[2] 陈春花．从理念到习惯：企业文化管理［M］．北京：机械工业出版社，2015：45—46．

激发活力，焕发青春，再创辉煌
——浅谈如何解决证券机构中年资深员工的职业倦怠问题

游 娜　孔丹扬　刘媛博[*]

在当下的企业管理中，我们经常提及的两个特殊员工群体，一个是刚刚入职的青年员工群体，一个就是35—50周岁所谓的中年资深员工群体。青年员工得到了更多的关注和理解，而这些中年资深员工，他们曾经是公司的核心员工、技术专家、销售骨干或是管理精英，可他们中只有极少数人成就了其职业生涯的进一步辉煌，而更多的中年资深员工不得不面临职业生涯的瓶颈，开始产生职业倦怠情绪。作为一家中年员工占比率为41.15%的证券公司，我们应该为这批中年资深员工做些什么，让他们焕发出新的职业生命，这将是我们今后的一个重要课题。

一、客观认识中年资深员工的职业倦怠与自身价值

如同青春期一样，中年职业期也像是一个职业的"更年期"。一般人都认为中年人为强者，认为人到中年，年富力强，理应达到工作效率的巅峰，而实际上他们却是最焦虑、最疲惫、最倦怠的一群。这批资深员工虽然都曾在自己的专业领域中达到过某个高度，但面对有限的发展空间，中年员工在企业内的晋升机会相对减少，甚至还出现了不明方向的发展困惑。与此同时，成家立业后的中年员工都面临着父母、孩子、住房等压力，而同时他们又渴望较为稳定的工作收入和相对规律的生活状态，希望能在工作责任、家庭建设、生活质量之间找到平衡。已经在公司工作10年或是更长时间的中年员工，他们发现自己对工作已经失去了热情，每天只是机械地应付工作。而面对技术与知识的不断更新，个人的精力和记忆力

---

[*] 作者简介：游娜，法学硕士，现任东北证券股份有限公司党群工作部总经理，兼任东北证券股份有限公司职工监事，东北证券股份有限公司纪委副书记，东北证券股份有限公司工会副主席、女工委员会主任；孔丹扬，东北证券股份有限公司党群工作部副总经理；刘媛博，东北证券股份有限公司党群工作部员工。原载于《中国证券》2019年第6期。

却在逐渐减退,这是大多数中年员工不得不去面对的另一个现实。

这个阶段是每个人都必经的职业阶段,尽管年资贬值,但中年资深员工的自身价值却不容忽视。他们对公司有感情,对公司的每一步发展历程都了如指掌;他们责任心强、实践经验丰富,对企业的忠诚度高、归属感强,同时还积累了宝贵的人脉资源和业务资源;大多数资深员工有着成熟稳定的性格,处理问题的方式也相对灵活,他们在老年员工和新生代员工之间、在高层领导和普通员工之间充当着"润滑剂"和"稳定剂"的作用,他们是企业文化最好的建设者和代表者。

二、公司中年资深员工构成及思想动态

以东北证券股份有限公司(以下简称"东北证券")为例,作为东北地区唯一的上市证券公司,东北证券现有员工3 006人,其中35—50周岁员工1 237人,占公司总人数的41.15%,他们构成了公司的核心成员,更是公司发展的中坚力量。

(一) 中年资深员工的分布情况

截至2018年12月,东北证券35—50周岁中年员工1 237人。从岗位职级分布情况来看:公司高管6人、各部门各分支机构总经理134人,副总经理53人,总经理助理28人,普通员工1 016人。从岗位职级的分布情况可以看出,东北证券是典型的"金字塔"形管理结构,只有极少数的中层管理人员能够晋升到高层,大多数中年员工仍然就职于普通员工岗位(见图1)。

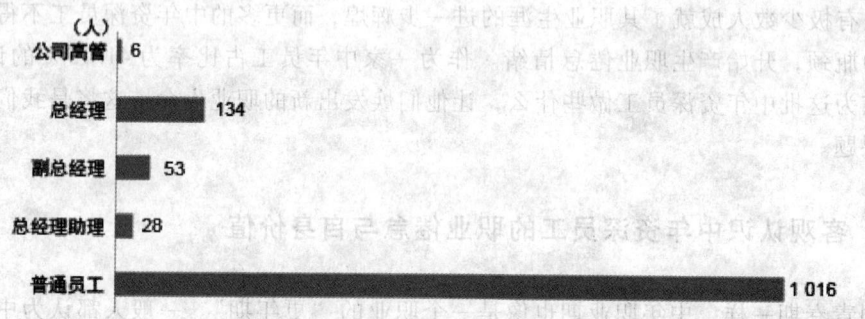

图1 中年资深员工岗位职级分布情况

(二) 中年资深员工的思想动态

为深入了解公司中年员工的思想状况及心理需求,我们开展了相关的调研工作,针对公司中年资深员工的特点设计了调查问卷,并通过东证商学院平台向公司35—50周岁员工定向发送调查问卷,此次调研共发放调查问卷1 048份,回收796份,其中有效问卷796份,回收率为75.95%。

1. 调研的基本情况

调查结果显示,此次参与问卷调查的员工中,性别比例差距不大,男女员工占比分别为56.16%和43.84%;在年龄分布上,35—45周岁员工居多,占比67.88%,45—50周岁占

比32.12%；业务部门员工占比65.24%，职能部门占比34.76%；从工作年限分布来看，入职10年以上员工占比最大，为91.22%。

从以上情况可以看出，此次参加调研的主要人群为入职10年以上的35—45周岁的中年普通员工。

2. 心理状态方面

通过调研我们发现，公司80%以上的中年员工对待工作仍能够保持良好的心态和工作激情，但也有部分员工的心理和工作状态不佳。在被问及"是否感觉工作已经成了一个沉重负担"时，10.05%的员工选择"是"；另外有18.7%的员工觉得，"对于工作，已没有激情"（见图2、图3）。

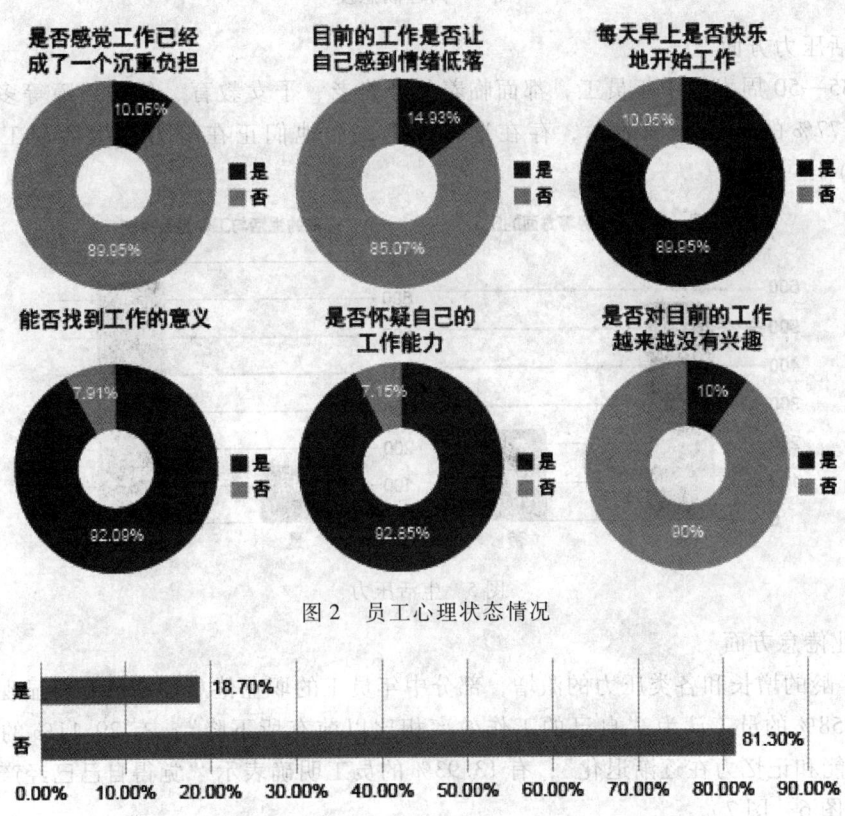

图2　员工心理状态情况

图3　对于工作，是否会觉得已没有激情

3. 工作认知方面

中年资深员工在工作的方式方法上有着绝对的优势，因此在被问及"是否能有效率地处理工作中的问题"时，仅有2.63%的员工选择了"否"，可见这部分中年员工具有多年的工作经验，对自身的工作方法是比较自信的。而在岗位满意度方面，有44.10%的员工认为"在目前的工作中，并没有完全发挥自己的才能"，另外有20.10%的员工"怀疑自己所做的工作对自己没有提升"。

对于新的工作任务或岗位，公司中年资深员工仍然具有面对挑战的勇气和自信，有89.34%的员工"愿意迎接工作中的挑战"，同时还有25.6%的员工期待转岗开辟新的工作领域（见图4）。

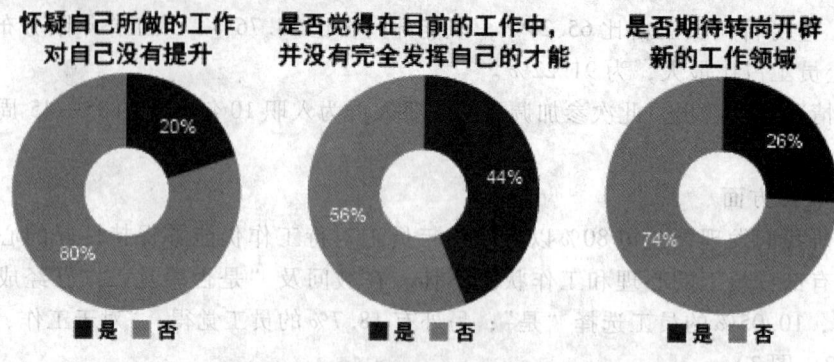

图 4 岗位满意度

4. 生活压力方面

处于 35—50 周岁的中年员工，都面临着父母养老、子女教育、住房保障等多重生活压力。有 70.77% 的员工明确表示，存在这些压力，而他们正在努力使生活与工作达到平衡（见图 5）。

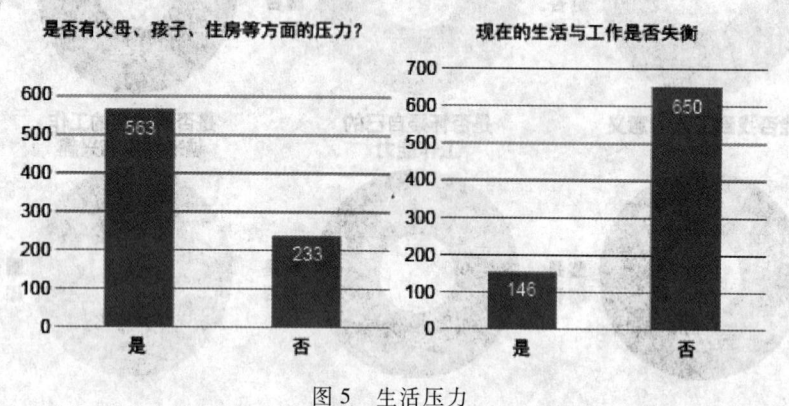

图 5 生活压力

5. 职业倦怠方面

随着年龄的增长和各类压力的激增，部分中年员工的职业倦怠情绪已有所显现。调研发现，有 16.58% 的员工认为"自己的工作效率相比以前有所下降"；有 29.11% 的员工觉得"自己的技能和记忆力在逐渐退化"；有 13.93% 的员工明确表示"觉得自己已经产生了职业倦怠"（见图 6、图 7）。

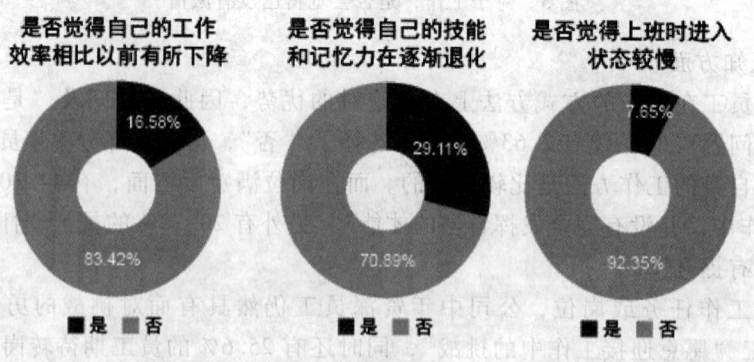

图 6 职业倦怠

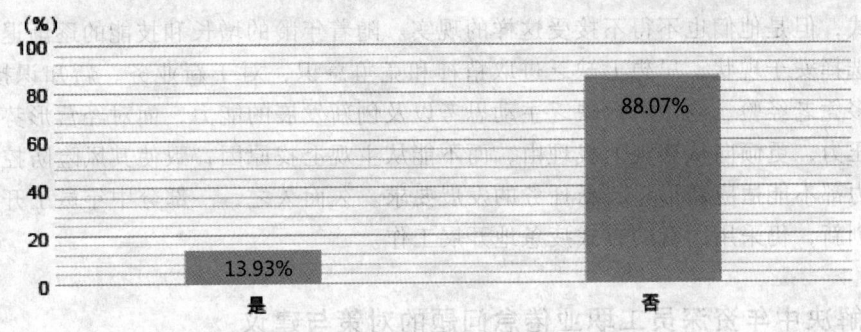

图 7 是否觉得自己已经产生了职业倦怠

三、部分中年资深员工产生职业倦怠的原因分析

"职业倦怠"一词由美国学者 Freudenberger 于 1974 年提出,用来表述从事人际工作者在工作环境中所引发的身体与情绪耗竭现象。他认为,员工职业倦怠是一种心理综合征,当员工对所从事的工作没有兴趣,或缺乏职业动力却又不得不为之时,就会产生职业倦怠现象。

(一)"金字塔"式的领导结构造成中年员工的职业瓶颈

从客观管理结构上来看,证券机构是比较典型的"金字塔"管理模式的领导结构。由于证券公司业务工作的特殊性,这种结构始终强调标准化管理,强调通过自上而下的形式对整个企业进行管控。这种管理结构导致只有极少数的中层管理人员才有机会晋升到高层,而公司的中年员工虽然都曾在自己的专业领域中达到过一定高度,但面对这种管理结构和相对有限的发展空间,他们的晋升机会也相对减少,这种现实必然造成部分中年员工对工作前景缺乏安全感,从而产生职业倦怠。

(二)工作与生活的压力导致部分中年员工丧失工作激情

从中年员工自身来看,由于现代经济社会的高速发展,已经在职场上打拼了 10 多年或者更长时间的中年员工,他们身心俱疲,工作与生活压力逐步加大。他们不得不面对父母养老、孩子教育、经济保障等多方面压力,同时还要面对工作责任正值最高峰的压力。部分中年员工发现自己对工作失去了热情,只投入极少或是干脆不投入精力和才能,僵化机械地应付工作,不再追求工作的质量和效率,甚至厌烦工作,而一些一线员工更是要面对各线条业务指标的压力,有一定的畏难情绪,工作还没有开展先想的就是不容易完成,缺乏主动解决问题的能力。工作的压力和生活的负担,造成了部分中年员工心理状态疲惫,致使他们对工作产生倦怠情绪。

(三)技能的退化使部分中年员工不愿再参与业务创新

职业的半衰期越来越短,技术与知识的更新越来越快,记忆力开始消退,年轻人更加年富力强,大多数中年员工都会有类似的紧张感,他们虽然在努力去适应信息经济时代的工作与管理方式,但是他们也不得不接受这样的现实。随着年龄的增长和技能的逐渐退化,部分中年员工选择安于现状,思想上缺乏进取精神和竞争意识,对于新业务、新知识接受缓慢,处理问题多凭老经验、老做法,缺乏主动思考以及创新发展的能力,面对经营形势变化和同业竞争的压力,更倾向从客观上找理由,而不能从主观上找原因,致使其风险防控能力、业务营销能力都不能适应新形势、新任务的发展要求。久而久之,一部分中年员工开始不愿再参与业务创新,仍采用固有的方式疲惫地开展工作。

四、解决中年资深员工职业倦怠问题的对策与建议

许多企业更关心青年员工的成长,希望可以激发青年员工的热情和创造力,为企业的发展壮大储备年轻力量。但是我们更应该看到,作为企业的核心员工,在人数比例上更是占有绝对优势的中年员工,他们的职业再发展和其职业理想的实现,更是一个企业发展壮大所不能忽视的重要问题。他们丰富的人生阅历和实际工作经验,使他们可以更深刻地理解企业文化的内涵,更有效地去贯彻企业的发展战略目标,同时运用成熟的心态和娴熟的业务能力,更好地引导青年员工在企业发展中发挥更积极有效的作用。如何激发这批中年资深员工的活力,我们提出如下几点对策和建议。

(一)加强企业文化建设,培养中年员工对企业文化的认同感

部分中年员工对工作缺乏激情,甚至疲于应付,这种被动的工作状态起源于他们对企业文化认同感的缺失。企业文化是一个企业生命力、创造力、竞争力的源泉。要充分发挥企业文化在引领发展、凝聚合力、塑造形象等方面的重要作用,文化是一个企业最不可复制的核心。"文化留人"能留住一群追求相同价值观的人,员工有了跟企业共同的精神追求,工作的活力自然就会被激发,这样的企业才会成功且持久。

1. 拓宽沟通交流渠道,增强中年员工自信

员工是企业发展的核心力量和重要保障,员工的队伍建设要坚持以人为本的理念。中年资深员工,由于到公司的时间较长,工作方式和沟通交流方式已经相对固化,他们不愿意主动去交流自身的真实感受。管理者想要中年员工"张开嘴、打开心"就必须建立行之有效的沟通交流机制,针对中年员工关注的问题和诉求,畅通并健全沟通渠道,尽力消除信息不对称等影响员工安全感和认同感的因素。同时,建议公司高管定期走进基层营业部,认真听取一线员工的心声,了解员工的情感需求,加强对中年员工的人文关怀和心理疏导,根据员工反映的问题建立完善合理的管理结构,制订切实可行的措施,让员工的基本诉求能够得到合理解决,消除不良情绪,增强自信心,树立强烈的发展意识,在公司和员工之间搭起一座连心桥,切实提高员工的创造意识和幸福指数。

2. 鼓励中年员工参与民主管理,营造和谐企业文化氛围

拓宽中年员工参与民主管理的新形式、新途径和新载体,充分利用互联网工具,搭建新媒体互动平台。鼓励员工充分利用公司建立的内部"工会微信群""员工代表微信群"等新平台,随时反映员工对公司管理建设的意见和建议,让员工可以充分表达自己的想法和意愿,满足中年员工自我价值实现的需求以及渴望得到尊重的心理。全面营造一种互相尊重、稳定和谐的民主管理文化,进而加深他们对企业文化的认同,帮助他们重建主人翁意识,达

到增强中年员工归属感和忠诚度的目的。

（二）完善企业制度，注重挖掘中年员工的内在潜力

建立健全完善的企业管理制度，打通中年员工的职业发展通道，深入挖掘他们的内在潜力，推动中年员工主动作为，充分发挥自身优势，变被动为主动，使不同级别、不同类别、不同岗位的员工各尽所能、各有发展，促进人岗匹配。

1. 推行导师制度

公司中的资深中年员工，大多具有丰富的实际工作经验和比较完备的业务知识储备，但由于证券公司业务工作的特殊性和激励机制的不健全，导致这些资深员工既无法也不愿意主动将这些经验和技能传授给新员工，而推行导师制度则可以缓解这种情况。导师制度是指将有经验的中年员工放在导师、指导或其他知识分享的角色上，并配套相应的激励机制，鼓励和引导中年员工去分享他们优秀的工作经验和良好技能，这对中年员工来说可以双重获益，既让中年员工重新获得工作的成就感和满足感，也推动他们主动与公司的年轻人进行思想碰撞，从而获得新知识或新的发展方向，有效提升工作积极性。

2. 转变职业道路

中年员工由于多年从事同一岗位工作，导致他们逐渐对工作失去了热情，很多人每天只是在机械地应付工作。他们中的大多数渴望得到完全不同的新发展，特别是一些工作与职业兴趣不一致的员工。由于年龄的原因，中年员工大多不愿意脱离原来的公司，因为对他们来说，脱离这个大家庭风险成本太高。因此，企业可以提供具有吸引力的"内部转岗"信息，随时让员工了解哪些地区有哪些工作机会，让中年员工可以根据自身情况转变职业道路，重新认识自己的兴趣和优势，更谨慎地选择职业方向，推动中年员工多岗位发展，调动他们的职业发展热情。这种选择既可以让员工现有的技巧、经验及人脉资源一直在公司内保持优势，又为中年员工提供了新的、具有挑战性的工作机会，中年员工也可以借此发挥新的专业技能，有效释放他们的潜在能量，承担完全不同的工作任务，真正做到人岗匹配，人尽其才，从而实现在中年员工团队中构建一种新的交际网络方式，为中年员工提供迸发工作热情的新舞台、新渠道，使他们可以进一步焕发工作活力。

3. 发展领导力

公司中的大多数资深员工虽然都曾在自己的专业领域中达到过某个高度，但面对客观的公司管理结构和有限的发展空间，中年员工在企业内的晋升机会也相对减少，拓宽领导力发展课程的通道，让中年员工有机会参与，使他们可以重新焕发活力。公司可以分阶段、分领域设置领导力课程，鼓励中年员工大胆参与，使他们认识到这是企业对中年员工价值与潜力在形式上的一种认可。员工在参与这些课程后，会对企业的目标更认同、更投入。企业要认真对待中年员工的需求，为他们提供创新的平台、清晰的目标、发展的动力，在制度设计上调动中年员工的积极性，处理好眼前利益和长远利益的关系，完善业务类岗位特别是中高级专业岗位人员的业务授权与决策机制，帮助他们在合理的授权范围内开展工作和自主决策，使他们更好地发挥专长、履职尽责。同时要注重挖掘中年员工的内在潜力，让中年员工可以更积极地为企业服务，也可以给领导人才梯队补充后备力量。

（三）健全公平合理的激励机制，优化中年员工队伍

健全中年人才规划体系，加强人才的分层分级管理，完善各类管理及专业人才的培养和梯队建设工作。建立相对科学合理的考核体系，并根据行业变化不断完善绩效考核体系，优化约束机制，建立多元化退出通道，完善离岗、转岗和内部离岗退养等员工退出机制，促进合理流动，在激发企业活力的方向上探索新的路径。同时，规范和优化员工薪酬福利管理体系和职级管理体系，为优秀中年员工提供发展和晋升通道，探索制定根据德才表现和工作业绩晋升职级的相关政策，使公司内部晋升途径科学化、合理化，有效激发中年员工的积极性和主动性，提高员工队伍的整体素质。建立更加完善的激励机制，对优秀中年员工加强鼓励和支持，注重荣誉和榜样激励并适当提高奖励标准，灵活、合理制订奖惩措施，从而实现企业内团队和个人的整体进步，使中年资深员工可以焕发青春，再创辉煌。

打造最具浙商特色的金融机构
——"浙商古道行""浙商股道行"构建浙商证券品牌竞争力

吴承根[*]

浙商证券企业文化以"三同主义"为纲领,以客户、员工、企业三者同创同享同成长为文化基因,打造最具浙商特色的财富增值服务商是企业愿景,也是有别于其他券商的性格特征。经过多年积淀,浙商证券已形成具有浙商特色的企业文化,在过往的岁月里激励着浙商证券人昂首前行。

浙商证券有一项特色的企业文化活动叫"浙商古道行"。5年来,公司组织了各个营业部开展系列古道行活动,走过了徽杭古道、吴越古道、霞客古道等近百条古道,捐赠了全省十多条古道上的公益设施,出版了《浙商古道行》三辑图书。从行走古道的体悟中,发掘古道历史文化,推动古道开发保护,弘扬浙商精神,旨在把一种纯粹的公司文化活动延伸为一种对浙商历史文化的挖掘和凝练过程。

浙商证券人从走古道延伸到走上市公司,遴选出一批代表浙江省"八大万亿"产业的龙头企业名单,逐一走进上市公司开展深度调研,密切关注上市公司并购重组等做大做强需求,提供股、债全业务链服务。通过"浙商股道行"积极参与企业上市、并购重组数据统计和相关事务配合工作,动态跟踪股改、上市和并购重组资源库,主动提供适时、适宜的资本市场对接服务,对全省上市企业和并购重组资源进行有效的覆盖。出版《凤凰行动·浙商股道行》图书,通过分析浙江优秀的上市公司,弘扬宝贵的浙商文化,带动广大中小企业发展,帮助这些公司全过程、多维度助推企业对接多层次资本市场,扩大浙江金融监管部门的知名度和美誉度。

从"浙商古道行"到"浙商股道行",我们可以清晰地看到浙商证券的企业价值观:一

---

[*] 作者简介:吴承根,硕士,1983年7月至2006年1月先后在中国人民银行浙江省分行、国家外汇管理局浙江分局、浙江省人民政府证券期货监管办公室、中国证监会浙江监管局工作;2006年2月至2006年6月任浙江省人民政府金信证券重组工作组常务副组长;2007年1月至今在浙商证券工作,现任浙商证券股份有限公司董事长,兼任中国上市公司协会会员副会长。原载于《中国证券》2019年第6期。

条"浙商古道行"是文化、精神和历史的;一条"浙商股道行"是政治、经济和现实的。

一、"浙商古道行":文化、精神和历史

古道是古时的交通要道。古道可谓吴越大地的生命线,因为浙江是一个资源小省,一直是地少人多,特别是西南部多是丘陵山川,有"七山一水二分田"之说。浙江的古道特别多,那一条条崎岖蜿蜒的小道,是勤劳勇敢的浙江人披荆斩棘,用脚一步一步走出的一条生命之路。古道的一头连着故土与家园,一头连着生计与梦想,无数的人从这里开始出发,走出大山走到杭州,走到北京、上海,走到世界各地。浙商在历史长河的千锤百炼中,凝练出了舍得、和气、共赢、低调、敢闯的精气神。

这些浙商精气神可从那散布在浙江山水间的一条条古道中觅得。那些与浙商息息相关的古道,把一些有名无名的村与镇和城市的盛世繁华相连接。走完散布在浙江乡野的古道,就会明白浙商能不畏艰辛闯天下,是天生资源禀赋缺失下求生存的无奈和敢作敢当的踏实风格。这些古道无疑是凝结了无数历史的活化石,是凝聚着浙商精神的"无声字典"。

今天的浙商证券延续了浙商宝贵的精神财富,根植于脚下这片土壤,围绕服务实体经济,在多方面发挥作用,与浙江中小企业共荣共生,以"资本+知本"助力实体经济的成长,成为浙江经济发展的一条道路。浙商证券近年来以"承浙江精神,继古道文化"为活动主题,划浙江为界,沿古道为径,觅浙商之迹,与大道同行,找寻那被遗忘和失落的古老精神世界。今天重走古道是浙商精神的再现,也是浙商证券发扬光大浙商精神的好方式。

(一)踏足古道强身健体,凝练成企业文化

浙商证券多年来组织了各个营业部开展系列古道行活动。自2015年以来,浙商证券共有百家营业部(含总部)走过十里琅珰古道、徽杭古道、吴越古道、仙霞古道、霞客古道等近百条古道,并在2018年走向全国古道。

浙商证券人从行走古道的体悟中,提出发掘古道文化的理念,旨在把一种纯粹的公司文化活动延伸为一种对浙商历史文化的挖掘和凝练过程。

古道行主题活动丰富了员工的文化生活,大家共同欣赏自然风光,追寻历史足迹,传承人文精神。通过浙商古道行,大部分浙商证券人深切体悟出,每一条古道背后都有一段动人故事,每一条古道都是典藏在山水之间的绝美诗词,每一条古道都走出了影响这片土地的最美浙江人……

浙商证券网点和员工也是品牌传播的渠道。浙商证券在全国有近百家网点,每个网点和员工都是对外品牌传播的窗口,浙商古道行企业文化活动,让员工自身和在处理对外、对内关系的活动中体现出浙商精神,并在行动中体现出企业精神和理念价值。

(二)发掘古道历史遗迹,找寻古道精神世界

自2015年浙商证券对浙江省内各地的古道进行探寻梳理,追思怀古,辑录成书——《浙商古道行》。第一辑是28条古道的真实行走记录,寻访古道探究历史渊源,挖掘古道旅游文化资源,以期发挥古道的"历史、旅游、健身、养性"功效。

在阅读推广《浙商古道行》图书的同时,公司开始组织第二辑的编写工作。第二辑入

选辖区的营业部总经理作为编撰工作的第一责任人,由营业部文笔优秀、功底扎实的员工参与,组织内部员工配合地方文史专家和摄影爱好者开展徒步古道活动。从行走古道中追思怀古,辑录成卷,踏足古道,强身健体。经过近一年的努力,第二辑《浙商古道行》成功出版。

为持续扩大浙商证券的品牌知名度和美誉度,弘扬浙商精神,推广古道文化,2018年6月又启动了《浙商古道行》第三辑的撰写出版工作。第三辑收录的古道将由浙江省扩展到全国,充分发挥浙商证券员工的智慧和能力,由全国各分支机构共同参与,新书于2019年下半年出版,这也预示着浙商和浙商精神从浙江走向全国。

(三)推动古道开发保护,守护一方青山绿水

浙商证券还积极投身古道的保护,捐赠了105万元用于古道设施的维修和兴建,有古道路线图、方向指示牌、垃圾桶和温馨提示牌,目前这些设施都已安装在杭州的十里琅珰、桃花岭、霞客等近十条古道。这些公益设置在古道中发挥着指路、美化和宣传的功效。尽我们的绵薄之力,守护一方青山绿水。

(四)弘扬古道精神,传播传统文化

《浙商古道行》三本图书把浙江省内各地乃至全国的古道进行探寻梳理,寻访古道探究历史渊源,挖掘古道旅游文化资源,发挥了古道的"历史、旅游、健身、养性"功效,受到读者广泛欢迎,成为公司员工的必读图书。

拳拳浙商意,悠悠古道情。追思怀古,辑录成卷。踏足古道强身健体,推动古道开发保护,发掘古道历史遗迹,找寻古道精神世界。阅览以敬前人,掩卷以启来者。浙商证券将继续发掘古道历史文化,推动古道开发保护,弘扬浙商精神。

二、"浙商股道行":政治、经济和现实

浙商证券身处茁壮成长的中国资本市场,而浙江作为我国改革开放的先行者,为A股市场输出了一批批行业领头羊。浙江的上市公司正充分利用上市资源,促进实体经济与金融业的双繁荣。浙商证券对浙江上市公司的研究和服务应是义不容辞,如何发挥浙商特色,把业务与企业文化相结合,服务地方经济?

2017年10月9日,浙江省发布了推进企业上市和并购重组"凤凰行动"计划。"凤凰行动"延续习近平主席在浙江提出的"凤凰涅槃"和"腾笼换鸟"理论,围绕金融强省建设目标,以上市公司为平台、并购重组为手段,提升上市公司发展水平,做强产业链,提高核心竞争力。

在"凤凰行动"计划中,浙商证券是重点提及的金融中介机构。作为本土上市券商,浙商证券一直大力拓展股权融资服务功能,立足浙江市场,推动股改上市和再融资,助推浙江中小企业发展。浙商证券抓紧此契机,把企业文化活动"浙商古道行"同步升级为"浙商股道行",与业务相关联,开展浙商上市公司研究和调研。

(一)响应"凤凰行动"打造浙商特色计划

浙商证券第一时间响应"凤凰行动"计划,结合行业现状及自身发展情况制订了服务"凤凰行动"的专项计划方案,成立了专业推进委员会。创新性举办了"凤凰行动·浙商股道行"——走进上市公司主题活动,活动以省内地市各分支机构为基础,公司研究所发挥专业研究优势,遴选出一批代表浙江省"八大万亿"产业的龙头企业名单,逐一走进上市公司开展深度联络调研,弘扬宝贵的浙商精神,促进企业上市和并购重组两大核心工作。

"浙商股道行"同时落实上交所、深交所投资者教育精神,促进上市公司贴近投资者,增进双方互动"认识",让投资者真正担负起股东的权利与责任,积极参与上市公司治理。指导上市公司建立投资者关系管理的长效机制,促使上市公司重视投资者的诉求、强化树立积极服务和回报股东的意识。

除此之外,通过浙商股道行的调研,编制"浙江活力企业凤凰指数"。发挥浙商证券的研究力量,因地制宜选取50家本土优质上市企业样本,跟踪反映本土企业成长发展状况,开发相应指数 ETF 基金产品,引导更多社会资金直接参与"凤凰行动",支持浙江企业做大做强,提升浙江板块影响力,同时为投资者创造分享"凤凰行动"和浙江省资本市场发展红利的机会。

(二)"浙商股道行"助力浙江经济

2017年11月钱塘弄潮峰会上浙商证券主办的"'凤凰行动'与杭州机遇"分论坛,启动了走进上市公司行动。组建的"凤凰行动·浙商股道行"资本市场服务专家团队开始出发。这支由浙商证券办公室、研究所、投行总部、网点运营管理总部、浙商资管等各个部门成员组成的队伍,经过前期的策划和联动,走进上市公司。一天一个地方、一家上市公司,每天马不停蹄,席不暇暖。浙商证券团队在与这些企业董事长、总经理和董秘交流中,深切感受到产业资本家们对实业的热爱和使命感。这些上市公司大多崛起于偏僻乡村,却成为所在行业的"隐形冠军"。

目前已按区域把浙江上市公司分块,根据上市公司行业特征进行分类,逐个走进各个上市公司进行调研、开展业务和写作宣传。这些上市公司都是浙商证券研究所从400多家上市公司中遴选出来的,每个行业研究员在走访后,翔实地完成了上市公司的研究报告,并结集出版。书中收录了近20家这次"浙商股道行"上市公司的研报,每小章节介绍一家上市公司,内容包括公司概貌、业绩发展、投资策略报告等。

这本《凤凰行动·浙商股道行》图书是浙江"凤凰行动"阶段性成果之一,也是浙商证券落实"凤凰行动"的阶段性成果。书中展现了部分浙江优秀上市公司的研报,以期向全球的价值投资者推荐这些优秀上市公司。

三、结语

企业文化是一个企业的精神纲领,是指导企业行动的有力武器,也是企业长远发展的软实力。浙商证券通过"浙商古道行"和"浙商股道行"两个专项品牌活动,已形成具有浙商特色的企业文化,从精神文化到政治经济,全方位引领浙商证券走向最具浙商特色的财富增值服务商。

浙商证券今后要把"浙商古道行"活动延续下去，发扬浙商这种不畏艰辛勇闯天下的精神，植根江浙大地继续开疆拓土，路越走越宽、越走越顺。更要把资本市场的"浙商股道行"走好，把优秀的上市公司推荐给全世界价值投资者，把活动打造成为浙江省推进"凤凰行动"的创新品牌示范项目，在"凤凰行动"及服务全省金融改革中发挥主力军作用。我们将以鲜明的浙商特色，伴随着中国资本市场共同成长，成为最具浙商特色的财富增值服务商。

新时代企业文化建设中的新媒体应用分析
——以信达证券为例

霍 蜜 徐长卿[*]

一、新媒体与企业文化宣传概述

(一) 新媒体的内涵与特征

学界已有的对新媒体的界定可谓众说纷纭。对新媒体的内涵界定虽有不同角度，但是新媒体的几大特征是各界都一致认定的。新媒体有以下特征：第一，信息随时可以进行发布，不再受时间限制；第二，信息传播受地域和空间限制越来越少，只需要设备和传输信号，就可以发布信息；第三，信息传播不再属于少数新闻媒体，所有社会大众均可以参与其中；第四，信息传播速度远超传统媒体，传播几乎与事件发生同步；第五，信息传播多元化、分散化，不再受到部分媒体导向和影响。充分了解新媒体，有助于我们接下来分析其对于企业文化宣传的促进作用。

(二) 企业文化宣传的内涵与特征

企业文化是指企业在生产经营实践中逐步形成的、为整体团队所认同并遵守的价值观、经营理念和企业精神，以及在此基础上形成的行为规范的总称。企业文化宣传是指将企业文化通过某些形式，有效地传播给受众，其中主要的受众群体是企业的员工。企业文化宣传是企业文化得以落地的先决条件之一，也是企业文化建设中的重要组成部分。企业文化宣传具有以下特征：第一，系统性。企业文化包含了企业运营的方方面面，在不同的企业活动中，企业文化均会发挥不同的作用。因此，企业文化宣传具有复杂的系统性特征，需要完整的系

---

[*] 作者简介：霍蜜，信达证券股份有限公司机构业务部副总经理；徐长卿，信达证券股份有限公司机构业务部经理。原载于《中国证券》2019年第6期。

统架构和措施。第二,目的性。企业文化宣传具有强烈的导向性、目的性,归根结底在于构建良好的企业文化氛围,传递统一的企业价值观。企业文化宣传的目的与企业战略发展目标息息相关,当企业文化发生变化时,企业文化宣传也要第一时间进行相应的调整。第三,统一性。对于不同的受众,企业文化宣传需要保持高度的统一性,这是企业文化核心价值观的内在需求。如果不能达成共识,企业文化就无法落地,企业文化宣传也就没有体现出其价值和意义。

二、证券公司企业文化宣传工作的发展

(一) 证券公司企业文化宣传工作的特点

1. 年轻化、高学历的员工队伍决定了企业文化宣传风格

由于证券行业属于典型的智力密集型行业,员工数量普遍不多,但都呈现出年轻化和高学历的特征。以信达证券为例,截至2018年末,公司共有在职员工2 251人,其中40岁以下员工1 472人,占比65%;本科以上学历1 837人,占比82%;硕士以上学历518人,占比23%。

年轻化和高学历意味着证券公司员工整体对新生事物有着很强的好奇心和接受能力,同时也有着相对更强的自尊心和独立自主意识。这决定了证券公司的企业文化宣传工作不能简单地采取自上而下的传导方式来进行,从形式上要更加紧贴时代潮流,强调互动性和趣味性,内容上要更加贴近员工的职业诉求和心理状态,忌讳大而空的描述表达。

2. 遍布全国的网点布局导致统一企业文化宣传难度较大

证券公司尤其是大中型证券公司普遍存在人员分布较广、较散的特点。以信达证券为例,公司全体员工分布在16个省、直辖市,导致原本需要统一的企业文化宣传工作在落地和执行上存在一定困难。首先,由于不同省市之间的地域文化不同,因此在经营理念、管理风格、管理方式、组织氛围、客户构成、员工关系等方面均存在一定的差异性,宣传企业文化时往往无法适应所有人。其次,在组织文化活动时,由于经费、时间和空间的限制,也往往很难同时顾及全国各地的员工。

3. 特殊的历史背景造成企业文化宣传工作积累薄弱

企业文化建设和宣传需要持之以恒地打磨,也需要一个健康、开放的市场环境。而由于特殊的历史原因,中国证券行业产生于行政手段而非自由市场,从第一家券商成立到行业综合治理结束,证券行业经历了一段极其混乱、粗放的发展过程。具体表现在证券品种单一、投资工具稀少、业务同质化、靠天吃饭现象严重,并不具备现代化企业成长发展的土壤,企业文化建设也就更难以为继,因此,以传播公司理念为诉求的企业文化宣传工作无法系统地推进。直至2007年证券行业综合治理工作结束,证券公司长期积累的风险和历史遗留问题才得以平稳化解,曾严重困扰证券行业健康发展的诸多历史问题基本解决。相比银行业等其他金融服务行业,证券公司在企业文化建设上的实践经验和历史积累都要薄弱许多。

(二) 证券公司传统企业文化宣传工作面临的困境

第一,宣传形式单一。传统企业文化宣传,渠道多半为纸质,表现形式简单,活动类型也较为呆板,经过数十年的沉淀,已经形成固定模式。而当前企业员工已经是"80后"

"90后"的天下，这些员工的特点是个性鲜明、崇尚自由、不愿意被动参与企业文化建设活动。

第二，宣传持久性差。由于受到时间、空间和人员的多重限制，传统的企业文化宣传往往是"一阵风"式，几乎很难做到长年累月地对企业核心理念进行宣传。

第三，宣传流于形式和口号。传统企业文化的理念体系建设内容庞杂，系统烦冗，让所有员工通读理解甚至牢记是不现实的，企业文化宣传始终存在于手册里和墙上，而未走进员工的心里。

三、新媒体在企业文化宣传工作中的应用实践

（一）建设和运营企业自有新媒体平台

1. 企业自有新媒体平台的意义

建设和运营好自有新媒体平台，具体有以下几点意义：第一，能够培养专业的新媒体运营人才。只有拥有一个自己的平台，才能配置相应的人员，并逐渐摸索出适合本企业的宣传方式方法，带出一个队伍。第二，能够形成固有的企业文化宣传风格。不同的平台有不同的风格和规矩，只有自建平台，才能确保宣传时的独立自主性。第三，自有的新媒体平台能够长期、集中保存企业的文化宣传信息，能够使企业文化宣传效果更持久。第四，能够节省宣传成本。由于互联网的特性，新媒体平台基本都是免费和开放的，企业不需要支出额外的成本，同时还能大大提升工作效率，节约办公资源。

2. 打造企业文化宣传专用微信公众号

例如，信达证券于2014年初设立了名为"乐活信达"的微信公众号，以"传递最新资讯、传达公司精神、传导业务动态、传播品牌文化、助力信达梦"为宗旨，目前已成为公司最权威、最快速的信息发布平台。

（二）信达证券在企业文化宣传工作中的新媒体应用分析

1. 新媒体强大的传播效应为企业文化宣传带来了前所未有的影响力

信达证券利用新媒体传播范围大、受众广的特点，通过鲜活的故事、新颖的表达，发布公司取得的经营成果和企业涌现的先进典型，在公司内外营造良好的舆论氛围。新媒体带来的强大传播效应远超过去传统的企业文化宣传形式。

为迎接公司周年庆，信达证券开展了三位一体的宣传活动，该活动与东方财富网合作，设计并上线了专题网页，并在东方财富网股吧论坛举办"抢楼送金"感恩回馈投资者的活动。同时活动还针对公司员工举办了"微博达人"评选活动，由公司员工自主发布微博，以最多的转发量竞争"微博达人"的称号。活动期间，公司五周年专题网页浏览次数超过12万次，其中超过4万人参加了"抢楼送金"活动；"微博达人"活动原发微博16条，转发微博11 000多条。

2. 新媒体的互动性能显著提升员工参与企业管理和文化活动的热情

新媒体传播的互动性有利于聚合全体员工，共同了解公司、关心公司并参与管理，实现对干部员工多领域、多渠道覆盖。同时，新媒体也成为信达证券党委用正能量引导员工、及时了解干部员工想法和需求的渠道。员工有任何工作、政策上的疑问，以文字、语音信息给

微信平台留言，管理员通过后台看到员工的留言并及时回复，化解隔阂。新媒体便捷、低门槛的特性能极大提升员工的参与度，这是同类型的传统企业文化活动所不能比拟的。

在政策理念贯彻方面，信达证券借助"乐活信达"微信号开展了年度工作报告的学习活动，活动征集了8万余字、近100篇的学习心得和体会，并在微信号上进行了分享和传阅。活动改变了以往的学习形式，通过公开、透明、竞争的理念，最大限度地让公司重要政策和理念传递下去。

3. 新媒体宣传能使企业文化和企业理念更加深入人心

由于新媒体独特的传播效应和丰富的表现形式，通过新媒体宣传企业文化和理念，其到达率和接受度相对传统宣传形式高出不少。为充分发挥微信平台入眼、入脑、入心的教育渗透作用，信达证券新媒体除了日常编发重大经营活动和荣誉信息外，还经常宣传公司政策，开展思想教育工作，让员工随时随地掌握政策，提高思想觉悟。

为加强员工的职业化形象，进而提升公司整体职业化水平，信达证券开展了一系列职业形象规范工作，包括宣传职业着装知识、公司着装制度、商务礼仪等。通过"乐活信达"微信号，从金融从业人员职业素养出发，以有趣、轻松的方式定期编发文字信息、漫画图片，发布着装标准和要求，同时第一时间通报检查信息，起到了提醒和监督作用。信达证券还通过"乐活信达"微信号推出了"学党章、守纪律、精业务"知识学习系列推文，为后续举行的知识竞赛奠定了基础。

4. 线上的新媒体传播能有效带动线下活动的开展

线下活动是企业文化建设不可或缺的部分，从前期预热、报名到活动通知、执行、总结宣传，新媒体的出现使原本略显单调的线下活动变得更加立体和有趣，相比过去举办的同类型活动，借助新媒体进行宣传的线下活动明显具有更高的人气。

为了普及健康知识，增强健康意识，信达证券开展了"信达证券，健康一夏"活动。活动由线上、线下两部分组成，通过"健美达人秀""平板传递""自我挑战""平板擂台赛"四个项目引导和鼓励公司员工积极运动，健康生活。其中，线上宣传一个月时间里，共有500名员工直接参与活动，活动相关微信消息的阅读人次达15万，最后在公司总部举办的平板擂台赛吸引了大量员工到场参与。

5. 新媒体使企业文化宣传变得便捷、灵活和低成本

在新媒体出现以前，企业的理念宣传、制度落实和学习培训等一般只能通过OA、邮件等方式进行通知，然后借助海报、展板、文件等平面印刷形式强化宣传，成本较高且不能做到随时更新、及时完善。在借助新媒体后，这些工作在新媒体平台上开展，宣传频次比过去高，宣传成本几乎为零，同时还可以随时更新宣传内容、随时改变宣传形式。

信达证券搭建了"信未来"业务交流平台，是一个为广大员工服务、促进内部交流沟通、分享知识和成长的平台。该平台每期分享活动的前期预告和后期总结，均通过"乐活信达"微信号进行发布。在没有增加任何宣传费用的前提下，短短几期活动使"信未来"业务交流平台迅速成长为公司最有影响力的交流平台。

（三）新媒体在企业文化宣传应用中面临的困难

1. 多样化的宣传需求与企业文化体系不完善之间的矛盾

新媒体的传播路径和速度，相较于传统媒体有着本质上的区别。用新媒体宣传企业文

化，需要大量的企业文化素材，包括企业理念和文化故事等。但不少企业的企业文化体系并不完善，没有形成自己独到的理念，口号较多，而生动、具体的文化描述和文化故事较少，直接造成企业文化被"虚化"，使得在新媒体上开展企业文化宣传工作缺少基础素材和源头。

2. 现代化宣传手段与企业技术瓶颈之间的矛盾

在新媒体应用于企业文化宣传的过程中，互联网公司有着先天的人才优势和理念优势，但并非所有企业都具有这样的条件。无论是企业本身的技术积淀，还是思维理念，都会导致新媒体在企业文化宣传工作中的作用发挥受到制约。同时，要实现新媒体与企业文化宣传的完美融合，需要较高的IT技术支持，不论是硬件设施还是技术开发，都是对企业本身技术积累的一个挑战。

3. 虚拟传播特性与文化沟通内在需求之间的矛盾

新媒体传播是虚拟的，丰富的参与和互动是其优点，但如果操作不当或支持力度不足，员工提出的问题和意见不能及时得到回应，反而会影响员工情绪，使企业文化宣传陷入"吃力不讨好"的被动状态。相较于传统企业文化宣传的沟通方式，网络交流天然缺乏亲切感，这对于企业文化要求的情感交流有一定的负面效果，同时这样的交流还容易引发理念冲突和诚信危机。

4. 新媒体开放性与企业文化保密性之间的矛盾

众所周知，新媒体最大的优势之一就是其传播速度和传播效率，但这对于偏向于对内的企业文化宣传工作而言无疑是一把"双刃剑"。难免会有一部分企业文化宣传内容只适合在内部交流，而一旦通过新媒体进行宣传推广，就很容易失控。这对于企业文化宣传工作者来说是一个挑战，要把握好宣传力度和宣传效果的平衡，稍不注意就会适得其反。

（四）在企业文化宣传工作中用好新媒体的一些建议

1. 要建立工作机制，做好基础支持工作

新媒体也是一种媒体，具有完整的媒体属性，想要使其良好地运作而不出问题，必须配备一套完整的工作机制，策划、生产、修改、编辑、审核、发布，每一个环节都需要制订相应的工作标准和工作流程，并予以严格执行。同时，要不断提升文案设计、信息技术、品牌宣传等各项基础工作的质量和水准，为企业文化宣传提供支持保障。

2. 要注意做好线上与线下宣传的有机结合

有了新媒体，并不意味着可以抛弃线下的企业文化宣传形式，运用新媒体开展企业文化建设工作，要正确处理继承和创新的关系，既要善于运用新媒体，也要注重继承和发扬长期以来形成的好的机制和方法。任何媒体都无法取代人和人的直接交流，不能因为有了新的媒体，就忽视了传统有效的工作方式方法。最关键的还是要能够线上与线下两手抓，取长补短，有机结合，只有这样才能发挥新媒体在企业文化宣传中的最大效力。

3. 要紧贴时事热点，不断创新宣传手法

信息爆炸的互联网时代特征，使重复不变的宣传手法很快就会引起审美疲劳，降低企业文化宣传效果。要利用新媒体简单便捷的特征，企业新媒体平台发布的内容应反映企业定位和形象，公布企业动态，同时兼顾个性化、趣味化和实用化。内容选题很重要，内容单一会显得枯燥，内容太多又显得繁杂没有重心。因此，在选择内容时要先确定核心定位，再围绕这一核心来丰富内容。

4. 要多用互联网化的表现形式

在借助新媒体开展企业文化宣传工作时，要时刻谨记把一切互联网化，用互联网化的语言、互联网化的设计甚至互联网化的思维来开展工作，不要将传统的企业文化宣传内容"复制粘贴"到新媒体上，而应暂时抛弃线下传统工作中的思维和文字习惯，多学习吸收最新、最好、具有强烈互联网特征的宣传手法，站在受众角度充分考虑问题，提供最优的互联网体验。

关爱基层员工,提升企业凝聚力
——长城国瑞证券关于加强基层员工队伍建设的调研报告

谢定亮 赵 莎 孙 菲 康爱凤[*]

基层员工作为券商员工中占比最大的群体,其队伍的建设情况,以及受关心关爱程度,是当前中小型券商亟须关注的现实问题。本文将以笔者所在的长城国瑞证券公司为例,通过对公司基层员工队伍建设和职业关爱情况进行调查研究,剖析现状和存在的问题,并根据实际情况提出相应的建议,以期能为中小型券商基层员工队伍建设和职业关爱水平的提升提供参考。

一、基层员工队伍建设和职业关爱的必要性

基层员工作为企业中存在的最广泛、最基础的人力资源,是保持企业在新形势下持续稳定发展和拓展业务、创新升级、完成战略转型发展的基石。随着资本市场和证券行业发展的全面提速,行业人才竞争愈加激烈,长城国瑞证券的人才建设与发展面临新的挑战。目前,"80后""90后"年轻员工已逐渐成为基层员工队伍的主力军,在工作上将更加关注自身职业需求,对工作物质、精神所得也提出了多元化的要求。因此,新形势下,如何加强基层员工队伍建设和职业关爱,促进员工整体素质提升及个人价值实现,增强企业竞争力,对于实现企业与员工的共赢发展有着重要而深远的意义。

二、基层员工队伍建设和职业关爱现状及主要问题

(一)基层员工队伍建设和职业关爱现状
1. 基层员工队伍思想建设初见成效

长城国瑞证券始终把加强思想建设放在首位,以党的十九大精神和习近平新时代中国特

---

[*] 作者简介:谢定亮、赵莎、孙菲、康爱凤,均为长城国瑞证券有限公司人力资源部员工。原载于《中国证券》2019年第6期。

色社会主义思想为指引，坚持引导员工尊崇党章，严守党规党纪，在思想上、政治上、行动上与党中央保持高度一致，通过主题教育活动、"三会一课"制度及组织生活会等方式，培育员工正确的组织观念、理想信念、职业道德及行为操守。同时，公司在内部倡导协作、包容、和谐的文化理念，通过组织新员工培训、日常业务培训、志愿者活动及党日系列活动，不断深化员工的主人翁意识，培养团队精神，树立开拓创新的企业氛围，促进员工将自身价值的实现与企业的发展有机结合起来。

2. 人才发展呈现专业化、年轻化、高素质趋势

近年来，长城国瑞证券在引进市场优秀人才的同时，积极进行内部人员结构调整。基层员工中，30岁以下占比由2015年的49.02%提升至目前的51.84%；硕士学历以上占比也由2015年的60.29%提升至目前的87.42%；员工专业以财会、经济、金融、法律等与业务相关专业为主。

3. 员工职业发展通道和培训体系初步构建

建立了符合公司实际的MD职位体系，根据个人业绩、考核结果、资历等确定职位职级和薪酬，实行动态化考核调整，打破了人才职业发展的天花板效应，也拓宽了基层员工职业发展通道。为促进基层员工职业发展，实施"国瑞新动力"专项青年人才培养计划，初步建立了覆盖率高、多层次的培训体系，通过打造E-learning网络学习平台，整合学习资源，拓宽学习渠道，不断提升人才价值。

4. 基层员工关爱机制不断完善

建立员工福利保障体系，制订员工福利管理办法，明确员工各项福利，构建了较为科学合理的福利保障体系。对于困难员工，定期持续开展困难员工送温暖活动。同时，重视员工的身心健康，组织开展各类文体活动，如健步行、乒乓球和羽毛球赛、演讲比赛以及篮球比赛等，以丰富基层员工业余生活，提升基层员工满意度，增强公司凝聚力。

（二）基层员工队伍建设和职业关爱存在的主要问题

队伍建设永远在路上。为深入了解基层员工队伍建设及职业关爱情况，长城国瑞证券面向基层员工发放调查问卷共461份，回收405份。回收数据显示，在基层队伍建设和职业关爱方面尚存在一些问题。

1. 制度建设方面

（1）职业发展通道宣导力度不足。目前，虽然长城国瑞证券设计开发了MD职级体系，搭建了员工职业发展通道，但从回收数据可知，有26.43%的人不了解公司的职业发展渠道，41.00%的人不清楚公司提供的职业发展机会或认为职业发展机会较少（见图1）。可见由于宣导力度的薄弱，很多员工对公司的职业发展通道并不清楚。

（2）职业生涯规划亟待加强。虽然MD职级体系为员工拓宽了职业发展通道，但尚未形成完整的职业生涯规划体系。回收数据显示，被调查员工中89.39%的员工表示看重公司提供的个人发展空间，86.91%的员工希望公司能够为员工制定职业发展规划（见图2）。

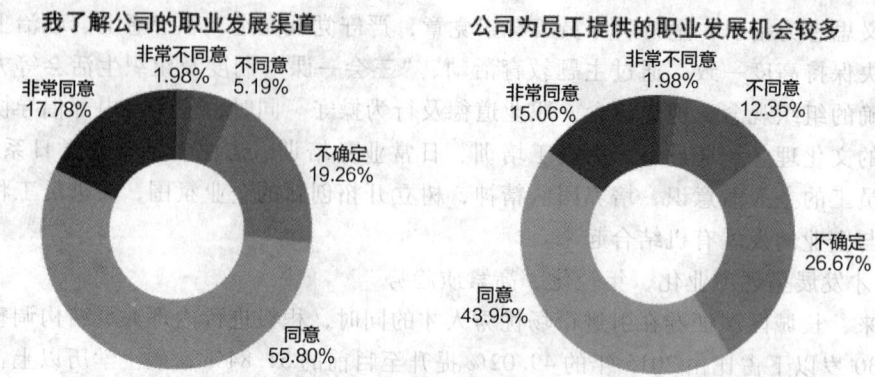

图 1　公司职业发展通道宣导情况

资料来源：根据问卷回收数据整理而得。

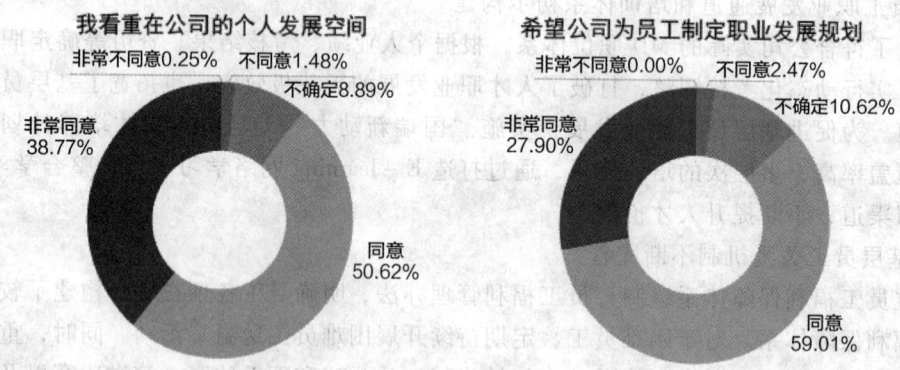

图 2　员工对个人职业发展的态度

资料来源：根据问卷回收数据整理而得。

2. 员工培训方面

（1）培训资源供不应求。在参与调查的员工中，95.8%的人对参加培训表现出强烈的积极性，却只有61.48%的人经常能够得到培训机会（见图3）。可见培训覆盖率有待提升、培训内容匮乏等问题仍然存在，面对基层员工的需求，培训资源仍显不足。

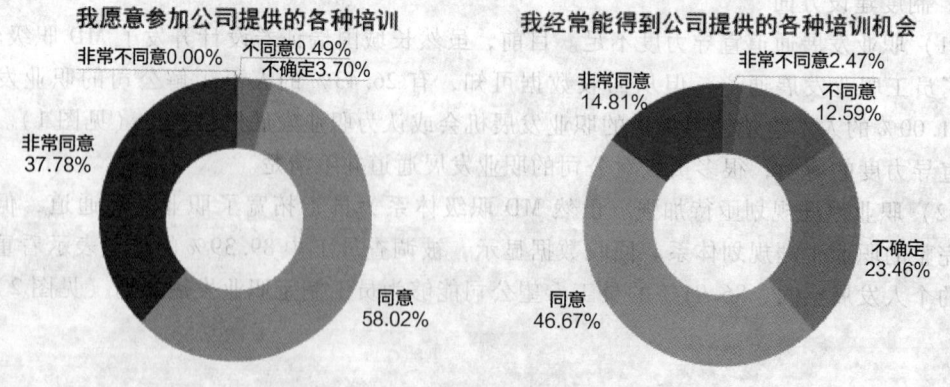

图 3　公司培训现状

资料来源：根据问卷回收数据整理而得。

(2) 培训资源配置不够合理。回收数据显示，41.48%的人经常参加一些不需要的培训，24.69%的人认为培训对目前的工作帮助不大（见图4）。这些都说明培训资源的分配不够精准，导致了一定程度的资源浪费。

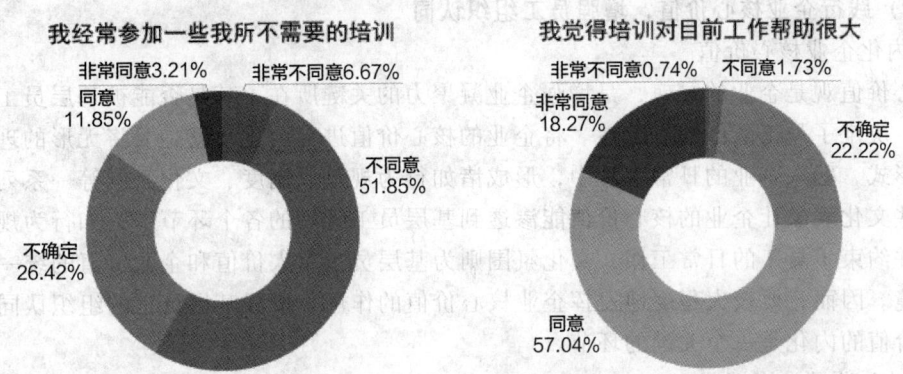

图4 员工对公司培训体系的看法

资料来源：根据问卷回收数据整理而得。

3. 员工关爱方面

从回收数据来看，被调查者中79.75%的员工认为公司关心员工生活，能够给予困难员工经济帮助；81.97%的员工认为公司重视员工身心健康，经常举办文体活动。可见基层员工对公司员工关怀方面满意度尚可，但仍有提升空间。

(1) 心理关爱有待加强。受访者中，高达77.28%的人认为自己工作压力较大，而公司缺少压力管理及心理辅导等方面的支持，不利于员工的压力宣泄和情绪疏导。

(2) 工作环境尚有改善空间。受访者中，17.53%的员工认为目前公司的工作环境不够好，14.32%的员工不完全认同公司内部人际交往氛围（见图5）。由此可见，目前公司的工作环境和工作氛围基本能够得到认可，但尚存在一定的改善空间。

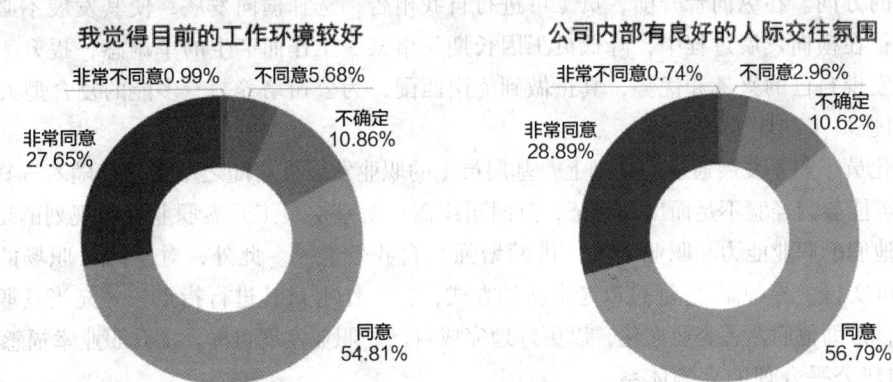

图5 公司工作环境现状

资料来源：根据问卷回收数据整理而得。

三、加强基层员工队伍建设和职业关爱的措施建议

(一) 践行企业核心价值，增强员工组织认同

1. 内化企业核心价值

核心价值观是企业的灵魂，是增强企业凝聚力的关键所在，其是否能被基层员工所认同和接受，决定了员工队伍的稳定性。将企业的核心价值进行内化，就是要将无形的理念通过具体的形式，融入企业的日常管理中，形成诸如行为规范、制度、文化氛围等一系列文化表象。这些文化表象让企业的核心价值能渗透到基层员工管理的各个环节中，如行为规范和制度引导并约束了员工的日常工作，文化氛围则为基层员工个人价值和企业价值的统一提供了有利环境。因而，要较大程度地发挥企业核心价值的作用，增强基层员工的组织认同感，企业核心价值的内化是一个关键的环节。

2. 树立党员先锋模范

在组织中，党员干部的行为是企业核心价值的外在体现，因而党员干部在理想信念、言论、行为举止和工作作风等各方面均需遵循企业的核心价值观，起到模范带头作用，为基层员工树立榜样，形成一种自上而下的影响力。这种榜样的力量，让基层员工能更直观地理解和认同企业核心价值，在无形中促使基层员工自身思想意识和行为与企业价值保持一致，更加认真地对待本职工作，提高其对企业的依赖性，增强其对企业价值的认同，从而降低基层员工的流动性。

(二) 建立科学激励机制，激发员工工作热情

1. 打通员工的职业发展通道

为打破基层员工职业发展出现的瓶颈，企业需要在双通道的基础上建立更加灵活的"网状"职业发展通道。在这种模式中，纵向发展和横向发展纵横交错，员工可根据自身情况选择职业发展的方向。在纵向晋升前，员工可进行自我申告，选择横向发展，使其发展不必局限于某个领域；在横向发展过程中，降低员工因长期从事某一工作而产生的单调感，提升工作满意度，同时发现自己的兴趣和优势，真正做到能岗匹配，为公司培养一专多能的复合型人才。

2. 加强员工的职业指引

在优化员工职业发展通道的基础上，基层员工的职业发展机会随之增多，伴随着选择机会的增加，其可能会因经验不足而出现迷茫，这时组织需针对基层员工开展职业发展规划的培训和指导，培养他们的职业能力和职业素养，进而增强其自我效能感。此外，对于初入职场的基层员工，公司可实行"导师制"，通过以老带新的方式，在工作上对其进行指点，并充当其职业发展的领路人，帮助他们熟悉企业文化，以更好地完成自己的职业发展目标，提升职业幸福感。

3. 构建公平合理的薪酬体系

对于基层员工而言，其面临着经济独立的压力，公司建立公平、有吸引力和以绩效为导向的薪酬体系无疑是至关重要的。在薪酬体系中，不仅应包括传统的经济性薪酬，还应纳入非经济性薪酬。其中，经济性薪酬激励应将基层员工的经济性收入与其绩效挂钩，建立一种以绩效为导向，同时强调灵活性和针对性的薪酬文化，体现多劳多得、按绩取酬的原则。而随着员工物质需求得到越来越充分的满足，以及精神需求的日益增长，宽松的工作环境、简

单的人际关系、人性化的人力资源管理制度等非经济性薪酬逐渐受到基层员工的欢迎，其激励性也是其他因素无法代替的。

（三）构建高效培训体系，提升员工综合素质

1. 按需培训，提升培训效果

公司在制订培训计划时应秉承"以人为本"的理念，将公司业务发展需要和员工的需求相结合，进行差异化和有针对性的培训，尽量将培训效果实现最大化。培训要从公司发展战略出发，结合业务发展需要、各岗位任职需要以及基层员工的职业发展规划进行体系化设计，着重加强公司重点业务、重点岗位的任职资格和专业能力提升等方面的培训，做好培训课程开发、讲师培养，高效执行培训计划，提升基层员工综合素质，为其个人职业发展提供保障，加深基层员工与公司的联系。

2. 建立培训评估与反馈机制

一个高效的培训体系，除了制订合理的培训计划、有效地执行计划外，培训后的效果评估和反馈也是必不可少的。培训结束后，应及时通过调查问卷等形式收集员工对培训的评价，以便对培训的不足之处进行改善。同时需通过结业考试等方式对员工接受培训效果进行测评及记录，以为后续培训提供参考依据。对于测评结果优秀的员工可及时奖励，并作为年度绩效考核的加分项，以督促基层员工积极参与培训，取得较好的培训实效。

3. 推行在线学习教学模式

金融行业是知识密集型产业，其行业知识和监管规定更新较快，这就要求从业人员要及时学习，不断提高自身素质。相较于传统面授培训，在线学习具有覆盖范围广、学习时间自由、培训成本低等特点；同时基层员工作为新生代员工，对网络较为热衷，易于认可和接受网络化的学习方式。因而，根据基层员工学习能力强、基础较好等特点，公司可开展网络学习，打破时间和空间的限制，促进不同地区员工间的交流与合作。

（四）坚持以人为本理念，实施员工关爱计划

1. 关注保障因素，制订员工需求保障计划

（1）推行员工压力管理。金融行业是一个高压行业，工作强度较大，特别是基层业务人员，承担较大的工作压力。公司可以在工作分析的基础上，合理定岗定编，适当优化工作流程，进行工作再设计和弹性管理，提高管理效能。

（2）开展员工心理援助。高强度工作环境下的基层员工比较容易因未及时疏导而产生心理问题，因而公司应将员工心理健康纳入培训体系，通过与外部专业心理咨询机构合作，定期聘请专家开展心理讲座，在公司内部系统中开辟专栏，帮助员工疏导心理压力。

2. 注重激励因素，提高基层员工满意度

（1）营造和谐工作氛围。在"以和为贵"的儒家文化影响下，员工对和谐的工作氛围有较强的依赖性。因而企业定期开展员工活动，营造和谐的工作氛围，打造融洽的工作团队，是激励基层员工、提升企业凝聚力的重要途径。

（2）制订"工作—家庭"计划。公司可举办"员工家庭日"等活动，增加员工家属之间，以及员工家属与公司间的互动和了解；或者设立"员工子女奖学金""家属体检"等项目，营造"以人为本""和谐"的工作氛围，增强基层员工归属感。

证券公司从业人员道德风险防控调研情况报告

原中国证券业协会人力资源管理委员会专题研究小组

为进一步加强证券行业道德风险研究，了解行业道德风险防控工作的现状，中国证券业协会人力资源管理委员会于 2018 年 9—11 月设计了《证券公司从业人员道德风险及其防控调查问卷》，面向全行业进行调研。截至 2018 年 12 月底，共收集到 107 家证券公司（含子公司）的回复。根据调查问卷反馈情况可知，各证券公司日益重视道德风险识别工作，在风险防控方面开展了一系列探索和实践，取得了一定的成效。现将问卷调查的基本情况及统计分析结果整理形成报告，具体如下：

一、调研情况

调查问卷内容涵盖道德风险概念理解、主要表现形式、防控目标与分工、防控机制与具体措施、诚信建设五个方面，共 12 个问题。根据调研结果，证券公司道德风险防控工作有以下几个特点：一是大部分券商都对道德风险的概念有一定的认识，一些大型券商针对道德风险的成因及特点已进行了较为深入的课题研究；二是对于风险的识别和评估，各家券商水平参差不齐，近一半的券商根据业务条线或部门职能等属性对各块涉及的道德风险点进行了全面梳理，其他券商只对重点业务环节进行了风险识别；三是定期进行道德风险排查工作的券商较少，据统计，约 20% 的券商针对道德风险进行了全公司范围内的排查，编制防控手册的券商约占 10%。

（一）道德风险概念理解

1. 道德风险产生的基础因素及原因

道德风险产生的基础因素包括信息不对称、利益驱动、监督不到位、个人道德修养不高、法制观念及合规风控意识淡薄、监管制度漏洞、监管技术不够、处罚力度不足、外部经济环境无序、价值观错位、追求个人利益至上、缺乏正确的道德评判标准、激励机制不当等。除基础因素外，其他重要因素包括：设置过高的业绩指标或过度激励、违规成本较低、违背职业道德所获得利益远超可能遭受的损失、社会环境因素的差异、社会及行业信用体系有效性不足、社会信用体系的构建尚未成熟、失德行为不足以影响其今后的职业生涯、企业文化对员工的影响力等。

具体来看，道德风险产生的主要原因如下：

（1）信息不对称。证券公司从业人员因掌握更多的市场信息而具有信息优势，投资者处于信息劣势，二者之间信息不对称使证券公司及其从业人员可以利用弄虚作假、信息披露不实等手段诱导投资者作出错误决策。

（2）利益驱动。产生道德风险最根本的原因是交易主体对自身利益最大化的追逐。在证券公司，管理者和员工为了提高公司业绩或完成个人业绩目标任务，可能会欺诈客户、进行内幕交易或操纵股票价格，做出违反职业道德和法律规定的行为，给投资者带来损失。

（3）契约不完备。证券行业是专业水平高、业务类型复杂的行业，社会公众对其业务、产品设计的理解程度通常低于专业人士，对证券产品格式化合同条款、产品特征的了解不够全面。从业人员可能利用公众的理解偏差，对合同重要条款进行误导性或选择性解读、遗漏重要信息，诱导客户参与投资，从中获利。

（4）金融法律法规不健全，违法违规成本低。随着经济的快速发展，金融犯罪的形式日益复杂，趋向现代化、智能化、科技化、职业犯罪和有组织犯罪。证券行业业务复杂程度较高，市场变化莫测，现有的法律法规体系、公司规章制度有一定的滞后性，存在监管或管理的空白区域，对于部分金融犯罪打击力度相对较弱，法律制裁和威慑作用有待加强。

（5）监督监控有缺失，内部控制制度不规范。道德风险监管和防范手段不够全面和多样化、合规及内控制度不健全、制度设计上存在疏漏、岗位决策权集中且缺乏有效制衡、防火墙缺失或失效、无法有效监督员工行为或监督成本过高、奖惩机制缺乏或未能有效落实、防范道德风险的措施不充分和对员工的培训宣传不足等，导致道德风险未被发现或控制不到位。

（6）激励机制建设考虑不充分。完全以业绩指标为导向的激励机制，忽视长远目标，导致过度重视短期效益和目标。业绩激励过度或不足，可能导致员工铤而走险。

（7）行业竞争。金融企业为争夺市场份额不得不使用各种手段抢占市场，竞争的结果则是优胜劣汰，分化加剧。与此同时，为抢夺优质客户，屡屡出现几家金融企业同争一家客户的现象，增加了信用风险。证券公司营业网点为业务一线单位，竞争压力较大，为完成业绩目标，往往忽视投资者教育和从业人员执业行为管理，简单地以业绩为导向，为证券从业人员违规行为的产生埋下了隐患。

（8）个人价值观念和道德水平。道德风险产生的根源是员工职业操守存在问题，从主观上未能落实忠于职守、勤勉尽责、廉洁从业等要求。从业者受到个人拜金主义和享乐主义思想的腐蚀，个人素质良莠不齐，道德修养缺失或不到位，法律观念及合规意识淡薄。少数从业人员缺乏对法律法规的敬畏，存在侥幸心理，经不住金钱的诱惑铤而走险，丧失道德底线。

（9）投资者风险意识薄弱，只追求高收益，不愿意承担风险和损失。部分投资者缺乏必要的理财常识和风险防范意识，轻信违规从业人员的宣传，贪图高息诱惑，轻易地将资金支付给非法机构或个人，从而遭受损失。

2. 道德风险的主要特征

道德风险的主要特征主要包括以下几方面：一是内生性，即道德风险的雏形，形成于证券从业人员对利益与成本在内心的考量和计算；二是损人利己，道德风险制造者的风险收益都是对信息劣势一方利益的不当攫取；三是隐蔽性，道德风险形成于个人心理活动和动机，源于金融活动主体动机的隐蔽性，触发的是金融参与者在背离道德标准的前提下，满足个人膨胀的利益需求的过程；四是长期性，证券公司及其员工对于道德风险的认知观念是一个长期的、潜移默化的过程，需要持久的努力；五是破坏性，因道德风险导致的操作风险或者声誉风险一旦发生，轻则造成金融机构资产流失、声誉受损或受到监管处罚，重则引起社会对金融市场的信心下降，造成信用恐慌，会给国家金融安全和经济稳定带来威胁；六是复杂性，道德风险的复杂性贯穿于金融活动的各个领域，具有广泛性和渗透性。

3. 道德风险与其他风险类型的联系与区别

（1）道德风险与其他风险类型的联系。道德风险是其他风险发生的诱因之一，容易诱发市场风险、信用风险、操作风险、合规风险、声誉风险、流动性风险；同时，道德风险可能向其他风险进行传导，可能损害第三方利益，扰乱社会秩序或市场秩序，导致公司经济或声誉损失。

（2）道德风险与其他风险类型的区别。一是道德风险与其他风险的形成原因不同。道德风险的产生出于行为者对利益与成本的内心考量和计算，具有较强的主观性。而合规风险、声誉风险等既可能具有主观性，也可能由客观情况引起。二是道德风险与其他风险的责任主体不同。道德风险的责任主体通常为证券经营机构的员工个人，而其他风险的责任主体既可能为证券经营机构本身或其员工，也可能来自外部。三是道德风险与其他风险的防控难度不同。道德风险因其隐蔽性、长期性，其造成的危害难以察觉与衡量，相应监管手段与监管经验也相对匮乏。四是道德风险与其他风险的防控重点不同。道德风险的防范更多的是依靠从业人员的自律，而合规风险等主要依靠法律法规及准则的约束，调整手段具有强制力。

（二）防控目标、范围与分工

1. 道德风险防控目标

道德风险防控目标希望达到"不想为、不能为、不敢为"三个层次。

（1）不想为：通过加强员工职业道德教育和培训、建设廉洁诚信的企业文化和健康的从业环境、创造公平公正有序的竞争机制、健全激励机制等方式来打造一支道德水平高、法制观念强的员工队伍，使得员工在道德风险问题上"不想为"。

（2）不能为：通过建立一套全面有效的内控治理机制、优化操作流程、明确各项业务的道德风险控制点、实现信息公开透明、完善关键岗位人员管理并建立制衡机制、加强重要业务环节的审核与监控、加强信息上传下达等方式，使得员工在道德风险问题上"不能为"。

（3）不敢为：通过加强对各类员工道德风险行为的问责和处罚，加大违规成本，使得员工在道德风险问题上"不敢为"。

2. 防控职责与分工

从调研情况来看，大多数证券公司采取多部门联合管控的方式，主要参与部门包括人力资源部、合规管理部、风险管理部、党群工作办公室、纪检监察室等，相关职责如下：

（1）人力资源部门。通过《员工手册》《保密管理办法》等人力资源管理制度，对员工基本执业行为规范进行规制，明确公司对于违反执业行为规范或职业道德的处理机制；通过新员工培训机制，对新员工进行基本职业行为规范的宣导，配合合规、风控等职能管理部门，完成合规、风控、企业文化等管理方面的宣传；结合员工入职、离职流程的办理，要求员工签署人力资源制度收悉确认、员工执业行为承诺书、保密协议等，加强公司道德风险的防范。

（2）合规管理部门。通过不断完善合规制度，履行合规审查、检查、监测、咨询、合规风险处置等合规管理工作，督促公司经营管理与员工执业行为符合法律法规、监管规定、行业自律规则、公司制度以及行业普遍遵循的道德规范。另外通过各种形式开展合规宣导与培训，推进合规文化建设，培育全体工作人员的合规意识。

（3）风险管理部门。牵头组织对业务运行和管理流程中存在的道德风险点进行识别，编制公司级《道德风险防控手册》；建立风险管理的考核机制，对各考核单位在风险管理工作中的道德风险防控情况进行考核，将道德风险管理考核纳入风险管理综合考核之中，考核结果与员工奖惩激励挂钩。

（4）党群工会组织。坚持将党建工作与道德风险防控紧密结合，要求党员干部以身作则、率先垂范，形成一级抓一级、一级带一级的良好局面；通过中心组学习、党务培训、主题党日等方式，对党员干部及员工开展思想和信念教育，引导其树立正确的世界观、人生观、价值观；开展党员发展程序的自查工作，降低了利用党性和党员身份谋取利益的风险，防止因道德风险导致党员队伍不纯洁。

（5）纪检监察部门。负责公司的反腐倡廉和党风廉政建设工作，制定颁布《党风廉政建设责任制实施细则》，要求公司领导班子、部门行政负责人、分公司负责人和营业部总经理签订党风廉政建设责任书，并明确相关的责任追究机制。通过设立举报信箱，纪检监察室加强对违反党风廉政建设责任行为的查处与督促纠正。

3. 风险点排查工作

（1）全公司排查。经统计，107家券商中有21家（占比19.63%）组织过全公司范围内的道德风险点排查工作。

（2）防控手册。11家券商（占比10.28%）编制了《道德风险防控手册》，其中大部分均是结合其他风险防控措施共同编制的相关手册。

（3）牵头部门。33家券商（占比30.84%）由合规部门牵头组织排查；14家券商（占比13.08%）由超过3个部门综合牵头组织；9家券商（占比8.41%）由风控部门牵头；13家券商（12.15%）由纪检、人力、廉洁领导小组、监察部门中1个部门牵头组织；有38家券商（占比35.51%）无牵头部门。

（三）道德风险主要表现形式

关于道德风险的表现形式，各家券商的回答形式和角度略有不同，主要可概括为三个角度：一是按照业务条线分类；二是按照部门职能分类；三是按人员、岗位、流程分类。

1. 按业务条线分类

（1）固定收益投资。道德风险表现形式包括：在债券交易过程中接受对方贿赂；买卖过程中利益输送（高买低卖）；利用债券型资管产品进行利益输送等。

（2）权益投资。道德风险表现形式包括：利用自营账户的资金拉升资产管理业务的投资品种；投资相关人员的"老鼠仓"行为；利用未公开信息进行股票内幕交易；内幕交易、采取激进投资策略使投资绩效当期收益最大化等。

（3）资产管理。道德风险表现形式包括："老鼠仓"、利益输送、操纵市场、内幕交易、冒充公司名义非法集资、发行理财产品实施诈骗、不当承诺及违反产品销售适当性原则。

（4）经纪零售。道德风险表现形式包括：违规用印、虚假经纪关系（或代客理财/全权委托/约定分享投资收益/保底承诺）、特殊权限管理、虚假经纪或销售提成、账外经营、私设小金库等。

（5）信用交易。道德风险表现形式包括：授信作假或审核不严导致的不良融资、有意违反公司平仓及展期等相关制度规定、虚增客户担保资产、私下降低客户融资利率及融券费率等。

（6）投资银行。道德风险表现形式包括：未按照诚实守信、勤勉尽责的原则进行尽职调查和审慎核查，未客观公正地出具相关业务报告；虚假陈述或误导；为谋取个人利益进行或接受商业贿赂；违规向他人泄露所获取的敏感信息，或利用敏感信息为自己或他人谋取不当利益；违规以自己或他人名义直接或间接持有客户股份等。

（7）债券承销。道德风险表现形式包括：承揽项目时对客户通过中介进行商业贿赂；降低项目标准，承接违约风险较大的项目；债券销售中通过关联账户侵占客户和公司利益。

（8）采购招标。道德风险表现形式包括：在办公用品和设备采购过程中化整为零，逃避招标或虚报价格；在招投标立项、评标过程中涉及商业贿赂和不当竞争；在工程验收和决算过程中与利益对手方串通舞弊；招待物品不当领用。

（9）选干、招聘。道德风险表现形式包括：员工招聘涉及泄露考试、面试相关信息，造成招聘不公；弄虚作假、入职审核把关不严；干部选拔任用过程徇私情，泄露相关信息，偏听偏信，考察信息不真实、不完整。

2. 按部门职能分类

（1）权益证券投资部门。部门道德风险重点存在于部门投资岗位，表现为投资经理的"老鼠仓"行为，以及投资决策的过度集中、不透明。

（2）固定收益业务部门。部门道德风险重点存在于现券交易中，如投资经理和交易员在询价时采用非最优报价。

（3）创新另类投资部门。部门道德风险重点存在于交易环节，即交易员未按照项目经理指示操作或交易员与企业合谋操纵股价。

（4）资产管理总部门。由于部门日常工作包括投资、交易等活动，因此存在着投资经理、交易人员利用内幕信息进行"老鼠仓"投资或利用交易进行利益输送的可能性。其涉及的岗位主要包括知晓内幕信息的投资人员、交易人员，涉及的流程主要为投资交易流程。

（5）投资银行部门。涉及人员及岗位主要包括部门业务管理人员、项目承揽人员或项目主要负责人、项目具体承做和其他参与人员、证券销售人员。

涉及业务环节主要包括：承揽过程中为争取业务而进行利益输送或不正当竞争；项目主要人员利用业务关系取得或变相取得客户股份或接受客户贿赂；利用内幕信息或自身参与项目的便利条件进行内幕交易，获取不正当利益或为他人谋取不正当利益提供帮助；证券销售过程中为谋私利对有关购买方进行贿赂或给予相关当事方回扣。

（6）财富管理中心。部门道德风险点包括：投资顾问执业环节，知悉客户投资决策计划的人员向他人泄露该客户的投资决策计划信息，营业部员工私下接受客户委托理财；投资顾问业务推广环节，在进行业务推广和客户招揽行为时，对服务能力和过往业绩进行虚假、不实、误导性的营销宣传。

（7）零售业务部门。

①营销管理岗位：存在与分支机构共谋、虚构虚假经纪关系的风险；存在采购过程中接受商业贿赂的风险；存在与分支机构共谋虚假列支薪酬的风险。

②产品销售岗位：存在代销过程中接受商业贿赂的风险。

③拥有系统权限的相关岗位：存在泄漏客户资料的风险。

（8）金融市场部门。

①在证券发行承销过程中进行利益输送导致公司或投资者利益受损；向竞争对手泄露公司掌握的投资者信息，为个人牟利，导致公司利益受损；在证券发行前利用自己知晓的非公开信息为自己或他人牟取不当利益等。

②产品准入人员私下接受产品管理人员给予的好处，使产品准入人员将不符合准入条件的产品引入公司代销产品目录。

（9）研发中心。

①存在证券分析师通过制作、发布证券研究报告，谋求不当利益的风险；存在研报正式发布前泄露内容、观点，以及向非相关人员透露未来研报撰写及调研计划的风险。

②证券分析师参加上市公司调研或因公司业务需要，阶段性参与公司承销保荐、财务顾问等项目时，可能接触上市公司未公开重大信息。分析师有泄露未公开重大信息或利用未公开重大信息谋求不当利益的风险。

③证券分析师在参与媒体活动时，有发布不当公开言论等行为的道德风险。

（10）信息技术部门。部门道德风险主要存在于IT设备、信息技术服务的采购类业务以及信息系统安全方面。

3. 按人员、岗位、流程分类

（1）人员管理。员工招聘环节，应聘者与用人单位存在信息不对称的风险：应聘者为了获得工作，可能会向企业提供有利于个人的虚假信息，如文凭、各种证书、夸大自己的工作履历和工作成绩等。如果在应聘过程中不能及时发现，将会给企业的人力资源带来很大的风险，增加企业的损失。

（2）岗位管理。因证券行业具有其特殊性，本身具有巨大的经济利益诱惑，重要岗位员工因其具有信息优势，可能存在内幕交易、泄露内幕信息、违规炒股等风险。

（3）业务流程。不同的岗位之间因业务的相关性，往往存在利益寻租的空间，甚至在具有监督职责的复核岗位之间，也可能存在相互串通、互相利用的情形，导致证券交易中出现利益输送、"老鼠仓"行为等。

（四）道德风险防控体系建设机制与具体措施

各家券商现有的道德风险防控机制形式各异，主要可概括为三类：一是道德风险防控体系建设的相关机制；二是具体业务环节的控制措施；三是应急机制。

1. 道德风险防控体系建设的相关机制

(1) 充分发挥党组织的政治核心作用，践行社会主义核心价值观。道德风险防控工作需要常抓常新，建立长效和动态化的风险防控机制。为清理政治腐败和道德风险的滋生土壤，警钟长鸣，应长期坚持以"两学一做""践行社会主义核心价值观""讲严立"等政治思想教育主题为契机，通过召开全公司廉洁和道德风险宣讲专题会议，参观反腐教育基地，组织观看"鲁炜案""陈杨周案""徽商集团窝案"等警示教育片，进一步深化"酒桌办公"专项整治工作，发布关于《加强节日期间廉洁自律工作的通知》等多种形式的政治思想教育活动，持续加强党性教育，将"廉洁奉公""合规经营"理念深入到员工尤其是领导干部的思想中，着力营造公司风清气正的良好政治生态，以实际行动践行社会主义核心价值观。

(2) 建立防控道德风险"三盯"机制。一是"盯人"，强调思想教育与制度约束并重：持续加强党风廉政教育工作，强化底线思维；完善选人用人制度，坚持德才兼备，以德为先；不断完善绩效考核制度，强化廉洁从业考核指标权重，严格执行奖惩制度；制定和执行内部敏感信息知情人报告制度；签订廉洁从业责任书；建立和完善群众监督制度，通过举报发现线索，及时查处。

二是"盯岗"，突出关键岗位特别管理：完善三层风险防控体系，对高风险岗位进一步认定，对风险点进一步排查与确认；针对风险岗位和风险点，制定科学可行的内部控制、牵制制度，并对制度执行有效性情况定期检查；进行关键岗位邮件留痕、电话录音；将主要业务全部上线运行，利用系统对异常交易进行监控；加强风控指标、信息隔离墙和反洗钱建设工作。

三是"盯事"，讲究程序与合理授权相适应：梳理和优化制度流程，检查授权是否恰当，控制是否有效；对公司非常设业务领导小组的集体决策制度执行情况进行检查；严格执行"三重一大"决策制度；严格执行招标采购办法；加强印章集中保管与使用。

(3) 建立健全廉洁和道德风险防控体系。为加强公司廉洁和道德风险防控，应在全公司范围内开展相关工作，经过部署动员、全面推进、整改验收三个阶段，识别各环节道德风险、进行风险等级排序，设定管控措施并落实责任岗位，形成《公司廉洁和道德风险防控手册》并不定期更新，涵盖公司总部所有业务部门、管理部门及子公司，涉及公司各部门归口负责的业务流程和管理职能中可能存在的廉洁和道德的风险点。根据防控手册进行抽样检查，对出现的风险问题要求整改完善。

(4) 全面启动并深入开展内控规范专项工作。为保证公司经营管理合法合规、资产安全、财务报告及相关信息真实完整，特别是防范债券投资、投资银行、资产管理等业务中的利益输送行为，应全面启动并深入开展内部控制规范各项工作，制订《内部控制规范实施工作方案》，确定子流程、填制风险列表风险点及风险评级、确定控制活动、执行内控测试和识别控制缺陷、进行缺陷整改、整合控制矩阵、绘制流程图，形成《内部控制手册》。每年进行全公司内控自我评价，根据风险评估结果，提出相应的控制措施，确保各种风险可测、可控、可承受。

(5) 加强纪检监察机构及纪检制度建设。设立专门机构纪检监察室；印发《纪律检查委员会工作职责》《纪律检查委员会委员职责》《纪律检查委员会议事规则》《纪检监察室工作职责》等文件；印发《督查督办工作制度（试行）》；印发《廉洁和道德风险防控工作实施细则》；对《公司廉洁和道德风险防控手册》进行更新和完善。

2. 业务环节的道德风险防控具体措施

（1）固定收益。制定严格的制度流程，充分执行操作流程和监管规范；投资实行事前集体决策、事中监控和事后监管；充分履行报告制度；按隔离要求进行业务分离；加强公司中后台部门对道德风险的监控与防范；风险处置方面，加强教育与事后惩戒。

（2）权益投资。自营和资管业务之间建立严格的防火墙，人员、资产、办公地点、投资操作完全独立；通过前中后台相关软件系统对业务风险进行事前、事中、事后控制，通过系统软件的设置制止对敲交易和擅自拉抬股价、打压股价行为；投资决策需经自营业务领导小组决定，大额买卖需召开自营业务领导小组会议讨论决定；签订保密协议并对公司自营业务的持仓及交易信息保密；严格进行复核工作，设立追责机制。

（3）资产管理。投资主办人员不同时管理定向资管与集合资管等存在利益冲突的业务；将集合资管计划资产、公司自有资产、客户资产进行独立管理；使用交易、估值、TA 等管理系统对业务进行前端控制、后续管理及留痕；交易主管负责审核投资指令，监督交易人员严格按指令进行交易操作；对集合计划统一印制合同，严格核定发放数量，防范营销人员盗取合同非法代客理财。

（4）经纪零售。公司制订印章使用管理办法，对印章刻制、使用、保管等事项作出明确规定；加强对营销人员的入职检查，同时锁定员工 IP 地址和 MAC 地址，并有效监控；公司制定相关制度，对投资顾问向客户推送咨询、荐股行为进行统一的系统控制，禁止以任何方式向客户承诺和保证投资收益，通过证券投资顾问工作平台系统实现服务信息留痕；特殊权限收归总部统一管理，强化特殊权限使用后的复核检查；建立总部级客户回访制度，检查营业部及相关岗位履职尽责情况，防范全权代理、承诺保底及盈利、谋取私利等行为；公司制定《基金产品销售收入及交易单元出租收入提成管理办法》，对产品销售提成返还环节细化流程与管理；对经纪人营销中无资格挂靠、虚假经纪关系提成的行为强化系统控制、财务监督控制和客户回访控制。

（5）信用交易。实现征信、授信、审核、佣金发放等环节的电子化流程，通过系统自动化手段防范风险；梳理业务部门前中后台岗位职责及分工，强化业务制衡；明确信用类业务佣金提成、奖金计提及发放的复核，并做好相关留痕。

（6）投资银行。通过业务人员、营销人员所在部门等进行控制，加强业务部门自查以及投行质量控制部门、公司风控部门的现场检查；签署《员工诚信承诺书》；保荐代表人、项目人员报备近亲属人员名单，核查相关投资行为，防范内幕交易、违规持股；对于配发电脑的 MAC 地址逐一登记、定期核查等。

（7）债券承销。对项目承揽活动予以规范，对做出贡献的承揽人员依程序和协议审批确认，做到公开、透明；全员签署《员工诚信承诺书》；实施关联人回避制度，对于涉及本人或本部门的项目，该业务人员不得担任立项委员；通过独立的现场检查和内核进行质量把关；簿记过程由中央登记结算公司工作人员和公司内部监督控制人员现场监督。

（8）采购业务。制定《招投标管理办法》《非招标项目采购管理办法》《合作供应商管理暂行办法》等相关制度，引入第三方招标公司组织竞标，对公开招标的具体金额、评标程序、供应商选择标准、中标依据等重点环节进行鉴证；外聘第三方审计单位，对中标流程和结果进行审计，并出具审计报告；采购品种按公司统一安排，价格按市场询价；不定期抽查产品质量；定期库存盘点。

（9）人力资源管理。制定《员工聘用管理办法》《中层以上管理人员选拔任用管理办法》等，严格员工招聘、干部任用等环节；引入第三方评估机制，由第三方机构负责笔试并确定面试人员，保证招聘公开、公平、公正；通过民主测评、员工谈话等形式，全面了解拟任人选的德、能、勤、绩、廉等各方面情况，避免偏听偏信和弄虚作假。

3. 应急机制

目前各家券商均未制定针对道德风险的应急管理制度，但部分券商建立了风险事件总体应急制度，其中包含关于道德风险发生的应急预案及补救措施等内容，如《突发事件应急处理办法》《重大事项报告制度》等。应急处置措施主要包括：

（1）积极跟踪督促相关部门道德风险应急处理措施执行情况，防止风险扩大。

（2）处置道德风险事件时，相关部门应及时总结经验、查找风险源头、排除风险隐患、弥补工作疏漏，避免损失进一步扩大和事件的再次发生；对责任人员进行问责，针对应急事件对风险点进行全面排查，加强内部管理，明确各部门职责分工；进一步完善内控制度和流程。

（3）限制或回收事件发生部门或分支机构的资金调拨、业务开展、印章使用和人员调整等相关权限。

（4）责令相关责任人暂停履行职务并配合处置工作组的调查。

（5）清查发生部门或分支机构以及所涉及重要客户的账户和资产，协调相关机构采取限制措施。

（6）涉及客户纠纷或利益损失的，应当考虑客户安抚、纠纷化解、利益补偿或赔偿等安排。

（7）可能对公司声誉造成影响的，处置方案应当对网络舆情的跟踪关注、正向引导做出安排。

（五）道德风险防控体系中的诚信建设问题

1. 企业诚信文化建设

倡导诚信的经营理念，将诚信理念和诚信精神放在公司文化建设的核心地位。开展诚信从业的相关教育，包括大力宣传教育，开设案例培训、反面警示教育班，收集行业内正反面案例编制手册，与其他券商、保险、信托等金融机构进行学习交流。

2. 员工诚信与绩效考核挂钩

建立合理有效的管理机制。如有些公司将员工诚信工作纳入绩效考核，员工需对照行为标准，包括行为操守和合规等方面，对其进行评分。

3. 员工诚信行为的全周期管理

从员工招聘环节开始，就关注对其从业履历的核查，包括其个人诚信档案；日常工作中，不定期开展各类培训，组织诚信从业考试，提高员工的思想道德素质和专业素养，督促员工坚持客观公正、诚实守信、廉洁自律的工作态度；员工提拔晋升必须核查个人重大事项，考察个人诚信记录；关键岗位员工离职必须进行离任审计，公示离职信息；实习员工需签订相对应的保密协议。

4. 建立内部诚信数据库

诚信数据库包括但不限于受奖励信息（奖励时间、奖励单位、何种奖励、奖励事由等）以及受处罚信息（处罚时间、效力期限、原因、作出处罚决定的机构、处罚的分类等）。

5. 关于诚信问题出现后的监督问责

加大对诚信风险问题的重视程度，加大对此问题的处罚力度，提高失信成本。道德风险是最难防控的风险，除了事前教育，事后惩戒、问责是最有效的防范措施。

二、证券行业道德风险防控工作的难点及相关建议

（一）建议统一指导证券行业道德风险防控工作

目前在证券行业中，道德风险防控尚属于新课题，中国证券业协会或监管机构并未专门针对道德风险防控进行统一指导。另外，行业中公开的关于道德风险的案例资料也相对有限。从调研中发现，各家证券公司的道德风险防控工作也是在不断学习和摸索中，对于道德风险概念的认知、风险的识别以及防控措施的有效性等方面水平参差不齐，缺乏专业、系统性的指导和规范。因此，多家券商建议在全行业组织和开展道德风险防控专题培训，包括在证券从业人员后续教育中增加道德风险防控专题课程、组织行业交流会议等形式，同时将证券公司道德风险防控工作水平及成效与证券公司分类评价进行挂钩。

（二）完善资本市场统一的诚信记录共享机制

道德风险的根源在于信息不对称，构建有效的信息披露机制，让资本市场参与者能掌握更多用于投资决策的信息，同时也防范道德风险事件发生，从源头上降低机会主义滋长的风险。

部分券商提出要完善资本市场诚信记录共享机制：一是建立统一的资本市场诚信数据库（证券、保险、信托等），以联席会议的形式实现信息共享，推动资本市场中央监管信息平台建设，将全行业对失信行为的处罚信息统一录入诚信数据库；二是优化、升级现有的诚信查询平台，为公众查询提供便利，现有的"证券期货市场失信记录查询平台"可进一步扩大查询范围，接入前述数据库的信息，使公众可在该平台查询证券公司及从业人员在资本市场所有的诚信记录。

（三）加强员工道德风险系统监控功能

与其他风险有所不同，道德风险的成因多与员工个人价值观念和道德水平相关，主观性较强，难以提前发现，仅靠人工难以对道德风险进行识别和提前介入，这也是券商在防控中普遍认为的难点。因此，应考虑和探讨通过系统对道德风险点进行监控的可行性，包括功能模块设计、指标阈值的确定等，进一步完善系统监控功能。有券商提出系统监控工作的相关思路，包括：监测员工办公电脑 MAC 地址及通信设备；通过系统对债券交易价格进行偏离度监控；完善 OA 办公系统线上审批流程；研究管理系统与信息隔离墙系统信息共享互查等。另据了解，目前国外已有关于金融机构员工道德风险监测的专业系统，可组织学习，研究有效的监测指标及相关措施。

（四）区分道德风险处理事件中的个人责任与机构责任

有券商提出，道德风险起因为个人违法违规行为，隐蔽性强，无法完全规避和杜绝。当因员工的个人行为导致道德风险发生，引发证券公司发生合规问题或投资者合法权益问题时，建议监管机构能够从风险发生的主要原因出发，区分个人责任和公司责任。因个人原因引起的，应重点追究相关责任人的责任，同时综合考虑证券公司在主观行为、应急处置、善后措施等方面的表现，综合判断，相应地追究失察等连带责任。

（五）强化核心岗位人员的轮岗、强制休假和离任审计等制度要求

证券公司常年直面竞争压力，加之证券业务的专业性，高端人才相对匮乏，实际造成了某些核心岗位无法替代的现象，强制休假、轮岗等制度难以得到有效执行。在金融市场巨大的诱惑面前，个别"先知先觉"者利用其职位或岗位的特殊优势，将手中的权力当作自己的牟利工具。另外，对于关键岗位和核心业务人员调动，大多数公司缺乏强制性的审计要求。一些券商建议：由中国证券业协会牵头，出台关于核心岗位轮岗、强制休假、离任审计等方面的相关规定，从制度和机制层面对上述情况进行约束。

证券从业人员道德风险防范对策研究

吕祥友 胡增永 张 敏 苗国伟[*]

一、引言

近年来,证券行业从业人员队伍日益壮大,2018年已注册从业人员达34.43万人。证券行业各类人员结构变化比较显著,呈现一定的年轻化趋势,专业化水平、国际化人才储备水平持续上升,相对其他金融机构人才吸引力显著增强。证券行业作为知识密集型产业,高素质要求除了专业水平外,最重要的就是职业道德素养。由于国内证券行业的发展历史较短,人才培养体系尚不成熟,对从业人员的职业道德素养重视不够,导致频频出现债券交易中的利益输送、投资经理的"老鼠仓"、投行人员谋取不当利益、营业部员工私下接受客户委托理财等道德风险事件,导致证券公司或客户利益受损,引发大量客户纠纷,影响了证券公司声誉,损害了行业形象。证券公司是资本市场最重要的专业机构,是资本市场的"看门人",有必要对证券公司员工道德风险的防范和执业行为的管理予以高度重视和有效管控。

二、证券行业道德风险频发的原因剖析

道德风险与人的"品德"密切相关,防范道德风险是各行各业共同探讨的热点问题,也是国际面对的共同难题。证券行业市场化程度高、竞争激烈、人员流动性大,从业人员容易受到社会环境、经营环境、不良风气影响,如果个人所得与其所承担的责任、压力和风险不相称,与市场化特点不相符,就容易诱发其突破行为底线,引发道德风险事件。下面从精

---

[*] 作者简介:吕祥友,中泰证券股份有限公司党委副书记;胡增永,中泰证券股份有限公司总经理助理、人力资源部总经理;张敏,FRM(金融风险管理师),中泰证券股份有限公司风险管理部总经理助理;苗国伟,中泰证券股份有限公司风险管理部高级经理。原载于《中国证券》2019年第12期。

神层面、职业价值层面、物质层面、制度层面、监管层面等角度分析行业道德风险频发的原因。

（一）部分证券公司未形成有效的企业价值观和企业精神

近年来，大部分证券公司逐渐认识到独特的企业文化对提高核心竞争力的作用，因此开始重视企业文化建设工作，也总结归纳了相应的企业精神和企业理念，但这种企业文化建设仍然不够。一方面它与金融发展的实际结合不够，显得空泛化，缺乏实质内容；另一方面缺乏特色，没有达到共性与个性的统一。因此企业价值观和企业精神没有真正渗透到员工的心灵深处，并成为其信守和追随的共识目标，企业文化的激励、教育和约束作用及效果还不够明显。

（二）证券公司价值取向与个体价值存在不一致

企业员工希望通过自我价值实现得到企业的肯定，这种价值实现是否合理，是否能与企业价值目标相吻合，正是企业文化建设要解决的问题。在一定条件下，当员工个体感到在公司框架下无法获取个人利益时，就可能产生厌恶情绪，易形成道德风险。比如从业者利用敏感信息为自己或他人谋取利益；从业者代表客户或他人利益与机构开展业务或进行交易，如"老鼠仓"交易和内幕交易行为等。

（三）行业激励导向偏差

目前，证券公司在激励机制设计上普遍采用员工薪酬收入与经营业绩挂钩的办法，薪酬激励结构单一，以短期现金激励为主，部分机构在薪酬制度上实行承包制、事业部制，存在过度短期激励，员工持股计划、股票期权、限制性股票等市场化、长期性的激励约束机制缺失，这种导向容易引发执业人员关注短期效果，急功近利追求收入和利润，对合规经营和风险防范重视不够，甚至出现利用打擦边球的侥幸心理和手段来提升经营成果。

（四）行业诚信体系建设力度不够，道德风险触犯成本较低

虽然中国证监会发布了《证券期货市场诚信监督管理办法》，提出建立诚信档案，但是诚信档案信息的共享和运用还不够，会员单位与中国证监会诚信系统、会员单位之间未能完全打通，诚信信息并不共享，或者为共享设计了烦琐的程序。这种信息不对称，降低了道德风险触犯成本。证券公司除高管需要原任职单位开具工作鉴定外，其他人员流动未能充分考虑诚信因素，失信人员在本行业流动并无实质性障碍。近年来，一些中小券商从大券商引进部分职业经理人团队，由于行业对核心人才约束强度不够，高端人才离职成本过低，较易流动，容易出现聘任在其他证券公司受到过处分的员工。这种情况降低了行业从业人员失信成本，不利于从业人员队伍道德建设。

（五）金融监管一定程度上存在滞后性

我国证券业务发展时间普遍比较短，有关制度规定都是在"摸着石头过河"，不少制度弹性空间较大，相关配套措施跟不上业务快速发展变化需要时，就可能产生灰色地带，易滋生道德风险。那些有能力带来道德风险的从业者，往往不是对监管和法规不解之人，而是深

谙监管内容，游走在法律法规边缘的人，这给监管提出了更高的要求。

三、防范道德风险问卷调研及分析

为探索有效的证券公司道德风险防控体系，中泰证券道德风险防控研究课题组编写《道德风险及防控调查问卷》，问卷内容涵盖道德风险概念理解、职业道德构成要素、道德风险易发领域、道德风险产生成因、道德风险防范与管理、企业文化建设与道德风险防控等方面，共计25道问题，其中23道客观题、2道主观题，通过公司内部网络学习平台组织全体员工填写（见表1）。本次调研共发放问卷6 356份，收回4 919份，收回率77.39%。通过问卷调查，基本摸清了公司员工对职业道德、道德风险的认识，为提高员工的职业道德素养和防范道德风险提供了思路。

表1　　　　　　　　　道德风险及防控调查问卷（部分）

题目（选项略）	类型
您认为职业道德的哪个构成要素最重要？	单选
您认为员工道德风险最容易产生在哪一层级？	单选
防范道德风险中您认为排在第一位的因素是？	单选
您是否认同，通过采取一定的管理手段可以降低道德风险事件发生概率？	单选
您认为职业道德包含哪些构成要素？	不定项
您认为当前证券公司员工道德风险管理方面存在哪些问题？	不定项
您认为员工道德风险可能产生在以下哪些层级？	不定项
您认为员工道德风险可能产生在哪些业务领域？	不定项
您认为最易发生员工道德风险的三类业务？	不定项
您认为道德风险的主观成因应包括哪些？	不定项
您认为道德风险的客观成因应包括哪些？	不定项
您认为防范道德风险应考虑的内容？	不定项
从行业角度，您认为加强员工道德风险管理应该怎么做？	不定项
从公司角度，您认为加强员工道德风险管理应该怎么做？	不定项
您认为道德风险管理与以下哪些部门的工作职责较为接近？	不定项
为防控道德风险，应在文化建设方面：	不定项
您希望公司有什么样的价值取向（可多选，最多选择3项）：	不定项
您对道德风险防控有何好的建议？	问答题
您认为在道德风险防控方面，公司企业文化建设还需要做哪些工作？	问答题

（一）调查结果概览

1. 职业道德构成要素

研究员工道德风险防控，首先需要对职业道德构成要素进行分析。被调查者认为职业道德应包括的构成要素及比例分别为：职业责任（99%）、工作态度（98%）、工作纪律

(96%)、工作作风（95%）、职业技能（91%）、职业理想（91%）。其中，62%的被调查者认为职业责任最重要，其次分别为工作态度（16%）、职业理想（10%）。从调研结果可以看出：职业责任是职业道德规范的核心，也是评价执业行为的主要标准，工作态度是履行职责义务的基础，职业理想是职业道德的灵魂（见图1）。

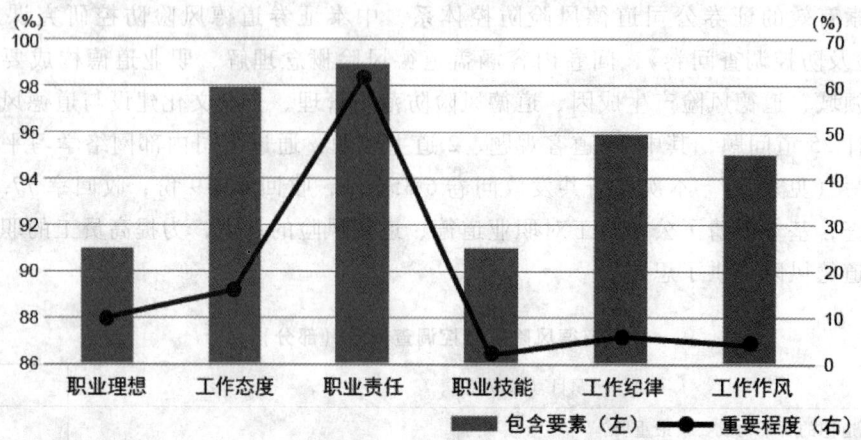

图1 职业道德包含的要素及重要程度统计

2. 易产生道德风险的业务领域

大部分被调查者认为证券经纪、证券投资咨询、财富管理、投资银行、资产管理、证券自营等各业务领域均有可能发生员工道德风险，另外有员工认为采购招标、员工招聘、职务晋升和干部提拔等也是道德风险易发领域。大部分被调查者认为财富管理业务（68%）、资产管理业务（65%）、投资银行业务（56%）是最易发生员工道德风险的三类业务。主要原因可能是信息不对称、契约不完备、利益冲突、竞争激烈、存在较大利益驱动等行业和业务特性，参与财富管理、投资银行、资产管理的证券从业人员具有更多的信息优势和专业优势等，客户或投资者参与相关业务很大程度上依赖证券从业人员的专业素养和职业道德，在不采取有效控制措施的前提下，部分证券从业人员难以在执业过程中保持独立、公正的立场，甚至会为了利益而放弃道德底线（见图2）。

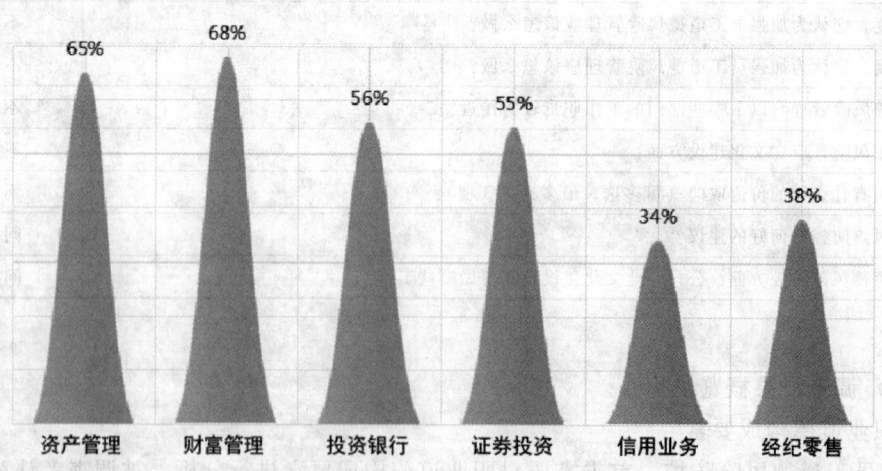

图2 道德风险易发领域统计

3. 产生道德风险的员工层级情况

大部分被调查者认为公司高层、部门负责人、分支机构负责人、分支机构一线员工、中后台普通员工均可能产生道德风险。其中，认为分支机构一线员工最容易产生道德风险的占39%，认为公司高层最容易产生道德风险的占21%，认为分支机构负责人、部门负责人、中后台普通员工最容易产生道德风险的分别占17%、11%、6%。可以看出，分支机构一线员工、公司高层和分支机构负责人是道德风险的高发人群（见图3）。

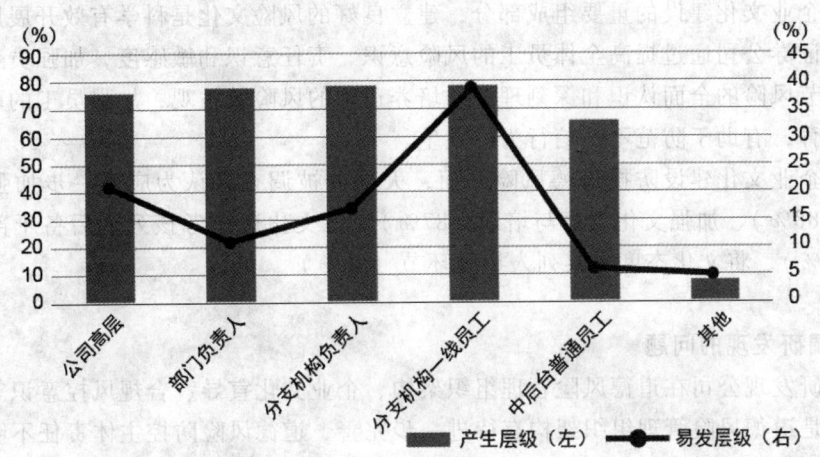

图3　道德风险可能产生的层级及易发程度统计

4. 道德风险产生的成因

被调查者认为道德风险的主要来源既有主观原因，也有客观原因，其中，86%的被调查者选择主观原因，包括利己主义、主体责任意识淡薄、合规意识淡薄；14%的被调查者选择客观原因，包括缺乏利益冲突防范机制、激励约束机制不科学、行业诚信建设机制不健全、行业自律监管措施缺位、外部环境的诱惑等。

5. 道德风险防范与管理

在员工道德风险管理方面，大部分被调查者认为主要问题包括行业缺乏统一的管理要求（59%）、道德风险的范畴和边界不清晰（74%）、道德风险管理架构不明确（62%）、道德风险管理工具缺乏（66%）等。目前行业协会尚未制定证券从业人员职业道德的行为规范和准则，也未有针对防范从业人员道德风险的管理规范。

在管理效果和手段方面，95%的被调查者认同通过采取一定的管理手段可以降低道德风险事件发生概率；82%的被调查者认为道德风险管理主要是"人"的管理，与市场风险管理、信用风险管理、流动性风险管理有很大不同。

在防范道德风险方面，大部分被调查者认为应考虑包括加强企业文化建设（84%）、内部制度机制建设（92%）、监管措施优化（88%）、执业氛围和外部环境改善（87%）等内容。

在加强员工道德风险管理方面，大部分被调查者认为应加强企业文化宣传力度（85%）、明确部门职责分工（91%）、加大绩效考核力度（68%）、开发应用相关管理工具（74%）等。从行业角度，大部分被调查者认为尽快制定下发行业管理规范（77%）、明确证券从业人员的行为标准和道德规范（89%）、将道德教育纳入证券从业人员后续培训

（82%）、加强从业人员道德失准及诚信失范的纪律处分和资格管理（88%）。

在防控职责和分工方面，合规管理部门（82%）、纪检监察部门（72%）、企业文化部门（70%）被认为是与道德风险管理及防控工作职责最为接近的部门，也有部分被调查者选择风险管理部门、人力资源部门和审计稽核部门。

6. 企业文化与道德风险防控

在企业文化建设对道德风险防控效果方面，认为作用很大和较大的合计占比为92%。风险文化是企业文化建设的重要组成部分，建立良好的风险文化是科学有效开展风险管理的重要条件，证券公司通过提高全体员工的风险意识、责任意识和敏感度，加强员工对所在岗位和业务环节风险的全面认识和深刻理解，培养正确的风险效益观，加强员工的职业道德和职业操守教育，有助于防范不诚信行为的发生。

在通过企业文化建设防控道德风险方面，大部分被调查者认为应进一步加强"中泰共识"宣讲（88%）、加强文化教育与培训（87%）、将文化理念考核列入后备干部和人才选拔环节（85%）、将文化态度考察列入招聘环节（81%）。

（二）调研发现的问题

本次调研发现公司在道德风险管理组织架构、企业文化宣导、合规风控意识等方面还存在不足：一是道德风险管理组织架构有待进一步完善，道德风险防控主体责任不明确、不清晰；二是企业文化宣导渗透不深，各基层单位的宣导工作存在良莠不齐的现象，企业文化宣导覆盖上存在一些盲区；三是教育引导不够，员工对企业文化并没有完全认同，对员工理念培训、风控合规意识培训较少。

（三）解决对策

针对发现的问题，结合公司实际，课题组提出如下对策方案：

一是进一步完善道德风险防控的组织架构和职责分工。在公司层面成立道德与诚信建设委员会，推动道德和诚信的企业文化建设，评估和考量重大项目对公司整体道德与诚信的风险，从公司层面对相关事项进行事中的道德风险防控和诚信及公允仲裁，并客观全面地作出独立于业务部门的判断，从而有效监督和控制员工执业风险。明确由合规管理部门、人力资源部门、企业文化部门负责道德风险的防控和管理。

二是建立分层次全方位的企业文化宣导体系。针对中层干部以上员工，要突出党建引领的企业文化，加强党风廉政建设和反腐败工作，强化责任担当，在文化建设顶层设计、宣传倡导等方面发挥主导作用，以榜样的力量引导广大员工践行企业文化精神；针对中层干部以下普通员工，要秉持以人为本、和谐共享的经营哲学，自强不息、仁厚侠义的文化精神，锐意进取、追求卓越的发展理念，扎实推进合规文化、廉洁文化、创新文化、服务文化等分支文化建设，将企业文化建设、提升员工职业价值、激励约束机制、合规风控理念等有机融合。

三是高度重视从业人员管理。从人员招录、上岗执业、监督考核等环节进行严格管控。建立人员招聘或团队引入的背景调查机制，重点关注从业人员诚信情况；强化从业人员职业道德教育及合规培训，加强人员行为管控和监控，对监控发现的违规问题严格问责，并记入相关诚信平台。

四是将文化宣讲融入干部员工培训工作中。将文化理念培训作为公司综合性培训的必修课，深化干部员工对公司文化的理解把握、认识认同。特别是在组织新员工培训时，将学习公司文化理念固化为岗前入职培训课程，力求文化理念真正入心、入脑，帮助新员工尽快融入公司文化。

四、行业从业人员道德风险防范建议

本次调研发现问题及解决对策均具有行业共性，为健全行业道德风险防范体系，证券行业需要在企业文化宣导、诚信信息系统、道德评价标准、从业人员管理等方面建立全方位的道德风险防控体系。

（一）突出企业文化引领作用，使公司文化内化于心、外化于行，夯实道德风险防控基础

一是各证券公司应加强文化理念顶层设计，为企业文化深植工作打下坚实的思想基础；二是大力开展文化理念宣讲工作，将其融入干部员工培训工作中，教育引导广大干部员工增进对文化理念的认知、认同，推动公司文化与经营管理工作有机结合；三是不断拓宽企业文化传播渠道，适时总结证券行业优秀企业文化建设实践案例，展现行业良好形象和文化元素。

（二）加强行业诚信信息系统建设和共享使用，提升道德风险触犯成本

建议打开监管部门与会员单位、会员单位之间的员工诚信信息共享渠道，简化查询诚信信息的程序，限制失信从业人员在行业内自由流动。从行业角度制定规则，要求申请高管任职资格的从业人员甚至其他从业人员均需提供原就职机构的工作鉴定，有条件的也要求员工提供个人征信报告和司法机关的无刑事犯罪记录、无行政处罚记录等信息，以此切实提升道德风险的触犯成本，健全道德风险防范体系。

（三）制定从业人员道德评价标准，健全道德风险评价体系

建议行业协会或相关部门把证券行业职业道德纳入规范化轨道，从证券全行业的角度对行业职业道德的标准进行研究，制定科学、统一、规范的职业道德标准，为证券职业道德宣传教育和监管评价提供依据。可结合监管规定和近年来爆发的道德风险案例，参照《证券期货经营机构及其工作人员廉洁从业规定》，总结提炼出证券行业从业人员道德风险方面的"负面行为清单"，并以规范性文件的形式发布实施。

（四）鼓励证券公司通过内部监督方式惩处失信人员，加强道德风险内部约束

证券公司通过自查自纠、内部审计等渠道发现的不道德执业行为，往往选择"低调"处理，避免引起监管部门关注。这种处理方式反而是对失信人员的一种保护，不利于对其曝光和惩戒。建议监管部门运用差别监管理念，对于通过内部监督及时处理失信行为、未使不良后果扩大的机构设置豁免条款，以此鼓励证券公司主动、自行惩处失信人员。

（五）推动行业完善人才流动、考试培训机制，强化道德风险源头管理

一是建议相关部门推动证券行业建立良性的人才流动机制，参考国家职称评定的有关规定，制定针对不同专业的任职资格指导意见，建立高端人才信息披露机制，让人才在公开、透明、有序的行业环境中参与竞争，避免因为人才恶性争夺产生道德风险。二是建议在证券从业资格考试中增加职业道德相关内容的分数占比，以此提升从业人员对职业道德理论知识的重视程度。三是建议提高从业资格证书的获取标准，对通过考试人员的诚信状况进行审核（了解中国人民银行征信系统、司法机关处罚信息等），出现社会失信行为的人员则禁止获取从业资格证书，从源头上防止社会失信人员进入行业执业，减少从业人员道德风险概率。四是职业培训中重点增加正面案例教学，建议奖励并宣传典型，激发行业正能量。

（六）加强行业正面引导和宣传，营造行业健康发展氛围

建议行业协会利用权威刊物、各类媒体和培训会议等渠道，大力传播行业优秀案例，宣传优良职业道德信息，结合现实工作中积极的案例、事迹的宣传，促使证券从业人员将职业道德标准内化为道德行动，激发行业正能量。

浅析证券公司保荐代表人道德风险的产生和防范机制

秦煜翔 曲 盛[*]

一、研究背景

保荐制度诞生于 1955 年，在英国 AIM 市场[①]首次运用。2003 年，中国证监会颁布《证券发行上市保荐制度暂行办法》，正式宣告我国证券发行从"审批制"转向"核准制"。在此后十余年的发展完善过程中，我国的保荐制度有效地推动了资本市场的发展。

近年来，我国股权融资市场规模整体上呈稳步增长态势。自 2010 年初至 2019 年 9 月，我国在沪、深两市的上市公司数量由 1 754 家增加至 3 708 家，总市值由 226 361.62 亿元增加至 545 836.10 亿元[②]，相当于我国 2018 年全年 GDP 的 60.03%。保荐代表人作为标的企业保荐意见的出具人、尽职调查负责人，在股权融资业务链条中扮演了关键的角色。

2019 年的前三季度，我国 GDP 同比增速分别为 6.4%、6.2% 和 6.0%。[③] 在经济面临下行压力的环境中，上市公司的经营业绩预计进一步承压，由保荐代表人道德风险引起的业绩包装问题在困难环境中暴露的概率更大，如何完善业务机制以避免道德风险成为一个值得持续探讨的问题。

二、主要研究内容

根据《证券发行上市保荐业务管理办法》，保荐机构对首次公开发行股票并上市等业务

---

[*] 作者简介：秦煜翔，中山大学管理学院金融学硕士，就职于广发证券股份有限公司合规与法律事务部；曲盛，复旦大学数学科学学院硕士，就职于广发证券股份有限公司合规与法律事务部。原载于《中国证券》2019 年第 12 期。

① AIM 市场的全称为 Alternative Investment Market，系英国伦敦证券交易所为满足迅速发展的中小企业募集资本的需求设立的可供选择的投资市场。

② 资料来源：Wind 资讯。

③ 资料来源：国家统计局。

履行保荐职责,并指定取得保荐代表人资格的个人具体负责保荐工作。在现行保荐制度中,保荐代表人实际面临两层委托代理关系:第一层是监管机构对保荐代表人的授权委托,第二层是保荐机构对保荐代表人的授权委托。道德风险作为委托代理关系的必然产物,在保荐制度的发展过程中受到了监管机构和学术界的关注。在研究保荐代表人由委托代理关系面临的道德风险问题时,我们可以将道德风险分为两个方面:(1)由于业绩冲动的影响,保荐代表人在保荐业务中作出的决策更加激进,甚至可能突破保荐机构和监管机构对保荐代表人的职业规范;(2)对预期回报较低的项目,保荐代表人不勤勉尽责地进行尽职调查,从而无法达到保荐机构和监管机构的职业要求。

本文聚焦保荐业务的推荐阶段和持续督导阶段,对保荐代表人由于业绩冲动和预期回报较低等因素引发的道德风险进行探讨,并就如何通过完善制度设计和加强文化建设规避道德风险提出政策建议。

三、研究分析

(一)由于业绩冲动引发的道德风险

1. 保荐阶段

在 2018 年 3 月中国证监会发布《证券公司投资银行类业务内部控制指引》(以下简称《内控指引》)正式实施前,各大中小券商的投资银行普遍存在着"大包干""项目制"等过度激励的工作机制。在"大包干"体制下,项目收入的 70%—80% 归于团队,而团队收入的主体是保荐代表人。在这样的情况下,证券公司的投资银行保荐及承销牌照事实上被承包给了团队及以保荐代表人为首的投行核心员工。

在类似机制下,投行员工毫无疑问面临巨大诱惑:以 6% 的 IPO 保荐、承销费率计算,如果募集资金 10 亿元,则单个项目的成功会给具体负责的保荐代表人带来上千万的奖励。而承担的法律风险方面,2003 年实施保荐制度以来,上市公司数量达到 2 556 家,因发行造假而退市的案例仅有"欣泰电气"。在有限的刑事诉讼中,基本是因为内幕交易等原因,与保荐代表人在执业过程中是否"勤勉、尽责"关系往往不大。

保荐代表人在 IPO 过程中履行自身职责,理应"恪守业务规则和行业规范,诚实守信,勤勉尽责"。但是这一原则在执业过程中如何落地目前尚无完善的行业规范和制度。

出于会计准则本身具有的灵活性原则,保荐代表人本就存在在不触犯任何法律、法规或执业规范的前提下进行盈余管理的能力。在 IPO 的完整进程中,券商往往作为协调方在四大中介机构中居于中心位置,而保荐代表人作为项目的负责人和团队领导,一般来说具有主导话语权和最后决定权,其对财务和法律问题的处理往往会获得律师、会计师的配合。更何况律师、会计师虽受制于法律要求和自身的行业规范,在整个项目中却也是利益相关的一方。对特定费用的资本化和一些收入、成本确认的期间本就具有一定的主观判断余地,而以存在特定目的为前提进行一系列判断就可以实现盈余管理。

在动机方面,虽然有相关研究表明[①],盈余管理对 IPO 审核通过的影响往往非常有限,

---

① 黄俊,李挺:《盈余管理、IPO 审核与资源配置效率》,载《会计研究》2016 年第 7 期,第 10 页。

甚至基于一些证据会呈现某种负相关，但无论是《首次公开发行股票并上市管理办法》《首次公开发行股票并在创业板上市管理办法》中关于上市公司利润和收入的明确条件，还是不时在市场风传的"5 000万、8 000万"的窗口指导，都明确了会计指标作为IPO实际考核标准之一的价值，给予了保荐代表人盈利管理动机。

《内控指引》出台后，券商投行业务发生全面洗牌，禁止项目收入与承做人员收入挂钩的规定极大压制了投行人员进行不恰当的盈余管理、甚至财务造假的冲动，对消除因此产生的道德风险有极大的作用。在这种政策前提下，保荐机构与保荐代表人产生的道德风险得以斩断，而造成保荐代表人在执业过程中不够勤勉尽责的原因，更多转向为其追求个人名誉、与客户保持良好关系。如何规避此类风险，仍需进一步观察。

2004年至今，欣泰电气系因发行造假而退市的公司经典案例。欣泰电气2014年登陆创业板；2015年7月被中国证监会进行立案调查；2016年7月8日，中国证监会宣布欣泰电气欺诈上市，启动强制退市程序；2017年8月28日从深交所摘牌退市。

欣泰电气多年来通过虚构收回应收账款、减少坏账准备计提、虚构自我交易、虚增成本收入等方式虚增调节利润，在此期间，中介机构扮演的角色遭到了普遍质疑。作为代价，2019年5月，原董事长及实际控制人及总会计师分别被判数年有期徒刑并被处罚金。

但是作为保荐机构的兴业证券及作为保荐代表人的兰某、伍某，受到的处罚却较为有限。兴业证券被没收相关收入并处两倍保荐收入的罚款；兰某、伍某被处以60万元罚款，同时撤销证券从业资格、10年内证券市场禁入。对于保荐代表人，这样仅仅停留在行政执法阶段的处罚并不足以让一些对法制和资本市场公平缺乏基本敬畏之心的保荐代表人能够抵挡得住项目成功获得的巨大荣誉、财富等诱惑。

2. 持续督导阶段

《证券发行上市保荐业务管理办法》对各类保荐业务的持续督导期限作出相应规定，主板公司在IPO成功后保荐机构有责任对其进行2个完整会计年度的持续督导，在发行新股、可转债后保荐机构的持续督导责任期间则为1个完整会计年度；创业板公司在IPO成功后保荐机构有责任对其进行3个会计年度的持续督导，在发行新股、可转债后保荐机构的持续督导责任期间则为2个完整会计年度。在《内控指引》中，有"对投资银行类项目负有主要管理或执行责任人员的收入递延支付年限原则上不得少于3年"的明确规定，与各类保荐承销项目中规定的最长持续督导期间重合。持续督导期间，上市公司的合规性自然对尚在递延的收入产生影响；持续督导阶段上市公司的违规同样会影响保荐机构对保荐代表人在整体项目上执业质量的评价，进而对其递延收入产生可能的影响。因而，保荐代表人及其团队在持续督导阶段，亦存在掩饰上市公司可能出现的各种问题的冲动，而形成新的道德风险。

（二）由激励不足引发的道德风险

1. 推荐阶段

2019年7月，中国证监会发布《证券公司股权管理规定》，意味着券商股东的准入门槛不断提高，现有的竞争格局将进一步白热化，行业马太效应日益明显。与此同时，各头部券商的投行保荐业务出现一定程度的同质化。根据Wind数据统计，近5年IPO保荐承销费率平均值分别为8.68%、8.35%、8.40%、6.52%和6.77%，各头部券商对存量市场的争夺导致承销费率整体呈下降趋势。

2018 年 10 月，上海农村商业银行股份有限公司 A 股 IPO 保荐项目中标结果显示，国泰君安证券、海通证券和中信证券作为中标机构，合计保荐费报价仅 51 万元，承销费率的报价分别为 0.45%、0.05% 和 0.28%。2019 年 1 月，华夏银行完成募集资金规模为 292.32 亿元的非公开定向增发，中信建投证券、中信证券、国泰君安证券、中银国际证券和民生证券合计取得的保荐承销费仅为 41.89 万元。

虽然《内控指引》明确约定"证券公司不得将投资银行类业务人员薪酬收入与其承做的项目收入直接挂钩"，但保荐代表人作为券商的一线业务人员，其薪酬收入与业绩必然存在一定关联性，承销费率的下降对其薪酬收入造成了不利的影响。薪酬收入整体下降的同时，券商业务团队普遍存在的编制紧张、工作时间较长的情况并没有发生变化，保荐代表人在精力有限的情况下甚至面临更大的执业工作量。

在上述背景下，保荐代表人所面临的道德风险是在激励不足时对标的公司仅进行形式上合规检查，而不是勤勉尽责的尽职调查。具体而言，对于难以直观反映在财务报表或申报文件中的问题予以选择性忽略。这类问题包括内部控制具体执行层面与制度不符的瑕疵、隐藏于合理的钩稽关系背后的财务包装等，也包括在发现某些潜在问题时不再深入尽调，而满足于法律法规的最低要求。

这样的道德风险难以直观发现，在短期内隐藏的问题或因尚未暴露而继续存在，投资者无法通过公开披露的文件真实、准确地认识投资标的，成为后续上市公司造假或粉饰业绩的隐患。

2. 持续督导阶段

根据《证券发行上市保荐业务管理办法》，保荐代表人在项目成功发行后将负责该公司一定时间的后续督导业务。但实际上保荐代表人因各类原因发生变更的情况较为常见，保荐代表人在履行持续督导的保荐义务期间可以不受法律法规的限制自由跳槽，无疑加大了持续督导阶段的工作交接难度，也让保荐代表人更可能面临因激励不足而产生道德风险。按市场通行做法，持续督导阶段保荐机构并不会单独收取费用，且工作内容较为琐碎，发行人的配合度较保荐阶段亦存在不同程度的下降。

作为经济意义上的理性人，保荐代表人往往更愿意将时间和精力投入收益更高的新项目保荐工作。保荐代表人因激励不足引发的道德风险体现在各个方面，例如获取银行流水时没有严格按照要求亲自到银行监督控制流水打印过程，仅简单向发行人收取已打印的银行流水；仅抽取期末余额较大的银行账户作为检查对象，未考虑督导期间的流水情况；未能及时纠正发行人仅进行文件传签而未实际召开股东会和董事会等内部控制瑕疵等。

随着行业竞争的白热化，证券公司投资银行业务收入现状及如何引导证券行业提高执业质量、防止恶性竞争、控制道德风险等问题成为一个值得持续探讨的问题。近年来境内外资本市场投资银行业务佣金率整体呈下降趋势，市场上开始出现低价竞争案例。建立合理的定价制度，牢固树立风险意识，警惕由行业无序竞争引发的执业质量下降和行业风险成为一项重要的工作。

四、政策建议

（一）制度设计

1. 在发审委审核和上市委员会问询的同时加入公众问询制度

当保荐代表人受到利益影响时，可能对拟 IPO 企业存在的问题进行刻意隐瞒，或者进行不同程度的包装与粉饰；当审核人员或问询人员由于精力有限、思维固化或者受利益影响时，可能会就某些问题避重就轻地问询，并使拟 IPO 企业没有暴露真正严重的问题。而公众问询可能会使审核人员或问询人员忽略的问题暴露出来，迫使拟 IPO 企业更加真实、准确、完整地披露信息。以下是具体的政策建议：

（1）问询期间：建议为拟 IPO 企业发布预先披露的招股书后 3 个月。

（2）问询质量把控：建议公开披露公众问询问题，但由中国证监会、交易所的预审员（或相关岗位人员）从中指定部分必要问题，以提升公众问询问题的质量，降低无效问题对拟 IPO 企业的干扰。

（3）问询制度的好处：

第一，发挥公众对拟 IPO 企业的监督功能。拟 IPO 企业所在地当地民众可能会对拟 IPO 企业较为了解，能够直观地观察到拟 IPO 企业日常的经营现象，例如是否发生重大事故、货车运输的频率（对于制造业企业有效）等。同时发挥同行企业或上下游企业的监督功能，同行企业对拟 IPO 企业的商业模式较为了解，而上下游企业则对拟 IPO 企业的资金周转情况较为了解等。

第二，利用行业专家的专业能力。若资深的行业研究人员、财务专家或法律专家对拟 IPO 企业的生产经营存在疑问，则审核人员或问询人员能够利用行业专家对特定行业的理解和研究进一步发掘可能遗漏的关注点，从而更全面地理解与审核拟 IPO 企业。

2. 完善上市公司虚假陈述民事赔偿制度

针对保荐代表人由于上述各类原因引发的道德风险，通过完善上市公司虚假陈述民事赔偿制度能够有效倒逼保荐代表人勤勉尽责地执业。建议从以下方面扫清障碍，完善上市公司虚假陈述民事赔偿制度：

（1）设置专业证券法庭，实现案件专属管辖。设立专业的证券法庭对虚假陈述民事案件进行专属管辖，一方面，有利于脱离上市公司属地，降低地方政府对案件的干预；另一方面，案件集中审理，有助于不断提升法官专业性，统一裁判尺度，提升案件处理效率。因此，建议在沪、深证券交易所所在地设立专门的证券法庭，实现专属管辖。

（2）完善保荐代表人诉讼制度。在现有的诉讼框架下，虚假陈述的诉讼压力主要集中在上市公司和保荐机构上，极少针对保荐代表人个人，这与现行保荐制度中保荐代表人应负个人责任的初衷不完全契合。保荐代表人流动性大，而虚假信息披露往往具有一定的隐蔽性，难以及时发现，虚假信息披露涉事保荐代表人在诉讼开始时往往已经离开原有保荐机构。

因此鼓励中小投资者在保荐代表人出现重大过失或存在故意虚假陈述的情况下，考虑将保荐代表人个人同时列为诉讼被告人，这不仅能够对保荐代表人的执业行为产生更有力的约束，且由于保荐代表人是项目最直接的参与者和见证人，其成为诉讼当事人将有效降低作为投资者的原告在庭审过程中获得相关证据的难度。

3. 完善持续督导阶段的管理机制

（1）加大对持续督导工作的资源保障。《内控指引》指出："证券公司应当针对管理和执行投资银行类项目的主要人员建立收入递延支付机制，合理确定收入递延支付标准，明确递延支付人员范围、递延支付年限和比例等内容。对投资银行类项目负有主要管理或执行责任人员的收入递延支付年限原则上不得少于 3 年。"

但《内控指引》并未对持续督导阶段的工作保障进行明确，持续督导阶段工作量和实际薪酬收入难以匹配。建议设立持续督导工作专项津贴，保障持续督导阶段履职的合理激励，提升持续督导工作质量。

（2）完善持续督导和受托管理的管理制度。建议完善持续督导阶段作业标准及工作质量考核制度，主要包括：第一，要求保荐机构设立专人管理持续督导工作，提升持续督导工作质量；第二，加快推行持续督导底稿电子化，借助底稿电子化管理提高底稿检查效力和及时性，提高持续督导工作的充分性。

（二）文化建设

不同于一般的证券从业人员，在一般具体的 IPO 项目中，保荐代表人仅两人（其中业内所谓"二保"往往由群组领导负责签字），而涉及项目规模巨大，又是公开发行，事关普罗大众，工作责任极大；保荐代表人考试长期以来以通过率低、难度高著称，即使在改革并适当降低报考门槛后仍有极大挑战；而一旦成为保荐代表人，也可以获得较高的收入回报，因而可以说保荐代表人队伍精英化程度较高。

工作责任重大、工作人员精英化程度高的职业往往能够激发出从业者强烈的职业荣誉感。这种荣誉感可以在一定程度上内化成为其执业过程中的自觉行为，从而降低其受短期利益驱使、违背诚实信用原则的风险。

1. 保荐代表人考试的完善

目前，保荐代表人考试主要强调考试知识的掌握，对职业道德的考察往往在一般证券从业资格考试中进行。毋庸置疑，相较于其他一般证券从业人员，保荐代表人应该具有更高的职业道德素养，也将面临更为复杂的职业道德冲突情形。目前尚未出具针对保荐代表人的详细的道德准则，更多的是一些原则性规定，在实际展业中缺少指导意义。建议可以对展业中可能面临的涉及职业道德的情况进行调研，出台更具操作性的道德准则或执业指导意见。

参考在国内颇有人气的美国特许金融分析师考试（Chartered Financial Analyst），职业道德始终作为考试中最为重要的模块。相较于国内在涉及职业道德的考察方面往往大而化之的证券从业考试，CFA 考试更多考虑了具体执业环境下的相关案例、情形，比如面对不同程度、不同阶段的客户款待，应该如何处理。相似的考察可以引导学员在学习过程中更具体地了解职业判断，明确行业红线，牢记自身职责。

2. 日常职业教育的强调

保荐代表人作为个人在招股说明书中署名的意义，本就是强调其个人职业信誉在相当程度上为其所经办之项目背书。但是对这一保荐代表人制度的题中应有之义，职业教育中往往忽视。因此，作为证券公司核心人才的保荐代表人，应定时接受证券公司的职业教育，对这种意识进行强化；相关部门也应对投资银行从业人员的职业道德进行有针对性的强化教育。

五、总结

本文主要探讨了在投行保荐过程中，保荐代表人所面临的道德风险，主要按照业绩冲动与激励不足分为两个类别，对保荐过程中推荐上市和持续督导两阶段分别进行了探讨。不同类型的道德风险始终贯穿于整个保荐过程中，难以完全避免。为其更好地在执业过程中严守执业操守，诚实守信、勤勉尽责，可以从制度设计与文化建设两方面对现行体制进行完善。伴随着科创板的全面铺开和注册制在创业板落地的探讨，中国资本市场迎来全新时代。未来，对保荐代表人责任的夯实将更为重要，如何在这一过程中合理减弱、消除道德风险，需要监管机构、中介机构、市场主体及保荐代表人个人等多方共同探讨。

参考文献

[1] 蔡庆丰，刘锦. 保荐代表人"尽责"了吗？——基于上市前盈余管理与上市后持续督导的实证分析 [J]. 投资研究，2014（6）：93—106.

[2] 陈祥有. 保荐机构声誉与公司持续督导期间信息披露质量非显著相关的原因及对策 [J]. 财会月刊，2010（1）：15—16.

[3] 付娟，任颋. 持续督导期内保荐代表人更换与信息披露 [J]. 首都经济贸易大学学报，2012（4）：63—70.

[4] 黄俊，李挺. 盈余管理、IPO 审核与资源配置效率 [J]. 会计研究，2016（7）：100—118.

基于问题权变模型的证券从业人员职业道德研究
——以金融产品销售处罚案例为例

赵嵩宇 韩泽欣 吕 英[*]

中国证券市场从蹒跚学步到市值规模位居全球第二位,从单一证券交易品种到全面服务实体经济的多层次资本市场,倾注了无数证券人的心血和汗水。多层次资本市场的健康有序发展,离不开道德高尚且业务专精的证券从业人员。"德者本也,财者末也",道德决定一切、支配一切,研究和防范由证券从业人员道德行为失范带来的非系统性风险是业内高度重视的核心工作之一。本文将以金融产品销售处罚案例为例,基于问题权变模型研究证券从业人员道德失范行为的主要类型,分析证券从业人员道德失范行为的成因,提出证券从业人员职业道德提升的对策。

一、证券从业人员职业道德内涵及道德失范行为现状

(一)证券从业人员职业道德的内涵

职业道德作为社会道德体系的重要组成部分,是社会道德在微观经济领域的细化和延伸。证券从业人员职业道德标准以《证券业从业人员执业行为准则》为基础,结合行业特点形成公认要求,并建立制度化的运行机制,形成从业人员普遍认定的规则,遏制在业务开展过程中的恶性利己行为和投机行为,在保证市场公正的同时,确保投资者权益得到公平对待,从而维护证券行业诚信体系。

(二)我国证券从业人员道德失范行为现状

中国证券登记结算有限公司数据显示,截至 2019 年 11 月,我国自然人投资者已超过

---

[*] 作者简介:赵嵩宇,华龙证券股份有限公司互联网金融部总经理;韩泽欣,就职于华龙证券股份有限公司互联网金融部;吕英,兰州理工大学经济管理学院博士、副教授。原载于《中国证券》2019 年第 12 期。

1.55亿户,中小投资者占比超过其中70%。与自然人投资者相对的证券从业人员总数为33.25万名,自然人投资者与证券从业人员数量之比为466∶1。而根据《证券投资顾问业务暂行规定》,能够向客户提供涉及证券及证券相关产品的投资建议服务、辅助客户作出投资决策的证券投资顾问人员数量仅为5.23万名,自然人投资者与证券投资顾问人员数量之比为2 964∶1。由于证券投资属于专业性较强的领域,证券从业人员,特别是证券投资顾问与自然人投资者的比例悬殊,造成了专业服务覆盖率偏低和专业信息高度不对称的问题,增加了证券从业人员在产品销售及服务过程中面对高额利益诱惑和考核压力引发的职业道德风险。

根据中国证监会及其派出机构对于金融产品销售的25起处罚案例,可将证券从业人员道德失范行为归纳为五个方面:一是绩效考核压力驱动下的造假行为。从业人员因无法完成产品销售任务,借助他人开立的证券账户,由个人提供资金购买产品,完成相应的销售考核任务。如某券商营业部在2018年代销非公开募集产品时,6名员工汇集自有资金至同一名投资者处购买该产品,营业部明知该投资者提供的信息不真实、不准确,却未告知其后果,也未拒绝向其销售产品。二是忽视或回避投资者适当性管理原则的不合理推介。对投资者的背景调查流于形式,未充分了解投资者的投资经历、资产状况、教育水平等要素,主动推荐不符合其风险承受能力的高风险产品,造成投资者经济损失。如2016年某券商营业部在产品销售过程中,向开立证券账户以来仅有一次10万元基金投资记录且年龄较大的客户推荐最低认购规模为100万元的较为复杂的金融产品,产品与客户实际风险承受能力不匹配。三是承诺收益或夸大收益,弱化对金融产品风险的客观描述及必要的风险提示,误导投资者购买。如2013年某营业部客户经理在代销金融产品的过程中,通过夸大宣传产品收益,误导投资者购买并导致亏损。四是内控管理不到位造成的业务违规。出现少签、漏签必要的投资者书面签约文件,造成潜在的法律诉讼或仲裁风险。监管机构检查中多次发现,有营业部的个别客户在付款购买金融产品前未签署《风险揭示书》《金融产品或金融服务不适当警示及客户投资确认书》等。五是私自推介或销售非公司自主发行或代销的金融产品,制造虚假公章、合同,欺诈投资者购买虚假的金融产品,非法占有投资者资金或将资金挪作他用。如2017年处罚案例中,某证券公司因营业部部分员工和经纪人私自推介或销售非该公司自主发行或代销的金融产品,持续时间较长、涉及金额大,后果严重,影响恶劣,受到监管机构行政处罚。

二、证券从业人员职业道德失范行为成因分析

从证券从业人员道德失范行为表现进行分析,发现道德失范行为的发生主要来源是个人因素和组织因素。由此,我们引入道德问题权变模型来研究和分析证券从业人员执业道德失范行为。该模型是Jones于1991年提出的,是通过分析道德问题本身的特性,研究对道德决策的影响,形成基于道德问题本身特性的组织内个人道德决策模型。道德强度是道德问题本身特征的总结,包括六个维度:后果的严重性(magnitude of conse - quences)、社会共识(social consensus)、结果可能性(probability of effect)、后果时效性(temporal immediacy)、与受害者的亲近程度(proximity)、后果集中程度(concentration of effect)。Jones(1991)认为行为可能产生后果的严重性与可能性、会影响多少人以及这些人与自己的亲近关系、会造成多大影响、后果产生后的社会舆论等因素会影响人们的道德决策,高道德强度相对于低道

德强度会促使道德发展处于更高层次。组织因素会对个人道德决策中的建立道德意图、实施道德行为阶段施加影响，其中组织因素包括组织文化、专业标准、奖惩制度、组织政策、伦理守则、参照人或有影响力的其他人、工作性质与角色等（见图1）。

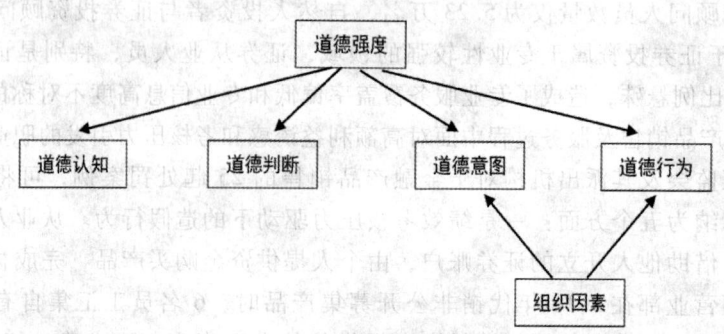

图 1　问题权变模型

自 2012 年 11 月《证券公司代销金融产品管理规定》（证监会公告〔2012〕34 号）颁布实施以来，中国证监会及其派出机构共出具 25 份关于代理金融产品销售方面的行政处罚通知书（见表1），均为对证券经营机构或营业部负责人的处罚，不涉及具体行为人与具体受害人，因此与受害者的亲近程度、后果集中程度无法根据行政处罚通知判断，下文这两个维度不作分析。依据问题权变模式，我们将从后果严重性、社会共识、结果可能性、后果时效性、组织因素五个方面对证券从业人员职业道德缺失的成因进行分析。

表 1　金融产品行政处罚通知统计

时间	金融产品相关处罚通知	监管机构
2013 年	2 份	河南监管局、上海监管局
2014 年	4 份	上海监管局、深圳监管局
2015 年	2 份	北京监管局
2016 年	5 份	江苏监管局、北京监管局、深圳监管局
2017 年	3 份	北京监管局、河南监管局
2018 年	5 份	上海监管局、北京监管局、河南监管局
2019 年 1 月—2019 年 4 月	4 份	上海监管局、广东监管局、辽宁监管局
合计	25 份	

资料来源：中国证监会及其派出机构官方网站。

（一）从后果严重性维度分析：证券从业人员道德失范行为后果严重程度高

以金融产品销售领域为例，销售人员为提升销售业绩，获得更多销售奖励，不能勤勉尽责、客观谨慎，未严格履行投资者适当性程序，或者私自推介和销售金融产品，甚至通过制造虚假公章、合同，欺诈投资者购买虚假的金融产品，易造成投资者的重大经济损失。如 2015 年某券商营业部原总经理许某涉嫌通过伪造公章，以该公司名义发起"新三板投资基金"，与投资人私自签订代持协议，合同到期后无法兑付本息。根据公开资料显示，该案涉案金额 17.7 亿余元，未收回金额达到 3.3 亿余元。行政处罚案例中，涉及私自推介和销售金融产品的,涉案金融产品主要是认购起点金额为 100 万元的私募基金,一旦发生投资损失,损失金额都会较大。因此,证券从业人员道德失范行为后果严重程度高。

(二) 从社会共识维度分析:社会监督力度较弱,各群体关注度低,道德行为决策人易作出非道德决策

1. 媒体监督关注度低

通过网络搜索引擎发现,媒体对于证券行业金融产品销售违规行为的关注度较低,缺乏报纸、刊物、广播、电视的广泛报道、评论或抨击,目前主要是证券行业、法律行业的相关专题研究,使证券从业人员道德失范行为更多成为一个小范围事件。媒体监督是社会监督的重要组成部分,报纸、刊物、广播、电视具有强大的社会传播效应,如果媒体关注度低,很难形成社会舆论的集中关注,使证券从业人员执业行为缺少了重要的监督和约束力量。

2. 自律组织对证券从业人员执业行为的约束较低

证券行业经过近 30 年的蓬勃发展,相关法制建设持续完善更新,自 1998 年《中华人民共和国证券法》发布以来,有关监管规则、业务指引已发布 163 件。法律环境逐步趋严,从业人员后续教育不断加强。但在实际证券业务开展过程中,这些法律法规还是没能从根本上杜绝从业人员违背信用和道德准则的现象,非道德行为的成本较低是原因之一。中国证券业实行从业人员资格管理制度,由中国证券业协会在中国证监会指导监督下对证券业从业人员实施资格管理,取得证券从业资格是进入证券行业的先决条件,其中相关规定主要有《证券业从业人员资格管理办法》(中国证券监督管理委员会令第 14 号)、《证券业从业人员资格管理实施细则(试行)》(中国证券业协会 2003 年 1 月 26 日发布)、《证券业从业人员执业行为准则》(中国证券业协会 2014 年 12 月 10 日发布)、《中国证券业协会自律管理措施和纪律处分实施办法》(中国证券业协会 2012 年 8 月 13 日发布)、《中国证券业协会证券经纪人执业规范(试行)》(中国证券业协会 2009 年 4 月 12 日发布)等。从具体条文来看,明确规定了执业行为规范、准则及禁止行为,但是对于业务准则和道德准则没有明确界定,对于暂停从业资格及注销从业资格的相关规定并不详备,较为笼统,对证券从业人员的执业行为约束力较低。

3. 投资者对非道德行为的识别能力差、关注度低,缺乏自我保护意识

中国证券市场以中小投资者为主,近年来中国证监会、中国证券业协会、证券经营机构不断加大投资者教育力度,使中小投资者的投资能力、法律意识不断提升。但从实际案例来看,投资者对投资者适当性制度理解不够到位,针对证券从业人员的非道德行为缺少鉴别能力,对于监管机构的处罚案例缺少关注,从而导致缺少投资者的监督,这是证券从业人员道德失范行为发生的主要原因之一。

在媒体、自律组织、投资者监督约束力较弱的情况下,在利益的驱动下,道德行为决策人在面临道德决策时易作出非道德选择,道德行为共识度较低。

(三) 从结果可能性分析:道德失范行为易造成投资者的损失,结果可能性高

金融产品本身蕴含投资风险,可能会使本金受到损失,这是金融产品的属性所决定的,属于合理风险。但是在代理金融产品销售的整个流程中,因为证券从业人员道德失范行为而造成投资者承受的风险,属于不合理风险,这种风险会导致投资者发生损失的概率增加。行

政处罚通知书具体内容均未揭示所涉及投资者损失的具体金额，但从实际情况来看，行政处罚所涉案例多为客户在遭到一定投资损失的情况下，向监管机构投诉后，被监管机构查处并进行行政处罚。其中客户适当性管理不完善、夸大收益、忽视风险等情况，会使投资者在没有充分、准确知悉所投资金融产品风险和自身风险承受能力的情况下，作出不适当的投资决策，加大自身投资风险。尤其是私自推介和销售未经所在机构批准的金融产品（俗称"飞单"），监管机构无法对这些产品进行监管，投资者发生投资损失的概率非常大。

（四）从后果时效性维度分析：道德失范行为后果显现的时间较长，时效性较弱

金融产品本身的投资过程需要一定的时间，如私募基金一般普遍封闭运行期在1—2年，投资者在所投资产品运行一段时间或封闭期结束后，如果发生了不可逆的投资损失，一般会向监管机构进行投诉，随后监管机构在调查过程中，才可能发现当时销售过程中存在的道德失范行为。在有明确违规行为发生时间的行政处罚案例中，后果显现的时效性明显滞后。如某券商因2012年开展代销金融产品业务时存在客户适当性管理不完善的情况，2015年被所在地证监会派出机构行政处罚，时间间隔达到3年，道德失范行为后果时效明显滞后。

（五）从组织因素的角度分析：证券经营机构内控机制不健全，针对非道德行为的处罚相对较为宽松

证券经营机构内部控制机制是保证公司合规经营的核心，也是防范风险的"防火墙"，因此证券经营机构需要建立一套行之有效的审核机制对业务开展的各个环节和业务风险评价进行严格把关，将合规审核嵌入业务流程各个环节。但从实际情况来看，监管机构在处罚通知中，多次提及证券经营机构内控机制不健全。证券经营机构更多以利润为导向，考核制度中销售业绩与奖励挂钩、工作任务与惩罚挂钩，缺少道德风险管控措施；组织道德准则、道德文化的建设普遍流于形式；界定业务失误与道德失范的标准缺失；在绩效考核方面，更加偏重业绩贡献，较少关注员工的专业能力、展业行为规范等；合规审核基于公司发展战略等原因，发现员工存在不道德行为时，多采取通报批评和罚款的方式，处罚相对较为宽松。

金融产品销售的道德失范行为，尤其是擅自代销金融产品，极易对投资者造成极大的损失，道德失范行为后果严重度高；社会监督力度较弱，各群体关注度低，在利益的驱动下，道德行为决策人在面临道德决策时易作出非道德选择，道德行为共识度较低；金融产品销售过程中，擅自代销金融产品、扩大宣传、忽略介绍风险等非道德行为，易造成投资者的损失，道德失范造成损害结果可能性高；现有金融产品销售处罚内容中，部分道德失范行为持续时间长达3—5年，后果显现的时间较长，时效性较弱；证券经营机构内控机制不健全，针对非道德行为的处罚相对较为宽松，组织因素的效应较弱。整体来看，道德强度较低，道德发展处于较低层次，导致易发生道德失范行为。

三、基于问题权变模型的证券从业人员职业道德提升对策

关于问题权变模型，学者进行了大量实证研究，研究表明，道德强度对道德决策的过程存在显著影响，会影响道德决策者的行为，提高道德强度，减少内部不道德行为的发生。在个人因素方面，Trevino&Youngblood（1990）的研究证实了个人道德认知发展水平对个体道

德决策的影响显著；Arlow&Ulrich（1980）的研究表明专家的行为比学生的行为更道德；在组织因素方面，Trevino&Youngblood（1990）和 Barnett（1992）的研究证明标准化的政策能够提高个体的道德认知并减少不道德行为的产生。关于奖惩方面，现有研究结果表明，对道德或不道德行为的奖惩显著影响该行为的发生，Baumhart（1961）的研究发现对道德行为的奖励会直接增加道德行为的发生；关于组织道德文化方面，已有研究结果表明，良好的组织道德对道德决策过程有正向影响。因此我们以问题权变模型为理论基础，针对证券从业人员的道德失范现状和成因，从个人因素和组织因素两个方面，提出证券从业人员职业道德的提升对策。

（一）提升自我学习能力，强化道德自觉性

证券从业人员是证券行业的核心，证券从业人员的道德水平决定了证券行业的道德水平，证券从业人员的道德风险可能给从业机构和投资者带来巨大的经济损失。大量实证研究表明，个人道德认知发展水平和专业能力对个体道德决策的影响显著，因此证券从业人员的专业能力、道德认知水平是提升道德水平的重中之重。证券从业人员应积极通过参与职业后续教育、专业培训、自我学习等方式，保持和提高自己的专业能力和岗位胜任能力。通过坚持理论学习、合规执业案例学习、阅读经典，自觉接受道德教育，将行业的诚信和客户的利益置于个人利益之上，提供投资建议时保持合理的谨慎及独立的判断，履行并鼓励他人履行执业道德准则，严格自律，以合乎职业道德方式展业，不断提升自己的道德认知水平，自觉维护证券市场和证券从业人员的信誉。

（二）强化社会舆论的监督作用，提高道德失范行为的社会共识度，形成良好的道德执业氛围

随着近年来全面依法治国的深入推进和投资者教育活动的持续开展，投资者的法治意识不断增强，社会舆论监督的力量不断壮大，发挥出越来越显著的正向作用。

证券行业、投资者、媒体应坚持正确导向，加强对证券行业从业人员的执业行为监督，对典型案例进行深度剖析，提高道德失范行为的社会共识度，并发挥警示作用，行成鼓励道德行为、严查严讨道德失范行为的舆论氛围。

（三）加强非道德行为的惩戒力度，通过震慑作用提升自律能力

2019年8月最高人民法院发布《全国法院民商事审判工作会议纪要（征求意见稿）》（以下简称"会议纪要"），第五部分"关于金融消费者权益保护纠纷案件的审理"显示，发行人、销售者以及服务提供者（以下简称"卖方机构"）对金融消费者负有适当性义务，卖方机构未尽适当性义务导致金融消费者损失的，应当承担赔偿责任。会议纪要的发布，是对金融市场相关赔偿制度的有益补充。当前，中国资本市场已站在新的历史起点，在中国证券市场持续探索创新、开放的新局面下，金融产品的种类不断丰富，监管机构需根据证券市场出现的新形势、新特点，借鉴国外证券市场的先进经验，不断修订完善相关规章制度，充分发挥《证券法》等法律法规的威慑作用和预防效能，使证券从业人员不敢、不能作出非道德决策。

自律组织作为承上启下的关键机构，连接着政府、证券经营机构、证券从业人员和投资

者的沟通交流。首先,可以通过建立黑名单制度,在丰富证券从业资格管理手段的同时,进一步强化从业人员的自律管理。其次,协调证券经营机构建立证券从业人员违规行为终身追究责任制度,对证券从业人员的执业行为形成强力约束。再次,以投资者教育基地为载体,以行政处罚案例为内容,加强对中小投资者的警示教育,提升投资者的鉴别能力和对风险认知程度,才能确保行业的健康发展。

证券从业人员和证券公司的道德建设水平决定的社会声誉需要长期积累。只有着眼于长期利益,建设公平、高效、透明的市场环境才能吸引越来越多的投资者主动参与到证券市场当中。

(四) 不断完善证券经营机构内部控制制度,增强内部控制的有效性

内控制度是证券经营机构合规经营、稳健发展的压舱石和稳定器,是风险防范的基础。证券经营机构首先要根据新业务、新产品、新特点,持续更新完善内控制度,建立科学、有效的自我约束机制、自我防范机制,保证内控机制的全面性、有效性、及时性、审慎性、独立性。其次还要保证内控制度的有效性,着重提升内控制度的执行力。任何制度没有强大的执行力,最后都会沦为空文、摆设,内控制度的执行力是保证内控制度有效性的核心。证券经营机构应切实认识到有效的内控制度是经营的基础,没有强大的风险隔离机制和防范机制,再好的经营业绩也只是空中楼阁,因此必须做到内控制度的有章可循、有章必循、行之有效,加强对内控制度执行的监督,提高相关检查的针对性、及时性,着力完善绩效考核办法中关于合规展业的要求及奖惩措施,建立公司员工人事档案合规执业记录制度,避免违规操作和流于形式,将风险控制在合理范围内。

证券从业人员在日常工作中如果能够坚持遵循、主动实践道德规则,逐步加深广度和深度,行业道德风气就会稳定在较高水平,证券从业人员因个人道德缺失产生的违法违规问题的概率也会明显降低,这就是个体道德活动内驱力的体现。现阶段证券从业人员呈现年轻化、高学历、专业化的趋势,相信这将为行业道德建设带来积极促进,并不断提高证券行业专业化水平,提升证券行业形象,为打造具有世界水平的证券市场提供重要助力。

参考文献

[1] Jones T M. Ethical decision making by individuals in organizations: An issue – contingent model [J]. Academy of Management Review, 1991, 16 (2): 366 – 395.

[2] Arlow P, Ulrich T A. Business Ethics, Social Responsibility and Business Students: An Empirical Comparison of Clark's Study [J]. Akron Business and Economic Review, 1980, 11 (3): 17 – 23.

[3] Trevino L K, Youngblood S A. Bad Apples in Bad Barrels: A Causal Analysis of Ethical Decision Making Behavior [J]. Journal of Applied Psychology, 1990, 75 (4): 378 – 385.

[4] Barnett T. A Preliminary Investigation of the Relationship Between Selected Organizational Characteristics and External Whistleblowing by Employees [J]. Journal of Business Ethics, 1992, 11 (12): 949 – 959.

[5] Baumhart R. How Ethical Are Businessmen [J]. Harvard Business Review, 1961, 39 (4): 6 – 19.

证券公司及从业人员违法违规行为与合规风险防范研究

东亚前海证券有限责任公司课题组[*]

一、国内证券公司及从业人员违法违规案例统计分析[①]

(一) 2013—2017 年处罚案例综述

本文所统计证券公司及从业人员违法违规案例,包含刑事处罚、行政处罚、行政监管措施、自律管理措施四大处罚类型,分别按证券公司的细分业务展开统计分析。

图 1 显示,2013—2017 年,证券公司违法违规案例数量一共有 488 例。[②] 从变化趋势来看,证券公司受处罚案例总体呈现逐年上升的状态,随着实施"依法、全面、从严"监管,2016 年处罚案例数量达到峰值的 147 例,2017 年处罚案例数量有轻微回落。

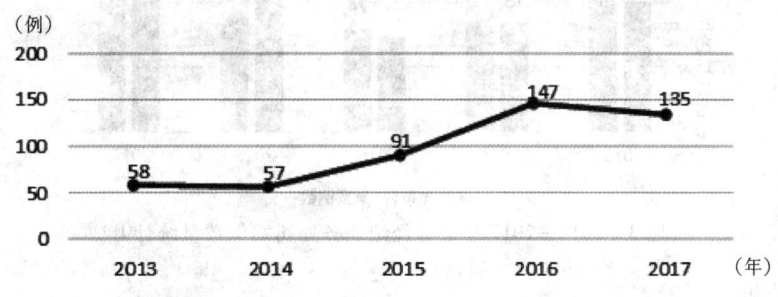

图 1 2013—2017 年证券公司处罚案例数量统计

---

[*] 本文为中国证券业协会 2018 年重点课题。课题负责人:李泽元,东亚前海证券合规总监;课题组成员:杨小冬,向涛、马丹姝、卢绍兵、李淼、王妤琪、李馨竹、刘维、陈颖、朱帝。

[①] 本文行政处罚、监管措施数据来自中国证监会及各地证监局网站,自律监管措施数据来自中国证券业协会、全国中小企业股份转让系统网站,刑事判决数据来自全国裁判文书网,由东亚前海证券汇总、整理。

[②] 此处处罚案例数是以相关部门发文文号为统计口径。

图 2 为证券公司 2013—2017 年七大业务条线处罚案例数量统计情况，其中经纪业务条线受处罚的案例数量最多，占比 35%；其次是新三板业务和投行业务，分别占比 31% 和 11%。

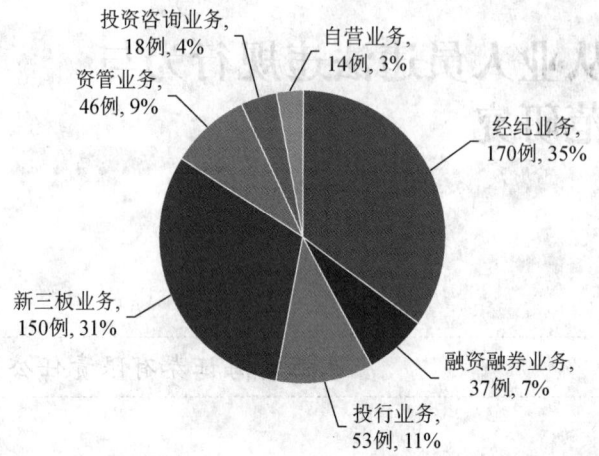

图 2　2013—2017 年业务条线处罚案例数量统计

（二）证券公司经纪业务违法违规案例统计分析

1. 总体情况

图 3 显示，2013—2015 年证券公司经纪业务的违法违规案例处于相对低位水平，但自 2016 年开始，违法违规案例数量增多。究其原因，一方面是因为个别证券公司本身风控能力及合规管理的缺失，另一方面是证券监督执法机构、行业自律协会加大了对证券公司违法违规情形的执法力度。

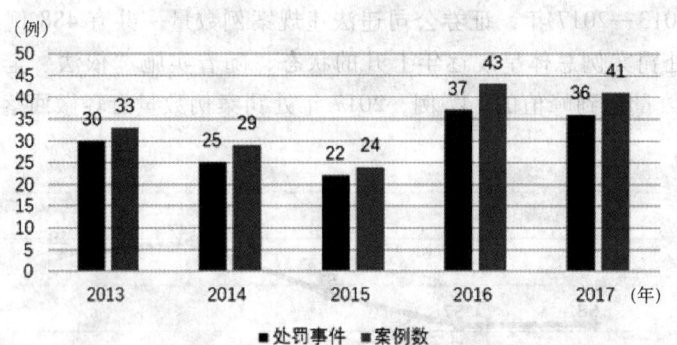

图 3　2013—2017 年证券经纪业务处罚案例数量统计①

2. 具体分析

（1）处罚对象和处罚类型。因证券经纪业务违规而受处罚的主体包括证券公司及其从业人员。除 2015 年外，处罚公司数都大于处罚个人数，但是处罚公司数与处罚个人数的比例总体呈下降趋势，表明监管机构强化落实个人责任，警示从业人员重视合规问题。

---

① 同一处罚事件可能形成多个多份不同文号的处罚决定书。

目前主要处罚类型有刑事处罚、行政处罚、行政监管措施和自律惩戒措施四种；行政监管措施程序简便、操作灵活，数量最多；经纪业务的自律惩戒措施数量最少；刑事处罚在性质上属于最严厉的处罚，数量相对较少。

（2）处罚原因。从图 4 可知，证券公司因营销管理受到处罚的占比最大，为 25%；账户管理及交易安全、营业部管理其次，分别为 17%、16%。下文对占比前三位的具体处罚原因作进一步分析和总结。

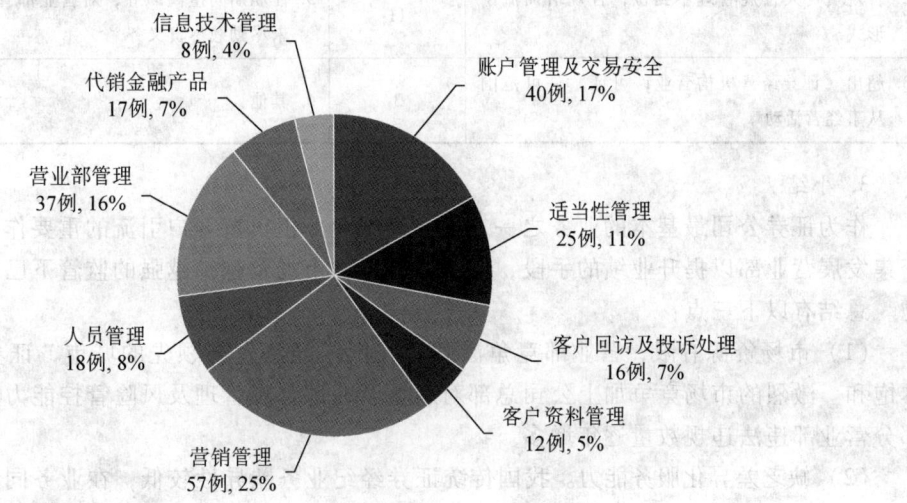

图 4　2013—2017 年经纪业务处罚事由占比

①营销管理（见表 1）。

表 1　　2013—2017 年证券经纪业务"营销管理"具体处罚原因统计

处罚原因	数量（例）	惩戒原因	数量（例）
1. 未对证券营销人员所招揽和服务客户的账户进行有效监控	23	4. 夸大宣传产品收益或保底宣传，误导投资者购买	9
2. 营业部存在员工违规为客户融资提供便利的问题	11	5. 委托其他个人或机构进行客户招揽	3
3. 以承诺高回报为诱饵进行非法集资、诈骗	10	6. 营销人员陪同客户进入竞争对手营业场所办理转户	1

②账户管理及交易安全（见表 2）。

表 2　　2013—2017 年证券经纪业务"账户管理及交易安全"具体处罚原因统计

处罚原因	数量（例）	惩戒原因	数量（例）
1. 外部接入具有分账户功能的第三方交易终端软件，未对外部系统接入实施有效管理，对相关客户身份情况缺乏了解	28	4. 将客户资金账户销户而未经客户本人签字确认	2
2. 客户资金账户及证券账户的开立、信息修改、注销、建立及变更客户资金存管关系业务、客户证券账户转托管和撤销指定交易业务以及其他与客户权益直接相关的业务流程不规范	5	5. 未配合监管部门、证券交易所对客户异常交易行为进行监督、控制、调整	1
3. 客户开户资料信息审查不严	3	6. 其他	1

③营业部管理（见表3）。

表3　　　2013—2017年证券经纪业务"营业部管理"具体处罚原因统计

处罚原因	数量（例）	惩戒原因	数量（例）
1. 办理证券公司及其境内分支机构的设立、变更、注销登记程序不规范	13	4. 未进行离任审计即将其调离	1
2. 合规负责人合规管理不到位，合规培训流于形式	11	5. 任职期间擅离职守，对营业部管理未尽勤勉尽责义务	1
3. 超出《证券经营机构营业许可证》许可范围从事经营活动	3	6. 其他	8

3. 小结

作为证券公司最基本的业务之一，证券经纪业务担负着客户引流的重要作用。过去依靠密集发展营业部以提升业绩的手段，在当下有限的市场及越来越强的监管下已暴露出许多问题。总结有以下三点：

（1）市场资源有限，营业部竞争激烈。在国内经济发展领先的城市，证券市场已经基本饱和。激烈的市场竞争加上公司总部对新增营业部合规管理及风险管控能力的下降，导致部分营业部违法违规数量逐年增多。

（2）缺乏差异化服务能力。我国传统证券经纪业务差异性较低，在业务同质化的背景下恶性竞争难以避免，证券从业人员为了获取客户流量从事违法违规的营销行为也屡禁不止。

（3）证券经纪人专业水平参差不齐。证券经纪人的收入主要依靠客户进行证券产品交易而获得佣金提成，使得经纪人更易做出不规范的行为。

（三）证券公司新三板业务违法违规案例统计分析

1. 总体情况

由图5可知，2014年新三板市场刚起步，相关法律法规及检查机制尚不完善，因此违法违规案例数量总体偏少。随着新三板挂牌企业数量猛增，主办券商持续督导不力进而遭到处罚的案例数量迅速增长，在2016年达到了峰值。

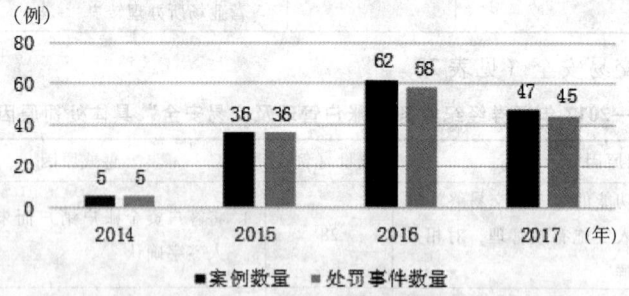

图5　2014—2017年新三板业务处罚案例数量统计

2. 具体分析

（1）处罚对象和处罚类型。2014—2017年，处罚的个人只有8名，总体偏少，个人责任尚未落到实处。应当强化个人责任，促使相关从业人员树立合规意识。

2014—2017年，因新三板业务违法违规受到的处罚有150例，其中有1例是行政处罚，其他都为自律惩戒措施。

（2）处罚原因。2014—2017年新三板业务处罚事由主要包括推荐挂牌、挂牌后督导、交易管理和开户管理：因挂牌后持续督导存在问题被处罚的有66例，数量最多，占比达到47%，主要包括因重大资产重组、关联交易、资金占用等导致信息披露违规；推荐挂牌其次，主要是证券公司尽职调查未尽勤勉义务，导致申请挂牌企业信息披露未能达到真实、准确、完整的要求。

3. 小结

（1）业务经营理念相对滞后。证券公司在新三板业务中存在"重量轻质""重推荐轻督导"的错误理念，这是2014—2016年新三板快速扩容带来的结果。新三板挂牌企业数量突破10 000家只用了短短不到3年的时间，而证券公司新三板业务人员数量远远跟不上挂牌企业的增长速度，导致人员配置出现缺口，工作质量不高。同时，部分证券公司的激励机制往往侧重于业务量，而忽视了质量。

（2）尽职调查缺乏独立性、主动性。部分证券公司未能重视尽职调查的主动性、实质性，导致未能履行对挂牌企业信息披露的把关义务。

（四）证券公司投行业务违法违规案例统计分析

1. 总体情况

图6显示，2013—2017年证券公司及证券从业人员的投行业务违法违规行为被处罚情况呈现一个线性上涨的总体趋势，投行业务蓬勃发展的年份也是违法违规行为高发的时间段。

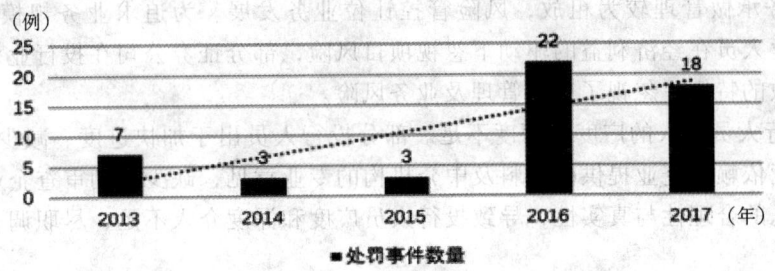

图6　2013—2017年投行业务处罚案例数量统计

2. 具体分析

（1）处罚对象和处罚类型。现阶段我国对证券行业违法违规行为的惩处问责实行公司与个人并罚的双罚制，2013—2017年共处罚公司43例，自然人71人。

从投行业务2013—2017年的处罚类型统计看，处罚多集中于行政处罚，刑事处罚偏少，5年只有3例。

（2）处罚原因。

从图7可见，业务流程管理问题是投行业务违法违规行为被处罚最多的原因。经统计发现，在投行业务流程管理中，问题主要聚焦于项目尽职调查、持续督导两个方面。

①项目尽职调查：违法违规行为主要体现在部分投行业务人员对企业的一线调查流于形式，分析判断主要依赖于企业提供的材料，未对与企业联系密切的机构全面了解。因此，导

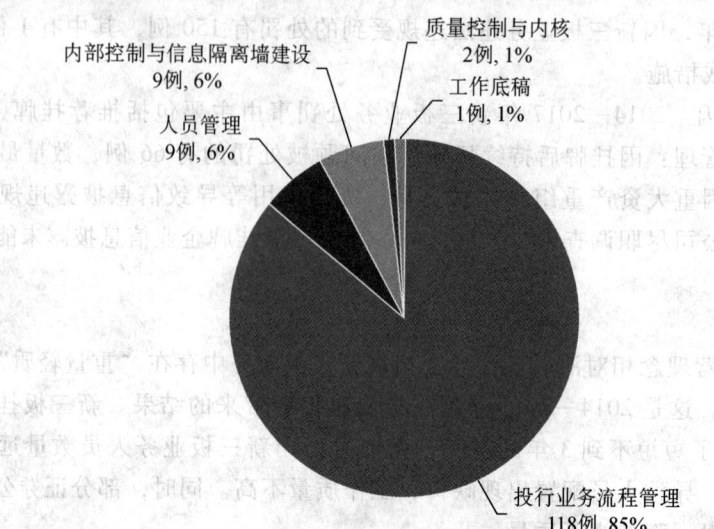

图7　2013—2017年投行业务处罚事由占比

致项目尽职调查浮于表面，未能达到应有的效果，使得一些不达标甚至是弄虚作假的企业蒙混过关。

②项目持续督导：债券受托管理项目中，主要是在债券存续期内未能督导发行人履行信息披露义务；股权项目中，主要是未能督导发行人及时履行信息披露义务和完善公司治理。

3. 小结

（1）业务承做管理较为粗放，风险管控让位业务发展。为追求业务规模的快速扩张，部分投行从业人员在经济利益的驱动下忽视项目风险，部分证券公司在投行业务的承做上呈现粗放、松散的特征，忽视了合规管理及业务风险。

（2）投行人员介入的广度和深度不足。部分投行人员出于加快进度、减少成本等目的，尽职调查过度依赖于企业提供的资料及中介机构的专业意见，缺少主动审查企业资料及中介机构专业意见的合理性与真实性，导致投行人员广度和深度介入不足，尽职调查浮于表面。

二、我国证券行业治理机制存在的问题

（一）部分证券公司缺乏诚信理念

1. 部分证券公司遵规守法的意识不足

在证券公司层面，美国、中国香港资本市场强调诚信、遵规守法理念，证券公司特别注重合规法律风险，在诸多大案要案中，都是中介机构自查发现问题，并主动向监管部门报告。反观我国资本市场，部分证券公司在发现问题后由于害怕被监管部门处罚而瞒报所发现的问题，个别公司在监管部门进行问询、调查时消极应对。

2. 从业人员诚信理念不强

在证券从业人员层面，美国、中国香港的自律协会非常重视从业人员诚实守信问题，对于虚假陈述等违规行为从重进行处罚，有效降低了监管机构的稽查执法成本，从而建立起有效的监管体系，进而促进社会诚信化发展。而目前我国证券市场诚信建设尚处于起步阶段，

个别证券从业人员存在欺骗、诱导投资者等不诚信行为，这些不诚信的行为提高了公司的合规成本，损害了证券公司市场形象。

（二）证券公司合规文化建设有待提升

我国由于合规文化建设起步较晚，金融行业的公司治理环境及内部体制建设尚不到位，合规管理体制的独立性较弱，执行文化未能真正建立，合规文化建设工作任重道远。我国合规文化建设目前主要存在以下问题：

1. 部分高级管理人员合规理念有待加强

我国证券公司高级管理人员（以下简称"高管"）对于合规文化建设的积极性不高，部分高管片面追求绩效，忽视合规风控风险，由此造成的不良影响有两方面：一是公司高层合规理念薄弱将直接影响下属业务人员遵规守法意识，业务人员合规意识薄弱将对公司整体合规建设造成挑战；二是公司高管对合规管理的重视不足还有可能导致高管与合规总监、合规部门意见的冲突，容易形成分管业务高管人员轻视合规意见、"一票通过"等垄断话语权的情形。

2. 绩效考核制度存在弊端

由于金融市场逐渐开放，证券公司之间的竞争越发激烈。证券公司为了争夺市场份额，扩大盈利，普遍将客户数量、融资额度等作为前台业务部门员工主要的绩效考核标准，忽视合规风控考核指标。这种以业绩为绝对导向的考核制度虽然能为公司带来利润，但容易造成员工在开展业务时一味追求业绩不顾合规风险，直接影响到公司合规文化的建设。

3. 公司合规培训、宣导不足

部分证券公司内部合规培训部分流于形式，存在代签字、考核作弊等问题。证券公司内部不重视合规培训引起的后果是公司员工不熟悉监管要求，在业务开展中容易违规，进而增加公司的合规成本。

（三）证券公司内控机制不健全

1. 内控专业人才缺乏

内控专业人才综合性能力要求高，既需要了解行业发展情况与公司运营特点，还要掌握内控建设的知识、信息技术以及财务知识，需要多年工作的沉淀与积累。部分证券公司缺乏专门的内控人才培养机制，对内控相关人才的储备不足。

2. 内控机制不完善

一方面，一些证券公司的内控制度没有体现公司本身的经营特点和业务情况，甚至存在同业之间套用内控制度的情况；另一方面，尽管有了具体的规章制度，但是缺乏相应的执行保障机制，导致部分公司制度流程无法得到有效落实。

3. 内控部门履职保障不足

行业实践中，一些证券公司内控履职保障存在不足。以合规部门为例，主要体现在如下三个方面：一是合规管理员独立性不够；二是合规人员配备不足；三是合规人员薪资待遇低于业务人员。

4. 内控缺陷的问责力度不够

我国证券监管机构在内控存在缺陷的处罚案例中对公司高管的问责不够，一方面，没有明确的处罚标准，对高管的约束不够；另一方面，当前主要是采取监管谈话、谴责等方式，处罚力度不够。

（四）证券公司适当性管理不完善

通过对 2013—2017 年处罚案例的总结，发现部分证券公司在实际操作过程中存在适当性管理不完善的问题。

1. 审查义务未尽职

审查义务要求证券公司"了解客户"及"了解产品"，确保投资者符合法规要求的条件。但是目前部分证券公司在展业中，为了扩大规模、提升业绩，未充分尽到审查义务。

2. 匹配义务未尽职

证券公司在向投资者销售金融产品的业务中，不仅要对投资者的资质进行审查，还要履行"将适当的产品销售给适当的投资者"的匹配义务。在实践中，部分证券公司存在对匹配义务不够重视、执行不到位问题，具体表现为客户风险评测流于形式、风险揭示不到位等。

3. 适当性管理能力不足

适当性管理不仅体现在业务开展的开始阶段，还应当体现在销售金融产品或提供金融服务的整个业务过程中，具体表现有：（1）一些投资者可能在最初符合准入门槛，但一段时间后不再属于合格投资者，需要重新进行风险评估；（2）在信息披露方面，证券公司不仅应当在营销时披露产品信息和风险，而且在产品存续期内，也应持续、客观地披露产品信息和风险。

三、加强对证券公司及从业人员违法违规行为治理的建议

（一）加大对失信行为的惩戒力度

1. 加强对证券公司及从业人员失信行为的刑事处罚

司法层面，应完善《刑法》对证券市场失信行为的规制。首先，在犯罪构成上，对欺诈客户、虚假陈述等行为，根据行为严重性质追究刑事责任；其次，提高处罚力度，特别是针对目前证券市场较严重的虚假陈述行为应加大制裁力度。

2. 完善资本市场统一的诚信记录共享机制

为了充分发挥诚信约束和激励机制，应继续整合资本市场统一的诚信信息记录工作。首先，建立统一的资本市场诚信数据库。其次，优化、升级现有的诚信查询平台，为公众查询提供便利。这种阳光诚信建设将会使从业人员违法违规记录无所遁形，对促进从业人员树立诚信观念、建设行业诚信文化有非常重要的作用。

（二）证券公司应营造全员合规的公司文化

1. 公司高层以身作则倡导合规文化

"合规从高层做起"是贯穿合规文化建设始终的重要理念。高层对合规文化的重视程度会直接影响整个公司对于合规文化建设的态度，公司高层要以身作则、率先垂范，成为合规文化的科学决策者和积极倡导者。

2. 完善合规考核与问责

通过将合规执业行为纳入工作人员管理体系的方式来推动公司合规文化建设。例如在聘

用、晋级、提拔、离职以及考核、审计、稽核等过程中，对其合规执业情况予以考察评估。通过考核问责等措施促使全体员工转变观念，主动践行合规文化，将合规意识融入日常工作中。

3. 加强合规文化宣导与培训

通过提高合规培训频率、丰富合规培训形式等途径加强合规文化宣导，培育全体工作人员的合规意识。此外，还要加大合规培训结果的考察力度，将合规培训出席情况及考试情况纳入年终合规考核。

（三）优化证券公司内控管理

1. 加强内控专业人才培养

首先，监管机构或行业协会应探索内控人才的培养和认证机制，明确内控人员的专业能力要求；定期组织对证券公司内控人员进行培训，提高内控专业能力。其次，证券公司应当积极组织内控管理的学习培训，积极搭建专业团队。

2. 完善内控机制

证券公司应充分重视内控制度对于防范风险的重要意义，设计一套科学合理、符合本公司经营特点的内控制度与具体控制措施。通过对我国香港实地调研，发现境外一些大型金融机构对于内控的独特做法可供内地参考：一是合规部门内部专设一个合规检查处，专职负责分支机构和其他部门的合规检查；二是对外办理每项业务，都需两人共同进行，以达到互相监督的目的；三是合规部无集中办公场所，合规人员散坐于各业务部门，以深入进行合规监控；四是建立强大的电话、邮件等监测系统，所有业务沟通必须通过公司通信工具，而使用个人手机、微信等方式进行业务沟通将被追责。

3. 提高内控缺陷问责的范围和力度

监管部门应建立高管追责标准，明确公司哪些内控问题属于高管应承担责任范围，同时升级处罚措施，发挥威慑作用。此外，对于违反公司制度的责任人，无论职位高低一律追责。只有强化对高管的问责机制，从高层抓起，促使全体员工遵守公司内控制度，才能真正提升公司内控管理的有效性。

（四）强化证券公司适当性管理

1. 证券公司应加强审查与匹配义务的落实

就证券公司客户适当性审查义务而言，包括"了解客户"与"了解产品"两方面。在"了解客户"层面，可以改变单一维度评级方式，借助大数据技术，从客户的客观实力与主观风险偏好方面等多个维度对客户数据进行综合分析。在"了解产品"层面，产品的风险评估不应只停留于资产准入方面，而应是动态的、全流程的评估。

就匹配义务而言，公司应建立适当的操作程序和监督流程，确保员工能基于客户的投资经验、风险承受能力，将适当的产品销售给合适的客户。

2. 加强适当性持续性管理工作

首先，证券公司应当建立定期的适当性持续性评估机制。其次，可与人民银行、法院等机构建立动态的投资者征信信息共享机制，以便证券公司及时查询获取投资者征信数据、重大资产负债处置信息，运用到投资者适当性持续性管理中。最后，证券公司应做好客户日常回访工作，将客户回访中获取的重要信息进行动态评估，调整客户分类。

推进资本市场基础制度建设

武汉本夜市地基础设施建设

设立科创板并试点注册制对提高上市公司质量的影响研究

何诚颖　张立超　戴丹苗[*]

一、科创板设立的背景及现状

在改革开放和市场经济建设的大背景下，经过近30年的发展，中国资本市场坚持市场化、法制化以及国际化发展方向，从无到有、从小到大，取得了令世人瞩目的成就，在推动经济发展、优化资源配置、推动经济结构调整等方面发挥着极其重要的作用。截至目前，中国多层次资本市场已经形成包括主板、中小板、创业板、科创板、新三板和区域性股权市场等在内的完整融资体系。沪、深两市上市公司超过3 600家，总市值62.3万亿元；新三板挂牌公司超过1万家；区域性股权市场挂牌公司超过10万家。2015—2018年，A股市场年均成交金额超过145.3万亿元，年均股权融资总规模超过1.66万亿元，其中年均IPO家数248家、IPO募资金额1 688亿元。设立科创板并试点注册制将提高直接融资效率，优化融资结构，加快推进市场化改革和国际化步伐，使我国资本市场迎来新一轮发展机遇。随着注册制的快速推进，上市企业数量将迅速增加，包括新一代信息技术、高端装备、新材料、新能源、节能环保、生物医药等在内的新兴产业将是科创板的主要聚焦对象，并涌现出更多的优质科技创新企业，这对上市公司质量提出了更高的要求（见图1）。

---

[*] 作者简介：何诚颖，经济学博士、教授，国内著名金融证券专家，深圳市地方级金融领军人才，享受政府特殊津贴专家，现任国信证券监事会主席、发展研究总部总经理；张立超，国信证券发展研究总部研究员；戴丹苗，国信证券博士后工作站博士后。原载于《中国证券》2019年第7期。

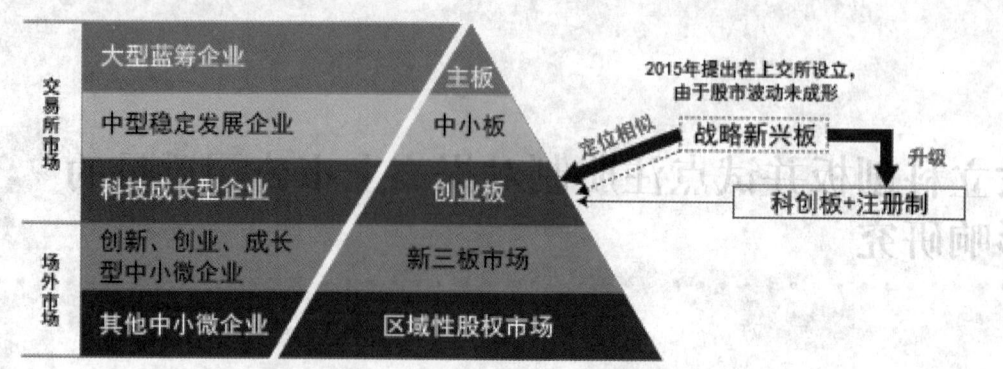

图 1 科创板市场的基本定位

2018 年中央经济工作会议指出,资本市场在金融运行中具有牵一发而动全身的作用,要通过深化改革,打造一个规范、透明、开放、有活力、有韧性的资本市场,提高上市公司质量,完善交易制度,引导更多中长期资金进入,推动在上交所设立科创板并试点注册制尽快落地。作为一个新设立的独立板块,科创板将从"增量改革"的思路出发,在制度设计上与原有板块建立有效的隔离机制,成为改革试验田,为创新创业者提供一个全新的融资渠道。目前很多非上市的科技企业虽然尚不具有盈利能力,但是已经具备了较强的研发和创新能力,受到了投资者的认可,有着较高的估值;有的企业虽然搭建了红筹架构,但是主要的经营都在中国境内,主要的技术也服务于中国市场。根据科技创新型企业的特点,科创板设置了多元、包容的上市条件,弱化对企业盈利的要求,允许尚未盈利或存在累计未弥补亏损的企业、符合相关要求的特殊股权结构企业和红筹企业上市,健全了市场询价定价机制,提升了融资效率,从而为资本市场高质量发展赋能铺路,进一步促进了资本市场服务实体经济发展的能力。

二、海外高成长资本市场建设的主要成功经验

美国纳斯达克市场孕育了一批包括微软、苹果、思科等企业在内,以互联网股为主力,且市值超千亿美元的公司,在培育新兴产业、助推美国经济转型中发挥了关键性作用。作为定向服务高成长新兴创新企业的市场,纳斯达克市场面向产业政策调整,主动适应企业融资需求,适时调整上市制度和市场板块,成功推动了美国经济转型、产业结构调整以及企业质量提升。究其原因,主要归功于其严格的上市分层制度、发达的做市商交易制度、独立完善的监管制度、差异化的信息披露制度以及触发聆讯退市制度。

英国 AIM 市场依托伦敦全球国际化的金融中心地位和实力,吸引了超过 2 000 家企业在此上市,集资总额超过 2 000 亿英镑,融资能力多年领先全球高成长市场,而且上市企业失败率不超过 3%,号称"全球最成功的高成长市场"。AIM 采取以"任命保荐人"为核心的监管体系,任命保荐人负责对上市公司的服务与监管。严格的退市制度,使得 AIM 市场每年退市公司数量较高,近年来每年平均退市公司超过 100 家,特别是退市公司数量超过上市公司数量,也反映出市场对公司质量的要求在逐渐提升。

中国香港地区创业板市场是为有主线业务、增长性较高的公司筹集资金的市场,行业类别及公司规模不限。香港创业板市场除不规定上市公司有盈利记录外,其最显著的特点是"三严":严格的信息披露制度、严格的保荐人计划、严格的公司管理。香港创业板监管规

定在申请上市时及上市后，发行人须及时进行披露，信息披露要尽可能详细、准确和及时，这样投资者才能及时做出适当的投资决定。例如，香港联交所要求上市公司在发行时，须列出主营业务活动、业务目标、集资所得款项的用途，上市后每个季度还要披露业绩以及解释与目标的差距。

从美国、英国和中国香港地区高成长市场建设的经验可以看出，成熟的资本市场应当具备以下特征：一是整体上市制度门槛相对较低；二是上市标准灵活多样；三是交易系统完善且高效；四是信息披露要求严格；五是退市流程精简。同时，要不断提升资本市场包容性，唯有创新才能提高资本市场以及上市公司的发展质量（见表1）。

表1　　　　　美国、英国和中国香港地区高成长市场的主要经验

国家/地区	主要经验
美国	◎上市分层制度 ◎发达的做市商交易制度 ◎独立完善的监管制度 ◎差异化的信息披露制度 ◎触发聆讯退市制度
英国	◎差异化的交易制度 ◎充分的国际化体系 ◎独特的监管体系 ◎严格的退市制度 ◎平等的独立地位保障
中国香港	◎严格的信息披露制度 ◎严格的保荐人计划 ◎严格的公司管理体系

三、当前我国上市公司高质量发展过程中存在的问题及挑战

（一）直接融资占比偏低，发行制度亟待改进

统计显示，中小微企业贡献了全国80%以上的就业、70%以上的发明专利、60%以上的GDP和50%以上的税收，是建设现代化经济体系、推动经济实现高质量发展的重要基础，但是融资难、融资贵问题已成为中小微企业发展的瓶颈。目前，中国债券和股票等直接融资占社会融资规模的比重不到20%，而在20世纪90年代，发达国家直接融资比重已经达到了60%，此后呈缓慢上升趋势，近年接近70%的水平。因此提升直接融资功能，助力中小企业特别是小微企业的培育及壮大是中国资本市场未来发展的大方向。这其中，IPO的"堰塞湖"难题，无疑是近年来约束国内资本市场健康发展的重要因素。一方面源于排队上市企业较多，企业融资需求旺盛；另一方面则源于IPO过会较慢，这与我国长久以来推行的核准制不无关系。

目前，IPO中新股发行最突出的问题主要是新股并没有实现市场化发行。事实上，A股发行制度也历经多次改革，但离市场化发行仍然有着不小的距离。因此，正视资本追求更高收益率等市场规律，探索A股的市场化发行机制，对重点行业有市场潜力、成长性强的企业给予更大力度融资支持等，打通产业发展、科技创新及金融服务生态链，推动形成高质量

的产融结合是未来我国资本市场发展的重点方向。

(二) 交易制度和信息披露制度与海外成熟市场存在差距

在核准制下，我国 IPO 发行定价方式及二级市场的交易制度降低了资本市场的价值发现能力。目前，A 股 IPO 对拟上市企业的发行市盈率进行了限制，虽然一定程度上限制了"高市盈率、高发行价、高超募资金"现象的出现，但也制约了 IPO 定价的灵活性，失去了资本市场应有的价值发现功能。同时，我国二级市场实行的"T+1"制度、涨跌幅限制以及做空机制的缺失，也影响了交易效率，而缺少多空博弈的市场很难做到真正的价值发现。

同时，由于我国证券市场违法成本过低，导致信息披露违规、财务造假、内幕交易、操纵市场等违法违规行为频发。主要表现为：(1) 公司在上市和并购过程中财务造假、欺诈发行，以获取巨额利益；(2) 上市公司为持续维持上市地位，粉饰报表、信息披露失真；(3) 上市公司相关人员利用内幕交易获取不当收益等。上述违法行为严重损害了投资者利益，然而我国现行监管体制仍无法对投资者实行有效保护，处罚力度低，缺少集体诉讼机制，中小投资者难以通过法律手段获得赔付。

(三) 上市公司进多退少，退市制度有待完善

上市公司退市制度与发行制度同等重要，完善的退市机制是证券市场优化资源配置、保护投资者权益的基础。长期以来，审批制和融资管制导致"壳资源"珍贵，上市公司质量参差不齐，"有进有出、优胜劣汰"的市场生态还有待形成和深化。应完善退市制度，让没有竞争能力的企业退出市场，将金融资源配置给优质成长性企业，加速人力、物力、财力向新经济下科技创新型企业流动。近年来 A 股市场整体退市率依旧不足。截至 2019 年 5 月，国内 A 股累计 100 家企业退市，占全部 A 股的比例仅为 2.8%，而海外主要市场的退市率一般大约在 6%—12%，并以主动退市为主（见图 2）。与美国这一成熟市场相比，中国资本市场退市公司数量明显偏低，且退市公司主要集中在主板，资本市场的优胜劣汰功能仍未能得到较好的体现。目前，IPO 核准制背景下上市公司地位的稀缺性、仍以财务指标为核心的现行退市制度、极低的违法成本以及国企为主的所有制结构是国内 A 股退市难的几大主因。

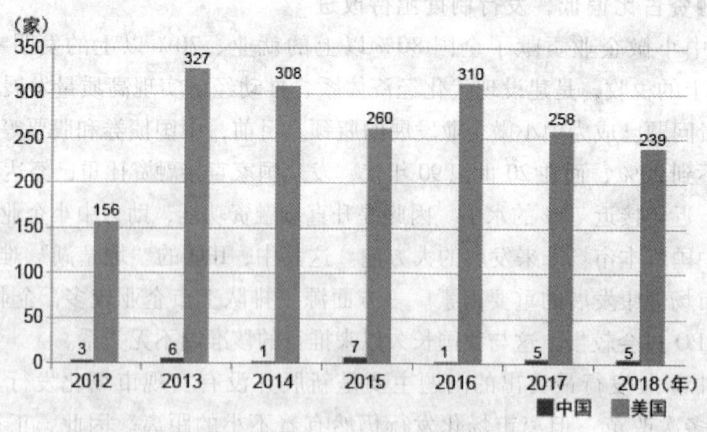

图 2　中美近年来退市公司数量对比

资料来源：Wind。

（四）对创新型企业包容性不足，服务实体经济能力亟待提升

在我国银行、证券、保险三大金融机构中，证券业总资产最小。截至2018年12月末，银行业金融机构资产总额为268.24万亿元；而同期131家证券公司总资产为6.26万亿元，抵不上一个高盛集团（6.33万亿元人民币），仅占国内银行业总资产的2.3%。我国证券公司资产规模偏小，综合实力偏弱，并且这种小规模的经营状况也严重制约了证券公司的进一步发展空间和服务实体经济的能力。实际上，证券公司长期以来主要在投资和融资领域扮演通道提供者，没有充分发挥其应该发挥的资源整合、服务实体经济的核心作用。2018年国内资本市场共实现融资7.1万亿元，其中股权融资只有1.41万亿元，占比不足20%，这说明股权融资对实体经济的支持力度还远远不够，未来存在较大提升空间。与西方发达国家相比，我国证券机构在调配资金流向、满足各行业资金需求方面还有差距。金融市场的发展和金融衍生工具的创新应用还没有发挥应有的作用，在风险可控下，基于实体经济需求的金融创新还没有得到证券行业的充分重视。事实上，对创新型企业包容性不足是我国资本市场面临的主要问题，许多有影响力的创新型企业不得不远赴海外融资，如百度、阿里、腾讯等，因此，服务实体经济的功能亟待提升。

四、设立科创板并试点注册制对提高上市公司质量的影响剖析

（一）影响一：推动上市公司评价标准的变革

围绕着新技术、新产业、新业态、新模式，科创板定位为新一代信息技术、高端装备制造和新材料、新能源及节能环保、生物医药、技术服务这些未来高度景气的行业领域，核心在于为优质的科创企业提供资本市场服务，增强对创新企业的包容性和适应性。科创板及注册制不是简单地放低上市门槛，而是针对科技创新企业的特点，打破盈利是衡量企业好坏的唯一标准。科创板审核看重三大标准：公司所处的行业是否属于国家支持的战略新兴方向；是否拥有核心自主技术；是否基于核心技术展开主营业务，并形成稳定的商业模式。以上表明，科创板既要优先支持新技术、新产业企业发展，体现对企业技术含量的要求，如行业范围、技术指标、研发成果及应用等，也要兼顾市场认可度高的新模式、新业态优质企业发展。换言之，科创板企业既可以是硬科技的技术创新类企业，也可以是模式和业态创新的优质企业。注重产业结构升级和科技附加值，充分体现了科创板定位的包容性（见表2、图3）。

表2　　　　　　　　　　　影响科技创新企业评估的宏观因素

宏观影响因素	评价项目
进入壁垒	规模经济程度、进入成本、资本需求程度、业内企业已有分销渠道的作用、业内企业已有进货渠道的作用、业内企业的品牌效应、企业依赖自主开发的专有技术或垄断资源、政府的产业政策、下游的转换成本、预期的反击强度
供方的势力	供方的集中程度、重要原材料的供应周期、重要原材料的替代品种类、供方向下游产业延伸的动力、供方产品对下游产业的重要性

续表

宏观影响因素	评价项目
产业内部竞争	竞争者产品差异性、行业内竞争对新产品或者独特的资源依赖、行业产能增加的困难程度、产业集中度、行业销售对广告和价格的依赖、产能增长能力、产业内部竞争对价格的依赖程度、收款方式、本企业产品非常独特、本企业处于行业领先者地位、退出壁垒
买方的势力	买方的集中程度、买方的数量、行业的产品需求弹性、买方向上游延伸的动力、买方的转换成本、质量差异对买方的影响、顾客主要来自本国、顾客产品的利润率很高、本企业产品对顾客产品贡献很大
替代品	替代品的种类、替代品生产者在其他市场利润不高、替代品的质量和价格、转换替代品的成本、客户的使用倾向
国际环境	产业正处于向本国转移的时期、产业的国际竞争中本国具有很强的比较优势、国际经济处于上升或繁荣阶段
宏观环境	经济周期有利于企业发展、利率水平、货币政策、税收政策、财政政策、币值的中长期变动趋势
其他因素	产业总体需求、本国产业配套能力、产业间竞争、产业周期、环境治理成本

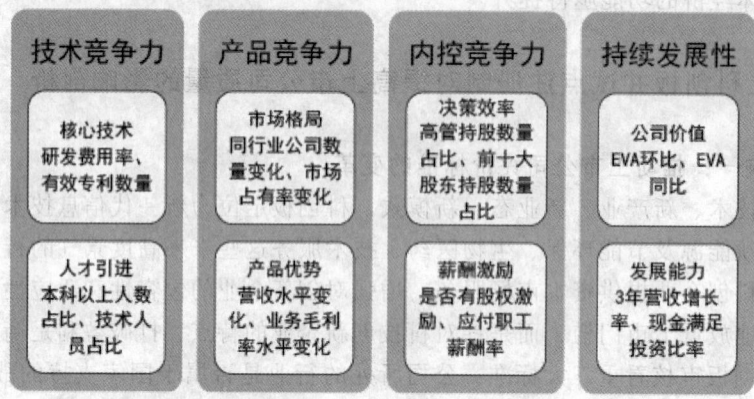

图3　影响科技创新企业评估的微观因素

（二）影响二：提升资本市场对创新型企业的服务能力

研究美国资本市场的发展经验可以发现：2009年之后，美国不但在传统产业领域保持着竞争优势，还开创了高技术产业发展模式，先后形成了一批具有国际影响力的产业集群，为做强做大企业奠定了良好的产业基础。这其中，美国资本市场成熟的市场化机制有效保障了美国股市的有效性，因而得以在连年叠创新高的同时，孕育出一大批世界知名的企业。在中国经济转型升级的大背景下，我国上市公司存在质量"短板"。以传统产业为主的结构，不能充分反映中国经济发展的真实面貌，也不能充分衔接新经济需求。注册制下，科创板能够围绕"面向世界科技前沿、面向经济主战场、面向国家重大需求"的要求，充分按照市场化原则进行项目筛选和资源配置，借助市场的自身力量发现优质的科创公司，着力增强对科技创新企业的服务能力，加大对符合国家发展战略、具有核心竞争力的高新技术企业和新经济新产业的支持力度，这些都能引领上市公司结构优化和质量提升。

（三）影响三：促进市场资金从产能扩张更多配向科技创新

对主板、中小板、创业板来说，现行的 IPO 标准均将企业的盈利水平、净资产规模作为重要的评判依据，但对于企业在营收及估值上的未来成长性，却在一定程度上加以弱化。事实上，受 A 股上市条件的限制，A 股市场上募集资金主要用于产能扩张。目前，我国 A 股市场仅允许已盈利企业上市，企业上市时往往已具有一定的成熟度，研发投入趋于减少。因此，在 A 股市场上募集资金的企业往往将所募集资金主要投向已有产业线的扩建和产能的扩张。以 2018—2019 年 A 股医疗保健行业企业的增发目的为例，在 56 个案例中，只有 7 起增发募资用于研发投入，仅占比 12.5%，剩余项目所募资金主要用于产能扩张。总体而言，A 股市场上的价值逻辑主要是依托于产能扩张所带来的企业价值提升。基于此，科创板的推出有助于促进市场资金从企业产能扩张更多配向科技创新领域，特别是真正优质的企业，提高资源配置的效率；在某种程度上也是对与中小研发企业的一种鼓励和资金上的支持，缓解前沿技术或者新兴技术的早期应用研发阶段企业常常面临的资金不足的尴尬境地，进而达到提升公司质量的目标。

（四）影响四：倒逼上市公司进行市场化改革

充分的信息披露是施行注册制的核心因素之一，信息披露质量的高低直接关系到投资者的切身利益，信息的不对称性将削弱市场的有效性。因此，信息充分且如实披露在充分市场化的注册制中显得至关重要。强化前期的信息披露制度化，包括经营风险、公司治理、业绩波动、关联交易、同业竞争等内容；加大后期的监管惩处力度，一旦发现内幕交易、虚假陈述、操纵市场等证券欺诈行为，予以严惩，明确出现重大违法、强制退市情形的公司"出一家、退一家"。这些都将促使上市公司更加注重经营的成长性、可持续发展和投资者回报，倒逼上市公司进行市场化改革，完善企业治理结构，提高公司质量，杜绝操纵市场、利益输送等经营管理问题，最终引领资本市场的发展，助力金融供给侧结构性改革。

五、政策建议

（一）坚持创新驱动，构建清晰的科创板发展制度环境

创新是战略之举、强国之路。当前，京东、小米、美团、蔚来、拼多多等中国的互联网科技巨头由于按现行的创业板财务审核标准难以上市转而赴美股上市，使得中国资本市场与本土大量优质创新企业失之交臂，中国投资者只能在符合审核制下财务标准的上市公司中，在封闭的估值系统中做次优选择。此外，国内仍然有大量诸如商汤科技、陆金所、蚂蚁金服、今日头条等独角兽企业尚未上市，注册制下的科创板将使上述这些企业有机会在国内上市，这也与我国当前自主创新、推动产业结构升级的国家战略一脉相承。同时，科创板股票竞价交易实行价格涨跌幅限制，涨跌幅比例为 20%，且首次公开发行上市的股票，上市后的前 5 个交易日不设价格涨跌幅限制。在这种交易制度下，二级市场价格回归可能会更加迅速，加上科创板的投资者准入门槛为 2 年投资经验及 50 万元的资金要求，并且网下发行股票数量的 50% 优先向公募产品、社保基金、养老金以及符合规定的企业年金基金、保险资金配售，投资者整体的投资水平将显著提升，进而带来科创企业的蓬勃发展，带来资本市场

的高效与活跃。

（二）在现行条件下推行注册制，监管部门要有所作为

注册制的理念虽然是放权于市场，发挥市场在资本运作中的核心作用，但这是一个循序渐进的过程。与国外成熟资本市场相比，中国资本市场起步较晚，在现行条件下推行注册制，监管部门仍然需要有所作为。首先，监管机构要合理界定和划分参与股票发行活动的保荐机构、承销机构、会计师事务所、律师事务所以及资产评估机构的职责范围和责任边界，落实发行人的基础诚信责任并明确发行人为信息披露的第一责任人。其次，注册审核应当以大力强化事中事后监管为基础，不仅不能替代，而且应当更加强化。监管机关的职责重在监管执法，集中精力查处信息披露违法违规行为，采取一切必要手段惩治市场欺诈，维护投资者合法权益。

（三）实施"沙盒监管"，将包容的理念嵌入监管沙盒

科创板主要定位为科技创新型企业，该类企业通常具有较高的成长性，但在高速发展的过程中，也更容易产生一定波动。针对该种情况，监管机构应实施"沙盒监管"，在保护投资者权益、严防风险外溢的前提下，将包容的理念嵌入沙盒监管，实现对各科创型企业的公允对待和有限豁免，通过鼓励创新和容错试错的方式，减少对科技创新的规则障碍，鼓励真正具备核心竞争优势的科创公司对接资本市场，享受制度红利。在此过程中，实现支持科技创新型企业发展与有效管控风险的双赢局面，充分激发科创型企业的创新潜力和创新动力。同时，科创板的发展应循序渐进，不搞"大跃进"，与现有主板、中小板、创业板及新三板和区域性股权市场形成错位发展，尽可能减小对其他板块的冲击。

（四）强化退市制度，简化退市环节，严格规范执行

注册制的实行将导致企业上市门槛有所降低，科创板企业的数量有所增加，在此情况下，畅通的退市渠道将至关重要。因此，合理、严格的退市制度是与注册制配套的首要政策。鉴于注册制下的"壳资源"不再稀缺，因而针对部分自身经营存在重大问题、不再符合科创板挂牌标准的企业，退市将成为最好的出路。只有使退市渠道畅通，资本市场才能成为一个新陈代谢正常的有机系统，这也将从客观上促进上市公司质量的提高。完善的退出机制一方面能够提升上市公司的经营效率，强化上市公司治理结构，同时也有利于培育投资者和整个市场的风险意识，遏制投机行为，促进企业回归理性估值，从而达到维护市场正常秩序及中小投资者利益的目的。

参考文献

[1] 曹凤岐. 推进我国股票发行注册制改革 [J]. 南开学报（哲学社会科学版），2014 (02): 118—126.

[2] 郭施亮. 科创板来了，中国版纳斯达克离我们还远吗？[J]. 金融经济（市场版），2018 (12): 33—34.

[3] 刘剑蕾. 中国IPO发行定价制度变迁及其影响研究 [M]. 北京：中国金融出版

社，2017.

[4] 周代数，张立超. 金融监管的国际比较研究：模式、趋势与启示 [J]. 海南金融，2019（04）：44—51+87.

[5] 祝惠春. 用科创板撬动资本市场新一轮改革 [N]. 经济日报，2019-01-25（006）.

科创板制度创新下融券效用分析与思考

刘 硕 卢 阳 邹家齐 杨彦宇*

一、融券对市场的积极作用

融券业务作为成熟股票市场的一项基本交易机制,在多个市场中已被证明其能在平抑股价波动和提高定价效率两个方面对市场产生重要的积极作用:一方面,投资者通过融券交易卖出高估值股票获取估值价差会抑制股价的过度上涨,而当股票价值回归或者出现恐慌下跌时,对应的买券还券操作会在该时点增加买入减缓股价下跌,降低波动;另一方面,融券制度改善单边市场信息不对称现象,提高市场的定价效率。我国于 2010 年正式开展融券业务,至今已有 9 年发展历程,期间大量研究文献与市场实践也表明在 A 股市场融券同样能发挥其稳定市场与提高定价效率的积极作用。

科创板作为资本市场深化改革的重大举措,在融券及转融券方面均做出了一系列创新与改革。从当前市场运行情况来看,科创板融券及相关制度的改革创新取得了较为明显的成效。与其他板块相比,科创板初步解决了融资融券结构不平衡这一长期困扰 A 股市场的问题,并且通过优化转融通证券出借与转融券交易相关制度,提高了转融券市场交易效率,更好地发挥了融券的积极作用。科创板融券及相关制度创新的实际收效值得我们深入探讨与总结,其先行经验与实践成果为未来融券制度进一步的改革推广提供了极为有益的启示。

二、科创板融券制度改革效益分析

通过对科创板市场运行情况分析及与其他交易板块的历史对比,我们发现科创板融券的

---

* 作者简介:刘硕,华创证券有限责任公司总经理助理、信用交易部总经理;卢阳,华创证券有限责任公司金融衍生品部副总经理;邹家齐,华创证券有限责任公司信用交易部员工;杨彦宇,兰州大学在读研究生。原载于《中国证券》2019 年第 11 期。

制度改革措施在券源供给端与转融券交易端均做了较大幅度的改革创新,以下从这两方面进行分析。

(一) 融券券源供给实现较大扩充

上海证券交易所、中国证券金融股份有限公司和中国证券登记结算有限责任公司发布的《科创板转融通证券出借和转融券业务实施细则》规定,"符合条件的公募基金、社保基金、保险资金等机构投资者以及参与科创板发行人首次公开发行的战略投资者,可以作为出借人"。相较于此前非科创板市场中转融通证券出借人主要限于上市公司法人股东的实际情况,科创板证券的出借人主体范围得到很大扩展。

此外,根据《上海证券交易所科创板股票发行与承销业务指引》相关规定,科创板跟投机构参与发行战略配售需锁仓 24 个月,券商跟投之外的其他战略投资者也应锁仓 12 个月,但同时锁仓期间战略配售主体可以进行转融通证券出借。这一制度安排让大量科创板战略投资者具有较强的出借意愿,能够为科创板提供充足、稳定的券源。此前上市公司法人股东由于减持等各种因素导致的出借意愿较低、规模较小问题也得到较为完善的解决。

综上,科创板转融通证券出借的主体范围及相关创新制度,使得市场出借券源得到有效扩充,对其转融通和融券交易产生正面影响。

1. 转融通证券出借供给充足

科创板转融通证券出借主体新增战略投资者、保险资金和社保基金,主体范围扩大,呈多样化特征。在科创板上市初期,战略投资者获配数量较大,通过证券出借能获取较大收益,保证了新股的券源供给;随着保险资金、社保基金和公募基金进入市场,为科创板中长期券源供给也提供了保障。

转融通余额与战略配售市值比例在一定程度上反映了战略配售主体参与证券出借的积极性。从图 1 可以看出,科创板运行至今,市场总体的转融通余额占战略配售市值平均比例达到 28%;截至目前,科创板有 8 只股票战略配售可出借量不足 3 万股,战略投资者出借潜力释放充分。无论从市场总体或具体股票来看,科创板各类主体出借意愿较强,券源供给丰富、稳定。

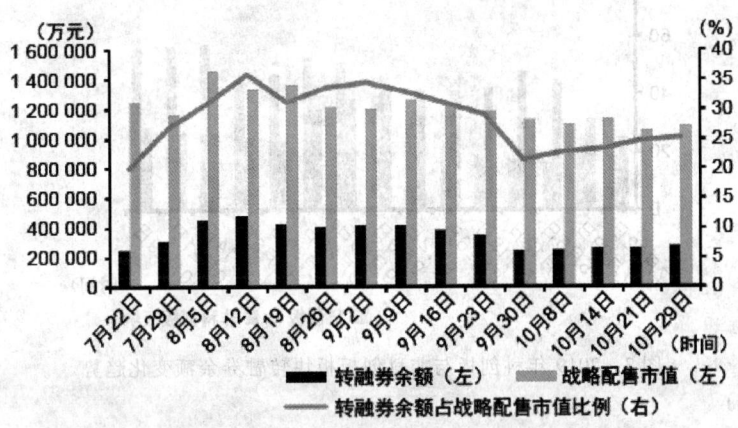

图 1　2019 年科创板转融券余额与战略配售市值变化趋势

资料来源:Wind。

从融券余额占转融券余额的比例来观察这种出借供需的变化（见图2），可以明显看出自科创板上市首日起，板内股票的转融券余额持续高于融券余额，券源供给端基本处于较为饱和的状态，侧面反映出上述针对出借主体的制度改革保障了市场融券需求得到充分满足，在此情况下券源来源不再成为制约融券发展的因素之一。

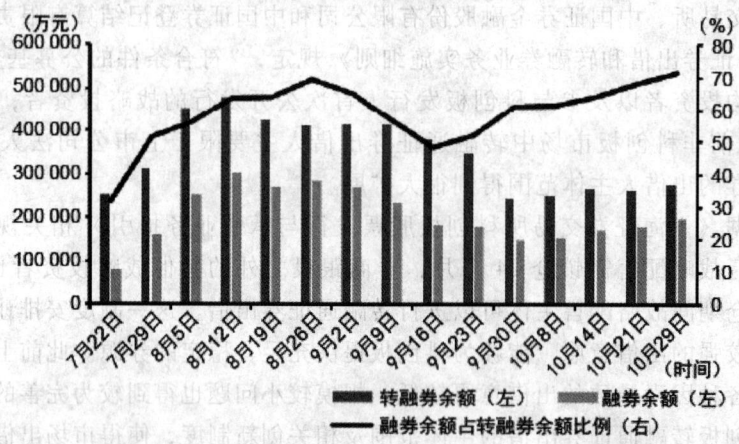

图2　2019年科创板融券与转融券余额变化趋势

资料来源：Wind。

2. 转融券交易活跃规模占比高

科创板转融券市场较非科创板板块而言更活跃，成交规模攀升迅速。截至2019年10月29日，全市场转融券余额为87.30亿元，科创板转融券余额为28.34亿元，科创板转融券余额占全市场转融券总余额比例达32.46%。同期全市场融资融券股票总市值为511 866.07亿元，其中科创板股票为5 746.74亿元，科创板股票市值占全市场融资融券股票总市值比例仅为1.12%。科创板在市值仅占全市场融资融券市值1%的情况下，贡献了32%的转融券余额（见图3、图4）。

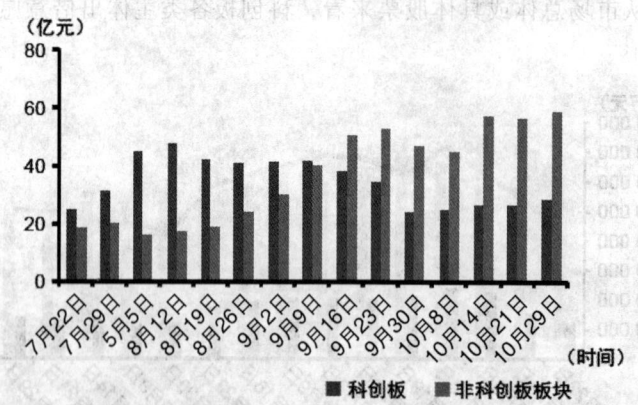

图3　2019年科创板与非科创板板块转融券余额变化趋势

资料来源：Wind。

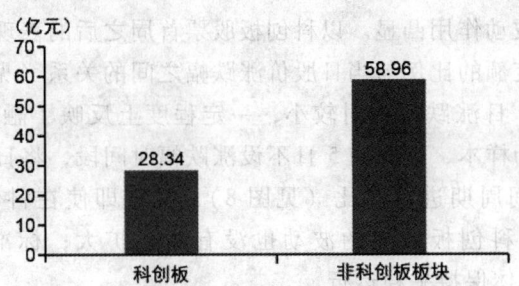

图4 科创板与非科创板板块转融券余额对比

资料来源：Wind。

3. 融资融券结构优化，融券平抑波动作用显现

融券券源供给的充足稳定极大改善了科创板市场的融资融券内部结构。长期以来A股市场融资融券结构呈现不平衡的状态，融券余额基本不足融资余额的2%。从图5、图6看到，科创板运行至今，融资余额和融券余额差额较小，融券余额占融资融券余额比例在30%到50%区间浮动；相较于非科创板板块融资规模远大于融券规模、融资融券比例严重失衡的情况，科创板融资融券比例明显更为均衡。近期融券余额占比有所下降，在一定程度上也说明股票的市场价格趋于均衡、逐渐向其内在价值收敛。

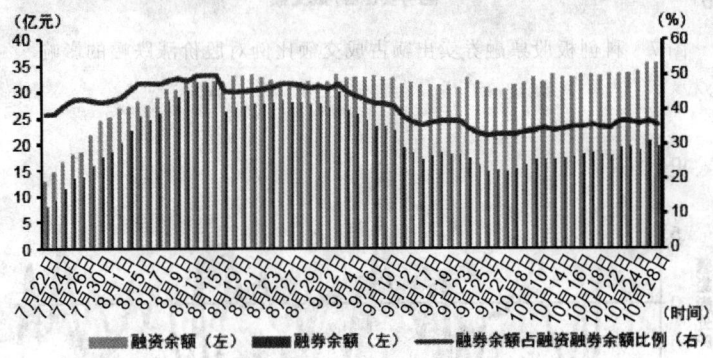

图5 2019年科创板融资融券余额及占比变动趋势

资料来源：Wind。

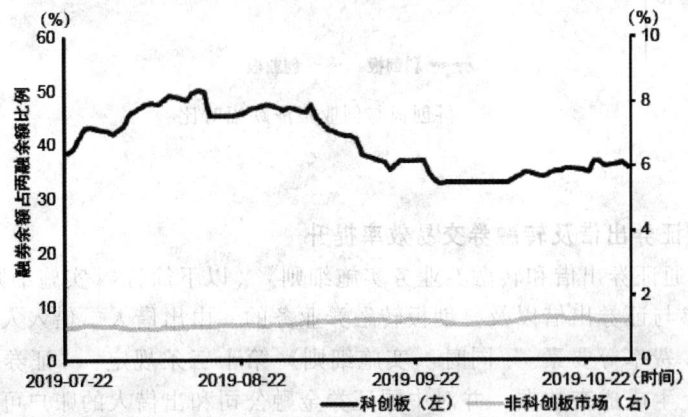

图6 2019年科创板与非科创板板块融券余额占"两融"余额比例变动趋势

资料来源：Wind。

此外融券抑制股价波动作用凸显。以科创板股票首周之后的表现为样本，通过比较科创板融券卖出金额占总成交额的比例与当日股价涨跌幅之间的关系（见图7）可以看到，融券卖出额占成交额比较高，日涨跌幅相对较小，一定程度上反映了融券业务能够平抑股价波动。以首批科创板股票为样本，剔除前5日不设涨跌幅时间段，将日平均涨跌幅与创业板首批企业上市之初相同时间周期进行对比（见图8），发现即使在科创板有更大涨跌幅限制（20%）的交易规则下，科创板股票的波动也没有明显扩大；标准差差异较小（科创板3.73，创业板3.25），总体保持平稳运行。

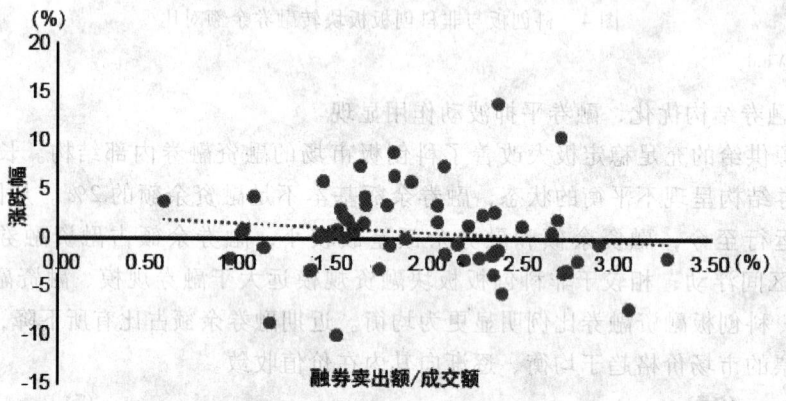

图7　科创板股票融券卖出额占成交额比例对股价涨跌幅的影响

资料来源：Wind。

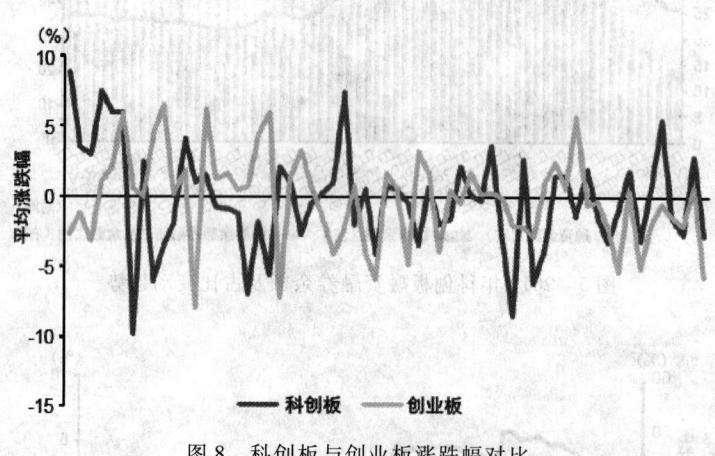

图8　科创板与创业板涨跌幅对比

资料来源：Wind。

（二）转融通证券出借及转融券交易效率提升

《科创板转融通证券出借和转融券业务实施细则》（以下简称《实施细则》）规定："通过约定申报方式参与证券出借以及科创板转融券业务的，由出借人、借入人协商确定约定申报的数量、期限、费率等要素。"同时《实施细则》第十三条规定："证券出借约定申报进行实时撮合成交，生成成交数据，并对中国证券金融公司和出借人的账户可交易余额进行实时调整。"以上规则制度的改革，在科创板转融通证券出借及转融券交易中首次实现了出借双方协商期限费率以及转融券当日撮合成交当日可融券。相较于非科创板板块固定5档期限、费率,且采用盘后一次性撮合成交形式,科创板转融通证券出借及转融券交易要素更为灵活,对市场的响应效率更高。

1. 期限、费率结构丰富,更好地满足市场需求

通过分析科创板约定申报成交数据可以看出,其转融券交易的费率、期限结构更加丰富,种类明显较多,对市场需求的适应性显著增强。从表1看到,在28—182天时间段,科创板成交总量为392.69万股,仅次于28天期限成交量,可见市场对此期限区间拥有较大需求。而此前转融券交易由于固定期限档次,并没有在28—182天之间设置档位,对市场需求的适应性也相对较弱。同样,从表2看到,科创板转融券成交合约费率从1.5%到12%不等,更为丰富的利率类型反映了转融券交易的市场化程度提升,市场的定价作用显现。

表1　　　　　　科创板和沪市其他板块 2019 年 10 月转融券成交量期限分布

	科创板			其他板块	
期限	成交总量(股)	区间占比(%)	期限(天)	成交总量(股)	区间占比(%)
3 天以下	10 000	0.02	3	780 000	0.35
3 天	201 000	0.44			
7 天	223 000	0.49	7	22 257 800	10.03
7—14 天	179 200	0.39			
14 天	817 500	1.79	14	58 798 600	26.50
14—28 天	176 000	0.38			
28 天	39 639 500	86.57	28	139 108 800	62.70
28—182 天	3 926 900	8.58			
182 天	617 000	1.35	182	933 000	0.42

资料来源:Wind。

表2　　　　　　科创板和沪市主板 2019 年 10 月转融券成交量费率分布

	科创板			其他板块	
费率(%)	成交总量(股)	区间占比(%)	费率(%)	成交总量(股)	区间占比(%)
1.5	2 670 600	5.83	1.5	780 000	0.35
1.7	80 000	0.17			
1.8	6 972 000	15.23			
2.5	12 500 000	27.30			
3	30 000	0.07	1.6	22 257 800	10.03
3.9	1 400 000	3.06			
4	4 864 800	10.62			
5	725 300	1.58			
6	7 918 500	17.29	1.7	58 798 600	26.50
6.5	20 000	0.04			
7	5 531 400	12.08			
7.3	597 000	1.30			
7.5	650 000	1.42	1.8	139 108 800	62.70
8	190 700	0.42			
8.5	476 000	1.04			
9	170 000	0.37			

续表

科创板			其他板块		
费率（%）	成交总量（股）	区间占比（%）	费率（%）	成交总量（股）	区间占比（%）
10	760 000	1.66	2	933 000	0.42
11	150 000	0.33			
12	83 800	0.18			

资料来源：Wind。

2. 当日撮合成交，市场响应速度显著提高

优化后的科创板转融通制度，使投资者实现当日转融券借入当日即可融券卖出，提高了融券业务对市场日间波动的价格修复效率。融券余额作为反映市场效率的指标之一，科创板的融券余额变动也较其他板块更为有效，方便监管和市场进行观测和总结。以科创板股票日平均涨跌幅为指数日涨跌幅，以1000为基准构建科创板指数，对比科创板上市前10日与上海主板市场和深圳市场同时期融券余额与价格之间的关系可以发现，科创板融券余额与科创板指数的相关系数为0.95，而同时期上海主板市场融券余额与上证综指、深圳主板市场融券余额与深圳成指相关系数分别为0.58和0.44。科创板市场融券业务对股价变化的灵敏度更高，时效性更强，从侧面反映出科创板转融券制度对交易效率的改进，有利于融券业务在稳定市场、提高定价效率等方面发挥作用。

三、总结与思考

（一）券源供给改善是发挥融券积极作用的关键环节

通过上文的论述，我们看到拓宽转融通出借主体范围及优化相应制度是科创板市场融资融券结构改善，融券正向效益充分发挥作用的重要原因。充足、丰富、稳定的券源供给有效激活了转融通证券出借、转融券、融券上中下游整体业务生态。

当前，公募基金参与转融通证券出借向扩大A股市场券源供给迈出坚实一步。以科创板为先行指导，未来可进一步探索保险资金持股实际参与并扩大出借的可行性方式，以及上市公司股东限售期证券出借的可行性。同时建议在合适时机将ETF品种纳入转融通标的，通过转融券业务提升A股市场及跨市场的定价效率，以增加投资者配置额度限制，促进全市场各渠道资金加大A股市场配置。

（二）转融通优化制度取得良好收效，宜进一步推广

科创板转融券针对约定申报交易的一系列制度优化，使得全市场转融券合约的期限、费率结构更为丰富，市场化程度与响应效率显著提高，有力促进了融券业务在稳定市场、价格发现、投资者行为监管等方面作用的有效发挥。

目前科创板市场已平稳运行数月，交易结算机制与技术系统经过检验趋于成熟。建议可将科创板转融通证券出借及转融券的革新制度逐步向其他交易板块推广，以更为市场化和高效的交易制度配合公募基金出借带来的融券券源扩容，形成良性共振，推动A股市场融资融券业务的有效均衡发展。

科创板投资风险与制度防范分析研究

王光清 徐 郦 张海新*

  科创板的设立是中国多层次资本市场建设的重大举措，是落实创新驱动和科技强国战略、推动高质量发展的重要途径。科创板以注册制为核心，充分促进资本市场和科技创新深度融合，体现出更加包容、平衡的理念，为符合国家战略、突破核心关键技术、市场认可度高的优势企业提供了上市和融资的机会，也给投资者提供了更多的投资选择。与此同时，科创板也建立了更加全面的信息披露要求、更加市场化的发行定价方式、更加多元的交易机制、更加严格的退市制度，这也给资本市场带来了很多挑战。

  科创板在建立新制度的同时，也给各类参与人带来了相应的风险。对于上市公司而言的信息披露和退市风险，对于证券公司而言的投资银行业务保荐风险，对于交易所和证券监管机构而言的监管风险，以及对于投资者而言的投资风险等，都随着制度的创新发生了一些新的变化。而作为资本市场最重要的参与方之一，投资者的投资风险防范显得尤为重要。

  本文旨在通过对科创板制度进行分析研究，探讨科创板制度创新给投资者带来的投资风险以及科创板相关制度采取的风险控制和应对措施，并对此提出相关政策建议。

一、科创板的制度创新情况

（一）科创板对我国资本市场的重要创新和发展

  科创板的设立在结合我国创业板实践经验和参考美国纳斯达克上市制度的基础上，进行了较大程度的创新。主要体现在以下几方面：

  一是科创板对拟上市公司行业领域提出了特定要求。科创板的目标定位是重点支持新一代信息技术、高端装备、新材料、新能源、节能环保以及生物医药等高新技术产业和战略性新兴产业，因此优先接受推荐的行业都是技术密集型行业，普遍具有较高的技术门槛。这与

---

 * 作者简介：王光清，徐郦，张海新，就职于兴业证券股份有限公司风险管理二部。原载于《中国证券》2019年第4期。

目前创业板 IPO 仅要求证券公司"对发行人的成长性进行尽职调查和审慎判断并出具专项意见"不同,提出了更高的要求。

二是科创板对 IPO 发行人的财务要求相对更加多元。科创板充分结合我国国情和科创板定位,适当放宽了公司 IPO 的财务要求。上交所科创板和 NASDAQ 交易所 IPO 发行人的财务要求对比详见表 1。

表 1　　上交所科创板和 NASDAQ 交易所 IPO 对比

序号	科创板（人民币）	NASDAQ 精选市场（美元）
1	市值不低于 10 亿元,最近两年净利润为正,最近两年净利润累计 5 000 万元	最近三年税前利润为正,最近三年税前利润累计不低于 1 100 万元,最近 2 年每年税前利润不低于 220 万元
2	市值不低于 10 亿元,最近一年净利润为正,最近一年营业收入 1 亿元	—
3	市值不低于 15 亿元,最近一年营业收入不低于 2 亿元,最近 3 年合计研发投入/营业收入不低于 15%	—
4	市值不低于 20 亿元,最近一年营业收入不低于 3 亿元,最近三年经营活动现金流净额累计不低于 1 亿元	最近 12 个月平均市值不低于 5.5 亿元,最近一年收入不低于 1.1 亿元,最近三年现金流量净额为正且累计不低于 2 750 万元
5	市值不低于 30 亿元,最近一年营业收入不低于 3 亿元	最近 12 个月平均市值不低于 8.5 亿元,最近一年收入不低于 9 000 万元
6	市值不低于 40 亿元,主要业务或产品需经国家有关部门批准,市场空间大,目前已取得阶段性成果	市值不低于 1.6 亿元,总资产不低于 8 000 万元,所有者权益不低于 5 500 万元

三是科创板对发行人上市后的经营和信息披露要求相应提高。科创板虽然放宽了发行人在 IPO 时的财务条件,但实质上只是允许上市公司将盈利的时间延后。换言之,相较于以往以发行审核为重点的 IPO 审核制,注册制虽然对 IPO 的上市公司放宽了盈利要求,但相应提高了上市公司上市后的产品研发和经营业绩要求,因此在上市以后,上市公司的产品研发和盈利改善情况将成为关注重点之一。除了经营情况,常规信息披露的合规性要求和以往一致,但可以预期监管机构对于科创板上市公司信息披露违法违规行为的打击力度将进一步增强。

四是实行严格的退市制度。美国纳斯达克交易所根据不同市场层次制定了相应的持续上市标准,当上市公司不满足上市标准时将被强制退市。正是由于退市制度的存在,才能够淘汰较差的公司,并保证上市公司质量。科创板股票上市规则中将"退市"单列为一章,对重大违法类、交易类、财务类、规范类各类强制退市的情形进行了充分细化,上市公司退市的情形将更加频繁,甚至常态化出现;而相应地,科创板的上市公司质量将保持在较高水平。

五是股票发行定价和股票交易方面更加市场化。在股票发行定价方面,科创板股票将通过向专业机构投资者初步询价以确定发行价格或者发行价格区间,个人投资者将不能参与询价。在股票交易方面,科创板将股票涨跌幅限制扩大至 20%,且首次公开发行上市的股票上市前 5 个交易日不设涨跌幅限制;同时,科创板增加了盘后固定价格交易的新交易方式,即收盘后投资者可以按照当日收盘价对股票进行交易。

除了上述重要创新之外，科创板还增加了允许上市公司表决权差异安排、对股票减持进行更多限制、对信息披露违法违规进行更为严格的监管等制度。

（二）科创板制度创新提供的投资机会

资本市场最核心的两个功能就是满足发行人的融资需求和投资者的投资需求，科创板在通过多元化上市要求降低发行人融资门槛的同时，也为投资者提供了更多的投资机会。

一是投资者的投资范围相对变大。虽然科创板对上市公司行业进行了一定限制，但是由于财务要求相对多元，将有一部分无法到主板和创业板上市的公司有可能满足科创板的上市条件，因此对于投资者而言，投资范围将有所扩大。此外，由于科创板明确了红筹企业发行存托凭证以及差异化表决安排等制度，可能会有部分已在境外上市的企业在国内发行证券，这也将使投资者有更多的投资选择。

二是投资者可能获得更高的收益率。由于在科创板上市的企业可能属于国家产业政策重点支持和发展的行业，因此未来的成长空间比较大，有的上市企业甚至处于成长期，随着企业的发展经营和盈利能力增强，投资者将可能获得比投资主板和创业板更高的收益。

二、科创板的投资风险分析

（一）上市公司的经营风险和退市风险影响增加

科创板的一大亮点就是更加多元的 IPO 条件，不仅满足一定其他财务条件的非营利企业可以上市，甚至只要有阶段性研究成果且估值达到一定水平的也可以上市。这就意味着，该类非营利企业的风险也相应较大。企业能够通过 IPO 获得必要的经营资金，但是如何使用这些资金，以及顺利融资后是否能够产生相应的经营利润，还是要看企业实际的经营能力。如果在上市以后企业经营管理不善，或者主要产品研发失败，那么失去潜在竞争力的企业投资价值必然大幅降低，股票价格大跌也是可以预见的。加之平均而言，科创板上市公司的当下盈利情况将弱于主板和创业板上市公司，其分红的概率和金额将相对较低，因此，投资者在投资科创板上市公司时，尤其需要关注上市公司的经营风险。

特别对于存在差异化安排的上市公司而言，差异化表决制度将是一把"双刃剑"。其作用是使得公司的决策权更为集中，可使尚未盈利、产品研发尚未成功等类似企业能够做出在一段时间内更具有一致性和持续性的决策。但更为集中的决策权并非一定意味着其决策结果更符合市场发展前景，有的企业可能因核心人员敢想敢做而抓住市场机会，也有的企业可能因核心人员决策失误而错失良机。投资者将面临决策权收缩的问题，因此在面临某些经营问题时，如果投资者不认同公司的经营方式，将更难通过公司收购等方式进行自救，而只能用脚投票，因此对于这类公司，核心人员的经营能力也是重要的投资风险因素。

此外，科创板明显对退市规则进行了全面细化，如科创板股票上市规则中明确了上市公司如果出现主营业务大部分停滞或者规模极低、经营资产大幅减少导致无法维持日常经营、营业收入或者利润主要来源于不具备商业实质的关联交易、营业收入或者利润主要来源于与主营业务无关的贸易业务或者其他明显丧失持续经营能力的情形，将面临被终止上市的情况。因此，上市公司因经营不善面临退市的概率将会增加。

（二）上市公司的信息披露合规情况更加重要

科创板作为我国证券发行上市注册制的试点板块，在 IPO 财务标准多元化和加强信息披露全面性的同时，可以预期的是，证券监管机构一定会加强对信息披露违法违规行为的处罚。如果科创板上市公司出现了信息披露不真实、不准确、不完整、不及时的情况，极有可能面临比当前主板和创业板上市公司更为严厉的行政处罚，继而导致投资者的损失；而如果虚假记载、误导性陈述或重大遗漏等信息披露违法违规行为出现在 IPO 阶段，或者不及时、不真实的信息披露造成了较为严重的社会影响，上市公司甚至可能直接面临退市。因此，上市公司的信息披露合规情况将成为科创板投资的风险因素之一，投资者在作出投资决策时，应当将上市公司的信息披露合规情况作为重要的风险因素之一。

此外，由于退市的情形更加多样，要求更加严格，因此也可能在特定情况下给上市公司造成信息披露违法违规的压力。比如研发型的上市企业主要产品研发失败，如果及时披露将有可能触发退市条件，此时上市公司便有信息披露违法违规的压力，投资者对此也应提高警惕。

（三）科创板证券价格将面临更大的波动和流动性风险

科创板在发行定价方面的规定更为市场化，即便超过了网下询价结果的中位数和加权平均数，只要披露理由并提示风险，仍然可以将发行价定在比较高的水平。与此同时，科创板延长了不设涨跌幅的时间，并扩大了涨跌幅的限制幅度，因此对于投资者而言，需要做好可能面临更大的股票价格波动的风险。假设在极端情况下，投资者当天在涨停情况下买入，当天以跌停收盘，则一天的理论最大损失可以达到 33%。在发行价越高的情况下，投资者需要更加谨慎地判断股票定价的合理性。

对于在多个证券市场上市的上市公司而言，尤其是在科创板发行上市的红筹企业，投资者还需额外关注公司在不同证券市场的同种证券价格差异。如果在多个证券市场的同种证券价格不同，投资者需要判断公司证券价格的合理性。

此外，在特定情形下，由于科创板可能增加对控股股东、实际控制人的股份锁定时间，在上市初期流通股数量有限的情况下，投资者可能面临一定程度上股票流动性降低的风险。

三、科创板针对投资风险采取的制度防范分析

中国证监会和上海证券交易所在建立科创板制度时对于如何防控科创板的投资风险已经进行了考虑，结合我国证券市场实际情况建立了一些风险管理和防控制度。

（一）加强信息披露要求，力图提供更加全面的决策信息

科创板放宽了发行人的财务条件，实施了更为严格的退市制度，并同时加强了发行人信息披露的要求和对违法违规行为的监管处罚力度。通过这些制度，监管机构和交易所希望可以在淘汰较差的上市公司同时，又能够保障投资者获得更多真实有效的决策信息，以便投资者进行充分判断后作出科学的投资决策。

就制度规定而言，科创板在信息披露方面的要求其实并没有本质变化，仍然是真实、准

确、完整的基本要求，但是在全面细致的程度上有所提高。一方面是增加了一些具有科创板特点的信息披露要求。如发行人在申请 IPO 时应结合所属自身特点，有针对性地披露行业特点、业务模式、公司治理、发展战略、经营政策、会计政策，充分披露科研水平、科研人员、科研资金投入等相关信息，并充分揭示各类风险因素；对于尚未盈利的发行人，要求充分披露尚未盈利的成因，以及对公司现金流、业务拓展、人才吸引、团队稳定性、研发投入、战略性投入、生产经营可持续性等方面的影响。另一方面是要求保荐人在交易所受理发行上市申请文件后应当以电子文档形式报送保荐工作底稿和验证版招股说明书供监管备查。从申报材料要求的实际执行层面来看，相较于以往是有所加强的。

此外，上交所在对科创板发行上市申请文件信息披露进行审核时，可以视情况在审核问询中要求发行人、保荐人及证券服务机构解释和说明相关问题及原因、补充核查相关事项、补充提供新的证据或材料、修改或更新信息披露内容。

（二）加强信息披露违法违规查处力度，促使发行人更加严格遵守信息披露要求

中国证监会对于科创板信息披露违法违规行为的处罚力度也进一步加大，提高发行人违法成本，以督促发行人更加严格地遵守信息披露要求。如将不接受欺诈发行的发行人公开发行证券的时间提高到最多 5 年，将因保荐人未勤勉尽责致使发行人信息披露资料存在虚假记载、误导性陈述或者重大遗漏情况下暂停保荐人业务资格从最多 3 年增加至最多 5 年。

对于科创板发行人而言，信息披露违规将可能导致其在较长的一段时期内不能在任何板块公开发行证券；对于保荐人而言，则可能会导致在较长的一段时期内不能经营投行业务。由此促使发行人更加严格地遵守信息披露要求，促使保荐人更加严格地督促发行人遵守相关法规。

（三）建立保荐人跟投制度，促进保荐人更加谨慎履职

科创板建立了保荐人跟投制度。发行人的保荐机构依法设立的相关子公司或者实际控制该保荐机构的证券公司依法设立的其他相关子公司，应当参与发行战略配售，并对获配股份设定限售期。

对于证券公司而言，由于科创板提出了保荐人强制跟投的要求，证券公司集团内的直投部门或子公司应当一并投资，并且面临一定的限售期，如果上市公司在上市后的经营出现问题，可能造成证券公司的资金压力和损失风险。在这种制度安排下，和以往的投资银行业务相比，证券公司所承担的风险将有所延伸。目前证券公司在决定是否承揽承做某个投资银行项目时，关注重点更多的是发行人能否通过发行审核，后续的股票销售相对容易；而对于科创板的投资银行项目，除了能否通过发行审核外，证券公司还需要关注发行人股票发行价格能够达到上市审核的市值要求，从而避免发行失败，并且应对发行人的持续经营能力和未来盈利能力进行判断，以控制当发行人经营失败甚至因此退市而产生的对发行人股票进行跟投的投资损失风险。

为此，证券公司将不得不增强风险意识，在承揽项目时通过更加科学的决策程序和机制充分评估发行人是否符合科创板的定位、是否满足科创板对上市公司的基本行业和业务范围要求、是否依靠核心技术开展生产经营、是否具有较强成长性等问题，并对证券发行价格进行预估。证券公司将通过更加全面细致的工作，对发行人进行提前、有效的把关与判断。

(四) 部分调整减持制度，防控上市公司股东道德风险

科创板根据实际情况对股票减持增加了一些额外的限制，尤其是对于上市时尚未盈利和存在违法违规的上市公司。如公司上市时未盈利的，在公司实现盈利前，控股股东、实际控制人自公司股票上市之日起3个完整会计年度内不得减持首发前股份，自公司股票上市之日起第4个会计年度和第5个会计年度内，每年减持的首发前股份不得超过公司股份总数的2%；董事、监事、高级管理人员及核心技术人员自公司股票上市之日起3个完整会计年度内，不得减持首发前股份。上市公司存在重大违法情形，触及退市标准的，自相关行政处罚决定或者司法裁判作出之日起至公司股票终止上市前，控股股东、实际控制人、董事、监事、高级管理人员不得减持公司股份。

相较于征求意见稿阶段的控股股东、实际控制人在上市公司实现盈利前最多5个会计年度不得减持的规定，正式发布的文件充分考虑了控股股东、实际控制人的流动性需要，放宽了减持限制，但该限制仍然严于目前主板和创业板的减持限制。通过这种制度设计，在一定程度上防止了上市公司控股股东、实际控制人追求短期套现利益的道德风险。

(五) 设置个人投资者合格标准，充分考虑投资者风险承担能力

科创板对个人投资者参与证券交易设置了合格标准，个人投资者应当已经参与证券交易24个月以上，并在申请开通科创板交易权限前20个交易日证券账户及资金账户内的资产日均应当不低于人民币50万元，且该金额不包括投资者通过融资融券融入的资金和证券。

除此之外，上交所还对会员证券公司提出了持续的核查与评估要求。证券公司应当对投资者是否符合科创板股票投资者适当性条件进行核查，对个人投资者的资产状况、投资经验、风险承受能力和诚信状况等进行综合评估，并应当动态跟踪和持续了解个人投资者交易情况，至少每两年进行一次风险承受能力的后续评估。

中国证券市场的个人投资者数量显著多于机构投资者，这也是一直以来我国证券市场管理面临的特色化挑战。科创板虽然在发行定价时不再接受个人投资者的询价，但仍然允许个人投资者参与交易，并通过设置标准和要求证券公司核查的方式进行投资者风险承担能力的评估，在一定程度上可以起到防控风险的效果。

四、科创板投资风险制度防范的不足和进一步建议

证券监管机构和交易所通过上述一些已有的制度对科创板投资风险进行了一定程度上的管理和控制，但一些制度仍然可以进一步补充和完善。

(一) 表决权差异安排下的中小股东保护制度应进一步完善

根据科创板上市规则，存在表决权差异安排的发行人申请股票或者存托凭证首次公开发行并在科创板上市，应当满足对于一般公司更高的市值条件（不低于100亿元，或者不低于人民币50亿元且最近一年营业收入不低于人民币5亿元），且表决权差异安排只能在IPO前设定并仅限对上市公司发展或者业务增长等做出重大贡献且在公司上市前及上市后持续担任公司董事或者该等人员实际控制的持股主体所持有，每份特别表决权股份的表决权数量不得

超过每份普通股份的表决权数量的 10 倍，同时需保证上市公司普通表决权比例不低于 10%。

目前上市规则中关于表决权差异的安排基本上都是从设定条件和信息披露角度进行规范的。由于科创板企业上市后仍然存在经营风险，尤其是研发型上市企业，如果产品研发失败，有可能面临退市甚至破产的风险，在这种情况下如何保护中小投资者权益，在目前的规则中并未明确规定。

根据表决权差异安排的商业惯例，持有普通表决权股票的股东相较于特别表决权的股东应当在公司破产时拥有优先清算的权利，且通常而言，在时间上后进入的股东较先进入的股东有一定的优先清算权利。对于类似的已经形成商业惯例的做法，建议可以在上市规则中明确强制要求上市公司遵守，以增强对中小股东的保护。

（二）针对上市公司不同情况可设置差异化的跟投要求

科创板建立了保荐人跟投制度，这将在一定程度上督促保荐人更加全面、细致、谨慎地履行保荐职责；而且对于保荐机构而言，不仅要核查发行人信息披露的真实性，同时也要对发行人的产品前景和未来的盈利能力做出综合判断，这对于投资者而言当然是有益的。但是与此同时也需要注意到这项制度给保荐机构带来的压力。假设一家科创板上市公司的市值为 40 亿元，如果跟投 1% 就意味着要投资 4 000 万元，如果跟投 5% 则意味着要投资 2 亿元，这即便对于龙头证券公司而言也是不小的资金压力。目前的科创板制度仅规定了设置保荐机构跟投制度，并未出台具体标准或细则，可能也是在探索较为合适的投资比例。

对此，针对不同的上市公司财务情况，可以采取设置不同的跟投比例，以此一方面缓解保荐机构迫于资金压力而对科创板保荐业务止步不前，另一方面也可以将跟投制度用在需要被保护的投资者的"刀刃"上。比如，对于选择适用市值不低于 10 亿元、最近两年净利润为正且最近两年净利润累计 5 000 万元的拟上市公司，由于公司已经盈利两年以上，甚至可能比部分创业板上市公司的条件更好，因此可以不设置跟投要求；对于选择适用市值不低于 20 亿元、最近一年营业收入不低于 3 亿元且最近三年经营活动现金流净额累计不低于 1 亿元的拟上市公司，虽然尚未盈利，但产品已经获得市场认可，因此可以设置中等的跟投比例，如 1%—2%；而对于研发型上市公司，由于公司的产品尚在研发阶段，经营风险较大，则应设置较高的跟投比例，如 5%。通过这种梯度的设置，能够促使保荐机构在对风险较大的发行人进行保荐时更加谨慎，将更有利于保护投资者。

（三）科创板证券可适当增加衍生品交易

科创板的发行和交易制度体现了更多市场化的原则，对股票价格的限制进一步减少。目前来看，上交所尚未明确科创板是否可以进行上市证券的衍生品交易。我们认为，由于科创板对个人投资者设置了合格标准，一定程度上控制了个人投资者的参与规模，如果假设一般机构投资者是可以理性决策的，专业机构投资者又具备专业的证券市场知识，那么科创板的投资者结构将与目前 A 股市场的投资者结构有一定不同，交易行为或将更加理性。在此条件下，可以适当增加科创板证券的衍生品交易，如允许个股的融券卖空和期权、期货交易，以完善市场的合理定价机制，并给投资者提供风险对冲途径。如担心风险较大，也可以做出适当限制，如期权交易中只允许专业机构投资者进行卖出期权开仓等。

(四) 个人投资者合格标准可以更加多元化

我国的个人投资者通常关注收益超过关注风险，因此对个人投资者设置合格标准是必要的。对于个人投资者的具体合格标准，目前科创板制度要求申请人应当参与证券交易24个月以上，并实际拥有不低于50万元的证券资金或资产。该标准整体上评估了个人投资者的风险承受能力，但可以进一步多元化。比如将上述已有条件作为基础合格条件，对投资金额做出一定限制：如投资于科创板的资金总额不应超过全部证券资金及资产的50%，以此强制个人投资者进行分散化投资；可以考虑增加通过基础证券从业资格考试或者具有金融、会计师和律师等从业经历作为个人投资者合格标准的优势条件，对于这些具有一定专业知识的投资人，不设置科创板投资比例限制等。

参考文献

[1] 刘锋，张宸. 借鉴成熟市场经验 完善科创板制度设计 [N]. 中国证券报，2019-02-27 (A04).

[2] 谭春枝，黄家馨，莫国莉. 我国科创板市场可能存在的风险及防范 [J]. 财会月刊，2019 (5)：143—149.

[3] 章曦. 纳斯达克退市制度和对新三板市场的启示 [J]. 时代金融，2016 (12)：249—250 + 252.

上市公司退市基础制度完善研究

朱 琳[*]

上市公司退市是指上市公司股票在证券交易所停止上市交易的行为。[①] 退市制度既包含风险警示、暂停上市、终止上市等流程制度机制，也涵盖了退市整理、退市公司股份转让、退市公司重新上市、投资者保护等配套制度体系。退市制度在资本市场发挥着过滤器的作用，通过将已经上市但不符合持续性交易的公司剔除，从而达到降低市场风险、实现资本市场优胜劣汰和良性循环的目的。

上市公司退市可分为主动退市和强制退市两种情形。主动退市是指上市公司考虑到战略发展、成本效益以及控制权维护等因素，通过暂停信息披露、转板退市、私有化退市等途径自愿退市；强制退市是指上市公司没有达到持续上市的要求而被交易所强制退市。

我国证券市场前后发展二十多年，退市制度从无到有，从简单到细化，逐步得到完善，但相对于整个证券市场制度体系而言，退市制度还是一个薄弱环节，整体退市率低，企业僵而不退现象较为严重。进一步完善上市公司的退市制度建设，对健全我国资本市场十分重要。

一、我国退市制度

（一）我国退市制度发展历程

我国退市制度前后共经历三个时期。[②]

第一阶段为退市制度的初步确立期（1993年12月—2001年2月），以1993年颁布的

---

[*] 作者简介：朱琳，硕士，万和证券研究所研究员，主要参与撰写电子行业公司研究报告，对证券行业的市场规律、政策规范、未来发展有一定的研究和认识。原载于《中国证券》2019年第7期。

[①] 参见《关于修改〈关于改革完善并严格实施上市公司退市制度的若干意见〉的决定》，网址：http：//www.csrc.gov.cn/pub/zjhpublic/zjh/201807/t20180727_341935.htm，最后访问日期：2012年6月12日。

[②] 邱永红：《我国上市公司退市法律制度的历史变迁与演进实证研究——兼论〈证券法〉相关规定的修改完善》，载于《证券法苑》2014年第11期，第176—247页。本文据此对退市制度发展阶段进行了整合。

《公司法》为标志,上市公司的退市标准首次在法律上得到规范。1998年12月颁布的《证券法》沿袭了《公司法》的退市标准,并授权证券交易所行使退市执行权。1998年中国证监会颁布了《关于上市公司状况异常期间的股票特殊处理方式的通知》,开始实施ST（Special Treatment）制度,对财务状况或其他状况出现异常的上市公司股票交易进行"特别处理"。1999年,沪、深证券交易所发布了《股票暂停上市相关事项的处理规则》,开始实施PT（Particular Transfer）制度,对连续3年亏损的公司暂停上市,并对其股票实施"特别转让服务"。《公司法》对暂停上市和终止上市的规定较为笼统,且后续缺乏配套的制度建设,使得在长达5年的时间内这一制度并没有得到真正落实。此外,ST、PT制度的实施,虽然意在提醒投资者风险,给予投资者缓冲机会,但在实际操作中,一家公司需连续亏损6年才能达到退市条件,这在客观上造成了上市公司不可能退市的假象,加剧了市场的非理性成分。

第二阶段是退市制度的正式确立和逐步完善期（2001年2月—2012年5月）。从2001年2月到2003年3月,中国证监会颁布《亏损上市公司暂停上市和终止上市实施办法》及其修订版和修订补充规定,逐步取消了PT制度,标志着退市机制的正式确立。2001年,水仙电器、广东金曼两家公司成为首批依法退市的公司。2003年,沪、深证券交易所同时发布《关于对存在股票终止上市风险的公司加强风险警示等有关问题的通知》,对可能存在终止上市风险的公司股票交易实行"退市风险警示"的特别处理,正式实施*ST制度。2006年,新《证券法》和新《公司法》颁布,上市公司退市规定平移至《证券法》,解决了法条竞合问题,并赋予交易所一定的退市标准创制权。

第三阶段为退市制度逐步完善期（2012年至今）。2012年6月,沪、深证券交易所分别发布《关于完善上海证券交易所上市公司退市制度的方案》《关于改进和完善深圳证券交易所主板、中小企业板上市公司退市制度的方案》,并出台配套的《股票上市规则》,增加了净资产、营业收入、会计师意见的相关财务指标,进一步完善了退市标准,形成了市场化、多元化的退市制度。2014年10月,中国证监会发布《关于改革完善并严格实施上市公司退市制度的若干意见》,确立了主动退市制度和重大违法公司强制退市制度,设立了"退市整理期",进一步完善了退市制度体系和配套安排。

此后,受长生生物造成的恶劣影响,中国证监会于2018年7月发布《关于修改〈关于改革完善并严格实施上市公司退市制度的若干意见〉的决定》（以下简称《退市意见》）,对重大违法公司实施暂停上市、终止上市。上市公司构成欺诈发行、重大信息披露违法或者其他涉及国家安全、公共安全、生态安全、生产安全和公众健康安全等领域的重大违法行为的,证券交易所应当严格依法做出暂停、终止公司股票上市交易的决定。2019年4月,沪深证券交易所重新修订了《股票上市规则》,规定了沪、深两市截至目前最新的具体退市细则。

（二）我国退市制度设计

1. 退市标准分为四类

根据2018年7月中国证监会的《退市意见》,退市标准可划分为以下五类：

其一,上市公司主动退市。包含以终止上市为目的而发出回购股份的要约、上市公司新设合并或吸收合并、上市公司股东大会决议解散等情形。

其二,对重大违法公司实施强制退市。包含上市公司构成欺诈发行、重大信息披露违法或者其他涉及国家安全、公共安全、生态安全、生产安全和公众健康安全等领域的重大违法行为。

其三，因不满足交易标准而被强制退市。包含交易指标，如总股本、股权分布、交易量、市值。

其四，因财务状况不达标而被强制退市。包含净利润、净资产、营业收入、按时披露等指标。

其五，因不达交易所的规范指标而被强制退市。包含审计报告出具否定意见、信息披露或规范运作存在缺陷、披露年度报告延期等情形。

2. 退市制度

沪、深证券交易所相继发布了沪深主板、中小板、创业板和科创板上市规则，从财务、交易、规范和重大违法四大方面规范了各个板块，覆盖退市风险警示、暂停上市和终止上市三个阶段对应的具体退市条件（见表1）。中小板在交易指标上的要求相较主板有所降低，并增加了"上市公司最近36个月内累计受到本所三次公开谴责的，其股票直接终止上市"的退市条件。创业板退市标准更加严格，具体表现为：一是剔除了退市风险警示阶段，其最快退市时间从主板的6个月缩短至3个月；二是实施永久退市制度，一旦上市公司被终止上市，将被永久退市。改革最大的为科创板的退市条件，上市公司股票被实施退市风险警示后，若在规定期限内未达到复牌要求，即会跳过暂停上市的环节，被直接安排终止上市。此外，科创板的退市制度针对财务类指标更加灵活、具体，更加看重企业的持续经营能力，并规定了上交所可以根据实际情况调整指标。

表1 我国A股退市主要条件汇总

退市条件		退市风险警示		暂停上市			终止上市		
		沪深主板、中小板	科创板	沪深主板、中小板	创业板		沪深主板、中小板	创业板	科创板
财务类	净利润连续亏损	两年（含追溯重述）	一年，净利润为负且营收低于1亿元	三年	三年（含追溯调整）		四年，或未按时披露暂停上市后的首个年度报告	四年，或未按时披露暂停上市后的首个年度报告	(1) 主营业务大部分停滞或者规模极低；(2) 经营资产大幅减少导致无法维持日常经营；(3) 营业收入或者利润主要来源于不具备商业实质的关联交易；(4) 营业收入或者利润主要来源于与主营业务无关的贸易业务
	营业收入低于1 000万元	一年（含追溯重述）		两年	—		三年，或未按时披露暂停上市后的首个年度报告	—	
	净资产为负	一年（含追溯重述）	一年（含追溯调整）	两年	一年（含追溯调整）		三年，或未按时披露暂停上市后的首个年度报告	两年，或未按时披露暂停上市后的首个年度报告	

续表

退市条件		退市风险警示		暂停上市		终止上市		
		沪深主板、中小板	科创板	沪深主板、中小板	创业板	沪深主板、中小板	创业板	科创板
交易类	成交量（连续120个交易日）	—	—	—	—	沪深主板低于500万股，中小板低于300万股	低于100万股	低于200万股
	收盘价（连续20个交易日）	—	—	—	—	日均收盘价低于面值	日均收盘价低于面值	日均收盘价低于面值
	股东人数（连续20个交易日）	—	—	—	—	沪深主板低于2 000人，中小板低于1 000人	—	低于400人
	市值（连续20个交易日）	—	—	—	—	—	—	低于3亿
规范类	审计报告为否定或无法表示意见	一年	一年	两年	两年	三年	三年	两年
	未改正财务会计报告中的重大差错或虚假记载	已停牌两个月	已停牌两个月	4个月	4个月	6个月	6个月	4个月
	未在法定期限内披露年度报告或中期报告	已停牌两个月	已停牌两个月	4个月	2个月	6个月	3个月	4个月
	未在规定期限内改正信息披露或者规范运作等方面存在重大缺陷	—	已停牌两个月	—	—	—	—	4个月
	依法强制解散	可能	可能	—	—	确定	—	可能性未取消
	公司重整、和解和破产清算	法院依法受理	法院依法受理	—	—	法院宣告破产	—	破产危机未解除
	公开谴责（累计36个月）	—	—	—	—	中小板：三次	—	—

续表

退市条件		退市风险警示		暂停上市		终止上市		
		沪深主板、中小板	科创板	沪深主板、中小板	创业板	沪深主板、中小板	创业板	科创板
重大违法	欺诈发行	首次出现	—	被实行退市风险警示后满30个交易日	首次出现	6个月内未满足恢复上市条件		终止上市,针对具体重大违法情形进行描述
	重大信息披露违法							
	构成五大安全领域的重大违法强制退市情形							

资料来源:《上海证券交易所科创板股票上市规则》《上海证券交易所股票上市规则(2019年4月修订)》《深圳证券交易所股票上市规则(2019年4月修订)》《深圳证券交易所创业板股票上市规则(2019年4月修订)》。

3. 退市流程

上市公司退市流程(以主板为例)共有三个阶段。第一阶段为退市风险警示阶段。当上市公司触发退市风险警示条件后,交易所有权对公司股票交易实施退市风险警示。第二阶段为暂停上市阶段。若上市公司继续触发暂停上市条件,交易所有权在15个工作日内对公司股票做出暂定交易的决定。第三阶段为终止上市阶段。若上市公司触发终止交易条件,交易所有权对公司股票做出终止上市的决定,终止决定后5个交易日届满的次一交易日起,公司股票进入退市整理期,为期30个交易日。退市整理期满,上市公司被正式摘牌退市。

在这三个阶段期间,若上市公司交易条件改善并达到交易所要求后,均可分别向交易所提出申请撤销退市风险警示、申请恢复上市和申请重复上市。此外,上市公司对交易所做出的暂停上市、终止上市、不予重新上市决定不服的,可以在收到相关决定的15个交易日内申请复核。

4. 退市企业去向

根据退市原因不同,我国退市公司主要有以下几类去向:其一,因合并重组退市的公司,其股票会更换代码和名称继续在主板市场上市;其二,因私有化而退市的公司,公司将转变为私有公司,不再上市;其三,因连续亏损、欺诈、信息披露等原因被强制退市的上市公司去向单一,必须统一在全国中小企业股份转让系统(即新三板)设立的专门层次挂牌转让。

二、美国退市制度

本文主要通过纽交所和纳斯达克市场来简述美国的退市制度。

(一)纽约证券交易所退市制度和退市流程

纽交所是美国最主要的证券交易所,并为上市公司分类制定了相应的退市标准,当上市公司触及对应条件,纽交所有权启动上市公司停牌或退市程序。纽交所的退市标准主要分为两类:量化和非量化。量化标准主要涉及股东人数、交易量、股票价格和财务要求;非量化标准则对公司维持经营、保持投资价值、违规操作和其他情况做出具体要求（具体退市标准见表2）。纽交所的退市指标设计关注公司的基本面，强调公司持续上市能力。

表2 纽交所退市标准

量化标准	1. 资本或普通股的分布标准： 　a. 股东人数少于400个； 　b. 股东人数少于1 200个且最近12个月内月平均交易量低于10万股； 　c. 社会公众持股少于60万股。 2. 资本或普通股的数量标准： 　a. 连续30天总市值低于5 000万美元且股东权益低于5 000万美元； 　b. 上市公司需要满足《纽约证券交易所上市公司指南》102.01C和103.01B所规定的财务测试。 3. 价格标准： 　若上市公司的股票连续30个交易日收盘价低于1美元，将被视为低于标准。
非量化标准	1. 经营资产或经营范围减少； 2. 破产或清算； 3. 经交易所认定的权威意见认定证券失去投资价值； 4. 证券注册不再生效； 5. 违反协议； 6. 因为赎回、支付或整体替换； 7. 操作违反公共利益； 8. 其他可能导致摘牌的因素。

资料来源：NYSE Listed Company Manual.

纽交所的退市流程分为后续评估阶段和退市阶段。如果上市公司被认为低于上市标准，则上市公司进入后续评估阶段。交易所会在10个交易日内通知上市公司，上市公司在收到通知后须在45个交易日内（国外公司90个交易日）提交整改计划，保证在18个月内重新达到上市标准。交易所在收到整改计划的45个交易日内通知上市公司是否接受的决定，在计划开始后18个月以内，交易所每3个月审核公司情况，根据情况决定是否终止上市；若18个月后，上市公司仍不符合上市标准，交易所有权对上市公司展开暂停和终止上市流程。

在这一阶段，上市公司有权在收到退市通知书后的10个交易日内，向纽交所秘书长提交书面审查请求，审查复合程序将在其后的25个工作日内展开，纽交所董事会的审查委员会将基于上市公司的书面审查请求和现场的口头辩词做出判决，如果审查委员会决定该股票应该被退市，纽交所将立即暂停该股票的交易并向美国证券交易委员会递交文件（FORM 25）报备该股票退市。

（二）纳斯达克退市制度和退市流程

纳斯达克为美国的二板交易市场，其上市的公司多为中小高新技术公司。纳斯达克市场的主要特色为多层次的股票市场架构，分为全球精选市场、全球市场和资本市场，能够吸引不同类型的企业上市。此外，各层次市场和使用纳斯达克技术系统的场外柜台市场之间还拥有灵活的转板机制，低层次市场中得到发展的公司和不再满足高层次市场上市要求的公司可以较为灵活地转至对应层次的市场。纳斯达克的退市标准基本为量化指标，并分别根据不同的公司类型从股东权益、市值、总资产三方面制定对应的标准，上市公司必须满足三组条件中至少一组才能继续挂牌，否则企业将被退市（具体退市标准见表3）。相较主板市场，纳斯达克在退市指标设计上更注重市场交易，并且对公司治理实施有所要求。

表3　　　　　　　　　　　　　　　纳斯达克退市条件要求

退市指标	股东权益标准	市值标准	总资产/总收入标准
股东权益	1 000万美元/250万美元	无	无
股票市值	无	5 000万美元/3 500万美元	无
总资产和总营业收入（最近一个财年数据，或者最近三个财年中的两年）	无	无	总资产5 000万美元，并且总收入5 000万美元/50万美元
公众持股数量	75万股/50万股	110万股/50万股	110万股/50万股
公众持股的市值	500万美元/100万股	1 500万美元/100万股	1 500万美元/100万股
每股价格（30个连续交易日）	1美元	1美元	1美元
总股东数量	400家/300家	400家/300家	400家/300家
做市商数量	2家	4家/2家	4家/2家
公司治理标准	要求	要求	要求

注：纳斯达克精选市场和全球市场退市指标相同，资本市场的指标略有不同，不同处在表中以"/"标出。

资料来源：Nasdaq Continued Listing Guide

纳斯达克退市流程也分为两个阶段。第一阶段，若纳斯达克资格审查部确认上市公司不再符合继续上市条件，会对其直接发送员工退市决定书，或允许上市公司在收到通知后45日内提交整改计划，若在收到通知后180天内仍未达到继续上市条件，资格审查部会对其发送员工退市决定书。第二阶段为退市申诉阶段，上市公司如对退市决定有异议，可申请经纳斯达克聆讯小组、纳斯达克上市与听证审查委员会和纳斯达克董事会逐层审议，如上市公司最终裁定退市，纽交所将立即暂停该股票的交易并向美国证券交易委员会递交文件（FORM 25），以将该股票退市。

（三）美国股票退市后流向

上市公司退市会给投资者带来巨大的风险，美国作为一个成熟的资本市场，在出于投资者保护的目的下，设置了多条选项以供退市公司选择，具体如下：其一，企业因转板原因退市，转向其他交易所上市；其二，企业因为私有化原因退市，将转化为私有公司，不再上市；其三，企业因为不再满足交易所持续上市条件而被强制退市，则可能转入更低层次市场，如场外柜台市场板块和粉单市场板块。

三、中美退市制度比较分析

（一）退市标准及程序比较

从退市指标来看，中美两国的退市制度均在财务、交易、规范等方面加以规范，但在具体实施上还有很大不同。其一，我国强调财务指标，尤其看重净利润和营业收入水平，但是这些指标在一定程度上都可以通过会计手段操作，难以真实反映企业的真实运营情况，并在一定程度上加剧了企业财务造假的情形。而美国的退市指标虽涉及净利润等财务指标，但还有其他指标选项，净利润并非其唯一必要选项。其二，美国的退市指标着重强调交易类指标，如股东人数、社会持股、收盘价等，这主要是由于美国的证券市场较为成熟，股价能够真实地反映上市公司的运行情况，而我国虽然也设定了交易类指标，但标准宽泛且实际执行缺乏有效性。

从退市流程来看，一方面，美国的上市公司在收到交易所发送的退市决定通知书后，可以在 45 个工作日内提交整改计划，保证 180 个工作日内重新达到上市标准，这在一定程度上给予了上市公司整改的宽限期。国内的 ST 制度和暂停上市制度虽然设计初衷也是给予上市公司调整的时间，但是一家企业保持连续 4 年净利润亏损才会被退市。在实际操作中，企业往往可以通过资产重组、剥离劣质资产、调整非经常性损益、政府补助等手段规避退市。另一方面，美国退市流程实施较为严格，大多数公司退市短则 1 个月长则 7 个月就能完成退市，而中国退市流程较长，涉及退市风险警示、暂停上市和终止上市三个环节，在实际操作中，劣质公司往往需长达 3 至 4 年才能实现退市。

（二）实施效果比较

其一，我国整体退市率较低。根据 Wind 数据统计，2001—2018 年，我国沪、深两市上市公司数量由 1 154 家增加到 3 584 家，而 A 股、B 股合计退市公司总数仅从 6 家增长到 115 家，年均退市 6 家，年均退市率为 0.35%。根据相关统计，2001—2015 年，纽交所和纳斯达克年均退市分别为 128 家和 303 家，年均退市率分别为 5% 和 9%。[①] 相较美国交易所，我国的退市数量远远不足，这表明我国退市制度在一定程度上形同虚设，退市效率低下。

总体退市率低的原因在于当前我国股票市场市场化程度低。我国上市制度推行核准制，对上市公司数量和质量人为把控程度高，筛选前置造成市场竞争效率低，进而也影响了退市制度的有效发挥；此外，企业一旦上市，在融资、运营、并购重组等方面享有更多的发展红利，上市资源的稀缺性导致上市公司股东、重组方、债权人乃至地方政府等主体都不愿看到上市公司退市，而退市制度本身过于宽松的设置又给上市公司提供了规避退市的可能性。

一个正常的股票市场应当通过有出有进的淘汰机制，剔除一些经营业绩不佳的公司，才能保障中小投资者的合法权益并维护资本市场的健康发展。

其二，国内 A 股上市公司退市原因单一。截至 2019 年 6 月 11 日，我国 A 股退市公司共计 101 家，退市原因按比例排序依次为：连续亏损（48%）、吸收合并（34%）、私有化（9%）、其他不符合挂牌情形（4%）、暂停上市后未披露定期报告（3%）、证券置换（2%）（见图 1）。根据相关统计，美国纽交所和纳斯达克排在前几位的退市类型为：市值低于最低标准、股价低于最低标准、未及时向 SEC 进行信息披露、公众持股人数低于最低标准等。

---

① 彭博，陶仲羚：《中美退市制度及实施效果比较研究》，载《现代经济探讨》2016 年第 10 期。

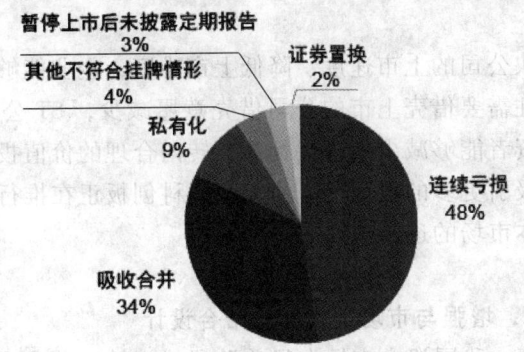

图1 A股退市公司原因占比

注：数据截至2019年6月11日。
资料来源：Wind。

从强制退市的指标来看，我国上市公司退市的原因主要是因为净利润连续亏损，其他财务指标和经营类指标几乎没有，这也从侧面证实了我们上述所论证的我国退市制度侧重净利润指标，其他交易类指标缺乏实操性。

空壳公司导致二级市场炒作严重。中国的公司上市实现核准制，上市公司数量被严格把控，这就造成了上市公司资源的稀缺性，在这种情况下，本为提醒投资者风险而设计的ST制度，在实际操作中拉长了退市时间，降低了退市效率，造成很多劣质公司僵而不退现象严重。从1998年至今，我国A股年均实施ST公司40家，撤销ST公司33家，年均撤销ST公司数占实施ST公司数达98%（见图2）。

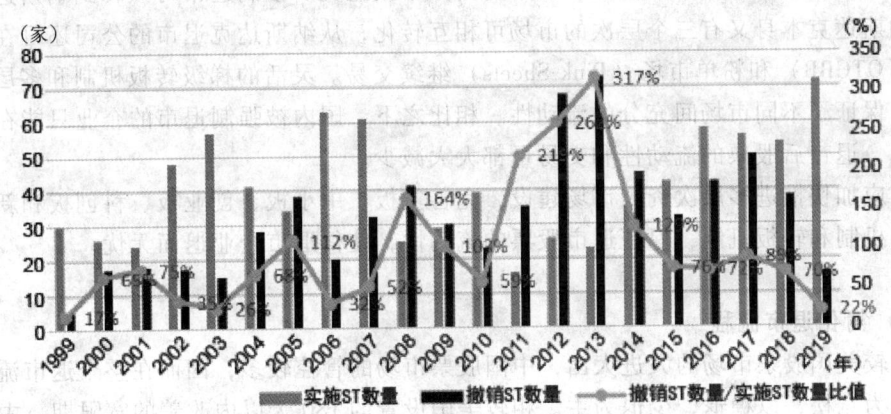

图2 1999—2019年5月我国A股实施ST公司情况

注：数据截至2019年6月11日。
资料来源：Wind。

四、完善我国上市公司退市制度的建议

（一）逐步推行注册制，放宽直接融资渠道准入限制，是有效发挥我国退市制度作用的基本前提

上市制度和退市制度把控着资本市场一进一出的关口，只有进出有序才能保证证券股票

市场的运行有序。

注册制的推行将加快公司的上市速度、降低上市难度，企业能够根据自身的运营情况决定是否上市，这使得以往需要借壳上市的公司借壳意愿减少，ST公司的股价也逐步回归正轨。在这种情况下，投资者能够减少投机性行为，转向合理的价值投资方，企业也会把精力集中在提升业绩，以便吸引更多的投资上。当前我国科创板正在推行上市公司注册制，注册制的推广将推动我国资本市场的逐步成熟。

（二）调整财务指标，增强与市场类指标的结合设计

根据我国特有的国情，我国资本市场在目前阶段难以达到类似美国全面市场化的程度，股票市场的弱有效性决定了财务指标依旧为衡量公司优劣的重要依据。建议财务指标在设计时，可以以扣除非经常性损益后的净利润为衡量公司盈利能力的标准。净资产、营业收入指标的设置又过于宽泛，截至目前，沪、深两市没有任何一家公司因为这两项原因退市，侧面说明了这两项指标不具备实际指导性。此外，一家公司评判的标准在于其是否能够持续运营，净利润、净资产、营业收入这三项指标只能反映一家公司持续运营的片面情况，财务指标的设计应该和市场类指标相结合，以企业的持续运营能力为衡量标准。美国股票市场的退市制度侧重市场类指标，我国的股票市场虽然还不够成熟，但是设计明确、细致、合理、可操作性强的市场指标，才是保证退市制度规范运行的基础。

（三）逐步健全多层次资本市场建设，完善股票市场的退出通道

美国多层次市场建设比较健全，上市公司如果被纽交所强制退市可以转到纳斯达克继续上市，纳斯达克本身又有三个层次的市场可相互转化，从纳斯达克退市的公司还可在场外柜台市场（OTCBB）和粉单市场（Pink Sheets）继续交易。灵活的梯级转板机制和多层次的市场交易，保证了不同市场间充分的流动性。相比之下，国内被强制退市的企业只能在新三板挂牌转让，退市后股票的流动性和交易量都大大减少。

中国应加快推进多层次资本市场建设，完善主板、中小板、创业板、科创板和新三板直接的退市机制和转板机制，保证退市股票的流动性，使得退市企业退而无忧。

（四）简化退市流程

相比较美国股票市场的大进大出，中国股票市场的管控较多，因而在整个退市流程的设计上也较为宽松，以稳退、少退为主。相较美国设置的180天以内改善的宽限期，中国在退市流程上设置了退市风险警示、暂停上市、退市整理期等多个环节，无形中给了待退市公司较长的宽限期。

当前我国的创业板和科创板分别取消了退市风险警示和暂停上市环节。随着资本市场的逐步成熟，我国股票市场可以考虑缩短退市风险警示、暂停上市、退市整理期的实施期限；对宽限期内公司实行阶段性改善考核，并及时清理未达目标的企业；甚至可以在其他配套制度改进的情况下，考虑撤销退市风险警示或暂停上市阶段，采取直接退市制度，增强退市制度的实施效力。

参考文献

[1] 李曙光,郑志斌等.上市公司退市风险处置:规则、数据与案例[M].北京:法律出版社,2016:10—13.

[2] 彭博,陶仲羚.中美退市制度及实施效果比较研究[J].现代经济探讨,2016(10):88—92.

[3] 邱永红.我国上市公司退市法律制度的历史变迁与演进实证研究——兼论《证券法》相关规定的修改完善[J].证券法苑,2014(11):176—247.

[4] 冯科,李钊.中外退市制度比较分析[J].首都师范大学学报(社会科学版),2014(5):71—80.

[5] 欣士.纳斯达克:创业板市场的典范[J].深交所(创企园地),2008(1):59—62.

我国A股退市制度的问题及完善路径研究

刘 丽 孙田田 徐 风[*]

一、建立完善的退市制度是资本市场高质量发展的基础

多年来,资本市场多项顽疾始终困扰着监管层、投资者等,其中"僵尸企业""空壳公司"长期得不到出清,继续占用资金和上市资源,上市公司"新陈代谢"不畅成为各方诟病的焦点,严重影响资本市场支持实体经济发展的能力。

在建设高质量发展资本市场的过程中,建设完善的退市机制是"牛鼻子",对于净化市场环境、优化资源配置、引导理性投资、保护投资者尤其是中小投资者合法权益意义重大。第一,完善的退市制度有利于上市公司合规经营,提高核心竞争力和盈利能力,从而使股指更有效地反映经济发展的质量。上市公司公开披露信息,千万投资者的关注形成无形的监管压力,退市可以起到最后的震慑作用。第二,完善的退市制度有利于建立基于价值投资的估值体系,改变"壳资源"的稀缺性,降低壳资源价值。在实践中,地方政府可以通过政府补助保壳,投资者可以通过炒作ST股获得暴利,"壳资源"的拥有者可以在资本市场获得收益,一个经营举步维艰的"壳资源"甚至能卖30亿元。这些都严重影响了市场参与各方的积极性,导致市场炒作之风盛行,A股牛短熊长。第三,完善的退市制度有利于深化资本市场供给侧结构性改革,吸引更多的长期资金入市,实现良性循环,保证资本市场高质量发展。

二、我国退市制度现状

(一) 退市制度趋向严格执行

A股现行退市制度主要是在2012年发布的《股票上市规则》中制定的退市标准基础上进行完善和修订的,2014年中国证监会确立主动退市和强制退市两种退市制度后,形成了

---

* 作者简介:刘丽、孙田田、徐风,均为山西证券非银金融分析师。原载于《中国证券》2019年第7期。

"7+17"退市情形。7种主动退市情形如公司解散、要约收购、吸收合并、上市公司主动提出申请等；17种强制退市情形如财务类指标、交易类指标或欺诈发行、重大违法等。强制退市指标中，包括量化指标和非量化指标两类。量化指标包括财务指标与交易指标，如净利润、净资产、营业收入、成交量、收盘价等限制；非量化指标包括会计师否定意见、重大差错和虚假记载、未在法定期披露年报等。

在退市程序上，上交所和深交所现行制度中均有"退市整理期"制度，交易所决定上市公司退市后，公司股票在之后30个交易日内仍可继续交易。在公司股票被终止上市后，上市公司可以自主选择转入场外交易市场、区域性市场或股份转让系统进行挂牌转让。设置重新上市制度，在被终止上市后，股本总额、股份数量、净利润等指标达到标准可以申请重新上市。

2018年11月16日，沪、深证券交易所正式发布实施上市公司重大违法强制退市实施办法，在这次修订中，对两类强制退市情形进行了明确，分别是上市公司涉及重大违法和社会公众安全领域重大违法的情况。一是四类重大违法退市情形，具体包括首发上市欺诈发行、重组上市欺诈发行、年报造假规避退市以及交易所认定的其他情形；二是新增社会公众安全类重大违法强制退市情形，如果上市公司涉及五大领域的重大违法行为应予退市，分别是国家安全、公共安全、生态安全、生产安全和公众健康安全。同时重大违法退市公司需5年后重新上市，时间极其漫长。

在严格执行退市制度的背景下，经营不规范、甚至触及退市红线的公司，如已有先例存在财务造假、欺诈等重大违规甚至违法行为的公司，持续经营能力面临较大问题且难以在指定时间内找到资金入主的公司，都将面临退市的风险（见表1）。

表1　现行部分退市制度

指标类型	退市条件	是否经过风险警示	终止上市所需时间
财务类	亏损	是	4年
	净资产为负	是	3年
	营业收入低于1 000万元	是	3年
交易类	股票成交量	否	A股连续120个交易日累计成交量低于500万股；B股连续120个交易日累计成交量低于100万股
	股票收盘价	否	连续20个交易日收盘价低于面值
	股本总额	否	在规定的期限内仍不能达到上市条件
	股权分布	否	暂停上市6个月内股权分布仍不具备上市条件
非量化	最近一个会计年度的审计报告不能在法定期限内披露	否	因净利润、净资产、营业收入或者审计意见类型触及规定的标准被暂停上市后，不能按时披露审计报告
	财务会计报告被会计师事务所出具否定意见或者无法表示意见	是	3年
	财务会计报告中的重大差错或者虚假记载未改正	是	6个月
	年度报告或者中期报告不能在法定期限披露	是	6个月

续表

指标类型	退市条件	是否经过风险警示	终止上市所需时间
主动退市	以终止上市为目的回购股份或者要约收购后	否	股本总额、股权分布不具备上市条件
	吸收合并、解散破产	否	

资料来源：根据公开资料整理，山西证券研究所。

（二）资本市场的资源配置作用并未充分发挥

截至2018年底，A股市场累计共有100家上市公司退市（Choice），每年退市公司在10家以下，退市率（当年退市数量/截至当年年底上市公司总数）仅为0.2%左右。美国纳斯达克市场经过多年发展已经相对成熟，历年退市率集中在9%左右，纽交所退市率也集中在6%左右。我国A股市场整体退市率较低，退市公司数量较少，与发达资本市场相比，退市率还处于相对较低的位置（见图1、图2）。

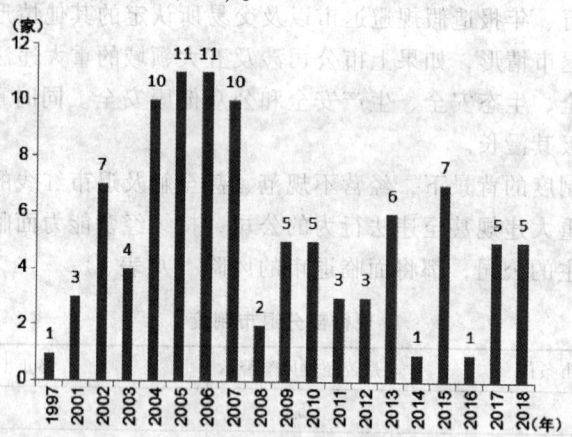

图1 A股上市公司退市时间分布

资料来源：Choice数据，山西证券研究所。

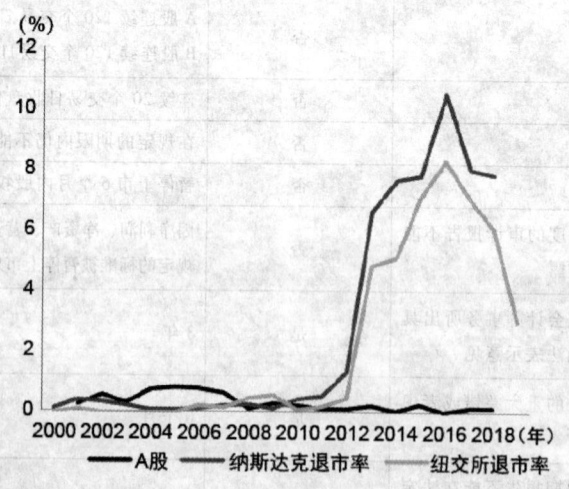

图2 A股退市率与美股退市率对比

资料来源：Choice数据，山西证券研究所。

这 100 家退市上市公司中有 33 家公司被吸收合并，26 家公司暂停上市后披露的首个年报显示公司亏损，10 家公司恢复上市申请未获同意，4 家公司被要约收购未实施完毕或实施后股权分布仍不符合上市条件，3 家公司暂停上市后披露了首个年报但未能在其后 5 个交易日内提出恢复上市申请，3 家公司未在法定期限内披露年报，2 家公司暂停上市后两个月内仍未披露改正的财务报告或相关定期报告，1 家公司暂停上市期间股东大会做出终止上市决议，18 家公司属于其他被终止上市的情形（见表 2）。

表 2 退市原因分布

退市原因	数量（家）
暂停上市期间股东大会做出终止上市决议	1
暂停上市后披露了首个年报但未能在其后 5 个交易日内提出恢复上市申请	3
暂停上市后披露的首个年报显示公司亏损	26
暂停上市后两个月内仍未披露改正的财务报告或相关定期报告	2
未在法定期限内披露年报	3
上市公司被吸收合并	33
其他被终止上市的情形	18
恢复上市申请未获同意	10
被要约收购未实施完毕或实施后股权分布仍不符合上市条件	4

资料来源：Choice 数据，山西证券研究所。

相较发达经济体金融市场，我国股票市场的优胜劣汰作用并没有充分发挥。美国股票市场平均每年 IPO 上市公司约 200 家，而退市公司约为 400 家，我国 A 股市场每年退市公司约为 10 家，IPO 家数平均约为 200 家。同时退市原因中数量最多的是由于被吸收合并而退市，这些企业一般是被大型企业吸收合并以达到进一步整合行业资源、扩大其市场份额的目的，资本市场的资源配置作用并未充分发挥。

（三）因财务类指标退市是主要退市原因

A 股采用"量化＋非量化"指标的退市制度。在量化指标方面，主要有财务类指标和交易类指标两类，财务指标，如净利润、净资产及营业收入等，100 家退市公司中有 26 家因为连续亏损而退市，是上市公司退市的主要原因之一。

而美国纽交所及纳斯达克市场的退市标准相对更加市场化，对交易类指标，如股票市值、公司股东人数、上市公司股价等退市条件做出了明确规定，而对财务指标要求较少。纳斯达克市场退市的上市公司很多是因为股价、流动性或者市值指标达不到交易所要求而被退市。如"1 美元指标"被强制退市的公司约占强制退市上市公司的半数左右。投资者用股价方式投票决定上市公司价值，决定其是否应该退市，股价标准和市值标准成为美国股市退市制度的重要组成部分（见表 3）。

表3　美股退市标准

退市标准	标准	退市条件
纽交所	资本或普通股	①股东人数低于400个；②股东人数低于1 200个并且在最近12个月里月平均交易量低于10万股；③社会公众持有股票少于60万股
	资本或普通股	上市公司需要满足《纽约证券交易所上市规则》所规定的财务测试
	价格	连续30个交易日收盘价低于1美元；6个月内股价和平均每股价格未恢复到高于1美元的水平
	其他	经营范围减少、破产清算、交易所认定的失去投资价值、违反协议、违反公共利益、其他
纳斯达克全球	上市基本要求	股价保持1美元以上，股东数量保持400位以上
	资产+市值	股东权益不低于1 000万美元，且至少75万份公众流通股，且公众流通股的市值不低于500万美元，且拥有至少两位做市商
	市值+做市商	上市股票的总市值不低于5 000万美元，且至少110万份公众流通股，且公众流通股的市值不低于1 500万美元，且拥有至少4位做市商
	收入+市值	最近一个会计年度，或在最近三个年度的两年中，总资产和总收入不低于5 000万美元，且至少110万份公众流通股，且公众流通股的市值不低于1 500万美元，且拥有至少4位做市商

资料来源：根据公开资料整理，山西证券研究所。

从表中纽交所和纳斯达克的退市标准很明显可以看出，退市标准设置整体可操作性较强，同时更加量化，更加看重上市公司的成长性和持续经营的能力。纳斯达克采取注册制上市制度，不实际审核公司的财务指标，对企业的盈利能力没有所谓的门槛，退市制度与注册制相呼应，需要保持股价1美元以上、股东400位以上的基本要求，且退市设置了资产、市值及做市商等指标组合形成的三种维持指标中一项。注重市值、股价等市场交易类指标，在财务指标达不到要求的情况下，上市公司仍能保持一定的市值和股价，一定程度上表明市场对其认可度仍在，则仍然具有上市条件。如果净利润达不到要求，但是资产规模适宜，仍然可以继续上市，这也符合其面向成长型企业的定位。

相比较交易类指标而言，财务类指标较容易被操控，而且周期较长，市场类交易指标退市时可操作性较强，同时更加高频，有助于提高退市效率。A股退市制度设置交易类指标中有收盘价、成交量等，但整体缺乏有效性。截至2018年底，仅有中弘股份一家因股价连续低于1元而被终止上市，交易类指标对上市公司的退市约束力仍有较大的提高空间。

（四）主动退市案例相对较少

在非量化指标方面，A股主要看重公司信息披露的真实性和合法性，包括会计师审计意见、是否真实披露公司合法信息等。美股强调公司运营及治理方面，如财报披露、经营性资产是否充足以及公司合规守法等多方面内容。受安然公司丑闻事件影响，美国在2002年通过了证券市场监管方面的重要法律，即《萨班斯法案》（Sarbanes - Oxley Act），在法案中提高了对上市公司外部审计、公司治理、信息披露等方面的要求，法案要求严格，处罚严厉，随后上市公司信息披露质量大幅提高，同时从 2003 年开始美股退市公司数量明显增加。但法案也带来了较高的合规费用，部分上市公司尤其是中小企业选择主动退市或在其他国家上市以节约成本。

美国耶鲁大学法学院 Macey 教授曾对美股退市的原因进行研究，研究成果显示，1998—2004 年纽交所平均每年有 100 多家公司主动退市，而仅有 50 家被强制退市，纽交所主动退市的比例一直维持在 60% 以上，纳斯达克自愿退市比例相较纽交所略低，但也接近 50%。

反观我国股票市场，主动退市案例还相对较少，2015 年 5 月退市的 *ST 二重是首家主动退市的上市公司，之后是 2019 年 3 月退市的 *ST 上普，且两家公司均是由于连年亏损，在本身退市可能性较大的背景下选择终止上市的。

但在科创板注册制渐行渐近的背景下，选择主动退市也是一个信号，尽管退市情况离常态化还有不小的距离，但 A 股上市公司退市难的局面已有了较大改观。2018 年 *ST 昆机、*ST 吉恩、*ST 烯碳、中弘股份等企业相继退市，完善退市制度已有一定成效。

（五）设置缓冲器或过渡期

为上市公司提供一定的缓冲期是中国退市制度与发达国家证券市场的一个重要区别，尤其是 ST 制度导致很多公司存在侥幸心理，使得很多资质较差的公司得到了喘息的机会。在被 ST 之后，上市公司通过各种操作，如资产重组、引入投资、卖出资产、政府补助等以避免退市，上市公司退市时间往往需要 4 年甚至更长，缓冲期的存在使得中国退市制度的警示作用大大削弱。严格的退市制度是上市公司质量的重要保证之一，也是对注册制的必要保护手段，市场实现能上能下、优胜劣汰才能发挥证券市场资源配置的功能，也是保证股票市场规模与流动性相协调的基础。

三、退市制度存在的问题

（一）上市后存在巨大利益和借壳属性，退市周期较长

核准制下的发行上市业绩要求高、时间周期长，高昂的上市成本导致"壳资源"的稀缺，上市公司"保壳"动机强烈、手段多样。我国退市制度的不足直接导致上市公司运用多种会计手段扭亏保壳，最终降低了股票市场的真实退市率，而其中也关系到税收、就业、社会关系等多个方面，使得公司股东和政府都强力地保护上市公司。

（二）量化指标种类单一、易被操纵

A 股退市指标侧重财务指标，主板上市公司连续两年亏损实施退市风险警示，连续三年亏损则暂停上市，第四年仍然继续亏损才会被终止上市，这就给很多公司留下退路。通过调节非经常性损益来规避"扣除非经常性损益前后的净利润孰低者"的退市标准，通过债务重组乃至债务豁免等特殊手段实现扭亏，"戴帽"又"摘帽"比比皆是，从首次出现亏损到真正退市的时间往往周期较长。

此外，成交量、收盘价等动态指标覆盖面不够、标准太低，只要上市企业还在运营，这些市场动态指标都能达到。

(三) 非量化指标表述模糊、执行困难

非量化指标是指退市条件中的"重大违法强制退市行为"。经过不断完善，目前非量化退市指标包括"欺诈发行""重大信息披露违法""其他涉及国家安全、公共安全、生态安全、生产安全和公众健康安全等领域的重大违法行为"三项，"违法违规"的范围得到细化，但对于"重大"的界定标准仍然很模糊，直接导致非量化指标落实难度较大。

据 Wind 数据显示，2015 年初至 2019 年 6 月 14 日，共 6 306 条违规信息中，有 28%（1 762 条）涉及"信息披露虚假或严重误导性陈述""未及时披露公司重大事项""未按时披露公司定期报告"，而因重大违法违规导致的强制退市，仅有"博元投资""欣泰电气""长生生物"3 例。即使有大量的违法违规行为发生，通过非量化指标退市也难以实现。

(四) 多层次资本市场的建设不完善，板块之间缺乏有效对接

目前我国已有沪深主板、中小板、创业板、新三板等多层级市场，新三板还进一步划分为基础层和创新层。各个板块之间联通，主要体现在新三板承接的 A 股退市功能上，但依然缺乏转板对接和退出机制，无法做到"可上可下，可进可退"。美股拥有完善的多层次资本市场体系，其中纳斯达克包括三个内部层次市场，分别为全球精选市场、全球市场、资本市场，不同层级之间可以转移，满足相应市场的上市规定即可，这为纳斯达克上市的企业提供了流动性。而 A 股上市公司一旦面临退市，只能转入新三板市场，流动性不足，也加剧了企业不愿退市的情况。

(五) 中介机构未能勤勉尽责，投资者利益得不到有效保护

中介机构未能切实履行好资本市场"看门人"的责任。现行退市制度对于中介机构中的审计机构、保荐机构等未履行勤勉尽责的职责，上市公司在年报披露时出现财务造假等情形，中介机构承担责任的处罚力度较小。

目前退市制度及其配套制度对中小投资者利益的保护是有限的。退市公司的股价快速大幅下跌，投资者利益大幅受损，同时交易权受到极大限制。一方面，目前退市制度对于退市公司的出路问题、股东现有股份转让途径、损害赔偿方案等缺乏切实可行、实操性高的配套规定；另一方面，现行退市制度对大股东、高管等严重失职甚至利益掏空行为导致的退市行为，缺乏健全的责任追究机制，对中小投资者的相关损失往往无法有效赔偿。为保护投资者合法权益，完善退市制度亟待解决。

四、对于完善退市制度的建议

(一) 推广科创板从严退市的做法，降低优秀公司上市难度

《科创板上市公司持续监管办法（试行）》中明确提到，科创板上市公司不适用单一的连续亏损退市指标，科创板上市公司"触及终止上市标准的，股票直接终止上市，不再适用暂停上市、恢复上市、重新上市程序"。

推广科创板从严退市，优秀公司上市进程有望加快，且难度降低。科创板股票上市推行注册制，公司的业绩和财务指标不作为硬性指标，把真正的选择权交给市场和投资者，上市

公司"壳资源"将不再稀缺，因此公司及地方政府"保壳"的动力也会有所下降，劣质企业将会被市场淘汰，优胜劣汰将从源头上降低壳价值。实行注册制，推动发行上市制度市场化改革，才能真正实现退市制度的市场化。科创板作为注册制试验田，是市场化改革的先行者，应逐步将科创板试行注册制的做法推广到整个 A 股市场，大幅提升退市效率，促进股票市场优胜劣汰、良性循环。

（二）退市标准中加入市场类量化、持续经营指标

参照成熟市场的退市制度，A 股退市制度可以考虑加入市场类量化指标，如股价、股东人数、市值以及成交量，因市场类量化指标最能反映市场本身对于上市公司的判断，高频有效且不易操控。另外，股价反映了投资者对上市公司未来经营能力的预期，如上市公司不具备持续经营能力，应建议其退市。在退市指标中加入资产负债率、净资产收益率等指标，全面考虑上市公司在资本市场存在的必要性，避免简单的盈利指标，剔除非经常性收入，禁止应退市的公司通过调节非经常性损益来规避退市标准，避免人为操纵。

（三）建立"梯级"转板机制，探索创新退市方式

应致力于构建更细化的多层次资本市场体系，明确主板、中小板、创业板、科创板、新三板、区域性股权市场功能定位。建立灵活的"梯级"转板机制，实现各层次市场间的升降互通、有效衔接和退出机制。我国已有的实现升板的案例，均是从原有市场退出后再去其他板块重新申请 IPO，并不是真正意义上的升板。

探索创新退市方式，实现多种形式的退市渠道，对严重扰乱市场秩序、触及退市标准的企业，坚决退市，一退到底。2019 年 5 月，多家公司被交易所宣布暂停上市，未来监管层对"严重扰乱市场秩序、触及退市标准的企业"的退市决心将更为坚定。

（四）推行退市公司投资者保护机制

强制退市会给投资者带来风险和问题，投资者利益受损也使得监管机构在退市方面比较谨慎。目前的制度设计对投资者利益的保护是有限的，未来建议建立以信息披露为核心的投资者保护体系，完善民事赔偿机制，简化前置条件认定，引入集体诉讼制度以及区别对待退市整理期等。

在 A 股市场引进惩罚性赔偿制度、公益诉讼制度，下要保底，上不封顶，对上市公司形成警示。全面引入举证责任倒置方式，由被告人自证清白。上市公司因虚假陈述或因违反公共安全、健康安全等受到处罚而退市，大股东和管理层需承担相应责任，退市以后，股东可根据《公司法》《证券法》，通过民事诉讼渠道提请赔偿。与此同时，公司的保荐机构、审计机构、律所等中介机构都要承担相应责任。尽快建立退市纠纷和损失赔偿等方面的受理机制，让退市导致利益受损的各方拥有畅通的表达渠道、明晰的受理流程。

参考文献

[1] 冯科，李钊. 中外退市制度比较分析 [J]. 首都师范大学学报（社会科学版），2014（5）：71—80.

[2] 宋俊晓. 我国上市公司"退市难"原因及对策 [J]. 合作经济与科技, 2019 (8): 44—46.

[3] 民生证券证券市场退市制度课题组, 周晓萍. 我国证券市场退市制度的潜在问题与完善路径研究 [J]. 金融监管研究, 2018 (4): 1—20.

[4] 杨之辰, 戴亮. IPO注册制的推行对股票市场的影响探析 [J]. 时代金融, 2016 (18): 166—167.

[5] 李稻葵, 陈大鹏, 石锦建. 新中国70年金融风险的防范和化解 [J]. 改革, 2019 (5): 5—18.

跨境证券交易与港股通交易服务的优化*

徐亚钊**

是否允许跨境证券交易以及跨境证券交易是否便利，是衡量证券市场国际化水平的重要体现，也是建设国际金融中心不可或缺的组成部分。跨境证券交易存在多种实现方式。改革开放以来，我国持续推进资本市场双向开放，在跨境证券交易领域做出了卓有成效的探索，尤其自内地与香港互联互通交易机制推出以来，资本市场开放步伐进一步加快，受到国际市场的高度关注。本文对跨境证券交易的具体实现方式进行了讨论，特别是结合内地与香港互联互通交易机制，对"港股通"交易体验进行了评估，有针对性地建议进一步完善港股通相关工作安排，同时考虑研究推出跨境证券经纪服务试点，进一步便利跨境证券交易。

一、跨境证券交易的实现方式

国际范围内，跨境证券交易可以通过多种方式实现：一是投资者跨境交易；二是交易标的跨境交易，典型的如发行人跨境多地上市、发行存托凭证等；三是证券公司跨境提供服务，境内机构通过境外关联机构或者其他合作伙伴向境内投资者提供交易服务，通常采取投资者委托境内经纪商、境内经纪商再委托境外经纪商的复委托方式完成跨境交易；四是证券交易所跨境合作，即境内外交易所等基础设施实现跨境交易。上述方式各有特点，具体使用哪种方式，需要综合考虑企业融资需求、投资者交易需求以及国家外汇管理、税收管理、国际关系等多方面因素。

二、我国跨境证券交易探索实践

从国内情况来看，以上各类跨境交易方式大部分已经有所探索：一是投资者跨境交易方

---

* 文中观点为作者个人心得，不代表任职单位。
** 作者简介：徐亚钊，法学硕士、经济学硕士，经济师，中国证券业协会证券经纪业务专业委员会委员，任职于中国证监会机构部。原载于《中国证券》2019年第7期。

面，我国推出了 QFII、QDII 制度，也在逐步放开对外国个人投资者的投资限制；二是交易标的跨境交易，我国支持股份公司采用"A+H"两地同时上市，如刚刚推出的"沪伦通"试点中支持华泰证券在英国发行 GDR；三是证券公司跨境提供服务，根据外资股交易机制安排，累计 60 多家境外证券机构获准直接在我国开展 B 股经纪业务；四是证券交易所跨境合作，如上交所与德交所设立中欧所等。

以上探索，反映出我国资本市场对外开放取得了长足发展，但与此同时也应该看到，现有跨境交易安排在充分发挥证券行业作用方面较少，一定程度上导致了"金融机构空心化"倾向的出现。

三、内地与香港互联互通交易机制探索

（一）基本框架

内地与香港互联互通交易机制于 2014 年 11 月推出，目前已经运行 4 年多。该机制下，境内沪、深两家证券交易所分别与境外的香港联交所建立技术连接，使内地和香港投资者可以通过当地证券公司或经纪商买卖规定范围内对方交易所上市的股票。根据"主场原则"，相关上市公司仍然适用上市地规则，提供服务的证券公司遵守所在地规则。

具体到"港股通"，投资者需要委托内地证券公司，经由沪、深证券交易所在香港设立的证券交易服务公司，向香港联交所申报（买卖盘传递）买卖规定范围内的香港联交所上市股票。

（二）开展情况

行业大部分证券公司均成立专门的跨部门工作机制，指定专门部门牵头向投资者提供港股通交易服务，部分证券公司还整合公司内外部资源，在经纪业务、咨询业务、资管业务等相关方面针对港股通投资者推出了其他服务。投资者对证券公司提供的港股通交易服务评价总体正面，没有出现重大、反复投诉事项，但港股通账户持股比例明显低于普通账户持股比例，港股通投资者参与热情较低，反映出现有交易服务存在一些需要完善之处，集中体现在：

一是委托报价提示服务感受不佳。目前投资者 A 股交易可以免费查看五档报价实时行情，但港股通交易因香港联交所仅提供一档免费行情，导致投资者交易时缺少必要参考。虽然交易所层面在积极协调香港联交所提供更多免费行情，但进展总体缓慢。一部分证券公司为改善客户体验，付费购买行情信息提供给投资者，但价格较高，证券公司需要承担较大的经济压力。

二是港股上市公司公告内容难懂。根据现有安排，港股上市公司信息披露遵循香港方面有关要求。而香港信息披露要求与内地差异较大，港股上市公司的信息披露也没有充分考虑内地投资者的需求，文字通常为英文或中文繁体，内容冗长，晦涩难懂。也有一些证券公司尝试安排专人跟踪相关公司公告提供给投资者，但因为两地差异过大，内地从业人员同样存在理解难题，效果总体不够理想。

三是港股上市公司信息获取困难。根据现有安排，港股上市公司统一由香港联交所通过"披露易"网站对外发布，发布的信息主要包括：（1）香港上市公司依法发布的信息披露文

件；（2）香港联交所发布的港股上市公司相关信息，如停、复牌信息等。港股投资者主要通过"披露易"获取交易相关信息，同时万得（Wind）等信息服务商软件也搜集了部分信息供投资者查询，但相关网站搜索、统计功能不完善，影响投资者便捷高效地获取港股上市公司信息。上述问题，目前尚未找到好的解决途径。

四是参与公司行为行权提示不足。因为上述原因，港股通投资者对港股上市公司的信息跟踪存在困难，尤其是在涉及配股等公司行为事项中，往往存在错失行权时机的问题，个别投资者认定提供交易服务的证券公司未能主动提示自己从而造成损失，进而出现纠纷。

（三）原因分析

本文认为，证券公司港股通交易服务缺失，一方面与证券公司现有模式下主动服务意识不强、资源投入不足有关，另一方面也与沪、深证券交易所及中国结算等金融基础设施提供者的配合与支持密切相关。

一是证券公司主动服务意识不强。在"港股通"模式下，相关跨市场安排由两地证券交易所主导，证券公司处于被动配合地位，开户、交易、结算总体沿用现有 A 股相关安排，跨境服务的色彩不明显。试点开展初期，证券公司根据沪、深证券交易所安排，配合开展了相关投资者教育活动，集中开展了"港股通"营销活动。此后，证券公司逐步提升相关服务水平，包括购买五档实时行情免费提供给公司客户、强化港股研究能力提供相关投资顾问服务、募集发行港股通资产管理计划等，但由于港股通投资者总体偏少，业务收入不高，投入产出严重不匹配，直接影响证券公司继续加大人员、财务、技术投入以及主动服务客户的积极性。

二是沪、深证券交易所与香港联交所相关合作有待深化。基于"港股通"交易所交易路由的特殊模式安排，沪、深证券交易所在港股通交易机制下发挥着核心作用，是连接内地证券公司与香港上市公司的枢纽。沪、深证券交易所在现有工作安排基础上根据试点情况，持续完善并深化与香港联交所的合作方式是解决相关问题的必然要求。现阶段，应当着力推动香港联交所在交易行情信息分享、上市公司信息披露、优化"披露易"网站等焦点问题上更多考虑内地投资者的交易习惯、阅读习惯，为内地投资者交易港股提供更多便利。

三是中国结算承担的名义持有人职责需要进一步细化完善。根据现有规定，港股通交易下，投资者委托中国结算代为持有港股股票，中国结算作为证券名义持有人行使对港股上市公司的权利，但需要事先征求投资者的意见并按照其意见办理，证券公司协助中国结算完成相关事项。目前，中国结算并未发布证券名义持有服务的具体实施细则，投资者意愿表达机制不够完善。中国结算主要通过每日结算文件向证券公司提供公司行为变动信息，每家证券公司自行从中拆解、汇总公司行权类信息，工作难度大，也容易出现错误、遗漏、与其他公司信息不一致等问题，不利于证券公司发挥辅助配合作用，也影响了投资者的体验。

（四）意见建议

解决上述问题，需要持续完善港股通相关机制安排，从投资者反映突出的问题入手，持续改善交易体验。主要包括：一是沪、深证券交易所加大与香港联交所协调力度，尽快向证券公司提供五档免费行情；优化信息披露安排，提供信息披露文件的中文简体文本，增加简版披露公告，提高信息披露有效性；利用沪、深证券交易所"港股通"专栏提供港股上市公司相关信息。二是中国结算加大资源投入，统一拆分、汇总港股公司行为明细信息，同时尽快研究明确证券名义持有服务的规则，避免因为理解差异影响实际证券持有人的合法权益。

四、积极探索跨境证券经纪服务

从上述港股通交易服务的分析可以看出，跨境证券交易服务的效果既要发挥证券公司等市场主体的积极性，又要充分发挥证券交易所、中国结算的优势，在磨合中不断完善。整体而言，现有跨境证券交易实现方式总体遵循了"先易后难、顺利推出、有效控制、不断完善"的原则，更多强调发挥政府机关行政审批、市场核心机构相互合作的作用，市场主体的积极性有待进一步发挥。

下一步，建议在加强顶层制度设计、做好统筹设计的前提下，尝试更大程度地发挥证券公司的主体作用，以充分满足投资者跨境资产配置为目标，支持证券经营机构走出去，在国际主要市场设立分支机构或者寻找合作伙伴，探索提供跨境经纪服务试点。具体方式上，可以参考复委托的方式，投资者均委托本地经纪商代理买卖境外证券，本地经纪商通过与境外经纪商合作完成跨境证券交易。具体路径上，可以与国家自贸区战略统筹兼顾，支持部分具备能力的证券公司在上海等自由贸易区开展试点，以此提升证券行业国际化水平，支持建设国际金融中心。

证券市场国际化倒逼交易机制优化

沙 石[*]

2019年以来，中国资本市场进一步加大了改革和开放的力度，期望以此扩大资本市场规模，推动国内经济转型和科技进步，从而抵御外部负面因素对我国经济发展的影响。本文以沪深港通北上A股交易的规模和产品服务为参照，分析A股市场国际化对境内市场、证券行业和监管制度的影响及挑战，强调优化我国证券市场交易机制的紧迫性，突出其对提高证券市场产品供给与服务水平、改善投资者结构和促进证券市场更好地服务实体经济的重要意义。

一、中国证券市场国际化的思考

2003年中国证券市场以合格境外机构投资者（QFII）制度为起点开始尝试对外开放，2014年沪港通和深港通相继启动，2018年明晟指数（MSCI）公司开始将中国A股纳入其发展中国家指数。证券市场国际化的初衷是有序扩大本国资本市场的融资规模，改善我国资本市场投资者结构，借鉴国际市场先进的投资理念，使国际资本长期有效地服务于中国资本市场和实体经济。然而，近20年的证券市场国际化实践表明，虽然国际投资者在中国证券市场的参与度有所提高，但市场开放的成效还不尽理想。

首先，国际投资者在中国股市中所占的比例提高缓慢。在QFII制度不断优化、沪深港通先后落地等政策推动下，国际资本参与中国资本市场的规模有所提高，但总体规模仍然较低。截至2019年6月底，外资持有中国股票1.7万亿元人民币，仅占A股总市值的3.2%、流通市值的3.8%。[①] 这与印度（20%+）、巴西（40%+）等发展中大国的股票市场开放度相比还有很大的差距。

其次，从投资理念和投资者结构来看，虽然引入境外投资者的确对国内市场投资理念产

---

[*] 作者单位：中国金融期货交易所。
[①] 资料来源：中证资本市场运行统计监测中心（中证监测）。

生了积极影响,但对改变国内短期交易行为和高换手率的投资风格作用有限。近年来,国内私募基金不断兴起,机构投资者占比不断提高,但个人投资者在数量上和交易量上的规模仍然很高,机构化投资的总体水平仍然较低。[①]

最后,虽然近年来我国在完善 QFII 制度、放宽证券经营机构外资持股的比例、允许境外机构成立独资私募投资基金等方面进行了诸多尝试,但在交易机制、产品供给和服务水平等方面与海外市场仍有较大差距。这导致长期以来国内券商难以为机构投资者提供高质量的产品和服务,而国际券商和投资机构虽然可以在境内开设机构,但也难以发挥其在海外市场的业务优势和服务能力,甚至难以和境内机构进行有效竞争。

二、沪深股通规模扩大折射出境内外交易机制的巨大差异

(一)沪深股通逐渐成为国际机构交易 A 股的重要通道

沪深港通北上 A 股交易的部分简称为"沪深股通"。沪深股通以其高效便捷的机制设计,使国际投资者能够直接在我国香港监管制度框架下、在基本不改变已有交易规则和习惯的情况下,顺利开展中国 A 股交易。相比之下,QFII/RQFII(以下简称"QFII")虽然在额度审批[②]、投资范围和资金赎回等方面改善不少,但其在灵活性和运行效率上仍与沪深股通存在较大差距(尤其是在外汇、税务、赎回、交易监管、适应法律等方面)。目前,除了某些挂钩产品按规定使用 QFII,或投资者需要交易不在沪深股通交易范围内的股票等情形之外,绝大多数国际投资者都倾向于通过沪深股通交易中国 A 股。由于沪深股通的替代效应,外资原有的 QFII 额度被大量闲置,QFII 使用率持续下降。

统计数据显示,截至 2019 年 4 月,QFII 的总获批额度接近 1.4 万亿元人民币,而 QFII 资产净值总额(包括持有的各类资产和增值的部分)仅为 0.83 万亿元人民币,不到总额度的 60%。从国际投资者持股情况来看,截至 2019 年 6 月底,国际投资者持有 A 股市值约为 1.68 万亿元人民币,其中沪深股通持股约 1 万亿元,占 60%,QFII 持股占 40%。而从交易量来看,沪深股通交易量约为 QFII 的 4 倍多。[③] QFII 以长期配置型基金为主,交易不频繁,而沪深股通对配置型基金和交易型基金都很有吸引力,因此交易的活跃度远高于 QFII。

(二)沪深股通凸显我国香港国际投行的竞争优势

我国香港国际投行以其卓越的服务、管理和创新能力强化了沪深股通既有的效率和成本优势。国际投资者交易和管理中国 A 股市场风险敞口的需求是广泛而多样的,尤其是各类对冲基金的交易和投资需求。目前,国际投资者一般交易需求以外的增值服务主要是由国际投行的大宗经纪业务部门(Prime Broker,以下简称"PB")通过提供融资融券、收益互换、

---

① 根据中证监测的数据,截至 2019 年 7 月,自然人持股占流通市值的 30%,专业金融机构仅占 17%。2019 年 7 月,自然人占股票市场交易量的 76.6%,专业金融机构仅占 18.5%。专业金融机构包括 QFII、RQFII、各类资管产品(公募、私募、信托、专户、券商、保险、期货)、各类长期资金(企业年金、社保基金、保险、养老金)和券商自营等。

② 2019 年 9 月 10 日,国家外汇管理局宣布,经国务院批准,国家外汇管理局决定取消 QFII 和 RQFII 投资额度限制,同时取消 RQFII 试点国家和地区限制。

③ 资料来源:中证监测。

指数连接等场外衍生品的交易及管理实现的。国际投资者通过国际投行进行 A 股交易，不仅是因为他们之间存在着广泛和长期的业务往来和信任基础，也是因为国际投行在资产规模、产品服务、衍生品交易和管理等方面的优势。

1. 国际投行可以提供各类融资型收益互换[①]产品

2019 年 6 月底的数据显示，沪深股通日均 400 亿—500 亿元人民币[②]左右交易量中以香港投行名义进行的交易约占 70%。[③] 这近 300 多亿元的交易量主要是由香港投行为国际投资者（包括各类对冲基金、量化投资基金、CTA 基金等）提供的各种场外衍生品交易而产生的，其中包括融资型资产组合互换、指数互换、全收益互换、权益凭证和场外期权等产品。从持股规模来看，目前沪深股通投资者持有 A 股的规模约 1 万亿元人民币，其中约 30% 的持股是在香港投行名下。[④] 香港投行约 3 000 亿元人民币的 A 股持仓基本上是为对冲上述客户的各类场外衍生品头寸而产生的。

除大型公募、保险、主权基金等以外，大多数国际投资者对国际投行提供的 PB 服务有较强的依赖性，原因在于：一是香港融资成本较低（3%—4%），约为内地市场融资成本的 1/2，十分有吸引力；二是客户参与各种互换、凭证、期权等场外衍生品的交易对手为国际投行，权利义务关系明确，信用风险低；三是投行 PB 能够提供所有交易、风控和结算等服务，对投资者来说既达到了交易投资的目的，又节省了自身的交易、风控、合规等流程和成本，可谓双赢，因此即使不需要融资的投资者也可能通过 PB 服务以减少运营和合规成本；四是对于客户而言，通过投行 PB 进行的交易通常具备较好的私密性，客观上也能够降低来自港交所和中国境内交易所直接监管干预的可能性。

2. 融券和其他衍生品交易

香港国际投行可以根据自己的沪深股通持股提供融券业务，以满足部分投资者 T+0 交易和对冲避险等需求。据估计，香港投行沪深股通持股中 50%（约 1 500 亿元人民币）的股票可以用来做融券业务，实际融券余额可能在人民币 600 亿—900 亿元区间。[⑤] 相比之下，2019 年 6 月底境内全市场年度累计融券卖出金额为 1 366 亿元人民币，融券余额仅为 88 亿元人民币。[⑥] 我国香港融券成本较低，对投资者有较强的吸引力。

值得注意的是，香港国际投资者融券卖出 A 股的目的并非恶意做空中国，而是为实现投资目标而采取的一种交易策略。调研过程中，受访机构否认存在利用融券投机性做空中国股票的裸卖空交易者。交易者通过融券卖出可以实现日内交易，量化对冲交易者可以对市场波动或估值偏差进行逆向交易，Alpha 策略交易者可以对冲市场风险等。此外，香港投行也提供与 A 股有关的其他场外衍生品交易，包括指数期权、ETF 期货期权、少数涡轮和个股

---

① 收益互换是最基本的 PB 资本中介服务之一。其主要内容包括：在 ISDA 主协议框架下，投行与客户签署互换协议，确定收益互换交易的标的（一只或一篮子股票、股票指数等），规模，杠杆比例以及融资，交易和结算成本等。之后投行根据客户的要求（或指令），以自己的名义进行相关的证券交易，以对冲互换协议形成的对客户的支付义务。客户承担互换协议规定的股票交易的盈亏并支付协议规定的融资、交易和结算等费用，而投行收取相关费用，但基本不承担市场风险。
② 根据中证监测 2019 年 6 月底的数据，沪深股通 2019 年日均交易量为人民币 434 亿元。
③ 数据来自市场参与者对沪深股通交易量分布的估计。
④ 数据来自市场参与者对沪深股通持仓分布的估计。
⑤ 该数据没有公开统计，根据券商调研，估算融券余额约占投行总持股的 20%—30%。
⑥ 资料来源：中证监测。

期权等,但目前这类交易的规模较小。

3. A股指数期货可能在香港上市

目前,香港证券市场A股交易生态圈中唯一缺失的是中国A股指数期货产品。国际投资者对于在香港上市A股指数期货的需求和期望一向很高,MSCI也已将开放A股指数期货市场作为未来继续提高中国A股权重的前提条件。因此,未来香港获准上市MSCI中国A股指数期货可能只是时间问题。而一旦MSCI中国A股指数期货在香港上市,沪深股通的总体交易量将会进一步增加,国际投行提供给国际投资者各类衍生品的种类和规模也会进一步增加。届时,香港作为中国A股离岸市场的地位将会更加稳固。

(三)沪深股通折射出中国市场交易机制的缺陷

中国证券市场发展近30年,从无到有取得了巨大的成就,但是与国际证券市场相比,仍然有较大差距。沪深港通北上交易的快速发展也进一步凸显了我国证券市场在交易机制、产品供给、服务水平等方面的不足,其中较为突出的问题有以下几方面[1]:

1. 融资融券交易不匹配、成本过高

目前中国融资融券市场还处于初级发展阶段。在这方面较为突出的问题是融券交易标的范围有限(最近有所扩大)、券源少、成本高,这令大多数有融券需求的交易者望而却步。2018年,我国全市场融券卖出交易金额为1 900亿元,仅为融资买入金额的2.5%;期末融券余额68亿元,仅占融资余额的0.9%[2],融券与融资业务规模相差较大。从成本角度来看,我国融资融券平均成本在7%—10%,而香港则平均在3%—6%,差距明显。除券源少、环节多以外,融资融券成本高的另一个重要原因是市场流动性风险,尤其是10%的涨跌停板制度对中小盘股票流动性的挤压。当股票快速达到涨停或跌停时,中介机构可能面临因无法对客户融资融券头寸进行及时风险处置(平仓)的流动性风险,这直接导致"两融"风险溢价居高不下。

2. 场外衍生品市场发展缓慢

我国股票类场外衍生品业务试点始于2013年。总体来说,场外衍生品市场起步晚、规模小、发展缓慢、功能发挥有限。目前,场外衍生品业务主要包括场外期权和权益互换两大类。2018年场外期权监管新规出台后,场外衍生品呈现集中度不断提高、参与主体不断减少、标的集中、规模下降的趋势。2018年全年场外衍生品新增名义本金(交易规模)约为8 772亿元人民币[3],仅相当于证券市场两天的交易量。同年沪深股通A股总交易额约为4.7万亿元[4],以香港投行占其中70%的交易量计算,2018年香港投行沪深股通A股交易额约为人民币3.3万亿元。2019年沪深股通总交易额和香港投行的交易额可能较2018年翻一番。如前所述,沪深股通中香港投行的交易量绝大多数与国际投行为其客户提供的结构性场外衍生品有关,这说明香港国际投行为投资者提供的场外衍生品交易规模远远大于境内市场规模,也从侧面显示出我国场外衍生品市场落后的尴尬局面。

---

[1] 涉及交易机制的问题十分广泛,这里仅就与本文分析有关的交易机制的部分问题进行讨论。
[2] 资料来源:中证监测。这个比例在2019年上半年基本没有改变。
[3] 资料来源:中国证券业协会。
[4] 资料来源:中证监测。

3. 股指期货市场功能弱化

自从 2015 年市场异常波动以来，股指期货市场交易受到严格限制。虽然过去一年来中金所逐步放宽了限制措施，但限制过严的局面依然存在。目前 3 只股指期货产品日均交易量约为 20 余万手[①]，仅是 2015 年初的 1/10。目前，沪深 300 指数日均期现货交易额之比平均不到 0.7 倍，远低于标普 500 指数（4.8 倍）、恒生指数（7.9 倍）和日经 225 指数（3.5 倍）等的期现货交易倍数。[②] 从市场深度看，沪深 300 股指期货 5 档行情平均报单量仅为 20 手左右，是 2015 年初的 1/15。相比之下，标普 500 迷你指数期货的 5 档行情平均报单量在 750 手以上。由此可见，现行交易限制措施影响了机构投资者参与股指期货市场的效率，限制了股指期货市场功能的发挥，制约了场外衍生品市场的发展，进而也阻碍了中国证券市场效率、规模和竞争力的提升。

4. 对证券市场机制的理解过于保守和狭隘

上述交易机制落后和产品创新不足的问题与国内过于保守、甚至错误的市场理念直接有关。例如，部分媒体、从业人士和公众只乐于看到股票市场上涨，但厌恶市场下跌，这导致监管取向对于融资买入和衍生品多头交易容忍度高，而对融券卖出、股指期货空头交易容忍度低。股票市场价格下跌经常被误认为是空头交易造成的，而对市场下跌的真正原因避而不谈。除套期保值以外的空头交易被普遍误认是损害市场和投资者利益的不当投机行为。通过行政手段限制市场交易，进而限制股票价格波动的做法被误认为是保护市场、保护投资者的合理行为。这些误解直接导致了监管机构和交易所被迫对融券业务、场外衍生品和场内衍生品交易采取了过于保守的态度和过于严苛的交易限制，因而对市场结构、规模及其均衡性产生了较大影响。

三、沪深股通交易规模扩大对境内市场的影响

（一）对 QFII 和 RQFII 的影响

QFII 制度是发展中国家较为普遍采用的市场准入制度。这个制度一般从严到松，逐步演变成注册制，即只要投资者满足合规要求，就可通过注册参与市场交易；取消额度审批，资金自由进出；国际投资者接受与境内机构一致的监管。目前，中国已经取消了 QFII 额度的审批，QFII 交易范围的进一步扩宽也指日可待。但是 QFII 投资者在利润汇回、税务清账流程以及由于交易机制的约束在境内获得高质量产品和服务等方面仍然存在很多不足。而沪深股通为国际投资者在交易的便捷性、资金使用效率、产品多样性、外汇管理和投行服务等方面提供了更好的体验。这使得国际投资者仍然普遍倾向于利用沪深港通而非 QFII 交易中国 A 股市场。这一趋势已经引起了监管层的高度重视。

（二）对境内投资者的影响

如前所述，沪深港通双向市场开放强化了我国香港市场的竞争优势，也凸显了内地证券市场的竞争劣势。香港股票市场的交易效率和成本优势必然对境内投资者产生吸引力，这很

[①] 资料来源：中国金融期货交易所。
[②] 标普 500、日经 225 和恒生指数的日均期现货交易额的倍数是基于 2018 年的数据计算的。

可能导致部分境内资金通过正规或非正规渠道流入香港，再通过沪深股通方式开展 A 股市场交易。绕道香港交易 A 股既降低了交易成本，又规避了境内市场的监管。当然，在目前严格的资本管制条件下，境内资本取道香港交易中国 A 股（俗称"假外资"）还是十分困难的，也不普遍，不过这个趋势值得高度关注，它所折射出的我国市场交易机制和服务水平的问题应予以及时应对。

（三）对境内证券行业的影响

证券经纪行业是中国资本市场的重要组成部分，是连接投资者和证券交易市场的纽带，也是证券市场服务实体经济的抓手。沪深股通的顺利发展，客观上使境内证券经纪机构失去了通过服务国际投资者强化自身产品和服务能力的重要契机。不仅如此，落后的交易机制也限制了境内券商进行产品创新和服务境内投资机构的能力和效果。虽然多数大型境内券商都在香港建立了分支机构，但是大多难以和实力强大的国际投行进行竞争。目前，香港中资券商主要业务集中在 IPO 以及对部分港资和中资机构及个人的一般经纪业务上，而在衍生品交易、服务和管理等方面规模较小、实力较弱。

（四）对市场监管的挑战

在香港市场交易 A 股使境内监管机构面临两难境地：一方面，沪深港通是中国资本市场开放的重要机制，在中国股票市场对外开放中发挥着重要作用；另一方面，在不同的监管体系下，境内监管机构对 A 股市场的总体监管职能被一定程度弱化。尤其是海外投资者通过香港的券商、投行等中介机构的综合账户进入市场所产生的交易（日均约 300 亿元），由于其参与者较多、产品种类复杂、特征各异、相互对冲，并可能与券商的自营及风险管理交易混合在一起，想了解清楚十分复杂。香港券商没有向中国证监会进行交易报告的义务①，这使得内地监管机构无法及时掌握沪深股通交易的详细情况和对境内市场的潜在影响。即使有所了解，也囿于法律和监管制度的差异，难以实施实质性监管。

（五）对境内市场结构完整性的影响

香港 A 股交易市场的发展虽然可以提高中国证券市场的开放度，但对中国股票市场本身，对证券机构的国际化及业务发展来说却可能是一个潜在的竞争关系。中国资本市场越开放，国际投资者越倾向于通过香港间接交易中国 A 股市场，直接参与沪深市场交易也就相应地越来越少，这势必会对境内市场结构的完整性带来较大影响。香港市场多渠道、多产品、多功能的中国 A 股交易越丰富，对内地市场在交易、定价和风险管理等方面的影响也就越大。

沪深股通 A 股日均交易量占 A 股全市场交易量的比重已经从 2017 年的 1.1%、2018 年的 2.8% 提高到 2019 年 3.7%（上半年平均值）。② 随着中国 A 股在 MSCI 和 FTSE 等国际指

---

① 香港证券机构各类场外衍生品交易（各类互换和场外期权等）都必须每日向香港金融管理局（HKMA）管理下的 HKTR（香港交易资料储存库）报告。如果机构持有的全部场外衍生品名义金额在 3 000 万美元以下，则豁免报告要求。

② 资料来源：中证监测。

数中的权重不断提高,沪深股通成交比例可能会快速提高。此外,沪深股通每日近 450 亿元人民币的交易额已经相当于香港股票市场日均交易额的 1/3[①],其对香港证券市场的重要性必然会日益提高。这个趋势对香港证券市场的好处是不言而喻的,而对境内证券市场发展和国际化进程的长远影响可能是喜忧参半。

四、优化我国股票市场交易机制和服务水平

中国资本市场的不断开放凸显了国际资本市场在交易机制、产品供给和服务水平等方面的优势,也为我们敲响了警钟。证券市场交易机制的落后是我国证券公司服务效率低、经营能力差、国际竞争力弱的重要原因之一。为此,除了继续优化 QFII/RQFII 投资者准入机制以外,有必要从交易理念和监管实践上进一步解放思想,积极探索和推进我国证券市场交易机制的优化。

(一) 充分认识均衡交易的重要性

一般来说,重大经济金融政策的改变往往直接影响投资者预期和资本流向,进而对市场价格水平产生影响,因此决策者有必要充分理解、洞悉这些政策与市场走向和价格水平变化的内在逻辑与趋势。而市场组织者的职责是维护市场公平、有序、高效和均衡地运行,并让市场尽可能反映真实的价格水平。也就是说,市场组织者应该把注意力、发力点放到维护市场的公平、有序、高效和均衡上,而不是单纯的市场价格水平和市场涨跌上。

因此,交易机制优化的目标应该是使股票和场内衍生品得到充分的交易,买方和卖方的利益得到同等的关注和保护,并由此形成买卖双方均能接受的、合理均衡的价格水平。过度限制价格波动、限制交易或以各种直接或间接的方式鼓励做多、限制做空都是对市场公正、有序、高效和均衡交易的干扰和破坏。必须重新审视目前各项交易机制中对做空交易的限制。充分而高效的期现货市场中的多空交易不仅可以充分释放市场风险,也因此能够发现更接近真实价值的市场价格。而充分交易形成的市场价格,无论高低,都比在行政干预和限制下产生的价格更具有均衡性和稳定性。

(二) 充分认识空头交易的必要性

长期以来,少数媒体、业界人士和公众对资本市场的做空机制持有怀疑甚至敌意的态度。这实际上是缺乏对证券市场交易机制客观认识的结果。在生活中,只要交易双方有意愿,对价格认可,买卖即可成交。除欺诈和犯罪等行为另当别论外,买卖双方是平等的,没有尊卑善恶之分。资本市场上的多空交易也是如此。融券卖空以及利用各种场内或场外衍生品进行的空头交易,与各种多头交易是一一对应的,对于形成均衡稳定的市场价格、丰富交易产品供给、改善市场结构、扩大资本市场融资规模有着十分积极的意义,应该予以充分肯定。

做空机制的重要性主要体现在以下几方面:一是只有充分的多空博弈才能产生更真实的

---

① 根据中证监测 2019 年 6 月底的数据,2019 年香港累计日均成交金额为 700 亿元港币(单边),沪深股通 2019 年日均交易额为 434 亿元人民币(双边)。

市场价格;二是空头交易和持仓是投资者对其多头头寸进行风险管理的重要机制;三是空头交易是抑制市场过热、泡沫产生或个别股票估值过高的重要制衡机制;四是空头交易有助于尽早发现、暴露个股风险（包括财务欺诈、经营风险等），是市场发挥优胜劣汰功能的重要机制;五是衍生品的多空交易机制使证券经营机构、资产管理机构能够进行产品创新，为投资者提供定制化服务和稳健的投资回报;六是投资产品的丰富有助于吸引各类风险偏好的投资者进入资本市场，扩大资本市场的总体规模;七是衍生品多空交易带来的产品供给和机构服务水平的提高，可以极大促进A股市场生态从散户投资向机构化投资的转型。

（三）交易机制优化应以服务机构投资者为首要目标

以发展融资融券和各种场内外金融衍生品为主的交易机制的优化应当以更好地服务机构和专业投资者为首要目标。尤其是权益类场外衍生品，由于其品种繁多、形式复杂、风险管理难度较高，依据国际市场经验，这类产品的使用者主要是机构投资者。场内和场外衍生品的灵活运用，不仅使机构投资者（尤其是实力较强的持牌机构）可以进行有效的风险管理，也可以由此设计合成各类结构性、连接性、市场中性、量化对冲等投资产品，进而丰富资本市场的产品供给、提升机构投资者的投资能力和业绩回报能力。机构投资者投资能力和资产管理规模的提高也间接为广大散户投资者提供了更加多元化的投资渠道，提升了对散户投资者的综合服务能力和水平。当然，监管机构必须加强对中介机构场外金融衍生品交易的监管，包括严格的投资者适当性要求、产品和客户的集中度限制、风险管理制度和能力的审查、交易报告的及时性和准确性等。

（四）交易机制优化的若干建议

交易机制问题涉及面极广，无法面面俱到，本文从以下几个方面进行尝试。

1. 放宽中小盘股10%的涨跌停板制度

在T+0交易短期难以实现的情况下，放宽中小盘股的涨跌停板幅度有助于提高股票现货市场的流动性以及价格发现和风险缓释的效率，对减少投机和操纵也有积极的作用。在这方面，上海科创板已经做了积极的尝试，值得推广。相对于大型蓝筹股，中小盘股票有明显的高波动性和低流动性的特点。尤其是在某些信息披露或某些市场事件发生时，由于流动性不足，相关中小盘股票的价格可能在极短的时间内和极少交易量的情况下跳升或下跌10%，触发涨停或跌停限制，并造成大量涨跌停以外的报单无法成交。这实际上限制了股票的流动性，限制了股票的价格发现功能，妨碍了市场风险的及时释放，从而造成市场风险的累积、爆发和蔓延等后果。

2. 提高融券业务的便利性并降低交易成本

融资融券交易是全球股票市场发展十分成熟的交易机制，是证券公司的基础业务之一，也是各类交易策略、投资产品赖以存在和发展的基础性制度。我国证券市场融资易、融券难的问题与融资融券的机制设计和对证券市场交易机制的误解有关。融券交易的效率和成本问题也被长期忽视。有必要重新审视并优化现有的融券交易机制，使融券渠道多元化，减少不必要的中间环节，降低融券成本，提高交易效率。2019年6月14日中国证监会出台了公募基金参与转融通证券出借业务指引;2019年4月30日上交所等发布了科创板转融通实施细则，尝试扩大融券标的、扩大券源和提高融券业务开展方面的灵活性。科创板"两融"成效显著，值得肯定和推广。

3. 恢复股指期货常态化交易并尽早实现对外开放

标准化的场内指数期货、期权交易是证券市场的基础交易制度之一。股票市场和场外衍生品市场的发展很大程度上依赖于一个交易机制合理、流动性高的场内衍生品市场。因为证券机构通过为客户提供场外衍生品而形成的风险头寸（包括融资融券、收益互换、场外期权等），主要是通过流动性高、交易成本低的场内衍生品市场进行对冲和管理。而各类资产管理人直接通过交易场内衍生品进行交易管理和风险对冲也是极为普遍和有效的手段。我们必须认识到，场内衍生品市场的发展是中国证券市场整体发展水平和国际竞争力提高的基础。缺乏场内衍生品市场的证券市场必然在市场流动性、价格发现、风险管理，产品创新、服务能力等方面存在不足，这有碍于证券市场的国际化及其服务实体经济能力的提高。

4. 积极发展场外金融衍生品业务

以场外期权、各类互换、结构性投资产品为代表的场外衍生品交易是金融机构（尤其是证券公司）产品创新能力、交易能力、服务能力、风险管理能力的集中体现，也是其服务机构投资者、扩大市场机构化水平、提高社会融资规模、进而服务实体经济的重要抓手。2018年美国股权类场外衍生品的年末持仓规模是其股票市场总市值的 10%，这一比例在欧洲约为 20%[1]，而我国 2018 年末股权类场外衍生品持仓仅为我国股票市值的 0.8%[2]，亟待进一步发展。国际上大型投行和资产管理公司提供的很多投资产品经常是通过场外衍生品组合为客户量身定做的，而投行提供产品服务后形成的风险头寸一部分也经常通过投行之间或投行与其他客户之间的场外衍生品交易进行风险对冲。场外衍生品交易已经成为现代证券投资市场必不可少的组成部分。

五、总结

沪深股通使中国 A 股在香港市场的可交易性大大提高，这在很大程度上有倒逼我国股票市场交易机制优化的积极作用。但是交易机制优化和国际化的目的并不是针对香港市场，而是为了提升我国证券市场的总体规模和服务水平，提高我国在全球资本竞争中的竞争力，促进证券市场更好地服务于国民经济的高质量发展，也是为了确保扩大开放前提下中国证券市场监管的有效性、完整性和安全性。从这个角度出发，决策者有必要在交易理念和监管实践上进一步解放思想，积极探索和推进我国证券市场交易机制的优化，为资本市场进一步扩大开放创造有利条件。

---

[1] 根据 BIS2018 年统计数据，美国权益类场外衍生品年末未平仓名义本金为 2.93 万亿美元，欧洲市场为 2.02 万亿美元。2018 年底，美国和欧洲（德、法、英）股票总市值分别为 30.4 万亿美元和 9.1 万亿美元。

[2] 根据中国证券业协会数据，2018 年中国场外衍生品市场年末未平仓名义本金为 0.35 万亿元人民币。2018 年底我国股票总市值为 43.5 万亿元人民币。

交易机制优化视角下的系统流动性风险防范策略分析
——境外经验及其借鉴

李 滨 王 雯[*]

一、引言

国际货币基金组织（IMF，2011）将系统流动性风险定义为在短期债务展期或获得新的短期债务时，多个金融机构同时面临困难，造成货币市场和资本市场普遍混乱的风险。它是系统性风险的具体反映，直接源于金融市场的资金供给不足。作为金融市场的血脉，流动性在系统性风险的形成、累积、扩散等整个演化过程中如影随形，市场风险、信用风险等基础风险问题均是通过转化为流动性冲击作用于市场，并可经"流动性螺旋"效应引发流动性危机，流动性枯竭更是历次金融危机爆发最直观的反映。因此，防范系统性风险的关键在于防范系统流动性风险。而证券交易机制对流动性的影响贯穿整个交易过程，其通过影响投资者决策和资产定价过程间接作用于流动性。因此，对证券交易机制的优化调整是危机时期改善市场流动性的关键一环。有鉴于此，本文以证券交易机制为切入点，寻找交易机制与流动性供给的内在关系，以期为我国证券市场系统性风险防范、交易机制的修订提供借鉴。

二、市场交易机制概述

（一）市场交易机制

市场交易机制（Trading Mechanism），主要指市场的价格形成模式，其最重要的功能是实现交易者潜在的买卖需求，不同的交易机制通过对价格发现过程产生影响，形成巨大差

---

[*] 作者简介：李滨，博士，中泰证券股份有限公司风险管理部副总经理；王雯，博士，中泰证券股份有限公司风险管理部高级经理。原载于《中国证券》2019年第11期。

异。不同国家、不同资产的交易机制各不相同，而不同交易机制提供流动性的能力、撮合交易的效率以及执行的交易成本也不尽相同。

根据流动性提供方式，市场交易机制可分为报价驱动型（Quote – Driven）、委托单驱动型（Order – Driven）以及混合驱动型三类。报价驱动型机制，又称为做市商（Dealer Market）交易机制，由做市商在交易时段持续提供买卖报价，不断向市场提供流动性。委托单驱动型交易机制，又称为竞价交易机制（Auction Market），其市场流动性是由非指定的交易者发布的委托单提供的，不存在指定的中介机构有义务向市场提供流动性（见图1）。目前，委托单驱动交易机制是目前我国金融市场的最主要组织方式。

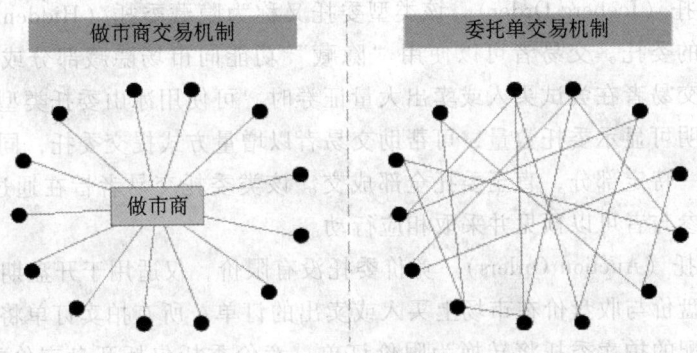

图1　两种交易机制报价途径

（二）委托单类型

1. 基础委托类型

（1）市价委托（Market Order）。市价委托是以市场出价（或要价）买入（或卖出）的委托，交易者只提供委托的数量而不指定交易价格，因此，市价委托可增加交易执行的效率，但不能提供价格保护，交易可能在远远低于（或高于）当前显示的买价（或卖价）水平执行。

（2）限价委托（Limit Order）。限价委托以交易者指定的价格及数量买入或卖出，与市价委托相反，其能够保证价格以优于或等于指定的价格执行，但不能确保委托执行。若委托不能去全数执行，则剩余部分按照交易优先规则进入委托簿队列等待。

2. 国际证券市场常见委托类型

世界各国的证券交易市场根据各自的历史习惯、交易制度、交易规则、技术条件和投资者需求发展了丰富的委托单种类。下面简要介绍几种在国际证券市场上比较常见的委托类型。

（1）止损委托（Stop Order）。止损委托要求交易者指定止损触发价格或限度，当市价高于该止损价格时买进证券，当市价跌至该止损价格时以市价卖出，以限制损失或保护收益，卖出止损委托的限定价格低于市场价格，买入止损委托限定价格高于市场价格。止损委托主要有标准止损委托（Standard Stop Orders）、限价止损委托（Stop – Limit Orders）和追踪止损委托（Trailing Stops）等类型。

（2）有效期限委托（Time – In – Force Orders）。该类型委托限定了在交易执行或到期前委托的有效时间，该类委托包括日委托（Day – Only Order）、取消前有效委托（Good Till

Canceled)、到期前有效委托（Good – Till – Date，GTD）、到时前有效委托（Good – Till – Time，GTT）、立即执行或取消委托（Immediate – Or – Cancel，IOC）、全数立即执行或取消委托（Fill Or Kill，FOK）等。

（3）条件委托（Order Qualifiers）。该类委托通过设定数量、时间和价格等限制，制定订单的执行条件，只有符合该限定条件，才可执行交易。该类型委托包括：最小数量委托（Minimum – Quantity）、触及市价委托（Market If Touched Order，MIT）、全部成交或全部不成交委托（All Or None Order）、交易优先委托（One Sends Other Order，OSO）、二选一委托（One Cancels Other Order，OCO）等。

（4）冰山委托（Iceberg Order）。该类型委托又称为隐藏委托（Hidden Order），通常应用于交易量较大的委托。交易者可以使用"隐藏"功能向市场隐藏部分或全部委托，不在系统中显示，且交易者在尝试买入或卖出大量证券时，可使用冰山委托类型向市场匿名。交易者也可选择指明可显示委托数量，可帮助交易者以增量方式提交委托，同时又仅公开显示整体委托量的某一特定部分，直至委托全部成交。该类委托交易者旨在通过隐藏部分数量，以避免其他市场参与者可以预见并采取相应行动。

（5）竞价委托（Auction Orders）。竞价委托没有限价，仅适用于开盘期与收盘期。竞价委托是以计算开盘价与收盘价在市场上买入或卖出的订单。所有拍卖订单将按时间优先显示和匹配，无法匹配的拍卖委托将转换为限价订单。竞价委托包括开盘市价委托（Market On Opening Order，MOO）、收盘市价委托（Market On Close Order，MOC）、收盘限价委托（Limit On Close Order，LOC）、开盘限价委托（Limit On Open Order，LOO）等。

（6）一揽子委托（Basket Order）。该委托交易者可通过该类型委托于管理多个证券的组合，该类委托具有灵活性和可设置性，交易者提交委托时，只需提供交易的总规模及所追踪的组合（或指数）成分（可自定义），系统将自动计算各个证券的买进或卖出数量。

（7）市价转限价委托（Maket To Limit Order，MTL）。市价转限价委托按市价委托提交并以当前最佳市场价格执行。若委托仅被部分执行，则剩余委托被取消并以与已执行部分相同的价格作为限价委托被重新提交。

（8）挂钩委托（Peg Order）。挂钩市场委托（Pegged To Market）是设计用来使买入价与最佳卖价挂钩，或者卖出价与最佳买价挂钩。交易者通过输入一个他们可以接受的最差的限价价格和一个抵消额来计算动态的限价价格。

挂钩中点委托（Pegged To Midpoint，PTM）将委托价格按照市价变化实时自动调整至最佳买卖报价的中位数价格，以争取交易执行的主动性。

以上委托在不同的交易所会有不同的名称，但概念是一样的；另外，各委托类型之间并不是严格区分的，通过对多种委托类型的组合应用可实现投资者的个性化需求，表1则列示了部分期限与价格组合的委托类型。

表1　　　　　　　　　　　期限与价格组合委托类型

类　　型	DAY	GTC	GTD	GTT	IOC	FOK
限价委托（Limit Order）	Y	Y	Y	Y	Y	Y
市价委托（Market Order）	Y	Y	Y	Y	Y	Y

续表

类型	DAY	GTC	GTD	GTT	IOC	FOK
止损限价委托（Stop Limit Orders）	Y	Y	Y	Y	Y	Y
止损委托（Stop Orders）	Y	Y	Y	Y	Y	Y
冰山委托（Iceberg Orders）	Y	Y	Y	Y	Y	Y
挂钩中点委托（Mid Price Pegged Orders）	Y	N	N	Y	N	N

表 2 概括了部分世界主要证券交易市场使用的委托单类型。

表 2　世界主要证券交易市场使用的委托单类型

交易所名称	常用委托类型
纽约证券交易所	限价委托（FOK、FAK、PTM）、市价委托（IOC）、竞价委托（MOC、LOC、MOO、LOO 等）
伦敦证券交易所	限价委托、市价委托、止损限价委托、止损委托、条件委托、中位挂钩委托、冰山委托等，按照不同的期限又包括 DAY、GTC、GTT、IOC、FOK 等
新加坡证券交易所	限价委托（FOK、FAK）、市价委托（MOO、MOC、LOO、LOC 等）、市价转限价委托、触价委托（止损委托及条件触发委托）
东京证券交易所	限价委托、市价委托、开盘委托、收盘委托、盘中限价未成交转收盘市价委托、IOC
香港证券交易所	竞价委托、限价委托，任一委托可有如下选项（FOK、FAK、DAY*、EXP、DATE）
沪、深证券交易所	限价委托、市价委托

注：DAY 即为前文所述的 Day-only Order 的缩写，DATE 为 Date Order 的缩写，EXP 为 Expiry Date 的缩写。

美国交易委托类型多达 60 多种，几乎涵盖了所有的委托类型，这些交易委托类型按照价格形成方式大体可分为市价委托、限价委托、竞价委托、其他四种委托类型，根据 2018 年 10 月最新数据，其交易分布占比情况如图 2 所示。

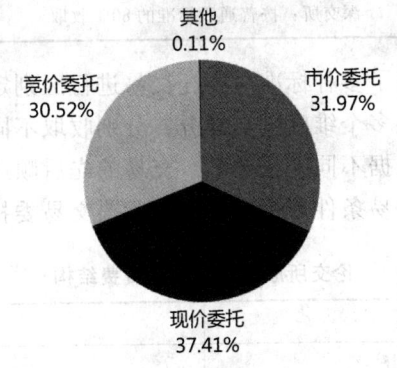

图 2　NYSE 委托类型占比

其中，市价委托、竞价委托以及限价委托占据了绝大部分委托类型，委托量最大。如图 3 所示，长期来看，限价委托量始终略优于市价委托，而竞价委托与其他两类委托有明显的此消彼长的互补效应。

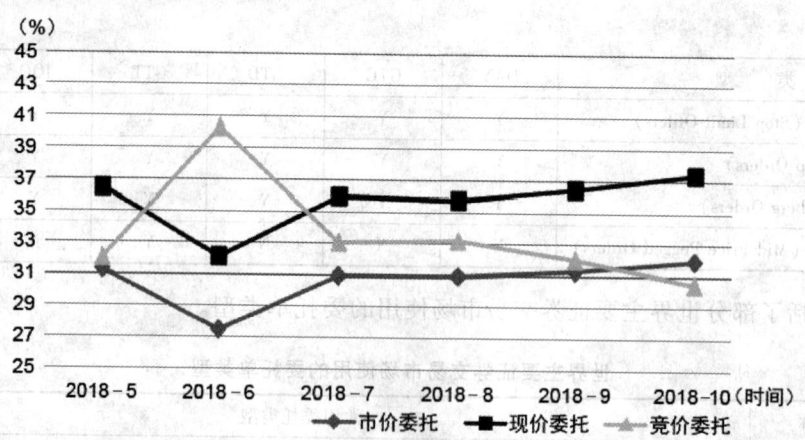

图 3　NYSE 委托类型月平均占比

（三）委托交易资费结构

国内证券市场中，投资者在委托买卖证券时应支付的交易费用通常包括印花税、经手费、监管税、席位费等几项费用。交易所根据不同的业务或产品类别设置收费标准，对于相同类别产品采用统一的标准进行收费，资费结构相对单一。表 3 为上交所及深交所对股票交易收取的费用标准，对于 A 股交易委托均采用成交金额的 0.00487% 进行收费。

表 3　国内证券交易所收费标准

业务类别	收费项目	收费标准	收费对象
A 股	经手费	成交金额的 0.00487%（双向）	会员等上交易所
B 股	经手费	成交金额的 0.00487%（双向）	会员等上交易所
优先股	经手费	上交所：成交金额的 0.0001%（双向） 深交所：按普通股标准的 80% 收取	会员等上交易所

欧美证券交易所大多采用了多种标准对委托交易进行区别定价，除了以产品及业务类型外，对于同一类型产品也会从多个维度进行区分，分别收取不同的费用。以伦敦证券交易所为例，如表 4 所示，伦交所根据不同委托类型、交易的先后顺序、流动性消耗还是供给、是否会员机构、是否符合自营交易条件等标准，对各股票交易委托进行差异化收费。

表 4　伦交所股票交易委托资费结构

伦交所收费项目	收费标准
前 35 亿英镑交易委托	0.45bp
之后 50 亿英镑交易委托	0.35bp
剩余额度交易委托	0.25bp
FTSE 350 证券流动性提供者方案	
符合方案要求的被动成交委托	免费
非会员机构的指定客户月度费用	2 500 英镑
不符合方案要求的指定客户的 FTSE 350 交易委托	0.45bp

续表

伦交所收费项目	收费标准
符合流动性接受者方案的主动成交	
月度费用	4 000—40 000 英镑（符合自营交易条件的享受每月折扣）
交易委托	0.15—0.28bp
冰山委托	额外收费 0.25bp

三、市场交易机制与流动性的内在联系

不同的交易机制在汇集、处理和撮合委托单方面的差异，必然会对交易和决策过程产生重要影响，导致不同的价格发现过程以及流动性供给。

（一）委托单类型对流动性的影响

委托驱动的交易机制没有特定的中介机构（如做市商）持续地向市场提供流动性，其流动性完全是由交易者提供的限价委托提供的。交易者向市场提交的限价委托，可以保证其他投资者在需要交易时进行交易，从而为市场提供了流动性。限价委托量越多、潜在的交易需求越大，市场深度越高，那么市场的流动性也越好。然而，相比市价委托，限价委托因可能偏离市场价格而面临较大的委托执行风险。

相比限价委托，市价委托对即时流动性的需求更强。市价委托仅指定拟交易证券的数量，而不指定交易价格，其通过降低市场深度，消耗市场流动性，实现相应规模的交易。大额的市价委托单通常比小额市价委托单更难以执行，为了完成交易，交易者有时必须适当降低其卖价或提高其买价来鼓励另一方的交易者参与交易，这种价格让步被称为委托的市场冲击力，也构成大额交易中最主要的交易成本。

（二）交易成本对流动性的影响

无论报价驱动型交易机制还是委托驱动型交易机制，流动性的供给都是建立在交易者对交易需求与交易成本、风险的多方衡量基础上的。国外学者 Dupont（1999）曾对交易税与流动性间的关系做出研究，通过建立一个包含做市商、知情交易者与流动性交易者三个主体变量的模型，发现交易成本变化对流动性的影响程度取决于市场条件：当市场条件有利时，交易成本的增加会降低市场流动性，但流动性降低程度将低于交易成本的增加幅度；而当市场条件不利时，交易成本的增加将对市场流动性产生显著的影响，流动性降低程度远大于交易成本的增加幅度。虽然上述变化的具体程度取决于市场条件，但从维持市场流动性的角度来看，交易成本的有效管理对于提高市场流动性有显著的作用，尤其是极端市场情境下，交易成本的降低对于流动性的改善能够起到巨大的推动作用。

四、优化我国证券交易机制的相关思考

交易机制是证券市场稳定运作的前提和基础，其合理与否直接决定着市场运行效率。科

学、合理、有序的交易机制可向市场传递积极信号、提高交易者信心、增强市场活力,从而极大地提高市场流动性,促进市场的规模发展和功能深化。

(一) 我国证券交易机制存在的不足

丰富的委托单类型及资费结构是资本市场成熟发展的重要标志。相比欧美发达国家交易市场机制,国内证券交易机制目前存在以下两个方面问题有待进一步作出优化。

1. 资费结构单一

我国资本市场经过长时间的发展演化,已初步具备了相对成熟、稳定的流动性供给机制,在正常市态下流动性供给机制运作平稳,基本上能够满足交易者对市场流动性的需求。然而,在极端市场环境下,例如 2008 年金融危机、2015 年股市异常波动时,都伴随着流动性的剧烈波动,众多主要国家金融市场出现了流动性突然大幅减少甚至消失的现象,导致全球金融体系的紊乱。

我国交易所是根据业务或产品类别统一收取费用,资费结构相对单一,这种定价模式具有计算简单、不易产生资费争议等优势。然而,在流动性出现严重稀缺时期,伴随着交易实现的难度急剧上升的情况下,交易成本的居高不下,将导致问题的进一步恶化,无法有效发挥交易机制的优化资源配置作用。

2. 委托种类较少

在中国证券市场发展前期,以散户为主的投资者构成使得证券市场的交易品种和创新进程一直未有实质性的突破。相比机构投资者,个人投资者的交易策略相对简单,对交易方式的需求较少。为迎合投资者结构个人化的现实状况,沪、深证券交易所的交易机制相对简单,资费结构、委托类型等的设计都较为单一。然而,随着近年来证券市场规模的快速增长和投资者对市场认知的不断深入,以往较为单一的委托类型由于在灵活性、有效性等方面的局限性,已无法满足日趋多元化的投资策略需求。

(二) 对策与建议

基于前述存在的问题,在借鉴境外成熟资本市场的领先经验的基础上,建议从以下几个方面优化我国证券市场交易机制。

1. 设置差异化资费结构,建立流动性补偿激励机制

已有学者通过比较股市危机中限价委托交易者与做市商的行为特点,发现做市商在危机期间在提供市场流动性、稳定市场价格方面明显优于限价委托交易者,这在一定程度上缘于做市商因不断提供流动性而得到了补偿;而委托交易者提供流动性与否,则取决于其对交易成本、交易风险的多方权衡。二者的行为差异,凸显了交易成本在极端市态下对流动性产生的较大影响作用。伦交所、纽交所等境外成熟交易市场均设置了多层次、差异化的资费结构,纽交所曾发布 37 页的报告专门用以说明其交易机制,其中有 15 页都是关于证券市场交易的资费结构说明,可见欧美市场已充分认识到资费结构对证券市场流动性起到的积极作用。以美国股票交易所为例,同一个股票可同时在多个交易所交易,各交易所间互相竞争流动性,而收费模式则成为判断交易所服务水平的重要依据。为了争取更多的交易,美国所有的证券交易所都为创造流动性的交易减免交易费用或返利,同时向消耗该流动性进行交易的委托征收更高的费用。随着这种激励机制的日益普及,越来越多以专门获取交易回扣为赢利

目的的交易策略便应运而生，此举大大增加了市场流动性。

因此，对部分交易委托的优惠激励政策不但不会降低证券公司的佣金收益，反而因其带来的市场活跃度的提高，给投资者和券商创造了更多的盈利机会。我国可充分借鉴欧美成熟证券市场的资费结构设计经验，考虑引入流动性补偿激励机制，设计多层次、差异化的资费结构，对不同的交易委托设置差异化的收费标准，有效调动非常时期主体交易的积极性，提高交易活跃度，从而实现改善市场流动性的效果。

2. 设计多样、灵活的委托类型，提高市场流动性

在我国证券市场发展初期，由于个人投资者的比重较大，相对单一的委托类型有利于市场的稳定以及投资者利益的保护。然而，随着证券市场发展的不断深入以及投资者结构的改变，较为单一的委托类型在一定程度上限制了投资者交易的灵活性和市场容量的进一步拓展，降低了市场的运作效率。另外，限价委托单是市场即时流动性唯一源泉，虽然可以给投资者较好的价格保护，但限价委托单却面临着较大的执行风险，在市场波动较大的情况下，撤单量甚至占到委托总量的 40%—50%。为了使交易顺利进行，可考虑在我国证券市场引入市价转限价订单、冰山订单等多种委托单形式，而大额市价订单为获取流动性需要付出较大的交易成本，所以可以考虑大额交易中使用冰山订单。总之，委托单类型的多样化，不仅能够丰富投资者的投资策略，而且可使不同流动性需求的交易者得到满足。因此，可考虑结合我国市场的投资者结构、市场运行特点，增加委托单多样性，改善委托单种类单一的局面，满足投资者的多元化需求，以保证市场的充分流动性及稳定运转。

五、总结

本文以证券市场交易机制为切入点，阐述了交易机制和市场流动性的内在关系，并在借鉴国外先进实践基础上，提议从设计多样化委托类型、建立流动性补偿激励机制两个方面，满足投资者的多元化需求，改善市场流动性，以期为我国证券市场系统流动性风险的防范、交易制度的修订提供一定借鉴。然而，所有的方案都有利有弊，对其在证券交易中的实际运用，还需综合考虑具体的经济和金融环境，须在深入分析、研判的基础上，审慎实施。另外，市场流动性虽然是证券市场交易机制设计的重要目标，但不是唯一目标，交易机制的优化需要系统性地通盘考虑，改善流动性的同时兼顾有效性、透明性等其他微观结构目标的实现。

参考文献

[1] 单树峰. 股票市场流动性研究 [D]. 华东师范大学, 2003.

[2] 王国栋. 委托单市场买卖价差关键问题的研究 [D]. 上海交通大学, 2015.

[3] Chordia, T., R. Roll, and A. Subrahmanyam. Market Liquidity and Trading Activity, The Journal of Finance, Vol. VLI, No. 2, April 2001.

[4] 吴伟央. 高频交易及其监管政策探析 [J]. 证券法范, 2013 (2).

资本市场双向开放的国际比较与借鉴研究

新时代证券股份有限公司课题组*

一、中国资本市场双向开放现状及存在的问题

改革开放以来,我国资本市场从无到有,从小到大,在改革进程中迅速发展,目前股票市场和债券市场规模都居世界前列。但是我国资本市场对外开放程度不够,诸多结构性问题凸显,与发达国家成熟市场存在较大差距。展望未来,我国将继续优化市场结构,健全资本市场体系,大力发展机构投资者,提高我国资本市场国际化程度,加强金融监管;推动资本市场市场化改革和长期健康发展。

(一)资本市场双向开放现状分析

我国资本市场采取了不同的开放政策。在股票市场,一级市场尚未允许非居民在境内发行股票类证券。虽然中国存托凭证(CDR)可以允许行业独角兽在国内发行存托凭证,但由于同股不同权以及自由交换等问题,相关细则还有待进一步明确。股票二级市场设立了合格机构投资者QFII、RQFII等机制,以及以港交所为通道的沪港通、深港通机制,但外资在中国资本市场的参与度仍然很低。我国与国际上发达国家和地区在外资持股比例上相差甚远,如日本为30.1%、中国台湾为27.3%、韩国为15.9%。另外,在债券二级市场,银行间债券市场已对合格境外投资者开放,随着债券通开通,我国债市整体境外投资者参与度逐步攀升,境外机构持有中国国债数量占比相对较高,已达到7.28%。尽管如此,但相较于美国(38.3%)、日本(11.3%)、韩国(11.4%)等经济体的债市外资占比而言,我国债券市场外资参与度仍然偏低。境外机构参与我国债券市场水平远低于发达国家水平,债券开放的国际水平有待提高。

---

* 本文为中国证券业协会2018年重点课题。课题负责人:潘向东,新时代证券副总裁兼首席经济学家;课题组成员:刘娟秀、郑嘉伟、钟奕昕、邢曙光。

近几年来，中国在制度层面上为外资提供了多个进入渠道，如扩大沪深港通的额度、放宽外资券商持股比例、开放债券通等。不过，根据数据显示，多项渠道的开放并没有使外资大量流入中国资本市场，外资参与度仍然有限。2018 年 5 月 1 日，沪深港通的额度扩大了 4 倍，沪股通、深股通每日额度由 130 亿元调整为 520 亿元，港股通每日额度由 105 亿元调整为 420 亿元。这一政策是为了给外资加速进场提供渠道，额度扩张后，沪深港通的每日成交金额出现显著提升。截至 2019 年 4 月 9 日，沪深股通总成交金额占 A 股总成交额上升至 6.19%。

（二）我国资本市场双向开放存在的问题

1. 资本市场发展深度不够

我国经济总量排名世界第二位，股票市值排名世界第二位，债券余额排名世界第三位，但是我国资本市场深度排名较为落后，证券化率明显低于世界平均水平。从上市公司市值占 GDP 比重来看，我国从 2008 年的 39% 上升为 2017 年底的 71%，上升了 32%。这一水平虽然高于德国、巴西和俄罗斯，但是低于全球平均水平，明显落后于美国、日本、法国，甚至低于印度和南非。

中国债券市场规模是世界第三位，但是交易量只有美国的 7%。从债券占 GDP 比重来看，中国从 2009 年开始提高了 17%。这一水平虽然高于德国，但是低于日本、韩国、美国、法国、英国，甚至低于发展中国家泰国等。从债券市场结构来看，我国债券市场主要由国债与地方债构成，占总量的 54%，而企业债只有 7%。与美国对比，中国的企业债占比偏低，未来为了增加企业融资与投资者投资债券的多样性，企业债的占比有待提高。可见我国债券市场发展取得了长足进步，但是与主要发达资本市场相比，还有较大发展空间。

目前我国商品期货衍生品有 4 个交易所，期货种类较为丰富，但是对外开放期货品种匮乏。总体而言，一个具有深度的资本市场既要规模够大，又要产品丰富，应建立多样化的交易平台，给投资者提供多样的金融工具，满足市场中多层次的投融资需求。中国资本市场发展深度尚有较大进步和完善空间。

2. 资本市场广度有待进一步拓展

我国股票市值规模排名靠前，但是股票市场的广度和可得性远远低于发达国家，甚至低于部分发展中国家。从百万人上市公司数据来看，我国每百万人上市公司数量从 2008 年的 1.21 家上升为 2017 年的 2.51 家；同期韩国和日本达到 41.08 家和 28.38 家，美国达到每百万人 13.31 家，均超过每百万人 10 家上市公司规模；印度人口众多，也达到了每百万人 4.19 家；我国百万人上市公司数量只比巴西略高一些。同样，中国 3 500 多家上市公司，平摊下来相当于 39 万人 1 家上市公司，与美国 7.5 万人 1 家上市公司和日本 3.5 万人 1 家上市公司相比尚有较大差距。

3. 直接融资占比偏低

我国直接融资在整个社会融资中比重不断上升，已经从 2002 年的 4.9% 上升为 2016 年底的 23.82%。2018 年由于受债券市场波动较大以及股票市场再融资新规影响，上市公司定向增发等监管趋严，导致我国直接融资占比出现了较大下滑，全年社会融资中直接融资占比为 14.8%，创出 2008 年以来的新低。与发达经济体和成熟市场国家相比，我国直接融资对社会融资贡献偏低，其中股票融资的贡献更低，这与我国资本市场总量排名靠前不相匹配。

4. 投资者结构需进一步优化

目前,我国股票市场波动率和换手率远远高于成熟市场,但是回报率却整体偏低,导致股市交易效率偏低。从数据来看,我国个人投资者占据股票交易的绝对比重,其中自然人占全部账户比重99.75%,而机构投资者账户占比为0.25%。这样的投资者结构导致A股市场换手率高,市场波动较大。在成熟市场中,机构投资者不管在数量上还是成交量上均占多数,个体散户日均成交量占总体成交量的比例很低。反观中国,成交量的90%由个人投资者贡献。A股股票的波动率一直较高,换手率仅次于韩国,因此我国股市易受市场情绪波动大起大落,最终影响股市资本配置效率(见图1)。

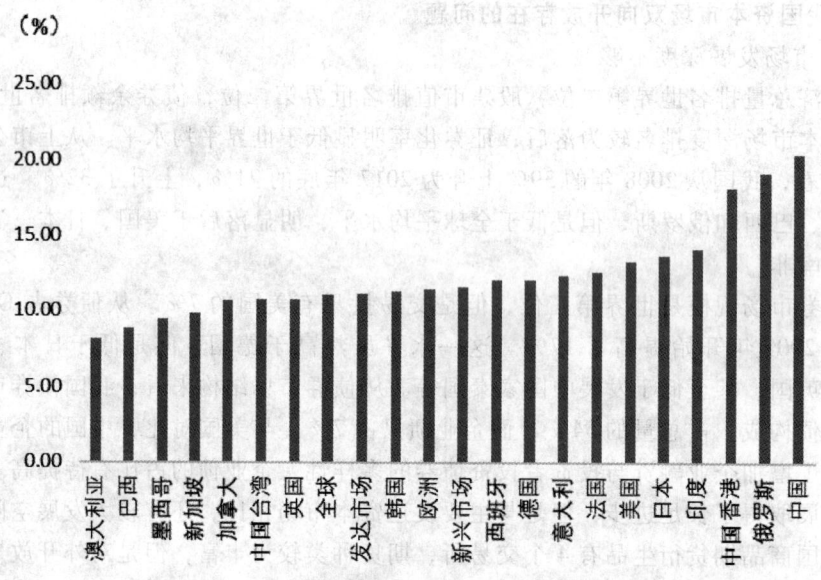

图1 股票市场波动率的国际比较

资料来源:Wind。

目前我国债券市场的投资者结构以商业银行为主,占比达到60.48%,远高于美国国债商业银行4%的占比;同时我国国债持有人较为单一,以商业银行为主的投资者结构导致国债换手率偏低,流动性不足,市场化程度低。更多商业银行持有国债是为了满足监管要求和匹配风险,因此持有者往往持有到期,导致国债换手率偏低,一定程度制约了货币政策在金融市场的传导效率。例如,长期以来,我国地方政府债券主要在银行间市场发行,未覆盖所有市场的投资者,投资者群体比较单一,存在流动性比较差、发行承销的市场化程度不足等问题,有必要借鉴美国等发达国家市政债的市场化发行经验,进一步扩大交易所发行的规模,推动相关的改革和实践。

二、资本市场双向开放的国际比较

资本市场开放并不是一蹴而就的,而是不断试错,通过立法层面、监管层面等各方面不断适应才最终实现开放。发达国家的市场经济体系已十分发达,拥有相对健全的法制和完善的监管体系,资本市场也较为成熟,因此资本市场双向开放过程的推进更为顺利。本文以十年为界限,将十年内完成资本市场开放的称为"激进型开放模式",十年以上的则称为"渐进型开放模式"。

(一) 发达国家和地区激进型开放模式

在发达国家中,澳大利亚资本市场开放进度较快。澳大利亚金融管制在 20 世纪 80 年代之前十分严格,政府不仅操纵金融体系的运行,还影响着银行资产和负债等具体业务的开展和实施,外资银行不能在境内开展业务,国内和国际金融市场严格隔离,并且政府对汇率实行严格管制。

1980 年澳大利亚政府取消央行存款利率的限制,并逐步放宽对银行贷款量的限制。从 1983 年开始,正式开始推进金融自由化改革。在 1983 年 12 月开始采用浮动汇率制度,并扩大开放银行业的准入。澳大利亚于 1984 年正式取消对商业银行的管制,包括取消对存款期限、禁止提供支票服务以及支票账户需支付利息等的管制。此外,政府还放宽对非银行金融机构股份的管制,解除对股票证券交易所的管制及对佣金率等的限制。1987 年允许外国投资者直接在证券交易所进行交易,能够购买交易所会员 100% 的股份。

自 1980 年开始近 5 年的时间内,澳大利亚逐步开放金融政策,所有的金融管制政策几乎都被取消。至 20 世纪 80 年代末,澳大利亚已经成为发达国家中金融管制最松的国家之一。

(二) 发达国家和地区渐进型开放模式

在发达国家中,日本是采用渐进式开放模式的代表之一。日本经济自 20 世纪 60 年代以来快速发展,连续保持国际贸易和国际收支双顺差。在国际资本市场逐步开放趋势下,日本放宽汇率限制,开始实行浮动汇率政策,并逐步实现金融国际化和自由化。为了能够加入经济合作与发展组织,日本进一步开放其资本市场,对外资的限制逐步放宽,使外国公司能够在日本资本市场募集资金。但在此期间,日本资本市场开放的进程十分缓慢,外国公司于 1973 年才能在日本公开上市,外国公司在 1979 年才能在日本发行债券。日本于 1980 年修订的《外汇和外国贸易管理法及外资法》推动日本资本市场进一步开放,并且开放的速度加快。得益于此,日本的国际储备大幅提升,日元持续走高、日元的国际地位逐步提高,推动日元逐步成为国际贸易结算货币。此外,日本国民和本国企业拥有大量的现金和存款,需求动力旺盛。美中不足的是,日本资本市场的开放虽有所提升,但仍相对保守,没有充足的金融衍生品、金融工具,致使大量资金只能用于存入银行、投资股票和投资不动产等有限的方式中。

自 1984 年起,日本资本市场的开放掀开新的篇章,开放步伐进一步加快。在此后的 5 年内,分别成立了期货交易市场 (1985 年)、境外金融市场 (1986 年) 以及东京国际金融期货交易所 (1989 年)。经过 20 余年的时间,日本最终通过改革逐步走向了资本市场的开放,日本也正式成为国际金融中心之一。

(三) 新兴经济体激进型开放模式

1. 阿根廷模式

作为新兴市场,阿根廷资本市场开放进程十分激进。阿根廷于 1989 年 11 月颁布《新外国投资制度》，所有关于境外投资形式和性质的法律限制都被取消，并实行外汇管理制度的自由化。阿根廷的证券市场开始逐步对外开放。阿根廷政府于1991年4月确立货币局制度，出台《兑换法》。阿根廷的基础货币与外汇储备变动挂钩，每增加1美元外汇储备，则增加1美元的本币；反之亦然。为保证货币局制度的有效实施，阿根廷政府以法律的形式将阿根廷比索与美元的比价确定下来，任何汇率的变动都必须经过国会讨论和批准。货币局制度在阿根廷的确立，在制度上有效保障了外国资本在阿根廷与其他国家间的自由流动，促进阿根廷汇市的完全自由化。

阿根廷曾于20世纪90年代被纳入MSCI指数及摩根大通的基准债券指数。但受东南亚金融危机和巴西金融危机影响，阿根廷政府于2001年宣布无力偿还外债而违约，大规模骚乱和激烈的政局动荡迫使阿根廷政府放弃货币局制度，令市场对阿根廷经济金融的信心骤降，阿根廷陷入危机，导致其被全球债券市场排除在外，于2009年被剔出MSCI指数，在全球金融市场中逐渐边缘化。

2. 墨西哥模式

墨西哥代表了新兴国家中激进的开放模式。墨西哥政府实行浮动汇率制度最早可以追溯到1982年，并从那时起对外逐步开放外汇市场，外汇管制开始放松。以加入关贸总协定为契机，贸易自由化程度进一步加深，墨西哥政府取消对外国直接投资的限制，境外资本可以在墨西哥证券市场自由流动，且不用担心外资持股比例的限制，外资甚至可以进入墨西哥金融业，对外资进入银行业的限制也进一步放松。1992年签署《北美自由贸易协定》后，墨西哥对外国投资几乎不设限制，从而一跃成为世界上最开放的经济体之一。

为大力吸引外资，墨西哥政府在1994年下半年彻底开放证券市场，为国际短期资本进入国内证券市场铺平道路。但在流入的资本中，短期资本以及证券投资资本比例过重，为后期的危机埋下隐患。因为一旦国内经济出现问题，国际资本迅速撤走，而国家外汇储备又不足，则会加剧危机的发生。1994年3月，墨西哥外汇储备为240亿美元，到1994年底仅剩65亿美元，并在1995年初进一步下降。巨额的贸易逆差使得国际收支状况迅速恶化，导致墨西哥在国际资本外逃时无力干预，危机愈演愈烈。

（四）新兴经济体的渐进型开放模式

1. 中国台湾模式

在新兴市场经济体中，中国台湾的资本市场开放属于渐进型开放模式。在利率开放方面，台湾当局于1980年11月颁布的《银行利率调整要点》是利率自由化的第一步，开始实行基本放款利率制度。再于1986年8月废止《利率管理条例》，开始逐步实现存款利率自由化，放宽制定各种期限存款利率的条件。之后于1989年7月取消原规定中关于核定银行业存放款利率上下限的规定，最终实现法律上的利率自由化。

从1982年开始，台湾制定逐渐对外开放证券市场的政策，主要有以下三个阶段。

第一阶段：1983—1991年。台湾于1983年5月制定了证券市场对外逐步开放的政策：放宽境外投资者的准入，境外投资基金能够通过境内信托投资公司间接投资台湾股市；所有境外投资者持有境内某一家上市公司的股份总额在10%以下；1年之内，境外投资的本金和资本利得只许在境内，不允许汇出境外。外国资本账户于1987年实现自由化，不存在任何外汇管制。外国证券经纪商自1988年起，能够在台湾设立分公司。

第二阶段：1991—1996 年。1991 年 1 月 2 日，台湾地区出台境外合格机构投资者（QFII）政策，允许合格境外机构投资者直接投资证券市场，并在此后的一段时间内逐步放宽甚至取消 QFII 的各项限制。这在台湾证券市场的开放过程中起到了至关重要的维稳作用。

第三阶段：1996—2004 年。1996 年 1 月 13 日，台湾取消本金汇出的限制。1996 年 3 月 3 日，允许境外自然人和小型法人投资台湾股市，规定每个自然人和小型法人的投资额度分别为 500 万美元和 2 000 万美元，并在此后逐步提高持股上限及投资额度等。

2004 年 1 月 5 日，台湾规定特定的境外机构投资者可以借出所持有的债券。2004 年 2 月 3 日，境外投资者被允许投资货币市场基金。2004 年 5 月 21 日，允许境外投资者买卖期货为其购买的证券保值；允许本地金融机构为境外投资者提供短期的金融支持。2004 年 5 月 27 日，允许境外投资者为了达到保值目的购买 30 天商业利率期货。2004 年 6 月 15 日，进一步简化境外机构投资者的投资手续。

从 20 世纪 80 年代至 2004 年，在 20 年左右的时间内，台湾基本实现资本市场的完全开放，货币市场部分开放。台湾资本市场在开放过程中有平稳和渐进的特征，从一开始的间接开放，逐步过渡到有限制的直接开放，再进一步推进至完全直接开放，稳步实现资本市场的开放。

值得注意的是，台湾首创的 QFII 制度，在促进台湾经济金融发展方面起到至关重要的作用。在 QFII 制度出台之前，台湾存在市场投资主体结构不合理、股市低迷、投机活动频发等问题。在 QFII 制度出台之后，"价值投资"理念逐步在台湾证券市场建立起来，进而促进证券市场主体结构的调整，实现台湾证券市场的重建。QFII 制度是台湾股市成功避开 1997 年亚洲金融风暴的"功臣"。正是由于台湾资本市场的开放，成功地引入国外机构投资者先进的理念，长期、理性投资的理念对台湾中小散户产生了潜移默化的影响，才使他们在金融风暴期间保有持有证券的信心，成功地避免买涨杀跌，维持台湾股市的稳定，从而支撑台湾岛内经济成功规避了当时东南亚国家在金融风暴中的遭遇。

2. 韩国模式

自 1981 年开始，韩国资本市场逐步开放。韩国财政部于 1981 年 1 月出台《资本市场国际化计划》，这是韩国开放证券市场、促进资本市场国际化的长期计划。1981—1984 年，韩国有限度地允许外国投资者间接对韩国证券进行投资。1985—1987 年，韩国证券市场的对外开放程度扩大，允许境内公司在境外市场发行可转债，允许境外投资者有限制地购买韩国股票，并允许境外投资公司在境内开设代表处。1998 年，韩国证券市场进一步开放，在互惠互利的基础上，境外投资者能够无限制地在韩国证券市场投资；并且经韩国财政部同意后，境内基金可以在境外证券市场上发行股票。

韩国政府于 1988 年 12 月发布《韩国证券市场国际化四年中期计划》，对此前发布的长期计划进行进一步完善和补充。韩国股市于 1992 年 1 月正式向境外投资者开放直接投资。此外，韩国于 1996 年 7 月成立 KOSDAQ（科斯达克）市场以支持韩国高新技术产业发展。韩国政府于 1998 年 5 月取消所有对境外投资者限制，真正实现韩国资本市场完全的自由化，推动韩国资本市场的自由竞争和长足发展。

韩国债券市场于 1997 年 1 月开始逐步开放。在允许外国投资者直接购买韩国中小企业发行的无担保短期债券的基础上，在此后的 3 年内逐步扩大债券市场的开放程度：1997 年允许境外投资者购买中小企业长期债券，1998 年允许境外投资者购买大企业无担保通货债券，1999 年允许境外投资者买卖大企业长期债券，最终于 2000 年之前开放其债券市场（除担保债券外)。

(五) 经验与启示

从不同国家和地区资本市场改革的经验来看,资本市场的开放进程应有计划推进,并且需要根据开放程度分阶段推进。资本市场国际化是循序渐进、不断提高的过程,并不能一蹴而就,而且循序渐进能够降低国际化对国内市场的冲击。资本市场与一国经济发展息息相关,是国民经济情况的"晴雨表"。资本市场的开放程度一方面受自身发展程度的影响,另一方面还受所在国家经济的对外开放程度、相关政策制度等因素的制约。

针对以上这些国家和地区的经验,可以得出以下四点启示:

一是在资本市场逐步开放的同时,需要大力推进金融创新。资本市场的发展与金融创新相辅相成,资本市场为金融创新提供基础,而金融创新则为资本市场的发展提供推动力。在宏观层面,金融创新是金融历史上的重大变革,包括金融技术、金融市场以及金融服务创新;在中观层面,金融创新是金融机构功能的变化,包括技术、产品以及制度的创新;在微观层面,金融创新是指金融工具的创新,这就需要市场积极培育各类金融投资品。目前中国的经济体量已十分庞大,外汇储备位居世界前列,同时也是仅次于美国的第二大资本输入国,因此需要有足够的金融产品以满足大量的投资以及资本流动。若金融产品和对冲工具匮乏,使得投资集中于少数金融工具,则有可能导致泡沫的出现。同时,要平衡好金融创新与风险控制的关系,充分考虑风险控制的问题。对金融创新进行监管,并让创新者遵守监管原则,应采取相应措施制约在金融创新过程中的不正当竞争和垄断行为,防范风险积聚以及市场动荡。

二是在资本市场开放进程中,注重提高市场的深度和质量。为适应资本市场国际化的需要,中国应积极提高公司素质,加强公司治理水平,提高信息透明度,加强财务资产评估能力,制定严格的上市标准,将一批符合要求的本土企业推向国际市场,实现真正意义上的与国际的接轨。国际化的资本市场能够吸引更多的境外投资者参与投资,同时还能促进国外成熟投资理念的引入,有助于提升上市公司的治理水平,形成良性循环。

三是资本市场开放的微观效应有助于经济增长和提高资本市场的流动性。资本市场对外开放是政府放松对资本流入流出的限制,资本流动性越强的国家,经济增长也是相对强劲的;同时也有利于分散资本市场风险,吸引大量机构投资者介入,有助于培养成熟的投资理念,保持市场稳定,控制市场风险;在资本市场受本国经济周期困扰时也有一定的缓和作用,当一国资本市场受到本国经济萧条影响而低迷时,则可从其他国家经济高涨中得到缓和与平衡。

四是在逐步扩大资本市场双向开放的过程中,各类投机现象和负面因素难免会发生,可能对资本市场的发展造成一定影响,需加强监管和自律管理。因此,为了保证资本市场的有效运行和稳健发展,需要规范资本市场法制建设,并且严格控制风险,加强资本市场的宏观管理。可采取立法与行业自律相结合的模式,一方面,确立一套完备完整的法律制度,设立权威的管理机构,严格监管资本市场上的各项活动,严格规范资本市场中各类参与者的行为,促进中国资本市场逐步走向国际化、自由化;另一方面,在立法保障的基础上,行业自律不可或缺,需要行业协会以及证券交易所辅助进行自律管理,共同促进中国资本市场的平稳运行和健康发展。

因此，在改革开放的整体战略中，加大资本市场开放是重要环节之一，应有计划地推进中国资本市场国际化的进程。资本市场开放的程度要与一国国民经济水平相适应。在总体发展目标的基础之上，结合中国经济社会发展现状，以及未来的战略规划部署，为中国资本市场的开放制定阶段性目标，在发展的不同阶段侧重不同的方面，并逐步实现对外投资和引进外资并重的双向对外开放。如此，一方面能够促进本国经济的发展，另一方面还能够有效制约资本市场国际化进程中的负面冲击，从而推动中国资本市场的良性运行和有序发展。

三、资本市场双向开放的中国路径

由于发达国家和发展中国家经济发展水平和金融市场处于不同发展阶段，因此，资本市场对外开放的目标和范围存在较大差异。对于发达国家来说，资本市场是在基本开放的基础上进一步加强金融业竞争力，提高本国金融机构和金融市场的国际吸引力，而发展中国家大多是为了引进外部资金弥补本国储蓄不足的问题，同时为了加大本国资本市场的国际化步伐，避免被排斥在全球金融市场体系之外。我国早在20世纪80年代就开始尝试发行海外债券，起初是弥补国内建设资金不足，随着我国加入WTO后，资金不足状况已经得到改善。中国资本市场存在普遍的管理和制度问题，亟待改革和提高，因此，中国资本市场开放的目标也发生了改变，更多是为了提高本国金融机构和金融市场的国际吸引力，以更好地融入国际资本市场。

（一）中国资本市场开放的目标选择

中国资本市场发展至今已近30年，与中国开放性的经济相比，中国的资本市场具有相对封闭、规模小、缺乏国际化的特点。近年来，随着国家通过各种举措拓宽外资进入渠道，在一定程度上实现了对外开放，但是离发达资本市场强大的资源配置、风险分散、财富管理和资产定价等功能尚有距离。

短期来看，加速外资进入中国资本市场、提高国内证券公司竞争力、完善资本市场制度与提高证券化率是双向开放的主要目标。

长远来看，中国资本市场双向开放推动了人民币国际化，增强人民币在国际上的认可度和影响力，形成由人民币构成的强大资金回流池和资产池，让其成为在全球与美元旗鼓相当的储备性货币。

另外，中国资本市场在未来全面开放以后，可以成为全球资产配置和财富管理的中心。如今，在全球资本市场规模中，中国位居第二，虽然与美国资本市场规模相差甚远，但是随着证券化进程的发展和市场逐渐步入成熟，中国资本市场对外国投资者的吸引力将会逐渐升温。拓展资本市场的广度和深度，丰富各大金融工具品种，将使投资中国市场具有良好的风险分散功能。

（二）中国资本市场对外开放的路径选择

中国资本市场开放已经不再是简单地以筹集建设资金为目标，而是为了推动资本自由流动、提高国内金融机构竞争力和金融监管水平，从而完善金融体系、更好地适应金融全球一体化发展进程、更好地提高资本效率。对于中国来说，发展中国家资本市场开放进程更值得借鉴，具体路径如下：

第一，规范国内资本市场，加快国内金融制度建设，提高金融监管的有效性。资本市场首先必须规范发展。市场开放固然是为了壮大市场规模，但是更为重要的是拓展市场深度、提高质量，改善国内投资理念，实现金融监管与国际接轨，在监管框架、经验、水平、有效性等各方面与国际接轨，保证市场健康、有效运作和发展。

第二，完善资本市场开放相关的配套改革。证券立法要根据资本市场开放中暴露的一些问题，不断进行调整，既要保护投资者利益，也要推动市场发展，不断增强证券立法的系统性、协调性和稳定性。借鉴成熟资本市场和新兴资本市场与开放配套的法律体系的成功经验，防范内幕交易、抑制投机、防范风险，完善上市公司信息披露制度和退市制度，提高证券立法的协调性。

第三，在QDII和QFII逐步扩大和资本项目逐步开放基础上，逐步放开资本管制，允许境内外资金自由流动。目前资本市场的开放包括服务性开放和投资性开放两种。资本市场服务性开放允许境外中介机构在本国资本市场提供投融资等服务以及本国中介机构为境外市场提供投融资等服务。资本市场投资性开放是指资金的自由流动。在资本市场服务性开放中，中国证监会在2002年发布规定，允许外资券商参股设立合资证券公司。随着资本市场开放力度的增大，外资券商的持股比例上限也逐渐放松，从2002年的1/3到2012年的49%、2018年的51%，最后到2021年将取消比例限制，全面开放。另外，2018年5月，我国还开放了境内券商的跨境业务试点，打开国门，鼓励券商对外开展境外自营业务和跨境代客业务。目前中国资本市场投资型开放手段较多，包括QFII、RQFII、QDII、沪深港通、债券通等。2017年，为了实现内地与香港债券市场互联互通，中国正式开启债券通。2018年5月，沪港通、深港通每日额度扩大4倍。2018年6月，QFII/RQFII资金汇出限制取消，进一步便利跨境证券投资。但这绝非资本市场对外开放的终点，而是一个全新的开端。

通过目前资本市场的开放主要路径分析，通过沪港通、深港通、QFII等进行探索，在未来的路径选择上，中国将会继续以大力推动开放为主，如沪伦通、国际板。沪伦通作为资本市场对外开放的一个重要举措，对中国股票市场意味深远，开辟了与英国乃至国际金融中心资本市场的互联互通渠道，标志着中国股市首次"迈出国门"，中英双方投资者可以方便快捷地跨国购买股票。沪伦通是继沪港通和深港通之后第三个境内与境外股票市场的互联互通机制，提高了国际资本对中国上市公司的关注度，日后可以通过相同手段将其他发达国家的股票市场也连接起来。A股纳入MSCI，不仅表现为全球资本和投资者不断流入A股市场，而且未来中国资本市场也将影响国际资本市场。

科创板将有助于吸引符合条件的优秀境外企业在我国证券市场上市，并吸引我国境外上市的优质企业（中概股）回归我国境内资本市场，从而提升我国资本市场的发展空间。开通科创板是我国资本市场对外开放和促进中国资本市场国际化的重要一步，科创板将成为我国多层次资本市场的重要组成部分，有利于推动我国资本市场从"新兴+转轨"向成熟市场迈进，有助于推动我国资本市场国际化进程，增强我国资本市场国际影响力。

（三）推动中国资本市场对外开放的重要步骤

1. 股票市场制度设计改革

为使国际投资者认可A股的投资价值，我国必须在资本市场的制度设计上做出改变。

市场结构要和国际接轨,增强金融机构和上市公司的竞争力。在股票市场的制度设计上,要改革现有的不成熟制度,以便吸引更多外资进入 A 股,包括但不限于:改革股票收盘价格产生机制,规范停复牌制度、股指期货、股票退市制度等工具。以成熟市场的标准进行制度设计,才能提高国内资本市场的质量,扩大其规模和国际影响力。

2. 实施严监管,净化股市环境

监管部门须严打市场非法买卖操作,维护股市交易秩序,确保股市健康发展。一个有秩序、安全的股票市场是保护投资者的,以此可吸引外资投资者放心进入。通过近几年的严监管,A 股整体环境得到净化。

3. 丰富对外开放衍生品种,加强资本市场深度

期货市场的对外开放有了实质性进展,原油、铁矿石期货允许对外开放,吸引了不少外资。上海原油期货在不到 3 个月的时间内,交易量和持仓量均已超过迪拜原油期货,这体现出市场对金融衍生品的旺盛需求。随着对外开放期货品种的增加,多样的商品期货及金融期货可以被外资自由交易,中国的期货市场将会快速迈向国际化,为建立一个完整的资本市场奠定基础。

4. 丰富债券市场投资品种及投资主体

我国债券市场结构不平衡,债券交易市场和场外交易市场发展缓慢,银行间债券市场规模及占比均过大。另外,资本市场债券融资和股票融资较为失衡,前者明显低于后者,使债券市场缺乏为企业融资的能力。因此,应统一交易所、银行间和柜台交易市场的债券市场监管,增加公司债、企业债规模,让更多个人投资者以及外资入场,以便激活债券市场的活力。增加跨市场品种,建立统一的监管和托管系统,允许海外等更多机构能够以公平的机会参与到债券市场中。

资本市场开放过程中,在加强对资本流动的监测同时,更为核心的问题在于本国金融体系和经济体自身需要有较强的免疫力,这对于不断走向开放的中国来说至关重要,也是改革的难点所在。正确的资本市场改革可以起到事半功倍的效果,而与经济发展水平不匹配的开放之路将面临巨大的风险。目前中国资本市场具有多数发展中国家类似的经济结构和风险特征,影响了资本市场双向开放的效果,这其中孕育的风险更值得格外关注。总之,只有扩大资本市场双向开放,才是提高我国资本市场效率的有效路径。

资本市场对外开放与输入型风险防范研究

李迅雷 徐 驰*

一、资本市场对外开放的回顾及现状

（一）国外资本市场对外开放举措回顾

回顾发达国家资本市场的开放历程可以发现，日本及韩国对资本市场的开放均采取了"分步走"的策略，从设置门槛的有限开放到逐步放开再实现全面的对外开放。日本、韩国等发达国家的资本市场对外开放往往较为注重证券融资及投资的国际化，且资本市场开放度越高的国家越倾向于证券投资的自由化。以印度、中国为代表的新兴资本市场的对外开放是以合格境外机构投资者（QFII）制度为通道逐渐实现证券投资的国际化。其中，印度从1992年开始允许合格境外机构投资者投资国内证券市场，因继承了英国殖民地时代的金融制度，且其证券市场已有百年历史，因此，印度资本市场体系建设、监管制度和上市公司治理结构等均有较高水准，在金融领域的开放程度方面领先于中国（见表1）。

表1　日本、韩国及印度资本市场对外开放的主要措施

日本	韩国	印度
1971年制定《外资证券业法》，允许外资以营业部的形式在日本开展业务	1981年，韩国政府公布《资本市场国际化计划》，明确了对外开放的发展战略，并公布对外开放方案和开放进程时间表	从1992年2月起，印度公司经财政部批准，可以发行全球存托凭证（GDR）和外币可转换债券（FCCB）在境外融资
1972年，美林投行在日本成立了第一家外国证券公司的分支机构	1981—1984年，允许韩国证券公司在国外设立代表处，以及外国证券公司在韩国设立代表处	1992年9月，印度允许合格境外机构投资者（QFII）投资国内证券市场，准许外国机构投资者在印度一、二级市场进行股票和债券投资

---

* 作者单位：中泰证券股份有限公司。

续表

日本	韩国	印度
1973年,日本逐步允许外企进入保险市场,但对经营范围进行了限制,美国人寿成为首家可向日本国民销售以日元结算产品的外资寿险公司	从1985年起,一些在国际上享有良好声誉的企业集团开始向海外发行可转换股权的债券	1993年2月,印度批准外国证券公司在印度开展经纪业务,QFII持有一家印度公司股份的比例不能超过法定的24%
1984年,美国要求日本进一步开放金融市场,并成立"日元美元委员会",日元/美元协议成为推动日本金融业开放最重要的一步	1990年,发布《证券产业开放及短期金融公司转换推进方案》,允许外国证券公司在韩国建立分公司或合资证券公司	1997年,合格境外机构投资者(QFII)持有一家印度公司股份的比例从不能超过法定的24%提高至30%,1998年上升到40%
1992年新《外汇法》《关于外国直接投资等的命令》《关于指定部门的通告》等文件放松了对外国直接投资的审批标准	1992年1月宣布向外国投资者开放韩国股票市场,允许外国投资者有限地投资于韩国证券市场的上市股票	1998年,外国机构投资者从事印度股票的交易不再需要印度储备银行的事后认可
1993年,取消外资企业持股合资公司不得超过50%的限制	1995年,发布"投资信托业及投资咨询业开放计划",并公布了具体的开放方针	准许印度居民投资国外证券和货币市场,上限由2004年的每年2.5万美元提升为2007年的20万美元;准许印度公司投资境外上市公司,并对其投资境外上市金额上限由该公司证券投资净值的25%提升为2007年的50%,同时也取消了对其投资的境外上市公司的限制等
1995年颁布新《保险业法》,产、寿险公司均可直接进入"第三领域"保险,进一步开放国内市场	1997年修改《证券交易法》,废除了外国人只能参股国内证券公司50%股份的限制,允许外国证券公司设立独资公司	
1998年,外资持有证券公司从执照制改为登记制,经过多年改革,金融市场已趋于全面开放	从1998年起,外国人在韩国设立的证券公司享有国民待遇	2012年1月15日,印度政府宣布非印度籍个人投资者获准直接进入印度股票市场,这标志着外国投资者可以全面在印度进行证券投资

资料来源:中泰证券整理。

(二)中国资本市场对外开放现状及未来方向展望

当前,中国资本市场的开放程度大致相当于日、韩20世纪90年代初期,印度20世纪90年代末期的水平。1996年中国实现经常项目的自由可兑换,但资本项目的有序开放仍在循序渐进。由于实体经济及金融发展不平衡的制约,在过去十几年中,中国仅在市场准入方面进行了积极的改革,2013年以前对外开放速度较为缓慢导致了当前金融对外开放程度相对不足。2013年以来,中国的汇率机制改革及人民币国际化进程有了实质性进步,根据最新的对外开放指引,中国将逐步放开金融业的市场准入、股权、产品、经营业务范围及监管方面的限制(见表2)。

表2　改革开放以来我国对外开放举措回顾

时间	主要开放事件
1979年	允许引进外资
1995年6月	公布外商直接投资目录指引

续表

时间	主要开放事件
1995 年 6 月	中国内地首家中外合资投行中国国际金融股份有限公司成立
1996 年 12 月	加入国际货币基金组织（IMF）第八条款，标志着我国经常项目实现自由兑换
2002 年 10 月	《外商投资证券公司管理办法》规定，外资证券公司的子公司可以成为股票交易所的特别会员
2002 年 6 月	《外资参股证券公司设立规则》规定，外资在合资券商中的持股比例需控制在 1/3
2002 年 7 月	《外资参股基金管理公司设立规则》提出，外资企业经授权可以从事基金管理
2002 年 11 月	《合格境外机构投资者境内证券投资管理暂行办法》的实施，标志着 QFII 制度正式推出
2005 年 10 月	亚洲开发银行和国际金融公司联合发行熊猫债
2006 年 4 月	《关于调整经常项目外汇管理政策的通知》标志着我国 QDII 正式建立
2007 年 5 月	《关于调整商业银行代客境外理财业务境外投资范围的通知》明确放宽商业银行 QDII 产品投资限制
2007 年 6 月	《合格境内机构投资者境外证券投资管理试行办法》允许基金管理公司、证券公司等合格境内机构投资者投资境外证券业务
2010 年 8 月	《关于境外人民币清算行等三类机构运用人民币投资银行间债券市场试点有关事宜的通知》规定，海外人民币清算银行和国外中央银行允许进入中国银行间债券市场
2010 年 10 月	允许中国香港以外地区的组织在港发行以人民币计价的债券
2011 年 12 月	《基金管理公司、证券公司人民币合格境外机构投资者境内证券投资试点办法》允许开展 RQFII 业务
2012 年 10 月	《外资参股证券公司设立规则》修订版表明外资在合资券商中的持股比例不得超过 49%
2013 年 3 月	《人民币合格境外机构投资者境内证券投资试点办法》提供了人民币合格境外机构投资者在境内证券投资更规范严格的法定标准
2013 年 8 月	CEPA 第十份补充协议的签订，允许符合条件的港资、澳资金融机构分别在上海、广东、深圳各设立 1 家两地合资全牌照证券公司且持股比例最高可达 51%
2014 年 11 月	沪港通启动
2015 年 12 月	通过上海自贸区的试点后，对外商投资开始施行负面清单管理模式
2016 年 9 月	《关于人民币合格境外机构投资者境内证券投资管理有关问题的通知》规定，RQFII 证券投资额度管理由审批制改为"备案+审批制"
2016 年 12 月	深港通启动
2017 年 7 月	《外商投资产业指导目录》中，对外资保留 63 条限制性措施
2018 年 5 月	沪港通、深港通每日额度扩大 4 倍，沪股通、深股通每日额度将由 130 亿元调整为 520 亿元人民币，港股通每日额度由 105 亿元调整为 420 亿元
2018 年 6 月	外资负面清单较 2017 年减少 15 条，在金融领域，将在 2021 年取消外资股比限制
2019 年 4 月	中国证监会核准设立摩根大通证券和野村东方国际证券两家合资券商，均由外资控股，出资比例均为 51%
2019 年 6 月	中国证监会领导在陆家嘴论坛上提出对外开放九条内容及相关政策实施进度
2019 年 7 月	外资准入负面清单减至 40 条，提出 11 条金融业对外开放措施，通过推出《鼓励外商投资产业目录（2019 年版）》和《中西部地区外商投资优势产业目录》支持外资投向更多领域，并依照法规享受税收、土地等优惠待遇

续表

时间	主要开放事件
2019年7月	原来规定的2021年取消证券、期货、寿险外资股比限制提前至2020年
2019年9月	国家外汇管理局决定取消QFII和RQFII投资额度限制，RQFII试点国家和地区限制也一并取消
2019年10月	《国务院关于修改〈中华人民共和国外资保险公司管理条例〉和〈中华人民共和国外资银行管理条例〉的决定》，进一步放宽了外资银行和保险公司的准入条件

资料来源：国务院，中国人民银行，中国证监会，国家外汇管理局。

我们从证券投资、证券融资两方面来分析目前中国资本市场对外开放现状。

1. 目前阶段中国对外资证券投资开放步伐明显加快

在证券投资方面，中国仍以QFII制度、互联互通机制等"通道化"管理的方式引入外资。2018年5月沪港通、深港通每日额度扩大4倍，2019年9月QFII和RQFII（人民币合格境外机构投资者）投资额度限制及RQFII试点国家和地区限制被取消，下一步将在2020年前取消证券、期货、寿险公司的外资股比限制。证券投资的对外开放既能提升中国金融市场主体境外服务能力，学习海外成熟金融机构的发展经验，又能倒逼中国证券市场提高对上市公司质量及外源流动性风险的监管能力。

2. 证券融资的对外开放

2018年中国内地公司境外上市数量160家，获2 468亿元融资额。此外，中国证券市场大力发展的各类存托凭证（CDR、GDR等）正是向证券融资国际化方向努力的成果。允许外国证券、企业、金融机构以及国际性金融机构在本国发行证券并上市，也允许本国政府、企业、金融机构在外国及国际证券市场发行证券并上市，这既有利于国内优秀企业吸收海外资本增强竞争能力，又能对国内的上市企业行为规范制度、健全的法规监管制度起到良好的借鉴作用。

中国资本市场的新一轮对外开放秉承央行宣布推进金融业对外开放中"开放与管理并举，力度与节奏并重"的宗旨，把握好资本账户有序开放，以贸易和投资便利化为重点，引导证券投资、证券融资及外资证券业务的有序开放。在此过程中，充分借鉴日本、韩国、印度等经济体资本市场对外开放的成败得失经验，把握好开放节奏和监管力度的有机统一，充分做好输入型风险的应对十分必要。

二、对外开放对中国资本市场结构中长期影响分析

（一）市场特征方面：国际市场联动性增强，市场波动率及换手率或将收敛

第一，外资持股占市值比例明显上升。如中国台湾股票市场从8.69%逐步提升至25%，韩国股票市场大幅提升至30%。第二，整体波动率、换手率收敛。如中国台湾、韩国股票市场年化波动率从35%—50%下降到15%—25%，换手率大幅减少（见图1）。第三，股指纳入MSCI指数后与国际指数的关联度大幅提升。如中国台湾加权指数与标普500指数的相关性由加入前的21%—24%提高至51%—65%；韩国自全面加入MSCI后，相关性从15%提升至60%左右。

图1 中国台湾及韩国股票市场纳入 MSCI 指数后国内个人投资者换手率收敛

资料来源：Bloomberg。

此外，股票市场结构及估值体系日趋合理，不同发展阶段的公司投资价值凸显。成长期公司股价受估值驱动明显，成熟企业股票抬升主要受业绩驱动的特征明显。中国台湾加权指数加入 MSCI 指数前平均 P/B 2.0 左右，伴随不断纳入 MSCI 指数，P/B 逐渐降到 1.5 左右。

（二）投资者结构方面：外资持股比例或稳步提升，引导市场结构更加合理

根据国际经验，纳入国际指数后股票市场投资者结构的机构化特征明显，全面纳入 MSCI 指数后，外资机构持股比例约 30%。中国台湾股指加入 MSCI 后，外资持股比例由 1996 年的 8.69% 最终提升到 25%。韩国股指加入 MSCI 后，外资持股比例由 1999 年的 18.5% 提升到 2004 年的最高峰 40%，此后维持在 30% 左右；同期个人持股比例从 30% 以上下降至 20% 左右，股票市场投资者结构去散户化趋势明显。

伴随 QFII、QDII 及互联互通机制的日趋完善，2003—2018 年中国 A 股市场投资者结构也在不断调整，个人投资者持股的自由流通市值占比从 91% 下降至 52%，以公募基金、保险及信托为代表的机构投资者市值占比增加至 45%（见图2）。但与日、韩等国际股票市场相比，散户持股市值比例仍处于高位，投资者结构还有进一步调整的空间。

（三）外资加速流入倒逼输入型风险防范能力提升

根据 A 股纳入 MSCI 指数比例扩容的综合测算，2019—2020 年 A 股市场的外资增量资金约 4 500 亿元，增量外资在 A 股仍有较大空间。在韩国股指纳入 MSCI 指数前一年，外资对韩股的净买入规模在 3 亿美元/季度，加入 MSCI 后流入水平提升到 10 亿美元/季度，1996 年最高达 30 亿美元/季度。中国台湾股指纳入 MSCI 指数后，外资对台股净买入规模在 10 亿美元/季度，全面纳入 MSCI 指数后外资流入明显加速，1994 年第四季度外资净买入台股 50.4 亿美元。

从中国 A 股市场长远发展来说，未来 5 年是外资加速流入的时间窗口，外资机构青睐价值龙头的稳健投资能够在一定程度上优化 A 股市场投资风格，改善 A 股市场"散户大、

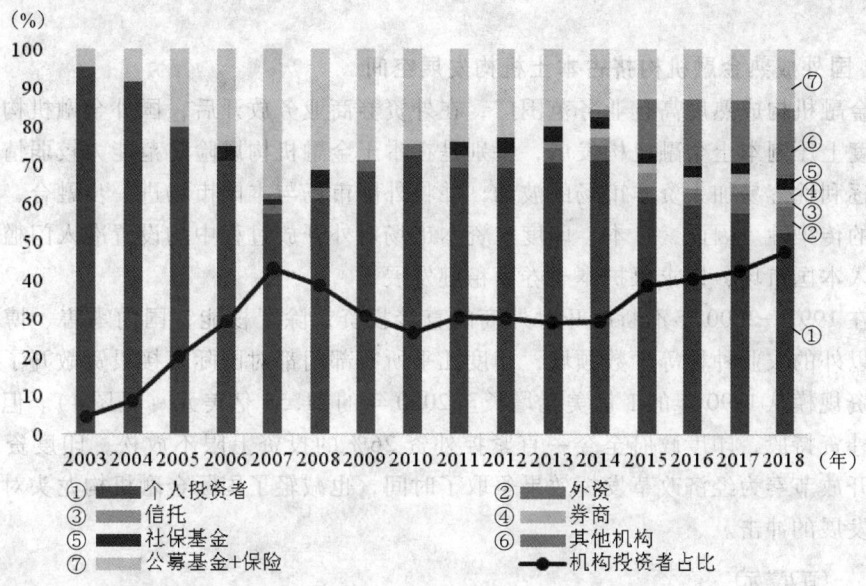

图 2　2003—2018 年中国 A 股市场投资者结构构成估算

资料来源：上海证券交易所，中国证券投资基金业协会，中国证券业协会。

机构小"的投资者结构，促进 A 股市场健康平稳发展。与此同时，海外资金对中国资产的配置增加，又在一定程度上促进中国金融市场在更深层次上对外开放。A 股与国际市场联动性增强，海外市场波动对其影响加大，使得资本市场输入型风险传导机制及防范研究的必要性与日俱增。

三、资本市场开放中输入型风险的传导机制研究

资本市场对外开放下的输入型风险是发展中国家经济体金融市场不稳定的重要源头。综合来看，资本市场的输入型风险主要通过境外资金的投资行为传导，并通过汇率波动对国内市场产生或大或小的冲击（见图3）。

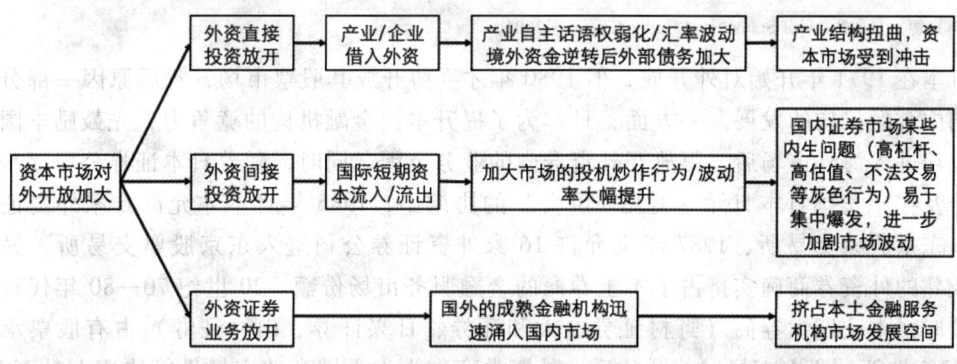

图 3　资本市场对外开放后输入型风险的传导机制

(一) 国外成熟金融机构挤占本土机构发展空间

国际金融机构成熟度高且业务范围广,在外资券商业务放开后,国外金融机构龙头可能在一定程度上压制本土金融机构发展,特别是在本土金融机构风险防范能力较弱情况下,外资券商的逐利性容易加大资本市场的波动,并将外围市场与本国市场进一步融合,加剧了输入型风险的传染性。因此,日本、印度在资本市场对外开放过程中均设置准入门槛来限制外资券商进入本国市场,以求保护本土券商稳健发展。

印度在1991—2000年不断放开对外商的直接投资,除了核能、国内零售、博彩、房地产、茶叶以外的农业种植等少数领域,印度几乎所有部门都对国际直接投资敞开了大门,外资直接投资规模从1990年的1亿美元增长至2000年的21.55亿美元(见图4)。但至于对金融机构的外资持股,印度政府至今一直紧控外资26%的投资上限不放松,印度资本市场循序渐进的开放节奏为经济改革发挥效果争取了时间,也减轻了国际金融机构龙头对国内金融机构自主发展的冲击。

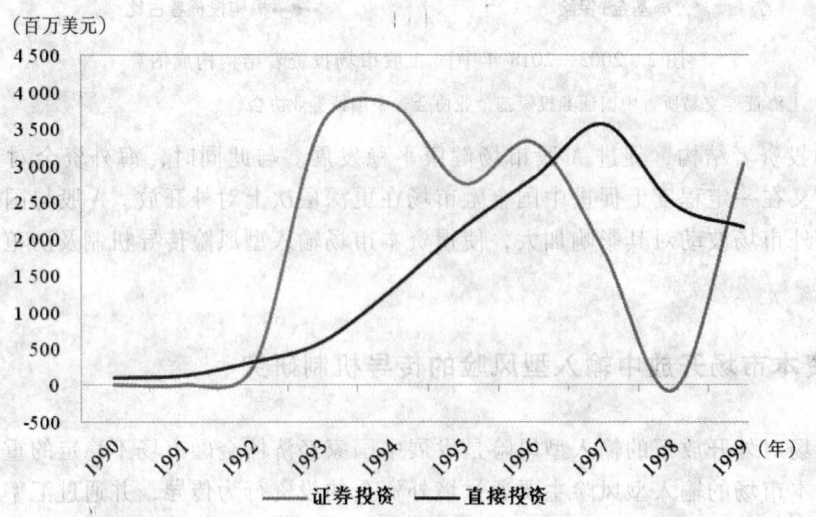

图4 1990—1999年印度市场引入的证券投资、直接投资规模

资料来源:Handbook of Statistics on India Economy 2001.

日本在1971年开始对外开放,但1980年才妥协开放其股票市场,背后原因一部分在于保护国内金融机构的发展。一方面,日本为了提升本国金融机构的竞争力,先鼓励本国证券公司成功进入海外市场后,再放开外资券商的业务范围。同时,随着日本证券公司逐步走向海外,及在"美国日本日元-美元委员会"的协调下,1985年日本才允许6家外资证券公司进入东京股票交易所,1987年又允许16家外资证券公司进入东京股票交易所。另一方面,成熟的外资券商确实挤占了本土券商的金融服务市场份额。20世纪70—80年代日本初步开放时,本土四大券商(野村证券、大和证券、日兴证券、山一证券)占有股票承销市场的82%份额。资本市场对外开放后,外资券商作为主承销商的市场份额快速上升至20世纪90年代的10%,又进一步上升至2000年的31.5%。最后,外资券商在日本国内承销业务上获"三分"天下的竞争格局。在国际日元债券的承销中,美国券商曾一度超过日本本土券商,并且因机构业务成熟,外资券商在衍生品市场占据绝对优势。

（二）国际资本大量涌入后逆转引发的外部债务风险

20 世纪 70 年代，美联储的一系列降息措施向国际市场释放了大量的流动性，且欧美国家为摆脱本国"滞胀"开始加大对拉美地区的信贷支持。墨西哥、哥伦比亚等国家在以低利率借入大量的跨境资本的同时，为刺激本国经济增长，依然采取较为宽松的财政和货币政策进一步增大外债规模。墨西哥、阿根廷及委内瑞拉等国家外债余额占 GDP 比重均超过 60%（见图 5）。

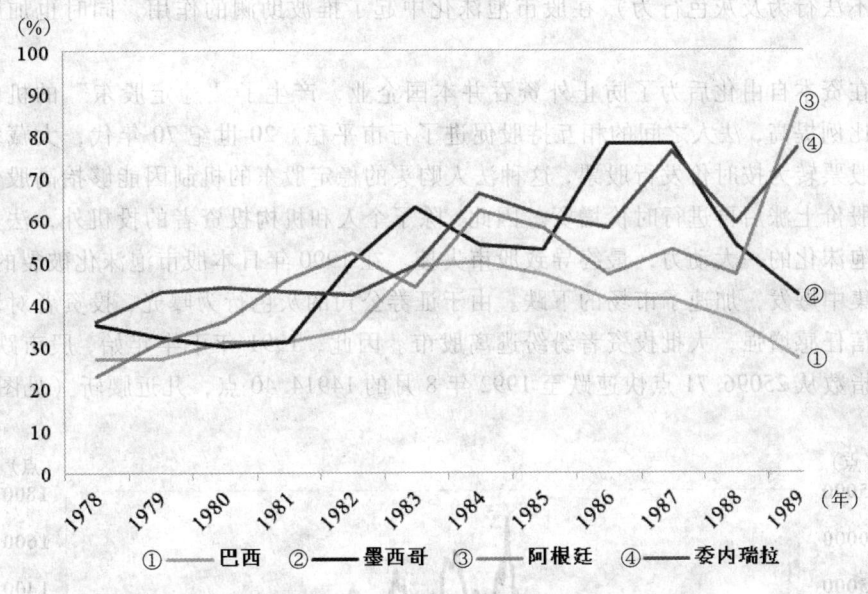

图 5　部分拉美国家 1978—1989 年外债余额占 GDP 比重

资料来源：世界银行。

拉美国家过度通过举债和变卖资源的方式获取大量国际资本，但其国内产业水平落后，只能通过进口资源的方式缓解通货膨胀。这种进口替代的经济模式引发其经济结构日趋不合理，并且导致国内经济过于依赖国际资本，产业自主话语权进一步弱化，最终抑制了国内产业的发展。跨境资本在拉美地区金融开放的背景下流动性显著增强，20 世纪 80 年代欧美国家宣布提高基准利率，跨境资本在加息的情况下大规模回流，叠加拉美国家宽松货币政策下的货币贬值严重，部分国家已经无法正常还清债务。1982 年，墨西哥宣布将暂停支付外债并爆发债务危机，哥伦比亚、阿根廷、巴西等国也纷纷宣布将暂停外债的偿付。债务危机蔓延后，拉美国家的资本市场受到严重冲击，国内资本的大量外逃引发了货币危机及银行业危机，货币大幅贬值，汇率发生急剧波动，资本项目持续逆差，金融体系系统性风险聚集。

（三）短期国际资本双向流动加速，证券市场波动率大幅提升

在资本市场对外开放加大的背景下，国际短期资本进入国内市场准入门槛放低，大量投机资金迅速流入流出，加大了市场的投机炒作行为，促使证券市场波动率大幅提升。

1996 年后国际游资快速流入东南亚国家后又开始大量流出，导致东南亚国家的经常账户和资本账户迅速恶化，本币贬值压力进一步加大。1997 年泰国受到国际短期资本猛烈冲

击而被迫宣布开始采用浮动汇率制，泰铢兑美元汇率大幅下跌（1997年7月2日下跌17%），外汇市场以及其他金融市场陷入混乱。在泰铢出现波动的情况下，菲律宾、印度尼西亚和马来西亚等国货币及外汇市场相继受到冲击，并迅速席卷日本、韩国及中国香港等地区，最后引发亚洲金融风暴，东南亚各国资本市场和外汇市场遭到了严重的破坏。泰国综指在1996年2月至1998年9月从1422.61点持续下跌至204.59点，暴跌85.62%。

证券市场波动率提升过程中，国内证券市场某些内生问题易于集中爆发，会进一步加剧市场波动。以日本1990年股市泡沫破裂的表现来看，证券市场的内生问题（高杠杆资金、证券公司不法行为及灰色行为）在股市泡沫化中起了推波助澜的作用，同时也加剧了泡沫破裂。

日本在资本自由化后为了防止外资吞并本国企业，产生了"稳定股东"的机制，结果法人持股比例提高，法人之间的相互持股促进了行市平稳。20世纪70年代，大藏省同意由面额发行股票转为按时价发行股票，这种法人购买的稳定股东的机制因能够抬高股价而被纷纷效仿，股价上涨后再进行时价增资。因此，除了个人和机构投资者的投机外，法人投机也成为股市泡沫化的一大动力，最终导致股市失控。在1990年日本股市泡沫化破裂的过程中，不法行为集中爆发，加速了市场的下跌。由于证券公司的灰色行为曝光，投资者对证券市场主体的不信任感增强，大批投资者纷纷逃离股市。因此，1991年下半年始，股市跌势剧烈，日经225指数从25096.71点快速跌至1992年8月的14914.40点，几近腰斩（见图6）。

图6　1990—1999年泰国及日本股票市场指数走势

资料来源：Wind。

四、资本市场对外开放与输入型风险防范的措施建议

（一）证券公司创新业务优先对内开放

1. 国内金融机构应"补短板"，全面提高金融服务能力，同时鼓励国内外券商的双向合作

目前，国内金融机构的跨国经营程度及能力相对不足，券商创新业务应优先加大对内开放，鼓励中国本土金融机构借助"一带一路"倡议"走出去"吸收海外经验，提高跨境金融服务支持能力，提高国内金融机构龙头的国际竞争力。

2. 应加快推出创新业务（如逐步推出做市交易及新的衍生品工具），增强本土金融机构对创新业务的话语权

目前股指期货已开始放松，后续建议监管层加速向国内券商放开衍生品等创新业务市场。同时，在创新业务的顶层设计阶段应注重适当提高门槛，适度向龙头倾斜，保证行业适当利润率，培育具备创新业务竞争力的国内券商龙头，以增强内资对创新业务的话语权。

3. 对外开放后券商对公业务更易受到冲击，应大力发展本土券商的机构业务

国内券商因渠道优势，经纪业务等零售业务根基较深而不易受到冲击，应在衍生品投资、资产管理中的被动投资等机构业务中努力提高服务能力，与外资券商形成良性竞争，保护自身利益。

（二）放宽对外开放的路径及限制，抑制短期国际投机资本的进出

一是在加快沪伦通等联通机制建设的同时，大力拓展与全球主要资本市场交易所的协商联通合作机制，建立多条引进外资通道，拓宽证券市场对外开放的广度。

二是在现有的沪港通、QFII 制度的通道内，可以大幅放开外资的投资范围、额度管理及比例限制，并适当放松对合格机构的资格认定审核标准。但在国内资本市场以及配套措施充分成熟之前，对全面的直接资本项目自由兑换要谨慎推行，或可通过资本利得税及组合管理限制抑制短期国际投机资本的快速进出。

三是在现有的沪港通、QFII 制度通道内，适当放开衍生品业务，增加对外资机构的吸引力。沪港通因以两地交易所为载体，为投资者跨境投资提供了更加灵活的选择而受到青睐，但 QFII 机制过去因限制过多丧失了部分吸引力。在投资额度及认定标准放松后，QFII 机制面向合格的境外机构投资者时可以在通道内适当放松衍生品业务，健全对冲机制，以加大 QFII 通道对外资机构的吸引力。

（三）外资持股比例"分类管理"，保护中国竞争力较弱产业

当前我国 A 股外资持股市值占比 3.02%，放松外资持股比例限制应提上日程。根据最新数据，QFII 及陆股通合计外资持股市值占 A 股市场总市值的 3.02%，当前阶段无须担忧外资持股市值过高而抢夺股票定价权。相比于日、韩开放初期 10% 左右的外资持股市值占比，我国 A 股整体市场的外资持股市值占比提升还有空间。由于沪港通、深港通交易高度有效，当前外资持股上限的放宽应提上日程。

在坚持现有对外开放通道的同时，可根据不同产业分类设置开放的先后顺序及外资持股上限的"分类管理"，并提高中国优势行业的外资持股上限，如高端白酒、互联网服务等特色强势行业。而竞争力较弱的科创企业对外资可设置较低的股比限制；同时，在多层次资本市场建设下，科创类企业属于中国大力支持的产业方向，科创板的对外开放可在技术产业日趋成熟后再稳步有序放开。

（四）加强顶层设计，明确资本市场对外开放的路径及时间表

历史经验表明，要实现资本市场效率与稳定的统一，需要顶层设计中明确开放计划以维持健康的金融秩序。中国应按照渐进和可控原则，稳步推进证券市场的对外开放，保持在开放路径上的独立自主性。

短期看，主要是放宽市场准入、促进资本项目双向流动，增强金融服务实体经济的能力，满足国内企业和居民跨境资产配置的需求，并让境外投资者也能共享中国发展的机遇；中长期看，扩大外资券商的业务范围，提高本身金融机制的监管水平，真正实现证券市场的国际化，培育一批成熟的证券市场主体，参与享受经济全球化发展红利。

1. 加强顶层设计，根据国情制定不同阶段的开放计划时间表

目前，中国资本市场的对外开放是有限制的直接对外开放，应坚持稳健有序的原则，确定不同时期的开放目标和措施，并根据经济发展变化不断调整开放计划。

2. 加快推进金融业全方位、深层次改革，为对外开放营造良好环境

在中国经济转型升级和产业结构调整的关键时期，更应该坚持市场化的改革方向，在完善宏观审慎管理及提高金融市场透明度的前提下，为资本市场的对外开放营造良好的经济环境。

3. 在资本市场对外开放中监管层防患于未然

应尽早清除证券市场上的灰色操作，完善市场主体自律监管职能，同步进行对资本市场的相关监管改革，确保金融监管能力与开放程度相互匹配，加强透明公平的事后监管，防止国际投机性资本涌入后国内证券市场违法行为的集中爆发。

场外市场进一步加强服务实体经济能力的研究

中国证券业协会场外市场委员会专题研究小组*

一、在国家政策与宏观经济背景下实体经济的微观需求

习近平总书记在党的十九大报告中明确提出要"深化金融体制改革,增强金融服务实体经济能力",为我国建设具有中国特色的多层次资本市场指明了方向,强调金融创新追本溯源服务国家供给侧改革和产业升级。境内外的发展经验证明,产业升级历来都离不开产融结合,企业和社会资本在产业升级的进程中有着全方面的诉求,也同时面临着多方面的风险。因此,国家产业升级的进程离不开资本市场的支持、创新和发展。作为资本市场的重要构成,一个制度健全、工具丰富、参与活跃的场外市场是金融市场服务实体经济发展的重要保障。

步入2018年以来,境内实体经济,尤其是战略新兴产业,遇到了较为严峻的外部环境。一方面,美国在全世界范围内发起贸易摩擦和设置高科技壁垒,试图放缓我国在高新技术上追赶和反超的速度;另一方面,在"去杠杆"的背景下,境内融资环境有所收紧,尽管国家政策仍然鼓励支持战略新兴产业的融资活动,但企业及股东的融资活动仍在一定程度上受到影响。现阶段,如何支持国家战略新兴产业是场外市场作为多层次资本市场重要组成部分面临的重要课题。参照境外发展经验,结合境内探索实践,我们认为充分发挥场外市场的功能应重点关注以下两点:

一是场外市场助力战略新兴产业发展应重点服务产业参与者。企业股东、企业自身以及企业员工作为战略新兴产业的主要参与者和建设者,有着融资、风险管理、跨境投资、股权管理、股权激励等多方面的需求。场外市场应致力于在降低企业经营风险、优化企业融资结构、降低企业融资成本、优化企业产权结构、降低股东投资风险等方面提供更为丰富的金融工具,发挥产业升级推进器和减震器的作用。

二是场外市场助力战略新兴产业发展应重视战略新兴产业的自身发展规律,鼓励金融机

---

* 研究小组成员:中信证券股份有限公司:杨舰航,牛文慧。

构在战略新兴产业发展的关键时期提供专项支持,在监管层面给予适当的政策性支持和豁免。

二、境外场外市场服务战略新兴产业的成功经验

"他山之石,可以攻玉"。境外成熟市场的经验证明,以国际一流投行为代表的境外金融机构利用丰富多样的场外金融工具设计定制化的商业解决方案,在战略新兴产业升级、跨境扩张等各个发展阶段均起到了积极的作用。下文结合境外市场的成功案例,介绍境外成熟市场在战略新兴产业发展的不同阶段如何发挥场外市场的功能;以若干境外场外金融工具为案例,介绍场外市场如何积极推动战略新兴产业的发展。

(一) 私募可转债已成为战略新兴产业投融资利器

私募可转债作为股债结合的融资工具,有利于改善企业的债务结构。半导体、生物技术等战略新兴产业普遍具有研发投资周期长的特点,债权人承担了较高的风险,因而要求较高的回报率。私募可转债通过内嵌期权平衡了债务人的融资成本和债权人的项目风险:一方面,债券的票面利率相对于普通信用债券更低,降低了企业的间接融资成本;另一方面,企业可以通过新增股本的方式偿还到期债务,在提高企业直接融资比例的同时,降低了其到期无法兑付的风险。20世纪末至21世纪初是全球半导体行业发展最为迅猛的时期,企业通过发行可转债的方式抓住了产能扩展和产品线升级的黄金时期。例如,半导体巨头台积电在1997年7月通过发行美元可转债获得3.5亿元融资,用于购置新厂区的设备,实现了后续5年的快速发展。最终,债券到期时,绝大多数投资者选择了行使转股权。

除作为融资工具外,步入扩张期的企业也逐渐将私募可转债作为重要的战略投资工具,降低对外投资风险。若标的企业未来发展良好,私募可转债在转股后可实现和传统股权投资相同的效果;当标的企业发展不及预期时,投资者可在债券到期时及时退出。以英特尔(Intel)为代表的大型科技企业经常通过可转债投资于初创期的科技企业,实现低风险的产业链布局。Intel通过全额认购台湾系微公司3亿元新台币私募可转债以及6 500万美元的台湾力成科技私募可转债的方式,完成了对两家科技企业的战略投资。

(二) 企业在可转债发行后,利用场外期权改善公司治理结构

场外金融工具之间灵活的结合可以进一步发挥服务实体经济的能力。境外企业在发行可转债获得融资后,若股价表现不及预期或公司基本面出现较大变化时,可以利用场外期权工具调整可转债的转股价格,实现缓解债务压力或维护老股东利益等目的。

2001年,新加坡特许半导体公司(Charted Semiconductor Manufacturing)以3.09美元/股的转股价格发行可转债;此后,股价跌至0.62美元/股。过低的转股概率将使特许半导体在债券到期时面临巨大的兑付压力。为此,特许半导体向高盛低价买入行权价为3.09美元/股(可转债转股价格)的认购期权,同时卖出行权价为0.62美元/股的认购期权,并有权在到期日选择现金或是发行股份的方式进行结算。通过上述期权交易,在期权到期时,公司有很大概率按照0.62美元/股发行股份给期权持有人,同时以发行所得来偿付债券持有人。通过卖出期权且约定可以发行股票结算,实现低价股票发行并以此来还债,缓解了债券到期时的

兑付压力。

2010年，微软发行了转股价为33.4美元/股的可转债。此后，微软认为可转债的转股价格偏低，债券投资者的转股行为可能摊薄股价，损害老股东利益。因此，微软向多家投资银行购入了行权价为33.4美元/股（可转债转股价格）的认购期权，并以更高的转股价格37.16美元/股卖出了认购期权。若股价表现超过33.4美元/股，微软在期权端的收益可以抵消转股行为对股价的影响，间接地将实际的转股价格调整为37.16美元/股，维护了老股东的权益。

（三）企业和企业家利用场外金融工具降低跨境并购风险

在银团贷款等传统的兼并收购交易结构中，并购一方同时面临着高额的财务费用和股价的不确定性，承担着极高的项目风险。近年来，兼具杠杆特征和风险管理属性的场外期权被越来越多地运用到企业股权投资过程中。其中，领子期权（Collar）是一类典型的期权并购策略，并购一方在增持目标公司时，同步买入价外认沽期权从而获得股价的下跌保护，卖出价外认购期权以降低并购融资成本，将最终的并购价格控制在合理的范围内，兼顾了风险和收益。例如，吉利集团在2018年收购戴姆勒股份的交易中运用了美国银行和摩根士丹利提供的"领子期权"方案，成功实现了跨境并购的目标。

（四）结构化融资工具改善创业投资者再融资的能力

创业投资者在创业期间有着对企业持续加大资金投入的诉求，因此，改善创业投资者的再融资环境有助于进一步提高创业企业的直接融资比例。由于创业企业的发展具有较大的不确定性，传统的股票质押贷款往往给予较低的质押率，限制了股东通过融资对创业企业再投资的能力。为此，境外投资银行通常通过将传统的股票质押贷款与场外期权相结合的方式，为创业股东提供结构化贷款服务：创业股东在获得股票质押贷款的同时，向投资银行买入价外认沽期权保险并因而可获得相比于传统股票质押贷款更高的质押率；此外，创业股东还可选择卖出价外看涨期权，以让渡一定的未来上涨收益为代价降低融资贷款。例如，搜狐、尚德电力等中国企业的主要股东均曾在公司上市初期通过结构化融资工具从瑞信银行获得高质押率的贷款。

（五）科技公司利用股权激励计划维系核心技术人员稳定性

振兴战略新兴产业的重中之重是人才的引进和培养，核心技术和管理团队的稳定性是战略新兴产业长期持续发展的重要保障。以半导体行业为例，全球半导体巨头普遍利用股票期权激励等方式建立了长效的股权激励机制。Intel公司从20世纪80年代起采用股票期权激励，在全球半导体行业快速发展期间为公司吸引和保留了大量的顶尖人才，维持了公司的核心竞争力。

三、境内场外市场的发展与建议

（一）场外证券市场的探索与实践

境内场外市场自2013年以来取得了较快发展，目前已形成了包括场外衍生品、收益凭证、非公开发行公司债券在内的较为全面的场外证券业务品类，极大地丰富了境内投资者的投资工具和风险管理工具。例如，"保险+期权"的模式创新帮助农户规避农产品价格风险；商业银行利用证券公司场外期权推出浮动挂钩型理财产品，服务境内投资者的财富管理和配置需求；私募基金等机构投资者通过挂钩指数和个股的场外期权对冲投资组合风险，平滑业绩波动等。

以2018年7月数据为例，证券公司开展场外衍生品交易涉及初始名义本金448.64亿元，截至月末，场外衍生品未了结初始名义本金合计2 973.54亿元；证券公司发行收益凭证合计3 302只，发行规模647.89亿元；非公开发行公司债券备案37笔，涉及债券本金458.50亿元。

在快速发展和创新的过程中，境内场外市场吸取境外的经验和教训，将制度和合规建设放在同样重要的地位，"场外期权新规"等制度的及时出台不断引导场外证券业务朝着健康、有序的方向发展。

（二）境内场外市场服务战略新兴产业的潜力尚待进一步挖掘

场外市场的蓬勃发展也推动了实体经济运用场外金融工具进行风险管理。例如，产业链客户利用商品期权对冲原材料及产成品的价格波动风险，降低企业经营风险。在服务战略新兴产业方面，场外市场的作用尚待进一步发挥。

与传统行业不同，战略新兴产业对资本的依赖程度更高，提高参与资本的效率和安全性是场外市场服务战略新兴产业的主要方向。目前限制场外市场进一步发挥作用的因素主要包括以下几点：

一是场外市场融资工具有待进一步丰富。一方面，与传统行业不同，战略新兴产业难以使用仓单质押、不动产抵押等融资工具；另一方面，战略新兴产业因自身风险较大，往往承担着比传统行业更高的融资成本。场外市场需要结合战略新兴产业自身特点，设计和推出对融资人和投资者更有吸引力的场外融资工具。

二是证券公司自营融券的交易不畅通，极大地限制了证券公司为战略新兴产业股东提供股权风险保护的能力。战略新兴产业投资风险较大，有效的股权风险保护工具将大大提高社保资金、保险资金、社会财富配置资金等长期投资资本在战略新兴产业中的配置比例，引导社会资本向战略新兴产业倾斜。

三是上市公司股东、上市公司、员工持股计划等主体如何参与场外衍生工具在目前的监管规则下尚不清晰。以信息披露规则为例，其主要关注披露义务人名下实际持股的变动，即投票权的变动，并不关注披露义务人在标的上的真实权益的变动，即收益权的变动。监管规则的更新暂时落后于市场的发展是全球金融市场都难以回避的现象，针对性监管规则的缺失客观上限制了上述主体对场外衍生品的合理运用。

（三）进一步发挥境内场外市场服务实体经济作用的建议

一是建议以战略新兴产业为试点，逐步推出私募可转债等创新的场外融资工具。股债结合的收益特征既有利于战略新兴产业的融资成本，也更加符合长期战略投资者的风险收益需求。对非上市中小企业发行私募可转债并在券商柜台进行发行，可组织券商等中介机构研究，并给予政策支持。

二是建议鼓励上市公司在回购股份等行为中运用场外风险管理工具，优化股权结构。中国证监会提出《公司法》修正方案，鼓励上市公司回购股份。在此背景下，建议鼓励战略新兴产业上市公司在回购股份活动中合理运用场外风险管理工具，有效对冲回购活动中的股价波动风险，进一步提升投资者信心，维护股东利益。

三是建议细化现有的《上市公司收购管理办法》《上市公司信息披露管理办法》等有关规定，规范上市公司控股股东、5%以上股东（统称"大股东"）参与场外衍生工具的行为。鼓励大股东在股票质押式回购交易、跨境并购等业务场景中合理运用场外衍生工具，发挥场外衍生工具的风险管理功能。

四是建议鼓励上市公司员工持股计划运用场外风险管理工具，兼顾收益和风险保护，稳健、长效地推行股权激励，维护员工利益。

资本市场如何助推产业升级

——美国案例及其启示

海通证券股份有限公司课题组*

一、资本市场如何助推产业升级——美国案例和经验

大量研究表明,金融结构与产业结构之间存在一种"要素禀赋结构——产业结构——金融结构"的动态螺旋调整机制,即要素禀赋结构变化会促进产业结构调整,产业结构调整会改变实体经济对金融服务的需求并进一步推动金融体系和金融结构进行调整,新的金融结构又会改变要素禀赋结构从而推动产业结构和金融结构开始新一轮动态调整。事实上,这种动态调整机制在美国体现得尤为充分,作为市场主导型金融体系的典型代表,美国有全球发达的资本市场,同时也是全球 GDP 产值最高的国家,拥有大量处于全球价值链体系顶层的科技公司,在发展新兴产业方面也取得了显著的成就,这些对于当前正处在产业升级换代关键点的中国而言都非常值得关注和借鉴。

具体来讲,考虑到本文研究的焦点在于资本市场如何助推产业升级,我们因此选择从股票市场和创业投资两个视角来重点考察美国资本市场服务产业升级的相关经验。

(一)美国股票市场如何促进产业结构升级

在 20 世纪八九十年代,为了服务新兴产业,美国国会通过了《小企业投资促进法》,

---

* 本文为 2018 年中国证券业协会重点研究课题报告选编。课题负责人简介:路颖,海通证券研究所所长,CFA,复旦大学经济学博士;曾荣获上海市劳动模范、上海市三八红旗手、黄浦区专业技术拔尖人才等荣誉称号,唯一同时获得《新财富》杰出研究领袖和白金分析师的证券行业人士;曾在《经济研究》《中国证券报》等报刊发表论文,参与的课题曾荣获交易所、监管部门等组织的多项优秀研究成果奖项。课题组成员简介:李明亮,博士,海通证券研究所政策研究部经理;周洪荣,经济学博士,海通证券研究所分析师;吴一萍,经济学硕士,海通证券研究所核心分析师;周新辉,博士,上海立信会计学院金融学院副教授;谭昊涌,辽宁大学学生。原载于《中国证券》2019 年第 7 期。

旨在帮助中小企业获得更多的融资支持以推动技术革新。随后美国又相继推出"先进技术计划（ATP）"和"国家信息基础设施行动计划（NII）"，着重发展信息技术产业。为了更好地支持新兴产业发展，纳斯达克（NASDAQ）率先在1982年增设全国市场板块，将部分交易活跃、规模较大的股票划入全国市场，三年内在这个板块挂牌交易的股票就从40只增长到682只。除了丰富市场层次外，纳斯达克还非常注重增设差异化上市条件来吸引创新型企业上市（见表1）。在全国市场刚设立时，其挂牌标准与常规市场相近，均采用资产类指标，只不过前者的准入门槛更高一些。但在进入20世纪90年代后，纳斯达克修改了全国市场的准入标准，新增了利润和经营年限等标准，使准入标准的弹性和灵活性进一步增强。到20世纪90年代末，纳斯达克又进一步放宽了准入门槛要求，新增了市值和经营年限等标准，并且上市公司的准入标准选择进一步丰富和多元化。

表1　1980—2000年美国纽约证券交易所和纳斯达克上市财务标准演变

年份	纽约证券交易所	纳斯达克	
		常规/小型资本市场	全国市场
1980—1990年	标准1：税前利润	标准1：总资产＋股本及资本公积	标准1：净有形资产＋股本及资本公积
1991—1997年	标准1：税前利润 标准2：调整后净利润＋市值＋收入 标准3：市值＋收入		标准1：净有形资产（或股东权益）＋利润 标准2：净有形资产（或股东权益）＋经营年限
1998—2000年	标准1：税前利润（利润测试） 标准2：调整后净利润＋市值＋收入（现金流测试） 标准3：市值＋收入 标准4：市值＋收入（不设财务要求）	标准1：净有形资产（或股东权益）＋经营年限 标准2：市值 标准3：净利润＋经营年限	标准1：股东权益＋经营年限 标准2：股东权益＋净利润 标准3：市值 标准4：总资产＋总收入

资料来源：纽约证券交易所，纳斯达克。

与纳斯达克的情况类似，纽约证券交易所在20世纪80年代也仅执行税前利润一个准入门槛；90年代则逐渐引入市值和收入等标准，上市标准开始从过去侧重公司盈利能力转向侧重公司成长性。值得关注的是，1999年纽约证券交易所再次修改利润指标，新标准改变了利润测算方式，主要是消除了摊销和折旧等因素对利润的不利影响，能够更好地吸引那些因为前期投资规模大和折旧高而无法达到上市标准的企业来挂牌融资。

上市标准放宽极大增强了纽约证券交易所和纳斯达克为新兴产业提供融资服务的能力，1980—2000年，纽约证券交易所和纳斯达克分别实现公开上市发行1 619家和5 191家，累计融资额分别为3 985亿美元和2 476亿美元。如果从上市企业行业分布来看，纽约证券交易所主要以工业、周期性消费品等传统行业和金融企业为主，而纳斯达克则吸引了大量的信息科技企业。除了各自优势行业的领域不同所导致的聚集效应外，很大程度还是因为相较于纽约证券交易所而言，纳斯达克准入要求更低，很多创新型科技企业在上市时规模偏小、盈利偏低甚至不能实现盈利,无法满足纽约证券交易所上市标准,所以只能转投纳斯达克。

21世纪初,由于互联网泡沫破灭和安然、世通财富事件,美国出台了《萨班斯-奥克斯利法案》,着重加强对上市公司的信息披露管理。纽约证券交易所和纳斯达克也加强了对上市公司的自律管理,公司上市、信息披露、内部治理和退市等相关制度趋于严格,尤其是在2001年和2004年,纽约证券交易所和纳斯达克小幅提高了上市门槛。如纽约证券交易所就将上市公司过去三年利润从650万美元提升至1 000万美元,纳斯达克则将资产值从400万美元提升至500万美元。

2006年以来,交易所市场竞争日渐激烈,尤其是在次贷危机之后,金融监管政策的转型和市场环境的改变都对交易所的运营产生了明显影响。在发展新兴产业方面,2012年美国出台了《创业企业促进法(JOBS)》,旨在为中小微企业和创业企业提供融资便利。在这种背景下,纽约证券交易所和纳斯达克进一步提升市场化程度,通过增加市场分层和拓宽上市标准来进一步增强对实体经济的支持。具体来讲,在丰富市场层次方面,纽约证券交易所在2006年借壳上市后增设了NYSE Arca层次并将之定位成高增长板块,随后又在2008年增设创业板(该板块在2012年更名为NYSE MKT),最终形成包括主板、中小板(MKT)和高增长板(Arca)这样的三层结构。同期,纳斯达克将全国市场板块更名为全球市场,将小型资本市场更名为资本市场,并增设全球精选市场,也形成了一个三层市场结构。不同市场层次适用不同的上市准入标准,分别吸引中型企业、小微创企业和大型蓝筹企业。

在上市准入标准调整方面,为了增强对新兴科技企业和成长型中小企业的吸引力,纽约证券交易所和纳斯达克进一步简化上市条件,降低了对上市公司的盈利和流动性指标要求,增强了上市标准的灵活度和差异性。具体来讲,纽约证券交易所在2008年新增了"市值+总资产+股东权益"标准组合,不再设立最低盈利标准门槛,在2014年更新的"市值"标准更是低至两亿美元的最低准入要求。另外,纽约证券交易所还降低了对历史业绩的要求(从三个财年的历史业绩考察期缩短至一年)和最低流动性要求(将"公众持股市值"从6 000万美元降至4 000万美元);纳斯达克全球精选市场也随之进行调整,将"公众持股市值"统一下降到4 500万美元(见表2)。

此外,为了促进上市资源的自由流通,纽约证券交易所和纳斯达克还建立了一套完整高效的转板机制,主要包括三个方面:一是提供挂牌上市。如纳斯达克允许纽约证券交易所主板市场上市公司转板到纳斯达克的全球精选市场。二是减免上市费用。为了避免重复收取上市年费,纳斯达克和纽约证券交易所均减免从全国性股票交易所转板或两地上市公司的上市费用。三是简化上市流程。纳斯达克和纽约证券交易所为内部不同层次的上市公司转板提供快捷通道,只要达到相应层次的准入标准,上市公司可以快速完成内部转板。转板不仅限于交易所市场内部或相互之间,场外市场向交易所市场转板同样比较便捷,近年来每年从OTC Market转到纽约证券交易所和纳斯达克的公司大概有五六十家。

(二)美国创业投资对产业升级的影响

纵观美国的产业结构百年演进史,新兴产业一直是产业结构升级和优化的主要动力,但值得注意的是,发展新兴产业并不仅仅是技术革新和进步,资本市场和创业资本也不可或

表2　2001年以来美国纽约证券交易所和纳斯达克上市财务标准演变

纽约证券交易所			
年份	主板市场		中小板市场
	国内公司	海外公司	
2001—2007年	标准1：税前利润 标准2：市值+总收入 标准3：市值+总收入+现金流 标准4：市值+经营年限	与国内公司相同	
2009—2014年	标准1：税前利润 标准2：市值+总收入 标准3：市值+总收入+现金流 标准4：市值+经营年限 标准5：市值+总资产+股东权益	标准1：税前利润 标准2：市值+总收入 标准3：市值+总收入+现金流 标准4：市值+经营年限	标准1：税前利润+股东权益 标准2：股东权益+经营年限 标准3：市值+股东权益 标准4：市值 标准5：总资产+总收入
2015—2016年	标准1：税前利润 标准2：市值	未发生改变	

纳斯达克			
年份	资本市场	全球市场	全球精选市场
2006年	标准1：股东权益 标准2：市值 标准3：净利润		标准1：税前利润 标准2：市值+总收入+现金流 标准3：市值+总收入
2007—2010年	标准1：股东权益+经营年限 标准2：市值+股东权益 标准3：净利润+股东权益	标准1：税前利润+股东权益 标准2：股东权益+经营年限 标准3：市值 标准4：总资产+总收入	未发生变化
2011—2016年	未发生变化		标准1：税前利润 标准2：市值+总收入+现金流 标准3：市值+总收入 标准4：市值+总资产+股东权益

资料来源：纽约证券交易所，纳斯达克。

缺，尤其是在新兴产业还处于初创期和萌芽期时，资本市场和创业资本能够为其提供宝贵的研发资本投入。而当新兴产业公司开始进入快速发展期或高成长期后，不仅企业进一步发展和扩大生产需要从资本市场融资，创业资本退出也同样需要资本市场。

事实上，在讨论美国资本市场发展与产业结构升级之间的关系时，应重点关注创业资本。在某种程度上讲，美国之所以能够顺利实现产业升级并主导全球价值链，原因在于其拥有强大的创业资本市场，并逐步形成创业投资（风险资本）、科技公司和资本市场相互联动的一整套价格发现和资源筛选机制，即以华尔街为代表的金融系统和以硅谷为代表的科技产业相互融合，推动美国产业结构不断优化和升级。

因此，与资本市场一样，创业资本和风险投资在助推美国产业结构升级方面也发挥了重要作用。简要来讲，美国的创业资本和风险投资主要经历了从萌芽到快速发展再到成熟三个阶段。每当美国经济增长陷入停滞阶段，总是风险投资和创业资本助推新兴科技产业成为新增长点，从而引导美国经济迈入新的发展周期。

事实上，早在 19 世纪 80 年代，很多投资者就已经注意到新兴科技所蕴含的巨大生产力和商业空间，筹集大量资金投向当时代表最先进生产力的钢铁、化工和铁路运输行业建设，此后这些行业迅猛增长，为当时的投资者带来了巨额的回报，这就成为最初的风险投资活动。进入 20 世纪之后，此类行为被很多投资银行和财团仿效，一些创业资本和风险投资家开始选择具有发展潜力的中小企业进行直接投资，但这些行为总体上仍旧是零散和独立的一次性行为，还没有形成一个完整的创业投资系统。

值得一提的是 1946 年成立的研究与发展公司（AR&D），这是第一次有组织和专业化分工的风险投资实践，该公司对数字设备公司（DEC）的投资可谓典范，1957 年花费 7 万美元购买了后者 65% 的股份，到 1971 年，这些股权的价值已经超过 3.55 亿美元，增值幅度超过 5 000 倍。在研究与发展公司存在的 25 年中，年化投资收益达到 15.18%，高于同期道·琼斯指数的涨幅。受此影响，美国国会在 1958 年通过了该公司提议的《中小企业投资法案》，该法案直接催生了中小企业投资公司，后者需要在中小企业管理局的管理下进行投资活动。中小企业管理局主要负责审查和复核中小企业投资公司的投资决策，中小企业投资公司的每 1 美元投资都可以获得美国政府的 4 美元低息贷款，这个政策红利迅速激发了新一轮风险投资浪潮。1958—1963 年，一共有 692 家中小企业投资公司设立，这些公司募集的资金大多投向当时代表科技前沿的半导体产业，英特尔等创业企业都借此获得了宝贵的发展资金。

在 20 世纪七八十年代，由于石油危机的冲击和美国经济陷入滞胀，传统制造产业陷入衰退，大量基础制造工业向海外拥有更低成本竞争优势的国家转移。随着纳斯达克市场的建立和美国风险投资协会的成立，再加上美国政府推行的"小企业创新研究计划"，新兴科技产业迎来黄金发展时代，而创业资本和风险投资则在其中扮演了重要角色。20 世纪 70 年代中期，美国风险投资迎来第二轮热潮，1976 年美国风险投资总额大约 5.6 亿美元，到 1982 年这一数据已经超过 20 亿美元，到 1989 年则进一步增长到 390 亿美元。创业资本和风险投资规模快速壮大为美国科技产业发展提供了充足的资本支持，大量信息技术公司借此实现跳跃式发展。从创业资本和风险投资的资金投向来看，吸引风险资本最大的几个行业分别是计算机、软件、生物技术和半导体等，同期这些产业也的确实现了快速发展，并逐渐成长为美国经济增长的主导部门。

进入 21 世纪以来，网络泡沫的破灭严重冲击了美国创业资本和风险投资行业，很多风险投资机构都开始变得更加谨慎，持续调整投资策略并加强了对投资公司的监管，风险投资行业开始迈入成熟阶段。2008 年的次贷危机再次冲击了风险投资行业，当年全美风险投资公司新募集的资金尚不足 5 亿美元，行业回报率甚至为负数。随后，为了应对金融危机和重整美国经济，美国政府推出"制造业回流"政策，旨在加强美国在高端制造业的竞争优势。此后美国风险投资行业开始复苏和增长，2010 年风险投资规模便已回升，超过 300 亿美元；2014—2015 年，美国风险投资交易金额更是超过 842 亿美元，投资笔数超过 1 万笔（见图 1）。

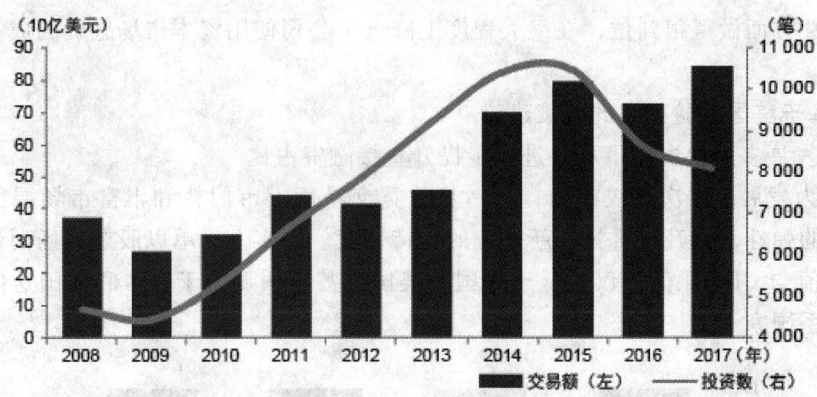

图1 2008—2017年美国风险投资规模一览

资料来源：NVCA。

此外，研究美国创业投资和风险资本，值得关注的还有风险投资基金的二级市场，因为大量私募基金（包括创业资本、风险投资和私募股权基金等）需要实现顺利退出和资产配置调整，而二级市场基金为其提供了便利。道·琼斯提供的全球私募基金二级市场交易数据显示，1990年全美私募基金二级市场交易的规模只有1.45亿美元，到世纪之交这一数据便已增长至20亿美元，而在2016年这一数据更是已经接近400亿美元。

总的来讲，美国创业资本和风险投资在很大程度上增强了美国资本市场和金融系统服务实体经济和助推产业升级的能力。

二、美国经验的启示及建议

（一）美国资本市场助推产业结构升级的经验启示

完善的多层次资本市场体系是美国金融助推产业结构升级的关键，而在这背后，则是一整套完备的制度安排。首先，灵活而健全的多层次发行制度是多层次资本市场健康发展的基础。在公开发行上市方面，纽约证券交易所和纳斯达克不断调整准入门槛，上市标准不断放宽，更加关注公司的成长性，尤为注重增强对新兴科技型企业的吸引力。而在非公开发行方面，则包括一整套由1933年《证券法》4-2条款、D条例和144A规则为框架，州内豁免、1001规则、701规则、A规则和E规则等众多规则为辅助的多层非公开发行制度体系，再加上众筹融资、PIPE、DPO和DPP等私募渠道，可见富有弹性的多元化非公开市场发行体系是美国非交易所市场能够汇聚大量中小企业的根本原因。事实上，从近年来美国企业融资发行数据来看，美国非公开发行融资规模大概是公开发行股票和债券规模的1.6倍。其次，美国拥有全球最大的多层次股权交易市场体系，在交易所市场方面，纽约证券交易所和纳斯达克分列全球第一位和第二位，二者合计总市值占全球总市值的比重将近四成。而在场外市场方面，OTC Market也是全球最大且最具国际竞争力的场外股权市场，来自全球97个国家或地区的数万只证券在此挂牌交易，总市值超过14.6万亿美元，远大于美国以外的其他所有交易所。另外，美国还存在一些诸如SharesPost、EquityZen和EquidateMarkets这类未上市股权电子交易平台，大量独角兽企业的股票都能在此获得流动性。最后，美国的多层次资本市场拥有完备的投资者适当性管理制度和信息披露制度。美国在结合多层次信息披露制度的强制性和自愿性方面做得很到位，在很大程度上降低了公司使用资本市场融资的成本。

（二）基于美国经验研究的政策建议

1. 加快发展多层次资本市场，进一步提升直接融资占比

（1）大力发展多层次股权市场，进一步放宽交易所上市门槛和丰富市场层次，增强上市准入制度的弹性，提升对科技创新企业的支持力度。事实上，单以股票市场而论，我国的上市公司市值与 GDP 比值不仅远低于美国和英国，甚至明显低于日本和法国这两个银行主导型融资体系国家（见图2）。

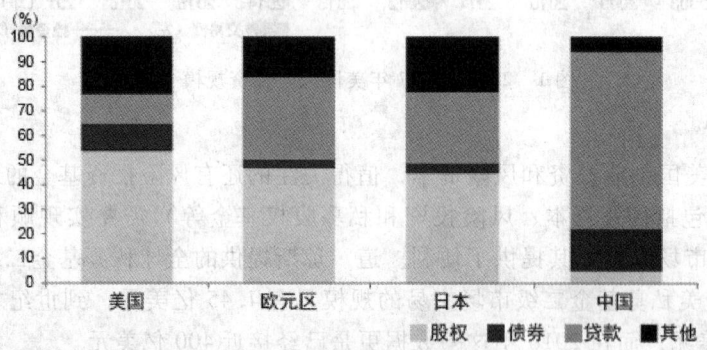

图2　美国、欧元区、日本和中国非金融公司融资来源分布一览

实践经验已经证明股票融资在支持产业升级方面具有不可替代的作用，尤其在考虑到目前国内去杠杆的背景下，股权融资更是不容忽视。具体来讲，根据境外发达经济体发展股权融资的相关经验，再结合我国当前的实际情况，要加快发展股权市场来提升对新兴科技产业和现代服务业的支持力度，就必须做好以下四点：

一是多层次发行制度是多层次资本市场发展的基石，也是进一步提升直接融资占比的关键。在交易所市场，可以借鉴美国纽约证券交易所和纳斯达克市场的相关经验，适时修改公开发行上市的准入标准，尤其是针对初创期的信息科技企业财务资质偏弱的情况，适当放宽上市发行的利润和收入硬性条件，增加经营年限和股东权益等标准，以增强上市标准的弹性。同时针对大多数科技型创业企业存在的"双层股权"结构问题修订上市规则，提升交易所市场对新兴科技型企业的包容性（2017年美国高科技行业和生物医药行业IPO占比超过1/3，这一数字是国内的2.6倍）。

二是进一步丰富多层资本市场体系，加强资本市场对新兴科技企业和现代服务行业的支持力度。实践证明，合理的市场分层有助于增加制度供给的差异化和弹性，能够更好地满足不同类别行业和企业的金融服务需求，因此无论是在交易所市场还是非交易所市场，针对当前和未来产业结构的演进方向，进一步丰富市场层次和细化不同层次市场的相关标准和制度要求，无疑能够为代表产业升级方向的新兴科技行业和现代服务业提供更好的金融服务。

三是进一步完善信息披露制度，努力提升上市公司治理水平，不断改革和完善退市制度。与银行主导型金融体系相比，金融市场对法律制度和环境的要求更加严格，可以说一个相对完备并不断完善的金融法律制度和严格执法环境是发展资本市场的基本要求，这就要求我们必须不断完善资本市场的信息披露制度，努力提升公司治理水平，进一步完善和严格退

市制度，提高资本市场进行资源配置和解决治理问题的效率。

四是加快资本市场的双向开放和国际化进程，提升国际竞争力。美国之所以成为全球创新力最强的国家并占据全球价值链的顶层，在很大程度上就得益于其拥有全球最大最具国际竞争力的资本市场，不但汇聚了全球的金融资源，同时极大增强了美国在技术革新和产业升级方面的整合能力。

（2）大力发展债券市场，加强债券产品创新，拓宽企业直接融资渠道，切实增强服务实体经济和助推产业升级的能力。无论是在市场主导型金融体系的美国和英国，还是在银行主导型金融体系的日本，都出现了债券融资替代银行信贷的趋势，尤其是美国，非金融公司的债券融资规模是银行贷款余额的 4 倍，债券融资为美国新兴产业发展提供了有力的融资支持。

（3）加快发展风险投资和创业资本市场，进一步完善创投资本退出机制，努力构建符合高新科技产业发展所需的创新资本生态体系。本文研究发现，风险投资和创业资本在美国产业升级的每个阶段均扮演了非常关键和重要的角色，大量信息技术、生物医疗和半导体等科技行业的公司都以此实现跨越式发展。在国内，近年来创投行业发展迅速，对高科技产业的支持力度显著提升，但在退出层面则存在一定的困难，这方面可以充分借鉴美国发展私募基金二级市场的相关经验，积极运用互联网技术，充分发挥专业投资顾问机构在私募基金二级市场交易中的作用（尤其是在估值服务方面），加强产品设计和创新能力，积极寻求富有创造性的流动性解决方案。与此同时，为了确保创投行业的长远健康发展，应当进一步完善和细化创投基金税收政策，切实增强创投基金在引导投资、激活市场、促进技术创新和科技成果转化、推动产业升级等方面的能效。

（4）充分发挥资本市场并购功能，重点支持符合未来产业升级方向的新兴科技产业和现代服务业企业通过并购重组整合资源做大做强。随着多层次资本市场的稳步发展，资本市场功能逐渐强化，并购重组对资源配置和产业升级的影响也明显提升。建议进一步完善企业并购的相关法律法规，简化并购重组审核流程，积极引导满足产业政策要求和符合产业结构升级趋势的企业通过并购重组做大做强，充分发挥并购基金对产业升级的引导作用，抑制和减少套利型并购交易行为。

（5）大力发展（长期）机构投资者，推动金融结构向市场化转型，切实增强资本市场服务实体经济的能力。一个强大而又规范的机构投资者群体是资本市场和证券行业持续发展壮大的基本要求，美国的经验表明，机构投资者规模增长的同时持股比例也持续增长，居民和家庭部门也能通过机构投资者间接持有更多的股票资产。因此，机构投资者群体的壮大实际上有助于提升投资者的整体风险偏好，家庭金融资产分配在股票的比例会更高，这对于发展股权融资和新兴产业融资非常重要。

（6）有序推进金融创新，着力化解和管理技术革新风险，增强金融服务新兴产业的能力。除了股票、债券融资以及并购交易和风险投资外，与传统的银行信贷服务相比，金融市场还在化解和管理风险方面具有独特的优势，而发展高新科技行业必然面临技术革新风险，因此要稳妥有序推动金融产品创新，提升资本市场风险定价能力和精确度，切实增强证券市场服务高新技术产业的能力。

2. 动态审视新兴产业发展脉络和产业升级趋势，重点发展高附加值和技术密集型产业和现代服务业，提升中国在全球产业价值链中的竞争地位从全球产业结构变迁和国际产业链迁移来看,对于后工业化阶段的国家,发展高附加值的知识和技术密集型产业是产业升级的主要方向。对我国而言,随着劳动力成本上涨和第一产业释放人口红利的消失,发展高新技术产业和现代服务业,提升在全球价值链中的地位和国际竞争力,已经成为我国当前和未来一段时间产业结构调整的主要问题。对此,一方面,进一步加大研发投入,鼓励科技创新和产品创新,提升科技应用化和产业化转化效率;另一方面,必须以动态视角来把握产业结构升级的动态调整趋势,既要因地制宜考虑现有实际情况,也要着眼未来把握战略方向,拟定科学合理的战略产业目录和扶持性产业政策,为资本市场助推产业升级明确服务对象。与此同时,应当及时把握信息技术、生物医药、新材料、新能源等新兴产业发展所带来的金融服务需求变化,鼓励资本市场在这些方面积极进行产品和服务创新,并适当给予政策倾斜和支持,通过资本市场来增强这些新兴产业的国际竞争力。

资本市场支持乡村振兴战略研究

——以我国资本市场支持"三农"企业发展为例

中泰证券股份有限公司课题组[*]

一、乡村振兴战略

(一) 乡村振兴战略概述

1. 战略颁布背景

近几十年来,国家和社会的发展进入新阶段,我国社会经济建设也迎来了新的挑战,乡村与城市之间生产的资源配置、基础设施建设与区域发展政策的差距已逐渐凸显出城乡二元发展的潜在问题,阻碍着我国社会经济的协调发展。[①] 对此,国家实施乡村振兴战略,就是要着力解决好城乡发展不平衡的问题,实现城乡发展问题的妥善政策安排。[②]

2. 战略的提出与实施

针对乡村建设问题,2017年10月,党的十九大报告首次提出实施乡村振兴战略;2018年1月2日,国务院制定了《中共中央国务院关于实施乡村振兴战略的意见》,确定了乡村振兴的3个时间节点:2020年前,乡村振兴的制度框架和政策体系基本形成;2035年前,农业、农村基本实现现代化;2050年前,农业强、农村美、农民富全面实现。[③]

2018年5月31日,中央政治局审议了《乡村振兴战略规划(2018—2022年)》和《关

---

[*] 本文为中国证券业协会2018年重点课题。课题负责人:王泽,中泰证券股份有限公司投资银行业务委员会上海部负责人、保荐代表人、董事总经理;课题组成员:刘炎、孙亨利、蒲唯栗、丁琦、吴翔。

[①] 四川乡村振兴战略研究智库:《实施乡村振兴战略的系统认识与道路选择》,载《农村经济》2018年第1期,第11页。

[②] 贺雪峰:《关于实施乡村振兴战略的几个问题》,载《南京农业大学学报(社会科学版)》2018年第18卷第3期,第19页。

[③] 参见《中共中央 国务院关于实施乡村振兴战略的意见》,官方网址:http://www.gov.cn/zhengce/2018-02/04/content_5263807.htm,最后访问日期:2018年8月15日。

于打赢脱贫攻坚战三年行动的指导意见》,明确了"三农"问题的解决思路、实施规划与政策方案,将乡村振兴战略进一步落地生根。①

(二) 乡村振兴战略与"三农"问题的解决

1. "三农"问题的由来

我国是传统的农业大国,"重农抑商"的儒家思想几千年来占据了统治地位。中华人民共和国成立后,随着改革开放进程的推进,城乡户口二元化制度的弊端不断显现,在限制农村人口向城镇流动的情况下,城镇与农村的发展相互脱节,导致农村发展滞后。"三农"问题的根源在于农民的收入水平一直无法得到有效的保障,粮食生产不断下滑,农业结构调整缓慢,农业生产效益低下,农民收入增长连年缓滞而负担沉重。

2. "三农"问题的变革

近年来,国家先后出台各项惠农政策,旨在提高农民的收入水平,改善农村的基本生活条件,"三农"问题得到了一定的缓解。但与此同时,随着城乡二元化问题迟迟无法得到根除,乡村朴素的生活条件与城镇优越的便利与保障水平之间的差距依然在逐步拉大,农民向城镇的流动始终存在,"三农"问题逐渐呈现出更新、更严峻的情况。

(1) 城乡收入水平差距大,农村人口流失严重。近年来,追求城镇较高收入以及更优越、更便利的城镇生活的农村青壮年劳动力越来越多,他们进城务工参与城镇的建设与繁荣,造成农村人口的大量流失,使得农业生产受到了一定的威胁。

(2) 农业生产水平低,发展速度较慢。随着农村青壮年人口的逐步流失,农村土地撂荒情况渐有发生,先进的农业现代科技普及程度较低,小农经济、原始耕种的情况十分普遍,农业在 GDP 中的贡献率始终维持在较低的水平。根据国家统计局统计数据,2017 年,我国第一产业增加值 65 468 亿元,比上年增长 3.9%,落后于同期第二、第三产业 6.1%、8.0% 的增速。

(3) 农村发展水平低,环境有待进一步改善。目前,农村人居环境相对较差,基础设施和卫生条件不规范、不健全较为突出。造成这一现状的原因主要是长期受到城乡二元社会结构影响,"重城轻乡"的倾向尚未根本扭转;此外,由于农村经济发展水平低,公共财政财力有限,公共基础设施的建设与维护受到严重的制约,乡村的生活条件依然有很大的改善空间。

3. 解决"三农"问题,提升农业经济是核心

解决"三农"问题的实质是要解决农民增收、农业增长、农村稳定。农村的稳定在于农民,农民在务农的收入有了显著提高之后,进城务工自然会减少。而农民务农收入提高的根源在于提高农业水平,提升农业经济。因此,解决新时代的"三农"问题,核心在于提升农业经济。

4. 提升农业经济,落脚点在"三农"企业

(1) 构建现代农业体系,发展产业经济。乡村振兴战略是政府对农业经济的制度供给,加快推进农业产业的规模化、现代化,落脚点在于"三农"企业。"产业振兴",一方面,要求推动有条件的"三农"企业破茧成蝶,实现在行业竞争及产业链发展上的丰收,鼓励

---

① 参见《中共中央政治局召开会议审议〈乡村振兴战略规划 (2018—2022 年)〉》,官方网址:http://news.21cn.com/domestic/yaowen/a/2018/0531/20/32931211.shtml,最后访问日期:2018 年 8 月 15 日。

规模以上的"三农"企业向着做大做强进一步进发；另一方面，"三农"企业的规模化、现代化有助于掌握更多的市场话语权，并借此以点带面，实现"三农"企业在现有困局上的整体突破，构建现代农业体系。

（2）发展龙头企业，连接市场与农民。我国农业的传统特征是小农经济、自给自足、分散经营，这样既无法实现农业的规模效应，也使得个体农民难以抵御市场和自然风险。一方面，农民分散经营导致销售成本上升，菜农之间易陷入低价格竞争；另一方面，农业生产与市场需求脱节，导致农产品无法满足市场的真实需要，使得农产品供过于求的情况时有发生，影响农民收入。"产业振兴"就是要将农民、农村企业、农产品市场进行联结，落脚点自然在于"三农"龙头企业。通过发展龙头企业使之成为市场上的活跃参与者，以龙头企业作为市场与农村连接的排头兵，在市场与龙头企业之间、龙头企业与零散的农民之间建立高效有序的产品、资金流转渠道，将优质农产品输送到市场，将市场信息传递到农民，让"三农"龙头企业成为乡村产业链的主导者，盘活乡村经济与环境，切实起到产业发展的龙头带动作用。

二、资本市场功能机制与"三农"上市企业概况

（一）资本市场机制对"三农"企业的促进作用

1. 多层次的资本平台

目前，我国资本市场已逐渐发展成为以债券和股票为主体的多种证券形式并存，包括证券交易所、场外交易平台、区域性股权交易中心等多层次、多渠道的社会投融资体系。层次性配置资本性资源的市场能够满足不同投融资市场主体的资本要求，有效地发挥市场功效，为中国经济可持续增长提供新的动力。

我国"三农"企业众多，经营环境差异较大，发展阶段也各不相同。规模庞大、层次丰富的资本平台将投融资需求分层，有效提高投融资效率，因地制宜地为区域内的"三农"企业提供更具针对性的资金资源与并购机会，满足各个层次"三农"企业的投融资需求，实现业务扩大与整合。

2. 丰富的投资者与投资机会

我国资本市场投资人众多，类型丰富，各个投资人针对的目标企业各不相同，对同一企业的感受与估值也不尽相同。"三农"企业的经营多以当地农产品或自然资源优势为导向，"三农"企业之间在充分竞争的同时也各具地方特色，形成自有的企业价值。资本平台为各异的"三农"企业提供了充分的投融资机会，丰富的投资者则成为"三农"企业发展壮大潜在的资本源泉与成长渠道。

3. 全方位的信息平台

通过资本市场，投资人以及寄希望于资本运作实现发展的企业得到标的企业的投资信息，融资企业获知投资人的投资要求，参与各方各取所需，信息得以交互。

"三农"企业多分布于相对落后的乡村区域，与外界投资者之间形成天然阻隔，资金需求与资本介入的对接存在先天性的结构性难题。资本市场作为庞大的投融资信息流转平台，通过有效的信息披露与传递，缓解"三农"企业与投资者之间的信息不对称问题，帮助"三农"企业有效对接投资者并进行投融资合作。

(二)"三农"上市企业资本市场表现

1. 规模较小,难以匹配农业产业

截至2018年底,我国在沪、深两市上市的农业企业共56家,上市企业数量占总数的1.56%;农、林、牧、渔业上市企业总市值3 870.91亿元人民币,占沪、深两市总市值的0.89%。从绝对数量以及规模占整个A股市场比重的角度来讲,"三农"上市企业目前均相对较小,与农业在整个社会经济中的作用有明显的差距。

2. 利润空间被压缩

如表1所示,2017年农业上市企业平均实现营收19.27亿元,净利润实现1.05亿元,市盈率约在30倍,呈现出良好的行业发展情况与健康的市场估值;但是,农业上市企业的平均净利率仅为5.45%,反映出农业行业在全流通、同质化的农产品市场竞争中,盈利空间被市场大大压缩,加上农业企业较难在短期内根据市场需求完成产业升级与转移,其盈利能力存在较大的风险。

表1　2017年农业上市企业盈利情况

项目	营业收入(亿元)	净利润(亿元)	净利率(%)	市盈率(倍)
平均值	65.06	3.98	6.12	94.37
中位数	19.27	1.05	5.45	29.41

资料来源:Wind。

3. 两极分化明显,部分企业面临淘汰风险

从净利润规模角度,"三农"上市企业业绩两极分化趋势明显。根据2017年年报,"三农"上市企业的经营业绩分化有加剧趋势,超过35%的企业2017年年度净利润不足5 000万元,有6家企业亏损,少数亏损严重,面临被淘汰的风险。而与此同时,有10家企业净利润规模超过5亿元,其中6家超过10亿元,"三农"企业之间经营规模与业绩差异巨大(见图1)。

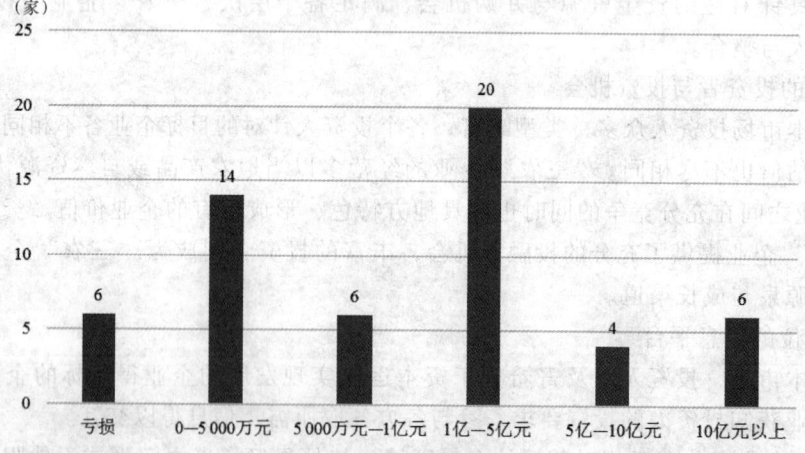

图1　农业上市企业盈利分布图

资料来源:Wind。

三、"三农"企业登陆资本市场概况

(一) 我国"三农"企业参与并购重组概况

2014—2018年，A股资本市场共完成1 157起并购重组事件，其中就重组发起方而言，由"农、林、牧、渔业"企业主导的仅有6起，由农副食品加工业企业主导的只有10起；从重组标的角度看，仅有7家交易标的属于"农、林、牧、渔业"类别企业。由以上数据可知，"三农"企业通过并购重组方式登陆A股资本市场的比例极低。

(二) 我国"三农"企业IPO审核概况

2014—2018年，拟上市"三农"企业审核结果如表2所示。

表2　　　　　　　　　　2014—2018年拟上市企业审核概况

拟上市企业所属行业	上会数量（家）	审核结果（家）				通过率（%）
		通过	未通过	取消审核	暂缓表决	
全部行业	1 379	1 098	188	49	44	79.62
农、林、牧、渔业	7	3	3	1	0	42.86

资料来源：Wind，截至2018年12月31日。

2014—2018年，中国证监会发审委合计审核了1 379家拟上市公司，上会的"农、林、牧、渔业"拟上市公司仅7家，其中1家被取消审核，3家被否，3家过会，农林牧渔业行业企业的通过率只有42.86%。与此同时，全行业整体通过率为79.62%。农、林、牧、渔业无论是上会企业数量还是审核通过率，均远低于全部行业的整体数据。

"三农"企业IPO否决率较高的主要原因在于发审委对其业绩的真实性存疑。对于被否的3家"三农"企业，发审委在聆讯过程中均重点询问了其存货真实性、第三方回款、现金销售、财务数据与非财务数据的不匹配等问题，关注其相关内部控制制度设计、执行的有效性。

由于"三农"企业的生产经营特性，难免存在采购与销售终端分散、依赖经销方式实现销售、现金交易频繁、第三方回款占比高、存货及生物性资产核实困难等客观问题，其财务真实性核查难度远高于一般工商业企业。若"三农"企业未建立规范的内部控制制度，或者其内部控制制度执行的有效性难以令审核人员信服，其业绩真实性将难以得到认可。

除业绩真实性难以核查外，导致"三农"企业IPO否决率较高的原因还有持续盈利问题、生产经营合法合规问题等。

(三) "三农"企业IPO否决率较高的具体原因分析

1. 财务规范问题

现代管理意识不强，财务会计基础薄弱，内控不规范，是大多数"三农"企业的通病，也成为IPO被否的主要原因。财务规范问题不仅是"三农"企业IPO的最大拦路虎，已上市"三农"公司也是财务舞弊的高发区。

经查阅中国证监会官网，2010—2018年，中国证监会共对74起涉及财务造假的企业发出了行政处罚书，其中6家财务造假的企业属于农、林、牧、渔业行业，另有4家财务造假的企业属于与农业密切相关的制造业——农副食品加工业行业。由于"三农"企业上市公司数量仅占 A 股上市公司的 1.56%[①]，而因财务造假而被处罚的"三农"企业占中国证监会已做出行政处罚的财务造假企业比重达到 13.51%，"三农"企业是财务舞弊风险高发领域。

(1) 财务舞弊的动因分析。"三农"企业财务舞弊的动因与一般工商业企业并无大的差异，主要是为了满足 IPO 审核中的业绩要求。尽管主板和创业板首发管理办法中对拟上市企业的业绩要求仅有基本规定，但在实际审核过程中，对于拟上市企业的利润指标远高于基本要求。为了满足 IPO 审核中的业绩要求，"三农"企业通过各种舞弊手段美化财务报表，虚构经营业绩，以提高通过发审审核的概率。

(2) "三农"企业进行财务舞弊的客观便利条件。

①税收优惠导致"三农"企业财务造假成本低。为支持并鼓励农业产业的发展，国内实施了包括增值税、所得税等税种在内的众多税收减免政策，各类别税率都相对较低，有的可以实现免税。"三农"企业享有的主要税收优惠如表 3 所示。

表 3　　　　　　　　　"三农"企业享有的各项税收优惠政策

序号	税收优惠依据	具体优惠内容
1	《增值税暂行条例》第十五条第一款、《增值税暂行条例实施细则》第三十五条第一款	农业生产者销售的自产农产品免征增值税
2	《增值税暂行条例》第二条	企业销售粮食等农产品适用 11% 税率
3	《关于免征部分鲜活肉蛋产品流通环节增值税政策的通知》（财税〔2012〕75 号）	对从事农产品批发、零售的纳税人销售的部分鲜活肉蛋产品免征增值税
4	《关于饲料产品免征增值税问题的通知》（财税〔2001〕121 号）	生产及销售配合饲料、浓缩饲料、预混合饲料免征增值税
5	《企业所得税法》第二十七条第（一）项、《企业所得税法实施条例》第八十六条	企业从事农、林、牧、渔业项目的所得，可以免征、减征企业所得税

正是由于"三农"企业享有众多的税收优惠政策，当其以虚增收入、虚减成本等方式进行财务造假时，无须承担高额的增值税和企业所得税，导致其财务造假所付出的成本极低。

②行业特性为财务舞弊提供了客观便利条件。一是采购与销售终端分散，依赖经销模式实现销售，现金交易频繁，个人账户和第三方回款占比高，采购与销售真实性核实难度大。"三农"企业的上游供应商多数为小农户，销售模式上许多"三农"企业以经销商模式为主，下游客户亦经常出现大量的个人和个体户。

与一般工商业企业主要通过银行转账方式进行支付不同，"三农"企业的交易结算方式中有很大一部分为现金交易，且使用个人卡付款及第三方代付情形也普遍存在。现金结算方式导致交易过程未留下资金流转轨迹，无法通过银行对账单进行资金流的监控，且在现金结算情形下企业无须开具销售发票或不能取得采购发票，导致缺乏客观外部证据，现金销售业务的真实性、现金采购的发生和完整性认定均难以证实。

由于现金交易、个人卡付款及第三方回款的难以验证性，"三农"企业很容易通过设立

[①] 资料来源：Wind，截至 2018 年 12 月 31 日。

空壳公司、关联公司、控制个人银行账户、甚至直接现金缴存等手段以体外资金循环的方式进行收入和成本造假。并且当交易对手（包括供应商和客户）为个人或个体户时，该类交易对手一般情况下既无完整、规范的内部控制制度，ERP系统也不健全，缺少业务单据、财务账册等原始资料，中介机构难以通过从交易对手处获取客观佐证证据对其采购和销售真实性进行核实。

二是存货、生物性资产的存在性与计价准确性核实困难。"三农"企业的生物性资产往往与其生长阶段、所处的外部生长环境等因素密切相关。由于农产品的生物特性，"三农"企业存货的存在性很难判断，如林木、扇贝、鱼虾等均难以通过实地盘点等手段进行存货数量和状态的核查。即使是可以实地盘点的畜牧类动物（如牛、羊、猪等）以及堆放仓库的农产品（如谷、稻、果仁等农特产），一般审计人员对于其存货状态的判断也十分困难，实地盘点难度也非常大。

生物性资产的特殊性限制了中介机构人员所进行的审计工作的准确性，对于"三农"企业的存货是否存在、存货状态究竟如何、存货跌价准备是否足额计提、生物性资产的折旧计提是否准确等问题，中介机构人员只能通过抽样审计、观察等间接手段获取部分证据，"三农"企业很可能以虚增存货规模、少提存货跌价准备等方式来粉饰账面资产。

2. 导致"三农"企业IPO否决率较高的其他原因

（1）持续盈利能力问题。"三农"企业处于竞争激烈的行业环境中，以土地、水域等自然资源作为生产经营的载体，自然资源的地域分布以及日益匮乏难免会对"三农"企业的经营与扩张带来客观制约，使得其生产经营难以如同现代产业一样快速提升。同时，相较于一般制造业企业，农产品的技术含量相对较低，毛利也相应较低，各类农产品对应的市场需求较稳定，导致"三农"企业销售收入、营业利润的绝对量和增长速度都十分有限，成长性一般。

此外，"三农"企业生产经营容易受到政府税收优惠和财政补贴政策的调整、恶劣气候的破坏以及供需关系大幅震荡等各类因素的冲击，抗风险能力较差，因而其持续盈利能力往往会受到质疑。部分成长性不高、持续盈利能力存疑的"三农"企业存在较大的动机通过财务造假方式满足IPO审核中的业绩要求，其真实的持续经营能力存疑，也成为IPO之路受阻的重要原因。

（2）合规问题。

①土地问题。"三农"企业的生产离不开土地，土地是"三农"企业生产经营最重要的资产。"三农"企业在IPO过程中往往涉及集体用地、山林地等性质与用途较为特殊的土地类型，而农村企业生产用地往往存在所有权不明、土地使用性质不匹配、土地使用未履行审批程序等问题，如企业的生产用地为集体所有或者村民个人拥有使用权等历史遗留问题，以及用地、耕地、林地未经流转私自用作生产用地等情况。土地使用是否存在瑕疵，成为"三农"企业能否成功上市的关键因素之一。

②食品安全问题。食品安全问题直接关系到广大消费者的人身安全。拟上市的"三农"企业是否具备生产食品的相应资质、食品质量管控能力、近期内是否发生过食品事件及纠纷或受到行政处罚均会对能否成功登陆资本市场产生重大影响。

综上，无论是从"三农"上市公司数量占整个A股上市公司的比例，还是从"三农"企业参与资本市场并购重组的情况来看，"三农"企业在A股资本市场的参与度还很低。近些年"三农"企业上会数量及审核通过率均远低于全部行业的整体数据。"三农"企业通过登陆资本市场发展壮大还有很长的路要走。制约"三农"企业登陆资本市场的主要因素在于"三农"企业的财务规范性问题、持续盈利能力和生产经营的合规问题。

四、资本市场助力农业产业化

(一) 资本市场助力农业产业化存在的问题

1. "三农"上市企业资本市场表现情况

(1) "三农"上市企业亏损相对较多。截至2018年底,已有56家"三农"企业借助资本市场实现了IPO。近年来,国家扶持农业发展的政策先后颁布,众多"三农"企业把上市看作融资圈钱的门道,借助于各类方法力争实现IPO。但是自上市后,众多"三农"企业后续的经营情况不佳,部分"三农"上市企业近年来转而亏损,使农业产业化蒙上了阴影。

根据图2,"三农"企业上市之后,经营业绩并未完全呈现出IPO成功后企业积极扩张的发展方向。实现20%以上增速的"三农"上市企业占比仅略超三成,超过40%的"三农"企业收入增长率呈负增长状态。这一方面反映出"三农"企业在深化产业化进程中存在着普遍性的发展阻碍,另一方面也反映出资本市场助力"三农"企业发展仍有较大空间。

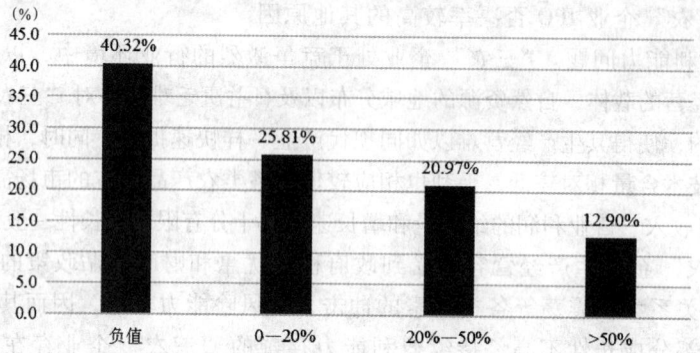

图2 "三农"上市企业收入增长率分布图

资料来源:Wind。

(2) "三农"上市企业得到机构投资者青睐较少。资本市场的定价、投资和融资功能取决于市场上众多投资者的数量和投融资活跃度。图3统计了56家农业上市企业中拥有机构投资者的企业数量。

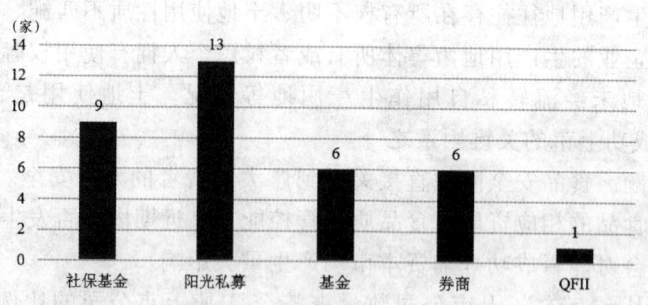

图3 拥有机构股东的农业上市企业数量分布

资料来源:Wind,根据各企业2017年年报编制。

根据图3，"三农"上市企业整体得到私募基金以及其他机构投资者的投资相对较少，56家"三农"上市企业中，拥有各个类别的机构投资者参与投资的企业数量占比处于较低的水平，股权投资相对活跃的私募基金在整个农业行业的上市企业中也仅仅投资了13家企业，占比不足三成。

（3）"三农"上市企业的交易活跃度较低。同样的尴尬境地也体现在"三农"上市企业的交易活跃度上（见表4）。

表4 "三农"上市企业交易情况

行业	区间换手率（%）	区间日均换手率（%）	日均交易额（万元）
农、林、牧、渔业	413.47	1.70	10 312.78
A股平均	543.29	2.24	11 312.10
差异	−129.82	−0.54	−999.32

资料来源：Wind。

交易量是上市公司乃至行业板块估值的基础，资产的流转速度体现出投资者对企业以及行业的关注度。2018年，"三农"上市企业的换手率、日均换手率以及日均交易额均呈现出低迷的行情表现：区间日均换手率为1.70%，低于整个A股平均水平的2.24%；"三农"股的日均交易额10 312.78万元，低于A股日均交易额的11 312.10万元，一方面体现出"三农"股盘小量轻的尴尬地位，另一方面也反映出惨淡行情下交易量的严重萎缩。

2. "三农"企业发行债券概况

（1）规模较小，成本较高。近年来，国务院及农业部等相关机构先后发布惠农政策，支持符合条件的农业产业化龙头企业通过兼并重组、收购及控股等方式组建大型企业集团，并通过上市融资、发行债券等方式发展壮大。事实上，截至目前，"三农"企业债券发行的规模、数量与价格等与其在IPO与并购重组过程中遭遇的尴尬境地依然类似，其发行债券也面临着尴尬的处境。

2017—2018年，我国债券市场呈现出较大幅的波动，期间市场共发行债券数量74 042只，共发行债券金额68.36万亿元人民币。其中，农、林、牧、渔业企业发行债券数量仅为67只，占整个市场债券发行数量的0.09%；67家企业共发行债券金额373.91亿元，占整个市场的0.05%。农、林、牧、渔业企业发行债券的数量与金额占比远低于第一产业在国家GDP中所占的比重。

（2）债券安全性存在不确定性。根据Wind统计数据，2017—2018年，我国农、林、牧、渔业企业发行债券的平均票面利率达到5.91%，远高于同期其他行业水平。行业内企业发行债券的票面利率成本相对较高，反映出市场投资者对农、林、牧、渔业企业较高的市场风险预期以及相应的风险溢价回报要求；半数存续农、林、牧、渔业债券设有交叉违约等特殊条款，在目前信用收缩周期尚未结束、"三农"企业盈利增长放缓的大背景下，农、林、牧、渔业债券信用违约的风险恐将持续暴露，交叉违约条款被触发的情况或增加，加剧信用风险的暴露。

（3）企业真实竞争力存在不透明性。农、林、牧、渔业债券产品往往具有投资金额较高但回收期相对较长的特点。在债券存续期间，"三农"企业的盈利能力相对于其他行业企业来说有一定的不透明性。不透明性主要体现在"三农"企业的盈利水平对政府具有定价主导权的基础农产品市场价格高低以及国家惠农政策补贴规模存在一定的依赖。在市场化的债券市场中,"三农"企业的真实市场竞争力乃至其履约能力往往容易受到质疑。

(4)"三农"企业信用评级受限。我国规模以上的龙头"三农"企业相对较少,多数"三农"上市企业仍然处于开拓新品、抢占市场的成长阶段,债券信用评级受到企业营收能力以及总资产及净资产规模的严重限制。由于有效抵押资产估值不足,且缺乏足够的信用担保能力,一般"三农"上市企业可发行的债券往往难以取得较高的债券评级,这进一步限制了其发行债券的融资规模,也使得其债券发行成本居高不下。

(二) 资本市场促进"三农"企业发展作用发挥不足的原因

1. "三农"上市企业没有充分利用资本市场

2017 年度,我国"三农"上市企业行业平均资产负债率约为 43.91%,相对于全部 A 股企业平均水平 41.96% 高出近 2%[①],显示出"三农"上市企业占比相对较高的负债结构。"三农"上市企业的负债构成中,来自银行的长期借款占比较高,企业在漫长的经营过程中,已逐步形成了对银行贷款的依赖;相对而言,"三农"上市企业借助资本市场进行再融资的运作较少。2017—2018 年,全部"三农"上市企业共完成 3 笔股权收购,实施定向增发的企业仅有 8 家,可转债仅 7 家企业实现突破,配股及公开增发更是鲜有人问津。"三农"上市企业并没有充分利用资本市场进行 IPO 之后的后续融资运作,反映出目前"三农"上市企业对资本市场的不适应,"三农"上市企业的经营与资本运作相结合仍是管理层需要关注的重点。

2. "三农"上市企业对投资者缺乏吸引力

(1) 持续盈利能力。相比其他行业,"三农"上市企业由于经营的农产品具有天然性以及必需品的特殊性,在产品的创新和发展方面存在明显的劣势,企业的科技创新与研发投入的产出周期较长;同时,"三农"上市企业除了需要抵御普通企业正常的市场风险、周期风险外,还存在着其独有的自然风险,使得"三农"企业的投入产出面临更大的不确定性,进而导致"三农"上市企业整体的净资产收益率相对较低,利润规模普遍较小。对于资本市场的投资者来说,较长的投资周期、较低的回报率以及众多不确定的风险因素,使得"三农"上市企业持续盈利能力常常遭质疑,难以成为合适的投资标的。

(2) 经营数据的真实性与透明度。"三农"上市企业的财务核算与经营数据的可靠性受投资者质疑由来已久。事实上,"三农"企业由于财务核算不规范等问题,其经营数据常常遭受投资者的质疑;同时,由于生物性的资产及存货的盘点存在先天性的困难,"三农"企业在存货科目造假的空间与动机依然存在,这些都为"三农"上市企业与投资者的关系蒙上了一层阴影。

(三) 进一步深化资本市场对农业产业化的助力作用

1. 针对性的机制安排满足农业产业化再融资需求

从股票市场角度而言,对"三农"产业化龙头企业的经营实行重点支持,对快速成长

---

① 资料来源:Wind。

的"三农"企业加速培育，应当成为资本市场下一步助力农业产业化的政策和措施选择的主要方向。股票市场应酌情增加优质"三农"上市公司数量，通过定向适当降低审核门槛，支持结构优、规模大的"三农"上市企业再融资，以满足"三农"企业进一步做大做强的必要资金需求，使股票市场发挥帮助实体经济融资的本质性功能。

2. 充分发挥债券市场的产业融资功能

作为直接融资的主要场所和我国金融市场的重要组成部分，我国债券市场近几年发展速度不断加快，规模不断壮大，债券市场的融资功能和资源配置功能不断深化和发展，其在经济金融中的作用愈发重要和突出，也正日益受到方方面面的重视。在当前这样一个适当的时机，推动"三农"企业进入债券市场，并通过发行公司债券来筹措资金，也是一个帮助企业利用资本市场改造提升企业的途径。

3. 让农业成为有吸引力的产业，吸引更多投资者投入

农业是我国的第一产业，承载着国家粮食安全的重要职责，是国民经济实现现代化的根基，没有农业的发展，就不会有全国人民的富裕。但是，由于目前农业生产先进技术尚未推广，小农经济的大格局尚未完全打破，农业较低的效益水平与较多的风险因素使得农民及"三农"企业常常难以获得理想的收益回报，"三农"企业的投资者更是风险的直接承担者。长此以往，农民更渴望离开农田，投资者更不愿意投身农业股，形成恶性循环。

对此，通过政府机构采取针对性的指导、引流和补贴等措施，通过"三农"企业的示范和旗帜作用，积极鼓励农民开展规模化高效生产，带动农民不断实现农业生产的现代化，开拓农产品更广阔的推广渠道，让农业成为一个有吸引力、高回报的产业，是解决农业产业投资者投入少、资本市场衔接不好的最根本途径。同时，让农民成为受人尊敬的职业，加大农村地区教育系统的投入，推广成人再教育体系，提高农民的教育水平与综合素养，使农民赢得其应有的社会地位与尊重；扩大农村基础设施建设投入，一改农村衰败、老旧的现状，让农村成为美丽富饶的家园，环境优美、各具特色，以此带动农村人口的繁荣，并拉动农村地区的振兴。

五、相关政策建议

（一）加大对财务舞弊行为的惩罚力度

财务舞弊风险是造成"三农"企业较难上市的主要原因，因此帮助"三农"企业登陆资本市场从而助力农业振兴首先需要解决的问题即降低"三农"企业的财务舞弊风险。

我国对于 IPO 造假的惩罚相对国外而言力度较弱，完全不足以震慑企业的造假行为。目前我国对财务造假最高的处罚为罚款 60 万元并终身市场禁入，这与企业上市获得的上亿融资额相比微不足道，也远低于投资者受到的损失。

与此形成鲜明对比的是，美国对于财务造假的惩罚力度极大，不仅造假企业可能破产，相关负责人甚至要面临终身的牢狱之灾，而且会计师事务所、投资银行也会因此面临巨大损失。

我国可以参照国外的相关政策，完善对于上市公司造假处置的相关法律法规，建立并强化以造假上市公司为第一责任人、中介机构承担连带责任的机制；对上市公司造假行为的罚金数额应当与造假获利金额匹配，大于或等于造假获利所得金额，并且不仅限于现有的警

告、罚金形式，还包括让造假企业退市、第一责任人及相关高管承担有期徒刑等刑事处罚。

（二）监管理念的转变

农业行业与其他行业相比有其自身的独特性，为了让更多条件良好的"三农"企业有机会登陆资本市场，建议适当降低"三农"企业上市指标要求，同时应强化对"三农"企业的信息披露。

1. 适当降低对"三农"企业上市指标的要求

首发管理办法对企业上市的指标有明确的要求，"三农"企业因其特性，上游可能存在较多的个体农户供应商，建议在上市审核时小幅放松对"三农"企业的现金交易比例和第三方回款比例的要求，或将审核条件转换成"除去现金交易和第三方回款方式获得的收入后，剩余收入产生的利润达到上市指标要求"。

2. 完善生物资产信息披露

"三农"企业通常会存在生物资产，由于生物资产财务管理具有一定的特殊性，生物资产转化为农产品是可以重复多次的，而原材料加工则是一次性的，这就使得生物资产的管理与工业资产管理存在巨大差距。

建议证券监管机构与财政部门沟通，配合完善生物性资产会计准则，深化对生物资产会计信息的描述和说明，明确生物资产会计信息披露的具体内容，改进生物资产的分类，针对不同分类强调不同的披露类别和内容，注重生物资产的流动性，增加生物资产增值信息的确认标准和要求，从而保证生物资产会计信息可比性，减少信息披露的随意性；联合注册会计师协会开展针对"三农"企业审计的专项培训，整合出具有类似特征的农产品的盘点技巧作为培训的必要内容，同时要求具有"三农"企业审计客户的会计师事务所的团队负责人通过针对农企审计的专项考试，从而加强对注册会计师生物资产审计的关注，增强注册会计师的生物资产会计信息披露能力。

（三）鼓励相关机构参与"三农"企业的上市及投资

资本市场自带的逐利性使得投资机构较少将资金投资于投资周期较长、风险较大、收益相对不高的"三农"企业，同时上市中介机构为了提高项目的过会成功率，也较少重视"三农"企业的保荐项目，造成一些优质"三农"企业因缺乏发展资金和规范性辅导等帮助而难以涉入资本市场，因此迫切需要通过外界力量来改善上述情况。

投资基金主要包括产业投资基金和证券投资基金，尤其是产业投资基金，对产业的积极、健康发展起到关键作用。建议相关部门应着重关注建立农业产业化投资基金，满足"三农"企业在产业化进程中对大量资金的阶段性需求，并实现对现有各类型财政补贴支出、涉农政策贷款的替换，减轻各级政府的财政压力与扶贫指标要求，使农业发展逐渐走向市场化道路。鼓励各省级政府建立农业龙头企业上市培育库，将优质农企纳入其中，并引导政府产业投资基金更多倾斜于培育库中的企业。[①]

---

① 秦海敏，姜芳：《如何利用资本市场促进河南省农业产业化》，载《决策探索》2007年第03A期，第25页。

（四）优化资本市场的手段

证券市场是资本市场的重要部分，但参与资本市场不仅是在 A 股上市发行股票、在交易所发行债券，还包括新三板挂牌、并购重组等，"三农"企业还需要利用好其他金融工具，如期货、保险等，以更好地享受资本市场带来的红利。

1. 支持"三农"企业并购以助其规模化和产业化

龙头"三农"企业可以通过并购同行业优质企业快速扩大自身规模以提高市场占有率，或通过并购上下游相关企业的方式快速涉入原非主营业务以实现产业化。但"三农"企业的成功并购首先必须解决以下两个问题：一是并购资金的来源；二是适当的并购标的。

在并购资金的来源方面，应鼓励股权投资基金、产业投资基金、证券公司向"三农"企业提供过桥贷款、委托贷款、直接投资；上市"三农"企业可通过发行股票、发行可转债等资本市场直接融资方式快速获得并购资金，监管层在审核"三农"企业的并购重组时应适当减少行政审批，重点关注信息披露，提高"三农"企业并购重组的通过概率。

在并购标的方面，建立农企信息平台，将规模级以上的"三农"企业全部纳入其中，披露其所在地、注册资本规模、成立时间、股权结构、主营业务及主要产品、是否已上市或挂牌等基本信息；同时允许"三农"企业以账号登录的形式自行添加希望外界了解的信息，如核心技术、优势、土地规模、产销量等；拟实施并购的"三农"企业可直接从农企信息平台中筛选出适当的"三农"企业作为潜在并购标的，降低其寻找标的的时间及成本，提高并购重组的积极性。

2. 鼓励参与农产品期货市场

期货市场具有价格发现的功能，能够使得与农产品有关的信息被及时、有效地反映在农产品期货价格中，从而买卖双方在生产周期前就能了解到未来的供求状况，为生产者决定产量提供了较好的参考依据。这种功能有利于未来的供求平衡，稳定农产品的市场价格；尤其是规模化经营背景下的"三农"企业，其对价格涨跌有高敏感性，某一品种农产品价格的涨跌甚至可能影响到企业整体经营的兴衰，这类企业对通过期货平台锁定价格涨跌风险的需求相对急切。

期货市场还具有规避风险的功能。农业生产中会受到各种自然灾害的影响以及收获的季节性、需求季节性的影响，农产品价格波动风险较大，农业生产者可以通过套期保值方式，参与期货市场锁定现货市场的盈亏，或以现货市场的盈利弥补期货市场的损失，从而降低经营风险。

另外，期货合约对标的物设置了规范、统一的指标。如果"三农"企业及下游企业进行期货交易，其合约标的应保证与合约约定的品种、质量与数量相一致，否则将面临违约并受到严厉惩罚的风险。因此，进行期货交易，在期货市场标准化的合约管理制度的规范引导与监督下，"三农"企业能够有更高的标准、要求与动力开展高规模、高标准的农产品生产，并逐步实现规模化、标准化生产。[①]

---

① 胡俞越、黄剑：《从战略高度认识中国期货市场的地位》，载《第二届期货高管年会论文集》，2011 年 12 月，第 119 页。

粤港澳大湾区多层次资本市场协同发展机制研究

但　超　付建辉　胡良发　崔晓雯　秦　睿*

2019年2月18日，中共中央、国务院印发《粤港澳大湾区发展规划纲要》（以下简称《规划纲要》），要求将粤港澳大湾区建设成为富有活力和国际竞争力的一流湾区和世界级城市群，打造高质量发展的典范。在湾区的资本市场建设方面，《规划纲要》提出了包括资本市场在内的诸多金融开放创新举措，比如巩固和提升香港国际金融中心地位，支持深圳依规发展以深圳证券交易所为核心的资本市场，大湾区内的企业可按规定跨境发行人民币债券，扩大香港与内地居民和机构进行跨境投资的空间等。

目前，粤港澳大湾区内已有港交所、深交所两大证券交易所，目前亦在筹建广州期货交易所，已初步呈现出多层次发展的格局。然而粤港澳大湾区也面临较大的发展挑战，面临着一个国家、两种制度、三个关税区、三种货币的政治和经济环境，国际上没有先例。粤港澳大湾区的多层次资本市场应当如何定位，如何协同，共同促进湾区经济实现跨越式发展，是值得研究的。

一、粤港澳大湾区资本市场现状

（一）大湾区的提出、概念、经济体量

2017年3月5日，国务院《政府工作报告》正式提出要推动内地与港澳深化合作，研究制定粤港澳大湾区城市群发展规划，发挥港澳独特优势，提升其在国家经济发展和对外开放中的地位与功能。这标志着大湾区建设正式成为国家战略。粤港澳大湾区是由香港、澳门两个特别行政区和广东省的广州、深圳、珠海、佛山、中山、东莞、肇庆、江门、惠州9市组成的城市群，是我国建设世界级城市群和参与全球竞争的重要空间载体。2019年2月18

---

* 作者简介：但超，经济学硕士，现任广发证券股份有限公司投资银行部企业融资发展部总经理，保荐代表人，曾任深交所拟上市企业财务总监培训班讲师；付建辉，胡良发，崔晓雯，秦睿，任职于广发证券股份有限公司投资银行部企业融资发展部。原载于《中国证券》2019年第11期。

日,中共中央、国务院印发了《粤港澳大湾区发展规划纲要》,并发出通知,要求各地区各部门结合实际认真贯彻落实,自此粤港澳大湾区的相关规划正式落地。

对于湾区经济的有关研究,国内外学术界主要通过区域经济一体化的有关理论进行解释。如 Daniau 在著作《共同市场》中提出,资本及劳动力等生产要素的自由流动,将促进要素价格均等化,优化资源合理配置,从而带来显著的规模经济效应。国内学者陈德宁等通过比较国际主要湾区的情况,认为湾区经济腾飞的主要因素是区域内生产要素的自由流动、高度聚集和经济高度一体化。①

粤港澳大湾区与世界主要湾区的经济体量以及粤港澳大湾区 11 个城市的主要经济指标见表1、表2。

表 1 全世界主要湾区数据对比

特征值	粤港澳大湾区	东京湾区	纽约大都会区	旧金山湾区
范围	广东9市+香港+澳门	东京都和周边7县	纽约和纽瓦克、泽西和周边的25郡	环绕旧金山的9郡地区
面积(平方公里)	56 094	36 900	21 500	17 900
人口(百万)	71.12	44	20.2	7.7
地区生产总值(亿美元)	16 418	17 742	16 575	7 812
人均生产总值(美元)	23 300	40 360	82 050	102 230

资料来源:《粤港澳大湾区发展前景预测 即将要成为全球第一湾区》,中国产业信息网,时间 2018 年 9 月 19 日,网址:http://www.chyxx.com/industry/201809/678246.html,最后访问日期:2019 年 11 月 2 日。

表 2 粤港澳大湾区 2018 年主要经济数据对比

地区	面积(平方公里)	人口(万人)	地区生产总值(亿元)	人均生产总值(万元)
香港	1 107	745.1	24 013	32.23
澳门	33	66.75	3 609	54.66
广州	7 434	1 449.8	22 859	15.50
深圳	1 997	1 252.8	24 222	19.00
珠海	1 736	176.6	2 915	15.90
佛山	3 798	765.7	9 936	12.80
惠州	11 347	477.7	4 103	8.50
东莞	2 460	834.3	8 279	9.90
中山	1 784	326	3 633	11.10
江门	9 507	456.2	2 900	6.30
肇庆	14 891	411.5	2 202	5.30

资料来源:根据相关城市 2018 年统计公报和公开资料整理。

(二)大湾区资本市场情况

粤港澳大湾区目前已有香港交易所和深圳证券交易所,另外,澳门也拟筹建澳门证券交

---

① 陈德宁,何一鸣,何健芳:《低碳经济与优质湾区协调发展机制》,载《岭南学刊》2011 年第 3 期。

易所，目前香港交易所和深圳证券交易所的基本情况见表3所示。

表3　深圳证券交易所和香港交易所数据对比（截至2019年11月1日）

交易所	主板服务目标企业（含中小板）	创业板服务目标企业	主板上市公司数量（含中小板）（家）	主板上市公司市值（亿元）	创业板上市公司数量（家）	创业板上市公司市值（亿元）
深圳证券交易所	大型、成熟、具有较大的资本规模、稳定盈利	自主创新、成长型创业企业	1 410	163 672.18	775	56 186.85
香港交易所	较大型、基础较佳、具有盈利纪录	有主线业务的增长	2 043	412 630.78	384	1 050.89

资料来源：Choice。

截至2019年9月末，粤港澳大湾区的金融市场经过多年的发展，形成了一定数量的各类中介机构，其中粤港澳大湾区中本地注册银行机构113家，境内证券公司24家。

二、粤港澳大湾区企业上市情况分析

（一）港交所情况

1. 湾区企业在港交所上市企业数量和融资金额

丰富的金融资源、健全的资本市场体系有利于推动技术创新与企业孵化。香港、深圳两大金融中心共同形成的多层次股权市场与大湾区实体经济对接，互联互通机制也将两地紧密相连，多渠道资金与多元化主体持续为市场注入新鲜活力。

大湾区除香港、澳门外的九座城市的公司灵活运用境外融资渠道，截至2019年9月30日，广东9市累计有200家公司（含红筹架构股票）在港交所上市，总市值达到8.93万亿港元。

从上市企业家数来看，2014年至2019年1—9月，广东9市赴港上市的企业数量总体上逐年增加，但2018年以来增速有所放缓。从融资金额来看，2014年和2015年，广东9市在港上市的融资金额均在300亿元以上，2016年以来基本保持平稳，年融资金额在140亿—190亿元，总体保持较为稳定的态势（见图1、图2）。

2. 湾区企业在港交所的市值情况

2014年以来，粤港澳大湾区内企业在港交所中所占的市值比重不断攀升，已成为港股市场中不可忽视的重要地域板块。截至2019年9月30日，大湾区企业在港交所上市企业的市值占全部港交所上市企业总市值的比例为14.10%，在全部中资股中的市值占比达到24.79%。如将香港和澳门地区在港上市企业与广东9市在港上市企业的市值合起来看，2014年至2019年1—9月，粤港澳大湾区内在港上市企业的市值占比基本保持稳定，占港股整体市值的1/3左右，对市场起到举足轻重的作用（见表4、图3）。

图1 2014年至2019年1—9月广东9市赴港上市企业数量

资料来源：Wind。

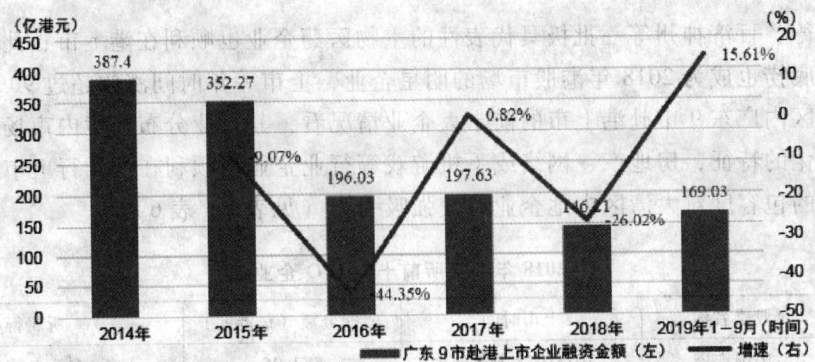

图2 2014年至2019年1—9月广东9市赴港上市企业融资金额

资料来源：Wind。

表4 湾区企业在港交所的市值情况

时间	广东9市在港上市公司		香港、澳门地区在港上市公司		粤港澳大湾区在港上市公司	
	市值（亿港元）	占总市值比例（%）	市值（亿港元）	占总市值比例（%）	市值（亿港元）	占总市值比例（%）
2014年	43 197.29	8.77	106 832.96	21.68	150 030.25	30.44
2015年	51 102.43	10.47	111 139.80	22.78	162 242.23	33.25
2016年	51 711.59	10.71	109 623.30	22.71	161 334.89	33.42
2017年	98 056.07	15.09	137 338.49	21.14	235 394.56	36.23
2018年	77 539.40	13.28	116 959.57	20.03	194 498.97	33.30
2019年9月30日	89 284.59	14.10	113 727.86	17.95	203 012.45	32.05

资料来源：Wind。

3. 港交所上市企业的行业分布特征

从上市企业的行业分布来看，由于香港交易所对IPO企业在盈利水平、行业属性等方面的包容性较强，在港上市企业的行业分布呈现多元化的特征。从2018年在港上市的企业情况看，美团、小米等尚未实现盈利的独角兽企业通过在香港IPO成为市场赢家；平安好医

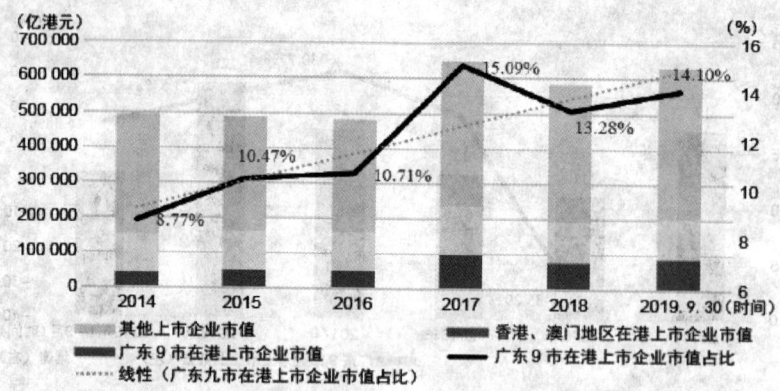

图3 港交所粤港澳大湾区各主要区域上市公司市值占比

资料来源：Wind。

生、药明康德、百济神州等一批极具代表性的生物医药企业也顺利在港上市；此外，从事餐饮行业的海底捞也成为2018年港股市场的明星企业，上市一年时间涨幅超过90%。

从大湾区内广东9市赴港上市的前十大企业情况看，其行业分布与境内市场的上市企业呈现出差异化的特征，房地产、网络或手机游戏等行业企业均顺利在港发行上市，可见香港市场对行业的包容度对大湾区内地企业有较强吸引力（见表5、表6）。

表5　　　　　　　　　　　2018年港交所前十大IPO企业

股票代码	股票名称	上市时间	融资金额（亿港元）	所属行业
0788.HK	中国铁塔	2018年8月8日	587.96	多元电信服务
3690.HK	美团点评	2018年9月20日	331.39	互联网与售货目录零售
1810.HK	小米集团	2018年7月9日	278.11	通信设备Ⅲ
4617.HK	中原银行优先股	2018年11月22日	109.24	商业银行
1833.HK	平安好医生	2018年5月4日	87.73	医疗保健技术Ⅲ
1916.HK	江西银行	2018年6月26日	85.98	商业银行
2359.HK	药明康德	2018年12月13日	82.82	生命科学工具和服务Ⅲ
6862.HK	海底捞	2018年9月26日	75.57	酒店、餐馆与休闲Ⅲ
6160.HK	百济神州	2018年8月8日	70.85	生物科技Ⅲ
2139.HK	甘肃银行	2018年1月18日	68.43	商业银行

资料来源：Wind。

表6　　　　　　　　　2018年广东9市赴港上市的前十大IPO企业

股票代码	股票名称	上市时间	融资金额（亿港元）	所属行业
3319.HK	雅生活服务	2018年2月9日	41.00	物业管理
3990.HK	美的置业	2018年10月11日	32.40	房地产管理和开发
1860.HK	汇量科技	2018年12月12日	13.37	移动营销及分析
6860.HK	指尖悦动	2018年7月12日	10.35	游戏发行
0797.HK	第七大道	2018年7月18日	10.00	游戏开发与运营

续表

股票代码	股票名称	上市时间	融资金额（亿港元）	所属行业
1119.HK	创梦天地	2018年12月6日	8.38	游戏发行
1837.HK	五谷磨房	2018年12月12日	6.82	食品
1815.HK	金猫银猫	2018年3月13日	4.62	专营零售
3978.HK	卓越教育集团	2018年12月27日	3.67	线下与在线教育
2168.HK	佳兆业美好	2018年12月6日	3.28	物业管理

资料来源：Wind。

（二）深交所情况

1. 湾区企业在深交所上市企业数量和融资金额

截至2019年9月30日，粤港澳大湾区内的广东9市有深交所上市公司470家，具体到深交所板块分布上，上市企业更多集中在深交所的中小板和创业板上。由于经济实力上的差距和产业结构的不同，大湾区除香港、澳门外的九座城市的上市公司，在各板块的分布上呈现出差异化的特征。作为大湾区的核心城市，深圳和广州遥遥领先。深圳相比广州，有更多中小企业、创业公司在中小板、创业板进行融资（见表7、图4）。

表7　广东9市在深交所的上市企业数量统计　　　　　　　　　（单位：家）

城市	深圳	广州	佛山	东莞	珠海	中山	惠州	江门	肇庆
深交所上市公司数量	268	72	32	28	25	19	10	10	6

资料来源：Choice。

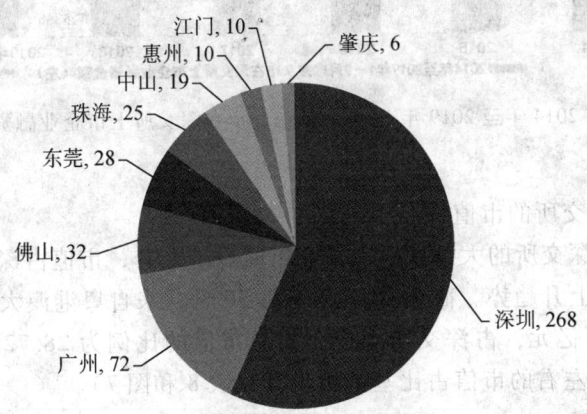

图4　广东9市深交所上市公司数量分布（单位：家）

资料来源：Choice。

从企业上市数量看，2014—2017年，广东9市中在深交所上市的企业数量呈现出快速上升的趋势，从每年21家快速提高到2017年的73家。2018年以来受IPO审核节奏变化的影响，广东9市在深交所上市企业数量锐减至15家，2019年1—9月上市企业数量也较低（见图5）。

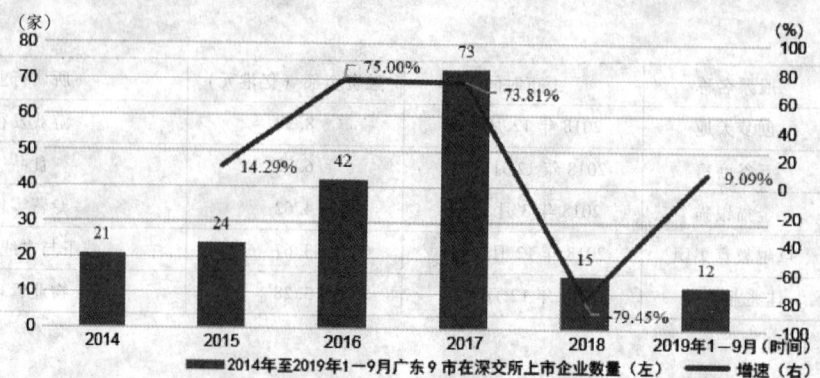

图 5　2014 年至 2019 年 1—9 月广东 9 市在深交所上市企业数量

资料来源：Wind。

一个值得关注的现象是，尽管 2018 年广东 9 市在深交所的上市企业数量出现了明显下降，但融资金额却基本与以前年度持平（见图 6），某种程度上反映出以融资规模为导向的审核监管理念。

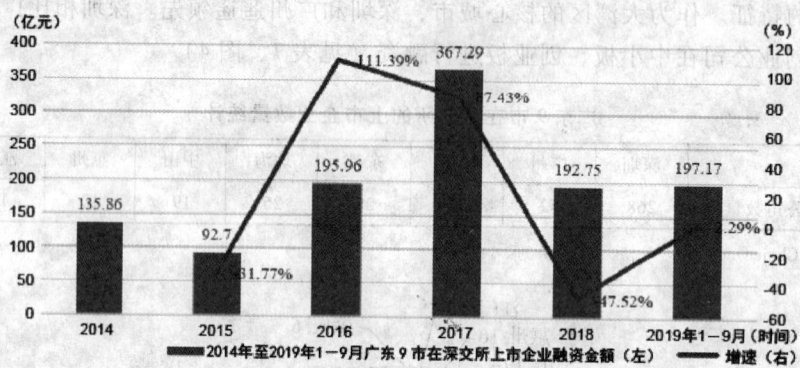

图 6　2014 年至 2019 年 1—9 月广东 9 市在深交所上市企业融资金额

资料来源：Wind。

2. 湾区企业在深交所的市值情况

从统计数据看，深交所的大湾区上市企业市值稳步上升，市值占深交所上市公司总市值的比重总体上也呈现上升趋势。截至 2019 年 9 月 30 日，来自粤港澳大湾区的上市公司在深交所总市值为 6.28 万亿元，占深交所上市公司总市值的比例为 28.72%，与港交所中来自大湾区上市公司 30% 左右的市值占比基本相当（见表 8 和图 7）。

表 8　湾区企业在深交所的市值情况（2014—2019 年 9 月）

时间（年）	大湾区上市公司市值（亿元）	深交所上市公司总市值（亿元）	占比（%）
2014	31 608.54	126 858.84	24.92
2015	55 063.81	236 617.07	23.27
2016	52 711.54	223 777.42	23.56
2017	63 045.17	236 935.09	26.61
2018	46 109.42	166 720.00	27.66
2019 年 9 月 30 日	62 828.68	218 741.22	28.72

资料来源：Wind。

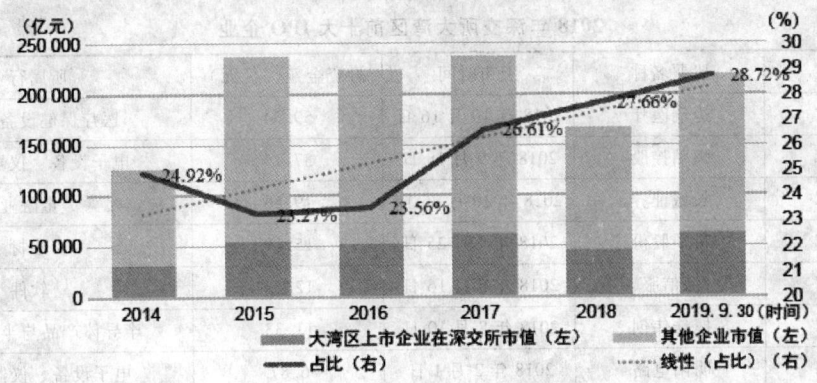

图7 深交所粤港澳大湾区上市企业市值占比

资料来源：Wind。

此外，粤港澳大湾区在深交所上市的公司中，万科、中兴通讯、广发证券等23家A+H股公司，同时在深交所以及港交所发行融资，充分利用了境内外市场。这包括万科、格力、比亚迪等一批行业龙头企业。未来，随着粤港澳大湾区发展规划的全面推进和落实，大湾区内上市企业的数量和市值占比有望继续进一步提升。

3. 深交所上市企业的行业分布特征

深交所的上市板块分为主板、中小板和创业板，其主要定位为服务于实体经济，重点支持国家战略新兴产业的企业上市融资。总体来说，大湾区内在深交所上市的企业中，制造业的上市企业最多，截至2019年9月30日，共计309家，占比65.74%；其次是信息传输、软件和信息技术服务业、建筑业、批发和零售业，分别为43家、19家和19家，占比分别为9.15%、4.04%、4.04%。其余上市企业分别属于房地产业、租赁服务业和租赁、商务服务业等，与湾区广东9市在科技产业、先进制造以及先进服务业方面所具备的产业优势和未来发展战略相符（见表9、表10）。

表9　2018年深交所前十大IPO企业

股票代码	股票名称	上市时间	融资金额（亿元）	所属行业
300760.SZ	迈瑞医疗	2018年10月16日	59.34	医疗保健设备与用品
300750.SZ	宁德时代	2018年6月11日	54.62	电气部件与设备
002926.SZ	华西证券	2018年2月5日	49.67	金融业
002938.SZ	鹏鼎控股	2018年9月18日	37.14	电子设备、仪器和元件
002936.SZ	郑州银行	2018年9月19日	27.54	金融业
300741.SZ	华宝股份	2018年3月1日	23.77	食品加工
002939.SZ	长城证券	2018年10月26日	19.58	金融业
002925.SZ	盈趣科技	2018年1月15日	16.88	电子元件
300737.SZ	科顺股份	2018年1月25日	15.19	建材
002929.SZ	润建股份	2018年3月1日	13.22	通信设备

资料来源：Wind。

表 10　　2018 年深交所大湾区前十大 IPO 企业

股票代码	股票名称	上市时间	融资金额（亿元）	所属行业
300760.SZ	迈瑞医疗	2018 年 10 月 16 日	59.34	医疗保健设备与用品
002938.SZ	鹏鼎控股	2018 年 9 月 18 日	37.14	电子设备、仪器和元件
002939.SZ	长城证券	2018 年 10 月 26 日	19.58	金融业
300737.SZ	科顺股份	2018 年 1 月 25 日	15.19	建材
300454.SZ	深信服	2018 年 5 月 16 日	12.03	软件
300724.SZ	捷佳伟创	2018 年 8 月 10 日	11.33	半导体产品与半导体设备
300739.SZ	明阳电路	2018 年 2 月 1 日	6.87	电子设备、仪器和元件
300756.SZ	中山金马	2018 年 12 月 28 日	5.39	娱乐游艺设备
002930.SZ	宏川智慧	2018 年 3 月 28 日	5.19	航空货运与物流
002923.SZ	润都股份	2018 年 1 月 5 日	4.25	制药

资料来源：Wind。

受国家宏观调控和产业政策等因素影响，近年来部分行业，如房地产开发、类金融、游戏、影视、餐饮等行业的 IPO 在境内资本市场仍然受到一定制约。这也为港交所与深交所的差异化发展创造了条件。

（三）湾区企业在新三板挂牌情况

除了 A 股、港股上市和再融资，湾区广东 9 市的中小型企业可以通过挂牌新三板进行定向募资与股权流转。随着广东省内的创新型高新技术企业爆发式增长，截至 2019 年 10 月 25 日，粤港澳大湾区有新三板挂牌企业 1 284 家。2018 年全年，挂牌新三板的广东省企业通过定向发行股票筹资金额达 73.36 亿元，位居全国前列。汇量科技（834299）的子公司、索信达（838136）、信恳智能（836821）、伊登软件（836441）、文业装饰（837016）、朗坤环保（838520）等大湾区的新三板挂牌企业成功赴港上市。多层次的股权市场带来了更丰富的融资渠道，将持续培育创新型成长型企业，助推大湾区企业做大做强，为其未来进入交易所上市，成为共同市场标的、面向更多投资者提供了可能。

（四）粤港澳大湾区内多层次资本市场体系已初步建立

交易所是湾区资本形成的枢纽，能支撑整个湾区的崛起，汇集资源，它是一面旗帜、一个支点。2019 年 9 月，上海证券交易所南方中心开业活动在广州举行，意味着深交所、港交所和上交所南方中心齐聚大湾区，提升了大湾区金融市场基础设施的供给能力，健全了大湾区多层次的资本市场结构。同时，它们作为中国的三大市场，存在一定的分工、合作与竞争。企业选择不同交易所上市主要基于制度化差异的原因。

深交所、上交所是国内政策性主导的融资平台，港交所是自由化的境外平台。各交易所的各个板块对上市条件设定了不同的标准。大湾区企业近年来上市企业产业信息化、新兴化突出，与大湾区各城市政府的工作思路基本相同，利用新技术促进传统优势产业优化升级，重点发展一系列主导高新技术产业，同时培养扶持战略新兴产业，也可成为"新经济企业"。新经济企业，尤其是科技类公司的上市对交易所上市的制度有一定灵活性的需求。

近两年来，港交所的改革意图较强，改革成果包括允许同股不同权的企业到港交所上市和鼓励生物科技公司到港交所融资等。随着上交所科创板的推出和深交所加快创业板的制度改革，两地交易所将更好地服务实体经济的高质量发展。

最后，作为多层次资本市场重要的后备力量，新三板市场也具有较大的发展潜力。目前，来自粤港澳大湾区的挂牌企业数量和规模都位居全国前列，并已为港、深交易所输送了不少优质上市资源。新三板市场已成为大湾区内多层次资本市场的重要组成部分。

三、关于粤港澳大湾区多层次资本市场协同发展机制的探讨

从湾区特点来看，粤港澳大湾区偏向于"金融＋科技＋服务"发展模式。香港有着国际金融中心的地位，也是"一带一路"建设的投融资平台；深圳及广州为新经济龙头；澳门及其他地区以服务业为发展重点。相比于其他发达的湾区，粤港澳大湾区具有非常典型的中国特色：一国两制，为跨境创新提供了空间；区域经济发展不均匀，有较大规划及发展纵深；主导产业众多且在迅速成长中，经济潜力巨大；中小企业活跃，数量众多。

随着澳门交易所逐步明朗，大湾区的资本市场布局得到了进一步完善，大湾区内将形成以港交所、澳交所、深交所、新三板市场、广东股权交易中心为核心的多层次、国际化、跨区域的资本市场体系。

然而，由于大湾区规划提出时间较短，区域内已分布有两家无论在交易规模还是IPO融资金额都在全球证券市场排名前列的大型证券交易所。两大证券交易所以及未来可能筹建的澳门证券交易所如何定位，共同促进大湾区金融、支持实体经济的发展值得进行深入思考。本课题小组在前期调研和分析的基础上，尝试在以下方面进行探讨：

（一）进一步明确港交所的国际化桥头堡作用

港交所作为全球领先的交易所，拥有独特的区域优势、制度优势、法律体系和营商环境，继续发挥大湾区国际化桥头堡的作用，对巩固和提升香港国际金融中心地位有着重要的意义。香港营商环境、法律体系，以及交易所的信息披露均与国际接轨[1]，也有利于更多的中国企业通过香港资本市场走向世界。港交所在IPO注册制、发行定价、市场监管等诸多方面都有着丰富的制度和实践经验，可以对其他交易场所的相关制度设计、理念起到引领作用。

（二）充分发挥港交所的制度优势，支持湾区实体经济多元化发展

从过去几年港交所的上市企业情况看，许多暂不满足境内IPO条件或者行业不符合宏观和产业政策的企业在港交所成功上市并获得融资，对支持内地实体经济发展起到了重要作用。如小米、美团、海底捞等一大批企业通过在港交所上市快速实现资本化，加速了企业的发展。这也是港交所差异化定位和发展的重要方向。

从湾区一体化角度看，大湾区内企业赴港上市，更加具有区域、语言、文化等诸多方面

---

[1] 亚洲金融智库：《粤港澳大湾区金融发展报告（2018）》，中国金融出版社2018年版。

的便利,未来可考虑进一步简化湾区企业赴港上市流程,对相关优质企业,出台赴港上市的相关激励政策,加快湾区金融与产业发展的一体化进程,把香港打造成为大湾区多元化经济的境外股权融资平台。

(三) 加快推进深交所创业板注册制改革

深交所为大湾区内最重要的人民币证券交易所,能够满足较为成熟、具有一定的资本规模、能够稳定盈利的企业的融资需求。截至2019年9月底,大湾区内的上市企业市值占深交所全部上市公司总市值的比例已接近30%。未来,随着大湾区内各类战略新兴产业的快速发展,上述比例有望进一步提高。然而,目前我国境内上市的审核周期较长,IPO"堰塞湖"现象尚未完全消除,在一定程度上对企业的投融资计划与业务开展带来了不确定性。因此,深交所创业板注册制改革,有利于帮助企业树立IPO申报、审核、注册等工作的明确预期,加快大湾区直接融资市场的一体化发展进程,具有十分重要的意义。

(四) 推动大湾区金融制度和市场监管逐步趋同

粤、港、澳三地在金融规则、立法体系、市场监管等方面存在着较大差异。从区域金融一体化的角度看,推动三地金融规则取长补短、互相借鉴有着积极的意义。过去几年,港交所和深交所已经进行了较为深入的跨所合作、跨境协同,深港通涵盖的股票数量及交易额不断上升,为双边协同提供了良好的示范效应。在此基础上,深交所及港交所可持续深化协同合作,充分利用香港、澳门离岸人民币地位及珠三角地区产业优势,为资本市场双向开放提供支持。

未来,随着大湾区多层次资本市场的发展,经济一体化水平的提高,跨境监管的协调难度将不断加大。因此,大湾区多层次资本市场的建设必然需要在金融制度、监管政策等方面逐步匹配,逐步趋同。

(五) 建立大湾区金融人才互认机制

金融人才是建设粤港澳大湾区多层次资本市场的重要基石,各个金融市场平稳运作高度依赖于各类金融专业人才。目前,大湾区内相关金融规则、体系不同,拥有不同的金融人才资格认证体系。香港作为全球知名的金融中心,已建立了完善的、与国际接轨的财务会计、评估、法律、证券分析师、保荐人等从业人员资格认证体系,内地也具有相应的资格认证体系。参考英国与欧盟的做法,金融人才互认机制是欧洲一体化中的重要组成部分。目前,英国虽然在"脱欧"过程中,也仍然希望继续保留与欧盟的执业资格互认机制[①]。因此,未来可考虑结合大湾区内金融市场的实际情况,逐步推出和建立金融人才的互认机制。

(六) 以新兴金融科技促进大湾区多层次资本市场全面发展

大湾区拥有两种制度、三种货币,未来还将拥有四个交易场所,给跨境业务的发展和跨境产品的创新、应用提供了广阔的空间。金融科技在粤港澳大湾区多层次资本市场的建设过

---

① 邢毓静,丁安华:《粤港澳大湾区金融融合发展研究》,中国金融出版社2019年版。

程中有着非常巨大的发展潜力。人工智能、区块链、云计算等新一代金融科技手段将成为促进大湾区金融业态变革的重要力量。2018 年在中国人民银行及香港金融管理局的支持下，腾讯公司为香港居民开通了微信"香港钱包"（We Chat Pay HK），已可覆盖香港居民在内地的衣食住行。未来，利用数字货币、网络安全等新一代信息技术，让大湾区的企业和居民在跨境的企业融资、投资理财等方面享受更多的便利，以新兴金融科技促进大湾区多层次资本市场全面发展，使其成为世界湾区中的典范。

参考文献

[1] 刘佳骏. 发挥香港优势，推进粤港澳大湾区建设 [J]. 中国发展观察，2019（9）：20—24.

[2] 国务院. 粤港澳大湾区发展规划纲要 [R]. 北京：2019.17—27.

[3] 邢毓敏，丁安华. 粤港澳大湾区金融融合发展研究 [M]. 北京：中国金融出版社，2019.

[4] 亚洲金融智库. 粤港澳大湾区金融发展报告（2018）[M]. 北京：中国金融出版社，2018.

[5] 陈德宁，何一鸣，何健芳. 低碳经济与优质湾区协调发展机制 [J]. 岭南学刊，2011（3）：94—97.

[6] DANIAU J F. The Common Market: Its Structure andPurpose [M]. New York Frederick A Praeger, 1960.

基于资本市场视角的国企改革发展研究

中原证券股份有限公司课题组*

一、引言

"资本运作"是指企业将其所拥有的存量资本(包括有形资本和无形资本),通过流动、撤分、组合等资本扩张或资本收缩的方式进行优化配置,提升资本的配置效益,最终实现最大限度的资本保值和增值,具体实施模式主要包括并购重组、增资减债、股权多元化、资本收缩、破产重组等。资本市场对于包括国有企业在内的企业而言,其意义在于:一是拓宽融资渠道,改善企业资本结构,进而促进企业价值最大化;二是引入多样化资本,实现股权多元化和产权主体多元化,在分散投资风险的同时,完善治理结构并建立健全现代企业制度;三是通过并购重组等方式,优化企业的产业布局或市场布局,提高资金配置效率。因此,研究国有企业资本运作的发展现状和效率对于指导当前国有企业改革具有重要的现实意义。

二、我国国有企业资本运作发展现状

伴随着国有企业的改革发展,我国国有企业陆续通过上市融资、试点债转股、引入战略投资者、专业化重组等多种方式开展资本运作,整合资源、提升效益的趋势愈发明显。1998年至2018年7月,沪、深两市上市国有企业通过股票市场融资(IPO、增发)合计4.16万亿元,占同期沪、深两市上市公司融资总规模的44.37%。截至2018年7月,沪、深两市国有上市公司达到1 022家,占两市上市公司数量的比重达28.91%。2017年,中央企业新增混合所有制企业户数超过700户,通过资本市场引入社会资本超过3 386亿元。

在并购重组方面,以2014年底中国南车和中国北车的合并为标志,第四阶段国企改革

---

* 本文为中国证券业协会2018年重点课题。课题负责人:邓淑斌,中原证券股份有限公司总裁助理、首席经济学家;课题组成员:杨震宇、王哲、林晨、林思闪、白江涛、赵志浩。

的央企并购重组潮也就此拉开序幕。2015年、2016年、2017年沪、深两市国有上市企业中分别有110家、97家、21家企业披露重大资产重组信息,披露的重组交易总金额分别为4 973.75亿元、4 539.60亿元、624.55亿元。2017年上交所的国有上市公司并购重组金额超过5 400亿元,深交所主板企业重大资产重组中有46%的企业重组前控制权为国有,并购交易金额达2 281.57亿元。

此外,国企定增融资意向也更为突出。2015年、2016年、2017年分别有76例、107例、85例与国有企业相关的增发预案披露,预计募集资金分别为2 582.54亿元、2 336.28亿元、2 258.63亿元,在当年披露增发的案例中占比为19.95%、22.38%、21.63%。

除了传统资本运作工具外,伴随着国企改革重点转向混合所有制改革,国有企业也正致力于实现股权多元化,采取包括公开上市、定向增发引入战略投资者、实施员工持股和股权激励等在内的资本市场运作方法。例如,2014年2月,中国石化宣布率先启动油品销售业务引入社会和民营资本实行混合所有制改革,中石化销售公司最终在2015年3月完成了引入25家投资者、增资合计人民币1 050.44亿元(含等值美元)的工作。依据公开资料,在上述25家投资者中,产业投资者占比约30.5%,国外投资者占比约45%,民营资本11家占比约35%。这些方法举措为国企改革探索出了新的道路,同时为地方经济发展增添了新的动力。

三、我国国企改革进程中资本运作存在的问题

我国国有企业资本运作取得了显著成绩,但同时也存在以下三点问题。

(一) 国有企业内部治理结构不完善、运行效率低、管理人员"能上不能下"、员工"能进不能出"等问题依然存在

一是缺少有效的经营者选择机制。经营者选择机制是通过控制权和剩余索取权的分配来实现的,在有效的治理结构中,这二者应当是对称的。但是在国有企业中,国资委行使股东权利,掌握着控制权,但没有剩余索取权,也不承担风险,使得控制权就变成了廉价投票权。

二是委托代理机制仍不健全。国有企业的委托代理关系中既有股东大会、董事会、经营管理层、监事会和一般职工等代理层次,也有中央政府、国有资产管理委员会等层次,这就拉长了委托者与代理者的距离,扩大了信息不对称,导致权利和义务被稀释。

三是董事会运作机制有待规范。部分国有企业的董事会成员主要由大股东和内部董事组成,甚至是由国资部门或大股东单位直接行政安排,这些成员在履职过程中,很难客观地监督和评价经营者的绩效。

(二) 政企不分、政资不分的问题仍然比较突出,国资管理部门管得过多过细、以政代企、行政干预等现象不同程度存在

政企不分是一个长期存在的问题,其背后的核心问题是如何处理好政府与市场的关系。这就要求:一方面,政府要着力解决好行政职能缺位、越位和不到位的问题,减少对国资国企的干预。对于市场能发挥作用的,政府要会不作为;对于市场不能有效发挥作用的,政府

要主动补位、管住管好。另一方面,针对企业内部三项制度改革还不到位的现实,深化国有企业内部改革调整,建立科学的企业领导体制和组织管理制度,立足于练好"内功",形成高效的运行激励机制和有效的监督约束机制。

(三)国有企业实施资产重组、股权激励、员工持股等资本运作交易的积极性不及民营企业

相关统计数据显示,2015—2017年,沪、深两市上市企业推出重大资产重组方案、定增融资方案、股权激励计划和员工持股计划的国有企业占全部推出方案公司的比例分别为19.34%、21.41%、6.88%、9.39%,实施资产重组的企业仍属于少数派。国有企业资本运作积极性相对不足的原因在于以下两点:

一是国有企业实施资产重组等资本运作方案前,必须履行的审批程序较多,时间较长,相关标准也较高。由于国有企业除了遵守相关证券法律法规以外,还接受国资监管部门的监督,因此,国有企业筹划相关资本运作方案在报中国证监会以前,还必须经国资监管部门的同意,这就导致其实施方案前的审批程序更多。此外,国有企业在实施相关资本运作方面的标准也较高,如在筹划股权激励时,激励规模数量、激励对象、激励收益比例和行权指标都高于一般公司。

二是少数国资监管部门对国资绝对控股的观念认知,也会在一定程度上束缚旗下国有企业的资本运作积极性。实际操作中也发现,该原因也是决定已披露方案能否顺利完成的重要因素之一。

四、国有企业资本使用效率实证研究——以河南省为例

鉴于上述分析,要想深入诊断地方国有企业资本运作存在的问题,提出科学可行的解决方案,有必要实证研究地方国有企业资本运作发展效率情况,以发现问题症结所在。

(一)河南省国有企业的融资及效益概况

截至2018年7月26日,河南省A股上市公司达到78家,其中中央国有企业10家、地方国有企业20家、民营企业43家,国有企业数量占比为38.46%。尤其2013年以来的5年间,融资金额高达1 068.42亿元,远超此前两个十年的993.36亿元(2003—2012年)和165.70亿元(1993—2002年)。

在融资结构方面,河南省国企在本区域企业股权融资中的占比为36.31%,在债券融资中的占比为70.80%,其中有相当部分热门行业处于充分竞争领域,反映了河南省国有企业积极参与市场竞争,融资方式市场化明显。

跨省比较显示,2006—2017年的12年间,河南省无论是上市企业的股权融资规模,还是所有企业的债券融资规模,都不及浙江、江苏两省的1/3,但河南省国有企业在本省企业融资总量中的占比较高。河南省上市国有企业的定向增发融资占比低于其首发融资占比近7个百分点,而浙江、江苏两省上市国有企业的定向增发融资占比明显高于其首发融资占比,表明河南省上市国有企业上市后的股本扩张意识相对不足(见表1)。

表1　　2006—2017年河南、江苏、浙江三省上市企业股权融资情况

	首发	定向增发	配股	合计
江苏省（亿元）	2 100.82	4 191.12	84.16	6 376.10
其中：国企占比（%）	16.52	31.01	6.78	25.92
浙江省（亿元）	2 200.20	4 602.23	43.81	6 846.25
其中：国企占比（%）	12.10	18.89	63.41	16.99
河南省（亿元）	392.21	1 573.99	65.00	2 031.20
其中：国企占比（%）	42.43	35.91	19.64	36.65

资料来源：Wind资讯。

（二）河南省国有企业的资本配置效率分析

1. 分析思路

作为各省市的重要微观主体之一，地方国有企业的资本运用或资本配置效率与该省市或区域市场的资本配置效率密切相关，后者在一定程度上反映了区域市场投融资环境。因此，分析河南省资本配置效率，是进一步分析河南省国有企业资本配置效率的重要基础。一般而言，可以用"资本边际产出比（ICOR）"这一指标来衡量资本配置效率的高低，即增加单位总产出所需要的资本增量。

2. 分析结论（限于篇幅，分析过程略）

河南省的资本边际产出效率在1995年、2000年达到高峰，究其原因在于：1995年国家对中部地区发展的倾斜政策，推动了当时该地区的资本投入急增，进而使得中部各省的资本边际产出效率在1995年前后达到峰值；2000年由于国民经济增速达到新高，产出大幅增长，而资本存量变化较为平稳，因此导致河南省当年的资本边际产出效率再次快速达到高点；2009年政府"四万亿刺激计划"的出台，直接促进河南省资本边际产出效率出现了阶段性的小幅回升，但较历史水平仍处于相对低位；2013年后，随着全国范围内经济结构调整、产业转型升级和资本市场发展的提速，资本利用合理性增强，进而促进了河南省的资本边际产出效率（ICOR）的持续回升（见图1）。

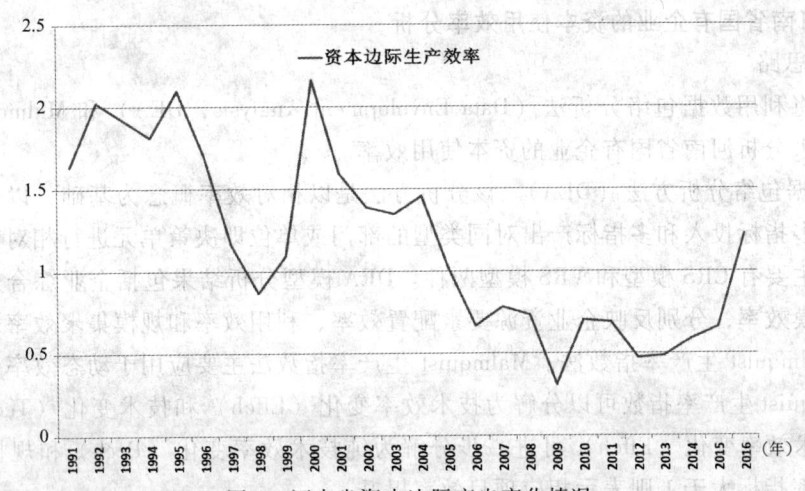

图1　河南省资本边际产出变化情况

资料来源：Wind资讯。

针对全国及个别省份资本边际产出效率的比较，从中可以发现以下三点：一是河南省的资本边际产出效率总体低于全国平均水平；二是 2005 年至今，河南省资本边际产出效率（ICOR）持续低于东部发达省份的江苏省和浙江省；三是如与同属中部省份的湖北省相比较，2005 年以前，河南省的资本边际产出效率（ICOR）均高于湖北省，但自 2005 年后一路下滑并连续十年低于该省，在 2017 年再次超过湖北省（见图 2）。

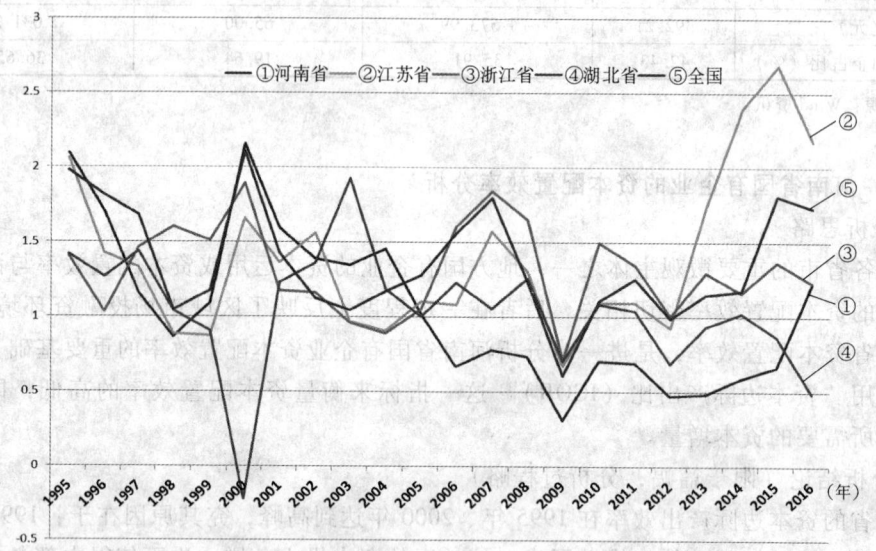

图 2　分地区资本边际产出变化情况

资料来源：Wind 资讯。

综上所述，河南省的资本边际产出效率存在较大的提升空间。这一方面需要多发展集约型经济，从产业结构角度提升资本使用效率；另一方面应大力推动企业通过资本市场进行资本运作，淘汰无效率产能，提升资源配置效率。

（三）河南省国有企业的资本使用效率分析

1. 研究思路

本部分将利用数据包络分析法（Data Envelopment Analysis，DEA）和 Malmquist 生产率指数分析法来分析河南省国有企业的资本使用效率。

（1）数据包络分析方法（DEA）。该分析方法是以相对效率概念为基础，以企业为决策单元，根据多指标投入和多指标产出对同类型的部门或单位即决策单元进行相对有效性或效益评价。其主要有 CRS 模型和 VRS 模型两种。DEA 模型分析结果包括企业综合效率、纯技术效率和规模效率，分别反映企业资源要素配置效率、利用效率和规模集聚效率。

（2）Malmquist 生产率指数法。Malmquist 生产率指数法主要应用于动态效率变化趋势的研究。Malmquist 生产率指数可以分解为技术效率变化（Effch）和技术变化（Techch）两部分，其中技术效率变化（Effch）可进一步分解为纯技术效率变化（Pech）和规模效率变化（Sech）。效率指标大于 1 则表示相应项目效率提升。

2. 河南省上市企业的资本使用效率分析

本部分拟采用2008—2017年河南省上市企业（十年间具有持续数据的一共53家企业）的营业总收入、资产合计和员工总数的数据，应用上述DEA模型和Malmquist生产率指数法，测算河南省企业生产效率变化情况。

测算结果和相关分析结果显示：

第一，河南省外资企业综合效率、纯技术效率和规模效率均高于内资企业，并且外资企业的效率甚至是内资企业的两倍，表明外资企业位于河南省资源配置的最优生产前沿上。

第二，随着时间的推移，各所有制企业规模效率有所提升，但是综合效率在2014年后出现系统性下行。从分解项表现来看，这主要是由于纯技术效率下降较多，拖累整体表现，表明2014年之后技术引进、消化和吸收的效率进步有所下降，企业在要素配置和利用等方面进步较为缓慢。

第三，总体来看，规模报酬递增公司占多数，通过规模扩张提升河南省企业总体效率是可行的。从所有制来看，中央和地方国企规模报酬递增企业数与非递增企业数相当，但是民营企业规模报酬递增企业数量明显占优势，表明多数经营传统成熟产业的国有企业，其规模增加的贡献小于第三产业、新兴产业。因此，简单的规模扩张经营对于提升省管企业效率作用较为有限。

第四，10年间河南省地方国有企业综合效率平均值为0.39，纯技术效率和规模效率分别为0.43和0.91，各项表现均强于中央国有企业，表明地方国有企业在资源配置、技术效率等方面相对央企具有一定的灵活性和更高的效率追求（见表2）。

表2　2008—2017年河南省上市企业中地方国企的生产效率分项变化

年份	上市公司家数（家）	综合效率	纯技术效率	规模效率	规模报酬增减公司数（家）		
					递增	递减	不变
2008	17	0.29	0.39	0.80	10	8	0
2009	18	0.30	0.37	0.82	10	6	4
2010	19	0.44	0.46	0.93	0	0	0
2011	20	0.37	0.38	0.95	14	1	2
2012	20	0.45	0.48	0.93	10	8	0
2013	20	0.43	0.49	0.91	12	1	6
2014	20	0.53	0.55	0.97	15	1	3
2015	20	0.41	0.43	0.95	16	2	2
2016	20	0.40	0.41	0.96	12	5	3
2017	20	0.32	0.36	0.90	10	6	4

资料来源：Wind资讯。

第五，与其他国内企业一致，地方国有企业规模效率较为突出，10年内平均值为0.91，但纯技术效率偏低，仅为0.43，与前沿水平有较大的差距，并且还呈现出先高后低的走势，仅于2014年达到0.55的历史高点，随后持续下行。因此，地方国有企业的效率进步主要体现在规模效应和集聚效应方面，而技术性进步占比较少，这是抑制企业综合效率提升的关键原因（见图3和图4）。

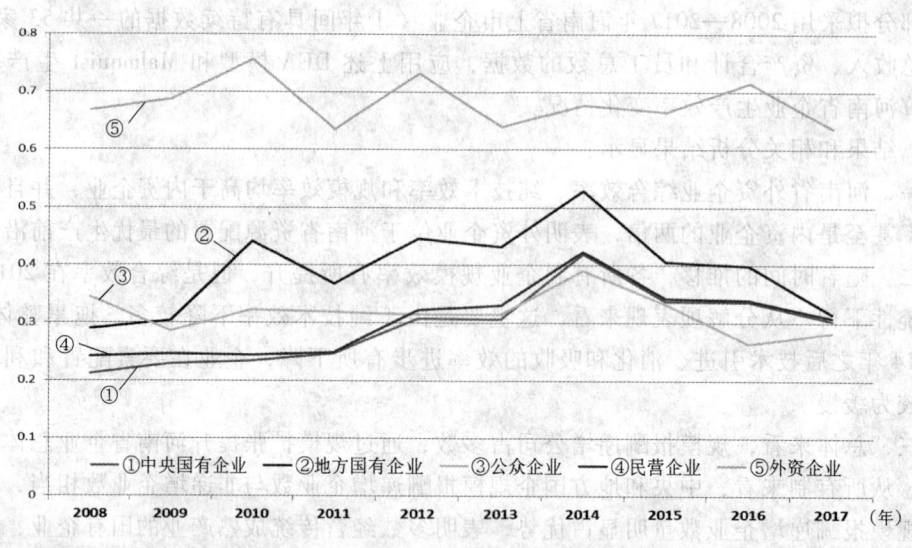

图3　不同所有制企业综合效率变化比较

资料来源：Wind资讯。

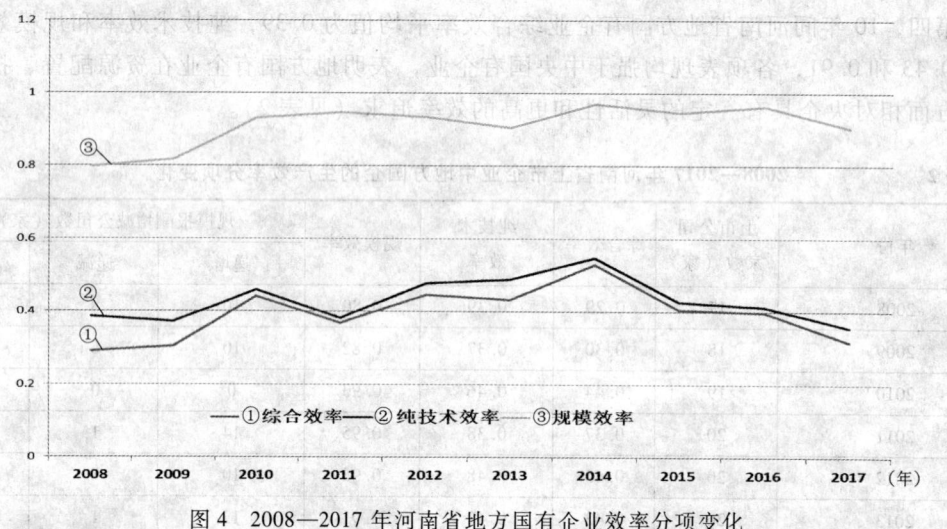

图4　2008—2017年河南省地方国有企业效率分项变化

资料来源：Wind资讯。

3. 河南省地方国有企业资本使用效率变化趋势分析

Malmquist生产率指数可以反映不同时期开发区用地的效率和技术进步的变化趋势。

数据分析结果表明：一是河南省上市企业在过去十年间的资源使用效率波动较大，2008—2009年区间的各个效率指标全面下滑，只有规模效率超过1.0，这与当时的"四万亿刺激政策"有一定关系；在随后的2009—2010年区间，各项效率显著提升，尤其是纯技术效率上升到1.218，这与当时的资产价格开始上涨、进而吸引优质资源汇聚有一定关系；2014—2015年后，纯技术效率变化大幅回落至0.796，Malmquist生产效率指数连续3年处于1.0下方。二是2016—2017年区间，河南上市企业的技术变化提升较快，但技术效率和规模效率却较上一区间有所下降，并且纯技术效率变化持续处于 1.0 下方；Malmquist 生产效率指数不仅继续处于 1.0 上方，还实现了 10.54% 的提升，这反映了这一阶段的技术变化是综合生产效率提升的主要因素（见表 3）。

表 3　2008—2017 年河南省不同所有制企业生产效率平均值比较

企业类型	技术效率变化	技术变化	纯技术效率变化	规模效率变化	Malmquist 生产效率指数变化
中央国有企业	1.050	0.952	1.052	0.998	0.998
地方国有企业	1.020	0.991	1.030	0.992	1.008
公众企业	1.012	0.996	1.035	0.979	1.008
民营企业	1.064	0.981	1.042	1.025	1.045
外资企业	0.989	0.953	0.998	0.991	0.942

资料来源：Wind 资讯。

分所有制企业来看，地方国有企业技术变化相对中央国有企业较为积极，技术提升比中央国有企业快，并且综合来看地方国有企业处于生产效率小幅上升状态，这与前述 DEA 模型结论较为一致；而民营企业在技术效率、纯技术效率和规模效率变化等方面均强于其他企业，显示出较高的生产效率改进能力。因此，大力推行省管企业资本运作，鼓励混合所有制改革，是实现省管企业资本使用效率尽早见效的有效方法。

（四）河南省地方国有企业生产效率变化的影响因素

为了进一步分析在资本使用过程中哪些因素对于河南省国有企业的综合效率影响最大，我们拟以河南省上市地方国有企业 Malmquist 生产效率指数作因变量，以其资本使用的多项指标为自变量，分别采用 Tobit 模型、最小二乘回归以及面板数据的固定效应和随机效应模型进行分析（限于篇幅，分析过程略）。分析结论显示：

第一，四个模型均通过了显著性检验，拟合效果良好，模型结论可信度较高，并且面板数据的豪斯曼检验支持固定效应。

第二，回归结果表明，资产负债率、流动负债占比以及资本固定化比率变化对企业生产效率变化的解释作用和显著性均较差，这表明河南省国有企业的生产效率与企业融资结构、负债结构等指标不够敏感，进而说明河南省国有企业需要重视资产证券化、资本运作对于提升生产效率的作用。

第三，总资产周转率对企业生产效率呈现高度显著的正相关关系，表明企业生产效益、资产周转速率仍是决定生产效率的关键变量，也进一步佐证了此前河南省地方国有企业的效率提升主要源于规模效率的提升，而技术效率贡献较少的结论。

第四，总市值指标对生产效率在三个模型中具有显著的正相关性，但是回归系数较低，这表明河南上市企业的市值规模对其生产效率具有一定的解释作用，而由于企业对资本运作的相对不足，进而制约了市值规模对企业生产效率的贡献。因此，河南省地方国有企业可以通过上市运作、并购重组、债券发行等方式加大资本运作力度，在促进企业市值规模做大的同时，提升其综合生产效率（见表 4）。

表4 不同模型下影响河南省地方国有企业生产效率变化因素回归结果

因素	Tobit模型	最小二乘回归	固定效应模型	随机效应模型
资产负债率	-0.0022	-0.00109	-0.00153	-0.00135
	(-1.85)	(-0.93)	(-1.11)	(-0.88)
流动负债占比	-0.00074	-0.00029	-0.00089	-0.00128*
	(-1.34)	(-0.54)	(-1.54)	(-2.08)
归母权益在总资产占比	-0.00280**	-0.00221*	-0.00136	-0.00029
	(-2.78)	(-2.22)	(-1.12)	(-0.21)
非筹资性现金流与流动负债比率	0.000302	0.000296	0.000314*	0.000332*
	(-1.76)	(-1.75)	(-2.12)	(-2.26)
总资产周转率	0.316***	0.215***	0.134***	0.0779***
	(-15)	(-14.73)	(-7.44)	(-3.78)
总市值	0.000228***	0.000210***	0.000150**	9.16E-05
	(-4.15)	(-3.86)	(-3.08)	(-1.87)
资本固定化比率	0.000105	0.000101	3.17E-05	5.33E-06
	(-1.88)	(-1.81)	(-0.61)	(-0.1)
_cons	0.383**	0.327**	0.441**	0.462**
	(-3.31)	(-2.84)	(-3.09)	(-2.86)
hausman检验			48.95	
LR chi2(7)	287.36			
Wald chi2(7)				72.39
F值		41.87	4.02	
R square	2.7938	0.3596	0.2467	0.3434

资料来源：Wind资讯。

五、相关措施与建议

根据上述研究结果，我们认为当前国有企业，尤其是河南省地方国企在进行资本市场运作过程中应当做到以下几点：

第一，要规范国有资本投资运营公司的运行与治理机制。作为出资人，国资委应严格依照《公司法》规定行使国有资本投资运营公司的股东职能，提升参与国有资本投资运营公司治理的能力，将安全生产等公共管理职能剥离至相应的政府监管部门，以减少对投资运营公司战略或投资决策进行行政干预的机会。国有资本投资运营公司作为市场化的国有独资公司，应从董事会、监事会、经营管理层的组成与职责分工等方面，建成协调运转、有效制衡的企业法人治理结构，并以市场化的方式选任和管理经营管理层。国有资本投资运营公司履行出资人职责应聚焦于"管资本"，在管好出资企业股权的前提下，重视资本配置结构，提升资本回报率。

第二，要高度重视央企与地方国企、国企与非公企业的协调发展，通过战略性重组多维度整合央企、地方国企。国务院国资委层面组建战略重组协调小组，协调央企、地方国企、政府、资本市场多方共同参与设计和协调涉及不同产业、不同区域、单个企业的战略性重组方案，以减少内部协调成本，集中力量解决重点领域的重要问题。鼓励地方国企立足于回归本源、专注主业进行跨区域或者是央企与地方国企之间的业务整合和重组，最大程度提高资本配置效率和资本利用效率。

第三，积极引入战略投资者，推进混合所有制改革。企业要尽早让设计混改方案的相关人员或专业咨询公司与估值公司进行前期磋商，合理选择估值模型；在确定战略投资者的标准或条件时，要结合地方政府或国资管理部门对目标国企发展的功能定位，缩小筛选范围，确定大致数量，组织公开招标；根据估值或公开竞价的情况，以及相关政策对于战略投资和员工持股两大类股权比例的政策要求等因素，确定战略投资者的大致持股比例范围。

第四，围绕做强主业，加大资本运作力度，进一步整合资源，突出主业，优化业务价值链，积极推进资产证券化。国有企业要将已经形成一定基础、有较好发展前景的产业或业务板块纳入主业范围，制订一系列战略性产业板块或业务板块的整合重组方案，切忌盲目铺摊子、求规模。加强对集团公司存量资产、各类融资方式的梳理和对自身融资能力的评估，加强与金融机构沟通合作，充分利用企业债、公司债、中期票据、短期融资券等工具进行多渠道融资，提升企业直接融资比重，不断改善和优化企业负债、融资结构，努力解决集团公司的后续资金需求问题。

第五，建立健全激励约束机制，推动国企人才资源的优化配置。针对企业经营管理层或核心业务骨干，要建立以经营业绩为核心的市场化的考核机制以及市场化薪酬激励机制，吸引并留住人才。对于上市国企而言，可以探索股权激励、员工持股等方式，将企业经营管理层、员工与企业三者的发展紧密结合起来，形成三者利益共享、风险共担的长效激励约束机制，以减少企业经营的短期行为，进一步增强国有企业内在活力，并建立鼓励创新的容错与纠错机制，为企业经营管理层大胆创新提供制度保证。

以制度基础和管理创新增强上市公司内生驱动力
——关于上市公司高质量发展的研究思考

陈雳 杨欧雯*

从中国共产党第十九次全国代表大会第一次提出"高质量发展"以来,中国经济的增长方式由量变向质变调整的导向逐步确立,产业结构转型、金融对外开放,都在这一方针的指引下稳步推进。上市公司作为国民经济的参与者,其成长和发展在一定程度上能够代表中国很大一部分优质企业,对上市公司的高质量发展进行有效引导,能够在一定程度上带动国民经济向更新更好的目标迈进。在复杂的市场环境下,为上市公司高质量发展构建外部环境和内驱指引,成为确保经济平稳快速发展的必然,而规范有效、高质量且蓬勃发展的上市公司也能够在国民经济中充当"领头羊"作用,引导资本市场以及宏观经济向良好的趋势发展。

一、当前资本市场面临的内外变化

(一) 内部监管更加审慎严格,信息披露要求提高

自2017年设立国务院金融稳定发展委员会以来,中国人民银行宏观审慎管理、系统性风险防范职责以及金融监管部门监管的职责得到进一步强化。中国证监会在不断树牢"四个意识",坚定"四个自信",坚决做到"两个维护"的同时,对一度饱受诟病的过度投机、内幕交易等违法行为进行严厉处罚,对上市公司的信息披露行为进行严格监管,通过压实上市公司高管和大股东、实际控制人的责任来规范公司的治理结构,通过提高上市公司违法成本改善公司财务状况、提高经营质量。

2016—2018年,中国证监会共处罚上市公司信息披露违法案件170件,罚款金额总计

---

* 作者简介:陈雳,川财证券研究所所长,中国金融行业明星分析师,"万人计划"专家,新华社特约经济分析师,《财新》专栏作家,四川大学经济学院外聘硕导;杨欧雯,川财证券研究所分析师。原载于《中国证券》2019年第7期。

20 161 万元，市场禁入人数总计 80 人次，追责对象涉及董监高、大股东、实际控制人共计 1 202 余人次，共有 113 名责任人员被处以顶格罚款处罚，向公安机关移送涉嫌犯罪案件 19 起。2019 年 3 月 29 日，中国证监会在总结投资者保护工作经验的基础上，成立了投资者保护工作领导小组。投资者保护工作领导小组一方面以加强投资者保护工作的统筹协调、督导落实为己任，一方面旨在强化资本市场各业务、各产品、各环节投资者保护工作的整体性和协同性。

在监管不断强化和违法成本不断提高的情况下，上市公司的经营和资本行为逐渐规范。这有利于上市公司资产质量的提升，也为建设规范、透明、开放、有活力、有韧性的资本市场奠定了坚实基础。

（二）价值投资导向基本确立，投资者结构更加合理

中国证监会在对上市公司进行规范管理的同时，也有效引导资本市场的另一重要参与者——投资者形成良好的投资习惯并构建合理有序的投资氛围。近些年来，监管机构不仅通过法律法规和政策制度等多种手段加大了对投资者的宣传教育，强化了产品与风险等级的评估匹配，还以有效手段对资本市场的资金和投资者结构进行了引导，在长周期下对资本市场的参与双方——资金提供方和资金需求方进行筛选匹配，逐步提高了资本市场的资产配置能力和资金使用效率。

在资金提供方层面，监管机构借由当前市场处于估值底部的机遇和部分企业面临股权质押风险的具体困境，以放松资金对特定领域投资比例要求的方式，吸引保险资金、银行理财资金入市。在资金使用方层面，监管机构使用的一个重要抓手是吸引境外上市公司回归 A 股，提高国内资本市场的资产质量，并帮助形成价值投资氛围。

长期资金的引导入市和价值投资标的的境内回归，一方面扩大了资本市场的规模、提高了资本市场的风险抵抗能力和对净值波动的承受能力，另一方面也提高了资本市场的稳定性——机构投资者的比例提升、长期资金的逐步入市、价值标的的回归，都会提升市场对上市公司经营业务、战略及资产质量的关注而非所谓"热点概念"或"壳价值"。这些市场环境变化的核心都是对价值投资的肯定，也是对上市公司股价回归自身价值的肯定，能够促使上市公司关注自身企业发展、资产质量而非资本行为。

（三）试行注册制对把握上市公司质量提出更高要求

在对资本市场的制度基础构建相对成熟、查漏补缺相对完善以后，监管层对多层次资本市场建设做出了新的尝试，即科创板的设立和注册制的试点。科创板直接面向高新技术产业和战略新兴产业，和现有主板、中小板、创业板、新三板、区域性市场最大的区别在于其发行方式的改变——拟上市公司和辅导券商以网上申报并公示材料的方式申请"入场"，以问询方式接受"面试"，并交予投资者对企业价值进行判断。这种发行方式加强了面向投资者信息披露的程度，并意味着监管层通过出让一部分监管权力，将其中包含的定价权同时交予了投资者。可以预见，相比审核制，开放注册制会快速增加市场筹码，而其中不具备中长期投资价值的上市公司即便通过申请入场，也难以获得较高的定价，从而可能会被迫离场。

科创板是在多层次资本市场建设和加强国家战略新兴产业发展间的一次尝试，制度建设是其中的重要一环，但其健康有序运行还需要市场和实践的检验。科创板在制度设计过程

中,已经在遵循资本市场内在规律的基础上,对可能出现的风险情况做出了充分评估和应对预案,但其仍需一个逐步磨合的过程,对其场内交易的公司的资产质量是一个考验。

二、上市公司高质量发展所面临的挑战

(一) 外部不确定性

中美贸易摩擦对资本市场构成影响,不单单引起进出口数据的波动,更是对外汇储备和汇率稳定造成影响。在全球大类资产配置中,境内资本可能会受贸易不确定因素影响,这对需要外部资金支持和稳定市值管理的上市公司来说是不利的。

从近期资本市场的表现来看,贸易摩擦对资本市场的影响已经基本表现在了历次震荡中。以二级市场为例,目前市场指数仍保持区间震荡,并未形成显著的下行趋势,说明资本市场的韧性仍在。随着资本市场制度建设的不断完善、国内长期资金的逐步入市,市场的抗风险能力有望进一步提升。而从货币政策层面看,央行已经由单一目标转向,且与宏观政策保持一致,意图通过提高经济增长的质量和稳定性,开放境外市场并加强其与国内市场的互联互通,来丰富跨境资金的交易和使用,使其流动呈现多样化、分散且均衡的特点,对汇率波动具备更强的冲击吸收能力。

(二) 内部活力不足导致资本效率低下

近年来资本市场不得不面对监管趋严、成交量下滑等情况,而上市公司质量良莠不齐、市场退出机制不明确等问题也饱受投资者诟病。一个健康、规范、有活力的市场需要吸纳尽可能丰富的合格投资者,通过资金来源的多样化来扩大市场规模、分散风险并提高资金使用效率。这些问题需要逐一排除解决。

首先从国内经济基本面看,在深化改革开放和提振实体经济的政策指引下,经济基本面稳中向好的态势并没有改变。中国不仅作为制造大国,以产业链完整、生产要素齐备来为全球市场提供中国产品,并且还有庞大的国内市场可以解决内需,中国经济在以后一段时期内仍然有望继续保持平稳快速增长。

其次从资本市场的角度看,其具备稳健运行的基础。当前 A 股估值处于历史低位,年初市场的小幅上涨缓解了部分上市公司的股权质押风险,资本市场改革加速推进,对资管、同业等影子银行的综合整治降低了杠杆率。此外,2018 年 A 股被纳入 MSCI 指数、纳入比例不断提高,2019 年 6 月 A 股被纳入富时罗素的指数系列,说明国际投资者看好 A 股市场,海外的被动管理或指数基金将自动买入 A 股标的,给市场带来增量资金,保证其稳健运行。

故而从宏观、微观层面,市场都不具备长期活力不足的基础,在内外环境夹击的情况下,资本市场仍展现出较高的韧性和抗风险能力,市场理性意识提升,资本效率提升,完全可以维护资本市场平稳健康发展。

(三) 加强信息披露,防止内幕交易

在资本市场建设初期,信息披露要求不完善,导致投资者只能以极少的信息来判定公司的投资价值,这一方面使得标的资产价格与市场指数的同步性较高,另一方面也使得大股东、实际控制人等能够进行暗箱操作,通过投机等行为进行违规套利。

目前这一状况正在监管和制度层面有所改善，此类基于信息不透明的套利行为的违规成本正在上升。而在科创板发行过程中，这些问题也都尽量通过事前发布的条令、条例予以规范，并且及时跟踪反馈和惩处。比如近期上交所发现有两位发行上市保荐代表人违规改动招股说明书、审核问询函等注册申请相关文件，在上交所对这两人采取纪律处分的基础上，中国证监会也对上述两名保荐代表人采取了出具警示函的行政监管措施。

及时有效的跟踪处理处罚，使上市公司违规成本增高，能够有效遏制内幕交易，让资本更好地为实业企业而非投机者服务。

三、上市公司高质量发展的核心在于企业自身驱动力

从某种程度上讲，上市公司高质量发展既是资本市场健康有序发展的基础，也作用于资本市场，使其规范运行。在资本市场面临内外环境变化和上市公司面临几重风险的同时，作为提高上市公司质量的核心，企业需要找到其自身发展的内在核心驱动，从而能够进行自我演化提升市值，而非将概念炒作或资本运作当作载体进行市值管理。只有将自身驱动力凌驾于大势之上，才能够降低股价与市场指数的相关性，减弱"同涨同跌"的困境，使得公司股票价格的波动能够真实地反映上市公司的内在价值，进而确保资本市场是基于上市公司质量实现资源的优化配置。

提升上市公司质量的过程，也是夯实经济发展基础、强化资本市场预期、树立未来发展信心的过程。上市公司的良莠不齐可能会引起部分短视企业对长期发展的忽略而去博"快钱"，管理者缺乏对市场、规律、法制和投资者的敬畏，容易导致财务造假、信息披露违规、大股东资金占用、关联交易、内外勾结等事件的发生，对市场投资者尤其是中小投资者利益造成损失。对上市公司的高质量发展应该不忘初心，牢记使命。在2019年的中国上市公司协会年会上，中国证监会主席易会满提出上市公司应该发挥好"头雁效应"，坚持"四个敬畏"、守住"四条底线"、优化"四个生态"，这些基本要求不仅是对企业中长期发展的引领，也是在为未来经济发展积蓄力量。

四、提高上市公司质量的途径

在找到症结和主要目标以后，实现上市公司高质量发展可以通过两个层面的创新来改善：一是针对资本市场而言的制度创新；二是针对公司自身而言的管理创新。

（一）制度创新

在制度创新层面，当前的市场化监管和监管下沉是一个很好的趋势，但在制度建设层面还需要更多地与实践相结合，在监管有效的基础上尽可能保持并激发市场活力，让市场资源配置遵从优胜劣汰原则，将资源引导到为经济社会创造价值的实业企业中。具体到实施层面，包括推进IPO的常态化、鼓励境外上市企业回归A股、加强不同市场间的互联互通机制以及完善退市制度等。

此外，制度创新还需要给予新兴和高新技术产业一定的培育空间，避免在资本发行等方面的"一刀切"对这类企业的误伤，尤其在当前粗放发展向精细化发展的转型阶段，国内

部分领域的技术力量较为单薄，需要借力资本市场繁育发展。

在资本市场制度逐步完善的过程中，上市公司对技术的重视程度提升，研发投入有所增加。以四川省为例，2018年省内上市公司研发费用总计超过100亿元，考虑到会计统计分项的调整，将2017年、2018年的管理费用、研发费用合并计数，则该项支出的同比增长达到了14.0%。

在多层次资本市场逐步确立的背景下，企业也可以通过在不同市场上市获取融资。以科创板为例，截至2019年6月11日，科创板121家申报已进行2次审核，首批、第二批共6家上会公司全部通过审核，通过审核的公司囊括信息技术、生物制药、专业设备制造等新兴产业，这些领域也将成为市场关注的热点。

（二）管理创新

在管理创新方面，要处理好公司治理、内部控制和内部审计三者之间的关系界定，通过完善治理结构来明确公司自身经营发展战略，并提高信息披露能力，进而增加投资者的信任。根据李秉诚、郑珊珊的研究所示，基于2007—2016年沪、深上市公司的数据显示，管理者能力与资本市场的信息有效性具备一定关联，当管理者能力越高，意味着公司层面的信息会更多地融入股票价格，从而使得公司的股票价格与市场指数的同步性降低，进而提高信息效率和资本配置效率；此外，公司的财务状况以及其业务所属的市场竞争力的提升，都能够改善资产配置效率和估值水平。也就是说，在管理创新层面，公司治理、内部控制和内部审计是相辅相成的，需要以自身业务导向为基础，通过有效的公司治理，提高企业的市场竞争力，也就是把握好公司发展的大方向；同时开展有效的内部审计和信息披露，保证企业在高速发展"赛道"上的"安全驾驶"。

五、重点关注的未来方向

在上市公司高质量发展层面，制度创新和管理创新是其规范有序发展的重要途径。而就整个资本市场而言，要提高上市公司的资产质量、夯实资本市场基础，需要在两个重点方向予以布局和支持，这两个方向即是新兴产业方向和战略产业方向。

（一）新兴产业

借鉴成熟资本市场的发展经验，资本市场对于上市公司助力最大化的阶段，应该是它的成长期。但就目前A股主板市场而言，很多企业是传统行业的成熟型企业，其IPO过后的投融资需求并不旺盛，自身经营基本能满足现金流要求，这类企业给投资者提供了相对稳定的收益，但从宏观层面对经济发展的结构转型和新兴产业培育角度的作用有限。固化的上市制度也在一定程度上制约了金融创新，不利于资本对举办探索性和创新性企业的推动。故而我们认为，未来从宏观层面需要对新兴产业予以政策或其他方面的倾斜，以便更好地营造金融服务实体经济的氛围，更快地实现经济的转型升级；对应到上市公司层面，即鼓励处于成长期的新兴产业领域公司有效利用资本市场进行投融资，以实现快速发展。

（二）科技兴国大战略

中国在未来将会加速战略板块的投资建设，重点支持"硬科技"型企业，包容"模式创新"型企业，推动包括大数据、互联网、云计算、人工智能在内的各个领域与制造业的深度融合。资本市场作为服务实体经济的一方，需要对相关领域的技术、产品予以特别关注，为企业建立自主核心的研发和技术体系、培育持续创新能力、挖掘技术突破潜力提供便利；对应到公司层面，即是对拥有自主知识产权、高效研发体系、优势研发/经营成果及服务国家战略的上市公司给予投融资等各方面政策倾斜。

参考文献

［1］李秉成，郑珊珊．管理者能力能够提高资本市场信息效率吗？——基于股价同步性的分析［J/OL］．审计与经济研究，2019－06－17：1—11．

［2］盘和林．提高上市公司质量是发展资本市场的根本［N］．嘉兴日报，2019－05－17（002）．

［3］本报评论员．牢记"四个敬畏"提高上市公司质量［N］．证券时报，2019－05－13（A01）．

［4］孔敏．上市公司内部控制信息披露质量问题研究［J］．商业会计，2019（03）：83—84．

［5］许宁宁．管理层能力、激励与内部控制质量研究——基于沪、深两市主板上市公司2012—2015年的样本分析［J］．商业研究，2019（02）：92—100．

资本市场主体商誉减值风险研究

刘春松[*]

资本市场唯一不变的是活跃,而资本活跃的主题之一是并购。围绕着并购,推动着资本市场从一个抛物线到另一个抛物线的震荡,进而推动资本市场呈现纵向的抛物线结构和横向的螺旋延展结构。

全球资本市场的起步来源于西方发达国家,西方发达国家资本市场并购浪潮的起点时间是19世纪末期,至今,在西方发达国家至少经历了5次规模巨大的并购浪潮。每一次的资本并购浪潮,都推动了世界经济格局的重塑。

我国的资本市场起步晚,与世界资本市场的接轨也经历了很长时间。进入21世纪,伴随着国家产业技术升级和产业结构调整,自2007年开始,标注中国符号的中国资本并购浪潮起步。

2014年5月国务院发布《关于进一步促进资本市场健康发展的若干意见》指出,推动中国资本市场有序良性发展,鼓励支持企业利用并购重组的资本工具做大做强企业自身。在国家层面政策优势导向的基础上,富有前瞻眼光的明星企业想尽办法推动企业成为公众公司。在这个方面,起步较早的上市公司先知先觉,携大量资本推动产业并购,几何级数地做大做强自身上市公司市值。同时,促使一些规模很大但是不太完善的机构或者企业想通过并购的方式分享资本市场的繁荣。在并购实务操作中需要处理一系列的问题,包括财务方面、组织管理架构、人员职务安排、风险控制等,其中最具代表性的就是商誉。

针对2018年中国资本市场的萧条以及诸多上市公司在2018年底年报中集中暴露出的有关商誉尤其是商誉减值的问题,2018年11月16日,中国证监会发布监管规范文件《会计监管风险提示第8号——商誉减值》。在监管文件中,中国证监会对于上市公司商誉减值的会计处理、信息披露、商誉减值事项的审计和评估三个非常具有代表性的问题,进行了规范说明和详细阐述。

---

[*] 作者简介:刘春松,中国社科院产业经济学博士,齐鲁工业大学计算机硕士,中国政法大学民商法法学硕士,岚峰投资管理(上海)有限公司董事长。原载于《中国证券》2019年第4期。

本文针对中国资本市场尤其是中国上市公司主体商誉减值风险进行相关的研究分析。

一、商誉

商誉简要可以分为自创商誉和外购商誉。

自创商誉主要指企业在长期经营过程当中能够在横向比较下相对于同类产品企业获得的相对高的超额收益所具有的无形资源。外购商誉是企业在资本并购中对于被收购方基于良好预期而期待未来能够获得超额收益而确定的无形资源。简而言之，商誉就是无形资源。

在常规的并购活动中，资本市场通常所说的商誉是外购商誉。基于财政部的规范文件《企业会计准则第20号——企业合并》，并购方对于并购成本大于并购中取得的被并购方可以辨认的净资产公允价值的差额，应该在会计报表中认定为商誉。这也是监管层对于商誉在会计报表中量化的依据。

商誉作为一个无形资源，是能够使众多企业在本行业中脱颖而出的最重要因素之一，在现实中体现为会计报表中对应于并购成本和并购净资产公允价值之间的差额。作为能够被并购方认定的在未来可期获取超额收益的无形资源，并购方用超额于净资产公允价值的货币将商誉在会计报表中具体化，并最终在并购方的资产负债表中商誉科目具体体现。溢价并购的目的是被并购方蕴含的未来发展前景，同时也是并购方对于自己战略眼光的信心，也就是说，商誉代表的是未来。

任何事物都具有两面性，在未来企业发展中商誉可以增值，同样也可以减值。具体的表现是被并购企业的后续经营发展无法实现并购时做出的业绩承诺，从而引发并购方对于溢价并购合理性的重新评估，进而在一个财务记账阶段必须要开展商誉减值测试。减值测试的结果是针对该被并购资产可回收金额低于账面价值的部分，应该减掉。对于减记金额的处理，应该在会计报表中确认为资产减值损失，计入当期损益，计提减值。由此，商誉减值也成了部分上市公司年报业绩不稳定的原因之一，同时也被不少投机的上市公司当作投机工具忽悠投资者。

通常，商誉减值测试都是在年末进行，年末的年报业绩预告夹杂真真假假商誉减值事由，使年末成为上市公司业绩陡然下调的频发期。2018年底，在中国深、沪两市的部分上市公司，基于商誉减值损失高达数亿元，从会计报表上表现出来的，就是上市公司的业绩由盈利转为亏损；在股市的直接表现是股价的大幅下跌，使中小投资者蒙受了突然的损失。基于此，研究商誉和商誉减值的合规性是必然的。

二、商誉的来源

约在16世纪中后期，"商誉"作为词汇正式出现，普遍认为在1571年英格兰商人的遗嘱中出现的"我把我采石场的全部利益和商誉……都给了约翰·斯蒂文"是对商誉有明确记载的最早记录。但遗憾的是早期关于企业的商誉并未引起企业家及经济学家的重视，直到19世纪末，有关商誉的问题开始在学术界获得关注并引起广泛讨论。再到20世纪初，随着科技的提升，劳动力进一步得到解放，社会经济呈现日趋复杂多元化的形态，同时企业组织的形式也在不断增加，伴随着企业之间的竞争更是愈来愈激烈。更多的企业为了加强自身竞争优势，开始注重在企业内部管理制度、生产组织架构、产品销售以及企业与顾客之间的关系等多方面努力改变，从而能赢得市场占有率，获得超额利润。此时，商誉能够带来的超额盈利的影响愈加凸显，在学术界也开辟了新的利润观——超额利润观。

剩余价值观和无形资源观是 20 世纪 40 年代以来在经济领域中对商誉的定义出现的两大颇具代表性的观点。在主张"剩余价值观"的人看来，商誉具体体现为一个企业总体价值与有形资产和可辨认无形资产的未来现金净流量的贴现值之间的差额。而认为商誉为"无形资源观"的人则强调企业口碑的优劣、企业的社会关系网、地理位置的优越性、管理团队及企业职员的优秀程度等一系列因素构成企业的商誉因素，但这多数因素是无实物载体的，而且无法入账记录，因此企业中将上述各种无法实际入账的无形资源称为商誉。

在我国，规范性文件《企业会计准则第 20 号——企业合并》的新会计准则明确，只有通过购买且非同一控制下的企业合并形成的，且并购成本大于实际并购净资产的差额，才可以确认为商誉。商誉分为正商誉和负商誉。在会计报表中，商誉的变化要计入当期损益。此时，量化的商誉公式为：商誉价值＝合并成本－被并购方可辨认净资产公允价值。

三、商誉减值

商誉来源于企业超正常盈利水平的盈利能力，体现在会计报表中是企业未来实现的超额收益的现值。对应的商誉现值的正负调整，是指企业每年在年末的时候根据相应的盈利水平进行的商誉测试，一般情况下，泛指商誉减值测试，进而在会计报表中减记减值损失，而这减值损失部分，实为商誉减值。会计准则要求在企业合并一个年度结束后对其商誉进行减值测试。实际上，在企业生产经营过程中，由于并购带来的商誉与合并方自身创造的商誉二者很难区分，因此商誉减值测试往往并不能公正、真实地反映企业因合并所带来的并购方面的商誉价值。

因市场信息的不对称、价值的不公允，使得商誉减值测试的难度大，需要耗费较长时间及较多的人力物力，企业在商誉减值测试中为了实现企业利润会导致一些不规范甚至是不真实的商誉减值测试发生。从监管层的角度，2018 年 11 月 16 日，中国证监会为加大对商誉减值的会计监管力度、规范资本市场，发布了规范性文件《会计监管风险提示第 8 号——商誉减值》，从商誉减值的会计处理以及信息披露、商誉减值事项的审计、与商誉减值事项相关的评估三个大的方面进行了阐述和要求，同时就有关商誉减值常见问题和监管关注事项进行了规范说明和详细阐述。

四、中国资本市场的主体商誉

商誉减值并非是中国独有的现象，这在国外资本市场也是普遍存在的，但因各国国情有所不同，在处理商誉减值方式上每个国家都存在一定差异。根据我国资本市场现状，采集来源于沪、深两市上市公司公开的财务报表数据，以下从公开的角度归纳和总结中国资本市场存在的商誉（部分数据和部分图表来源于 Wind）。

（一）公开数据的沪、深上市公司商誉情况

截至 2018 年第三季度末，沪、深两市上市公司公开的会计报表中体现的商誉在 1.45 万

亿元。

从沪、深两市上市公司总的财务数据来看，全部上市企业商誉占全部上市企业总资产和净资产比重分别为 0.61% 和 3.73%。从总量角度看，商誉减值问题对于整个沪、深两市的冲击是有限的（见图1）。

图1　全市场企业商誉占总资产和净资产比重

资料来源：Wind。

从过去到现在按照年的阶段看沪、深两市上市公司商誉的增速，Wind 统计数据表明，2014—2016 年商誉的增速相对较高，2014 年是 55%、2015 年是 96%、2016 年是 61%，但是 2017 年商誉增速有所下降，具体的数据是 24%，2018 年第三季度的汇总年报商誉增速进一步下降为 15%（见图2）。

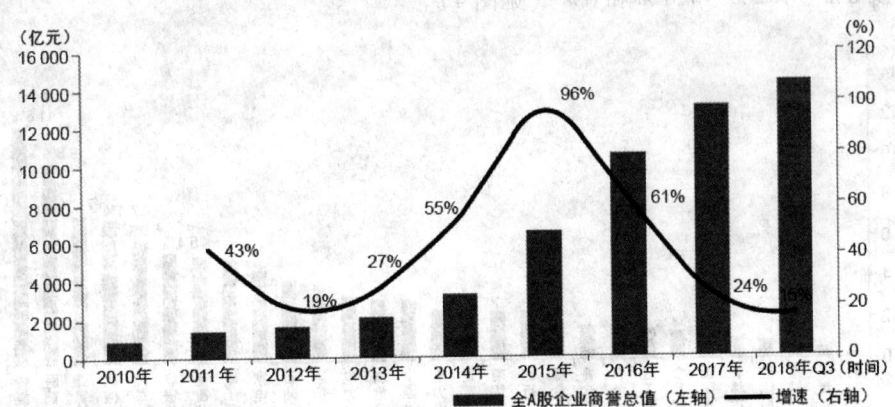

图2　全市场企业商誉总价值变化

资料来源：Wind。

分析商誉减值，Wind 数据表明，2017 年沪、深两市上市公司商誉减值的数据是 366.1 亿元，占比 3.47%。

会计报表数据显示，整个沪、深两市上市公司商誉减值的计提速度是增加的，对应年份数据如下：2014 年 94%、2015 年 144%、2016 年 45%、2017 年 220%（见图3）。

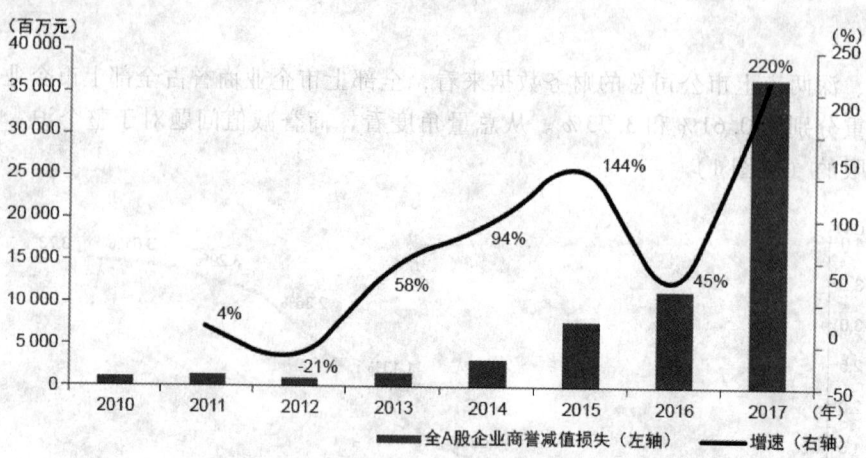

图3 全市场企业商誉减值变化

资料来源：Wind。

（二）行业结构性差异化的商誉减值分析

来自于 Wind 的数据表明，从总量上看，商誉减值的风险是可控的，但是，从分行业的具体研究来看，一部分风口、网红、高估值上市公司商誉占比过高，这些表现在传媒行业、医药行业、信息化行业、机械制造行业和汽车领域等，这些行业和领域值得关注。

1. 商誉占全市场比重

截至 2018 年第三季度，沪、深两市各板块商誉占全市场商誉比重前 5 位的行业分别是传媒行业、医药行业、计算机信息行业、机械制造行业、汽车领域，对应的占比分别为 11.6%、9.8%、7.2%、7.1% 和 6%（见图4）。

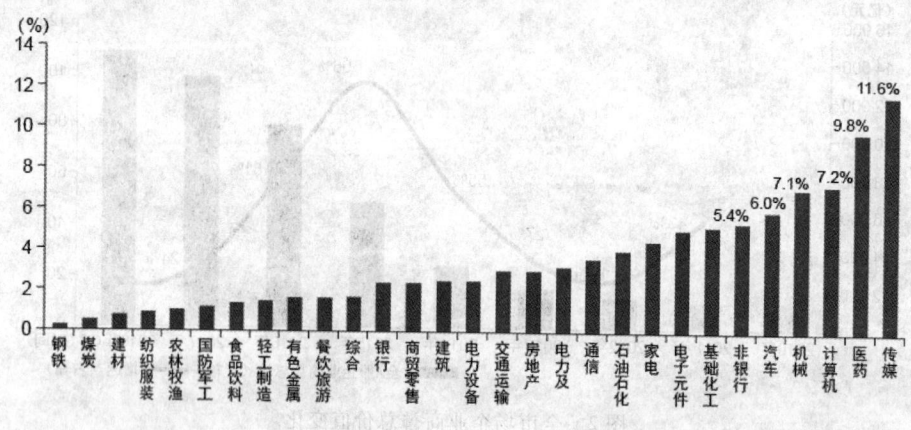

图4 2018年第三季报各板块商誉占全市场商誉比重

资料来源：Wind。

2. 商誉占行业总资产比重

按照商誉占自身行业总资产比重来看，截至 2018 年第三季度，排名前 5 位的行业分别是传媒行业、医药行业、计算机信息行业、机械制造行业、汽车领域，对应的占比分别为

16.1%、12%、11.3%、7.5%和4.9%（见图5）。

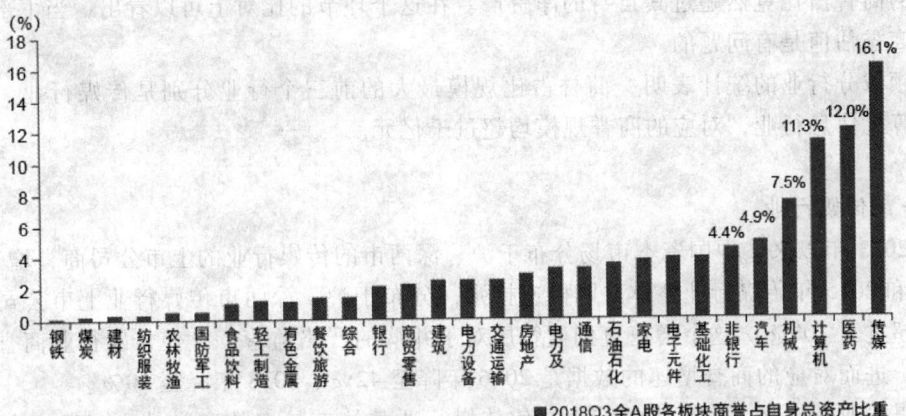

图5　2018年第三季报各板块商誉占自身总资产比重

资料来源：Wind。

3. 商誉占自身净资产比重

如果按照商誉占上市公司自身净资产比重来看，截至2018年第三季度，排名前5位的行业分别是传媒行业、医药行业、计算机信息行业、机械制造行业、汽车领域，对应的占比分别为25.9%、22.2%、18.8%、13.5%和13%（见图6）。

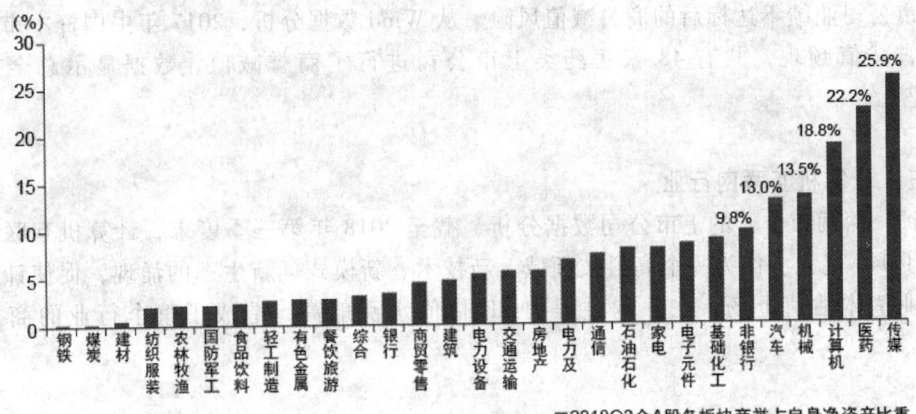

图6　2018年第三季报各板块商誉占自身净资产比重

资料来源：Wind。

五、重点领域的商誉分析

截至2018年第三季度末，沪、深两市上市公司总体商誉资产规模呈现出上升趋势，从Wind统计的数据来看，已达到1.45万亿元之多。从数据来看，并购是呈上升趋势。

在沪、深两市个别企业上，有149家上市公司商誉占总资产的比重超过30%，64家上市公司商誉占总资产比重超过40%，21家上市公司商誉占总资产比重超过50%，甚至有18家公司的商誉占比竟然超过其自身的净资产。在这个环节的比对上可以看出，当下部分上市公司的商誉估值是有问题的。

分领域分行业的统计表明，商誉占比规模最大的前三个行业分别是传媒行业、医药行业、计算机信息行业，对应的商誉规模均超过千亿元。

（一）传媒行业

自2013年以来，中国资本市场分布于沪、深两市的传媒行业的上市公司商誉增速极快。2014年和2015年传媒行业整体并购极速扩张，分布于沪、深两市传媒行业上市公司的商誉增速均超过了100%。这个增速直到监管层对于并购的严格监管，才使传媒行业商誉增长速度放缓，进而对应的商誉增速的数据是2016年降至42%、2018年降至10%。

传媒行业资产轻、短平快的特性，使传媒行业整体有较多的商誉计入，2018年上半年Wind数据统计，所有传媒行业商誉占自身总资产比重为16.68%。

（二）医药行业

沪、深两市医药行业上市公司整体商誉居高，缘于医药行业的高估值以及资本市场催化的并购扩张。截至2018年第三季度末，在沪、深两市医药上市公司中，有14家上市公司商誉占比超过30%，35家上市公司商誉占比超过20%。

伴随着高估值的并购和对赌承诺，在整体推动医药行业商誉高速增长的同时，引出的是大量上市公司业绩不达标后的商誉减值风险。从Wind数据分析，2017年中国资本市场医药行业商誉减值频现，共有48家医药类上市公司进行了商誉减值，数据显示总金额达到22.40亿元。

（三）计算机互联网行业

从沪、深两市公开的上市公司数据分析，截至2018年第三季度末，计算机互联网行业商誉近1 046亿元。作为一个高科技领域，新技术、新模式、新生态的涌现，促使计算机互联网行业整体估值上扬，在并购过程中PE估值水涨船高，造成了整个行业的商誉暴力增长。

六、监管层对于商誉减值的监管及建议

（一）监管层对于商誉的监管

按照《企业会计准则第8号——资产减值》规定，任何上市公司通过并购所形成的商誉，在每个年度末应当且必须进行减值测试。如果测试过程中计算包含商誉的资产组合的可回收金额低于账面价值，则从会计报表上来看，应该计提商誉减值，计入当期损益。

（二）建议

基于中国资本市场发展的不确定，在未来，由于业绩不达标引起的商誉减值是上市公司年报业绩突变的一个现实存在，商誉减值风险是必须面对的现实。

在数据上，2018 年有近 41% 的沪、深上市公司商誉超 10 亿元。基于这个数据分析，最近 2 年伴随着中国资本市场发展的不确定性，商誉减值爆发会频现。

从技术层面来说，即使上市公司从理论上可以剥离商誉占比较大子公司来净化上市公司财务报表商誉占比，但是剥离也要有买家，没有较大规模的 PE 进入，是很难实现的。

七、当前中国上市公司商誉减值现状与风险分析

（一）中国上市公司商誉减值现状

对沪、深两市上市公司年报统计数据进行分析，发现商誉减值在传媒行业、医药行业、计算机信息行业、机械制造行业、汽车领域大量存在，尤其是高科技类高估值的轻资产公司之间，商誉减值是常态。在商誉减值的时间段上，主要发生于并购完成后的三年内。

高估值和高业绩承诺，是当下中国资本市场并购市场的一个顽疾。众多上市公司的经营者和投资者基于市值管理的目的，采用粗暴的高业绩承诺的手段促进并购，由此短期内利好于资本市场，间接推动股价上扬，忽略并购产生的巨额商誉给未来企业的经营业绩带来的不确定影响。

目前上市公司连续两年亏损将被 ST，连续亏损三年将被暂停上市，进而直接导致强制退市。从商誉这个层面来看，商誉减值是非常有可能使主业盈利的上市公司陷入亏损境地，进而引发上市公司被 ST 或者暂停上市。在资本市场，商誉是两面性的，商誉减值是损害性的。

（二）中国上市公司商誉减值的风险分析

根据我国现行会计准则规定，上市公司并购形成的商誉，至少应当在每年年末进行商誉减值测试，一经确认的商誉减值损失，在以后的会计期间内将不得转回。

对于上市公司来说，计提的商誉减值直接计入当期损益，进而减少了未分配利润，还有可能形成需要用未来盈利弥补的亏损。按照监管层要求，在上市公司有亏损的情况下，上市公司将无法向股东分配红利，进而不能够通过股票增发进行股权融资，直接导致上市公司最大最重要的融资功能丧失。

截至 2018 年第三季度，由于中国资本市场伴随着世界资本市场波动产生的整体经济下行，众多的上市公司计提了商誉减值，但是商誉减值的计提没有合理性和合规性，出现了大量的人为调控的现象，进而商誉减值这个会计工具成了上市公司控股股东调整财务报表的手段，给整个资本市场的理性投资增加了诸多的不确定性，间接导致市场低迷。在经济大环境和其他因素的综合影响下，很多上市公司未能履行业绩承诺，甚至有个别上市公司通过更改承诺的方式逃避责任，避免计提减值准备，对资本市场的诚信建设和投资者的合法权益造成不利影响。

实际当中，商誉是否减值，怎么减值，是应该按照相关资产组合在未来的现金流按收益现值法折现后的价值与账面价值对比来衡量的。商誉减值应该和企业商誉在会计报表的摊销上完成一样的会计效果，而不是目前这样商誉减值成为上市公司操纵的工具。监管层适时发布的规范文件能够在一定程度规范上市公司对于商誉的异常处理，但是伴随着资本市场活跃度的波动，监管商誉是未来一个阶段重要的事宜。

八、商誉减值风险集中爆发的应对以及防范措施

在未来的几年,作为资本市场的参与者,监管方、上市公司以及投资者都应该警惕商誉减值风险的爆发进而使股价动荡,影响资本市场的稳定。

(一) 监管层面

围绕商誉减值,监管者应该在现有商誉减值规范制度的基础上,围绕现实中投机者对于商誉减值的利用,不断完善顶层设计和制度的建设。

基于高科技时代的大数据和AI,通过收集所有的可比交易市场的数据,分析市场波动数据和客观公允数据之间的差额,监控金融风险。

对于上市公司加强监管,完善上市公司的信息披露制度,强制企业进一步公开深层次的生产数据,通过财务数据和生产数据的结合,围绕AI,以点带面地分析行业,防控金融风险。

围绕商誉减值,设定上市公司非经常性损益的阈值,上市公司合规治理,通过强制的外围监管手段,对于不正常的商誉减值,处以暂停上市、中止上市等监管处罚。

针对商誉减值,制定更加详尽的可操作性细则,对上市公司进一步提供更加详尽的技术指导,进一步加强商誉的信息披露,使商誉减值透明、公开。

(二) 上市公司层面

从公众公司的角度来看,高额商誉虽然能够带来暂时性的高股价和强刺激,但是伴随着资本市场波动,公司主业未来业绩的不达标和价值重估会导致商誉高速减值。

目前上市公司在并购过程中通过收购来降低商誉,这样做的出发点是源于现行的规范准则:并购已控股子公司的少数股权时,交易对价超过其可辨认净资产公允价值所占份额的差额,需冲减资本公积和留存收益,而不确认商誉资产。

对并购中产生的高额商誉进行分摊。除了分配到不可辨认的商誉资产外,还分配到由并购活动带来的其他可辨认资产中,通过折旧和摊销逐步消化。

并购中不可避免地会有对赌协议,上市公司可以通过对赌协议中的业绩补偿条款来规避商誉减值带来的风险。当上市公司业绩无法达标时,也能从对赌协议中获得相应的补偿收益,进而对冲商誉减值。

(三) 投资者层面

投资者是整个资本市场的弱势群体。

作为一个专业的投资者,需要识别商誉对市净率和偿债能力等重要财务指标的影响。商誉是一种不可辨认的无形资产,围绕商誉,上市公司无法单独变现。在理性分析一个上市公司财务报表时,应该关注商誉。同时在分析上市公司的偿债能力和信用风险时,一定要扣减商誉。

上市公司在摊销高额商誉时,会将商誉部分摊销到可辨认的资产中,剩下的部分才确认为商誉。一旦并购达不到未来的预期,从财务报表来看,这两部分的资产都有减值的风险,

这两个部分的隐含商誉减值风险值得投资者关注。

九、分析商誉减值对于中国资本市场的意义

鉴于中国资本市场起步晚、起点高的特点,可以充分借鉴国外成熟的商誉减值的应对方法和体系。围绕当下资本市场的困境,任何风吹草动对于中国资本市场都会产生冲击,在2018年底商誉减值的集中小爆发就是一个很严峻的资本市场现实。

在我国目前的会计准则相关规定下,对在企业合并过程中及企业合并后引起的企业商誉价值,开展一年一度的商誉减值测试是必需的。但监督情况如何,测试所面临的难度如何及其所需的成本多少,需要全面考虑,否则信息的真实性将会存在一定的折扣。另外,企业在经营过程中遇到的特殊情况或突发事件,企业的应变速度及处理方式,都会对企业商誉产生影响。此时如能够开展有关商誉的特定活动,则能真实地体现出企业商誉的价值。

目前,我国资本市场发展还不够完善,市场监督管理体制不够健全,部门监督力度也不够。在常见的企业并购过程中,企业的商誉影响企业的经营状况与财务数据,这直接关系到企业的净利润。因此,审计部门的监督力度、审计人员的专业素质及其他有关部门的监管对企业商誉评估起着至关重要的作用。在完善相关法律法规的同时,还需要提高信息的透明度以及信息对称性,公开透明的资本市场有利于引导企业选择正确的发展方向。

商誉减值,不破不立。

美国主经纪服务实践与监管及其启示*

徐亚钊 侯希**

适应国内证券经纪业务转型需要，证券行业最近几年积极探索主经纪（Prime Brokerage，简称 PB）服务，取得了一定成效，但也存在认识模糊、内控不严等问题，严重制约业务发展。美国是主经纪服务的发源地，如何总结其有益经验，更好地服务机构需求，是值得证券行业思考的重要问题。笔者长期关注主经纪服务发展，对相关情况进行了梳理，希望对行业发展有所助益。

一、美国主经纪服务实践

20 世纪 70 年代，美国对冲基金开始兴起，一个交易员面对多家证券公司完成投资的情况越来越普遍，交易相关的工作活动变得十分烦琐。于是，通过一家"主经纪商"完成分散在不同经纪商的各类交易、资金进出、杠杆控制等的主经纪服务应运而生，使得投资者可以专注于投资决策本身。最初出现的主经纪服务，是指证券公司借助一种综合服务系统，为交易较为活跃的大型个人投资者、机构投资者等市场参与者提供的证券交易清算和交收服务。

这种主经纪服务涉及三类主体：主经纪商、执行经纪商和客户。客户可以选择一个或多个执行经纪商执行交易指令，但只委托一家经纪商作为主经纪商为客户的交易提供结算服务；每家执行经纪商与主经纪商签署一份协议，约定双方的职责，核心约定执行经纪商如何执行客户交易指令，主经纪商如何完成结算。从具体流程来看，客户需要在主经纪商开立账户，主经纪商同时在执行经纪商处开立账户。一旦客户下达交易指令，执行经纪商根据要求

---

* 文中观点为作者心得，不代表任职单位。为写作本文，侯希翻译了《美国证监会市场监管部关于主经纪商委员会咨询事项的答复》，徐亚钊进行了校审，中国银河证券股份有限公司结算部总经理陈秀清等提供帮助，在此表示感谢。

** 作者简介：徐亚钊，供职于中国证监会证券基金机构监管部，法学硕士、经济学硕士，中国证券业协会经纪业务专业委员会委员；侯希，任职于中国证券投资者保护基金有限责任公司。原载于《中国证券》2019 年第 8 期。

予以执行；主经纪商根据客户与执行经纪商反馈的客户指令，通过美国证券存托公司的专门系统确认客户交易，随后完成与清算机构之间的清算，完成与客户之间的二级结算。

这种模式出现后大受欢迎，贝尔斯登、高盛、J. P. 摩根、德意志银行等大型投行普遍跟进，美国投行业组成了主经纪商委员会对主经纪业务实施自律，逐渐形成了普遍使用的协议文本。随着境外金融服务的逐渐深化，主经纪服务的内涵也不断丰富，逐渐拓展到交易、结算相关的各个领域。例如，高盛已将其主经纪服务改名为主服务（Prime Services），包括交易平台技术服务、证券与衍生品结算服务、融资与证券借贷、风险管理以及期货、资本引介、基金运营顾问等等，对应产品运营的各个环节。该项服务的主要收入来源主要是证券借贷与融资息费（约70%）、交易佣金（约20%）以及资本引介与顾问等的费用。从国际上看，高盛、J. P. 摩根、德银、瑞银等资本实力强大、业务范围广泛的国际大型投行基本垄断这项业务。需要说明的是，2008年国际金融危机发生后，出于自身资产安全考虑，对冲基金不再仅从一家主经纪商接受服务，而是宁愿选择几家主经纪商合作以分散风险。

二、美国主经纪服务监管

1994年美国证监会对美国主经纪商委员会关于主经纪服务的监管要求咨询做出《关于主经纪商委员会请求的答复》（以下简称《答复》），明确了证券监管部门对主经纪服务的认识与监管重点。《答复》内容主要集中在交易清算确认、信用交易管理等方面。美国证监会认为，1934年《证券交易法》对于经纪商的信用交易、客户确认等义务做出了明确规定，主经纪服务模式的出现可能会导致主经纪商与执行经纪商对于如何落实法律要求产生困惑。主要内容如下[①]：

（一）背景介绍

1989年9月，美国一家名为主经纪商委员会的机构致信美国证监会咨询监管机构（主要涉及美国证监会的市场监管部和美联储的银行监管部）对于主经纪服务的监管要求。1994年1月，美国证监会市场监管部做出书面回复，结合1934年《证券交易法》关于经纪商义务的规定全面阐释了对主经纪服务的理解与监管态度。

主经纪服务中，客户需要在主经纪商处开立账户（普通账户或信用账户），存放资金和证券；主经纪商同时在执行经纪商处开立账户（信用账户），用于执行客户指令。交易日，当客户下达交易指令，执行经纪商根据客户指令买卖证券；随后客户将已执行指令通知主经纪商；主经纪商将收到的已执行指令记录在客户的普通账户或信用账户，同时记录在特定执行经纪商的账户；主经纪商通过美国证券存托公司（美国著名的证券托管机构）的机构业务交付系统（Depository Trust Company's Institutional Delivery System，简称DTC ID）与执行经纪商进行交易确认，如客户提供的交易信息与执行经纪商提供的信息匹配一致，主经纪商对相关交易予以确认，并将经确认的交易信息提交国家证券清算公司（National Securities

---

[①] 《答复》中还包括关于客户交易结果确认的内容，考虑到我国《证券法》第一百二十条不得改变交易结果的规定，不再展开讨论。

Clearing Corporation，NSCC[①]）进行清算交收。随后，主经纪商负责完成与客户之间的正常结算。主经纪商根据《T条例》（美联储制定的关于规范客户信用交易的规定）关于信用交易的要求计算客户的授信额度并向客户发出确认。主经纪商至少每月向客户提供账单，通知期间客户发生的所有交易情况，以及与此相对应的客户证券与现金余额。

主经纪商委员会认为，主经纪商在此过程中一方面负责完成客户的证券交易，另一方面托管客户的资金和证券，承担了清算职责，整体对客户有利。

（二）咨询事项

主经纪商委员会建议，为满足符合《T条例》管理信用交易的目的，执行经纪商与主经纪商之间为执行客户指令发生的交易在确认后，应当属于经纪商之间的一种业务。是否可以明确以下事项：一是主经纪商应当在主经纪服务开展前，向执行经纪商发送协议，授权执行经纪商接收客户交易指令，表明将由主经纪商完成此类交易的结算；二是在客户交易后结算前的两个工作日，主经纪商有权撤销相关交易或者不予确认相关交易记录。

主经纪商委员会认为，主经纪商这种撤销或不予确认交易的权利是必要的，主经纪商因此有充足的时间核对确认客户信用额度。一旦主经纪商撤销交易，执行经纪商应当采取措施避免主经纪商因不知情而完成被撤销或不予确认的交易的结算。这些被撤销或不予确认的交易由于主经纪商不予认可，被看作是执行经纪商与客户之间的交易，由执行经纪商负责执行《T条例》。

（三）讨论涉及的问题

美国证监会与美联储认为，基于主经纪商委员会的描述，主经纪服务涉及《证券交易法》下关于信用交易、客户确认等事项，有必要明确各类主体的义务和责任。

1. 关于信用交易

根据《T条例》的规定，当客户交易涉及融资、融券时，经纪商应当确认客户信用账户中的担保物是否满足监管要求；如客户需要补充担保物，应在保证金缺口发生后的7个工作日内将补充担保物转入客户经纪商账户中；如客户未能在规定时间内按照要求补充担保物，经纪商将予以强行平仓，以满足保证金要求或者将保证金缺口降低到500美元以内。

《T条例》规定，经纪商应当在信用账户中记录每个客户的全部交易，但交易活动经特别授权列入另一账户的除外。也就是说，客户的证券交易应当记入信用账户，或者在允许的情况下记入现金账户。根据上述要求，现阶段《T条例》要求，执行经纪商应当将客户视为自身客户，并将客户交易记录在客户普通账户或者信用账户中，原因是直到结算之前，执行经纪商已经为客户或者计划为客户安排授信。但在主经纪服务中，客户交易通常通过主经纪商在执行经纪商处开立的信用账户来结算，这种做法似乎忽视了客户和执行经纪商之间的借贷关系属性。

如客户通过现金账户交易，经纪商为客户买卖证券限于特定信用条件，应确定所有已卖出证券都已经收款，且所有已买入的证券都已经付款。普通账户的买入交易，资金应在交易

[①] 已与DTC合并，类似于中国证券登记结算公司。

日后 7 个工作日内足额到账；如客户未能足额转入资金，客户在经纪商的账户将被冻结 90 日。这里的冻结，是指只有账户中有足额的预付资金，买入指令才生效。但是在主经纪服务中，客户需要将资金支付给主经纪商，而非执行经纪商。如客户在执行经纪商开立的普通账户被冻结，那么主经纪商会要求客户支付所发出的每一个买入指令。如证券被交付给主经纪商，存入余额充足的普通账户，上述冻结规则将不再适用。为此，执行经纪商需要由主经纪商出具书面声明，用以确认客户在主经纪商的账户中存放有足额资金。

《证券交易法》第 10a-1 条款禁止在下列条件下为自己或他人卖空证券：一是卖出价格低于前卖出价；二是与前卖出价相同但是低于上一差异价。第 10a-1（c）条款还禁止自营经纪商在影响交易价格的时候不标注"买""卖"的标识。执行经纪商负责落实上述要求。执行经纪商还有责任从主经纪商处了解借券是否到账以便于及时交割。全美证券交易商协会（NASD）和纽交所（NYSE）要求会员公司在为客户进行卖空交易前，应当确认该证券可用或者代客户借入该证券且在交收日期能够交付。主经纪商还必须牢记卖空交易的本质，所有的卖空必须记入信用账户，同时有相应的担保。

2. 关于客户交易确认

根据《证券交易法》第 10b-10 条款，经纪商在完成证券交易之前应当向客户发送交易确认。交易确认通常使用单据形式，以便客户对交易细节做出核对和评估。因为掌握与客户交易相关的绝大部分信息，为客户执行指令的经纪商通常承担发送交易确认的义务。

主经纪服务中，执行经纪商接收来自客户的交易指令，而主经纪商负责发出交易确认，因此主经纪商可能无法获取第 10b-10 条款要求的所有信息，确认信息中是否必须包含执行经纪商的相关信息似乎也不是很明确。依照主经纪商业务安排，执行经纪商被要求根据第 10b-10 条款向客户发送确认过的交易信息，但是客户通常不愿意从执行经纪商处接收确认信息（可能有很多家），而倾向于仅从主经纪商处接收。

基于上述情况，根据客户书面指示，执行经纪商可以将交易确认转交主经纪商发送给客户。客户的书面指示应当包括：一是明确要求由主经纪商代替执行经纪商向客户发送确认；二是与主经纪协议独立成文；三是不作为主经纪商或执行经纪商业务协议签署的前提条件；四是不能对此项服务收费。当客户提出上述指示后，主经纪商书面告知客户，确认信息将及时发送且不收取额外费用。通常在主经纪商交易日的下一个工作日以书面形式向客户发送交易确认信息。

（四）答复意见

美国证监会市场监管部认为，当时的主经纪商、执行经纪商以及客户的关系无法直接使用《T 条例》下的任何一种账户体系。根据《T 条例》，因为执行经纪商与客户之间存在代理关系，在执行经纪商处开立的账户并非信用账户。不过，经过与美联储银行监管部商讨，美国证监会市场监管部认为，只要符合以下条件，主经纪商和执行经纪商可以把客户账户作为信用账户管理，监管部门不持异议：

一是经纪商充当主经纪商，已向监管机构报告。

二是充当主经纪商的经纪商净资产不低于 150 万美元。如不符合，应当立即通知主经纪服务的其他参与方。

三是与主经纪商清算的执行经纪商净资产不低于 100 万美元。如不符合，同样应当立即通知主经纪服务的其他参与方。

四是客户应当在主经纪商处保持不低于 50 万美元净资产（现金或现货证券）。如客户净资产因市场波动低于上述最低金额，客户应在交易日后第 5 个工作日中午 12 时之前恢复到最低金额以上。如客户净资产未及时恢复，主经纪商应在交易日后第 5 个工作日日终通知所有经纪商终止主经纪服务，客户此后发生的交易将不予认可。

五是协议文件要求。主经纪服务开展前，主经纪商应当和清算机构明确在主经纪服务中的义务与责任；明确约定执行经纪商应了解客户，对客户信用进行核查等，确保符合证券卖空要求；明确约定终止主经纪服务时，主经纪商应当通知执行经纪商；执行经纪商和主经纪商应向自律组织报备主经纪服务的所有书面协议；执行经纪商必须直接向客户发送交易确认，如客户有书面指示，交易确认可以由主经纪商发送给客户；如不撤销或确认交易，主经纪商必须将客户视为自己的客户，如主经纪商撤销或不确认交易，则执行经纪商对相应的交易承担责任。

综合上述内容，概括美国证监会的主要观点如下：

一是在主经纪服务模式下，一般而言，主经纪商承担《证券交易法》规定的经纪商管理投资者信用交易、确认投资者交易信息的义务，但如果主经纪商对特定交易信息不予确认或予以撤销，则应当由执行经纪商承担管理投资者信用交易的义务。

二是主经纪服务应当满足以下要求：第一，主经纪商应当承担监管报告义务；第二，主经纪商应当满足比执行经纪商更高的净资本要求（分别是 150 万美元与 100 万美元）；第三，投资者应当满足一定的资产门槛（净资产 50 万美元）；第四，主经纪商应当与执行经纪商签署协议明确各自的权利与义务，如执行经纪商应了解客户，对客户信用进行核查等，确保符合证券卖空要求；执行经纪商必须直接向客户发送交易确认，如客户有书面指示，交易确认可以由主经纪商发送给客户。

三、国内主经纪服务探索

近些年来，特别是《证券投资基金法》修订以来，以公募基金、私募基金、信托公司等为代表的专业机构投资者队伍快速发展，优化了我国以个人投资者为主的投资者结构。专业机构投资者的出现与发展，客观上需要证券公司提供相应的证券交易服务。2012 年以来，证券行业先后以私募基金综合托管、私募基金综合服务、基金托管服务、基金外包服务等为载体，探索适应专业机构投资者需要的证券交易相关服务。2015 年 7 月股市异常波动，场外配资业务被监管部门强力整顿，此前泛滥的投资者外部接入交易系统得以明显遏止，专业机构投资者在坚持自身投资决策优势基础上，选择更多借助证券公司的证券交易服务实现自身投资，短期内刺激了主经纪服务的规模扩展。

从整体效果来看，证券公司探索提供相关服务，一方面起到了规范专业机构投资者证券投资行为、推动专业机构投资者发展壮大的效果；另一方面也为证券公司寻求传统证券经纪业务转型、优化整体收入结构发挥了积极作用。但也不能否认，证券行业在提供相关服务过程中也存在一些突出问题，一定程度上影响了主经纪服务的进一步发展：一是行业认识不统一，业务发展方向存在"偏离主业"的倾向；二是证券公司过于追求"规模至上"，内控明显缺位；三是部分证券公司严重依赖外购系统，缺乏足够的人力、物力资源投入。

四、美国实践对我国的启示

境外主经纪服务的实践对于我国发展主经纪服务具有以下多方面的启示:

(一) 主经纪服务的出现、发展与所在市场投资者结构的变化密切相关

主经纪服务的出现满足了专业机构投资者的投资需要,同时主经纪服务的发展,反过来也进一步促进了投资者结构的优化。我国主经纪服务的出现适应了私募基金的蓬勃发展,对私募基金的发展也起到了不容忽视的积极作用。随着监管部门放宽保险机构、商业银行甚至社保基金等的二级市场股票投资,未来主经纪服务将会迎来新的发展。

(二) 主经纪服务的内容根据市场发展的深度、特点不断拓展和变化

从美国市场情况看,主经纪服务以证券交易为基础,逐步延伸到后台结算、资券借贷、风险控制等核心服务以及其他附属服务,有些侧重交易,有些侧重清算,有些则侧重融资或者托管,不同机构、不同阶段重点可能有所变化。国内由于证券经纪服务定位低端,证券公司没有承担起证券交易商的角色,更多承担了后台结算、提供交易系统、研究服务的角色,资券借贷等服务尚未深入探索。近几年来,随着监管政策的变化,基金交易模式转换、转融通证券出借等试点陆续推出,支持发挥证券交易结算、证券借贷等证券公司核心功能的主经纪服务已经逐步引起行业重视,未来3—5年会取得明显进展,值得期待。

(三) 主经纪服务的监管安排需要针对业务特点,适应整体监管体系

主经纪服务属于交易基础上的综合服务,美国监管部门的关注点主要在于了解客户、信用风险控制、清算交收等,倾向于根据服务所含核心业务活动的不同属性适用不同的监管规则,较少涉及资本引介等附属服务。国内主经纪业务的专门规则目前尚在研究之中,现阶段可以将重点放在调整监管规则、放宽相关限制上,具体规则可以根据业务属性适用相应的监管规则,未来视情况决定是否出台专门规则。

(四) 主经纪服务的发展依赖于市场交易结算基础制度的配合

主要体现在:单证券公司交易无法满足专业投资者交易需求,同一专业机构投资者多证券公司交易越来越多;后台结算活动逐步专业化,结算只能逐步从交易机构分离出来集中到专门的结算机构;信用交易需求凸显,证券公司融资功能逐渐完善,主经纪服务逐步向综合性证券公司集中,证券公司资本充足状况越来越受到重视。证券行业应当加强对交易制度、结算制度、证券借贷制度、风控制度的深入研究,为下一步探索相关服务涉及的基础制度改革奠定必要的认识基础。

新金融工具准则对证券行业的影响研究

中国证券业协会财务会计委员会专题研究小组[*]

2008年金融危机后,二十国集团关于金融工具准则中存在的金融资产分类随意性较大以及对贷款等金融资产的减值计提不及时、不足等问题呼声不断。国际会计准则委员会响应二十国集团的倡议,于2009年启动金融工具准则改革项目,并于2014年发布《国际财务报告准则第9号——金融工具》(IFRS9),在2018年1月1日生效并取代《国际会计准则第39号——金融工具》(IAS39)。

为与国际接轨,我国财政部于2017年发布新修订的《企业会计准则第22号——金融工具确认和计量》《企业会计准则第23号——金融资产转移》《企业会计准则第24号——套期会计》和《企业会计准则第37号——金融工具列报》。2018年A+H股上市证券公司已开始执行新准则,按照《关于证券公司执行〈企业会计准则第22号——金融工具确认与计量〉等会计准则的通知》(会计部函〔2017〕524号)要求,从2019年1月1日起证券行业将全面施行新金融工具准则。

为了解执行新金融工具准则对证券公司的影响,中国证券业协会财务会计委员会在委员会范围内对32家证券公司进行问卷调研,并对2018年已执行新金融工具准则的11家A+H股证券公司财务报表情况进行分析。根据财务数据分析及问卷反馈情况,证券公司执行新金融工具准则后,对损益波动性、资产减值计提规模、风险管理要求、组织流程再造等方面产生了一定影响,在金融资产分类、金融资产减值和金融资产估值方面存在一定问题。

一、新金融工具准则的影响

(一)证券公司损益波动显著增加

新金融工具准则按照企业管理金融资产的业务模式和单个金融资产的合同现金流量特

---

[*] 研究小组成员:东方证券股份有限公司:张建辉,尤文杰,徐玲琼,华炯伟,周意,欧九成;申万宏源证券有限公司:方荣义,何宗豪,刘智祥。

征,将金融资产由"四分类"的持有至到期投资、贷款和应收款项、可供出售金融资产和以公允价值计量且其变动计入当期损益的金融资产,转变为"三分类"的以摊余成本计量的金融资产(AC)、以公允价值计量且其变动计入其他综合收益的金融资产(FVTOCI)和以公允价值计量且其变动计入当期损益的金融资产(FVTPL)。金融资产分类的变化使得证券公司分类为FVTPL的权益投资规模增加、占比上升。根据2018年半年报,11家A+H股证券公司的权益投资在2018年初(执行新准则后)分类为FVTOCI的金额较2017年末(执行新准则前)分类为可供出售金融资产的金额减少约1 300亿元,而这些减少的权益投资在2018年期初均被分类为FVTPL。此外,2018年6月末分类为FVTPL的权益投资占比由2017年的66%上升至2018年上半年的94%。权益投资分类为FVTPL的规模增加,且占比大幅上升并接近100%,原因主要为新准则下权益投资无法通过合同现金流量测试,除非指定为FVTOCI,否则都需要分类为FVTPL。而指定为FVTOCI将受到较大惩罚,权益工具终止确认时的累计公允价值变动不得转入损益而直接进入留存收益,只有股利收入才能确认为当期的投资收益,这使得FVTOCI平复利润波动的功能不复存在,所以绝大部分权益投资都会被分类为FVTPL。

由于新准则下大部分权益投资分类为FVTPL,权益工具的市场价格波动将计入当期损益,直接反映在利润表中,在市场行情不稳定的情况下,加剧了对证券行业损益的影响。从上市证券公司披露的2018年半年报数据来看,11家A+H股上市证券公司的投资收益(按合并报表"投资收益+公允价值变动损益"口径)同比下降22.59%,接近23家仅A股上市证券公司(未执行新准则)同比降幅5.84%的4倍。

(二)证券公司减值准备计提比例明显增加

旧准则采用已发生损失模型进行减值计提,证券公司只有在客观证据表明信用损失已经发生的情况下,方可确认金融工具的减值损失。而新准则要求采用预期信用损失模型,除了要对客观证据表明金融资产减值已经发生的情况计提减值损失外,还要对金融资产未发生客观减值的情况计提减值损失,即要对预期信用损失进行减值计提。同时,新准则要求对金融资产分类为三个阶段:信用风险较低的金融资产为第一阶段;信用风险显著增加为第二阶段;若已发生信用减值,则进一步划分为第三阶段。如果金融资产被划为第二、第三阶段,计提的减值准备将从第一阶段的12个月预期信用损失转化为整个生命周期预期信用损失,时间跨度变长可能会增加金融资产减值准备。

预期信用损失模型是一种更为谨慎的减值计提方法,给证券公司经营造成较大压力。从上市证券公司披露的2018年半年报数据来看,11家已执行新准则的A+H股上市证券公司的买入返售金融资产(主要包括股票质押、约定购回及逆回购等)减值准备计提比例约为1%,接近23家仅A股上市证券公司(未执行新准则)减值准备计提比例的2倍。对于债券投资类业务,11家已执行新准则的A+H上市证券公司中,有8家在旧准则下没有计提减值的证券公司均在2018年采用预期信用损失模型对分类为FVTOCI和AC的债券投资计提了减值。

(三)对证券行业风险管理提出了更高要求

新金融工具准则推动风险管理目标与财务报表信息趋同,使得财务报表能够及时捕捉与

反映风险因素及其变动的信息,但同时给证券公司的风险管理带来了新的挑战,对风险管理的影响包括以下两个方面:

1. 公允价值计量范围扩大增加了风险管理难度

旧准则下,在活跃市场中没有报价的权益工具投资可按照成本进行后续计量。而新准则要求企业对权益工具投资应当以公允价值计量,并对成本代表公允价值限定了极其严苛的条件,意味着证券公司对权益工具投资使用成本计量大大受到限制,因此公允价值计量的金融资产范围扩大了。对于缺乏活跃市场报价且采用公允价值计量的权益工具需使用估值模型进行估值。一方面,估值技术对专业要求较高,主观判断成分较大,且相关权益投资的估值结果随着市场波动而变化,加大了当期损益波动性的影响;另一方面,证券公司风险管理部门需定期对估值模型的有效性进行检验和评价,确保相关假设、参数、数据来源、计量程序的合理性和可靠性,并根据检验结果进行调整和改进,加大了证券公司风险管理难度。

2. 预期信用损失模型对信用风险管理带来了挑战

首先,预期信用损失模型的计量一方面需要大量历史数据的支持,而证券公司信用业务起步较晚,对信用风险的识别、计量和管理较为粗放,且缺乏足够的违约数据;另一方面,预期信用损失模型中的三阶段划分,对证券公司信用风险管理预警能力提出了更高的要求。其次,新准则要求在预期信用损失模型中考虑前瞻性因子,因此要求证券公司具有较强的宏观研究和风险预测能力。再次,按照预期信用损失来进行减值计提,意味着资产在未实际发生减值时就要计提减值准备,这对证券公司的风险管理理念也带来了一定冲击。

总体而言,新金融工具准则将倒逼证券公司改进现有的风险管理体系。证券公司需要相应调整和优化信用风险的识别、评估、计量及报告流程,如形成更加全面的内部信用评级覆盖等。同时,市场风险将会更加全面地反映在估值模型和利润表中,因此证券公司风险管理部门应更加审慎地评估公司对权益类资产的配置额度。

(四) 对证券公司的非财务影响

1. 组织流程方面的影响

新金融工具准则的准备实施是一个系统工程,要求财务部门、业务部门和风控部门等紧密配合。对业务模式的判断、合同现金流的测试、预期信用损失模型的构建、金融资产的估值以及套期会计的实施等都促使证券公司打破部门界限,实现多部门协作和联动。如证券公司可以成立由业务部门、财务部门、风控部门等部门组成的新金融工具准则实施小组,来提高新准则实施各项工作的推进效率;可以成立估值减值委员会,对公司估值减值体系的建设和重大估值减值事项进行审议。

2. 预算和资产负债配置方面的影响

新金融工具准则在金融资产分类和减值方面的巨大变化将对证券公司的预算和资产负债配置管理带来一定影响。在预算方面,大部分权益工具将分类为 FVTPL,势必会增加证券公司损益表的波动性,且预期信用损失模型要求金融资产的信用风险提前释放,会涉及较多的会计估计,都在一定程度上增加了证券公司的预算难度。在资产负债配置方面,对于权益工具,"可供出售金融资产"的消失使得证券公司通过可供出售类权益工具调节利润的空间消失,而分类为 FVTPL 的权益工具公允价值的变动将直观地体现在证券公司利润表中,从而影响证券公司在权益类资产投资配置的审慎度。因此需要建立一套完整的投资决策流程来科学合理地配置权益类资产，尽可能减少权益类投资给公司利润表带来的波动。

根据32家证券公司的问卷反馈，新准则对每家公司的预算和资产负债配置的影响程度不一。影响较大的证券公司认为权益类资产分类为FVTPL将增大损益的波动性，从而增加预算资产负债配置的难度；影响较小的是那些本身对权益类资产配置较为谨慎的证券公司，其认为虽然权益类资产分类的改变会影响公司损益的波动，但总体影响有限。

3. 业绩考核方面的影响

新准则的实施对证券公司绩效评价的影响有利和不利共存。一方面，金融资产公允价值计量比重上升，采用"预期损失法"及时、足额计提资产减值损失，真实地反映业务人员对套期会计的运用，均能更及时、全面地反映证券公司员工经营业绩、对业务的风险管控能力，促使业绩评价和薪酬分配依据的客观性有所提高；另一方面，如前所述，以公允价值计量且其变动计入当期损益的金融资产范围将扩大，会加大公司当期损益的波动性，加大盈利预测的难度和经营业绩风险，对证券公司的资产收益率（ROA）、净资产收益率（ROE）等关键绩效指标形成扭曲，不利于其进行绩效考核。

二、执行新金融工具准则面临的困难

新金融工具准则在金融资产分类、减值和估值方面相较于旧准则产生了较大变化，根据对32家证券公司调查问卷的分析，各家证券公司在施行和准备施行的过程中遇到的困难如下：

（一）金融资产分类方面

1. 权益类金融资产的分类加大了证券公司的损益波动和盈余管理难度

如前文分析，在新金融工具准则下，分类为FVTPL的权益类金融资产规模将大幅增加，其公允价值变动会直接体现在利润表中，在市场行情不稳定且上市证券公司每月披露净利润等财务信息的情况下，将加大证券行业损益的波动。此外，国内市场缺乏有效的风险对冲工具，使得证券公司盈余管理的难度进一步加大。

2. 对业务模式和合同现金流量的判断存在难度

新准则下金融资产的判断标准发生了变化，需从业务模式和合同现金流特征两个维度进行考虑。在业务模式方面，实务中对于非交易性权益投资计入FVOCI的情形，以及与旧准则下可供出售金融资产的差别是困扰业务部门的问题。在合同现金流量特征判断方面，部分永续债、优先股等是否能够通过合同现金流测试也是证券公司在施行新准则过程中的一大难题。

（二）金融资产减值方面

1. 信用风险显著增加和违约的判定标准难以量化

信用风险显著增加和是否发生违约将直接影响阶段的划分，然而准则并未给出较为具体的标准，仅提到通常情况下逾期30天则表明信用风险显著增加，如果一项金融工具逾期超过（含）90天，则企业应当推定该金融工具发生违约。而证券公司的业务通常较为特殊，以股票质押业务为例，违约可以是一定期限内未将资金或股票补足，也可以是未按时偿还本金或利息，是否需要考虑展期以最长期限作为到期日也尚存争议。因此对于证券公司而言，很难对每种特定业务的信用风险显著增加和已发生违约制订具体和合理的标准，且涉及的主观判断较多，这也给证券公司通过减值计提与转回操纵利润带来了一定的空间。

2. 新准则下预期信用损失模型的构建难度较大

惯用的巴塞尔内评法在违约概率、违约损失率和违约风险暴露的计算上都和新金融工具准则有所区别。在违约概率的计算上，巴塞尔内评法要求的是跨周期违约概率，是基于审慎性计量了一个完整经济周期下的违约概率水平，且为12个月的违约概率；而新金融工具准则要求的是时点违约概率，并根据信用风险是否显著增加区分了未来12个月的违约概率和整个生命周期的违约概率，同时还需考虑前瞻性调整因子。在违约损失率的计算上，巴塞尔内评法计算的是经济衰退期的违约损失率，而新金融工具准则要求的是无经济衰退期调整的违约概率，且需要施加前瞻性调整。在违约风险暴露上，巴塞尔内评法只需要未来12个月的风险敞口，而新金融工具准则区分了12个月和整个生命周期的风险敞口。因此，会计准则与风险管理方面的差异增大了证券公司构建预期信用损失模型的难度。

（三）金融资产估值方面

1. 非上市股权的估值频率有待统一

对非上市股权的估值由于需要获取可比公司的财务数据，相对来说估值成本较高。如果不同证券公司的估值频率不一致，则容易导致行业的财务信息缺乏可比性。

2. 新三板估值难度较大

新三板股票由于流动性较差等问题，行业普遍认为交易价格不能反映其公允价值，但部分证券公司仍直接以交易价格作为估值结果，也有部分证券公司按照换手率的高低，对不同活跃程度的新三板股票采用不同的估值方法进行估值。但由于交易活跃、交易相对活跃、交易不活跃并无统一参照标准，不同证券公司选取不同的相关参数会造成对同一新三板股票的估值结果存在明显差异的情况。

三、执行新金融工具准则的建议

新金融工具准则给证券公司带来了系统性的变化，而证券行业在2019年全面执行新金融工具准则，时间紧任务重，为应对新金融工具准则的变化和影响，现提出以下相关建议：

（一）取消证券公司按月披露信息的要求

目前，上市证券公司一方面需要按照《上市公司信息披露管理办法》等要求定期披露季报、半年报和年报等；另一方面需要按照《关于加强上市证券公司监管的规定》，在向监管部门报送综合监管报表的同时，以临时公告的形式在交易所网站公开披露公司月度经营情况主要财务信息，包括当期营业收入、当期净利润、期末净资产等数据。而银行、保险等金融机构仅需按《上市公司信息披露管理办法》披露季报、半年报和年报等。上市证券公司的信息披露要求明显高于其他非证券公司上市金融机构。

如前文所述，新金融工具准则加大了证券公司损益的波动性，上市证券公司每月披露的经营业绩可能大起大落，容易引起投资者对披露信息的不理解，甚至过度解读，造成证券公司股价的短期非理性波动；同时，也为了降低金融行业内信息披露不对等情况，建议监管部门统一金融业信息披露频率，取消证券公司按月披露的要求。

（二）不断丰富证券公司风险对冲工具

执行新准则后，权益工具大部分将分类为 FVTPL，在市场大幅波动的情况下，急需通过有效的风险对冲工具缓解对证券公司损益波动的影响。

但就目前国内情况来看，市场上虽然可利用的对冲工具品种有所增加，但是与国际市场相比，国内对冲工具，如股票期权、CDS 等品种还不够丰富。当市场单边调整时，相关对冲工具的流动性较差，使得证券公司难以真正使用对冲工具管理市场风险，并运用套期会计进行计量。建议监管部门尽快出台相关措施，丰富对冲工具品种，如不断推出各种期货品种；大力发展期权市场，适时推出挂钩沪深 300、中证 500 等指数或 ETF 的期权品种；大力发展 CDS 产品，降低信用风险；放开外汇牌照管制，进一步发挥证券公司产品创新的优势，提高外汇衍生品的品种和交易量，降低日常交易中的汇率风险。

（三）加强相关培训交流

新金融工具准则对证券行业带来了系统性的影响，金融资产的分类、减值和估值均涉及较多的专业判断，建议行业协会组织相关培训交流，通过让行业专家提供案例分析、让已施行新准则的证券公司分享先进经验等方式，提高证券行业对新金融工具准则的认识和理解，确保证券行业新准则的顺利过渡和实施。

房地产投资信托基金发展路径与税收政策研究

中国证券业协会资产管理业务委员会专题研究小组*

一、REITs 的相关概念

REITs 即房地产投资信托,是英文"Real Estate Investment Trusts"的缩写,国际常用定义是一种以发行收益凭证的方式,汇集特定多数投资者的资金,由专门投资机构进行房地产投资经营管理,并将投资综合收益按比例分配给投资者的一种信托基金。REITs 投资的不动产项目主要为已经能够产生稳定租金收入的成熟物业,只有少数地区允许 REITs 将少部分资金(10%—25%)投资于开发性物业或未成熟物业,多数地区则要求 REITs 将每年获得的绝大部分租金净收益(通常为 90% 以上)在当年分配给投资人。REITs 强调入池基础物业的资产属性,而非发起人的主体资信,因而具有广义资产证券化特征,属于结构化房地产金融产品。

当前全球 REITs 产品分为权益型、混合型和债务型,其中权益型是 REITs 的最主要形式,市场规模占比大约 90%。REITs 的法律形态主要包括公司型(以美国为代表)、契约型(以中国香港、新加坡为代表)和其他模式,运行本质是一种持续运行的类公司实体,由房地产资产管理公司对 REITs 进行持续管理与运营,使 REITs 成为一个类似于上市公司的商业物业运作平台。

尽管我国内地物业在 2005 年前就开始在中国香港和新加坡等离岸资本市场发行 REITs 产品,但在除港、澳、台以外的我国境内①市场,由于政策法规、税务等多方面的影响,完全符合国际惯例的 REITs 产品始终没有在境内证券交易所或银行间市场正式亮相。鉴于在

---

* 研究小组成员:渤海汇金证券资产管理有限公司李耀光,太平洋证券股份有限公司周宁,国元证券股份有限公司邱必华,中银国际证券股份有限公司罗洁。

① 目前我国香港、台湾地区已经具有符合国际标准的公募 REITs 发行,我国境内尚无标准的公募 REITs 发行,未分开说明相关事宜。

沪、深证券交易所挂牌的资产支持专项计划具有一定的流通能力，且直接或间接持有物业公司的股权，因此从"中信启航"开始，交易所的资产证券化逐步成为境内类 REITs 的重要运作载体。之后，银行间市场也出现了 REITs 概念资产证券化产品。

我国境内类 REITs 囊括了商业零售、购物中心、写字楼、酒店、住房租赁、仓储物流等主要的 REITs 基础业态，不过从众多经济特征看，类 REITs 与国际标准的公募 REITs 在产品属性、入池物业、资产管理、投资范围和投资者退出等方面仍存在不少差异。公募基金 REITs 是我国境内从类 REITs 产品向标准化 REITs 领域迈进的重要一步（见表1）。

表1　　　　　　　　　公募基金 REITs 与类 REITs 的对比

比较项目	公募基金 REITs	类 REITs
载体	上市封闭式公募基金	专项计划
模式简介	基金管理人发行契约型公募基金（封闭式、内部聘请资产管理人、交易所上市交易）募集资金认购专项计划份额，专项计划认购项目公司 100% 股权，从而间接持有标的物业。项目公司层面存量债务和相关权利限制是否解除需视后续监管政策而定	计划管理人发行专项计划募集资金，部分用于认购项目公司 100% 股权，从而间接持有标的物业，部分用于向项目公司发放信托贷款，同时撤销标的物业存续抵押权，受托人作为抵押权人办理抵押权登记
期限	无固定期限	4—5年，或 12—18年，且每三年设置开放期
增信措施	一般采用售出返租、整租基础物业或者由资产出售方为物业收入提供一定期限的补足承诺或放弃一定期间内所应享有的分红等方式进行特定期间的收益增信；或者安排关联公司进行部分或全部物业整租后再进行分租经营，起到类似于差额补足的增信效果	发起人对整个产品存续期提供最低收入承诺、差额支付承诺或证券/资产回购安排、流动性支持等
投资者退出途径	一般通过二级市场交易基金份额的方式，实现前序投资人退出	一般通过在未来政策允许时发行公募 REITs 实现专项计划退出，同时安排固定期限届满时采取基础资产出售、发起人软性回购、交易流动性支持等多元化途径实现投资人退出
上市场所	交易所（场内交易）	交易所（固定收益证券平台）
推进公募基金 REITs 的重要价值	（1）公募基金可以在交易所进行竞价交易，大大提高产品流动性，投资者可以通过交易实现退出，从而突破目前国内类 REITs 产品期限的限制； （2）为公众投资人提供具有相对稳定收益的投资产品，填补境内中等风险收益产品领域的空白； （3）有利于脱离对发行人的主体信用依赖，实现项目公司股权及其下属标的资产出表，从而实现发行人轻资产运营，实现标的资产分拆上市； （4）商业地产的投资回报周期太长，REITs 在实质上帮助企业提前收回大部分投资本金，提高再投资能力，有利于稳定和发展经济； （5）有效降低发行人（如地产投资企业、开发商及地方政府）负债率，优化财务结构； （6）公募 REITs 定义的明确和法规的出台，有利于推动财政税务部门研究相关税收中性政策。	

二、中国境内推进公募 REITs 试点的可选路径分析

在现有法律框架内，设立公募 REITs 的载体只有两类：一是基于美国经验，按照《公司法》《证券法》，通过成立"股份有限公司"作为公募 REITs 载体并向社会公众发行股票

募集资金投资于不动产物业,同时发行的股票在公开场所上市交易;二是基于新加坡、中国香港的经验,在我国《证券投资基金法》的框架内,通过社会公众投资者认购基金份额的方式设立"公募基金",将其作为公募REITs的载体,进而直接或间接持有不动产物业。

鉴于海外发达市场存在不同类型REITs先后发展、同时存在的情况,考虑我国当前实际,本文认为应先采取制度障碍最小的方式,即采取"公募基金+资产支持专项计划"(即"公募基金+ABS")的方式推动公募REITs发展;随着成功案例的积累和市场的成熟,进一步优化公募基金直接投资不动产项目的单载体模式,进而以上市公司作为载体推动公司制REITs的发展。

(一) 以"公募基金+资产支持专项计划"为载体试点推出公募REITs

以"公募基金+资产支持专项计划(ABS)"为载体的公募REITs,是由资产支持专项计划管理人根据资产证券化相关业务规定,以不动产项目公司股权或者不动产本身为基础资产发起设立资产支持专项计划,然后由基金管理人向社会公众投资者发售基金份额,募集资金投资于资产支持专项计划的资产支持证券。其产品交易结构如图1所示。

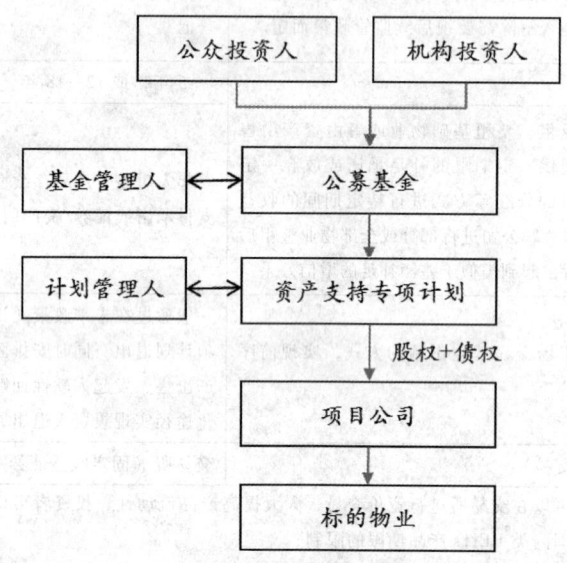

图1 以"公募基金+资产支持专项计划"为载体的产品交易结构

该模式充分利用了现有法律框架和实践经验,具有现实可行性:一是基于《证券公司及基金管理公司子公司资产证券化业务管理规定》设立的资产支持专项计划,属于公募基金的投资范围。以"公募基金+资产支持专项计划"作为推出公募REITs的载体,无须对《证券投资基金法》的公募基金投资范围进行修改。二是境内已经发行了众多以不动产为基础资产的资产支持专项计划,形成了较为成熟的业务模式和运行机制,以资产支持专项计划作为不动产SPV,可以利用成熟的模式降低公募REITs的交易成本。三是通过真实转让,资产支持专项计划的底层资产可以包含不动产的产权,而公募基金可以通过持有资产支持证券而间接持有不动产产权,满足REITs投资者既获得物业租金收益又享受物业升值带来增值收益的目的。四是境内以不动产为底层资产发行的资产支持证券通常进行结构化分层,使得权益型 REITs、固定收益型 REITs 以及混合型 REITs 可以根据基金类型、监管要求和市场情况灵活调整权益级、优先级的比例。

尽管"公募基金+资产支持专项计划"是现阶段推出公募 REITs 最为可行的模式,但在这一模式的产品设计中要采取合适方式解决公募基金推进 REITs 可能存在的治理上的结构性缺陷。在公募基金中,缺少基金持有人(社会公众投资者)利益的实际载体,而由基金管理人代表持有人利益行事,存在较高的道德风险;同时基金持有人对管理人的监督往往由于持有人人数众多、持有份额高度分散而难以发挥作用,必须通过加强信息披露、完善内部制衡的治理结构来保护投资者的利益。

(二)公募基金直接投资不动产的公募 REITs

公募基金作为 REITs 的载体指的是合格管理人通过设立公募基金,在公开市场向社会公众投资者发售基金份额募集资金投资于不动产项目公司股权。公募基金 REITs 由基金管理人根据公募基金合同对 REITs 进行管理,基金管理人可以聘请专业的不动产管理人提供物业管理服务。通过公募基金直接投资不动产项目方式推动公募 REITs,比"公募基金+ABS"模式更为直接、结构更为简单。其产品交易结构如图 2 所示。

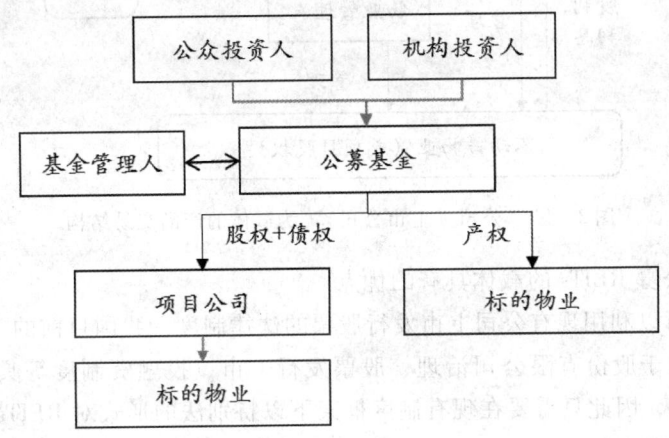

图 2 以"公募基金"为载体的产品交易结构

根据《证券投资基金法》规定,公开发行的公募基金是现有法律框架下可公开发行的证券品种,公募基金形式的 REITs 的投资者和基金管理人本质上为信托法律关系,因此新加坡、中国香港等国家和地区成功发行的 REITs 可以为公募基金模式 REITs 的发展提供经验。虽然公募基金模式的 REITs 不涉及《公司法》《证券法》的修改,但是依然需要对证券投资基金层面的投资范围等监管制度进行突破。《证券投资基金法》第七十二条规定,公开募集的基金财产应当用于下列投资:上市交易的股票、债券;国务院证券监督管理机构规定的其他证券及其衍生品种。而公募基金形式 REITs 投资的不属于上述范围,因此未来推出的 REITs 如果采用公募基金作为唯一载体,就需要监管机构将"其他证券及其衍生品种"扩大解释至"符合特定条件设立的不动产项目公司",或者修改《证券投资基金法》扩大公募基金的投资范围。

(三)公司(上市公司)作为公募 REITs 的载体

公司作为 REITs 的载体指的是发起人根据《公司法》成立以营利为目的、投资于不动产项目或资产的股份有限公司，公司型 REITs 根据公开发行股票规则向社会公众募集资金并在交易所上市交易，具有独立法人资格。在公司制 REITs 模式下，认购 REITs 公司股票的投资者都成为该公司的股东，投资者通过股份认购的方式组成该公司的投资资本，用于各类房地产相关领域的投资。同时，股东选举董事会负责公司的运营，由董事会制定公司的投资策略和投资目标，选聘 REITs 的管理人员和专业的物业管理公司等。REITs 公司按照公司章程的规定，将投资获得的收益以红利或者股息的方式分配给股东。其产品交易结构如图 3 所示。

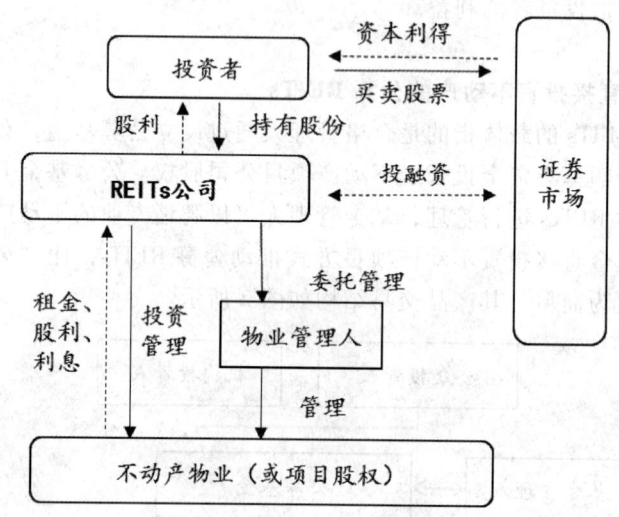

图 3 以"公司（上市公司）"为载体的产品交易结构

1. 公司作为公募 REITs 的载体具有的优点

（1）该模式可以利用现有公司上市发行股票的法律制度。我国目前的《公司法》《证券法》等法律制度对于股份有限公司治理、股票发行上市、投融资制度等具有一套较为完善齐备的要求和规范，因此只需要在现有制度框架下以特别法的形式对 REITs 公司的投资、股息分配、杠杆等问题进行调整即可。

（2）公司型 REITs 模式下，投资者保护机制更加健全。REITs 公司中，投资人即为公司股东，相较于公募基金模式，不存在管理人和持有人之间的利益冲突，且股东具有对公司经营管理的知情权、表决权以及取得股息、分红等权利，这些权利受到《公司法》、REITs 公司章程的保护。

（3）具有较为成熟的经验以供借鉴。一方面，在发展较为成熟的美国市场，大部分 REITs 都是公司型的，可以为境内发展公募 REITs 提供参考；另一方面，境内交易涉及诸多上市房地产公司，而上市房地产公司与公司型 REITs 在交易流程、上市流程等方面存在许多相似之处，可以为公募 REITs 的推出提供实践经验。

2. 公司型 REITs 需要突破的法律障碍

（1）《证券法》尚未将 REITs 纳入证券的范畴。《证券法》规定："在中华人民共和国境内，股票、公司债券和国务院依法认定的其他证券的发行和交易，适用本法……未经依法核准，任何单位和个人不得公开发行证券。"因此向社会公众公开发行 REITs 并上市交易缺乏相应的法律依据。

（2）公司型REITs无法避免所得税的双重征税问题。REITs公司可以直接持有不动产物业，也可以通过持有不动产项目公司股权方式来间接持有不动产物业。然而不管采取哪种不动产持有方式，均会出现在运营阶段REITs公司产生的收益需要缴纳企业所得税的问题，直接导致投资者税后收益大打折扣。因此，公司型REITs能否蓬勃发展在很大程度上取决于税收中性原则是否贯彻落实。美国公司制REITs发展历程也说明了税收优惠对于公司制REITs发展的重要影响。

（3）根据REITs特征，在《公司法》《证券法》中新增REITs公司特别条款。一方面，需要对REITs公司的投资运作方式作区别于普通公司法人的例外规定，如强制收益分配比例、杠杆上限规定、投资不动产的集中度限制等；另一方面，也需要对REITs公司的内部管理制度作特别规定，如放宽对符合REITs条件公司的董事会及管理层的选聘制度等。

三、中国境内REITs发展需要税收制度的支持

由于REITs交易结构复杂，涉税环节众多，REITs现金流测算准确与否受到纳税事项的影响，同时税负成本直接影响着投资人收益及融资方综合成本，因此建立清晰、完善的税收机制是公募REITs推出的前提。

（一）公募REITs在各个环节的税收分析

下文以前文提出的"公募基金+资产支持专项计划"REITs架构为例，分析类REITs与公募REITs面临的税务环节及问题。

1. 在公募REITs设立阶段涉及的税收

公募REITs设立阶段主要包括两个阶段：不动产物业持有人通过资产重组或划转的方式设立项目公司和资产支持专项计划收购项目公司股权这两个阶段。

（1）不动产物业持有人通过资产重组或划转的方式设立项目公司主要涉及土地增值税、增值税、契税、企业所得税及印花税。

一是根据原物业持有人的性质计算缴纳土地增值税。根据《关于营改增后土地增值税若干征管规定的公告》（国税发〔2016〕70号）关于营改增后视同销售房地产的土地增值税应税收入确认的规定，以及《关于继续实施企业改制重组有关土地增值税政策的通知》（财税〔2018〕57号）中关于土地增值税的豁免规定，原物业持有人以持有的不动产通过资产重组或划转的方式设立不动产项目公司的，应当区分原物业持有人是否为房地产开发企业。如果为房地产开发企业，应当视同销售房地产行为确认收入，按照30%—60%的累进税率计算缴纳土地增值税；如果为非房地产开发企业，此环节的土地增值税可以暂缓征收。

二是视同销售，需要缴纳增值税。不过，针对以不动产出资新设项目公司由于视为销售行为而带来增值税新增税负的情况，目前可以采取企业分立的方式剥离不动产。相比于新设项目公司，企业分立不会被视为销售行为，无须缴纳增值税。

三是不动产项目公司需要缴纳契税。契税是以在中华人民共和国境内转移土地、房屋产权为征税对象，向产权承受人征收的一种财产税。根据《中华人民共和国契税暂行条例细则》规定，如果不动产物业所有权有变更，则需要由项目公司缴纳契税。但是如果原物业

持有人将其持有的不动产进行分立、设立全资子公司作为项目公司，或者以不动产向全资的项目公司增资时，可以按照《财政部、税务总局关于继续支持企业事业单位改制重组有关契税政策的通知》（财税〔2018〕17号）中第六条规定免征契税。

四是原物业持有人需要按照不动产评估价值计算缴纳企业所得税。根据《财政部、国家税务总局关于非货币性资产投资企业所得税政策问题的通知》（财税〔2014〕116号）的相关规定，在REITs交易中，一般都需要对不动产按照市场价格进行评估，评估所得公允价值与不动产原计税基础间的差额视为原物业持有人的非货币性资产转让所得，可在5年内分期均匀计入原始持有人相应年度的应纳税所得额，按规定计算缴纳企业所得税。

五是项目公司和原物业持有人均需缴纳印花税。根据《财政部、国家税务总局关于印花税若干政策的通知》（财税〔2006〕162号）和《印花税暂行条例》的相关规定，原物业持有人以不动产设立项目公司时，项目公司和原物业持有人均应当按照不动产折算的实收资本金额的0.05%计算缴纳印花税。

（2）资产支持专项计划收购项目公司股权可能涉及土地增值税、企业所得税和印花税。

一是涉及缴纳土地增值税。在资产支持专项计划收购项目公司股权环节中，不需要缴纳土地增值税，但《国家税务总局关于以转让股权名义转让房地产行为征收土地增值税问题的批复》（国税函〔2000〕687号）中要求转让企业100%的股权时，被转让企业股权表现形式的资产主要是土地使用权、地上建筑及附着物，应当按照规定缴纳土地增值税，这使得在实际操作中，各地对以股权形式转让土地、不动产的行为的认定标准不同，造成有些地方需要缴纳土地增值税，而有些地方不需要缴纳土地增值税的情况。因此，在REITs实施时，需要与当地税务部门积极沟通，避免争议。

二是涉及企业所得税。若股权价值与收购对价基本相等，即在计税基础与公允收购价差距不大的情况下，这部分企业所得税基本可以忽略不计；反之，这部分企业所得税可能较大。

三是项目公司需要缴纳印花税。根据《印花税暂行条例》的规定，产权发生转移行为时，按"产权转移书据"征收印花税。对于项目公司应当缴纳印花税，但对于资产支持专项计划，较难确定其纳税主体，是否需缴纳印花税存在争议。

2. 公募REITs运营阶段涉及的税收

（1）项目公司层面的税收。

一是需要缴纳房产税。项目公司拥有物业资产权属，需要缴纳房产税。目前，房产税的计税依据是房产的计税价值或者租金收入，国内类REITs的情况下，房产税主要是从租计征。按照租金收入缴纳的，应根据租金收入计算缴纳房产税，税率为12%。

二是需要缴纳增值税。项目公司以其不动产出租给其他单位或个人获取租金收入，属于增值税征税范围中的现代服务，按照不动产经营租赁服务缴纳增值税，适用税率为10%。

三是需要缴纳企业所得税。项目公司以其不动产出租给其他单位或个人获取租金收入，按照合同约定的承租人应付租金的日期确认收入的实现，在计算应纳税所得额时应将租金收入全额计入。

此外，还需要缴纳城镇土地使用税和印花税。

（2）公募REITs载体层面的税收问题。公司制REITs获得投资收益时，需要缴纳企业所得税；而基金、资管计划为公募REITs载体时，取得的收益不需要缴纳企业所得税。

(3) 资产支持专项计划、公募基金管理人税收问题。

一是需要缴纳增值税、企业所得税。资产支持专项计划、公募基金管理人在一般情况下仅收取管理费用，上述行为属于增值税征税范围中的"金融服务—直接收费金融服务"，按照适用税率6%缴纳增值税，同时管理人需要将管理费收入连同其他业务收入汇总计算企业所得税。

二是根据是否属于提供"保本"的金融服务决定是否需要承担资管产品运营中的增值税。根据现行增值税〔2016〕140号规定，对于保本理财产品，需要征收增值税，而对于非保本理财产品，则无须征收增值税。因此在REITs交易结构中，如果"公募基金+资产支持专项计划"为公募REITs的载体，则需要根据资产支持专项计划取得收益的合同是否约定了"本金偿付义务"来判断其是否属于提供"保本"的金融服务，进而决定是否需要缴纳增值税。

3. 公募REITs退出阶段涉及的税收

在终止环节，公募REITs将剩余的财产转移给投资者、受益人或委托人。公募REITs的退出方式可以是原始权益人对于公募REITs持有的项目公司股权或者优先级资产支持证券进行回购、项目公司处置不动产、投资者在二级市场转让公募REITs。

资产回购时，若按照资产账面价值确定回购价款，不存在价差收入，则无须缴纳所得税与增值税，但需要缴纳印花税；项目公司处置不动产时，转让方涉及增值税、土地增值税、企业所得税、印花税等，而受让方需要缴纳3%—5%的契税；投资者在二级市场转让公募REITs，一般无须缴纳所得税。

（二）推进公募REITs需要的税收优惠政策建议

从美国、新加坡等国家REITs的发展经验来看，对REITs进行全面税收优惠的同时加强资格限制是推进REITs发展的必备条件。

1. REITs税收优惠政策的原则

（1）"谁获益谁纳税"是制定REITs税收优惠政策的基础。在公募REITs中，公司、基金、资产支持专项计划等REITs载体皆为投资者收益的传递工具和管道，在这些媒介中传递的投资收益、利息、分红等物业运营所得、资本利得均应视为受益人所得，应当按照"谁获益谁纳税"的基本原则由最终受益人承担纳税义务；而受托人不对财产运营所得纳税，只对其从事受托管理取得的报酬承担纳税义务。

（2）坚持税收中性原则。税收中性原则是指公募REITs的受益人因投资REITs所应承担的税负，不应超过直接从事房地产投资所应承担的税负水平，否则受益人就会直接投资房地产而不会购买公募REITs。税收应当在公募REITs发展中保持中性，不应成为阻碍其发展的因素。

（3）选择性和奖惩性征税。公募REITs的税收制定需要考虑经济和市场的特定需要，有目的、有方向地推进，对于REITs涉及的行业，资产类别（如办公楼、商场、仓库、基础设施等），产品和参与人进行区别对待，有选择地提供税收优惠。同时，在制定税收优惠时，不仅需要规定符合要求的公募REITs应得的税收优惠，还要明确不能达标的REITs的非优惠或者惩罚性税收，以引导公募REITs服务于实体经济和资本市场。

2. 公募 REITs 税收建议

（1）公募 REITs 在设立环节的税收优惠。

一是递延征收处置不动产物权的所得税。公募 REITs 设立环节中涉及资产出资、出售利得的交易都需要按照 25% 的税率缴纳企业所得税。实际上，在公募 REITs 设立环节，原物业持有人并未实质性转移不动产物权，也未利用不动产物权进行套现；同时在公募 REITs 向投资者募集资金前，原物业持有人若支付所得税将承担较重的现金流压力。建议税务部门秉承财税〔2009〕59 号文、〔2014〕109 号文、〔2014〕116 号文等企业重组相关文件对于满足一定条件的企业设立时可以启动特殊税务处理的精神，对公募 REITs 在设立环节并未真正变现的不动产物权处置行为暂缓征收企业所得税，待到实际变现时再予征收。

二是递延征收契税。在公募 REITs 设立环节，涉及以不动产出资设立项目公司等交易时，如果不满足企业分立的税收优惠条件，则需要缴纳契税。但是在设立环节原物业持有人并未真正变现，资产仅在公募 REITs 内不同主体间进行转移，建议契税递延至处置资产时缴纳。

（2）公募 REITs 在运营环节的税收优惠。在公募 REITs 交易结构中，可能存在项目公司和公司制的 REITs 载体，按照现行税法规定，公司应当在取得租金、投资收益之后，向股东分配之前，按照规定缴纳 25% 的企业所得税。此时，最终投资者能获得的收益将大打折扣。建议按照美国的做法，对公募 REITs 派息部分在底层项目公司和公司制的 REITs 载体层面免征企业所得税，而只对未分配部分利润征收相应的企业所得税。

（3）对部分资产类型提供针对性的税收优惠。公募 REITs 的税收优惠向重点扶持的产业、资产类型倾斜。一是对于 PPP 项目提供税收优惠。国家目前正在大力推广政府和社会资本合作（PPP）项目，但面临着社会资本在运营阶段退出和再融资的挑战，为支持基础设施建设，建议对底层资产为 PPP 项目的公募 REITs 提供土地增值税、企业所得税的专项优惠。二是对住房租赁、长租公寓项目提供税收优惠。为了推动"房住不炒"概念的落实，目前，住房租赁是国家的重要项目。由于一、二线城市住房租赁市场存在投资不足、回报偏低的问题，建议参考新加坡等国际市场经验，对于公募 REITs 所投资的住房租赁、长租公寓等项目在增值税、房产税等方面给予必要的税收优惠。三是对于原物业持有人为中小微企业的公募 REITs 提供税收优惠。中小微企业在转让不动产物权并设立项目公司时，可能无法立即支付所得税，现金流压力较大，为支持中小微企业利用公募 REITs 盘活存量不动产，在税收上应给予此类 REITs 相应减免。

（4）对长期持有和运营不动产的 REITs 提供税收优惠。为了避免 REITs 成为房地产的倒卖工具，在成熟市场中，对于 REITs 收购、持有、出售房地产的频率进行了限制，鼓励长期持有。建议在我国税制中，对长期持有和运营（如 5 年以上）不动产的 REITs 在持有阶段的税收进行部分减免优惠。

（5）建议减免公募 REITs 交易环节的印花税。在公募 REITs 发展的早期阶段，为尽可能满足现有法律体系的要求，公募 REITs 产品设计出现交易结构较复杂、交易次数较多等问题，而商业不动产估值决定了交易金额较大，由此产生的印花税成为一项重要的交易成本。建议我国借鉴新加坡的相关做法，也可以考虑参照《财政部　国家税务总局关于信贷资产证券化有关税收政策问题的通知》（财税〔2006〕5 号）的相关规定，将对信贷资产证券化产品印花税税收优惠政策范围扩大适用至包括 REITs 在内的其他类型的资产证券化产品，减免 REITs 成立、登记、管理、服务、销售等环节涉及的印花税。

交易报告库的国际发展与国内实践

肖 鹏*

2019年9月，中央全面深化改革委员会第十次会议指出，金融基础设施是金融市场稳健高效运行的基础性保障，是实施宏观审慎管理和强化风险防控的重要抓手。要加强对重要金融基础设施的统筹监管，统一监管标准，健全准入管理，优化设施布局，健全治理结构，推动形成布局合理、治理有效、先进可靠、富有弹性的金融基础设施体系。交易报告库（Trade Repositories，简称TR）作为金融基础设施，承担着收集金融产品尤其是场外衍生品领域交易信息的基础性功能，对提高市场透明度、防范金融风险有着重要的作用。

一、交易报告库产生背景

2007年，由于房地产泡沫破裂等原因，引发了美国次级抵押贷款危机。次贷危机愈演愈烈，对国际经济秩序造成了极大冲击，使金融机构亏损甚至倒闭，金融市场巨幅动荡，信贷市场强烈收缩，次贷危机不断蔓延，席卷世界各地，对全球经济影响巨大，这是自美国20世纪30年代"大萧条"以来最严重的一次金融危机。次贷危机使得国际金融体系积累的系统性风险得以暴露，再一次展示了金融风险积聚、释放和扩散对实体经济的深远影响，引发了人们对金融创新和金融监管等深层次问题的反思。次贷危机过后，以20国集团（G20）为代表的各国进行总结、反思，并提出相应的变革措施，其中一个重要方面就是要将场外衍生品纳入监管。

次贷危机发生前，场外衍生品市场缺乏公开性、透明性及有效的风险管理；次贷危机发生后，场外衍生品的市场潜在风险使各国监管者意识到加强场外衍生品监管的必要性。2009年，G20在匹兹堡峰会发布公告，要求所有场外衍生品交易合约必须向交易报告库报告，所有的标准合约必须根据情况通过交易所或者电子交易平台交易，且必须通过中央对手方（CCP）进行集中清算，非集中清算的合约将被计提更高的风险资本等。2010年，G20多伦

---

* 作者单位：中证机构间报价系统股份有限公司。

多峰会继续重申了上述要求,并要求最迟于 2012 年底达成上述目标。场外衍生品交易报告库成为落实场外衍生品改革的一项重要措施。

为了落实场外衍生品改革措施,G20 各成员国相继通过立法的形式推进场外衍生品改革共识,其中以美国与欧盟为代表。交易报告制度组成了交易报告库运行的制度基础,为不同司法管辖区建立安全、有效、透明的金融体系奠定了良好的制度框架。美国出台了《多德-弗兰克法案》,明确将之前缺乏监管的场外衍生品市场纳入监管视野,大部分衍生品须在交易所内通过第三方清算进行交易,并限制高风险的衍生品交易,对交易报告进行了相关规定。欧盟出台了《欧洲市场基础设施条例》(EMIR),其立法目的是对可以标准化的场外衍生品强制实施集中清算;对不经集中清算的场外衍生品采取风险缓释的措施;实施向数据库报告的制度;对中央对手方提出机构、行为以及审慎监管的要求;对交易数据库提出向公众或权力机构提供信息的要求。

二、交易报告库概述

(一)交易报告库定义

交易报告库并非技术意义上的数据库系统,而是指交易信息集中报告机构,即承担接收交易信息的数据系统的运营机构。国际清算银行支付与结算委员会(CPSS)和国际证监会组织技术委员会(IOSCO)发布的《金融市场基础设施原则》(PFMI)[①]对交易报告库进行了明确定义,是指集中维护交易数据的电子记录(数据库)的主体。交易报告库与重要支付系统、中央证券存管机构、证券结算系统、中央交易对手一样,属于金融市场基础设施(FMI)。

2010 年 4 月,金融稳定理事会(FSB)正式成立场外衍生品工作组落实 G20 匹兹堡会议的决策。工作组建议交易报告库应收集、储存并向公众和监管当局报告所有场外衍生品的全部数据,尽可能涵盖所有集中清算和非集中清算的交易信息,同时接受稳健连贯的监管,保证监管当局拥有全部数据的及时使用权。

2012 年 4 月,国际清算银行支付与结算委员会和国际证监会组织技术委员会共同发布《金融市场基础设施原则》,成为全球金融市场基础设施监管框架的新准则。

2013 年,国际清算银行支付与结算委员会和国际证监会组织技术委员会发表《监管当局对交易存储数据的访问途径》,针对交易报告库运行及监管标准制定了相关细则。

(二)交易报告库的主要功能与职责

交易报告库的主要目的是建立一个中央数据库,获取所有场外衍生品交易数据信息,并为参与者提供交易后的相关服务。交易报告库作为金融基础设施建设中的重要部分,其基础功能是集中收集、存管及分发金融产品交易数据。随着场外衍生品交易报告库的推进,其逐渐发展出以数据为基础,服务相关监管机构、服务各类市场主体,并实现与互换执行设施(SEF)、中央交易对手清算机构、各类交易后服务机构的联通,成为场外衍生品业务生态的重要环节。

[①] 2012 年 4 月,国际清算银行支付与结算委员会(CPSS;现为支付与市场基础设施委员会,CPMI)和国际证监会组织共同发布《金融市场基础设施原则》,成为全球金融市场基础设施监管领域的新准则。PFMI 适用于重要支付系统、中央证券存管机构、证券结算系统、中央交易对手和交易报告库。

数据的集中存管有利于交易数据标准化，保持数据基础的一致性，提高数据质量，通过集中收集、存管和分发数据信息，满足交易数据信息对有关主管机关和公众的透明度，提高金融稳定性，增强市场监测和防范数据滥用行为。

（三）交易报告库建设的普遍适用性原则

《金融市场基础设施原则》旨在加强支付、清算、结算、记录等全球金融市场基础设施的安全性和效率，降低参与成本，限制系统性风险，已经成为全球金融市场基础设施监管领域的普遍适用性原则。《金融市场基础设施原则》包括24项原则，其中12项原则与交易报告库有关（见表1）。

表1　　交易报告库建设的普遍适用性原则

序号	分类	原则	内容
1	组织基础	法律基础	TR在所有相关司法管辖区内的各重要业务领域均应当具有完备、清晰、透明和可执行的法律基础
2		治理架构	TR的治理架构应当清晰、透明，应当促进TR自身的安全高效运行，并维护更大范围金融体系的稳定，支持相关公共利益的考虑以及利益攸关方的目标
3	一般业务与运作风险管理	全面风险管理框架	TR应当具备健全的风险管理框架，以全面管理其法律风险、信用风险、流动性风险、运作风险及其他风险
4		一般业务风险	TR应识别、监测并管理其一般业务风险，并应保有充足的以股本支持的流动净资产，以覆盖潜在的一般业务损失，从而保障其发生重大损失时仍能持续经营和正常提供服务。流动净资产应始终足够保障其关键性运营和服务恢复正常或有序关闭
5		运作风险	TR应识别内部和外部所有可能引发运作风险的因素，并采用适当的系统、政策、程序和控制将其影响降至最低。系统设计应当保证高度的安全性和运行可靠性，并拥有充足和可扩展的运能。业务连续性管理应致力于保障系统运行及时恢复和TR交收义务的正常履行，在出现大规模中断故障的情形下亦当如此
6	准入	准入和参与人要求	TR应当具备客观、基于风险和公开透明的参与人标准，以公开、公平地参与
7		多层次参与人安排	TR应当识别、监测和管理源自多层次参与人安排的重大风险
8		系统间的连接	TR应识别、监测和管理与连接相关的风险
9	效率	效率与有效性	TR应当高效并有效地满足其服务的参与人和市场的需求
10		通信程序和标准	TR应当使用相关国际通用的通信程序和标准，或至少与之相适应，以便实现高效支付、清算、交收和记录
11	透明度	规则、关键程序和市场数据的披露	TR应具备清晰、全面的规则与程序，并应向参与人提供充分信息，使其确切地理解参与FMI所涉及的风险、费用以及产生的其他重要成本。所有相关规则和关键程序应当公开披露
12		交易信息集中报告机构对市场数据的披露	TR应根据相关主管机关和公众需要向其提供及时准确的数据

（四）交易报告库的作用

交易报告库主要服务于公共政策利益，提高市场透明度，向监管部门和公众提供符合各自信息需求的数据。对交易报告库中存储的数据进行及时可靠的访问，可以大幅提升监管机构和公众识别并评估整个金融体系所面临的潜在风险的能力。

我国场外衍生品市场正处在一个发展阶段，遵循了一条自上而下、循序渐进的改革路线。场外衍生品风险管理在防范金融风险中发挥了重要作用，加强场外衍生品交易报告库建设有助于统一数据标准、提高数据质量；还可以摸清场外市场底数，为单个市场参与主体和整个市场提供相关交易数据信息，进行场内外联动分析，监测个体风险和防范系统性风险，提高运营效率与效益以及节省金融成本；同时也有助于促进我国资本市场监管的国际化进程，提升我国金融市场的国际竞争力。

三、国际交易报告库运行情况

2018年11月，金融稳定理事会发表《场外衍生品市场改革第十三次执行进展情况报告》，该报告提供了G20场外衍生品改革议程中取得的最新进展。截至2018年6月底，12个国家和地区正在运营22家交易报告库（见表2），6个国家正在运营13个类交易报告库（见表3）。总体而言，G20的改革议程继续取得良好进展，其中，金融稳定理事会的24个成员管辖区中有21个已经提出了有效的交易报告要求，交易报告库的可用性继续增加。

表2　　全球交易报告库

TR 名称	所在地	司法管辖区	衍生品类型
Bloomberg Trade Repository Ltd	英国	EU	商品、信用、权益、外汇、利率
B3（new）	巴西	BR	商品、信用、权益、外汇、利率
BSDR LLC	美国	US	商品、信用、权益、外汇、利率
CCIL	印度	IN	信用、外汇、利率
Central Registry Agency（new）	土耳其	TR	商品、信用、权益、外汇、利率
Chicago Mercantile Exchange Inc.	美国	AU、CA、US	商品、信用、权益、外汇、利率
CME European Trade Repository	英国	EU	商品、信用、权益、外汇、利率
DTCC – DDR	美国	AU、CA、US	商品、信用、权益、外汇、利率
DTCC Data Repository – Japan	日本	AU、JP	信用、权益、外汇、利率
DTCC – DDRL	英国	AU、EU	商品、信用、权益、外汇、利率
DTCC Data Repository – Singapore	新加坡	AU、SG	商品、信用、权益、外汇、利率
HKMA – TR	中国香港	AU、HK	商品、信用、权益、外汇、利率
ICE Trade Vault	美国	CA、US	商品、外汇、利率
ICE Trade Vault Europe	英国	EU	商品、信用、权益、外汇、利率
KDPW Trade Repository	波兰	EU	商品、信用、权益、外汇、利率
Korea Exchange（KRX）	韩国	KR	利率

续表

TR 名称	所在地	司法管辖区	衍生品类型
NEX Abide Trade Repository AB (new)	瑞典	EU	商品、信用、权益、外汇、利率
CJSC National Settlement Depository (NSD)	俄罗斯	RU	商品、信用、权益、外汇、利率
REGIS-TR	卢森堡	EU、CH	商品、信用、权益、外汇、利率
OJSC "Saint-Petersburg Exchange" (SPBEX)	俄罗斯	RU	商品、信用、权益、外汇、利率
UnaVista	英国	AU、EU	商品、信用、权益、外汇、利率
SIX Trade Repository AG	瑞士	CH	商品、信用、权益、外汇、利率

表3　　　　　　　　　　　　　　　　全球准交易报告库

TR 名称	所在地	司法管辖区	衍生品类型
Argentina Clearing	阿根廷	AR	权益、外汇
Banco de México	墨西哥	MX	商品、权益、外汇、利率
Bank Indonesia	印度尼西亚	ID	外汇、利率
Bank of Korea	韩国	KR	商品、信用、权益、外汇、利率
Bolsas y Mercados Argentinos	阿根廷	AR	信用、权益
CFETS	中国	CN	外汇、利率
China Securities Internet System	中国	CN	商品、权益
Financial Supervisory Service	韩国	KR	商品、信用、权益、外汇、利率
Mercado a Término de Buenos Aires	阿根廷	AR	商品
Mercado Abierto Electrónico	阿根廷	AR	商品、信用、权益、外汇、利率
Mercado Argentino de Valores	阿根廷	AR	信用、权益、外汇、利率
ROFEX	阿根廷	AR	商品、外汇
SAMA TR	沙特	SA	外汇、利率

各国由于自身情况差异，交易报告库运行情况存在一定差异：一是运营主体不同。有市场主体运营，以美国证券存托与清算公司（DTCC）为代表；也有监管部门运营，以中国香港金管局为代表。二是资产类别不同。大多数交易报告库涵盖五类基础资产，也有部分交易报告仅提供部分资产类别的交易报告。三是报告库数量不同。同一司法辖区内有单一报告库运行，也有多个并存。此外，美国证券存托与清算公司通过在其他司法辖区内设立子公司的方式运营交易报告库，在日本、英国、新加坡都建设了符合当地监管规则的交易报告库。

目前，我国尚未建立交易报告库的法律或监管框架。依据金融稳定理事会发布的《场外衍生品市场改革第十三次执行进展情况报告》，中国外汇交易中心和中证机构间报价系统股份有限公司（以下简称"中证报价"）被视为准交易报告库。其中中国外汇交易中心承担外汇、利率场外衍生品数据报告，中证报价负责以权益及大宗商品为主的场外衍生品数据报告。

四、交易报告库的国内实践

目前，国内尚没有符合《金融市场基础设施原则》的交易报告库，外汇交易中心与中证报价是准交易报告机构。下文以中证报价为例介绍交易报告库的中国实践。

（一）发展历程

中证报价交易报告库是与证券公司场外衍生品业务同步发展起来的。2012 年，证券公司启动场外衍生品业务。2013 年 3 月 15 日，中国证券业协会发布《证券公司金融衍生品柜台交易业务规范》，规定了证券公司应当向市场监测中心（中证报价前身）报送场外衍生品业务信息，中证报价同步建设了第一代场外衍生品交易报告系统。2015 年 9 月，中国证券业协会发布《场外证券业务备案管理办法》，进一步明确场外衍生品报送要求，并授权中证报价负责场外证券业务报告系统管理，中证报价同步建设了场外证券业务报告系统。第二代场外衍生品交易报告库隶属于场外证券业务报告系统，大幅提高了场外衍生品交易报告的字段数量及数据质量要求。2016 年和 2018 年，中国证监会分别发布《关于进一步规范基金经营机构参与场外衍生品交易的通知》以及《关于进一步加强证券公司场外期权业务监管的通知》，中证报价依据相关监管内容同步对系统进行升级优化。

（二）运行情况

截至 2019 年 9 月 30 日，场外衍生品报告库共接收 58 家证券公司报送的各类场外衍生品信息，累计初始名义本金约 4.82 万亿元，其中收益互换 1.88 万亿元，场外期权 2.94 万亿元。

自 2016 年 8 月起，金融稳定理事会发布的场外衍生品改革报告（OTC Derivatives Market Reforms Report on Implementation）中，将中证报价视为准交易报告机构。

中证报价通过定期报告与专项报告向中国证券业协会与中国证监会报送衍生品信息，为监管部门制定监管政策、监控监测业务风险提供有力支撑。中证报价自 2015 年 1 月起与中国证券业协会联合发布《证券公司场外业务统计数据报表》（后改版为《场外证券业务开展情况报告》），通过披露证券公司开展场外衍生品交易情况，为市场参与者及时准确地了解市场整体情况提供窗口，提高了市场的透明度。

五、相关建议

与境外场外衍生品监管及交易报告库相比，国内的交易报告库工作仍处于起步阶段，建议在以下几个方面推进相关工作。

第一，夯实交易报告库的法律基础。法律基础是交易报告库履行自身职能的基础，国际上交易报告库运行均存在明确的法律授权，而目前国内场外衍生品业务及交易报告机制在立法层面还有待完善。通过完善金融基础设施的法律框架，可以充分发挥交易报告库的基础作用，在一定程度上提高交易报告库的运行效率，为服务宏观审慎管理和强化风险防控做出更大的贡献。

第二，推动报告数据的标准化建设。数据协调统一与国际兼容是交易报告库共同的问题与难点。场外衍生品不同于场内市场交易，合约非标特征明显，缺乏统一的数据标准，容易造成交易报告库汇集的数据失真，无法有效将数据转化为数据资产。统一标准的缺失，会造成同一监管辖区内不同交易报告库之间以及监管辖区协作时数据难以有效整合。目前，国际清算银行支付和市场基础设施委员会（CPMI）与国际证监会组织（IOSCO）的场外衍生品数据协调统一联合工作小组正推动交易唯一识别码（UTI）和产品唯一识别码（UPI）的相关工作，金融稳定理事会也正在推进使用法律实体识别码（LEI）识别交易主体。通过数据标准化建设，可以实现交易数据的标准化、代码化报告，降低信息流通成本。

第三，建立高效的数据服务与共享机制。目前，交易报告库的数据主要依赖监管与自律的要求进行采集，服务广度与深度还有待进一步提高。一方面，交易报告库需要全面服务各类监管机构、自律组织和其他机构；另一方面，交易报告库也需要其他数据源单位的支持，比如场内交易数据，通过有效的数据整合来提升监测监控水平。此外，应当建立合理的机制将各类市场主体纳入数据服务与共享范畴内，以提高场外市场的透明度，有效降低系统性风险。

第四，探索建立跨境信息交换机制。中国资本市场正在走向开放，沪深港通机制的实施，使得各类境外投资者通过香港国际投行提供的收益互换、场外期权等场外衍生品参与了中国A股市场交易，但并没有向中国证监会进行交易报告的义务，内地监管机构无法全面掌握沪深股通交易的详细情况和对境内市场的潜在影响。这种情形可以通过监管合作的方式进行改善，进行交易报告库信息共享。未来，随着中国资本市场的继续开放，交易信息互换与共享也将变得越来越重要。

美国交易报告与合规系统介绍及对我国场外数据生态建设的启示

李 琳*

目前我国资本市场正处于走向规范、成熟的关键时期,场外市场作为多层次资本市场体系的重要组成部分,在服务实体经济、拓宽融资渠道、实现各类金融产品销售、流通转让、提供个性化风险管理工具等方面具有重要作用。因此,如何更好地发挥场外市场的职能并提升场外市场的监管水平成为当前面临的重要课题之一。作为美国场外证券市场主要监管手段之一的交易报告与合规系统,在场外债券市场数据报送、市场监管、数据共享等方面都为我国提供了有益的参考。鉴于此,本文对交易报告与合规系统进行了研究。

一、交易报告与合规系统的建设背景

交易报告与合规系统(Trade Reporting and Compliance Engine,简称"TRACE 系统")是由美国证券交易商协会(National Association of Securities Dealers,简称"NASD")于1999年11月推出的数据报送系统,旨在为会员履行场外固定收益证券交易的强制报告义务提供便利。同时,该系统为个人和机构投资者提供近乎全部场外市场固定收益证券的交易信息,包括公司债、机构债、证券化产品等。

2007 年,NASD 和纽约证券交易所监管局(NYSE Regulation, Inc.)合并发起成立了美国金融业监管局(The Financial Industry Regulatory Authority,简称"FINRA")。作为美国证券场外市场的自律监管组织(SRO),FINRA 以实现投资者保护和市场透明度为目标,接受美国证券交易委员会(The Securities and Exchange Commission,简称"SEC")的监管。交易报告与合规系统作为 FINRA 提升市场透明度的重要手段,由 FINRA 进行管理和运营。

---

* 作者单位:中证机构间报价系统股份有限公司。

二、交易报告与合规系统的功能介绍

FINRA 6700 系列规则是对 TRACE 系统的详细规定。该系列规则共 10 条，从定义、报送规则、报送要求、提供通知的义务、TRACE 系统费用等方面规定了报送义务人向 TRACE 系统开展数据报送的权利义务和相关要求。

（一）TRACE 系统的适用范围

6710 规则明确了需要向 TRACE 报送的场外证券交易即 TRACE 适格证券的范围（TRACE – Eligible Security），指所有以美元计价的：（1）由美国或外国私人公司发行的债券和根据证券法 144A 规则发行的"限制债券"；（2）机构或政府支持公司发行或担保的债券；（3）美国国债，但不包括外国政府债券或货币市场工具。

（二）TRACE 系统的报送时间

6730 规则要求报送义务人应当在交易执行时间（Time of Execution）后 15 分钟之内尽快报送该笔交易，并对不同类型证券的报送时间做出了详细要求。未在规定时间内报送的交易将被确认为"迟报（Late）"。有关报送时间的一般要求见表 1。

表 1　　　　　　　　　　TRACE 系统一般报送时间

交易时间	报送时间
在营业日（Business Day）12：00：00 及 12：00：00 至 7：59：59 执行的交易	当日 TRACE 系统启动后 15 分钟内
在 TRACE 系统工作时间（营业日 8：00：00 及 8：00：00 至 18：29：59）执行的交易	交易完成后的 15 分钟内
在营业日 TRACE 系统关闭（18：30：00）前 15 分钟内执行的交易	在不迟于下一个营业日（T+1）TRACE 系统启动后 15 分钟内报送，若在 T+1 报送的，应当以迟报的方式进行报送，并且应当报送交易执行日期
在非 TRACE 系统工作时间（营业日 18：30：00 及 18：30：00 至 23：59：59）或非营业日（周六、周日、联邦或宗教节日、其他 TRACE 系统关闭时间等）内执行的交易	在下一个营业日（T+1），TRACE 系统启动后 15 分钟内报送，应当以迟报的方式进行报送，并且应当报送交易执行日期

（三）TRACE 系统的报送义务人

所有 FINRA 会员都应当向 TRACE 系统报送 TRACE 适格证券的交易：若交易是在 FINRA 会员之间进行的，那么作为 FINRA 会员的买卖双方均应当报送；若交易是在 FINRA 会员和非 FINRA 会员或客户间进行的，那么仅 FINRA 会员具有报送义务。

（四）TRACE 系统的报送内容

根据 6730 规则，报送义务人履行报送义务时应当向 TRACE 系统报送下列信息：（1）9 位数的美国证券库斯普号码（Committee on Uniform Securities Identification Procedures，简称

CUSIP 码）（若在交易执行时 CUSIP 码尚无法获取，则使用类似的数字标识符）或 FINRA 代号（FINRA Symbol）；（2）交易规模（数量）；（3）交易价格（或计算价格所需的要素，包括合同金额和应计利息等），对于特定的美国国债，还应当报送收益率；（4）表示交易是买入还是卖出的符号；（5）交易执行日期〔仅适用于"迟报（As/of）"交易〕；（6）交易对手方的标识符（Contra – party's Identifier，即 Multiple Market Participant Symbols，简称 MPID 码），包括客户或非会员分支机构；（7）身份（Capacity）——本人或代理人；（8）交易执行时间；（9）报告方执行经纪人（若有）；（10）特定交易对手方的介绍经纪人；（11）佣金（总金额）；（12）结算日期；（13）交易标识符、修饰符。

（五）报送义务人提供通知的义务

为了促进 TRACE 适格证券交易的交易报告和信息公开，作为 TRACE 适格证券分销或发行的主承销商（Managing Underwriter）（除二级发行 Secondary Offering）、主初始购买者（Lead Initial Purchaser）、初始购买者（Initial Purchaser），有义务按照顺序在首笔交易完成之前向 FINRA 提交包含下列信息的通知：（1）CUSIP 码，若 CUSIP 码尚未获取，则填报类似的数字标识符（如抵押贷款池号码）；（2）发行人名称（证券化产品填报管理人）；（3）票面利率；（4）到期日；（5）证券法第 144A 条是否适用；（6）新发行的定价时间或发行时第一笔交易完成的时间；（7）对发行的简要描述；（8）FINRA 认为有必要的信息，或者足以准确识别某只债券的必要信息。

（六）TRACE 系统收费规则

1. 系统费

报送义务人可通过三种方式向 FINRA 报告 TRACE 适格证券交易：（1）TRACE 网络浏览器；（2）计算机对计算机接口（CTCI）或金融信息交换（FIX）线路（或者专门供 TRACE 使用的线路或多用途线路）；（3）第三方中介机构。针对不同的方式，FINRA 分级别按照用户、会员、终端收取一定的费用。

2. 交易报告费

（1）交易报告费：对于不同类型的交易，FIRNA 按照每笔交易的交易金额所在区间或按照交易金额的一定比例收取费用；（2）撤销或修改交易费：对于每笔撤销或修改的报送交易，FIRNA 每笔收取 1.5 美元；（3）迟报费（As/of）：对于未及时按照规则报告为"As/of"的迟报交易，FIRNA 每笔收取 3 美元。

（七）TRACE 系统报送反馈

为帮助报送义务人监控其报告义务，TRACE 系统建立了报告卡制度。报告卡是 FINRA 对报送义务人按照 FINRA 和 SEC 规则向 TRACE 系统报送的美国国债、证券化产品、机构债、公司债数据和报送行为进行月度统计的工具，主要包括交易报告的合规情况和交易的客户定价情况。

报告卡共分为五张。第一张为 TRACE 加价/减记（Markup/Markdown）分析卡，主要向报送义务人提供该月加价、减记和 FINRA 确认的客户间交易的分析，目的是通过与交易情况说明一起为机构的公平定价、合规程序和评估披露提供支撑。FINRA 通过业务逻辑明确同一笔交易的买卖双方并将所有交易分成三类：第一类是机构将从机构处买入的证券向客户卖出（Markup 类）；第二类是机构将从客户处买入的证券向机构卖出（Markdown 类）；第三类是机构将从客户处买入的证券向客户卖出。FINRA 会将上述交易明细提供给报送义务人，报送义务人可以通过该报告卡了解本机构在定价和合规方面的状况。

其余四张报告卡分别为美国国债、证券化产品、机构债、公司债的 TRACE 质量报告卡，FINRA 会在不迟于当月的第 13 个工作日发送给报送义务人，主要向报送义务人提供该月其向 TRACE 系统报送的债券交易情况，包括整体报送情况、迟报情况、同类机构报送排名等。报送义务人可以通过该报告卡了解本机构的报送合规、行业排名等情况。

（八）行业信息服务

1. 公开提供

FINRA 向市场公开提供下列信息：

（1）时间和交易数据。TRACE 系统收集并公布报送的 TRACE 适格证券交易时间、交易价格、利率、交易量等数据。根据规则，所有报送义务人应当在交易完成后的 15 分钟之内向 TRACE 系统报告交易信息，但在实际中，超过 80% 的公司债和机构债交易信息均在交易完成后 5 分钟之内报送，并且 TRACE 系统均在收到后实时公布相关数据。

（2）市场活跃和表现指标。主要包括 TRACE 市场汇总统计数据和 FINRA - 彭博活跃美国公司债券指数（FINRA - Bloomberg Active U. S. Corporate Bond Indices）。TRACE 市场汇总统计数据主要包括公司债、机构债和 144A 债（私募债）的债券数量、交易债券总规模、涨跌、一年内最高和最低价格等数据。此外，公司债和 144A 债数据还提供了交易最活跃的投资级债券、高收益债券、可转债等信息。通过 TRACE 市场汇总统计数据，市场参与者可以了解当日市场活跃情况；FINRA - 彭博活跃美国公司债券指数包括一系列反映交易最活跃的公司债的指数，以及投资级债券系列指数和高收益债券系列指数，并在每日日终更新。

（3）TRACE 年度手册（Fact Book）。FINRA 年度手册为个人投资者、市场专业投资者、媒体和教育机构等提供美国场外债券市场的历史情况回顾，同时也提供 FINRA 基于 TRACE 市场汇总统计数据对数据和趋势的解读。

2. 付费提供

FINRA 向成员、付费订阅用户提供大部分 TRACE 适格证券的实时和历史数据，提供的形式、数据范围和费用如下：

（1）数据专线。TRACE 系统的数据可以以专线的方式通过 FINRA 或数据供应商获取，具体费用见表 2。

表 2　　　　　　　　　　　数据专线收费标准

数据类型	实时信息	延迟信息
FINRA 实时数据专线	$1 500	N/A
转售专线（Re - Transmission Vendor Feed）	$1 500	免费

（2）数据展示。TRACE 系统数据仅能通过大型市场数据供应商或特定的金融网站获取，具体费用见表 3。

表3　数据展示收费标准

用户类型	实时信息	延迟信息
专业用户	$60	免费
企业许可（无限终端）	$7 500	免费
个人非商业使用	免费	免费

（3）TRACE增强型历史信息。TRACE增强型历史数据是包括交易价格、交易执行日期和时间、交易规模和收益率等的交易级数据。此外，该数据还包括其他未公开的信息，如买/卖标识符和交易对手（交易商或客户）信息等。FINRA在交易完成的18个月后才会提供并按季度发布，具体费用见表4。

表4　TRACE增强型历史信息收费标准

费用类型	实时信息	延迟信息
初装费	N/A	$2 000
后续年份	N/A	$2 000
重配费（Re-Distribution Fee）	N/A	每个CUSIP码每年$1（合计不超过$1 000）

（4）学术型公司债券数据集。学术型公司债券数据集包括向TRACE系统报告的所有公司债券交易的历史交易级数据。该数据产品仅供高等教育机构使用，旨在通过向学术机构提供隐去特定信息（如可辨别具体机构）的数据以支持公司债券的学术研究。学术型公司债券数据集虽然有36个月的时间滞后，但数据范围包括144A债券交易和在报告时不得公开的数据，具体费用见表5。

表5　学术型公司债券数据集收费标准

费用类别	实时信息	延迟信息
初装费	N/A	$500
后续年份	N/A	$500
重配费（Re-Distribution Fee）	N/A	不可重配

（5）日终交易文件。日终交易文件包括当日所有公布的交易信息，在每个交易日日终系统关闭后提供给订阅者，且订阅者可以根据需求获取不同的数据集，如公司债数据集、机构债数据集等。该数据产品与公布的实时TRACE系统交易专线的交易数据字段是一致的，具体费用见表6。

表6　日终交易文件收费标准

	实时信息	延迟信息
日终交易文件	N/A	$750

（6）快照数据。订阅者可以获取每日实时TRACE交易价格，即一天一只债券的一个TRACE价格。快照数据可以通过大型市场数据商获得，具体费用见表7。

表 7　　　　　　　　　　　　快照数据收费标准

	实时信息	延迟信息
快照数据	$250	免费

（7）TRACE 债券活跃情况报告。TRACE 债券活跃情况报告是对公司债和机构债进行汇总统计的月度报告，有 90 天的延迟。该报告可用于监控每个 CUSIP 码的交易活跃情况。对于在该月交易的每只公司债和机构债，TRACE 债券活跃情况报告包含每只债的基本信息（例如发行人名称、票面利率和到期日），交易量和与交易相关的其他信息（包括交易的总面值、买入的交易面值、卖出的交易面值、交易商间交易等信息），具体费用见表 8。

表 8　　　　　　　　　TRACE 债券活跃情况报告收费标准

	实时信息	延迟信息
TRACE 债券活跃情况报告	N/A	$750

三、交易报告与合规系统对我国场外数据生态建设的启示

作为美国场外证券监管的重要手段，TRACE 系统在对市场和业务的监测监控、数据信息共享、数据信息质量反馈等方面，对我国场外数据生态建设都具有重要借鉴意义。

（一）高度注重数据标准化建设

信息标准化是进行信息交换和信息共享的基本前提。TRACE 系统对于证券和交易对手识别编码的报送要求是强制的，相关要求不仅适用于 TRACE 系统，还适用于 FINRA 的其他系统及 SEC 或其他监管机构的要求。通过不同于证券交易编码的跨市场通用的、唯一的证券识别编码，特别是 MPID 码等市场参与者识别码的报送，各交易市场、交易主体、监管主体都能够在全市场范围内准确识别特定唯一的证券、系统或者交易对手信息，不仅有利于跨市场、跨主体、跨监管上的信息交换，还有利于实现更准确、更全面、更细致、更有针对性的监测监控。

（二）深入开展数据分层分类

数据的分层分类是进行数据挖掘和数据共享的重要手段。无论是在数据收集、数据处理还是数据信息公开与共享方面，TRACE 系统的数据均以各种形式进行了分层分类管理。通过分层分类，FINRA 能够对不同层次和不同类型的交易标的、交易行为、交易对手进行更有针对性的分析管理和监测监控，同时能够更有效地根据市场情况调整报送标准、监管重点和信息输出，实现数据的准确使用和有效利用。

（三）实现数据信息的共享

信息共享是实现数据价值的重要途径。TRACE 系统将所有报送数据分类整理，按照使用方式的不同，经过加工和脱敏处理后，几乎全部的数据都能以不同的形式为市场各类机构获取。作为提高市场透明度、维护市场稳定的重要手段，数据信息共享不仅有利于市场机构

在交易中把握市场方向,更好地开展交易活动,还有利于通过全面的学术和市场研究,更好地促进市场的发展。

(四) 建立全面的报送质量评估体系

报送质量评估和反馈是提升数据信息质量的重要手段。TRACE 系统通过建立报告卡制度,不仅系统化地整合了市场报送信息,而且通过将报送行为合规性、报送数据变化情况、市场排名变化情况以直观的形式提供给报送机构,使机构一方面能够了解自身的报送合规情况,改进报送行为,另一方面能够有效地提高机构报送数据质量,增强数据的准确性和及时性。

(五) 合理分配监管成本

合理的监管成本分配既有利于监管机构提升监管效率,又能够促使市场机构更好地履行数据报送义务。对于 TRACE 系统,部分直接监管成本由 FINRA 和报送义务人分别承担,即报送义务人需要交纳一定的系统费和交易报告费。特别是对于因报送义务人的原因而导致的迟报、撤销和修改,FINRA 对报送义务人要求了额外的费用。这样不仅有利于弥补 FINRA 的工作成本,减轻系统管理、日常运营的额外负担,还有利于报送义务人充分履行报送中的谨慎和注意义务,提高报送质量,提升报送效率,增强市场透明度。

四、对我国场外数据生态建设的建议

结合 TRACE 系统对我国场外数据生态建设的启示,本文提出以下工作建议:

(一) 加强信息标准化建设,促进信息互联互通

统筹协调各类市场主体和监管机构,以场外证券和交易对手编码体系建设为抓手,着力提升场外数据标准化程度,建立健全信息标准化体系,推动实现资本市场标准化信息的互联互通。

(二) 推动行业信息共享,实现数据驱动行业发展

进一步建立信息共享机制,拓宽信息共享范围和参与主体,严格保障信息安全,同时鼓励市场机构进行数据分享,实现以数据驱动市场发展和行业转型升级。

(三) 建立报送信息质量评估体系,提升报送信息质量

结合 TRACE 系统信息反馈机制的经验,逐步在监管机构和行业自律组织开展信息质量评估,通过建设配套的管理规范、反馈机制和奖惩机制,采取适当措施控制信息共享程度较弱、报送信息质量较差等情况,增强信息的准确性和及时性,切实提高信息的可用性和可靠性。

交易报告机制探究
——欧盟交易报告机制及借鉴

孙舒颖[*]

一、欧盟交易报告制度法律框架

为提高金融市场透明度,欧盟建立了两套相对独立的交易报告体系,分别是以《金融工具市场条例》《金融工具市场指令 II》为基础的全口径金融工具交易报告制度(以下简称"MiFID II/ MiFIR 交易报告制度")和以《欧洲市场基础设施监管条例》为基础的衍生品交易报告制度(以下简称"EMIR 交易报告制度")。

2007 年,为整合各成员国国内金融市场,建立统一的证券交易市场和金融市场规范制度,有效监管金融工具交易情况,欧盟颁布了《金融工具市场指令》(Markets in Financial Instruments Directive, MiFID),规范从事证券投资的公司(包括证券公司、基金管理公司等)的设立条件、业务规则、交易信息披露要求、市场交易规则以及监管部门职责等。2008 年,金融危机席卷全球,暴露出欧盟在信息披露制度、场外产品监管、投资者保护等方面的不足,欧盟启动了交易报告制度改革。2014 年 5 月,欧盟颁布《金融工具市场条例》(Markets in Financial Instrument Regulation, MiFIR);2014 年 6 月,欧盟公布修订版 MiFID II,二者共同形成欧盟新的交易报告法律基础,并于 2018 年正式实施。新制度修订主要内容包括:赋予监管者在金融领域更大的协调权力,实现产品和交易场所监管全覆盖,提高面向市场参与者的交易透明度和加强投资者保护等。

衍生品交易报告制度以《欧洲市场基础设施条例》(European Market Infrastructure Regulation, EMIR)为基础,加强场外衍生产品监管,推动中央对手方、交易报告库等市场基础设施建设与应用,提高市场透明度、安全性与有效性,降低系统性风险。EMIR 详细规定了

---

[*] 作者单位:中证机构间报价系统股份有限公司。

如何向交易报告库报告、交易报告库如何向公众或权力机构提供信息的要求，2013年由欧洲证券及市场管理局（ESMA）具体实施。

MiFID II/MiFIR交易报告制度和EMIR交易报告制度各有侧重、互为补充，共同组成欧盟金融市场交易报告制度法律基础，为欧盟建立安全、有效、透明的金融体系奠定了良好的制度框架。

二、两个交易报告制度对比

MiFID II/MiFIR交易报告制度和EMIR交易报告制度在报告义务、报告范围、报告内容、报送方式、数据报告服务等方面存在一定差异，对比情况如下：

（一）MiFID II/MiFIR交易报告制度

1. 报告义务

执行金融工具交易的投资公司应尽快且不迟于交易发生的下一个工作日（T+1）结束前向所在国主管当局报告完整、准确的金融工具交易细节。

交易场所应向所在国主管当局报告在其平台上交易的金融工具的交易细节，各国主管当局应根据要求向ESMA提供报告的所有信息。

2. 报告范围

包含权益类金融工具、债券、衍生品、结构化产品及排放配额等，覆盖受监管交易所（RM）、多边交易设施（MTF）及有组织交易设施（OTF）内交易的所有产品。

3. 报告内容

共65个报告信息点：交易信息，包括买卖双方信息、买卖双方决策者、交易时间、价格、数量、结算规模、交易场所等；金融工具基本信息，包括全称、标的货币、到期日等；识别信息，包括法人识别符（LEI）、自然人身份识别信息；产品分类和标识，包括金融工具分类编码（CFI）和国际证券识别码（ISIN）等。

4. 报送方式

通过三种方式提交给欧盟成员国主管当局：一是投资公司直接提交本公司报告；二是投资公司自身或委托第三方通过特许报告机制提交报告；三是交易场所提交报告，交易场所可受投资公司委托，向投资公司主管当局提交。

为提高报告效率，所有交易报告仅向主管当局报告一次，如果投资公司直接提交报告，需要对报告的完整性、准确性和及时性负责；如果投资公司通过特许报告机制或交易场所提交报告，由特许报告机制或交易场所承担报告责任。

5. 数据交换与披露

欧盟各国主管当局通过ESMA的交易报告交换机制（Transaction Reporting Exchange Mechanism，TREM）实现报告交换共享，ESMA从交易场所和主管当局收集数据后通过金融工具参考数据系统（Financial Instruments Reference Data System，FIRDS）向金融市场及公众展示数据信息。

6. 数据报告服务

为准确披露交易信息，提高报告效率，特许三种不同形式的数据服务：

（1）特许报告机制（Approved Reporting Mechanism，ARM），负责收集投资公司交易信息并向主管当局报告。为投资公司提供模板，对报告进行校验，确保提交数据的完整和准确。为便于监管及报告分析，数据以 ESMA 和监管当局可以访问的方式进行维护和存储。

（2）特许公示安排（Approved Publication Arrangement，APA），负责公开发布投资公司交易报告信息。提供交易报告公示服务，公示的信息在 APA 发布 15 分钟后免费提供。公布的信息包括金融工具标识、交易价格、交易量、交易时间、报告时间、交易场所代码等。

（3）综合报价提供商（Consolidated Tape Provider，CTP），负责收集 RM、MTF、OTF 等交易场所和 APA 公开的权益和非权益工具信息，整合成连续的电子实时数据流并实时公布给公众，供交易决策参考，发布 15 分钟后免费提供。

提供以上三种数据服务的机构需要得到国家主管部门的授权和持续监督，并需向 ESMA 通报。

（二）EMIR 交易报告制度

1. 报告义务

签订衍生品合约双方必须在合约签订、修改或终止后下一个工作日（T+1）前将合约的详细信息报告至交易报告库。

2. 报告范围

场内和场外所有衍生品合约，挂钩标的覆盖商品、信用、权益、外汇和利率五大类型。

3. 报告内容

交易对手信息，35 项，包含 LEI、国家代码、业务类型、角色等；通用信息，94 项，分为所有衍生品合约适用信息与不同资产类型合约单独适用信息。所有合约适用信息包含产品或标的识别信息：CFI、ISIN，唯一产品识别码（Unique Product Identifier，UPI）；交易识别信息：唯一交易识别码（Unique Trade Identifier，UTI），市场识别码（MIC）；交易信息：价格、执行地点、名义本金、清算等。

对于数据修改，系统自动记录交易报告库数据修改信息，包括申请修改的主体、修改原因、日期、时间以及变更说明等。

4. 报送方式

包括三种方式：一是交易双方直接报告；二是交易一方代表交易另一方报告；三是交易双方委托（相同/不同）第三方报告。

5. 交易报告库

交易报告库（Trade Repositories，TR）是集中收集和保存衍生品交易记录的实体。EMIR 要求衍生品合约需向交易报告库报告，交易报告库定期向监管当局提供数据。为确保交易报告库良好运作，EMIR 及补充条例对其运营及监管作出了详细规定。

（1）监管授权。欧盟内 TR 实行注册制，ESMA 直接负责 TR 的注册、监督和认可第三方国家 TR。如果第三方国家满足欧盟等效监管条件，欧盟将认可注册在第三方国家的 TR 为欧盟金融机构提供服务。

（2）监管处罚。ESMA 有权对 TR 的违法违规行为采取禁止、罚款、公告公示、撤销注册等监管措施。

（3）服务收费，分为两类。一类是 ESMA 对交易报告库收取监管费用。监管费用包括注册费、年度监督费、认可费以及主管当局因执行委托任务或协助 ESMA 工作而产生的报销费用，补充条例详细规定了监管费用的类型、金额和支付方式等。二类是交易报告库基于成本以及提供的服务向报告主体收取的费用。交易报告库采用多样化的收费结构，收费类型包含会员年费、每笔交易费、最高限额费、额外咨询费和数据库维护费等（见表1）。

表1 两种交易报告制度对比

类别	MiFID II/ MiFIR 交易报告制度	EMIR 交易报告制度
报告主体	投资公司（证券公司和基金公司）	交易双方
报告范围	全口径金融工具	场内、场外所有衍生品合约
报送方式	（1）投资公司直接报送； （2）投资公司自身/委托第三方通过 ARM 报送； （3）通过交易场所报送	（1）交易双方直接报送； （2）交易一方代表另一方报送； （3）交易双方委托（相同/不同）第三方报送
报送流程	报告主体—ARM—国家监管当局—ESMA	报告主体—TR—ESMA

三、对我国建立交易报告体系的启示

欧洲金融市场发展较成熟，监管体系较完善，交易报告制度较健全，对我国建设多层次资本市场、提高市场透明度、建设交易报告制度具有重要借鉴意义。

（一）行业标准化建设

行业标准化是交易信息报告制度的基础。欧盟积极开展行业标准化建设，统一报告要求，体现为通过法人识别码、标准化产品分类、唯一产品识别码、唯一交易识别码等标识，实现交易方、产品、交易行为的代码化和标准化。法人识别码标识参与交易的法律实体，能够有效识别法律实体及复杂的交易关系；标准化产品分类对不同种类金融产品进行定义和描述，方便数据汇总；唯一交易识别码代表并识别特定交易，便于持续跟踪产品整个生命周期事件。行业标准化建设，对形成统一的、可交流的、各方认可的交易信息记录具有决定性作用，不仅有利于确保数据的准确性、有效性，更便于交易报告库记录、储存、汇总和分析数据。

（二）交易报告和交换机制

通过第三方服务机构代理报告机制能够降低信息报送成本。前述两种报告体系存在部分报送信息重叠，通过将两种报告委托给同一个第三方代理机构，由第三方提供报告解决方案，整合报告数据并分别报告，可以避免报送义务人产生两个独立数据流，减少信息采集与整合成本。

通过数据交换机制实现信息共享。欧盟现行两种报告体系的报送范围和数据要求略有差异，不管是全口径的金融工具交易报告，还是 TR 收集的所有衍生品交易信息，都由 ESMA 统一监管，需要通过统一的交易报告数据的交换机制在欧盟各国主管当局之间实现报告信息的传递与共享。

交易报告机制和数据交换机制共同保障了欧盟监管机构能够有效获取交易信息，解决了重复报送问题，为建立统一、有效的金融监管体系奠定良好的基础。

（三）数据报告服务机制

欧盟建立的数据报告服务机制，在数据信息采集、整理、报告、公开披露、提供交易参考等环节，建立了特许报告机制、特许公示安排、综合报价提供商制度，授权服务供应商分别提供差异化、分层的数据服务。尤其是综合报价提供商制度，将来自不同渠道的数据进行汇总、整合后，以持续信息流方式反馈给市场，给各类交易参与者提供交易决策参考，对提高数据应用的广度和深度、引导市场良性交易行为、帮助投资者理性交易决策起到重要作用。

（四）数据服务收费

欧盟交易报告库不仅需要负责日常管理和系统运营维护，而且需要承担注册费、监管年费等监管成本。为合理分摊成本，交易报告库面向报告主体建立了菜单式收费结构，提供套餐式组合有偿服务，既对交易报告基础服务收取一定费用，也对提供额外辅助服务收取合理费用。合理的收费制度，提升了交易报告库的可持续发展能力，有助于改善服务质量。

四、对我国建立交易信息报告体系的建议

当前，我国正全面深化资本市场改革，增强金融服务实体经济能力，需要加强金融基础设施建设，提升金融服务效率，防控系统性金融风险。按照国际通行分类，金融基础设施分为支付系统（PS）、中央证券存管（CSD）与证券结算系统（SSS）、中央对手方（CCP）、交易报告库（TR）和其他金融市场基础设施等。针对交易报告现存问题，结合欧盟交易报告机制建设的启示，对我国建立、健全交易报告体系提出如下建议：

（一）推动报告数据的标准化建设

"书同文，车同轨"，应全面推进行业基础信息的标准化建设，覆盖交易对手方、交易金融工具、交易行为、交易场所等各领域，实现交易数据的标准化、代码化报告，降低信息流通成本。

（二）逐步建立统一的数据报告制度

在资本市场，应建立统一的交易报告制度，建立或完善现有交易报告库，交易参与机构直接向交易报告库提交报告。交易报告库整合不同监管机构、自律组织的数据要求，实现特定交易一次性报送，提高报告效率。探索通过注册、特许等方式，引入数量合理、技术过硬的报送服务第三方，协助报送义务人报告交易信息，提升报告效率与数据质量。

（三）建立高效的数据服务与共享机制

报告数据信息向社会公众、交易参与者、监管机构、自律组织分层提供。在数据应用服务方面，提供高效、安全的数据共享途径，全面服务于监管机构、自律组织和其他权力机

构，有利于监测监控市场运行情况；服务于报送义务人和其他投资者，分权限获取不同类别、不同层级、不同时效的数据信息，提供交易决策参考，提升整个市场效率。建立高效的信息共享机制，交易信息通过交易报告库，实现与各监管机构数据的交换共享。

（四）适时推进数据服务收费

在交易报告生态体系建立过程中，要充分考虑参与机构的可持续性和制度规章的合理性。根据交易报告体系中不同参与主体的角色，制定合理的收费结构，适当收取费用，提高参与者重视程度，降低数据服务成本，分摊监管成本，更好地推进市场化服务。

我国私募科技监管的电子签约视角探析

钟振东[*]

一、引言

近年来,我国私募行业发展迅速,截至 2018 年底,中国证券投资基金业协会已登记私募基金管理人 24 448 家,管理基金规模达 12.78 万亿元。然而,随着私募经营机构的爆发式增长,也难以避免地产生诸多突出问题,如私募行业电子信息化落后、信息透明度低、少数机构缺乏合规诚信意识、风险事件和诉讼事件频出等,致使监管部门在行业风险化解与维稳方面承受着前所未有的压力。因此,寻找监管"抓手",有效遏制私募违法违规行为,防范行业系统性风险俨然成为当前监管部门的第一要务。基于上述思考,我们从目前私募电子签约尝试中发现,电子签约具有科技监管的自然属性,能够巧妙地将行业本不透明的业务流转化成信息流,可以结合运用大数据、人工智能、区块链等技术,使得电子签约天然成为科技监管的重要抓手。为了满足服务行业与监管的要求,建设好电子签约平台不但可以解决合同欺诈、电子存证、信息孤岛、穿透核查等痛点难点问题,而且可以解决监管信息和数据的来源及真实性问题,从而达到有效地降低监管成本,提高监管效率,真正实现科技监管的目的。

二、电子签约与私募科技监管的内在逻辑关系

(一) 电子签约的自然属性

1. 合规信用属性

合规信用是电子签约的属性之一,它与私募行业规范运作、诚信自律的监管要求高度匹配。首先,电子签约平台业务和流程设计上内嵌了私募法律与监管要求,且动态地与相关的

---

[*] 作者单位:中证机构间报价系统股份有限公司。

法律法规、部门规章、自律规则等保持一致,以确保电子签约产生的电子合同与纸质合同具有同等法律效力,间接保证了私募经营机构在签约平台开展业务相关运营工作及流程上的合规性。其次,电子签约业务具有行业公共性的特点及对监管有重要意义,这决定了必须由具有独立性和公信力的第三方机构为市场提供服务,一方面避免市场各类机构可能出现的角色和利益冲突,另一方面也防止市场中可能发生的道德风险。独立的第三方电子签约平台提供电子签约服务为市场交易各方增强了信任基础,无形中大大降低了市场交易成本。

2. 信息留痕属性

《电子签名法》要求电子签约通过可靠的电子签名、可信的电子认证等方式对数据电文等信息进行记载、保管、存证,防止信息丢失、损坏、篡改。电子签约平台可以对私募电子合同等有关的过程数据和结果数据进行记录保全,实现全程信息留痕,让业务流转化成信息流,通过身份认证、数字签名、隐私安全计算等技术手段形成完整有效的电子证据链。

3. 信息中心属性

电子签约是私募行业生态链中重要的一环,看似简单,但实质上电子签约整个过程需要进行信息采集、认证、传递、交互等内外部信息处理,且电子签约依附于业务流,和交易过程密切相关,相关的信息处理必然要求与托管、代销、外包、认证、征信、支付、清算、交易、信息披露、备案等私募相关的各类系统对接,实现信息系统的互联互通。电子签约平台作为集约化运营的金融基础设施,天然地成为私募行业重要的信息交换和汇聚中心,自然形成的数据仓库是行业重要的数据基础,也是监管部门实现私募科技监管的重要支撑。

4. 技术安全属性

《电子签名法》对电子签约的信息技术安全有很高的要求,需要构建全方位的信息安全技术体系。电子签约平台不仅要求具有电子签名、数字证书、国密算法等符合国家安全标准的技术和设备,在技术应用、数据安全、隐私保护等方面要遵守信息安全相关的法律法规,同时还需要有相适应的专业技术人员和管理人员,建立内外部信息技术安全保护机制,确保电子签约平台安全运行,为私募行业的运营管理提供可靠的信息技术服务。

5. 数据穿透属性

电子签约全程记载了私募业务交易信息,可从过程到结果进行层层追根溯源。市场中部分私募产品被过度包装后,其业务本质容易被其表象掩盖,产品嵌套后的底层结构和责任关系难以辨别。电子签约服务本身面向私募行业需要直接签约的相关机构、产品和个人,电子签约平台可以把整个私募业务信息流穿透连接起来,做到对私募主体及其行为进行精准定位与细分,形成丰富全面、多维立体的数据档案,通过数据穿透方式摸清私募运营背后的"事实真相"。

6. 数据协同属性

电子签约是多方参与数据认可和数据协商的过程,其优越性在于方便实现数据协同。私募签约相关的敏感数据关系到金融安全和隐私保护,有关各方对自身数据保护均有较高的诉求,如一些参与方对数据采用多分级、强隔离等措施进行保护,就是对数据资源的流动和使用提出更高要求的体现。电子签约平台可以通过隐私安全计算等技术手段,在满足各参与方自身数据保护的前提下实现数据协同,这既能实现在合法授权下对数据的有效获取,又能避免数据流动中隐私数据的泄露,让私募数据共享,实现安全高效协同。

(二) 私募科技监管的基本内涵

近年来，科技监管在国内外得到了监管部门的高度重视。在国外，英国金融行为监管局（FCA）于 2016 年提出了发展监管科技（RegTech），即采用新型技术手段有效满足对金融机构监管与合规要求。在国内，中国人民银行于 2017 年印发了《中国金融业信息技术"十三五"发展规划》，明确提出了推动新技术应用，提升金融监管效能，降低金融机构合规成本。随后，中国证监会也于 2018 年正式发布实施《中国证监会监管科技总体建设方案》，大力推进监管科技建设，将大数据、云计算、人工智能等新兴技术纳入监管科技范畴，着力提升监管效能。

目前在监管部门的指导下，我国私募行业正在致力于电子签约平台建设，与此同时，鼓励私募经营机构使用电子签约也正在有序推广，这不仅使得私募行业的业务流正逐步地转化为信息流，而且还使得大数据、人工智能等技术在私募监管中有了用武之地，实现科技与监管的有机结合，为监管部门运用科技手段实施私募监管打开了方便之门。

（三）电子签约与私募科技监管的关系

1. 电子签约是私募科技监管的重要基础

电子签约的自然属性与私募科技监管的需求高度契合，监管部门从行业发展高度推动私募行业电子合同签约方式，巧妙地将行业本不透明的业务流转化成信息流，结合近年来大数据、人工智能、区块链等技术在金融监管中的应用，使得私募行业自动化、智能化的风险监测、合规管理变得可能，从而使得电子签约成为私募科技监管的重要基础。

2. 电子签约是私募全程动态监管的重要抓手

现阶段私募行业鱼龙混杂，信息不对称程度高。私募行业采用电子签约自然形成业务信息流和海量数据，有利于监管部门从以往事后被动处置风险的困境中摆脱出来，更及时全面地掌握私募行业发展动态，既方便监管部门对私募行业实施全程动态监管，又方便监管部门利用大数据和人工智能技术对海量数据进行清洗、整理和挖掘，经过层层穿透对涉嫌欺诈、内幕交易、违规代持等违法行为实施事前、事中和事后全方位监管。

3. 电子签约是实施私募前瞻性监管的重要利器

电子签约是一面镜子，它如实记录了私募行业市场主体的行为，无论市场主体行为如何叠加隐藏，市场变化如何扑朔迷离，电子签约数据从一个侧面反映了市场的趋势和动态。尤其基于签约领先于交易的事实，在签约数据基础上形成的行业分析报告，不仅是市场诚实的"天气预报"，还是监管部门洞悉市场动向并采取前瞻性监管措施的重要辅佐工具。

三、当前私募科技监管应将电子签约作为重要抓手

（一）电子签约服务私募科技监管的意义

1. 满足服务监管合规需求

电子签约平台作为服务私募运营管理的行业基础设施，处于市场居间地位，具有行业中立性，是监管部门和自律管理组织对接私募市场主体的桥梁和纽带，通过电子签约平台的运作可实现监管与自律政策向市场的传递，构建引导与被引导、服务与被服务的新型关系。同

时，因电子签约平台本身内嵌了私募法律法规和监管的自律要求，一方面可以帮助私募经营机构在运营流程上合规，另一方面也能够解决托管机构合同回收难等问题，有利于托管机构规范运作。

2. 及时防控私募行业风险

电子签约平台完成了对市场主体身份认证、反洗钱、适当性认证、数字签名等全流程操作记载，并通过区块链、电子存证等技术手段确保数据留痕、不可篡改、持久保存，固定了电子证据的真实性，杜绝了行业"萝卜章""阴阳合同"等风险隐患，同时做到实时跟踪、动态追溯，及时有效防控私募行业风险。

3. 节约有限私募监管资源

电子签约平台需要对接托管、代销、外包、认证、征信、支付、清算、交易、信息披露、备案等私募业务相关的各类系统，完成私募业务相关信息的交换和汇聚。电子签约平台是私募行业内外部信息交互的中心，打破了行业信息孤岛、数据割裂的现状，通过隐私安全计算等技术让数据协同安全高效，可以有效解决私募监管信息和数据的来源问题，大大解放私募监管人力与物力，充分节约有限的私募监管资源。

4. 提升私募行业监管效率

电子签约平台助力私募行业向信息化、网络化、数字化转变，其带来的庞大的数据流量和信息沉淀为私募科技监管应用大数据、人工智能等技术提供了良好的基础，让实时的数据报送、统计监测等监管功能变成现实，便于监管部门及时掌握私募市场动态信息，解决监管部门获取信息滞后的难题，极大地提升私募行业监管效率。

（二）电子签约服务私募科技监管的路径

1. 全程记载见证

电子签约可以记录私募市场主体的在线业务轨迹，实现全程操作留痕。电子签约的全程记载见证主要表现在两方面：一是对私募签约主体身份信息、"双录"信息、签约信息、协同信息等有关过程与结果数据进行记载；二是对全程记载的电子签约数据进行见证，为监管部门提供可信证据，若发生法律纠纷，也可以作为有效的司法证据。电子签约平台可以记载内外部私募业务有关的过程数据和结果数据，通过区块链、数据协同模型、数字加密、网络存储等技术手段让数据可追溯、防篡改、可验证，形成完整可靠的电子证据链，让电子数据变成监管和司法的可信证据。

2. 合规数据报送

电子签约平台作为私募行业数据交换中心，是监管对接市场的重要信息枢纽，解决了监管与市场之间信息断层的问题，实现了私募相关数据的有效流通与共享。相较于传统手工填报数据，电子签约的合规数据报送既可以减少人工干预，防止人为差错，又可以实时采集数据，通过对底层海量数据进行清洗加工，提高数据报送质量，自动形成各类报表，并及时通过接口方式向监管部门和自律管理组织进行合规数据报送，方便其动态实时掌握私募市场运行情况。

3. 底层穿透核查

电子签约可以对私募行业底层进行核查，实现"穿透式"私募监管。私募科技监管的根基是数据，电子签约平台能够协同和汇集私募行业底层数据，将私募运作的"募投管退"

穿透连接起来，通过区块链、隐私安全计算等技术手段囊括各参与主体并核查验证相关数据的真实性和有效性。同时，由于当前"资管新规"对杠杆、通道、嵌套等有了明确监管要求，电子签约平台通过结合大数据、人工智能等技术即可进行深度数据挖掘，根据签约主体与签约行为的对应关系洞察私募签约中关联图谱、嵌套模式等隐藏信息，提高私募复杂产品的透明度。

4. 市场统计分析

电子签约可以实现私募行业数据的收集整理，便于为私募监管提供市场统计分析。私募产品从签约、备案、成立到后续运作，有着传导过程和路径，而电子签约形成的信息流数据可以加工成为市场统计的先导指标，如证券类的私募签约统计数据可以作为反映私募证券市场的先导指标，股权类的私募签约统计数据可以作为反映私募服务实体经济的先导指标等。电子签约数据还可以定期或不定期按照行业统计、专题统计等方式汇编成高质量、有价值的分析报告提供给监管部门，让监管部门及时掌握行业发展态势，如了解产品分布、资金流向、市场走势等。电子签约平台是私募监管的大数据分析中心，可以建立私募行业的底层数据库，结合聚类分析等技术方法，细化数据粒度，根据私募监管需求对主数据、元数据、参考数据等不同维度数据进行治理和管控，为监管部门提供全面及时精准的数据统计、信息检索、报告分析等服务支持。

5. 风险监测监控

通过电子签约，可以实时掌握私募市场的运作动态信息，方便私募市场风险监测监控。私募经营机构的活跃度可以根据电子签约进行分析，如出现异常募资行为、关联交易行为、同一私募经营机构下不同产品的利益输送或转移行为等，都将被纳入监测监控范围，不放过任何"蛛丝马迹"。电子签约平台是私募市场运作自然延伸的合规风控平台，可以根据监管需求建立全方位、多维度的风险监测体系，为私募风险识别、计量、评估、分析、监控等提供量化技术支持，运用数据可视化工具（如仪表板、信号灯、指标图谱、分布地图等）实时对私募市场数据进行动态呈现，对于私募市场主体运作异常情况能够主动发现、提前预警、准确捕捉，为私募监管及时提供有价值的信息。

6. 监管辅助服务

电子签约可以为监管部门非现场检查、稽查办案提供监管辅助服务。电子签约平台能够为监管调查取证提供完整的电子证据，结合人工智能、机器学习、自然语言处理等技术对可疑私募主体进行画像，实现情景的模拟、分析和还原，为私募执法办案及时提供情报线索和历史调查，成为私募监管重要的定制辅助工具。

四、利用电子签约强化私募科技监管需要重点解决的几个问题

（一）做好电子签约私募科技监管的顶层设计，加大政策支持

监管部门在支持电子签约发展的同时，要围绕私募科技监管明确其定位和方向。建议监管部门将电子签约作为重要抓手并纳入私募科技监管政策规划中，统筹考虑私募市场监管差异化应用，支持以电子签约为驱动来设计具有星型拓扑结构的技术监管框架，确保电子签约基础设施平台建设具有前瞻性、持续性、拓展性，避免无序重复建设。

（二）制定电子签约私募科技监管相关制度规范，建立标准体系

要使电子签约能够有效地服务于私募科技监管，推动其规范应用和标准管理是不可或缺的。建议监管部门制定相关制度规范，持续完善现有法规要求，有序推进标准化体系建设，从技术标准、系统应用、权限管理、接口规范、数据治理、安全算法、统计口径等方面规定电子签约服务私募监管的职能，切实保障电子签约服务私募科技监管的有关工作高效有序开展。

（三）构建电子签约应用新兴技术的"监管沙盒"，确保安全可控

电子签约作为新兴技术发展的产物，对于提升私募监管、风险甄别和防范能力是毋庸置疑的，但是监管部门须掌握其关键核心技术的主导权，以切实做到对创新技术本身的监管和引导。建议监管部门采用"监管沙盒"模式，预先划定监管边界，在安全可控的范围内支持电子签约基础设施平台试点应用大数据、人工智能、区块链等新兴技术，坚持高可用、高安全、可扩展的技术体系建设原则，切实将成熟稳定的技术成果服务于私募监管。

（四）加强电子签约私募科技监管相关数据管理，规范数据使用

电子签约是私募科技监管的重要数据来源，在数据收集、数据交换、数据清洗、数据加密、数据共享、数据脱敏、数据存储等数据管理中可发挥基础性作用，而规范数据使用范围、使用方式和使用权限是服务私募监管的前提。建议监管部门制定私募监管数据使用管理规范，加强数据调度与管控，提高数据管理的质量和效率，实现私募科技监管信息的有效获取。

（五）建立电子签约私募科技监管信息安全机制，提升防护能力

在电子签约服务私募科技监管的过程中，电子签约的系统安全、数据安全、网络安全等信息安全保障不容忽视。建议监管部门主导构建以电子签约为依托的可信存证体系，指导中证报价等电子签约基础设施平台建设单位及相关机构建立防火墙、隔离墙、容灾备份、授权保密、隐私保护、代码审计、压力测试等安全机制，取得国家信息安全有关认证，不断提升系统、数据、网络等信息安全防护能力，确保电子签约平台能够安全稳定运行。

（六）加大电子签约私募监管的科技力量投入，培育专业人才

电子签约是私募行业生态圈中的重要一环，以电子签约为抓手的私募科技监管涉及数字签名、大数据、人工智能、区块链等专业信息技术，因此，要使电子签约真正发挥科技监管功能，必须更多地依赖于信息技术，以及具有行业运营管理经验、熟悉风控合规、了解监管要求的复合型专业技术人才。建议监管部门将推动私募行业电子签约提升到战略发展与科技监管的新高度，成立专项工作临时机构，整合内外部资源，指导中证报价等电子签约基础设施平台建设单位及相关机构加大技术研发投入与储备，开展专业技术培训，培养壮大人才队伍，为实施私募科技监管提供保障。

（七）夯实电子签约服务私募科技监管的基础，开展协同监管

电子签约作为私募市场运作的基础性应用，其规范性、统一性、稳定性等对于私募科技监管的有效开展至关重要。为了避免市场有关各方对其"画地为牢""各自为战"，导致信息不对称和无序竞争局面的出现，建议监管部门会同工商、工信、公安、司法等有关部门就夯实私募电子签约基础所涉及的科技监管相关事宜进行磋商，明确定位，各司其职；同时指导专项工作临时机构，建立协同监管的长效机制，促进市场有关各方在信息共享、系统建设、监管稽查、司法鉴定等方面加强分工与协作，合力打造安全、互信、高效的私募科技监管体系，推动我国私募行业健康稳定发展。

五、结语

综上所述，推动私募电子签约方式是监管部门从促进行业健康发展角度出发，站在建设行业基础服务设施高度实施的一项重要举措。电子签约因巧妙地将私募行业不透明的业务流转换成信息流，其自然形成的市场基础数据和市场动态信息为私募科技监管提供了重要抓手；与此同时，电子签约天然成为私募科技监管的出色载体，打通了私募监管与市场的"最后一公里"，便利监管部门实施主体监管、行为监管和动态监管，显著降低监管部门与被监管对象之间的合规博弈成本，大大提升监管与市场的整体效率，减少市场交易成本，有效防控行业风险，让监管与市场共同受益，不断趋向帕累托最优。为此，建议监管部门从促进私募行业规范健康发展角度，做好电子签约顶层设计，服务市场，服务监管，并使私募电子签约真正发挥最大效用。

绿色评级助力我国绿色债券市场行稳致远

方怡向[*]

自党的十八大把生态文明建设纳入中国特色社会主义"五位一体"总体战略布局以来，绿色金融逐步上升为国家战略，在自上而下的政策驱动下，中国绿色金融取得快速发展。2016年发展至今，绿色发展顶层设计确立，绿色金融体系逐渐形成，绿色金融改革创新试验区的绿色金融创新探索如火如荼，绿色金融基础设施建设逐步完善。绿色金融的健康可持续发展需要解决环境及可持续发展要素的内生化及环境、社会与公司治理（Environmental, Social and Governance，简称ESG）信息的充分披露问题。信用评级机构在评级过程中系统地考虑环境效益/成本的内生化机制，在评级中系统地整合企业的ESG信息，对推动绿色金融市场的蓬勃发展具有重要意义。

一、绿色债券市场发展概况

（一）发行数量及规模连年增长，绿色债券市场稳中向好

我国绿色债券市场于2016年正式启动，经过近3年的跨越式发展，截至2019年8月底，境内"贴标"绿色债券累计发行413只、发行规模8 234.97亿元，发行数量及规模连年增长（见图1、表1）。

（二）发行主体向国企集中，主体信用级别集中于高信用等级

我国绿色债券发行主体覆盖地方国有企业、中央国有企业、公众企业、民营企业、中外合资企业以及外商独资企业。2016年到2019年8月在209个绿色债券发行主体中，地方国有企业133个，占总发行数量的64%；中央国有企业30个，占总发行数量的14%。国有企业性质发行人占比近八成，且从2016年到2019年进一步向国企集中（见图2）。在民营企业整体融资环境收紧的背景下，采用绿色债券融资的民企占比也显著下降。

---

[*] 作者单位：东方金诚信用管理（北京）有限公司。

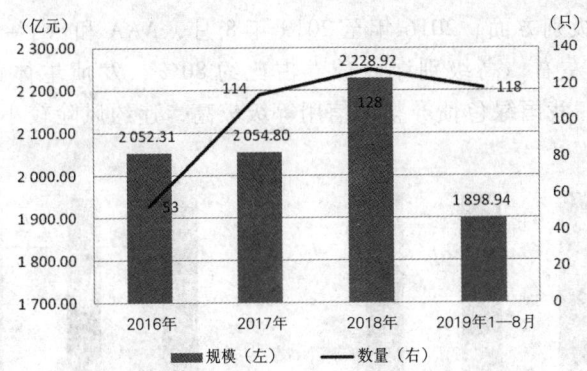

图1 2016—2019年8月我国境内"贴标"绿色债券发行数量、规模及前十大发行额债券

表1 前十大发行额债券规模 （单位：亿元）

前十大发行额绿色债券简称	发行规模
18兴业绿色金融01	300
18兴业绿色金融02	300
G三峡EB1	200
19兴业绿色金融01	200
16兴业绿色金融债02	200
16兴业绿色金融债03	200
16浦发绿色金融债01	200
16交行绿色金融债02	200
17交通银行绿色金融债	200
16浦发绿色金融债02/ 16浦发绿色金融债03/ 17北京银行绿色金融债	150
合计	2 150

资料来源：Wind，东方金诚信用整理。

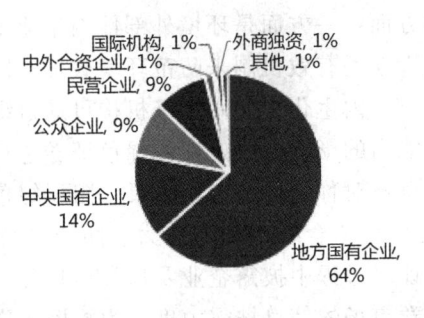

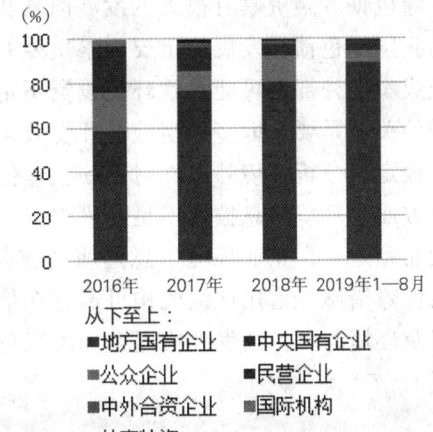

图2 2016—2019年8月（左）及分年度（右）绿色债券发行主体类型分布

资料来源：Wind，东方金诚信用整理。

主体及债项信用级别方面,2016 年至 2019 年 8 月,AAA 和 AA+等高级别的发债主体占比基本维持在 70% 左右,高级别绿色债券占比约 80%,发债主体最低信用级别为 A+(见图 3)。整体来看,我国绿色债券整体信用等级较高,违约风险较小。

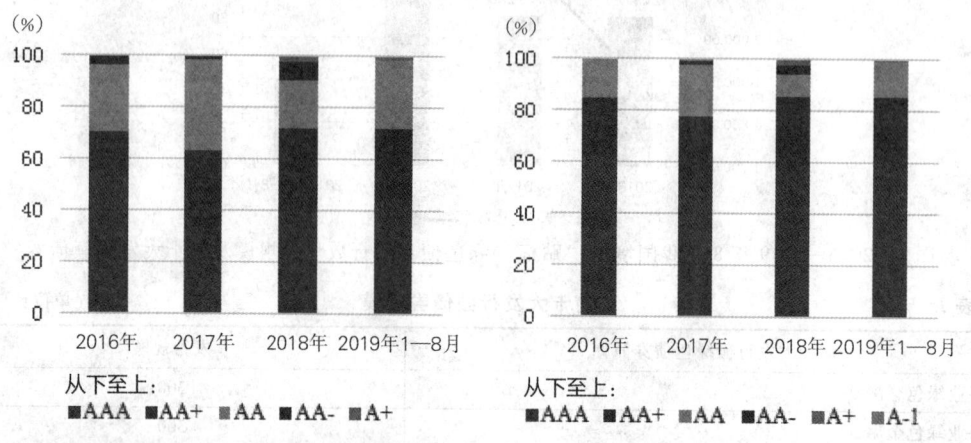

图 3 2016—2019 年 8 月绿色债券发行主体级别(左)及债项级别(右)分布

资料来源:Wind,东方金诚信用整理。

二、制约绿色债券市场发展的因素

尽管绿色债券发展迅速,但相比整个资本市场而言,绿色债券的规模占比仍较低。截至 2019 年 8 月,我国绿色债券存量规模为 7 000 亿元①,在整个存量债券市场规模的占比仅为 0.75%。存量绿色债券的规模也远小于另一类主要绿色金融产品——绿色信贷的规模。根据中国银保监会数据统计,截至 2019 年 6 月,我国绿色信贷余额已超过 10 万亿元,绿色债券存量规模不及绿色信贷余额的 1/10。根据发达国家金融发展经验,随着金融体系的不断成熟与完善,以债券、股票等证券形式的直接融资占比将逐步提高。因此,未来绿色债券、绿色股票等绿色证券融资具有很大的发展前景和空间。

制约我国绿色债券发展的重要因素主要有两方面:一方面是环境外部性内生化不足,环境效益或成本的外部性可能导致环境投资不足或者缺乏有效机制来防范环境破坏,因而绿色金融发展的关键是要采取多种措施使环境效益或成本内生化。信用评级机构可通过绿色证券的信用评级定量分析环境外部性对受评主体偿债能力的影响,更好地为绿色证券进行风险定价。另一方面是环境信息披露不足,供需双方信息不对称是导致市场失灵、阻碍绿色金融发展的重大瓶颈之一,企业环境信息透明披露是提高绿色金融市场公信力、防止"漂绿"行为的重要保障措施。信用评级机构可通过在信用评级过程中披露企业及债券项目环境与可持续风险以及环境与可持续发展机遇,加大绿色证券市场的信息披露力度,为投资者决策提供更多依据。

---

① 此处未统计 ABS/ABN。

三、绿色评级对绿色债券市场的作用与意义

绿色评级是指在一般信用评级的基础上,将 ESG 因素纳入评级要素,综合评估上述因素对发债主体及债券信用风险的影响。绿色评级需将环境效益或环境成本内部化为受评主体或债券募投项目的现金流入或流出,从而对受评主体或债券的信用质量产生影响。绿色评级通过对环境效益以及环境成本内部化为现金流的机制进行分析,包括但不限于政府补贴、税收优惠、政府采购、环境配额交易、收费权等直接方式以及政府支持等间接方式带来的现金流入,环境税费、罚款或惩罚性税收、诉讼等直接方式以及环保领域黑名单联合惩戒等间接方式带来的现金流出等,评估绿色要素对企业偿债能力的影响分析,揭示企业环境、社会和公司治理风险,对于推动绿色债券市场发展及负责任投资具有重要意义。

(一)绿色评级是绿色金融体系的重要组成部分

目前,我国已经建立起了较为完善的绿色金融政策框架,包括我国政府出台的全球第一个绿色金融顶层制度,即 2016 年中国人民银行等部门联合印发的《关于构建绿色金融体系的指导意见》,以及与此配套的绿色债券、绿色信贷、评估认证、信息披露等一系列具体政策,为绿色金融的规范发展提供了制度保障。但现行绿色金融标准体系与我国构建绿色金融体系的总体要求仍有一定差距。

早在 2015 年,中国人民银行发布的《构建中国绿色金融体系》就提出包括建立绿色评级在内的 14 项政策建议,建议评级公司在合理确定评级标准与方法的基础上,可通过引入双评级机制启动绿色评级试点。2017 年 6 月公布的《金融业标准化体系建设发展规划(2016—2020)》将"绿色金融标准化工程"列为"十三五"时期金融业标准化的五大重点工程之一。绿色金融标准是构建绿色金融体系、促进绿色金融健康发展的技术支撑和基础性制度,而绿色信用评级标准是绿色金融标准重要的组成部分之一。2019 年中国人民银行征信管理局对绿色债券信用评级标准征求意见,推进了绿色金融标准工作的深入开展。

作为绿色评级的主要实施机构,信用评级机构是绿色金融体系重要的参与力量,对构建绿色评级体系、评估环境效益/成本内生化对企业偿债能力的影响、引导绿色投资以及降低绿色评级项目融资成本承担着重要作用。

(二)衡量绿色债券信用风险,更准确地为绿色债券进行风险定价

信用评级机构在开展对绿色债券受评主体或债券的信用评级时,在传统评级模型中加入 ESG 因素,衡量绿色债券特有属性对发债主体行业及区域环境、治理与管理、经营情况、现金流以及外部支持等方面的影响,从而判断绿色债券发行人的偿债能力与偿债意愿,为证券定价提供依据。结合评级实践,本文认为自然环境效益或成本的内部化将给受评主体或特定项目带来直接或间接的现金流入或流出,从而可能对受评主体或债项的信用质量产生影响,进而构建了一个分析自然环境效益或成本内部化所致的现金流影响受评主体或特定债项信用风险程度的基本框架(见图 4)。基于此框架,东方金诚开发了绿色债券信用评级方法,主要通过分析绿色债券受评主体从事的业务或绿色债券募投项目的绿色效益/环境成本的内部化现金流的程度判断绿色债券受评主体的信用风险是否受到绿色因素的显著影响,以及绿色

债券本息的受保障程度是否显著异于同一受评主体的其他债项,在此基础上评定绿色债券受评主体和绿色债券的信用等级,更准确地为绿色债券进行风险定价。

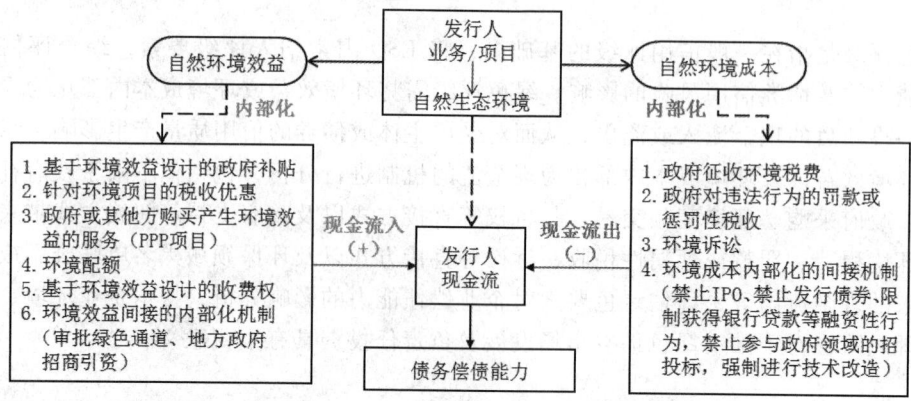

图 4 东方金诚自然环境效益/环境成本的内部化机制及现金流预测

(三)披露绿色债券特有属性,减少绿色资本市场的信息不对称

资本市场本身存在着严重的信息不对称问题,投资者获取和处理信息的成本极其高昂。而评级机构作为信息中介,由于其具备专业化的信息搜集和处理能力,可以通过专业的人员、规范高效的工作流程和方法,提供真实可靠的公共信息和建议,并因此显著降低绿色金融识别成本,提升市场流动性和配置效率。

绿色债券作为一种重要的绿色资产,其绿色属性是区别于其他资产的重要特征,投资人关注绿色资产,看重的也正是绿色资产更具有可持续性。2019 年 3 月,根据绿色金融标准研究任务分工,中国人民银行征信管理局向各家信用评级机构征求意见,着手标准的制定工作,标准将对绿色债券的评级给出更丰富和更严格的信息披露要求。标准要求绿色债券评级信息披露除了符合现行的评级监管要求和自律规则外,在发行时要对募投项目的绿色属性、预期环境效益目标、资金管理及信息披露管理制度等信息进行额外披露;在绿色债券存续期间,还需要持续跟踪募集资金使用情况、募投项目进展情况、环境效益实现情况等。评级机构对绿色债券真实、详尽的披露,可以显著降低投资人获取绿色债券相关信息的成本,增强对绿色债券潜在风险和收益的认识,减少信息不对称。

(四)系统整合 ESG 因素,更好地服务负责任投资

随着公众对社会责任和可持续发展问题的愈发重视,ESG 投资获得了国际绿色投资者的广泛关注。根据全球可持续投资联盟 2018 年的报告,截至 2018 年底,全球 ESG 投资资产规模达到 30.7 万亿美元,相较于 2016 年增长了 34%。2018 年 11 月,中国证券投资基金业协会发布了《绿色投资指引》,引导我国从事绿色投资活动的基金管理人培养长期价值投资取向、树立绿色投资行为规范,我国资本市场的 ESG 责任投资也开始起步。

绿色投资人在采用 ESG 投资策略时,除了考虑传统的财务信息之外,需要将 ESG 表现,即环境、社会和公司治理方面的非财务因素纳入决策依据,但目前企业 ESG 信息的碎片化和不透明成为制约 ESG 投资的主要问题之一。面对投资者和监管机构对 ESG 数据需求的不

断增加，评级机构作为具备专业化信息搜集和处理能力的中介机构，可以成为提供ESG数据、ESG表现、ESG评级的重要力量。实际上，目前国际三大评级公司都已经开始了相关的研究。2019年1月，惠誉评级宣布推出全球首个结合ESG因素的企业信用评级系统，而穆迪和标准普尔也正努力在传统的信誉评级之外拓展ESG评级服务。

（五）驱动企业改善ESG表现

评级机构给予企业的信用等级对企业的融资能力以及融资成本的高低有重要影响。在对绿色债券受评主体或债券进行信用评级时，评级机构可以将企业ESG表现以及该表现对企业偿债能力和偿债意愿的影响作为评级要素列示，并说明该因素对评级结论的影响。绿色债券发行人为获得更高的评级，就不能只关注自身的财务情况，还要关注自身的ESG表现，关注企业发展的可持续性。这将有利于企业在发展过程中加强自我认知，实行自我监督，及时调整短期经济利益和长期可持续发展之间的关系，提高管理效率。

如果评级机构能够更进一步地将ESG因素纳入传统评级模型中，或在传统信用评级之外开展更有针对性的ESG评级服务，使资本市场普遍认识到企业的ESG表现与企业盈利能力、发展前景的正相关性，那么将推动绿色债券发行人乃至所有融资主体平衡自身效益、环境利益和社会利益，进而推动整个经济和社会的长期可持续发展。

四、信用评级机构进一步促进绿色证券市场发展的建议

（一）加速推动绿色金融标准化工程建设

随着国内绿色金融的发展，我国绿色金融标准体系建设稳步推进。但目前我国绿色金融标准仍不完备、不统一，业务发展先于标准制定的问题依然比较突出，构建统一完备的绿色金融标准体系迫在眉睫。

一是绿色债券第三方评估认证。2019年3月，国家发改委、中国人民银行等七部委联合印发《绿色产业指导目录（2019年版）》（以下简称《目录》），规范了绿色产业和项目的标准与范围，此后该《目录》替代国家发改委《绿色债券发行指引》中的绿色项目适用范围，成为绿色企业债的项目判定标准。绿色金融债、绿色公司债和绿色债务融资工具的界定标准目前依然沿用绿色金融专业委员会编制的《绿色债券支持项目目录》。现行两种绿色债券项目判定标准仍存在一定的差异，绿色债券支持项目类别尚未完全统一，为市场参与者带来投融资的困惑。建议绿色债券标准的制定在国内统一的基础上还要考虑到国际范围内的接轨，推动我国绿色债券标准国际化，为绿色资本的跨境流通提供便利。

二是绿色债券信用评级。绿色债券信用评级是绿色金融标准体系建设的重要内容之一，目前国内尚未建立面向绿色债券的绿色评级体系。建议在绿色债券信用评级的尽职调查过程中，评级机构应在符合现行的评级监管要求和自律规则的基础上，充分了解绿色债券发行主体的可持续发展战略、环境管理体制机制、环境和社会责任表现以及绿色项目具体情况等内容；在评级分析过程中，应在一般债券评级分析的基础上，考虑募投项目的绿色属性、募集资金使用合规性以及绿色项目环境效益表现等，将自然环境因素纳入评级框架，进一步评估绿色属性可能给债券信用风险带来的影响，同时鼓励信用评级机构将企业ESG表现纳入信用评级分析框架，并披露ESG表现评价结果对信用等级的影响。此外，应尽快发布统一的

绿色债券信用评级标准，规范各信用评级机构绿色金融业务标准，系统评估发行人对绿色债券的偿债能力及债券的违约风险，为绿色债券的发行定价提供科学的依据。

（二）信用评级机构应加强自身能力建设，提升绿色金融业务能力

在绿色债券信用评级方面，一是对绿色债券、非绿色债券要努力实现差异化评级；二是绿色债券评级要指导绿色债券融资成本；三是通过绿色评级培养绿色债券投资者；四是评级机构应对环境风险要有前瞻性的压力测试。这就要求信用评级机构加强自身能力建设，加大研发及人员投入，提前研发适用于本信用评级机构的、可操作性强的绿色债券信用评级方法，加大对非财务因素的关注，科学评估环境外部性，为绿色金融产品定价提供依据，使环境友好型企业根据绿色信用评级结果，在银行贷款、债券融资、政府贴息中获得相应的优势，使绿色金融红利落到实处。

（三）积极开展企业/项目的绿色评级与 ESG 评级

信用评级机构可借助自身优势开展企业主体绿色评级。以经济和社会可持续发展为原则的企业/项目的 ESG 评级，综合衡量了企业的经济效益、环境效益和社会效益，能够有效识别出企业或项目的 ESG 风险，便于投资者发现各行业环境友好程度高、可持续发展能力较强的"三优"企业或项目的投资机遇。为促进我国绿色金融市场的发展，目前国家和地区出台了一系列支持绿色企业发展、融资的政策，如上交所、深交所及银行间交易商协会均认可绿色企业主体所发行的债券可直接认定为绿色债券，为绿色企业发起设立绿色发展基金、组建政策性融资担保机构、贷款贴息等。但目前我国对绿色企业主体的评价尚未有统一的标准，评级机构可借助自身优势，在绿色债券信用评级的基础上，增加对企业主体的绿色评级，有效评价企业在环境保护方面做出的实际贡献，以不同等级去区分，让投资者、金融机构、政府部门以及社会公众更加全面地了解企业的绿色程度，也使受评绿色主体能够真正得到市场各方的支持。

绿色债券信息披露制度研究报告

中国证券业协会绿色证券委员会绿色债券信息披露制度研究课题组*

一、绿色债券品种概况及市场发行情况

绿色债券是近年来绿色金融领域大力发展的融资工具。目前,中国人民银行,中国证监会,沪、深证券交易所,国家发展改革委,中国银行间市场交易商协会等主管机关均制定了相关政策指引,相应推出绿色金融债、绿色公司债、绿色企业债、绿色债务融资工具等债券类品种。截至2019年6月,市场累计发行各类贴标绿色债券共计391只,累计发行规模达到8 056.06亿元(见表1)。

表1　　　　　　　　　　　绿色债券发行统计

类别	数量(只)	发行规模(亿元)
绿色金融债券	125	4 993.20
绿色公司债券	102	1 072.18
绿色企业债券	65	880.20
绿色债务融资工具	53	545.60
绿色资产支持证券	46	564.88
合计	391	8 056.06

资料来源:Wind。

二、绿色债券信息披露政策汇总及比较

从政策文件、申报发行披露要求、存续期信息披露要求等方面,本文梳理了不同绿色债

---

* 课题组成员来自国泰君安证券股份有限公司、中证金融研究院、广发证券股份有限公司、西部证券股份有限公司、中山证券有限责任公司、中国银河证券股份有限公司、安永会计师事务所以及中央财经大学绿色金融国际研究院。

券类品种信息披露相关规则与要求（见表2）。

表2　　　　　　　　　　　国内绿色债券信息披露政策要求

债券品种	政策文件名称	申报发行阶段主要披露要求	存续期阶段主要披露要求
绿色金融债券	1.《中国人民银行关于在银行间债券市场发行绿色金融债券有关事宜的公告》（中国人民银行公告〔2015〕第39号） 2.《中国人民银行关于加强绿色金融债券存续期监督管理有关事宜的通知》（银发〔2018〕29号），含《绿色金融债券存续期信息披露规范》《绿色金融债券募集资金使用情况季度报告模板》和《绿色金融债券募集资金使用情况年度报告模版》	重点强调募集说明书应包括募集资金拟投资的绿色产业项目类别、项目筛选标准、项目决策程序、环境效益目标以及绿色金融债券募集资金使用计划和管理制度等；出具募集资金投向绿色产业项目的承诺函；鼓励提交独立的专业评估或认证机构出具的评估或认证意见	鼓励发行人按年度向市场披露由独立的专业评估或认证机构出具的评估报告并实施持续跟踪评估；发行人应当按季度向市场披露募集资金使用情况报告、绿色项目进展情况
绿色公司债券	1.《中国证监会关于支持绿色债券发展的指导意见》（中国证券监督管理委员会公告〔2017〕6号） 2.《关于开展绿色公司债券试点的通知》（上证发〔2016〕13号） 3.《深圳证券交易所关于开展绿色公司债券业务试点的通知》（深证上〔2016〕206号）	重点强调募集说明书应当披露拟投资的绿色产业项目类别、项目认定依据或标准、环境效益目标、募集资金使用计划和管理制度等内容；发行人应当提供募集资金投向（募集说明书约定的）绿色产业项目的承诺函；鼓励发行人提交由独立专业评估或认证机构就募集资金拟投资项目属于绿色产业项目所出具的评估意见或认证报告；鼓励信用评级机构将发行人的绿色信用记录纳入其信用风险考量	发行人应当按照相关规则规定或约定披露绿色公司债券募集资金使用情况、绿色产业项目进展情况和环境效益等内容，受托管理人在年度受托管理事务报告中应当披露上述内容；鼓励发行人按年度向市场披露由独立的专业评估或认证机构出具的评估意见或认证报告并实施持续跟踪评估
绿色企业债券	《绿色债券发行指引》（发改办财金〔2015〕3504号）	未作特别要求	未作特别要求
绿色债务融资工具	《非金融企业绿色债务融资工具业务指引》及配套表格的公告（中国银行间市场交易商协会公告〔2017〕10号），具体包含《非金融企业绿色债务融资工具业务指引》、M.16表（绿色债务融资工具信息披露表）和GP表（绿色评估报告信息披露表）	发行人应在注册文件中明确披露绿色项目的具体信息，包括但不限于绿色项目的基本情况、所指定绿色项目符合相关标准的说明和绿色项目带来的节能减排等环境效益目标；鼓励第三方认证机构对企业发行的绿色债务融资工具进行评估，出具评估意见并披露相关信息；发行人应承诺将所募集资金全部用于绿色项目，且符合法律法规和国家政策要求	发行人应至少于变更前5个工作日披露变更公告；应每半年披露募集资金使用和绿色项目进展情况；鼓励第三方认证机构在评估结论中披露债务融资工具绿色程度，并实施跟踪评估

续表

债券品种	政策文件名称	申报发行阶段主要披露要求	存续期阶段主要披露要求
绿色资产支持证券	1.《上海证券交易所资产证券化业务问答（二）——绿色资产支持证券》 2.《关于开展绿色公司债券试点的通知》（上证发〔2016〕13号） 3.《深圳证券交易所关于开展绿色公司债券业务试点的通知》（深证上〔2016〕206号）	就绿色资产支持证券做出界定，满足"基础资产属于绿色产业领域""转让基础资产所取得的资金用于绿色产业领域"和"原始权益人主营业务属于绿色产业领域"中的其一即可，但需计划管理人进行核查并出具核查意见	计划管理人应在年度资产管理报告中披露绿色资产支持证券的认定情况、认定涉及的绿色项目、具体领域及其产生的环境效益等

从以上情况可以看出，在信息披露政策上具有较为规范要求的是绿色金融债券、绿色公司债券以及绿色债务融资工具三个品种，三者都要求在申报发行阶段披露募集资金拟投资的绿色产业项目类别、项目筛选标准、项目决策程序、环境效益目标以及募集资金使用计划等内容；在存续期阶段披露募集资金使用情况和募投项目进展情况；鼓励发行人按年度向市场披露由独立专业评估或认证机构出具的评估报告。

三者在披露细节上也有个别差异。例如，在募集资金使用情况方面，绿色金融债要求每季度披露，而绿色公司债则要求按年度披露即可；在年报中披露募投项目情况方面，相比其他品种，绿色公司债券更具体地规定了披露内容的范围。

另外，从对第三方认证的要求来看，除了发改委企业债无须第三方认证之外，其他品种都鼓励第三方进行绿色认证。中国人民银行、中国证监会制定了《绿色债券评估认证行为指引（暂行）》，规定了评估认证机构开展绿色债券评估认证业务应当具备的资质、评估认证机构及从业人员开展绿色债券评估认证业务应该遵守业务承接规定等内容。

三、国际绿色债券市场信息披露情况

（一）国际绿色债券认证标准与信息披露要求

目前，全球大部分地区自愿遵守国际组织发布的绿色债券准则，主要是国际资本市场协会（International Capital Market Association，ICMA）与国际金融机构合作推出的自愿性指导方针《绿色债券原则》（Green Bond Principles，GBP），以及气候债券倡议组织（Climate Bond Initiatives，CBI）的《气候债券标准》（Climate Bond Standards，CBS）。两项准则共同构成了国际绿色债券市场执行标准的基础。

国际认证机构为绿色债券项目提供的是否符合"绿色"标准以及测评环境收益的认证，被称为"第二意见或补充意见（Second Opinion）"。在绿色债券发行以后，相关机构也出具进一步对募集资金具体用途和环境效益的审查报告和评测，以评判发行主体表现，并向市场公布。

《绿色债券原则》与《气候债券标准》两项标准交叉援引、互为补充，同时也存在个别差异，具体对比情况如表3所示。

表 3　　　　　　　　　　　　　国际绿色债券信息披露标准对比

标准名称	绿色项目分类重合内容	绿色项目差异	第三方认证	信息披露要求
《绿色债券原则》（GBP）	1. 可再生能源 2. 清洁交通 3. 废弃物处理 4. 污染防治 5. 减少气候变化	1. 强调能源效率 2. 强调水资源管理	建议外部第三方认证	发行人需公布资金使用方向，每年至少提交一次项目情况表格，对绿色项目的环境效应进行披露
《气候债券标准》（CBS）		1. 强调减缓碳排放 2. 强调环境保护	与验证机构合作	未作明确规定，建议发行人至少每年披露一次，强调发行人自主披露

（二）典型国家或地区信息披露要求与实际情况

目前，世界各地区关于绿色债券信息披露的规定各不相同。例如，美国未对绿色债券的认证和信息披露出台政府性文件，而是以《绿色债券原则》和《气候债券标准》为市场标准；欧洲市场中，监管机构出具了指引性的规定，但具体执行以及信息披露要求仍以国际资本市场协会和气候债券倡议组织等国际组织的指引性规定为准；中国、日本等国家已出台具体规定及官方指南，要求发行人按照官方要求进行认证和信息披露（见表4和表5）。

表 4　　　　　　　　　　　典型国家或地区绿色债券信息披露细则对比

国家或地区	信息披露细则
美国	无官方标准，遵循自愿性原则，具体参照《绿色债券原则》和《气候债券标准》
欧洲	发布倡议书，为建议指导性质，非强制性官方要求，具体倡议包括： 1. 发行前倡议发行人披露本期绿色债券的环境可持续发展目标、投资人认定该绿色项目符合约定绿色标准的过程、具体的筛选标准； 2. 发行后倡议发行人至少每年一次向投资者提供募集资金使用的最新信息，并报告绿色项目的情况及相关环境影响
日本	日本环境管理局出台了《绿色债券指导方针》作为官方指南，要求： 1. 事先提供相关信息给投资人，具体包括募集资金用途、项目评估和选择过程、募集资金跟踪和管理方法、管理未分配募集资金方法等信息； 2. 发行后至少每年披露一次最新信息，具体包括已用募集资金投资的绿色项目清单、每个绿色项目的简要说明与最新进展、分配至每个绿色项目的募集资金金额、每个绿色项目的预期环境效益、未分配募集资金的信息等； 3. 环境效益计算指标和方法，信息披露的规范示例

表 5　　　　　　　　典型国家或地区绿色债券信息披露实际情况对比

国家或地区	信息披露实际情况
美国	通常以年报的形式，在公司公开网站上公布其绿色债券的情况。因为无强制性规定，企业自愿遵守《绿色债券原则》，因此各企业报告的内容和形式具有较大的差异性
欧洲	以发行人每年自主、自愿发布报告的形式为主，企业之间具有较大的差异，但总体上符合倡议书以及国际原则的要求
日本	虽然环境管理局出具了官方指南，日本公司在实际信息披露过程中仍存在一定的灵活性，并未完全依照其要求的格式逐一披露，各家公司在环境以及绿色产业方面的信息披露程度也不尽相同

相对而言，欧美市场主要以自愿遵循《绿色债券原则》和《气候债券标准》的信息披露形式为主，许多企业绿色意识较强，除了常规的债券信息披露，还在其官方网站等其他公共渠道积极披露环保表现情况。

四、对于绿色债券信息披露制度的相关建议

（一）统一各主管机关信息披露要求

目前国内债券市场各品种的主管部门不同，导致各品种的信息披露要求不尽相同，正如前文的政策汇总与比较所示，绿色债券在信息披露要求方面也存在差异。为了避免给发行人和投资者的投融资决策带来困扰，建议逐步统一不同品种的信息披露政策规定。

（二）统一第三方评估认证质量要求

在绿色债券评估认证过程中，第三方机构的评估认证内容各有侧重，监管机构对于评估认证质量目前尚无统一标准。为保障评估认证的质量，建议监管部门加强对第三方机构的监管，制定一套完善和细化的评估认证标准，指导并规范第三方机构的评估认证工作。具体来说，建议借鉴欧美发达国家经验，在现有评估认证的体系框架中增加对企业主体的环境表现评估，降低主体的"洗绿"风险。

（三）简化私募债券的信息披露要求

由于私募债券对发行人的信息披露要求没有公募产品高，建议简化绿色私募债券对募投项目原始合法文件的披露要求。对于已开工项目，建议要求提供国土、规划、环评等文件即可，不要求单独出具募投项目用地情况说明。同时，建议简化会计师出具的关于企业资产、收入结构、偿债来源的专项意见及资产清单披露要求；建议简化提供土地证、出让合同、出让金和契税发票等权属证明文件的要求；建议简化披露个别会计科目，如应收账款、负债等的要求。

（四）借鉴国外经验，提升企业及投资者绿色意识

正如前文对国外发达市场绿色债券信息披露情况归纳所示，欧美市场虽然以自愿披露为主，但许多企业仍然积极披露其绿色债券信息，并且披露渠道广泛，除了官方网站，还包括

其他媒介；多数公司重视绿色和环境概念，在官方网站的专门板块介绍其在环境保护、可持续发展方面的贡献，而不是局限于绿色债券的信息披露。建议政府及相关部门通过出台激励政策，鼓励发行人披露企业环境信息和绿色债券信息，增强绿色债券信息披露意识，提升环境信息披露意愿。此外，建议由政府牵头建立大数据环境信息共享平台，拓宽环境信息披露渠道，实现环境信息共享。

（五）借鉴上市公司 ESG 信息披露制度相关实践

ESG 体系指在投资决策过程中充分考虑环境（Environment）、社会（Society）和公司治理（Governance）因素。国际市场上，欧美、日本等超过三十几个国家或地区都对企业 ESG 信息披露制度提出了要求，使投资者对企业社会表现有更全面的了解和评判，有利于绿色产品的投资决策。

2018 年 11 月，中国证券投资基金业协会发布《中国上市公司 ESG 评价体系研究报告》，构建了衡量上市公司 ESG 绩效的核心指标体系，大大加强了上市公司的绿色透明度。建议绿色债券发行人借鉴该指标体系，在企业面临的环境风险、绿色业务绩效情况、涉及的环保违法违规事件等方面，进一步规范披露内容。

（六）建议地方政府支持发行绿色债券并规范信息披露要求

建议主管机关推出地方政府绿色债券，其中绿色项目的界定与分类可以参考《绿色产业指导目录（2019 年版）》。根据募投项目的收益性情况，可分别设置地方政府一般绿色债券和地方政府专项绿色债券。目前，地方政府债的信息披露内容主要围绕发行主体基本财政情况介绍，对募集资金用途的披露不够完整，建议地方政府绿色债券加强信息披露要求：对募投项目的信息披露，包括绿色产业项目基本信息、绿色产业项目贷款信息以及绿色产业项目的收益情况；定期披露募集资金使用情况报告；定期向市场披露由独立的专业评估或认证机构出具的评估意见或认证报告，对地方政府绿色债券支持的绿色产业项目进展及其环境效益等实施持续跟踪评估；对于地方政府专项绿色债券，即募投项目具有一定营利性质的，可定期披露募投项目上年度的收益情况等。

我国债券市场违约风险防范研究

李 湛　方鹏飞　王静瑶[*]

一、2018年债券市场违约情况回顾

（一）信用债违约主体数量及所涉金额均创历史记录

2018年全年共有52家发行主体发行的134只债券发生违约，合计规模1 223亿元，其中，新增违约主体有43家，涉及金额1 026亿元，违约主体数量和涉及金额均创历史纪录。上一轮违约高峰为2016年，2016年全年仅有56只债券违约，违约金额为392亿元（见图1）。2018年9—11月为发行主体债券违约的集中爆发时期，3个月内共有22家发行主体首次发生信用债违约，9月底仅一周时间就有5家发行主体首次发生信用债违约。部分违约主体拥有较大规模的存量债券，债务集中到期或触发交叉违约条款导致债务大规模违约，对市场产生的影响巨大。例如，上海华信在2018年5月首次发生违约时共有存量债券13只，合计金额296亿元，截至2019年2月末，其中11只债券违约合计金额236亿元。由于无法按期兑付本息发生实质性违约，2只合计违约金额60亿元的债券由于发行主体发生债券违约导致加速清偿，最终发生实质性违约。永泰能源在2018年7月首次发生债券违约时有存量债券21只，合计金额221.2亿元，其中9只债券附交叉违约条款。截至2019年2月末，共有13只债券由于无法按期兑付本息或回售款发生实质违约，涉及余额166.9亿元，7只债券已触发交叉保护条款，涉及余额45.3亿元。随着信用债违约大规模集中爆发，我国信用债市场的违约率也快速攀升，2018年信用债的违约率上升至0.65%，违约率虽仍低于国际水平，但整体较2017年增长超过1倍（见图2）。

---

[*] 作者简介：李湛，中山证券首席经济学家、研究所所长；方鹏飞，王静瑶，中山证券研究所研究员。原载于《中国证券》2019年第4期。

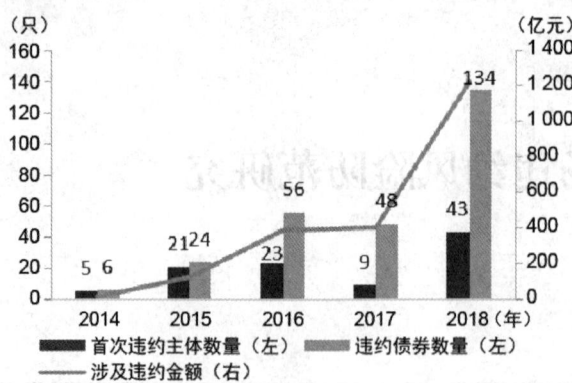

图 1　2018 年信用债违约集中爆发程度创历史纪录

资料来源：Wind 数据库。

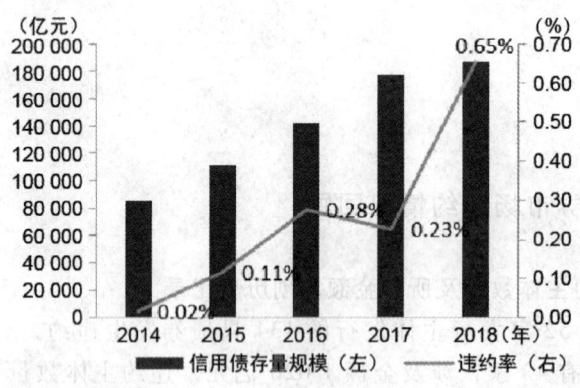

图 2　信用债违约率*快速攀升

注：违约率计算仅统计在交易所及银行间市场发行的非金融类信用债。违约率＝当前的违约债券额/期初债券存量规模。

资料来源：Wind 数据库。

（二）违约主要集中在民营企业并且向民营上市公司群体扩散

一是新增违约主体主要为民营企业。2018 年债市违约大幅增加，其中新增 6 家国有企业违约主体，占当年新增违约主体的比重仅 13.95%，其中美兰机场和兵团六师均在违约后一周内完成兑付，未构成实质性违约，而 2016 年违约主体中国企占比达 30%。二是民企违约所涉金额占比增大。2015—2016 年民营企业发生违约所涉金额占当年全部违约额的比重在 50% 左右，而 2017 年则达到 83%，2018 年民营企业发生违约所涉金额已超过当年全部违约金额的 90%（见图 3）。三是 2018 年发生违约的民营上市公司显著增加，出乎市场预料。自 2014 年 "11 超日债" 发生违约以来，2014—2017 年仅有 4 家上市公司发生债券违约，占发生债券违约的企业比重仅有 7%，上市公司普遍被市场视为低风险的优质发债主体。但与市场预期相反，2018 年共有 15 家上市公司首现信用债违约，并且均为民营企业，占当年新增违约主体的比重近 35%，所涉违约金额占比达 25%（见图 4）。上市公司在资本市场中影响力较大，这类主体发生债券违约往往会加速其股价下跌，进一步增大其流动性压力和对资本市场秩序的冲击。

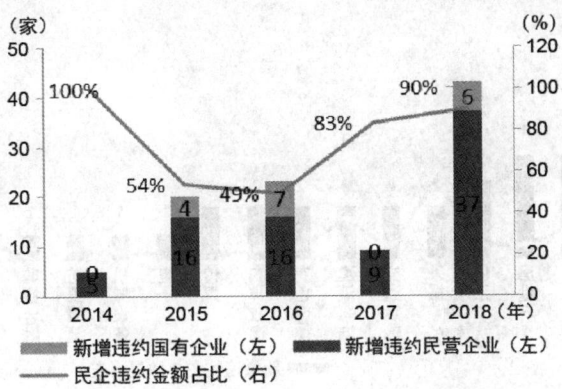

图 3　2018 年信用债违约主要集中在民营企业

资料来源：Wind 数据库。

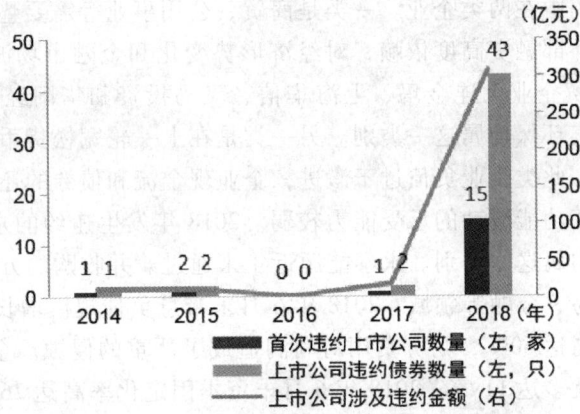

图 4　2018 年信用债违约开始向上市公司扩散

资料来源：Wind 数据库。

（三）违约企业所涉及的行业增多，行业特征不明显

在上一轮债券违约高峰，2015—2016 年信用债违约主要发生在钢铁、煤炭、光伏行业等产能过剩行业，在行业景气度持续走低情况下，行业内部分效率低下的企业盈利大幅下滑，导致了大规模债券违约的爆发。例如，钢铁行业的中国中钢、东北特钢，煤炭行业的川煤集团，光伏行业的协鑫集成、天威英利以及造船行业的国裕物流、春和集团等。2018 年新增信用债违约主体涉及的行业数量较以前年度显著增加，新增的 43 个违约主体涉及 17 个行业（申万一级），并且违约在行业中的分布较为均匀，未有明显的行业特征（见图 5）。除传统违约高发的商业贸易、采掘等行业内企业有新增违约主体产生外，传媒、房地产、非银金融、医药生物、计算机行业均首次出现信用债违约主体。

二、2018 年债券市场违约风险的驱动因素分析

（一）企业自身问题

企业出现债券违约归根到底是因为企业在经营效益、融资安排等方面存在问题。2018

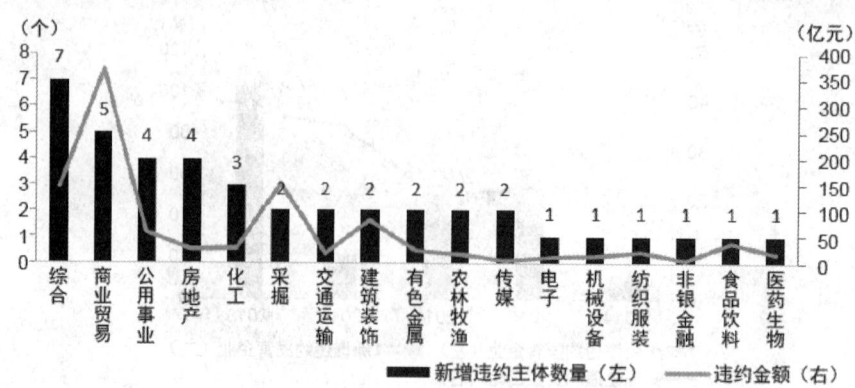

图5 2018年信用债新增违约主体涉及17个行业

资料来源：Wind数据库。

年的信用债违约主要集中在两类企业。一类是商贸、公用事业等需要垫资运营的企业，这类企业的利润率低，对外部融资高度依赖，对经济形势变化和金融市场波动的承受能力较弱。2018年发生违约的商贸企业大连金玛、上海华信、飞马投资和华阳经贸，环保领域的盛运环保、凯迪生态、神雾环保均属这一类别。另一类是在上一轮宽松货币周期中过度加杠杆进行多元化扩张的企业。此类企业负债过于激进，企业现金流和债券的还本付息严重依赖外部融资，对金融市场融资功能波动的承受能力较弱。2018年发生违约的永泰能源、金鸿控股、中弘控股、新光控股均属这一类别。永泰能源近年来通过兼并收购的方式将业务板块由煤炭与电力延伸至石化贸易、金融等领域，2018年6月末带息负债规模增长到2014年末的2.09倍，占总资产的比重高达60%，财务费用对利润造成了严重的侵蚀。金鸿控股仅2017年纳入合并范围的子公司就多达11家，2018年6月末资本固定化率高达260.47%，日常营运资金严重依赖外部融资。

（二）共振叠加的紧缩性政策

1. 由影子银行和商业银行构成的间接融资体系以及股票债券市场组成的直接融资体系的融资功能同步萎缩，出现信用紧缩

（1）影子银行的信用创造大幅萎缩。根据央行货政司司长孙国峰在2015年研究论文《中国影子银行界定及其规模测算——基于信用货币创造的视角》中的测算，中国影子银行在信用货币创造中占比为20%，影子银行是我国金融体系信用创造的重要组成。2018年，受金融监管层治理影子银行风险，调整影子银行业务（如委托贷款、信托贷款）监管政策影响，影子银行体系的信用创造大幅萎缩，2018年上半年社会融资规模中新增委托贷款累计规模为-8 008亿元，较2017年同期下降约1.4万亿元；新增信托贷款累计规模为-1 863亿元，较2017年同期下降约1.5万亿元。（2）商业银行表内信用创造扩张受限。受资管新规、金融严监管等政策影响，商业银行庞大的表外资产需要回归表内，导致商业银行资本约束趋紧，商业银行表内信用扩张面临资本约束。（3）直接融资体系的融资功能萎缩。定向增发和股权质押融资新规对上市公司及其股东的融资行为形成约束，股权融资受限，股票市场下跌进一步加剧了这一问题；债券市场融资结构性恶化，AA及以下评级民营主体净融资额持续为负，大量低评级债券取消发行，债融资情况恶化与债市违约增加形成

恶性循环。

2. 地方政府财政紧缩

受防控地方政府债务风险影响，2018年前三季度基础设施投资（不含电力、热力、燃气及水生产和供应业）增速仅有3.3%，较2017年同期下滑16.5个百分点。基础设施投资（不含电力、热力、燃气及水生产和供应业）由地方政府主导，约占总固定资产投资的20%，是内需的重要组成部分，基础设施投资（不含电力、热力、燃气及水生产和供应业）增速急剧下滑意味着出现了事实上的地方政府财政紧缩局面。

虽然就违约个体来说，企业自身经营不善是违约发生的主要原因，但就债券市场整体违约情况而言，共振叠加的紧缩性政策是驱动2018年债券市场违约的主要因素。2017年规模以上工业企业利润增长21.0%，规模以上服务业企业利润增长24.5%，是近年来企业经营效益最好的年份，经济形势和企业经营情况并非2018年债券市场违约风险高发的主要驱动因素，始于2017年下半年并在2018年大力推进的去杠杆、严监管、防风险等紧缩性政策共振叠加才是主要驱动因素。正因为信用紧缩和内需回落是主要驱动因素，2018年债券市场违约具有行业分布不明显的特征，并且由于民营企业普遍位于产业链下游，融资渠道狭窄，承受紧缩性政策的能力较弱，民营企业甚至民营上市公司成为2018年债券市场违约的主要群体。

三、2019年债券市场违约风险整体可控，但有局部起伏

（一）经济金融政策向稳增长、宽信用方向调整

稳增长成为重要的政策目标。2018年7月，政治局会议分析经济形势，认为"经济运行稳中有变"，提出"要做好稳就业、稳金融、稳外贸、稳外资、稳投资、稳预期工作"，开始提及稳增长。之前对经济形势的定调为"经济运行稳中向好"，政策主要围绕三大攻坚战制定和执行。2018年10月，政治局会议分析经济形势，认为"经济运行稳中有变，经济下行压力有所加大"，正式提及经济下行压力。2018年12月，中央经济工作会议要求"统筹推进稳增长、促改革、调结构、惠民生、防风险工作，保持经济运行在合理区间"，强调"坚持把发展作为党执政兴国的第一要务，坚持以经济建设为中心"，稳增长成为经济金融工作的重要甚至首要政策目标。

经济去杠杆调整为结构性去杠杆。2017年7月召开的全国金融工作会议要求"（金融工作要）推动经济去杠杆"，因此2018年上半年货币政策和信贷政策整体偏紧，一些在上轮宽松货币政策周期中过度负债、经营效益不高的企业资金链断裂，出现债券违约。从2018年下半年开始，决策层认为我国宏观杠杆率已经趋于稳定，年末的中央经济工作会议提出"要坚持结构性去杠杆的基本思路，防范金融市场异常波动和共振"。在"结构性去杠杆"的政策取向下，去杠杆工作更注重向"改革"要动力，对信贷政策和货币政策的约束降低。2018年第四季度的央行货币政策执行报告将货币政策定调从之前的"稳健中性"改为"稳健"，货币政策趋于宽松。

金融防风险政策出现较大调整。习近平主席在2016年末的中央经济工作会议上的讲话中指出："金融风险易发高发，虽然系统性风险总体可控，但不良资产风险、流动性风险、债券违约风险、影子银行风险、外部冲击风险、房地产泡沫风险、政府债务风险、互联网金

融风险等正在累积，金融市场上也乱象丛生。"讲话将金融风险定义为不良资产风险、影子银行风险、政府债务风险等。2017年末的中央经济工作会议指出，"打好防范化解重大风险攻坚战，重点是防控金融风险"，要"做好重点领域风险防范和处置，坚决打击违法违规金融活动"。为落实中央经济工作会议要求，2018年金融监管层和地方政府加快了对影子银行风险、地方政府债务风险等金融风险的治理步伐，金融风险有所缓释的同时也导致了信用紧缩和内需回落的结果。2019年1月，习近平主席在省部级主要领导干部坚持底线思维着力防范化解重大风险专题研讨班上发表重要讲话，讲话没有专门论及金融风险，而是将金融风险置于经济领域风险之内，经济领域风险则包括房地产风险、金融监管政策事前评估不到位引发金融风险、未被监测到的金融隐患引发金融风险、中小企业经营困难和就业风险、国企改革（僵尸企业）滞后的风险。从讲话内容来看，金融风险的定义出现较大变化：一是不再视金融风险为经济风险的代名词或主要内容，金融风险仅是经济风险的一部分。如果因为治理金融风险而导致金融体系服务能力不足，进而导致企业经营困难和经济下行，也属于经济风险。二是对金融风险的定义更具实操性。以金融领域划分金融风险（如影子银行风险、债券市场风险、信贷风险等）虽清晰明了，但此种分类的实操意义不强，并且有掩盖风险背后真正原因、混淆矛盾焦点的缺陷。许多时候金融风险仅是表象，背后则是国企改革滞后、央地关系不协调、财权事权不匹配等问题，治理金融风险需以改革为切入点，而非针对表面上的金融业务。三是最新的定义还将监管政策引发的金融风险包含在内，对金融风险的认识更加全面。金融风险定义出现变化意味着金融防风险政策将出现较大调整，金融监管将更加注重预期引导、事前分析和监测，而非监管政策的急剧调整，这有利于监管协调的加强和货币政策传导渠道的疏通。

金融监管向激发市场活力的方向调整。2018年11月5日，中国国家主席习近平在首届中国国际进口博览会开幕式上宣布将在上海证券交易所设立科创板并试点注册制。此后科创板改革快速推进，进展之快远超市场预期，传递了金融监管重心向激发市场活力的方向调整的重要信号。十八届三中全会提出"使市场在资源配置中起决定性作用和更好发挥政府作用"，但在近些年的金融严监管和防范金融风险等工作的推进过程中，政府对资源配置的影响力越来越大，市场对资源配置的影响力反而有所缩减，金融市场活力减弱，市场参与者对经济发展的信心也受损，舆论中出现国进民退、民营经济退场论等奇谈怪论。科创板改革快速推进，实施方案中问题导向和市场化取向鲜明，表明发展是第一要务，服务经济建设则是金融市场和金融监管的重要任务，金融监管将调整监管政策，激发金融市场活力以服务经济建设。

对民营企业的支持力度显著增强。2018年，民营企业遭遇融资困境和经营困境，成为推升债券市场违约风险的主要群体。2018年11月1日，习近平主席主持召开民营企业座谈会，指出"毫不动摇鼓励、支持、引导非公有制经济发展的方针政策没有变""我国民营经济只能壮大、不能弱化"，要求"为民营经济营造更好发展环境，帮助民营经济解决发展中的困难"。此后，中央部委和地方政府出台多项支持民营企业政策。例如，中国人民银行会同有关部门从债券、信贷、股权三个融资主渠道，采取信贷支持、民营企业债券融资支持工具、民营企业股权融资支持工具"三支箭"的政策组合支持民营企业拓宽融资途径。受政策提振影响，民营企业融资环境显著好转。2018年11—12月，民营企业发债规模同比增长70%；中国人民银行推出的民企债券融资支持工具，直接和间接支持了49家民营企业发行313亿元债务融资工具。

(二) 经济下行压力可能弱于市场预期

2018年下半年以来,经济下行压力持续增大。工业企业盈利增速从年中的17.2%下滑至年末的10.3%。至2019年1月,PPI环比增速连续3月为负,同比增速滑落至0.1%的低位,距离负增长仅一步之遥,市场担忧经济下行背景下企业经济效益趋弱,推升债券市场违约风险。但从近期金融数据和大宗商品价格数据来看,经济下行压力有可能弱于市场预期。一是宽信用局面已经出现。2019年1月的金融数据如新增贷款规模、M2增速、社会融资规模均超出市场预期,表明经济金融政策向稳增长、宽信用方向的调整已经起效,紧缩性政策共振叠加局面得到改变。二是2018年12月以来大宗商品价格持续上行。至2019年2月末,南华工业品指数已接近前期高位,与同期PPI同比增速持续回落形成背离,PPI走势逆转或早于市场预期(见图6)。宽信用局面在2019年1月才真正出现,而基础设施投资(不含电力、热力、燃气及水生产和供应业)增速下滑的局面虽在2018年第四季度得到扭转,但仍处于较低水平,在宽信用、稳投资等政策显效之前大宗商品价格即已走强表明经济下行压力可能弱于市场预期(见图7)。

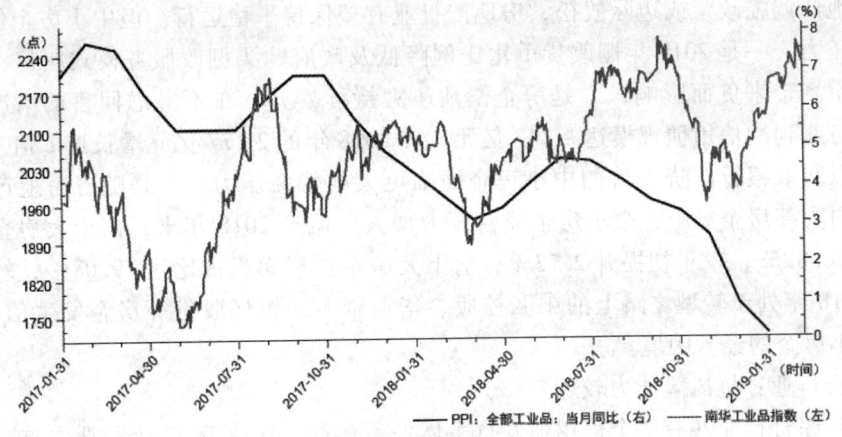

图6 大宗商品价格走势和PPI走势出现背离

资料来源:Wind 数据库。

图7 基础设施投资增速仍在低位徘徊

资料来源:Wind 数据库。

(三) 债券市场信用风险将有局部起伏

受经济金融政策向稳增长、宽信用方向调整，以及经济下行压力可能弱于预期等因素影响，2019年债券市场的违约风险将整体可控，好于2018年。但债券市场违约具有一定程度的延续性，2018年债券市场违约创历史新高，而2019年债券市场到期规模处于高位，预计2019年债券市场违约风险也将处于较高位置并有局部起伏。综合近年债券市场违约特征、债券市场到期情况、宏观经济形势等因素来看，2019年房地产行业、综合行业、商业贸易等领域的违约风险相对较高。

1. 房地产行业：中小房企债务风险加剧

房地产行业在2018年首现信用债违约，当前房地产调控政策以稳为主，行业大规模爆发违约的概率低，但随着房企持续分化，中小房企的债务风险加剧。2019年政府工作报告强调"落实城市主体责任，改革完善住房市场体系和保障体系，促进房地产市场平稳健康发展"，房地产调控目标以"稳房价、稳地价、稳预期"为主。2019年2月，全国各地房地产调控政策共发布了21次，多地政策调整有松有紧，预计2019年在经济下行压力仍存的情况下，房地产调控政策或边际放松，房地产行业有望保持平稳运行。但中小房企仍旧面临一定的偿债压力：一是2019年棚改货币化比例降低及政府购买棚改服务模式叫停，对三、四线房地产市场带来负面影响；二是房企偿债压力持续攀升，在不考虑回售的情况下，2019年房地产行业到期信用债规模达4 247亿元，较2018年的2 177亿元增长近1倍，非标融资收紧下难以获取银行信贷支持的中小房企面临更大的偿债压力；三是随着房地产调控的持续，资源向头部房企集中，中小房企经营压力增大。截至2018年末，前十大房企的销售金额占比达26.89%，较年初提升2.73%；前十大房企销售面积占比达19.08%，较年初提升3.7%。2018年处于转型之路上的中弘控股、华业资本、银亿股份等房企发生信用债违约，暴露了中小房企的经营困境。

2. 综合行业：抗风险能力较弱

2018年综合行业共有7个信用债发行主体发生违约，居申万27个行业之首。综合行业违约风险高和其三方面行业特点有关：一是盈利波动性大，经营效率低；二是部分企业激进投资且所投资业务存在非相关性，属于无序扩张；三是过度依赖债务融资。2018年新增产业债中综合行业发行人有122家，发债规模仅次于公用事业行业，占当年产业债总发行额的比重达12%（除金融业）。当前经济面临下行压力，企业激进投资、无序扩张的负面后果正在显现，综合行业盈利能力较弱、过度依赖债务融资，债券违约风险仍处于较高水平。

3. 商贸行业：全球贸易局势紧张下盈利显著承压

商业贸易领域的企业由于主营业务对资金的占用大且盈利水平低，业务经营高度依赖外部融资，是债券市场违约高发行业。2014年至今累计有8家商业贸易行业主体发生违约，违约金额达422亿元，居所有行业之首。经营商贸业务需垫资运营，对资金占用大，业务经营高度依赖外部融资，受融资环境的影响较大。当前融资环境仍然偏紧，宽信用的传导需要时间，叠加全球贸易局势紧张扰动下，此类企业的盈利能力显著承压，商贸行业企业出现债务危机的可能性仍然较高。

四、债券市场违约风险防控建议

债券市场违约风险事件的爆发会带来多方面的负面结果,投资者利益受损、企业经营陷入困境、资本市场融资秩序受到冲击。需要注意的是,一定程度上债券市场违约属于市场行为,是市场通过"投资者利益受损、企业经营陷入困境"进行资源配置的体现,并不需要政府介入。防控债券市场违约风险应以"使市场在资源配置中起决定性作用,更好发挥政府作用"为原则,政府和市场各司其职,积极作为但不越界,让债券市场成为规范、透明、开放、有活力、有韧性的资本市场典范。

(一) 政府层面

自2018年末中国人民银行、中国银保监会等部委和地方政府出台举措支持民营企业以来,信用债市场的融资规模显著回升,债券市场的违约情况出现好转。2019年政府工作报告提出"实施更大规模的减税""明显降低企业社保缴费负担",这也有利于减轻企业经营负担,降低债券市场违约风险。除落实好上述支持民营企业发展政策外,政府还可以从如下两方面着手,缓释债券市场违约风险。

一是稳妥实施房地产调控政策。稳房价、稳地价、稳预期事关经济增速稳定、社会就业稳定、地方政府收支平衡等重大事项。当前,房地产调控政策频出,金融监管部门设有约束房地产企业融资的政策,全国人大将实质性启动房地产税立法工作,2019年政府工作报告提出"推广农村土地征收、集体经营性建设用地入市、宅基地制度改革试点成果"。这些调控政策分别由不同的部门负责,推进房地产调控的过程中各部门应及时检视政策影响,加强政策协调,避免出现调控政策共振叠加,对房地产行业形成过大冲击。2019年是地产债的偿还高峰,地产债的存量规模较大,一旦地产行业出现系统性危机,有可能导致债券市场信用风险大规模爆发。

二是提升债券市场违约处置的市场化水平。自2014年我国债券市场发生首例违约以来,债券违约处置逐渐常态化,当前的违约处置有自主协商和司法途径两个办法,存在处置流程不清晰、效率低下、受政府介入程度影响大等问题。随着违约事件的增加,有必要完善债券市场违约处置机制,提升违约债处置的市场化程度。(1) 要改变沪、深证券交易所对违约债券均做停牌处理的安排,建立跨市场的违约债券交易板块,探索合适的违约债券定价机制,以促进违约债的交易流转;(2) 要积极推进信用衍生品创新,持续优化和完善信用衍生品设计,明晰信用事件的触发情形与后续处理流程,鼓励机构参与信用衍生工具的创设及投资;(3) 加大对违约处置过程中逃废债等损害投资人利益的违法违规行为的打击力度,有效维护债券市场秩序。

(二) 市场层面

企业盲目扩张是导致近年来信用债市违约不断增加的重要原因。2015—2016年信用环境的整体宽松使得企业盲目扩张,过度投资、过度担保、借新还旧和短贷长投成为众多发生债券违约企业的通病。企业应树立正确的经营意识、良好的风险意识,避免陷入债券违约困境。同时,在近年的债券市场风险事件中,还出现了企业履约意识淡薄、侵害债券市场投资人利益的情形,影响了投资者对债券市场发行人的信任。企业应树立诚信意识,积极与市场进行正面沟通。

随着刚性兑付被打破,债券违约逐步常态化,投资者从自身角度出发进行信用风险防范就显得尤为重要。一方面,投资者要加强自身经营知识储备,加大对投资标的的研判,有效防范信用风险。另一方面,机构投资者可利用组合工具进行信用风险管理:一是通过参与信用衍生工具的投资为债券购买保险,起到对冲持有债券信用风险的目的;二是通过购买债券收益互换来应对信用风险。

资本市场生态改善研究

李　康　许　雯　张屹君　孙烨枞[*]

一、资本市场生态的概念及组成

金融生态借鉴了生物仿生学原理，是指"在一定时空条件下的各种金融资源彼此支撑、相互作用并且有自动调节功能的一种自然的有机系统"。而金融生态理论则是研究金融生态的概念集合、原理体系以及分析框架和范式。2004年底，时任中国人民银行行长的周小川首次提出"金融生态"，并运用这一概念从金融风险、金融生态的宏观及微观等角度，对国内金融市场存在问题的深层次根源进行了深入分析。此后，我国金融界从理论、实践等多维度对金融生态进行深入研究。

中国证监会主席易会满于2019年提出，资本市场是一个生态体系，要从优化发展生态、优化中介生态、优化舆论生态以及优化文化生态四个方面进行建设和完善。从易会满主席的发言中可以发现，中国资本市场监管者已经用"生态"的概念来理解资本市场，从理论的探索走向实践的运用。

资本市场是金融市场的组成部分，资本市场生态是金融生态的组成部分，立足于金融生态的概念，我们将资本市场生态定义为资本市场内部运行因素、外部发展环境以及各种因素相互影响、相互制约的动态平衡发展系统。仿照生物学生态系统的组成，我们把资本市场生态分为六大部分：资金需求方（企业）、资金供给方（投资者）、市场环境、中介机构、监管环境和投资工具（见图1和图2）。

二、构建资本市场生态评价体系评估国内生态现状

资本市场生态的改善研究，须建立在对资本市场生态现状的了解之上。本文尝试通过构

---

[*] 作者单位：湘财证券股份有限公司。

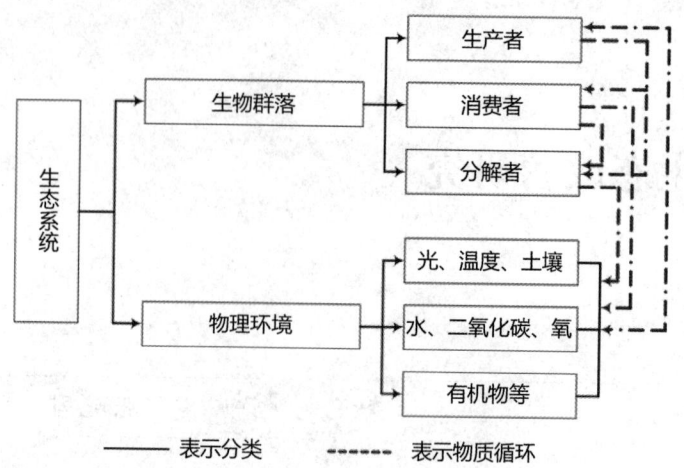

图 1　生物学生态系统组成

资料来源：湘财证券研究所整理。

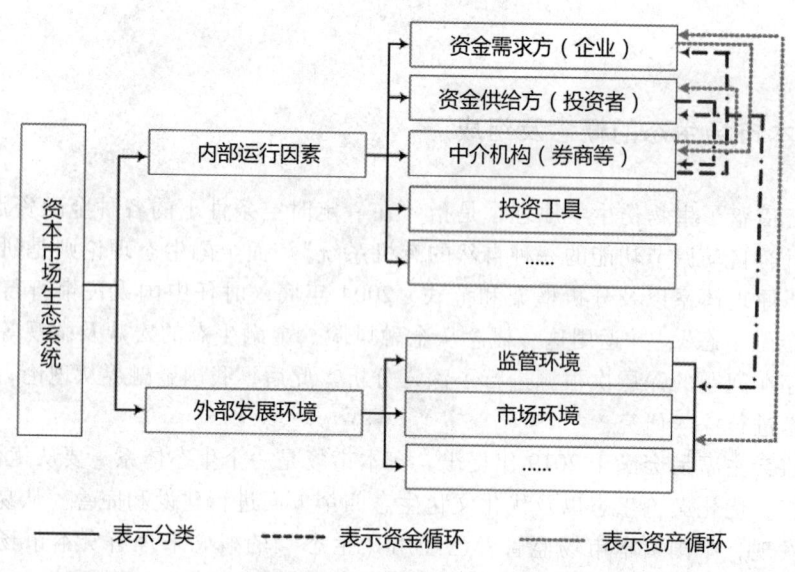

图 2　资本市场生态系统组成

资料来源：湘财证券研究所整理。

建资本市场生态评价体系的方式来分析与评估目前我国资本市场生态状况。鉴于资本市场生态体系中各要素的功能和需求不同，评价体系从资本市场各参与要素的角度来构建。

本评价体系共涵盖 6 个维度、10 个一级指标、30 个二级指标（见表1）。资金需求方评价指标主要关注于融资结构、融资流向、融资利用效率以及上市公司质量，以期对上市公司质量以及资本市场服务于实体经济和中小企业的效果进行跟踪与评估。资金供给方评价指标主要关注于资本市场对投资者的吸引力以及投资者的回报率，以期对资本市场资金来源的持续性等进行跟踪与评估。资本市场环境评价指标主要关注市场规模、市场有效性和波动性、市场投资理念等方面，以期对资本市场增长情况、透明度、有效性和波动性进行跟踪与评估。中介机构评价指标主要关注中介机构与市场规模的匹配度。监管环境评价指标通过对监管处罚的数量以及会计师事务所出具的审计报告进行跟踪，了解和把握资本市场生态中的风险环节。投资工具评价指标主要用于跟踪和评估资本市场可供投融资双方使用的投资工具的多样性。

表1　资本市场生态评价体系主要指标及研究结论

评价维度	一级指标	二级指标	研究结论
资金需求方（企业）	融资流向	股权募集资金构成	1. A股市场行业龙头完成登陆，增发比例逐年上升； 2. 政策调控影响A股股权融资，制约直接融资功能； 3. 大金融业融资占比较高，影响实体经济融资； 4. 高新行业融资占比有进一步提升空间。
		股权募集资金/社会融资总额	
		股权募集资金行业流向	
	融资利用效率	超额ROE	1. 公司上市后资金使用效率有明显下滑； 2. 现行政策能够选拔出行业中的成熟企业上市； 3. 资本市场较难为有潜力的中小企业输血纾困。
		超额毛利率	
	上市公司质量	资产负债率	1. 如果剔除银行，A股市场的杠杆水平仍旧偏高； 2. 2010年后，A股ROE水平随经济下行； 3. 鉴于较高的杠杆率，很难通过加杠杆增厚净利润； 4. 净利的回调反映企业营业成本与融资成本的变动。
		ROE	
		营业总收入	
		净利润	
资金供给方（投资者）	回报率	分红企业数占比	1. 上市公司分红数量以及占比稳定提高，资金流入优质企业； 2. 股息支付率连续下降，目前趋于稳定，整体支付率较低，投资吸引力有待加强； 3. 股息率较为稳定，无明显增长趋势，但是水平较低，缺乏投资吸引力； 4. 价格收益率低，且A股市场牛短熊长，降低了投资吸引力。
		股息率	
		股息支付率	
		分阶段收益统计	
市场环境	市场规模	股票市场总市值	1. 资本市场资金持续注入，A股市场规模持续上升； 2. 市场证券化率偏低，市场吸引力有待加强。
		上市公司数量	
		证券化率	
	有效性	市场指数与市盈率的对比	1. A股市场市盈率持续下降，目前趋于稳定，估值逐步合理； 2. 市场价格波动率对市盈率波动率影响较小； 3. 长期市场价格波动能够获得对应业绩支撑，市场长期投机性小，投资性强。
		市盈率波动率/市场指数波动率	
	投资者结构	A股市场投资者数量及占比	1. 个人投资者市场占比过高，短期市场投机性强，容易出现不合理的市场波动； 2. 机构投资者的业绩相比于个人投资者波动小，更稳健，但占比小，市场存在不稳定性。
		A股市场投资者持有市值	
		A股市场投资者盈利金额	
中介机构（以券商为主）	服务人员与投资者数量匹配度	每个从业人员服务的投资者数量	1. 证券营业部与证券服务人员匹配更充足，能为投资者特别是个人投资者提供更优质的服务； 2. 卖方研究应当注重差异化、特色化服务的发展。
		每个证券营业部服务的个人投资者数量	
		每个证券分析师提供服务的数量	

续表

评价维度	一级指标	二级指标	研究结论
监管环境	监管处罚情况	被处罚上市公司数量 被处罚上市公司数量占比 年报审计意见中非标准无保留意见占比	1. 近年来被处罚的上市公司比例增加,监管力度加大; 2. 可利用监管科技手段加强事中监管; 3. 宏观经济下行的压力下,上市公司财务造假的可能性增加; 4. 审计单位的公正独立性有所提高。
投资工具	品种多样性	(股票型基金+混合型基金资产净值)/A 股总市值 交易型开放式指数基金(ETF)数量 金融衍生品品种数量	1. 2009 年以后公募基金规模增长落后于 A 股市值; 2. 金融衍生品的稀缺限制了市场的做空功能,削弱了市场的有效性; 3. ETF 基金数量与跟踪标的品种稳步增加,为大类资产配置提供了丰富工具; 4. ETF 整体数量依然较少,数量水平远低于美国成熟资本市场。

资料来源:湘财证券研究所整理。

(一) 资金需求方评价:衡量供给侧质量、资本市场服务实体效果

指标一:融资流向。

为企业提供融资是资本市场的核心功能之一。A 股市场为社会公众参与企业直接融资提供了重要平台。从历年 A 股股权融资结构来看,首发与增发合计占比较大,且增发比例逐年上升并超过首发,成为 A 股股权募集资金的最主要方式。A 股市场历经 30 年的发展,中国境内原有的行业龙头大多已陆续登陆 A 股。近年来新上市公司的平均体量有所下降,已上市龙头企业的直接融资需求主要通过增发来解决。

从 A 股股权融资的总量来看,不同年份的融资总额波动较大,这是由于当前 A 股市场实行核准制。因此,政策调控是股权融资波动的主要因素之一。政策趋紧的年份,一年的首次公开募股(IPO)数量仅为个位数,严重制约了资本市场的直接融资功能(见图 3)。从融资方式看,间接融资仍是中国企业的主要融资方式。A 股股权融资总额相对于社会融资总额而言一直处于较低水平,即使在发行政策相对宽松时,A 股股权融资总额占当年社融总额比也仅为 10% 左右,直接融资规模仍有较大发展空间(见图 4)。

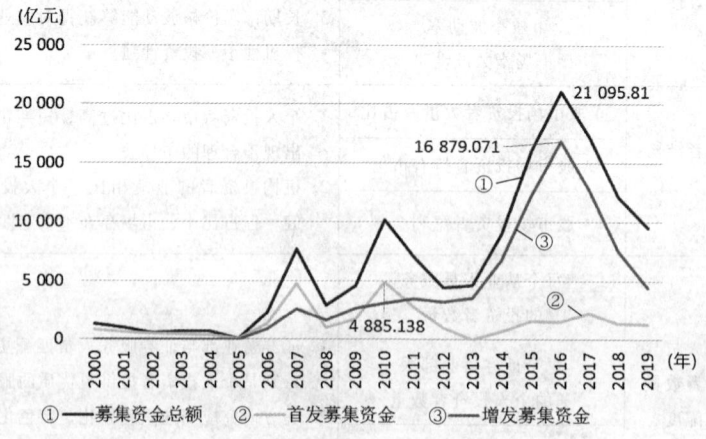

图 3 A 股股权募集资金趋势

资料来源:Wind,湘财证券研究所整理。

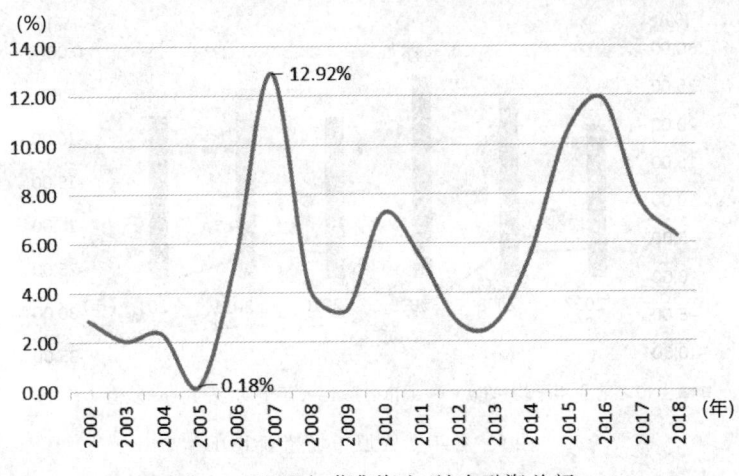

图 4　A 股股权募集资金/社会融资总额

资料来源：Wind，湘财证券研究所整理。

A 股的行业资金流向能够反映直接融资对于不同行业的支持力度，也能反映行业的景气程度。从 A 股股权融资资金流向来看，大金融行业受资金追捧，特别是 2006—2011 年，金融业对资本市场的"吸血"效应显著，客观上影响了资金投入实体经济。在 2012 年后，随着高新技术行业股权融资占比有较大的提升，局面有所改观，但比例始终低于 20%，存在进一步上升的空间。消费零售行业融资占比较为稳定，2003 年后常年维持在 10% 以下。

总体而言，总量方面，A 股市场融资总额较大程度上受政策调控影响；结构方面，直接融资规模仍有较大发展空间；流向方面，大金融业对资本市场吸血效应依然显著，高新技术行业融资占比有较大提升，但比例依然较低；方式方面，募资方式已从以 IPO 为主转向以增发为主，显示出各行业龙头企业已基本上市，A 股市场在逐步走向成熟。

指标二：融资利用效率。

A 股上市公司通常是行业龙头企业，有义务更有效地利用资金，为股东提供较高的回报，同时优化社会资金使用效率。选取净资产收益率（ROE）指标，比较上市公司上市之前与上市之后指标的变化情况，来反映其资金使用效率的高低。为避免受到行业周期性的影响，对 ROE 进行行业中性化处理。处理方式即用个股 ROE 减去同期个股所属中信二级行业 ROE，计算个股相对于行业的超额水平。

选取公司 IPO 后 4—6 年作为研究对象，与公司上市之前 3 年的超额 ROE 进行对比，此时 IPO 融入资金也在一定程度上转化为利润。我们发现，上市公司在上市之后 4—6 年内已经无法继续获得超越行业平均的 ROE，除 2008 年以外，上市公司 ROE 均值均明显低于行业平均值（见图 5）。这表明，企业上市后无法用资本市场上获得的融资来获取与上市前相同比例的净利润。资金使用效率有明显下滑。

毛利率的高低可以从一个角度反映公司的成熟度。相比于超额 ROE 的大幅下滑，公司在 IPO 后 4—6 年依然能获得显著的超额毛利率（见图 6）。A 股市场（除科创板外）的现行 IPO 政策总体上能够选拔出行业中较为成熟的企业上市，拉高行业整体毛利率水平，将新鲜血液注入 A 股市场。从市场资源是否分配给优质企业的角度来看，A 股市场的资源分配功能是较为有效的。公司上市之前的高 ROE 表明，当前资本市场无法为有潜力但尚未进入稳

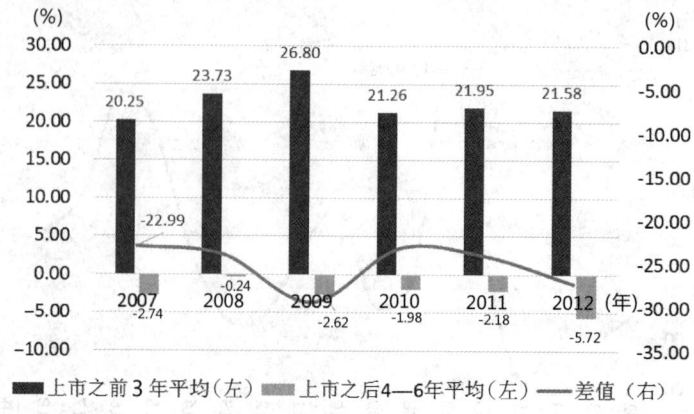

图 5 各年度 A 股市场超额 ROE

资料来源：Wind，湘财证券研究所整理。

定盈利期的中小企业输血纾困。从这个角度看，资本市场的资源分配效率有待进一步提高，有待将部分资源从成熟企业转向有潜力的中小企业，以缓解中小企业融资问题。

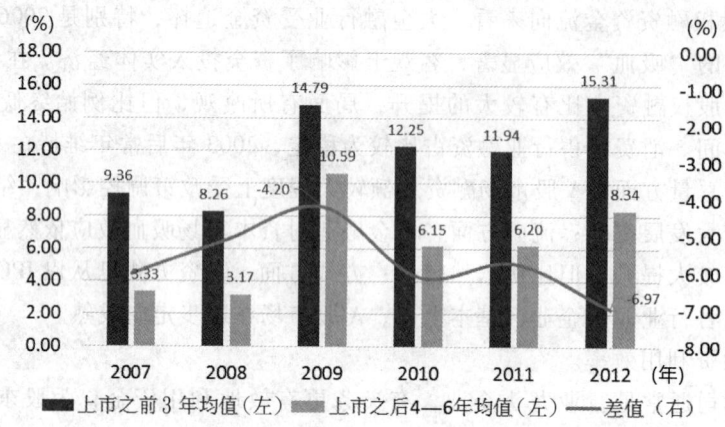

图 6 各年度 A 股市场超额毛利率

资料来源：Wind，湘财证券研究所整理。

从融资利用效率角度看，公司上市之后资金使用效率有明显下降；A 股市场现行 IPO 政策大体上能够选拔出行业佼佼者，但比较难为具有较大发展潜力的中小企业输血纾困。资本市场的资源分配效率有较大的改善空间。

指标三：上市公司质量。

资产负债率一般用于衡量上市公司的杠杆率。2006 年以来，A 股市场资产负债率快速上升，并稳定在 85% 左右，整体处于较高水平。必须指出的是，A 股市值的 15% 以上是银行股，银行业天然拥有极高的资产负债率，变相拉高了 A 股的整体杠杆水平。但如果剔除银行业，A 股市场的杠杆水平仍旧偏高（见图 7）。

2010 年以后，中国国内生产总值（GDP）增速放缓，年同比增长率跌破 10%，并逐年下降，ROE 水平也随之下行。鉴于目前 A 股的杠杆率已经较高，企业很难通过加杠杆进一步增厚净利润。进一步分析 A 股市场平均每家公司的净利润及营业总收入可以看到，2018

图7 各年度 A 股市场资产负债率及 ROE

资料来源：Wind，湘财证券研究所整理。

年底平均每家公司净利润和总收入分别达到 9.42 亿元和 126.34 亿元。营业总收入呈现稳步上升的趋势；净利润总额总体趋势向上，但在有些年份会出现回调，反映出企业的营业成本与融资成本的变动较大。

总体而言，A 股上市公司杠杆水平依然偏高，因此较难通过加杠杆的途径增厚盈利；营业收入和净利润指标呈现趋势向上，整体质量有所提高；ROE 水平受宏观经济下行影响，部分年份净利润的回调反映出营业成本及融资成本存在一定的波动性。

（二）资金供给方评价：衡量资本市场对投资者的回报率和吸引力

在良好的资本市场生态环境中，投资者的资金投入能够带来持续、稳定、丰厚的收益回报。从资金供给方（投资者）的角度来看，资本市场的重要功能是将投资者的闲置资金有效地提供给需要融资的优质上市公司的同时，为投资者带来理想的投资回报。稳定、持续、有吸引力的投资回报有利于吸引更多的投资者进入资本市场，为资本市场引入持续活水。我们从市场回报率角度来跟踪和评价证券市场的投资需求以及投资者的投资回报情况。

指标：回报率。

较高的市场回报率水平会直接增强证券市场对投资者的吸引力。我们选取股息支付率、分红企业数占比以及股息率作为跟踪指标来反映投资者的股东回报率情况。

通过分析 2000—2018 年数据可以发现，分红企业数量及占比持续增长，意味着为投资者带来收益回报的公司数量增多，反映了资本市场生态在逐步改善。A 股市场股息率大体保持在 1% 以上，绝大部分年份股息率水平超过或者接近 1.5%。总体而言，股息率波动不大。A 股市场股息支付率水平可以拆分成两个走势鲜明的区间：2000—2010 年 A 股市场股息支付率整体呈现出下滑趋势，有资本市场生态欠佳的因素，但主要因素还在于上市公司利润留存扩大再生产；2011—2018 年股息支付率水平趋于稳定，大体保持在 35% 左右，一定程度上反映了资本市场生态的稳定（见图 8）。

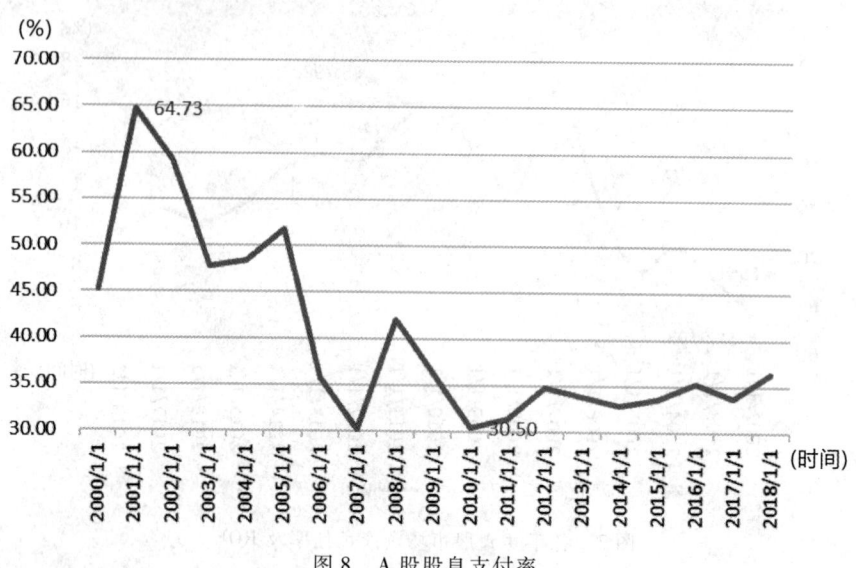

图8 A股股息支付率

资料来源：Wind，湘财证券研究所整理。

从价格收益率来看，A股市场长期存在着牛短熊长的特点。2000—2019年8月底，A股市场平均年化收益率为7.15%。期间经历了两次大牛市，分别是2005年7月至2008年1月，以及2014年5月至2015年6月，年化收益率分别为121.5%和208.02%。

在统计的19年8个月中，牛市仅持续了约3年半，剩余的16年中，年化收益率基本维持在-10%左右。相对于发达国家市场，中国市场的投资工具与渠道相对有限，A股是投资者很难绕开的投资渠道。但如果投资者没有踏准时长仅占18%的牛市，将会在投资期间遭受长期亏损。而牛短熊长本身也会加剧短期炒作行为，加大市场的不稳定性。

站在资金供给方的角度来看，虽然分红企业数占比有所提高，但股息率、股息支付率明显过低，上市公司对于资本市场投资资金的业绩回报支付力度较弱，对投资者的整体吸引力依旧不够大；而牛短熊长的市场态势导致A股市场的价格收益率严重缺乏长期持有投资的吸引力。

（三）资本市场环境评价：衡量市场有效性和波动性

我们从资本市场环境的角度出发，选取市场规模、市场有效性以及投资者结构三个方向进行研究分析。

指标一：市场规模。

市场规模变化的直接表现即资金的流入和流出。市场规模可以通过A股市场总市值以及上市公司数量有效体现，此外证券化率也在一定程度上反映出资本市场环境的变化（见图9）。2001—2018年，A股市场上市公司总数持续增长，A股市场总市值也表现出明显上涨趋势，资本市场的资金血液源源不断地输入A股市场。但从市场证券化率看，没有呈现出明显的提升趋势。

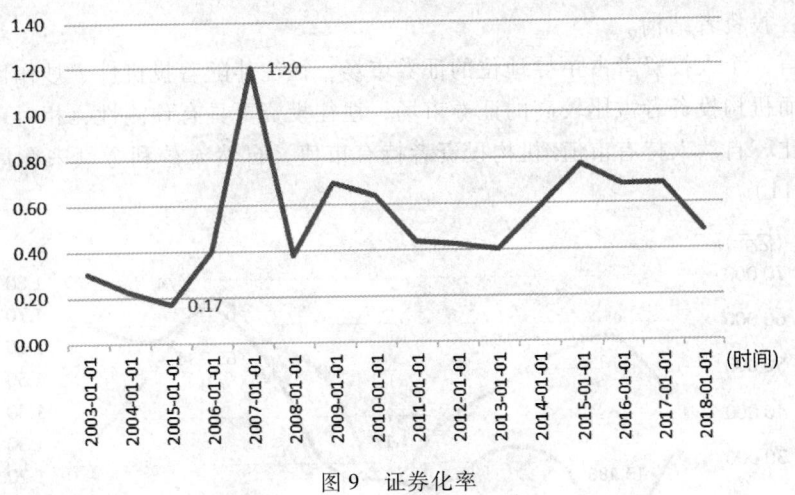

图9 证券化率

资料来源：Wind，湘财证券研究所整理。

指标二：市场有效性。

市场有效性可以通过上市公司市场价格波动是否与上市公司业绩收益挂钩来判断。在合理的资本市场生态环境下，资本市场对 A 股上市公司的资金注入所引起的价格波动必然存在业绩支撑。通过市场指数与市盈率的相对变化以及市盈率波动率/市场指数波动率指标来衡量市场的有效性（见图10）。

从 2000—2018 年 Wind 全 A 指数的市场表现来看，A 股市场市盈率水平整体不断走低，于 2011 年之后趋于平稳，目前市盈率为 17 倍左右。A 股市场整体估值水平朝着合理的方向发展，一定程度上体现出资本市场生态环境的有效性。从市盈率波动率与指数价格波动率的比值来看，该指标持续下降，目前维持在 0.5% 的水平，这意味着指数价格的剧烈波动对市盈率波动的影响很小。股票价格剧烈波动的同时市盈率波动不大，反映出同一时期每股收益的波动与股票价格波动高度对应。从资本市场生态环境的有效性来分析，股票价格波动对于市盈率波动影响越小，意味着股价波动越有业绩收益支撑，市场投机性减少，也从侧面反映了资本市场将资金血液注入优质上市公司的有效资金配置能力在提高。

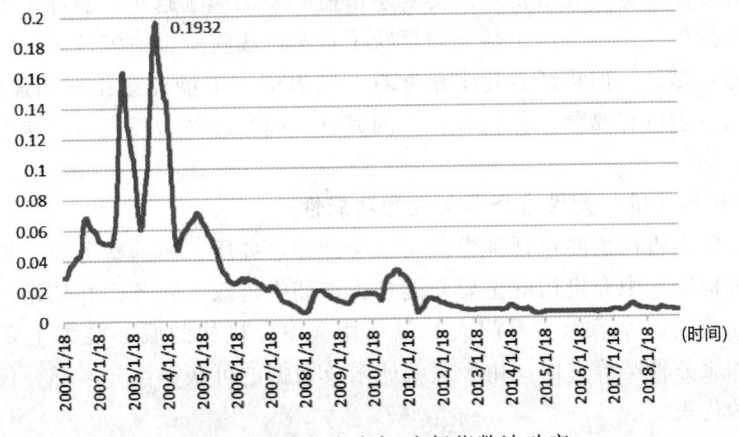

图10 市盈率波动率/市场指数波动率

资料来源：Wind，湘财证券研究所整理。

指标三：投资者结构。

一般而言，个人投资者占主导地位的证券市场，往往伴随着投机性、炒作性以及市场的不稳定性；而机构投资者占比较高的证券市场，往往投资更具有预测性，相对理性。统计个人投资者占比、自然人持有市值/机构投资者持有市值、自然人盈利金额来衡量市场投资者结构（见图11）。

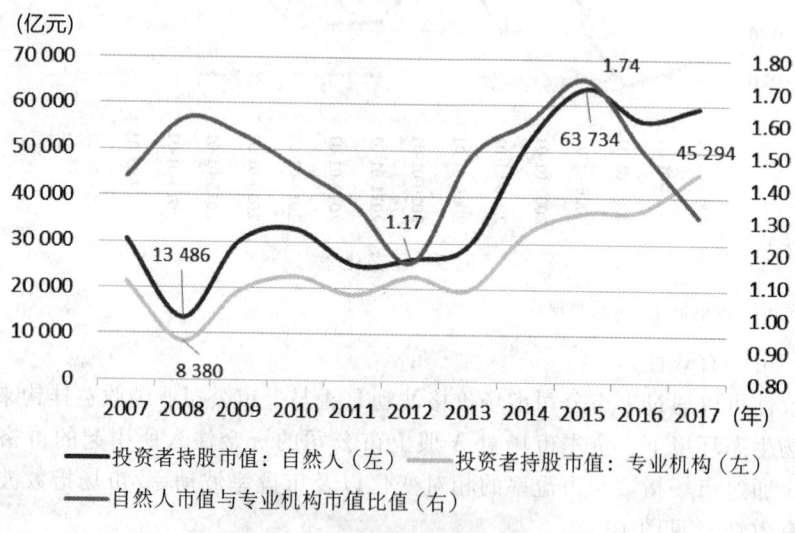

图11　A股市场投资者持有市值

资料来源：Wind，湘财证券研究所整理。

长期以来，A股个人投资者数量一直占比较高，自2011年以来，不仅个人投资者数量占比始终在99.5%以上，个人投资者所持有市值也高于专业机构投资者。个人投资者的收益波动较大，显示其投资业绩的稳定性弱于机构投资者。个人投资者的盈利稳定性相对较差，这在一定程度上增加了市场的波动性。从市场投资者结构的角度来分析，目前资本市场生态环境在这方面存在亟须大幅提高改善之处。

综合看市场环境，A股市场上市公司总数和总市值均呈现出增长趋势，估值亦逐步趋向合理。从市场有效性来看，股票价格波动对于市盈率波动影响越小，意味着股价波动有业绩收益支撑，市场投机性在减少，也从侧面反映了资本市场将资金血液注入优质上市公司的有效资金配置能力在提高。但从证券化率角度看，国内资本市场证券化率明显低于成熟市场，反映出资本市场生态虽有改善，但仍有较大的完善空间。此外，投资者结构有待优化。

（四）中介机构评价：衡量市场服务性和功能性

资本市场的中介机构主要包括证券公司、会计师事务所、律师事务所、投资顾问咨询公司和证券评级机构等。中介机构的主要职能是为市场供需双方服务，并依据法律、规章、制度的各项规定，起到业务运行"看门人"的作用。中介机构的服务能力主要体现在服务质量、服务效率和服务种类等方面。由于篇幅所限及数据的可获得性，本部分仅选取证券公司作为中介机构的代表。

指标：服务人员与投资者数量匹配度。

以证券公司为例，为了跟踪中介机构服务人员与投资者的匹配度，选取以下指标：每个从业人员服务投资者的数量、每个证券营业部服务个人投资者的数量、每个证券分析师提供服务的数量（证券分析师服务公募基金规模情况）。A股投资者与融资方获得的服务质量正稳步上升。除2014—2015年的牛市导致投资者激增外，证券公司正配备越来越充足的人手服务于个人投资者与机构投资者（见图12）。

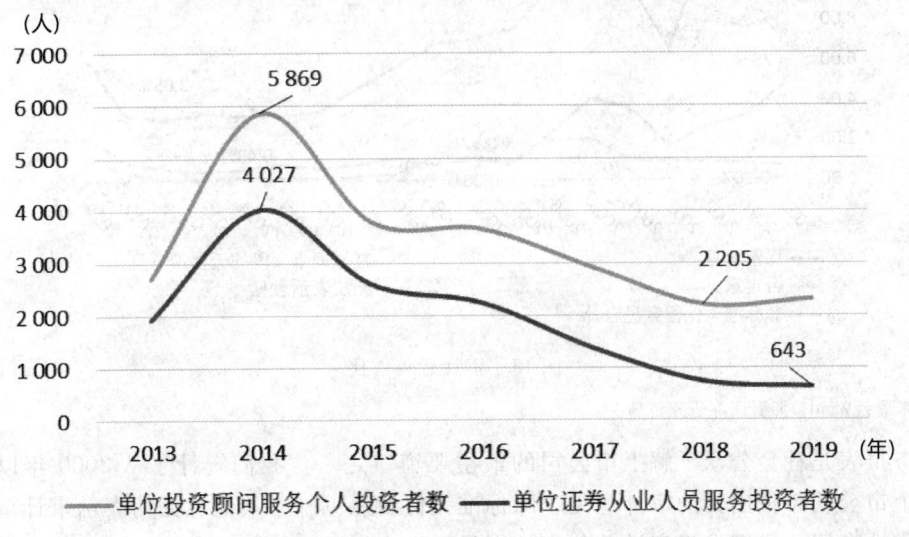

图12　每个从业人员服务的投资者数量

资料来源：Wind，湘财证券研究整理。

证券营业部与投资顾问是个人投资者接触A股市场的窗口，能为个人投资者提供最直接的服务，有助于提升个人投资者水平，稳定资本市场。2014年以后，证券营业部与投资顾问的充足度稳步上升，个人投资者能够享受到更优质的服务。证券分析师人数总体有上升趋势，但无法跟上公募基金规模与数量的增长。从这个角度看，买方机构能获得的卖方分析师服务的充足程度有所下降。其背后的原因是目前卖方研究的同质化程度较高，在提高研究质量的同时，卖方研究应当注重差异化、特色化服务的发展，才能在规模上有所突破。

总体而言，目前A股市场投顾人员与投资者数量匹配度相对较好，证券分析师的有效服务充足程度有所下降。

（五）监管环境评价：衡量市场法律性与监管性

指标：监管处罚情况。

在资本市场法律框架下，放松管制加强监管将有利于资本市场功能的充分发挥。我们统计了上市公司历年受到有关部门处罚的家数，并计算被处罚上市公司占A股所有公司数量的比值，以及会计师事务所对上市公司年报所出具的审计意见来衡量监管的力度（见图13）。

2014年以后，资本市场的监管力度明显加大，每年受处罚的公司占比从不足5%上升至目前的近20%。被处罚的上市公司比例增加，理论上可能有两个原因：一是违规的上市公司比例增加；二是监管的力度加大。

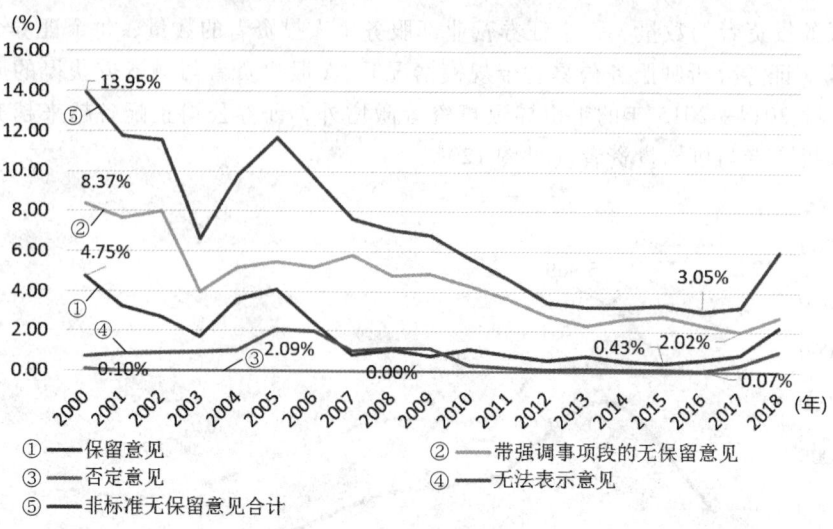

图 13　审计意见占比

资料来源：Wind，湘财证券研究整理。

财务报表是社会公众了解上市公司的最主要窗口之一。我们统计了从 2000 年以来审计单位对上市公司年报出具的审计意见。除标准无保留意见外，其他意见均表示审计单位对年报的可靠性存疑。我们发现审计单位直接出具否定意见是很罕见的。从总体上看，非标准无保留意见占比从 2005 年来稳步下降，但从 2017 年开始有明显的抬头趋势。这表明在宏观经济下行的压力下，企业利润缩水，上市公司财务造假的可能性增加。相对温和的带强调事项的无保留意见一直在非标准无保留意见中占比最高，但 2016 年后保留意见的占比上升很快，并有超出前者的趋势，这可能是审计单位的公正独立性增强的标志，也意味着对上市公司的监督力度有所加强。

从监管角度进行评价，资本市场的监管力度不断加大，市场违法违规成本亦有增加趋势，有利于市场环境的向好。另外，目前国内的监管方式依然偏向于传统模式，即重点关注于事后监管，较少关注于事前预防和事中干预，较难实现个性化和差异化监管。

（六）投资工具评价：衡量市场产品多样性

指标：投资工具品种多样性。

丰富的投资工具可以增加投资者进入市场的渠道，增加可选投资的方向，并有效降低市场的系统性风险。把股票型基金与混合型基金的资产净值加总来刻画公募基金发行规模，发现虽然公募基金规模一直在稳步上升，但自 2009 年以后公募基金规模增长相对落后于 A 股市值增长规模（见图 14）。

我国场内金融衍生品发展较为缓慢，目前只有少数几个股指期货与上证 50 交易型开放式指数证券投资基金（上证 50ETF）期权面世，个股期货、期权合约与金融美式期权合约均缺乏。在 2015 年股市异常波动后，股指期货被大幅限仓，导致股指期货贴水，增加了对冲成本，并限制了可用的对冲头寸。金融衍生品的稀缺限制了市场的做空功能，削弱了市场的有效性。

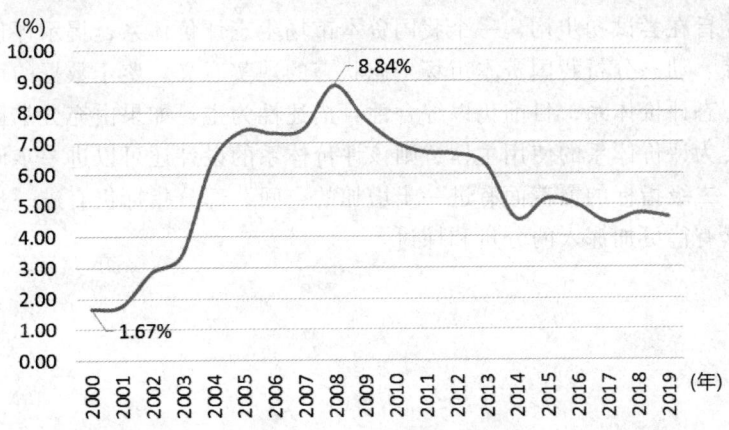

图 14　股票型基金 + 混合型基金资产净值/A 股总市值

资料来源：Wind，湘财证券研究整理。

ETF 基金是组合投资、被动投资与半主动投资的重要工具库。自 2009 年以来，ETF 基金数量稳定增长。2019 年更是突破性地发布了华夏饲料豆粕期货 ETF、大成有色金属期货 ETF 以及建信能源化工期货 ETF 这三只以商品期货合约为投资跟踪标的的 ETF。当前，主要指数、大类行业以及部分大宗商品均有一到数只 ETF 基金不等，为专业化投资、大类资产配置创造了有利的条件。虽然国内市场 ETF 发行增速较快，但由于发展起步晚，规模基数小，整体数量依然较少。截至 2018 年底，国内和美国市场 ETF 数量分别为 199 只和 1 988 只，相比于成熟的美国资本市场，国内市场 ETF 的数量只有美国市场 ETF 数量的十分之一，数量与规模远不及美国成熟市场。

总体而言，投资工具方面，A 股市场公募基金的发展相对较慢；金融衍生品稀缺，一定程度上削弱了市场有效性；ETF 基金数量与品种稳步增加，跟踪标的的品种逐步丰富，但整体规模数量依然较小，发展水平远不及发达国家成熟资本市场。从投资工具角度看，A 股市场投资工具有待进一步丰富。

三、建议及总结

通过我们所构建的资本市场生态评价体系对国内资本市场现状进行评估，可以看到，国内资本市场生态总体上在近 30 年的实践过程中是不断改善的。归纳起来，目前可见的生态优点包括市场已具一定规模、融资渠道初步形成、法律制度基本完备、监管体系基本建立、交易产品日益丰富。然而生态不足也十分明显，体现在发展规模有待提高、投资理念有待升级、诚信治理有待强化、投资者保护有待深入、退市机制有待提速、市场化融资制度有待加强等方面。

依据对健康良好的资本市场生态特征的提炼，并结合当前国内资本市场生态现状以及资本市场生态所存在的问题，我们建议：第一，加强顶层设计，支持中国资本市场生态发展；第二，推动制度建设，净化中国资本市场生态环境；第三，减少行政干预，激发中国资本市场生态活力；第四，深化对外开放，与国际资本市场接轨，实现取长补短；第五，营造财富效应，让投资者共享经济发展成果；第六，构建评级体系，追踪中国资本市场生态趋势。

本文的研究旨在尝试初步构建一个我国资本市场生态评价体系，揭示评价体系及其评价结果对实证跟踪、动态分析我国资本市场生态状态的现实意义。鉴于数据的可得性，本文构建的资本市场生态评价体系，目前仍以综合性、描述性为主。如果由充分掌握数据端的监管部门或行业协会为评价体系的使用主体，则该评价体系的设计还可以进一步调高相对性、分析性指标比重，二级指标的覆盖面有进一步增加的空间，部分指标仍有进一步拆分和细致分析的余地，后续有待更加深入的分析和探讨。

证券集体诉讼制度研究

蔡立峻 郭絮吟[*]

一、当前我国证券诉讼的现状

（一）单独诉讼

单独诉讼是指原告和被告双方均只有一对一关系的诉讼，即传统的两造诉讼模式。两造诉讼要求争议中的每个当事人均直接参与诉讼，法院最终的审判结果也仅对诉讼主体有效。有学者认为，传统的两造诉讼模式对于当事人的权利保护固然重要，但"两造"结构的坚守对于群体性纠纷的解决是不现实的。[①] 当前"小额多数"是我国证券类纠纷最为突出的特点，即每个投资者平均损失不大，但受损投资者人数众多。在这类诉讼中，相较于普通投资者，侵权上市公司由于具有资金、信息、诉讼等资源优势，尤其是在上市公司的违法行为未被监管机关认定处罚之前，举证责任的分配导致众多投资者对司法救济望而却步。[②]

（二）共同诉讼

相比于单独诉讼，共同诉讼的特点是一个诉讼程序解决多个案件，从而避免大量原告同时起诉到法院，法院同时开庭审理成千上万的案件导致诉讼效率低下和对社会资源的浪费。当前我国证券纠纷案件中大多采取的是共同诉讼方式。当共同诉讼人意见一致时，法院作出的判决对所有当事方生效。若共同诉讼人意见不一致，大陆法系国家和我国台湾地区的民事诉讼立法，在解决共同诉讼人的内部关系上，大多数都采用"有利说"的原则。也就是说，共同诉讼人之一的行为，有利于全体的，对全体发生效力；不利于全体的，对全体不发生效

---

[*] 作者简介：蔡立峻，长城证券股份有限公司法律合规部区域合规专员；郭絮吟，长城证券股份有限公司法律合规部法律事务部员工。原载于《中国证券》2019年第11期。
[①] 吴泽勇：《群体性纠纷解决机制的构建原理》，载《法学家》2010年第5期。
[②] 罗芸：《投服中心民事赔偿诉讼方式研究》，载《投资者》2018年第3辑，第102页。

力。我国《民事诉讼法》本着实事求是的原则,采取共同诉讼人协商一致的原则,把共同诉讼人视为一个整体,其中一人的诉讼行为经其他共同诉讼人承认的即有效;若其他共同诉讼人有异议,则该诉讼行为对有异议方无效,而不论这种行为对其他共同诉讼人是否有利。①

(三) 示范诉讼

示范诉讼是指法院从同类型案件中选取具有代表性的典型事实进行审理形成示范诉讼案例,该示范案例对其他共同的案件有扩张力,并成为其他事件在诉讼上或诉讼外处理的依据。2019 年 5 月 5 日,"方正科技"虚假陈述示范诉讼案件经上海金融法院一审、上海高院二审终于尘埃落定,这也是我国示范诉讼试点的第一案。

在我国长期的司法实践中,面对群体纷争大多采取共同诉讼或单独诉讼的形式。这两种诉讼方式均需要被告反复应对投资者起诉,原告需要一一到法院立案、聘请律师、举证质证,法院一次次重复立案、通知、开庭、判决等流程,显然现代型纠纷表现出的多数人利益纷争特征使其无法适用传统纠纷解决方式。② 相比之下,一方面,示范诉讼制度由于生效的示范裁决的效力具有扩张性,也为其他平行诉讼当事人在责任划分、金额赔付等方面提供了预测价值,使其可以自主选择以诉讼或仲裁、调解、和解等多种形式解决纠纷。可以说示范诉讼实现了诉讼机制与非讼机制的良性互动,使当事人能够在权衡程序效益最大化与实体利益最优化需求的基础上选择恰当的程序。③ 另一方面,由于示范诉讼并未逾越传统两造对抗的模式,也可以有效规避法院所忌惮群体性诉讼会给社会和谐带来的不稳定因素。

(四) 代表人诉讼制度

代表人诉讼本质上是共同诉讼的一种特殊形式,指当事人一方人数众多,其诉讼标的是同一种类,由其中一人或数个代表全体相同权益人进行诉讼,法院判决效力及于全体相同权益人的诉讼模式。

就我国而言,当前的代表人诉讼制度设计较为笼统,在司法实践中屡屡碰壁、困难重重。首先,《民事诉讼法》第 53 条规定了人数确定的共同诉讼,当事人可推选代表进行诉讼,但诉讼代表人对权利的处分需经所有当事人同意。第 54 条规定了起诉时当事人人数尚未确定,相关权利人在一定期间可向人民法院登记,人民法院作出的裁定、判决对所有登记的权利人及在诉讼时效内起诉的当事人均有效力。但由于证券类侵权案件中所涉当事人众多且在起诉时很难将人数固定,如何选取各方都信服的诉讼代表人,诉讼代表人如何行使起诉、举证、和解等实体权利,在实践操作中都具有较高的难度并易影响诉讼进程、效率。其次,代表人诉讼制度无形中将众多当事人进行捆绑,当被告上市公司处于降低负面舆论、节约诉讼成本等目的给出投资者利好和解条件并希望在短时间内了结诉讼程序时,需经所有被代表当事人同意,这也给双方的庭下和解带来了不确定性,最终也可能危及所有投资者的现

---

① 章武生,段厚省:《必要共同诉讼的理论误区与制度重构》,载《中国群体诉讼理论与案例评析》,法律出版社 2009 年版,第 45 页。
② 罗芸:《投服中心民事赔偿诉讼方式研究》,载《投资者》2018 年第 3 辑,第 103 页。
③ 齐树洁:《多元化解决民事纠纷新机制》,载《检察日报》2005 年 12 月 2 日第 3 版。

实经济利益。最后，根据我国《民事诉讼法》第 149 条规定，人民法院适用普通程序审理的案件，应当在立案之日起六个月内审结。有特殊情况需要延长的，由本院院长批准，可以延长六个月，还需延长的，报请上级人民法院批准。面对人数众多且不确定、诉讼标的较大的证券纠纷案件，若采用代表人诉讼制度，人民法院需要在案件的统筹、当事人登记、诉讼代表人员与其他当事人之间权利划分等程序工作中起决定性作用，很难在一年内完成案件的审理工作，这也使代表人诉讼制度在司法运用中举步维艰。

二、在我国发展集体诉讼制度的可能性

由于我国并没有集团诉讼这一概念，传统上集体诉讼通常指代表人诉讼制度。2019 年 6 月 28 日，中国证监会表示将着手推动带有"声明退出"性质的集体诉讼制度的建设，即在继承代表人诉讼制度的基础上，除非集团成员在一定时间范围内向法院明确表示自己不愿意包括在集体诉讼中，否则集体诉讼的法律后果直接对该名成员产生法律约束力。由于我国证券市场参与者多为小额投资者，证券类纠纷涉及金额较大，覆盖面广，"声明退出制"下的集体诉讼与我国现行的共同诉讼、代表人诉讼以及示范诉讼制度在面对"小额多数"的证券纠纷问题时将发挥其制度的优越性。

（一）集体诉讼制度能简化诉讼程序，节约司法资源

2019 年 5 月在上海金融法院率先试点的示范诉讼制度，因生效的示范裁决的效力具有扩张性，从而为其他平行诉讼当时人在责任划分、金额赔付等方面提供了预测价值，简化了法院对案件基本事实认定，并对裁判审理标准进行了统一。但在示范诉讼中，每个平行案件实际上也是一个单独案件，示范诉讼并未逾越传统两造对抗的模式，因此法院一整套立案裁判流程并未简化。若涉及仲裁、调解、和解等多元化纠纷解决模式，目前也面临了司法确认流程冗杂，不同法院、调解组织信息共享机制尚不健全等方面的问题。

一方面，采用声明退出制的集体诉讼，即凡是投资者因为同一事实或法律问题而处于相同的法律处境或在诉讼中有共同的利益，均自动成为诉讼案件当事人，而无论其是否在立案时声明加入或参加庭审。这样的制度设计有利于避免重复的诉讼程序造成司法资源的浪费和同案不同判的困境。另一方面，证券纠纷作为伴随资本市场发展而衍生出来的新型诉讼纠纷，面对短时间爆炸性案件的增长，对审判人员的专业知识结构、敏锐的市场判断分析能力具有极高的要求。我国目前仅在上海地区设有专门的金融法院，且面临着严重的诉累问题。据上海金融法院数据显示，自 2018 年 8 月正式成立以来，全院共有编制法官 28 名，截至 2019 年 8 月金融法院成立一周年，共计审理案件 6 600 余件。而与上海金融中心交相呼应的深圳地区，目前也仅设有金融法庭，诉累以及专门性法官的缺位仍是困扰证券类纠纷案件的重要问题。

（二）集体诉讼制度有利于投资者积极参与诉讼，降低维权成本

证券类诉讼"小额多数"的特点，决定了单个投资者的损失并不是十分巨大，而单独进行诉讼程序则费时费力，使诉讼得不偿失。有金融学研究者从数学模型角度对群体诉讼的成本进行比较，认为如果把人数作为一个变量，当人数增多时，在代表人诉讼制度和选定当

事人制度中增加的成本相同,既增加共同起诉的成本,又增加推选代表人的成本。而在团体诉讼(集体诉讼)制度中,因为当事人是默示授权,故而仅增加授权成本,从而降低维权成本。①

(三)集体诉讼制度有利于威慑违法行为,保护投资者合法权益

在证券类纠纷案件中,涉及一方当事人通常为具有一定社会影响力的上市公司,而另一方为人数众多、分布范围广的中小投资者。证券侵权人所侵害对象具有不特定的特征,决定了这样的侵权行为不仅仅是个体的问题,也是社会问题。我国法律不仅保障个体权益,同样也肩负着捍卫社会公共利益的使命。当侵权上市公司面对巨额利润的诱惑铤而走险从事证券违法犯罪时,将违法行径公之于众,没收其违法所得,彻底失信于全市场,其威慑力或许要比监管机关对其出具行政处罚更大。

三、集体诉讼制度的完善

(一)前置程序的存废问题

我国现行《证券法》规定了四种证券侵权行为,包括虚假陈述、内幕交易、市场操纵和欺诈客户。但目前对我国证券市场侵权行为的司法救济也只局限于虚假陈述,且必须有机关行政处罚或者人民法院的形式裁判文书作为前置程序。关于集体诉讼制度中前置程序的存废问题,学界也是众说纷纭。本文认为,前置条件在短期内仍不可完全取消,但可缓和。

第一,当前我国证券市场仍处于成长阶段,也极易出现影响社会稳定和突发性的问题,盲目取消前置条件也容易出现诉讼爆炸的问题。我国各级法院审理商事案件的法官非常短缺,且证券类纠纷案件涉及相关当事人众多,违法行为与损害后果之间的因果关系复杂,犯罪行为较为隐蔽,需要有专业性判断。如果取消前置条件,一旦投资者向法院提起诉讼,根据立案登记制的原则,法院必须予以受理并作出审判。这样的循环往复不仅造成诉累,极大地浪费司法资源,降低审判效率,也有可能因为法官对证券领域专业性不强而造成误判,损害司法权威。

第二,保留前置条件有利于减轻投资者证明负担,提高法院案件审理效率。根据《虚假陈述民事赔偿规定》第6条、第18条、第19条的规定,只要投资者有表面证据证明行为人实施了虚假陈述行为,且投资者在相关期间内所投资的是与虚假陈述有直接关联的证券,除非被告有相反证据证明,否则推定虚假陈述与损害之间具有因果关系。② 若取消前置条件,则投资者举证负担明显加重,且作为侵害方的上市公司,相关虚假陈述的内部资料也不可能为投资者所掌握。在庭审过程中,当事人质证和法院认证的难度将明显增大,而法院也承受着更多对虚假陈述重大性判断的难度和负担。这样就造成了当事人难以搜集到最核心、强有力的证据,而法院面临极大的认证压力的局面,这也与维护投资者合法权益、惩戒违法犯罪的司法宗旨相悖。

第三,前置条件的存在有利于"诉调衔接"的进行。由于前置程序已经由行政机关对

---

① 熊春红:《证券诉讼模式的经济学分析》,武汉大学2005年金融学硕士学位论文,第35页。
② 范雪飞,连环:《从两个调解案例看上市公司虚假陈述民事前置条件之缓和》,载《投资者》2018年第3辑。

涉案违法上市公司做出了行政处罚决定,而法院的判决也使其他诉讼参与人对个案的审判结果有一定预判性,这也有利于当事人在诉讼成本、执行效力与裁判结果中作出综合考虑,来决定是继续诉讼还是参与调解。前置程序的存在,一方面使针对涉案上市公司的违法行为由专业行政机关或直接管辖的监管机关作出判断,避免了前述证据搜集难、法院裁判难、案件压力大等问题;另一方面也可以有效推进"诉调衔接",缓解社会矛盾,在公正平等、基于双方意思自治的基础上解决证券虚假陈述损害赔偿纠纷。

但是,适当放宽前置条件对于投资者维权既是必要的,也是大势所趋。其一,根据相关规定,虚假陈述民事赔偿案件必须要以前置程序为启动条件。但以中国证监会及其下属机构牵头的行政机关从立案受理到作出行政处罚决定往往需要较长时间,这也给投资者的诉权带来了一定的限制。而放缓前置条件有利于避免因行政不作为或行政效率低所导致的投资者民事诉讼路径被堵上的情况。其二,加大投资者保护需要扩大前置条件的范围。在证券虚假陈述纠纷解决过程中,由于上市公司较之一般投资者在经济实力、信息掌控等方面具有较为悬殊的优势,一旦进入民事诉讼程序也将陷入耗时耗资金的拉锯战中,这也将投资者的维权与保护陷于不利的境地。扩大而非废除前置条件不仅可以避免因废除前置条件而导致法院案件激增、审判压力大的弊端,也能更好地维护投资者合法权益,提高投资者在证券虚假陈述纠纷中选择调解程序的积极性与有效性。其三,前置条件在性质上属于证据与证明的问题,可以适当放宽。相关规定的前置条件在本质上作为证据,那么原则上所有能够证明行为人实施了证券虚假陈述行为的表明证据,都可以作为投资人提起虚假陈述民事赔偿诉讼的前置条件。但是有必要对前置条件所包含的表明证据的范围进行适当限制,并对证据的专业性作一定要求。[①]

(二) 关于诉调衔接的问题

为了更好地保护投资者与相关当事人合法权益,推动完善证券、基金、期货类民商事纠纷的解决,以诉调结合为核心的多元化纠纷解决机制是近年来司法实践的重要尝试。我国《民事诉讼法》第54条规定,诉讼代表人放弃诉讼请求、进行和解,必须经被代表人同意。而在集体诉讼制度中,诉讼代表人同样集诉讼权利于一身,代表不特定当事人行使权利,而其法律后果同样及于所有诉讼当事人。以美国的集团诉讼经验为例,80%的证券集团诉讼以和解收场,10%—20%被法院驳回,只有1%—2%由法院审结。那么如何规范集体诉讼的调解与和解程序,法官的主持地位对集体诉讼的整个诉讼进程而言至关重要。本文认为,在调解、和解过程中,司法机关的监督一方面有利于避免侵权上市公司与诉讼代表人的相互勾结;另一方面也有利于调解、和解程序的合法有序推进,弱化证券集体诉讼的商业性,强化其赔偿性,切实维护广大投资者的权益。在索赔程序之后,如果法官认可证券集体诉讼初步达成的和解协议的内容,应指令相关当事人向全体诉讼当事人发出通知,以便进行听证程序。集体成员的异议既可以在听证会之前交给法院,也可以在听证会上提出。[②]

---

① 范雪飞,连环:《从两个调解案例看上市公司虚假陈述民事前置条件之缓和》,载《投资者》2018年第3辑。
② 罗斌:《证券集团诉讼研究》,法律出版社2011年9月版,第338页。

(三) 关于集体诉讼代表人的选择问题

一般来说，代表人的选择多考虑以下几个特性：一是具有典型性。典型性是指诉讼代表人提出的诉讼请求或抗辩对于所有集团诉讼成员来说应具有典型性。二是代表的充分性。此问题可借鉴美国《私人证券诉讼改革法》相关规定的要求，寻求作为诉讼代表人的当事人能够证明其能最充分保护集团利益，包括其具备基本的诉讼行为能力和一定的经济基础以及良好的品德。① 三是诉讼代表人的忠诚性。在普通法国家，规定集团代表不能与集团成员有利益冲突，不仅包括其寻求救济措施的冲突和证明方法的冲突，也包括其与被告关系密切或与集团律师有利害关系。②

有学者提出，是否可以考虑由中证中小投资者服务中心（以下简称"投服中心"）作为集体诉讼的诉讼代表人参与案件庭审，从而更好维护投资者的合法权益。本文认为，投服中心作为中国证监会批准设立并直接管理的证券金融类公益机构，致力于为中小投资者维权提供教育、法律、信息、技术等服务，但其作为社会性公益组织，以独立的身份直接参与诉讼，在我国当前法律体制下仍有不可逾越的鸿沟。以虚假陈述这一最为常见的证券类侵权行为为例，《最高人民法院关于受理证券市场因虚假陈述引发的民事侵权纠纷案件有关问题的通知》第四条规定，虚假陈述民事赔偿案件不宜以集团诉讼的形式受理。即便不考虑虚假陈述案件对投服中心加入诉讼的影响，我国《民事诉讼法》第119条对起诉条件有相应的规定，即原告是与本案有直接利害关系的公民、法人和其他组织；我国《证券法》第69条、第171条第1款第4项、第173条规定的赔偿对象仅限于"投资者"③；《民事诉讼法》第54条代表人诉讼条款，更是将诉讼代表人限定在了登记权利人的范围内。

(四) 建立与完善集体诉讼退出权与上诉权

目前我国致力于建立一套"声明退出制"的集体诉讼制度，本文认为此处可借鉴美国集团诉讼的退出权，即集团成员有两次选择机会决定其是否退出集团诉讼。第一次在集团诉讼刚启动阶段，集团成员可就其无法得知足够有效信息行使其权利而退出诉讼，这样的规定也与我国民法"意思自治""不告不理"的诉讼原则相契合。第二次退出权的行使可在和解过程中，这也有利于提高集团成员意思表示的真实性，保证当事人能独立行使其诉讼程序的能力。④

关于集团成员的上诉权，有学者提出可借鉴澳大利亚《联邦法庭法》及加拿大《联邦法庭规则》的有关规定，明确集团成员的上诉权。如果代表当事人或自己集团代表当事人未在法定上诉期间提起上诉，可再给予其他集团成员或子集团成员同样的或稍长的上诉期间，使其可代表集团成员或子集团成员提起上诉。

---

① 罗斌：《证券集团诉讼研究》，法律出版社2011年9月版，第316页。
② 王福华：《集团诉讼代表人资格研究——基于普通法国家的比较分析》，载《中外法学》2009年第2期。
③ 罗芸：《投服中心民事赔偿诉讼方式研究》，载《投资者》2018年7月第1版，第104页。
④ 罗健豪：《美国集团诉讼退出制的研究》，复旦大学2008年博士学位论文，第78页。

四、结语

证券集体诉讼制度在境外成熟资本市场早已成为投资者打击上市公司违法侵权行为、维护自身合法权益的利器。从整体上来说，该制度针对证券"小额多数"侵权纠纷具有维权成本低、惠及范围广的特点。如果说2000年中国证监会调研推动建立投资者集体诉讼制度是创造性的试水提议，那么在近20年后的今天，在我国营商环境不断优化、法制建设更加完善的大背景下，证券集体诉讼制度的建立也是大势所趋。

参考文献

[1] 范雪飞，连环. 从两个调解案例看上市公司虚假陈述民事前置条件之缓和 [J]. 投资者，2018（3）：213.

[2] 罗芸. 投服中心民事赔偿诉讼方式研究 [J]. 投资者，2018（3）：102.

[3] 王福华. 集团诉讼代表人资格研究——基于普通法国家的比较分析 [J]. 中外法学，2009（2）：135.

[4] 吴泽勇. 群体性纠纷解决机制的构建原理 [J]. 法学家，2010（5）：78.

[5] 祖传夫，叶茂，陈世清. 证券纠纷行业调解与多元化解决机制的衔接问题探析 [J]. 创新与投资者保护，229.

[6] 罗斌. 证券集团诉讼研究 [M]. 法律出版社，2011（9）：338.

[7] 章武生，段厚省. 必要共同诉讼的理论误区与制度重构 [M]. 中国群体诉讼理论与案例评析，2009：45.

[8] 罗健豪. 美国集团诉讼退出机制的研究 [D]. 复旦大学博士学位论文，2008.

[9] 熊春红. 证券诉讼模式的经济学分析 [D]. 武汉大学金融学硕士学位论文，2005.

[10] 齐树洁. 多元化解决民事纠纷新机制 [N]. 检察日报，2005.12.02（3）.

强制退市模式下非诉路径投资者保护

李 筠 高 颖 刘 照 苗家伟*

投资者是资本市场的重要参与者,其利益能否得到有效保护关系到资本市场的持续稳定发展。退市制度作为资本市场的一项基础法律制度,是市场健康稳定运行的基石。在退市过程中强化对投资者合法权益的保护,既是退市制度的重要内容,也是维护市场信心的重要举措,是整个资本市场建设的关键一环。

本文立足我国当前强制退市模式下投资者保护现有制度安排以及实践存在的问题,对典型退市投资者保护案例进行分析,归纳总结监管制度与现实问题之间的矛盾,比较分析境外国家或地区成熟资本市场的投资者保护制度,提炼具有普遍意义的规律,取长补短,在结合我国实际国情的基础上进行制度借鉴,提出现实可行的政策完善建议。

一、强制退市背景下投资者保护概述

根据上市公司退市的主观因素不同,可以将退市分为强制退市和自愿退市两类。导致上市公司被采取强制退市的原因通常包括经营性因素和违法性因素两个方面。因经营性因素被强制退市是指上市公司市值规模、经营业绩和股权结构等指标不满足持续挂牌交易条件,而不再维持上市地位;因违法性因素被强制退市是指上市公司违反法律规定或者违反与证券交易所签订的上市协议,而被动地退出证券市场。在我国,上市公司因违法性因素被强制退市的具体情形包括存在欺诈发行、重大信息披露违法或者其他涉及国家安全、公共安全、生态

---

* 作者简介:李筠,硕士,经济师,现任华泰证券股份有限公司合规总监、总法律顾问,曾任南京市证券期货委员会办公室主任科员、中国证监会南京特派办主任科员,机构监管部审核处主任科员,江苏证监局机构处副处长,上海专员办二处副处长、调研员;高颖,法律硕士,华泰证券股份有限公司合规法律部运营团队负责人,曾获2011—2015年江苏省属企业先进法务工作者,并在《国际经济合作》等核心期刊发表论文;刘照,苗家伟,硕士,就职于华泰证券股份有限公司合规法律部。原载于《中国证券》2019年第11期。

安全、生产安全和公众健康安全等领域的重大违法行为。①

尽管上市公司因存在违法行为被强制退市的绝对数量及占比并不突出②，但上市公司违法行为将直接影响股价，直接给投资者利益造成巨大损失；加之此类退市周期短，投资者无法及时退出，投资者权益往往得不到充分保护，缺乏有效的损害赔偿救济机制。鉴于此，为有效保护投资者合法权益，维护证券市场信心，本文将重点探讨上市公司因违法性因素被强制退市的投资者保护问题。

二、强制退市背景下非诉路径投资者保护实证分析

（一）我国现行常见非诉路径投资者保护

现行证券民事诉讼机制不健全以及中小投资者诉讼维权的意识和能力薄弱，使得我国公众投资者通过提起民事诉讼获得损害赔偿的案例实属寥寥。③为弥补当前证券民事诉讼机制的不足，监管机构在不断探索和创新，着力构建我国资本市场民事赔偿的新模式，对投资者实现全面的救济与保护，主要内容包括股份回购和先行赔付两种方式。

在股份回购方面，2014年10月，中国证监会发布《关于改革完善并严格实施上市公司退市制度的若干意见》，进一步明确了重大违法强制退市责任主体的民事赔偿责任，首次提出通过回购股份等方式赔偿投资者损失。2018年9月，中国证监会公布《公司法修正案（草案征求意见稿）》，扩大了股份回购的法定情形，规定上市公司为维护股东利益可以回购本公司股份，为强制退市情形下上市公司通过回购股份赔偿投资者损失提供上位法依据。但是，目前关于退市公司股份回购的具体操作指引尚未公布，实践中也无相关案例。

在先行赔付方面，现有制度规定主要体现在中国证监会2015年发布的《公开发行证券的公司信息披露内容与格式准则第1号——招股说明书》中，该文件首次确立了保荐机构的先行赔付义务，要求保荐人在招股材料中承诺，如有虚假陈述行为并造成投资者损失的，将予先行赔偿。④保荐人赔偿投资者的损失后，取得向其他连带责任主体追偿的权利。然而，该项规定仅要求保荐机构作出先行赔付的承诺，当触发承诺条件时，赔付方案如何制订、赔付范围如何确定、先行赔付与诉讼纠纷之间如何衔接等问题仍无法定依据。值得关注的是，2015年《证券法（修订草案）》继续对先行赔付制度进行探索和完善，增加了先行赔付的

---

① 《关于改革完善并严格实施上市公司退市制度若干意见》第二条第（五）项：对重大违法公司实施暂停上市、终止上市。上市公司构成欺诈发行、重大信息披露违法或者其他涉及国家安全、公共安全、生态安全、生产安全和公众健康安全等领域的重大违法行为的，证券交易所应当严格依法作出暂停、终止公司股票上市交易的决定。

② 截至2018年7月，我国证券市场退市公司共有113家，其中重大违法退市仅2家（ST博元和欣泰电气）。资料来源：Wind。

③ 陈洁：《证券市场先期赔付制度的引入及适用》，载《法律适用》2015年第8期，第25页。

④ 《公开发行证券的公司信息披露内容与格式准则第1号——招股说明书（2015年修订）》第十八条：招股说明书扉页应载有如下声明及承诺："保荐人承诺因其为发行人首次公开发行股票制作、出具的文件有虚假记载、误导性陈述或者重大遗漏，给投资者造成损失的，将先行赔偿投资者损失。"

主体范围,并赋予第三方投资者保护机构先行赔付以及代位追偿的主体资格。① 2019 年公布的《证券法》(修订草案三次审议稿)将上述机制调整为相关赔付主体可以委托国家设立的投资者保护机构,就赔偿事宜与投资者达成协议予以先行赔付。②

(二) 先行赔付实践及问题分析

实践中真正实现股份回购的案例寥寥无几,先行赔付成为我国现行非诉赔偿渠道的主要方式。2014 年 1 月,丹东欣泰电气股份有限公司(以下简称"欣泰电气")在深圳证券交易所创业板上市;2015 年 7 月,欣泰电气因涉嫌欺诈发行被中国证监会调查;2016 年 7 月欣泰电气被实施行政处罚;2017 年 8 月 28 日欣泰电气被强制退市,成为 A 股市场首家因欺诈发行被强制退市的上市公司。2017 年 6 月,为赔付投资者因欺诈发行受到的损失,欣泰电气上市保荐机构兴业证券出资 5.5 亿元设立欣泰电气欺诈发行先行赔付专项基金,由中国证券投资者保护基金公司担任基金管理人。截至 2017 年 10 月 20 日,赔付适格投资者 11 727 人,占适格投资者总人数的 95.16%,支付赔付金额近 2.42 亿元,占应赔付总金额的 99.46%。③

先行赔付开创了强制退市过程中投资者保护的新机制,在一定程度上解决了证券民事赔偿渠道单一、效果不明显等现实问题,对于投资者保护发挥着重要的示范意义和社会效果。然而,在对受到损害的投资者进行快速赔偿的同时,先行赔付机制也引发了一些新的问题。

1. 制度依据不明确

先行赔付本质是便利投资者获得经济赔偿的替代性制度安排,"先期"赔付的损害赔偿方式在我国《证券法》《侵权责任法》等法律法规中尚无明确的制度依据。此外,我国以保荐机构承诺形式的先行赔付具有自愿性质,虽有观点认为监管部门行政力量的介入使得赔付承诺具有"准强制性"④,但难免存在赔付主体顾虑到高昂的赔付金额将危及公司的生存和发展,不愿承担先行赔付义务的情形。

2. 先行赔付义务主体单一

目前先行赔付的义务主体只有保荐机构,其他责任主体处于虚位状态,加之保荐机构进行先行赔付适用过错责任原则,在保荐机构无过错的情况下,对投资者的先行赔付可能没有责任主体承担。尽管 2014 年海联讯投资者利益补偿专项基金并非由保荐机构而是公司主要

---

① 根据《中华人民共和国证券法(修订草案)》(2015 年 4 月 20 日人大审议版)第 173 条,因欺诈发行、虚假陈述或者其他重大违法行为给投资者造成损失的,发行人的控股股东、实际控制人、相关的证券经营机构、证券服务机构以及国务院证券监督管理机构认可的投资者保护机构可以就赔偿事宜与投资者达成协议,予以先期赔付。先期赔付后,可以依法向发行人以及其他连带责任人进行追偿。参见中国金融服务法治网:http://www.financialservicelaw.com.cn/article/default.asp?id=4777,最后访问日期:2018 年 8 月 17 日。

② 根据《中华人民共和国证券法(修订草案)》(提请十三届全国人大常委会第十次会议审议稿)第 103 条,发行人因欺诈发行、虚假陈述或者其他重大违法行为给投资者造成损失的,发行人的控股股东、实际控制人、相关的证券公司、证券服务机构可以委托国家设立的投资者保护机构,就赔偿事宜与投资者达成协议,予以先行赔付。先行赔付后,可以依法向发行人以及其他连带责任人进行追偿。

③ 参见:《中国证券投资者保护基金有限责任公司关于欣泰电气欺诈发行先行赔付专项基金的终止公告》,中国证券投资者保护基金有限责任公司网站:https://zxjj.sipf.com.cn/investor/notice/notice63.do,最后访问日期:2018 年 8 月 18 日。

④ 郭雳,谭思瑶:《保荐人先行赔付制度与中国探索》,载《投资者》,法律出版社 2018 年 1 月第 1 版,第 103 页。

股东设立,但由于该虚假陈述事件尚未涉及退市,公司股东进行损失救济的主观意愿较强,在强制退市背景下,上市公司及其关联方则缺乏先行赔付的主动性。

3. 赔付方案标准及效力问题

赔付方案的确定在实证案例中存在较多争议,如欣泰电气案中,2017年2月至11月,数十名投资者对欣泰电气和兴业证券提起证券虚假陈述责任纠纷诉讼,对赔付方案确定的虚假陈述更正日和系统风险等问题提出异议。① 此外,先行赔付协议属诉讼外的和解协议,作为私法行为不具备当然的法律确认力和执行力。由于协议的一方当事人是多数的不特定公众投资者,若赔付主体不积极执行赔付方案,依然要通过裁判予以解决。

三、非诉路径投资者保护境内外比较研究与启示

为更好地保护投资者利益,美国的公平基金、中国台湾地区的投资者保护基金、中国香港地区的投资者赔偿基金以及我国的保荐人先行赔付机制都在非诉路径上做出了有益探索,境外成熟市场关于投资者保护的制度安排及其精神,对完善我国强制退市模式下投资者保护路径提供了启示。

(一) 美国公平基金的借鉴意义

美国的公平基金是为赔偿因某一证券违法行为遭受损失的投资者而单独设立的赔偿基金,其设立初衷在于用违法者的违法所得以及对该违法行为作出的处罚来填补投资者的损失,达到恢复平衡的效果。公平基金的资产由收缴的违法所得、美国证券交易委员会(以下简称"SEC")施加的民事罚款以及上述资金的收益等组成,由SEC或听证官任命的基金管理人进行管理和分配。在实施过程中,首先由基金管理人向法院提出分配基金的申请,法院批准后发布公告,适格投资者应当按照规定向基金管理人提交索赔申请,基金管理人根据分配规则赔偿投资者的损失。公平基金在对投资者损失进行赔偿之后,不存在向违法者进行追偿的问题。值得关注的是,公平基金与证券民事诉讼并行不悖,投资者通过公平基金获得赔偿后,仍可向违法责任主体提起包括集团诉讼在内的证券民事诉讼。虽然公平基金对投资者损害的实际赔付率并不高,但其仍是受害投资者获得权利救济的重要渠道。

将违法所得以及罚款金额用作投资者损害救济属于美国的独特做法,在其他成熟资本市场并不多见,我国目前也没有制度规定将违法行为的罚没款收入用作对投资者的损失进行赔偿。不过,在扩展投资者损害赔偿渠道、完善投资者非诉路径损害救济的制度构建中,可以考虑借鉴美国公平基金的赔偿机制,确定合理的运作模式和明确的分配规则,实现对投资者利益更充分的保护。

(二) 中国香港地区投资者赔偿基金的借鉴意义

中国香港地区为赔偿因中介人的违规行为导致利益受损的投资者而设立了投资者赔偿基金,在强制退市情形下,若中介人存在违规行为,可由赔偿基金先行赔付投资者损失,再向

---

① 参见:《兴业证券股份有限公司2017年年度报告》,巨潮资讯网,http://www.cninfo.com.cn/cninfo—new/disclo-sure/fulltext/bulletin_detail/true/1204554661?announceTime=2018—03—31,最后访问日期:2018年8月27日。

违法责任主体进行追偿。不同于美国公平基金"一案一设"的模式,中国香港投资者赔偿基金是在合并原联交所赔偿基金和商品交易所赔偿基金的基础上,通过向证券交易及期货合约交易行为征收交易费以及在特定条件下实行财政拨款等多种方式,组成一个规模庞大的基金池。赔偿基金进行赔付的前提是投资者在香港的交易所从事交易活动,且因持牌中介人或者香港证监会认可的金融机构存在违责事项导致利益受损。在赔付对象和金额方面,赔偿基金主要针对中小投资者,对机构投资者或者与违法者有利害关系的当事人不予赔付,并且设置了单个赔偿申索的上限。

香港地区投资者赔偿基金与内地的保荐机构先行赔付比较如下:第一,在规则依据方面,香港地区投资者赔偿基金的资金来源、基金管理、损失赔付和代位求偿等方面都有较为明确的规则依据,而内地保荐人先行赔付基金的赔付范围、赔付方案确定等方面规则依据不明确;第二,在基金创设及资金来源方面,投资者赔偿基金根据香港《证券及期货条例》设立,资金来源广泛,而内地保荐人先行赔付基金依靠保荐机构自主启动,由保荐人自行出资,具有较大的不确定性;第三,在基金管理人方面,投资者赔偿基金由投资者赔偿公司在香港证监会的授权下进行管理和运营,而内地的规则尚无明确规定,已有的几起先行赔付案例均由投资者保护基金公司担任基金管理人负责基金运作及赔付;第四,在赔付条件方面,投资者赔偿基金负责赔偿因中介人违规导致的中小投资者损失,内地保荐人先行赔付的前提是上市公司招股材料中存在虚假陈述;第五,在是否可追偿方面,两项机制均允许对投资者的损失进行先行赔付后,可以获得代为求偿权,向其他违法责任主体进行追偿。

可以看出,境外成熟市场基于不同的立法目的,对投资者非诉损害赔偿方式等方面作出有针对性、不同于一般民事责任制度的创新安排,并且体现了监管机构或第三方机构介入私权救济的重要理念。同时,在投资者损害赔偿非诉路径对于第三方机构职责以及基金赔付运作管理的安排方面,境外对投资者的权利救济与保护显得更加有章可循。境外相对完整和体系化的制度安排,为其证券市场投资者保护提供了有力的规则基础与救济依据,也为我国强制退市情形下投资者保护机制的完善提供了经验与借鉴。

四、我国强制退市背景下非诉路径投资者保护政策建议

诉讼是投资者权力救济的最后一道防线,而非诉赔偿机制的顶层设计与理想路径是从司法主导向立法主导转化,建设以非诉程序为主、及时高效的常规性投资者损害赔偿救济机制。

(一) 完善先行赔付机制的制度化建设

证券法领域的先行赔付制度与其他既有领域的先行赔付制度[①]存在着同样的责任逻辑与理论基础,即对于特殊群体的倾斜性保护。在强大的经济实体和组织面前,孤立的个人已无法凭借纯粹的抽象人格制度获得充分保护,单纯强调机会和资格的平等已不能适应现代社会

---

① 例如,2013 年修正的《消费者权益保护法》第 44 条规定了网络交易平台提供者对消费者承担先行赔付义务;2011 年修正的《道路交通安全法》第 75 条和第 76 条也规定了第三者责任强制保险中保险公司的先行赔付义务。

的需要，需提供对具体人格的特殊或倾斜性保护，以实现社会的真正公平。[①] 此外，我国《民事诉讼法》第 50 条和《虚假陈述若干规定》第 4 条都对诉讼外和解作出了鼓励性规定，先行赔付在我国现行法律框架下具有应有空间，其制度实施合理且可行。

在上述责任逻辑与理论基础上，结合境外先行赔付非诉路径投资者损害赔偿的有益探索，我国先行赔付制度的规则设计应聚焦于以下方面：

1. 明确赔付主体——或有责任主体

"先行"具有"替代"或者"提前"的隐含含义，或有责任主体先行赔付的依据是"可能"的连带责任，即先行赔付人可能是司法裁决确定的损害赔偿最终责任人之一。结合目前《虚假陈述若干规定》中的内容与实践情况，发行人、上市公司的董事、监事、高级管理人员和其他直接责任人员作为个体的财力有限，先行赔付责任的承担主体主要为发行人的控股股东、实际控制人、相关的证券中介服务机构。这一点在 2019 年最新《证券法》审议稿相关条款中亦有所体现。

2. 确定启动程序

可考虑明确以下两个环节作为程序启动节点：一是在中国证监会对上市公司违法行为立案调查期间，先行赔付主体自发启动先行赔付程序；二是行政处罚生效后，中国证监会指定第三方投保机构（如投服中心[②]）启动先行赔付程序。先行赔付的后续处理则交由投保机构负责，成立专案小组，进行评估核算，制订赔偿方案，公告权利人登记。未登记的权利人视为放弃先行赔付，但可保留诉权。并且投保机构制订赔付方案时应当保障多方参与，如召开听证会广泛征询受损投资者的分配意见；由独立第三方对赔付方案的制订进行监督，对分配方案设计的科学性、合理性进行谨慎思考和判断。随后，采取网上—网下并行的方式，通过网上申报、网上投票系统确认补偿金额、证券结算系统划付补偿款的方式快速赔付。此处所称的适格投资者应将违法行为的责任方以及相关联人排除在外。

3. 明晰资金管理和来源

参考美国公平基金与中国香港投资者赔偿基金的做法，承担先行赔付的义务主体可设立专项补偿基金，由保荐人、发行人或上市公司的控股股东、实际控制人等提供资金，在补偿公告发布后将补偿基金划付至专项补偿基金资金监管专户。投保基金公司作为基金管理人以公益性和中立性为原则，开展专项补偿基金日常管理及运作，勤勉负责履行管理人职责，确保专项补偿基金财产安全、完整以及专款专用。

4. 规范赔偿范围——实际损失

民事损害赔偿的标准是"恢复原状"，即让受损投资者恢复到权益未受损时的应有状态，损害赔偿的数额等于投资者遭受的实际损失，不应让投资者因损害赔偿而获得损失之外的其他利益。因此，处理好"买者自负"原则与投资者保护之间的关系显得尤为重要，应

[①] 何庆江：《论我国证券民事赔偿制度中的弱者保护——以虚假陈述制度为中心》，载《政法论丛》2003 年第 6 期，第 59—63 页。

[②] 投服中心的主要业务是持股行权、纠纷调解、诉讼与支持诉讼、投资者教育等。作为第三方调解机构，投服中心已初步形成了"调解＋裁决"的新模式，调解数量多、成功率高。证监会致力于将投服中心打造成对行政监管机构负责的全行业第三方机构——类似证券申诉监察专员机制，通过立法同意建立专门性机制，确立投服中心法律地位。

将市场价格波动损失、通货膨胀等宏观经济影响以及不可抗力因素造成的损失排除出赔付范围。① 系统风险的存在及大小可由交易所在地的交易所公布的板块指数为基础，投保公司可以参考以下因素来确定扣除比例，如历史上的关联度、时间长短、金融专家证言、违法行为具体内容、投资者倾斜性保护、违法人主观心态以及其他因素等，按一定比例部分赔付。②

赔付标准和范围的确定还应确保不得低于司法诉讼的适用标准。就实际情形而言，先行赔付人出于商誉或者减轻行政处罚的考量，难免以较优惠的条件与投资者达成和解协议。当先行赔付责任人向其他连带责任人追偿时，为了维护其他未参与先行赔付的责任主体的利益，应当规定赋予其他连带责任人就明显超过实际损失的部分以抗辩权。这种"超额赔偿抗辩权"的成立须具备三个要件：一是先行赔付人已经向投资者进行赔付；二是赔付额度显著超过投资者的实际损失；三是先行赔付人对于超额赔付存在故意或者重大过失。③

5. 丰富赔付方式——证券回购或者现金补偿

2013年中国证监会发布的《关于进一步推进新股发行体制改革的意见》中规定了发行人及其控股股东应该承诺，若招股说明书存在虚假陈述，要依法回购首次公开发行的新股和控股股东转让的原限售股份。④ 国务院办公厅也发布了《关于进一步加强资本市场中小投资者合法权益保护工作的意见》，要求完善股份回购制度，引导上市公司承诺在出现股价低于每股净资产等情形时回购股份。侵权责任对权利的救济功能在于对受害人的权利修复、还原或者实现，只要在技术条件允许的范围内，能够最大限度地平衡侵害人和受害人的权利义务以及维护市场秩序，应当承认和扩展多样的先行赔付手段。⑤

6. 明确内部责任认定——追偿权

先行赔付的价值在于解决最终责任人之间的外部性问题，将民事赔偿责任的确定与履行集中在连带责任人内部，这就需要将先行赔付协议的效力及于其他连带责任人，其他连带责任人可以先行赔付协议作为抗辩，拒绝接受先行赔付的责任主体向其提起求偿诉讼。此时，法律应当赋予先行赔付责任承担者以法定代理权，即其有权代理全体连带责任人作出意思表示，与受损投资者订立和解协议。接受先行赔付协议的投资者自愿放弃向责任主体请求赔偿的权利，履行协议的先行赔付人对其他连带责任人享有追偿权，适用连带责任的追偿规则。追偿权的行使根据违法责任主体各自承担的法律责任具体判断。如果在先行赔付主体行使追偿权之前，发行人、上市公司或其他连带责任人进入破产程序，那么追偿权就转化为破产债权。先行赔付可以视为先行赔付主体代替破产的责任主体履行赔付责任，从而获得受损投资者对于责任主体的债权的过程。因此，在破产程序中先行赔付主体的债权清偿程序就等同于

---

① 洪艳蓉：《证券投资者保护基金的功能与运作机制》，载《河北法学》第25卷第3期，2007年3月，第89—104页。

② 甘培忠：《论证券虚假陈述民事赔偿中系统风险所致损失数额的认定》，载《甘肃社会科学》2014年第1期，第152—156页。

③ 陈洁：《证券市场先期赔付制度的引入及适用》，载《法律适用》2015年第8期，第25—31页。

④ 《关于进一步推进新股发行体制改革的意见》规定："发行人及其控股股东应在公开募集及上市文件中公开承诺，发行人招股说明书有虚假记载、误导性陈述或者重大遗漏，对判断发行人是否符合法律规定的发行条件构成重大、实质影响的，将依法回购首次公开发行的全部新股，且发行人控股股东将购回已转让的原限售股份。"

⑤ 段丙华：《先行赔付证券投资者的法律逻辑及其制度实现》，载《证券市场导报》2017年8月号，第4—12页。

接受先行赔付的投资者本来享有的债权清偿次序。[①]

(二) 设立投资者赔偿基金

吸收美国公平基金和中国香港投资者赔偿基金的有益做法，我国强制退市背景下的投资者非诉路径损害赔偿可探索设立投资者赔偿基金。证券投资者赔偿基金是指按照一定标准和程序筹集形成，为发行人、上市公司和中介机构、中介机构及其相关联系人违法违规等证券侵权行为导致的投资者权益受损而建立的民事赔偿基金，具有事后救济和补充保护的功能。公司因重大违法而被强制退市时，处于劣势地位的投资者无疑会成为证券市场最大的风险承担者。投资者赔偿基金是当投资者的权利受到侵害后采取的补救措施，是投资者权益保护机制中的救济性机制，重点保护因证券侵权行为而受损的投资者的基本权利。

中国证监会根据《证券投资者保护基金管理办法》设立的投资者保护基金与投资者赔偿基金具有相同目的，投资者保护基金由证券投资者保护基金公司负责费用筹集、管理和运用，在证券公司被采取强制措施的情况下，对证券公司非法动用投资者资产造成的损失进行补偿。然而在实践中，投资者保护基金用途较为单一。因此，可以考虑在现有投资者保护基金的基础上建立投资者赔偿基金，作为对投资者直接救济的基础和保障，由投资者保护基金公司负责基金的管理与使用。投资者赔偿基金的功能在于优先解决对投资者的损失补偿，将对违法主体的责任追偿交由地位相对平等、举证相对容易的投保基金公司。

投资者赔偿基金的具体规则设计应聚焦以下方面：

1. 确定资金来源

保护基金、行使代位权获得的违法者的财产、保荐质保金和上市公司违规风险准备金。保荐质保金和上市公司违规风险准备金，由投保基金公司根据证券公司、上市公司的业务状况评估责任额度，确认每个成员的信用额度，相当于一定程度上的违规财产担保。

2. 明确触发条件

行政处罚。上市公司被中国证监会行政处罚以后，因该上市公司的违法行为而遭受损失的中小投资者可以向投资者赔偿基金申请索赔，由投保基金公司负责审核作业。投保基金公司应与中国证监会建立信息共享机制，对投资者能否获得索赔以及索赔金额进行裁定；如果投保基金公司认为申请人能够获得赔偿，则按照统一标准进行赔偿并公告权利人进行登记。权利人进行权利登记的，获得赔偿金的同时丧失对责任主体的诉讼权；未进行权利登记的，视为放弃权利，可保留对违法责任主体的诉权。如果索赔额度在对该强制退市上市公司的保护限度之内，投保基金公司也可以直接启动支付程序，直接向投资者支付赔偿。投保基金公司决定启动直接支付程序的，应履行与清算相似的通知义务，任何因该上市公司以及相关联证券公司的违法违规行为受损的投资者均可以在6个月内寻求救济。

3. 限定赔偿对象

个人投资者。机构投资者具有投资专业性和信息优势，拥有更强的风险处置能力，能够为自身获得有效救济。在投资者赔偿基金对投资者权利救济情形下，必须将处于优势地位的机构投资者和具有利害关系的当事人排除出赔偿对象范围。

[①] 谢丽媛：《探析先行赔付制度的构建——以〈证券法（修订草案）〉为探讨背景》，载《保险与证券》2017年第7期，第55—60页。

4. 规范赔付额度

赔偿数额由投服中心在考虑系统风险的情况下,根据法律规定的赔偿标准确定。同时,在赔偿基金具体规则中可以设定最高赔付限额或者赔付比例的标准。具体设定方式可参照美国,设立最高补偿限额和现金限额[①],也可参照欧盟和我国台湾地区的做法,仅设定最高赔偿限额[②],并进一步区分现金和证券的补偿限额。[③] 在标准上应该结合我国证券市场定价水平、保护基金规模以及具体证券类型等因素综合确定,并且每5年由投保公司根据商务部发布的物价指数确定是否调整现金赔付标准。[④]

5. 设置代位求偿权

投资者的赔偿款额从赔偿基金中划拨,投保基金公司在赔付额度内代位享有投资者就该损失享有的一切求偿权利,投保基金公司行使代位权追讨的一切资产归入赔偿基金成为其一部分。投资者就偿付额度不能覆盖的损失部分可以向违法主体要求赔付。

投资者赔偿基金是强制退市模式下,对中小投资者合法权益的次优保护和底线保护,既不能取代责任主体的先行赔付,也不应成为责任主体逃避责任的工具。投保基金公司对投资者进行赔偿以后,可以行使代位权向违法责任主体及连带责任人追偿。

参考文献

[1] 陈洁. 投资者到金融消费者的角色嬗变 [J]. 法学研究,2011 (5):84—95.

[2] 郭雳. 美国证券集团诉讼的制度反思 [J]. 北大法律评论,2009,10 (2):426—446.

[3] 何庆江. 论我国证券民事赔偿制度的弱者保护——以虚假陈述制度为中心 [J]. 政法论丛,2003 (6):59—63.

[4] 洪艳蓉. 证券投资者保护基金的功能与运作机制 [J]. 河北法学,2007,3,25 (3),89—104.

[5] 甘培忠. 论证券虚假陈述民事赔偿中系统风险所示损失数额的认定 [J]. 甘肃社会科学,2014 (1):152—156.

[6] 陈洁. 证券市场先期赔付制度的引入及适用 [J]. 法律适用,2018 (8):25—31.

[7] 段丙华. 先行赔付证券投资者的法律逻辑及其制度实现 [J]. 证券市场导报,2017 (8):4—12.

---

① 2010年《投资者保护和证券改革法案》对1970年《证券投资者保护法案》设立的投资者可以获得现金补偿额最高限额10万美元,改为一般为25万美元。美国的补偿限额最高为50万美元,其中基于现金的请求权为25万美元。

② 欧盟《投资者赔偿计划指引》规定,每位投资者的最高赔偿限额为50 000欧元,若实际索赔小于50 000欧元,则为索赔额的90%。我国台湾地区单个投资者的最高补偿额为120万新台币,单个证券公司所有客户的最高补偿额为12亿新台币。

③ 有些国家或地区对现金赔偿或证券赔偿限额分别进行处理,如丹麦对现金的赔偿限额为40 000欧元,而对证券赔偿的范围为20 000欧元。

④ 章龙:《危机后国际投资者保护制度变迁及对中国的启示》,载《经济界》2015年第2期,第43—50页。

证券经营机构高质量创新发展

回归本源，优化结构，推动证券行业高质量发展

——在第二届新时代资本论坛上的发言*

安青松**

2018年是我国改革开放40周年，40年春风化雨、春华秋实，改革开放的历史画卷波澜壮阔。资本市场伴随改革开放的春潮而来，披荆斩棘走过了28年的光辉岁月。28年来，我国资本市场从无到有、从小到大、由弱到强，实现了历史性变革、跨越式发展，为完善我国现代金融体系、建设现代化经济体系做出了重要贡献。在这伟大的历史进程中，证券业应运而生，乘势而发，始终活跃在社会主义市场经济的最前沿，坚持改革创新，锐意开拓进取，为资本市场的发展壮大发挥了重要作用，行业自身也在实践中一步一步走向成熟。结合本届论坛主题"经济改革与股市振兴"，我就"回归本源，优化结构，推动证券行业高质量发展"，谈几点看法，供大家参考。

一、近年来我国证券业取得重大进步

近年来，得益于改革开放的伟大实践和资本市场的创新发展，以及分享深化"放管服"改革的红利，我国证券业发展取得较大进步。

（一）资本实力和盈利能力不断增强

截至2018年底，131家证券公司总资产6.27万亿元，是2011年底的4倍；净资产1.89万亿元，是2011年底的3倍；净资本1.57万亿元，是2011年底的3.4倍。2018年证券行业实现营业收入2 662.87亿元，是2011年的2倍；实现净利润666.20亿元，是2011年的1.7倍。与国际一流投行的差距逐步缩小，2018年底境内证券业净资产规模是2011年

---

* 时间：2018年12月28日。
** 作者简介：安青松，中国证券业协会党委书记、执行副会长。原载于《中国证券》2019年第1期。

底的 3.4 倍，同期高盛和摩根士丹利两大国际投行净资产分别增长 34% 和 25%。

（二）业务结构多元化格局初步形成

2011 年经纪业务占营业收入百分比高达 50.55%，2018 年降至 25.38%；资产管理业务收入占比由 2011 年的 1.75% 提升至 2018 年的 10.33%；2018 年证券承销保荐收入是 2011 年的 1.2 倍，财务顾问业务净收入是 2011 年的 4.3 倍，投资业务收入是 2011 年的 4.3 倍，受托管理资金余额是 2011 年的 50 倍。资本中介业务不断发展，融资融券业务、股票质押式回购业务及约定购回业务等资本中介业务成为重要增长点。场外金融衍生品业务、互联网金融业务、收益凭证业务、PB 业务、资产托管业务、另类投资业务等创新业务得到初步发展。

（三）跨境业务布局逐步展开，国际化进程加快

截至 2018 年底，已有 30 余家证券公司获批在港设立分支机构，15 家证券公司在 H 股上市，其中 A+H 股上市券商 11 家。中资券商开始利用境外平台拓展当地业务，如中信证券收购法国里昂证券、海通证券收购葡萄牙圣灵投资银行、华泰证券收购美国的 Assetmark、广发证券收购英国 NCM 期货公司等。境外业务收入占比稳步提升。据统计，2017 年 30 家境外设立子公司的证券公司中 26 家境外业务收入均有增长。其中海通证券、中金公司和中信证券境外营收占比均超过 10%，分别为 25.58%、20.67%、12.24%。

（四）合规风控水平显著提升

各家证券公司建立起相应的合规管理体系，普遍设立了单独的合规和风控部门，任命了合规总监，组建了合规管理团队。专业管理人员队伍得到培育和锻炼。截至 2017 年底，证券公司专职合规管理人员平均约 84 人，专职合规管理人员占公司全体员工数的平均比例为 4.04%，较上年上涨 157.32%；全体合规管理人员占公司全体员工数的平均比例为 6.41%，较 2016 年上涨 37.85%。

（五）行业履行社会责任形象全面树立

贯彻落实党中央打好扶贫脱贫攻坚战部署，协会发起动员行业力量参与扶贫工作，充分发挥专业优势，切实解决贫困地区企业"融资难、融资贵"问题，形成产业扶贫导向，提升精准扶贫实效，建立长效帮扶机制。截至 2018 年底，已有 100 家证券公司结对帮扶 278 个国家级贫困县，证券行业服务脱贫攻坚成效显著。

二、我国证券业发展面临重要关口

当前，外部环境复杂严峻，经济面临下行压力，资本市场不确定因素增加，证券公司经营压力增大，证券业核心竞争能力不强、业务发展不平衡不充分以及发展活力不足等问题凸显，主要体现在以下七个方面：

（一）规模体量尚小，与国际一流投行差距较大

与国际同行相比，我国证券公司规模普遍较小。2018 年底我国证券行业总资产 6.27 万

亿元,仅相当高盛集团一家公司的总资产规模,占 A 股市值比重为 12.89%。而美国证券业总资产占市值比重达到 19.24%,"大市场小行业"问题突出。

(二) 服务实体经济能力尚待加强

证券公司在解决企业"融资贵、融资难"的问题上缺乏有效手段,优化配置资源能力不足,存在"大公募小私募"问题。根据 Wind 数据统计,截至 2018 年底,我国企业 IPO 募集资金额为 1 378 亿元,私募股权融资额为 179.23 亿元,公募是私募的 7.7 倍。同期美国私募发行筹资 1.23 万亿美元,公募 0.66 万亿美元,私募是公募的 1.86 倍。

(三) 场外市场业务发展不充分

2017 年我国场内市场(含股票和债券)的融资额是场外市场的 8 倍。而欧美资本市场是先有场外,后有场内(交易所),场外市场是场内市场的源头和基础,而且场外市场规模远远大于场内,其中约 90% 的衍生品、80% 的债券交易在场外进行。活跃的场外市场有利于满足各类型企业和投资者金融服务需求,促进资本形成,提高全社会风险管理水平。

(四) 跨境业务发展刚刚起步

根据公司年报数据显示,2017 年我国境内上市证券公司跨境业务收入为 204.48 亿元,同比上升 10.97%,中金公司、海通证券和中信证券跨境业务收入占比分别为 17.5%、17%、11.8%。但是与国际一流投行相比尚有不小差距,高盛集团 2017 年度 39% 收入和 77% 利润都来自美国以外国家和地区,我国证券业国际化发展尚处于起步阶段。

(五) 内外部经营环境竞争激烈

一方面,内部竞争同质化局面未根本改变。尽管部分大型证券公司已经实现一定的规模化发展,但本质上仍未摆脱同质化竞争状态,行业普遍停留在拼规模、抢份额的旧模式中。另一方面,面临日益加大的外部竞争压力。证券公司除了面临国内互联网平台、银行等其他金融同业的竞争之外,随着我国证券业的全面开放,证券公司还面临着进入中国的国际一流投行的竞争。

(六) 合规和风险管理水平有待提升

一方面,合规管理能力有待进一步加强。依然有部分业务和流程没有实现合规全覆盖;在合规管理实践中,事前合规审查往往让位于业务扩张和竞争压力,事中合规检查不足,事后合规问责也不够重视。另一方面,风险管理水平落后于业务发展。证券公司的全面风险管理的落实存在不到位的情况,多数证券公司没有真正建立全覆盖的风控系统和监测模型。部分证券公司对流动性、系统性风险的防范意识仍然不足。

(七) 监管制度存在不适应的情况

一方面,缺乏与"打造国际一流投行"相匹配的差异化监管机制、创新容错机制以及双向开放的阶段性过渡机制。另一方面,我国证券业监管是以交易所市场标准化业务为起点和核心展开,形成较为完整的监管规则体系,产品创设以正面清单方式管理为主,管制多,创新少,尤其是场外市场没有形成有针对性的监管规则体系。

三、推动我国证券业迈向高质量发展

28年来我国证券业从生长发展、规范发展到创新发展,经历了风险处置、综合治理到2015年股市异常波动后的发展修复期,走过了万水千山,仍在跋山涉水。站在新时代改革开放的新起点上,处于我国经济转向高质量发展的新的历史方位,推动证券业迈向高质量发展、增强服务实体经济能力已成为广泛共识。

证券业高质量发展体现在"一个中心、两个坚持、遵循4项重要原则、落实好新的发展理念"。即围绕增强服务实体经济能力中心任务,坚持市场化、法治化发展取向,遵循"回归本源、优化结构、强化监管、市场导向"4项做好金融工作的重要原则,落实好创新、协调、绿色、开放、共享5大新的发展理念,发挥好投资银行资本中介功能和投融资枢纽作用,支持打造一个规范、透明、开放、有活力、有韧性的资本市场,促进形成投融资功能完备、基础制度扎实、市场监管有效、投资者合法权益得到有效保护的多层次资本市场体系。

推动证券业迈向高质量发展,需要探索做好九个方面工作:一是加强投资银行功能建设,全面提升核心业务能力;二是推动经纪业务转型升级,打造财富管理专业平台;三是积极发展场外市场业务,丰富实体经济投融资工具;四是完善跨境业务制度安排,提升证券公司国际竞争力;五是积极开发运用金融科技,形成创新驱动发展新格局;六是大力发展综合机构业务,增强证券公司核心竞争力;七是不断完善风险管理体系,提升全面风险管理水平;八是积极拓宽资本补充渠道,增强可持续发展资本实力;九是促进改善外部发展环境,推动证券行业高质量发展。

推动行业迈向高质量发展,需要解决好三个问题:

一是找准站位与站队,提高政府、市场对行业的信任度。证券行业要提高政治站位,增强服务实体经济能力,促进现代化经济体系建设,自觉向服务国家发展战略站队,建立政府、市场和行业良性互动的信任基础。

二是坚持定位与定力,回归本源,优化结构。资本市场在金融运行中具有牵一发而动全身的作用,必须保持发展定位和定力,坚持守正创新,回归本源是服从服务于经济社会发展,全面贯彻落实新的发展理念,促进创新成为第一动力、协调成为内生特点、绿色成为普遍形态、开放成为必由之路、共享成为根本目的的高质量发展,防止行业脱实向虚和自我循环而滋生、放大、扩散风险。优化结构是坚持问题导向,着力解决高质量发展的迫切需求:一是怎样为分散不确定性创造金融产品,推动跨期限、跨产业、跨群体分散风险,增加有效投资;二是怎样为新兴产业发展提供金融支持,合理进行资产定价和权益保护;三是怎样适应绿色投资回报期长的特点,为中长期资金供给提供制度安排;四是怎样在产能过剩行业促进僵尸企业退出,推动存量资产重组。发挥投资银行促进价格发现、资本形成和风险管理的基础功能,为4个"怎样"提供金融解决方案,提高金融供给体系质量。

三是坚定方向与方位,推动行业高质量发展。既要找准出发点,努力提升投资银行服务实体经济能力,全面加强风险经营能力、投资交易能力、产品设计能力、金融科技能力、研究分析能力等核心业务能力建设;又要找准前进方向,深刻理解金融科技、技术进步对经济生态、人文生态、金融生态的深远影响,探索向金融科技深度转型。

资本市场发展离不开改革开放大时代，证券行业要继续走在新时代改革开放的前列，必须坚持守正创新，将改革进行到底。"伟大梦想不是等得来、喊得来的，而是拼出来、干出来的"，这是改革开放第一代奋斗者的精神，也是资本市场第一代证券人的精神，今天推动证券行业迈向高质量发展同样需要这样的精神。

打造多样化生态体系，推动证券行业高质量发展

董 晨 杨丰强[*]

习近平总书记在中共中央政治局第十三次集体学习时强调，要深化金融供给侧结构性改革，增强金融服务实体经济能力。金融供给侧结构性改革的最终目的在于实现金融和实体经济的协调发展，提升金融对经济的整体服务能力。推动大中小证券公司全面发展，打造一个多层次、广覆盖的多样化证券行业生态体系，提升资本市场对各层次和各区域经济主体的服务能力，是推进证券行业供给侧结构性改革、增强行业服务实体经济能力、提升行业发展质量的重要内容。

一、打造多样化生态体系，是服务实体经济、实现证券行业高质量发展的需要

（一）构建大中小证券公司全面发展的多层次生态体系，是服务实体经济的需要

在我国经济发展更多依靠创新、创造、创意的大趋势下，资本市场在推动经济创新转型中的作用日益突显。由于科技创新企业轻资产、高风险的特点，其普遍面临信贷融资难题，资本市场将成为支持科技创新企业融资的主要场所。而在科技创新中，中小企业是创新的中坚力量。据统计，改革开放以来，我国65%的发明专利、75%以上的技术创新、80%以上的新产品是由中小企业完成的。因此，构建一个能够覆盖大、中、小企业的证券行业生态服务体系，对于推动经济的创新转型至关重要。

从金融机构业务特征看，大型金融机构天然倾向于服务大型企业，以便实现规模效应，满足其业务体量需求。在实践中，大型证券公司总体上偏好服务于大企业、大项目，例如，2016—2018年，净资产排名前15位证券公司保荐的IPO项目平均募资金额为7.32亿元，较45名之后证券公司的保荐项目平均募资金额高出88%（见表1）。同时，大型证券公司总部

---

[*] 作者简介：董晨，东北证券股份有限公司副总裁兼上海证券研究咨询分公司总经理、战略规划部总经理，中国人民银行研究生部硕士研究生，先后在南方证券、华夏证券、中信建投、宏源证券任职；杨丰强，复旦大学经济学博士，东北证券股份有限公司战略规划部高级研究员。原载于《中国证券》2019年第8期。

基本上集中在一线城市和东部沿海地区，业务重心向经济发达地区和中心城市倾斜；而中小证券公司必须更多地服务于中小企业，并深耕当地业务资源，实现与大型证券公司的错位竞争。因此，打造一个由大、中、小证券公司全面发展的多层次证券行业生态体系，对于服务多样化的创新主体，特别是中小科创企业有着重要意义。

表1　　　　　2016—2018年不同规模证券公司IPO项目的平均募资金额

证券公司净资产排名（位）	IPO项目平均募资金额（亿元）
1—15	7.32
16—30	5.10
31—45	4.31
45名之后	3.89

资料来源：Wind，东北证券。

（二）为行业差异化发展创造条件，是新形势下证券行业实现高质量发展的需要

在金融回归服务实体经济和宏观经济增速放缓的背景下，金融行业大规模扩张已经成为过去。2016年以来，证券行业总资产增速已由2013—2015年的20%以上降至10%以下（见图1）。在过去高速增长阶段，行业急于规模扩张，市场同质化发展较为普遍，而在新的行业发展形势下，市场进入存量竞争格局，行业同质化发展难以为继。因此，推动大、中、小证券公司的差异化发展，是提升行业发展质量的内在要求。

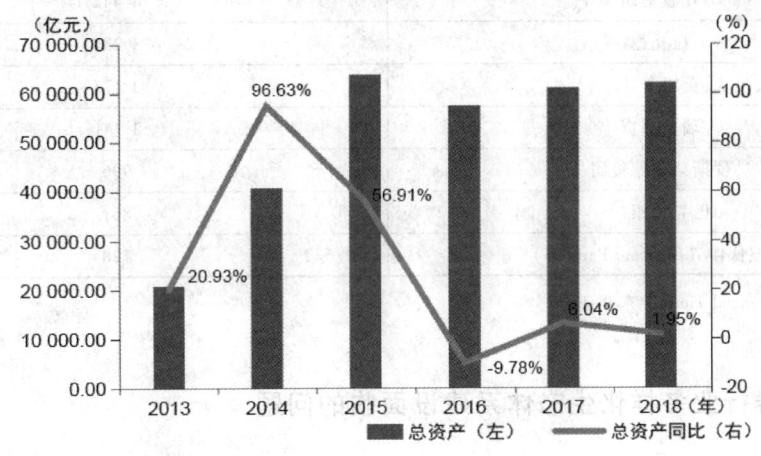

图1　2013—2018年证券行业总资产增长情况

资料来源：Wind，东北证券。

为推动行业差异化发展，首先需要为中小证券公司差异化发展创造必要的制度环境，包括给予中小证券公司必要的业务资格、鼓励中小证券公司加强业务创新，从而为中小证券公司加强业务聚焦、打造特色化竞争优势提供便利，最终实现行业的差异化发展，形成健康的行业发展生态体系。

（三）培育全能型和精品投行共同发展的行业生态体系，是在多层次金融开放体系下提升行业全球竞争力的需要

随着资本市场在我国金融体系中的重要性日益提升，证券行业的国际竞争力将成为打造我国金融核心竞争力、维护国家金融安全的关键领域。2019年5月1日，中国银保监会公布了银行保险业对外开放新举措，取消了外资入股金融机构的总资产规模限制，并在多条措施中强调内外资一致原则，鼓励更多具备专业特色的优质外资金融机构进入。未来金融业全面开放是大势所趋，除外资大型投行外，中小投行也将逐步进入我国证券行业，我国证券行业将面临外资投行的全方位竞争。

在证券行业全面开放的长期趋势下，培育全能型和精品投行共同发展的行业生态体系，对于提升我国证券行业的全球竞争力至关重要。例如，美国既有业务全面、综合竞争力领先的大型投行，也有在细分领域竞争力突出的精品投行，嘉信理财（Charles Schwab）是全球领先的财富管理机构，拉扎德（Lazard）在并购重组领域业务收入甚至超过很多大型投行（见表2）。因此，打造我国具有全球竞争力的精品投行，是在多层次金融开放体系下，应对外资金融机构冲击、与外资投行展开全方位竞争的必然要求。

表2　2018年全球并购重组业务咨询收入排名前十位的投行

投资银行	收入（百万美元）
高盛集团	2 907
摩根大通	2 255
摩根士丹利	2 130
花旗集团	1 442
拉扎德	1 284
美银美林	1 175
瑞士信贷	1 141
罗斯柴尔德集团	996
巴克莱银行	861
永核伙伴（Evercore Partners）	728

资料来源：Financial Times，东北证券。

二、证券行业多样化生态体系建设面临的问题

中国人民银行行长易纲在2019年中国发展高层论坛上表示，金融业本质上是竞争性服务业。证券行业作为竞争性行业，需要公平的准入和市场化的竞争环境，让证券公司在市场竞争中优胜劣汰，实现行业的高质量发展。但目前中小证券公司发展还面临着部分非市场化监管壁垒。

（一）分类监管评价作为业务监管的重要依据，受业务规模影响较大

当前，证券公司业务监管越来越依赖分类评价结果。根据《证券公司分类监管规定》，证券公司分类结果将作为证券公司申请增加业务种类、确定新业务新产品试点范围和推广顺序的依据。而业务规模在分类评价结果中起着决定性的作用，例如，营业收入、经纪、投行、资产管理等各项业务收入排名前5位、前10位、前20位的，分别可以加2分、1分、

0.5分。分类评价结果对规模指标的过度依赖,导致少数大型证券公司即使扣分较多,仍然能够获得 A 类评级。总体而言,分类评价结果受证券公司规模影响较大,2018 年共 12 家证券公司获得 AA 评级,其中 2017 年总资产排名前十位的证券公司在 2018 年全部获得了 AA 级(见表 3)。

表3　　2018 年 12 家获得 AA 评级的证券公司及其上年总资产排名

2018 年获 AA 评级的证券公司	2017 年总资产(亿元)	总资产排名(位)
中信证券	4 839.41	1
国泰君安证券	3 464.10	2
海通证券	3 109.29	3
广发证券	2 963.16	4
华泰证券	2 943.47	5
招商证券	2 609.36	6
申万宏源证券	2 511.49	7
中国银河证券	2 292.08	8
东方证券	2 046.38	9
中信建投证券	1 843.43	10
中金公司	1 819.04	12
平安证券	943.38	19

资料来源:中国证券业协会,东北证券。

(二)中小证券公司部分业务资格获取面临监管限制,导致服务功能缺失

目前,证券公司部分关键业务资格根据分类评价结果设置准入门槛,而分类评价结果又受到证券公司业务规模的较大影响,使得大量中小证券公司被排除在外。例如,2018 年独角兽上市及境外企业发行中国存托凭证(CDR)业务中指定了 10 家 AA 评级证券公司作为主保荐机构;在场外期权业务中,只有最近一年分类评级分别在 AA 级和 A 级以上的证券公司才有资格分别成为一级和二级交易商;2019 年 2 月 1 日,中国证监会发布《证券公司交易信息系统外部接入管理暂行规定》征求意见稿,要求近三年分类结果中至少有两年在 A 级或者以上级别的证券公司才能从事交易信息系统外部接入活动。

在高度市场化的业务领域设置较高的准入门槛,限制了市场的自由竞争,也导致中小证券公司基本服务功能缺失。例如,投行发行承销是证券公司的核心基础功能;场外期权业务是证券公司服务客户个性化需求的重要手段,是传统自营业务向销售交易业务转型的重要方向;交易信息系统外部接入是证券公司主经纪商业务的重要服务功能之一。服务功能的缺失使得中小证券公司在参与市场竞争时面临着天然的劣势。

(三)中小证券公司难以获得新业务试点资格,导致创新业务发展面临后发劣势

在新业务试点中,大型证券公司通常优先获得相关试点资格,从而获得先发优势。2010 年以来,证券行业的关键业务创新都从少数证券公司试点开始,并且几乎都由资产规模排名前靠的证券公司获得,如融资融券、股票质押、直投、柜台交易、收益互换等(见表 4)。

取得业务试点资格对于证券公司获得业务先发优势的作用十分明显。例如，直投业务首批试点于 2007 年启动，2011 年才转入常规监管，对于依靠长期品牌积累的股权投资业务而言，先期积累至关重要；融资融券业务试点一年半后转入常规，作为高门槛业务，大型证券公司借助首批业务试点资格锁定了大量的中高净值客户。试点资格的限制，使得中小证券公司创新业务发展处于明显劣势。

表 4　　2010 年以来创新业务首批试点证券公司情况

类别	创新业务	优先获得试点资格的证券公司
经纪业务类	2010 年，证券公司融资融券业务试点启动	首批试点的 6 家证券公司：国泰君安、国信证券、中信证券、光大证券、海通证券、广发证券
	2012 年，转融通业务试点启动	首批试点的 11 家证券公司：海通证券、国泰君安、中信证券、华泰证券、申银万国、银河证券、招商证券、广发证券、光大证券、国信证券、中信建投
	2013 年，股票质押式回购业务正式启动	首批试点的 9 家证券公司：国泰君安、海通证券、中信证券、齐鲁证券、光大证券、华泰证券、招商证券、广发证券、国信证券
投行类	2012 年，中小企业私募债业务试点正式启动	首批试点的 18 家证券公司：中金公司、长江证券、民生证券、华融证券、国金证券、长城证券、齐鲁证券、东兴证券、安信证券、东北证券、东方证券、信达证券、江海证券、华安证券、国盛证券、国元证券、恒泰证券、天风证券
	2012 年，非金融企业债主承销资格向证券公司放开	首批 10 家证券公司：国泰君安、招商证券、光大证券、中信建投、广发证券、东方证券、海通证券、华泰证券、银河证券、国信证券
投资类	2007 年，直接投资业务资格放开	首批 2 家证券公司：中信证券、中金公司
	2012 年，权益类收益互换试点业务资格放开	首批 5 家证券公司：中信证券、光大证券、招商证券、中投证券、银河证券
其他创新	2012 年，证券资金消费支付试点启动	前两批试点的 9 家证券公司：光大证券、东方证券、中信证券、安信证券、华创证券、东海证券、国泰君安、华泰证券、招商证券
	2012 年，正式启动柜台交易市场试点	首批 7 家证券公司：海通证券、国泰君安、国信证券、申银万国、中信建投、广发证券、兴业证券
	2014 年，开展互联网证券业务试点	首批 6 家证券公司：中信证券、国泰君安、长城证券、平安证券、华创证券、银河证券

资料来源：根据公开资料整理，东北证券。

此外，部分创新业务长期处于试点阶段，或新业务资格审批缓慢，使得多数中小证券公司长期被排除在部分市场之外。例如，自 2013 年首家证券公司获得证券投资基金托管资格以来，截至 2019 年 4 月底仅有 16 家证券公司获批相关资格；截至 2019 年 4 月底仅有 13 家证券公司拥有公募基金牌照，使得缺乏公募牌照的证券公司在大资管竞争中面临着更高的投资门槛、更严格的投资范围限制，以及明显的税收劣势；目前共 30 家证券公司在香港设立了子公司，而自 2016 年 6 月起证券公司境外子公司没有新的审批，导致不少证券公司服务客户跨境需求能力不足。

（四）中小证券公司业务规模扩张面临更多限制

证券公司业务规模主要受《证券公司风险控制指标管理办法》限制，业务规模主要由证券公司的净资本规模决定，而分类评价结果较低的证券公司在计算风险资本准备时面临更高的调整系数，单位净资本能够支撑的业务规模更小（见表5）。证券公司部分具体业务也受到分类评价结果的限制，根据2018年发布的《证券公司参与股票质押式回购交易风险管理指引》，分类评价结果分别为A类、B类、C类的公司，自有资金融资余额不得超过公司净资本的150%、100%、50%。此外，分类评价结果越低，需要缴纳的投资者保护基金比例越高。由于中小证券公司在分类监管评价中的劣势，导致其业务规模受到了风险控制指标和分类监管的双重限制，业务发展空间进一步被压缩。

表5　　　　　　　　　　　证券公司风险资本准备调整系数

分类评价结果	风险资本准备的调整系数
连续三年A类	0.7
A类	0.8
B类	0.9
C类（基准）	1
D类	2

注：风险覆盖率=净资本/各项风险资本准备之和×100%，证券公司风险覆盖率不得低于100%
资料来源：中国证监会，东北证券。

三、推进关键制度变革，加强证券行业多样化生态体系建设

为实现证券行业高质量发展，需要建设多样化的行业生态体系，这离不开关键制度的变革。

（一）加强顶层设计，推进行业多样化生态体系建设

首先，转变行业监管理念，重视行业生态多样性。生态多样性是证券行业高质量发展的重要内容，要转变监管部门"扶大限小"的行业监管理念，鼓励大、中、小证券公司全面发展。其次，推进关键制度变革，落实市场在资源配置中起决定性作用的理念。从根本上推动证券行业监管的市场化，确保发挥市场化的机制实现行业优胜劣汰。转变促进行业发展的政策导向，通过加强资本补充、推进市场化并购重组、鼓励行业创新等手段来支持行业做大做强，而非通过设置政策壁垒来扶持少数证券公司。最后，成立中小证券公司专业委员会，落实相关制度保障。制定鼓励中小证券公司发展的相关政策，保证行业生态的多样性。

（二）调整分类评价指标体系，强化"扶优限劣"的监管导向

建议调整分类评价指标体系，转变行业"扶大限小"的监管导向，真正实现行业的"扶优限劣"。建议减少业务规模排名加分项，或降低加分幅度，增加和细化制度建设、业

务质量、合规展业能力等指标，提高执业质量在分类评价中的比重。真正鼓励行业提升专业能力，为行业的专业化、差异化发展营造良好环境。

（三）放开业务准入门槛，加快创新业务推广，提高行业市场化程度

为打造证券行业多样化生态体系，需要加快提升监管制度的市场化程度。尽快放开现有业务准入门槛，加快现有创新业务的推广和审批，鼓励中小证券公司获取各类业务资格。业务资格的全面放开，既不会导致行业的同质化发展，也不会加大行业风险。一方面，市场参与主体的增加，有利于行业竞争和创新，并让中小证券公司在市场竞争中自主选择重点业务，进行差异化和特色化发展；另一方面，当前以净资本为核心的风险监管制度已经对不同证券公司的业务规模进行了限制，新业务也已纳入证券公司的全面风险管理体系，能够有效控制相关业务风险。

（四）鼓励中小证券公司创新，将中小证券公司纳入创新业务试点范围

中小证券公司的创新发展是实现行业差异化发展、提升行业创新多样性、提高行业服务多层次实体经济能力的关键。因此，在开展创新业务试点时，建议将中小证券公司纳入试点范围，根据证券公司的合规风控能力安排创新业务试点顺序；同时将创新业务纳入全面风险管理体系，控制创新业务风险，实现行业创新发展与风险防范的平衡。

证券公司服务金融供给侧结构性改革研究

张志刚[*]

一、金融供给侧结构性改革就是要解决当前金融发展不均衡的问题，更好地为实体经济服务

自改革开放以来，我国金融业始终保持高速发展，2018年总增加值突破6.91万亿元，银行、保险、证券、信托等各行业都取得了令人瞩目的成绩，为我国经济高速发展做出了突出贡献。但随着我国经济进入高质量发展的新阶段，传统金融业发展不均衡的问题越来越突出，难以满足当前经济转型的迫切需要。

我国金融业发展不均衡，主要体现在以下几个方面：

一是金融市场发展较快，金融资产规模扩张速度远远高于GDP增速。我国金融业增加值占GDP的比例一度在2015年达到高点8.44%，到2018年已经不断回落到7.68%（见图1），但比重仍超过金融市场高度发达的美国、日本等发达国家。金融资产的快速扩张实际是我国近几年宏观杠杆率不断走高的结果，金融长期脱离经济的高速发展会引发"脱实向虚"问题，一旦经济情况和政策出现较大波动，高杠杆率将极大地影响金融系统的长期稳定。

二是传统金融业过度注重规模化扩张，同质化发展明显，创新能力不足，影响金融发展的深度和广度。我国金融市场一直以银行业为主导，相应的间接融资占比超过80%（见图2），但国有大型银行、股份制银行、小银行都注重规模扩张，不同机构特色不鲜明，竞争十分激烈。然而，规模的快速扩张始终未能解决结构性问题，一方面，中小企业融资难、融资贵的现象始终存在，信用体系未能健全，服务缺失，供给不足；另一方面，金融业传统的方式、渠道和产品面临互联网等新业态新势力的冲击，难以适应创新经济发展的需要。

---

[*] 作者简介：张志刚，硕士，现任国融证券股份有限公司研究与战略发展部宏观策略组组长。原载于《中国证券》2019年第8期。

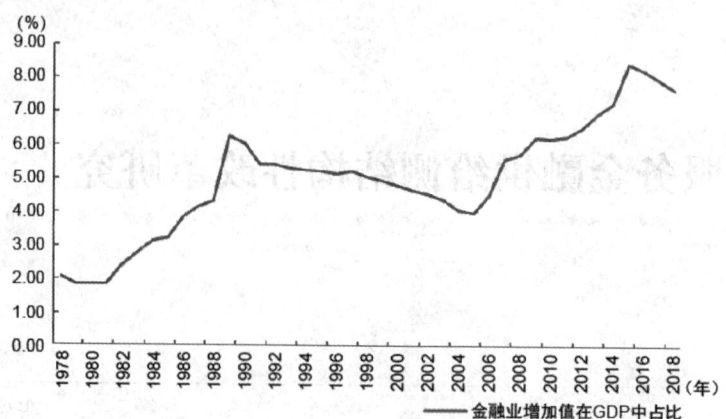

图 1　金融业增加值占 GDP 比例

资料来源：Wind，国融证券研究与战略发展部。

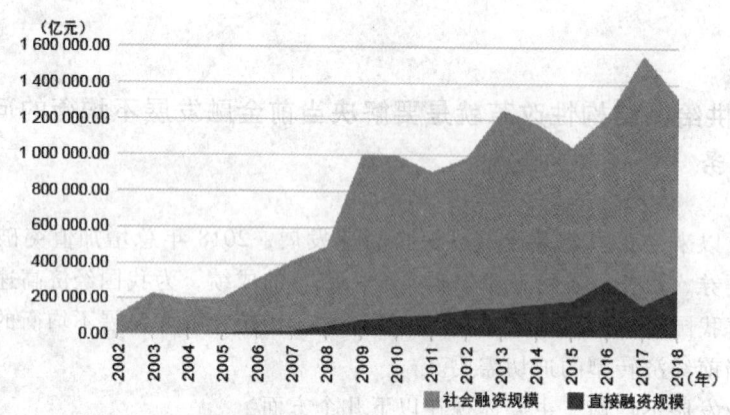

图 2　2002—2018 年直接融资规模和社会融资规模

资料来源：Wind，国融证券研究与战略发展部。

三是金融混业化经营加剧，导致金融监管面临巨大挑战，风险有效控制的成本大幅上升。银行业核心资本不足而不良率提高，面临转型瓶颈；非银机构依赖交易盈利，存在监管套利、放大交易杠杆的风险；民间金融爆炸式发展，风险传染控制缺失。但在当前的分业监管体系中，金融机构的混业化经营导致存在监管真空、监管重叠和监管套利，特别是金融创新下多层嵌套问题突出，大量不受控制的资金在银行、保险、证券、基金、信托等多个领域的监管空白处进行套利，局部风险如进一步扩大和恶化成系统性风险，将影响整个金融系统的稳定性。

2019 年 2 月 22 日习近平总书记在主持中央政治局第十三次集体学习时，就金融供给侧结构性改革专门指出，要深化对国际国内金融形势的认识，正确把握金融本质，深化金融供给侧结构性改革，平衡好稳增长和防风险的关系，精准有效处置重点领域风险，深化金融改革开放，增强金融服务实体经济能力，坚决打好防范化解包括金融风险在内的重大风险攻坚战，推动我国金融业健康发展。

2019 年金融供给侧相关事件见图 3。

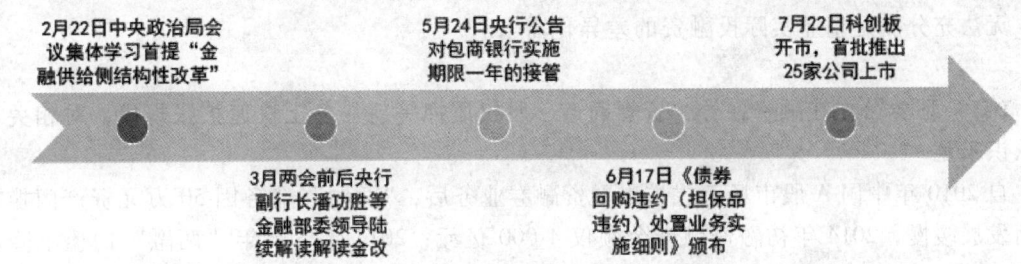

图3 2019年金融供给侧相关事件一览

资料来源：国融证券研究与战略发展部。

根据会议精神，本文认为金融供给侧结构性改革应着力解决四点问题：（1）平衡好稳增长和防风险的关系，打通货币传导机制，依据实体经济需求结构化特点，建立起结构化金融供给体系；（2）精准有效处置重点领域风险，即利用多种金融工具配合监管体系，防范并化解各类风险隐患，牢牢守住不发生系统性金融风险的底线；（3）深化金融改革开放，金融行业要优化市场和产品结构，金融机构要优化其服务体系，同时利用国内外市场，借"一带一路"建设和人民币国际化有利时机，充分利用国内外各方面资源，构建具有国际化优势的金融供给体系；（4）增强金融服务实体经济能力，把握金融本质，以实体经济实际需求出发，建立丰富且有针对性、差异化的产品体系。

二、证券业存在同质化竞争和结构失衡问题，金融供给侧结构性改革背景下挑战和机遇并存

证券业是我国金融体系中的重要组成部分，是我国非银金融机构中成立较早、发展相对成熟的机构类型之一，具有业务种类全面、机构多样、客户群体广泛等特点。但我国金融体系长期以银行业为主体，证券业资本实力远弱于银行，2017年证券业净资产1.85万亿元（仅为同时期银行业净资产的9.47%），净利润1 129.95亿元（仅为银行业利润的5.13%）。在金融供给侧结构性改革大背景下，要大力提高直接融资规模，资本市场被赋予更重要的地位，促使证券公司发挥业务优势，成为供给侧结构性改革的中坚力量。

但是规模扩张只是一方面，更为重要的是，证券公司在过去20多年的经营过程中，同质化发展和机构失衡等问题已经十分明显。证券机构业务同质化严重，经营模式传统，产品类型单一，盈利过于依赖经纪和自营等传统业务，亟须大幅提升金融服务实力和防范风险的能力。

证券公司发展不均衡主要表现在以下几方面：

（一）证券公司产品和服务结构失衡

一直以来我国证券公司的收入结构较为单一，中小证券公司"靠天吃饭"问题较为突出。营业收入中证券经纪业务占比较高，常年处于24%—57%区间，但由于经纪业务是证券公司持牌的通道业务，服务同质化严重，佣金率持续下降，到目前已经接近成本水平。目前多数证券公司盈利主要依靠经纪、自营、固收、投行和资管等传统业务，但类似于场外衍生品、战略并购重组咨询、场外股权等创新业务则进展较为缓慢，无法满足多层次资本市场的要求。多数证券公司在业务范围、创新能力等方面特色化产品及服务较少，市场区分度不

高,无法充分满足企业实际投融资的差异化需求。

(二) 证券公司在融资融券、资管通道、股权质押等新业务上快速扩张规模,对相关风险认识不足

自 2010 年中国 A 股市场正式推出融资融券业务后,"两融"业务因 50 万元资产门槛较高而发展缓慢,2014 年初融资融券余额仅 4 000 亿元;2014 年下半年"两融"门槛下降而开始井喷,至 2015 年最高峰时规模超过 2 万亿元(见图 4)。部分证券公司对融资融券后续可能引发的系统性风险估计不足,对自身作为中介机构的提示风险未能尽职尽责。

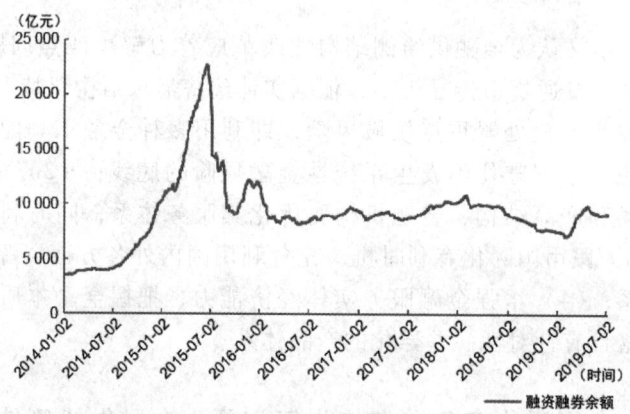

图 4 2014 年以来 A 股融资融券余额

资料来源:Wind,国融证券研究与战略发展部。

2014 年始,影子银行快速发展,证券公司资产管理业务作为主要通道之一,承接了部分银行表外业务之后,带动自身管理规模的大幅扩张,并于 2017 年第一季度达到峰值 18.77 万亿元。2018 年"资管新规"等监管文件相继出台后,影子银行传导机制遭到限制,证券公司通道规模被大幅压缩,截至 2019 年第一季度末,证券公司资产管理业务规模下降至 13.27 万亿元(见图 5)。在此过程中,前期因包装起来的不良资产、设置的复杂产品结构以及任性刚兑陆续爆发,信用风险逐步扩散。

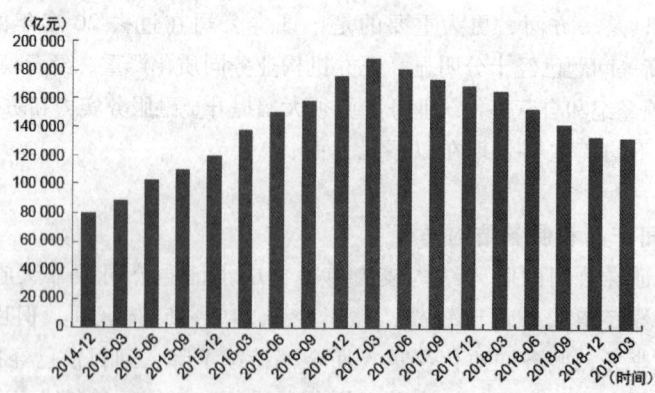

图 5 2014—2019 年第一季度证券公司资产管理业务规模

资料来源:Wind,国融证券研究与战略发展部。

(三) 个别证券公司合规风控意识不足，出现违规事件影响公司经营

证券公司受制于业务雷同，竞争激烈，导致部分公司出现放松风控力度或规避合规路径以获取客户等行为。近几年类似万福生科IPO造假案、"萝卜章"事件、康美药业多年财报造假等事件陆续发生，反映出个别证券公司作为市场最重要的中介机构，部分业务开展不规范，风控不到位，机构管理制度不健全，执行不到位。在当前金融供给侧结构性改革的背景下，证券公司更是应将合法合规经营当成头等大事，只有合规经营、依法办事，才能取信于客户、取信于市场、取信于监管，才能避免重大风险，持续经营。

(四) 证券公司国际化程度不足，综合实力不及国际化大投行

和国际投行相比，我国证券公司国际化程度不足，海外业务占比较低，即使是头部证券公司，其承接国际化的项目、人才、资本等都还处于初步出海阶段，综合竞争实力与国际一流投行差距较大。从数据上看，以中国证券行业龙头公司中信证券为例，根据2018年报显示，中信证券总资产、营业收入和净利润（以人民币计价）分别为6 531.33亿元、367.53亿元和93.90亿元，分别为摩根士丹利的11.15%、13.35%和15.64%，以及高盛集团的10.21%、14.90%和13.08%（见表1）。和世界大型投行相比，国内证券行业整体杠杆倍数偏低，负债方式比较有限，净资本运营的模式难以撬动更大的发展。

表1　中美头部证券公司2018年度财务数据对比

科目	中信证券（人民币亿元）	摩根士丹利（人民币亿元）	高盛集团（人民币亿元）
总资产	6 531.33	58 579.54	63 951.02
总收入	367.53	2 752.62	2 466.77
净利润	93.90	600.39	717.82

资料来源：Wind，国融证券研究与战略发展部。

此轮金融供给侧结构性改革赋予资本市场更重要的地位，要围绕建设现代化经济提供精准金融服务，构建多层次金融支持服务体系，这就要求证券公司回归金融本质，服务好实体经济，规范化经营，提高自身服务水平。一方面，要从融资端着手，全方位提高证券公司为企业融资服务能力，大力发展直接融资，为实体经济和国家经济转型服务；另一方面，还要重视投资端的转型，证券公司要搭建多元化的产品体系，降低无效供给，提升高层次、多维度、立体化的供给，利用自身灵活的优势来满足各类型投资者的需求，真正做到以客户为中心，推动社会财富回归合理化配置。

三、证券公司要全方位提高企业融资服务能力，为实体经济做出更大贡献

金融供给侧结构性改革的本质是改革金融资源的供给方式，达到增强金融服务实体经济能力、加大对中小企业提供融资支持的目的。证券公司服务实体经济、优化资源配置作用显著，投行业务快速发展，2007—2017年十年间，证券行业的净资本增长5.3倍，总资产增长3.5倍，服务企业完成股权融资9.5万亿元、债权融资17.4万亿元、境内并购重组交易

14.7万亿元。未来,对于投行业务而言,需大力发展直接融资,丰富资本市场的层次和产品,提高服务实体经济的效率和质量,建立市场化定价体系,为各类型企业营造与之匹配的融资环境。

(一) 金融供给侧结构性改革背景下,投行业务面临新的变化和趋势

金融供给侧结构性改革背景下,投行业务面临新的变化和趋势,市场融资行为将趋于理性,金融将回归业务本原,更注重服务实体经济。证券公司积极转型,将影响行业发展和竞争格局。

1. 延伸投行产业链,服务企业全生命周期

我国经济结构调整和国企改革的不断推进,跨区域、跨行业的并购重组不断增加,推动财务顾问、多品种融资等专业化需求日益增多。传统投行以股权和债券承销保荐为主,未来投行业务将向企业生命全周期延伸,提供包括财务顾问、IPO、融资、并购、产业整合和资产证券化等综合金融服务。

2. 协同投行与投资,打造一体化发展平台

证券公司投行业务主要提供传统中介服务,严监管和规范行业加剧投行业务竞争,优质项目承揽难度提升,项目管理周期长,保荐费用和承销佣金有限。投行团队长期深入企业,熟知企业的财务状况、洞悉资本运作需求。在合规前提下,"投资+投行"模式打造一体化业务平台,协同业务、分享利益,提升投行业务的整体收入。

3. 强化行业合规风控,重质量、精细化运作

监管层提高上市公司质量要求、对违法违规行为零容忍,倒逼证券公司加强政策解读和风险防控能力。传统投行业务转向精细化,要从拼项目数量转为注重业务质量,过去一些投行普遍采用"大包干"模式,应该说是难以为继,打造精品投行应成为行业发展的重要途径。

(二) 投行业务为企业融资的核心在于回归本源,提升服务能力

1. 回归本源,提升服务国家战略和实体经济的能力

相比于发达国家,我国直接融资比重偏低。截至2018年末,我国社会融资规模存量为200.75万亿元,作为直接融资的组成部分,企业债券和非金融企业境内股票余额分别为20.13万亿元、7.01万亿元,占同期社会融资规模存量的13.52%,而西方发达国家直接融资的比重在70%左右,美国则达到了80%以上。在金融供给侧结构性改革的背景下,证券公司的直接融资业务大有可为,投行业务面临新的变化和趋势,源于经济结构调整、产业优化和国家战略布局,以防范和化解金融风险为底线,聚焦重点产业、覆盖企业全周期、延伸服务产业链,回归本源,更好地服务实体经济。投行业务为企业提供融资,首先必然要回归投资银行的"本源",投资银行作为资本市场的核心载体,其设立的初衷就是为实体经济提供基于投资、融资、交易、托管等基础功能的、涵盖客户全生命周期的全产业链服务。投行业务要充分发挥其"资本中介"的职能定位,以客户为中心,提升客户服务的价值链,满足实体经济发展转型的需求,服务国家战略。

2. 深化改革创新,抓住科创板并试点注册制的战略契机

科创板大力推进,考虑到我国目前处于新旧动能转换的重要阶段,科创型新兴产业作为

未来经济发展的重要方向，其融资需求被满足可以更好地服务于我国经济结构的转型。我国传统经济市值在 A 股中的占比明显比发达市场高出许多，前三大行业分别是金融、工业、能源；反观美股则是科技、金融和医药。随着科创板的推出，新一代信息技术领域、高端装备领域、新材料领域、新能源领域、节能环保领域、生物医药六大领域的科技创新企业申报科创板应被保荐机构重点推荐，新经济浪潮下投行业务服务新经济企业服务能力有待提高，投行应明确行业分组的重要性，根据产业发展脉络设立行业组构建优势，以服务成长型企业为目标，集中资源服务重点客户。

在注册制模式下，监管重心将转向合规审查，投行需要协助发行人充分履行信息披露和风险提示的职责，并对发行结果承担相应的责任，发挥"看门人"作用；跟投制度加大了对承销商的约束力，在项目推介方面将更审慎、尽责。美国投行承销费率按项目规模不同大致稳定于5%—7%区间，而 A 股平均承销费率在4%—5%区间，并且年度间费率波动较大。科创板注册制对投行的定价、保荐、销售、风控等综合业务能力要求更高，投行提供综合业务服务，投行费率溢价能力提升，同时在研究、做市、资本中介等发行后配套服务上构筑差异化格局，实现客户黏性和业绩双赢。

3. 为企业提供收益与风险相匹配的债券品种，构建市场化定价体系

2013 年以来伴随国家积极发展债券市场和服务实体经济的发展思路，债券市场规模快速提升，带动证券公司债券承销金额大幅增长，从 2013 年的 1.08 万亿元至 2018 年的 5.64 万亿元，规模增长达 4.2 倍。证券公司主承销券种也持续拓展丰富，且证券公司创新能力强，率先发力抢占 ABS、可转债等创新品种，在 2013 年、2014 年及 2018 年 IPO 业务不振情况下，债券承销成为投行收入的有力支撑。未来债券融资作为企业直接融资的重要组成部分有望迎来发展历史机遇，政策引导下绿色债券、创新创业专项债、"一带一路"专项债等创新债券将有助于拓宽企业的直接融资渠道。实施民营企业债券融资支持工具，进一步推动信用风险缓释凭证（CRMW）的作用。自从 2018 年 10 月国务院常务会议决定"设立民营企业债券融资支持工具，帮助民营企业解决融资难融资贵问题"后，2018 年第四季度以来 CRMW 已发行 96.3 亿元（2010—2018 年第三季度仅发行 16.35 亿元），发行明显加速，其中以民企债为标的占比 97.1%，对民企债券增信起到了一定效果。债券承销充分遵循市场化机制，项目配售依赖投行的定价和销售能力，持续夯实投行业务能力，构建市场化定价体系是解决中小企业融资困难的根本途径。

4. 进一步推进以客户为中心的业务服务体系建设

为适应从以业务为中心转向以客户为中心的发展趋势，以客户尤其是企业客户、机构客户为中心的服务体系，将成为投行业务构建差异化竞争优势、取得行业领先地位的核心基石之一。未来，证券公司要继续积极提升各业务板块以客户为中心的综合服务能力；同时，以金融科技平台为基础，打造客户管理体系，推动各业务板块间的协同发展。以客户需求为导向，提供全生命周期、全业务链条服务，同时立足于为客户创造价值，推进投行业务战略转型，打造"投行、投资、投研"三位一体的战略发展平台，在合规前提下，以研究、投行和经纪业务作为引流入口，推进各业务条线协同，从"服务中介"转向"服务中介+资本中介+资本投资"。

5. 进一步丰富业务及产品线，提升客户综合金融服务能力

目前资本市场呈现"重场内、轻场外"的倒金字塔结构，场内市场中主板企业数量多

于中小板企业，中小板企业多于创业板企业；相较于场内市场，场外市场目前总体仍处于业务发展初期。这与实体经济中企业构成结构相反，造成资本市场为中小企业提供融资服务能力不足。建议进一步丰富投行业务及产品线，为综合金融服务能力的提升奠定基础。首先，推动证券公司依托柜台市场拓展各类有助于中小创企业融资的金融产品以及各类衍生品等，为实体经济提供风险管理工具，同时也更好地满足居民多样化财富管理需要；其次，进一步丰富衍生品品种，允许证券公司提供外汇类衍生品服务，拓展商品衍生品市场的广度和深度，配合实体企业的风险对冲、套期保值和资金流动性管理需求及投资者的跨境资产配置需求，加强我国在国际大宗商品市场及其衍生品市场上的话语权；最后，探索做实证券公司托管职能，试点客户资金和资产的一级托管模式。

6. 投行要完善合规风控体系，切实防控金融风险

在聚焦优秀实体企业、更好地服务实体经济的同时，证券公司应当把主动防范化解金融风险放在更重要的位置，形成主动管理、自我约束、持续监管的长效风控机制，加强风险源头意识，从一线入手构建全方位持续高效合规风险控制体系，狠抓关键项目，把风控管理贯穿于所有环节。投行业务做到主动引导，降低风险，全面严控项目质量，在项目立项、辅导、尽调、信息披露、内核、持续督导等环节，都要保证高标准、严要求地执行合规要求，持续管控项目风险。

四、证券公司要提升投资端客户服务能力，做大做强资本市场，为实体经济提供更多长期资金

从金融体系对实体经济发挥支持作用的传导角度来看，丰富金融产品类别，引导资金投向不同资产可以提高此前转化较慢的资产的流动性。当实体企业的资产容易变现时，可以吸引更多的财务投资者投资，有助于企业的发展和扩张。因此金融供给侧结构性改革深化金融服务的核心是通过丰富产品类别、完善产品体系来增加各类资产的流动性，繁荣市场，一方面可以增加居民和企业进行长期投资的工具，满足其对于财产保值、增值的诉求；另一方面可以使金融机构更有效地发挥资本中介的作用，支持实体经济的发展。

（一）证券公司作为专业的金融中介，需要大力丰富各层次的多样化的金融产品

在金融供给侧结构性改革的背景下，原有传统产品和模式的规模扩张已经无法满足实体经济和企业居民多样化的金融需求。特别是近两年宏观经济形势发生了较大变化，在中央再三强调"房住不炒"的政策基调下，房地产政策调控更趋长效化，房地产投资面临变局。同时自 2018 年资管新规出台后，银行理财、证券公司资产管理、信托等渠道的资产管理产品都在"去通道、去刚兑、去杠杆、去嵌套"等的影响下不断压缩规模，不少类固收产品甚至出现违约和兑付风险。随着各大类资产收益率下降和资本市场波动的加大，投资者寻求与自身风险承受能力相匹配的资产配置愈发困难。

金融供给侧结构性改革既有挑战更有机遇，证券公司有望通过专业优势在金融体系占据更重要的地位。与金融业其他业态相比，证券公司在股票、衍生品等多方面更具专业性，机制更市场化，除了提供传统的股票、基金、类固收资产管理产品外，证券公司更应发挥自身专业优势，扩大与其他金融机构的合作边界，进一步大力丰富产品和服务体系，提供多层

次、多种类、风险可识别的金融产品,减少多嵌套、底层资产不清晰、风险难以度量的无效供给;同时还应加强专业训练,充分认识客户需求,为客户匹配流动性、收益率和风险性相适应的配置方案和其他增值服务。这样既满足客户多样化的金融需求,也将更多资金配置到实体经济中去,促进实体经济和金融服务共同和谐发展。

(二) 证券公司要改变传统销售模式,转向全面以客户为中心,推动财富资产合理化配置

证券公司要彻底改变传统的销售模式,转向全面以客户为中心的财富管理模式。当前国内大部分证券公司都是以牌照为中心组织业务,各业务条线只关注各自客户价值链或生命周期的某一环节,单纯销售以促成交易从而赚取佣金,缺少持续和全面服务客户的动力。而在美国等发达经济体的金融市场中,证券公司一般秉承"以客户为中心"的经营理念,将客户的利益放在首位,按照不同的客户分类形成一级部门,然后配以产品线和中后台支持,通过资产配置以及综合金融服务来满足客户多样性的需求,帮助客户进行长线的财富管理。我国证券行业在投资服务端应当从交易转向财富管理,发展财富管理业务,既能够帮助客户获取稳定的收益,又能够实现自身的业务模式转型,实现客户与证券公司的"双赢"。同时,作为金融市场的重要参与者和桥梁,证券公司提供多元化的投资方式可以有效地将规模巨大的社会闲散资金和单纯存款转化为相对稳定的投资资金,有助于培育长期投资和价值投资的市场氛围,提高稳定资金的比例和投资的转换效率,有利于金融市场和实体经济的健康发展,回归金融服务实体的本源。

具体来说,财富管理就是要满足不同客户的不同需求,包括资产配置需求和综合金融服务需求,为客户提供其所需要的顾问服务、资本服务和产品服务。证券公司将从单一的"通道化服务"转向帮助投资者进行资产配置和风险处置,通过创设丰富多样的金融产品帮助投资者在不确定的未来中获取一个相对确定的收益。因此发展财富管理的核心在于金融产品的创设,为不同风险偏好的配置需求提供具有相应收益的金融产品。证券公司拥有较为全面的业务线条,并且在各类资产的研究定价能力方面具有较大优势,可以根据客户的财富需求、风险偏好等为其提供定制化的投资策略,将不同类别的资产按需配置形成投资组合,利用资产之间的周期互补性对冲整体组合的风险波动,平滑市场波动对整体投资组合的影响,形成长期、稳定的收益,实现财产保值、增值的目的(见图6)。

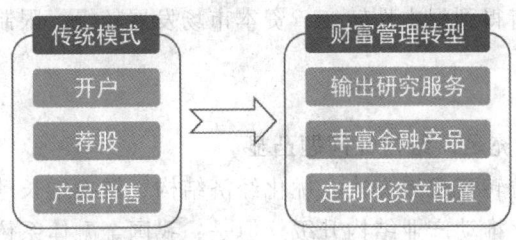

图6 证券公司服务投资客户由传统经纪模式向财富管理转型

资料来源:Wind,国融证券研究与战略发展部。

因此,发展财富管理业务既是证券公司在金融行业跨越式发展中转型的重要方向,同时也能有效提高我国金融机构的服务质量,使金融市场可以真正地回归到服务实体经济、服务人民生活的本源。

金融供给侧改革背景下的券商业务转型研究

王　剑　戴丹苗　李锦儿[*]

自从我国经济进入"新常态"以来，金融总量供给充足，但结构性问题凸显——金融供给端未匹配实体经济的需求。目前我国金融体系服务新兴产业的能力不足，限制了金融助推实体经济转型的能力。金融供给侧结构性改革的目的是服务实体经济，增加有效供给，提升金融资源配置效率。券商作为连接资本市场和实体经济的桥梁，近年来面临着内在隐患与外在困境，导致其对直接融资的有效供给严重不足。为了更高质量、高效率地服务于实体经济，金融供给侧改革将推动券商投行业务、机构业务、资本中介业务、零售业务全面转型。

一、背景：金融供给侧结构性改革需解决的问题

改革开放40多年来，以国有银行为主导的金融体系支持了我国的经济增长和社会福利改善。但随着中国经济步入"增速放缓、结构转型和创新驱动"的"新常态"，以技术创新为主要特征的新兴产业发展更需要资本市场提供直接融资服务。然而，我国以银行体系间接融资为主的现状一直没有得到根本性转变，资本市场发展较慢，限制了金融助推实体经济转型的能力。

（一）金融总量供给充足，结构性问题凸显

我国经济转型意味着转变发展方式、优化经济结构、转换增长动力，这需要一个有效的金融体系进行资源配置，推动产业结构升级。但是，我国金融体系依然是与旧的模式相匹配的：一方面，融资体系结构失衡，直接融资比重较小；另一方面，金融市场为新兴产业提供融资能力不足，服务实体经济的效率不高。与此同时，新时代背景下，金融市场加速开

---

[*] 作者简介：王剑，金融学硕士，国信证券股份有限公司经济研究所金融业首席分析师，中国人民大学国际货币研究所研究员，国家金融与发展实验室银行业研究中心研究员；戴丹苗，金融学博士，国信证券股份有限公司博士后工作站研究员；李锦儿，金融学硕士，国信证券股份有限公司非银金融分析师。原载于《中国证券》2019年第11期。

放，金融风险多发，金融体系的变革面临着多重挑战，金融供给侧结构性改革迫在眉睫（见图1）。

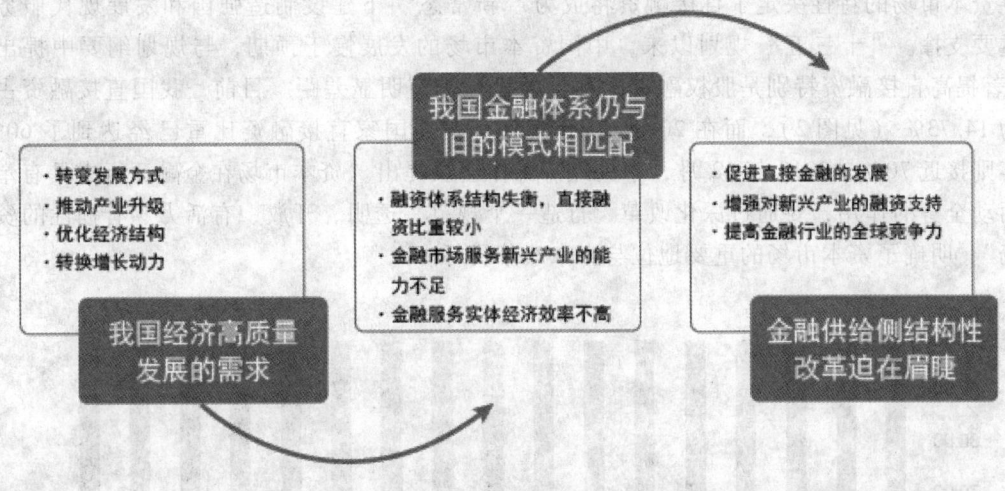

图1　金融供给侧结构性改革的逻辑

（二）新兴产业的发展需要直接融资

和传统产业相比，新兴产业更加需要通过资本市场进行直接融资（见表1）。在过去的时代背景下，我国经济增长依靠基建、重工业、房地产等粗放型产业以及为这些产业配套的传统制造业，而彼时我国以大中型银行为主导的金融供给具有风险偏好低、重抵押物、风险识别能力弱等特点，有效支持了以传统产业为主的经济结构，满足了实体经济融资需求。而新兴产业不同于传统产业，通常发展时间较短，规模有限，内源融资不足，在前期需要大量的资本投入，经营具有高风险性。一方面，无形资产占比较大，在缺乏足够抵押或担保的情况下难以获得银行大量的信贷支持；另一方面，以往核准制的严格要求导致新兴产业难以在股票市场获得融资。此外，我国企业发债有严格的限制，很多属于新兴产业的公司尚未达到企业发债的标准，很难通过债券融资获得相应的资金支持。

表1　不同产业类型适合的融资方式对比

对比因素	银行间接融资	资本市场直接融资
信息产生成本	低	高
决策类型	集中决策	分散决策
对投资者权利保护的需求	低	高
资金期限	短期	长期为主
被要求提前偿还的风险	高	低
风险容忍度	低	高
价格发现功能	低	高
适合的产业或项目	制造业等成熟产业	基础设施；新兴产业；研发驱动的行业；对长期资本有需求的行业

资料来源：国务院发展研究中心"高质量发展的目标要求和战略重点"课题组，国信证券经济研究所整理。

(三)直接融资比例过低,限制了金融服务实体经济的能力

资本市场的特性决定了直接融资将成为"新常态"下建设制造强国和发展现代服务业的重要支撑。"十三五"规划以来,中国资本市场的发展慢于预期,与规划纲要中提出的"显著提高直接融资特别是股权融资比重"的目标仍有明显差距。目前,我国直接融资占比仅为14.73%(见图2),而在20世纪90年代,发达国家直接融资比重已经达到了60%,近年则接近70%。2018年12月,中央经济工作会议提出"资本市场在金融运行中具有牵一发而动全身的作用,要通过深化改革,打造一个规范、透明、开放、有活力、有韧性的资本市场",明确了资本市场的重要地位与未来改革目标。

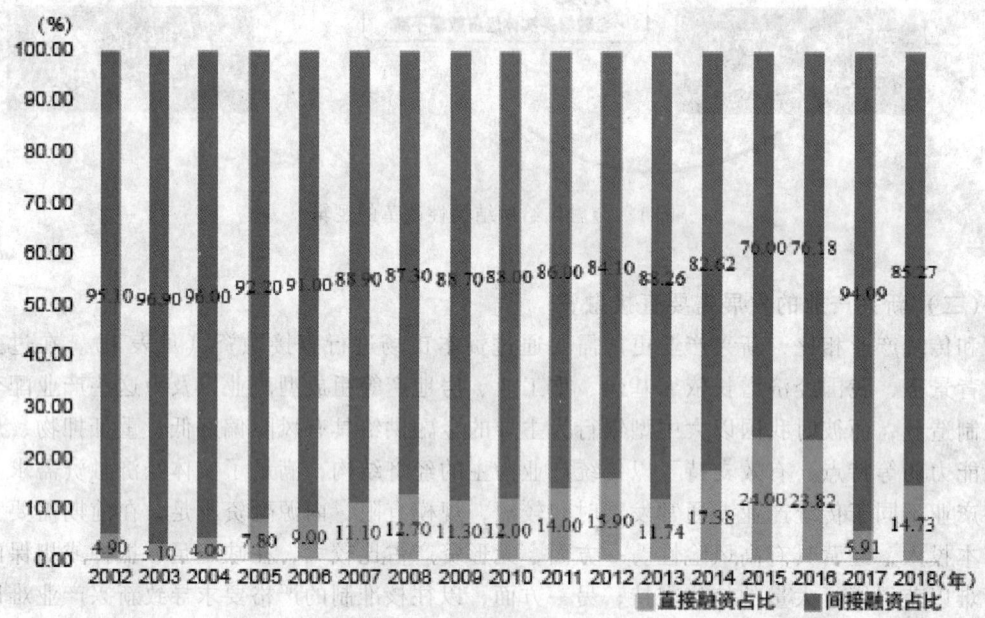

图2 2002—2018年我国直接融资和间接融资比重

资料来源:Wind。

二、挑战:证券行业对直接融资贡献不足

近年来,证券行业面临着资本市场体制性障碍、创收创利能力不强、金融产品品种有限、外资券商加速竞争等内外困境,导致其对直接融资的有效供给不足。为了达到金融供给侧结构性改革的目标,需要持续推进资本市场改革步伐,优化融资结构和金融机构体系、市场体系、产品体系,从而与我国经济转型的需求相匹配。

(一)同质化竞争严重,营收利润双降

受限于政策监管与制约、市场基础薄弱、创新动能不足等现实原因,我国证券行业一直保持同质化发展,主要表现在业务同质化、网点布局同质化、经营模式同质化、营销策略同质化等方面。2018年以来,经济下行压力增大,资本市场持续低迷,2018年我国证券行业

盈利公司占比为80.92%（见图3），同比下降11.7%；营业收入2 662.87亿元，同比下降14.47%；净利润666.20亿元，同比下降41.04%（见图4）。

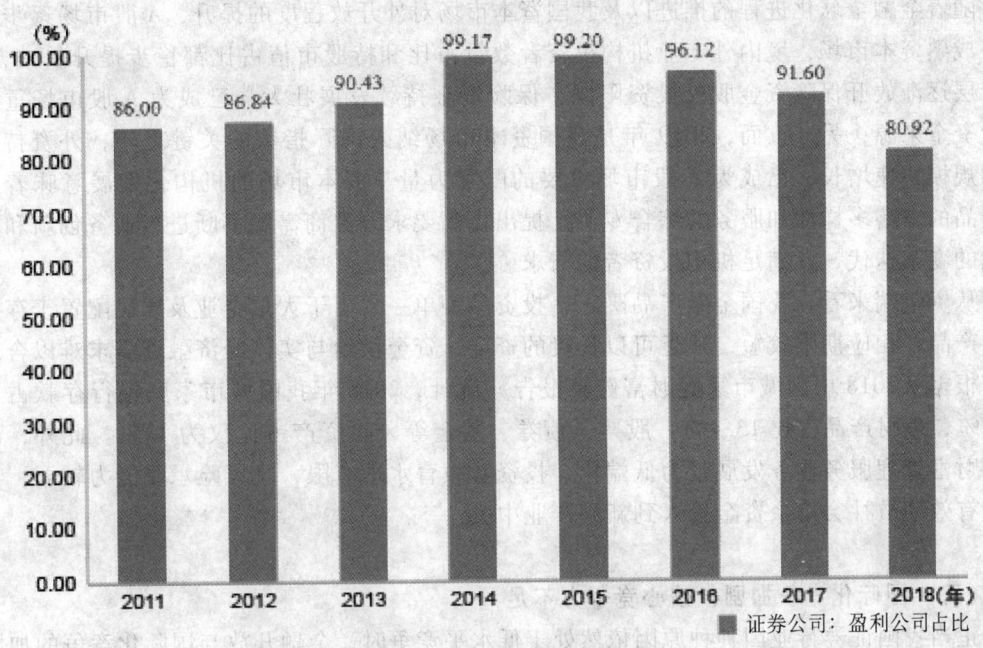

图3　我国证券行业盈利公司占比

资料来源：Wind。

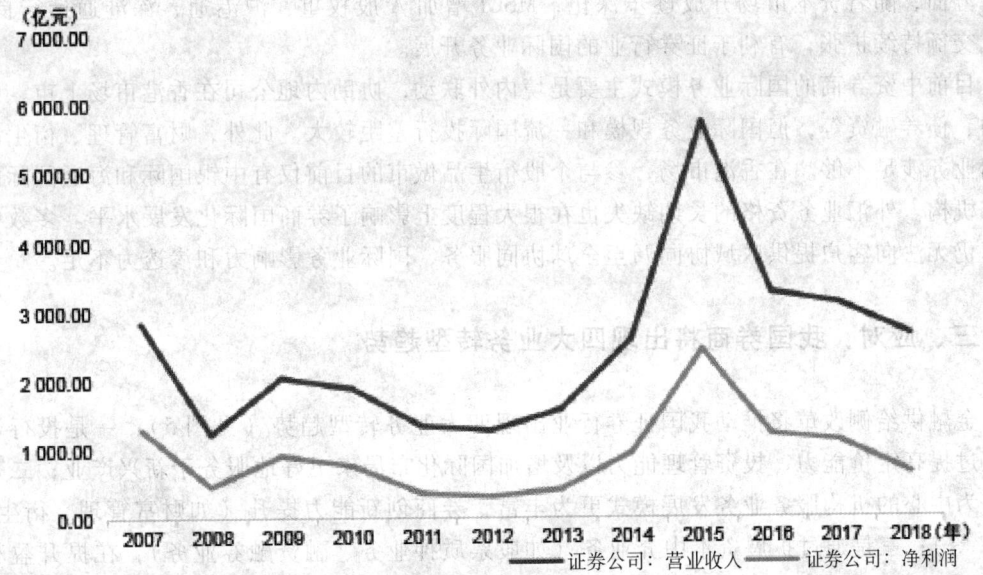

图4　2007—2018年我国证券行业营业收入和净利润变化情况

资料来源：Wind。

（二）投资者结构变化，金融服务匮乏

随着金融全球化进程的推进以及我国资本市场对外开放程度的提升，A股市场逐步对标境外成熟资本市场，境内外专业机构投资者数量占比和持股市值占比都稳步提升。一方面，监管层逐渐放开保险资金股权投资限制，保险资金持续发展壮大，已成为A股市场重要的增量资金来源；另一方面，2019年是我国资本市场纳入国际指数的关键之年，外资持有A股的规模快速增长，已成为A股市场重要的配置力量。资本市场的机构化发展意味着对券商产品的丰富多样性和服务的综合专业性提出更高要求，券商需要不断进行业务创新和服务优化的变革迭代，以满足机构投资者的需求。

从资金端来看，我国金融产品匮乏，投资品种单一。由于大量企业及居民配置于存款及理财产品，相应期限较短，缺乏可以长投的资金，资金供给与实体经济融资需求难以合理匹配。根据《2018中国城市家庭财富健康报告》统计，2018年我国城市家庭银行存款占比高42.9%，理财产品占比13.4%，股票、债券、基金等风险资产占比仅为12%。此外，由于我国财富管理服务业务发展较为低端化，投资者教育水平有限，且风险承受能力较弱，导致无法有效动员社会富余资金投入到新兴产业中去。

（三）国际化竞争加剧，核心竞争力不足

正当我国证券行业因种种原因依然处于低水平竞争时，金融开放与国际化竞争的加剧有可能会倒逼我们做出相应的变革。一方面，外资持股比例的放宽和优质境外资本的进入将推动国内券商转变经营理念、规范业务发展，也将加剧证券行业的竞争，优化整个行业格局；另一方面，随着资本市场开放逐步深化，MSCI增加A股权重，沪港通、深港通运行良好，总成交额持续扩张，有利于证券行业的国际业务开展。

目前中资券商的国际业务模式主要是境内外联动，协助内地公司在香港市场上市、跨境并购、债券融资等，但国际业务规模和一流国际投行差距较大。此外，财富管理、衍生品等高端业务涉足不够。在香港市场，参与个股衍生品做市的目前仅有中银国际和海通国际两家中资机构。外汇业务资格的长期缺失也在很大程度上影响了券商国际化发展水平。多数中资券商仍无法向客户提供区域协同乃至全球协同服务，国际业务影响力和渗透力不足。

三、应对：我国券商将出现四大业务转型趋势

金融供给侧改革将推动我国证券行业出现四大业务转型趋势（见图5）：一是投行业务将通过提高定价能力、投资管理能力以及增加国际化布局来更好地服务于新兴产业；二是以交易为中心的机构服务业务发展模式更为丰富，券商创新能力提升（如财富管理、衍生品、FICC等）；三是通过扩展资本中介业务（如股票质押业务、融资融券业务），在提升盈利能力的同时，解决成长型企业融资问题；四是随着高净值客户的服务趋于定制化，券商将会依赖金融科技低成本、高效率地服务中小客户。

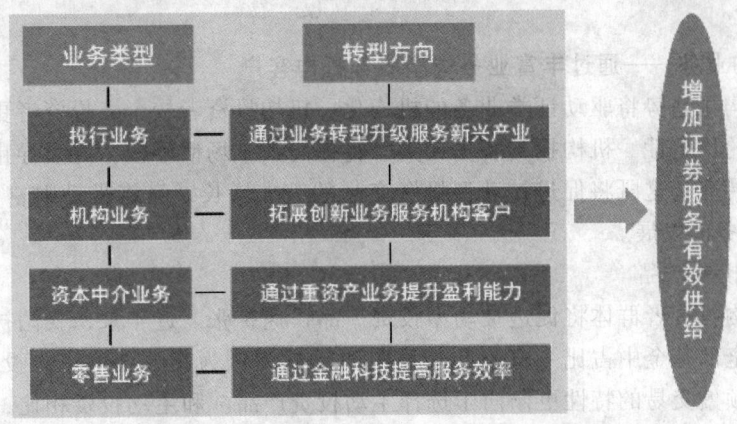

图 5　金融供给侧改革推动我国券商业务转型方向

（一）投行业务——通过提升定价能力和研究能力服务新兴产业

新时代背景下，科创板承担着注册制改革的重大使命。注册制打破了此前核准制制度下对企业严格的盈利要求，对新兴产业直接融资更加友好。传统通道类投行业务是投行项目资源之间的竞争，在新推行的注册制制度下，采用更加市场化的询价机制，取消了原来23倍市盈率的限制，赋予市场更大的定价权，这对券商的定价能力、研究能力提出了更高的要求。与此同时，跟投制度规定，保荐机构相关子公司必须按照股票发行价格认购发行人首发规模的2%—5%，锁定期为24个月。跟投制度下，券商与被保荐上市公司的利益被绑定在一起，这就要求券商需加强投前尽调、投中控制和投后管理等一系列工作，有助于券商发行定价时做出更合理的定价。

在资本市场全面开放的新格局中，当前我国投行业务国际化已取得阶段性成果。国内券商国际化的路径通常为：立足香港、布局亚太、辐射全球。目前大批行业领先的龙头券商已经在中国香港市场成立了网点。从2018年我国券商境外子公司证券业务收入占营业收入比例排名来看，海通证券（27.74%）、中金公司（20.65%）、山西证券（17.56%）排名居前（见图6）。

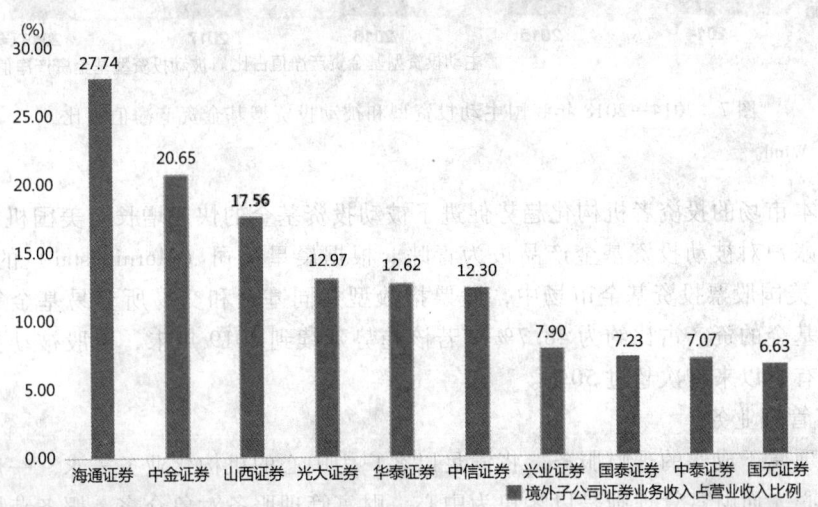

图 6　2018年度我国券商境外子公司证券业务收入占营业收入比例排名

资料来源：Wind。

(二) 机构业务——通过丰富业务类型服务机构客户

投资者机构化趋势将驱动证券业务的机构化。机构投资者较个人投资者更为理性,更加注重投资收益的稳定性。机构投资者占比上升将提高其市场话语权,并引导市场投资风格向长期价值投资转变。这既将促进被动型投资产品的需求增长,又将带动财富管理、衍生品、FICC 等创新业务的发展。

1. 被动型投资产品

庞大的机构投资者群体将促进被动型投资产品快速扩张。近年来,我国被动投资型基金的资产净值在全部基金中占比一直较低(见图7),这是因为我国 A 股个人投资者占比较高,而个人投资者频繁交易的特性更倾向于选择主动投资产品。和主动投资相比,被动投资型基金具有透明化、低成本、风险分散的特性,能在削减交易成本和费用的条件下获取长期稳健收益,因此机构投资者所持有的长期资金往往倾向于选择被动投资型产品。

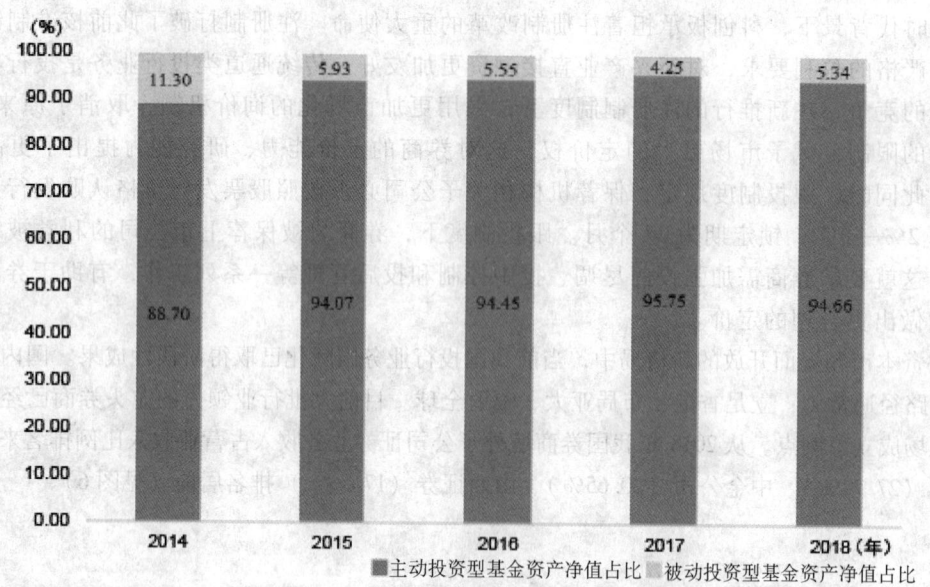

图 7　2014—2018 年我国主动投资型和被动投资型基金资产净值占比

资料来源:Wind。

美国资本市场的投资者机构化趋势促进了被动投资基金的快速增长。美国机构投资者尤其是养老金账户对被动投资基金产品极为青睐。根据晨星公司(Morningstar)的数据报告,2018 年末,美国股票投资基金市场中,股票指数型共同基金和交易所交易基金等被动跟踪指数的投资基金的资产占比约为 48.7%,若该趋势延续到 2019 年末,美股被动投资基金的资产占比将有史以来首次超过 50%。

2. 财富管理业务

财富管理属于成熟的理财服务,将满足以客户为中心的机构化业务需求。一般的理财是以产品为中心,而财富管理则是以客户为中心。财富管理服务对象众多,服务范围较广,不局限于对个人客户的财富管理,还包括对机构客户的资产管理。机构在发展周期中,战略投资者引入、财务顾问、上市融资、市值管理等,都可以成为券商财富管理业务的切入点。随着客户机构化趋势的加快,券商可以发挥投行、资产管理、财富管理业务之间的协同作用,为机构客户服务。

从我国证券行业的财富管理来看,目前存在服务对象不清晰、产品创新不足、业务协同不够等问题,不少券商甚至将财富管理做成通道性质的经纪业务。相比而言,美国、欧洲、日本财富管理业务模式发展较为成熟,甚至成为盈利能力最强的核心业务。以瑞银集团(UBS)为例,财富管理业务每年为瑞银贡献的收入都超过50%(见图8)。

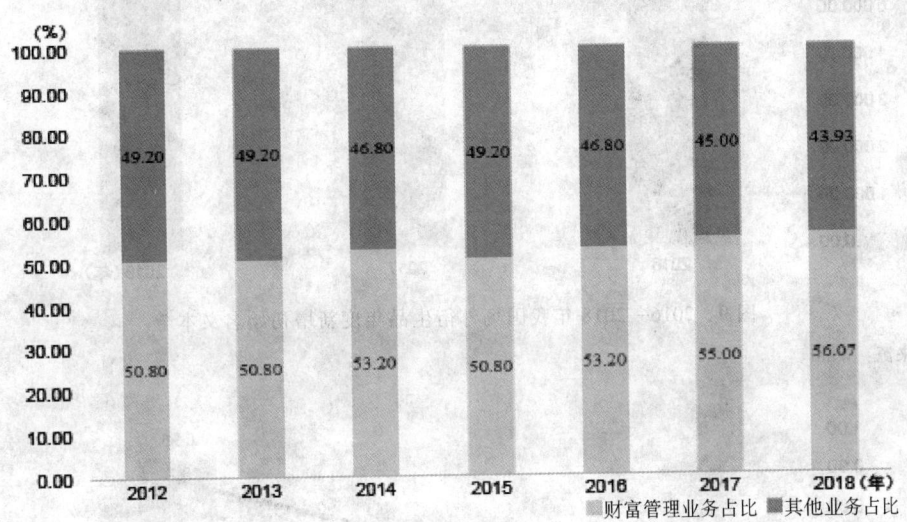

图8 2012—2018年瑞银集团财富管理收入占比

资料来源:BLOOMBERG。

3. 衍生品业务

机构投资者对衍生品业务有更强烈的投资偏好。长久以来,我国衍生品市场发展较慢主要源于个人投资者占主导地位、投机动机较重、资本项目尚未开放、监管较衍生品发展相对滞后等因素。随着场外衍生品监管框架逐步完善,参与主体逐步放开,机构投资者比例不断增加,我国场外衍生品业务(特别是场外期权业务)将为证券行业带来新的盈利增长点,这对券商定价能力、风险管理能力也提出了更高的要求。

从交易品种来看,我国衍生品市场发展缓慢。我国场内衍生品仅有股指期货和ETF期权两种;场外衍生品品种多于场内,主要包括收益互换和个股期权,此外还存在一些嵌入金融结构化产品。相比起来,香港股权衍生品种类繁多,且已构建多层次衍生品投资工具体系;港交所还上市交易大量个股衍生产品,包括股票期货、股票期权涡轮、牛熊证等,在合约设定上也更为开放和灵活。

从交易规模来看,我国衍生品业务发展迅猛,但和发达国家相比仍有差距。一方面,我国场外衍生品规模近年来迅速扩大,2018年我国场外衍生品交易新增名义本金规模为8 772.06亿元,同比增长17.13%(见图9);另一方面,近年来我国衍生品名义本金/境内上市公司市值比重均值不足1%(见图10),而美国则达到10%。

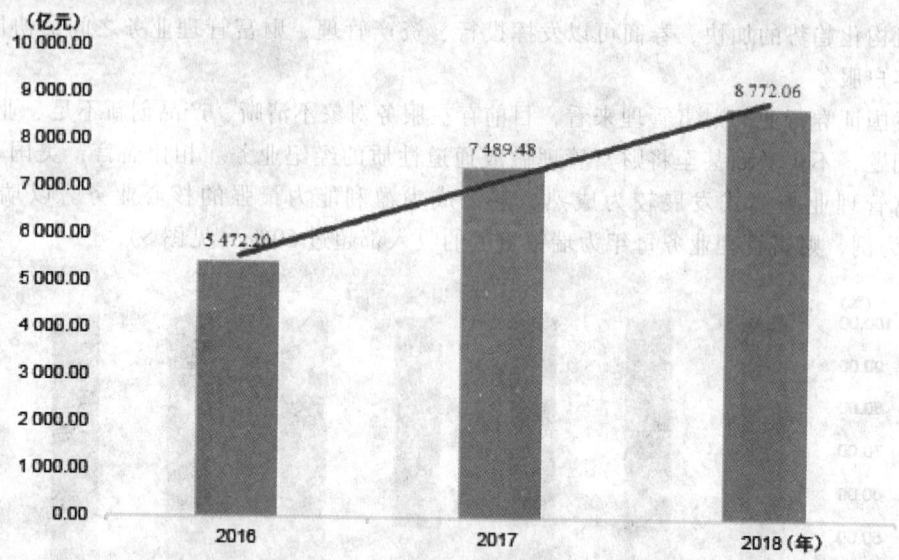

图9 2016—2018年我国场外衍生品年度新增初始名义本金

资料来源：Wind。

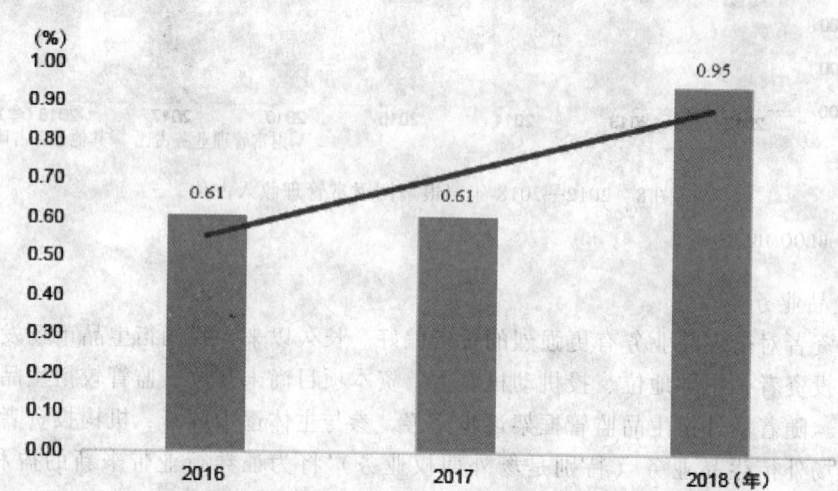

图10 2016—2018年我国场外衍生品初始名义本金/境内上市公司总市值

资料来源：Wind。

4. FICC业务

FICC业务能够降低券商业务的Beta属性，有助于提升收益的稳定性。FICC业务的盈利来源与股债二级市场的关联程度较低，更能满足机构客户的需求。FICC业务包括固定收益（Fixed Income）、外汇（Currency）和大宗商品（Commodities）业务（见图11），主要业务模式是在传统固定收益业务的基础上，将债券、利率、信贷、外汇及商品等业务线及其产品线有机整合，为机构客户提供跨风险类别、跨宏观周期的综合性金融解决方案。

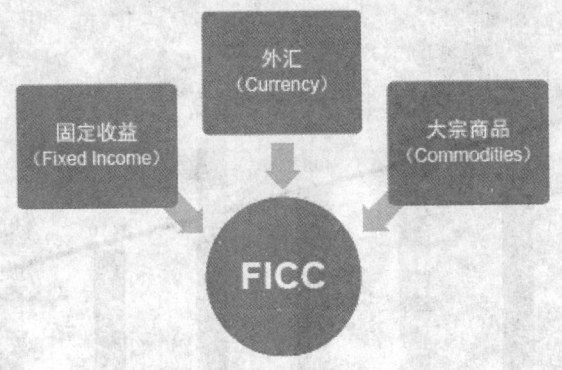

图 11　FICC 业务范畴

FICC 包括四种盈利模式：（1）代理业务：券商利用牌照优势代理客户交易，获得佣金收入。（2）做市服务：券商作为客户对手方提供报价，最终赚取买卖价差。（3）产品设计：券商根据客户需求设计产品，获得相应的财务顾问收入以及产品执行过程中的利息收入等。（4）风险敞口管理：券商提供 FICC 服务往往带来风险敞口，对其管理过程中会带来投资收益、利息收入或汇兑损益等收入项目。

FICC 业务本质上是机构业务和重资产业务的结合。此前由于我国机构投资者占比较低，券商在外汇交易、商品期货现货交易资格方面多有限制，再加上衍生品发展程度较低，我国 FICC 业务发展较慢。而随着国际竞争不断加剧，金融供给侧改革不断推进，我国券商已经逐渐开始为 FICC 业务进行布局。

国外投行 FICC 业务发展已较为成熟。例如摩根士丹利以高净值客户与机构客户并重，2018 年其 FICC 业务对公司收入贡献比例为 21.90%，其中近 90% 来自交易类业务，包括公司作为对手方向客户销售产品或做市以及公司承担风险敞口投资的盈利或损失。高盛重视机构客户，其为机构客户提供的做市、产品服务销售等服务涵盖 FICC 与 Equity 两大方向，2018 年 FICC 业务对高盛收入贡献比例为 25.81%，而 FICC 业务收入的 80% 来自做市。

（三）资本中介业务——通过重资产业务提升盈利能力

当前我国证券行业发展正呈现出从"通道驱动"向"资本驱动"转变的基本特征。2011—2018 年我国证券行业的传统通道业务（代理买卖证券业务）收入贡献持续下滑，从 2011 年的 50.67% 下降至 2018 年的 23.41%（见图 12）；与此同时，以融资融券、股票质押、股权投资为核心的重资产业务收入贡献稳步上升，2011—2018 年，重资产业务对营业收入的贡献度从 31.57% 提升至 52.99%，而依托牌照的轻资产业务（经纪、投行）收入占比继续下降（见图 13）。

在通道业务增长空间有限的情况下，重资产业务逐渐成为券商发展的核心竞争力。在"通道驱动"阶段，行业盈利整体受佣金率和交易量的驱动，提升交易的市场占有率及交易佣金是券商的竞争侧重点；在"资本驱动"阶段，券商需借助资本扩充业务类型，通过业务扩展和创新来提升竞争力。当前券商已从以通道型业务为主向资本中介和资本投资拓展，包括股票质押、融资融券等资本中介型业务已经明显发力。股票质押业务是解决中小型、创业型企业融资问题、服务实体经济的重要工具；融资融券业务有助于提高资本市场定价效

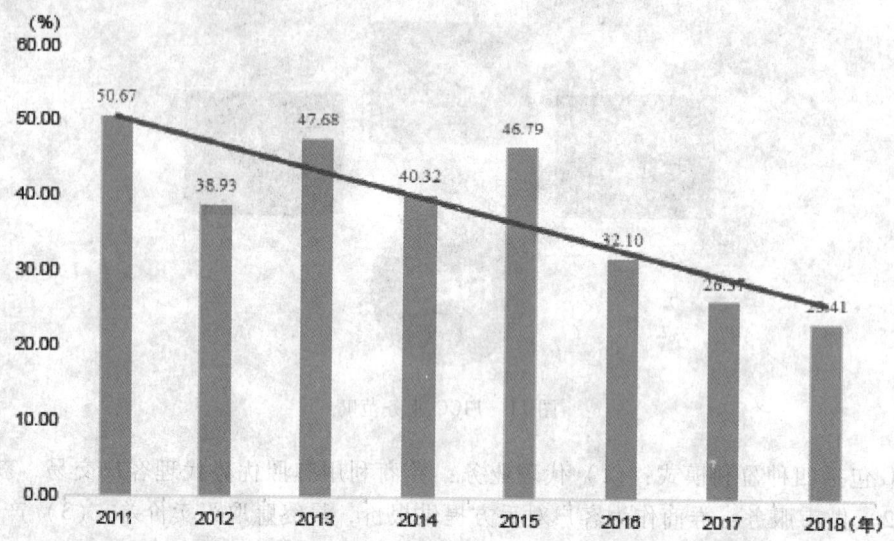

图12　2011—2018年代理买卖证券业务对营业收入贡献占比

资料来源：Wind。

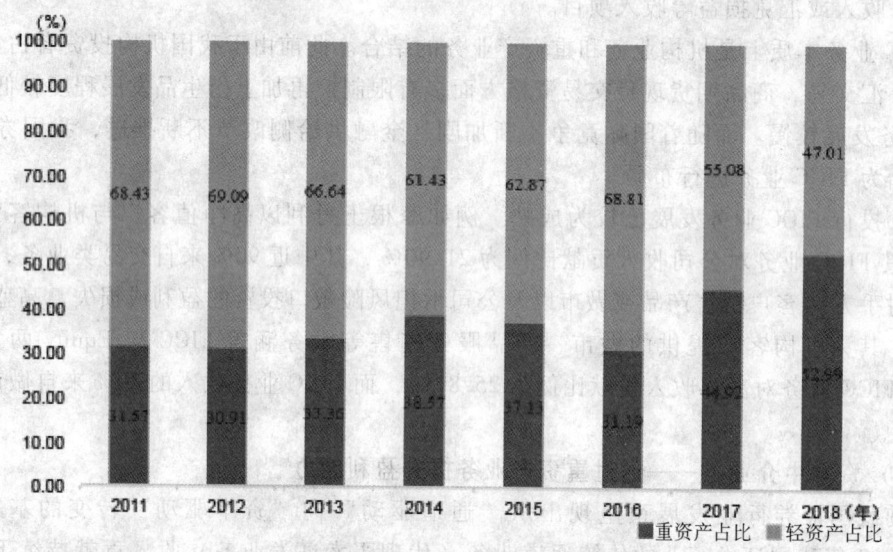

图13　2011—2018年证券行业轻资产业务与重资产业务收入占比

资料来源：Wind。

率。通过开展资本中介业务，券商在提升自身盈利能力的同时，也能解决成长型企业的融资问题，并促进资本市场的高质量发展。

（四）零售业务——通过金融科技渗入提高服务效率

金融科技将推动券商的数字化转型，有效提升客户体验的满意度和证券经营机构的内部运营管理水平，加快实现智能化运营与数字化运营。传统零售业务将通过金融科技实现改造升级。具体来看，金融科技在券商的应用可以表现为：客户交互提升、大数据推动决策、运营流程自动化和布局创新（见图14）。

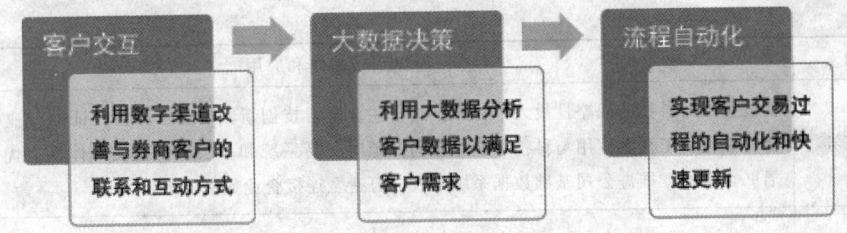

图 14 金融科技在券商的应用

资料来源：McKinsey&Company。

加大 IT 投入、全面进行金融科技布局已成为证券行业的大势所趋。近年来我国证券行业信息技术投入逐年上升，由 2012 年的 51.88 亿元增长到 2018 年的 130.66 亿元（见图 15）。从我国券商信息技术的投入规模来看，2018 年排名居前的分别为国泰君安证券（7.04 亿元）、长江证券（2.97 亿元）和中信证券（5.80 亿元）。从各券商的金融科技布局来看，也呈现出百花齐放的局面（见表 2）。

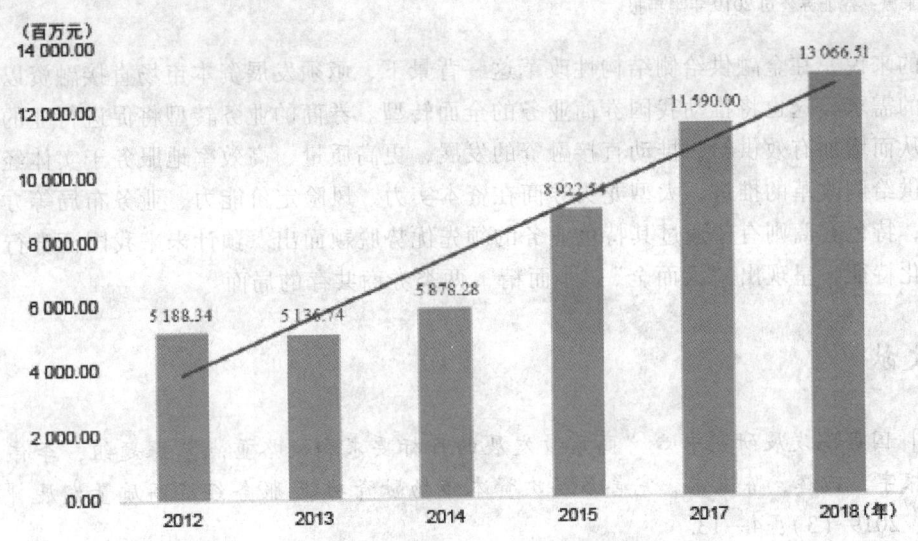

图 15 2012—2018 年我国证券公司 IT 投入值

注：2016 年数据缺失。

资料来源：Wind。

表 2　　我国券商"金融科技"的布局和应用概况

证券公司	金融科技战略和应用
中信证券	加强金融科技平台的开发和大数据、人工智能等新技术的应用，深度应用人工智能、大数据等科技，自主打造集"产品销售、投资顾问、资产配置"为一体的财富管理平台，依托智能引擎，通过数据驱动、金融科技驱动实现财富管理升级
华泰证券	坚持从客户需求出发，追求用先进的金融科技助力业务发展，同时强化中后台运营效率，不断提升数字化管理水平；借助金融科技实力强化资产管理能力，在业内率先推出 FoF/MoM 投研一体化管理平台

续表

证券公司	金融科技战略和应用
国泰君安证券	高度重视对科技的战略性投入,持续推进自主金融科技创新,是金融科技在证券行业应用的先行者;深化人工智能应用与科技赋能,布局低延时交易系统和多层次快速交易体系;优化 Matrix 和君弘百事通,推进公司基础数据系统建设,打造全连接企业数字化平台
国信证券	以领先的科技能力驱动业务创新,引领公司向数字化转型,实现技术领先战略;自主设计和建设了基于"云计算"和"两地三中心"模式的数据中心;大力发展平台化、自动化、智能化、标准化运维,稳步推行开源产品;采用先进的技术架构优化极速交易系统,打造国内首家全品种、行业领先的量化交易平台;完善渠道产品体系,构建移动端、桌面端、WEB 端等多渠道一体化的互联网金融平台;集中运营平台、智能客服等系统提升业务统一运营服务管理能力
长江证券	金融科技在获客引流、产品创设、服务优化等方面发挥重要作用,为公司业务发展转型赋能;金融科技正逐步由服务业务向赋能业务、引领业务转变,应用场景愈加丰富,旗舰产品长江 e 号获得多项具有行业影响力和市场口碑的奖项

资料来源:各证券公司 2019 年半年报。

总的来说,在金融供给侧结构性改革这一背景下,亟须发展资本市场直接融资以匹配经济转型的需求,这也将推动我国券商业务的全面转型。券商的业务转型将促进行业的结构性调整,从而增加有效供给,推动直接融资的发展,更高质量、高效率地服务于实体经济。随着金融供给侧改革的推进,大型龙头券商在资本实力、风险定价能力、业务布局等方面将体现优势;特色券商则有望通过其特色业务的领先优势脱颖而出。预计未来我国证券行业将出现差异化特征,呈现出"大而全""小而精"两类券商共存的局面。

参考文献

[1] 国务院发展研究中心"高质量发展的目标要求和战略重点"课题组,李伟,张军扩,吴振宇,田辉,陈道富. 完善多层次资本市场融资功能 服务经济高质量发展 [J]. 发展研究,2019 (3):4—13.

[2] 何诚颖,李延朋. 中国券商国际化:海外借鉴与实践探索 [J]. 中国证券,2018 (1):74—80.

[3] 黄河,袁伟,王璞,李瑞航. 展望 2019 中国证券业:把握五大趋势六大主题 [R]. 北京:2019.

[4] 孙玉奎,谢亚. 我国场内衍生品市场发展现状的国际比较 [J]. 中国证券期货,2018 (3):41—46.

[5] 徐明,刘金山. 何种金融结构有利于技术创新——理论解构、实践导向与启示 [J]. 经济学家,2017 (10):54—64.

注册制背景下证券公司投行能力与责任体系建设

沈娟 王可 陶圣禹[*]

一、股权时代新周期,投行战略崛起

(一)新经济、新制度、新模式为投行转型发展带来契机

1. 新经济产业急需直接融资激活发展动能

中国新旧动能转换,新经济产业崛起,开启了金融市场和融资结构新周期。当前中国传统增长模式面临瓶颈,以房地产基建和传统制造业为主导的旧动能乏力。但同时,涌现出来信息技术、高端装备、新材料、新能源、节能环保以及生物医药等高新技术产业和战略性新兴产业,有望接力并发挥好经济引擎功能,成为驱动新一轮经济增长的新动能。新经济产业特点与传统金融机构的风险收益诉求错位,难以得到信贷支持;同时又因其成长周期等特殊特征,往往不能满足主板市场上市标准,难以在资本市场得到资本补给。

以美国相对成熟的资本市场为鉴,新经济产业发展需要相匹配的资本市场制度,需要更强劲的直接融资功能。首先,新经济产业需要更灵活包容的市场化运行的资本市场机制。20世纪八九十年代,美国传统工业面临升级压力,此时硅谷崛起,而大部分的硅谷创业公司不满足上市门槛,资本掣肘,亟待破局。此时,更灵活包容的纳斯达克应运而生。其后数十年,纳斯达克孵化孕育了诸多龙头科技企业,掀起了美国新经济发展浪潮。纳斯达克成熟高效的市场化机制也吸引了搜狐、网易、新浪、百度、携程等我国大型互联网企业,打破国界成长为世界科技企业聚集的资本市场。当前中国面临与美国当年类似的新经济发展诉求,打造直接融资,特别是股权融资渠道已刻不容缓。科创板定位于新经济产业需求,正积极平稳推进,有望以增量倒逼存量改革,最终引导资本市场循序渐进实现历史跨越。其次,直接融资的功能需要进一步激活提升。从金融体系融资结构

---

[*] 作者单位:华泰证券股份有限公司。

看,美国融资体系以直接融资为主导,融资存量中直接融资可达 70%。中国融资体系以间接融资为主导,2018 年末社融存量中直接融资占比仅达 17%,直接融资在实体经济中的功能未有效发挥。从资本市场纵深看,2018 年中国证券化率为 48%,相当于美国 1984 年水平,发展阶段类似美国成长初期特征。2019 年 2 月 22 日中共中央政治局第十三次集体学习时首次提出深化金融供给侧结构性改革,要求以金融体系结构调整优化为重点,优化融资结构,指明了未来直接融资特别是股权融资和资本市场大发展的方向路径。

2. 注册制改革让 A 股迎来"成人礼"

资本市场是对接培育新经济新产业的土壤。资本市场的核心职能是通过市场"看不见的手",将资金高效率地配置给优秀企业,促进企业成长,并回报股东。要实现"看不见的手"高效配置功能,必须建立高效的市场化制度。

以房地产市场化改革为鉴,可以看出市场化制度是良性循环的必要土壤,是激活动能的关键突破口。1998 年,我国确立将住宅业培养成为新的经济增长点的制度改革方向,开启房地产市场化改革,发展多层次住房供应体系、住房交易市场和住房金融。此后我国房地产市场进入快速发展的全新时期,商品房销售面积从 1999 年的 1.5 亿平方米快速增长至 2017 年的 16.9 亿平方米,年复合增长率达 15%,增长超 10 倍;房屋平均销售价格从 1999 年的 2 053 元/平方米上涨至 2017 年的 7 892 元/平方米,年复合增长率达 8%,增长近 3 倍。房地产发展经验证明,唯有市场化机制才能充分激发资本活力,创造良性循环的行业局面。

科创板有望成为资本市场大发展的关键突破口。科创板具有改革先锋作用,有望以增量改革倒逼存量改革。一方面,科创板试点注册制提升了股权融资效率。注册制下,市场将成为项目筛选和资源配置的主体,新股发行节奏对市场的影响将削弱,股票注册审核的时间也将缩短,从而提升股票发行效率。另一方面,科创板制度向市场化跨越,对做大增量、盘活存量、激发深层活力意义深远。科创板在上市标准、投资者门槛、涨跌幅限制、做空机制、退市等基础制度方面进一步深化了市场化机制,对激发市场深层活力意义深远。

3. 投行新模式倒逼行业转型并为行业打开成长空间

资本市场新制度倒逼投行加快转型,拓宽业务边界,打破能力藩篱,真正打开成长空间。过去,投行靠牌照吃饭、靠资源吃饭的特征明显,坐享通道红利。未来,企业上市和定价将更多地交予市场,投行必须真正发挥专业能力。当前,投行急需构筑资源整合力,全方位重塑资本、定价、销售、协同、风控、科技等综合能力。同时形成差异化发展战略,大型投行或将打造全生命周期、全业务链的大投行生态圈;中小投行或将探索专业、特色的精品券商之路。

(二) 投行业务转型发展有望带来收入高速增长

投行业务收入差距彰显未来成长空间。我国券商投行业务尚处于快速发展初期,与美国等发达市场差距显著。2018 年我国投行业务收入为 370 亿元,相当于美国 1995 年左右水平,约占美国当前投行业务收入 20%。

投资银行业务新一轮战略转型将驱动承销保荐及财务顾问收入增加,同时开辟配售经纪佣金和跟投投资收益等业务新增长点。此外，投行业务还将为资本中介、经纪、做市、财富管理等全业务链、全生命周期业务引流，并对上市公司、股东和员工提供全方位覆盖服务，将为大投行生态圈创造多元收入增量（见图1）。

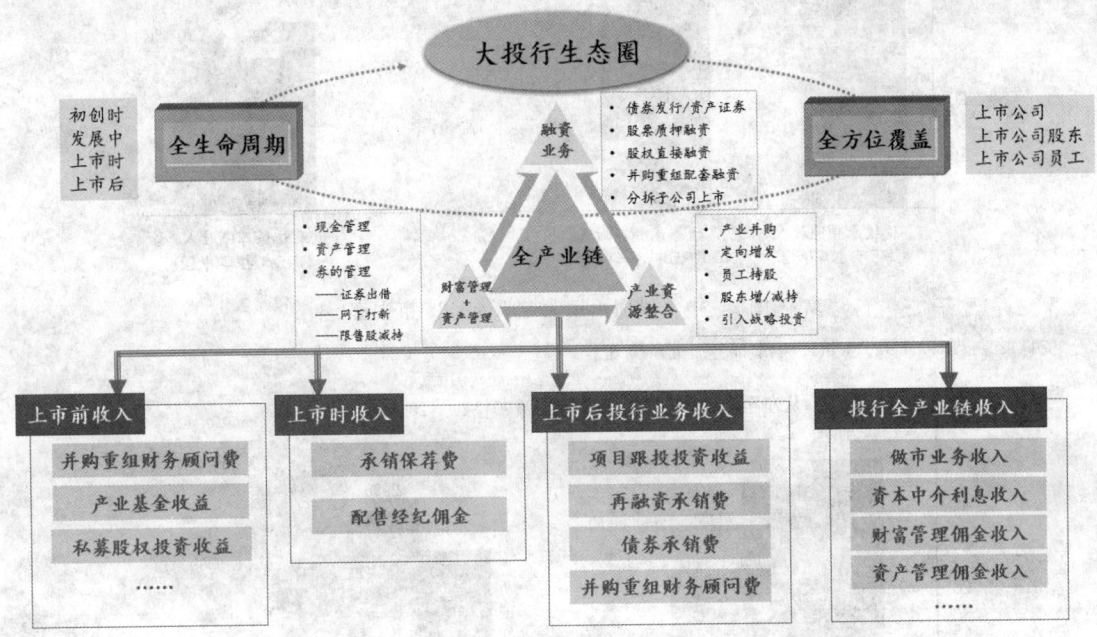

图1 投资银行生态圈模式

资料来源：华泰证券研究所整理。

（三）未来行业集中度有望进一步提升

美国投资银行业充分市场化竞争，行业内差异化发展，行业收入集中度偏高且稳定持续。美国各家公司投行业务经营模式逐渐分化，高盛、摩根士丹利等大型投资银行资源禀赋雄厚，业务线齐全，形成联动全业务体系、在全球开展业务的全能型投行模式，同时也享受绝对领先且稳定持续的市场份额。2017年，美国市场投行股权融资业务收入前5位（CR5）的市占率高达48%，债权融资业务收入前5位（CR5）的市占率达41%，基本稳定在40%以上；并购重组业务收入前5位（CR5）的市占率为29%，相对偏低，主要由于部分精品投行专注于并购重组业务，分摊了部分市场份额。

国内投行将从牌照红利下同质化竞争迈向更充分的市场化竞争，集中度有望进一步提升。国内投行业务收入集中度波动大，行业格局尚不稳定。2015—2018年承销保荐业务净收入CR5市占率在30%—45%区间波动，财务顾问业务收入CR5市占率在25%—35%区间波动（见图2和图3）。科创板引领下的市场化改革已全面开启，投行竞争更加激烈，头部券商有望构筑差异化竞争壁垒实现客户黏性和业绩双赢，马太效应加强，集中度有望进一步提升（见图4）。

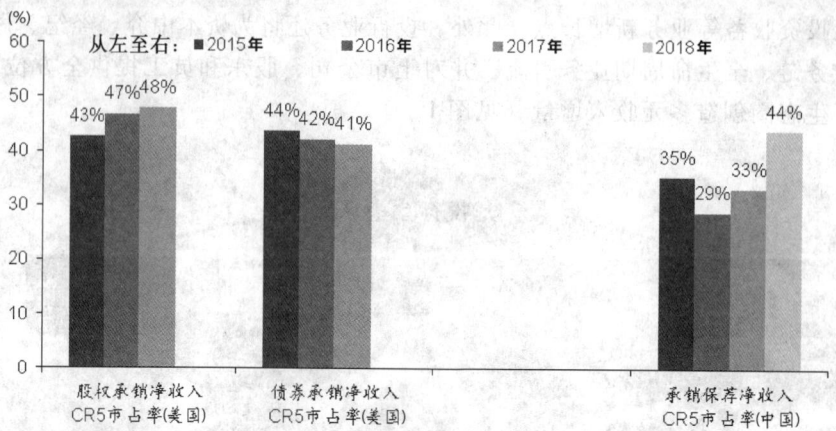

图 2 中美股债承销业务收入 CR5 市占率

资料来源：Bloomberg，Wind，华泰证券研究所整理。

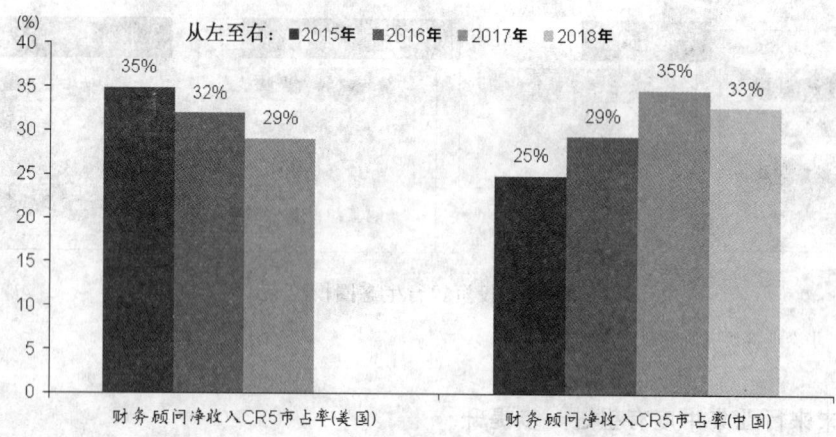

图 3 中美股债并购重组业务收入 CR5 市占率

资料来源：Thomson Reuters，Wind，华泰证券研究所整理。

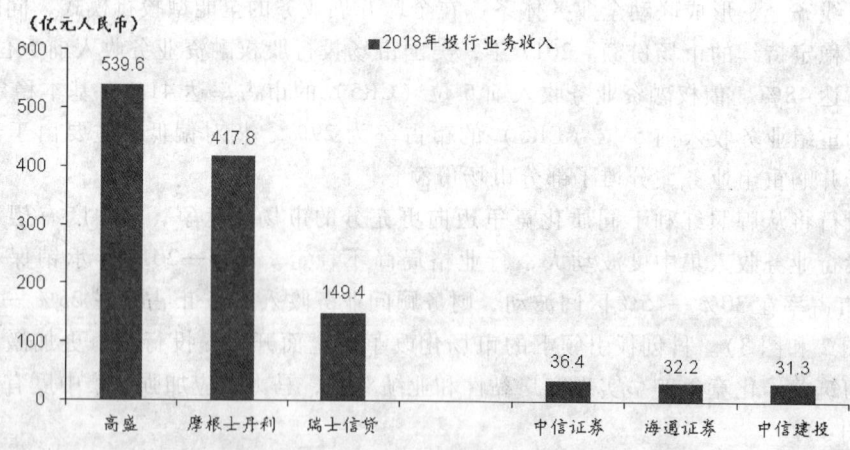

图 4 中美 2018 年领先投行业务收入对比

资料来源：Bloomberg，Wind，公司公告，华泰证券研究所整理。

注：高盛、摩根士丹利、瑞士信贷投行收入以 2018 年末国家外汇管理局美元对人民币汇率中间换算。

二、构筑六大核心竞争力，打造投行新模式

未来投行有望成为券商转型升级的突破口和发力点，通过串联券商轻重资产业务，发挥驱动各业务转型升级的引擎作用，带动券商开启全面高阶升级。投行转型要在综合竞争力和业务模式两方面双管齐下。优质投行将率先构筑资源整合力，加速打造全业务链、全生命周期的"大投行生态圈"（见图5）。

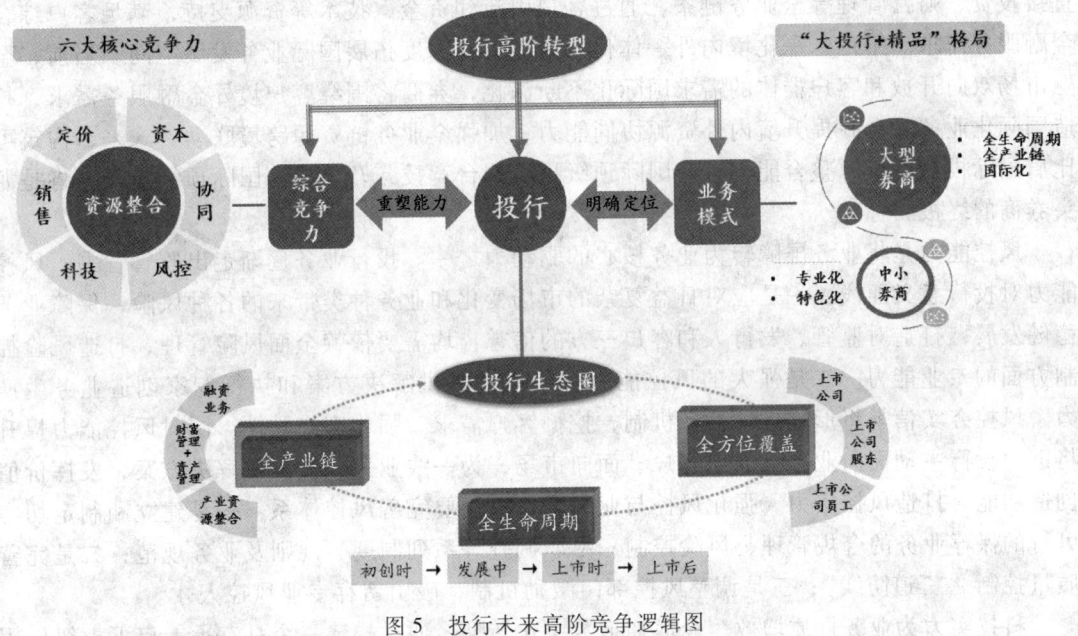

图5　投行未来高阶竞争逻辑图

资料来源：华泰证券研究所整理。

（一）构筑六大核心竞争力

资本市场制度设计以及投行高阶转型方向，要求投行发挥资源整合功能，全方位重塑资本、定价、销售、协同、风控、科技等综合能力，构筑六大核心竞争力，以助力项目成功发行并保持持久竞争力，同时构筑差异化竞争壁垒，实现客户黏性和业绩双赢。

资本实力是拓展业务空间的关键要素。科创板承销商参与战略跟投制度规定，承销商将以自有资金参与新股认购。全业务链业务运营急需资本支持，资本实力是决定业务能否拓展以及拓展空间的关键要素，资本金充足且资产盘活能力较强的券商，有望在市场博弈中获取领先的市场占有率。

定价能力是彰显投行实力的基石。新股合理定价对成功配售、发行后股价稳定等均具有重要意义。科创板引导定价机制向市场化过渡，未来定价合理性将依赖投行对企业价值的判断。此外，定价能力提升还将带动再融资、并购重组等业务定价回归价值本身，激发客户需求并促进项目顺利开展。专业定价能力提升要求研究先行，券商将重塑研究价值和发展模式，打造研究定价权和影响力。投行优质项目的挖掘和合理定价依赖于券商扎实的研判分析能力，未来券商将更加重视研究能力培育，通过深化研究的广度、深度、高度和质量，实现

宏观、业务链、行业研究等全方位能力提升，打造高水平的研究定价权和影响力。

销售能力是业务发展的中枢。未来若注册制由试点循序渐进推广，新股发行将转入买方市场。承销商作为股票承销的核心，新股销售将依赖于承销商自身信誉、客户资源、市场匹配、交易撮合、内部协同和资本实力等综合因素。

协同能力是业务的关键推手。第一，投行将强化内部协同，通过内部资源协同支持保障业务顺利推进，同时也将深入挖掘客户多元融资和咨询需求，开辟业务增量空间。第二，全业务链业务协同优势将进一步彰显。以客户需求为主导的大投行模式，需要协同资本中介、直接投资、财富管理等全业务链条，通过客户引流和资金、技术等资源支持，满足客户综合金融服务需求。第三，深化境内外一体化协同能力，深度拓展国际业务发展空间。当前，金融市场双向开放和客户群体的需求国际化不断深化，券商将围绕客户境外金融服务需求，打造国际化业务平台并提升境内外资源协同能力，加强全业务链资源跨境联动。未来，构筑可比肩国际投行的资源整合能力，与国际顶级投行同台竞技，乃至成为国际顶级投行，将是龙头券商的终极目标。

风控能力是将业务屏障转为业务核心的驱动力之一。投行业务逐渐走出监管背书，风控能力对投行意义匪浅：一是应对日益复杂的市场变化和业务种类带来的各种风险，保障业务稳健发展，打造对监管、发行人和客户三方的信誉，均需要依赖全面风险管理，打造风险控制方面的专业能力。二是强大的风控能力有望通过提供解决方案和执行专家创造业务生产力。风控夯实信誉将形成良性循环机制，挖掘客户需求、强化客户黏性。同时风控能力提升将助力投行主动面向业务、面向客户、面向市场，为一线业务开展提供解决方案，发挥价值创造功能。打造风控实力、强化风控与业务合作机制要完善风控体系：一是建立和制定切实可行的保荐业务的合规管理、风险控制、尽职调查等系列制度、规则及业务规范；二是完善质量控制"三道防线"；三是调整风控部门激励机制，吸引留存专业风控人才。

科技实力为业务提质增效。全面拥抱数字化转型，通过构建一个具有承上启下枢纽作用的数字化平台，实现投行业务中审核、分析、操作等基础流程工作的智能运营与体系化运作；构建强大的支撑体系，提升资源利用效能，释放投行前台的市场冲击力，让业务人员更聚焦于客户深耕和市场开发。同时在风险管理技术系统上深耕细作，打造专业化、集团化、平台化的合规风控核心竞争力。

（二）打造差异化竞争模式

明确定位和特色并选择合适的经营模式，将助力投行充分把握机遇。通过各类机构分工负责，将显著提升服务实体经济融资的效率。具备条件的优质头部券商可通过打造"大投行生态圈"模式，发挥好行业领头羊、排头兵作用；中小券商可探索特色化、专业化的精品券商之路。

1. 大型券商将加速打造全业务链、全生命周期的"大投行生态圈"，实现业务协同和价值延伸

在市场制度改革推动资本市场深化发展、激发企业金融需求背景下，投资银行将加速探索"以业务为导向"向"以客户为导向"转型，协同各部门资源，打造以融资业务、财富管理及资产管理、产业资源整合为核心的"大投行生态圈"，实现全业务链协同和价值延伸。"大投行生态圈"模式将伴随企业生命周期：初创时协同股权投资，赋予早期企业资金和战略资源支持。虽然目前券商"保荐+直投"模式被限制，但业务仍然具有连通性。发展中协同资本中介，企业发展壮大持续需要资金，若开展并购重组将激发额外资金需求，券商可通过资本中介助力企业做大做强。上市时提供保荐与承销业务等服务。上市后提供做市、财富管理和资产管理、投融资管理等长期服务，将研究能力、投资交易能力、风控能力等专业实力持续转换为聚焦客户需求的服务能力（见图6和图7）。

图6　全业务链、全生命周期大投行生态圈

资料来源：华泰证券研究所整理。

图7　覆盖上市公司、股东及员工的全方位服务

资料来源：华泰证券研究所整理。

2. 中小券商探索特色化、专业化的精品券商之路

中小券商资本和业务实力较大型券商而言相对弱势，在行业竞争格局中将根据自身股东

资源、特色业务等优势，制定精准品牌定位，争夺细分市场。中小券商可以探索打造倚重投行特色的券商、聚焦经纪财富管理的券商、专注债券业务的券商、着力资产管理的券商，在产品、客户、区域和渠道方面构筑独树一帜的特色，开辟与大型券商差异化的发展路径。

3. 行业马太效应或将加剧

投行资源将向大型券商集中，原因有以下三点：一是优质券商把握转型先机。优质券商综合实力强劲，在执业、人才、渠道、研究等方面资源禀赋领先，有望率先构筑核心竞争实力，未来投行业务资源将向大型券商集中，加剧行业分化格局。二是监管机制引导资源集中。优质券商经营风格稳健规范，促使业务资质向优质券商靠拢，而业务资质分化将进一步加剧行业马太效应。三是双向开放需要"航母级"投行引领。金融市场双向开放积极稳妥推进产生"鲶鱼效应"，也将倒逼国内券商加快发展，需要培养"航母级"投行引领高阶竞争。

三、转变券商职能，构筑服务实体经济的责任体系

（一）资本市场变革驱动券商职能转变

注册制引导资本市场深刻变革背景下，券商作为资本市场关键参与者，需要以服务实体经济为出发点和落脚点，坚持"敬畏市场、敬畏法治、敬畏专业、敬畏风险"的发展理念，并在以下方向进行职能转型：

一是由"坐享红利"向"以价值为导向的资源配置"转变。注册制下，监管将不再对项目质量"隐性背书"，需要券商提升价值判断能力，严格履行对发行人信息的核查、验证义务，助力引导金融资源向优秀价值标的配置。同时，优质投行项目的顺利推进也需要券商提升尽调估值、行业研究、销售推介及询价定价等能力，以专业精神和职业道德，履行价值发现、项目执行、市场化发行承销等方面的责任。

二是由"信息传递"向"高质量信息披露把控"转变。科创板落实了以信息披露为核心的注册制改革，券商要依法对发行人的信息披露充分性、一致性和可理解性进行核查把关，通过高质量的信息披露助力投资人优化投资。

三是由"中介通道"向"资本市场看门人"转变。券商作为中介机构，应当发挥风控实力优势，通过核查工作有效防范各类欺诈行为发生，提升信息披露质量，保障投资者知情权，这也将进一步凸显券商作为资本市场看门人的职能。

（二）政策环境优化助力券商构筑责任体系

监管政策优化是券商实力构筑和模式转型的重要保障，未来监管可通过配套政策进行完善，为投行构筑与注册制相匹配的责任体系提供更多的支持与激励，助力投行职能顺利转型。

一是完善中介机构差异化追责及激励机制，形成有效的市场化约束。注册制下中介机构凭借信誉和专业能力，在投资者保护、促进上市公司质量提高、市场公平交易、符合商业道德等方面发挥重要作用。监管政策对中介机构履职的勤勉尽责可继续强化约束与激励，在差异化的机制设计上也仍有优化空间，进一步完善中介机构利益与风险共担机制。一方面，应压实中介机构责任，通过证券民事诉讼机制、诉讼效率、法律责任追究等法制建设的完善，

以及保持对失职和违法行为的密切跟踪，以市场化约束倒逼中介机构履行自身职责，发挥好资源配置和风险控制职能；另一方面，对于切实履行职能的券商，可适当考虑在业务资质、规模上进行倾斜，激励券商形成优化发展的内生动力。

二是围绕"大投行模式"和"差异化、专业化模式"，构筑分层监管体系。未来，围绕大型券商和中小券商投资银行的分层经营模式，可进一步优化和细化证券公司分类监管制度，在投行业务品类、规模、地域等方面明确分类管理安排，完善分层监管指标，引导券商投资银行更好地向分层模式过渡，构筑分层次良性竞争格局。

关于进一步强化证券公司责任与能力的建议

中国证券业协会"进一步强化证券公司责任与能力"课题组*

进一步强化责任与能力不仅是资本市场改革开放新阶段赋予证券业的历史使命，也是提升我国证券行业整体国际竞争实力和影响力的必然要求。本文较为系统地分析了证券公司在新时代需要承担战略责任的内涵，深入剖析了履行战略责任面临的能力短板和现实挑战，在此基础上提出进一步强化证券公司责任与能力的相关政策建议。

一、深化金融供给侧结构性改革需要证券公司承担更大的责任和使命

为进一步推进金融供给侧结构性改革，优化融资结构和金融机构体系，为实体经济发展提供更高质量、更有效率的金融服务，证券公司需要在以下几个方面强化责任担当与价值贡献。

（一）强化服务实体经济转型升级与供给侧结构性改革的责任

证券公司作为直接融资服务的主要提供者，应通过一体化的综合金融服务助推企业成长、促进经济转型，在直接融资体系中承担关键助力角色，有效提升直接融资的占比与质量。在供给侧结构性改革中，要充分发挥证券公司在融资、定价、交易、并购等方面的专业支撑和服务带动作用，通过有效的资源配置促进实体经济的优胜劣汰。

（二）强化服务资本市场改革发展的责任

在加快发展多层次资本市场的过程中，证券公司作为核心参与者，在市场建设、资产定

---

* 本文为"进一步强化证券公司责任与能力"系列研究报告之一，作者包括：华泰证券股份有限公司：朱有为、马溯纲；中国国际金融股份有限公司：徐翌成、王小溪；广发证券股份有限公司：李凤华、王烜、葛凌、赵阳；上海申银万国证券研究所有限公司：蒋健蓉、袁宇泽；国泰君安证券股份有限公司：聂小刚、朱志雄、崔冬冬、潘顿；中信证券股份有限公司：张玲、郑淳、魏星、牛文慧。原载于《中国证券》2019年第8期。

价、流动性提供、风险管控等领域均具有至关重要的作用。科创板及注册制试点改革对证券公司加强投行、研究、销售、交易、投资等领域的综合能力建设提出了更高的要求,也明确了需要强化证券公司主体责任,"严把七道关",充分发挥"看门人""中介人"和"守护人"的作用。

(三) 强化提升国家整体金融实力与证券行业竞争力的责任

要有效应对国际金融环境的新挑战、有力支持中国企业"走出去",需要证券公司进一步发挥专业优势,打造全球市场影响力。在我国直接金融体系中"大市场"与"小行业""小机构"之间的矛盾和失衡问题亟待解决。随着金融行业与资本市场的开放力度不断加大以及本土金融行业竞争的加剧,国内证券公司特别是大型证券公司应加快培育形成更强的核心竞争力、国际竞争力,才能有效应对外资投行及境内跨业机构的挑战。

(四) 强化服务国家重大战略的责任

当前,国家正在深入推进的创新驱动发展、"一带一路"倡议以及区域协调发展等重要战略部署,需要资本市场及证券行业发挥更大的资源配置和资源整合作用。证券公司应紧紧围绕实施创新驱动发展战略,增强服务实体经济能力;围绕中国企业参与"一带一路"建设中的实际需求,主动拓展国际市场,做好境内外全流程服务;应积极布局粤港澳大湾区,在大湾区互联互通、现代产业等重点领域发挥作用。

(五) 强化防范化解金融风险的责任

作为资本市场中最重要的中介机构,证券公司应严守底线,切实有效防控金融风险,维护资本市场稳定发展。部分头部证券公司在今后可能成为系统重要性金融机构,还将承担更为重大的防范金融风险与维护金融稳定的责任。全行业既要加强各类型风险的日常管理,也要提升精准处置重点领域风险的能力,加强对场外配资、股票质押、私募基金等重点领域风险问题的跟踪研判。同时,要科学利用衍生品市场进行风险管理,优化风险分担模式。

(六) 强化维护行业良性竞争秩序的责任

证券公司应树立维护行业公平竞争环境的责任感,自觉抵制有违公平的执业行为,日常经营中应加强从业人员的培训与教育。大型综合类证券公司在维护行业竞争秩序方面应以身作则,通过提升服务的专业化水平和产品竞争力形成竞争优势。中小型证券公司应采取差异化发展战略,积极开发个性化、定制化金融产品与服务,谋求与大型证券公司的错位竞争。

二、证券公司高质量履行战略责任面临的能力短板和现实挑战

(一) 证券公司履行战略责任和建设专业能力上存在的深层问题

一是证券公司在金融领域的系统重要性不足,资本规模、业绩表现、融资服务占社会融资比重、国际影响力均不够,客观上造成证券行业在国家重大战略中作用不突出。

二是本质上仍未摆脱同质化竞争状态,更没有形成真正的、不可替代的核心竞争力和显著的经营特色,多数证券公司仍遵循"大而全""小而全"定位,业绩仍然"看天吃饭"。

三是客户覆盖能力、客户多样化、客户服务深度、客户黏性方面较其他金融机构不具备优势。

（二）造成国内证券公司能力缺失的原因分析

一是社会融资结构以间接融资为主，证券公司在本土金融体系中地位不突出。对标国际一流投行在交易、托管结算、支付、融资和投资等基础功能方面差距明显，受规模、体量制约难以出现质的飞跃。

二是我国资本市场仍处于"新兴加转轨"阶段，顶层设计配套不完善。资本市场枢纽功能地位显著提高，但是证券行业作为资本市场改革主力军的能力体系和责任体系建设尚未提高到相应匹配的战略高度，急需系统性的顶层规划设计。

三是部分基础性、关键制度不利于证券行业高质量发展。一方面，证券公司在业务和市场准入方面受到诸多限制，能提供综合金融服务的深度和广度有限；另一方面，证券公司在获取其他金融牌照、进一步提升杠杆水平等方面面临多重障碍，难以做大资产负债表。

（三）进一步履行战略责任需要证券公司补强多方面专业能力

一是直接融资服务能力。证券公司应成为直接融资占比提升战略目标的关键牵引方和核心推动方，并在培育新产业、新业态、新动能上发挥枢纽和润滑剂的服务功能。配合设立科创板并试点注册制落地，要充分发挥在新股发行体制改革中的专业价值，真正回归现代投资银行业务核心能力的本源。要积极运用各类市场工具服务上市公司并购重组、股份回购等资源整合活动，进一步发挥服务实体经济功能。

二是交易服务能力。增强在场内外市场交易服务能力及流动性服务能力是凸显证券公司差异化优势和提升重要资产定价权的关键。证券公司要建立安全、高效、多样、稳定的交易平台和交易机制，在权益、固定收益、衍生品乃至货币、大宗商品等市场中，为各类投资者提供先进的交易执行及做市服务，拓展更为丰富的交易类产品，有效增强市场流动性。要减少或避免对市场主体交易行为的行政干预，促进资本市场更好地发挥价格发现功能。

三是投资服务能力。证券公司应着力成为居民财富管理的优选机构，以资产管理业务和私募基金子公司为平台，搭建以客户为中心的产品和服务体系，切实为投资者提供诚信专业的、个性化的财富管理产品和风险管理工具。不断提升证券公司产品创设能力和主动管理水平，设立股权投资基金、并购基金等多样化的资产管理产品，打造完整的金融产品供应链，服务投资者资产保值增值，支持实体经济高质量发展。

四是风险管理能力。风险管理能力是证券行业竞争力和高质量发展的关键构成要素。证券公司对客户的服务能力不仅表现为为客户创造价值的能力，更表现为为客户管理风险的能力。同时，防止发生系统性金融风险是金融工作的永恒主题，证券公司应当切实有效地做好金融风险防控工作，完善以净资本和流动性为核心的风险控制指标体系，严格落实党中央和监管机构的各项工作要求，打好证券行业防范化解重大风险攻坚战。要切实建立健全各类风险的监测、预警、检查和应对机制，加强对重点领域的风险监控、预警、检查和评估，持续构建风险管理全覆盖、可监测、能计量、有分析、能应对的全面风险管理体系。

五是金融科技能力。我国证券公司正在面临其他金融机构和互联网公司在获取客户、客户服务、成本管控等方面的挑战，应加速金融科技布局，通过提升线上客户交互体验、加速人工智能应用、优化数字平台和 IT 架构以及对中后台进行数字化改造等方式，在服务模式、系统构建、组织架构等方面推动证券公司向金融科技转型，将金融科技理念贯穿于证券公司整体运营管理中。

三、进一步强化证券公司责任与能力的若干政策建议

（一）基本政策导向

1. 在证券行业内部，实施扶优限劣的分类监管，并支持差异化发展与竞争，形成良性行业生态

建议允许运营规范的证券公司优先业务试点，支持开展财富管理、衍生品、柜台市场及跨境业务。国内各证券公司应根据自身条件，选择实施"做大做强"的路径、提高综合服务能力，或选择实施"精品化"路径、建立差异化的核心业务竞争力。

2. 结合客户需求，增强证券公司的综合金融服务功能，构建稳健、高效的金融产业链

鼓励证券公司在组织架构和流程设计上形成"以客户为中心""全业务链"的综合业务模式，支持国内证券公司加快提升融资服务、投资交易、资产管理及财富管理、风险经营、金融研究等核心能力，夯实包括交易、融资、投资等在内的综合服务功能。在多类金融机构共同竞争的领域，保持统一对等的监管尺度；在资产负债表管理、监管指标控制、资本补充等方面，推动证券公司与其他金融机构享有平等的待遇。

3. 在国家与社会层面，为证券公司履行社会责任提供更多政策支持与激励

对于积极响应国家新一轮发展战略和倡议，主动配合处置风险事件、设计和提供避险产品与工具、稳定市场信心，以及在扶贫公益领域成绩突出的证券公司，建议通过分类评价加分、优先开展创新试点等手段给予正面鼓励。同时，对不能严格合规守纪运营、存在风险管理漏洞、引发风险积聚、客户适当性管理和反洗钱等工作不当的，加强处罚和警示。

（二）具体建议

1. 以设立科创板并试点注册制为契机，推动证券公司回归投资银行本源，推动资本市场改革

在科创板真正落实以信息披露为核心的注册制改革，持续优化各项制度安排，通过透明、严格、可预期的法律和制度条件，培育更具专业水平的执业机构，督促证券公司切实履行价值发现、项目执行、市场化发行承销方面的责任，并相应提升尽调估值、行业研究、销售推介及询价定价等能力。

2. 推动取消"三方存管"限制和优化转融通制度，赋予证券公司客户对资券的管理权限

建议在《证券法》修订中完善三方存管规定，赋予证券公司客户保证金管理权；推动证券公司充分利用证券公司结算模式由试点转为常规的契机，加快发展主经纪商等业务；开放证券公司利用客户证券资产等拓展场内外融资融券业务，提高运用多种资产负债资源服务客户的效率；设立国家平准基金替换现在具有平准基金功能的证金公司投资模式。

3. 推动放开账户管理权限，尽快实施财富管理业务资格试点

建议允许试点证券公司设立专门的账户用于财富管理，接受客户委托进行投资管理和资

产配置;在现行法规下,建议监管部门出具监管意见,明确试点公司财富管理业务可独立使用定向资管业务牌照开展财富管理业务。

4. 加强金融市场对内开放,准许头部证券公司取得外汇业务资格并提供更多跨境展业支持

建议协助试点证券公司获得结售汇业务经营资格,拓展在资金账户、外汇服务和跨境结算等方面的基础服务;丰富境内证券公司参与境外金融产品交易、投资境外金融工具等资质;鼓励设立基础设施投资、并购基金等多种形式的跨境基金;简化证券公司直接或通过其海外窗口公司在境外设立、收购、参股其他机构的审批流程。

5. 支持符合条件的证券公司实施市场化股权激励机制,优化从业人员股票交易规则

建议适时制定出台证券行业员工持股/股权激励的专项政策,允许上市证券公司先行先试;通过资产管理计划、信托计划等形式探索实施员工持股计划、股票期权、限制性股票股权激励方式,支持证券公司建立并完善中长期激励机制。

6. 支持头部证券公司优先拓展衍生品业务,提升风险管理服务能力

建议放宽对资产管理产品、专业投资机构、上市公司及大股东参与场外期权的限制;进一步放宽场外衍生品标的范围;对场外期权与纯自营在监管指标、账户管理、交易限制等方面区别对待;进一步丰富场内衍生工具,放宽交易额度限制。

7. 优化证券公司行业风险指标管理体系,尽快推进并表监管试点,提升证券公司管理运作资产负债表的能力,为参与国际竞争积累经验

完善净资本监管体系,推进资本并表监管落地,允许具备条件的证券公司在一定范围内尝试采用高级模型法计量风险资本;扩充证券公司融资渠道,提高资产负债表运用能力。

8. 改进分类评价指标体系,有效引导证券公司实施高质量差异化发展

建议对证券公司分类监管制度进行优化,充分考虑证券公司的综合化经营、规模情况和风险承受能力,除规模占比指标外,增加创新型业务的评价灵活性和实用性。

9. 支持证券公司开展同业并购,适度放开"一参一控"限制;支持证券公司获取其他金融牌照,发展金融科技等

建议允许大型证券公司试点商业银行牌照;引导证券公司引入具备持续资本补充能力的优质股东;支持有条件的公司进行混改,优化股东结构;出台相关政策,鼓励、支持行业实施信息技术、金融科技驱动的业务及管理模式数字化升级。

10. 营造公平竞争环境,打造境内外证券机构、金融行业各子行业竞合发展的行业生态

建议推动大型综合类证券公司成为系统重要性金融机构,纳入人民银行公开市场操作对象;明确系统重要性金融机构评估与证券公司分类监管评级之间的关系,促进大型证券公司实现高质量发展,成为真正有质量的系统重要性金融机构;持续推动银行、证券、基金行业在资产管理业务上的监管标准统一,进一步消除监管套利空间;坚持对等开放的原则,支持证券公司开展国际化业务。

11. 深化推进证券监管单位和其他监管主体的"放管服"改革,增强行业活力

建议完善《证券法》《证券公司监督管理条例》等证券市场基础性制度建设,加快从"重事前审批"向"事中事后监管"转变,促进市场机制、自律管理充分发挥各自作用。

证券公司国际化经营研究*

国元证券股份有限公司　合肥工业大学联合课题组**

一、中国证券公司国际化经营现状与问题分析

（一）中国证券公司国际化经营存在的问题

1. 政策背景决定境外业务总体基调

（1）法律体系及监管环境不完善。虽然政府目前已经越来越重视建立健全法律体系，但我国证券市场对于国际业务发展的立法滞后于当前证券市场国际化经营。由于立法滞后，监管层往往依靠国家出台的政策通过行政性措施进行干预，这或许在短期内能起到一定的保护作用，但长期来看，并不利于证券市场的发展。

在监管方面，我国与证券市场发达的国家也有着一定差距。英美等国的证券监管机构一般都有较为广泛的权利，如调度权、签发禁令权、民事调查权、停止违法行为令、起诉权等，而我国现行的《证券法》对其权限的规定过于狭窄。除此之外，证券监管在职能和地区上处于分割状态，也就是各级部门之间可能存在交叉监管的情况。在这种多元化的管理体制下，难免会出现各级部门之间互相推卸责任或是争夺权利的问题，从而可能会在某些方面出现监管盲区。这种多元化管理体制违背了市场经济中自由性的原则，导致市场失灵。政府此时为了维护市场的有序发展，又不得不出台相关政策，使得股市在一定程度上成为"政策市"。

（2）境外业务高度依赖政策导向。国内证券公司国际化经营及境外业务的开展往往受政策牵制较大。除了政策导向是否利好国际化业务开展以外，政策倾斜度往往也会影响证券

---

* 本文为中国证券业协会 2018 年重点课题。
** 课题负责人：蔡咏，国元证券董事长、党委书记；姚禄仕，合肥工业大学管理学院会计系主任。课题组成员：吕海、孙强、赖海峰、刘扬、张雨寒、吴宁宁、李敏、王悦、赵佳卉、王香香、顾雪妮、赵俊杰、牛标。原载于《中国证券》2019 年第 8 期。

公司国际化业务发展，可能会导致不同的证券公司国际化经营发展不均衡。例如当前龙头券商会在境外业务上占得先机，先行获益。继海通证券在2015年5月获批开展跨境试点业务后时隔两年，监管部门才批准了华泰、国泰君安两家券商开展跨境业务试点，这是鼓励龙头券商"做大做强"、发展海外业务的重要体现。政策的倾斜度不同使得近年来龙头券商的境外业务收入占营业收入的比重越来越高，龙头券商的境外业务收入与中小型券商差距越来越大。

2. 市场环境影响国际化业务发展水平

（1）中资券商难敌国际投行的激烈竞争。中资券商在我国香港开展境外业务情况同国际投行仍存在较大差距。从经纪业务来看，香港证券市场中A类市场参与者只有中银国际和海通国际两家中资券商，其余均为外资投行或者银行。从投行业务来看，以2013—2017年香港市场各项投行业务前20名市场份额占比为研究样本，其中，IPO承销业务中资券商总市场份额为19.81%，而国际投行总市场份额为30.6%，在竞争力上与国际投行之间有一定的距离；在再融资与配股业务方面，中资券商市场份额为13.88%，而国际投行为42.51%；在并购顾问业务中，中资券商近年来市场占比为3.18%，国际投行为66.38%，与国际投行差距较大。在债券发行方面，仅有亚洲（除日本）G3高收益债有中资券商进入市场份额前20名，市场份额为10.41%，远低于国际投行60.59%的市场份额。

总的来说，近年来中资券商虽在境外各项业务中的排名及规模有所上升，但同国际投行相比，市场占比水平仍较低，一般处于10%—20%。国际大投行运作时间较长，甚至有些投行具备上百年的丰富经验，具有比较成熟的国际化经营战略，各项业务具有非常规范的操作流程，这在一定程度上造成了中资券商在拓展国际市场的过程中难以对抗国际大投行，就目前来说，我国证券公司在国际市场的发展中必然会面临诸多阻碍。

（2）国际市场行情对业务影响较大。伴随着全球经济一体化的不断深入，国际资本市场已成为一个相互渗透、错综复杂的有机整体。当前，全球经济曲折复苏，地缘政治问题错综复杂，市场环境不确定性增强，这在一定程度上加剧了中资券商国际化经营环境的复杂情况，对业务产生较大影响。与此同时，市场环境的不确定性导致金融资产价格持续波动，也给中资券商对境外业务的风险控制、资产定价增加了难度。尤其是对于资产管理、跨境并购这类业务而言，跨区域、跨条线资金的运营过程将更加复杂，使得业务实际操作及风险管理更加困难。此外，随着人民币汇率形成机制改革的加速推进，汇率波动幅度加大也会对国际化经营有所影响。

3. 发展能力制约自身国际化进程

（1）境外业务区域覆盖范围单一。不同国家、地域的文化和制度必然存在差异，一般来说，文化相通或地域相近的地区更有利于公司展开国际化。中国香港作为毗邻内地的国际性金融中心，是国内证券公司走出去的重点选择区域，无论是地域优势还是文化制度的相似性，都促使各家证券公司将香港作为拓展海外市场、开展境外业务的首选之地。自2006年中国证监会正式批准国内证券公司赴港设立分支机构，截至2018年上半年，已有31家内地证券公司赴港设立网点。在了解当地市场后，15家证券公司在港上市，拓宽海外融资渠道，进一步接轨国际市场。

除了在香港设立分支机构以外，国际化起步较早、程度较高的少数证券公司逐步瞄准其他境外国家或地区，将业务范围扩展到新加坡、美国、欧洲等地，展开更广泛的国际化布局。例如，中金公司于2005年、2008年先后在美国、新加坡、英国设立分支机构；中信证券于2012年并购里昂证券100%股权；海通证券于2014年收购日本Japaninvest 100%股权。但是，相对于香港来说，在这些国家业务的拓展可谓少之又少，国际化经营还是主要依托香港地区，在港业务收入占据其整体境外收入的绝大部分。

（2）境内客户群体仍占据主导。很多证券公司布局海外、开展国际化业务往往都是从满足国内客户的需求出发。内部巨大的海外投资需求一方面加快了中资券商走出去开拓海外市场的步伐，另一方面也为中资券商开展境外业务提供了充足的客户资源。此外，由于外资投行海外布局早、发展成熟，国内证券公司在国际市场中的知名度及品牌效应处于较大弱势地位，无论是通过自建形式还是收购国外金融机构的形式，在短时间内很难与外资投行竞争。在内部需求与外部压力的双重作用下，境内客户成为国内证券公司境外业务最主要的服务对象，在国内证券公司境外业务客户群体中占据主导地位。

（3）以通道业务为主的收入结构不具竞争优势。国内证券公司的国际化业务收入仍以通道业务为主，结构较为单一。我们选取国泰君安国际、兴证国际和海通国际三家在港上市证券公司的香港子公司作为研究样本。2015—2017年三家公司的经纪业务、融资业务及自营业务在营业收入中占比超过70%，2015年、2016年表现尤其明显。相反，投资银行业务、资产管理业务占比较低。以孖展业务为主的融资业务市场风险较大，而投资业务与市场表现直接相关，二者在收入结构中的高占比势必会加剧中资券商境外业务总体收入的不稳定性。与此同时，通过观察三家公司近三年的收入结构数据，我们发现投行业务收入占比有缓慢上升趋势，但受中资券商偏向单一的区域及客户布局影响，目前投行业务市场占比较低，不具备竞争优势。

（二）中国证券公司国际化经营存在问题的原因分析

1. 国际化起步晚，市场发展相对滞后

（1）市场发展处于基础阶段。我国证券市场是一个仅有30年发展进程的新兴市场，市场的成熟度有限。而证券行业的国际化水平尚处于以国内市场为依托的基础阶段，国际化业务主要集中在中国香港地区，能够深入到美国、欧洲等发达地区的程度有限。国际化布局时间较短，必然造成国际化业务发展与海外发达资本市场之间的差距。

（2）市场风险控制能力不足。在国际资本市场相互渗透、全球金融一体化的大环境下，无论是汇率风险、利率风险、法律风险、信用风险等都容易造成金融市场的波动性和传染性。中资券商在开展国际化业务时，面临的风险会进一步放大。

然而，由于国内证券公司自身对市场风险控制能力不足，没有相应的专业风险管理团队，外加以经纪业务等通道业务为主的业务结构，极易受到经济周期性波动和市场行情走势的影响，在国际化经营中对业务体系形成巨大的挑战，受复杂多变的外部形势影响较大。虽然也建立了与之对应的风险管理体系，但由于市场起步晚，对于以并购形式展开的国际化业务，缺乏海外并购经验，收购后缺乏良好的整合机制，因此难以与境外优质投行竞争。

（3）监管政策仍处探索阶段。监管层对国际化业务开展的政策推动尚处探索阶段，法律体系和监管环境不够完善。为保证金融体系稳定和市场发展同步进行，监管层对中资券商国际化业务的开展应逐步有条件地释放。尽管业务高度依赖政策导向，但结合市场发展的阶段来看，监管逐步放开是国际化经营进程中的必经之路。

2. 专业经验匮乏，缺乏核心竞争力

（1）缺少长远的战略规划布局。我国证券公司国际化业务在香港地区较发达，在其他地区的国际化经营较慢，同时国际化业务单一、同质化严重的形式导致国际化效益并不乐观。证券公司国际化不应仅局限于中国香港地区，应尽快在全球完成业务布局，创新业务形式，均衡各地区资本投入。这一方面有利于国内证券公司拓展市场，提升国际影响力；另一方面有利于扩大业务布局，分散经营风险。

（2）跨国经营整合难度大。我国证券公司国际化第一站大多选择中国香港，形成证券公司国际化区域结构严重单一的局面，不利于其长远发展。中国香港地区作为中资证券公司国际化首选地区，是由于中国香港地区地域相近、文化相似、企业跨境经营面临的文化风险、政治风险以及法规风险较小。

（3）高端人才储备存在缺口。中资证券公司高端业务的发展举步维艰，这在很大程度上与中资证券公司缺乏熟悉海内外证券市场规则的复合型人才有关，这种短缺一般是国际化初期阶段的普遍现象。据统计，截至 2018 年 7 月底，中国证券从业人员人数达到 34 万余人，而美国证券从业人数达到中国的 10 倍以上。摩根士丹利作为国际化大投行，员工总数超过 6 万人，其员工来自 120 多个国家，沟通语言达到 90 多种，分布在摩根士丹利设置在 42 个国家的 1 300 多个办事处，构成了该国际化大投行的庞大人员系统。同时，中资证券公司国际投行从业人员多为东道国本地人才，虽掌握国际市场金融规则，但不熟悉内地资本市场环境及监管要求，发展海外业务、服务内地客户可能受到国内政策管制，不利于内地市场的海外业务开拓以及满足内地客户的海外金融服务需求。

（4）资本规模小，行业集中度低。证券行业为资本密集型行业，资本是发展的基础，国际大型投行均拥有充足的资本金作为扩张的基础，而目前我国证券公司的总体资本规模小，行业集中度低，与国际大型投行存在明显差距。据统计，截至 2018 年 6 月 30 日，131 家证券公司总资产为 6.38 万亿元，净资产为 1.86 万亿元，净资本为 1.56 万亿元。而同一时期，高盛资产总值为 9 690 亿美元，摩根士丹利为 8 584.95 亿美元。我国证券行业未形成具有市场领导地位、明显资本优势的证券公司，各证券公司没有明显差异，市场集中度有很大的提升空间。资产规模小、资本实力不足导致我国证券公司抗风险能力弱，同时由于证券行业以资本为生存发展的基础，单体规模小导致我国证券公司难以创新和开发业务产品。

二、国内外证券公司案例分析及经验借鉴

（一）高盛国际化经营背景与策略

1. 高盛国际化经营的背景

1869 年，高盛集团于美国纽约成立。1870 年以后，美国及一些欧洲国家完成了第二次工业革命，美国率先进入电气时代，其商品经济得以迅速发展。高盛在这样得天独厚的时代背景下逐渐发展，并有了一定的资本积累。1945 年第二次世界大战结束后，日本作为美国的战败国，成为美国在亚洲地区军事力量和政治力量的落脚点，由此美国也将经济和资本带到了亚洲地区，随后涌现了大量的美国跨国公司。高盛便适时拓展国际化范围，将业务延伸到日本，而有着大量潜在发展机会的中国便成为高盛的下一步国际化目标。直至 1978 年中国经济对外开放，尚待开发的庞大经济体吸引了一些有实力的海外企业，高盛则循序渐进地

推动在中国的国际化进程。高盛国际化的进程是缓慢且相对平稳的,随着当地监管对外资准入市场限制逐渐放宽,跨国贸易得以打破贸易壁垒,充分带动了国际化经营,这也体现了国际化经营需要遵循金融监管放松和经济发展趋势。

2. 高盛国际化经营的策略

(1) 摆正姿态把握机会,抓紧市场刚性需求。高盛集团在早期承包了许多高含金量国资企业的投行业务,甚至还曾为中国政府承销大型全球债券,其高额回报一度让高盛过度自信,这也为后来高盛的衰退埋下伏笔。如2014年中国最具有潜力的两家电商京东和阿里赴美上市,其中买入阿里5 000万美元可转债的瑞信在市场上取得突破性进展,而高盛因为自负和领导力的迅速衰退错失良机。因此高盛作为国际大型券商,必须适时调整业务结构、时刻保持危机意识、摆正姿态以期更好地发展。

高盛选择在中国稳步更好发展,抓住具有中国特色的市场刚性需求至关重要,如国内市场的肉类、酒类企业一直是高盛追逐的重点。接下来,无论高盛是否能再次迎来黄金时代,抓紧市场刚性需求至少会让高盛的投行业务始终立于不败之地。

(2) 加强业务创新。高盛的传统股票和债券的承销业务已逐渐失去国内的领先地位,接下来若想保持其商业传奇和高额回报,高盛必须不断加强业务创新,充分利用自身优势和雄厚资本,寻找新的发展契机。

(二) 中信证券国际化经营背景、问题与对策

1. 中信证券国际化经营的背景

自2008年以来,受金融危机和欧债危机的影响,全球经济形势持续动荡,投资银行业也遭受了巨大的冲击。雷曼兄弟破产,高盛和摩根士丹利也被迫转型发展。各大国际投行纷纷收缩海外分支机构,这给我国证券公司国际化经营带来有利机会。

我国证券公司虽然起步较晚,但是经过30年的发展已经初具规模。市场的创新意识日益增强,业务范围的扩宽、监管制度的逐步松绑为证券公司进一步做大做强提供了机会。作为国内本土证券公司的领跑者,中信证券积极抓住国内外市场机会,通过H股和并购的方式,谋求进入国际资本市场。

2. 中信证券国际化经营中存在的主要问题

(1) 国际化业务结构单一。中信证券国际业务收入的主要来源仍是股票经纪业务,业务结构较为单一。随着监管新规(欧盟金融工具市场规则II/MiFID II)的推出,股票经纪业务的环境将更加困难。尽管中信里昂证券身为亚洲第一股票业务经纪商的地位给予公司国际业务一定程度的保障,但是随着市场对研究服务的支出减少,经纪业务佣金预计继续出现整体下降的趋势。中信证券投行业务单一会带来收入来源稳定性差、收入波动性较大、客户黏性低等问题。

(2) 通过并购里昂证券拓展外国客户的效果不如预期。目前中信证券的国际化业务主要是香港市场上内地企业的投资银行业务,并购里昂证券帮助公司拓展的国外客户有限。这主要是因为外国公司一般都有长期合作的国际证券公司,中信证券的品牌效应尚未建立,而受限于员工文化背景、工作方式等各方面差异,中信证券国际与中信里昂证券的整合也不如预期,从而导致与外国公司之间的业务较难开展。集中的客户来源和国际化市场使得中信证券的国际化经营受香港市场行情波动的影响较大,实质上并没有起到分散风险的作用。

3. 中信证券国际化经营的对策

（1）积极调整业务结构，投行和研究业务先行。中信证券充分认识到目前依赖传统经纪业务模式的弊端，因此积极丰富业务领域，以实现收入来源的多元化。2017 年中信证券经纪业务占比降至 11.92%，传统经纪业务不再是主要收入来源，业务结构调整已显成效。中信证券实行投行业务和研究业务先行、传统业务和创新业务并重的发展战略，在国际化经营中发挥自己投资银行业务的优势。2017 年，中信里昂证券有限公司完成了印度 HDFC Life 的 13.4 亿美元首次公开发行、印度 YES Bank 的 7.5 亿美元合资格机构配售以及斯里兰卡民主社会主义共和国发行的 15 亿美元主权债等具有标志性的"一带一路"项目。

在研究业务方面，通过中信里昂证券来推进研究业务的国际化进程，提高公司研究业务的海外品牌影响力。2017 年，中信里昂证券向海外机构投资者提供各类英文报告 1 489 份，为全球机构投资者提供路演服务 190 次，平均每月 16 次；除中国香港市场外，还积极开拓美国、日本、韩国和新加坡等市场的研究服务。

（2）重视并购整合，留住核心员工。证券行业是人力资本密集型行业，高层员工的去留很大程度上影响跨国金融并购是否成功。如果中信证券收购里昂证券、入股 KVB 昆仑国际等一系列事件仅仅是得到金融牌照，而未能留住核心员工，之后并购方的盈利能力肯定会大大削弱。中信证券并购里昂证券之后，为了留住原有的核心员工，承诺继续实施员工激励计划，给予核心员工良好的薪酬待遇及创造施展才能的平台。2011 年在里昂证券遭受亏损的情况下，中信证券仍按时发放奖金并通过定期组织对员工进行文化培训等活动，加强员工对本企业文化的认同感和归属感。

（三）经验及启示

与国际知名投行一样，国内证券公司国际化的起步也很大程度上源于搭上了经济增长的顺风车。尤其在 2008 年金融危机后，全球经济萎缩，多数顶级投行收缩海外业务版图，而同时期的中国经济则基本保持平稳增长，使得国内企业对外扩张的需求保持强劲，进而为国内的证券公司催生了较多的国际业务机会。

国际化程度相对领先的国内证券公司在取得国际化先机的过程中存在着一些共同点。首先，它们均以整体或子公司的形式在香港上市，然后将港股上市部分培育成业务范围广的综合性金融服务公司，以此提升国际客户数量和市场份额。其次，部分证券公司曾通过并购国外公司或平台来实现与国际客户的对接，对于尚未在国际市场打出品牌效应的国内证券公司来说，这无疑是加快国际化进程的最佳途径。

而上述模式所带来的问题也很明显，即过度依赖香港市场，无法向更深远的国际市场推进。与海外客户的对接明显不及预期，服务对象仍然以内地客户为主。母公司与收购来的外国公司或平台整合效率不高，文化融合不到位。存在上述问题的根源在于内地证券公司未能在国际市场形成品牌效应，品牌知名度低，难以受到海外客户的认可。海外客户如果有业务需求，一般情况下仍会主动寻求国际顶级投行如高盛、摩根士丹利、美银美林等作为合作对象，中国证券公司大多不为海外客户所知。中信、华泰等证券公司面对国际顶级投行的境况与国内中小证券公司面对中信、海通、华泰等大型证券公司时境况如出一辙，客户都愿意选择自己更加熟悉的证券公司合作。

国内证券公司在海外市场打不出品牌知名度也是有原因的。由于传统文化习惯的影响，国内证券公司对于海外市场的深层次渗透不够，太过于"尊重"对方的文化习俗，容易导致在国际化业务的决策过程中不够果决。国际顶级投行对海外市场的深层渗透往往表现得高调且果断，如高盛为打入中国市场，就采取了先与政府寻求合作、再涉足证券行业的方式，将美国资本界的方式大胆植入中国市场，通过当时国内证券公司尚未完全放开的私募股权投资（PE）获取暴利。高盛国际化成功案例的背后是雄厚的实力保障和美国强大的国家信誉背书。随着中国综合实力的不断增长，国内证券公司完全可以部分借鉴高盛的方式，以自身的业务积淀和独到的企业文化与海外客户的需求进行良好衔接，扩大品牌的国际影响力。

三、政策建议

（一）监管先行，夯实国际化经营基础

1. 建立科学证券法制体系，营造符合国际化要求的法律监管环境

一方面，我国证券市场要有一套符合国际惯例的法律体系，建立完善的全方位监管体系，发挥中介机构的监督职能，保障市场的公平透明，提高市场抵御风险的能力；另一方面，应循序渐进、稳步有效地推进市场双向开放，在减少外资进入国内金融市场限制的同时，放宽中资券商"走出去"的各项监管政策。

2. 引导证券公司协同内地资源，通过并购重组提升资本配置效率

一方面，政府部门、监管机构应当积极进行资源调度，提供国际化发展支持，协同企业和证券公司组团进行国际化经营，有利于改善资本配置效率，实现证券公司与企业的双赢发展；另一方面，在行业严监管的条件下，将逐步淘汰资质较差的公司，监管机制有利于优质证券公司发展，支持优质证券公司做优做强，形成资本实力强大、业务能力强的一流国际化投行。

（二）业务优化，形成核心竞争力

1. 拓展业务品种，探索金融科技创新

现阶段应当积极拓展更多的业务品种，同时通过研发工作培育公司的核心竞争力，在某一个特定的方面形成自己的特色，充分利用这一独特优势重点发展某项业务。

2. 加强国际业务合作，拓展海外客户

当证券公司资本实力充足的时候，并购国际知名投行是国内证券公司迅速扩大知名度和获得海外客户的捷径。国内证券公司在学习借鉴海外投行国际化成功经验的同时，可以寻找目标市场的知名投行或其子公司作为并购对象迅速实现海外扩张，不但可以直接接手成熟的业务体系，还能扩大知名度以及获得丰厚的客户资源。但由于并购存在不确定性风险，且并购后存在整合难度，所以国内证券公司需要结合自身资本实力和业务需求择机并购，不能盲目进行。

（三）战略把控，顺应国际化趋势

1. 紧跟政策步伐，加快全球布局

在政策的支持下，我国正迎来企业、资本走出去的高峰期，国内证券公司应把握好这个"走出去"的新浪潮，逐步在"一带一路"沿线国家设立分支机构，进行国际化布局，逐步

进入沿线国家市场。

2. 加快人才培养和引进，增强国际化人才建设意识

建设国际化经营人才队伍，首先要加快国际化经营人才培养和引进的步伐。具体可从以下几方面着手：一是实现母子公司的联动经营，加强母子公司的人才协同，建立集团内部的人才交流机制，以提高员工的业务能力和综合素质；二是促进国内证券公司间、国内证券公司和国际券商间的业务交流机制，加深对国内及国际市场环境的了解，以提升管理层把握全局和驾驭国际市场的能力；三是与高等院校合作，抓住人才培养的源头，借助人才培养协议、共建技术中心等方式，吸引优质人才，做到产、学、研一体化带动人才培养，使人才培养更具针对性，从而提高对国际化人才建设重要性的认识。其次，在人才培养和引进的同时，也要有留住人才的措施，证券公司应通过提供合理的薪酬福利、拓宽职业发展渠道等手段，努力做到"吸引来、稳定住和使用好"国际化人才。

从金融本质属性角度加强证券行业综合经营能力研究

中国证券业协会"进一步强化证券公司责任与能力"课题组*

我国证券行业经过近30年的发展，从无到有、从小到大、从弱到强，先后经历了生长发展、规范发展和创新发展三个阶段。尽管证券行业取得了一定进步，但与国内其他金融行业和国际同行相比，仍处于低水平发展阶段，整体规模较小，收入利润偏低。2018年底证券业总资产6.27万亿元，仅相当于高盛集团一家的总资产规模；在银行、证券、保险、信托四大金融支柱中，证券行业2018年总资产占比仅为2.04%，净利润占比仅为5.14%，在金融行业中占比较小。证券行业需要借鉴银行、保险业的发展经验，激发自身活力，发挥金融本质功能，才能服务好"一个规范、透明、开放、有活力、有韧性的资本市场"。

一、与银行、保险业的发展差距较大

我国商业银行是传统的间接融资中介，资产端链接企业融资需求，负债端链接客户储蓄投资，在国民经济发展中一直被赋予重要地位。近年来，依靠媒介优势，商业银行将企业融资端的需求通过产品化的形式转换为不同流动性、收益性、风险等级的理财产品，顺应了客户财富管理需求的爆发式增长。据国有四大银行及九家股份制银行①披露数据显示，理财产品业务余额从2007年的660亿元增至2017年的20.43万亿元，10年间增幅超300倍（见图1）。商业银行产品化的财富管理经营模式，适应了市场化交易型投融资的发展趋势，牢牢占据了金融行业的主导地位。

我国保险业几乎与证券行业同时起步，但发展速度明显高于证券行业。2007—2018年保险行业总资产规模增长了5.3倍，远高于同期证券行业2.6倍的增幅。保险行业快速发展

---

* 本文为"进一步强化证券公司责任与能力"系列研究报告之二。课题组成员：华福证券有限责任公司：黄金琳、杨松。

① 九家股份制银行分别是：交通银行、招商银行、中信银行、浦发银行、民生银行、光大银行、兴业银行、华夏银行、平安银行。

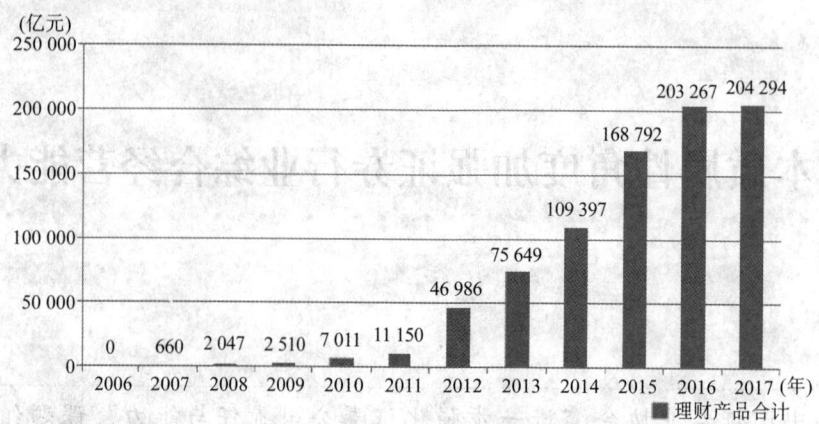

图 1　主要商业银行理财产品变化趋势

依靠于产品和营销双轮驱动。产品端以财产险和寿险等保险产品为支柱逐步丰富产品体系，营销方式从经纪人人海战术到借助"互联网"打造"风险保障""财富管理""医食住行"等多场景入口，构建起覆盖金融及生活圈的产品服务体系。通过销售产品积累的客户资金，投资于大型项目获得长期、稳定、持续性的投资回报，成为保单投资者优势性投资收益率的可靠保障，形成了以保险产品为核心载体的投融资良性循环，为保险行业快速发展提供了动力。

二、证券行业发展滞后原因探讨

证券经营业务的实质和商业原理，与商业银行、保险公司等金融机构相同，即以客户为中心，通过证券交易账户实现财富增值。但证券行业在发展过程中，逐步退化为仅依靠传统的经纪通道和自营买卖为主的经营模式，丢掉了产品化的抓手和组织交易的功能，并未发挥出金融本质作用，从而加剧了证券行业盈利能力与二级市场密切相关的特征，发展水平和服务实体经济功能严重弱化。

证券业出现上述问题表面上是受股票市场行情的影响，但背后折射出的是证券业经营模式的缺陷以及基础金融功能的长期缺失。目前，证券公司业务主要围绕交易所产品为标的开展，经纪业务服务交易所二级市场，投行业务服务交易所一级市场，业务通道化特征明显，经营业绩严重依赖交易市场。当前外部环境复杂严峻，经济面临下行压力，资本市场不确定因素增加，证券公司经营压力增大、证券业务发展活力不足等问题更加凸显。业务依托于交易，导致证券行业长期按照牌照业务分开经营，各业务线条之间缺乏协同效应，甚至存在明显的壁垒。证券行业没有形成以投资为核心的顺畅的协同机制和以资产流转为核心的经营体制，成为严重落后银行、保险行业发展步伐的重要原因（见图2）。

欧美券商在经历了30多年的佣金浮动化和市场交易机构化冲击之后，纷纷走向财富管理转型之路。1995年创新网上交易模式而获得高速发展并为国内证券业熟知的嘉信理财，2000年后转型财富管理业务，降低对经纪佣金的依赖，一方面，自建网上银行 Schwab Bank，通过为客户提供闲置资金理财获得高利差的利息净收入；另一方面，公司全面向资产管理业务转型，顺应美国证券业从交易向资产管理转型的行业大趋势，为各层级零售客户和独立投资顾问（RIA）提供全方位财富管理、证券经纪、银行、货币管理、托管和财务咨

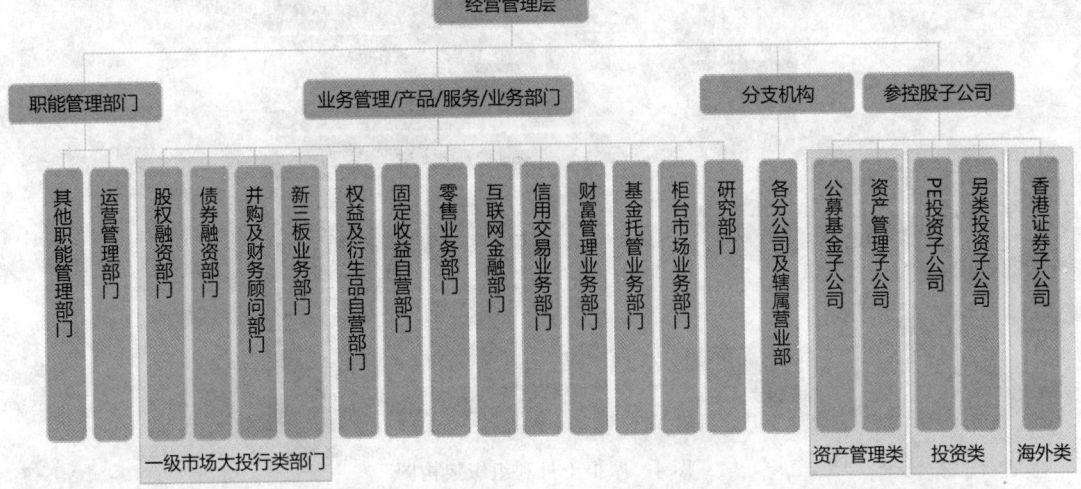

图 2　国内证券公司经营组织典型结构

询服务。在产品方面,通过提供共同基金、ETF 产品等丰富的产品体系,更好地满足了客户财富管理需求,提升了客户黏性。通过综合平台化,公司利息净收入和资产管理业务收入成为营收的两大支柱,2017 年两项收入占比分别达到 49.7% 和 39.4%,佣金收入占比仅 7.6%。截至 2017 年 12 月 31 日,嘉信理财拥有 345 个办事处和 1 080 万个活跃的经纪账户、160 万名企业退休计划参与者、120 万个银行账户以及 3.36 万亿美元的客户资产,如今已成为美国个人金融服务市场的领导者。

不仅仅是经纪业务特色的嘉信,以投资银行业务著称的美银美林、摩根士丹利也是如此,其管理模式、机构设置、业务流程已经完全实现了以投资为核心的财富管理经营模式(见图 3、图 4、图 5)。

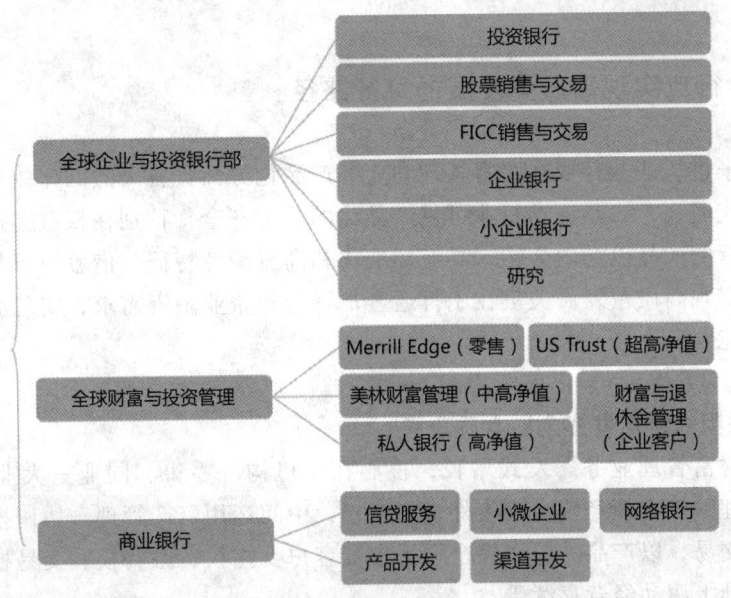

图 3　美银美林组织架构图

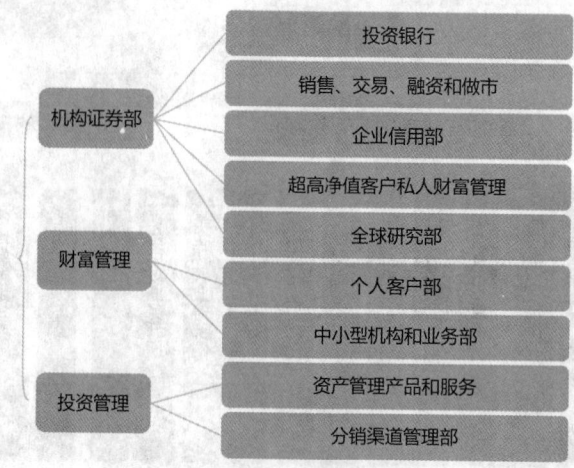

图 4　摩根士丹利组织架构图

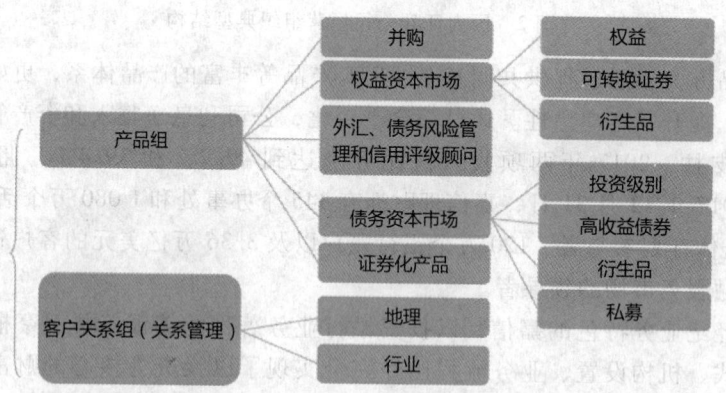

图 5　摩根士丹利投资银行部组织架构图

三、证券行业实现高质量发展的可行路径

从根本上来讲，证券行业在财富管理和业务产品化方面具备天然的比较优势：一是证券化即产品化的代名词；二是证券行业可供产品化的品种齐全，特别在权益类投资方面独具优势；三是所经营的产品以场内为主，具有标准化和高流动性特征。借鉴银行与保险业的发展经验，证券业实现高质量发展关键在于打通客户资金和企业融资需求，实现服务投融资联动的金融本质功能。

（一）加强组织协同发挥金融本质功能

商业银行财富管理业务爆发式增长，核心在于机构、零售、同业三大业务条线协调运行，从存款、理财等负债经营，到表外资产构建，中间运用资产管理、协调投资等契约工具实现主导投资交易，以产品为媒介完全取得投资客户委托权、融资权和交易控制权，在产品模式标准化基础上滚动经营存续受益。

因此，证券业的转型之路可以借鉴银行和保险，抓住以投资为核心的金融本质，加强组织架构的协同作用：一是打破业务即牌照的碎片化组织惯性，发挥公司各业务牌照的协同作用；二是重新规划建设业务单元多元化协同体系，拓展经营边界；三是以客户和受托资产的规模化组织为经营目标，建立各业务单元间的顺畅合作。

（二）以投资为核心重构经营模式

证券公司各业务线之间通常壁垒分明，因此，证券公司经营转型之路首先要重构以投资为核心的经营体系，可从三个层次着手设计。

第一层次：以现有的投资银行业务部门为主体，结合私募股权投资部门，吸收行业研究功能，组成面向企业融资服务职能的融资业务条线，着眼于市场化投资角度的产品创设，构建证券公司融资业务客户池和基础性可投资证券的产品池。

第二层次：以投资分析和投资顾问服务专业团队为核心，构建财务管理业务条线，全面梳理投资者对财富管理产品的需求，建立以个人投资者为主的规模化的金融产品投资者客户池。

第三层次：以资产管理业务部门和基金等以聚合资金进行投资的专业部门为主组成的第三层次，兼具投融资双重职能。对于第一层次而言，这是金融产品投资者；对于第二层次而言，这是金融产品创设者（见图6）。

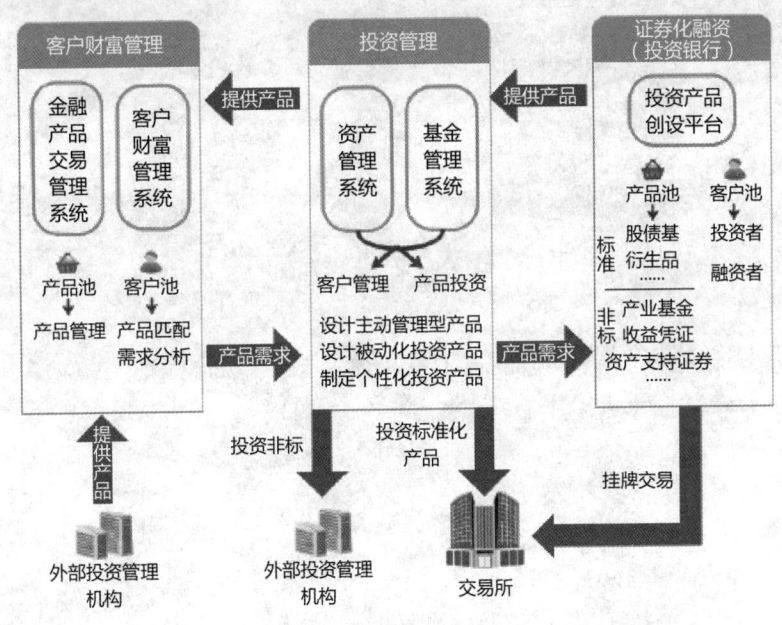

图6　经营平台架构图

依托三个层次的良性互动，构成以证券投资为核心的产品化经营体系。坚持市场化为导向，以公司自身业务定位为出发点构建完整的产品化体系，倒逼内部协同部门提升专业能力和协同效应，最终实现产品化体系的良性循环。

（三）打造证券行业核心竞争力的建议

证券公司当务之急是要实现风险控制与创新发展的动态平衡，为行业健康持续发展提供有利环境，促进证券公司提升核心竞争力，恢复其资本市场核心中介的功能，更好地服务于实体经济直接融资。

第一，改革三方存管制度，建立证券市场清算银行，恢复证券公司金融本质属性和功能，提高市场效率。可赋予中国证券登记结算公司存管银行职能，改组为中国证券市场清算银行，在原有负责交易所投资者证券账户管理和交易所权益托管结算功能基础上，承接现三方存管制度下的存管银行职能，有利于加强对交易行为和投资者的同步监管，恢复证券公司服务客户财富管理和实体企业融资的基础功能。

第二，实施证券账户一号通，统一交易场所代码标准、业务标准和技术标准，提高市场效率。一方面统一市场标准有利于证券公司业务创新，提高客户体验；另一方面也有助于减少多账户体系下的系统重复建设，提高市场效率。

第三，大力发展柜台交易等场外市场业务。目前，我国场外业务收入占比与国际成熟市场30%—40%的占比水平存在巨大差距。应鼓励证券公司发展柜台交易，真正发挥专业优势，提供市场化、差异化的产品，激活以机构间交易为主的场外市场业务。

第四，精准实施合规内控，支持市场导向的产品创新。在以强化防范内幕信息和违反公平原则的不正当交易为原则的合规有效性基础上，鼓励和引导证券公司大力开展产品化创新，使证券公司以规范的产品体系提高服务客户的能力，进一步发挥出资本市场投融资中介功能。

关于推动证券公司规范数据治理、
建设数据生态的研究报告

中国证券业协会信息技术委员会专题研究小组

数据治理对于确保数据的准确、适度分享和保护是至关重要的。有效的数据治理体系会通过改进决策、缩减成本、降低风险和提高安全合规等方式，将数据价值回馈于业务，并最终体现为增加收入和利润。

一、数据成为重要资产，数据生态建设引发全球金融变革

（一）数据治理已经形成专业体系

数据治理的概念始于 2004 年国外学术界，从 2005 年开始陆续有学者展开研究。目前国际上国际数据管理协会（DAMA）、国际信息系统审计和控制协会（ISACA）、国际数据治理研究所（DGI）、IBM 数据治理委员会、Gartner 公司等权威机构都对数据治理进行了定义，他们普遍认为数据治理本质是一种信息系统执行层面的体系，各方分别推出了自己的数据治理模型。

我国于 2015 年 5 月提出了《数据治理白皮书》国际标准研究报告，并推动形成国际标准 ISO/IEC 38500，旨在为企业提供数据治理的原则、定义及模型。2016 年，全国信息技术标准化技术委员会牵头并最终完成《GB/T 36073－2018 数据管理能力成熟度模型》国家标准的制定和评估。该标准把组织内部数据能力划分为八个重要组成部分，描述了各个组成部分的定义、功能、目标和标准，可以作为针对信息系统建设和数据治理工作的指导、监督和检查依据。

（二）国外数据生态建设形成两种模式

国外数据生态由来已久，典型的情况是某些行业内的公司达成战略合作伙伴关系后，自愿加入一个封闭、安全和专属的平台，该平台可以免费共享或有偿提供数据，各方从数据交

换中互惠互利。参与数据生态合作的公司很可能借助数据分析和指导，开发出新的产品、服务，或是大幅提高原有产品、服务的性能和水平，这在空客和大众汽车等公司有着非常成功的实践。

在推动金融数据共享方面，西方发达市场已经形成了"欧洲政府主导"和"美国市场主导"两种模式。例如，英国 CMA（竞争和市场委员会）主导推出了金融数据共享方案，其核心是开放的金融服务计划（Open Banking），让个人与小企业及第三方服务商能和银行安全地共享数据；而美国的法律体系、金融市场环境以及金融科技公司发展的程度，决定了美国主要靠企业之间自下而上自发参与数据共享。这种模式由于缺乏统一监管和规范，也给行业带来不小的阻力。

（三）国内数据生态建设处于探索阶段

2002 年科技部提出的我国科学数据共享工程，拉开了我国科学数据开放与管理的大幕。在党的十八届三中全会首次提出国家治理体系和治理能力现代化之后，我国"数据开放、共享、管理（治理）"的实践探索与学术研究，呈现出欣欣向荣的局面。目前我国的数据共享体系建设主要集中在以 BAT 为首的互联网行业，百度、阿里和腾讯等大型互联网公司纷纷打造自身的互联网帝国和数据生态产品，并取得了显著的成果。

随着国务院《促进大数据发展行动纲要》的提出，各行业都在纷纷探索数据生态建设。作为对数据价值最为重视的金融行业，大型银行和保险企业早些年就开始了数据治理工作，成立专门的数据部门，出台配套的数据治理管理制度，并积极推动和筹建行业数据共享体系，力求实现数据价值最大化。2018 年 5 月 21 日，中国银保监会印发了《银行业金融机构数据治理指引的通知》，指引中将数据应用提到了一个相当重要的高度，为银行、保险业深入数据治理和建设数据生态创造条件。

二、我国证券行业数据治理和应用水平亟待提升

2018 年，中国证券业协会组织对中国银保监会、工商银行、国泰君安证券、华泰证券等金融机构进行了数据治理的现场调研交流，同时面向全行业证券公司开展了数据治理的问卷调查，收集到有效问卷 94 份。通过调研了解到，各证券公司日益重视数据的作用，在数据治理方面开展了一系列探索和实践，但尚有许多问题需要解决。为引导证券公司全面提升数据治理和应用水平，中国证券业协会已牵头起草了一份《证券公司数据治理操作指引》。

从科技监管来看，当前各家证券公司的监管报送数据和关键数据的质量参差不齐。2016 年 12 月 30 日，中国证券业协会下发了《证券公司全面风险管理规范》，明确提出证券公司应当建立健全数据治理和质量控制机制等数据治理相关要求。监管机构和行业自律组织都意识到数据质量问题已不是个别券商或机构的问题，而是一个普遍性的行业问题。通过数据治理，证券公司能够对数据进行有效梳理整合，提高数据质量，提升风险管理能力。

从行业数据治理现状来看，各证券公司的数据治理工作整体处于起步阶段，内部各业务线存在较严重的"数据孤岛"现象。证券公司的系统主要按照牌照和部门建设，缺乏统一规划和一定的自主掌控能力，且不同部门对数据的定义和使用可能存在比较大的差异，每个部门都会有业务数据的产生、保存、使用等环节，也造成了数据不能互通。证券公司未来的

发展在市场与客户细分、金融产品定价、内部精细化管理、风险管理、监管合规等方面均对数据有着迫切的需求，数字化能力也将是证券行业未来重要的竞争力，因此数据治理是一项基础性工作，亟待提升。

中国证券业协会《传导》2018年第52期刊载了一篇《数据生态分析报告》，指出我国证券行业的数据共享水平非常低，法律法规、商业机密等不可避免地在客观上产生数据黑洞，使各类数据进得去、出不来，仅仅为企业自身而用，但不能为整个行业或社会而用。同时，将散落在税务、公积金、海关、工商等各个领域的分散数据进行整合和梳理，对于整个社会来说也是颇为漫长的过程。在数据生态建设日益受到政府及各行业重视的情况下，目前证券行业缺少核心带头组织，各证券公司又没有连接全行业资源的能力，现状桎梏了整个行业数据生态的发展。

三、多管齐下推动证券公司规范数据治理、建设数据生态

参考国内外数据治理和数据生态建设经验，我们认为整体可以从以下几个方面推动证券公司规范数据治理、建设数据生态：

（一）加强数据治理的行业共识与方向指引

作为行业的守护者和政策制定者，建议监管层提升数据治理行业共识，牵头制定具备证券行业特征的数据治理规范和指引，让各证券公司充分重视并清晰一致地开展数据治理工作。同时，建议结合监管报送工作进一步细化数据标准和数据质量要求，建立标准符合性评估体系，完善数据质量评估手段，提升证券公司监管报送数据质量。以监管报送和全面风险管理两大主题的数据治理为基本模式，来撬动证券公司全面开展数据治理，这也有利于加快实现科技监管。

（二）推动行业数据治理与生态建设的统一规划

目前，各证券公司分别结合自身数字化战略和行业信息技术管理办法等要求来制定数据治理工作规划，并且独立梳理、设计企业内部主数据标准等，这在一定程度上形成了行业数据对接和共享的障碍。建议监管部门鼓励行业核心机构牵头，制定证券行业数据治理与生态建设的统一规划，组织制定行业主数据的统一标准，明确数据分类目录、指标口径等，分阶段引导证券公司推进客户数据、财务数据、交易数据、风控数据等主题领域的数据治理，并健康有序地开展数据共享和生态建设。

（三）高度重视并形成自上而下的数据治理架构

证券公司应当建立组织架构健全、职责边界清晰的数据治理架构，明确公司管理层和相关部门的职责，建立多层次有效运行机制，并成立数据治理的最高议事、决策机构，统一指导数据战略规划、资源协调、工作推进、绩效考核等。证券公司应当授权数据治理的归口管理部门，明确数据治理相关岗位，牵头建设数据治理体系，协调落实数据管理运行机制，保障监管数据要求，推动数据应用与创新。证券公司应当明确规定相关部门在数据产生、存储、传输、使用和归档的数据全生命周期各环节中的职责，相互协作，落实全员参与的数据

质量控制机制,加强数据应用,实现数据价值。证券公司应当保持在数据治理人才培养方面的持续投入,通过培训、项目、数据合作等方式,为公司建立一支满足数据治理工作需要的专业队伍。

(四) 建立完善的数据治理制度和工作模式

证券公司应当制定全面科学有效的数据管理制度,涵盖组织管理、协调机制、考核机制、安全管控、数据质量、监督检查等方面。证券公司应当建立覆盖监管、客户、业务等层面的统一数据标准,实现企业经营管理各层面数据的一致口径,与监管数据高效对接。行业核心机构应建立有利于全行业互联互通、合作创新的数据标准。证券公司应当建立覆盖数据产生、存储、传输、使用和归档等全生命周期的管理流程。证券公司可搭建数据治理平台,为数据治理工作提供有效抓手。证券公司应当建立数据治理考核问责机制,建立数据治理成熟度评估和改进机制,保障数据治理工作持续有效进行和不断提升。

(五) 鼓励核心机构牵头行业数据生态建设

证券公司在跨界竞争中的主要优势除了牌照就是数据,分散在各个券商以及聚集在行业核心机构的客户、交易、产品、市场等数据是证券行业的一笔巨大财富,但目前得到有效共享的还局限在行情、资讯等方面。单个企业的数据无法准确反映客户的完整画像和市场整体情况,其发挥的作用有限。建议由监管层指导,行业核心机构牵头,建立行业内外部数据对接与合作的沟通、报备、审核机制,确保跨企业的数据合作得到监管层的指导和监管;鼓励行业核心机构整合行业基础数据,打通政府及公共事业数据平台、电商平台、物联网、企业私有数据等交换通道,搭建数据共享基础设施,提供具有行业共性和迫切性的数据产品服务,支持证券公司充分利用数据分析和数据产品创新。

(六) 全方位推动数据应用和数字化转型

企业数据已经成为新时期的数字石油,数据挖掘和数据分析已经成为企业的核心竞争力。数据产生于业务,体现其价值的最好办法就是回归业务。证券公司应当在风险管理、客户服务、运营管理、业务创新等方面加强数据挖掘和分析,实现数据驱动,提高管理精细化程度,发挥数据价值:一是在客户服务层面,金融机构内部拥有大量具有价值的数据,如业务订单数据、用户属性数据、用户收入数据、客户查询数据、理财产品交易数据、用户行为数据等,应当利用机器学习算法来对客户进行分类,通过数据分析和挖掘,准确理解客户需求,提供精准产品服务,持续提升客户服务水平;二是在风险管理层面,可通过数据生态体系获取企业或个人的销售、财务、税务、工商、社保等相关信息,结合数据分析提升风控系统的实时监测预警能力,通过训练数据优化风险模型和算法,提升平台的智能化水平;三是在运营管理层面,证券公司应当建立业务运营和企业经营管理的量化指标,充分运用数据分析优化内部流程,减少管理冗余,提高在渠道、客户、产品运营和经营管理方面的效率,降低成本。

数据治理在证券公司的应用研究

李鲁川　杨　韬　高　健[*]

一、数据治理体系

（一）数据治理的含义

在数据治理领域，国内外有各种相关的知识理论体系，比如国际数据管理协会（Data Management Association，DAMA）的数据管理知识体系以及数据治理协会（The Data Governance Institute，DGI）的数据治理框架等。在DAMA看来，数据治理是指对数据资产管理行使权利和控制的活动集合（规划、监控和执行）；而在DGI的概念中，数据治理是针对数据相关事务行使决策和权利。由此可见，数据治理通常需要建立组织架构，明确相关权利和职责要求，才能制定和实施系统化的制度、流程和方法，从而通过各种活动确保数据统一管理、高效运行，并在经营管理中充分发挥价值。同时，随着数据治理在各行业的实践、应用和发展，其概念所含内容与范围也在不断演变。

（二）数据治理的意义

数据治理对于证券公司的意义在于可以为大数据、人工智能等金融科技提供保障，以确保数据在整个生命周期内的正确性、有效性、可靠性、安全性、规范性等特性能够满足业务发展需求和行业监管要求，进而有利于证券公司盘活自身数据资产，使数据在风险管理、客户服务、运营管理、业务创新等方面更好地发挥价值。如果缺少数据治理，将影响数据价值的发挥，金融科技的应用效果将大打折扣。

---

[*] 作者简介：李鲁川，西南证券信息技术部副总经理；杨韬，西南证券信息技术部服务系统开发组员工；高健，西南证券信息技术部服务系统开发组组长。原载于《中国证券》2019年第9期。

(三) 数据治理体系架构

在 DAMA 的数据治理体系模型中,通过职能架构和基本环境因素两个方面来共同确定其体系架构(见图1)。二者可以进一步形成一个二维矩阵来进行管理。

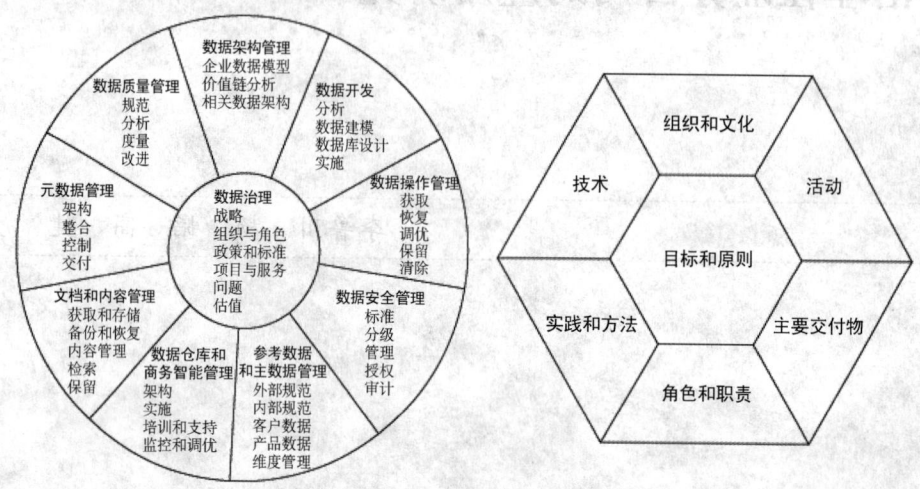

图1 DAMA 数据治理体系架构

DGI 的体系架构分为组织架构、规则和流程三个层次以及 10 个组成部件(见图2)。[①] 该体系架构从上到下明确了 5 个重要的信息,分别是 Who(谁)、Why(为什么做)、What(做什么)、When(何时做)、How(怎么做)。其中,最上层为组织架构,包含数据治理办公室、数据管理者、数据干系人三个部分;中间层由第一到第六部分组成,涵盖使命愿景、焦点领域、数据规则和定义、决策权、问责制、控制机制等;最后为流程,描述了数据治理的具体方法。

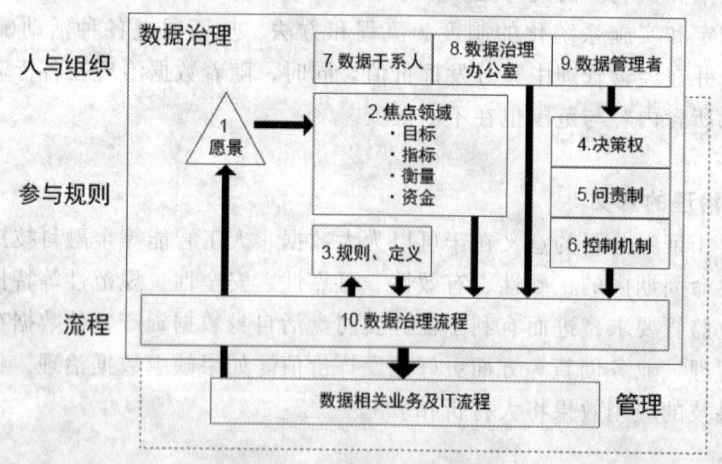

图2 DGI 数据治理十大组成部件

---

① 参见 *DGI Data Governance Framework*,官方英文地址:http://www.datagovernance.com/dgi-data-governance-framework/,最后访问时间:2019 年 8 月 12 日。

通过对以上两种主流的数据治理架构图进行对比可以发现，二者虽有差异，但有明显的共同点：一是数据治理都首先需要从战略层面明确其目标和愿景；二是数据治理都需要明确其相关组织机构，并赋予其权利和责任；三是数据治理都需要建立一定的规则来管理活动的规划、执行和监控；四是数据治理的实施过程离不开技术工具的支撑；五是数据治理都会针对专门的领域和专题进行实际的实施过程。

然而，每个行业和公司都有其独特性，通用数据治理架构并非完全适合于证券公司。基于数据治理体系的共性和证券公司的环境现状，可将证券公司的数据治理体系框架划分为战略、组织、规则、技术、专题五个层面（见图3）。其中战略层确定了证券公司的数据治理目标、愿景及规划；组织层确定了证券公司数据治理的组织架构、权利、责任及数据文化；规则层确定了数据治理的制度、相关活动的规范和流程等；技术层则确定了证券公司进行数据治理所需的相关技术基础条件，比如数据治理工具、数据开发、运维、监控等环境的建设要求；而专题层则确定了数据治理的各重点研究领域，包含元数据管理、主数据管理、数据质量管理、数据安全管理、数据生命周期管理、数据标准管理等内容。

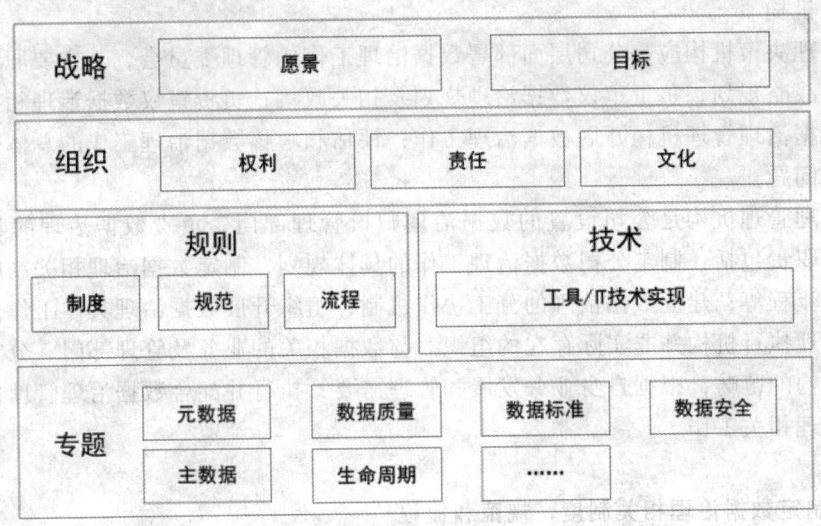

图3　证券公司数据治理体系框架

二、证券公司的数据治理体系建设

（一）将数据治理纳入公司战略与规划

为了建设一套适用于证券公司的数据治理体系，通常需要经历多个步骤，这些步骤与数据治理体系的分层密切相关。从图3的数据治理体系框架中可以看出，战略位于框架最核心最顶端的位置，因此将数据治理纳入证券公司的公司战略是进行数据治理的首要任务。在这一阶段，需要明确数据治理的目标和愿景，同时需要厘清数据治理的各类干系人和角色，让其了解数据治理的价值和必要性，以获得支持。比如，满足监管机构在《证券基金经营机构信息技术管理办法》中对数据治理的要求，就是数据治理对于证券公司的一个必要性所在。特别是数据治理建设需要争取到来自公司最高层的关注和支持。

当前，多数证券公司的数据治理建设工作均处于起步和探索阶段，通常具有以下明显特征：由信息技术管理人员兼任数据治理角色，分工不够细化；缺少数据管理方面的固化流程，以临时流程居多；数据资产分散且管理上以文档方式为主，缺乏企业级的数据管理平台。如果将数据治理的成熟度分成启动期、理解期、变革期、成长期、竞争期、创新期，那么根据当前的数据治理情况和特点，多数证券公司均位于理解期。因此，证券公司有必要针对数据治理建设规划实施路线图，按重点分阶段实施，逐步提高数据治理的成熟度。

（二）建立数据治理组织架构

根据图3的数据治理体系，在战略层面确定了数据治理的目标和规划后，下一步便是正式在证券公司内部设置数据治理的相关组织架构，该组织架构应覆盖数据相关的所有干系人，并依据数据治理体系为干系人划分角色和组织。数据治理组织的建立，应充分考虑现有组织架构，结合数据治理的规划进行设置，组织的建立与权责划分可以分阶段进行。数据治理的组织架构建议按三个层级进行划分，分别是数据治理决策机构、数据治理管理机构和数据治理执行机构。

数据治理决策机构应是公司层面部署数据治理工作的管理委员会，其主要职责包括：统一指导数据战略规划，负责审议数据治理规划及相关政策；负责审议数据治理相关制度与流程；领导数据治理管理机构开展数据治理工作；评估和考核数据治理工作的总体效果，监督整改发现的问题。

数据治理管理机构是公司设置的数据治理归口管理部门，负责数据治理的具体管理工作。其主要职责包括：制定公司数据治理工作的具体规划，制定数据治理相关制度、管理办法、规范和流程等；建立数据治理的分工协作机制；组织开展数据治理具体工作。

数据治理执行机构并非实际存在的组织。与数据相关的业务及管理部门、分支机构等均属于执行机构的范畴，根据自身业务发展和管理需要，执行并配合数据治理管理机构开展和落实数据治理相关工作。

（三）制定数据治理相关制度、规范和流程

数据治理管理机构正式建立以后，应根据数据治理的总体目标，细化数据治理相关规划，部署实施数据治理的准备工作。根据数据治理体系架构，数据治理的建设工作通常会聚焦于某些领域和专题来展开，常见的数据治理专题包括数据标准、数据质量、数据安全、元数据管理、生命周期管理、数据仓库和商业智能等。证券公司可根据自身数据治理总体规划，按重要性分批次规划和实施各专题的数据治理工作。为了使这些数据治理专题的治理工作得以顺利开展，就必须根据各专题特点，制定相关的数据治理管理制度、规范和流程，以明确各专题在实施过程中应遵守的规则，用以规范各专题的数据治理实施工作。例如，发布《数据治理元数据管理规范》《数据治理质量管理规范》《数据治理安全管理规范》等。

（四）建设数据治理软件工具平台

与其他行业相比，金融行业的信息化程度较高，对于证券公司而言，数据不仅仅是分析报表，而是深度参与到证券公司的业务当中。证券公司所获得的数据来源广、种类多、体量大、时效性高。面对各种数据治理的专题，需要有针对性的建设数据治理工具来帮助管理和

提高效率。数据治理技术工具的建设方式可以采取自研或采购第三方工具平台的方式来进行。工具的建设应考虑以下原则：要统筹规划，能够对数据进行全局管理；要尽可能实现自动化，以提高操作和运维效率；要能够易于学习和掌握；要具备良好的兼容性，提供各类接口以支持和各类信息系统进行对接，比如既支持传统数据库，又支持大数据平台；数据治理工具要具备良好的扩展性，能够根据数据治理专题广度和深度的不断发展而扩展其功能。

借鉴数据治理工具在其他行业的实施和应用经验，数据治理工具在以下三方面功能开发方面相对成熟，可从其入手再逐渐展开：一是建设元数据管理模块，构建数据资产的全景视图，监控数据的变化，并对数据变化作血缘分析和影响分析；二是建设数据质量模块，监控各类数据异常问题；三是建设数据标准管理模块，用于从系统上规范数据标准的发布。

（五）数据治理的持续投入

当数据治理的建设有了目标、规划、组织、制度、工具，就具备了实施数据治理各项管控工作的基本环境因素。下一步便是各相关组织依照目标、根据规划、遵守制度、利用工具、针对专题开始展开具体的实施工作。在实施数据治理的过程中，数据治理的各个基本环境因素为执行工作提供支撑；而通过执行数据治理工作会产生各种各样的问题，为解决各类问题，可能又需要对数据治理原有的组织、制度、工具等基本环境因素进行改进和优化，这样不断反复、不断提高。数据治理的目标也可能随着监管要求和业务需求不断改变。当证券公司在新增或改变数据治理目标时，应做到目标具体、可度量、可实现、有时限和良好的业务相关性。所以，数据治理工作是一个长期持续、不断反复和提高的过程。

三、证券公司数据治理面临的挑战

（一）问题与挑战

如前所述，目前多数证券公司的数据治理成熟度都不高，还需要较长时间的探索与建设。而证券公司的数据治理水平能否提高，能否产生预期的价值与基本环境因素有很大关系。如果基本环境因素这一土壤出现问题，数据治理将很难在企业内部顺利实施。在基本环境因素中，最容易出现问题、影响最大的通常为组织与文化、职责以及技术三个方面。这三个方面的问题往往是证券公司数据治理所面临的最大挑战，其表现在：

1. 数据治理没有得到公司高层领导足够的关注与支持

证券行业数据治理处于起步探索阶段，没有一个效果十分理想的行业最佳实践可以作为参考。如果公司高层对数据治理了解有限，无法确定数据治理的实际效果，投入资源有限，则最终数据治理未能纳入公司级战略和规划，导致既缺少政策支持，各部门参与和支持力度不够；也缺少资金支持，相关系统建设功能不足且周期长。

2. 在公司内部，数据治理文化缺失

证券公司缺乏数据治理宣传和培训，各部门不了解数据治理，也没有意识到数据治理的重要性，没有将数据治理融入实际工作流程之中。数据权责划分不清晰，没有按照数据治理规范进行操作，出现数据标准不规范、数据存储不规范、数据传输不规范、数据使用不规范、数据治理沟通渠道不畅通等一系列问题，没有在公司形成推广应用数据治理的文化氛围。

3. 数据治理的实际价值短期难以体现，所以推动困难

数据治理本身是一个较为抽象的概念，涉及从战略、组织到具体系统建设等各个环节，它不是一个短期项目，也不是一个独立的信息系统。只有在整个框架体系内的各层级组织、制度和环境因素的相互配合下，才能产生良好的效果。短期难以看到数据治理的实效，这也是部分公司及部门不重视数据治理的原因之一，认为数据治理是额外任务甚至是负担，不会对公司和部门业务绩效产生多大的价值，最终导致数据治理相关组织话语权不够，推动力不强，数据治理政策难以落地。

4. 证券公司系统多，统一管理难度大

证券公司有各类交易系统、清算系统、估值系统、合规系统、资讯系统、客户关系管理系统等。各个系统重要性不同，时效性不同，安全性要求不同，建设时间不同，数据接口和数据格式不同等，导致统一管理难度大，管理策略差异大。特别是交易类重要核心系统，为保证系统稳定，往往对数据治理工具的接入有所限制，甚至根本不允许数据治理进行接入并采集元数据等管理数据。

5. 目前，证券公司的各核心信息系统多数由恒生、金证等传统证券行业系统供应商提供

这类供应商有丰富的证券业务和系统建设经验，但其系统往往自成一体，各供应商的系统在关键数据的生成、加工处理、存储、使用等方面缺乏标准化、统一化，供应商和证券公司之间也会存在系统与实际业务口径不一致等差异问题。这些差异都增加了数据治理的管理和实施难度。而证券公司在系统建设上对供应商的依赖性较强，供应商常常因为各种原因，难以为证券公司实现个性化需求的修改，特别是很难为支持数据治理而进行较大量的个性化需求修改，这使得后期的数据治理在规划、建设、管理和维护上成本较高。

（二）解决问题的关键

为了解决以上问题，创造数据治理建设良好的基本环境，可以从以下几个方面入手，加强建设：

1. 加强高管培训，提高高管对数据治理的认识和参与度，跟踪数据治理战略规划落实

数据治理的建设一定要采用自上而下的方式进行建设和推广。由公司领导层进行顶层规划并由具有战略制定与督导职能的部门牵头，通过自上而下的方式解决各部门参与和配合不够积极的问题，减少数据治理的跨部门协同成本。

2. 加强数据治理文化建设与宣传贯彻

通过举办培训与交流活动，让企业决策者、各部门、各分支机构了解数据治理，相信数据治理的价值，增强员工的数据治理知识、理念和技能。同时，利用数据治理本身的制度建设，对数据治理的工作进行规范和约束。明确数据相关角色的责任，并对重大故障按公司制度进行问责。特别是在数据治理建设与推广的启动与磨合期，文化建设与宣传与贯彻尤为重要，既要对数据治理的实际价值和优秀经验进行宣传，又需要对数据治理过程中遇到的各种问题进行总结，在实践中不断完善。数据治理文化的建设需要长期保持，不断巩固成果，不断强化意识，形成组织内统一的习惯性、标准化行为模式和流程。

3. 为达到良好的推广效果，还应积极调动公司和部门管理人员和骨干参与推广

因为管理人员拥有一定的权力，可以在各部门内推广数据治理，建立沟通和培训机制，

根据公司的数据治理制度、理念、经验来辅导员工开展数据治理工作。而骨干人员拥有良好的职业精神和威信，关注金融科技发展，积极参与公司的文化建设，积极学习公司的各项精神，关注公司新动向，能将公司新理念融入工作，是数据治理文化推广不可或缺的传播者。

4. 对于证券公司的系统多、要求高、差异大等特点，可以对已建设的系统采用先易后难的策略，逐步将各类系统的数据纳入数据治理管理的范围内

通过简单的系统进行元数据管理、数据质量管理等工作。在这一过程中，能够培养数据治理人员的专业技能，积累运维管理经验，提高处理问题的能力；能够从中发现数据治理的新需求；能够通过成功的数据治理，逐步展现数据治理价值，提高更复杂更重要的核心系统在与数据治理整合方面的需求度和信任度。

5. 对于目前证券行业内的各系统供应商，监管机构可以对其进行统一规范和约束

规范供应商的准入条件；规范供应商在系统软件架构、模型、功能、性能、安全性、合规性等方面的要求；规范系统软件接口；约束系统供应商在参与证券公司数据治理建设过程中的行为，逐步使证券行业与数据治理相关的信息系统标准化。

四、"金融科技 + 数据治理"，充分发挥数据价值

（一）"数据治理 + 大数据"的应用价值

使用大数据技术处理的数据包含结构化数据、半结构化数据和非结构化数据。数据量大，种类多，应如何进行管理？数据治理的元数据管理就是这方面的专业手段。数据治理的管理部门针对大数据的元数据管理，建立制度规范，建设统一的系统平台和元数据管理模块，就可以获知公司当前有什么数据，数据在什么地方，数据状况如何，分析数据如何流向等。元数据就像一张战略地图，有了地图，就能了解手中的资源，才能知道如何调配与利用。

大数据基于分布式进行存储和计算，数据质量是控制的关键，数据质量的好坏决定了数据的最终价值。如何保证数据的完整性、准确性、一致性和及时性？数据治理的数据质量管理就是解决方案。证券公司的数据治理管理部门针对大数据的数据质量管理，建立制度规范，建设质量管理的系统模块，就可以根据质量策略和衡量标准持续监控质量，产生数据质量报告，辅助大数据系统针对质量问题进行改进。数据治理提高了大数据的数据管理水平，大数据的使用也对数据治理水平提出了更高的要求，两者相互促进。

丰富的数据资源，优秀的数据管理水平和数据处理能力，使大数据可以应用到越来越多的场景，特别是证券公司的各业务场景，如智能感知、客户画像、智能响应等。

1. 智能感知

通过埋点的方式收集用户的投资行为，了解客户在 APP 应用和 WEB 网页上面的操作习惯，了解客户的关注焦点，并以此为参考来优化客户体验，优化用户产品。

2. 客户画像

通过大数据处理，为客户增加特征标签、衍生标签、人口属性和社会特征等，用于人群检索、业务洞察，辅助证券公司进行精准营销。

3. 智能响应

利用大数据，为用户进行离线推荐和实时推荐。

(二)"数据治理+人工智能"的应用价值

人工智能以大数据为基础进行分析挖掘和预测,同样与数据治理相互促进。只有基于数据治理优秀的数据管控能力,人工智能才能应用到更多领域,体现其价值。对于证券公司而言,可以利用人工智能产品创新业务模式,提升运营效率。如投行自然语言处理(Natural Language Processing,NLP)智能审核系统、智能投顾和研报系统、高净值客户价值预测等。

大数据与人工智能是证券公司利用金融科技为客户提供优质服务的重要手段。如果证券公司没有建立数据治理体系,或者数据治理水平不高,则会出现一系列问题,使公司在业务运营过程中出现错误的决策,提供错误的服务。如对客户进行了错误的画像,未能实现精准营销;错误地记录了客户投资行为,"优化"反而降低了用户体验;更严重的是,为用户提供了错误的投资参考,使客户失去对公司的信心,造成客户流失等。

除客户服务外,数据治理与金融科技相结合,还能在风险管理、数字化运营等更多场景进行应用,可以为证券公司提高风险预警能力和风险报告质量,使证券公司实现以数据驱动业务优化,以数据驱动管理优化,提高证券公司运营效率,降低运营成本。

参考文献

马欢,刘晨. DAMA数据管理知识体系指南[M]. 北京:清华大学出版社,2012.

后大数据时代的金融行业数据管理模式探讨
——从数据需求到数据资产与数据价值的演化

张洁彬 方 伟[*]

一、前言

(一) 金融企业大数据生态现状

随着大数据技术、人工智能、区块链、云服务等高新技术的快速发展与广泛普及,金融大数据平台建设与应用也逐渐成为金融行业热点发展趋势。麦肯锡研究报告显示,无论是应用潜力还是投资规模,金融业都是大数据能力输出与应用的重点行业。在同业竞争激烈、全球金融监管趋严形势下,大数据等金融科技能力都将作为全球金融行业业务转型的重要战略支撑。

近年来,我国银行、证券、基金、保险和类金融行业在数据量日益增长、数据范围广、数据处理难度大背景下,以"基础先行、应用导向为原则"推进整个大数据技术或工具的研究、落地,相继选取"MPP""Hadoop"为主要混搭或融合等架构建设企业级数据仓库、大数据中心等基础平台归集内外部系统各类数据,并基于金融行业通用 FDM 数据模型进行建模、聚类,逐步实现涵盖数据采集与转换、存储与计算、展示与应用等能力为一体的大数据生态体系。

(二) 大数据平台价值如何体现

各大金融机构在完成建设大数据中心基础平台及相关应用系统的大数据生态体系后,金

---

[*] 作者简介:张洁彬,中山大学计算机硕士,现任广发证券大数据治理与数据资产研发负责人,曾在 SCI - A 类核心期刊 IEEE - TPDS 发表过论文 *Distributed Mutual Exclusion Algorithms for Intersection Traffic Control*,在期刊《金融电子化》发表《广发证券数据治理的探索与实践》;方伟,武汉大学计算机硕士,现任广发证券大数据团队经理,长期从事 IT 技术支持和研发工作,主持并参与公司多个重大项目,熟知中国证券行业 IT 发展历程。原载于《中国证券》2019 年第 9 期。

融数据作为金融行业重要的无形资产如何发挥真正的价值、价值如何体现成为金融行业所面临的问题。目前我国大部分传统金融机构仍停留在以内部数据运用为主、外部数据为辅的阶段,传统内部数据加工运用难以适应金融业务日益创新所带来的业务需求;从数据驱动到引领业务发展,我国金融行业数据应用层面尚处于专注服务于外部监管报送、内部业务运营、风险合规等领域的初级阶段,尚未真正大幅步入可直接转化为公司财务收入以及利润增长点的引领阶段。

我国证券、基金、银行等类金融公司存在数据量巨大,传统数据处理效率难以达到业务要求、数据类型单一,仅局限于结构化形式等特点;流式处理能力应用于业务场景不多,在历史数据快速统计、营销或风险模型匹配、毫秒级事件响应等方面的能力明显不足;海量数据利用率不高,证券、基金、银行等类金融行业占总存储量80%以上的数据并不能得到高效充分的利用。大数据能力在消费信贷、风险管控、精准营销、识别骗保行为、智能投顾、千人千面、股价预测、反欺诈与反洗钱等金融行业各个场景业务应用的深度、广度和频度都与国际先进金融机构、互联网行业有着较大的差距,迫切需要我们深入研究在后大数据时代金融数据资产的价值如何真正体现。

(三) 数据有用但能否即为资产

维克托·迈尔·舍恩伯格在大数据系统研究领域的先河之作《大数据时代》中曾经提到:"虽然数据还没有被列入企业的资产负债表,但这只是一个时间问题。"从 IT 时代到 DT 时代,金融业数据迅速膨胀并呈现出几何级数的增长态势,大量数据的沉淀作为金融企业无形资产已成为行业的共识。但并不是所有沉淀下来的数据均能成为企业的资产,只有可控制、可量化、可记录、可共享、可服务、可变现的数据才能成为金融企业的资产。

我国证券基金行业虽积累了海量数据,但普遍存在对海量数据利用率不高、数据管控效率低下甚至缺失、数据缺乏梳理与分类分级、对数据需求实施过程未能沉淀资产进行共享、数据标准口径不统一等一系列问题,数据有用但真正作为金融行业的资产并将数据资产转化为利润中心还有很长一段路要走。

(四) 如何基于现状使用数据资产

数据资产具有共享性、时效性、安全性、虚拟性、交换性和规模性等特点,成熟的数据资产管理将成为金融企业的核心竞争力。目前证券、基金、银行等金融企业的现状是:数据架构失控、数据标准缺失、数据质量参差、数据安全堪忧、数据边界不清、元数据管理混乱、数据量巨大且复杂等。基于这些问题,如何高效梳理并识别数据资产、利用现有的大数据资产为业务创造价值,需要证券基金等金融机构在整个大数据生态体系中构建数据治理体系、完善数据架构、拓展大数据业务应用场景、创新数据分析手段,从而实现数据资产价值。

二、数据价值化

(一) 数据价值通过数据应用场景来实现

大数据时代,数据的价值大部分通过数据应用场景来体现,证券、基金、银行等金融机构以价值为导向,通过在其各个管理及业务领域的需求有效地开发、使用不同数据,拓展数据领域应用场景,以此充分释放数据的价值,提升市场竞争力。在金融企业外部,以客户为中心,打造千人千面偏好、精准营销、客户偏好等相关数据产品大数据场景应用,如广发证券智能投顾"贝塔牛"的应用,提升了客户体验,创造了企业利润;对内,在融资融券实时识别模型、客户准入授信、反洗钱大数据分析等应用场景方面提供数据产品,提高金融企业对风险的合规防范控制与管理效率。

数据应用场景来源于金融企业业务人员对数据价值的敏感度,同时也来源于数据分析人员对业务场景的了解。对外部数据应用案例和外部数据源价值的充分了解,也会使金融企业提高数据场景应用能力。从现阶段大数据技术的发展以及到业务环节对数据价值的迫切需求,数据价值将始终通过一个个数据场景应用来实现。

(二) 金融企业典型大数据应用场景的价值红利

根据麦肯锡报告,在大数据应用综合价值潜力方面,信息技术、金融保险、政府及批发贸易四大行业潜力最高。近年来,我国传统金融机构行业高度重视大数据技术的发展并加大资源投入,头部券商、基金、银行机构甚至将科技金融作为企业发展战略,在结合自身具有牌照、资金、门店等优势下,大数据应用相继在证券、基金、银行等金融行业各个业务场景落地,能够在获客、智能风控、产品服务、流程优化、提能增效、用户运营等方面为金融企业发展创造新的机遇。

相比传统的商业分析技术,大数据分析应用可以使业务决策具有前瞻性,把金融业原来不可服务的客户变成了可服务对象,而对可服务的客户则做更精准的筛选及服务匹配;同时实现金融企业生产资源优化分配,依据市场变化迅速调整业务策略,同时提高用户体验以及金融企业资金周转率。从发展的角度,大数据在金融企业的应用场景将加快数据价值变现,为金融企业带来价值红利。

(三) 客户服务与营销类:体验改进

截至目前,金融企业在客户服务与营销领域共分为三个阶段:原始传统阶段、互联网初期、大数据时代。原始传统阶段对客户服务与营销更多基于线下调查问卷、拜访方式来深入了解客户的诉求以及金融企业产品的体验感受后,进一步改善、提升对客户的服务,同时根据线下获取客户的风险理念后更好地进行营销;互联网初期阶段,金融企业一般通过电子邮件以及企业网站客户点击行为收集客户对公司服务与产品营销的认识后,重新制订适合客户的营销计划,并通过金融产品推荐的方式为客户带来个性化的体验。在大数据时代,数据类型范围广泛且有更加成熟完善的大数据工具、技术、产品推荐等大数据生态体系,可根据内外数据更深入分析客户的相关信息与潜在意向,保障金融企业市场营销活动从"以往面向大客户细分群体营销"提升为大规模、自动化"单一细分群体市场营销",提供客户感兴趣的消息与金融产品。

例如广发证券大数据基于客户服务与营销类应用场景,通过大数据能力输出,为"易淘金"APP拓展新客户优化开户流程,提升存量用户体验;结合大数据智能处理能力,为客户持仓进行智能点评,形成了特色体验。基于证券客户群资产特征、持仓、交易行为特征,提供智能化、个性化的资讯服务,实现基于"千人千面"的智能资讯内容,为不同偏好、不同交易特征的客户提供风险参考、产业链新闻、行业动态信息,培育客户习惯与改善客户体验效果,提升客户黏性和广发证券自有品牌价值。

(四) 管理与决策类:绩效提升

大数据技术应用与分析的价值不仅体现在针对现状分析以增强客户服务与营销体验,更重要的是基于金融企业海量实时数据分析基础上,自动或者半自动地作出投融资建议、趋势预测以及决策支撑,实现大数据价值化。未来随着大数据发展,金融行业将依靠数据集成,结合金融行业不同业态不同业务场景,通过将金融数据进行清洗,处理,构造金融预测、决策模型,进一步降低并弱化金融企业决策过程中人的主观因素,更多依靠大数据提供的信息,使得决策更加科学智能化、动态实时化。

近年来国内银行及互联网金融等类金融机构纷纷利用大数据存储技术、计算、分析等技术,通过采集维度多、来源多、种类多的数据,将隐藏数据之中的关联关系起来,通过可视化的平台,辅助业务决策,提高金融机构的经营决策能力与绩效创收能力。金融行业典型的应用场景集中在营销分析、内部运营、风险管控,具体案例包括配资客户识别、智能投顾、交叉销售、客户群体划分、信用评分及违约监测等。

招商银行在数据分析与挖掘过程中发现招行信用卡额度较高的优质客户经常出现在星巴克和麦当劳等场所,立即决策提出"多倍积分累计"和"积分店面兑换"活动吸引优质客户,从而提高公司业务绩效;同时还构建出有效的客户流失预警模型,对即将流失的前20%客户采取出售高收益理财产品或采取免手续费等策略进行挽留,使招商银行信用卡和金卡客户流失率降低了15%左右,数据价值在管理与决策方面得到充分展示。

(五) 合规风控类:创新风险管控模式

风险定价永远是金融市场中最核心的部分之一,大部分金融活动都涉及风险和收益的平衡。传统金融机构风险控制模式主要依赖自身掌握的客户信息、金融资产和交易信息等可信度极高的客户数据,加以运用风险管理知识库中的业务规则和风险模型对客户的风险进行识别。风险管控的数据基础存在来源单一、数据维度与密度极其有限、数据趋于简单等特点,导致以往传统金融机构对客户的风险等级评定依据不足,容易出现"一叶障目不见泰山"的现象,在传统风险控制层面束缚业务的发展。

DT(数据技术)时代,大数据计算与分析等技术使得传统金融机构有机突破传统风控模式,创新风险管控模式。第一,金融机构除了汇集自身交易系统客户数据外,同时引入互联网、资讯、第三方机构等多种来源多种格式数据,可被分析的数据的维度和密度将极大丰富,从"全体数据"而非"样本数据"中提炼风险特征模型,在数据来源基础上提升风险模型的可信度;第二,实时分析与流式计算等新兴大数据技术的引入,将大力提升风控模型的数据时效性,更好地支撑客户、业务实时反馈和对未来变化趋势的判断;第三,大数据和知识图谱技术可满足对风险管理信息进行知识管理,并将知识转化为业务规则和风险模型,从传统的风险管控模式跨越到大数据风险管控模式。

以工商银行为引领的金融业,纷纷构建信用卡业务板块大数据决策数据平台。在基于自身拥有的行业数据同时引进百融金服、人行征信、黑名单等第三方外围的数据,通过大数据计算与分析等技术保障搭建的风控模型更加科学、合理。工商银行先后建设六大类60多个模型，涵盖市场营销类、预测类等，同时还开发面向全集团各业务线"白客户"名单，客户在网上通过身份证、姓名发起授信申请，工商银行则可通过大数据风险管控模型系统预测识别，从而做到秒授信、秒审批、秒付款。

三、数据资产化

（一）数据资产的概念

关于网络空间的资产共有3个概念：信息资产、数字资产和数据资产。以上几个概念名词不同，但内涵基本类似，主要原因是由于不同的经济社会发展阶段形成了不同的术语（见图1）。

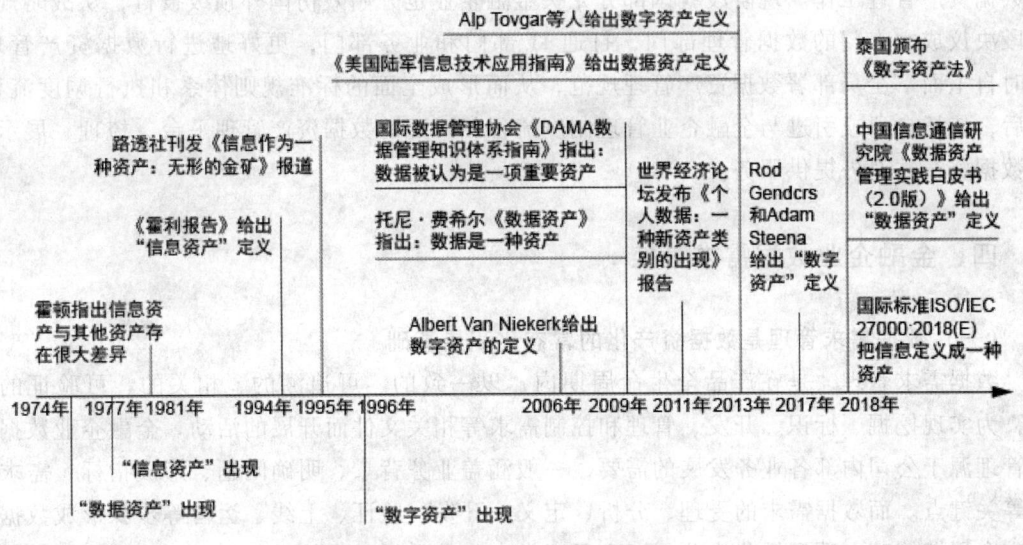

图1　数据资产相关概念发展状况

笔者认为大数据时代，信息资产、数字资产和数据资产应当统一为数据资产并予以定义。截至目前，中国信息通信研究院关于数据资产的定义比较合适，可归纳为可控制、可记录、可变现。作为企业的数据资产，未来应当被纳入金融企业的资产负债表进行体现，其数据价值还应当做到可量化；同时，数据作为资产应当针对不同用户做到服务化，并且服务具有可共享的特点。总之只有可控制、可量化、可记录、可共享、可服务、可变现的数据才能成为金融企业的资产。

（二）数据资产管理的关键要素

根据中国信息通信研究院发布的《数据资产管理实践白皮书（4.0版）》，数据资产管理框架涵盖8个管理职能和5个保障措施（见图2）。管理职能是指落实数据资产管理的一系列具体行为，保障措施是为了支持管理职能实现的一些辅助的组织架构和制度体系。

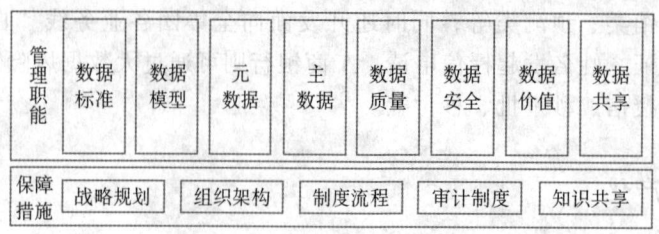

图 2 数据资产管理体系架构

基于数据资产分类进行数据资产管理涉及三大关键要素：专业的企业级数据资产管理团队组织、数据资产管理制度流程、数据资产管理平台工具。在组织架构层面，金融行业一般成立公司级数据资产委员会——数据资产工作领导小组——管理执行小组三层架构，落实企业数据资产管理工作。现阶段我国部分龙头金融企业也开始效仿国外顶级投行，从战略规划阶段决议成立专门的数据管理部门，打通 IT 部门和业务部门，更好地进行数据资产管理；同时自上而下全局部署数据资产管理规范，从而形成全面的标准规则体系和执行调度流程。最后，依托自研或引进与金融企业管理制度流程相匹配的数据资产管理平台，梳理、展示公司数据资产并对外提供服务。

四、金融企业数据需求管控

（一）数据需求管理是数据资产化的常态化积累基础

数据需求管理，是在产品全生命周期内，以一致的、可追溯的、相关的、可验证的方式，为实现挖掘、标识、开发、管理和控制需求等相关文件而开展的活动。金融企业数据需求管理源于公司内部各业务发展的需要，一般涵盖业务背景、明确问题、形成指标、需求分类等关键点。而数据需求的受理、分析、定义、开发、验证、上线、运营等步骤形成数据需求生命周期管理，数据转化为公司资产源于常态化的数据需求管理。

在金融企业内部，数据管理组织应当对各个业务线相关业务应用需求进行梳理，对各个业务需求所涉及的口径进行定义，提取并形成公共基础性、单一业务性强、跨业务线等指标，协同指标提出方、指标归属方、原生数据归属方、数据研发方多方联合评审，确定是否应当将该指标沉淀为公司级数据资产，最终形成公司级数据资产目录并对外提供数据服务（见图 3）。

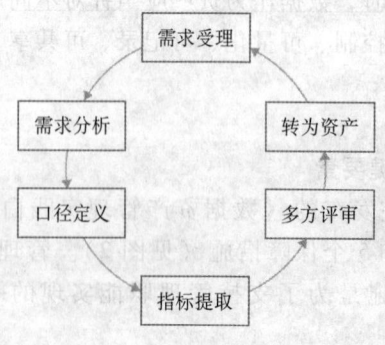

图 3 数据资产沉淀流程

通过对业务部门数据需求的分析、提取、评审、积累并形成常态化机制，企业方能从各类业务数据需求形成知识沉淀，引入多方联合评审将知识沉淀转为企业数据资产，实现资产变现，从另一方面促进数据需求规范化管理。

通过不断迭代形成常态化机制，一是能逐步减少企业各部门对同一个指标数据的不同口径定义而引发数据"打架"的现象；二是数据资产归属清晰及生命周期管理保障了不会因内部人员变更导致断层；三是数据需求开发运营成本最终将呈收敛态势，保障业务发展过程数据需求开发成本的可控（见图4）。

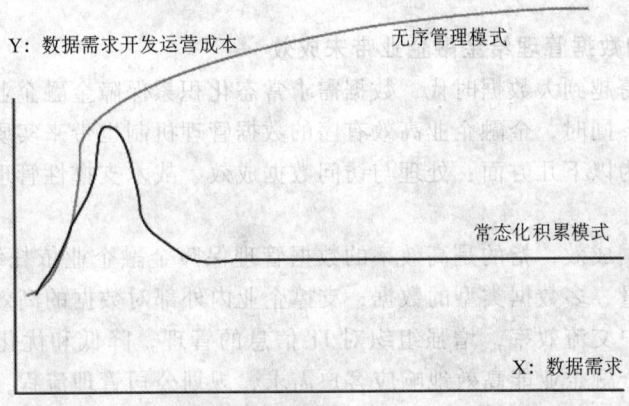

图4　数据需求开发运营成本趋势

（二）数据需求管理成熟度模型

企业管理数据资产，就是数据需求生命周期的管理，未来随着数据资产管理理念被广泛普遍认可，金融企业对数据需求管理将更加科学化、合理化。笔者认为，从IT跨越到DT时代，金融企业针对数据资产化的数据需求管理可以划分为三个阶段：1.0需求应对型阶段、2.0知识沉淀型阶段、3.0资产积累型阶段。这三个阶段可用我国金融企业与之对应的数据需求管理成熟度的评估模型来反映。金融企业的数据需求成熟度处于哪个阶段反映了该企业对数据资产转化及管理能力状况，从空间视角和时间视角实现对金融企业数据资产的使用程度，以及未来能否真正转换为金融企业利润增长点与降低数据需求开发运营成本的趋势（见图5）。

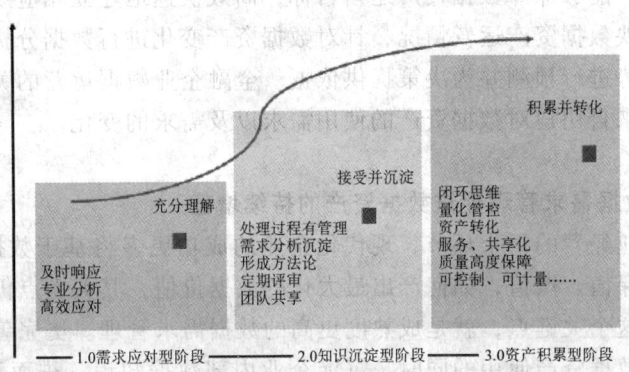

图5　数据需求管理成熟度模型

现阶段我国金融企业需求管理较多处于1.0向2.0知识沉淀型阶段跨越的状态，少部分龙头金融企业正处于从2.0到3.0资产积累阶段。目前广发证券处于从2.0向3.0跨越的阶段，下一步将更全面梳理盘点数据资产情况并提供服务。随着数据资产化理念越来越被大众认可，未来各金融机构将进一步完善企业数据需求管理，力求通过科学化的数据需求管理对数据进行积累、梳理、提取并转化为公司数据资产，提高对内外提供共享、服务的能力。

五、金融企业的数据化管理和运营形态

（一）高效率的数据管理给金融企业带来成效

从互联网时代跨越到大数据时代，数据需求常态化积累保障金融企业数据资产能及时转化并对外提供服务；同时，金融企业高效有序的数据管理机制也带来实质性的成效。高效率数据管理主要体现为以下几方面：处理与访问数据成效、战术支撑性管理成效、支撑战略决策成效。

处理与访问数据成效，指的是高效率的数据管理保障金融企业依托统一数据架构有序、快速地存储企业海量、多数据类型的数据；支撑企业内外部对数据的高效访问与毫秒级分析实时数据；提升用户交流效率，增强组织对IT信息的管理，降低和优化企业成本。战术支撑性管理成效，指金融企业能高效地响应客户需求，规划公司管理流程，通过数据提升与内部各业务线的工作协同度。数据挖掘支撑战略决策成效，指的是高效率的数据管理确保金融企业将数据转化为数据资产进行管理，同时依托数据资产进行数据挖掘，快速发现资本市场机会。

（二）敏捷、持续的数据运营保障企业数据价值

数据资产是对时间高度敏感的无形资产，一旦得不到持续性更新及维护，其价值将不可避免地发生贬值或效益流失。数据资产的运营是保障企业数据资产价值的必要措施。数据资产的运营是数据管理的一种模式，是以数据资产为中心，以数据资产的保值和增值为目标，具体来说，就是保障数据资产的范围扩展、访问使用、质量改进、防止泄露等持续性的管理措施。

数据资产的运营必须敏捷，因为它是时间敏感的、响应敏感、迭代性强的持续性过程。高度敏捷的数据运营能够保障数据资产运营目标，高效快速地建立相应规则流程与数据预警机制，依托数据反映数据资产运营情况，针对数据资产变化进行数据分析，根据分析结果对数据资产的未来走势进行预测并为决策提供依据。金融企业数据运营的关键点是数据需求的管理，核心驱动力来自用户对数据资产的使用需求以及需求的变化。

（三）成熟的数据需求管理促进数据资产的持续增值

数据贯穿于企业经营的每个环节，现代化企业的成功更多将基于数据资产的价值发挥。然而数据资产如何保值、增值，如何产出最大化的数据价值，其关键点仍然不明晰。笔者以实践经验试图论述这个关键点，就是成熟度更高的数据需求管理。更完善、更持续的数据需求管理，将在促进数据资产使用的同时，沉淀企业内部数据知识，进而积累企业数据资产，推动数据资产的保值、增值。这需要在实践中进一步论证、完善，并探寻适用于企业自身的

最佳实践和最优模式。

综上所述,在大数据时代,我国金融企业在构建以数据采集与转换、存储与计算、展示与应用等能力为一体的大数据生态体系后,应当加强对数据需求管理的常态化积累,从数据需求中提取并沉淀企业的数据资产,通过一个个数据应用场景展示并释放数据资产的价值,真正促进企业数据资产的保值和增值。高效率的数据管理和数据运营不仅能降低数据需求开发成本,支撑企业各业务线的发展,而且能为企业决策提供更优化的数据化支撑。

参考文献

[1] 朱扬勇, 叶雅珍. 从数据的属性看数据资产. 大数据 [J]. 2018, 4 (6).

[2] 朱扬勇, 熊赟. 大数据是数据、技术, 还是应用 [J]. 大数据, 2015, 1 (1): 71—81.

[3] 中国信息通信研究院. 数据资产管理实践白皮书 (4.0 版) [R].

[4] Manyika J, Chui M, Brown B, et al. Big data: The next frontier for innovation, competition, and productivity [J]. Analytics, 2011.

[5] Berger B, Hellman Z, Marchant H, et al. Method and system for mapping enterprise data assets to a semantic information model: U.S. Patent 7, 877, 421 [P]. 2011-1-25.

金融科技助力证券公司数字化转型研究

王恩会　於勇成*

一、深刻认识金融科技发展的战略机遇

目前，全球经济即将迎来新一轮科技革命，以新一代信息技术为代表的金融科技浪潮正引领人类经济社会迈向数字化新时代，数字化转型日益成为金融业谋求核心竞争力的突破口，也为资本市场和证券公司创新发展带来新机遇。证券公司应把握好技术变革的历史机遇期，不断提高运营效率、降低运营成本和经营风险、提升综合金融服务能力和水平。

（一）金融科技重塑证券业竞争新格局

资本市场是高度依赖信息和数据的市场，金融科技的迅速发展助力资本市场不断走向成熟。随着金融科技的广泛运用，传统证券公司陆续开展数字化转型变革，推动证券公司投融资服务向精细化、多元化方向发展。通过科技与金融的深度融合，国内外证券公司不断提高金融资源的配置效率，挖掘市场机会，全面提升客户体验。

近年来，高盛集团极其重视信息技术和数字金融领域的投入，技术及通信费用在营业支出的占比总体呈上升趋势（见图1），显著降低了集团运营成本。同时，高盛是全球私营科技公司最活跃的投资者之一，借助金融科技不断向零售业务转型，通过自主研发打造数字零售银行、机器人咨询平台，提高服务长尾客户能力；通过开放基于其核心系统的 Marquee 平台供客户接入，打造数据与通信平台 Symphony，为客户提供基于云计算的加密即时通信；通过整合行业分发平台，帮助机构客户进行安全沟通定价和报价，借助网络和科技手段赋能机构客户。

---

* 作者简介：王恩会，经济学硕士，中泰证券战略规划部业务经理；於勇成，经济学博士，中泰证券博士后科研工作站、清华大学五道口金融学院联合培养博士后。原载于《中国证券》2019年第9期。

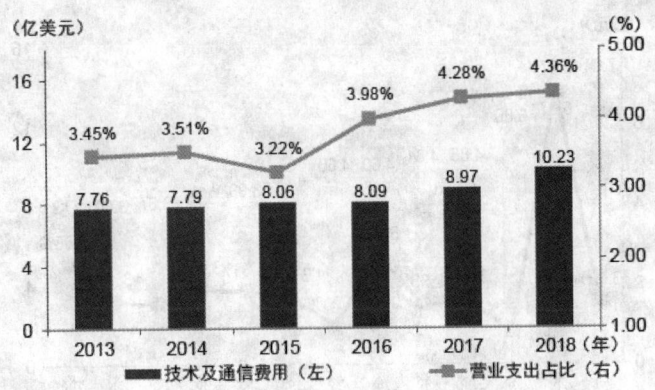

图 1 2013—2018 年高盛集团技术及通信费用及营业支出占比

资料来源：Wind。

2018 年，摩根大通的技术、通信及设备费用投入总额达 88 亿美元，占营业收入的 8.1%、净利润的 27%。持续的巨额投入帮助摩根大通打造了数字银行、电子钱包、流程自动化机器人、智能投顾等产品体系，维护了全球 30 多个数据中心、近 7 万台物理服务器、近 3 万个数据库，为客户提供了高效的数据处理、智能的分析技术以及多样的服务渠道。数字化转型在优化产品、提升服务的同时，也提高了摩根大通的运营效率。直通式交易系统极大地加快了交易速度、降低了操作风险，无纸化报表直接节省数亿元的成本，业务电子化将多项交易的边际成本降到 0。

从国内市场来看，国泰君安高度重视对金融科技的战略性投入，不断推进数字化建设，大力打造数字化智慧型金融平台。中信证券持续增加在信息技术方面的资源投入，加大专业人才的招聘力度，持续加强金融科技平台的开发和大数据、人工智能等新技术的应用。长江证券通过金融科技助力内部各业务条线的线上化、数据化、可视化和智能化，为业务发展赋能。广发证券不断加大在云计算、大数据、人工智能、区块链、平台化、客户终端等方向的自主研发和技术创新力度，目前已经上线了自主研发的云服务、微服务、机器人投顾等科技金融平台，上线了合作研发的行业首家基于大数据的全链路量化投研云平台以及综合性智能化服务平台（GF-SMART），为公司科技金融后续发展奠定了坚实的基础。华泰证券十年前即提出互联网战略，并在移动金融大发展中赢得先机，近年来不断推出和升级一系列数字化产品和平台，创造出全新的智能应用场景，不断刷新客户服务体验和预期。海通证券秉承信息化发展战略，坚定推进科技与业务的深度融合，通过发布全新的"e海通财"互联网金融平台版本，成为行业首家实现移动端与 PC 端"双璧合一"的证券公司；通过人工智能与业务相结合，推动科技运维、财务管理、业务运营、风险管理迈向智能化时代；通过海通金融云战略的实施，投产行业首个混合金融云平台，建成行业首个千人级办公桌面云，引领了行业金融云的发展趋势。

我国证券公司持续加强科技投入，2018 年，国泰君安、长江证券、中信证券三家券商信息系统投入超过 5 亿元（见图 2），未来我国证券公司将形成以金融科技应用创新为焦点的竞争新格局。

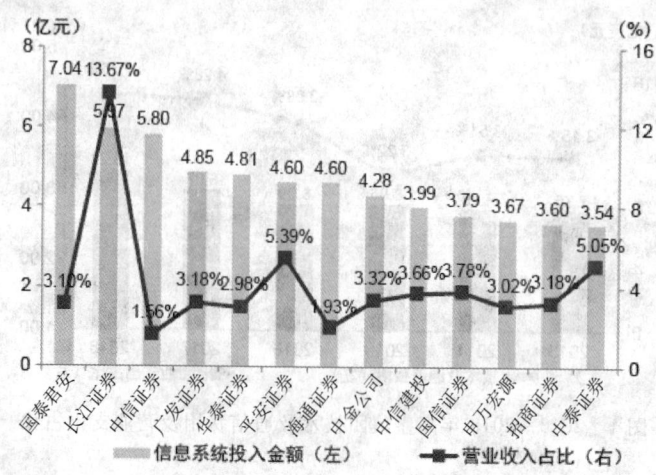

图 2 2018 年部分证券公司信息系统投入及营业收入占比

资料来源：中国证券业协会。

（二）数字化转型造就证券业高质量发展新动力

在深化金融供给侧结构性改革、进一步扩大金融业对外开放的背景下，金融科技助力证券公司数字化转型将为证券业高质量发展提供新动能。2018 年深交所"科技引领，迈向数字化新时代"技术大会指出全行业要深刻把握数字化、网络化、智能化融合的发展契机，主动践行数字化发展理念，下大力气补短板、强弱项，推动行业数字化转型。随着金融科技应用场景的不断探索，以"ABCD"（人工智能、区块链、云计算、大数据）为代表的新兴技术将彻底颠覆证券业务的开展和运作，深入券商日常经营管理的各个方面。

人工智能（Artificial Intelligence）方面，语音识别、语义识别、图像识别、机器翻译等技术的不断突破，为客户身份识别、精准营销、智能投顾、智能审核、文档管理提供了新的工具，极大地提高了工作效率，降低了操作风险。区块链（Block Chain）方面，基于去中心分布式、可追溯不可篡改等特点，可以探索应用私有链或联盟链模式，在关键业务环节设置监控探针，通过对业务流程中产生的资金和业务变化进行数据传输和风险监控，形成有效的追溯机制，提升跨行业、跨市场交叉性金融风险的甄别、防范和化解能力。云计算（Cloud Computing）方面，证券公司通过云技术建立服务器、存储设备、网络设备资源池，能够实现基础资源共享；通过搭建云平台对业务系统和管理系统进行集约化管理，可以提高运营效率、降低管理成本。大数据（Big Data）应用方面，证券公司积累了海量的客户数据、交易数据、行情数据、咨询信息，数据已经成为券商的重要资产和核心竞争力，通过充分挖掘数据价值进行精准营销、精细化经营、风险识别与监控，能够有效提升证券公司的经营管理质量和效率。

二、积极应对数字化转型痛点

（一）数字化转型"经济基础"薄弱

近年来，证券业已开启数字化转型之路，数据是数字化的基础，系统是数据的载体，当前数据质量差、系统孤岛等基础性问题是证券业数字化转型最突出的痛点。

1. 信息化基础有待完善

信息化作为数字化转型的基础，其完善程度直接决定了转型的高度，目前多数证券公司在信息的电子化、自动化等方面尚未形成坚实的基础。不论是日常办公还是业务办理仍存在大量低效重复的人工操作。如信息的填报与核对、数据的导入导出及分析、个别业务的办理、流程的流转等虽然经过长期积累已经形成有效的操作运行习惯，但是"有效"不等于"有效率"。此类问题可归结为两大类：一是由于系统割裂或标准不统一造成的日常数据统计烦琐问题；二是由于技术或管理落后造成的流程低效问题。短期来看，信息化基础薄弱影响局部模块的工作效率、资源的配置；长期来看，信息化基础的完善程度直接决定数字化基础平台的宽度和高度，进而影响证券公司的业务布局和发展。

2. 分散的系统亟待统筹

证券行业为强监管行业，根据业务发展需要及监管要求，证券公司要在各个业务条线及中后台管理部门建设各类系统。在条块化的管理模式下，各业务系统独立管理客户信息，按照各自业务需求分别建设、独立完成其业务流程及合规风控管理流程；管理类系统以部门为单位分别建设、独立设计业务和管理流程。众多系统呈分散状态，阻隔了数据的互通，降低了数据需求方获取信息的效率，加大了统一管理的难度。数据的共享、系统的统筹都是数字化转型的关键，不解决系统分散隔离的问题，就无法从底层打破现有模式的僵局，再多的创新技术也难以实现其应用价值。

3. 数据价值尚待挖掘

证券公司天然与数据紧密相连，但是非结构化、非标准化数据量巨大，基础数据的标准化程度有待提高，数据价值尚未得到充分挖掘。最典型的问题就是同一个数据在不同系统里使用不同的字段，或者同一个字段在不同系统里表示不同的含义，导致数据无法在不同系统传输互通。虽然监管部门或证券公司内部整理了一些数据标准，但在标准实际落地时仍面临新旧标准转换、后续管理更新等困难。此外，证券公司还面临"僵尸数据"的问题，缺乏对数据的深层次分析和应用场景的深入探索，这是实现数据价值的最终归宿。

（二）数字化转型"上层建筑"滞后

数字化转型并不仅仅是信息技术的转型应用，其深层逻辑是业务的转型、管理的转型，乃至整个商业模式的转型。然而，证券公司的经营模式、管理方式、组织文化和思想理念等"上层建筑"滞后于数字化转型的"经济基础"。

1. 管理模式落后

当前证券公司管理理念、管理模式没有与数字化转型同步，仍保留了传统企业管理的经验主义、威权主义，行业整体管理能力跟不上业务发展模式转型和运营方式转型需要。数字化转型背景下管理内涵应从管控转向赋能、从条块走向融合，需要技术与业务、部门与部门、总部与分部、集团与子公司等多股力量拧成一股绳。但是，目前多数证券公司的管理还停留在层层加锁的金字塔形管理模式，存在形式管理重于实质管理的问题，合力尚未形成，甚至部分力量存在相互抵消的情况，各个主体的协同机制难以得到有效建立，导致证券公司既难以快速响应客户需求和市场的变化，也无法充分发挥风险管理等内控效力。

2. 组织文化陈旧

数字化转型推动了证券业运营思维和模式的改变，面对日益多样化、复杂化、综合化的客户需求，科技开发人员可通过新技术重新定义业务需求的实现方式，证券公司各类业务的边界也随之不断模糊。但是，证券公司的组织架构多以牌照为中心，组织灵敏度相对较低，跨部门职责边界不清晰，各业务间的协同能力相对较低，在该组织模式下数字化转型将力有不逮。以业务与技术融合为例，因专业方向、岗位职责等多方面原因，技术部门和业务部门考量数字化转型的维度不同，技术部门主要考虑系统安全、研发成本、运维治理，业务部门主要考虑方便敏捷、自动智能、提升体验，技术部门与业务部门的相互配合和理解存在障碍。

3. 思想理念僵化

证券从业者对数字化转型的理解存在偏差，并非所有人员都对数字化赋能业务有着清晰的认识，甚至有人认为数字化转型就是系统升级和新技术的应用。数字化转型包括系统的升级，但远不止于此，那些以纯技术应用、系统升级为导向的数字化，一开始就缺乏有效的顶层规划，做到最后仅仅提高了信息化水平。同时，数字化转型是一个只有起点没有终点的持续优化过程，一个阶段的完成通常是下个阶段的开始。即使是科技部门也普遍存在重开发、轻运营的问题。场景拓展、系统开发固然重要，但没有后续运营的跟进，数字化转型工作将大打折扣甚至前功尽弃。无论是零售场景应用、产品平台建设，还是综合金融服务生态圈构建，都要把持续运营工作放在与开发同等重要的位置。

三、有序推动数字化转型落地实施

（一）以加强数字化顶层设计为出发点

1. 坚持规划先行

证券公司对行业数字化转型的必然趋势已基本达成共识，各大证券公司纷纷通过引入高端领军人才、优化信息技术架构、加大技术咨询力度等方式提升数字化管理水平，力图获得金融科技发展的首轮红利。转型发展，规划先行，证券公司应加强对自身发展现状的诊断，厘清信息技术发展和业务IT发展的不足，对标业内外数字化转型最佳实践经验，规划确定数字化转型路径。通过加强顶层设计，推动证券公司数字化转型在正确的道路上走得更快、更好。

2. 从管控到赋能

为适应数字化转型新形势，证券公司要改变传统管理模式，从管理型公司向赋能型公司转变。管理型公司是正金字塔结构，决策权在上层，强调底层员工的执行力。对于传统型企业，谁的决策方向正确，谁就能获得绝对优势；谁的执行效率高，谁就能够获得相对优势。而赋能型公司是倒金字塔形结构，决策力前置到员工层面，让基层员工获得尽可能多的决策权是赋能型的本质，管理层要整合公司资源落实前线的指令。一方面，中台管理部门要"简政放权"、删繁就简，为一线减负、为业务赋能，尽可能辅助或驱动业务实现发展目标；另一方面，后台支持部门要以数字化转型为背景，改变经验思维，以数据为中心，从数据中挖掘联系、发现机会，提升为业务赋能的能力。

3. 统一组织推进

企业的组织结构直接决定了企业的管理模式和效率，在数字化时代，过多的管理层级将极大地影响企业对于环境变化的响应速度。证券公司组织架构的边界应随着业务的变革而变化，不同性质的部门要统一在客户需求之下协同作业。因此，证券公司需要有强有力的数字化推进组织来帮助高层实现数字化转型的落地工作。通过建立数字化转型指导中心，设立推进工作小组，直接向首席执行官（CEO）汇报工作，将组织向扁平化方向过渡，以一个独立的组织形式推动整个公司的转型工作。

4. 凝聚思想共识

数字化转型要求证券公司凝聚管理层和基层员工的思想共识。从战略层到战术层再到战斗前线，都必须高度重视、统一认识。在思想观念上，从经验思维、威权主义向用数据说话转变，在证券公司内部形成数据驱动文化。让所有员工的所有想法用数据说话，从最小可行产品（MVP）理念出发，以较低的试错成本，根据市场数据来优化或否决具体的项目和需求，构筑开放、平等的数字企业文化。证券公司要更加注重科技部门的地位、科技人员的占比、科技研发的迭代速度，不断加强数字化管理，提高技术创新对业务的驱动力，全面铸就数字化基因。

（二）以完善数字化基础设施为突破口

1. 统一技术服务

数字化转型不单纯是系统的建设和升级，但离不开系统的支撑。面对分散的系统、日益增长的需求，证券公司应建立统一的技术服务体系，整合现有系统，对IT需求和技术服务进行集约化管理，统一将IT资源和研发力量分配到最能创造价值的领域，构建敏捷型研发模式，提高IT资源复用率，使IT成果惠及各个条线和部门。

2. 挖掘数据价值

为充分挖掘数据价值，使数据成为有效的生产要素，证券公司必须统一数据标准，构建基础数据平台，加强数据资产管理，完善数据治理体系。通过充分整合信息化资源，打破部门、公司内外的信息壁垒，运用大数据技术进行数据采集和加工，不断提高基础数据质量；通过数据挖掘、计量分析和机器学习等手段，持续优化各类数据应用系统，将数据价值融入营销、风控、运营等证券公司经营管理之中，进而提升客户服务水平、业务支持能力和后台管理能力。

3. 强化运营体系

数据是在长期经营管理过程中逐步积累的，数字化时代金融业发展变化将更加迅速，对证券公司运营管理提出了更高的要求。证券公司必须依靠数据实现更高效的运营管理，以敏捷组织的方式建立更加柔性的前中后台运作机制，通过快速的试验、快速的反馈以及快速的迭代优化，达成最佳经营实践，实现对内外部需求的敏捷响应，以应对高速变化的金融环境。

（三）以构建数字化生态圈为落脚点

生态圈是指由价值链各主体与合作伙伴聚合成的广泛、动态的互利共生联盟体系。我国证券公司在30年的发展过程中，积累了众多客户、技术、人才、数据等各类资源，形成了各自的优势。构建属于证券公司自己的数字化生态系统，合理配置利用各种资源，促进优势互补，提升客户服务能力，实现最大业务价值，成为证券公司数字化转型的终极目标。

证券公司通过与国内外领先供应商、金融机构、科技公司、开源社区等形成生态联盟合作伙伴关系，在业务创新、技术支持、项目协作等方面紧密合作，能够实现数据、场景、人才、技术等多维度的生态化合作，打造基于流程服务和业务价值的业务创新生态圈；以"不为我有、为我所用"的新型理念，合纵连横，集聚内外部创新合力，与合作伙伴共同打造相互成就、互利共赢的技术创新生态圈。

证券公司借助数字化生态圈，可以构建类似应用商城（APP Store）的平台体系，通过开放化、平台化方式整合客户需求、证券公司内部能力以及合作伙伴能力，形成客户、资金、人才、技术、场景的生态结合体，与合作伙伴共同为客户提供差异化、个性化的联合服务。证券公司通过共享和连接，合理分配各类资源，将金融产品和服务隐藏在非金融场景服务之下，为客户提供更具吸引力、更接地气的生活服务，真正实现从端到端满足客户需求。

参考文献

［1］何如. 充分发挥金融科技价值，打造证券业高质量发展核心动力［J］. 中国证券，2019（5）：2—6.

［2］李晨龙. 金融科技视角下商业银行运营转型分析与实践［J］. 华北金融，2019（5）：47—51.

［3］赵阳. 金融科技在资本市场的应用发展研究［J］. 中国证券，2017（8）：2—11.

［4］唐沛来，王作敬. 重塑证券公司IT架构提高核心竞争力［J］. 中国证券，2017（8）：69—73.

证券公司投资银行业务管理数字化转型初探

任宏伟 孙 静 姜欣然[*]

一、引言

新兴科技的高速发展催生了全球数字化变革。在全球范围内，数字化转型已经成为企业管理者关注的热点。Gartner 在 2019 年发布的汇集来自全球 89 个国家与地区逾 3 000 位首席信息官观点的"2019 年首席信息官议程"调查报告显示，数字化业务正在走向成熟，逐步从探索试验阶段迈入规模化时代，数字化为企业带来长期、影响深远的商业模式变革，而企业也正在逐步看到数字化产品与服务推广使用所带来的新型增长。[①] 越来越多的金融机构将数字化融入业务发展战略与实践之中。例如，摩根士丹利高度重视现代信息技术对业务的变更、引领和融合，认为数据是最重要的资产，能够用来提升服务和营收，相信数据驱动和数字化转型的重要性，通过数据驱动、金融科技生态实现财富管理转型。摩根大通认为"Digital Everywhere（数据无处不在）"，将大数据应用于客户选择、信贷审批、风险管理等环节，将人工智能应用于交易执行机器人、金融合同解析、自动反洗钱监控、智能客服。德国交易所提出未来交易所是一个数据和数字化驱动的交易所，数字化处理、大数据智能分析、移动服务设施等新技术将会给金融服务行业带来"DNA 移植"变革。[②]

虽然数字化正在从热门概念演变为组织实实在在的行动，但是数字化的内涵和外延尚没

---

[*] 作者简介：任宏伟，华菁证券董事总经理、信息技术管理部负责人，全国金融标准化技术委员会证券分技术委员会证券业务标准专业工作组 WG61 专家，上海市证券同业公会信息技术委员会委员；孙静，现就职于华菁证券信息技术管理部，全国金融标准化技术委员会证券分技术委员会数据模型专业工作组 WG21 专家；姜欣然，现就职于华菁证券合规稽核部。原载于《中国证券》2019 年第 9 期。

[①] 参见 Gartner 调查报告 2019 *CIO Agenda*: *Secure the Foundation for Digital Business*，官方英文版网址：https://www.gartner.com/en/information-technology/trends/cio-agenda，最后访问日期：2019 年 8 月 12 日。

[②] 参见喻华丽：《深交所金融科技战略思路与应用实践》，载《证券市场导报——深圳证券交易所金融科技中心 2018 年度课题专刊》2019 年 8 月增刊，第 7 页。

有统一规范的定义，不同行业、领域所讨论的数字化的范围也不尽相同。就金融行业而言，数字化可以理解为以数字化技术为基础、以数据为核心、以产品和服务转型以及流程优化重构为手段，从而实现金融市场、经营机构、监管部门、金融服务等的效率与竞争力根本性提升的一系列变革。

华菁证券有限公司于 2016 年 8 月成立，致力为新经济企业、个人及机构投资者、金融机构等各类客户提供多元化、一站式的综合金融服务。公司高度重视数据资产的积累与数据价值的实现。由于投资银行业务是公司的核心业务之一，因此公司将投资银行业务作为公司数字化转型的试点，建设投行综合业务管理平台，提升运营管理效率，为业务赋能。

二、投资银行业务运营管理面临的新挑战

（一）去通道化，立足金融本质，注重专业能力

随着国家金融改革的不断推进，加之客户需求向个性化、定制化演进的趋势日益明显，立足金融本质，发挥专业能力成为投资银行业务发展方向。例如，设立科创板并试点注册制，在上市公司的选择、定价、发行与销售方面与原有制度存在很大不同。在科创板定价与发行中，市场化机制起到核心作用，主要体现在三个方面：第一，强化市场化定价机制，充分体现市场化询价的核心作用；第二，增加发行人、证券公司、投资者等主体的市场化博弈约束机制；第三，参考境外成熟市场经验，优化战略配售、绿鞋、融券等配套机制。这意味着，投行需要具备更加专业的估值定价能力、发行能力与风险控制能力。投资银行业务将进入专业细分时代，更专注地为客户创造价值。

（二）追求"命中率"，挖掘潜在业务机会

复杂与不确定的外部环境让投资银行业务更加强调运营效率、命中率以及与此相关的外部效应，要想在高度集中化并已形成稳定竞争态势的市场环境中实现"弯道超车"，必须寻求业务模式创新。利用大数据和人工智能技术，整合组织内部数据与外部市场数据，基于业务经验形成算法逻辑，在数据中寻找被市场忽略的业务机会；提高项目的筛选能力，使有限的内部资源能够投入潜在的、优质的项目中，提升业务达成率；进行并购交易双方匹配，帮助买方在最短的时间内找到最适合的目标企业，并进行快速有效的估值和尽调，提升并购效率和成功率。

（三）业务管理从粗放松散走向强化内部控制

伴随着投资银行业务的快速发展，行业中存在"重发展、轻质量""重规模、轻风险"以及主体责任履行不到位、执业质量良莠不齐、业务发展与内部控制脱节等现象。《证券公司投资银行类业务内部控制指引》《关于建立上市公司重大资产重组独立财务顾问工作底稿科技管理系统的通知》等监管要求的陆续发布，督促证券公司建立高效的投行业务内部控制体系，规范项目运作流程，达到质控、风控等内控部门对前台业务监督管理的提前介入、全过程实时动态管理，使业务运营管理模式向着集中统一、精细管理、强化内部控制转变。

三、数字化转型顶层设计

为应对挑战,打造"数字化投行""智能化投行"的差异化竞争力,华菁证券首先对数字化转型进行顶层设计,提出"三个平台化,一个体系"的总体设计思路(见图1),即实现业务、技术、数据的平台化,将数据治理体系作为贯穿的主线。同时提出"平台+应用"的总体策略,即横向建立平台能力,纵向基于平台建立各种业务场景的垂直应用。

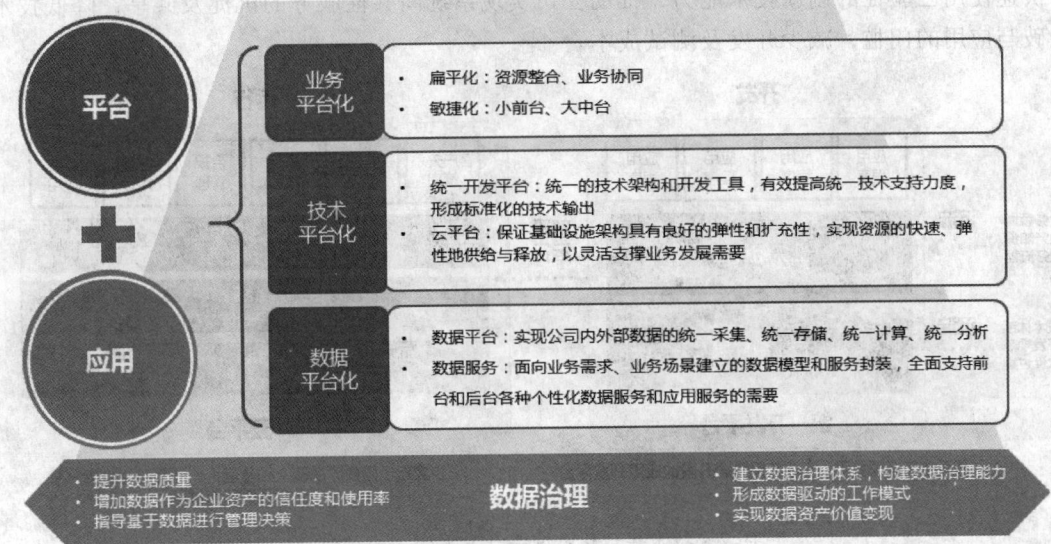

图1 华菁证券数字化转型顶层设计:三个平台化,一个体系,平台+应用

(一)业务平台化

打造扁平化组织,形成整个公司资源整合共享的平台化运营能力。传统证券公司的经营模式聚焦于最大化利用牌照的稀缺性,组织结构凸显科层制特征。各业务条线专注于独立的产品和服务,追求单个产品收入的最大化,以至于部门间协同程度较低,各自只关注客户价值链的某个环节。业务平台化通过建立业务协作机制,利用标准化、规范化的工作流程,围绕客户服务,将公司内部资源进行整合,将信息流、资金流、工作流等打造成为可共享的、互联互通的平台业务,利用平台业务优势形成客户服务的闭环。同时建立能够快速适应外界变化、反应更加敏捷高效的组织形态。以内部小前端去实现与外部多种个性化需求的匹配对接;对前台共性职能进行提炼和整合,形成为前台而生的中台,更好地服务前台规模化创新,真正做到自身能力与客户需求的持续对接。

(二)技术平台化

华菁证券着力打造统一的技术平台(见图2)。一是统一的开发平台,其主要目的是统一公司内相关产品研发和项目实施使用的技术架构和开发工具,有效提高统一技术支持力度,避免重复性技术研究,形成持续的技术积累手段,提升技术人员的利用率并降低对个体的依赖性；同时通过标准化的技术输出模式，有效提升软件质量，最终提升软件的规模化、流水线式的生产能力。二是云平台，为保证基础设施架构具有良好的弹性和扩充性，实现资源的快速、弹性供给与释放，以灵活支撑业务发展需要，华菁证券规划了私有云资源池、行业云资源池和公有云资源池的混合基础设施云平台。在 IaaS 及 PaaS 层面，基于不用应用场景的私有云、行业云、公有云使用，将有利于实现基础设施资源、平台运行和开发环境的弹性、按需扩展，可以灵活支撑业务发展需要，实现资源的快速部署，并有效节约成本投入，提升投资回报。同时，各类金融 SaaS、DaaS 的运用将为公司提供技术创新基础，使公司具备快速使用已验证的创新技术能力，推动公司实现系统间共性服务的沉淀及共享，降低技术突破与应用的门槛，减少开发及测试成本。

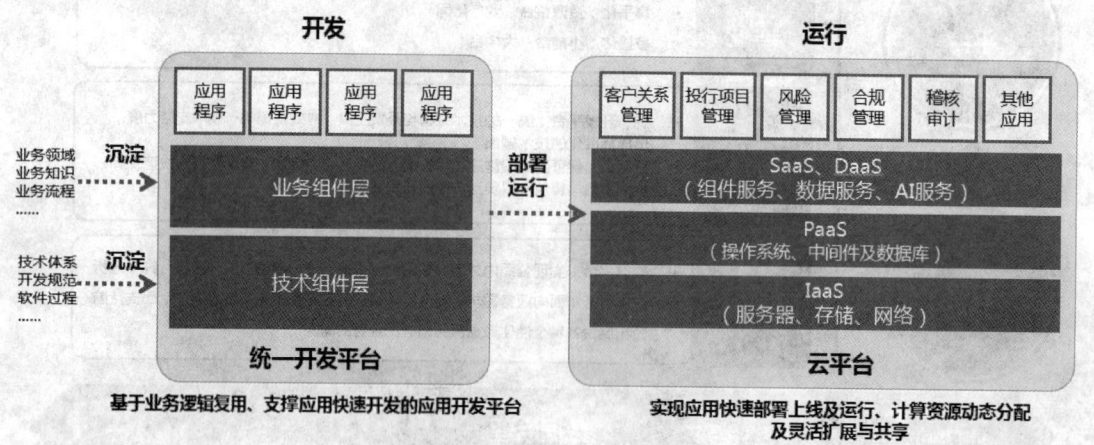

图 2　技术平台化：统一开发平台 + 云平台

（三）数据平台化

数字化发展到一定阶段，数据重要性的认识已被提高到前所未有的战略高度，未来金融企业将成为全面数字化的企业，数据将成为企业的核心财富和创新原动力。通过建立数据平台，实现公司内外部数据的统一采集、统一存储、统一计算、统一分析，使数据不再依附于单个独立的技术系统，而是进行整合归集，成为真正规模化的企业级平台。同时，数据平台不再是简单的数据存储，还包括面向业务需求、业务场景建立的数据模型和服务封装，可以通过数据开发和展示工具，全面支持各种个性化数据服务和应用服务的需要。

（四）数据治理体系

三个平台化相辅相成，缺一不可。如果没有技术平台、数据平台的支持，将很难建立真正有效的业务平台；离开了业务平台，技术平台、数据平台的价值也将大受影响。而数据治理体系是贯穿三个平台化的主线。数据治理的核心目标是提升数据质量，增加数据作为企业资产的信任度和使用率，指导基于数据进行管理决策。通过建立有效的数据治理体系，构建专业化的数据治理能力，包括数据标准管理、数据架构管理、元数据管理、数据质量管理、数据安全管理等，将有助于充分利用数据分析和创新应用来提升风险管理、客户服务、业务运营等领域的效率和能力，在公司经营管理各层面逐步建立量化指标体系，形成数据驱动的工作模式，实现数据资产价值变现。

四、投资银行业务管理数字化转型实践

（一）投行综合业务管理平台总体架构

投行综合业务管理平台立足投行业务，面向业务承揽、项目执行、质控、内核、合规管理、风险管理、定价发行、运营管理等岗位角色，构建了客户管理、营销服务管理、项目管理、工作底稿管理、内控管理、绩效管理、发行管理、产业链分析、文档云、负面新闻监控预警等子系统及功能模块。同时将共性的内容进行抽象提取，基于微服务的设计思想构建了客户、项目、员工、组织架构、业务机会、营销服务、产品、资讯等业务组件，以及用户管理、角色权限管理、流程管理、统一认证管理等技术组件。应用之间通过调用组件服务，实现服务共享、应用集成与互通。

投行综合业务管理平台在建设方式上采用自主研发加外购市场成熟产品进行集成搭建的模式。对于个性化程度高、变更频繁、需要快速响应的需求，如客户管理、项目管理、工作底稿管理、绩效管理等应用，采取自主研发的模式，以更有效、更快速地支撑业务需求的变化。对于标准化程度高、相对稳定的需求，如文件系统、发行管理系统、舆情数据等，采取外购市场成熟产品套件的模式。自主研发应用与外购产品应用之间通过公司统一门户实现统一认证及单点登录，实现跨应用之间的无感知访问切换，对终端用户透明。

经过一年多时间的打磨，华菁证券实现了基本覆盖投行业务从业务机会发现到客户营销、从项目执行到质控内核、从簿记定价到发行销售、从持续督导到风险监控的全流程的综合管理平台（见图3）。

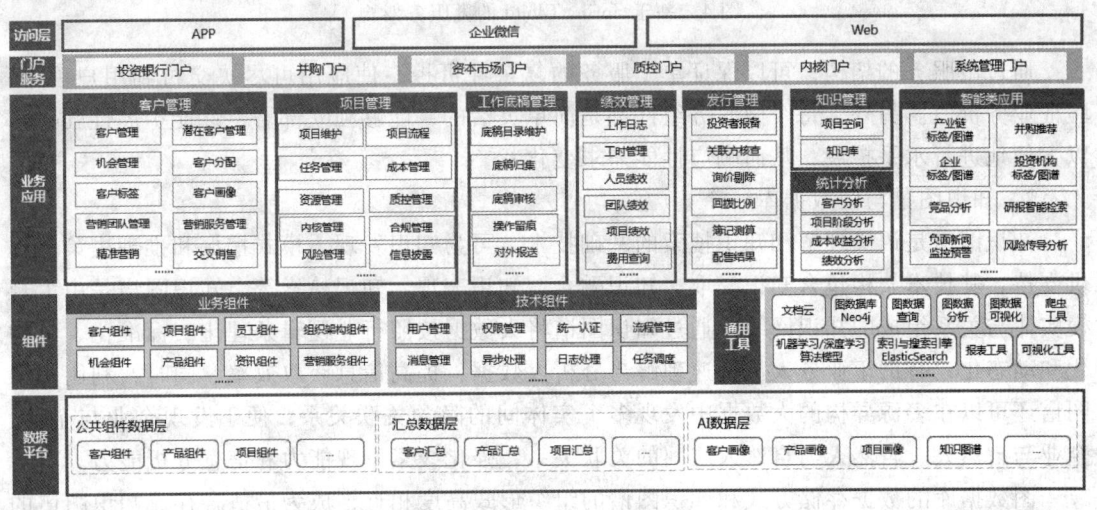

图3 华菁证券投行综合业务管理平台总体架构

（二）关键技术

1. 基于微服务架构的统一开发平台

数字化倡导敏捷的数字化产品开发方法。敏捷开发拥抱变化，更关注价值而非约定好的

功能实现,主张简约,要求快速反馈。微服务支持敏捷开发,其架构的基本思想就是围绕业务领域组件来创建应用,让应用可以独立开发、管理和加速。

华菁证券统一开发平台以开源框架为基础,基于 Spring Cloud 的微服务架构(见图4),结合应用系统的开发,逐步积累业务组件与技术组件,通过建立强大、全面和高效的应用开发平台,快速完成 Web 应用及移动应用开发。基于 Spring Cloud 的微服务开发框架支持构建简单、稳定、高性能的微服务,实现服务共享。各个微服务通过在服务注册中心 Eureka 注册之后互相调用,采用 Zuul 服务框架提供动态路由、监控、弹性、安全等,通过 Spring Cloud Config 统一配置管理,并与总线服务 Spring Cloud Bus 联合实现热部署。

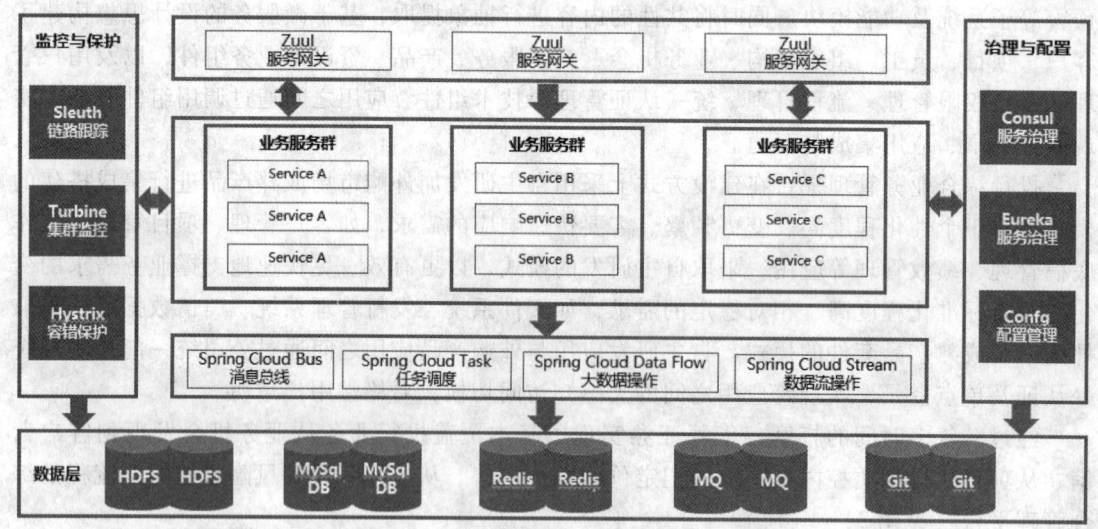

图4 基于 Spring Cloud 的微服务架构

通过微服务的架构,可以保证单个服务的复杂性可控,使应用可尽快交付到用户手中,验证业务价值。另外,每个微服务组件都是简单灵活的,能够独立部署,性能扩展性强,可以方便地进行水平扩展,从而响应性能需求变化。

2. 知识图谱与图数据库

知识图谱是语义理解和知识搜索的基础技术,可为知识发现、模式挖掘和推理决策等提供支持,其技术架构包含知识提取、知识融合、知识表现、知识检索等。知识图谱是由大规模实体与关系组成的知识网络,通过知识图谱将大数据按照行业逻辑条理化、标准化、结构化和动态化,有助于业务人员快速理解与分析大数据,提高信息获取效率。同时,利用知识图谱还可以在多源异构的大数据中发现多个实体间的隐含关联关系,便于发现企业与企业、企业与自然人、自然人与自然人之间的关联关系,强化线索发现能力和信息分析能力。

图数据库的数据存储方式和知识图谱的组织形式高度相近,成为最适合存放知识图谱的数据库形态,能够最大化知识图谱搜索、关联推理等应用特性。在处理关联数据方面,图数据库与关系型数据库相比性能有绝对提升。图数据库还提供极其灵活的数据模型,可以对已经存在的结构添加不同种类的新联系、新节点、新标签和新子图,而不用担心破坏已有的查询或应用程序的功能,可以更好地适应不断变化的业务需求。

投行综合业务管理平台主要利用知识图谱、图数据库技术构建了产业链图谱、企业图谱、投资机构图谱等，实现产业链分析、并购推荐、竞品分析、企业画像、投资机构画像、负面新闻监控预警、风险事件传导分析等应用（见图5）。

图5　华菁证券知识图谱应用技术架构

3. 基于机器学习、深度学习的智能化标签处理

利用产业链、企业、投资机构及其关联方多维度的聚合信息，通过基于机器学习、深度学习的标签化处理方式，实现有监督的标签化与无监督的标签化，单属性标签化与组合属性标签化；并通过优化迭代机制，构建产业链标签体系。同时根据企业的特征属性、投资机构的投资偏好等为企业、投资机构打上所属的产业链标签。

产业链标签体系的目的在于识别产业链细分、产业上下游关系、产业特征以及产业相关企业、投资机构等。产业链标签体系构建的难点在于：一是产业链涉及的信息量巨大，需要依赖于行业分析师、研究员等专业人员的投入，人工处理的工作量巨大；二是企业存在混业经营情况，仅从工商等信息中，很难准确揭示企业所属的多个产业。

机器学习和深度学习方法正好适用于这些难点的解决，其标签化处理的主要步骤包括：对通过数据聚合得到的实体最大属性集进行特征属性构造；对特征属性进行聚类分析后得到分类性标签；通过算法模型，对训练集进行处理以及不断迭代完善，生成标签标注器，获得对新进入实体打上标签（分类）的能力。

4. 分布式可扩展的实时搜索与数据分析引擎

为提供数据的索引、搜索、分析和探索能力，平台集成了ElasticSearch。这是一个分布式、高扩展、高实时的搜索与数据分析引擎，主要运行机制是：通过表格抽取、图片抽取、文本嵌入、文本语义扩展等模块解析的结构化语义化数据、标签、文本、表格、图片的上下文信息等被提交到ElasticSearch数据库中，再通过分词控制器将对应的语句分词，将其权重和分词结果一并存入数据库，当用户搜索数据时，再根据权重将结果排名打分，最后将结果返回呈现给用户。通过部署多台ElasticSearch构建的集群，使得数据冗余存储，保证数据安全，同时支持快速增加和部署新的节点，保证了搜索系统的高速响应。

5. 多节点分布式云部署文件系统

为满足工作底稿全程电子化监控存管，实现安全存储、版本维护、操作审计等功能，建设了支持多节点、分布式、高可用的企业文件集成传输和监控管理系统。该系统核心是大文件并发多线程的文件采集和文件实时分发能力，采用多站点分布式云部署，支持文件随时、随地上传、查阅。同时具备文件全生命周期的安全管理体系，将敏感数据隔离在公司环境内，控制数据在员工间的非受控共享和编辑，确保特定数据资产带不走、打不开、找得到，有效降低公司敏感信息泄露风险。此外具备敏感信息智能识别检测能力，根据关键字、正则表达式、文件 MD5、文件指纹、文件类型、文件大小等文件属性配置 DLP 规则，支持通过数据样本学习实现智能规则生成，满足内部信息安全管理要求。

（三）特色应用

1. 数据驱动的客户全生命周期管理

为跟踪客户在发展过程中不断演变的资本市场需求，从而获得持续商机，为客户提供"全方位"的综合金融服务，投行综合业务管理平台以数据为驱动，建成了覆盖客户从获取、营销、服务、反馈到持续跟踪的全生命周期管理，实现了包括商机管理、客户管理、潜在客户管理、客户转化、营销服务、舆情监控等功能模块。

系统提供商机发布与推送功能。商机一方面来自员工展业过程中接触到的，另一方面来自整合内部客户数据、外部资讯数据并通过逻辑加工挖掘的企业投融资需求。商机可以是针对潜在客户的商机，也可以是针对已有客户的商机，按照不同规则路径推送至对应的团队或人员进行跟踪服务。系统同时记录商机后续达成的项目、服务等，以计算分析客户转化、业务达成效果，为业务运营提供参考。

通过对客户特征的提取，系统构建了客户标签体系与潜在客户标签体系，通过企业类型、行业、规模、地区、投资偏好、融资偏好等标签对客户进行全方位的刻画，并根据不同业务目的、利用标签搜索，筛选定位目标客户。

通过将公司数据治理工作制定的客户主题数据标准落地到统一客户信息系统中，实现了公司统一的客户识别与唯一编码。通过证件识别、主体识别不同层级匹配，将客户数据与外购的第三方市场数据进行互联互通，进行客户画像的精准刻画。画像既展示客户在投资银行业务条线的商业、合作项目、营销服务、跟踪团队等信息，又展示客户在公司其他业务条线的业务开展情况，以及研报、公告、新闻等资讯数据，为管理决策、跨条线业务合作提供数据支持。

2. 任务驱动的项目全业务流程管理

流程如果停留在文件中，那么即使被制定出来，也很难持续发挥作用；流程必须实现在信息系统中，这样不仅是为了流程能够真正被执行，同时流程过程中产生的数据也可以反过来用于优化流程。业务承做管理主要采用任务驱动的设计思路，所有业务流程和工作事项采用任务驱动模式进行实现。通过梳理相关监管规则、内部制度、业务指引等，按照股权类、债权类、并购类、资产证券化的项目类型，设计了不同的项目阶段与阶段任务模板，涵盖了项目从立项、执行、内核、申报、发行到持续督导的全生命周期。以 IPO 项目为例，共设计了 11 个项目阶段、75 项任务、40 余张流程表单。任务驱动以清晰的目标、明确的责任定义辅助项目成员开展工作。当到达某一项目阶段任务时，系统生成待办事项，通过系统通知、短信、邮件等方式提醒相关人员及时处理。同时根据《证券公司投资银行类业务内部控制指引》中有关质量控制、风险内核的要求，设置项目必须完成的阶段节点任务，由系统校验工作底稿归集、沟通反馈、审核等完成后才允许进入项目下一阶段的执行。将质控、内核管理融入项目阶段的各个环节，加强内部控制管理力度，有效保证项目质量。另外，注重展现形式的直观、易操作，采用了"向导式界面"设计（见图6），展现项目在整个生命周期中所处的阶段位置，指导项目成员完成后续阶段步骤，使任务流程更加清晰，易于全局掌控。

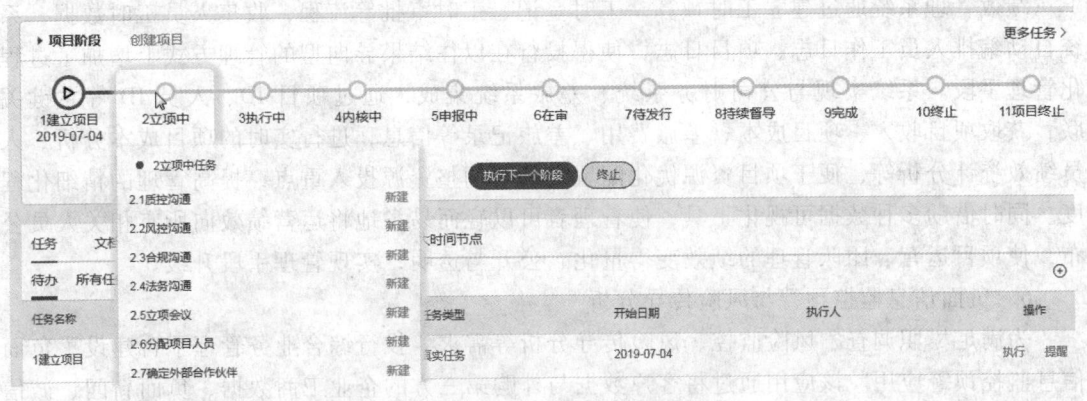

图6 华菁证券自主研发的项目管理系统界面截图

3. 项目管理与文档云集成实现工作底稿管理

《关于建立上市公司重大资产重组独立财务顾问工作底稿科技管理系统的通知》要求各证券公司部署财务顾问业务工作底稿电子化存管系统，工作底稿接受全程电子化监控，底稿不仅需要扫描、上传到管理系统中，还要求操作留痕。文档云解决了工作底稿的安全存储、版本维护、操作审计、受控共享等需求，而底稿的归集、审核等流程管理需求由项目管理系统负责实现。文档云提供底稿目录维护接口、项目组成员同步接口、权限同步接口、文件上传接口、文件下载接口、在线预览接口、全文检索接口、日志审计查询接口等，项目管理系统调用接口服务，在项目阶段任务中进行展现，使项目执行人员在任务中完成底稿提交；同时内控人员在任务中查询、审核底稿，将底稿编制、归档、留存、审核等融入项目执行过程中，全面记录尽职调查与项目执行过程，为有效提升项目质量、控制项目风险，保证底稿实时、规范化归集管理等提供支持。

4. 智能产业链分析与并购业务机会推荐

为辅助业务人员获得更具穿透力的产业趋势洞察能力，发现新的赛道与价值增长点，挖掘潜在业务机会，基于知识图谱、智能标签、智能搜索等技术，华菁证券构建了企业与投资机构的标签体系，以及涵盖集成电路、通讯5G、医疗健康等新经济产业的产业链图谱。从产业链视角，通过该环节的企业分布数量、融资信息、专利指标的累计以及阶段性增速情况看行业区域及热点领域。基于图搜索算法查找存在路径关联的多个产业，便于发现产业与产业、产业与企业、产业与投资机构之间隐含的关联关系，强化线索发现能力和信息分析能力。同时捕获热门融资事件以及投融资信息，如融资主体、投资机构、融资金额、时间、轮次、所属行业、区域分布等，根据融资事件的行业属性，洞察热点行业，辅助判断行业的发展阶段,从机构的投资布局看行业热点及行业趋势等,辅助用户从投融资视角对产业或行业进行全面把控。

在标签体系与产业链图谱基础上,通过内置模型计算,在输入并购主体名称或者所属产业链标签及目标产业链标签后,由系统直接推荐出相应的并购领域及标的公司,辅助业务人员快速寻找潜在并购机会,并可为寻求产业链横向或纵向并购的客户提供决策建议,提高上下游产业的整合能力。

5. 实时可视化项目与人员绩效分析增强管理透明度与精细化

绩效管理系统通过建立工时预算、工时登记、工时审批等流程,收集人员工时数据,系统自动编排人员工作日志、项目日志,使得投行在以往结果导向型的管理方式上增加了过程化管理手段。系统实现与公司财务系统、差旅系统集成,通过项目 ID、人员 ID 等主键关联,获取项目收入、项目成本、差旅费用、差旅记录等信息,进行实时的项目成本分析、人员绩效统计分析等,便于项目资源优化配置,及时调整资源投入重点,提高管理的精细化程度。同时借助多种数据可视化工具,使管理者可以轻而易举地将运营绩效向所有相关人员公布,使项目运营、团队管理的绩效变得量化、公开与透明,实现管理手段升级。

6. 负面信息监控预警与风险传导分析

为满足尽职调查、风险监控、风险传导分析等需求,投行综合业务管理平台建设了负面信息监控预警应用。该应用通过将客户数据与外购第三方的企业工商数据、负面新闻、诚信数据、诉讼数据等进行互联互通,实现信用预警、财务预警、经营预警、管理预警、项目预警、担保预警、产品预警、监管预警、市场预警等共计 12 个风险大类 102 个风险小类的预警。从标的企业出发,按照股东持股、对外投资、实控人、高管、担保人、对外担保、客户、供应商等关联关系,形成企业链路图谱,在风险事件发生时,依循链路主动寻找波及企业,快速定位到易受影响的企业,揭示周边风险,进行风险传导分析。

五、投资银行业务管理数字化转型展望

华菁证券通过投资银行业务数字化转型实践,以技术驱动业务与管理模式转型,初步搭建了公司统一的开发平台,通过建设投行综合业务管理平台,积累了部分业务组件与技术组件,为后续其他创新类应用系统的快速开发奠定了基础。未来公司将继续沿着"三个平台化,一个体系""平台+应用"的思路进一步推动投资银行业务及其他业务领域的数字化转型。后续,针对投资银行业务管理的数字化转型拟重点在以下两个方面有所突破:

一方面,需要提高基础数据的可访问性,为业务发展积累高质量的数据资产。目前仍然有大量投行业务数据封闭在工作底稿、合同、项目文件等纸质、PDF 文档中、Excel 数据表中,甚至是图片中,里面沉淀了有价值的业务信息,虽然文档正在陆续进行电子化,但其中的信息要素并没有被大规模地有效解析与提取,实现结构化存储。OCR、表格抽取、图片抽取、文本嵌入、文本清理等技术的综合运用,将有助于实现金融数据的可触达,同时通过数据标准化、数据质量管理等数据治理措施,将为业务转型积累高质量的数据资产。

另一方面,需要继续扩展智能应用,充分释放数据资产价值,为业务转型赋能。将大数据、人工智能、云计算等技术应用于机器人自动化、金融文档解析、投研分析、风险监控等,从而更有效地提升业务运营效率及更好地防范风险,将成为未来投行业务数字化探索实

践的方向。

参考文献

[1] Gartner. 2019 CIO Agenda: Secure the Foundation for Digital Business [R]. https://www.gartner.com/en/information-technology/trends/cio-agenda. 2019.

[2] 喻华丽. 深交所金融科技战略思路与应用实践 [J]. 证券市场导报, 2019 (Z8): 6—10.

[3] 申万宏源证券有限公司. 金融科技引领下证券公司的商业模式重构及监管机制研究 [J]. 中国证券, 2018 (4): 63—80.

[4] 麦肯锡全球研究院. 数字时代的中国: 打造具有全球竞争力的新经济 [R]. https://www.mckinsey.com.cn/wp-content/uploads/2018/03/20180314-MGI-Digital-China_CN_Full-Report_Digital-View_small.pdf. 2018.

[5] 中国中文信息学会, 语言与知识计算专委会. 知识图谱发展报告 (2018) [R]. http://cips-upload.bj.bcebos.com/KGDevReport2018.pdf. 2018.

境外市场券商业务结构演变与盈利模式研究

王青怡　方　馨　梁　斌　张欵慧　商　康　胡　晓*

一、境外券商业务结构的演变：以典型券商为例

随着不同阶段市场需求的变动，境外券商的业务结构也不断演变，促使其不断变革组织架构与业务模式，整体上从"以业务为中心"转向"以客户为中心"，尤其聚焦机构投资者的全方位综合服务，收入贡献最大并成为大部分资产的来源。

（一）高盛：机构投资者做市交易业务逐步做大

高盛成立于1869年，初期经营商业本票；20世纪初进入股票承销市场，30年代起大力发展大宗交易与机构经纪业务，70年代推动投行业务创新，80年代起大力发展自营与资产管理等买方业务。在2001年之前，高盛只有全球资本市场（含投资银行、交易与自营投资）、资产管理及证券服务两大板块；由于以抵押贷款证券化（MBS）为代表的金融衍生品兴起，2002年高盛将全球资本市场板块分拆为投资银行、交易与自营投资两个板块（见图1）。

2002—2009年，由于金融衍生品的快速增长，高盛交易与自营业务板块的收入占比从62%提升至76%（其中FICC[①]从33%提升至52%），资产占比从69%提升至78%；投资银行业务板块收入占比从20%下降至11%；资产管理及证券服务板块收入占比从18%降至13%。由于其独特的决策机制，2008年受次贷危机的影响相对较小（见图2）。

---

* 作者简介：王青怡，管理学硕士，注册会计师，高级经济师，现任国泰君安证券股份有限公司战略管理部副总经理，具有丰富的战略绩效管理实践经验。方馨，经济学硕士，现任国泰君安证券股份有限公司战略管理部绩效管理主管，曾任公司行业研究员并获各类最佳分析师奖项。梁斌，张欵慧，商康，胡晓：国泰君安证券股份有限公司战略管理部绩效管理专员。原载于《中国证券》2019年第8期。

① FICC业务包括固定收益（Fixed Income）、外汇（Currency）和大宗商品（Commodities）业务。

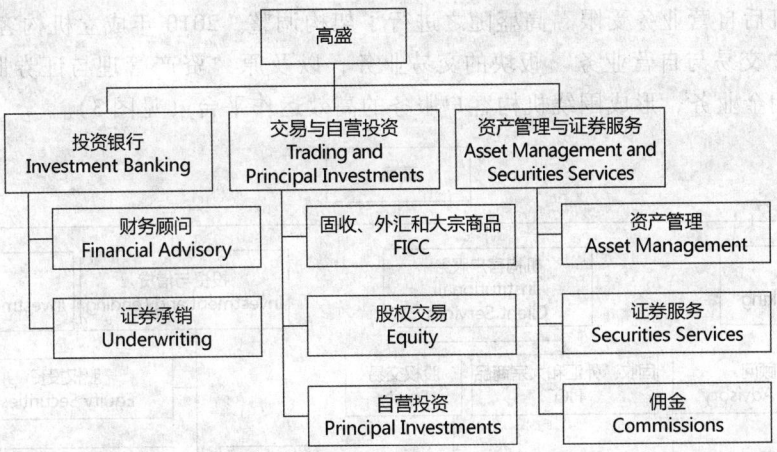

图 1　高盛 2002—2009 年组织架构

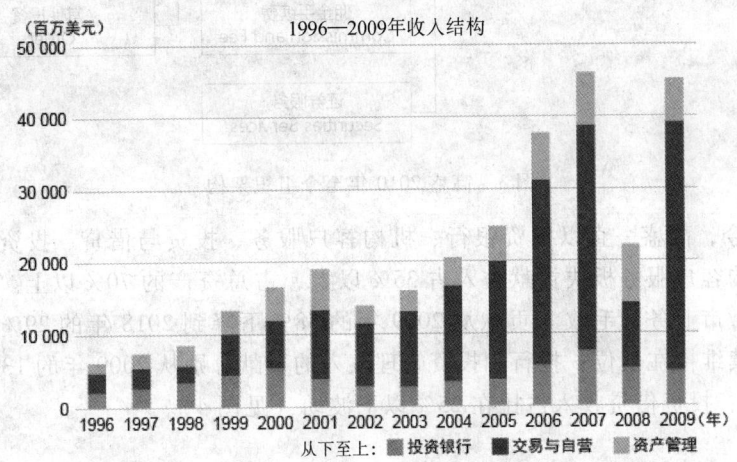

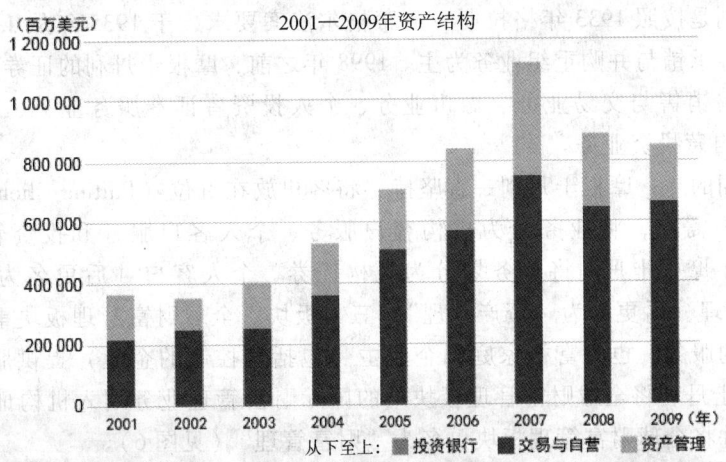

图 2　高盛 1996—2009 年业务结构

资料来源：高盛招股说明书，1999—2009 年年报。

次贷危机后自营业务受限，高盛随之进行了架构调整，2010年成立机构客户服务板块，整合纳入原"交易与自营业务"板块的交易业务，以及原"资产管理与证券服务"板块的证券服务与佣金业务，形成围绕机构客户服务的高效运作平台（见图3）。

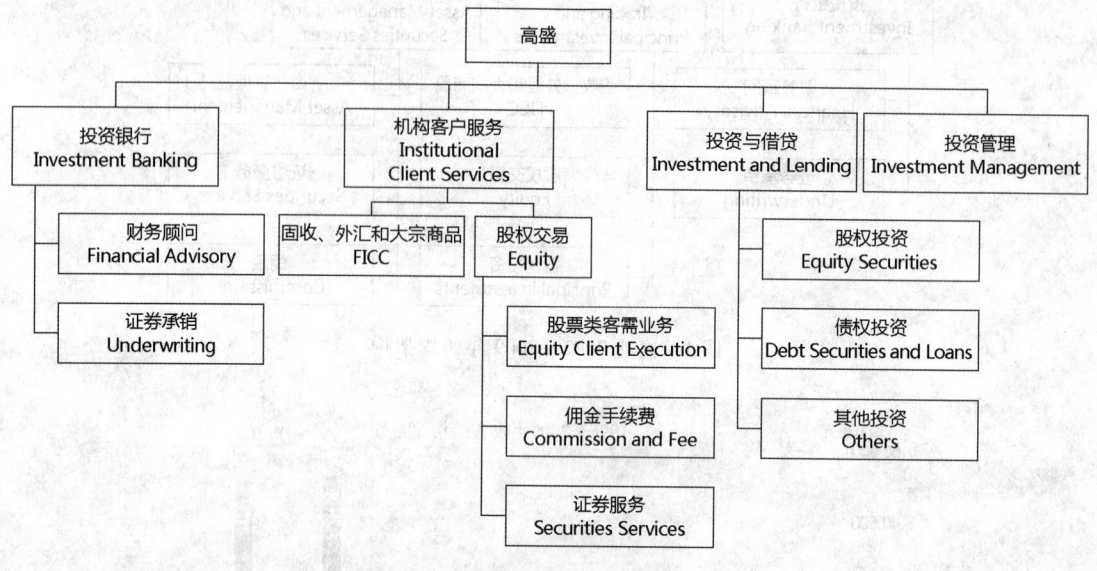

图3　高盛2010年至今组织架构

2010年至今，高盛一直以投资银行、机构客户服务、投资与借贷、投资管理四大板块运作，其中机构客户服务板块贡献收入占35%以上，占总资产的70%以上。但由于机构业务资产下降，做市业务的毛收入贡献从2009年的58%下降到2018年的29%，佣金及手续费收入贡献持续维持在低位；投行和投资管理收入的贡献分别从2009年的13%和11%提升至24%和20%；投资借贷收入占比在25%以下波动（见图4）。

（二）摩根士丹利：机构证券业务不断做大

摩根士丹利是按照1933年格拉斯－斯蒂格尔法案要求，于1935年从J.P.摩根分拆设立，初期以证券承销与并购重组业务为主。1998年之前，摩根士丹利的证券业务①主要包括投资银行业务、销售与交易业务、做市业务、个人投资者证券服务业务、研究服务业务；1999年起新增自营投资业务。

与高盛不同的是，摩根士丹利一直坚持"将客户放在首位（Putting Clients First）"的价值观，围绕客户需求，将业务分为机构客户服务、个人客户服务和投资管理三大方向。2002—2004年，摩根士丹利将业务划分为机构证券、个人客户（后更名为"全球财富管理"）和投资管理（后更名为"资产管理"）三大板块。全球财富管理板块重点聚焦在富裕和高净值客户的服务，也为富裕家庭和企业主（包括其控制的企业）提供服务（见图5）。2013年，摩根士丹利将全球财富管理板块中的国际财富管理业务划入机构证券板块下的权益相关业务，并将全球财富管理板块更名为"财富管理"（见图6）。

---

① 摩根士丹利的信用卡业务（Discover子公司）不属于严格意义上的证券业务，本文暂不讨论。

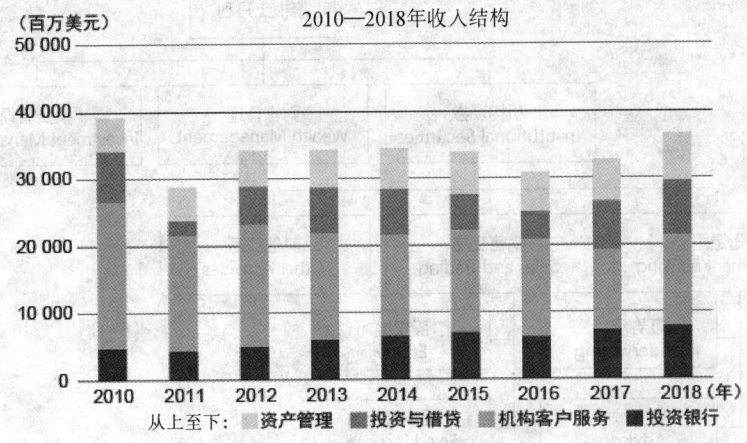

图 4　高盛 2010—2018 年业务结构

资料来源：高盛 2010—2018 年年报。

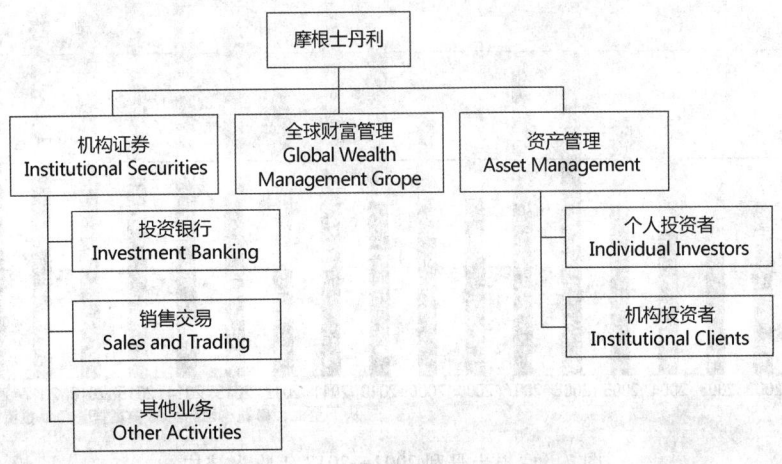

图 5　摩根士丹利 2002—2012 年组织架构

图 6　摩根士丹利 2013 年至今组织架构

机构客户服务板块包括投行与销售交易等，对集团净收入的贡献保持在 40% 以上，并形成了 70% 的资产规模，包括集团全部交易性金融资产、融出证券与大部分的买入返售及现金等价物；财富管理板块聚焦个人或家族财富，净收入贡献持续上升，自 2009 年起达到 40% 以上；投资管理板块对集团净收入的贡献从 20% 降至 7%。与杠杆率最高的 2007 年相比，2018 年机构证券板块的净收入贡献从 58% 下降至 51%，其中投资收益降幅达到 88%；财富管理板块净收入大幅增长，主要是资管手续费净收入增长 231%；投资管理板块净收入下降了 50%（见图 7）。

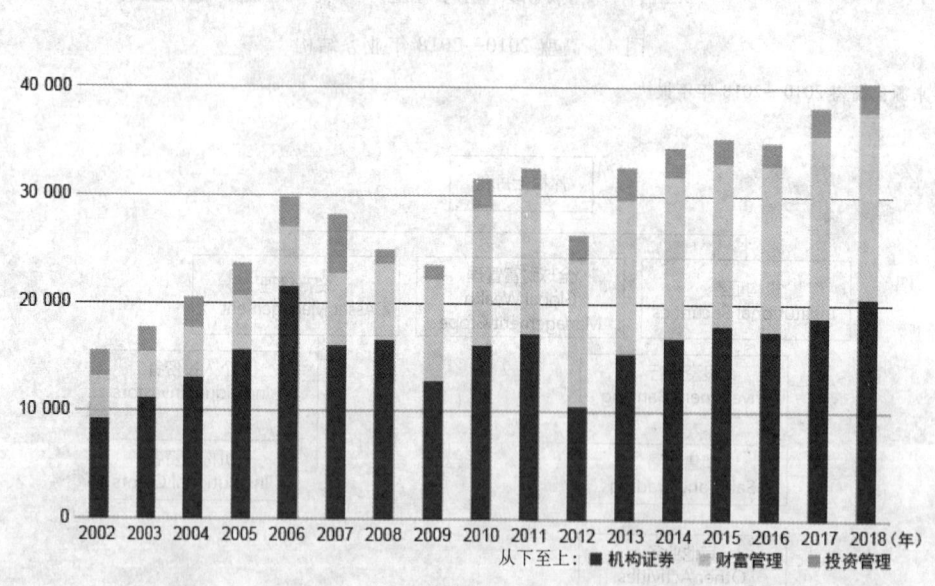

图 7　摩根士丹利 2002—2018 年收入结构

资料来源：摩根士丹利年报，Bloomberg。

这种根据客户需求划分业务板块的方式更类似于事业部制，使得各个业务板块的收入构成较为多元化。2018年机构证券板块为集团贡献51%的净收入，其中贡献了90%以上的投行业务收入和交易类收入，以及64%的佣金收入和42%的投资收益，并有少量资管手续费收入；财富管理板块总体为集团贡献43%的净收入，其中贡献了79%的资管手续费收入和43%的佣金收入；投资管理板块集团贡献7%的净收入，贡献了58%的投资收益和19%的资管手续费收入（见图8）。

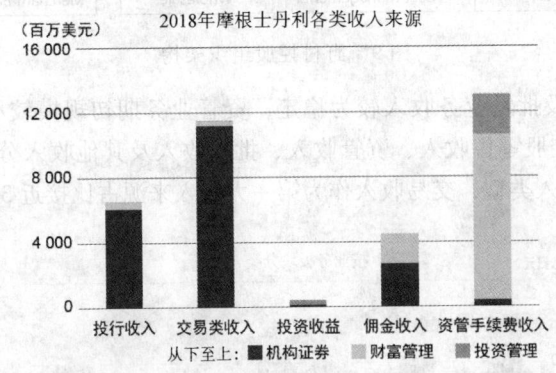

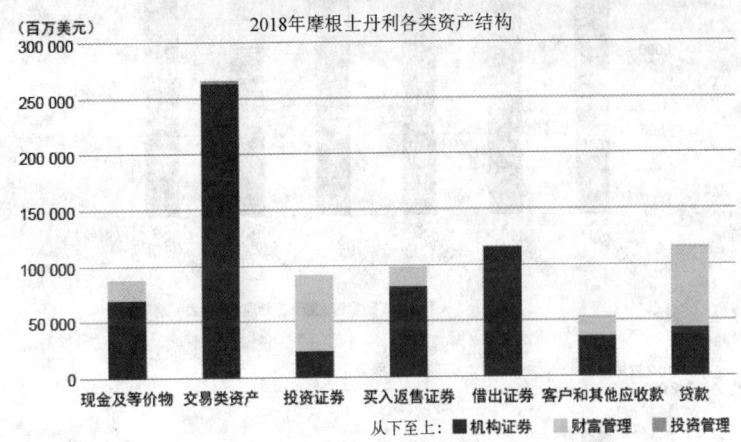

图8 摩根士丹利收入来源与资产结构

资料来源：摩根士丹利年报，Bloomberg。

（三）野村控股：交易业务已成中坚

野村证券于1925年由大阪野村银行证券部门拆分设立。最初专注于债券市场，1938年获得股票交易资格，1961年就已上市。2001年为提升效率，改组为总部负责战略运营、下属证券子公司执行业务的控股公司模式，整合了国内零售、全球批发以及资产管理三大部门。2008年金融危机期间，野村证券收购了雷曼兄弟在亚太、欧洲和中东的业务。目前野村控股采用矩阵式管理模式，一方面将业务分为零售、资产管理、批发和商业银行四大板块，其中批发业务板块包括投资银行、交易、机构销售等，商业银行板块为2018年新成立板块；另一方面按照地域分为日本、亚洲、EMEA、美洲四大区域（见图9）。

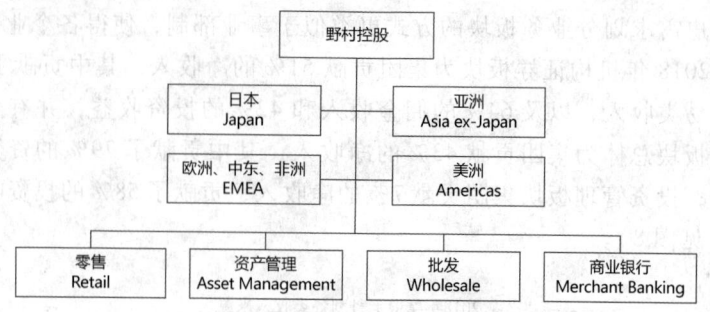

图 9 野村控股组织架构

2012年以来，零售及批发业务收入较为稳定，资管业务期初规模较小但稳步增长。2018财年，按业务板块，野村控股零售收入、资管收入、批发收入及其他收入分别占收入合计的28%、9%、48%和16%。按收入类型，交易收入作为第一大收入来源占比接近30%（见图10）。

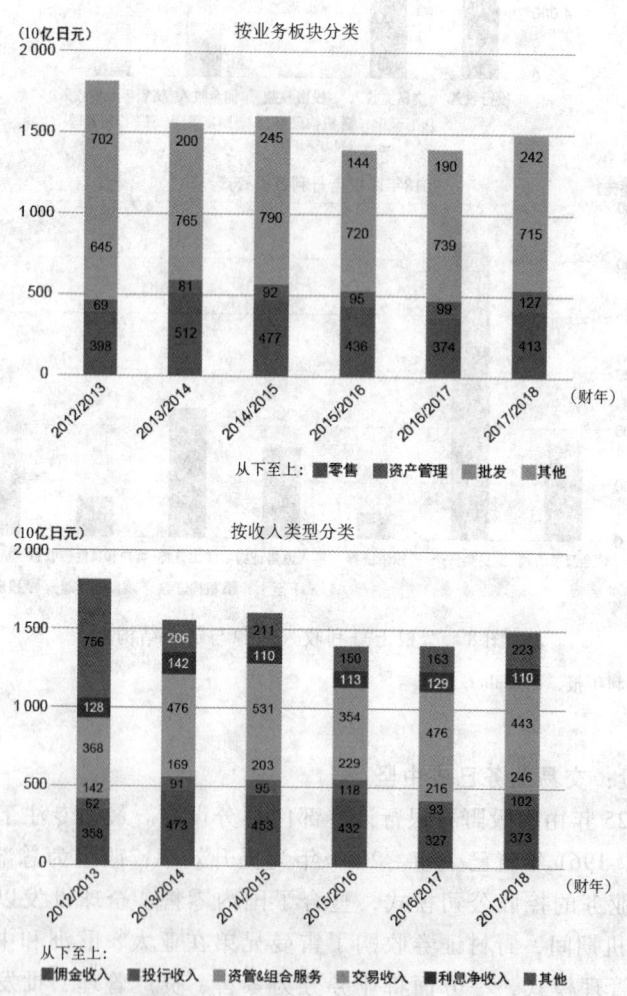

图 10 野村控股2012—2018年收入结构

资料来源：野村控股年报。

二、境外券商盈利模式解读：业务、收入与资产视角

（一）机构投资者服务

机构投资者服务通过为客户提供全球范围内的做市交易、融资融券和风险管理等服务赚取佣金、价差和利息收入等，同时提供清算结算和托管等配套服务。做市品种包括 FICC 和权益，其中 FICC 主要包含利率产品、信用产品、抵押产品、货币产品和大宗商品及其相关衍生品，一般占比较高；权益类主要包含股权证券及其相关产品，例如 ETF、可转债、期权、期货和场外衍生品（见图 11）。

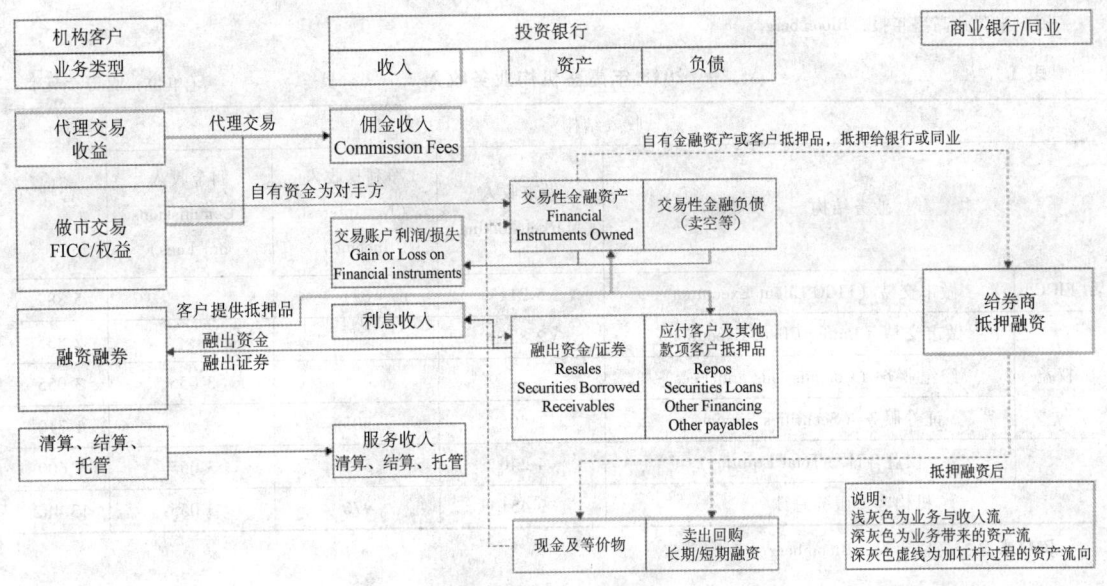

图 11 高盛机构投资者服务流程与盈利模式

高盛将机构业务分为做市交易、经纪业务和证券服务三类。做市交易为对手方交易形成的重资产业务，通常占机构业务收入的 60%—70%；经纪业务收入占比 20% 左右，主要为交易佣金；证券服务包括融资融券、交易清算、结算等业务，收入占比约 10%—15%。为了满足客户较为复杂或流动性较差的交易需求，做市商通常会与客户进行对手方交易，收取较高佣金；由于完全对冲难度较高，可能形成资产持仓与相应的资本盈亏，因此做市交易中做市商资格、资本实力、交易方案设计与实施能力都非常重要。高盛在全球主要国家的债券市场、银行间货币市场以及主要期货和衍生品市场都具备做市商资质。

在做市交易业务中，高盛形成的自有持仓与融资融券取得的客户抵押品均可以向银行或同业进行抵押融资，所获资金又可以参与到这些资本业务中，形成加杠杆的循环。因此机构业务是国外券商加杠杆的主要来源，高盛总资产中的 70% 来自机构业务（见图 12 和表 1、表 2）。

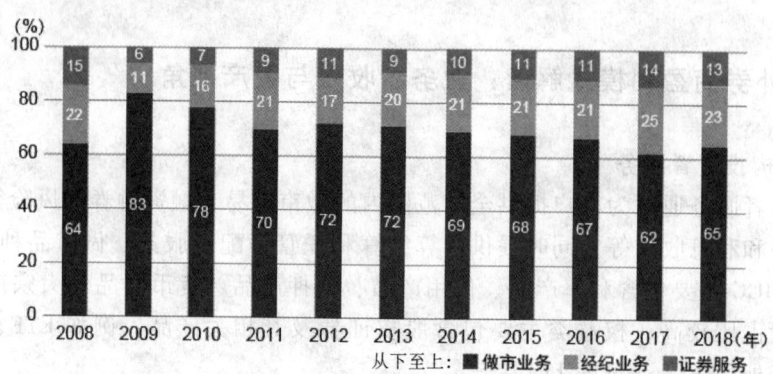

图 12 高盛机构业务收入比例

资料来源：高盛年报，Bloomberg。

表 1　　　　　　　　　　2018 年高盛机构业务收入　　　　　　　　（单位：百万美元）

业务结构		做市收入（Market Making）	净利息收入（Net Interest Income）	佣金收入（Commissions and Fees）	合计
FICC	做市交易（FICC Client Execution）	5 211	671		5 882
权益	做市交易（Equity Client Execution）	2 835			2 835
	经纪业务（Commissions and Fees）			3 055	3 055
	证券服务（Securities Services）	1 405	305		1 710
	权益合计（Total Equities）	4 240	305	3 055	7 600
机构客户服务总计		9 451	976	3 055	13 482

资料来源：高盛年报，Bloomberg。

表 2　　　　　　　　　各业务占资产的比例　　　　　　　　　　（单位：%）

业务类别	2000 年	2005 年	2009 年	业务类别	2009 年	2014 年	2018 年
执行业务	0.8	0.7	0.2	投行业务	0.2	0.2	0.2
交易与自营	51	72	78	机构业务	88	81	70
资产管理和证券服务	48	28	22	投资与借贷业务	10	17	28
合计*	100	100	100	资产管理业务	1	2	2
				合计	100	100	100

* 2000—2004 年中包含未能分配的资产。

资料来源：高盛年报，Bloomberg。

（二）广义资产管理业务：投资管理与财富管理

广义资产管理业务可分为投资管理与财富管理两类模式，其区别在于：投资管理业务以资管产品形式进行管理，向客户收取产品销售费用、产品管理费、业绩报酬及交易佣金等，与境内券商资产管理业务模式较为类似。资管产品的质量是该业务最关键的核心竞争力。财富管理则基于账户资产价值收取账户管理费收入，包括账户管理费、投顾服务费等。财富管理业务虽然也比拼为客户提供资产保值增值的能力,但其所依赖的产品是"优选百货式",即全市场内的产品只要达到一定质量标准,都应该为客户提供。由于规模与费率相对稳定,资产管理业务是券商长期稳健的收入来源。

1. 投资管理业务:全品类布局,权益与另类费率较高

高盛、摩根士丹利均设有投资管理板块。高盛投资管理规模 2016 年突破万亿美元,2018 年末达 1.5 万亿美元,实现净收入约 70 亿美元,占公司营收比例接近 20%;摩根士丹利的投资管理业务规模从 2009 年的 2 510 亿美元增长到 2018 年的 4 710 亿美元,投资管理业务净收入 27.5 亿美元,占营收比例约 7%(见图 13)。

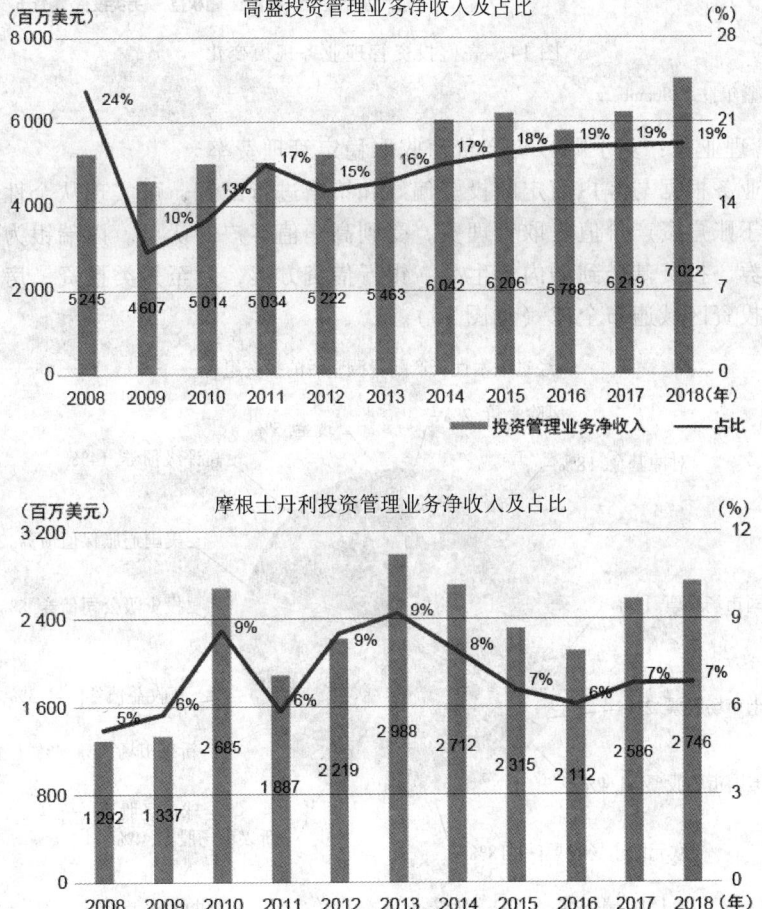

图 13 高盛及摩根士丹利投资管理业务净收入变化

资料来源:高盛年报,摩根士丹利年报,Bloomberg。

境外券商投资管理业务的主要特点是全品类布局,另类投资涵盖面广,已成规模。高盛 2018 年末固收类占比近半,权益及另类投资占比分别约 20% 与 11%,其中另类投资覆盖了对冲基金、信用基金、私募、房地产、外汇、期货等领域,规模已达 1 670 亿美元;摩根士丹利的固收规模较小,权益及另类规模占比分别达 24% 与 34%,其年平均费率均达到 0.7%

（见图14）。

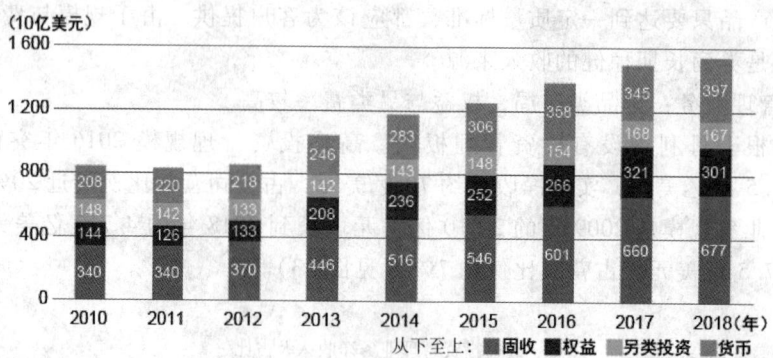

图14 高盛投资管理业务规模变化

资料来源：高盛年报，Bloomberg。

2. 财富管理业务：基于账户资产价值收取稳定管理费率

财富管理业务根据与客户商定的投资偏好和策略进行配置，可实现从个性化到均衡的灵活配置，并基于账户资产价值收取管理费，受到高净值客户的认可。以瑞银为例，可提供从单只股票、债券、投资基金到场内衍生品、银行借贷方案，乃至另类投资、房地产基金等各类投资工具，投资区域遍布全球（见图15）。

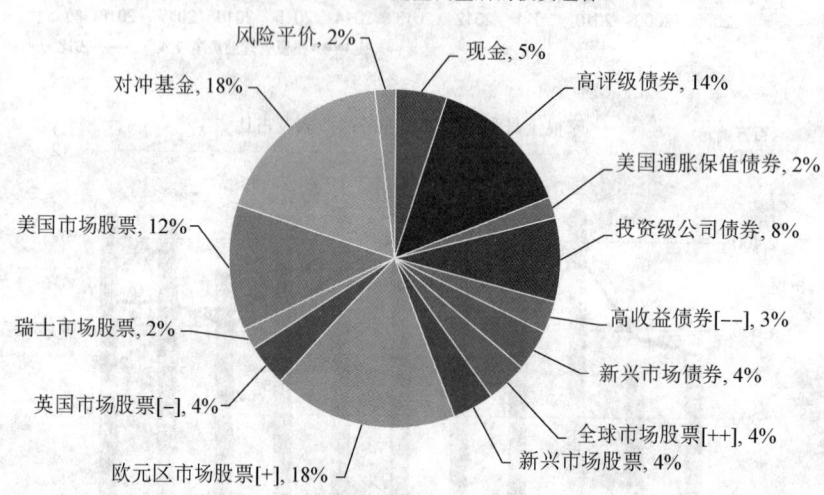

图15 瑞银集团2017年末为平衡风险型客户提供的欧元资产

注："＋"表示在战术性资产配置调整中超配，"－"表示低配。
资料来源：UBS House View。

瑞银将财富管理账户体系分为交易账户、投资咨询账户与授权委托账户，分别收取交易佣金、顾问服务费与账户管理费，2018年末采用授权委托方案的客户占比提升至33.6%；通常还在客户资产中直接扣除其产生的产品销售佣金、管理费及交易佣金。瑞银财富管理板块2018年资产管理规模2.26万亿美元；实现收入170亿美元，其中近100亿美元为组合管理或投资顾问费。

摩根士丹利的财富管理板块2018年管理资产规模突破万亿美元,实现172亿美元收入,占公司收入的比重达到43%,其中资产管理收入达到100亿美元。其收费客户资产规模增速较快,占全部客户资产规模的比例也从2011年末的30%提高至2018年末的45%,年平均费率0.75%左右。其中,提供全权委托的组合投资(Portfolio Manager)管理规模最大,费率也相对较高(见图16)。

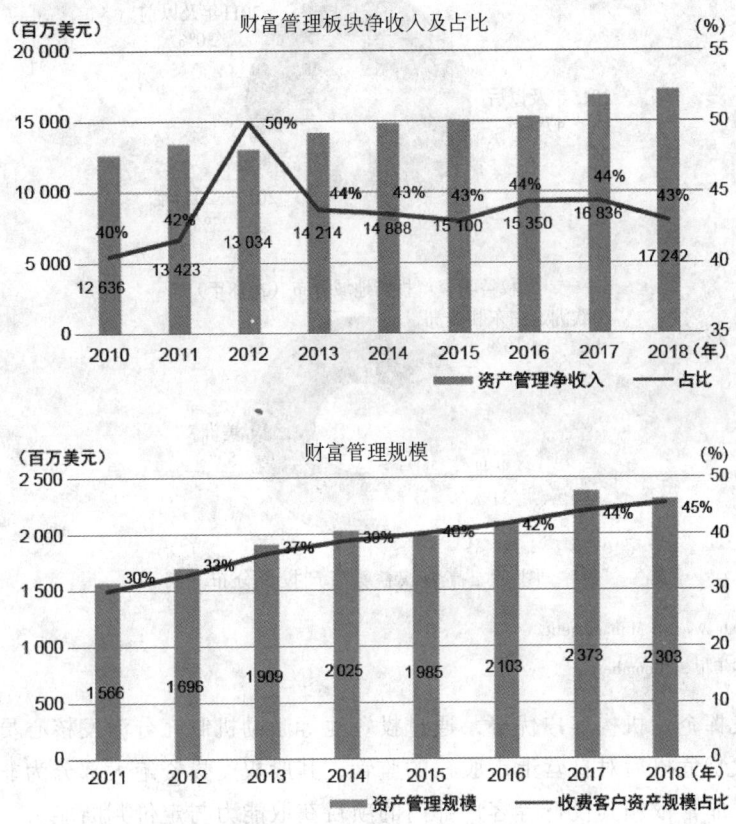

图16 摩根士丹利财富管理板块收入与规模变化

资料来源:摩根士丹利年报,Bloomberg。

嘉信理财主要通过低佣、免佣、灵活交易账户等方式获取客户,成为美国折扣券商的代表之一。2000年以后,嘉信理财开始转移业务重心至财富管理业务,收入模式逐渐变为资产管理费分成和类信贷收入。2018年,嘉信共同基金规模接近1万亿美元,收入约18亿美元;收费投资咨询规模约2 300亿美元,收入约11亿美元。资管及利息收入合计占比达到89%。

(三)自营投资业务:多元化全球配置长期投资

境外券商自营投资占比不高,例如高盛投资与信贷业务在总收入的占比约20%,占总资产的比例约为15%;盈利模式较为简单,主要是资产转让、增值及利息等收入。由于市场波动的影响,自营业务也是境外券商业绩波动的主要来源。尽管如此,高盛股权类投资 2011 年以来平均收益率达到 16%。其独特的盈利模式值得借鉴:

一是多元化全球配置投资。2018 年末,从权益类资产的投资方向来看,约 80% 投向商业类公司,约 20% 投向房地产;从地域分布来看,过半投向美洲,约 30% 投向亚洲,16% 投向欧洲、中东和非洲(见图 17)。

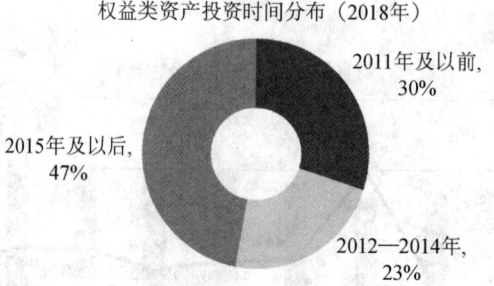

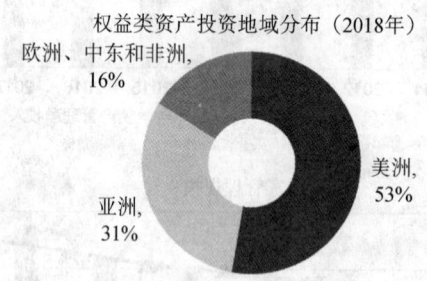

图 17　高盛权益类资产投资分布

注:PWM:Private Wealth Management。
资料来源:高盛年报,Bloomberg。

二是充分发挥企业机构客户优势,通过投资池等激励机制充分激发核心员工推荐优质投资项目。由于次贷危机后对自营上市股权的监管,其股权类投资绝大部分为非上市股权及房地产信托投资,非常依赖其投行等客户部门的项目获取能力与定价判断能力。过往曾投资于投行客户"中国工商银行",实现收益逾 10 亿美元。

三是注重长期投资。2018 年末股权投资余额中,过半已持有超过 4 年。

四是执行严格的风险分散策略。股权投资组合分为 8 个行业种类,每种占比最高不超过 25%;私募股权投资组合包含超过 800 个全球范围内不同行业领域的投资标的。

三、与国内券商的对比与启示

(一)境内外券商业务结构与盈利模式对比

1. 境外券商的杠杆率较高

美国券商自 1970 年起持续加杠杆,20 世纪 90 年代初已达到 20 倍,2007 年峰值近 40 倍,2000—2008 年杠杆中枢 25.4 倍、ROE 中枢 15% 左右;次贷危机后受监管政策限制,杠杆中枢降至 13.1 倍,ROE 中枢降至 10% 左右。欧洲巴克莱、BNP、UBS 以及日本证券行业的杠杆率也都达到或超过20倍，次贷危机去杠杆后仍在10倍左右。高盛剔除客户资产和被动负债影响后，其主动负债的杠杆率约为7倍。

国内券商方面，近年来随着融资融券、股票质押等资本中介业务的快速发展，国内券商杠杆率有所提升，但仍低于5倍。从ROE的绝对值来看，国内券商ROE的平均水平并没有过多落后于境外券商，但受行情影响较大，牛市与熊市的ROE差距较大（见图18）。

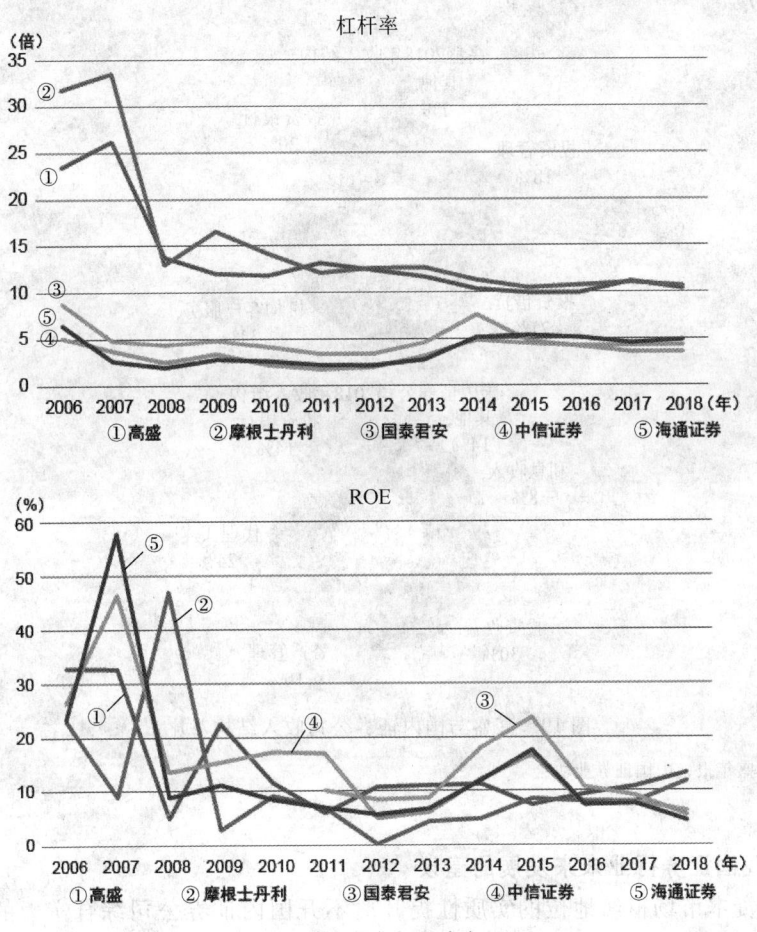

图18 中美券商杠杆率与ROE

资料来源：券商年报，Wind。

造成差异的主要原因是资本中介和交易做市业务的发展水平有较大差距。高盛2018年用于做市的资产占其总资产的比例高达48%，用于客户融资的资产占其全部资产的比例为16%，以902亿美元的净资产支撑了做市和融资资产5880亿美元。而国内券商虽然资本中介业务发展较快，但无论是"两融"还是股票质押，证券公司均不得运用客户的抵押物，而做市业务也仍处于初步发展阶段，资本消耗规模比较有限。

2. 境外券商佣金占比低，机构及资管业务占比较高

境外券商大多已经形成围绕机构客户的综合服务的业务板块，收入贡献较高。高盛2018年机构客户收入占总收入的37%，摩根士丹利机构业务（含投行与机构投资者服务等）的净收入占比达到51%；野村证券批发业务（全球市场部与投资银行）2018财年营业

收入占比达57%。与此同时，随着美国佣金自由化与资本中介、资产管理等业务兴起，高盛、摩根士丹利等大型投行交易佣金占比已降至10%左右。

反观我国券商，全行业近5年平均代理买卖业务净收入占比仍有34%，在前3名券商中占比为26%，基本上还没有形成围绕机构客户的业务板块，综合服务的开展还不成熟。财富管理规模偏小，尚未形成广义资管业务，近5年证券行业资产管理业务净收入占比仅8%（见图19）。

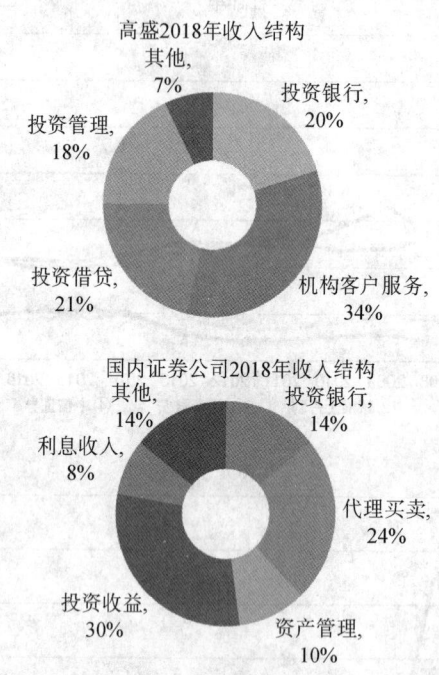

图19 高盛与国内证券公司收入结构对比

资料来源：高盛年报，中国证券业协会。

（二）对我国证券行业未来发展的建议

近年来，资本市场枢纽地位的实质性提升离不开国内证券公司综合实力的实质性提升；同时我国不断加快开放步伐，2021年外资投资证券公司比例将不再受到限制。为了承担资本市场重任、迎接行业全面开放的竞争，国内券商迫切需要提高能力，形成可与外资投行一争高下的竞争能力。也呼吁监管层加强对证券公司的支持力度，建议进一步健全行业发展的基础制度：

一是建议与国际接轨，加快改革三方存管制度，推动实现二级托管制度。二级托管制度是销售与交易的基础，也是做大券商资产负债表的基础。当前世界绝大多数地区对于客户资金的存管均采取经纪商存管模式，而我国目前采用第三方存管制度，凡涉及客户交易结算资金层面的安排，均需证券公司与存管银行高度协同，证券金融产品的设计与创新、客户资金的清算交收效率均受到束缚。当前资本市场的开放对客户交易资金结算的便利度、准确度和效率要求越来越高，使得中资券商在国际化竞争中处于非常不利的地位。因此建议在当前的配套制度安排、技术条件以及行业合规风控体系已逐步健全、对保障客户资金安全已有行之有效的方法、改革第三方存管制度的条件已趋成熟的情况下，推动实现三方存管制度改革，支持证券业把客户的证券资金账户打造成为全能型的综合金融账户。

二是建议在头部券商承担中小非银机构流动性支持功能的同时，赋予头部券商与商业银行同等的支付、托管、结算功能，使其可以有效管理交易对手的风险。

三是建议建立头部券商创新容错机制、业务品类黑名单机制、绿色审批通道。鼓励其大胆进行机制创新、管理创新和业务创新、产品创新，实现超常规发展。

参考文献

[1] 中国证券业协会. 中国证券业发展报告 2018 [M]. 北京：中国财政经济出版社，2018.

[2] 李迅雷，李明亮. 中国投资银行功能及其业务发展方向 [J]. 上海：上海金融，2014（3）.

[3] Caroline Fohlin, A Brief History of Investment Banking from Medieval Times to the Present, Nov. 2014.

[4] 钱龙海. 发展 FICC 业务，全面提升券商服务资本市场和实体经济的能力 [A]. 中国证券业协会. 创新与发展：中国证券业 2013 年论文集 [C]. 北京：中国财政经济出版社，2013.

[5] 周玲玲. 20 世纪 70 年代以来美国投资银行变迁研究 [D]. 吉林大学，2011.

[6] 秦国楼，孟辉. 美国金融危机中华尔街独立投行的变迁及其启示 [J]. 武汉金融，2009（04）.

[7] 马红霞，孙国华. 美国投资银行危机及其转型剖析 [J]. 国际金融研究，2009（03）.

[8] 杨腾，王松柏. 国外证券公司业务模块设置研究——基于高盛集团、嘉信理财、野村证券的案例分析 [J]. 中国证券，2014（5）.

[9] The Goldmen Sachs Group. Annual Report [EB/OL]. 1999 – 2018.

[10] Morgan Stanley. Annual Report [EB/OL]. 1997 – 2018.

[11] Nomura Holdings Inc. Annual Report [EB/OL]. 2010 – 2018.

[12] UBS Group AG and UBS AG. Annual Report [EB/OL]. 2001 – 2018.

[13] THE CHARLES SCHWAB CORPORATION. Annual Report [EB/OL]. 2010 – 2018.

[14] 中信证券. 年度报告 [EB/OL]. 2003 – 2018.

[15] 国泰君安证券. 年度报告 [EB/OL]. 2015 – 2018.

[16] 海通证券. 年度报告 [EB/OL]. 2000 – 2018.

证券公司强化财富管理能力研究

中国证券业协会"进一步强化证券公司责任与能力"课题组*

一、境外财富管理业务的发展现状与趋势

（一）境外财富管理行业发展现状

财富管理的理念起源于 20 世纪 30 年代的美国，欧美财富管理行业到今天为止已经走过了几十年的路程，并经历了以产品为中心、以销售为中心和以客户为中心三个重要阶段。如今，欧美的财富管理机构已经可以通过多元化的产品和服务满足不同层次客户的理财需求，在促进其国内金融资源有效分配、优化收入结构、增加养老保障水平等诸多方面发挥着重要的作用。

根据 Scorpio Partnership 发布的全球私人银行报告[①]，截至 2017 年底，管理资产规模排名全球前 10 位的私人银行均为欧美金融机构（见表1）。

表 1　　2017 年底全球前十大私人银行管理资产规模排名

排名	公司名称	管理资产规模（万亿美元）	2017 年资产规模增速（%）
1	瑞银集团	2.40	16.9
2	摩根士丹利	2.23	14.1
3	美国银行	2.20	11.9
4	富国银行	1.90	10.6
5	加拿大皇家银行	0.91	15.4

---

* 本文为"进一步强化证券公司责任与能力"系列研究报告之三。课题组成员：华泰证券股份有限公司：朱有为，马溯纲；广发证券股份有限公司：谢军，孟醒；国泰君安证券股份有限公司：王新宇，刘汉东。原载于《中国证券》2019 年第 8 期。

① Scorpio Partnership 2018 Global Private Banking Benchmark.

续表

排名	公司名称	管理资产规模（万亿美元）	2017年资产规模增速（%）
6	瑞士信贷	0.79	18.3
7	花旗	0.53	17.2
8	摩根大通	0.53	20.9
9	高盛	0.46	10.9
10	法国巴黎银行	0.44	20.7

资料来源：2018 Global Private Banking Benchmark Report, Scorpio Partnership.

（二）境外财富管理行业发展特点及趋势

经过几十年的发展，欧美财富管理行业已经逐渐形成了多元发展、差异竞争、层次分明的生态体系，其行业发展主要有以下特点：

1. 行业生态多样化

根据不同客户的不同资产规模及需求，欧美财富管理行业会有差异化的财富管理机构提供差异化的服务：私人银行及家族信托或办公室定位于为超高净值客户提供全面的财富服务，服务内容极为广泛，涵盖从资产配置、财务规划到非金融类的各种增值服务；投资银行与全能银行则侧重于服务高净值客户，通过其投行、资管等多元化的业务资源为客户提供综合投融资服务；独立金融顾问的目标客户是拥有较高可投资资产的家庭，主要为客户提供定制化的财务、税务和遗产规划解决方案；零售银行主要为一般富裕阶层提供理财配置、财务规划等财富管理服务；资产管理公司主要利用其自身的产品创设管理优势以及分销渠道，为普通投资者提供基于大类资产配置的投资组合管理服务；经纪公司与新兴的如金融科技等机构则主要为大众富裕客户提供金融产品配置及投资组合管理服务。

2. 服务内容多元化

根据客户的需求，欧美财富管理机构可以提供多元化的服务内容：一是服务的内容比较丰富。其服务能够覆盖从金融类的资产配置、资金融通到非金融类的税务及遗产规划等方面。二是资产配置的种类比较广泛。根据波士顿咨询公司（The Boston Consulting Group, BCG）的报告[①]，全球财富中只有60%投资于权益、债券、现金、存款等投资级资产（类似于国内的标准化金融资产），剩下40%的财富主要投资于低流动性的资产，如寿险、养老金、未上市公司股权等。三是账户管理的手段比较灵活。既有客户全权委托的账户管理模式，也有非全权委托的账户管理模式。在全权委托账户管理模式中，客户将账户的交易权限在约定范围内授权给投资顾问，但与资产管理不同，客户始终拥有账户所有权，可以在授权时附加有关账户投资的个性化要求，同时还可以随时查询账户情况。而在非全权委托的账户管理模式中，投资顾问根据客户需求为其提供持续账户监控服务，由客户根据自身的个性化需求设置相应的资产配置限额。但无论是哪种模式，账户管理已成为欧美财富管理业务的一种新趋势，其账户管理资产规模也保持着快速增长态势，根据美国投资管理协会（Money Management Institute, MMI）统计，截至2018年第一季度，账户管理资产规模已达6.1万亿

---

① BCG：Global Wealth 2018：Sizing the analytics advantage.

美元。①

3. 服务手段智能化

近年来，以机器人投顾、大数据、人工智能、云计算等为代表的金融科技的快速发展与渗透对财富管理行业发展及业态变化产生了深刻影响。大量新兴金融科技公司通过强大的技术与模式创新将财富管理的服务门槛不断降低，服务体验不断优化，迎合了年轻一代客户对于极致便捷金融理财服务的需求，也推动各家传统金融机构通过合作、收购乃至自主研发的方式布局金融科技并将其运用到财富管理服务中去。财富管理的数字化水平提升已经成为不可逆转的趋势，这也让更多普通投资者开始享受到更加标准化、普惠化的财富管理服务。财富管理的数字化主要受到两大趋势驱动：一是财富管理数字化正在往财富管理的核心环节渗透，如财务规划、风险适配、资产配置等；二是财富管理数字化开始往更高端客群渗透。虽然，智能投顾对传统财富管理市场带来一定的冲击，但是客户资产增长比较缓慢，所占的市场份额仍然较小；同时，传统的财富管理机构也在加大对数字化财富管理转型的投入，在资金与人才上都保持了较高水平的投入。

二、我国证券公司财富管理业务发展现状及存在的问题

（一）我国证券公司财富管理业务发展现状

相比于欧美及国内大型商业银行，国内证券公司财富管理业务起步较晚，发展大致经历了三个阶段：第一阶段是 2003—2009 年的萌芽阶段，证券公司开始加快研发、销售理财产品；第二阶段是 2010—2012 年的初步转型阶段，不少证券公司成立了财富管理中心，根据客户的需要提供投资顾问服务；第三阶段是从 2012 年至今的发展阶段，受佣金率持续下滑的影响，各证券公司加快从通道服务向财富管理转型的步伐，积极探索和实践针对高净值客户的服务模式，但总体来看仍处于模式探索与经验积累的阶段。

目前来看，国内证券公司的财富管理业务模式仍然立足于证券经纪业务，主要是基于各类资本市场工具，向高净值客户提供资产配置、资本中介、信息资讯等综合金融服务，受限于客户基础和业务基础，在服务模式的专业化、差异化、多元化、定制化等方面与欧美财富管理机构及国内商业银行相差较大，仍处于业务驱动、销售驱动为主的发展阶段，面临着客户培育、体系重塑和能力构建的巨大挑战。

（二）我国证券公司财富管理业务发展过程中存在的问题

一是作为财富管理业务基础的账户管理能力缺失。从欧美经验来看，账户管理业务成为财富管理业务的发展趋势。而目前国内市场账户独立性相对较高，客户在证券公司开立的证券、基金、期货、期权、黄金等账户并未联通；支付、转账等其他功能则只能通过银行账户关联来实现，复杂程度高，客户操作体验较低，也不利于从全局出发对客户资产进行分析。此外，目前国内证券公司的账户管理业务尚未完全放开，证券公司仅能提供投资建议，其专业能力不能有效发挥，客户多元化的资产配置目标也无法实现，掣肘财富管理业务转型。

---

① 参见 MMI 官方网站：http://www.mminst.org/。

二是财富管理业务的外延较窄。目前尽管大部分证券公司都具有全牌照功能，但其财富管理业务开展仍以产品销售为主，产品配置主要限于监管体系下的产品范围，综合服务业务模式欠缺，难以有效执行基于客户角度的财富保值增值诉求。在非金融增值服务方面更缺少积淀，与境外财富管理机构乃至国内大型商业银行相距甚远。

三是证券公司的人才培养和考核机制仍有待提升。目前证券公司仍主要依赖于传统分支机构与投资者建立联系，大部分证券公司尚未建立前瞻性的人才规划与高度市场化的人力资源管理机制，从引入、管理、考核、晋升及退出各方面都需要进一步提升。

三、我国证券公司财富管理业务转型的机遇与挑战

（一）利率市场化加速、刚性兑付逐步打破为证券公司财富管理业务转型带来了机遇

一方面，在经济下行、利率市场化进程不断加速、刚性兑付政策逐步打破的背景下，过去依赖现金管理、高利率类固定收益理财、股票市场直接投资的财富管理模式难以持续；另一方面，随着资本市场改革方向的进一步明确，证券公司作为资本市场上的直接参与者，有能力也有责任通过自身的投研能力、产品创设能力、交易能力将客户的风险承受能力与其财富管理需求相匹配，使其享受到资本市场繁荣的益处。

（二）加快开放带来的新型竞争格局对证券公司财富管理转型提出了外在挑战

随着金融市场的逐步对外开放，国际投行纷纷进入境内市场，为境内带来了更加丰富的金融产品、更加领先的客户服务理念的同时，也加剧了市场竞争。如目前已获得中国证监会批准的瑞银集团及摩根大通在私人银行业务方面均位居世界前十，其品牌影响力和专业能力会对高端客群产生较大的吸引力。

（三）传统佣金下降的行业趋势对证券公司财富管理转型提出了内在挑战

随着证券经纪业务佣金的持续下降，传统通道业务的发展空间越来越小，证券公司亟待由通道服务提供者向综合金融服务提供商转变，从现有的以交易佣金为主的盈利模式向按客户资产和增值服务收费的全新盈利模式转变。

四、我国证券公司财富管理业务发展的路径举措

（一）拓展综合账户功能，建立统一账户体系

2014年开始，多家证券公司陆续获得了互联网证券业务试点资格，部分还获得了账户消费支付资格，但由于法律效力所限和配套基础设施建设没有跟上，账户功能的拓展丰富仍需要实质性的政策落地。一码通账户为证券公司开展各项业务产品创新提供了基础支撑，但其账户的支付、交易、投资、融资等功能仍有待拓展。因此，建议充分发挥证券公司多领域的财富归集能力，整合证券公司体系内融资融券、期权、基金、贵金属等账户，拓展账户的交易、理财、投资、融资、支付等基础功能，提升账户使用的便捷度和客户体验。

（二）探索账户管理业务，推进业务转型发展

证券市场经过30多年的发展，投资者日趋成熟，监管机制日趋完善，证券公司整体的产品创设、投资研究、风险管理能力也日益增强，已初步具备财富管理展业所必需的能力储备。建议结合欧美市场账户管理业务的发展经验，在现有制度框架下，探索业务的转型发展。2015年中国证券业协会起草的《账户管理业务规则（征求意见稿）》尝试在制度上明确为接受客户授权委托、代理客户进行账户管理的法律定位。因此，建议进一步优化完善该业务规则，为国内证券公司开展账户管理业务提供业务界定、业务资质、业务规范以及内控管理等方面的制度指引。

（三）丰富考核与收费模式，提升投研能力

证券行业财富管理业务的长足发展，关键在于能通过核心产品配置能力为客户创造价值。为此，证券公司应当发挥自身在权益类、固定收益类等领域的投研核心能力，同时加强金融产品全流程管理涉及部门的高效联动，逐步脱离单纯基于产品规模和收入考核，转向更多基于客户获取收益率情况考核财富管理业务人员，真正做到从客户利益角度出发开展财富管理业务。同时，建议监管部门允许证券公司进行客户收费模式创新，针对不同需求的客户提供不同的收费与服务模式。

（四）完善金融产品供给，满足客户更广泛需求

产品是支持资产配置的重要工具和基本单元，因此进一步完善金融产品供给有利于证券公司推进财富管理业务发展：一是进一步丰富期权品种，提高客户风险对冲能力；二是逐步降低以风险管理为目的的衍生品交易的门槛；三是大力发展FOF（基金中的基金）、MOM（管理人的管理人）等以投资为目的的产品，同时加强产品信息披露，防范关联交易风险。

（五）强化科技赋能，加快财富管理平台建设

服务的执行效率与质量是证券公司实现财富管理业务差异化发展的重要因素。当前，证券公司需要尽快提升内部运营效率才能实现专业人才服务与专业客户需求的有效匹配。在财富管理领域，其重要的突破口就是要加强中后台支撑体系的建设。为此，要尽快打造集客户分析、账户管理、投资分析、资产配置、数据分析、考核管理等多项功能的财富管理综合服务平台，有效提升财富管理运营服务效率。

券商经纪业务转型财富管理的困境与路径分析

朱有为　马溯纲　王新槐　何慈恩*

经纪业务转型财富管理无疑是券商打造面向未来核心能力最具挑战性和紧迫性的战略任务。近年来，国内不少券商在财富管理体系建设方面均加大了力度，也取得了一定进步，但整体转型尚未取得实质性突破，成效仍不够明显。在大财富管理市场多元发展与混业竞争日益深化的背景下，如何重新审视券商财富管理转型的困局之源与破局之道，如何选择有效的转型路径并坚定落地做实，是业界需共同面对的现实挑战。

一、券商财富管理转型的新形势与新进展

我国券商经纪业务向财富管理转型的研究与实践已有近 20 年，但目前总体仍处于模式探索与能力积累阶段，转型明显滞后于市场发展和客户需求变化。面对全新的市场环境和竞争格局，券商实施深度财富管理转型愈加迫切。

在 21 世纪前 10 年，随着证券交易佣金实行浮动制，佣金下行成为不可逆转的趋势，传统经纪业务的盈利模式开始面临挑战，通过开展基金、理财产品销售，加强研究、信息资讯等增值服务，推进通道业务向财富管理转型成为券商的普遍实践。

2010 年以来，《证券投资顾问业务暂行规定》《证券公司代销金融产品管理规定》《证券账户非现场开户实施暂行办法》等制度陆续出台，为券商财富管理转型提供了明确的政策支持。受互联网金融的加速渗透及"一人多户"政策推出等影响，经纪业务佣金率加速下滑，倒逼券商进一步谋求财富管理转型。如增加新的服务手段，推出"两融"和股权质押等资本中介业务、资讯服务套餐等，拓展新的增长点；打造新的服务平台，布局投资交易

---

* 作者简介：朱有为，管理学博士，华泰证券战略研究负责人，江苏省第四期、第五期"333 工程"培养对象；曾先后主持及参与中国证监会、上交所、中国证券业协会、江苏国际金融学会的多项专项研究课题，两次获得中国证券业协会年度课题优秀奖；主要从事资本市场、证券业发展及券商发展战略研究。马溯纲，王新槐，何慈恩均为华泰证券战略发展部战略研究员。原载于《中国证券》2019 年第 8 期。

和理财服务APP，借助互联网跨界合作，抓住市场扩容和投资者入场流量红利，做大客户基础，为财富管理转型积累潜在客户资源。个别券商也通过设立财富管理中心或旗舰店等方式积极聚焦高净值客户群体，提升专业服务和价值挖掘能力。

2016年以来，受互联网红利消退、大资管新规实施等因素影响，国内财富管理市场生态体系正经历深刻重塑。一方面，券商财富管理客群需求发生显著变化，包括对资产配置需求加强、为投顾付费意愿增强、更加关注服务机构品牌与专业性、对渠道功能要求更高等；另一方面，互联网金融巨头、传统金融机构和第三方财富管理机构不断抢占券商增量和存量客户。面对经纪业务持续承压和存量客户资产再配置需求，券商实施全面财富管理转型迫在眉睫，拥有资源优势的券商更是纷纷率先行动。

经过多年实践，券商财富管理转型开始显现出一定的阶段性成效。第一，代表财富管理业务初级阶段转型成果的代销金融产品净收入占代理买卖证券业务净收入比例持续上升，从2015年的2.49%跃升至2018年的9.76%（见图1）；第二，作为提供财富管理服务的主力军，投资顾问数量自2015年以来年复合增长率达11.04%，占从业人员比例保持增长态势（见图2）；第三，券商加快布局财富管理线上渠道，头部券商移动理财APP月活人数经历2015年的大幅增长后维持平稳增长，如持续保持行业领先地位的华泰证券"涨乐财富通"APP月度活跃用户数已经达到750万人左右（见图3）。

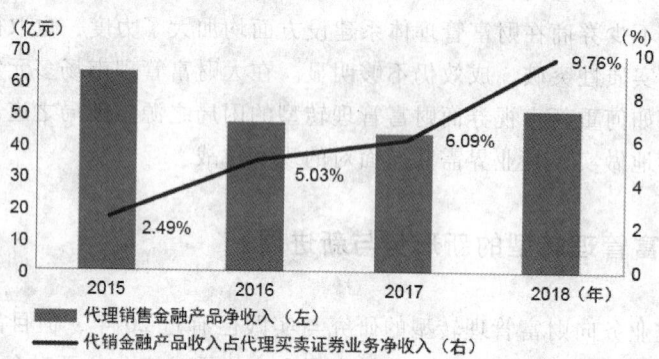

图1 代销金融产品收入及占经纪业务佣金收入比例变化

资料来源：中国证券业协会。

图2 投顾数量、投顾与经纪人数量占从业人员数比例变化

（2019年数据截至6月30日）

资料来源：中国证券业协会，历年《中国证券业发展报告》。

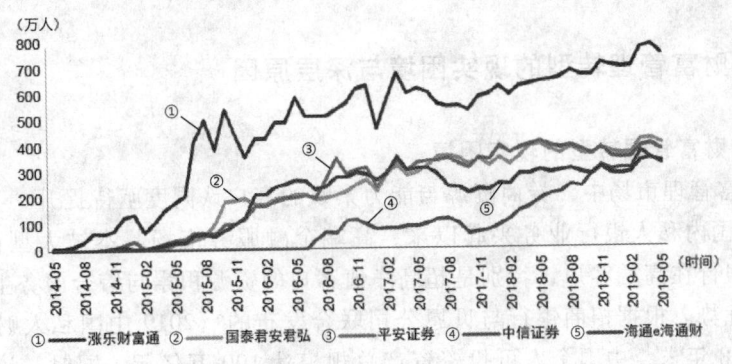

图 3 券商移动理财 APP 月活人数变化

资料来源：易观千帆。

近年来，券商财富管理转型着力于突破传统经纪业务组织架构、产品体系、客户服务、平台渠道、人才结构等功能性障碍，探索打造全新服务体系。当然，拥有不同资源禀赋的券商，在财富管理转型的方向与举措上也开始有所差异。

组织架构上，打破传统经纪业务架构，整合各业务资源，探索构建客户驱动的财富管理运营框架。例如中信证券2018年将"经纪业务发展与管理委员会"更名为"财富管理委员会"，落实以客户为中心的经营理念，完善客户开发服务体系，提升交易与配置服务能力，强化分支机构管理。又如中金公司于2017年调整财富管理业务架构，强化财富研究和产品中心的服务能力，统一规划与管理APP、营业部和投顾平台。

产品体系上，强调建立基于大类资产配置的一体化产品体系，包括构建针对现有产品的评价与管理体系、提高自有产品的研发能力。例如广发证券于2018年新设了产品管理中心，强化产品研究、分类和引进制度，将研究分为大类资产和资产配置、产品管理人、策略和投资组合三大层次，优化产品采购供应体系。

客户服务上，着重优化客户分类以提供定制化、专业化、多元化、线上线下一体化的财富管理服务。例如海通证券于2018年推出"人工+AI"的客户分级服务体系"通享会员"，搭建了投资理财、投资资讯、投资服务、增值服务四大类会员特权，打通线上与线下资源，以优化客户服务矩阵构成和体验。

平台建设上，利用技术支撑业务运行，推进线下服务整合到线上平台，并推动智能化网点建设，优化客户体验和提高员工展业效率。例如华泰证券打造了行业领先的移动金融服务平台"涨乐财富通"，借助数据分析推动客户体验流程优化，并推出"泰牛智投""智能家族"等多项先进的智能服务与创新产品。同时，不断强化中台对前台的智力支持和能力传导，如推出帮助投顾精准理解并高效服务客户的内部理财服务平台。

人才建设上，重点建立自有专业化投资顾问团队。例如投顾数量位居行业第一的中信证券致力打造"信投顾"品牌和投顾社区服务，分别定位于生产总部级标准化产品和分支投顾原创内容，并强调通过投顾专业能力培训体系提高投顾为客户提供交易与资产配置服务的业务水平。

值得注意的是，2019年以来，银行理财子公司陆续设立、蚂蚁金服与全球知名资管机构先锋集团成立投顾投资咨询公司并推出智能投顾服务等各类跨界机构的新变化、新举动，必将深刻影响财富管理行业生态，无疑给券商带来强有力的竞争对手和全新的挑战。

二、券商财富管理转型的现实困境与深层原因

（一）券商财富管理转型的现实困境

1. 在大财富管理市场中，券商资源与能力禀赋的客户认同度亟待提升

自 2007 年国内私人银行业务兴起以来，高端金融服务市场基本被大型商业银行主导。国内主要商业银行在高端客户，特别是超高净值客户的资源积累与综合服务上相较于券商具有明显的先发优势。根据招商银行与贝恩公司联合发布的《2019 中国私人财富报告》统计数据，截至 2018 年末，中国个人可投资资产总规模达 190 万亿元。同时，该报告中的高净值人群调研分析显示，机构财富管理份额在 2019 年达到约 58%，其中银行类的私人银行及银行普通理财管理部分达到了 54% 左右，仅有约 4% 的财富管理资产由券商、保险、信托等其他机构进行管理。因此，在大财富管理市场中，高净值客户对银行类机构的信任度更高。

与银行机构相比，国内券商在中高端零售金融服务领域起步较晚，总体尚无券商真正建立起成熟的财富管理商业模式和有广泛影响力的财富管理品牌。面对家族、企业家、上市公司股东等超高净值客户，以及各类新富阶层、传统富裕客户，大部分券商依然缺乏专业化、体系化、综合化的高端财富管理经验和能力，在高端服务的资源整合与需求匹配上与领先商业银行的财富管理及私人银行部门仍有明显差距。

在产品供给上，国内券商为其零售客户提供的金融产品多数仍主要来源于自有资管业务条线的产品，但券商资管的规模体量仅相当于银行理财的四成左右①，主动管理产品规模则更加偏小。随着大资管新规的全面实施，各大商业银行纷纷成立理财子公司。银行系理财子公司的产品将销售起点拉至与公募基金同等的门槛，银行理财相较于券商资管的优势很可能会进一步扩大。国内券商自主创设的金融产品中，类似东方证券资管权益类主动管理型产品这样的优势拳头产品仍然偏少，券商相较于银行等其他机构在资产端的天然优势并未在产品特色上充分显现出来。国内券商推出的投顾服务中，大多为股票投资组合以及资讯类产品，基于大类资产配置建议的付费投顾服务依然较少。

总之，国内券商财富管理的能力禀赋未能真正转化为客户认同的竞争优势，相当多的投资者仍然将银行乃至互联网机构、第三方理财作为理财配置的主要机构，更多将券商看作是股票交易的主渠道而非理财服务的首选。

2. 券商财富管理的盈利模式尚不明朗，收入贡献仍然有限

目前，国内券商的经纪及财富管理业务仍是以传统交易模式与产品销售业务模式并行为主，真正来自财富管理综合服务的业务收入贡献远远不及国际领先投资银行乃至国内商业银行，且很难在短期内有效弥补传统交易类业务下降形成的业绩缺口。根据中国证券业协会数据，以代理买卖证券与资本中介业务为代表的交易类收入在整个证券行业经纪及财富管理业务收入中的占比高达 97%，能够体现财富管理转型的理财类收入占比仅为 3%；而摩根士丹利 2018 年的财富管理业务收入中约六成都是来自账户管理费，佣金、利息等交易性收入只占到四成左右。当然，国内证券行业财富管理相关评价指标与统计口径的缺失也使实施财富

---

① 根据中国银保监会的统计数据，截至 2018 年末，国内商业银行保本和非保本理财产品余额合计 32 万亿元。而根据中国基金业协会的统计数据，2018 年末证券公司资产管理总规模为 13 万亿元。

管理转型的举措及成效很难被客观衡量和比较。金融产品销售收入成为目前唯一能在一定程度上反映券商财富管理转型成效的收入评价指标，但本质上又不能真正代表财富管理的资产配置服务导向。

海外领先财富管理机构经历了几十年的转型探索，最终才实现了从交易驱动转向客户资产驱动的商业模式，国内券商当前财富管理展业模式尚不清晰、收费机制仍未成熟、收入贡献明显不足的困境也是转型过程中必然经历、不可逾越的发展阶段。

3. 券商财富管理专业化人才的数量及质量明显不足，对客户的服务水平偏弱

尽管近年来国内券商纷纷加快投顾队伍建设，但在整体规模与服务效能上仍待提高。根据中国证券登记结算有限公司数据，截至 2019 年 6 月底，国内投资者数量达到 1.54 亿人。与此同时，根据东方财富 Choice 数据库的统计，截至 2019 年 6 月底，国内证券行业投资顾问总数不到 4.9 万人。这意味着证券行业平均每名投资顾问需要服务的投资者数量多达 3 149 人。截至 2018 年底，国内投顾数量最多的券商拥有投顾 3 000 名左右，而瑞银集团有 10 677 名投顾，摩根士丹利也有约 16 000 名投顾。国际大行对于投资顾问的任职资格有严格的要求，会对投资顾问进行专门的长周期、系统化培训，例如摩根士丹利的 FAA 计划、瑞银集团的 WPA 计划等。而国内券商普遍缺乏一整套成熟完善的投顾人员培养体系，更多仍是分散化、阶段性的短期授课式培训。因此，具备丰富实战经验的高素质投资顾问人员的缺乏是国内券商财富管理转型最大的瓶颈之一。

在财富管理中后台的投研人才储备上，国内券商也存在很大短板。摩根士丹利在总部财富管理条线建立了全球投资委员会（GIC），由多位资深专家和 1 000 多名研究员组成，负责大类资产配置投研工作。瑞银集团在财富管理条线下专门设置了首席投资办公室（CIO），900 多人的研究队伍承担着资产配置研究以及为投顾与客户提供投资建议的职能。而国内券商在财富管理相关的总部投研人才队伍建设上总体处于探索积累的初级阶段，专注于财富管理领域的投研人员数量较少，资产配置相关的投研力量仍非常薄弱。

（二）券商财富管理转型困境的原因分析

1. 长期以来国内金融体系由间接融资主导，资本市场财富效应缺失制约了券商财富管理获客展业的广度与深度

长期以来，国内金融体系呈现由间接融资主导、以商业银行为核心的结构特征。在宏观经济保持较快增长的特定发展阶段，投资端形成了庞大的银行存款及理财产品规模，其中相当一部分提供显性或隐性担保的非标理财产品强化了投资者刚性兑付的预期，从而出现了国内高净值客户大量投资于"高预期收益、低风险、强信用"类固收理财产品的现象，也推动了商业银行高端理财类客户的快速积累，国内高净值客户的财富管理主账户因此也大多在银行体系中。

多年来我国资本市场缺乏财富效应，也使得国内券商难以成为多数高净值客户稳定资产配置的主渠道。国内金融衍生品长期以来发展不足，资产配置与交易的风险对冲及管理功能一直较为薄弱，导致国内资本市场的波动性较大。近几年来，A 股市场更是多次经历大幅涨跌，在相当程度上影响了投资者对券商持续服务的信心与黏性。财富管理的发展必须建立在庞大、多元的客户基数之上，但国内券商的客户规模明显不及银行，且大多都是中高风险偏好客户，对于中低风险偏好客户的吸引力仍然不足。

2. 券商在业务模式、组织机制上未能真正体现财富管理导向,与客户的利益关系并未从根本上得以改变

近些年来,国内券商尽管都在积极推动经纪业务向财富管理转型,但在服务及收费模式上仍没有摆脱交易驱动、销售驱动的阶段,难以充分满足客户多元化、复杂化的服务需求,尚未真正建立与客户利益共赢的机制。国内券商往往将投资咨询服务作为一种"提高佣金""提供附加研究服务"的方式,服务及收费模式基本属于佣金模式,未能广泛实施将投资顾问利益与客户利益高度绑定的管理费模式。与此相应,国内券商经纪及财富管理业务考核机制仍是通道交易类和理财服务类并行的混合考核模式,针对财富管理进行相对独立和专业的考核依然面临存量和增量利益的博弈、总部及分支机构的利益平衡等深层挑战。

大多数国内券商在体制机制与组织架构上进行敏捷优化改造乃至重构调整的难度很大,实施与财富管理转型相适应的客户驱动组织变革的战略魄力与执行定力亟待提升。目前,大部分券商财富管理转型并没有真正形成客户导向的组织架构与机制,跨业务条线的协作机制与协同能力较为薄弱,难以真正适应财富管理业务的发展要求。近年来,部分券商已开始在投研服务支持、资源整合对接等方面加强经纪及财富管理业务部门与研究、资管、投行、投资交易等各个业务线的多边合作,但整体上仍处在磨合阶段。

3. 现有政策安排限制了券商财富管理功能的充分发挥,券商在业务载体上存在明显短板

在欧美成熟市场,财富管理机构的服务及收费大多是基于客户账户资产进行的。客户把资金归集起来交给财富管理机构做配置,正是因为有财富配置的综合账户,从而顺利实现资金的归集、配置和收费功能。在分业监管体制下,国内券商财富管理的业务载体受限,证券、基金、期货、期权等投资品种尚处于账户割裂状态,这也导致券商难以从全市场、全品种的角度为客户资产实施统筹规划与全面配置。

2008年金融危机后,国际大行普遍成为银行控股集团,旗下的银行牌照为其财富管理展业提供了诸多便利,产品及服务的覆盖面较广。国内券商要实现支付、转账功能只能通过银行账户及三方机构关联来实现,基础金融功能缺失导致构筑服务场景能力受限。券商代销产品也主要限于证监会体系下的产品范围,在保险代理等方面仍存在服务的缺失,产品广度和深度上明显不及国际金融机构及国内领先商业银行。

在美国等成熟市场,投资顾问可根据事先与客户约定好的投资原则与目标,直接为客户提供全权委托的账户管理服务。国内券商要在财富管理领域真正实现突破,亟须解决从资产配置投资建议到客户委托交易之间的断层问题,账户管理功能的缺失在相当程度上制约了券商实施基于客户角度的财富配置服务和与客户利益充分绑定的激励机制。

三、券商深化财富管理转型的主要路径与重点举措

我国资本市场的定位已经被提升至"牵一发而动全身"的战略高度,科创板推出及注册制试点将助力直接融资体系加快发展,大资管新规推动各类机构回归主动管理和资产配置的本源,券商财富管理转型迎来新的战略机遇,但也步入了不进则退的深水区和攻坚克难的关键期。在财富管理市场加速走向混业化、开放化、平台化和数字化的背景下,券商财富管理转型应真正以客户为中心,立足自身资源禀赋,着眼于长远差异服务,充分发挥在产品设

计与创新、投资管理、投资研究及资本市场服务等领域的比较优势，加强存量客户资产归集和价值挖掘，大力拓展优质增量客户，聚焦优质客群实施重点突破，切实推动从交易及销售驱动模式为主向资产驱动模式为主转化，打造具有券商特色的线上线下一体化财富管理服务体系，确立全新的品牌形象和客户认知度。

（一）重塑财富管理的顶层设计，理顺内部分工协作机制

全面财富管理转型无疑是对原有架构模式的彻底重构乃至颠覆。券商要从顶层设计上重塑财富管理架构及服务体系，有效突破与客户利益冲突的困局，疏通内部服务协作分工的障碍。首先，基于大零售发展定位统一布局规划，在组织架构上基于客户整体运营构建前、中、后台联动协同的分类分层服务机制。从考核导向推动财富管理服务向资产配置模式转型，更加注重客户资产增量、资产归集和配置服务质量，建立与客户利益持续挂钩的激励机制。其次，重构财富管理服务模式，理顺总部和分支机构、财富管理条线与其他业务条线的分工合作机制，用双算考核导向强化共同做增量的正向机制，建立类似招商银行的内部分层客户链式输送机制，以及机构业务体系与财富管理体系的客户交互输送转化机制。

（二）发挥市场研究与产品研发优势，打造持续的资产配置及落地实施能力

金融产品是资产配置的基础，研究能力是资产配置的关键支持，券商要结合两者优势，保障资产配置方案落地实施。一方面，加强产品全流程管控，严守合规与风控底线，基于客户需求与资产配置策略，引进外部优质产品，打造内部的差异化特色产品，做细售后服务，完善金融产品线；另一方面，借鉴UBS的CIO模式，设立统一的财富管理研究中心，整合内部研究资源实现投研能力产品化，定期向财富管理条线与投资顾问输出易于落地实施的大类资产配置策略。同时，还可借鉴UBS的IPS（投资产品与服务）模式，设置产品设计岗位，将投资观点设计成投资策略与组合，或高效汇集各业务线产品专长，根据客户偏好系统性开发定制化产品及服务，并提升投顾专业能力及服务效能。

（三）打造一流投资顾问队伍，提高人机聚合的专业服务能力

券商要围绕客户需求，从投资顾问的服务模式、培训机制和人机互动等多方面着手，升级投资顾问管理体系，培养一支专业化服务队伍。首先，建立投资顾问分类协作服务模式，强化线上线下融合服务。总部和分支机构组建专家团队，建立"1+N"服务模式，为企业家与传统超高净值客户提供定制化服务；打通证券交易APP与投资顾问工作平台，分支机构一线投资顾问借助数字化财富管理平台，为富裕客户提供资产配置服务；依托互联网理财服务平台，为大众零售客户提供标准化、一站式的财富管理服务。其次，从投资顾问的业务培训、专岗培训和综合培训等方面着手，建立健全多层次、多形式、多维度的培训体系。此外，要外引内育并举，建立一支专业的培训师队伍，为投资顾问持续培养夯实基础。

（四）加大数字化建设投入，持续提升智能化运营水平和客户服务体验

券商要围绕财富管理价值链，加大数字化建设投入，打通底层系统和数据，无缝衔接客户资源，提高全渠道智能化运营水平。首先，要加大系统兼容性和自动化建设投入，打破系统割裂与数据孤岛，夯实数字化建设基础。其次，用数据驱动业务发展，完善客户画像，打

造客户接受度高的智能投顾、在线投顾服务模式,提高精准营销和交叉销售的效果。同时,因地制宜重塑差异化的分支机构定位,明确差异化考核导向,建立区域财富中心和智慧营业网点,宜重则重,宜轻则轻,提高线上标准化服务集约化程度和分支机构中后台集约化管理水平。此外,要积极携手数字化创新合作伙伴,构建开放的科技生态和服务场景,用敏捷开发及时满足客户财富管理需求,持续提升客户体验。

四、券商深化推进财富管理转型的政策建议

(一) 鼓励优质券商试点账户管理业务,推动财富管理向账户管理收费模式转型

当前,对优质券商实施财富管理业务试点、放开类"全权委托"限制的条件已经成熟。建议在修订完善2015年发布的《账户管理业务规则(征求意见稿)》的基础上,先允许优质券商试点基于基金投资组合的账户管理业务,再逐步探索试点全权委托业务,建立全品种的账户管理业务模式。

(二) 推动建立综合的财富管理账户体系,支持券商拓展账户基础功能

积极推动建立纳入一码通账户管理体系的综合财富管理账户,整合融资融券、期权、基金、期货、贵金属等账户的功能。同时,适时拓展该账户的交易、理财、投资、融资、支付、取现等其他功能,充分发挥该账户的财富归集功能。

(三) 放开保险与银行理财产品代销限制,丰富高净值客户财富管理的投资工具

《商业银行理财子公司管理办法》规定银行理财子公司可以通过监督管理机构认可的其他机构代销理财产品,但未明确券商是否在其列。同时,券商代销保险应遵循原保监会关于保险兼业代理人资格申请的规定,以及证监会关于券商增加常规业务种类的规定。因此,建议监管机构应进一步明确券商代销银行理财产品和保险产品的资格认定,适时赋予符合条件的券商更多代销资质,丰富金融产品线。

(四) 制订智能投顾统一监管规则,明确责任主体,保护投资者权益

《关于规范金融机构资产管理业务的指导意见》对智能投顾服务做出原则性表述,但仍缺少系统性监管规则,尚没有明确的法律界定与责任认定,在客户权益保护以及监管上仍存在不少漏洞。例如,智能投顾模型管理、防范羊群效应、投资者适当性及风险揭示等问题都值得深入研究。建议制订专门针对智能投顾业务模式的一整套监管办法与细则,明确责任主体,完善监管规范。

(五) 调整券商分类评价的业务竞争力加分方式,研究设计体现财富管理服务能力的指标

现行《证券公司分类监管规定》以证券交易佣金净收入扣除交易额乘以 $2.5‰$,或以部均佣金净收入作为经纪业务竞争力的加分指标,未能反映券商财富管理业务的竞争力。建议适时研究设计能够体现财富管理服务能力的指标作为券商分类评价加分指标,有效引导券商向财富管理转型。

参考文献

[1] 券商转型关键议题探讨 [R]. 麦肯锡，2019.

[2] 黄河，Lal A.，Giudici V.，袁伟，王璞. 大浪淘沙，沉者为金：券商零售经纪业务转型 [R]. 麦肯锡，2018.

[3] 招商银行和贝恩公司：2019 中国私人财富报告 [R]. 2019.

[4] 兴业证券，奥纬咨询：中国"券商版"私人银行联合市场报告 [R]. 2017.

[5] 中国证券业协会会员管理部：2018 年度证券公司经营情况分析 [J]. 中国证券业协会刊物《传导》，2019（06）.

[6] 邓淑斌. 回归本源 提升财富管理专业能力——兼议国内券商财富管理业务推进之路径 [J]. 中国证券，2018（8）：68—73.

[7] 李凤华，孟醒，王烜，史惠子，温重伟. 国内券商财富管理业务模式研究 [J]. 中国证券，2018（4）：39—49.

中小券商财富管理业务的发展模式探究

缴文超　张译从　孔文彬*

一、我国券商财富管理业务的发展现状和趋势分析

(一) 我国券商财富管理仅处于起步发展阶段

财富管理业务并没有明确的定义,从广义上看,凡是以客户为核心,金融机构通过提供一系列的金融产品和服务,以帮助客户达到财富保值增值等目的的业务都统称财富管理业务;从狭义来看,与私人银行业务相近,聚焦高净值客户,提供包括投资组合管理、税务规划、信托服务等多重服务。

对于证券公司而言,财富管理的目标客户群体广泛,财富管理业务主要涵盖证券经纪、金融产品销售、投顾咨询、资本中介业务,有的也将资产管理业务纳入财富管理业务的范畴,收益来源主要包括佣金收入、投资咨询费、资产管理费和利息收入。

根据产品复杂程度和市场发展程度,可以将证券公司的财富管理业务发展分为三个阶段(见图1):一是产品推销阶段,这一阶段产品种类有限,高度依赖佣金收入;二是财务咨询阶段,产品组合较为多样,提供定制化服务,财务咨询收入占比提升;三是财富管理阶段,产品组合极大丰富,可以直接进行客户账户管理,以咨询管理费等为主。

从我国证券公司业务(包括经纪佣金、研究咨询、金融产品代销和资本中介业务)收入结构看,虽然我国证券业对经纪佣金的依赖度逐年下降,资本中介业务收入占比大幅提升,但这些更多体现券商的交易和融资功能,真正反映财富管理和资产配置能力的研究咨询服务和代销金融产品收入占比却不足10%(见图2)。由此看出我国证券行业财富管理业务整体尚处于第一阶段,部分大型券商逐渐向第二阶段转型。

＊ 作者简介:缴文超,南开大学经济学院硕士,现任万联证券股份有限公司研究所所长;张译从,中央财经大学会计学硕士,现任万联证券股份有限公司研究所非银分析师;孔文彬,瑞典隆德大学金融学硕士,现任万联证券股份有限公司研究所金融科技研究员。原载于《中国证券》2019年第11期。

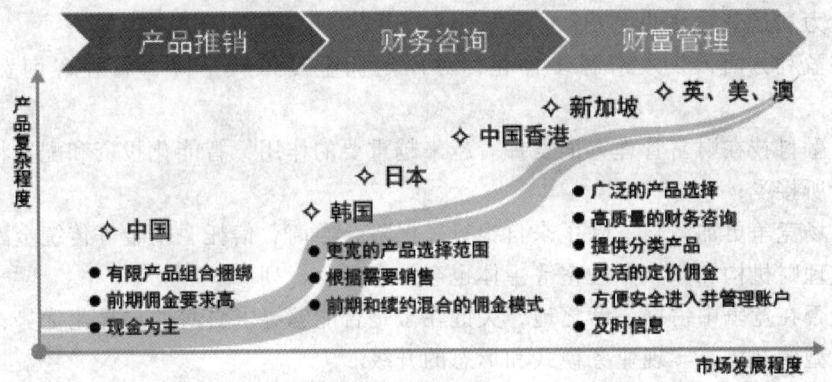

图1 财富管理业务发展三阶段

资料来源：BCG，万联证券研究所。

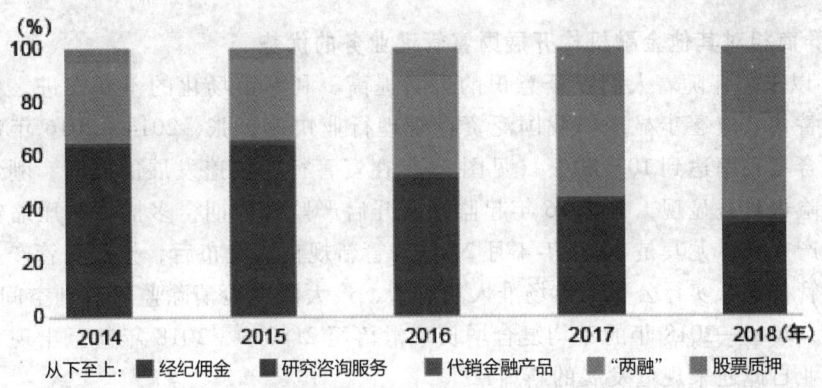

图2 我国财富管理业务的收入结构

资料来源：中国证券业协会，万联证券研究所。

从美国市场发展经验看，投资银行是美国财富管理的最主要的提供商，美国占据了全球财富管理业务30%以上的市场份额，而我国证券行业财富管理业务仅处于起步发展阶段，拥有较大的发展空间。

（二）我国券商财富管理业务的发展趋势

伴随着经济快速发展和居民理财意识的提升，我国财富管理市场近年来实现快速发展，过去5年我国个人可投资资产年复合增长率达到14.10%，预计未来5年仍将维持10.58%的中高速增长，2023年有望将达到243万亿元人民币，未来市场空间仍然十分广阔。从发展状况看，我国财富管理业务尚处于初级阶段，存在以销售为驱动、产品种类有限且强同质化、投资咨询服务专业化和个性化不足、盈利过度依赖佣金等特点。

未来我国财富管理业务发展趋势主要包括以下几个方面：

一是在资金端，以客户需求为中心，关注存量客户挖掘和分级服务，培育客户付费习惯，渠道更加重要和多元，由线下向线上扩展；

二是在资产端，产品种类和层次更加丰富，由标准化向定制化转变；

三是在投资和运营方面，除利用多种激励手段吸引人才外，还积极运用金融科技的力量助力投资能力和运营效率的提升；

四是在盈利方面，收入来源多样化，对固定佣金度依赖下降，管理咨询费收入占比提升；

五是金融科技在财富管理方面发挥着越来越重要的作用，智能化投资和配置将被越来越多的投资者所接受；

六是市场竞争更加激烈，除了来自银行、保险、券商、信托、基金等传统金融机构竞争外，第三方理财机构和家族办公室等主体也会加入竞争行列。

券商能否在竞争中占据一席之地，关键在于是否能够寻求自身的差异化优势，把握财富管理业务转型的契机，实现业务模式和形态的升级。

二、我国中小券商财富管理业务转型的定位分析

（一）券商相对其他金融机构开展财富管理业务的优势

2014年以来，伴随着人们投资意识的不断提高、利率市场化的不断推进，各类理财产品对存款的替代效应逐步显现，我国泛资产管理行业快速扩张，2014—2016年资产管理规模的年均复合增长率达到103.80%（见图3）。在资管行业快速发展的同时，刚性兑付、多层嵌套等风险也日益显现，自2016年起监管层开启严监管周期，多措并举压缩银行理财非标和委外资产规模，尤其是2018年4月27日资管新规正式发布后，按照资管产品的类型制定统一的监管标准，实行公平的市场准入和监管，最大限度地消除监管套利空间。[①] 行业增速有所放缓，2016—2018年的年均复合增长率滑落至2.80%，2018年甚至出现负增长，但财富管理行业自此迎来规范发展的新篇章。

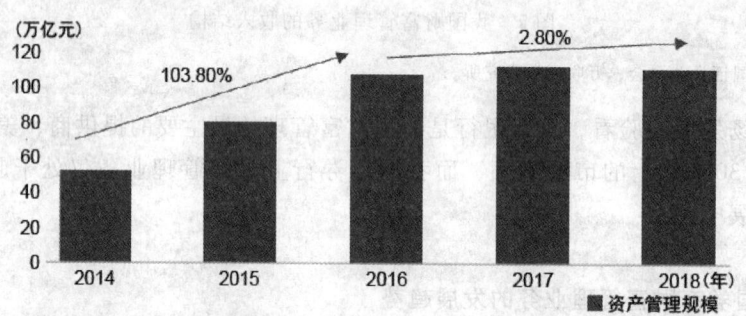

图3 我国大资管行业资产管理规模

资料来源：艾瑞咨询，万联证券研究所。

资管业务本身属于广义的财富管理业务范畴，目前我国正处于大资管转型的关键期，未来金融机构的财富管理转型必将立足于这一大背景，寻找各自的定位和发展方向。但是证券公司的财富管理也面临各类金融机构的竞争，我们将各类金融机构财富管理业务的优劣势也进行了对比（见表1）。

---

① 参见《央行有关负责人就〈关于规范金融机构资产管理业务的指导意见〉答记者问》，央行官网，时间：2018-04-27，网址：http://www.pbc.gov.cn/goutongjiaoliu/113456/113469/3529603/index.html，最后访问日期：2019年10月29日。

表1　　　　　　　　　　　大资管下各类金融机构竞争优劣势比较

金融机构		资金端	需求	资产端	服务	优势	劣势
银行	银行理财	零门槛	本金安全并小有收益	理财	产品推荐	网点分布广泛、客户基础很强	刚兑预期打破
	私人银行	高净值客户	资产保值及增值	理财、定制化产品	资产配置、高端定制服务	债权类资产资源丰富	服务人群门槛高
保险		零门槛	特定保障及资产增值	保单	保险咨询、理赔	特定保障功能、客户基础较强	流动性偏弱
券商	经纪服务	零门槛	交易	证券交易	投顾及网络标准化服务	特定交易功能、客户基础较强	佣金持续下滑
	资管产品	机构、企业及中高净值客户	资产增值	综合金融服务	产品配置	熟悉一、二级资本市场	服务人群门槛较高
基金	公募基金	零门槛	资产增值	基金	产品配置	高收益、高流动性、运作透明	投资渠道单一
	私募基金	机构、企业和中高净值客户	资产增值	私募基金	产品配置	高收益、当前监管相对宽松	服务人群门槛较高
信托公司	理财型资金信托	中高净值客户	资产增值	理财型资金信托	产品配置	高收益	刚性兑付打破
	家族信托	超高净值家族	家族财富管理	家族信托	资产配置、高端定制服务	定制化服务、破产隔离机制	整体处于探索阶段

资料来源：万联证券研究所。

通过对比来看，券商与其他金融机构尤其是银行相比，财富管理业务布局较晚，在渠道建设、客户数量、广度和黏性以及产品的品种和层次方面存在一定劣势，但整体优于基金公司和信托公司。

但在资产端上，券商的优势则明显优于银行，证券公司基本实现了资本市场全覆盖，尤其在权益市场的参与深度、效率和服务方面有明显优势（见图4）。

因此未来券商财富转型的重点可以聚焦以下几个方面：

第一，在客户端，不盲目追求客户的广度和数量，而是对存量客户进行分层后进行需求的深层挖掘和精准营销（见图5），凭借资本市场的优势聚焦企业和专业投资者；此外要利用金融科技的力量深入生活场景、降低边际成本、优化用户体验，进而覆盖长尾客户并增强客户黏性。

第二，在资产端，发挥与资本市场相关的专业优势，提供差异化、高端化的产品组合，对专业的机构和高净值投资者提供研究，结构化产品创设，跨一、二级市场资产获取及投资管理方面的产品，对企业提供全生命周期的投融资一体化咨询及服务。

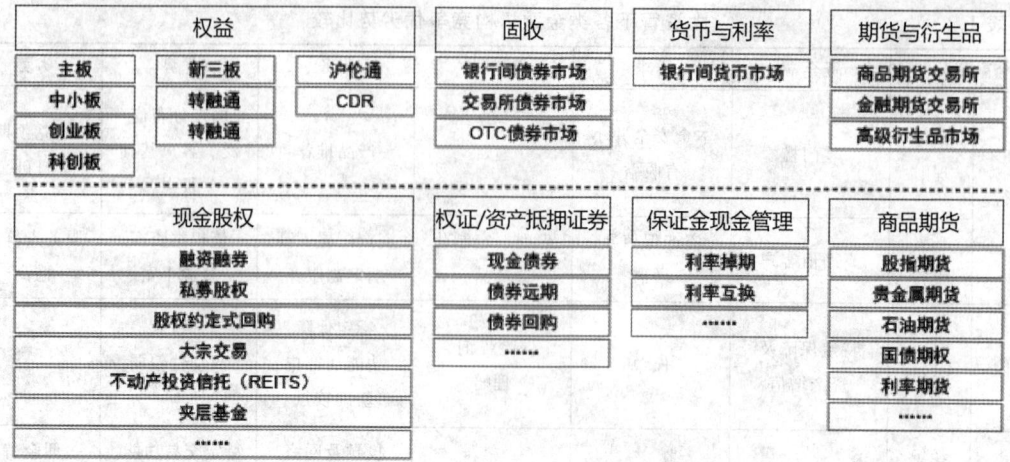

图 4　券商资产端优势在于资本市场领域的基本全覆盖

资料来源：万联证券研究所。

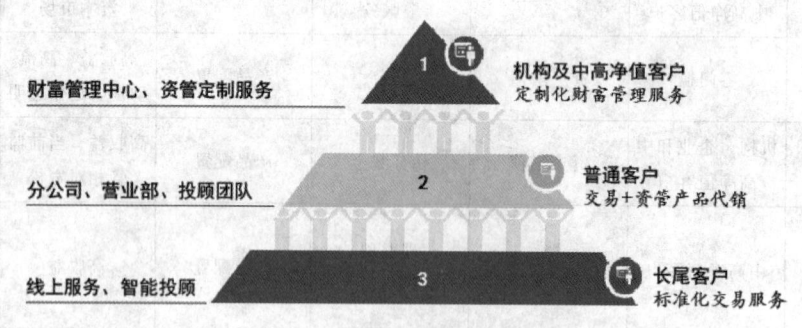

图 5　券商财富管理客户分层

资料来源：万联证券研究所。

第三，在运营和投资方面，利用科技的力量一方面提升券商在客户维护、运营管理、风险控制、人才培训等方面的效率，另一方面提升底层投资策略的效率和准确性，进而辅助人工做出更优决策，提高投资收益率。

（二）中小券商可以立足差异化优势提供特色服务和产品

在财富管理领域，大券商凭借客户优势、资本优势和人才优势，选择"大而全"的发展策略，通过共同推进互联网线上服务和中高端线下服务，打造线上线下一体化的财富管理产品库，在转型中占据先机。中小券商受制于客户、资本、人才和品牌等限制，难以提供综合金融服务，但可以聚焦客户端和资产端的细分领域，提供特色化的金融服务和产品，在完成客户规模、口碑的初步积累后再推出另一种服务，间接实现"1+1>2"的效果。

对中小券商而言，一方面可以以互联网模式为起点，聚焦长尾客户，通过代销方式构建完整的金融超市，将产品范围扩充至资本市场、货币市场、保险市场等各类子市场，从而满足不同风险偏好客户的需求。同时可以通过资管子公司的内部产品、公募基金、私募基金、银行理财、信托、保险资管、期货资管等外部产品，投资境内外多种标的，搭建资产配置的产品架构。随着金融科技不断应用于智能投研、量化策略等领域，有针对性地推出线上智能化产品也是做强互联网模式的新契机。

另一方面,如果将定制化高端服务作为财富管理体系的核心,则应当更多地向"精品投资"发展。具体而言,可以在大类资产配置观点的基础上,针对客户需求构建合理的资产组合,推出自上而下的"深度"财富管理方案。就产品种类而论,中小券商可以在股票产品以外,利用自身区域资源、业务结构等优势,针对性地推出各种特色定制化产品和服务,包括一级直投类产品、特定债券类产品、金融衍生类产品、其他另类投资产品、全周期企业金融服务等。

三、中小券商财富管理业务的发展模式

中小券商财富管理差异化经营的模式很多,而且也并不一定局限于单一模式,这里介绍三种财富管理的发展模式。

(一)互联网折扣经纪商模式

对于券商而言,传统经纪交易服务是财富管理的重要组成部分,强大的交易服务实力不仅能带来丰厚的佣金以及利息收入,同时也能作为流量导入渠道,极大增强券商资金端实力。传统经纪交易业务的竞争十分激烈,大型综合券商的优势较为明显,但一些中小券商通过互联网折扣经纪商模式实现了快速发展。

以嘉信理财为例,嘉信理财成立于1971年,发展中先后经历了"佣金折扣券商——资产(基金)转型——互联网金融转型"几个阶段(见图6),2000年后公司开始布局多个金融子领域,先后拓展信托、银行、保险等业务,最终进入当前的综合金融服务商阶段。嘉信理财目前已经成长为美国最大的财富管理机构之一,2018年用户数达到1 159万、资产管理规模超过3.25万亿美元。

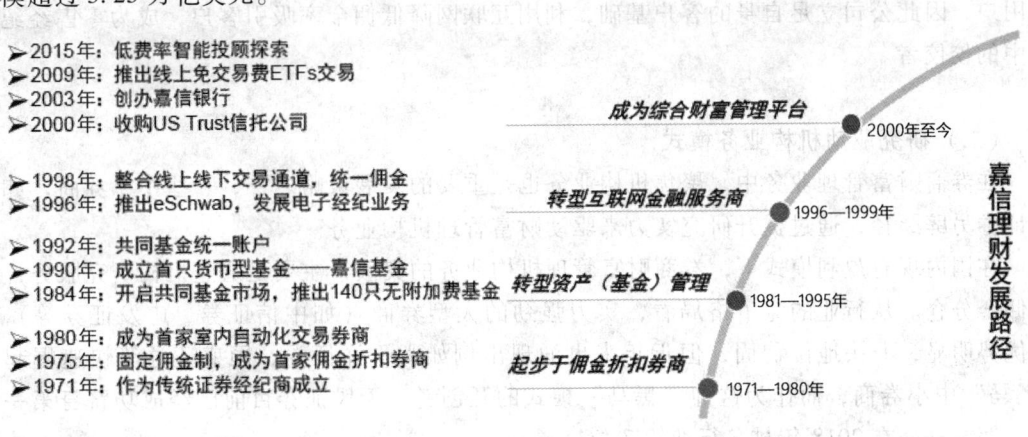

图6 嘉信理财发展模式

资料来源:万联证券研究所。

在国内,东方财富作为中小券商,在经纪业务方面取得了跨越式发展,2015—2018年,东方财富的股票基金交易市占率由0.27%提升至1.94%,行业排名由第72位飙升至第17位。

东方财富的交易型业务之所以能快速扩张，主要在于其互联网战略的层层递进，依照流量基础、基金变现、证券变现的方式进行逐级推进（见图7）。

图7　东方财富的互联网券商模式

资料来源：万联证券研究所。

具体来看，东方财富的发展分为三个阶段：第一个阶段是流量基础。以互金服务平台起家，以"东方财富网""天天基金网""股吧"三个子平台为核心，分别从财经新闻、基金研究和股民互动三个方面切入用户需求，三者共同打造了一体化的流量生态，提供了较同期竞争者更为丰富的财经服务体验。第二个阶段是基金变现。凭借平台在前期积累的优质用户资源，东方财富旗下的"天天基金"代销平台抓住行业扩张机遇，快速成为第三方基金代销龙头，完成首次流量变现。第三个阶段是证券变现。2015年，东方财富收购西藏同信证券，全面切入证券业务。由于东方财富的客户具有明显的低资产、高交易特性，属于典型长尾用户，因此公司立足自身的客户基础，利用互联网降低佣金率吸引客户，成为零售经纪业务中的佼佼者。

（二）研究驱动机构业务模式

在券商财富管理业务中，聚焦机构业务也是重要的发展策略之一，一些中小券商，如天风证券另辟蹊径，通过提升研究实力来驱动财富管理机构业务。

在国内现有盈利模式下，券商财富管理机构业务的突破口主要是通过机构研究服务，获取佣金分仓。从行业的竞争格局看，实力强劲的大型券商（如中信证券、广发证券等）竞争优势明显，龙头地位稳固，但近年来也涌现出例如太平洋证券、国盛证券等快速崛起的"黑马"中小券商，而作为这种"黑马"模式的开创者，天风证券目前已经成功跻身第一梯队，佣金分仓在2018年排名行业第7位。

天风证券机构研究业务的崛起，主要是得益于对研究的大规模投入，自2015年正式组建以来，接连招揽"新财富"白金分析师，不断提升研究能力，发掘研究员资源，打造研究口碑，迅速做大了业务规模，在2016年公募基金分仓收入整体下滑四成的情况下，天风证券的佣金分仓收入却同比大涨7.7倍，排名由第78位飙升至第30位。

天风证券机构研究服务的强势崛起也在两方面推进了天风证券的财富管理转型：第一，

推动经纪收入快速增长。天风证券通过提升机构研究实力和研究口碑，增强了公司的知名度，对机构客户的引流效果明显。2014—2018 年，公司的经纪佣金收入从 1.6 亿元大幅增至 6.2 亿元，机构业务占比从不到两成到超过六成，成为经纪收入增长的核心驱动力。第二，助力资管业务业绩提升。一般而言，券商资管产品具有高收益、高风险、高门槛的特点，因此客户对于券商投研实力十分看重，而天风证券研究服务恰好展示了其超越中小券商、比肩头部券商的综合研究实力，因此对于资管业务的获客作用明显。在研究服务崛起的同时，公司的资管业务也发展迅猛，根据中国证券业协会数据，2014—2018 年天风证券的资管业务收入从 0.45 亿元增长至 5.89 亿元，排名从第 54 位提升至第 10 位。

（三）特色财顾模式

在财富管理领域，产品和服务是核心竞争要素，一些中小券商在专业化和差异化财务顾问方面走出了自己的特色，例如海外的美林证券就通过特色财顾业务实现了逆势突围。

从美林的发展史看，专注于财务顾问的卖方资管模式是其成功的重要因素之一。20 世纪 80 年代，美林最先推出财务顾问制度，通过股票经纪人为客户提供可靠的经纪服务，并且提供翔实可信的研究服务和投资组合建议，成为第一批为零售客户提供资产配置服务的经纪商。之后美林不断致力于完善财务顾问制度，建立了全方位的培训、考核和激励体系，使得美林证券培育出众多业绩优异的财务顾问。美林还依托强大的研究实力建立了全球信誉顾问系统，将客户需求、财务顾问、研究部门等连接起来，可以实现公司的研究、交易、销售、产品各个部门之间信息高效流动，从而使得"以客户为中心"真正成为可能，将强大的产品研发能力和客户持续服务能力的优势发挥得淋漓尽致。在此系统的支持下，2000 年美林证券财富管理业务的市场占有率达到 17%，位列美国证券行业前列。

四、中小券商应因地制宜选择财富管理之路

随着经济发展和市场化程度的加强，可以想象未来证券公司的竞争将更加激烈，头部券商的优势和集中度会进一步提升，中小券商面临的竞争环境则更加激烈，这就需要中小证券公司要根据自身特点因地制宜地选择好自己的道路，摒弃过往追求大而全的均衡发展模式，转而探索小而精的专业化、特色化发展之路。

在财富管理发展道路上，中小券商可以从以下方面加强自身建设，提升自我实力：

一是加强人才队伍建设，探索多种形式的激励制度。证券行业是典型的人力密集型行业，财富管理业务需要更多复合型的人才专家为客户提供更好的服务，而激励制度的完善有助于人才能力的发挥，从而推动人才队伍的良性发展。

二是通过多渠道融资模式，增强自身资本实力。中小证券公司服务资本市场，更要利用资本市场来发展壮大自己。要抓住我国资本市场改革开放的历史机遇，通过 IPO 等形式，融入资本市场，加大股权融资，改进公司治理。要利用债券市场进行融资，合理提升自我财务杠杆，提升盈利能力。

三是加强合规建设，防范和化解公司风险。加强公司内部合规制度建设，将合规与业务发展相结合，建立健全风控体系，提升防范和化解公司风险的能力，助力业务扩大和公司发展。

参考文献

[1] 兴业银行，波士顿咨询公司. 中国私人银行 2016：逆势增长 全球配置 [DB/CD]. http://www.bcg.com.cn, 2016.

[2] 中国建设银行，波士顿咨询公司. 中国私人银行 2019：守正创新 匠心致远 [DB/CD]. http://www.bcg.com.cn, 2019.

[3] 陈奕君. 严管背景下中小券商资管业务路径探寻 [J]. 财务与金融，2018（3）：63—70.

[4] 朱相丽，谭宗颖等. 日本野村综合研究所咨询工作模式研究及启示 [J]. 全球科技经济瞭望，2016（8）：49—50.

[5] 宋艳锴，经纬. 证券公司财富管理业务的概况、定位与方向 [J]. 金融纵横，2016（9）：29—39.

[6] 陆岷峰，沈黎怡. 关于证券公司中财富管理业务痛点及策略研究 [J]. 经济与管理，2018（1）：38—45.

[7] 孟醒，申曙光. 证券公司财富管理业务的竞争优势、战略目标与转型路径 [J]. 南方金融，2018（4）：90—98.

[8] 贾国强. 券商资管变局——券商资管两年增加 10 万亿 去通道去杠杆势在必行 [J]. 中国经济周刊，2018（4）.

[9] 曹敏. 大资管时代中国资产管理业务的发展及监管对策 [J]. 河北北方学院学报，社会科学版，2016（1）45—48.

[10] 徐朝晖. 财富管理前景广阔 中小券商大有可为 [N]. 中国证券报，2019-08-05（A03）.

金融科技推动证券零售业务高质量发展研究

中国证券业协会互联网证券委员会专题研究小组*

党的十九大报告指出,中国特色社会主义进入了新时代,我国经济发展也由高速增长阶段转向高质量发展阶段。目前,我国的1.47亿名股票投资者中仍有1.11亿名尚未得到高质量投资理财服务。从更大的财富管理市场来看,2018年我国理财用户已超过7亿人,而需求总量更是高达132万亿元,海量居民的投资理财需求未能得到有效满足。在此背景下,证券公司必须坚持以习近平新时代中国特色社会主义经济思想为行动指南,科学把握高质量发展的本质与核心内容,积极探索金融科技应用创新,推动证券零售业务实现高质量转型发展。

一、金融科技赋能证券零售业务高质量发展的探索

从海外证券公司零售业务发展沿革来看,20世纪70年代,美国各家证券公司因协商佣金制度陷于激烈的佣金价格战,并于20世纪90年代开始,通过科技手段赋能向财富管理转型发展。如高盛集团构建了面向大众客户的金融科技平台,建立线上线下相结合的服务渠道,为大众客户提供多样化的金融产品及服务,成为全球财富管理引领者。我国银行零售业务也加大了金融科技的投入,通过业务办理的全面线上化、广泛与第三方合作开展线上大规模获客、智能网点快速铺展等方式快速发展起来,并已占领财富管理市场先机。近几年,国内诸多证券公司纷纷加大金融科技投入,实现产业链重构升级及自身的差异化发展。

(一)金融科技赋能数字化运营

目前,领先证券公司正依托金融科技平台开展覆盖用户全生命周期的数字化流量运营,通过以线上"流量运营"和集中化的互联网平台或工具赋能投资顾问等服务人员,推动证

---

* 研究小组成员:太平洋证券股份有限公司:李长伟,俞仕龙;国泰君安证券股份有限公司:陈煜涛,毕志刚;长江证券股份有限公司:韦洪波,李庚。

券零售业务发展的降本增效。

1. 开展总部或区域性集中运营及线上业务办理

集中运营使业务受理与办理分离，扩大了服务范围，提高了服务效率。在集中运营下，各家证券公司一方面依靠建立专业化的业务办理团队，提升业务办理效率，改善公司整体合规管理和风险控制水平；另一方面，业务办理团队的专业分工让团队人员有限的精力可集中于专业工作领域，有利于提升专业技能及素养。此外，集中运营能够增加分支机构组织架构的灵活性，减少营运人员配置，有利于证券公司新设网点更快地铺开发展。

2. 探索基于大数据的精准营销及精细运营

证券零售业务数字化进程的不断深入及数据量的持续增加，使基于大数据的精准营销及精细运营成为可能。领先证券公司依靠互联网平台的用户数据洞察、全渠道的用户触达，实现基于客户分级分类的全方位、差异化高质量服务。涵盖线上客群运营业务全流程的3A3R（即感知——Awareness、获客——Acquisition、活跃——Activation、留存——Retain、收入——Revenue、传播——Refer）用户全生命周期方法论成为广泛应用的数字化精细运营指导框架。

3. 打造金融科技服务平台，赋能服务人员

证券公司可以通过金融科技手段打造互联网工作平台，扩展投资顾问等业务服务人员的覆盖范围，提升服务标准化水平与服务传递效率。这在一定程度上能够解决行业存在的服务人员数量不足、无法为海量客户提供专业化投资理财服务、服务质量参差不齐、过分依赖明星投资顾问等问题。

（二）金融产品的创设与销售更加依赖金融科技

证券公司借助金融科技手段实现更优的产品创设、更严的风险管理及更好的客户服务。大数据等技术可帮助证券公司实现立体、精准的客户画像与需求洞察，从而奠定风险控制、资产配置、定价、营销、服务等千人千面及迭代优化基础；通过智能投资辅助工具和智能投顾等科技手段为资产配置降本增效；将现代投资组合理论通过大数据和机器学习等技术来实现，形成更精准的投资组合决策。

（三）金融科技赋能证券公司客户服务效率的提高

近年来，随着互联网尤其是移动互联网的迅猛发展，证券公司纷纷建立以移动APP为核心的互联网平台，充分发挥移动互联网低成本、广覆盖、全时段的优势，突破了时间与地域对于传统证券业务的限制，获客与服务效率大大提升，线上线下协同发展成为行业共识。易观数据显示，2018年12月，证券公司APP月活前5名的活跃用户，平均每日启动APP 4.5次，日均使用时长近25分钟。互联网平台已成为用户获取证券投资服务不可或缺的渠道。

二、证券零售业务高质量发展新模式的主要特征

近年来，零售业积极倡导以"新零售"为代表的零售业务高质量发展转型。2016年10月，马云在杭州"云栖大会"上首次提出"新零售"的概念；随后，阿里巴巴集团将"新零售"定位为"以客户体验为中心的数据驱动的泛零售形态"。传统零售业务模式的本质是

商品交换媒介,即向上游生产商或经销商采购商品或服务,再将其销售给下游消费者。

"新零售"则在"人、货、场"三个维度显著区别于传统零售:在"人"的维度上,"新零售"以客户体验为中心,认为"人"即流量,由会员运营发展至人群运营,通过扩大流量接触面,提升客户转化率、客单价及复购率,持续提升销售额;在"货"的维度上,"新零售"基于前沿科技由渠道隔离发展至全域贯通,面向整条商品供应链,有效优化甚至去除不必要的环节,从而重构产业链、提升供应链效率,并通过消费者数据持续优化"货"与"人"的匹配;在"场"的维度上,"新零售"强调由成本中心向流量运营转化,更好实现线上、线下协同。

证券零售业务可在某些方面借鉴"新零售"业务模式,依托金融科技,实现自身高质量转型发展,有效提升客户满意度:一是在"人"的维度上,证券公司可以重构客户与员工数据维度,通过精准营销及精细化流量运营,扩大客户接触面,提升客户转化及忠诚度,挖掘客户终生价值。二是在"货"的维度上,利用自动化、智能化等金融科技手段,提升金融产品及服务的质量与触达效率。三是在"场"的维度上,通过协同线上客户端与线下网点,整合总部与分支机构,结合人与机器的多种维度服务模式,使客户无缝享受证券公司的统一服务(见图1)。

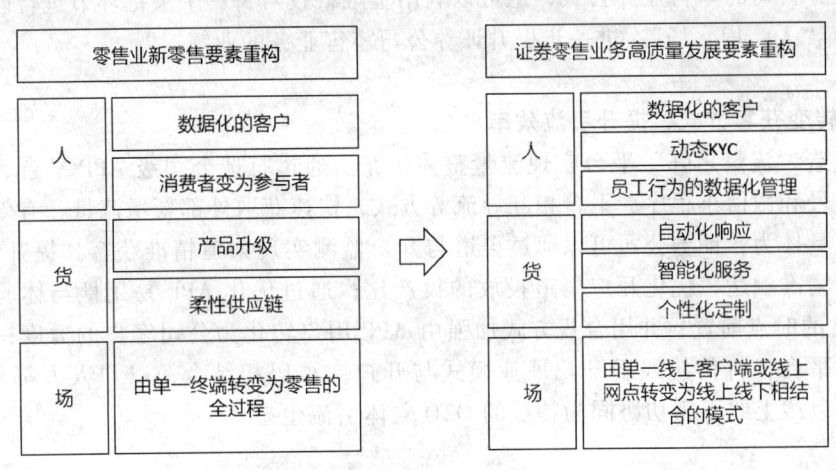

图1 证券零售业务高质量发展的"人、货、场"重构

通过对国内外证券零售业务高质量发展探索的梳理和总结,并参考借鉴"新零售"业务模式的实践,本文认为要实现证券零售业务的高质量转型发展,证券公司要通过以"综合的集团金融服务、健全的金融产品供应、专属的研究咨询、极致的智能科技体验"等为基础的服务品质变革,推进以"客户、渠道、产品、市场、团队、平台、品牌、账户"为核心的规划布局,打造证券互联网服务的"四梁八柱",聚焦客户获得感,同时为员工提供服务抓手(见图2)。

三、金融科技赋能证券零售业务高质量发展的关键环节

证券零售业务高质量转型发展,应借鉴零售行业的"新零售"业务模式,以金融科技

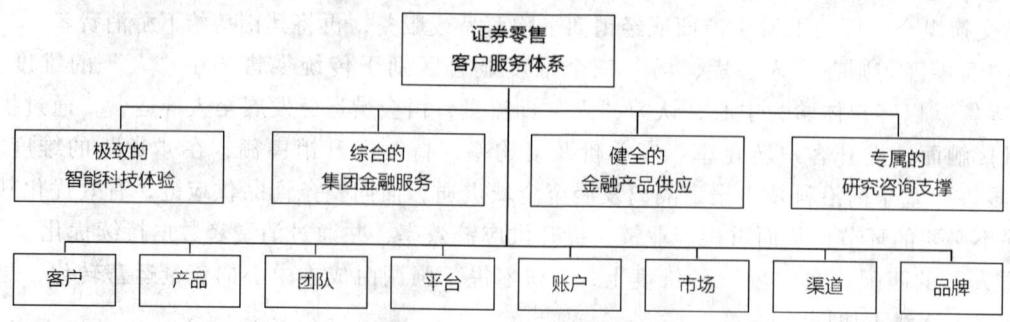

图 2　证券零售客户服务体系的"四梁八柱"

为驱动,回归客户服务本源,构筑整体性、系统化全量客户服务体系,搭建"O2O + 财富管理"的服务发展新模式,这是证券互联网服务的转型方向,也是为海量投资者提供差异化、高质量服务的最佳路径。

传统零售业务的业绩目标(销售额)可用下述公式来表示:

销售额 = 流量 × 转化率 × 客单价 × 复购率

从公式构成分析,"新零售"模式是通过金融科技手段放大了公式的各项,提升业绩目标。根据证券公司的零售业务公式,也可以利用金融科技对每一个关键环节进行改造,重购证券公司的"人、货、场",进一步提升证券公司零售业务的业绩。

(一) 转变获客方式,提升引流效率

通过打造"流量矩阵"平台实现流量整体扩张。通过打造公司级 APP 平台、关联 APP 与微信公众号和微信小程序、平台相互导流等方式,快速获取外部新增流量,有效影响更多潜在用户。具体为:证券公司可以通过渠道与开户监测实现渠道精准获客,提升转化效率,加强客群的精准触达,优化开户渠道投放的投产比;通过优化 APP 易用性与体验性,使客户下载 APP 的时点前置,并用合规方式加强由 APP 用户转化为公司客户的力度;通过互联网移动展业平台,将传统线下开户展业模式与开户二维码相结合,以"人人都是营业部"的方式构建以线上线下密切协同为特征的 O2O 立体引流生态。

(二) 客户全生命周期数据运营管理

随着证券零售业务数字化进程的不断深入及数据量的持续增加,大数据的精准营销及精细运营成为可能。依靠全数据的用户洞察、全渠道的用户触达,实现基于客户生命周期与个性化适配的全方位、系统化、高质量服务。

1. 在建立客户标签体系方面

基于客户生命周期理论与 3A3R 用户生命周期方法,证券公司可全方位、立体化了解客户的基本资料、营销周期、服务需求等信息,形成完备、体系化的客户相关指标体系,推动"游客→注册户→理财户→资金户→有效户→活跃户"的用户转化链条,构建包含营销、运营、服务、平台建设的完整业务闭环。

2. 在产品服务的个性化适配与精准营销方面

分人群、分时段、分场景生成推荐规则,精准匹配适合客户的金融产品与服务产品,以瀑布流、PUSH 推送等多种方式为用户提供个性化、精准化的"千人千面"APP 展示。

3. 在运营流程的数据化与监控分析方面

将各类运营业务开展的方式、渠道和流程标准化为运营中台，运营人员可通过数据分析，实现运营中台对运营效果指标的实时监控，并跟踪业务运营流程的开展，发掘问题节点，提升运营效果。

（三）证券零售金融产品与服务产品变革升级

金融产品与服务产品是客户需求的两大核心载体，是证券公司开展财富管理服务的主要内容。

1. 利用金融科技打造更为高效精准梯度化的金融产品矩阵与基于客户目标的大类资产配置服务

为充分满足客户对于产品差异化的需求，证券公司需要在产品门槛、风险等级、收益率水平等层面构建具有梯度化的金融产品矩阵，为不同类别的客户引进和生产相匹配的金融产品，根据产品矩阵开展梯度化的投资者教育；根据客户目标，打造具有产品池选择、资产比例配置、资产再平衡等业务功能的基金组合财富管理服务。

2. 打造极致体验的客户终端平台与账户体系

证券公司应在保证合法合规的前提下，深入研究和应用金融科技等手段，制定和完善不同类型金融产品的开户、预约、买入、卖出、转换、转让等交易规则，不断创新和优化金融产品交易流程，提升平台的智能化水平，打造具有极致客户体验的轻量账户和终端平台。

3. 构建满足客户财富管理需求的产品和工具

基于大数据技术对个股基本面数据、市场资金流向数据、行情技术面数据、事件消息面数据的统计分析，打造具有实用意义的行情工具、投顾服务工具与资讯产品，更好地满足客户对于财富管理的需求。

（四）传统零售业务组织架构变革

证券零售业务高质量发展模式是总部集中化的金融科技能力、产品创新能力与分支机构专业销售能力、财富管理能力的综合体现。在总部集成智能化、集中化的服务，覆盖尽可能多的客户群体，通过数据挖掘来为客户切分、模型决策、服务匹配和风控提供依据；在营业部端传导数据，承接线下产品、场景和财富管理，提供专业和个性化的服务。

1. 总部机构应形成统揽全局的零售战略指挥中心，以支撑线上、线下分支业务开展

证券公司未来的零售业务在总部端应形成一个综合产品研发、业务运营、数据运营支撑、互联网终端规划运营、市场营销拓展、分支机构组织服务协同指挥和合规风险控制等职责的统一的战略指挥中心（见图3）。

（1）产品研发方面要具备对市场的宏观研究能力，从大类资产配置上提供建议，对内外部金融产品进行综合化评价，制定销售政策，设计营销方案和培训方案，动态调整销售策略。

（2）业务运营要在完成传统呼叫中心的基础服务内容基础上，集中各分支机构柜员，实现对客户开户、视频见证、交易运营、远程业务办理、线上客户服务提供综合化运营支撑。

（3）建设管理公司零售数据运营决策系统，收集分析各类数据，帮助公司领导和业务

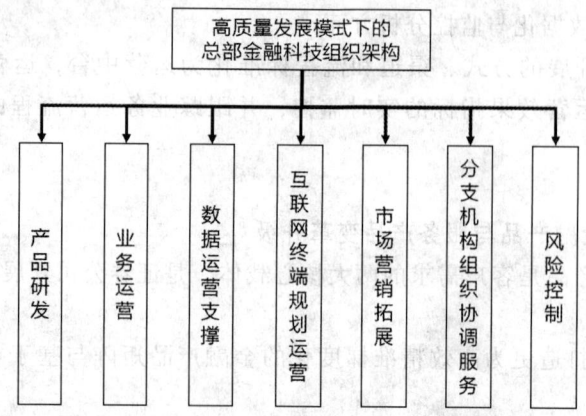

图 3　高质量发展模式下的总部金融科技组织架构

人员掌握公司全业务链运营状况，并对各个营销运营团队的营销服务形成有效支撑，协助完成面向客户的投资辅助决策支撑体系，满足客户的证券投资需求。

（4）在互联网终端规划运营方面，需对互联网客户端（APP、Web、PC、微信、小程序）的产品功能建设进行统一规划和统一运营管理，不断提升客户端的用户体验，降低互联网用户体验门槛，打造公司级移动互联网平台，将证券公司的客户端由服务自己的客户转变为服务互联网用户，做大用户量。

（5）市场营销渠道拓展应以获取线上用户与新增客户为核心任务，打造总部专业的市场营销团队，制定公司各类营销活动与市场拓展活动。线上从客户获取转变为用户获取，对客户开户前的行为进行有效运营，开户后交给其他团队或线下进行持续跟踪运营。

（6）分支机构组织协调服务制定、管理零售业务考核指标，负责对线上、线下的服务策略进行制定和有效协调、监督，负责管理客户关系管理系统，负责分配与协调公司的客户资源，负责分支机构的后勤保障与建、转、撤、并事宜。

（7）风险控制主要是配合公司的合规、风控部门做好各分支机构的日常合规业务，并通过大数据的分析手段，有效识别管理异常交易客户，统管零售业务条线的投资者适当性、投资者教育、反洗钱等工作的开展。

2. 证券零售业务高质量发展模式下的分支机构定位是在金融科技智能化驱动下的财富管理机构

（1）分支机构定位与架构分析。分支机构的业务模式需要从"单一产品销售"转变为"综合化财富管理"。在新的零售网点功能定位下，分支机构的投资顾问是更为专业的服务销售人员，可以为客户提供一揽子的资产分析以及资产组合建议。同时，售后的大类资产调整和动态平衡服务将是证券公司比银行更能达到财富管理目标的有效模式。为适应高质量发展模式下以服务为主的展业模式，需要从以营销团队为核心转变为以投资顾问为核心，培养一支财富管理队伍，实现分支机构从之前的销售导向转变为服务导向。

（2）分支机构智能网点建设。随着分支机构主要人员构成向投资顾问财富管理团队转移，传统的分支机构承载的柜面服务功能需要转向智能化、线上集中化，以提升合规性并节约人力成本。传统客服经理与经纪人要配备智能化的移动展业平台，以提升营销服务的效率。

3. 线上线下相结合的运营服务体系

随着互联网流量边际成本的提高，线上线下融合成为未来的发展方向。

（1）线上线下优势互补。线上服务具有标准化、覆盖广、效率高、成本低等特点，解决了传统金融服务的难点。线下服务的优势体现在信任度和专业度，一对一的服务可以让客户产生信任感，更容易了解客户的需求和困惑，并凭借专业水平为客户量身定制个性化投资建议，这样建立的信任和黏性是线上渠道无法实现的。线上线下融合的关键是打通相互之间的隔阂，实现线上线下的无缝对接。线上不能解决的问题，可以即时展示在线下，并及时提供解决方案；线下客户也能即时享受线上无差异的优质服务。线上线下融合是高质量发展模式实现的无界金融的关键。

（2）重构服务团队，优化服务流程。建立线上线下互为犄角的组织架构：线下打造高水平的投资顾问队伍和客户经理队伍，线上打造标准化、高效合规的运营服务团队。前者承载财富管理、投资咨询、活动策划等职能；后者承载线上业务的落地办理职能，是线下业务办理窗口的延伸，完成线上柜面业务及基础客户服务等职能。线上线下组织在一起，互为犄角，相互配合，无缝对接，高效运转。二者有机结合，持续优化和升级业务流程。以客户为中心，以金融科技为手段，构建从信息获取、决策辅助、决策执行到评估反馈的无盲点流程体系，打造需求驱动的业务体系和运作模式，形成客户需求与流程优化互动的良性循环。

（3）线上线下协同相互制约、相互促进。线上线下协同运营，应制定共同的业务发展和服务目标，避免线上服务与线下服务"两张皮"的存在和资源的叠加浪费。在高质量发展模式下，线上运营部门主要考量的是用户的获取、终端的覆盖和基础性服务的触达，而线下部门考量的核心指标是收入、资产等业绩指标。对于彼此的考核指标，可以互相评比，对共同完成的目标任务可以互相制约，从而形成利益共同体，以实现线上线下有效协同。制约的目的，是使服务更为有效，也让服务不要出现合规盲点，控制业务拓展的风险。

（4）线上线下相结合，有效提高员工服务半径与服务能力。金融科技目前已经应用到证券业务人员能力提升的方方面面。传统证券零售业务依赖线下营业网点，员工的服务半径受到地域范围与客户数量的限制。通过借助金融科技手段，打造线上投资顾问服务平台，优秀投资顾问通过文字、音视频等方式面向客户提供体系化、过程化的证券投资顾问服务，消除地域范围与服务客户数量的限制，使证券公司零售业务投资顾问服务资源可以获得高效调配。

（五）传统考核模式的转变

证券公司零售业务高质量发展模式需要利用金融科技手段，围绕以客户为中心，建立数字化动态考核机制。在新型考核模式下，对客户主要强调服务而非销售，并且主要是对客户进行"综合化资产配置"，因此传统的有效户、交易、收入以及产品销售不再是合适的考核指标，应结合中国以散户为主体的客户特征，对业务模式和零售组织考核重心进行重新思考，对当前监管制度的指导方向进行思考，充分发挥证券公司的标准资产研究、发行、风控等优势，真正为客户全方位配置资产，享受中国经济成长红利。因此在未来的高质量发展模式下，应高度关注资产管理规模（AUM）、客户单位资产价值（VUA）与服务过程考核。

1. 资产管理规模

资产管理规模的增长来源于：一是现有客户投入资金的增长及新客户的开拓；二是资产

市值的增长。因此，考核指标转向针对资产管理规模及客户满意度等多维度指标，可有效促进证券公司发挥全业务链平台优势，在资产端提升投资能力，在资金端拓展渠道资源，在产品端强化创新能力，回归"服务"本源，实现客户资产的保值增值。

2. 客户单位资产价值

客户单位资产价值=客户交易型资产创造的所有收入/客户交易型资产。其中，客户交易型资产是证券公司剔除"大小非"和机构类资产的客户资产，收入包括佣金、息差、"两融"利差、产品销售收入、投顾服务等。

3. 服务过程考核

除了以上对员工名下服务客户最终价值的考核之外，证券零售业务高质量发展模式还应该加大对于员工服务过程的考核。建议可以考虑积分模式，将员工每日的工作任务与客户服务过程全部进行精细化与量化，如对每日通过员工移动互联网平台触达客户的过程进行统计并量化成考核服务积分，实时地对团队员工的过程积分进行在线评比，达到激励作用。将量化的积分与员工业绩、薪资、奖金直接挂钩，甚至利用积分进行奖励的实时兑现，起到激励员工、提高员工工作积极性的作用。从管理角度来说，也利用这类制度量化了每个员工的服务过程与服务质量。

（六）高质量发展模式的证券零售业务系统架构

新的证券零售业务系统架构主要体现在业务运营的集中、服务策略的集中、多渠道的触达分发、围绕客户生命周期的数据画像、智能化的触达和人工的服务相结合几方面（见图4）。

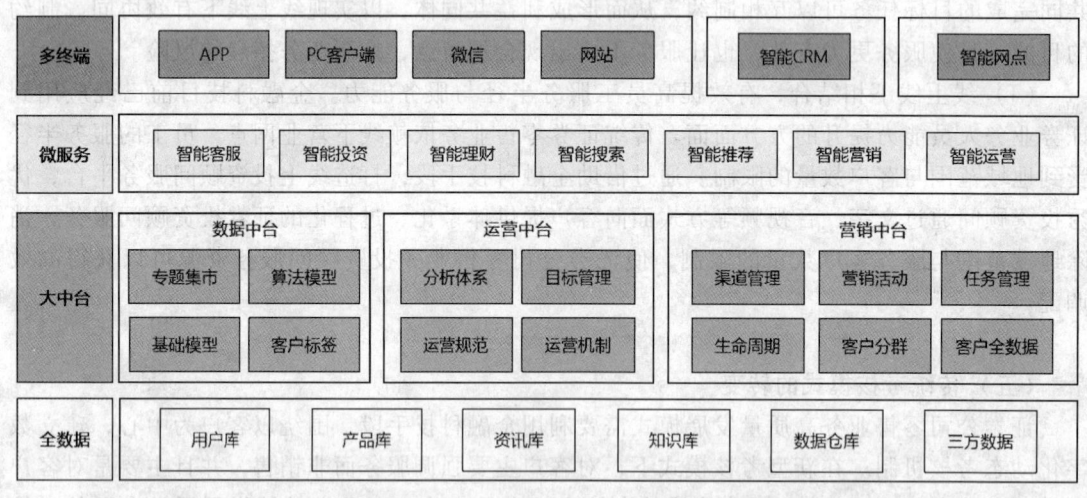

图4　高质量发展模式的证券零售业务系统架构

四、证券零售业务高质量发展的监管建议

（一）鼓励证券零售业务全面线上化，支持证券公司开展平台建设

运用金融科技推动证券零售业务转型，证券公司在业务管理、服务内容、服务形式、技

术手段等方面进行了大量的改造。但在目前的监管条件下，很多业务在线上化迁移的过程中面临诸多限制，可以线上化的业务目前也没有标准化的制度指引，从而导致行业在利用金融科技方面缺乏明确规则，并且各家证券公司的方法也有较大差异。例如，证券远程开户技术方案中较大的限制是远程双向视频见证的效率问题，单向视频开户试点已有多年，相关技术、方案均已较为成熟，建议适时进行推广应用，并制定符合证券业务线上化的细则指引和对应的风险控制标准。

（二）在合规前提下拓宽证券公司获客渠道

2018年5月《关于规范证券公司借助第三方平台开展网上开户交易及相关活动的指导意见（征求意见稿）》第九款规定："证券公司借助银行、信托公司、保险公司提供的第三方平台开展网上证券业务的，立即停止新增客户，在本指导意见发布之日起六个月内，引导存量客户通过证券公司自有渠道开展网上证券业务，并终止在相关第三方平台上开展网上证券业务。"但实践中，客户有通过银行、信托公司、保险公司等金融机构开立证券账户、进行证券交易、实现多元资产配置的需求，因此在合规、安全以及坚持分业经营、分业管理的前提下，如银行、信托公司、保险公司提供的第三方平台仅限于为证券公司提供网络空间经营场所、信息发布平台、链接跳转等技术服务，而非介入证券公司向客户提供证券业务相关服务的任何环节，建议可以允许证券公司以此类方式借助其他金融机构的第三方平台开展网上证券业务，以便证券公司在合规、风险可控前提下拓宽获客渠道，加强金融同业合作，满足客户各层次的金融投资需求。此外，在证券公司做到有效保护客户信息与充分进行风险揭示的情况下，建议支持证券公司与互联网公司在合作引流、能力共享、产品相互输出等方面进行试点，满足证券公司降低开发客户成本、提高客户体验的需求。

（三）适时推动证券账户开立流程简化及功能扩展

随着证券零售业务竞争的日趋激烈以及海量客户投资理财需求的持续增长，加快探索财富管理转型已成为行业共识。证券公司突出的行业研究优势、较强的资产发现和获取能力以及出众的资本市场投资能力等资源禀赋可有效助力其开展财富管理服务。因此，建议监管部门适时推动证券账户开立流程简化及功能扩充，允许符合要求的证券公司在合规的前提下进一步简化证券账户开立流程。建议完善理财账户试点，增加保证金账户功能属性，在 7×24 小时出入金等功能方面先行先试，为客户提供更优质的证券账户体验。

金融科技赋能证券经营机构财富管理转型研究

赵 阳 江雅文[*]

近年来,在互联网金融及移动证券的冲击下,证券行业平均佣金率水平持续下降,传统盈利模式及经营方式面临转型压力。与此同时,财富管理市场得到持续迅猛发展,初步形成客户多元化、需求多样化的格局。证券经营机构正努力改变过去以传统经纪业务佣金为主的盈利模式,向全面财富管理和综合金融服务商转型。大数据、云计算、人工智能等新技术成为驱动财富管理行业转型的重要力量,证券经营机构通过金融科技赋能,不断优化客户服务流程和标准,升级完善智能营销服务平台,深度挖掘并主动跟踪客户需求,为客户提供资产配置和财富管理服务,实现业务模式创新及战略变革。研究证券公司如何借助技术力量赋能财富管理,提升金融服务供给效率,建立技术上的护城河,增强数字化生存能力和核心竞争力,具有重要意义。

一、证券经营机构财富管理现状及问题

当前,我国财富管理市场主要参与主体为银行、保险公司、证券公司、信托公司及第三方理财机构等。相比欧美发达国家市场及国内大型商业银行等机构,证券公司财富管理业务起步较晚,处在由通道服务向财富管理转型的发展阶段。业务模式主要立足于证券经纪业务,基于各类资本市场工具向高净值客户提供资产配置、资本中介、信息资讯等服务,主要模式如下:一是全产业链的高净值客户服务模式,以多元化产品与多层次服务为优势,最大限度满足客户长期业务需求;二是第三方理财服务模式,建立独立于其他中介理财机构的财富管理中心,降低操作风险和道德风险;三是全产品服务模式,将财富管理挂靠在零售业务之下,实现客户与公司各业务部门之间的联系。总体来看,受限于现有客户及业务基础,目前证券公司财富管理服务模式在专业化、差异化、多元化、定制化等方面尚有不足,与欧美财富管理机构如富达、

---

[*] 作者简介:赵阳,经济学博士,金融学博士后,中泰证券战略规划部高级经理;江雅文,经济学硕士,中泰证券经纪业务部业务经理。原载于《中国证券》2019年第9期。

先锋、嘉信理财、爱德华琼斯等以投资顾问为核心进行产品销售模式相比，差距较大，客户培育、产品创新、风险管理、信息系统支撑等能力构建方面面临巨大压力。

（一）财富管理客户基础不足

受资本市场剧烈波动以及投资品种复杂化程度影响，国内高净值人士认同专业机构价值，希望借助财富管理机构信息渠道和资源优势获取更好的投资机会和建议，相对而言商业银行更易成为大多数高净值人士信任的对象，在服务高净值客户群体数量方面占据财富管理市场的"半壁江山"（巴曙松，2013），而证券经营机构财富管理客户基础处于相对劣势。

（二）产品丰富度及创新能力不强

尽管证券公司在资产获取方面具有优势，但与商业银行相比，产品丰富度不够、同质化问题明显。券商财富管理部门仍以传统投资产品销售为主，集中在股票型基金、债券型基金、混合型基金、货币市场基金、另类投资基金和QDII基金等资管产品，另类投资和私募股权基金等高端产品相对欠缺，产品、服务的创新度较低，缺乏针对客户个性化需求的定制产品，与真正意义上的财富管理存在较大差距。

（三）合规风控压力与日俱增

合规经营与风险管理是证券公司持续健康发展的生命线。目前，以资管新规为代表的各项监管政策对证券公司财富、资产管理业务规范发展提出了更高要求，其中合规及风险管理是重点。资管新时代下，"刚兑"被打破，净值化理财产品不再保本保收益，证券公司在开展财富管理业务过程中如不采取有效手段加强客户适当性管理、防止不当销售、提升风险管理能力，必将面临客户诉讼等较大的风险暴露。

（四）技术应用及系统建设相对滞后

现行财富管理运维管理系统以保障业务流程的连贯性、合规性和安全性为首要目标，底层运维以计算机网络技术、移动互联、云架构方式为主，基于云、大数据为核心的新型运维系统尚未完全建立。同时，金融科技在财富管理领域中的应用愈加广泛，如智能投顾相对人工投顾能够提供更加合理、精准的投资工具，更好地服务于客户财富管理（李苗苗和王亮，2017）；大数据技术应用在场景分析与客户画像方面，能为财富管理机构提供更加精准的投资策略（麻斯亮和魏福义，2018）。但整体上看，技术与业务的融合度不高，模式应用仍然处在探索阶段，金融科技赋能业务转型的效果不明显。

二、金融科技赋能财富管理转型的境外案例及经验

财富管理概念起源于20世纪30年代的美国，至今已有几十年历程，目的是通过维系客户关系帮助客户进行资产管理，其发展经历了以产品为中心、以销售为中心的阶段，正向以客户为中心的阶段过渡。财富管理机构通过多元化的产品和个性化的服务满足不同层次的客户理财需求，在促进金融资源有效配置、优化收入结构、提高养老保障水平等方面发挥了重要作用。近年来，随着金融科技发展，大资管互联网理财时代到来，智能投顾、量化投资等

金融创新模式陆续出现,传统财富管理模式进一步优化,以科技驱动的财富管理模式在境外财富管理市场中的地位日益显著。

(一) 国际投行研发投入及财富管理转型情况

作为全球财富管理领域的三巨头,国际投行瑞银、美银美林、摩根士丹利都明确将数字化财富管理作为发展的核心战略,其财富管理部门近十年的平均利润率分别为26.0%、17.8%和16.0%,不仅远高于一般的证券交易佣金费率,而且普遍高于资产管理费率,成为公司业绩的重要支撑。其他投行,如摩根大通、高盛等也都高度重视科技研发投入。近5年间,摩根大通的研发投入资金由54.3亿美元增加至77.1亿美元,研发投入占营业支出的比重由7.71%升至13.2%;高盛集团的研发投入资金由7.76亿美元增加至8.97亿美元,研发投入占营业支出比重由3.45%增加至4.28%(见表1)。

表1   境外机构依托金融科技转型的要点总结

要点	瑞银	摩根士丹利	贝莱德(BlackRock)
战略定位	专注于卓越的财富管理业务和瑞士领先的综合性银行,并辅以全球资产管理和投资银行	聚焦财富管理,借助金融科技实现从"交易中心"到"财富管理"中心的转型,保证中长期收入稳定	从产品选择到投资组合构建的转变,科技创新与资产管理价值链的数字化,以及在全球高增长市场上成功进入并扩大规模
财富管理业务情况	财富管理业务营收、利润均占到了集团收入、利润的一半以上,且所占比例逐年提高。其中,2017年财富管理业务收入占比为54.21%,税前利润占比51.3%	财富管理业务收入、利润分别占公司总收入、利润的44.7%、41.3%;财富管理利润率从2013年的18.5%提高到2017年的25.5%	现为全球最大的资产管理公司,2018年实现净利润10.9亿美元,2019年第一季度资产管理规模(AUM)为6.52万亿美元,5年复合年均增长率11%,是公司1999年上市之初的约37倍
金融科技战略	借助科技手段打造卓越的客户体验和产品开发能力,提高公司运营效率和成效;强调以客户为中心,所有工作都围绕该中心展开;最终确保数字化财富管理领导者地位	借助科技,在财富管理领域建立业务发展的强大护城河	高度重视风险技术和数据分析,致力于成为金融科技的领导者
战略举措	技术平台(应用层、基础架构层)大集中;与传统、金融科技等公司合作;大胆尝试新兴技术	基于自主掌控的平台架构广泛与金融科技公司开展合作,通过向金融科技公司借力,保持对新兴技术的洞察力	阿拉丁(风控及综合业务平台);FutureAdvisor(ETF分销);ishares(ETF发行)
IT投入	每年至少将营业收入的10%(约30亿美元)投入科技领域;设立集团技术中心,与业务部门合作,提供相应的系统和IT服务;成立多元化的全球团队跨越职能和时区,共同解决业务、技术和运营问题	每年花费40亿美元投资科技,占公司2018年全员预算的40%,占2018年营业收入的10%	每年将营收的10%用于科技投资;发布"Tech2020"规划,系统地投资相关资源,包括吸引、发展和留住公司顶尖人才,增加技术人员数量

续表

要点	瑞银	摩根士丹利	贝莱德（BlackRock）
人才队伍建设	全职信息技术人员由2012年的8 200人增加至2018年的2万余人（正式加外包）；财富管理业务线人员总计2.32万人，占公司总人数的37.7%；理财顾问总计1.06万人，占公司总人数的17.25%	技术人员约6 000—7 000人，信息技术人员占总人数比例为10%—12%；财富管理业务人员2.04万人，占公司总人数的34%；注册投资顾问约1.6万名，占公司总人数的26.67%	技术人员3 500名，占员工总数的23.49%
典型数字化应用	财富管理平台One WealthManagement Platform，整合瑞银所有产品、服务和能力，在全球范围内满足客户的财富管理需求；智能投顾平台SmartWealth，根据客户个人财务状况、风险态度、年龄、资产和理财目标的理解等，为客户提供在线财富管理、实时在线咨询服务	全球计划系统（Global-based Planning System），让投资顾问发现和量化客户的长期投资目标；Next BestAction平台，提供投资建议、操作预警并辅助解决客户日常事务	资管平台阿拉丁连接信息、人员和技术进行资金管理，将复杂的风险分析与全面的投资组合管理、交易和运营工具结合在一个平台上，为明智决策、有效风险管理、高效交易和运营提供支持；提供工具帮助用户进行有效沟通，解决相关问题并在投资过程的每个步骤做出决策辅助
转型亮点	加强对外合作，构建科技生态。基于自主掌控的One WMP和统一基础设施平台，对接所需的信息技术开发商产品，实现技术合作；敢于尝试，及时止损，打造SmartWealth平台实现对潜在竞争对手、新兴技术的洞察力，后期因业务整合、战略定位重构于2018年出售给金融科技公司SigFig；重视科技的长期效能，短期投资几十亿美元构建大集中平台，长期降低运营成本	合纵连横，建立与金融科技公司互相成就的技术创新生态。通过每年一度的CTO Innovation Summit、Fintech Summit来选择合作伙伴，保持对新兴技术的洞察力；将技术应用纳入考核，将投资顾问使用公司新技术平台等技术应用情况作为激励和考核项之一，通过激励提高投资顾问的服务技能；敏捷的组织架构。设立首席数据官、首席数字官等职位，聚焦数字化转型、客户服务，形成各类敏捷项目团队	通过技术对外输出支撑业绩增长，2018年实现7.85亿美元的技术服务收入；持续加速内部创新和采用外部技术的机会，追求技术驱动的增长，如成立数字财富集团、贝莱德人工智能实验室等；通过深度合作、收购等方式扩展科技能力边界，先后收购了机器人投顾FutureAdvisor、金融科技平台iCapital Network、现金管理技术供应商Cachematrix等；开放阿拉丁平台赋能更多投资者和客户，利用模型建立数据驱动闭环，反馈销售和产品开发流程

（二）金融科技赋能财富管理转型的境外模式总结

1. 智能投顾

智能投顾是基于投资者不同的理财需求、资产状况、风险承受能力和风险偏好等因素，通过对投资者"千人千面"的多维度分析及对产品"千品千面"的多维标签，将现代投资组合理论运用人工智能算法，借助搭建的数据模型来为投资者提供客观全面的理财计划，实现其与产品的高度匹配，完成在传统上由人工提供的理财顾问服务。该类业务模式最早于2010年兴起于美国，2015年后逐渐在国内出现，据预测，2020年美国智能投顾行业市场规模将达到2.2万亿美元，智能投顾行业渗透率将增至5%。国外智能投顾发展以大类资产配置、数据分析、主题投资、跟投、线上引流等为主流模式,典型代表如 Wealthfront、Betterment、嘉信理财等以机器为主的大类资产配置模式,Motifinvesting 等以人为主的主题投资模式和 Personal Capital 等人机结合模式。

2. 智能投研

智能投研是基于大数据和机器学习技术,实现对海量研究数据、信息、研究成果等的智能整合以及数据之间的智能化关联,改变传统投资人与数据的交互方式,以此提升投资人员的工作效率和投资能力。目前,国内该类业务模式发展已初显雏形,但尚未形成规模。国外则已经涌现出了一些典型案例,主要集中在非结构化信息获取、分析,构建知识图谱,提供投资建议,优化投资结构等方面,如智能投研领域最具想象力的先行者 Kensho、智能搜索引擎 AlphaSense、智能投资平台 Rebellion Research、Palantir Metropolis、Two Sigma 和 Renaissance Technologies 等。

3. 统包资产管理平台（TAMP）

统包资产管理平台是面向投资顾问、证券公司、财富管理公司、保险公司、银行等机构提供一站式资产配置组合服务的开放性的技术平台。财富管理机构进驻 TAMP 平台后,可以获得平台上包括产品研究、基金经理的尽职调查、投资组合建议等所有资源;所有耗时的中后台职能,包括产品尽调和研究、投资组合搭建及调整、客户资产分析、定期报告的发送等,全部交由 TAMP 平台的服务商处理。投资顾问只需要更专注于维系客户关系、深入理解客户的理财需求并提供更有针对性的服务即可（见图1）。经过近 30 年的发展,TAMP 在美国发展的成熟度非常高,在财富管理和资产管理领域中扮演着十分重要的角色,TAMP 中的客户资产总值超过 2 500 亿美元,以 ENVESTNET、SEI、ASSETMARK、BRINKER CAPITAL 为代表,且具有极高的市场占有率。

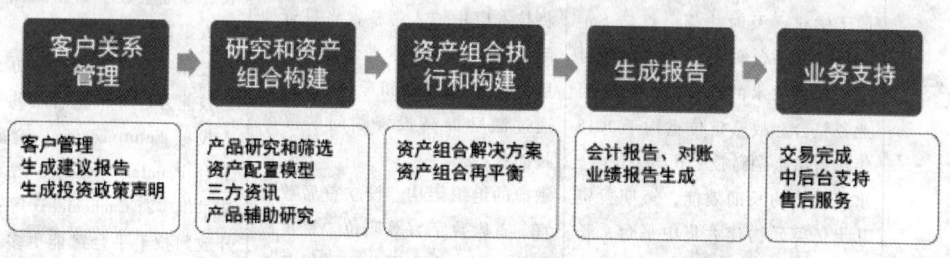

图 1　TAMP 平台功能及业务范围

4. 财富管理技术平台

境外财富管理机构通过建立财富管理技术平台实现业务转型,其中以美林投顾支持系统（TGA）为代表。美林创立的 Financial Advisor（FA）模式已经成为世界零售金融业的标杆,其成功的关键在于"优质投顾 + 领先的技术平台"。TGA 投顾支持系统和财富管理技术平台 Total Merrill 在支持投顾开展业务方面具有重要作用。一方面,TGA 是美林所有服务体系中的核心系统,运用最新技术将美林众多复杂的金融产品更清晰便捷地展示给投资顾问和客户,很大程度上降低了 FA 的工作强度,提高了 FA 的工作效率,系统集成了美林整体研究结论观点,最大限度地规避了 FA 投资咨询水平的参差不齐和 FA 对产品认知水平的差异造成的合规风险;另一方面,Total Merrill 融合所有美林金融资源,采用开放式架构平台,用 Web Service 方式将 130 个新旧应用整合在一起,加强客户资产分配、目标制定、策略设置、实现方案、进度评估、计划管理工具等财富管理功能,以360度的全方位角度查看、分析客户财富状况,按照不同客户需求提供不同服务和产品。

此外,嘉信理财作为低成本交易通道服务的供应者,采用与外部独立金融、理财顾问紧密合作并为其提供展业平台的形式,提供财富管理服务。一是推出"顾问资源(Advisor Source)"项目,采用与外部独立金融、理财顾问紧密合作并为其提供展业平台的形式,建立客户服务咨询团队;二是建立"嘉信连线"(Schwab Link)系统,为独立理财顾问在研究咨询、客户账户管理、网上交易、工作平台等方面提供有效支持,吸引了美国4 000多位独立理财顾问(占美国独立理财顾问的80%)与之进行业务合作,引入新增客户资产近3 000亿美元,占嘉信管理客户资产总额的42%(见图2)。

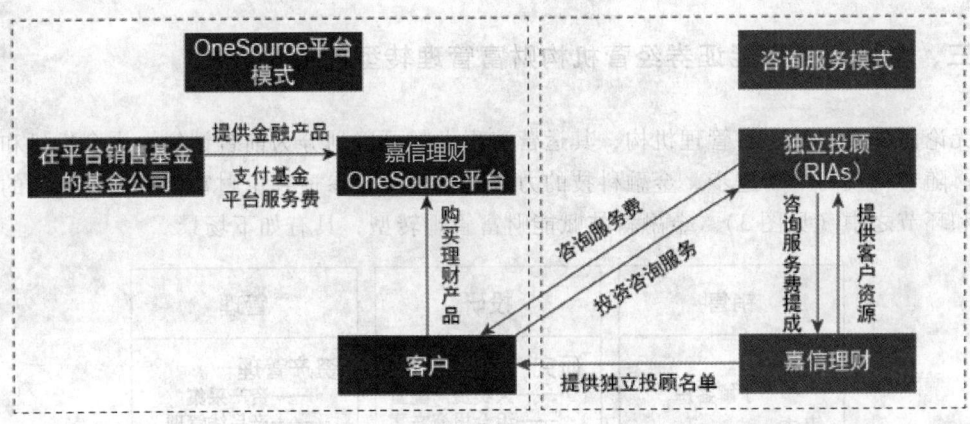

图2 嘉信理财智能平台运作模式

(三)经验总结

1. 打造自主掌控,逻辑集中的财富管理平台

数字化时代,敏捷、灵活的系统和平台架构是金融科技赋能的基础,通过自主掌控灵活、可扩展的平台架构,有选择性地与各细分领域头部金融科技公司合作,是企业自主构建金融科技生态的前提,能够更快地响应客户需求,实现以客户为中心。同时,财富管理平台应尽可能整合公司各类资源,打通与公司产品销售、客户关系管理(CRM)、集中交易、"两融"、服务资源等各类内部系统的平滑对接,充分借助外部系统作用,如摩根士丹利、瑞银财富管理平台均与外部阿拉丁平台对接,实现服务能力提升。

2. 建立金融科技生态,持续高额投入

在数字化时代背景下,构建金融科技生态是保持金融机构对新兴技术洞察力、拓展自身能力边界的工具。摩根士丹利、瑞银均对金融科技公司持开放态度,节省了自身对新兴技术的研发、试错成本,将关注点放在技术应用及客户服务上。同时,IT高投入、高比例的技术人员结构、良好的科技战略及数字化转型文化是转型成功的关键。美国CIO杂志对公司IT投资进行的调研结果显示,小公司(年收入少于5 000万美元)一般花费年收入的6.9%;中型公司(年收入5 000万美元至20亿美元)一般花费年收入的4.1%;大型公司(年收入20亿美元以上)一般花费年收入的3.2%。与之相比,国内券商不足3%的投入和几百人的技术团队稍显不足。

3. 服务手段智能化趋势不可逆转，但应找准自身定位、不盲从

财富管理的智能化、数字化水平提升已经成为不可逆转的趋势，主要受两大趋势驱动：一是财富管理数字化正在向财富管理的核心环节渗透，如财务规划、风险适配、资产配置等；二是财富管理数字化开始向更高端客群渗透。从目前发展来看，智能投顾是对财富管理业务智能化冲击最大的业务模式，但应正确看待人工投顾与智能投顾，较长时间内，金融行业将处在弱人工智能时代，财富管理转型的关键将是个性化服务而非智能投顾。如摩根士丹利在综合分析客户特点的情况下，确定以投资顾问服务为主，兼顾智能投顾服务少数客户；瑞银面对 Wealthfront、Betterment、Future Advisor 等智能投顾公司借助金融科技在普通大众财富管理领域的快速发展曾经迷失，但之后快速止损，回归同摩根士丹利类似的路线。

三、金融科技赋能证券经营机构财富管理转型的场景分析

无论何种类型的财富管理机构，其运营流程大都可以划分为前台销售、中台投研和后台管理。随着科技的不断进步，金融科技的力量已经延展、渗透到了财富管理运营流程的各个场景和环节之中（见图3）。金融科技赋能财富管理转型，具有如下场景。

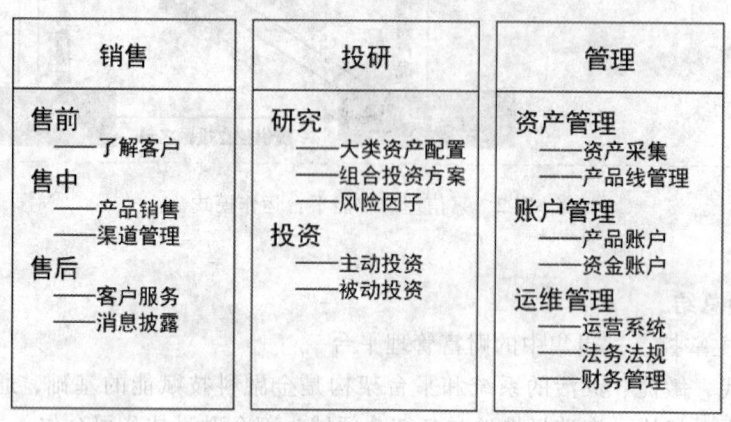

图 3 财富管理业务运营流程解析

（一）前台销售环节

销售环节是服务客户的入口，有助于提升客户对金融产品与服务的满意度和忠诚度。金融科技驱动智能化销售前台建设将在规模、效率、体验等方面实现更大突破，应重点关注三方面要点：一是清晰了解客户身份背景信息（KYC）；二是产品销售和渠道管理；三是客户答疑及产品信息定期披露等售后服务。

从应用场景来看，金融科技赋能的业务场景包括客户导流、智能营销、智能客服、智能投顾。一是财富管理机构可借助大数据、人工智能等技术力量，对投资者进行360度精准画像，从多个场景、多个维度了解投资者的基本情况、投资潜在需求、财务实力、风险偏好等，从而实现精准营销、智能营销；二是依托自然语言识别、深度学习、交互技术等，通过在线智能客服、热线端智能客服和实体客服机器人等方式进行 7×24 小时不间断服务，接入办公系统实现部门协同；三是根据投资者的可投资资产规模、风险偏好、收益目标预期、历

史投资经验等指标，综合运用大数据、人工智能算法等技术形成动态的资产配置方案，为客户提供投资组合选择、交易执行、组合再平衡、税负管理和综合分析等个性化投资建议。

（二）中台投研环节

投研环节是财富管理机构的核心能力建设环节，自动化、规模化、智能化、可自我优化是金融科技赋能财富管理的主要目标。从应用场景来看，包括智能研究、智能投资。一是运用大数据、机器学习、自然语言处理、知识图谱等技术，将数据、信息、决策逻辑进行智能整合，实现数据之间的智能化关联，最后可以自动生成人类语言式的研究报告来辅助证券分析师进行投资决策，从而提升投研效率、优化投资决策，打破"数据孤岛"；二是基于机器学习算法优化交易策略和投资交易系统，利用计算机程序语言使交易指令下达自动化、智能化，减少投资经理情绪波动影响，保证投资回报持续稳定。

（三）后台管理环节

后台管理环节主要包括产品管理、账户管理、风险管控、底层运维系统维护等基础服务。智能化的产品管理系统应当具有产品线全面丰富、产品研发体系完善、产品管理十分智能等优势。从应用场景来看，分为智能化产品管理、智能化运维管理等。一是通过科技赋能帮助客户提供线上的从全产品线信息获取、产品买入到产品管理分析的全流程服务，提高效率和用户体验；二是优化底层基础系统，通过云架构、大数据等智能化提升工程设计、客户体验、风险控制、产品体系、营销安排，实现员工、产品、客户、佣金、培训、活动等财富管理各种相关核心要素的一站式管理。

四、金融科技赋能证券经营机构财富管理的转型路径

证券经营机构借助金融科技赋能财富管理转型应着力从客户、产品、风控、系统等方面打造自身核心竞争力（见图4）。

（一）提升客户洞察力，改善客户关系管理

目前，客户购买财富管理产品面临个人账户历史交易信息不全面、不同机构产品信息对比分析不便、个人资产状况反馈及时性差、适当性管理不足等"痛点"，亟待金融机构借助科技力量改善、解决。财富管理机构借助金融科技力量在客户画像、客户分层、客户全生命周期管理等方面重点发力，基于KYC原则提升客户全方位洞察力，打造客户关系管理的核心能力；建立严谨的数据采集与更新机制，掌握全面完整的客户数据信息，改善、维护客户关系。

（二）加强投资研究，提升产品创设能力

完善的产品解决方案和综合定价能力是财富管理机构提升市场竞争力的重要保障，扎实的投资研究能力是基础。财富管理机构应加强自身投资研究与产品创设能力，推动财富管理工作向产品组合多元化、金融解决方案设计整体化以及客户合作顾问化方式转变，按照客户金融服务需求提供与其风险承受能力相适应的金融产品；加强与金融科技公司的产品创新协

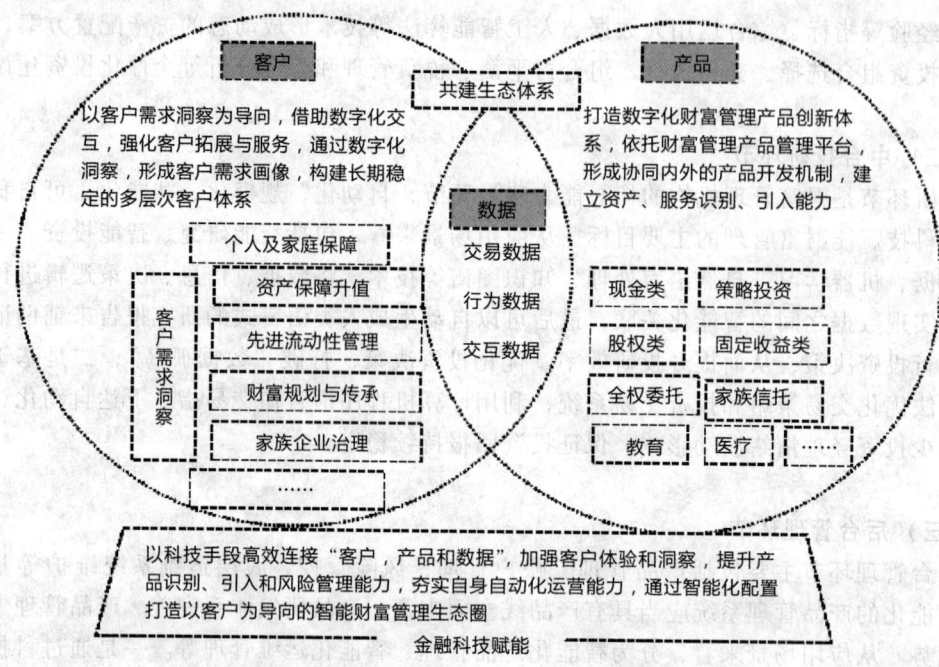

图 4 金融科技赋能财富管理转型路径

作,强化双方数据共享,优化业务流程,提供直击客户痛点、更加智能化的财富产品与服务。

(三) 以风险管理为根基,强化数据运营管理

财富管理产品具有跨行业、跨市场、跨区域特点,风险关联性、传染性和外溢性较强,金融科技的深度应用可能带来业务、技术、网络、数据的多重风险叠加效应,使财富管理领域风险结构更加复杂多变。财富管理机构应不断强化风控能力建设,制定符合业务发展方向的风险战略,着力构建高效专业的风控体系,将风险管理贯穿客户关系管理和产品创设的全过程,实现风险管控逐步向数据智能风控转化;大力发展监管科技,对财富管理产品的发行销售、投资、兑付等运作管理环节进行全面动态监测;打造稳健而智能的风险管控体系与灵活多变的组织架构,通过科技"武装"战略、组织和文化,实现管理系统的定制化、弹性化和高效化,依托卓越的数据管理和技术应用能力、高效的 IT 平台实现对客户洞察、产品创新、风险管控以及财富管理机构发展的保障支撑。

(四) 加强核心业务系统建设,发力金融科技

客户对财富管理机构产品和服务的高频、全方位需求倒逼财富管理机构加大 IT 系统建设的投入和推进力度,应从三方面着力:一是引入敏捷开发和持续交付等新兴科技运营模式,提升创新能力,支撑服务模式快速转变;二是通过金融云架构,将系统由传统的内部部署转变为可运行大型网络计算的云系统,突破传统硬件承载能力的极限;三是在完善底层技术的基础上,将金融科技力量延展、渗透到财富管理运营流程的诸多环节,解决财富管理机构存在的获客渠道局限、客服成本高昂、主动投资管理能力不足、投研工具缺乏、产品同质化和风控模型低效等问题。

(五) 强化科技赋能,加快财富管理平台建设

服务的执行效率和质量是证券公司探索财富管理业务差异化发展的重要因素。证券公司应尽快提升内部运营效率,实现专业人才服务与专业客户需求的有效匹配;加强中、后台支撑体系建设,打造集客户分析、账户管理、投资分析、资产配置、数据分析、考核管理等多项功能于一体的财富管理综合服务平台,有效提升财富管理运营服务效率;重视发挥金融科技创新优势,以市场需求为导向,通过探索利用大数据、人工智能等在精准营销、投资决策、风险定价、客户服务等方面的技术优势,为客户提供覆盖全生命周期的差异化、精细化理财服务,消除财富管理市场供给缺口和供需不匹配等问题,提升财富管理市场的供给能力。

(六) 准确定位,协同共建智能化财富管理生态圈

证券经营机构借力金融科技赋能财富管理转型,推动智能化财富管理生态圈建设,应凭借自身资源禀赋,在数字化财富管理产业链上找到适合自身的场景和定位,在强化核心能力建设的同时融合发展。一是根据资源禀赋,找准财富客群定位;二是整合入口,产品服务布局加速线上化,线下服务重在价值型产品与定制化服务;三是通过出色的投研能力建设,为财富客户持续创造价值,赢得声誉与新客;四是强化项目资产筛选能力,借助金融科技创新,联合多方共建财富管理生态圈;五是加强"财富管理+金融科技"两类机构的融合与创新,以科技为手段高效连接"客户、产品与数据",加强客户体验和客户洞察,提升产品识别和引入能力,夯实自动化运营能力。

金融科技赋能投资管理
——招商证券投资服务体系的金融科技实践

易卫东　郑继翔　赵斗斗　邓　维　瞿　韬*

一、金融科技在投资服务领域方兴未艾

在金融科技浪潮下，以移动互联网、云计算、大数据、人工智能和区块链为代表的前沿技术迅速渗透金融机构各个领域，其中资产管理领域应用方兴未艾。大数据记录了历史信息与风险偏好，云计算提供了关联交互、深度学习和精准挖掘，人工智能强大的数据分析与计算能力，则可以辅助资产管理机构主动投资、挖掘量化模型中的价值因子、做好资产配置，帮助从业者提升工作效率和效益。

随着资管行业竞争越来越激烈，大量资管机构开始利用科技提升能力，提高效率，增强风控，降低成本。从外部看，国际金融机构以创新科技赋能金融，增强核心竞争力。例如，高盛与 Motif 投资算法公司合作推出完全依赖机器交易和 AI 算法的 ETF 产品；贝莱德大幅削减人工选股部门并引进量化人才，依赖机器算法改变基金管理运作模式，预期阿拉丁等解决方案业务的营收占比将在 2022 年提升至 30%[1]；桥水基金通过大量数据分析与建模打造全天候策略，"基金经理+研究员+数据分析师"或将成为资管机构的标配。而国内的博时基金、易方达基金均成立金融科技中心构建智能化投资运营体系，平安资管将利用"AI + HI"（人工智能+人类智慧）赋能传统资管业务。

服务好机构投资者一直是招商证券的核心战略，同时机构业务也是对前沿、高性能技术依赖性最强的业务，因此在技术迅猛发展的今天，招商证券把金融科技与机构业务并列为公

---

* 作者简介：易卫东，赵斗斗，邓维，瞿韬，均供职于招商证券托管部；郑继翔，供职于招商证券信息技术中心。原载于《中国证券》2019 年第 9 期。

[1] 参见《资产管理行业的变革和机遇》，平安资管董事长万放在第六届中国机构投资者峰会暨财富管理国际论坛上的演讲。和讯新闻，时间：2019 年 3 月 22 日。

司的核心战略。招商证券利用金融科技构建了以投资研究、交易、托管服务为基础核心服务，以产品销售、融资融券、运营外包、基金孵化、私募学院为增值服务的一揽子全方位的主券商业务综合服务体系，获得了客户一致认可。2018年年报披露，招商证券推进精细化投研服务，公募基金分盘佣金排名第4位；持续保持主券商系统平台建设的行业领先地位，主券商股基交易量同比增长27%；通过加强金融科技和精细化流程管理，搭建机构服务平台，实现服务智能化和线上化，保持了资产托管和外包业务行业第一位的领先市场地位，服务4 500多家资管机构、18 465只资管产品、近2万亿元资管规模。

本文主要聚焦于资管机构主动（主观）投资、量化投资、FOF（基金中的基金，Fund of Funds）投资3种不同策略类型，结合招商证券为资管机构提供的投前、投中、投后服务体系，分别阐述金融科技如何赋能资管机构投资服务。

二、金融科技赋能投前研究

在投前阶段，资管机构主要关注投资研究、发掘投资策略、构建投资组合等，在主动投资、量化投资、FOF投资三方面分别存在科技赋能智能投资研究、科技赋能智能量化分析、科技赋能大类资产配置三类应用场景。

（一）科技赋能投前环节

1. 主动投资方面：科技赋能智能投资研究

智能投研是指基于人工智能、大数据、云计算等金融科技手段，获取、处理、分析海量相关数据，生成投资观点和报告。科技赋能投研的主要作用体现在人工智能提供算法和工具，大数据丰富素材，云计算则提供算力。

智能投研工作流程通常分为4个阶段：（1）数据源获取：利用网络爬虫和文档识别技术获取大量结构化和非结构化数据；（2）数据提取阶段：利用机器学习与数据清洗工具进行数据治理；（3）分析研究阶段：利用知识图谱、语义分析等人工智能技术进行分析研究；（4）观点生成阶段：利用自动化报告技术输出完善的数据、资讯和报告。

相较于传统投研，智能投研优势在于利用科技赋能充分利用大量非结构化数据，大幅提高数据挖掘与分析处理效率，同时提供非线性关系的模糊处理，弥补人脑思维模式的局限（见表1）。

表1　　智能投研与传统投研方法对比

类别	数据源获取	知识提取	分析研究	观点生成
传统方法	搜索引擎、书籍、报告、论坛、交谈	Wind、彭博、新闻媒体等	Excel、Matlab等，人工	PPT、Word等，人工
科技赋能	非结构化数据（PDF、扫描图片）、另类数据（停车场卫星图片）、智能金融搜索引擎，智能资讯推送	非结构化文档解析，公告/新闻自动化摘要、产业链分析、智能财务分析	事件因果分析、大数据统计分析	报告自动化
关键技术	自然语言查询、词义联想、语义搜索	OCR、实体提取、关系提取、知识图谱	知识图谱、自然语言处理	自然语言合成、可视化、自动排版

2. 量化投资方面：科技赋能智能量化分析

量化投资是指利用计算机技术并且采用一定的数学模型去践行投资理念，实现投资策略的过程，所以量化投资天然具有科技基因。由于科技的加持，量化投资可实现丰富的应用策略，包括量化选股、量化择时、股指期货套利、商品期货套利、统计套利、期权套利、算法交易、ETF/LOF套利和高频交易等。量化投资通常包括 5 个阶段：（1）获取大量数据；（2）利用机器学习清洗加工数据；（3）构建丰富智能量化因子库；（4）量化选股；（5）自动化交易执行（见图1）。

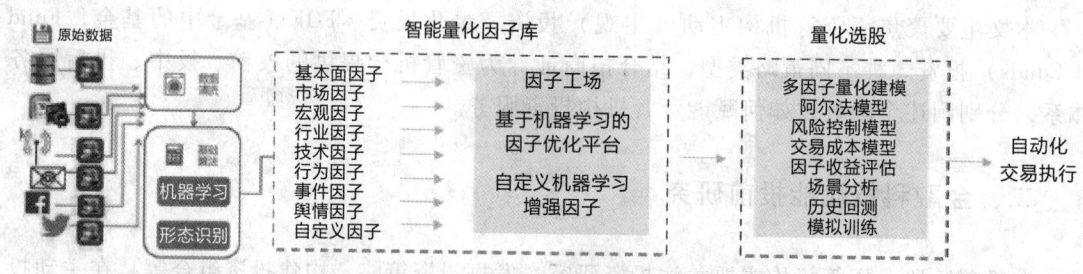

图 1　量化投资工作流程示例

量化投资相较于传统投资的优势在于：传统投资主要有基本面分析法和技术分析法两种，而量化投资借助系统强大的信息处理和分析能力，挖掘与构建丰富的量化因子与投资策略；量化投资还能克服人性的弱点和认知偏差，避免非理性决策。

3. FOF 投资方面：科技赋能大类资产配置

FOF 基金以基金为投资标的，通过专业机构对基金进行筛选，帮助投资者优化基金投资效果。在大类资产配置以及 FOF 研究框架方面，主要从资产选择、资产配权以及组合构建入手，流程上主要包括以下三步：（1）从资产组合的配置目标出发，根据收益需求、风险偏好设定配置目标，选择合适的资产构成资产池；（2）根据配置目标以及资产池，选择模型构建长期战略配置策略，并结合短期战术动态调整；（3）根据资产权重分配结果，优选对应基金构建 FOF 组合（见图2）。

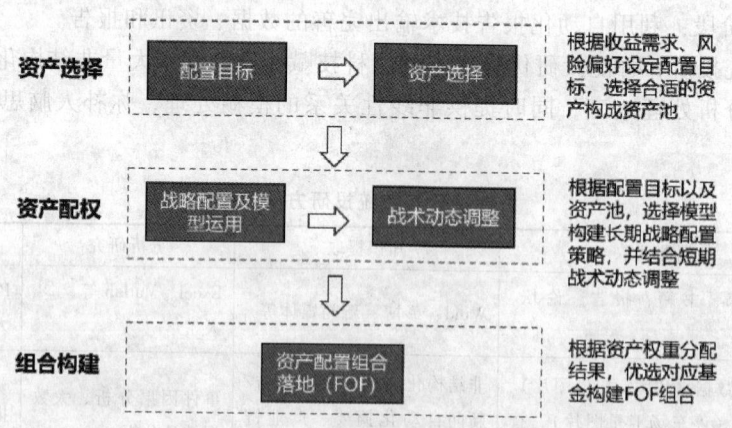

图 2　大类资产配置与 FOF 投资流程示例

科技赋能 FOF 投资优势在于，人工智能能自动收集巨量的信息并做出处理，基金标的的分析与筛选通过金融科技的支持更加深入和全面，用大数据和行为数据可进行个性化的风险偏好设置，提供个性化的动态解决方案（见表2）。

表2　科技赋能 FOF 投资与传统 FOF 投资对比

类别	传统 FOF 投资	科技赋能 FOF 投资
投资目标与偏好分析	人工收集数据，手工分析，Excel	人工智能能自动搜集巨量信息，大数据信息筛选和智能评定
基金标的筛选	片面数据，人工挑选，Excel	大数据，自动分析与智能基金挑选
个性化组合方案	难以做到千人千面千方案	大数据和行为数据，智能投顾，千人千面，深度挖掘，提供个性化动态解决方案
组合调整	反馈调整不及时，局部最优方案	实时全球市场扫描，根据最新市场状况自动计算最优组合比例和方案

（二）招商证券投前服务体系

招商证券在投前可为资管机构提供海量数据集市、专业投研报告、大数据基金筛选和资本中介等各类服务。

1. 海量数据集市和专业研究报告

为满足资产管理机构智能投研与量化分析的海量数据需求，招商证券构建了数据集市，汇集全市场主流的结构化数据资讯源以及大量的非结构化数据与文档，通过人工智能技术进行识别，通过数据建模、数据校验、数据质量治理等数据处理过程，提供高质量和可靠的数据服务。

招商证券综合研究实力稳居行业前六位，通过机构服务平台为客户提供研报速递服务，客户第一时间接受最新的专业研究报告。研报通过系统自动化标签和人工校对的方式精细化管理，提供基于基金持仓的个性化研报推送，而且支持智能撰稿，支持微信、短信、邮件等方式的提醒和订阅（见图3）。

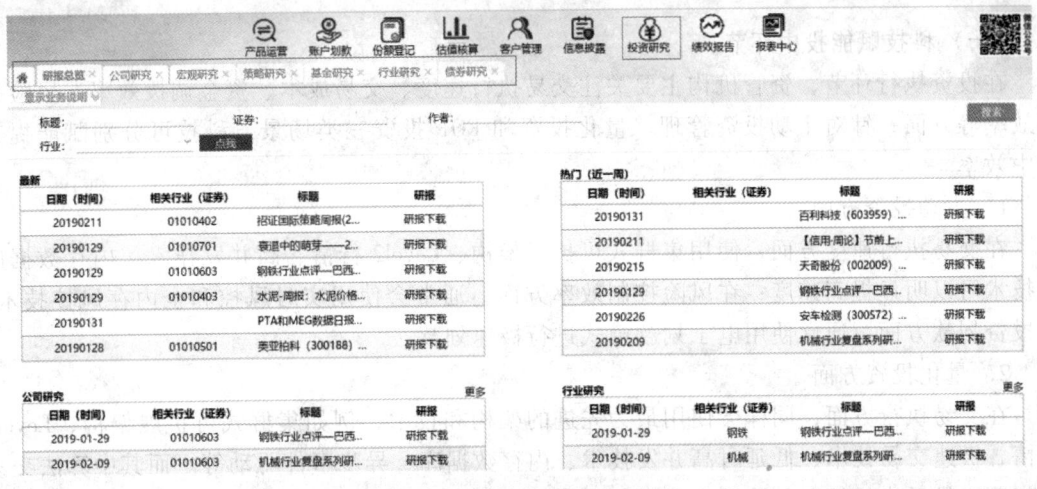

图3　招商证券机构服务平台研究报告服务示例

2. 大数据基金筛选助力 FOF 投资

在做资产配置和 FOF 投资时，准确地评价和分析基金是筛选基金的关键。针对私募基金策略漂移问题，使用传统的方法无法准确区分实际策略类型，无法对策略漂移实时监控，而招商证券使用大数据分析技术和先进的金融工程方法，进行大数据策略分类与漂移监控，基于日频持仓、交易数据研发私募策略分类模型，准确区分产品策略，并对产品进行月度策略漂移监控，对产品生涯中策略稳定性进行量化评价。

针对不同策略产品的评价标准不一、难以归因的问题，招商证券提供精细化绩效归因评价，即对各类策略分别深入研究，开发适合的评价工具，如股票类，研发行业绩效归因模型、TM 择时模型；债券类，研发 Campsi 归因模型。

针对投资风格、风险暴露无法精确量化、风格稳定性无法做到日频监控、FOF 组合层面无法对子基金的风格暴露进行充分有效分散等多种问题，招商证券使用多因子投资风格分析，基于日频持仓数据研发多因子模型，形成风格因子、行业因子监控报表，可以有效地对组合风险暴露、收益进行归因，帮助 FOF 管理人从组合层面分散风险。

3. 大数据资本中介，高效按需撮合双方

针对产品方，招商证券基于大数据分析提供绩效分析和资方引荐服务，具体包括绩效报表、市场动态月报、定向信息披露、定制数据需求、联合尽调、引荐资金方等多种服务。资管机构可根据自身情况选择是否授权加入本服务，可选择特定数据报表推荐给特定资金方。

针对资金方，招商证券对产品授权方使用其授权的数据进行分析、建模、产品推荐，具体包括：（1）数据分享，包括私募策略研究、绩效研究、市场动态分析等，以及基于授权的数据展开私募金工数十项数据分析服务；（2）产品推荐，2016 年起建立私募大数据评价、筛选体系，2019 年起开发私募精选模型，即将发布私募精选指数；（3）定制计算，根据资金方个性化需求研发算法，分享结果，精确锁定满足资方需求的私募产品以及 FOF 策略有效性验证。

三、金融科技赋能投中效率

（一）科技赋能投中环节

在投资执行环节，资管机构主要关注交易执行速度、交易成本、资金调拨效率、风险控制效率等方面，针对主动投资管理、量化投资和 FOF 投资三类场景，科技可分别赋能提升投中效率。

1. 主动投资方面

在交易执行速度方面，使用集群式可扩展架构、Level2 行情、高并发技术、内存数据库等技术可以明显提高速度；在风险控制效率方面，通常会使用实时风控和全内存风控技术；在投资划款方面，通常使用电子划款模式进行极速划款。

2. 量化投资方面

在交易执行方面，同样会使用最为先进的架构和技术，例如集群式可扩展架构、Level2 行情、极速交易技术、低延时高并发技术、内存数据库、异步事件驱动等。而其中算法交易和高频交易最为依赖科技力量，包括低延迟性技术和先进算法、软件的部署以及专用性硬件，如高频交易主机、GPU 与 FPGA 等专用芯片等。

3. FOF 投资方面

FOF 投中环节主要强调申赎下单效率和资金交收效率。在交易下单方面通常会使用电子化、系统化的交易下单、母子联动方式，而在资金交收效率方面，通常会使用系统进行批处理，使用电子方式进行及时划款。

（二）招商证券投中服务体系

招商证券在投中环节提供全谱系投资交易平台、极速资金划拨、FOF母子联动运营等服务。

1. 全谱系投资交易平台

招商证券一直秉承一颗匠心，潜心打磨在交易、行情、技术平台上的能力：2016年建成行业内首个自主研发极速交易系统，并陆续推出分布式多节点、极速与常速一体化接入及沪、深双中心等特色服务；同年又推出面向机构和专业投资者的交易大师终端解决方案，并不断扩充资产品类，逐步覆盖投前、投中、投后全流程；2017年，算法执行云正式上线，经过近两年的不断打磨，形成支撑期权、期货、现货等多品种的量化交易服务能力。最终，招商证券形成了专业投资产品系列：支持极速交易和FPGA硬件加速行情的X极速交易产品系列；支持算法云端执行、衍生数据服务以及策略工程化的α量化交易产品系列；覆盖多资产品种的投前、投中、投后全流程管理的T系列投资管理平台（见图4）。

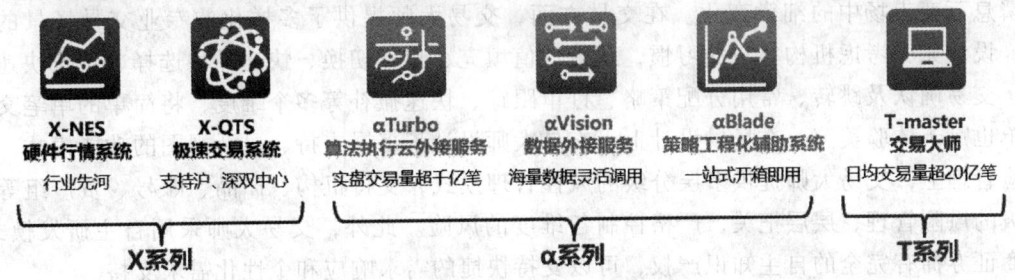

图 4 招商证券机构投资交易平台谱系

（1）X-NES硬件行情系统：对于机构客户来说，能否更快速地接收到行情数据是影响策略执行效果的关键因素之一。招商证券基于FPGA的硬件行情系统，相对传统的软件行情系统加速效果明显，至少可提前10毫秒将行情数据送到客户前端，处理速度提升1 000倍以上，内部处理时间仅需0.5微秒。无论高频策略、中频策略还是低频策略，更快的行情都能显著降低客户回撤率，为客户带来更多的收益。

（2）X-QTS极速交易系统：X系列另一个拳头产品是招商证券自主研发的基于微内核和事件驱动两项关键技术的极速交易系统X-QTS，为客户提供最极速的交易通道。极速交易系统提供了沪、深双中心部署模式，支持单账户同时在沪、深双中心交易，客户可以根据策略就近交易。极速交易系统交易核心处理时间小于0.05毫秒，端到端回环时间小于1毫秒，单节点吞吐量超过1.4万笔/秒。强大的处理能力为客户提供了更好的用户体验。

（3）αTurbo算法执行云外接服务：算法执行云αTurbo将招商证券自主研发的策略执行引擎与业内领先的第三方策略执行引擎无缝整合，将各引擎所承载的算法交易类策略、套利类策略、股票T+0自动交易策略、期权策略等，以统一的接口API形式向客户提供接入服务。αTurbo目前已经在生产环境实盘承载了超过2 000亿笔的交易量，经受了各类异常场景的考验，运行稳定高效。实盘统计数据表明，大概率跑赢订单执行期市场均价2个BP以上，广泛服务于公司自营、零售经纪、机构、QFII、战略客户增减持及回购等交易场景。

（4）αVision 数据外接服务：αVision 数据外接服务主要提供包括行情深加工数据、量化因子数据、投后分析数据和资讯数据 4 个维度的投资交易相关数据。招商证券提供低延时的分布式并行行情计算框架，完成对海量实时数据的运算处理；同时也提供大数据离线分析框架，灵活调度及编排各类分析性模型的运行。

（5）αBlade 策略工程化辅助系统：招商证券在吸收国内外知名策略工程化框架基础上，历时一年多打造并已全面支持普通 A 股、股票期权、期货等品种的策略工程化支持系统 αBlade。客户只需要申请一台由招商证券按客户要求准备的 αBlade 金融云主机，配置相关交易信息，使用 αBlade 框架提供的事件驱动型回调接口，就能完成投资策略逻辑的实现。αBlade 使用极速全共享内存通讯及落盘机制，tick2trade 整个过程可以做到微秒级的响应。实测数据表明，框架从 MD 行情接收器收到行情，到策略回调完成、发出订单，整个过程小于 10 微秒。

（6）T-master 交易大师：对于机构类用户，交易大师可以帮助客户全面管理各类资产，包括自营资产、自主管理型产品、顾问产品等。在研究分析方面，交易大师具有实时计算框架，支持亿级规则应用群，可同时支持客户的海量指标并行计算，从多个角度分析并捕获瞬息万变市场中的细微变化。在交易方面，交易大师提供了多样化的专业交易场景的功能，设计充分考虑机构客户的习惯，从默认值填充、焦点切换、快速品种选择、价量快速切换、交易确认及跳转、常用分配策略、订单跟踪、快速撤补等多个维度，将简单的单笔交易下单也赋予体验美感。在场景设计上，交易大师设计了多屏支持、灵活视图的功能模式。在风险管理上，交易大师提供多层分级的风控管理模式，支持机构、产品、账号、资产组等多层级的风险管理，层层把关，严格控制各维度的风险。此外，交易大师采用自主研发模式，招商证券拥有完全的自主知识产权，可以支持快捷的需求响应和个性化需求支持。

2. 极速划款助力头寸管理

招商证券机构服务平台提供极速划款服务，资管机构可在线完成多类型指令线上处理，线上平台与各系统无缝对接，资金划拨流程跨越的 3 个机构（管理人、招商证券、存管银行）和 5 个技术系统全线贯通，全流程自动化直通式处理。资管机构指令大幅简化，指令处理快速、准确、安全保密，银证银期调拨指令最快 1 分钟极速划款。而且资金划付的进度、结果都会通过服务平台、短信等多种方式清晰、准确地通知资管机构。

3. FOF 基金母子联动运营

FOF 基金因其特殊的双层结构，增加了资管机构后台运营的难度。招商证券支持资管机构按需设置母子基金申购、赎回、分红、付费自动联动处理，并支持资管机构自定义子基金申购、赎回母基金的比例（见表 3）。

表 3　　　　　　　　　　　招商证券 FOF 母子联动运营优势

类别	招商证券 FOF 母子联动运营	其他服务机构 FOF 基金运营
份额确认	份额确认时间等同于单层基金	需要双倍确认时间
资金交收	资金交收同日完成	两层基金分两段完成，资金交收时间翻倍
资管机构操作	操作便捷，且只需关注母基金层面头寸，类似于单层基金	操作复杂，且可能存在交收风险

四、金融科技赋能投后管理

科技赋能投后管理主要包括基金绩效风险的分析和 FOF 标的的投后管理等。

（一）科技赋能投后管理

在投后管理方面，科技可以从数据整合、绩效评价、穿透监控几个方面赋能资管机构。在数据整合方面，完备的数据是进行投后管理的基础，整合基金的净值、持仓、交易、申赎数据，外部市场行情数据以及第三方私募数据为完成投后管理提供极大便利；在绩效评价方面，完善的绩效评价体系不仅仅重视投资业绩结果，也重视投资过程管理，能够深入剖析基金收益来源、面临的风险状况、持仓及交易的风格特征，以此来协助进行投后管理；在穿透监控方面，对于 FOF 类产品做穿透分析，监控最底层的持仓在母基金层面的汇总情况，及时做出风险预警更是投后管理的重要一环。

（二）招商证券投后服务体系

招商证券在投后管理方面，主要提供绩效系统的绩效评价服务和 FOF 管理平台的 FOF 投后管理服务。

招商证券绩效系统是业内最早一批绩效分析系统，已上线运行 3 年，系统涵盖单基金的投资业绩详报、集成核心绩效指标的业绩快报以及管理人层面报告，涉及 200 多项绩效与风险指标，并支持在线自由搭配 50 多个绩效模块生成自定义绩效分析报告。绩效评价服务则包括完备的绩效评价体系，主要有基于净值展开的收益分析及风险分析，基于各大类持仓标的展开的多角度刻画基金持仓特征与风险，基于大类资产拆分基金收益运用，如 Brinson、Campisi 等归因模型深度分析基金收益来源，基于交易流水数据描述基金交易情况和重点买卖标的等。

基于 3 年绩效分析基础作后盾，以及持仓、交易、申赎等可用于刻画基金表现的强大数据基础，FOF 管理平台系统集投前筛选、投中模拟、投后监控管理于一身，方便资金方一站式完成 FOF 投资。FOF 投后管理服务包括：（1）收益分析：分析母基金层面收益及各子基金收益贡献、风险情况、绩效表现；（2）穿透分析：对各子基金做深入穿透，从资产类别、行业、个券、资金配置时序等多个角度分析 FOF 的持仓情况；（3）阈值预警：对 FOF 运行的收益、持仓集中度、单一持仓跌幅、回撤等多方面做阈值预警，监控 FOF 运行异常情况及相关风险。

五、总结与展望

（一）金融科技成为资管机构核心竞争力

随着科技的不断发展，未来资产管理机构的核心竞争力将是金融科技与公司发展的融合能力。具体而言，金融科技将在数据、投顾、营销、投研、风控、运营等方面赋能资管机构，实现智能数据管理、智能投顾、智能营销、智能投研、智能风控、智能运营，实现从"经验投资+统计投资"转型为"科技投资+智慧投资"。

(二) 招商证券金融科技布局

招商证券正以"智能投行的领跑者"作为金融科技发展愿景，加快推进"大数据中台战略、智能化战略、平台化战略、科技输出战略"，积极探索金融科技在多个领域的创新应用。招商证券每年常规科技预算投入超过6亿元，并在行业中独树一帜地将公司每年营业收入的1%、约1亿元成立创新孵化基金，用以激励金融科技创新以及对外科技合作与投资。招商证券多年来坚持以人才驱动创新，不断壮大科技人才队伍，目前拥有"300+"的核心IT人员、34个专业团队，自研人员占比超过70%。

因此，作为资产管理机构金融科技生态中核心服务角色之一，招商证券将不遗余力地提供和输出优质机构服务和金融科技能力，在数据、销售、交易、投研、运营、生态等各方面与资产管理机构进行合作服务与共同构建，协助资产管理机构打造核心竞争力。

证券公司客户服务体系建设研究

武平平　张一纬　杨策　王畅[*]

一、客户是证券公司核心资产，经济政策环境转变对证券公司客户服务能力提出更高要求

作为金融服务中介，证券公司的核心资产是客户资源。证券公司的业务本质是满足客户投融资需求并收取相应的服务费用，客户资源是证券公司业务发展的保障，而完善客户服务、建设以客户为中心的服务体系则是证券公司提升核心竞争力之根本。

随着国内外经济环境及金融业态发生转变，券商客户服务能力正面临新的挑战。我国正处于经济转型升级的关键时期，高科技、服务业等国家战略行业重要性日益提升，其融资发展离不开高质量的资本市场支持，更要求证券行业作为融资中介提升服务实体经济的能力。同时，随着多层次资本市场建设及对外开放推进，证券公司客户类型、结构、需求越来越复杂和多样化，粗放的通道式服务和单一的产品结构难以满足多元化的客户需求。在当前金融供给侧结构性改革背景下，资本市场改革不断深化，证券公司需提高客户服务能力，积极面对金融业态转变。

二、证券公司客户服务能力与客户需求不匹配，客户流失率高

（一）产品种类单一，服务同质化严重

证券公司服务客户的产品相对单一，难以满足客户多样化需求。当前证券公司主要为客户提供通道类、资本中介类、资产管理类、融资类、托管、风险管理类等产品，大部分产品

---

[*] 作者简介：武平平，经济学博士，中国银河证券股份有限公司金融行业研究员；张一纬，银行与金融硕士，中国银河证券股份有限公司金融行业研究员；杨策，管理学硕士，中国银河证券股份有限公司金融行业研究员助理；王畅，保险硕士，中国银河证券股份有限公司金融行业研究员助理。原载于《中国证券》2019年第8期。

服务同质化较为严重,无法满足客户的一揽子投融资需求。产品丰富程度不足和创新能力欠缺导致证券行业增值性服务的缺失,限制行业服务能力提升。

(二)业务条线各自为战,整合服务能力欠缺

以业务条线为边界的管理体系和组织架构导致证券公司服务相互割裂,协同效果不明显。客户服务能力是证券公司整体性组织协同能力的外在表现,需要证券公司从产品创设、技术支持、专业顾问、财务服务、营销团队到风险管理等多部门、多层级间的合作。当前证券公司客户管理、服务支持和绩效考核体系欠缺完整性,各业务条线缺乏整体作战的积极性,难以支持客户综合金融服务的需求。

(三)"短期利益"驱动的短视化行为,制约客户服务质效

证券行业服务模式变革存在短视问题,业务转型亟待加速。证券公司经营普遍容易受财务层面利益驱动,业务考核指标大多与开户量、客户资金规模、交易量和销售产品量等短期指标相关。多数证券公司对客户满意度、产品匹配度、资产保值增值率和服务人员职业合规性等方面考核重视不足,不仅损害客户利益,也损害证券公司的长期利益。

三、经营战略向"以客户为中心"转变,证券公司纷纷进行组织架构调整

随着证券行业"以客户为中心"的战略意识不断深化,管理体系和组织架构的变革和优化也在不断推进。部分证券公司率先变革,为行业服务转型提供了宝贵的经验。但整体来看,我国证券公司的客户服务体系质效距离国际领先的投行机构仍有很大差距。

(一)证券公司原有组织架构不能满足"以客户为中心"的战略转型需要

随着证券行业的不断发展,证券公司对客户重要性的认识逐步加强,纷纷将经营理念转向"以客户为中心"。国内证券公司原来组织架构多采取以业务为中心、职能部门辅助的典型模式(见图1)。但此种架构下各业务条线间的客户和业务处于割裂状态,限制"以客户为中心"战略的实施。在此背景下,证券公司纷纷进行组织架构变革,以适应战略转型要求(见表1)。下文以中信证券和华泰证券为例,分析龙头证券公司是如何改变组织架构以适应客户为中心的战略转型,以期为行业发展提供经验。

(二)龙头证券公司变革组织架构,逐步适应"以客户为中心"战略转型

1. 中信证券组织架构向以客户为中心转变,启动财富管理转型

2015年,中信证券经纪业务推进"以客户为中心"组织架构变革,细化个人客户、财富管理客户和机构客户,为不同客户构建差异化、专业化的服务体系(见表2)。2018年,中信证券将"经纪业务发展与管理委员会"更名为"财富管理委员会",从"以业务为中心"向"以客户为中心"转变,向财富管理转型。新增投资顾问部和金融科技部,借助科技手段和投顾服务更好地为客户服务(见图2)。

图 1 国内证券公司典型组织架构图

资料来源：上市证券公司年报，中国银河证券整理。

表 1　部分证券公司发展经营理念转向"以客户为中心"

公司	战略规划/经营理念
中信证券	2019 年，公司将进一步强化大客户战略，巩固公司国内领先优势……以客户为中心，全面向财富管理转型；增强资产负债管理能力……
华泰证券	围绕以满足客户综合金融服务需求为中心，打造差异化的核心竞争力，塑造全新的商业模式……
广发证券	公司将坚持以"客户中心导向"为贯穿始终的战略纲领，本着协同原则和创新精神，洞悉客户需求……全面推进投资银行业务……转型和升级
海通证券	公司总体发展战略为：坚持客户为中心，以经纪、投资银行、资产管理等中介业务为核心，以资本型中介业务和投资业务为两翼……
招商证券	聚焦于特色化发展，持续提升核心竞争力，以客户为中心，努力打造具有国际竞争力的中国最佳投资银行……
东方证券	以客户为中心，增强集团协同，推动数字化转型，提升综合金融服务水平……增强金融科技应用、深化产融结合、提升集团协同水平……
天风证券	坚持综合金融发展方向，建设全能型大投行，从以产品为中心转向以客户为中心的综合金融服务转型，依托行业顶尖研究所着力打造金融生态圈
国元证券	打破"以牌照为中心"业务模式……逐步向"以客户为中心"业务模式转型，建立以客户为中心的组织架构、流程和资源分配机制……
国海证券	"十三五"战略规划，聚焦公司目标客户，确定了"以客户为中心"，双轮驱动、四平台、四统一……战略定位和战略目标
西部证券	未来发展的战略目标：以客户为中心、以平台为支撑……依托全业务链的专业服务，实现与客户共成长……
长城证券	树立"以客户为中心"的经营理念……抓住财富管理转型、精品投行、重资本业务和机构业务迅猛发展之机……
西南证券	2019 年，将继续坚持以客户为中心，紧密围绕国家重大战略和政策导向，结合公司实际情况，集中资源，重点突破

资料来源：各证券公司年报，中国银河证券整理。

表2　　　　　　　　　　　中信证券经纪业务组织结构变迁

2014年	2015年	2018年
经纪业务发展与管理委员会	经纪业务发展与管理委员会	财富管理委员会
营销管理部		
金融产品开发部	金融产品部	金融产品部
客户服务部	个人客户部	零售客户部
	财富管理部	财富客户部
	机构客户部	
		投资顾问部
		金融科技部
运营管理部	运营管理部	运营管理部
企业金融服务部		
	市场研究部	
分公司	分公司	分公司

资料来源：中信证券年报，中国银河证券整理。

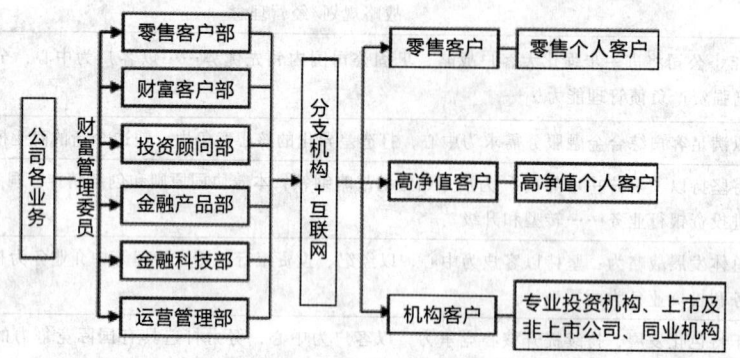

图2　中信证券财富管理客户体系

资料来源：中信证券官网，中国银河证券整理。

2. 华泰证券深耕"互联网+"发展模式，数字化服务体系领跑

作为国内最早布局互联网金融的证券公司，华泰证券搭乘互联网发展的东风，形成了以互联网平台为中心、线上线下互补的客户服务格局。线上服务平台为客户提供标准化产品，通过高效引流及价格优势吸引海量自然投资人，奠定了华泰证券的客户优势。2019年，华泰证券将经纪业务并入网络金融部（见图3），推动传统经纪业务与科技金融相融合，加快零售客户服务一体化平台建设。

除服务体系搭建外，华泰证券利用科技赋能提升客户服务水平，推动客户服务价值提升。个人投资者服务方面，"涨乐财富通"6.0利用云计算、人工智能等前沿科技抓取并分析客户需求，为客户提供智能投顾、收益成本分析、投资课程等全方位理财服务，助力投资者财富增值。根据易观数据库的反馈，2018年"涨乐财富通"APP活跃用户数量达810.8万，在所有券商推出的APP中排行第一位。机构客户服务方面，华泰证券于2019年7月发布了HUATECH机构客户数字服务体系，利用十余项数字产品重构机构客户服务过程，提升

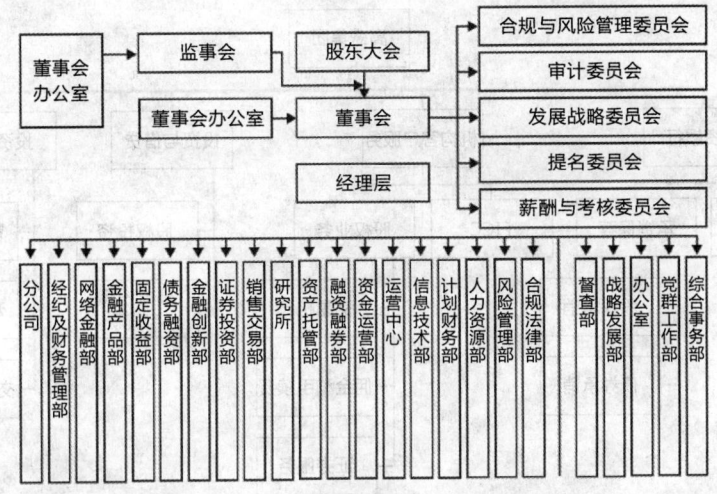

图 3　华泰证券组织架构

资料来源：华泰证券年报，中国银河证券整理。

机构交易、资产管理、投研服务等六大客户服务领域的体验和效率。

（三）与国外领先投行相比，国内证券公司客户服务体系质效仍有差距

以高盛集团为例，作为世界领先的投资银行、证券和投资管理公司，高盛十四条业务原则的第一条就是客户利益永远至上。高盛集团依据客户需求，不断调整组织架构，以提升服务客户质量。组织架构经历了以业务为中心划分向以客户群体及客户需求为中心划分的转变。2002 年以前，高盛集团组织结构由全球资本市场和资产管理与证券服务组成；2002—2009 年，经历新一轮金融创新，高盛及时调整组织架构，划分为投资银行、交易与自营投资、资产管理与证券服务（见图 4）；2010 年，高盛集团以客户为中心，新设机构客户服务部和投资及借贷部（见图 5）。机构客户服务分为 FICC 和股权业务，为客户提供包括政府债券、回购、利率互换、衍生品在内的固定收益产品、外汇产品、大宗商品以及交易执行、做市及证券服务产品。2018 年全年，高盛集团的机构客户服务收入 134.82 亿美元，占营收比重为 36.82%，是集团第一大收入来源。高盛的机构业务长期维持领先优势，市场份额位居行业第二。

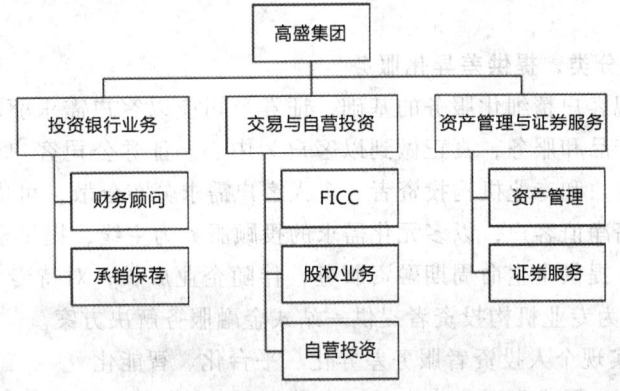

图 4　高盛集团 2002—2009 年组织架构图

资料来源：高盛集团 2009 年年报，中国银河证券整理。

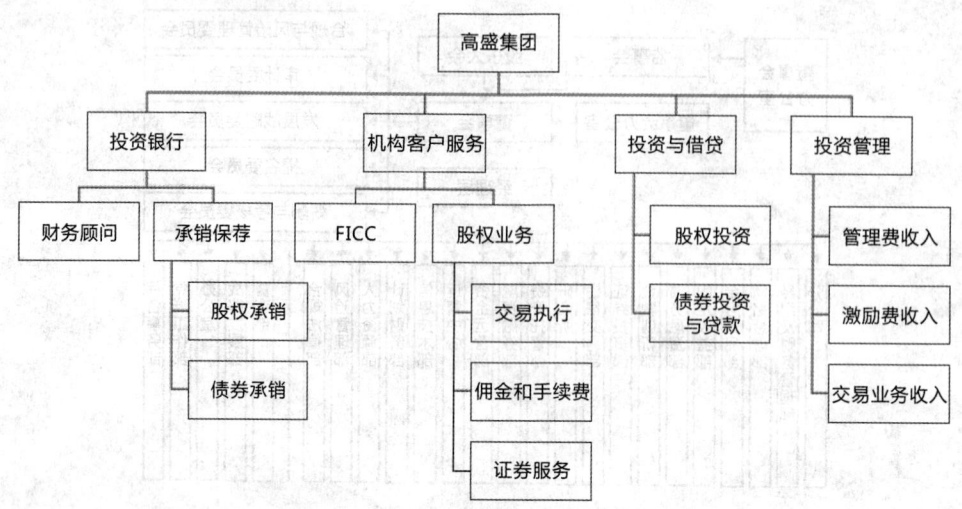

图 5 高盛集团当前组织架构图

资料来源：高盛集团 2018 年年报，中国银河证券整理。

从高盛集团业务发展历程来看，集团发展始终坚守客户利益至上，为客户执行高效率的做市和交易，凭借较强的定价能力为交易双方提供有竞争力的价格，帮助客户实现项目收益的最大化和风险的有效把控。同时，集团产品创设能力强，客户服务产品种类齐全，能够依据客户需求，及时研发符合其需求的服务产品，为其打造多元化、定制化的流动性和风险管理以及证券服务方案。目前国内证券公司设立的客户服务部门，大部分仅作为沟通媒介，对接客户需求，再去联系相应业务部门，增加了协调和沟通成本。未来，国内证券公司可借鉴国外的服务理念和组织架构，提高响应客户需求的速度和灵活性，增强服务能力。

四、以客户为中心，多措并举提升客户服务能力

提升客户服务能力、转变服务模式势在必行，证券行业需加快推进以客户为中心的业务管理体系建设，而精细化客户服务体系离不开精准的客户分类服务体系、高效统筹的客户管理体系和多维度客户风险防控体系建设。

（一）聚焦客户分类，提供差异化服务

客户分类是实现客户精细化服务的基础，证券公司应以客户需求驱动产品服务的研发，为客户提供需要的产品和服务，真正做到以客户为中心。证券公司客户可以分为个人客户、高净值客户、企业客户和专业机构投资者。个人客户需求分布分散，可借助科技手段提升客户服务质效；对待高净值客户，以多元化需求的投顾服务为主线，提供全业务链的产品和服务；对待企业客户，提供全生命周期融资服务，伴随企业成长；对待专业机构投资者客户，着力开展 PB 服务，为专业机构投资者提供一站式金融服务解决方案。

1. 科技赋能，实现个人投资者服务差异化、平台化、智能化

散户的数目众多，需求相对集中在基础交易业务，精细化投资交易的长尾需求未能得到满足。但由于客户群体数量较大，实现其个性化服务有一定的困难，可借助华泰证券的经

验,利用科技手段提升客户服务质效。华泰证券对于散户服务采取的是"了解客户——细分客户——个性化服务"的路径,其拥有一套客户关系管理系统,可以详细记录客户的个性化信息,根据客户个性化信息可以实现客户分类,进而挖掘客户的需求,为客户个性化服务提供基础。同时,华泰证券创立了"标准化+差异化"的服务模式,在标准化服务的基础上,用户可以根据自身需要进行学习,还可一对一咨询专家。"标准化+差异化"的服务模式符合散户特点,既照顾到散户的个性化需求,又易于推广。

2. 深耕高净值客户多元化需求,打造投资顾问主导模式

高净值客户更偏好专业化投资咨询、资产配置、风险管理、遗产规划、税收筹划等解决方案,投资顾问可通过丰富的工具和资源为高净值客户提供面对面、全程化的服务,是服务高净值客户的主导模式。

从国外经验看,依托于广泛的财务顾问网络和其优异的服务能力,曾是世界最著名的证券零售商、资产管理规模曾位居全球第一的美林证券以存量客户、盈利客户为主,围绕客户需求,打造以财务顾问为主导的销售模式。在目标客户选择上,自2000年美林证券开展大客户战略以来,只接受10万美元以上的客户,并依据客户资产量将客户分为富裕客户、优先客户和最重要客户,对应资产量分别为10万—500万美元、500万—1 000万美元和1 000万美元以上;年费佣金率范围在1%—1.5%,客户层级越高费率越低。客户服务上,美林证券采用财务顾问模式,以财务计划书为核心产品。财务计划书主要依据客户风险收益偏好提供资产配置建议,包括大类资产配置品种、具体投资组合表现和评级等。

3. 提供全生命周期服务,构建企业客户综合服务平台

在不同的发展阶段,企业客户有着不同的需求。初创期企业需要定位产业发展方向,成长期企业需要扩大规模,成熟期企业需要完善业务,衰退期企业需要重组和转型。证券公司可为企业提供全生命周期服务,在初创期以私募股权形式参与,培育成熟后辅导上市发行;对已上市客户,可开展市值管理、再融资、财务顾问等服务;衰退期可配合企业设立并购基金、并购融资等手段协助转型重组。

为提高客户服务能力,证券公司还需紧扣企业在特殊环境下的特别需求,提供针对性服务,陪伴客户成长,提升客户忠诚度。高盛集团在面对20世纪80年代美国杠杆收购潮时,考虑其当时在大型企业客户层面的劣势,转而为数量众多的优质中小企业客户群体提供收购防御服务,通过击退收购方、抬高收购价格和引入白衣骑士等多种形式帮助企业应对恶意收购,或者在收购交易中为股东争取更多的收益,并且以低年费的形式为可能成为恶意收购标的的中小企业提供长期咨询服务,包括恶意收购提醒、企业治理结构优化以及亏损业务条线剥离等,避免优质企业由于价值低估而招致恶意收购的情况。以此培育了众多优质中小客户,形成差异化竞争优势,成就世界领先投行。

对于国内证券公司来说,面对内外部不确定性环境,证券公司应紧跟市场及政策动态,在科创板、国企改革、产业并购、企业治理结构优化、市场化债转股等方面积极布局,切实提升服务能力,形成差异化竞争优势,提高客户忠诚度和客户黏性。

4. 着力开展主经纪商(PB)服务,为专业机构投资者提供一站式金融服务解决方案

当前我国公募、私募以及保险资管等专业机构投资者管理的资产规模不断扩大,叠加养老金入市以及外资流入,投资者机构化趋势初显。为了适应这一变化,证券公司需要着力开展PB业务,构建涵盖集托管、估值、清算、风控、交易、研究、销售为一体的服务链条,

为专业机构投资者提供一站式综合金融服务解决方案。2019年2月，中国证监会明确新设公募基金新产品应采用证券公司结算模式，受益政策红利，证券公司托管业务或将扩容。业务增量扩容对证券公司信息系统性能提出更高要求，证券公司需要加强自身硬件设施建设，提升资源整合调度能力，切实提升机构客户服务质效。

（二）打通客户账户体系，提升跨业务条线协同服务能力

1. 统一账户体系，开展增值服务

客户账户是证券公司服务客户的载体，打通账户体系、扩大已有客户的服务范围，充分挖掘客户价值、开展增值服务，以完善的客户服务模式和专业的服务能力提升存量客户留存率和活跃度。中国平安率先打造平安一账通综合服务平台，仅需一个账户，客户可管理平安旗下银行、保险、证券、基金、信托等各类账户，并支持办理网银、保险、投资、理财等各种网上金融业务，实现一站式客户服务。平安通过一账通打通各类业务，推进客户迁徙，客户活跃度大幅提升。未来证券公司各业务条线有望凭借统一的资金账户实现客户共享，实现真正意义上的一站式综合金融服务。

2. 构建一体化服务链，提升跨业务条线协同服务能力

当前证券公司业务条线仍较为割裂，各自为战现象明显，不利于客户服务质量的提高。证券公司应以客户需求为导向，构建一体化服务链，跨业务条线协同，减少摩擦成本，提高服务效率。

从国外经验看，美林证券注重协同，美林的客户体系不区分独立的业务条线，经纪、研究、交易、销售等各部门首先做到客户及信息的开放共享，然后由财务顾问统一负责沟通对接、需求管理、服务计划制订和执行，打造共同服务客户的模式。从客户角度来看，客户首先依据美林证券提供的目标简单选取短期目标和长期目标，以此获取系统推荐的服务场景；然后对场景进行优先劣后排序并补充详细的需求信息；最终获取美林证券推荐的财务顾问、产品及相关资讯信息。从整体上看，客户的自主选择权较大，提供的信息也是多维度的，便于美林证券开展精准营销。未来国内证券公司需要形成一个核心账户、产品全覆盖、一揽子综合服务的统一服务体系，让客户真正获得一站式服务。

（三）帮助客户实现资产保值增值，多举措提升客户服务价值

1. 积极丰富产品种类，满足客户多元化、动态化的投融资需求

客户的投融资需求不是一成不变的，证券公司需要充分挖掘客户需求，及时创设新产品，丰富产品种类，满足客户多元化需求。随着资本市场对外开放进一步深化，跨境投融资路径开启，客户海外资产配置以及赴外融资需求提升，证券公司需主动构造多层次的产品体系，加快国际业务布局，满足客户跨境投融资需求。作为资本市场的增量改革，科创板为投资者带来新的投资机会，证券公司需要深度挖掘客户需求，为科创板投资者提供包括打新、流动性管理和风险对冲在内的综合服务，提升服务品质。

2. 帮助客户实现资产保值增值，防控投资风险

在帮助客户获取投资收益的同时，帮助其规避风险也是证券公司的职能之一。证券公司应当把握多层次资本市场建设、衍生品市场发展加快和对外开放深化的有利时机，丰富风险对冲产品，利用期货、期权、利率、汇率、信用等风险管理工具，为客户提供全方位的风险

管理服务。同时，证券公司在服务过程中需强化适当性管理，依靠多维度指标对客户和产品进行分类，使客户风险承担能力与投资能力相匹配，提升客户服务适当性。此外，证券公司需通过加强投资者教育，提升投资者风险意识，并提升投研服务能力，帮助客户规避投资风险。

3. 完善投顾体系建设，为客户提供优质的资产配置服务

完善考核激励方案体系和业务能力建设，加强投顾人才队伍建设。近年来，行业投资顾问人数激增。但整体来看，投顾队伍大部分为前台营销人员转换而来，营销属性明显，难以胜任综合化的投资理财咨询服务。叠加以往证券公司以产品销售、开户交易为核心的考核体系，投顾队伍考核激励方式不清晰，对客户服务质量重视程度亟待提升。证券公司应加强优质投顾人员队伍建设，着重培养具备专业知识和丰富经验的业务骨干，对业务进行以客户满意度反馈为核心的考核激励，并强化服务环节风控合规安排，为客户提供多元化的资产配置方案，切实提升客户服务能力。

参考文献

[1] 吴淑琨，麦其芃，王浩等．证券公司高端客户服务组织管理模式研究 [J]．中国证券，2018（4）：50—62.

[2] 查尔斯·埃利斯．高盛帝国 [M]．北京：中信出版社，2010.

[3] 邓淑斌，刘书宇．基于分类分级管理的客户适当性服务思考与实践 [J]．中国证券，2016（6）：36—41.

[4] 唐震斌．券商如何做好大客户服务工作 [J]．中国证券，2006（4）：48—52.

[5] 张沐光．客户分类视角下的财富管理新探 [J]．中国证券，2012（3）：52—48.

[6] 金宝山．确认细分市场，定位高端客户，提供特色化服务 [J]．中国证券，2009（12）：58—60.

新监管形势下证券资产管理行业的发展趋势研究*

国泰君安证券股份有限公司课题组**

2018年4月27日，中国人民银行联合中国银保监会、中国证监会、国家外汇管理局联合出台《关于规范金融机构资产管理业务的指导意见》（以下简称"资管新规"或"新规"）。作为未来大资产管理行业的纲领性文件，新规全面统一规范资产管理业务，实行公平的市场准入和监管，最大限度地消除监管套利空间，推动资产管理业务回归"受人之托、代客理财"的本源。证券资产管理既是大资产管理行业的重要组成部分，也是证券公司的核心业务之一。2018年，证券公司资产管理业务收入占总营业收入比例已达到13.95%。在新的宏观环境和监管形势下，证券公司如何有效把握大资产管理行业未来的发展趋势，不断提升核心竞争能力，不仅有助于自身的长期持续发展，也能更好地服务整个社会日益增长的资产管理需求，不断提升证券行业在金融体系中的重要性和贡献程度。

一、国内外资产管理行业发展情况

（一）国内大资产管理行业的发展情况

我国资产管理行业经历了四大发展阶段，分别为2007年前的公募基金主导阶段、2008—2012年的"银行－信托"主导阶段、2012—2016年的多元化发展阶段以及2017年至今的规范发展阶段。截至2018年末，国内大资产管理行业的规模累计约94万亿元（不含交叉持有因素），按规模大小，依次分布在银行表外理财产品（22万亿元）、信托公司受托管理的资金信托（18.9万亿元）、证券公司资产管理计划（13.4万亿元）、公募基金（13万亿元）、私募基金（12.7万亿元）、基金及其子公司资产管理计划（11.3万亿元）及保险资产管理计划（2.6万亿元）中。此外，根据央行公布的数据，截至2018年上半年末，大资

---

* 本文为中国证券业协会2018年重点课题。
** 课题负责人：聂小刚，国泰君安证券战略管理部总经理、国泰君安证裕投资有限公司董事长兼总经理；课题组成员：叶明、朱志雄、罗麒。

产管理行业内的交叉持有规模约 30 万亿元，包括"银行-信托"14 万亿元、"银行-证券"12 万亿元、"银行-基金子公司"5 万亿元。

资产管理行业在发展过程中，存在逐渐偏离"受人之托、代客理财"本源的现象，主要体现在以下三个方面：一是资产管理业务推动影子银行规模过快增长，新增货币供给留存在金融体系内的比例提升，不利于资产管理行业切实服务实体经济；二是刚性兑付产品容易影响市场的流动性和信用水平，增加系统性风险；三是各金融子行业监管原则不一致，易于造成监管套利，不利于行业的公平、健康和持续发展。

（二）证券资产管理行业的发展情况

2017 年监管趋严以来，证券资产管理行业逐渐进入规范发展阶段，业务规模已连续两年出现下降。截至 2018 年末，共有 97 家证券公司及资产管理子公司开展资产管理业务，合计管理资产规模 13.36 万亿元，较 2016 年末减少 4.22 亿元，降幅达 24%。

证券资产管理行业的规模分布主要呈现"三高"的主要特点：一是通道业务占比偏高，2017 年末通道管理资产规模占比仍有 72.3%，主动管理规模占比上升速度较为缓慢；二是银行资金来源占比偏高，2017 年末，证券资产管理产品的资金来源中，银行委托资金占比高达 72%；三是非标资产投向占比偏高，2017 年末证券资产管理产品投向各类非标资产的占比达到 62%。

（三）国际成熟证券资产管理行业的主要经验

从国际资产管理行业的发展经验来看，领先的证券资产管理机构往往能在产业链的资金端或资产端占据先发优势。例如，全能型银行的优势通常在于资金端，先通过与信贷、投资银行等传统业务部门协同提供服务来维持客户转化率，培育客户基础；然后通过财富管理和资产管理业务集聚客户资金，并不断扩充产品品类和资产范围，最终实现产业链贯通。相比之下，独立的大型资产管理公司的优势一般建立在产品端，早期通过拓展产品线和保持业绩来增强获客能力，后续依托银行、证券公司及在线渠道扩大资金端（见图 1）。

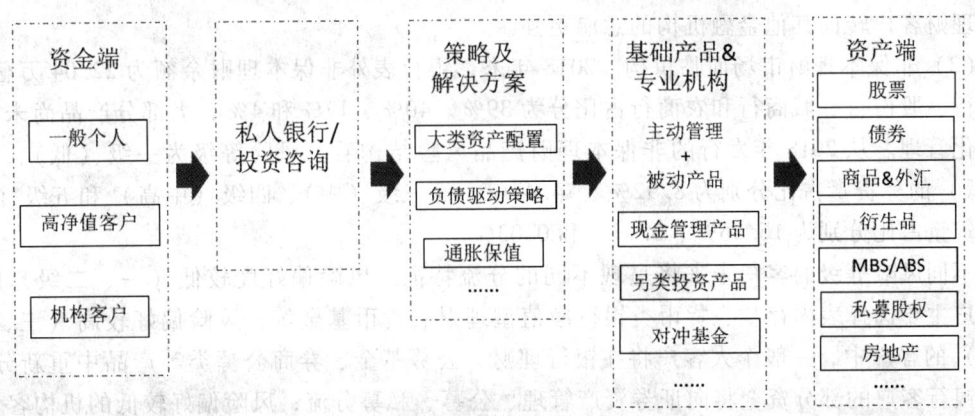

图 1　成熟发达市场的资产管理行业产业链示意图

二、新监管形势对证券资产管理业务的影响研究

（一）资产管理行业的监管形势变化

2018 年监管层出台了一系列新规，这些新规及相关细则着力打破刚兑、消除嵌套、去杠杆、服务实体经济，将重塑资产管理行业格局，金融各子行业开展资产管理业务在一定程度上回到了同一起跑线。

资产管理新规影响最显著的监管要求可概括为以下七条：一是明确了定义和适用范围，资产证券化及养老金产品不适用新规；二是统一同类资产管理产品的监管标准，首次明确银行公募理财的法律地位；三是打破保本保收益，要求实施净值化管理；四是去通道，禁止多层嵌套，同时禁止金融机构为其他金融机构资产管理产品提供规避投资范围、杠杆约束等监管要求的通道服务；五是明确了标准化债权资产的定义；六是禁止资金池，非标资产禁止期限错配；七是明确至 2020 年末过渡期结束后，所有不符合新规的产品不得再有存量。

（二）新监管形势重塑非证券资产管理行业竞争格局

1. 银行资产管理：明确银行公募产品地位，大小型银行资产管理业务面临分化

（1）保本理财转向表内存款。2017 年末，存量表内保本理财规模达 7.37 万亿元，占当年全部银行理财规模的 1/4。其中，国有行、股份行、城商行和农商行占比分为 32%、39%、16% 和 7%。银行主要通过合同约定收益、资金池实现预期收益率和结构性存款实现保本。新规要求打破刚兑，不得保本保收益，因此前两种模式将不再可行。

由于保本理财客户的风险偏好程度非常低，且黏性较高，2018 年以来，结构性存款成为银行承接低风险偏好理财资金的有效渠道，规模增长较快。截至 2018 年末，中资全国性银行结构性存款余额 9.62 万亿元，同比增幅高达 38%。未来，结构性存款发展将受到以下三方面因素影响：一是纳入表内考核，预计增速逐步回归正常水平；二是市场上占比较高的假结构化产品可能面临更严格的监管；三是众多城商行及农商行因不满足"银行开展结构性存款必须具备金融机构衍生品交易资质和能力"的要求，面临更大的客户流失压力，其传统理财客户转向其他金融机构的意愿更强。

（2）非保本理财市场面临重构。2018 年末，银行表外非保本理财余额为 22.04 万亿元，国有行、股份行、城商行和农商行占比分为 39%、40%、17% 和 4%，大部分产品尚未采取净值化管理。从 2018 年发行的非保本理财产品风险结构看，风险等级为一级（低）、二级（中低）的募资量占比分别为 8.92%、74.44%，而三级（中）、四级（中高）和五级（高）的募资量占比分别为 16.46%、0.14% 和 0.03%。

不同风险等级的客户未来将呈现不同的分流特征。风险偏好度较低（一、二级）的个人客户主要选择表内存款、货币类银行净值型理财、货币基金等；风险偏好较高（三、四、五级）的客户中，一般个人客户将在银行理财、公募基金、券商公募类等产品中重新分配，私人银行客户的部分资金将向证券资产管理、公募、私募分流；风险偏好较低的机构客户在权衡流动性和保值因素的基础上，也将在银行、公募、券商资产管理的固收类产品间重新选择。

（3）银行公募法律地位明确，与公募基金展开正面竞争。新规细则正式明确了银行公

募理财产品的法律地位,其将与其他资产管理机构直接开展竞争。此外,理财新规放松了部分对银行公募理财产品的监管要求,包括降低单只公募理财产品的销售起点门槛、允许符合条件的封闭式理财产品采用摊余成本计量、明确公募理财产品可投向满足条件的非标债权资产等,银行公募的相对竞争优势获得一定提升。

(4)委外规模压缩,投顾需求长期存在。第一,国有行及股份制银行将设立子公司开展资产管理业务。与其他资管机构相比,银行理财子公司的优势在于依托商业银行广泛的网点和渠道、丰富的客户群体和融资资源,在货币及固收类产品上的传统优势和经验也将得到进一步发挥。不过,银行理财子公司短期内也面临两大难题:一是商业银行习惯于资金池模式运作,缺少体系化的投研功能和团队;二是在商业银行传统的体制机制下,其内部资源的平衡和子公司的战略定位、商业模式仍有待进一步磨合。

第二,委外规模面临较大压力。资产管理新规实施后,银行整体理财规模受到一定限制,禁止多层嵌套、去杠杆等要求对委外链条产生了较为显著的影响。2017年第一季度末,银行理财委外规模为3.07万亿元,至2018年第一季度末已降至2.21万亿元。预计未来委外规模继续"量减质优",基于主动管理、以资产配置和组合管理为目的的委外业务将更受青睐。在受托机构的竞争中,公募基金由于豁免一层嵌套的限制,叠加出色的投研能力和丰富的净值化产品管理经验,有望未来在委外竞争中占据更大优势。

第三,投顾管理需求仍长期存在。新规要求资产管理产品实施净值化管理,城商行及农商行受制于自身投研能力、净值管理基础设施以及净值化产品管理经验不足,发行净值化产品并取得稳健收益的能力明显缺失,在委外监管趋严的环境下,未来更可能以投资顾问、MOM及FOF等形式与其他金融机构合作,或转为代销其他金融机构产品。

2. 信托资产管理:受新规冲击较大,政企客户面临分流压力

资产管理范畴内的资金信托业务包括集合资金信托和单一资金信托。目前,信托资产管理的通道业务占比仍然偏高,2018年末,主要开展通道业务的单一资金信托规模占比达43%;主要开展主动管理业务的集合资金信托规模占比近年来也不断提升,2018年末升至40%。

新规将对信托资产管理行业产生较明显的冲击:一是在去通道的监管要求下,主要为银行理财等资金规避监管限制提供通道的单一资金信托业务面临严峻的萎缩压力;二是新规要求所有资产管理产品打破刚兑,而传统信托产品以保本收益为主,一批习惯于保本理念的零售客户可能退出信托产品;三是信托产品投向非标资产的比例较高,在新规期限匹配的监管要求下,非标投资管理难度增加;四是信托资产底层的政企客户面临分流。与银行以外的其他资产管理机构相比,信托对接的实体企业客户和政府资源最为丰富。2018年末,工商企业在信托资金的投向中占比达30%。随着信托规模面临下行压力,信托机构可能无法满足存量政企客户的融资需求,将导致这部分客户重新在市场上寻找其他资金来源。

不过,从中长期来看,其他资产管理机构的非标投资将受到更加严格的监管限制,信托资产管理仍将是非标资产管理领域最具比较优势的金融机构之一。

3. 公募基金

长期以来,中国证监会对公募基金的监管要求相对最高。本次新规对公募基金的监管要求基本没有突破以往的监管框架。因此,公募基金应对新的监管形势已积攒了丰富的经验。总体上看,新规下公募基金相对受益较为明显。不过,随着银行理财的公募地位得到明确,公募基金需重点关注来自银行理财的正面竞争。

新形势下，公募基金专户业务受新规影响明显，2018年末，公募基金公司专户管理规模达6.04万亿元，较2016年末下降5%；基金子公司专户管理规模缩至5.25万亿元，较2016年末下降50%。公募基金专户业务受到的影响主要包括两个方面：一是新规要求消除多层嵌套，原先基金公司及其子公司多层嵌套结构的通道业务将无法持续，尤其是基金子公司的通道产品规模占比高达75%，受到的影响更为显著。此外，由于未来银行理财子公司可直接开展投资业务，对基金子公司专户产品的委外需求减少。二是受母子公司的同业竞争限制，基金子公司的专户基本上以非标投资为主，2017年末基金子公司专户规模中，非标投资占比达83%，而新规配套细则中关于非标债权投资比例不能超过35%的限制，将给基金子公司专户投资业务带来巨大挑战。

4. 私募基金

新规及细则基本遵循对公募机构的监管原则，对私募基金提出相应的监管要求，因而对私募基金的运作产生了较大的影响。私募股权投资基金原已承受金融去杠杆带来的募资渠道收缩压力，新规下，银行理财资金投向私募股权投资将更加谨慎，私募基金募集难度进一步增加。私募证券投资基金受到新规的影响相对更为明显，私募证券投资基金实缴规模在2018年1月达到2.61万亿元的高点后逐月回落，年末实缴规模已降至2.24万亿元。由于私募基金不属于金融机构，不能承接商业银行理财产品，当前私募证券投资基金与银行的新增委外合作基本处于停滞状态，未来实际影响将视后续细则及执行情况评估。其中，债券类私募证券投资基金因更依赖于银行渠道，受到的影响更为显著。

（三）新监管形势下，证券资产管理行业面临的机遇与挑战并存

自2016年中国证监会发布《证券期货经营机构私募资产管理业务运作管理暂行规定》、明确八条底线等系列监管开始，证券资产管理机构就已经朝着"统一私募资产管理业务规范、避免监管套利"的方向改进。2018年10月，中国证监会公布实施《证券期货经营机构私募资产管理业务管理办法》和《证券期货经营机构私募资产管理计划运作管理规定》（以下合称"证券资产管理细则"）作为资产管理新规的配套细则。总体上而言，资产管理新规及证券资产管理细则对证券资产管理机构的核心影响可概括为"回归本源、主动管理"。

证券资产管理细则影响较大的监管要求可概括为以下五条：一是确认了FOF、MOM业务模式的合规性；二是允许商业银行资产管理机构、保险资产管理机构等担任资产管理计划的投资顾问；三是集合资产管理计划投资同一资产的比例上限由"双20%"升至"双25%"，并新增豁免条件；四是允许证券资产管理计划在备案前可开展以现金管理为目的的投资活动；五是平稳过渡，增加过渡期柔性安排，降低"一刀切"带来的系统性风险。

1. 新监管形势对证券资产管理行业的影响

（1）资金端。2017年末，证券公司资产管理资金超过70%来源于银行理财，并以委外投资的模式为主；通道业务规模占比高达72%。新规明确要求去通道，对证券公司资产管理传统的资金募集方式提出较大挑战，尤其是私募类证券公司的存量通道业务将逐步整改压缩，增量通道业务空间明显下滑。证券公司通道定向资产管理的传统业务模式中，银证信定向资产管理等业务模式不再符合要求，委托贷款类定向资产管理等业务模式受到中国银保监会《商业银行委托贷款管理办法》的严格限制。总体上看，原先较低技术含量的通道业务模式必须转型。不过，未来大型银行的理财子公司、中小型股份制银行、城商行及农商行的

银行理财资金对资金管理的外部需求仍然长期存在,银证合作模式将从原先的"委外+通道"逐步转型为"投顾、MOM、FOF"等新的业务模式。

新规对证券公司资产管理的资金来源转型也提供了有利的机遇:一是细则降低了证券公司资产管理计划对高端零售客户的认购门槛,有利于私募类证券公司资产管理从依赖银行通道资金的传统模式,转为更加多元化的资金来源;二是新规对银行、信托等其他资产管理机构也产生了重要影响,整个行业的客户群体和资产端正在经历重新选择和匹配的过程。新规及细则的监管原则更接近于原先证监系统的监管导向,具备资本市场主动管理核心优势的证券类机构将更有能力发挥先发优势。

(2)资产端。2017年末,证券公司资产管理的资产投向中,投资于非标资产的比例为64%。新规实施后,对私募类证券公司的资产投向将产生较明显的压力,主要体现在三方面:一是非标投资实行限额管理。配套细则要求,证券公司投资于非标准化债权资产的限额为全部资产管理计划净资产的35%,且投资于同一非标准化债权类资产的资金合计不得超过300亿元。2017年末,证券公司投资于非标资产的比例明显高于35%,其中主动管理类产品的非标占比为33%,通道类产品的非标资产占比高达81%。大多数通道类定向资产管理计划的底层资产投向都是商业银行确定的非标债权资产,因此限额管理将对该类产品的业务模式产生重大冲击。二是严格执行期限匹配叠加"双20"的监管要求,将极大地增加券商投资非标资产的难度。三是券商资管原先依赖期限错配实现盈利的路径将逐步消失。

2. 大型证券公司开展资产管理业务的相对竞争优势

相较于其他金融机构,大型证券公司开展资产管理业务的相对优势在于以下三方面:一是直接连通产业和资本市场的金融机构,具备领先的一、二级市场资产理解及定价能力,特别是在权益资产、衍生品市场方面;二是拥有综合金融服务优势,具备协同产品、服务的整合和创设能力(比如资管、投行、托管、私募股权投资等);三是依托零售和机构等综合性业务的客户获取能力。

证券公司也存在着一些不足:一是销售渠道不够健全,总体上银行渠道仍是主要的销售渠道;二是相较于公募及私募基金,资本市场相关的投研能力、人才激励约束机制等方面均没有明显优势;三是相较于信托,投资范围受到更多限制;四是与银行和保险相比,证券公司可销售的资产管理产品种类有更多局限,如细则中不允许非银机构销售银行理财产品(见表1)。

表1 不同金融机构开展资产管理业务的竞争优势对比

项目	银行	信托	证券公司	公募	私募	保险
品牌	★★★	★	★★	★★★	★	★★
投研能力	★	★★	★★	★★★	★★★	★
渠道销售	★★★	★★	★★	★★	★	★★★
产品灵活性	★	★★★	★★(公募) ★(私募)	★★	★★	★
客户基础	★★★	★	★★	★★	★★	★★★
集团业务协同	★★★	★	★★	★	★	★★★
激励机制	★	★★	★★	★★★	★★★	★
合计	15★	12★	14★(公募) 13★(私募)	16★	12★	14★

注:★★★表示较强,★★表示中等,★表示较弱。证券公司资产管理的产品灵活性与其是否有公募资格相关。

三、新监管形势下证券资产管理行业模式创新变革研究

面对新的监管形势,证券公司开展资产管理业务,业务模式和核心策略将转变为坚定不移地向主动管理转型,逐渐降低对原有通道业务模式的依赖,以及将资产管理业务全面融入证券公司的客户服务体系,成为综合金融服务的重要组成部分。

(一)持续向主动管理转型

1. 围绕主动管理能力,不断完善产品体系

借鉴国际经验,证券资产管理机构应充分发挥直接连通资本市场的优势,提升主动管理能力,打造跨资产类别、不同风险等级的跨境多层次产品体系。

从广义上讲,资产管理机构的主动管理能力包括投资研究能力、风控合规能力和运作支持能力三个层面。三个能力互促方能精准研判用户偏好,通过产品设计和创新满足目标客户的业务需求。

面向不同类别和风险偏好的客户,证券资产管理打造更多投资业绩行业领先的明星产品。对于一般零售客户,证券资产管理通过现金管理类产品、创新型的集合资产管理计划类产品,夯实客户基础。对于高端零售客户,证券资产管理可通过私募FOF等创新产品,帮助客户配置无法直接购买到的底层资产,并提升风险调整后的收益水平;或借助沪深港通等互联互通机制、QDII业务资格,满足客户的全球资产配置需求。对于企业机构客户,证券资产管理可通过专业化的投资工具和产品配置,为客户提供具备市场竞争力的稳健收益产品。

2. 聚焦中小商业银行、信托公司及其他资产管理机构的存量市场,争取更多优质客户及资金来源

新监管形势下,资产管理存量市场将面临重新洗牌。其中,中小型股份制银行、城商行、农商行以及信托公司将面临更大的客户分流、通道压缩压力和理财产品净值化转型后的投资管理难度。对此,建议证券公司一是快速推出针对性产品系列,精准对接银行理财和信托公司不同风险偏好的客户需求,重点引流难以通过结构性理财产品承接的中小银行个人客户和机构客户,以及因压缩存量通道业务而面临产品荒的信托高净值客户;二是集中资源开展普选、甄别,力争在商业银行(重点是中小型商业银行)理财的投资顾问和委外管理业务市场中获取较好较多的企业客户。

3. 布局优质资产,把握行业整治过程中的新业务机遇

第一,关注不受本次新规限制的资产证券化业务机会,提升ABS创设能力,深化企业ABS领域创新,攻占原非标业务分流剩余的空白,形成独特的竞争优势。第二,积极把握商业银行结构性存款及理财产品规模快速增长的机会,加强相关场外衍生品的创设能力,为上述产品增厚稳健收益。第三,加快布局养老金业务,包括加快推动证券公司等机构获得各类养老金的投资管理资格及托管机构资格,加快在养老目标基金等创新产品上布局等。第四,提升获取优质非标资产的能力,与非标底层客户建立战略合作关系,分享非标资产收益率提升带来的红利。

（二）建立高效流畅的内部协同机制

与专业性资产管理机构相比，证券公司的一大优势在于拥有完整的证券业务体系和庞大的全国型网点布局。因此，证券公司需以深度满足客户综合金融服务为核心目的，充分理顺总分及各业务板块之间的协同协作机制，发挥集团整体作战的能力和优势，实现内部资源高效共享。

1. 发挥证券公司整体作战的能力和优势，全面提升产品销售能力

销售能力是全球资产管理机构取得规模突破的重要砝码。在新监管形势下，所有金融机构的产品销售实际上被拉到了一条相对平等的起跑线上，证券经营机构销售金融产品的议价能力获得明显提升，渠道销售能力重要性凸显。对此，一方面，要提升金融产品在证券公司的整体定位，充分意识到产品在连通证券公司资产端和资金端的重要作用；另一方面，证券公司要对资产管理产品的渠道进行整体规划和整合，既充分利用自有网点的客户基础和营销网络，提升分支机构的产品销售队伍能力建设，也充分结合企业机构客户服务体系的建设，开拓和维护银行等金融机构的销售渠道。

2. 实现不同业务之间的高效协同和资源共享

第一，构建和完善证券公司包括资产管理、公募基金及私募股权投资等业务在内的买方生态，有效组织相关业务单元发挥各自的优势，成为公司金融产品体系不可或缺的产品内部供应方，共同满足客户的综合金融服务需求。第二，把握财富管理转型机遇，充分发挥资产管理的高效协同。当前，国内证券公司零售业务向财富管理业务模式转型过程中，其中最关键的一环在于依据客户的风险收益偏好，精准匹配相应的金融产品，而资产管理部门提供的内部产品是其重要的来源。证券资产管理如能紧紧抓住财富管理转型的大趋势，加强同一集团内的业务协同，全方位满足财富管理客户的综合需求，那么既能推动集团零售业务加速转型，也能带动资产管理业务规模做大做强，形成"1＋1＞2"的效果。第三，加强与其他业务之间的协同共享。例如，主经纪商及托管业务可为资管带来私募基金等重要的机构客户来源；投资银行、股票质押等资本中介业务可以为资产管理提供优质的底层资产，其背后的企业客户及其股东群体也是资产管理业务重要的潜在客户对象。

（三）积极加强舆论宣导，不断深化投资者教育工作

长期以来，相当一部分投资者无视产品风险，形成了根深蒂固的保本保收益观念，对于产品净值变化导致的损失，通过各种手段和方式，要求金融机构刚性赔付。对此，证券公司要加强舆论宣传和投资者教育工作，帮助投资者不断提升风险意识，普及破除刚兑的投资理念。

证券公司资产管理业务国际化的现状、困境与发展建议

*中国证券业协会资产管理业务委员会专题研究小组**

一、证券公司跨境资产管理业务的现状

（一）概况

根据项目组在2018年10月向证券公司发放的《证券公司跨境资产管理业务调查问卷》统计①，截至2018年上半年，全国131家证券公司中，具备跨境业务资格的证券公司有34家，其中专门设立子公司从事跨境资产管理业务的证券公司有8家。

1. 证券公司跨境资产管理业务资格获批历程

2007年，继基金QDII（合格境内机构投资者）业务全面放开、境内个人直接对外证券投资试点启动后，证券公司QDII业务也开启探索历程。中金公司是国内首家获得QDII业务资格的证券公司；2011年12月启动RQFII（人民币合格境外机构投资者）业务试点，当年3家证券公司获得首批RQFII试点业务资格；2014年4月，中国证监会正式批复开展沪港通试点工作，4家证券公司获得批复参与试点；2016年12月，深港通正式启动，4家证券公司参与业务试点工作；2017年，香港与内地债券市场互联互通合作启动，4家证券公司入围首批做市商名单；2018年上半年，1家证券公司获得QDLP（合格境内有限合伙人）资格，3家获得QFLP（合格境外有限合伙人）资格，4家获得QDIE（合格境内投资企业）资格。

2. 证券公司跨境资产管理业务规模和收入数据比较

---

* 研究小组成员：申万宏源证券有限公司：岳瑞科，刘晓峰，张浩；招商证券资产管理有限公司：王德华，王惠家；广州市玄元投资管理有限公司：陈阳，郭琰，张诗韵；华安证券有限责任公司：赵泽新；兴证证券资产管理有限公司：魏颖捷；中信证券股份有限公司：魏星，李梦嘉；上海东方证券资产管理有限公司：杨海，金秋，李俊雯。

① 相关调研问卷信息由各被调研单位自行填写提供，本文调研数据及分析结论是基于问卷信息整理所得，并不代表权威发布数据。

近年来，证券公司海外业务的规模与收入呈现不断增长的趋势。2017年28家证券公司可统计数据中，跨境资产管理业务规模排名首位的证券公司管理规模高达728.9亿元，规模超过1亿元的有22家，占比78.6%。截至2018年上半年，仅前6个月跨境资产管理规模合计已经超越2017年全年（见图1、图2）。2015年跨境资产管理业务收入超过1 000万元的仅有3家，而2017年相关收入超过1 000万元的证券公司已有11家。

图1　证券公司跨境资产管理业务总规模

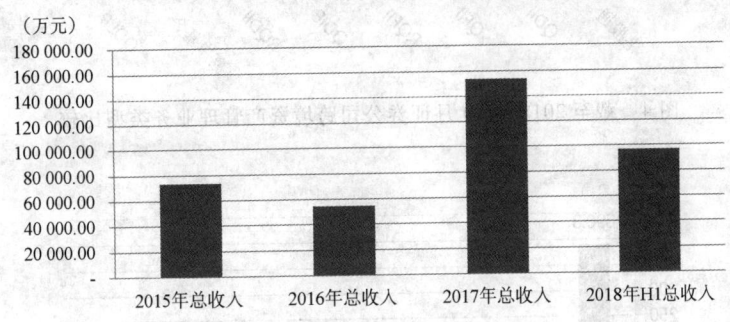

图2　证券公司跨境资产管理业务总收入

3. 证券公司跨境资产管理业务资金来源和规模比较

据调查问卷统计分析，证券公司跨境资产管理业务资金来源主要为三大类：自有资金、境内归集和海外归集，其中境内归集占比最高，约为70%以上且比例逐年提高，其次为海外归集资金、自有资金。证券公司跨境资产管理业务境内归集资金由2015年的379.8亿元（占比73.4%）到2018年上半年增加至1 118亿元（占比85.6%）（见图3）。

4. 证券公司跨境资产管理业务各类型业务情况

从业务类型上看，证券公司跨境业务主要分为九大类：QDII（合格境内机构投资者）、RQDII（人民币合格境内机构投资者）、QFII（合格境外机构投资者）、RQFII（人民币合格境外机构投资者）、QDLP（合格境内有限合伙人）、QDIE（合格境内投资企业）、港股通、离岸基金和其他等业务类型。其中，以港股通和QDII业务为主，存量规模最大的是港股通；其次是QFII、RQFII、QDIE；RQDII、QDLP和离岸基金均属于小众业务，存量规模也最小（见图4、图5）。

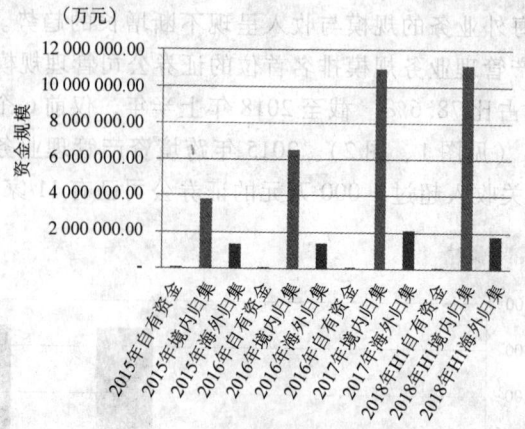

图3 跨境资产管理业务的资金来源和资金规模

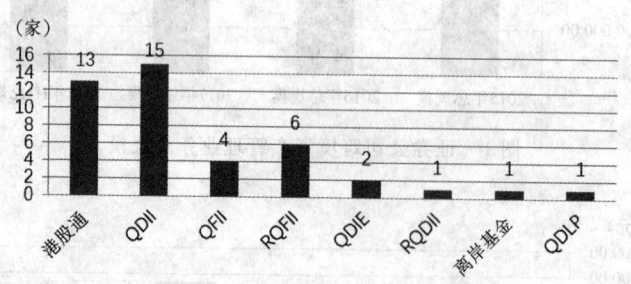

图4 截至2018年10月证券公司跨境资产管理业务类型比较

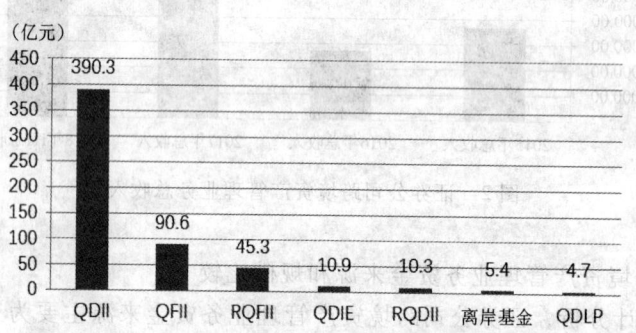

图5 截至2018年10月证券公司跨境业务各类型存量数据比较

5. 证券公司跨境资产管理业务投资品种解析

从投资品种来看，证券公司跨境资产管理业务主要以股票和债券等标准化资产为投资标的。

截至2018年10月，跨境股票投资规模最大，总规模469.6亿元，其次为债券、公募基金及其他投资品种（见图6）。从总收入来看，股票投资收入最高（12.7亿元），其次为债券（1.1亿元）、票据（1 300万元）、公募基金（1 037万元）。

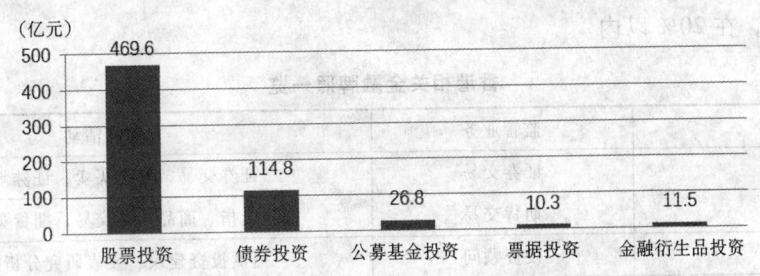

图 6　证券公司跨境资产管理业务投资品种比较

跨境股票投资主要涉及业务资格类型为 QDII、港股通、QDIE、QDLP 和 RQFII；主要发生地区为中国香港，占比约 85%，其次为美国，占比接近 10%，其他国家占比合计约 5%。跨境债券投资主要涉及业务资格类型为 QDII 和 RQFII；主要发生地区为中国香港，业务占比约 80%，美国和其他国家或地区占比约 20%。跨境公募基金投资主要发生国家或地区均衡分布在中国香港、美国和其他国家或地区。其他投资品种如跨境票据、金融衍生品等规模占比较少。

6. 证券公司跨境资产管理业务部门架构设置

已设立子公司的证券公司，一般由其资产管理子公司在一级部门下设跨境业务团队，与境外子公司的资产管理团队协同开展跨境业务。境外子公司资产管理部负责公司的香港及海外资产管理业务，如 RQFII 管理、QDII 投顾以及对境内港股通客户的投顾服务。未设立子公司的证券公司，公司资产管理部一般会在部门内部设置跨境业务分部专门负责跨境资产管理业务。跨境业务投资体系一般从上到下为"投决会—投资经理—研究员"。

7. 跨境资产管理业务对于证券公司总体资产管理业务的影响

我国跨境资产管理业务尚处于刚刚起步的阶段，未来个人和企业全球资产配置市场空间潜力巨大。跨境资产管理业务是进行海外资产配置的重要途径。跨境资产管理业务可以为资产管理业务提供多元化的资产配置策略、配置思路，分散投资风险，同时可以获得成熟证券市场投资经验的学习机会；提升公司旗下境内外资管团队的协同及产品创新能力；丰富公司产品线，满足投资者配置全球资产的投资需求，创设海外投资产品，实现财富目标。

基于此，国内各家证券公司都将跨境资产管理业务作为未来布局的重要一环。证券公司跨境资产管理业务规划主要分为两个步骤：首先，秉承着"走出去"的宗旨，在 QDII、港股通、债券通、QDIE、QDLP 和 RQFII 等方面尚未获取资格的证券公司，将会积极申请跨境业务资格。其次，尚未设立子公司的证券公司，将积极布局设立香港子公司，争取获得香港金融全牌照，提供管理资产、证券及期货投资咨询服务、全球性投资等全方位的金融服务。同时大力拓展境外合作方，为后续跨境资产管理业务打下基础。

（二）主要业务模式

目前境内证券公司参与跨境资产管理业务的主要模式有四大类。

1. 在香港设立子公司，作为境外开展资管业务的平台

截至 2018 年底，共 31 家境内证券公司在境外设立子公司。证券公司境外子公司开展资产管理业务主要以香港市场为主，通过向香港证监会申请相关牌照作为开展境外资产管理业务的基础（香港有关资产管理业务如表 1 所示）。但资产管理业务占境外子公司整体收入的

比例普遍偏小，在 20% 以内。

表 1　　　　　　　　　　　香港相关金融牌照一览

牌照	监管业务	监管活动
1 号	证券交易	证券交易，基金买卖，证券承销等
2 号	期货交易	股指、商品期货交易，期货买卖等
4 号	投资顾问	提供投资建议，发表研究分析报告等
9 号	资产管理	证券组合管理，基金管理等

资料来源：香港证监会，上海证券基金评价研究中心。

目前证券公司境外子公司开展的资产管理业务主要有以下三类：

（1）作为管理人发行离岸基金。离岸私募基金成为证券公司境外子公司资管产品的主要形式，境外子公司通过在离岸设立 SPC（Segregated Portfolio Companies）作为私募基金的发行主体，由持有香港证监会 9 号牌的境外子公司或外聘持有 9 号牌的境外机构担任基金管理人。资金来源以中资背景的投资者为主，主要投资于境外子公司业务联动性较强的美元债、美元优先股、境外上市的中概股、IPO 基石投资、FOF（投向为境外基金）。

（2）发行票据挂钩于底层资产。由于 QDII 等跨境产品直接投资于私募类产品（如对冲基金、私募债等）存在一定限制，境外投资者参与二级市场有杠杆融资需求，因此境外子公司发行票据也是主要的资产管理模式。

（3）依托 4 号牌开展投顾业务。境外子公司通过香港证监会颁布的 4 号牌，可担任其他 SP 基金的投顾，提供投资建议（境外称作 IA，即 Investment Advisor）。此类模式较前两类相对有限，境外子公司担任投顾的主要方向为与中资企业相关联的股票、债券、优先股业务。

2. 利用 QDII、RQDII 等跨境投资通道、境内母公司的跨境业务资格，与境外子公司进行跨境联动

境内证券公司母公司与境外子公司跨境联动的普遍模式为：境内母公司根据单一客户的定制需求，通过境外子公司发行的票据投资于境外市场。定向资产管理相比集合 QDII 产品，投向更个性化。

随着证券公司跨境业务试点范围的扩大，证券公司跨境联动的模式由传统的 QDII、RQDII 衍生到跨境收益互换领域。截至目前，共有中信证券等 9 家证券公司获准开展跨境业务。相比 QDII 等资金实质出境的跨境业务，通过衍生品协议开展的跨境资产管理业务并不产生实质性汇兑，定制性更强。在此过程中，跨境业务的联动不仅是在资产端及资金端，跨境互换还涉及境内母公司和境外子公司在风险对冲、风险管理、运营清算层面的深度联动。

3. 收购持续经营的海外证券公司，与海外子公司进行整合，深化跨境业务

目前证券公司跨境资管业务的开展按地域划分，主要以香港为主，跨境资管的发展基本遵循"中国香港——亚太——欧美"的发展路径。通过收购海外证券公司，能够迅速切入海外资管业务，拓展海外资管业务半径。近年来，涉及跨境资管业务收购的案例主要有中信证券全资收购法国里昂证券、华泰证券全资收购美国 AssetMark、光大证券收购新鸿基金融 70% 股权、国金证券收购粤海证券 99.99% 股权、海通证券全资收购葡萄牙圣灵投资银行等。通过上述收购，境内证券公司资产管理业务的地域半径由香港市场为主逐步拓宽到全球

市场。

4. 境内证券公司利用 QDIE、QDLP 等跨境投资试点模式，参与跨境资产管理

随着 QDIE、QDLP 试点范围的扩大，境内证券公司母公司通过与境外资产管理机构在境内成立合资企业，申请 QDLP 资格开展跨境业务；境内证券公司还可以通过境内子公司申请 QDIE 资格开展跨境业务。QDLP 和 QDIE 为境内证券公司提供了与海外资产管理机构共同开展跨境业务的渠道，同时投资范围更宽泛，可涵盖海外二级市场、私募基金、股权投资等多维度资产，与现有海外子公司为主导的跨境资产管理模式形成协同效应。

二、当前证券公司资产管理业务国际化发展的主要动力

（一）政策环境推动

近年来，投资范围、风险管理、额度管理、资金汇兑等多个方面的法律法规不断完善，QDII、QFII 和 RQFII 等业务的逐步扩容及相关制度的落地，为具备条件的证券公司着力开展跨境业务提供了明确的政策依据和有力的政策保障，创造了良好的政策环境。

（二）市场环境推动

当前的市场环境有利于证券公司资管业务的国际化发展：一是自 2017 年下半年以来，中国的国际收支大环境逐步改善，平衡性更好，资本流出压力大幅减轻；二是当前正处在资本输出大规模扩张阶段，中国从商品输出走向资本输出的趋势正在加强，资产管理国际化的趋势正在加强，尤其是个人和企业对外投资持续增长，在国际投资头寸中，私人部门境外资产已经超过了官方部门；三是国内外市场相互投资的广度和深度也在逐渐加大，中国内地与香港互联互通机制发展及中国 A 股纳入 MSCI，将加快中国股市的机构化进程，也进一步推动了国内投资者与国际接轨的进程；四是国际投行受全球经济弱势复苏和日益严厉的国家监管影响，对亚洲业务新投入有限，"外退国进"的市场趋势为中资证券公司跨境资产管理业务提供了快速发展的良机。

（三）客户需求推动

当前，金融资本在全球范围内的自由转移淡化了各金融市场之间的界限，金融产品呈现出很强的全球化、一体化特性。尽管一国市场可以配置不同品种的产品来降低投资风险，但系统性风险仍然存在，加之对汇率变动的预期以及优质资产的稀缺，资产管理业务的跨境发展需求日益增强。

"走出去"方面，随着富裕阶层理财观念的日益成熟，越来越多的高净值人士将资产配置的眼光投向海外。2018 年，中国市场的权益类基金年内回撤较大；而 QDII 基金表现出色，整体位居公募基金业绩榜单前列。投资者合理配置海外资产，分享外币升值以及其他市场发展红利，分散国内单一市场投资风险，稳定组合收益的需求十分旺盛。

"走进来"方面，同样有较强的投资需求。目前，QFII、RQFII 与互联互通共同组成境外投资者进入中国资本市场的主要渠道。随着 MSCI 纳入 A 股，以及国内债券被纳入 Bloomberg/Barclays 全球综合指数后，中国资产国际化提速，外国投资者被动增持中国境内资产需求增大。

（四）证券资产管理发展的自身需求推动

随着监管环境与市场环境的变化，证券公司的业务结构正在悄然发生改变，多元化发展及海外业务布局成为证券公司发展的重点，其中资产管理业务的国际化发展是证券公司海外业务布局的重要一环。

资产管理业务的国际化发展，有利于中资证券公司进一步丰富业务种类、完善产品线、健全和优化业务体系和产品体系，构建新的业务模式和盈利模式；同时，也有利于中资证券公司"走出去"，积极布局境外市场，增强跨境投资交易能力、跨境资产定价和配置能力、跨境产品创设能力、跨境财富管理能力、跨境信用交易能力，提高跨境投资资本流动效率，提升证券行业的综合金融服务能力和国际竞争力，促进证券行业的国际化发展。

三、当前证券公司资产管理业务国际化发展的主要困难

（一）政策维度

1. 额度受限

我国资本市场外汇管制采取资格及额度审批制，在推出 QDII 的 15 年中，虽然期间不断有机构获得 QDII 资质，QDII 的总体获批额度也呈现稳步上升趋势，但仍有部分机构由于没有足够的额度（特别是 2013 年后资格及额度审批节奏放缓），一直未能开展 QDII 业务。截至 2019 年 7 月末，58 家证券类机构中 17 家具有 QDII 资格的证券公司获批额度为 107.6 亿元，仅占 QDII 总获批额度的 10%。QDII 发放规模和节奏不确定、审批周期长等因素为证券公司在布局及开展跨境资管业务方面增加了成本及不确定性，造成证券公司尤其是中小型证券公司在跨境业务方面的团队建设、配套运营系统搭建以及核心资源投放力度等都较为保守。

除 QDII 以外，QDIE 和 QDLP 是机构投资者实现海外投资的另外两种方式。虽然 QDLP 和 QDIE 目前最高额度仅各 50 亿美元，但 QDLP 和 QDIE 投资范围更加广泛，主体形式更加多样，是一种有额度限制下的全面资本放开模式。

2. 投资运作范围及限制尚未完全放开，实际执行层面比现有政策及指引限制更加严格

作为证券公司开展跨境业务的主要渠道，QDII 在投资范围方面较 QDIE、QDLP 窄，范围限于海外二级资本市场，且不能投资于海外对冲基金等产品。而 QDIE、QDLP 投资范围涵盖境外一、二级市场，包括非上市公司股权、大宗商品、私募产品等，为管理人多元投资策略的开发提供了空间。

证券公司开展跨境业务除需具备资格和额度之外，在投资规模、产品、账户、资金、汇兑等方面均需遵守相关监管规定，且原先政策中存在一些规则边界不清晰的模糊地带，使得在开展国际化业务时出现理解口径不统一、未有明确政策规定导致不敢做等问题。在调查中，也有部分证券公司反馈在实际业务操作中感受到实质性的监管规定比现有法规政策更严格的情况。

3. 对境外投资顾问的资产管理规模要求门槛较高

目前境内资产管理产品聘请境外投资顾问的，除证券公司香港子公司外，其他境外机构担任投资顾问要求其管理资产规模不低于 100 亿美元，而符合管理规模要求的境外共同基金

等资产管理机构往往对投顾业务合作的产品规模有一定的要求。证券公司作为私募资产管理机构,产品投资者人数不能超过 200 人,因此产品规模较小,聘请大型境外资产管理机构担任投资顾问难度较大。

4. 受限于外汇体制及承受汇率波动的风险

跨境资管产品以人民币募集、参与、退出和计价,但需要经过换汇后投资于境外市场金融工具,取得外汇盈利后需要重新兑换成人民币,多次换汇的操作模式将使得跨境资产管理产品面临汇率波动风险。同时,我国外汇管制体制较为严格,资金跨境流动受到诸多限制,在一定程度上限制了证券公司境外资产管理业务的发展。

5. 存在监管不统一、相关制度相对落后等问题

目前,中国跨境资产管理的发展方式还比较初级,基本还处于做大规模的阶段,产品同质化严重。跨境资产管理一般通过试点模式由多监管部门推进,造成各监管部门协同不统一、监管口径不一致,各通道相互重叠,且没有统一的信息监测平台。另一方面,《合格境内机构投资者境外证券投资管理试行办法》《关于实施〈合格境内机构投资者境外证券投资管理试行办法〉有关问题的通知》均发布于 2007 年,已与现行资产管理制度不匹配,导致在业务开展过程中遇到一些分歧和障碍,在一定程度上制约了业务的发展。

(二)证券公司自身维度

1. 海外投研及销售团队

证券公司普遍缺乏具备海外经验的投研人才。部分证券公司为节约成本,在跨境业务的投研方面仍沿用原有的投研团队。部分证券公司选择在海外分支机构进行投研人员的本地化,但面临不同文化差异的磨合,仍会出现"水土不服"的现象。

另外,海外销售团队与境内销售团队相互独立,并没有很好地实现资源共享,仍然各自为战。进一步培养具有海外经验和国际视野的投研团队、海外与境内销售团队协同发展是各家证券公司走出去的一个重要条件。

2. 产品线

相比于基金公司,证券公司跨境资产管理业务在历史业绩时间长度、产品线丰富程度及主动管理能力方面存在欠缺。

历史业绩时间长度不够:相比于南方基金、华夏基金、嘉实基金等第一批出海的基金公司 QDII 产品成立时间已超过十年,截至目前存续的 69 只 QDII 证券公司集合产品的平均成立年限仅为 3.54 年,历史业绩较短成为证券公司境外市场竞争中的劣势。

产品线丰富程度及主动管理能力不够:大部分证券公司 QDII 产品策略以中资美元债和通道为主;而基金公司的产品类型则较为多元,包括各类股票基金、债券基金、混合基金和商品基金等。

3. 境内外业务发展割裂

无论从战略竞争、运营效率还是扩张成本角度来看,海外收购都是证券公司国际化的较好选择,但随之而来的业务、人员的融合也给证券公司带来不少挑战。

管理架构方面,部分证券公司境内外业务发展割裂,境内母公司对境外机构管控不足,使得境内外业务之间独立性较强,协同效应较弱。境内证券公司具有海外机构管理经验的高层管理人员极度短缺的问题突出。

业务运营方面，境外交易品种尤其是发达市场的交易品种和国内品种在品种结构、交易参与方、交易形式、清算结算、托管方面存在较大不同，监管口径和规则也不相同，市场生态更是不一样。业务实际操作中面临的诸多差异驱使进行境内外投资的国内金融机构大都选择境内、境外系统分别独立发展，使得境内外投资交易系统割裂。而目前市场上暂时没有能解决上述问题的系统供应商。

4. 品牌

在竞争激烈的海外证券业市场，投资者非常看重管理人声誉以及历史业绩。美国、欧洲和日本等发达资本市场国家的金融机构大都有着比较深入的海外布局，并实现全球化营运。客户黏性较强的零售市场中，投资者更是青睐于一些老牌的国际资产管理机构（如富达、贝莱德等）发行的产品，这些国际机构主导着全球金融市场，内资证券公司作为尚未建立品牌的市场后进入者，分享国际市场的业务机会并不十分容易。

5. 长效发展机制

要想真正走出去，打造国际化的长效发展机制，证券公司除投研团队外，还要布局配套的法律合规、交易运营等团队，进行相关风控、交易制度建设，以及部署建立跨境业务相关数据库、交易运营系统等。跨境资产管理业务短期对收入贡献有限，且需要相当长的时间让境内投资者、合作渠道了解跨境业务的风险与收益特性，属于长期培育型业务。

6. 成本

跨境直接投资涉及的产品开户、交易、报税、清算交收流程复杂，不同国家、市场有不同的规则，初期进入成本较高。另外，在系统支持方面，目前境内系统开发商对跨境业务的系统支持较差，境外彭博等系统开发商提供的 IT 系统收费较高。

四、对于证券公司资产管理业务国际化发展的建议

（一）对证券公司自身的发展建议

一是打造多元投研团队，吸纳具有全球市场投资经验的优秀人才，采取分支机构和母公司团队分工合作的模式，加强海外市场的投资能力；二是加强境内外资源共享和业务联动，创造长效机制，打造境内外一体化、国际化资产管理业务；三是注重树立品牌形象，以获取投资者的长期信赖；四是发挥证券公司业务综合性优势，打造一体化、多元化、国际化的金融服务集团；五是提高风险管理能力，建立与之相适应的风险管理体系与内控流程；六是推进产品类别适配化，根据资产管理产品的各方面属性，明确其风险等级、投资期限、投资品种及其适配的客户群体。

（二）对监管机构及行业协会的主要建议

一是进一步优化跨境业务相关管理办法和政策要求，主要包括：明确投资规定细则，如关于衍生品、投资标的、持有比例等方面；明确跨境业务税收条款、跨境产品备案等操作细则；修订 QDII 业务规则，在风险可控的情况下适当放宽投资范围；放宽对符合资质金融机构的业务资格审批要求，适当降低私募资产管理机构 QDII 业务聘请境外投资顾问的要求，增加管理人选择境外投资顾问的范围，使管理人能够挑选合适的机构进行合作，扩大境外合作资源。二是提供与跨境资产管理业务相关的规范化的同业交流机制，同时构建与跨境资产

管理业务相关的行业培训机制，促进同业交流和跨境资产管理业务服务能力的提升。三是定期或不定期组织境外不同国家交易所、经纪商、资产管理机构等人员到境内进行交流，介绍境外市场具有特色的证券品种，如REITs、资产支持证券、场外衍生品等的交易规则、法律关系、市场概况，帮助境内资产管理机构提高对境外市场的了解与认识。

金融科技在证券公司资产管理业务中的应用发展研究

中国证券业协会资产管理业务委员会专题研究小组*

一、金融科技在证券公司资产管理业务中的发展综述

(一) 信息技术基础设施建设

国内证券公司资产管理业务信息系统一般采用成熟化的软件系统产品，其核心业务系统包括投资交易系统（Fund Management 系统，简称"FM 系统"），以恒生电子 O32 系统为代表，市场占有率 95% 以上；注册登记系统（Transfer Agent 系统，简称"TA 系统"），超过 95% 使用恒生电子产品；基金估值系统（Fund Account 系统，简称"FA 系统"），超过 95% 使用恒生电子产品或者赢时胜公司产品。不同系统软件功能、业务模式均比较相似，同质化严重。

在信息技术基础设施建设上，国内证券公司或证券资产管理子公司自建或者外包租赁了适合业务需要的机房，构建了满足业务发展的网络环境、管理体系，建设了满足业务需求的信息系统和保障体系。信息技术在资产管理业务的应用支持和推动了业务创新发展，提高了资产管理业务的投研能力、风险管理能力和合规管理能力。

(二) 云平台的使用情况

云平台的最大优点是提供弹性资源池功能，按需使用，可以充分调配各种资源，实现云计算的高可用、资源动态均衡等优势，提高资源使用率，从而降低成本。

针对云平台的使用，在满足监管与合规的前提下，部分证券公司、基金公司在行业核心机构承建的行业金融云平台上部署了相关系统，尤其新成立的公募基金公司相对较多。

---

* 研究小组成员：中泰证券（上海）资产管理有限公司：王栓应；上海东方证券资产管理有限公司：詹鹏；广发证券资产管理（广东）有限公司：公茂星；华宝证券有限责任公司：鲍磊；东海基金管理有限责任公司：王恒；中信证券股份有限公司：梁源；华鑫证券有限责任公司：梁海俊。

例如，作为行业云平台使用的先行者，天弘基金的信息系统部署分为云上部署和云下部署两类。其中云上业务使用了阿里公有云、阿里金融云、蚂蚁金融云等，部署以产品销售及数据服务为主的信息系统，包括TA、直销、销售数据服务、电商等应用系统，合计云计算服务超过2 000个。云下业务部署在生产机房，主要为投资交易系统、投研数据服务等投资管理类系统。

（三）数据治理体系建设

数据治理体系是证券公司或资管子公司资产管理业务金融科技应用的重要场景。数据治理已经在资产管理业务日常运营中发挥了重要作用。

证券资产管理数据治理一般涵盖产品运作的产品设计、发行、运营、清算各个环节。按照数据治理的理念，通过标准化数据接口及流程，提升了业务办理效率，解决了信息孤岛问题，优化提高了资产管理业务的运营效率。从整体上来看，资产管理公司的数据治理体系业务框架按层级可以划分为基础设施层、数据层、应用服务层、应用展示层及决策层（见图1）。

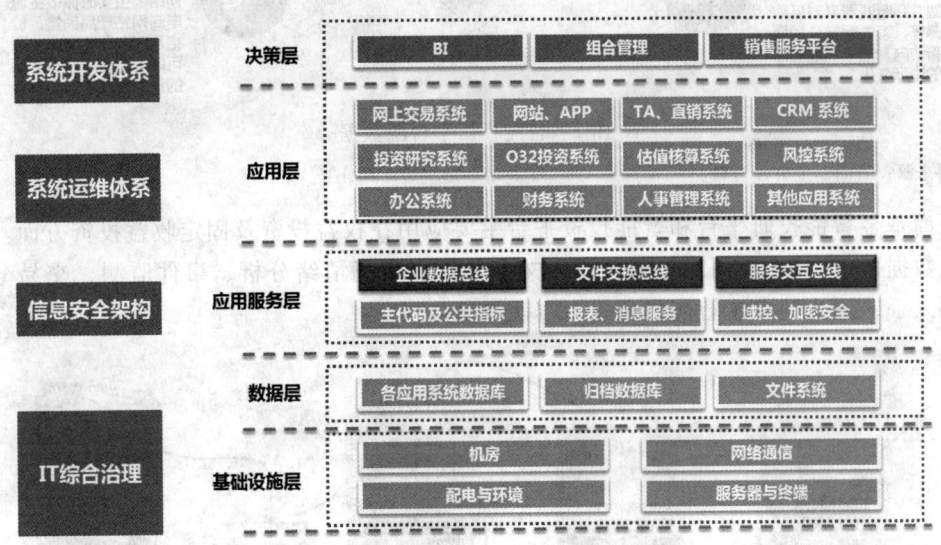

图1　资产管理公司的数据治理业务框架

资料来源：上海东方证券资产管理有限公司。

在数据治理的基础上，利用人工智能等技术规划建设智能运营体系，可以实现自动化估值、智能化头寸预警及管理等，同时建立内外部数据标准，提高操作人员的工作效率，降低操作出错率。

（四）智能投研平台建设

1. 智能投研平台的应用场景

智能资产管理应用分为三大类：智能工具型、智能交易型和智能投资型。智能工具目标和需求非常明确，实现方式更加直接，例如网络爬虫、文本分析、自动报表和知识图谱。智能交易是资产管理应用最为广泛的智能化应用，利用数据之间的统计关系，实现智能交易执行，获得高频交易策略上的优化。智能投资更关注真实世界运行的信息与逻辑，系统化利用智能工具，结合基本面、市场情绪、政策舆情等因子，进行智能化组合管理。

2. 智能投研平台实践案例

浙商基金在大数据及智能投资应用上，涵盖了结构化、非结构化的市场公共数据、私有数据等，具体有市场公开数据、舆情信息、论坛信息、QQ 数据、微信数据、电商数据、支付数据、统计数据、新闻资讯等（见图 2）。

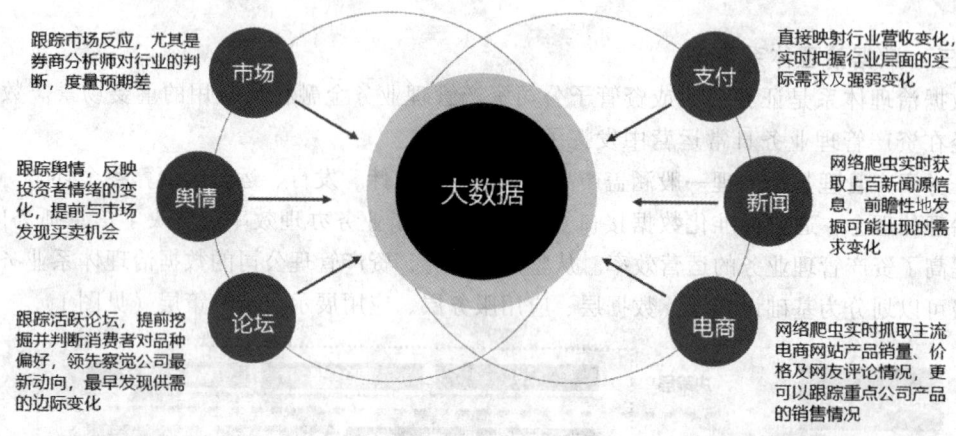

图 2 智能投研平台源数据

资料来源：浙商基金公开资料。

浙商基金智能投研平台和智能投资平台主要应用在权益投资及固定收益投资方面。权益投资大数据及 AI 技术应用从数据还原、文本分析、市场情绪分析、事件监测、交易分析五个方向入手，逐步建立了智能投研平台（见图 3）。

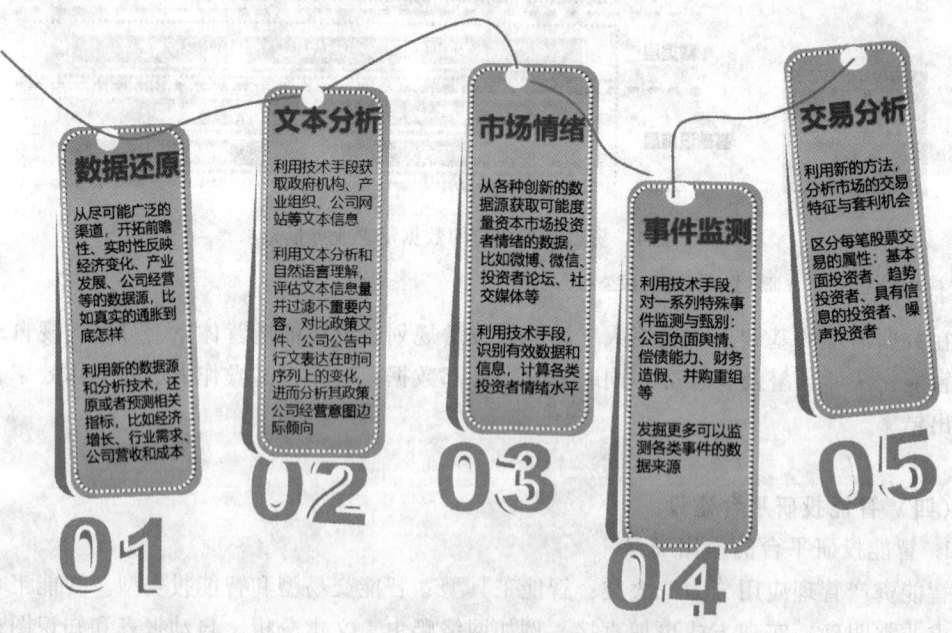

图 3 浙商基金权益类智能投研五大应用场景

资料来源：浙商基金公开资料。

AI 在研究资源配置、投资决策和组合管理三方面为研究员和基金经理赋能并共生。在具体实践中，机器和人的分工会形成两个非常明确的方向：人负责逻辑分析、经验积累及判断非均值回归、非线性变化类公司，辨识好企业的品质、商业模式以及定量模式无法判断的定性分析；机器更多是通过计算、大规模信息处理、均值回归，把握具有规则和规律性的机会。

例如，浙商基金在权益类投研方面的宏观及资产配置、行业比较与判断、风险管理、策略选股四大领域，部署了 200 多个"机器人"，辅助投研工作。在债券风险管理方面，浙商基金利用大数据及 AI 技术，建立债券信用评级及利率风险管理等模型，大大提高了风险管理的有效性、准确性、及时性（见图 4）。

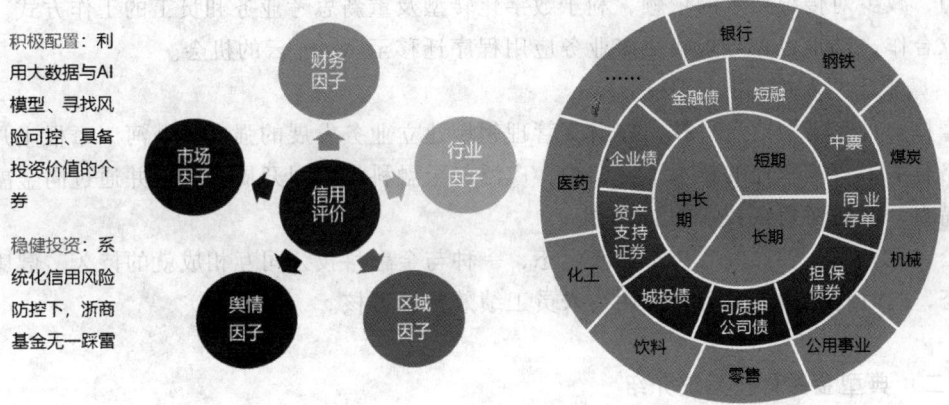

图 4 浙商基金债券投资信用识别与价值轮动模型

资料来源：浙商基金公开资料。

二、国际资管机构金融科技发展经验

（一）国际著名资管机构的金融科技发展综述

根据美国 CIO 杂志对全球著名投行和资产管理机构的金融科技投入调研分析，一般年收入在 5 000 万美元的公司，金融科技投入占总收入的 6.9%；年收入 5 000 万美元至 20 亿美元的公司，金融科技投入占总收入的 4.1%；年收入 20 亿美元以上的公司，金融科技投入占总收入的 3.2%。行业头部机构的投入则大大超过了行业平均值，如贝莱德、摩根大通、摩根士丹利、瑞银等头部机构近几年的金融科技投入都超过了总收入的 10%。在金融科技人员的配备上，头部机构的人员占比也是高于行业水平，贝莱德的金融科技人员占总人数的 25%，摩根大通为 20%，摩根士丹利为 10%，瑞银则超过了 40%。

1. 贝莱德金融科技之路[①]

贝莱德自主开发了阿拉丁（Aladdin）系统，该系统涵盖了资产、负债、债务、衍生品、投资网络等资产管理业务的全业务链，是贝莱德资产管理整体解决方案，目前已发展成为全球资产管理行业最著名的金融科技产品。

---

① https://www.blackrock.com。

近年来,贝莱德金融科技产品逐步向行业输出,尤其是阿拉丁平台以赋能更多投资者和客户为目的,有偿提供给全球 170 多家投资银行及资产管理机构使用。

2. 瑞银金融科技战略简述①

瑞银以金融科技打造卓越的客户体验,培育优秀的产品研发能力,提升公司运营效能。在金融科技规划中,瑞银以技术平台(应用层、基础架构层)集中建设为核心构建金融科技应用体系,前端业务模块敏捷开发和快速迭代,极大地支持了金融科技战略的发展。在发展过程中,瑞银注重与传统金融科技公司合作和内部大胆创新使用新兴技术的策略并举。

瑞银在云应用领域处于行业领先地位。2017 年 4 月,瑞银通过使用微软 Azure 云解决方案提高了业务敏捷性,降低了成本并获得竞争优势。微软 Azure 云技术为瑞银数字化转型提供动力,减少对传统技术的依赖,利于数字化转型及重新思考业务和员工的工作方式。通过与微软合作,瑞银也在寻求将更多业务应用程序迁移至 Azure 云的机会。

3. 摩根士丹利的科技之路②

摩根士丹利借助信息科技,在财富管理领域建立业务发展的强大护城河。摩根士丹利科技策略是基于自主掌控的技术平台架构,广泛与金融科技公司开展合作,并通过向金融科技公司借力,保持对新兴技术的洞察力。

公司建立了一种良好的技术创新生态,一种与金融科技公司互相成就的持久、健康的技术生态,同时将金融技术工具应用纳入员工绩效指标考核。

(二) 典型金融科技系统介绍

1. 神奇的"阿拉丁"③

阿拉丁(Aladdin)系统由贝莱德设计与研发,是全球资产管理行业最著名的科技产品之一。近年来贝莱德通过技术输出,使得阿拉丁系统在全球有 6 000 多台服务器,有上千人负责维护,为银行、养老金、保险公司、主权投资基金、美国官方等 170 多家资产管理机构进行市场风险分析。阿拉丁平台将复杂的风险试算与实时投资组合管理、交易执行和产品运营集成化,允许客户在系统中进行组合风险分析、订单管理和交易处理,同时还可以消除跨多个系统的冗余数据交互,提高操作效率和风险管理的有效性。

截至 2018 年底,阿拉丁平台运作管理约 15 万亿美元的资产,约占全球金融资产的 7%。在这个平台上实时运作近 3 万个投资策略,美国监管局已将阿拉丁系统列为"具有系统重要性"的平台。

2. One Wealth Management④

瑞银自主研发财富管理大平台 One Wealth Management Platform(简称 One WMP),整合瑞银的产品、服务和投研能力。在这个平台的基础上,任何业务需要开发的模块、工具,都以 APP 应用形式加载到 One WMP 平台上,瑞银称之为"一个类苹果 APP Store 的平台"。该平台于 2017 年 10 月在中国香港和新加坡投入使用,其带来的便捷性和高效性,使得瑞银能

---

① 瑞银官网 www.ubs.com 公开资料。
② 网站 www.morganstanley.com 公开资料。
③ 系统介绍和相关数据来源:www.blackrock.com。
④ 瑞银官网 www.ubs.com 公开资料。

够快速响应全球客户的财富管理需求。

3. GPS 与 NBA 系统[①]

全球计划系统（Global-based Planning System，GPS）是摩根士丹利为满足客户要求建立的财富管理系统，它可以满足客户家庭、旅行、上学、就业、购房、退休、遗产继承等各个方面的管理要求。投资顾问可以通过该系统很方便地找到客户，满足客户的财富管理需求。

Next Best Action（NBA）是摩根士丹利公司在机器学习技术的基础上研发的一套为投资顾问和客户服务的系统。NBA 平台有投资建议、操作预警、日常事务辅助三大主要功能，并使用机器学习技术对客户日常生活事务进行决策。

三、金融科技发展面临的挑战及相关建议

随着区块链、人工智能、大数据、云计算等金融科技的发展和运用，金融产品服务、商业模式、监管手段等将迎来全面革新，最终促使金融生态转型升级。金融科技为证券资产管理的发展带来了机遇与挑战，也为国家构建现代金融服务体系、建设金融中心、推动金融业服务实体经济提供了重要契机。

（一）证券资产管理金融科技发展面临的挑战

1. 核心系统技术垄断，重要系统接口不开放，严重阻碍了资产管理业务的发展与运营

由于行业垄断比较严重、个性化开发费用高、响应速度慢、供应商人为壁垒严重，阻碍了行业金融科技的发展。多年来资产管理行业金融软件同质化，虽然行业部分机构做了一些尝试，组建自身 IT 开发团队，有了一定程度的改变，但对于核心业务系统个性化发展还是收效甚微。同时，由于核心系统接口封闭，使很多金融科技应用无法实施，如数据治理、大数据应用以及智能投资等，基于现代金融科技的应用场景无法落地。

2. 金融科技建设需加强整体规划，传统的组织架构与业务流程需要适配金融科技发展的需求

传统的证券公司将信息技术定位为业务支撑工具，将信息技术部门定位为后台支持部门，这不仅不能适应金融科技发展应用的要求，而且金融科技不只是信息技术部门的事情，还需要决策层从公司战略层面的角度做出规划。金融科技创新过程中，各部门要基于市场竞争需要，以业务需求为基础，形成共识、团结一心开展金融科技创新活动。由于金融科技创新消耗大量资源，必须充分论证，分析可行性及可能出现的情况和风险，量化投入产出，设定警戒线，及时止损。因此，金融科技建设需要各公司制定长远、整体的战略规划，从公司组织架构及人员配备、业务发展、展业模式、运营管理等金融业务入手，从公司信息技术基础、系统建设、信息安全保障、数据治理等全方位制定发展规划，结合业务发展和市场情况，制订分步骤、分阶段实施计划，找准资产管理业务发展的痛点，重点推进，将金融科技转化为资产管理业务的核心竞争力。

---

① 网站 www.morganstanley.com 公开资料。

3. 资产管理行业金融科技人才不足，急需培养既懂技术又懂业务的复合型人才，推动金融科技的有序发展

金融科技作为新兴业态，发展潜力巨大。但与资产管理行业快速发展不相适应的是专业人才来源仍然有限，专业的培养体系还十分欠缺。无论是在企业界还是在学术界，都开始瞄准"金融科技"领域，而金融科技人才培养更是重中之重。行业公司深切体会到人才培养对于公司金融科技事业发展的重要意义，传统的人员结构已无法满足金融科技发展需要。金融科技高端人才既要知识面广，还要有过硬的个人素质和过人的综合能力，整合各个学科领域的知识。金融科技在发展过程中，要求科技人才也要适应变化趋势，跟随时代潮流，随机应变。金融科技高端人才还需要具备探索精神、创新精神、强大的意志力以及敏锐的观察力等。由于行业金融科技起步较晚，高水平的人才培养滞后，因此需要吸引大量高端的技术人才进入并服务于证券资产管理行业，并在传统人员基础上，加大对创新技术人才的投入力度，打破现有的人员结构。

4. 金融科技的应用需要进一步加大 IT 投入，加强防范金融科技应用带来的新金融风险的能力

金融科技发展和应用需要足够的投入费用支撑，公司在制定金融科技发展战略时需要制订相应的费用保障计划，支撑能够持续投入、持续研发和运营保障，防止半途而废。同时，由于金融科技让业务系统结构更为复杂，改变了传统的风险传导方式和时空限制，使得金融风险跨业务、跨市场、跨区域进行传递，智能化、自动化、程序化、高频计算的投资行为及业务行为使得风险传递更为快速，影响更大。尤其是部分技术处于研究的初级阶段，存在各种缺陷，需要在制订金融科技发展规划时同步制订风险管理预案，同步建设风险管理系统，增强防范金融科技应用带来的新金融风险的能力。

（二）证券资产管理业务金融科技应用发展建议

纵观国际著名资产管理机构及国内金融科技方面先行者在金融科技方面的发展途径，针对国内证券资产管理机构面临的问题，建议如下：

1. 完善行业金融科技建设指引和技术标准

针对行业核心系统软件与技术垄断、数据交换接口封闭等影响行业技术发展的现象，迫切需要行业主管部门及行业协会牵头制定行业层面产业引导政策和建设规划，完善标准化数据接口、安全规范等行业技术体系，引导行业金融科技开发商、服务商、资产管理机构、核心机构，逐步形成开放、合作、共赢的金融科技发展生态圈，实现技术、人才、投资的相互促进和相互赋能的良性发展业态。

由行业主管部门、行业协会、核心机构牵头制定行业金融科技的技术标准与规范，建设行业金融科技基础设施，是促进行业金融科技快速应用和落地发展的有力保障。同时，监管部门可适时推出一些行业激励措施和监管指引，激发和鼓励行业资产管理公司加大金融科技投入，加快金融科技赋能传统资产管理业务。

2. 强化信息技术系统自主研发能力，破解行业核心软件技术壁垒

信息技术基础设施及信息系统的自主研发能力是应用金融科技的基础，破解行业核心软件的技术壁垒与垄断是金融科技发展的突破口，需要经营机构培育自主研发的能力。国内大型证券公司如国泰君安证券、华泰证券等，大型基金公司如华夏基金、博时基金、汇添富基

金等,均已建立了自主 IT 研发团队,相对来说,证券资产管理业务尚未形成自己的 IT 研发能力。

在筹建自主研发团队之前,资产管理公司首先要制定公司本身的 IT 发展战略与规划,在此基础上先易后难,稳步实施。在整体规划的基础上,公司应以"业务 IT 化,IT 业务化"为抓手,以信息技术公共资源建设为基础,以 IT 中台研发为重点,初步建立数据中心研发、营销与客户服务系统研发、运营管理研发、量化交易与风险管理研发队伍,这样既强化了 IT 集中统一管理,解决了 IT 管理风险与初期投入较大的问题,又能够快速便捷地响应业务需求。

3. 建立行业金融科技人才交流与培训机制

为了解决资产管理行业金融科技人才不足、金融科技基础设施滞后、金融科技发展不均衡等问题,可以借鉴金融行业金融科技交流与培训平台的建设情况,建立资产管理行业金融科技交流与培训机制,培养更多既懂资产管理业务,又熟悉金融科技的复合型人才。

(1) 建立校企产学研合作机制,提升金融科技研发能力。国内很多高校、科研院所在大数据、云计算、区块链、人工智能研究方面具有很强的智力储备,部分学校设置了相应的专业,培养目前所需的人才。学校层面也需要科技成果转化、研究课题实践检验,需要在金融科技的具体应用场景方面进一步验证和完善研究理论。资产管理公司在人才、技术等智力方面储备不足,双方可以形成较好的互补、互动机制,合作进行金融科技的研究与应用。

(2) 优化企业内部人才绩效引导,鼓励员工自发学习金融科技知识。在传统资产管理等金融领域,信息技术部门长期被定位为后台服务部门,对业务提供技术支撑,在幕后扮演着用代码实现业务需求的角色。伴随着金融科技的快速迭代,信息技术逐渐由后台支撑转变为驱动引擎,其价值正在通过产品化加速释放,与业务的边界将逐渐打破。公司的考核体系与考核机制要做出相应的调整,适度加大金融科技部门的激励与绩效,形成有竞争力的薪酬与绩效激励体系,营造适应创新研发的金融科技工作氛围,提高金融科技研发失误、失败项目的容忍度,吸引更多更优秀的科技人才。公司内部应通过激励引导员工持续学习,掌握金融科技的基本技能。

(3) 建立证券资产管理行业金融科技交流平台,加强行业交流与培训。国内资产管理业务排名靠前的公司在信息技术应用及金融科技发展上明显处于领先地位,这些公司在行业中具备相应的金融科技建设能力和丰富的经验,对于整个资产管理行业的金融科技发展具有重要的推动和引领作用。这些公司可以总结和提炼一套适合资产管理行业推进金融科技发展的模式和经验,建立行业金融科技人员交流互动、互相学习的交流平台,满足资产管理业信息技术从业人员对于技术交流和培训平台的需求。

资产证券化基础资产研究

中国证券业协会资产管理业务委员会专题研究小组*

在各类政策利好和市场需求刺激下，资产证券化市场业务开展得如火如荼，发行规模节节攀升，基础资产类型不断丰富。中国资产证券化分析网的数据显示，截至2018年12月底，我国共累计发行2 600只左右资产证券化产品，累计发行规模近5.5万亿元。整个资产证券化市场基础资产仍以大类资产为主，但类型不断丰富，创新态势良好。

企业资产证券化中，以应收账款、保理债权、租赁债权、个人消费贷款、收费收益权为基础资产的资产证券化产品发行规模不断增长。基础资产类型的创新也层出不穷，逐渐涌现出新零售仓储基础设施REITs、冷链仓储物流CMBS、联合办公领域ABS等类型的产品（见图1）。

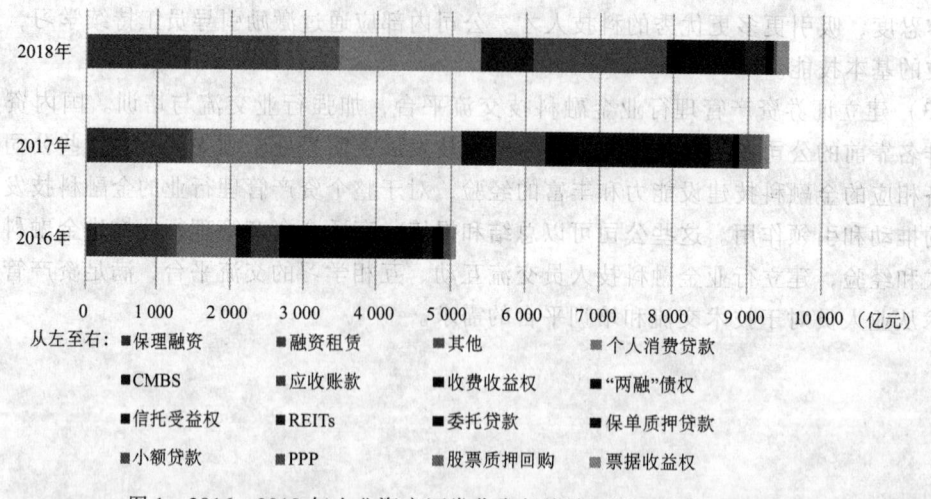

图1 2016—2018年企业资产证券化发行统计（按基础资产类型）

资料来源：CNABS，Wind。

---

* 研究小组成员：德邦证券股份有限公司：王宇，刘素雅，林昭琦；广发证券资产管理（广东）有限公司：王倩。

信贷资产证券化产品中，基础资产以住房抵押贷款、个人汽车贷款、个人消费贷款、企业贷款等为主（见图2）。

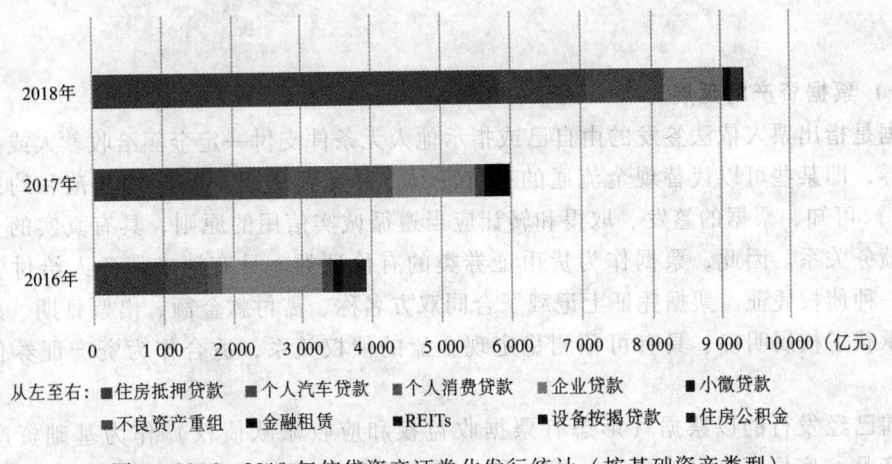

从左至右：■住房抵押贷款　■个人汽车贷款　■个人消费贷款　■企业贷款　■小微贷款
■不良资产重组　■金融租赁　■REITs　■设备按揭贷款　■住房公积金

图2　2016—2018年信贷资产证券化发行统计（按基础资产类型）

资料来源：CNABS，Wind。

资产支持票据业务在2016年12月中国银行间市场交易商协会发布《非金融企业资产支持票据指引（修订稿）》后发展迅速，以下仅统计2017年和2018年资产支持票据的发行情况（见图3）。

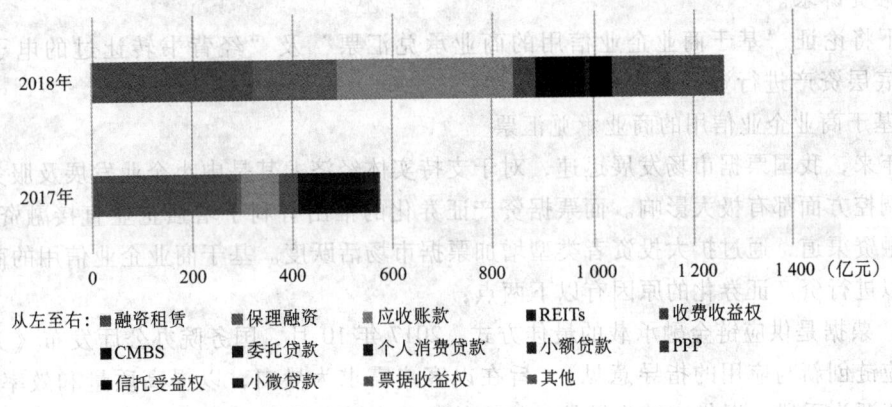

从左至右：■融资租赁　■保理融资　■应收账款　■REITs　■收费收益权
■CMBS　■委托贷款　■个人消费贷款　■小额贷款　■PPP
■信托受益权　■小微贷款　■票据收益权　■其他

图3　2017—2018年资产支持票据发行统计（按基础资产类型）

资料来源：CNABS，Wind。

基础资产是资产证券化的核心要素，资产证券化市场获得可持续发展的关键在于结合市场需求，将优质的基础资产通过高效、专业的产品设计推向资本市场。本文旨在通过对各类基础资产的论证，探索适合资产证券化市场的创新资产及需要谨慎关注的基础资产。

一、创新基础资产类型

基础资产是指符合法律法规规定，权属明确，可以产生独立、可预测的现金流且可特定化的财产权利或者财产,且基础资产不属于《资产证券化业务基础资产负面清单指引》所列的"负面清单"范围。本文拟探索符合以上要求的新型基础资产是否适合做资产证券化业务。

(一) 票据资产的延展

票据是指出票人依法签发的由自己或指示他人无条件支付一定金额给收款人或持票人的有价证券,即某些可以代替现金流通的有价证券,并受到《票据法》的规范和约束。根据《票据法》可知,票据的签发、取得和转让应当遵循诚实信用的原则,具有真实的交易关系和债权债务关系。因此,票据作为货币证券类的有价证券,具有请求债务人给付资金的权利,是一种债权凭证。票据凭证上记载了合同双方名称、需付款金额、出票日期、票据到期日等,承载了权属明确、具有可预测稳定现金流的债权关系,适合作为资产证券化的基础资产。

目前已经发行的以票据(形态有票据收益权和应收账款债权)作为基础资产的资产证券化产品,底层资产分为两种:第一种是基于银行信用的银行承兑汇票或银行保贴/保兑/保证的商业承兑汇票,第二种是以全额保证金/存单质押的商业承兑汇票。第一种完全基于银行信用,目前只允许AA+及以上信用的银行发行;第二种虽没有银行信用,却需要企业以全额保证金或全额存单质押形式进行增信。以上两种资产类型均要求是未被转让过的一手票。这样零风险敞口且对票据本身的要求,减小了资产可选择范围,削弱了企业融资诉求。

以下将论证"基于商业企业信用的商业承兑汇票"及"经背书转让过的电子商业汇票"的底层资产进行资产证券化的可行性。

1. 基于商业企业信用的商业承兑汇票

近年来,我国票据市场发展迅速,对于支持实体经济尤其是中小企业发展及服务商业银行经营调控方面都有极大影响。而票据资产证券化的推出有利于增强企业直接融资的能力,拓宽投融资渠道,通过扩大投资者类型增加票据市场活跃度。基于商业企业信用的商业承兑汇票可以进行资产证券化的原因有以下两点:

(1) 票据是供应链金融承载的最佳方式。2017年10月,国务院办公厅发布《关于积极推进供应链创新与应用的指导意见》,旨在以客户需求为导向,以提高质量和效率为目标,以整合资源为手段,以供应链为链接,为实体企业在产品设计、采购、生产、销售、服务等全过程提供高效协同的组织形态。2019年以供应链为特征的资产支持证券也呈现爆发性趋势,特别是反向保理模式下的资产支持证券,为诸多中小供应商提供了融资渠道,其核心是以核心企业的信用为担保,让中小供应商享受便利融资。票据是供应链上的重要载体,以其连续背书的特性完整记录了整个链条。因此,通过严格筛选商业承兑汇票中承兑人为核心企业,为持票人提供便利的融资,是与目前反向保理业务逻辑保持一致的。两种基础资产形态对于债务人的付款能力要求是一致的,都是一种商业信用。而票据有《票据法》作为上位法,更能保证票据权利的行使。

(2) 票据是应收账款确权的重要方式。目前应收账款作为基础资产的资产证券化业务中存在的最大难点就是确权问题,多由于债务人的强势地位不配合而难以确权。票据将核心的融资要素通过记载事项予以确权。票据凭证上记载了合同双方名称、付款金额、出票日期、票据到期日等信息，且票据的开具过程中已经过了贸易合同、发票等文件的真实性审验。

基于以上论述，本文认为，管理人可以向基础交易债权人购入该债权人对于基础交易债务人享有的应收款债权作为专项计划的基础资产，并将债务人签发并承兑的商业票据项下到期回收款作为已入池应收款债权的第一还款来源。这与普通的应收账款债权类资产证券化方案没有多大区别。且在票据到期前，除非专项计划与债务人另行协商一致，否则票据兑付为唯一支付方式，即为具有排他性的第一还款来源。但是在票据到期无法兑付时，专项计划有权启动第二还款来源，即基于基础交易债权向债务人直接追索。

2. 经背书转让的电子商业汇票（非一手票）

目前交易所市场发行的票据类资产证券化产品均为一手票，主要是基于票据安全性的考虑。根据《票据法》，票据的转让、质押均需要背书，背书具有公示的法律效果，能够明确专项计划受让基础资产或成为票据质押权人后所享有的票据权利。

我们认为，纸票可以维持一手票的限制，但电票可以突破一手票的限制。

（1）电子票据的安全性有保障。电子票据的出票、保证、承兑、未用退回、背书、质押、解除质押、贴现、提示付款、逾期提示付款、追索、同意清偿等全流程票据业务均在ECDS系统中完成，ECDS系统由中国人民银行牵头建设，具有唯一性、规范性和排他性，不存在假票、篡改的可能，保证了票据的真实性，给票据的流转创造了便利。目前ECDS系统已经和票据交易所进行了融合搭建，运作更加规范。

（2）电子票据付款期限长，增加企业背书的动力。从期限上来讲，纸质票的最长付款期限为6个月，而电票的最长付款期限为1年。电票的最长付款期限更长，且电子化流转操作简便，因此电票的流转成为常态。

（3）多手转让后，增加了对前手的追索，有利于现金流的偿付。前手是在票据上签章进行票据转让的人，同时也是票据债务人，负有保证持票人能够获取付款的义务。前手以背书转让汇票后，即承担保证其后手所持汇票承兑和付款的责任。汇票的出票人、背书人（包含前手）、承兑人和保证人对持票人承担连带责任。即当票据到期时，若付款人拒绝承兑或拒绝付款，持票人可以不按照汇票债务人的先后顺序，对其中任何一人、数人或者全体行使追索权，增加了现金流偿付的可能性。

综上所述，经背书转让的电子商业汇票安全性高，现金流稳定，适合做资产证券化产品的基础资产，可以通过对电票出票行及出票行系统进行有效性审查，确定承兑人信用评级的约束限定，保证产品的安全性。

（二）不动产REITs的延展

REITs全称是"房地产信托投资基金"，是不动产资产证券化的重要手段之一，近年来也不断受到越来越多的关注。当前经济以盘活企业资产、降低资产负债率、提高经营效率为重要发展方向，因此发展REITs的重要性也愈发凸显。目前，国内40多单类REITs中，基础资产的类型大多为商业体、酒店、公寓、写字楼等类型，少量涉及物流地产。但REITs基础资产的内涵远不止这些，可以扩大到其他范围，比如基础设施（见图4）。

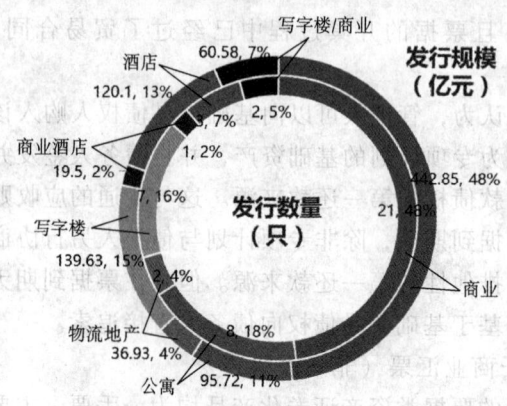

图 4　国内类 REITs 物业类型分布

资料来源：Bloomberg，CNABS，截至 2018 年 12 月 31 日。

在美国，基础设施 REITs 占比 12%，市值达到 1 244 亿美元。市场上规模较大的基础设施 REITs 有 American Tower、CorEnergy、InfraREIT、Power、Hannon Amstrong Sustainable Infrastructure，分别涉及无线通信、能源管理、电力传输、交通能源、能源管道等领域。可以看出，美国的基础设施 REITs 参与了经济的重要领域，对盘活这部分大体量资产起到了重要作用（见图 5）。

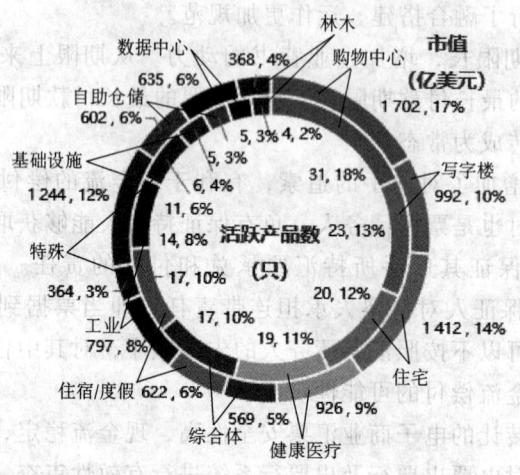

图 5　美国 REITs 物业类型分布

资料来源：Bloomberg，截至 2018 年 7 月 31 日。

目前，深化基础设施改革成为热议的话题，基础设施建设可持续融资渠道长期化是改革的路径之一。2016 年 12 月 26 日，国家发展改革委、中国证监会联合发布的《关于推进传统基础设施领域政府和社会资本合作（PPP）项目资产证券化相关工作的通知》中特别提出"推动不动产投资信托基金（REITs），进一步支持传统基础设施项目建设"。目前，刺激基础设施建设的有关政策也陆续出台，例如国家发展改革委办公厅与工业和信息化部办公厅联合发布《关于组织实施 2019 年新一代信息基础设施建设工程的通知》，其中就明确提到了推动信息基础设施的重大项目建设。由此看来，当前我国也可以探讨将 REITs 模式引入基础设施建设中。

将 REITs 模式引入基础设施建设将带来诸多好处：一方面，REITs 是降杠杆、降负债、控风险的一大利器。传统的基础设施建设主要以举债模式来募集资金建设，政府涉入程度较深，后续退出较难，而 REITs 作为一种新型的融资工具，待基础设施运营成熟后，将基础设施装入项目公司，可通过股权的方式实现退出。不同于一般的贷款，REITs 并不增加地方政府的杠杆率及负债率，在某些项目中，还可以将通过 REITs 融得的资金偿还原有表内贷款负债，起到降杠杆和降负债的作用。另一方面，REITs 有利于提升资产利用率、盘活优质资产。目前我国积累了大量的基础设施资产，发行基础设施 REITs 有利于加速优质资产的挖掘和利用，提高资产利用效率。

（三）地方政府及其下属事业单位维持自身运作形成的且纳入本级财政预算的基础资产

中国证券投资基金业协会发布的《资产证券化业务基础资产负面清单指引》中，负面清单第一条将"以地方政府为直接或间接债务人的基础资产"明确归入负面清单范畴，原因在于部分地方政府实际负债可能过高，债务履约存在透明度较低、还款不确定性较大的风险，且还可能通过资产证券化融资进一步加重地方政府的债务负担。

实际操作中，地方政府作为债务人的情形，常见于政府因为承担所肩负的社会职责从事、开展相关工作而须承担支付义务，但除此之外，也有部分来源于其维系自身正常办公和运作所须承担的必要开支，例如支付办公场地租赁费、物业费、水电气费、劳务费等行政开支。这类形式的政府付费建议可在负面清单第一条酌情予以豁免，主要原因有两个：其一，这类交易为市场经济行为，政府不以承担社会责任为前提，属于客观的民事行为；其二，该类行政管理支出占一般财政预算比例较小，为政府或其下属事业单位开展日常工作的基本前提，在预算资金拨付中属于优先扣除项，更有保障。在酌情予以豁免的同时，还需要关注地方政府同对手方之间的交易须公平公允合理，防范基于虚假用意的协议产生的过度融资。

（四）银行提供买方信用风险担保的应收账款

银行提供买方信用风险担保的应收账款是指银行提供国内保理项下的坏账担保方式为应收账款债权提供付款保障的应收账款，具体的交易形式为由银行作为代理人，代理应收账款债权人将应收账款转让给专项计划，随即由专项计划将应收账款转让给作为保理商的银行，银行提供坏账保理服务。

由于该交易结构中涉及基础资产从专项计划转让给银行这一环节，引起基础资产在专项计划中被处置的质疑。本文认为银行提供买方信用风险担保的应收账款在加入保理服务后，专项计划并未丧失收取应收账款款项的权利，只是将其从对债务人的权利转化为了对保理商的权利，该权利包含了催收所得款项的权利、担保赔付的权利以及账户管理，这是基于保理业务的性质所产生的，并不存在违法违规之处，也未导致额外的风险暴露。相反，由于专项计划进一步获得保理商提供的付款担保权利，保理项下的应收账款回款获得了更有力的保障。

涉及保理相关的重要法律问题如下：

1. 专项计划将应收账款转让予保理商后享有的权利情况

以应收账款转让为前提提供保理服务（即专项计划转让给银行），不仅仅是商业银行保理业务的监管要求，也是保理业务的行业惯例，国际保理、商业保理公司的保理业务，无一不遵循并按照这一惯例开展。究其实质,则是为便于保理商以自身名义向债务人直接主张债权,以免受债务人因其仅具备代理人身份而主张各种法律抗辩,特别是跨国、跨洲等长距离贸易中,如保理商仅以债权人代理人的身份向债务人主张债权,则可能面临各地法律适用差异、须不断获取债权人授权及指示等诸多障碍及往来不便,并不符合保理业务的发展需要。正是在跨国、跨洲等长距离贸易的保理业务中,逐步发展起来并完善了以应收账款转让为保理服务前提的惯例。

专项计划将应收账款转让予保理商后在保理服务项下享有的权利情况,取决于保理服务的具体内容,就本专项计划中的应收账款而言,保理服务包括以下三项内容:(1)应收账款催收;(2)应收账款分户账管理;(3)坏账担保。就应收账款催收而言,按照《商业银行保理业务管理暂行办法》规定,商业银行将根据应收账款账期,采取各种方式向债务人进行催收,因此专项计划享有获得催收服务并收取催收所得款项的权利;就应收账款分户账管理而言,按照《商业银行保理业务管理暂行办法》规定,商业银行将定期或不定期向专项计划提供关于应收账款回收、逾期、对账等情况信息,协助其管理应收账款,因此专项计划享有获得分户账管理服务的权利;就坏账担保而言,按照《商业银行保理业务管理暂行办法》规定,商业银行应对应收账款提供约定的付款担保,因此专项计划享有获得付款担保服务并收取担保赔付款项的权利。

2. 专项计划受让应收账款债权后转让予保理商,专项计划成立时是否形成基础资产

从本产品的结构设计来看,实质为交易各方一致同意保理商为专项计划持有的应收账款债权提供分户账管理、应收账款催收及坏账担保等保理服务,特别是其中的坏账担保服务,给予了应收账款债权回款上的强有力保障。

《商业银行保理业务管理暂行办法》第六条规定"保理业务是以债权人转让其应收账款为前提,集应收账款催收、管理、坏账担保及融资于一体的综合性金融服务",即保理商提供保理服务的前提是债权人需将应收账款转让给保理商。囿于上述监管要求,本产品的结构设计落实到交易安排上,需要专项计划将其享有的应收账款转让给保理商,保理商才能提供服务,专项计划才得以享有保理服务。

二、需谨慎关注的基础资产类型

我们不仅需要探讨可创新的基础资产类型,还需要经过实践业务的积累,总结需谨慎关注的基础资产类型,防患于未然,降低业务风险。

(一)谨慎开展收益权类项目

随着资产证券化的广泛开展,基础资产的延展性也得到了不断提升,但这并不意味着可以一味地任意创设基础资产,尤其针对收益权类的基础资产。

资产收益权是从物权中衍生出来的,不过其法律性质并没有直接的法律加以规定,而仅仅在一些司法解释、部门规章层面有所提及。目前广泛开展证券化的收益权包括公路收费、水电气收费、公园景区收费等类型,相关证券化产品也层出不穷。但这并不意味着开展证券化的基础资产可以随意创设,特别是那些违反物权法中关于"物权法定"原则被创设出来的收益权。在评判一项收益权是否能够作为基础资产开展证券化时,不仅应关注它的法律法

规支撑，也需要从定性定量方面加以辩证分析。同时，现金流的准确预测也是各资产收益权作为基础资产适格性探讨应考虑的因素。另外，对于学校、医院之类具有公益性质的机构，在开展基于收益权的资产证券化时，还需要关注其公益的特性，因为这会造成在发生资产处置时的执行困难。

（二）谨慎使用"双 SPV 结构"，构造不符合要求的基础资产

在 ABS 产品设计中，往往会引入信托构造"双 SPV 结构"，如办理抵押或构造以信托受益权为基础资产的可特定化和稳定的现金流，ABS 通过持有信托受益权间接持有底层资产。对于不符合可特定化和稳定要求，需要构造"双 SPV 结构"才能认定为可特定化和稳定的现金流的基础资产，我们建议持谨慎态度。由于在该种业务中，ABS 管理人在整个结构中起到主动管理的作用，而实际中信托公司参与度较小，一般均为事务管理类信托。在发生违约事件时，这种"双 SPV 结构"的缺点就暴露出来。专项计划管理人与底层债务人之间隔了一层信托，根据合同相对性，很多的起诉、诉权保全等均需信托公司去主张，与管理人可直接处置相比，多了一道流程和牵制，造成诸多不便。

因此，建议一是要审慎使用"双 SPV 结构"，"双 SPV 结构"不仅增加了维权难度，同时也增加了沟通与执行成本；二是要加强信托公司的主动管理职能，这种主动管理职能的行使，需要 ABS 管理人和信托公司的双重配合。无论是在项目前期、存续期还是清算期，信托公司的积极主动参与将加快 ABS 的管理效率，更加切实地保障 ABS 持有人的权益。

区块链技术在资产证券化的应用及价值研究

申万宏源证券有限公司课题组*

一、区块链技术与资产证券化

(一) 区块链技术概述

1. 区块链定义及发展历程

广义上来说,区块链技术是基于 P2P 网络、利用分布式节点共识算法来生成和更新数据、利用密码学原理加密数据并保证数据传输和访问的安全、利用链式数据结构来验证与存储数据、利用自动化脚本代码组成的智能合约来交易和操作数据的一种全新的分布式基础架构与计算范式。

区块链技术本质上是一个去中心化的分布式数据库系统,它是比特币的核心技术与基础架构,是分布式数据存储、点对点传输、加密算法、共识机制、智能合约等计算机技术的集成和新型应用模式。

按照区块链技术的发展脉络,其发展历程大致分为 4 个阶段:技术起源,区块链 1.0、2.0 以及 3.0。

目前,一般认为区块链技术的研究和应用正处于 2.0 模式的初期,基于区块链技术的金融领域的场景应用不断涌现。然而,上述模式实际上是平行而非演进式发展的,区块链 1.0 模式的数字加密货币体系仍未成熟,距离其全球货币一体化的愿景还有较大差距。

从最早应用区块链技术的比特币到最先在区块链引入智能合约的以太坊,再到应用最广的联盟链 Hyperledger Fabric,区块链的发展历程将会是"公有链——联盟链——私有链——

---

* 本文为 2018 年中国证券业协会重点研究课题报告选编。课题组负责人简介:马龙官,经济学博士,申银万国投资有限公司总经理兼申万宏源证券博士后工作站站长,擅长战略管理,享受国务院政府特殊津贴。课题组成员简介:杨成长,经济学博士,申万宏源证券研究所首席经济学家,申万宏源证券博士后工作站副站长,民建中央委员会财经委副主任,上海市金融业领军人物,享受国务院政府特殊津贴;田红军、赵永杰、徐路,申万宏源证券博士后工作站在站博士后。原载于《中国证券》2019 年第 9 期。

公有链"的一个发展过程。现阶段正是区块链经历了公有链的阵痛向联盟链寻求商业落地的阶段。

2．区块链的核心技术与特征

区块链技术是一个集成多方面研究成果基础之上的综合性技术系统，基于时间戳的链式区块结构、分布式节点的共识机制、非对称加密与数字签名和灵活可编程的智能合约是区块链技术最具代表性的核心技术。

基于区块链的核心技术，与传统记账系统相比，区块链呈现出去中心化、无须信任系统、不可篡改和加密安全性的特征。

3．区块链的核心价值

区块链将已经存在的普通技术精妙地组合在一起，成为一个系统性的、可供实践的颠覆式理念和框架，单个技术点并非区块链的魅力所在，运用这些技术的全新理念和思想，才是区块链的本质和核心。价值交互的基础是双方信任的建立。区块链技术的革命性在于它实现了一种全新的信任方式，通过在技术层面的设计创新，使得价值交互过程中人与人的信任关系能够转换为人与技术的信任，甚至于由程序自动化执行某些环节，商业活动能以更低的成本实现。区块链发展并非旨在直接对生产力形成大幅提升，而是对于生产关系予以重塑，以解决目前中心化网络和组织形式所带来的垄断、信息不对称、透明度低、网络内价值交易诚信等问题。

（二）资产证券化概述

从本质上来讲，资产证券化就是指融资人将自己拥有的能产生稳定现金流的资产或者权益打包，建立资产池，通过结构化处理等方式进行信用增级，将其转变成可以在金融市场上出售和流通的证券的融资方式。资产证券化的过程实质是一个将低流动性资产变为高流动性资产的过程。

资产证券化后，投资者持有以资产支持证券形式存在的原资产的份额，享有原资产收益的同时，也承担原资产的各种风险。资产证券化产品通过一些独特设计，如风险隔离和信用增强等，尽可能地将资产支持证券的风险局限在原资产的现金流本身，并且尽可能地降低债券风险、提高债券评级。

自 2005 年国内开启资产证券化业务至今，资产证券化业务配套制度渐次落地，发行端、投资端、交易结构和主体资质等业务环节臻于规范和成熟。2014 年底，信贷 ABS 的注册制和企业 ABS 的备案制启动以来，我国资产证券化市场产品发行规模快速增长，市场一片繁荣。进入 2018 年，资产证券化市场延续了前 4 年快速扩容、稳健运行的良好发展态势，监管政策日渐完善，发行规模和存量规模稳步增长，大类基础资产类别形成日渐丰富与规范，二级市场交易日渐活跃。

（三）资产证券化业务特征及问题分析

随着资产证券化市场的快速发展，市场对专业的资产证券化服务提出了更高的要求。但是，资产证券化独特的融资逻辑造成的交易结构和业务实施复杂度较高的特征，使得目前传统的业务操作流程还存在诸多问题，主要体现在以下几点：

1. 参与主体多，业务链条长，基础数据庞大，使得产品设计发行和存续期管理效率不高

资产证券化业务参与主体众多。不同的参与主体根据各自职能，完成组建资产池、设立 SPV（特殊目的的载体或机构）和真实出售资产、信用增级和评级等一系列繁长的业务环节。随着资产证券化的不断创新，交易结构复杂化和结构化手段的不断叠加，将使得信用中介链条和利益链条也随之拉长。同时，资产证券化产品都具有基础数据规模庞大的特征。资产证券化业务这些特征导致其在产品设计和发行、证券存续期管理等各个环节的操作效率不高。

2. 交易结构复杂，基础资产不透明，影响二级市场流通

资产证券化特殊的业务逻辑，不可避免地导致其基本交易结构较为复杂，使得资产证券化产品的基础资产不易被穿透至实际的底层资产，造成基础资产的不透明。另外，基础资产的产生来源于多笔资产打包重组形成的资产池，资产池里面的资产并不同质，而是良莠不齐，质量不一。

基础资产的不透明和难以准确评估导致投资人难以看透底层资产的质量和风险水平，这种信息不对称将导致投资者因为对产品的不了解而不敢投资，进而影响产品的发行和二级市场转让流通，最终造成企业融资成本较高。

3. 监管的透明度问题

资产证券化底层资产的复杂和不透明以及业务链条长的特征也同样带来了监管难点。当底层资产状况出现信用风险时，监管无法实时穿透层层包裹的产品结构和业务链条，无法在第一时间发现和掌控最底层的风险源头，导致风险失去管控而不断积累，最终爆发风险事件。另外，不完善的信息数据披露机制和缺乏信息共享系统也是监管层面临的问题之一。

（四）区块链与资产证券化业务契合性分析

在金融行业正被金融科技的铠甲所武装的当下，一种颠覆式的技术架构——区块链技术正孕育着金融行业的又一个变革。应用区块链技术，传统的资产证券化业务模式可以被重新设计和定义，实现业务流程整体优化和全生命周期的效率提升。

1. 底层资产形成

有效提高基础资产真实性。原始权益人可以直接将贷款流程线上化，将放款、还款现金流通过支付网关直接写入区块链，并通过区块链广播，使所有参与方在本地均同步保留一份经过各方认证的底层资产数据，任何一方都无法擅自篡改底层数据，从而解决数据源头的真实性问题。

2. 产品设计、尽调和发行阶段

可提升信息流转和处理的效率。各方通过区块链实现数据实时同步更新，避免了业务系统对接的问题，从而提高了数据流转效率，降低了信息损失程度。在产品结构机制设计方面，证券分级、信用增进、现金流分配规则等条款都将以智能合约的形式，经发行相关方达成共识后入链，且一旦满足条件，智能合约可自动执行。

3. 证券存续期

可实现后续管理和监管智能化。智能合约将自动执行基础资产现金流的回收、证券现金

流的分配等操作，提高服务机构与受托机构的工作效率，降低人工操作失误的可能性。同时，监管机构和投资人可以通过区块链实时穿透的监控来了解基础资产现金流回收情况，确保现金流分配、加速清偿、回购等条款按约定执行，使存续期管理变得更加透明。

4. 二级市场交易环节

可提高交易便利化程度。投资者可以通过区块链获取基础资产现金流情况的数据，对资产证券化产品进行较为准确的估价定价；通过基于区块链的智能合约，实现资产证券化产品在发行人与投资者之间直接交易，并在区块链中自动变更证券所有权信息，简化了交易流程和记账过程，节省了大量的人力物力。

二、区块链技术在资产证券化应用中的解决方案

（一）基于区块链的资产证券化系统平台方案

1. 系统方案设计

利用区块链技术和平台为资产证券化业务提供透明、规范的服务平台，以及高效、专业的交易服务。通过基于区块链的资产证券化系统平台，提高基础资产真实性，提升信息交互时效性，满足信息更新同步性，实现证券发行后续管理智能化、证券交易便利化、穿透式的监管审查等，推动资产证券化业务流程的整体优化，提升业务的透明化、规范化和标准化程度，促进资产证券化市场规范、健康发展。其总体设计应当遵循以下原则：稳定高效、技术先进原则，扩展性、开放性原则，标准化、规范化原则以及保障安全、易于管理原则。

企业级区块链（也称"联盟链"）更关注区块链的管控、监管合规、性能、安全等因素，而且直接和实际业务场景相关联，更加贴近行业问题，主要针对大型公司、政府机构和产业联盟的区块链技术需求，提供企业级的区块链解决方案。

在资产证券化业务中，参与主体是有限的，同时由于资产证券化的业务需求，要求具备较高的交易效率；数据要求具有一定的隐私性和保密性；成员节点上具备身份认证、权限管理的能力等。因此，联盟链这种弱中心化的区块链部署模式更适合在资产证券化业务中使用。

为了便于开发、节省时间和降低成本，系统设计以超级账本（Hyperledger Fabric）为区块链底层平台进行系统开发设计。

Fabric作为一个典型的区块链技术平台，在继承区块链技术去中心化、时序数据、集体维护、安全可信和智能合约等特点的基础上，增加了基于PKI的账号权限系统等适合企业应用的新特性。

2. 总体架构设计

根据系统设计整体思路，系统在架构上总体分为4层：应用层、业务层、应用及扩展层、区块链底层平台。系统架构如图1所示。

针对区块链资产证券化多方业务协作系统，其技术范畴包括底层开发平台、基础应用层、应用及技术扩展层。区块链底层开发平台如同Windows操作系统、安卓、苹果iOS系统等，是一个完整的区块链产品。区块链资产证券化系统采用比较成熟的联盟链开发平台，跨系统数据交互与路由下沉到区块链层，降低应用开发的难度和成本，并提高开发效率。资产证券化场景应用直接基于底层开发平台来完成，该层可使用的技术包括智能合约、分布式计

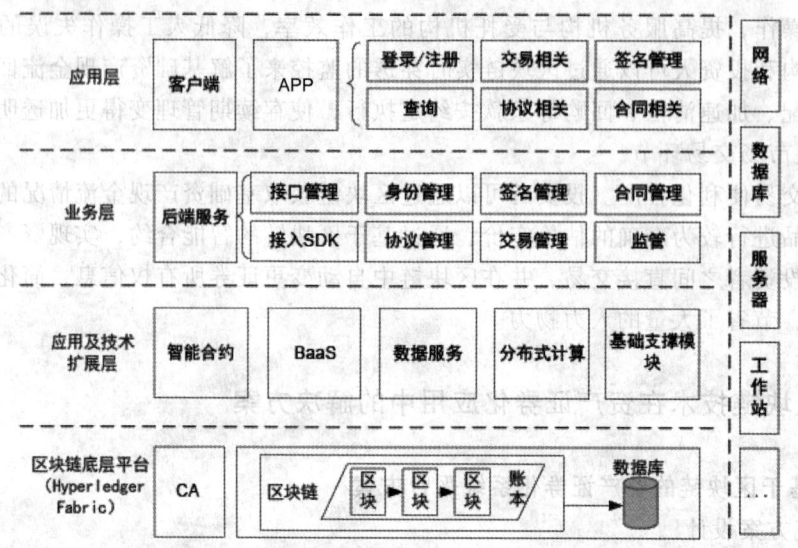

图1 区块链资产证券化系统架构图

算、数据服务、BaaS 等。

3. 系统建设方案

（1）硬件环境构建。硬件环境构建不仅要注重硬件的成本控制、性能控制，还要兼顾硬件的稳定性、可靠性、安全性、可扩展性等性能要求。按照 ADMEMS 中关于硬件架构的方法指导，基于区块链的资产证券化业务系统物理架构视图如图2所示。

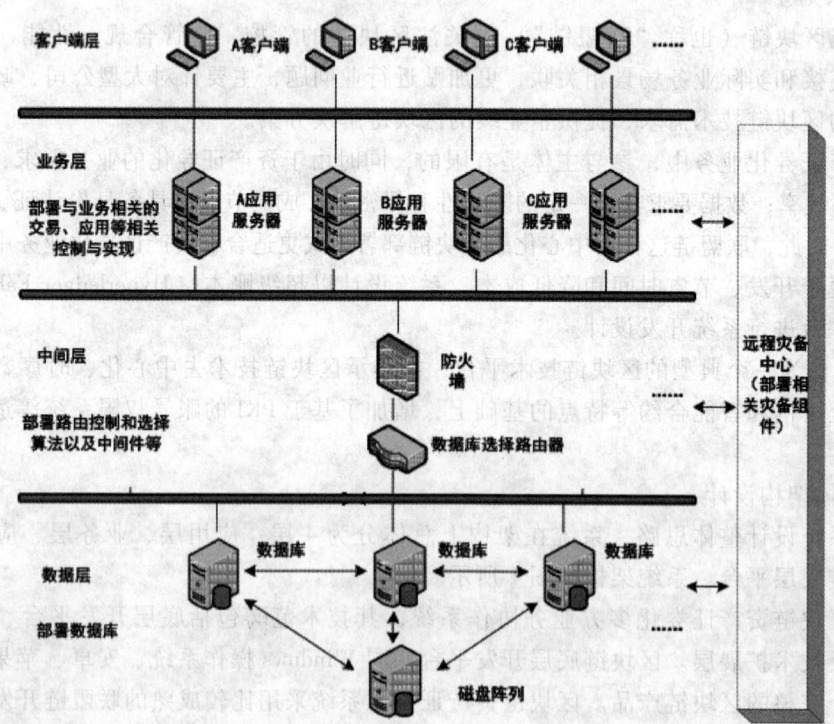

图2 资产证券化业务系统物理架构视图

从硬件架构上来讲，传统的资产证券化业务系统其相关主体都有基于自身业务的业务系统，然而各业务系统之间并无相关联系。基于区块链的资产证券化业务系统将分散的业务主体通过区块链开发平台有机地联系起来，形成一个统一的整体。

（2）软件环境构建。基于区块链的资产证券化业务系统是在现有的硬件架构上实现共识、分布式账本、P2P网络以及基于智能合约的自动化交易等，其软件环境构建是该系统的核心。

以企业资产证券化业务为例，其涉及的参与主体包括原始权益人，计划管理人，托管人，资产服务机构，资金监管机构，证券登记托管机构，各中介机构（承销商、推广机构、信用评级机构、会计顾问、法律顾问等）以及资产支持证券投资者等。在系统中，我们将每个参与方抽象成区块链中的一个组织，每个组织都有自己独立的 CA 服务器、Peer 节点和用户，所有组织共用一个负载均衡功能的 Orderer 节点群。在创建相关配置文件之前需要确定统一的域名、成员结构、初始节点和通道等参数。区块链底层平台软件环境构建流程如图 3 所示。

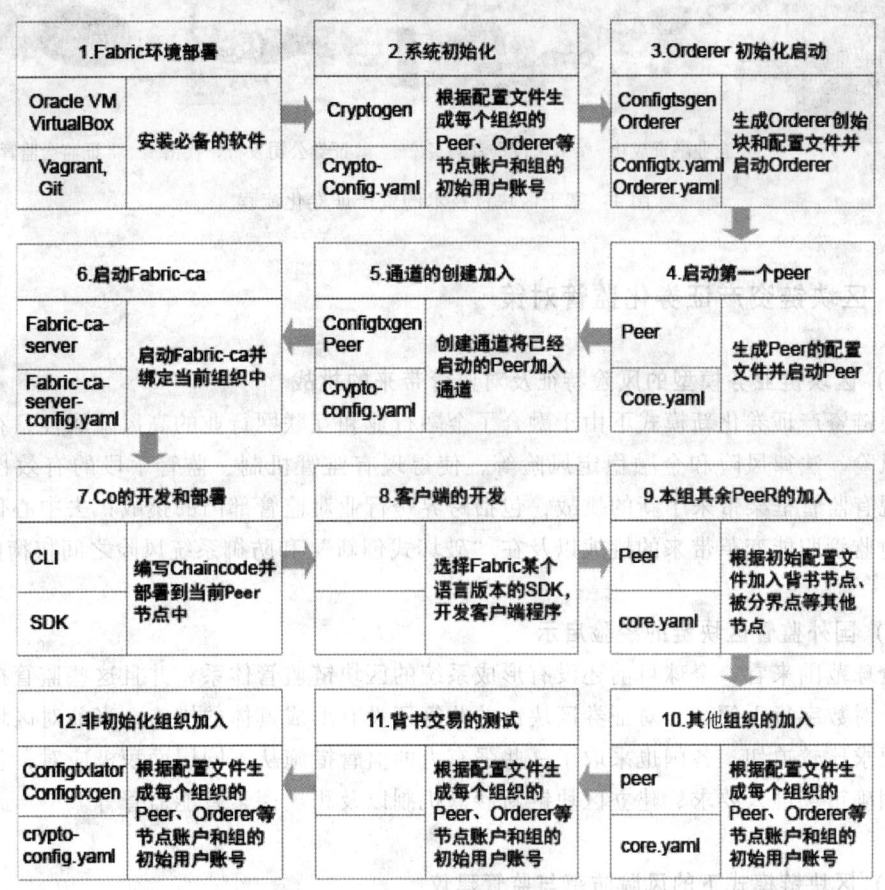

图 3 区块链底层平台软件环境构建流程

（二）业务流程及应用指引

基于区块链的企业资产证券化业务流程如图 4 所示。其关键流程包括系统节点及权限部署、基础资产形成、资产支持专项计划设立、资产转让协议签订、资金监管、外部增信措施、支付款项划转以及基于区块链的资产证券化产品交易等。通过多方可信合作、资产和交易上链，使诸多主体可信合作成为可能，提高流动性，实现价值传输；通过可插拔模块可实现信息的全流程监控，监管机构作为系统节点可实现全流程的穿透式监管。

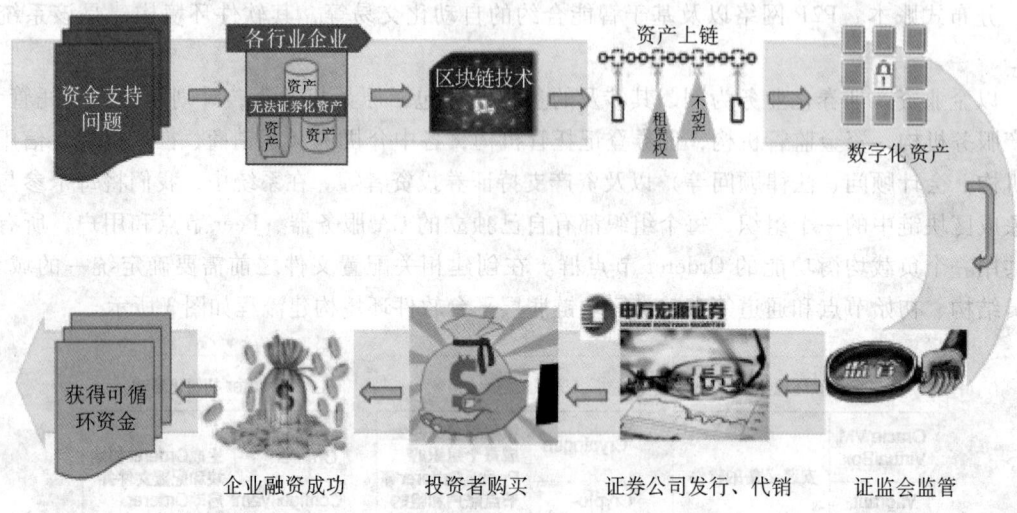

图 4　基于区块链技术的资产证券化流程

三、区块链资产证券化监管对策

（一）区块链业务模型的风险特征及对监管带来的挑战

区块链资产证券化新模式下由于融合了金融行业和互联网行业的高风险属性，存在网络和系统风险、法律风险和金融稳定风险等，使得现有监管机制、监管手段的有效性大打折扣，给现有监管框架带来了新的挑战，包括跨界跨行业对监管部门的挑战；去中心化带来的挑战；对监管职能变革带来的挑战以及在"破坏式创新"和防御系统风险之间权衡的挑战。

（二）国外监管区块链的经验启示

从全球范围来看，全球目前还没有形成系统的区块链监管体系，并且这些监管措施大多数都是针对数字货币领域，对证券区块链的监管还没有形成具体的措施。当前对区块链加强监管的要求比较迫切，各国也采取了一些强有力的监管措施从不同层面积极应对，包括以行政许可明确市场准入要求、建立区块链新沙盒机制以及积极探索智能监管等。

（三）区块链模式下的风险防范与监管建议

1. 明确监管目标与监管原则

从短期来看，一方面我国区块链资产证券化尚处于初期探索阶段，另一方面，这个阶段的区块链技术还不成熟，因此这个阶段针对区块链资产证券化的监管目标应关注保护投资者利益和以防御风险为主要目标，在现在已有的项目经验基础之上，可借鉴英国"监管沙箱"制度设计，开展"沙箱监管"试验先试先行。

2. 制定区块链资产证券化应用标准和区块链平台准入标准

建议由监管层制定并发布《区块链资产证券化业务管理规定》，将统一标准纳入正式法规范畴，以行政许可对区块链服务平台进行准入限制。同时由中国证券业协会和中国证券投资基金业协会根据本规定及所附指引对证券公司、基金管理公司子公司开展资产证券化业务过程中的尽职调查、风险控制等环节进行自律管理。

3. 升级监管技术，研发智能监管，以区块链监管区块链

监管机构可以在联盟链中作为一个节点而存在，通过这个监管节点，监管机构可以掌握全链上所有信息的实时情况，从而为监管机构对风险的全面检测和全程检测提供条件。同时，监管措施的执行可以通过将法律法规、业务管理规定等规范和标准都嵌入智能合约中，自动判断业务参与主体的资格是否合格、业务开展是否合规等以前需要人工来审核和检查的环节，然后自动执行对违法违规行为的处置。未来的监管将是以区块链来监管区块链，大力提升监管效能和监管协作。为此，建议由监管部门牵头推动区块链监管科技研发，升级监管技术，推进监管手段的升级换代。

区块链在场外市场的应用研究

中国证券业协会托管结算委员会专题研究小组*

一、区块链在场内市场应用的挑战

我国资本市场的场内市场是一个集中市场,根据《证券法》设立的中国证券登记结算公司是我国证券交易所市场唯一的证券登记结算机构。场内市场具有流动性高、实时性强、系统可用性要求高的特征,同时对全局性风险的容忍度较低。因此,区块链在场内市场应用将面对如下冲突和挑战:

(一)合规性冲突

从法律法规要求来看,根据《证券法》规定:"证券登记结算机构是为证券交易提供集中登记、存管与结算服务的法人;证券登记结算机构应当向证券发行人提供证券持有人名册及有关资料。"

中国结算是场内唯一合法的"中心化"证券登记机构,这与区块链技术的"去中心化"或者"弱中心化"的特点不一致。

(二)交易及登记特性冲突

证券交易所和中国结算是具有充分公信力的公共基础设施提供机构,区块链去中心化信任、不可篡改的技术特性在场内市场并无比较优势。

---

* 研究小组成员:招商证券股份有限公司:邓曙光,闫颖超,孟凡飞;中证技术股份有限公司:刘辉;中证机构间报价系统股份有限公司:吴楠楠,张哲;国盛证券有限责任公司:徐保国;极盛科技有限公司:萧海东;中国银河证券股份有限公司:曾凡德;海通证券股份有限公司:刘琳,丁晓斌;中信建投证券股份有限公司:刘树国,刘冰;东海证券股份有限公司:蒋泹凡;长江证券股份有限公司:沈霞;东北证券股份有限公司:陶丽。

（三）区块链性能挑战

以场内市场的交易量和结算量为例，证券交易的峰值可达 20 万—30 万笔/秒，场内市场日均结算笔数超过 5 000 万笔，区块链技术从目前来看尚难以满足这一海量交易结算处理需求。

（四）重置成本挑战

场内市场已建立一套庞大的交易结算系统，推倒重来将面临很大的重置成本。

二、区块链在场外市场的应用

由于区块链技术在场内市场的应用暂面临诸多问题，因此，目前国内对区块链技术可能运用的领域主要在场外市场。

（一）场外基金产品登记

证券登记是指记录证券的所有权并编制证券持有人名册，对证券持有人持有证券的事实加以确认的行为，是证券市场交易的基础。场外市场是一个非集中市场，场外产品由产品管理人负责登记，场外登记业务是一个典型多中心化的业务。

1. 业务现状

随着我国经济的迅速进步和发展，国内投资者的投资需求愈发扩大，为了满足投资者不断扩大和不断革新的投资需求，我国基金行业也正快速发展。

场外基金产品的登记一般通过自建登记系统完成。较场内市场而言，金融机构自建登记系统在登记中存在两个问题：一是没有第三方权威机构介入，各登记主体自行维护，整个过程数据集中化高、透明性低，缺少监督和增信机制；二是由于各管理人都需要建立一套登记系统并维护，耗费较大的人力、物力成本。

2. 合规性分析

对于场外基金产品登记业务，《基金法》第六十五条规定："开放式基金的基金份额的申购、赎回、登记，由基金管理人或者其委托的基金服务机构办理。"上述规定给予产品持有人名册记录形态和记录载体较大的选择空间，也赋予区块链在场外基金登记业务应用的可能性。

3. 区块链技术应用分析

区块链场外基金产品登记是指基金管理人联合代销机构、直销投资人对投资人的数字身份、可信数据、数字凭证进行可信登记，向通过代销机构调用这些信息的投资人提供存在性、完整性、身份、时间戳、数据关系和凭证登记等信息。这些信息具备可验证、可审计、可追溯、不可篡改等特性。

场外基金产品技术框架可考虑采用联盟链技术，由中心化的认证和授权节点进行准入控制，包括可认购的标的和交易参与方授权范围。对于完成认购的场外基金产品，将在联盟链上发起相关登记申请，根据指定的共识算法，在链上登记相关数据。对于场外基金产品认购，在链上生成对应的智能合约，且一旦生成不可篡改，后续的相关动作也会自动执行。基

本运作模式如下:

(1) 基金管理人:链上发布基金行情,通过联盟链获取代销商及直销投资人的认购委托信息,生成认购确认信息并上链;将基金初始登记信息同步至链上,并通过非对称加密技术和权限控制机制,保障相关信息仅许可的参与方以及监管机构可见。

(2) 代销商:在对投资者进行适当性审查后,对投资者提交的认购委托同步至链上,由基金管理人收取后处理;通过联盟链获取认购回报信息,并进行链上交易核对,处理结果向投资者展示;链上获取份额对账信息,核对基金管理人提供的初始登记信息,无误后同步自身系统,向投资者提供。

(3) 直销投资人:与代销商类似,不同点仅为无须向代理的投资人展示。

(4) 监管机构:作为联盟链上的特殊节点,具有节点准入与授权权限,并享有全局的数据访问权限,可高效、及时地对基金登记信息、交易信息进行监控和稽查。

4. 应用意义

场外基金登记引入区块链技术,可解决信任缺失、信息不透明及登记成本高等问题。

(二) 数据管理及数据交换

在金融数据文件的交互和管理过程中,最基本的要求是保证电子文件的真实性、完整性、隐私性以及安全性,高阶的要求是保证电子文件的公信力、可追溯性、不可篡改性以及流转状态透明。

1. 业务现状

在数据交互场景中,证券公司每日需通过多种渠道,与基金托管人和管理人对产品的清算文件和账单进行拆分和发送。托管人和管理人需进行估值对账的交互。证券公司、托管人、管理人存在频繁的信息交互,可能存在信息错漏与交互不及时等问题。尤其是当产品无托管人时,数据交互只涉及证券公司与管理人两方,一旦出现偏差和争议,存在需要自证的问题。

2. 合规性分析

区块链在数据管理方面的应用,不改变数据的原始传递方式,仅在数据传送的基础上,增加文件指纹并上链,增加数据文件的证明途径,未引入新的风险,也不涉及传输形式的变更。

3. 区块链技术应用分析

在具体实现中,出于对数据隐私性和交互效率的考虑,无法直接在区块链上进行原始数据的传输和存储,具体原因有两点:一是从数据隐私性考虑,如果将涉及商业机密和隐私的原始数据在区块链上永久存储,在科技高速发展的今天,难以保障整个信息安全体系不会在某一环节被攻破,从而威胁链上数据的整体安全性和隐私性;二是从交互效率考虑,原始数据需要在区块链上进行多轮的广播通信和验证共识,若直接上链,将占用巨大的网络资源和节点计算资源,并且会给潜在的拒绝服务攻击(DDOS)以可乘之机。

如图 1 所示,基于区块链的金融数据文件传输系统采用智能合约技术,实现文件传递的合约化管理,达到文件流转过程端到端透明的目的,保障数据文件的权威性和公证性,避免传输过程中的纠纷和风险。

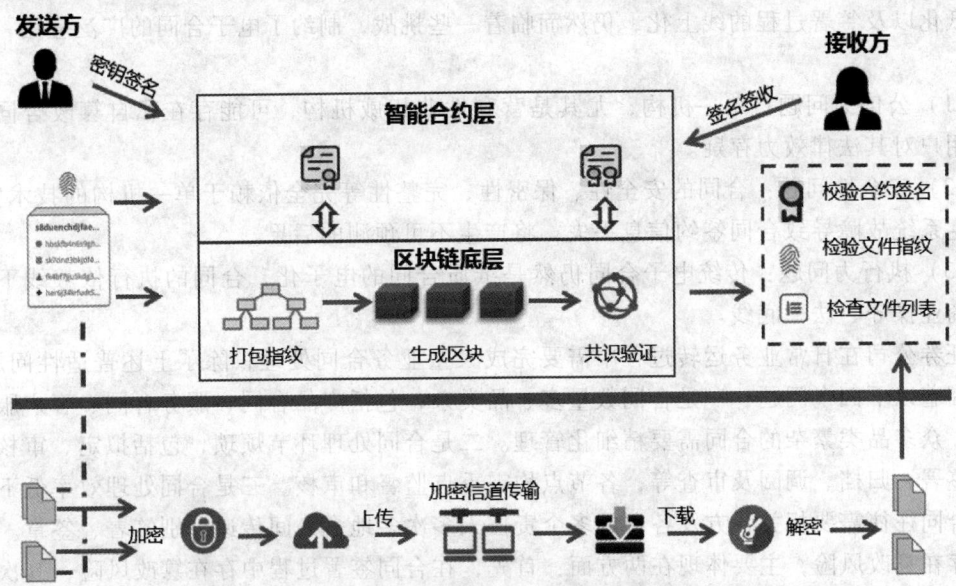

图 1 基于区块链的金融数据文件传输系统

当发送方节点传输文件时,将文件通过哈希算法生成独一无二的"指纹","指纹"被盖上时间戳;多个文件"指纹"被合并封装至文件传递的智能合约中,并由发送方使用私钥进行签名,永久记录在区块链中。

数据接收方在接收到文件后,使用公开的发送方公钥验证发送方的签名,并计算文件的哈希值,与区块链智能合约中的文件列表以及指纹信息进行比对校验,确保文件的完整性且未经篡改,双方均不可抵赖。

4. 应用意义

通过在数据传输和管理环节中引入区块链技术,可以在不需要第三方中介的前提下,有效平衡数据隐私保护和公证性的问题,实现数据文件的可追溯、可验证,避免因数据传递产生的纠纷和经济损失,化解金融系统的局部风险。同时,通过数字签名和文件时间戳的应用,实现对文件版本的统一管理。

(三) 电子合同

随着电子技术的发展以及我国电子签名方面立法体系的完善[①],电子合同逐渐在商务活动中占据了一席之地。

实现合同签约电子化,可以提高合同签约效率。同时,使用密码学原理数字签名的电子合同,相比于基于图章和签名的纸质合同更难伪造和篡改,具有更高的安全性和可信度。但电子合同仍然面临着一些困扰和制约,证券行业的电子合同应用同样如此。

1. 业务现状

传统电子合同虽然几乎完美地解决了纸质合同签署中的缺陷,但是本质上还是纸质合同

---

① 《中华人民共和国电子签名法》由中华人民共和国第十届全国人民代表大会常务委员会第十一次会议于2004年8月28日通过,自2005年4月1日起施行。

的无纸化以及签署过程的线上化，仍然面临着一些挑战，制约了电子合同的广泛应用，具体如下：

（1）公信力问题：单一机构，尤其是营利性非权威机构，可能存在私自篡改合同的风险，用户对其法律效力存疑。

（2）安全性问题：合同的安全性、保密性、完整性等完全依赖于单一机构的技术实力，如发生系统故障导致合同签约信息丢失，将产生不可预测的后果。

（3）执行力问题：传统电子合同仍然是纸质合同的电子化，合同的执行依赖线下各单位的商业操守、法律底线。

证券公司在日常业务运转过程中需要完成大量业务合同处理，除了上述普适性问题外，还面临着以下四个问题：一是合同数量多、品类杂，包括产品合同、服务合同、客户服务协议等，众多品类繁杂的合同需要精细化管理。二是合同处理环节烦琐，包括拟定、审核、校验、签署、归档、调阅及审查等，各节点均需重点监督和审核。三是合同处理效率低下，一般的合同往往需要相关各方及各方的多个责任人多次多地多人间传递分别签署、签章。四是合同存在篡改风险，主要体现在两方面：首先，在合同签署过程中存在篡改风险；其次，目前业内出现的"萝卜章""公章盗用"等问题，增加了企业的运营风险。

2. 合规性分析

《中华人民共和国电子签名法》第五条至第八条规定，锁定签约主体真实身份、有效防止文件篡改、精确记录签约时间的电子合同才被法律认可。区块链技术基于密码学、时间戳、分布式存储的"去中心化"信任体系高度拟合了电子合同签约系统的需求，为电子合同的发展带来新的方向。

我国商务部出台的《电子合同在线订立流程规范》[①] 第 3.2 条规定："电子合同订立系统是指具备缔约人身份认证、谈判磋商、合同电子签名、合同存储与调用等功能以实现在线订立电子合同及处理的信息系统。"同时还规定了电子合同的"保密原则""隔离原则""安全原则"三项基本原则。[②] 区块链的数字签名、不可篡改等技术特性符合上述要求。

3. 区块链技术应用分析

所谓区块链电子合同，是指在传统的电子合同基础上，通过在合同签署、归档、储存等各个环节加入区块链技术，以提高安全性和有效性的一种新型电子合同。

（1）设计思路。基于区块链的身份认证仍以人脸识别、手机验证、银行卡验证、身份证验证、公安部 eID 验证、数字证书等技术为主。在合同电子签名、合同存储环节，区块链技术可以充分发挥"去中心化"优势。因此，设计方案是将传统系统与区块链系统进行融合，将大部分业务逻辑处理放置在传统系统业务层、将另一部分与区块链相关的业务逻辑以及数据的防篡改存储放在区块链系统。

（2）区块链电子合同存证方案。为保障电子合同的法律效力，电子合同签约系统应可支持合同存证和操作过程存证。

合同存证，即完整记录电子合同以及与电子合同签订密切相关的电子数据，如签署时间、签署主体、合同文本并提供完善的存证信息查询功能。

---

① 中华人民共和国商务部，2013 年第 41 号，标准编号 SB/T 11009 – 2013，2013 年 6 月 14 日公布。
② 《电子合同在线流程规范》第 4 条。

操作过程存证，即将用户注册、认证、点击确认、签字等一系列操作过程、操作时间记录下来，并形成用户日志文件，然后把这些日志文件进行存证，固化成电子证据，真正做到事前、事中存证。操作过程存证是用户所有互联网相关操作行为的有力证明，可以有效避免被质疑、抵赖等情况。

区块链节点上产生的每笔电子合同交易都应包含签署时间、签署主体、文件哈希值等，构成的数字指纹信息广播到区块链所有成员节点上，由所有权威节点共同进行存证及担保。信息一经存储，任何一方无法篡改，且数据在所有节点复制，不会丢失，从而满足电子证据司法存证的需求。在涉及电子合同纠纷时，数据信息可以从区块链取证，以各运维节点的数据为依据出具相应的审计报告、司法鉴定意见书和公证函，提高电子数据取证效率。

4. 应用意义

（1）区块链的电子合同应用可提升签署效率。合同签署动作由不同合同方以及负责人使用私钥在线上进行电子签署，签署信息通过区块链网络进行全网同步，效率得到极大的提升。

（2）区块链的电子合同应用可提升其公信力。区块链因其具有去中心化、防篡改、可追溯、永久保存等特点，可以有效解决合同处理过程中的诸多问题，提升区块链合同在技术和系统层面的公信力。

（3）区块链的电子合同应用可提升其执行力。基于区块链的智能合约技术，将传统合同内容构建为多方共同拟定和签署的智能合约。智能合约签署完成后，当约定条件或事件发生时，可自动进行数据处理、价值转移、资产管理等一系列功能，极大地提升了合约条款的执行力。

（四）客户征信体系

我国征信体系建设起步较晚。传统意义上的征信局限在用户的房贷、车贷、信用卡还款记录等维度，这些信息主要掌握在银行手中。然而随着互联网行业的迅速发展，个人征信的维度大大拓展，如网上购物、社交关系、出行情况、线上理财等，这些活动都可以用来评估用户的信用情况。然而这些用户行为数据几乎都被特定的互联网企业垄断，这些企业出于市场竞争和客户信息安全等因素考虑很难将客户的信用情况进行开放共享。

总而言之，我国当前征信行业还处于初级发展阶段，存在的普遍问题包括征信人口的普及率较低、信用记录不全面、信息缺少互联共享等。

1. 行业现状

良好的征信体系是证券公司开展信用类业务的前提条件和风险控制保障。作为金融市场的重要参与者，证券公司对客户开展的证券融资类业务，包括融资融券、约定购回式证券交易和股票质押式回购等是提供市场流动性的重要组成部分。证券融资类业务规模呈缓慢上升的态势，证券公司应加大客户信用审核力度，防范信用风险。

目前，证券公司开展信用类业务时主要依据央行的征信系统对客户资信情况进行审查。现有征信体系的建设不完善对证券公司开展相关信用类业务造成了一定阻碍，主要问题根源来自以下三个方面：

（1）个人征信覆盖率低。根据监管要求，证券公司在开展证券融资业务时需对客户的资信情况进行全面了解，客户则需要提供个人征信报告用以申请相应业务资格。据《中国征信》杂志统计,截至 2017 年 11 月底,央行征信中心收录自然人信息约 9.5 亿人,但真正和银行有信贷关系的只有 4.8 亿人,个人征信的覆盖率在 50% 左右。低覆盖率导致很多人的融资需求无法得到满足,对证券公司开展相关业务造成了阻碍。

(2)征信数据缺乏共享。数据共享是征信行业良好发展的基础,然而目前征信机构之间缺乏有效的共享合作,"信息孤岛"现象严重。2015 年 8 月,央行批准了 8 家个人征信试点机构。2017 年 4 月,中国证监会与央行就证券公司接入央行征信系统事宜达成共识,允许证券公司直接接入征信系统。央行批筹的 8 家个人征信机构虽然都有大量的平台数据,但都希望形成自己的闭环,证券公司很难通过除央行外的其他征信机构全面了解客户的资信情况。

(3)隐私保护问题突出,客户不愿提供个人信用情况。在征信领域客户对个人隐私保护和数据安全的要求更高。如果需证明信用良好,基本上要公开自己的一切信用行为,从此失去了个人信息的掌控权。

2. 合规性分析

2004 年中国人民银行建成全国集中统一的个人信用信息基础数据库,2013 年 3 月《征信业管理条例》正式实施,明确中国人民银行为征信监督管理部门,我国征信业进入了有法可依的轨道。[①] 2015 年互联网背景企业的接入为我国互联网征信提供了无限可能;2016 年 7 月甜橙信用(天翼征信有限公司)打造了中国首个区块链征信平台;万达征信在国内也是区块链征信应用探索的先驱。区块链与大数据征信的结合弥补了数据真实性、准确性不足的问题。

3. 区块链技术应用分析

在充分衡量数据安全、数据隐私及数据交互性能的基础上,建议由监管机构牵头建立联盟链,以证券公司为单位形成联盟链的各节点来解决当前证券公司征信的共性问题。具体来讲,区块链技术使用全新的加密认证方法和去中心化共识机制,在多方无须互信的情况下,使系统中所有参与者(征信机构和证券公司)互相协作,共同维护一个完整的分布式账本来确保信息的安全和共享。联盟链中各节点证券公司的风控部门在监控到有客户进行违规交易或信用违约等不良行为时,将客户基本信息及相应不良记录在联盟链内进行全网广播。联盟链内各节点证券公司对这些客户进行重点监控,提升违规、违约的监控效率。

考虑到部分参与节点的客户相关信息及交易记录隐私性较强,或者出于行业竞争考虑不能完全放开供外部使用,可以将征信数据分层,部分敏感性较低的不良记录可以直接在区块链上同步共享,而隐私性较高或商业机密性较强的数据仍采用本地化存储。各机构通过将各自的征信模型上链,可以在不同步或共享数据的前提下,实现客户征信信息分布式离散到各节点的模型引擎中进行本地化计算、加密和脱敏,最终由请求节点将各参与节点的模型运算结果信息进行汇总,得到客户完整的征信情况报告。通过将征信数据分层,并通过共识的征信规则模型,在各数据归属节点进行本地化计算和处理后再进行汇总,可以有效平衡征信数据隐私性和共享需求之间的矛盾。

[①] 参见中国人民银行:《中国征信业发展报告(2003—2013)》,第 5 页。

4. 应用意义

针对目前我国征信行业现状与痛点，区块链技术可在征信机构间和证券公司间的信息共享、数据安全等方面着重发力，对证券公司征信及开展相关业务起到积极作用，具体表现在三个方面：

（1）提升信用类业务资格审核效率。对于不同证券公司为同一个客户做重复征信，区块链技术可在保证数据安全的同时实现信息共享，减少重复审核。

（2）多维度获取客户信用信息，全面审核客户资信情况。基于联盟链的征信机构，可以有效解决当前信息垄断、缺乏共享的僵局，形成真实可靠、覆盖面广的全社会征信数据库，有效降低证券公司信用风险。

（3）全新的加密技术，客户信息得到有效保障。区块链采用全新的加密技术，可以在不访问原始数据的情况下查看信息，因此可以有效保障数据生产者的合法权益。此外，区块链以其安全性和不可篡改的特性弥补了传统数据存储技术的弊端。

（五）适当性管理

投资者适当性是指金融机构所提供的产品和服务与投资者的财务状况、投资目标、风险承受能力、投资需求及知识和经验等的匹配程度。

1. 业务现状

虽然我国证券市场已经初步建立起投资者适当性制度体系，但审视相关监管规定可以看出，规范制度较为分散，尚未形成统一的、具有普遍约束力的制度体系。具体表现为部分证券从业人员在投资者适当性管理工作上不能勤勉尽责，而是流于形式应付监管。此外，在"一人三户"的制度下，同一客户最多能在三家不同的证券公司开立证券账户，而客户适当性管理都是各证券公司独立进行，并且在客户适当性不定期更新的情况下，客户进行适当性评估的时间成本将大大增加。

现有证券公司客户适当性管理方面的痛点主要包括以下几个方面：一是投资建议或产品推介受利益驱使；二是各家证券公司独立进行评估，信息闭锁无共享，人力成本加大；三是证券公司对产品的了解程度远超普通投资者，当向客户推介的产品发生损失时，客户与证券公司间的信任很容易被打破。

2. 合规性分析

《证券期货投资者适当性管理办法》[①] 及《证券公司投资者适当性制度指引》[②]，均要求证券公司根据客户的风险承受能力等级，向客户销售适当的金融产品或提供适当的金融服务，但是对客户适当性评估的方式并未进行限定。采用区块链适当性评估可视为采用区块链的技术手段来达到适当性评估的目的。

3. 区块链技术应用分析

对于客户适当性管理，由于客户信息数据量庞大，建议以证券公司和监管机构为节点建立联盟链。

链上的证券公司只需共享在该区块的客户信息及适当性评估结果。联盟链中证券公司加

---

① 中国证券监督管理委员会第 130 号令，2016 年 12 月 12 日签发。
② 中国证券业协会，2012 年 12 月 30 日发布。

入越多，硬件投入将随之增多，数据交互效率也会降低。因此联盟链中新节点的纳入，需征求其他节点证券公司意见，并确立节点数上限。

4. 应用意义

区块链的去信任、分布式账本和智能合约等特征可以针对当前证券行业客户适当性管理的痛点着重发力，有效解决信息不对称、工作效率低、监管强度不够等问题，具体表现在以下几个方面：一是智能合约有效避免双方因信息不对称导致的纠纷；二是避免重复工作，提升客户适当性管理工作效率；三是信息共享，联合监管，及时有效保障客户权益。

三、区块链在实际应用中面临的问题及挑战

（一）隐私保护与安全治理问题

1. 安全性问题

区块链安全性靠共识机制进行支撑，当前应用最广泛的是基于算力的 PoW 共识机制，只要节点掌握了 51% 以上的算力，将威胁整个区块链网络的信任体系。

如何对加入区块链的节点进行严格的身份认证，进而完成证书和密钥的发放及管理，是影响区块链安全性的关键性问题；同时，如何在区块链系统中引入成熟的账户和秘钥管理机制也已成为亟待研究的问题。

2. 隐私性问题

一般情况下，区块链上的数据信息采用共识机制，信息全网可见，但这一技术优势也引入了数据隐私性保护的问题。

如何在分布式共识机制和数据隐私性之间进行平衡，成为解决隐私性问题的重要方向。其中零知识证明可以使得节点在隐藏隐私数据的前提下实现共识，但是效率较低，实用价值不高，其理论和技术仍需不断研究和探索。

（二）运行效率和性能瓶颈问题

区块链作为去中心化的系统，为了保障数据的一致性，会采用多轮数据广播和多节点共识机制，并加以复杂的加密运算保障信息的安全性，但这样非常消耗算力和网络资源，相比中心化系统存在冗余的系统开销，效率劣势较明显，系统吞吐量（TPS）与中心化系统存在较大差距。

（三）标准化和兼容性问题

目前，区块链在不同场景应用的底层平台由需求方自主选择，平台主体呈现出多样性的特点，需建立跨链的兼容机制，达到跨链融合的目的。而跨链的连通性以及价值交换还存在诸多难点有待突破，应加快对区块链标准化和跨链技术的研究和创新，避免形成新型的数据孤岛。

（四）法律和监管问题

在未来的区块链应用场景中，应充分考虑法律框架可能发生的变化，尤其是区块链中各要素的法律基础。随着区块链的日益成熟，部分技术构成要素的法律基础尚未涵盖在目前的

金融法律框架中，市场主体需仔细考量。区块链作为一个新生事物，也存在一些不规范的行为，但是其技术的价值和前景值得肯定，需辩证看待。因此，监管机构在对区块链的监管中引入"监管沙盒"的概念是一种值得参考的方式。在沙盒中金融机构和区块链科技公司将依据监管机构制定的技术和制度框架测试区块链创新型产品和商业模式，而不会将不良影响直接带给处于正常监管机制下的金融生态和业务环境。

证券公司参与区域性股权市场的现状及对策

中国证券业协会场外市场委员会专题研究小组*

一、我国区域性股权市场的发展

（一）发展历史

总体来看，我国区域性股权市场的发展经历了起步阶段、清理整顿阶段和快速发展阶段三个历程。

1. 起步阶段（2008—2010年）

2008年兴起的区域性股权市场起源于"中央支持＋区域经济改革＋金融创新"。2006年国务院在《推进滨海新区开发开放有关问题的意见》（国发〔2006〕20号）中鼓励天津滨海新区进行金融改革与创新，明确在金融企业、金融服务、金融市场和金融开放等方面的重大改革原则上可以安排在天津滨海新区进行试点。2008年国务院又发布《关于天津滨海新区综合配套改革试验总体方案的批复》，促成了第一家区域性股权交易市场在天津设立。之后，重庆股份转让中心、前海股权交易中心、齐鲁股权交易中心等陆续成立。

2. 清理整顿阶段（2011—2012年）

2011年11月，国务院发布《国务院关于清理整顿各类交易场所切实防范金融风险的决定》（国发〔2011〕38号），提出包括区域性股权市场在内的交易市场中可能存在的交易活动风险，应该规范区域性股权市场的市场秩序。2012年7月，《国务院办公厅关于清理整顿各类交易场所的实施意见》（国办发〔2012〕37号）直接明确了包括区域性股权市场在内的各交易场所运行的最低要求。2012年8月中国证监会发布《关于规范证券公司参与区域性股权交易市场的指导意见（试行）》，允许证券公司参与到区域性股权交易市场的建设中，

---

* 研究小组成员：长江证券股份有限公司：胡曹元、谷松、石海、张薇、瞿冉、耿龙、刘朗、李灿、金声源；武汉股权托管交易中心有限公司：龚波、何元庆；华中科技大学：欧阳红兵。

同时使区域性股权市场运作更加合理。2012 年底，加快发展多层次资本市场成为党的十八大报告中明确的重要目标，随后全国各省市均陆续成立股权交易中心，区域性股权市场逐步发展。

3. 快速发展阶段（2013 年至今）

2012—2014 年共成立了 24 家区域性股权市场。2013 年成为区域性股权市场成立的井喷期，仅 2013 年就成立了 15 家区域性股权市场。2015 年之后，区域性股权市场的成立步伐放缓，但区域性股权市场进入了快速发展的阶段。截至 2016 年底，共有 48 家证券公司分别参与 28 个区域性股权市场建设，有 38 家证券公司分别入股 27 个区域性股权市场。2017 年 4 月 27 日审议通过的《区域性股权市场监督管理试行办法》，将区域性股权市场纳入统一监管，首次在真正意义上确立了区域性股权市场的市场定位。经过 10 年的发展，我国区域性股权市场已经初具规模，成为多层次资本市场的重要组成部分。

《区域性股权市场监督管理试行办法》明确了我国区域性股权市场是为省级行政区域内中小微企业非公开发行、转让及相关活动提供设施和服务的场所，将区域性股权市场纳入统一监管，也首次在真正意义上确立了区域性股权市场的市场定位。截至目前，经过区域性股权市场的初步整合，我国现有的区域性股权市场由 2017 年初的 40 家缩减为 37 家，基本覆盖我国各个省（市）、自治区，区域性股权市场已初具规模，成为多层次资本市场的重要组成部分。

（二）市场现状

2012 年以来，区域性股权市场迅猛发展，基本形成"一省一市场"的格局，并渐成规模，对中小微企业的支持作用已然显现。截至目前，全国共有已经运行的 37 家区域性股权市场。

在组建形式上，区域性股权市场目前已形成四种模式：第一种是产权交易机构主导模式，如天津滨海柜台交易市场由天津产权交易中心主导成立，北京股权交易中心由北京产权交易所成立；第二种是地方政府主导的事业单位模式，如齐鲁股权交易中心；第三种是地方国企主导模式，如上海股权托管交易中心；第四种是证券公司主导模式，如前海股权交易中心。此外，沪、深两个证券交易所在区域性股权市场发展初期也参股了 14 家区域性股权市场。

现阶段，我国区域性股权市场的特点主要表现如下：

1. 市场运行政策持续出台、环境日趋完善

2017 年 1 月 11 日，李克强总理主持召开国务院常务会议，审议了规范发展区域性股权市场的政策措施，2017 年 11 月 26 日发布《国务院办公厅关于规范发展区域性股权市场的通知》（国办发〔2017〕11 号）；2017 年 4 月 27 日《区域性股权市场监督管理试行办法》审议通过。这些政策文件的出台标志着规范发展成为我国区域性股权市场建设的主题。

2. 市场规模不断扩大，总体发展迅速

有关数据显示，截至 2018 年 5 月底，区域性股权市场展示企业 83 648 家，挂牌企业 25 828 家，其中股份有限公司 7 652 家，有限责任公司 18 176 家；累计为各类企业实现各类融资 9 907.89 亿元，其中股权融资 1 151.91 亿元，债券融资 2 158.58 亿元，股权质押融资

3 936.48 亿元；累计实现转让金额 1 246.82 亿元，其中股权转让金额 586.79 亿元，占转让总额的 47%，债券转让金额 330.37 亿元，占转让总额的 26%；各市场共有投资者 77.06 万户，其中符合《区域性股权市场监督管理试行办法》有关合规投资者及豁免投资要求的投资者 53.82 万户；会员数量累计 10 085 家，其中推荐机构 4 488 家。

3. 创新多层次融资，差异化服务效果显著

市场分层设计有利于实现对不同诉求挂牌企业的差异化服务。齐鲁股权交易中心在全国最早提出企业分层，将挂牌交易平台细分为"精选板"和"成长板"，后来各家市场为满足客户在区域性股权市场多样化融资需求，创新出更多分层。

（三）功能作用

2015 年 6 月《区域性股权交易市场监督管理试行办法（征求意见稿）》中，指出区域性股权市场的主要功能定位包括如下四个方面：

一是微企业培育和规范的园地。区域性股权市场定位在培育小微企业，做好服务中小微企业的后台工作。通过开展培训、引入中介机构等措施，发挥自身政策、平台等资源优势，培育和规范企业发展模式，辅导企业实现技术进步、管理进步、财务规范，以此推动我国小微企业进一步发展，减少治理结构不规范、财务状况混乱的粗放经营现象，增加小微企业的抗风险能力。

二是小微企业融资服务的平台。区域性股权交易中心作为一个区域性股权市场的运营机构，应该发展成为一个能切实解决企业融资问题的平台，帮助小微企业获得进一步发展所需的资金支持。

三是地方政府扶持小微企业发展综合政策运用的平台。区域性股权市场在未来发展过程中，应该成为各地扶持小微企业的贴息、担保、专项扶持资金等优惠政策的集中平台，宣传政策，使政策输出更有效率、更公开透明。

四是资本市场中介服务的延伸。区域性股权市场应该作为我国多层次资本市场的组成部分，可以自发组织中介机构发挥其在资本市场中的作用，满足不同挂牌企业和投资者的个性化需求，使其发挥资本市场中介服务的延伸功能。

近年来，党中央、国务院对规范发展区域性股权市场十分重视，相关政策陆续出台，市场定位不断清晰。作为多层次资本市场的重要组成部分，区域性股权市场是主要服务于所在省级行政区域内非上市公司，特别是中小微企业的私募证券市场，是地方人民政府扶持中小微企业政策措施的综合运用平台，在推进供给侧结构性改革，促进大众创业、万众创新，服务创新驱动发展战略，降低企业杠杆率等方面具有重要而显著的功能。

二、证券公司参与区域性股权市场的现状

（一）证券公司是区域性股权市场运营机构的重要股东

截至 2018 年 6 月底，在全国 37 家区域性股权市场的运营机构中，证券公司入股了其中的 25 家，并在其中 14 家作为第一大股东参与当地区域性股权市场的建设和发展，入股金额累计 17.31 亿元（见表 1）。

表1　　　　　部分证券公司入股区域性股权市场概况（截至2017年底）

证券公司	入股的区域性股权市场	入股金额（亿元）	持股比例（%）	第一大股东
国信证券	前海股权交易中心	1.25	10.60	否
中原证券	中原股权交易中心	1.23	35.00	是
华泰证券	江苏股权交易中心	1.04	52.00	是
国元证券	安徽省股权托管交易中心	1.00	50.00	是
西南证券	重庆股份转让中心	0.83	53.00	是
华龙证券	甘肃股权交易中心	0.75	34.09	是
中信证券	新疆股权交易中心	0.60	54.55	是
中信建投	北京股权交易中心	0.50	10.00	否
兴业证券	海峡股权交易中心	0.45	21.43	是
华西证券	成都（川藏）股权交易中心	0.35	35.00	是
招商证券	广东金融高新区股权	0.33	32.50	否
广发证券	广东金融高新区股权	0.33	32.50	否
南京证券	宁夏股权托管交易中心	0.31	51.00	是
长江证券	武汉股权托管交易中心	0.15	15.00	否
天风证券	武汉股权托管交易中心	0.15	15.00	否

资料来源：根据各证券公司资料整理。

证券公司以股东身份参与区域性股权市场，在资金、人才、技术、合规风控等多方面提供支持，成为区域性股权市场一种主要的发展建设模式。证券公司以股东身份参与区域性股权市场建设的具体做法包括：一是向区域性股权市场派出管理人才和业务骨干；二是为区域性股权市场提供营业网点及业务拓展渠道支持；三是将区域性股权市场纳入公司人才培养体系；四是将证券公司合规风控等管理理念和制度输入区域性股权市场；五是将区域性股权市场挂牌企业与证券公司客户资源对接，为企业提供资金、技术等多方位支持；六是直接资金投入等。

（二）证券公司是推进企业在区域性股权市场挂牌的重要力量

截至2018年6月底，全国共设有37家区域性股权市场。共有挂牌公司21 730家（其中股份公司7 389家），展示企业90 829家；累计为企业实现各类融资8 201亿元，其中股权融资557亿元，债券融资1 951亿元，股权质押融资2 743亿元。证券公司累计推荐挂牌企业4 342家，为企业实现各类融资124.74亿元，其中股权融资2.69亿元，债券融资115.07亿元，股权质押等其他融资6.98亿元（见图1、图2）。

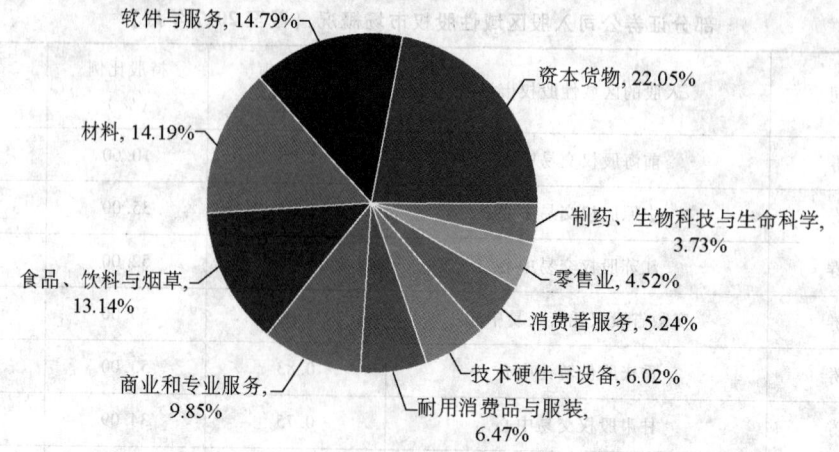

图 1　各行业挂牌企业数量分布

资料来源：Wind。

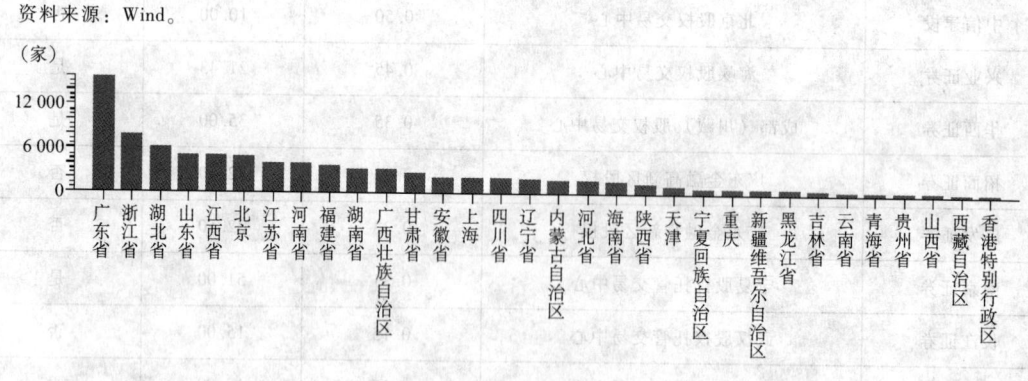

图 2　各区域挂牌企业数量分布

资料来源：Wind。

证券公司能够提供满足挂牌企业全生命周期需求的一整套服务体系。一方面，为企业提供专业的管理咨询指导，对初创企业进行股份制改造和培育，完善治理结构，提升其管理水平和盈利能力；另一方面，通过产品设计，为优质企业的融资提供支持。证券公司通过帮助企业完成区域性股权市场的挂牌，能够有效增加企业曝光率，促进企业完善治理结构，提升企业品牌效应，有利于企业未来进一步发展。

（三）证券公司对挂牌企业持续督导

证券公司要求分支机构定期对项目企业走访、跟踪，报告企业运营情况，履行持续督导义务。发现存在重大经营风险、可能影响投资者利益等情形的，及时向公司业务主管部门汇报，由主管部门启动风险处理程序，向公司领导汇报，协调其他部门处置，并与所挂牌的区域性股权市场运营机构沟通，发布业务风险提示公告，根据区域性股权市场停牌、摘牌制度作出相应处理；及时跟进风险事件后续处理进展，并形成风险事件处置报告。

三、证券公司参与区域性股权市场的必要性

证券公司作为区域性股权市场运营机构的重要股东及推进企业在区域性股权市场挂牌的

重要力量，应积极参与区域性股权市场的建设与完善。

（一）满足区域性股权市场高质量发展的需要

1. 服务中小微企业，畅通金融服务实体经济的渠道

中小微企业是国民经济和社会发展的主力军，是实现经济高质量发展的重要基石。服务中小微企业，畅通金融服务实体经济的渠道，是区域性股权市场高质量发展的重要内容。区域性股权市场是提供金融渠道的平台，证券公司能够借助该平台服务中小微企业，为企业和实体经济间架起一座桥梁。

2. 关注县域经济发展，增强金融服务普惠性

高质量发展表现在区域发展平衡，县域经济是高质量发展、精准扶贫的主战场。区域性股权市场作为发展普惠金融的有效平台，能够为金融服务难以触及的地方和群体提供服务。证券公司充分融合投行专业人才优势与众多营业网点客户资源及项目信息优势，引导县域龙头及特色企业在区域性股权市场挂牌，为该类企业提供更为广泛的企业圈、资本圈，有利于行业资讯交互、产业横向交流和深度配套合作，从而引导县域经济的产业配套和布局优化，打破经济零散型和碎片化的局面，为繁荣县域经济发挥作用。

3. 支持特色产业，培育经济增长新动能

坚持创新驱动增长，培育新动能，是经济高质量增长的重要基础。许多区域性股权市场设立特色板块服务于不同行业的企业，证券公司可根据板块特点，开发专属融资产品，组织多场投融资对接及培训，实现对企业更好的提升与支持。证券公司通过这样的做法，实现特色产业与金融的深度融合，吸引投资机构参与，推动区域特色产业发展，打造地区产业名片，为经济增长培育新动能。

（二）完善多层次资本市场体系的需要

1. 推进供给侧结构性改革

供给侧结构性改革旨在调整经济结构，转变经济增长方式。证券公司通过积极参与区域性股权市场建设，有利于健全多层次股权融资体系，能够有效降低融资杠杆、培育发展动力、激发市场活力。市场化并购重组和退出机制则有利于加快企业去产能、去库存的步伐，优化资源配置。规范发展区域性股权市场，有序扩大和更加便利中小微企业股权融资，是推进供给侧结构性改革的重要举措。

2. 防范化解金融风险

当前，我国融资结构仍以间接融资为主，大部分企业都通过银行机构进行融资。这导致金融风险主要集中在银行系统，倘若在某个环节发生违约风险，将会大大增加引发系统性风险的概率。证券公司在参与区域性股权市场建设的过程中通过发挥自身专业优势，在提供多样化直接融资渠道的同时有效防范风险，有利于降低资本市场系统性风险，维护金融市场的稳定。

3. 解决企业融资难、融资贵问题

融资难、融资贵一直是制约实体经济，特别是中小微企业发展的重要因素，面对企业的多样化融资需求，只有多层次的资本市场才能更好地为不同性质和不同发展水平的企业提供多元化、个性化的金融服务。证券公司通过积极参与区域性股权市场建设，有利于变革中小

企业融资模式，大力发展多层次资本市场，积极拓宽企业融资渠道，有效解决资金供给渠道单一等问题。

（三）证券公司履行社会责任的需要

1. 支持实体经济发展

服务实体经济是证券公司作为资本中介的基本社会责任。当前，通过资本市场实现企业融资和发展已经成为大多数企业的迫切愿望，这就从客观上要求证券行业加速推进多层次资本市场建设。证券公司参与区域性股权市场有利于实现与不同发展层次实体企业的融资需求对接，不断发掘实体经济投融资的深度需求，以专业化的金融服务为中小企业的经营与建设提供安全高效、成本低廉的服务，推进我国多元化金融体系的完善与发展。

2. 维护市场健康发展

证券公司作为市场主要参与者，是资本市场稳定的第一道防线，是市场运行和管理的基础环节，必须主动承担责任，全力维护市场稳定。不仅要坚守法律法规的底线，也要守住职业道德的底线。证券公司参与区域性股权市场有利于防范市场风险、维护市场稳定及保护投资者利益。证券公司在这一过程中应做好投资者适当性管理，规范投资者的交易行为，自觉遵守监管要求。

3. 支持创新型企业发展

党的十九大报告提出"加快建设创新型国家"，明确"创新是引领发展的第一动力，是建设现代化经济体系的战略支撑"。积极落实国家的经济政策导向，着力支持科技、节能、环保等创新型企业通过资本市场融资，助力高科技企业发展，是证券公司作为金融中介机构不可推卸的社会责任。证券公司参与区域性股权市场有利于发挥自身的金融资源配置功能，为创新型企业融资、实现政策导向型的企业资源与市场资源对接做出自己的努力。

（四）证券公司自身发展的需要

1. 拓展客户开发与服务工作

区域性股权市场挂牌资源充足，潜在市场规模巨大。对于证券公司而言，积极参与区域性股权市场既可以丰富业务品种，又可以增加业务收入。区域性股权市场给证券公司带来的收入主要来自两个部分：一是证券公司帮助企业挂牌获取的推荐收入；二是企业挂牌后，随着部分企业的成长壮大，证券公司为企业提供改制辅导、管理培训、投融资等综合服务获取的收益。以区域性股权市场业务为代表的私募及场外市场业务既可发展成为一个独立的新兴业务板块，又可结合证券公司既定战略为经纪业务提供可能的转型方向，还可为资产管理业务提供极为广泛的产品创设空间。

2. 促进投行业务与直投业务的联系

证券公司参与区域性股权市场，将间接促进证券公司投行和直投业务发展。尽管短期挂牌收益对证券公司盈利影响有限，不过区域性股权市场业务的开展可以对证券公司的投行和直投业务带来推进。挂牌公司挂牌后的定向增发、转板等都将利好证券公司的投行业务；同时，通过寻找并帮助高新企业改制挂牌，也能为证券公司直投业务部门带来潜在的投资对象。在投行和直投资源越来越稀缺的背景下，区域性股权市场业务的开展将对证券公司这两项业务形成有效补充。

3. 促进证券公司主营业务发展

证券公司的参与在丰富和完善股权市场功能的同时，也为其各项业务发展带来新的动能，特别是在当前场内市场竞争激烈的今天。证券公司通过积极参与区域性股权市场，有利于自身业务的延伸与拓展，将证券公司场内业务延伸至场外乃至柜台业务，构建融合场内、场外的金融生态圈，形成区域性股权市场特色竞争优势，从而实现市场与证券公司之间的共赢发展。

一是做市商业务。与全国中小企业股份转让系统中的挂牌公司相比，区域性股权市场中的挂牌企业规模及盈利能力更弱，其股权的流动性更低，风险更高，证券公司做市的难度和风险也将更高。在现阶段政策下，区域性股权市场不能采用做市商制度，但根据全国中小企业股份转让系统和天津股权交易所做市商制度的引入和发展情况，未来在区域性股权市场引入做市商制度值得期待。结合证券公司的其他业务能力，可以将其做市业务在制度允许的条件下延伸至区域性股权市场有效进行企业价值分析和风险管控，进行区域性股权市场的做市交易。通过做市交易，有利于提升证券公司在区域性股权市场中的影响力和参与度，为其带来业务范围的拓展和盈利；同时也为市场带来流动性，服务于企业和市场的发展。

二是研究业务。证券公司在区域性股权市场中的研究业务将利用其专业知识，围绕挂牌企业的盈利模式和估值展开，出具专业的第三方研究报告，并对股权市场的整体发展出具相关的研究报告，为投资者提供专业的管理咨询。证券公司根据自身的研究报告，也能更好地为其做市商业务提供定价依据，同时根据企业研究和交易情况，为股权市场指数的构建提供指导。

三是资产管理业务。证券公司资管业务在主板、中小板、创业板市场中主要是为客户提供证券及其他金融产品的投资管理服务，其服务对象大多是一些高净值客户。利用这些客户资源，并根据客户需求和特征，可以设计专门针对区域性股权市场的证券或金融创新产品，引导其向股权市场投资，在丰富投资渠道的同时，也为市场提供更多的参与者和流动性。通过与投行业务、研究业务、做市商业务的协作，利用信息交易系统，对企业的融资需求和投资者的投资需求进行匹配，设计创新产品，促进交易的进行。

四、证券公司参与区域性股权市场的优势

监管机构鼓励证券公司参与区域性股权市场，有利于发挥证券公司自身的优势，推动区域性股权市场的规范化和可持续发展。

（一）专业化的投行业务和人才

投行业务涵盖公司向客户提供包括股票承销保荐、债券承销、ABS、财务顾问、新三板及区域性股权市场挂牌和再融资等金融服务。为更好地开展投行业务，证券公司组建了专业的服务团队，包括具有法律职业资格、注册会计师资格在内的专业人员，拥有丰富的投行、固定收益产品、ABS、PPP 项目经验的业务骨干，可根据企业实际需求为企业提供个性化的挂牌融资服务。

（二）完善的风险管理体系

证券公司在参与区域性股权市场业务的同时，一方面依托已有的合规风控体系，另一方面着重研究与区域性股权市场业务、产品相配套的风控规则，建立了与区域性股权市场业务规则和证券公司风控要求相匹配的业务监管规则。主要包括：对业务部门在区域性股权市场

的尽职调查、审核、持续督导、融资服务等环节进行监督与检查,建立区域性股权市场风险监控系统来监控业务风险指标和评估业务风险点等。

(三) 广泛的融资渠道

证券公司的融资渠道包括股权融资和债权融资,其中债权融资渠道可分为短期融资渠道和中长期融资渠道。公司短期债权融资渠道包括银行间市场同业拆借、债券回购、短期债权收益权转让与回购、短期收益凭证、短期公司债券、短期借款等;中长期融资渠道包括长期债权收益权转让与回购、次级债券、公司债券、可转换公司债券、长期收益凭证、长期借款等方式。

(四) 较强的产品设计和创新能力

证券公司具备较强的创新意识,对业务创新、研究创新、互联网技术创新、信息技术创新的关注和投入稳步增加,并取得重大成效;加强互联网技术与信息技术创新,借助大数据平台分析客户内在特征,不断打造创新金融产品与服务产品,为客户提供精准画像并匹配个性服务,持续优化客户服务体验。此外,证券公司设立创新业务部,致力于创新业务模式和产品,能够根据市场情况变化为发行人设计最佳金融服务方案,有效降低发行人融资成本。

五、证券公司参与区域性股权市场的困难及问题

(一) 证券公司在区域性股权市场的政策定位

证券公司已经成为区域性股权市场发展的重要力量,并通过各种形式参与区域性股权市场的建设。然而对于证券公司在区域性股权市场的政策定位,在国务院、中国证监会等的政策文件中虽有所涉及,但并未明确。

监管部门对于证券公司参与区域性股权市场的政策呈现出以鼓励参与为导向、以规范开展为要求的特点,但问题在于未明确证券公司在区域性股权市场的政策定位,造成证券公司在参与区域性股权市场的经营模式和业务空间存在较大的不确定性,也使得证券公司对参与区域性股权市场的政策风险、经营风险存在顾虑,不利于引导证券公司深度参与市场。

(二) 证券公司参与区域性股权市场的成本约束与激励机制

目前,由于区域性股权市场尚未形成有效的盈利模式,证券公司以股东方式参与难以获取必要的投资回报。目前正式运营的区域性股权市场中,仅有少数区域性股权市场实现初步盈利,多数市场处于盈亏平衡,部分市场甚至入不敷出,成为证券公司参股、入股区域性股权市场的成本障碍。

在业务实践中,各地方政府对于区域性股权市场的补贴扶持政策大多未对推荐机构主体进行区分,而是按照统一标准对证券公司和其他类型推荐机构推荐挂牌的企业执行补贴政策,同时各区域性股权交易中心目前所实行的推荐机构业务管理模式中,亦未针对证券公司和其他非持牌推荐机构设置差异性制度安排。证券公司相比于其他推荐机构具有更强的专业能力和较为完善的风控体系,能保证业务执业质量,同时能支持区域性股权交易中心建立有效的业务规范,因此在外部政策方面还缺乏对证券公司应有的激励机制。另外,证券公司在开展该项业务中因严格遵循内部管理制度和业务流程,势必提升执业质量,但与其他类型推

荐机构相比，在推荐效率上不占优势，同时基于证券公司严格的执业质量和风控体系等也产生了较高的执业成本，产生了相对较高的服务费用。而实践中中小微企业客户由于成本压力的考量，倾向于选择收费较低的推荐机构。由此可见，如无相当的外部激励机制补偿，证券公司在参与区域性股权市场业务中不具有成本优势。

（三）区域性股权市场运行机制带来的困难

1. 区域性特征带来多头业务规则

全国现有 37 个区域性股权市场运营机构，每个运营机构有各自的地域特色和灵活性，并在当地的经济发展水平、资本市场发达程度等基础上设立个性化标准，如在平台性质、管理体系、经营制度、业务种类、挂牌板块、挂牌条件等方面各有特点。证券公司的业务和分支机构遍布全国各个地区，在参与各地区域性股权市场的业务时，需要应对不同运营机构的规则要求设置不同的质控或内核标准，既要坚守多层次资本市场的业务和合规底线，又要根据不同的特色应对和灵活把握，这对证券公司如何高效发挥自身业务优势支持中小微企业和区域性股权市场的发展提出了更大的挑战。

2. 运营机构的产品体系不健全

《区域性股权市场监督管理试行办法》规定在区域性股权市场可以非公开发行、转让中小微企业股票、可转换为股票的公司债券和国务院有关部门认可的其他证券。一方面在区域性股权市场的产品有限，仅限于股票、可转债的发行和转让；另一方面参与发行、转让股票和可转债的机构投资者较少；再者，区域性股权市场股票和产品流动性不足，风险较大，需要有较高的审核标准和担保。

3. 市场化竞争不利于证券公司参与区域性股权市场

市场参与主体的质量直接影响区域性股权市场业务规范发展程度。各地区域性股权市场的推荐机构大多是投资公司、咨询公司，部分地方会计师事务所、律师事务所也可作为推荐机构并兼任中介服务机构为企业四板挂牌提供服务，而证券公司在服务质量、业务流程和风控合规等方面均比其他类型推荐机构严格，并在证券公司的体系内接受监管，因此在服务价格、时间成本、审核尺度等方面都影响着挂牌企业对中介机构的选择偏好，对证券公司参与区域性股权市场造成一定障碍。

4. 运营机构自行开展业务活动的内在矛盾

《区域性股权市场监督管理试行办法》规定运营机构可自行或组织有关中介机构开展相关业务活动，在运营机构自行开展业务时，尽管要求其采取业务隔离措施，避免与投资者的利益冲突，但是运营机构自行开展由其内部审核的推荐挂牌、改制辅导等业务时，具有自身的影响力和天然的优势，有同时担任裁判员与运动员之嫌。

（四）区域性股权市场监管机制制约

1. 多头监管与区域性特色监管相结合下的监管环境

《区域性股权市场监督管理试行办法》规定"省级人民政府依法对区域性股权市场进行监督管理""省级人民政府指定地方金融监管部门承担对区域性股权市场的日常监督管理职责""中国证监会及其派出机构对地方金融监管部门的区域性股权市场监督管理工作进行协调、指导和监督"。面对多头监管和区域性特色监管的矩阵式环境，作为承担构建多层次资本市场体系化建设主要责任的证券公司，需在内部风控合规的基础上，深度探索参与区域性股权市场的业务策略、盈利模式，平衡开展业务成本和提供服务质量的关系。

2. 市场参与者尚未归属于同一监管体系

其他投资机构、咨询机构等市场参与主体不在中国证监会和中国证券业协会的监管体系里，也未严格按照《场外业务备案管理办法》进行报告和报备，这也在无形中造成了证券公司和其他市场参与主体之间的不平等竞争。而在多层次资本市场体系建设中，相比其他场内场外市场，区域性股权市场业务的牌照特色并不明显。

六、证券公司参与区域性股权市场的建议

（一）对证券公司的建议

1. 以合规为准绳，兼顾成本效益原则，加强自身建设

一是建立健全自身业务体系建设，防范业务风险。防范化解重大风险是三大攻坚战之首。切实防范化解区域性股权市场风险，需要从业务体系上去做好顶层设计，将业务各环节纳入证券公司合规管理工作中。建议证券公司由总部部门统筹开展区域性股权市场业务，制定相关业务管理制度和业务操作流程，从股权交易中心的入会、业务的承揽承做以及后续的底稿管理等各环节，进行制度化、流程化管理，并根据具体实践和监管政策要求不断完善，强化业务管理工作，切实防范业务风险。

二是充分调动分支机构的积极性，提高成本效益。《区域性股权市场自律管理与服务规范（试行）》已明确证券公司分支机构可以经证券公司批准并在授权范围内开展区域性股权市场相关业务。区域性股权市场业务服务的客户主要是广大中小微企业，数量众多但较为分散。证券公司分支机构分布广泛，与区域内的企业联系紧密。从成本效益的角度，建议证券公司在建立完善的制度体系的前提下，合理授权分支机构在本区域内开展挂牌等业务，对于后续融资等风险较高的业务建议由总部专业人员承做。

三是加强承做人员备案管理和执业人员培训，提高风险防范意识。为了提高分支机构开展区域性股权市场业务人员的执业能力，建议由总部对承做人员进行备案管理，明确承做人员准入门槛。在承揽承做等执业环节，加强业务人员的培训工作，落实公司对于该业务的业务制度和流程要求，对业务开展过程中的风险点进行宣导，提高执业人员的风险防范意识。

四是加强对挂牌企业的跟踪和监管机构的沟通，及时发现与处置风险。对于挂牌后的企业，按照监管部门的要求，落实好后续督导工作安排，及时跟踪了解挂牌企业的动态，做好信息披露工作。对于潜在风险，做到风险事件早识别、早预警、早发现、早处置，并及时向各地区域性股权市场运营机构和金融办等政府主管部门进行报备与沟通，应对与处置相关金融风险。

2. 以综合金融服务需求为导向，探索与创新业务服务模式

一是转变传统的投行服务思路，发挥区域性股权市场普惠金融的功能。传统的投行业务主要服务于大中型企业，通过提供 IPO、财务顾问、并购重组等服务满足大中型企业的金融需求，客户服务对象比较单一，需求比较明确。中小微企业数量庞大，且不同企业之间无论是所处的发展阶段还是发展特点与发展水平都呈现出显著的差异化，对金融服务的需求也不尽相同。证券公司发展区域性股权市场业务，需要以中小微企业的多样化金融需求为出发

点，根据企业的不同特点提供定制化的综合金融服务，设计适合中小微企业的"私募、非标、定制"的金融产品，发挥区域性股权市场的普惠金融功能。

二是以信息互联互通为契机，推动金融科技在区域性股权市场的运用。目前，各地区域性股权市场较为割裂，且与新三板等其他多层次资本市场之间缺乏有效的对接机制，监管机构正在逐步推动信息系统、账户对接工作，开展统一的信息报送工作，规范发展区域性股权市场。证券公司应以此为契机，在各地区域性股权市场的信息实现互联互通的前提下，利用自身在金融科技领域内的优势，充分研究区块链、移动互联等领域如何对接中小微企业的金融服务需求，解决中小微企业的融资困境。目前金融机构已经在该方面做了有益的尝试，2018年9月中国人民银行数字货币研究所与中国人民银行深圳市中心支行主导推动建立湾区贸易金融区块链平台，助力缓解我国小微企业融资难、融资贵问题。

三是发挥基金培育功能，与中小微企业共同成长。当前，新一轮科技革命和产业变革与我国加快转变经济发展方式形成历史性交汇，国际产业分工格局正在重塑。2015年5月国务院印发《中国制造2025》，实施制造强国战略，实现制造业升级。证券公司应积极响应国家的产业发展战略，充分发挥市场在资源配置中的决定性作用，对于《中国制造2025》中支持的十大领域产业的中小微企业，通过与当地政府联合成立产业培育基金，对区域内的企业进行投资，积极引导中小微企业的发展，推动产业升级，深化改革。待企业培育成熟后，通过市场化的途径选择合适的时机退出。

四是进行产业链上下游企业的整合，推动并购重组业务的开展。并购重组是目前中小微企业主要的金融服务需求。证券公司在积累相当数量的中小微企业客户后，可以按照行业对客户进行分类，然后按照所处产业链的不同位置对其进行细分。在同一产业链内部的不同企业，积极提供居间介绍等服务，推动产业链上下游企业进行业务整合，共同做大做强。与此同时，证券公司也可以通过公司内部不同业务部门的协同，为新三板、IPO等部门或子公司的客户输送标的，加强区域性股权市场与新三板、IPO多层次资本市场的业务联系。

3. 加强与区域性股权市场运营机构等市场参与者的业务协作，推动区域性股权市场的规范与发展

区域性股权市场是地方人民政府扶持中小微企业政策措施的综合运用平台，集聚了数量相当庞大的中小微企业、各级政府、各地运营机构、证券公司、投资机构、中介机构、银行、担保公司等参与主体，区域性股权市场的规范发展离不开各参与主体的共同协作与努力。证券公司应加强与区域性股权市场运营机构等市场参与者的业务协作，真正发挥区域性股权市场服务中小微企业的平台功能。

一是做政府的财务顾问，积极为当地资本市场的规范出谋划策。证券公司应发挥"融资+融智+融情"的专业优势，可以通过业务骨干在当地政府挂职、与当地政府相关部门成立金融服务专班以及开展多层次资本市场培训等形式帮助当地政府和企业接触资本市场、了解资本市场、参与资本市场，切实履行作为政府及职能部门财务顾问的职责，全面、深入地参与地方资本市场规划和建设。

二是与运营机构加强业务联系，促进双方规范发展。证券公司可以充分利用深耕资本市场的专业优势，与各地区域性股权市场的运营机构在业务规范方面互联互补，在挂牌审核、信息披露、持续督导、风险处置等方面开展全方位合作，促进双方业务规范开展。在具体业务层面，积极参与各地运营机构的推荐挂牌业务和私募可转债发行业务等，同时在监管框架

内，积极与运营机构合作创新业务产品，提高运营机构的综合金融服务能力。

三是协助企业开展路演推介等活动，积极为合格投资者输送投资标的，促成商业银行等机构进行融资。证券公司应加强与合格投资者与商业银行等机构的对接，积极了解合格投资者的投资需求，了解商业银行等机构对融资主体的要求，为证券的非公开发行组织合格投资者进行路演推介或其他促成投融资需求对接的活动，为商业银行、小额贷款公司等输送客户，拓宽中小微企业的融资渠道。

（二）对证券监管部门的建议

第一，建议区域性股权市场运营机构参加每年的全国证券期货监管工作会议。

第二，建议将区域性股权市场发展状况纳入《中国证券期货统计年鉴》。

第三，建议鼓励证券公司发挥专业优势，参与区域性股权市场建设，提供人才、技术、资金、合规风控、营业网点及业务拓展渠道等多方面支持，为区域性股权市场投融资活动及相关业务提供优质高效服务。将证券公司参与区域性股权市场业务情况计入证券公司脱贫攻坚等社会责任履行情况专项评价体系，并计入证券公司分类评价结果。

第四，建议选择部分运营规范、风控能力较强的区域性股权市场运营机构，开展股权众筹业务试点，发挥其在促进企业规范培育、拓宽融资渠道、有效防范风险方面的优势。

第五，明确股东为证券公司的区域性股权市场可以设立私募股权投资基金，加强对挂牌企业的资金支持。鼓励私募基金管理机构依法合规参与区域性股权市场各项业务。支持私募股权投资基金通过区域性股权市场募集资金并进行份额登记托管、交易转让，鼓励其直接投资区域性股权市场发行的各类产品。

第六，推进实现多层次资本市场间的证券信息共享与账户互认机制。完善区域性股权市场账户体系，逐步实现多层次资本市场间的证券信息共享、证券账户互认，为投资者提供更多元的证券产品选择，吸引更多专业投资者参与区域性股权市场。

建议根据区域性股权市场特色及发展需要，建立区别于场内市场的、有针对性的监管体系。建议监管机构与地方金融监管部门建立更加紧密的沟通协调机制，推动市场创新发展。

建议推动证券公司柜台市场与区域股权市场各项业务账户体系互联互通，充分发挥证券公司柜台市场的销售转让及登记结算功能，支持符合条件的区域股权市场证券品种通过证券公司柜台市场进行销售转让及登记结算。

第七，落实《区域性股权市场监督管理试行办法》第三十三条第二款："符合中国证监会规定条件的运营机构，可以开展全国中小企业股份转让系统推荐业务试点。"尽快出台有关规定，推动区域性股权市场输送优质企业到更高层次市场发展。

第八，建议证券监管机构制定区域性股权市场发展规划和业务指引，加强相关金融基础设施建设，包括信息报送，与沪、深证券交易所及全国中小企业股份转让系统、各证券公司柜台市场对接合作等，提高多层次资本市场整体效率。

收益凭证业务开展现状及相关政策建议

中国证券业协会场外市场委员会专题研究小组[*]

按照 2013 年 3 月中国证监会发布的《证券公司债务融资工具管理暂行规定（征求意见稿）》，收益凭证为证券公司以私募方式向合格投资者发行的融资工具，是一种约定本金和收益的偿付与特定标的相关联的有价证券。特定标的包括但不限于货币利率、基础商品、证券的价格或者指数。该征求意见稿的发布意味着收益凭证概念被首次提出，并成为证券公司除公司债券和次级债之外的新型融资工具之一。

广发、国信、银河三家证券公司于 2014 年 6 月首批通过中国证券业协会专业评价，开启了收益凭证试点工作。2014 年 8 月 15 日，经中国证监会批准，中国证券业协会发布《证券公司柜台市场管理办法（试行）》及《机构间私募产品报价与服务系统管理办法（试行）》，明确私募产品可通过证券公司柜台市场和机构间私募产品报价与服务系统（以下简称"报价系统"）发行收益凭证并进行事后备案等事项。根据《证券公司柜台市场管理办法（试行）》及《机构间私募产品报价与服务系统管理办法（试行）》规定，多家证券公司陆续通过证券公司自建柜台市场或报价系统开始开展收益凭证相关业务。除发行外，证券公司柜台市场与报价系统逐步为收益凭证提供了转让、做市、质押等交易功能。在之后的几年中，收益凭证快速发展，市场规模稳步提升，业务模式逐渐成熟。收益凭证在适当补充证券公司自有资金及加强证券公司债务管理手段的同时，起到了丰富财富管理产品和盘活实体企业闲置资金等作用。此外，收益凭证产品的多样性特征也在产品设计中逐步体现。

一、收益凭证业务开展现状

收益凭证业务开展以来，市场规模稳健增长，产品类型逐步丰富，整体运行平稳可控。

---

[*] 研究小组成员：海通证券股份有限公司：朱维宝，胡嘉奇，毛育敏。

（一）收益凭证已经成为证券公司重要的融资工具

1. 发行规模稳步攀升

2017 年，收益凭证发行规模达到 8 868.90 亿元，较 2016 年发行规模上涨 99.11%。2014—2017 年，发行规模稳步攀升，这说明收益凭证业务进入一个相对平稳发展的阶段。2017 年发行规模排名前 5 位的证券公司分别为中信、银河、海通、国泰君安、招商，共计发行规模 3 750.93 亿元，占收益凭证全年发行整体规模的 42.29%（见图 1）。

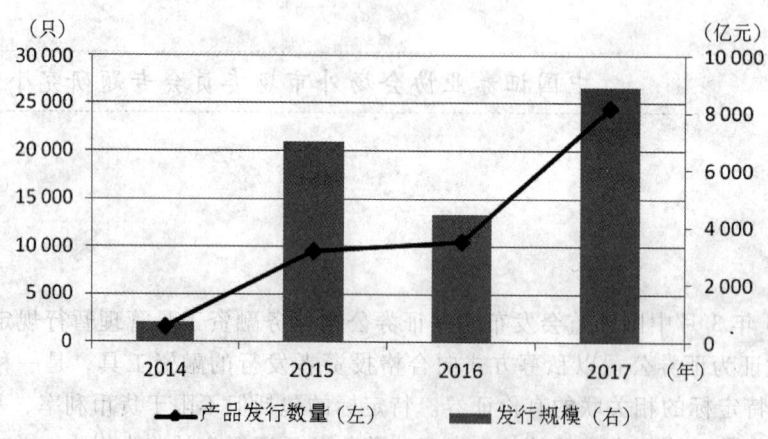

图 1 2014—2017 年收益凭证发行数量及发行规模

截至 2017 年末，收益凭证存量共计 4 909.65 亿元。按市值规模选取前 13 位的证券公司，将收益凭证年末存量规模与证券公司年末总负债规模进行对比，可以发现收益凭证的负债规模占比从 2014 年的 1.60% 升至 2017 年的 9.97%。收益凭证作为债务融资工具，在证券公司内部已成为重要的工具之一（见表 1）。

表 1 市值前 13 位的证券公司年末存量规模及负债占比

项目	2014 年	2015 年	2016 年	2017 年
收益凭证年末存量（亿元）	359.29	2 194.95	2 110.45	3 119.37
年末总负债占比（%）	1.60	6.17	6.85	9.97

注：13 家证券公司包括中信证券、国泰君安证券、华泰证券、申万宏源证券、广发证券、海通证券、招商证券、国信证券、中国银河证券、中信建投证券、东方证券、方正证券、光大证券。

2. 投资者以机构为主

2017 年全年通过报价系统发行的收益凭证中，个人合格投资者、机构认购笔数与认购规模均较 2016 年出现大幅增长。个人合格投资者参与认购 432 178 笔，参与认购金额 691.28 亿元，金额占比 19.79%；机构投资者参与认购 3 323 笔，参与认购金额 2 802.06 亿元，金额占比 80.21%。机构投资者依然为收益凭证的主要投资方，但占比相对下降（见表 2 和图 2）。

表2　　　　　　　2014—2017年收益凭证认购笔数与规模情况（仅报价系统）

项　目	2014年	2015年	2016年	2017年
认购笔数合计（笔）	32 346	192 746	131 841	435 501
认购笔数（个人）	32 109	190 254	129 454	432 178
认购笔数（机构）	237	2 492	2 387	3 323
认购规模合计（亿元）	145.22	2 968.28	2 228.78	3 493.34
认购规模（个人）	64.31	357.29	257.77	691.28
认购规模（机构）	80.91	2 611.00	1 971.01	2 802.06

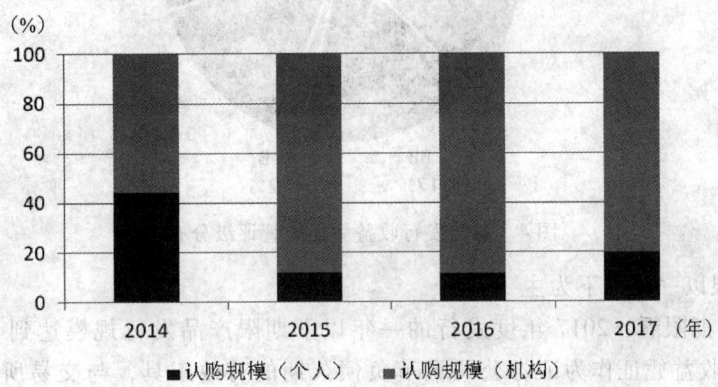

图2　2014—2017年收益凭证投资者结构数据（仅报价系统）

收益凭证产品由于期限灵活等特点受到企业客户包括上市公司的青睐。根据《证券日报》报道，2017年全年，共有239家上市公司购买了998次证券公司理财产品，购买规模合计为599.45亿元。收益凭证起到了盘活实体企业闲置资金的作用，为实体企业资金的保值增值做出一定贡献。

3. 发行证券公司覆盖广泛

2017年，共有91家证券公司通过报价系统及证券公司柜台发行收益凭证24 398只。发行人数量与2015年、2016年基本持平，产品发行数量涨幅达到133.38%（见图3）。

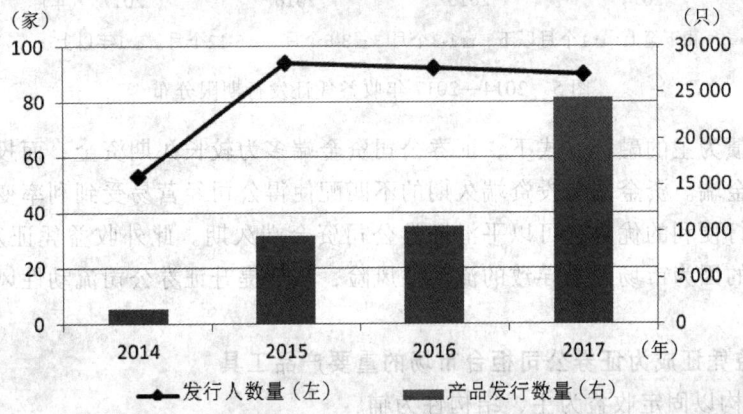

图3　2014—2017年发行人数量和发行数量

从发行收益凭证证券公司分类监管评级分布看，覆盖多数评级级别，其中88%的发行证券公司为 BBB 评级及以上，整体发行人资质较高（见图 4）。

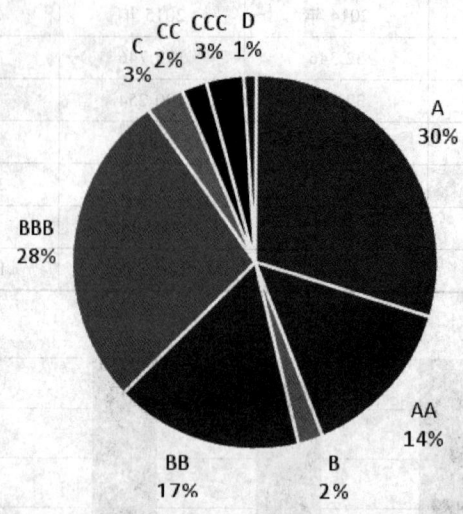

图 4　参与发行收益凭证监管评级分布

4. 产品期限以一年以下为主

从发行产品期限看，2017 年度发行的一年以下期限产品发行规模达到 6 821.06 亿元，占比 76.91%。收益凭证作为证券公司调节负债久期的有效工具，与交易所发行的 3—5 年债券形成结构互补（见图 5）。

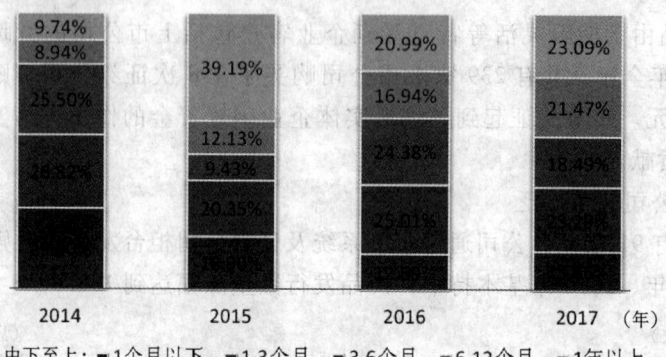

图 5　2014—2017 年收益凭证发行期限分布

传统以发债为主的融资方式下，证券公司资金端多为较长久期资金，而投资端资产配置久期将短于资金端。资金端与投资端久期的不匹配使得公司经营易受到利率变化的影响。通过收益凭证发行便利的优势，可以平滑证券公司资金端久期。此外收益凭证发行的灵活性，可以降低潜在的因为市场因素导致的流动性风险，从而提升证券公司流动性风险的抵抗力。

（二）收益凭证成为证券公司柜台市场的重要产品工具

1. 收益结构以固定收益为主，结构性为辅

收益凭证按照本金是否承担市场风险分为本金保障型收益凭证与非本金保障型收益凭证。从收益结构角度看，可按照固定收益型、浮动收益型、"固定＋浮动"收益型、二元收

益型等收益结构种类分类统计。固定收益型产品常年维持在市场整体发行规模的85%以上，较为稳定，这部分主要满足投资者类固定收益的投资需求。"固定+浮动"、浮动、二元等结构的收益凭证则是同时结合了客户投资和风险管理的需求，这部分收益凭证又可称作结构性收益凭证，通常会嵌套相应期权以匹配非固定收益的结构。

数据显示，2017年固定收益型收益凭证发行数量达到18 452只，数量占比75.63%，发行规模7 793.11亿元，规模占比87.87%，数量与规模较2016年呈现较大涨幅；二元收益型发行数量达到959只，规模558.30亿元，数量及规模较2016年也出现大幅上涨；"固定+浮动"收益型发行数量达到4 703只，规模454.61亿元，规模与2016年持平；浮动收益型发行数量达到284只，规模62.89亿元，数量及规模较2016年呈现较大涨幅。结构性收益凭证的发行规模从2014年的289.85亿元逐步扩大到2017年的1 075.80亿元（见表3）。

表3　　　　　　　　　不同类型收益凭证2014—2017年发行情况

收益类型	2014年		2015年		2016年		2017年	
	数量（只）	规模（亿元）	数量（只）	规模（亿元）	数量（只）	规模（亿元）	数量（只）	规模（亿元）
固定收益型	862	378.01	7 352	5 960.85	7 628	3 839.64	18 452	7 793.11
"固定+浮动"收益型	610	234.64	1 793	872.01	2 194	437.24	4 703	454.61
浮动收益型	160	55.21	387	134.27	91	18.89	284	62.89
二元结构收益型	0	0.00	30	2.11	541	158.50	959	558.30
总计	1 632	667.86	9 562	6 969.23	10 454	4 454.28	24 398	8 868.91

2. 挂钩资产标的逐步丰富

收益凭证的挂钩标的包括但不限于货币利率、基础商品、证券的价格或者指数。境内已开展的挂钩标的大致可分为权益类、利率类、商品类和汇率类，具体情况如下：

（1）权益类挂钩：权益类挂钩收益凭证是指通过股票、股票指数等权益类资产表现挂钩的相关收益凭证。股票类挂钩型收益凭证通常内嵌期权，特点为多数保本或部分保本。其风险一般比股票、基金低，预期收益比同期限的固定收益高，是介于股票、固定收益证券之间的投资工具。2017年全年发行数量达到3 076只，发行规模达到215.65亿元。该类结构性收益凭证产品中，主要挂钩标的为上证50、沪深300、中证500，其次也有少量挂钩境外指数或境外蓝筹股的产品。

（2）利率挂钩：利率挂钩型收益凭证的收益水平与某一利率指标或者债券指数的变动挂钩。国内市场主流挂钩利率为央行存款利率、Shibor或国债期货。2017年全年，利率挂钩型收益凭证发行数量为1 590只，发行规模为699.39亿元。

（3）商品挂钩：是指与某种大宗商品或大宗商品的价格指数挂钩。目前市场中常见的挂钩标的有黄金价格、原油价格等。2017年全年，该部分发行数量为1 262只，发行规模160.57亿元。

（4）汇率挂钩：是指与各类外汇价格挂钩的产品。2017年全年，该部分发行数量为138只，发行规模3.92亿元。

结构性产品的市场是巨大的。以欧洲为例，结构化产品在 2017 年底占欧盟零售市场家庭财务净值比例 4% 左右，市场规模约 5 000 亿欧元。权益类与商品类挂钩产品常年盘踞结构性产品挂钩标的规模的前两位。宽松的货币政策导致利率挂钩产品在过去 5 年中销售规模下降 23%，目前仅占 4%。

虽然我国结构性收益凭证的发展还处于起步阶段，但通过借鉴境外结构性产品的发展路径不难发现，结构性产品是伴随着市场化的环境逐步成长的。企业及投资者在市场化的环境下，有着风险对冲及资产保值增值的需求，比如企业对于生产要素的对冲需求、进出口企业对利率的对冲需求，这些都可通过投资结构性产品来完成。

（三）收益凭证业务总体风险可控

1. 到期无违约情况发生

自收益凭证诞生之日起到 2017 年底，全市场收益凭证共有 38 322 只产品到期，共计规模 16 050.62 亿元。所有到期产品如期兑付本息，未发生延期支付等违约情况，也无客户投诉。全市场参与发行证券公司收益凭证存续规模均未超过 60% 净资本要求，风险可控。

2. 净稳定资金率、流动性覆盖率均满足监管要求

发行收益凭证的所有证券公司，将收益凭证流动性风险纳入净稳定资金率及流动性覆盖率监控，净稳定资金率、流动性覆盖率均满足不低于 100% 的监管要求。各证券公司资金运营情况良好，流动性资产充足，暂未发现流动性风险隐患。

3. 自律监管情况

2013 年至今，中国证券业协会、报价系统针对收益凭证业务发布了《证券公司柜台市场管理办法》《机构间私募产品报价与服务系统管理办法（试行）》《证券公司开展收益凭证业务规范（试行）》《场外证券业务备案管理办法》《机构间私募产品报价与服务系统收益凭证业务指引（试行）》等多项制度，为收益凭证业务开展的合规性提供了指引。截至 2017 年 12 月 31 日，行业内未发生收益凭证业务任何实质性相关风险。

二、收益凭证业务开展遇到的问题

（一）尚未明确法规支撑

中国证监会于 2013 年起草《证券公司债务融资工具管理暂行规定（征求意见稿）》（以下简称《暂行规定》），旨在积极推动证券行业创新发展，拓宽证券公司融资渠道，充分发挥证券公司资本市场中介服务和市场组织功能，为投资者提供更多、更灵活的投资工具。《暂行规定》中重点对收益凭证作了规定，但至今一直未出台正式稿或在其他上位法规中予以明确。收益凭证是证券公司重要的融资工具之一，也是目前主流的柜台市场交易品种之一。支撑法规的缺失，导致投资者对于收益凭证产品的法律地位及产品属性存在诸多疑问，限制了收益凭证产品的投资者群体，实质上影响了收益凭证业务的开展。

（二）业务规范制度建设滞后

由于正式法规的缺失，证券公司在开展收益凭证业务过程中没有相应的规范可供参考，导致在产品结构设计、投资者适当性管理、产品归类、会计处理、投资者税收等问题上，存

在各家公司认识不同的情况。

(三) 未体现发行人主体信用差异

收益凭证以证券公司信用为基础,是基于债权债务关系的产品。收益凭证的风险即是证券公司的信用风险。目前,收益凭证的定价未体现信用主体的差别,更未体现证券公司不同分类评价的区别。投资者模糊地认为不同证券公司发行的收益凭证其风险一致。

三、收益凭证业务开展的政策建议

(一) 加强监管规章制度的落实

收益凭证自试点以来已经获得市场的高度认可。建议监管机构从监管角度出发制定对收益凭证性质和业务进行规范的相应规章制度,确立收益凭证法律地位及颁布相关规范文件。建议中国证券业协会制定自律组织的业务规则,规范证券公司开展收益凭证业务的行为指引。

(二) 统一业务开展资格管理,加强主体信用披露

收益凭证从创设至今累计发行达万亿元规模,但各证券公司产品同质化情况初步显现,发行主体信用差异披露不充分。建议监管部门进一步完善收益凭证发行机制,提高发行主体准入门槛,在通过净资本来控制发行余额的基础上,明确BBB级以上证券公司的收益凭证发行资格,以此规范市场,控制发行主体风险。

(三) 丰富产品形式

收益凭证作为证券公司柜台业务的主打产品,已成为吸引客户参与场外交易的重要工具,同时也是业务创新的重要载体。目前收益凭证依然以融资目的为主,这与设立收益凭证的初衷有悖。希望中国证券业协会加强行业指导和创新,丰富收益凭证品种和形式,如增加场内衍生品交易品种,增加期交所商品期货等挂钩标的;进一步丰富产品的种类和形式,鼓励量身定制适合不同风险偏好的产品结构;不断满足投资者多元化、个性化的需求,培育和发挥收益凭证为投资者提供风险管理及资产保值增值的功能。

(四) 严控流动性风险,严禁套利行为

继续按照监管要求加强收益凭证流动性风险管理,同时各证券公司应严格把控金融风险,严防套利,控制风险头寸,防止让收益凭证变相成为套利工具;针对结构性收益凭证制定行业分类标准,进一步刻画结构性产品的风险维度,完善收益凭证客户适当性管理工作。

监管新规下场外期权业务发展的建议

中国证券业协会场外市场委员会专题研究小组*

一、场外期权业务发展的必要性和紧迫性

（一）必要性

1. 境内外场外期权市场发展对比

（1）境内场外期权现状。2013年境内证券公司场外衍生品业务试点正式启动，经过5年多发展，目前我国的场外期权市场整体上尚处于起步探索和规范发展阶段。

现阶段场外期权市场的发展呈现出以下几个主要特征：

一是市场结构不尽合理。根据中国证券业协会最新统计，截至2018年6月，场外期权前五大券商占有市场份额已达到约87%，但同时交易对手以商业银行、券商及其子公司为主，私募等专业机构投资者几乎从场外期权交易市场消失，交易对手覆盖范围较少，市场活跃度较低。受此影响，场外期权业务的存量规模及月度新增规模均出现了不同程度下滑。

二是境内场外期权业务可挂钩标的较为局限。目前标的多数集中在指数方面（占比75.5%），个股、商品规模较小（均略超5%）；交易结构较为单一且表现出跟风式的形态需求，其交易目的多为投机交易，而未能充分发挥期权这一金融风险管理工具的基础核心职能。

三是场外期权业务的市场监管也处于探索发展阶段。2018年5月以来，中国证监会、中国证券业协会先后出台了一系列规范场外期权业务发展的新规。新规出台以来，初步实现了以交易商申请制度为基础的市场管控机制，为未来境内外期权业务的规范发展提供了指导。

（2）境外场外期权发展。自20世纪80年代开始，在世界金融市场上，场外期权市场已经变得十分重要，目前境外场外期权业务处于成熟发展阶段。据国际清算银行（BIS）统

---

* 研究小组成员：中国国际金融股份有限公司：孙守坤；国信证券股份有限公司：陈晓斌，徐晓辉，张婉婷。

计，截至 2017 年 6 月，全球场外衍生品规模为 542 万亿美元，占比 86%，远超其场内市场期权规模。据国际掉期与衍生品协会统计，2017 年全球 500 强企业中，有超过 90% 的企业使用场外衍生品市场进行交易。

境外场外期权的目标标的十分广泛，包括但不限于股票、利率、汇率、权证、期货等。同时期权形式也极其多样化，可实现根据交易对手的交易需求量身定制期权产品，投资者可以利用期权这一金融衍生工具实现真实的风险对冲或进行投机交易。

境外场外期权多采用集中管理的做市制度进行市场监管和运作，逐步形成了完善的市场机制，有效降低了场外期权业务的信用风险、市场风险等主要业务风险。

2. 场外期权业务的市场作用

（1）充当风险对冲工具，有效节省对冲成本。场外期权因其衍生品属性具有独特的风险对冲功能，相比于使用期货对冲现货价格波动的风险而言，场外期权更具有成本节约、效果良好、损失可控的特质。此功能对于实体企业等具有现货风险对冲需求的交易对手而言，是不可或缺的风险管理工具。

（2）满足市场财富管理需求，降低投资成本。一是利用期权结构匹配不同风险等级财富投资。依据场外期权的非标准化特性，券商等金融机构可根据投资者的需求设计期权产品，以满足投资者套期保值、套利、对冲、投机等交易需求。根据不同的期权组合，创造匹配不同投资者风险偏好的期权产品，实现投资结构多样化的财富管理需求。

二是满足"期权+其他金融产品"组合型财富管理。对于场外期权而言，其标的物、期限等要素并不具有绝对的约束，因而使其可以与现有其他金融产品相结合。如场外期权可与理财产品结合，从而改善理财产品的收益特征，形成产品之间的协同发展，为不同市场财富管理需求提供多样化的投资渠道。

三是有效降低财富管理投资成本。因期权具有高杠杆的特性，因此比起普通投资而言，其资金占用更低，因此也可以为投资者有效降低财富投资成本。

3. 构建完整多层次资本市场的必要条件之一

一方面，场外衍生品市场是多层次资本市场结构中不可或缺的一环，一个成熟的资本市场应当是多层次的市场结构。目前我国一、二级市场已经逐步发展成熟，逐步壮大的三级市场的功能及投资需求也愈发凸显，而期权市场作为三级市场中风险对冲环节的重要角色之一，是构建完整的多层次资本市场的必要条件。

另一方面，场外期权比场内期权更为灵活，其量身定制式的产品形态有利于丰富金融市场的产品结构，可通过对场外期权在多层次资本市场中不同的应用以多样化地与市场衔接。

4. 提升机构竞争力，应对国际竞争

随着境内金融市场的逐渐开放，越来越多的外资流入国内市场，同时越来越多的境外金融机构加入境内金融市场的竞争队伍当中。而我国场外衍生品市场发展历史较短，业务机制尚未成熟，且境内金融机构业务经验及风险管理能力还有待大幅提升，就目前而言，难以应对越发激烈的国际竞争。

场外期权业务的持续健康发展，为我国期权市场发展提供了机会，也为境内金融机构提供了进步空间。因此，我国场外期权业务的长足发展也是我国金融市场面临的重要课题之一。

(二) 紧迫性

1. 我国金融开放大局，外资不断涌入国内市场

随着金融市场的进一步对外开放，越来越多外资券商及合资券商不断涌入国内市场，其均具有丰富的产品设计经验和风险管控能力，这将加剧境内金融市场的激烈竞争，加大境内金融机构的竞争压力。

2. 境内场外衍生品发展时间短，专业能力不足

境内场外衍生品业务自 2013 年起才陆续在国内金融市场起步，发展历史较短。境内金融机构专业性尚为薄弱，不具备较强的运营能力和风险控制能力，难以应对金融开放带来的市场竞争。

二、监管新规对场外期权业务的影响

2018 年 5 月 11 日场外期权新规对场外期权业务实施分级管理，同时对交易对手方准入、挂钩标的、净资本占用等方面实行了较为严格的管制。长远来看，新规有利于场外期权的规范发展，但是短期内对市场的冲击较大，对现有业务规模有比较大的影响。

(一) 对存量业务规模的影响

新规之后由于投资者准入方面的限制，大多数客户无法继续参与场外期权交易，存量规模下降明显，尤其是个股期权，主要券商的个股期权名义规模和对冲持仓下降约 1/2 至 2/3。从产品结构看，单纯看涨的香草期权规模下降最为明显，结构化产品，例如凤凰型期权等规模相对上升。此外，受资管新规影响，保本理财产品规模下降明显，部分理财资金被挤出到结构化存款中，银行发行结构化理财产品，同时通过券商进行对冲，比较典型的结构有二元期权、鲨鱼鳍期权等，标的多数为沪深 300、上证 50、中证 500 三大指数，导致指数类期权名义规模占比有所上升。

(二) 对市场竞争格局的影响

场外期权业务是规模效应比较明显的业务，对风险管理水平要求很高，且前期需要大量人力物力的投入，因此市场集中度较高。从国内来看，市场份额前 5 位的券商占比高于 80%，期权新规前后对市场集中度并无明显影响，但是评级较低的券商将完全无法参与此项业务。从国际经验来看，场外衍生品市场份额也集中在高盛、摩根士丹利、UBS、巴克莱等大型投资银行手中。沪港通、深港通开通后，外资券商通过香港的经营实体加大对 A 股衍生品的布局，对 A 股市场的定价权以及中资券商的竞争力均有较大冲击。

(三) 对券商收入结构的影响

场外衍生品对业务人员专业性和技术系统要求较高，利润率高于传统的股票质押业务和"两融"业务。境外投行在场外衍生品业务方面的投入较大，在人才和技术储备方面与内资券商相比有明显优势，其在场外衍生品业务方面的收入占比很高，部分已超过 IB 业务收入。内资券商在收入结构上仍以传统的经纪业务为主，场外业务收入占比非常低。从 2016 年开始,以中金公司、中信证券为主的大型券商在场外衍生品业务方面的收入增长较快,成为当前市场环境下新的利润增长点。期权新规后,由于在投资者准入等方面的严格限制,市场规模下降较快。

三、监管新规下场外期权业务发展面临的问题

(一) 监管总体要求

2018年上半年,中国证监会、中国证券业协会发布了一系列关于场外期权业务新规的通知,进一步明确规定了包括交易商规则、投资标的范围、投资者适当性管理要求等在内的一系列场外期权监管新要求。

1. 交易商

证券公司开展场外期权业务应取得交易商资格,未能成为交易商的证券公司不得与客户开展场外期权业务。同时将交易商分为一级交易商和二级交易商,一级交易商可以在沪、深证券交易所直接开展对冲交易,二级交易商仅能与一级交易商进行个股对冲交易。

2. 投资标的

中国证券业协会对证券公司场外期权业务交易标的、对冲标的实行自律管理。交易商可以开展以符合规定条件的个股、股票指数、大宗商品等资产为合约标的的场外期权业务。

3. 适当性管理要求

将场外期权的投资者划分为专业机构投资者和金融机构管理的产品两种类型,为防止不符合投资者适当性管理的客户开展期权业务或利用场外期权进行杠杆投机,新规大幅提高了场外期权的准入门槛,同时对金融机构管理的产品进行穿透管理,对产品支付的预付金/保证金规模进行上限限制。

(二) 现阶段场外期权业务发展存在的问题

1. 现行监管制度未实现高度集中

中国证券业协会自2012年后陆续出台一系列规范柜台市场及场外衍生品业务发展的自律规则,中国证监会于2018年5月发布了《关于进一步加强证券公司场外期权业务监管的通知》,中国证券业协会于2018年5月底发布了场外期权业务的配套自律规则,中国期货业协会也于2018年8月发布《关于进一步加强风险管理公司场外衍生品业务自律管理的通知》。随着场外期权业务的发展,机构专业能力有了一定的提升,监管规范也日益完善,但整体而言,现行的监管规则及行业规范仍呈现出明显的条块分割状态,缺乏一部立法层级较高的部门规章作为行业通行的监管标准。

2. 缺乏更加合理的市场准入标准

自新规出台以来,场外衍生品市场投资者的筛选标准又一次上升到新的高度,不可否认,在业务规范发展的初级阶段,其对前期市场发展中出现的各种不规范性问题起到了震慑效果。同时,较高的标准使一些确实有交易需求的机构投资者无法参与进来,限制了场外期权进行实际风险管理、直接融资和财富管理等功能的效益发挥。

此外,根据现行规则,一部分满足准入标准的金融机构(如保险公司)尚未明确是否获准场外衍生品业务参与资格,未能实现对全市场的规范要求。

3. 券商交易资格评级标准较为单一

根据新规的要求，券商场外衍生品业务的参与资格与券商分类评级结果直接挂钩，仅有 AA 评级以上的券商允许申请一级交易商资格，这将一部分确有能力且具备多年业务开展经验、但分类评级在 AA 以下的券商拒之门外，导致券商这类重要参与主体数量不足，不利于国内场外期权业务的发展壮大。

4. 业务数据报送机制尚未成熟

根据目前的数据报送规则，券商等金融机构的场外衍生品交易数据通过中证报价系统进行报送，但目前的数据报送接口未开放，券商通过手工进行逐笔报送容易出错且效率低下。同时，报送数据仅限于衍生品合约，未将合约对应的对冲标的情况纳入报送范围，难以监测券商衍生品业务风险暴露情况。此外，数据统计口径有待进一步完善，如仅报送名义规模，未报送合约价值，难以真实反映衍生品业务实际规模。上述问题的存在，致使监管部门不能更加及时、全面、准确地掌握场外衍生品市场发展的状态及业务面临的风险。

5. 缺乏统一的第三方清算平台

参考境外场外衍生品业务的成熟经验，建立一个统一的第三方清算平台是场外市场规范发展的趋势之一。目前我国场外衍生品交易均由交易双方自行结算，信用风险、结算风险等仅由机构自身管控，清算交收未有统一准则。

6. 资本市场对外开放背景下内资券商与外资券商处于不平等的竞争地位

在资本市场对外开放的大背景下，外资券商可通过沪港通和深港通投资 A 股市场，且可投资标的与场外期权业务准入标的高度重合。另外，我国香港市场融券的便利程度较高，融资成本也明显低于内地，因此香港的金融机构参与 A 股衍生品具有更大的灵活性，可创设的产品类型更多，相比之下，内资券商处于不平等的竞争地位。大型国际投行如 UBS、高盛等均在逐步布局 A 股市场，但投入力度在当前阶段还不大，如果外资投行大规模布局 A 股市场，将对内资券商造成明显的冲击。

7. 市场接受度有待提高，易被单纯作为高杠杆投机工具利用

目前，市场对场外衍生品的接受程度不高，多数将其作为单纯的投机工具，严重背离了场外衍生品风险管理的初衷。实质上，利用场外衍生品可设计出多种类型风险收益特征的产品，如境外市场流行的结构化产品，其风险和收益介于股票和债券之间，是对现行金融市场产品的有效补充。但是在当前缺乏阶段性行情的市场环境下，投资者对看涨类的杠杆工具需求不大，从而导致场外期权业务规模萎缩严重。

8. 境内缺乏有效的对冲工具，二阶风险无法有效对冲，券商风险容易集聚

期权产品面临的风险主要包括标的价格变动和隐含波动率变动两方面，即所谓的 Delta 敞口和 Vega 敞口。其中 Delta 敞口可通过标的股票交易进行对冲，Vega 敞口需要通过交易波动率进行对冲。但是目前 A 股市场可交易波动率的产品非常单一，仅上证 50ETF 期权一只产品，导致券商存在无法实时有效对冲波动率变动的风险，尤其是目前券商以卖出期权为主，总体上属波动率空头，当隐含波动率急剧上升时会导致券商出现较大亏损。多数券商通过产品结构的均衡，即买入和卖出期权来实现 Vega 的近似中性，但是对冲效果不理想。

9. 尚未制定专门针对场外期权的交易规则，不利于正常对冲交易的持续开展

目前沪、深证券交易所均已开始对场外期权对冲账户进行专门管理，要求券商报备对冲账户和场外期权头寸。场外期权的对冲由于是被动交易，交易行为可能有别于其他的主动交易行为,但是目前交易所对场外期权对冲账户的管理仅作为一个单独的账户,并未在监管标准上进行个性化设置,部分监管指标较为严格,不利于正常的对冲交易。

四、场外期权业务规范发展的思路与建议

(一) 制度建设

在制度建设层面,建议监管部门在总结我国现行场外衍生品业务立法实践的基础上,适当参考境外场外期权管理的先进经验,在监管层面建立一个统一规范的管理体系,保持行业行为规范的高度一致性,实行集中化场外市场管理,有效防范业务风险,立足我国金融市场的根本以及对外金融开放发展的趋势,确立切实有效的国际化管理模式。

(二) 参与主体

衍生品是机构投资者普遍应用的风险管理工具,目前国内的大部分机构投资者包括保险资金、养老基金、公募基金、股权投资基金等机构尚未获准参与场外期权业务。长线资金对收益稳定的结构化产品及保护性看跌期权的需求较高,建议监管机构协调中国银保监会等部门放开此类机构的准入。

(三) 客户准入

1. 避险实体企业的准入

场外期权业务作为金融市场不可缺失的重要组成部分,除了其自身的可投资性价值外,更重要的是其作为风险管理工具的衍生品价值。2017 年我国个别商品期货交易所开展的一系列"保险+期货"试点项目,为实体企业提供了一条比期货对冲成本更低、效果更好的风险对冲渠道,因此健康的场外期权市场不应该仅仅只有金融机构的参与,考虑实体企业因风险对冲对场外期权的交易需求,建议对现有参与主体的市场准入标准进一步完善,适当降低有真实避险需求的实体企业准入条件。

2. 参与主体业务权限分类管理

为了实现更加合理的场外期权参与主体结构化配置,建议借鉴场内期权业务的投资者管理模式,根据投资者自身条件设置其参与场外衍生品业务的权限,并根据权限匹配其参与交易的方式、数量等(如对于权限较低的投资者,则设定其仅可作为场外期权的买方;对于权限较高的投资者,则设定其既可作为场外期权的买方,又可作为场外期权的卖方)。

(四) 券商准入

建议在现有交易商制度基础上,建立持续动态管理机制(能上能下),即根据交易商的场外期权业务行业排名,同时综合考量其专业能力、合规风控能力等维度指标,对交易商资格、层级实施持续动态管理。例如,对业务排名靠前的二级交易商,可升入一级交易商;对业务能力不达标的一级交易商,可将其调降为二级交易商,甚至取消其交易商资格,形成能上能下的交易商层级动态管理机制,促使交易商不断提高自身的专业化程度,推动国内场外期权业务在竞争中良性规范发展。

（五）产品类型

建议从产品结构和标的范围两个维度进一步推进场外衍生品的规范发展。

产品结构方面，鼓励券商利用收益凭证等工具开发更多风险收益介于股票和债券之间的结构化产品，大力发展结构化产品市场，允许有场外期权业务资格的券商开发基于个股的低风险结构化产品，弥补资管新规后保本型理财产品的空缺，丰富普通投资者的投资工具。此外，企业衍生品（Corporate Derivatives）在国外发展较为成熟，上市公司利用场外衍生品进行投资并购、股权激励、股价波动风险管理等手段多样化。建议监管机构明确上市公司及"董监高"参与场外衍生品业务的信息披露要求，鼓励券商利用场外衍生品在股权激励、股份转让、股份回购、员工持股平台、可转债发行等方面开发更多收益稳定的产品，充分发挥衍生品的风险管理作用，尤其在股价下行的市场行情下，可鼓励上市公司利用场外衍生品规避股价下行风险。

标的范围方面，建议放开券商基于现有标的范围编制的定制化指数的场外衍生品，同时适度增加标的个股范围，满足投资者多样化投资需求，支持更多的产品类型，大力发展结构化产品、企业衍生品等。

（六）对冲工具

建议监管机构开放更多交易品种为场外期权提供对冲工具，包括进一步丰富场内期权品种、完善融券配套制度、股指期货交易常态化等。

（七）业务监控

1. 建立多维度数据报送机制

完善现行的数据报送机制，运用多维度数据管理方式，建立统一并固定的执行标准。建议设立中国证监会、中国证券业协会、交易所等多部门联动的行业信息报送监测机制，以便监管部门多维度收集行业数据，进行数据真实性对比，更加全面地对行业发展状况进行监测。

2. 统一对冲交易风险监测

建议监管部门针对场外衍生品对冲交易制定统一的监管指标及监测制度，特别是个股标的场外期权交易。有效的风险监测能够大幅降低对冲交易对二级市场的冲击，同时也可以提升对于异常或非法交易行为的风险监测敏感度。

（八）信息披露

1. 建议进一步完善信息披露内容，增加个股标的集中度指标

目前对场外期权业务实行的 T+1 日报送机制有利于提高监管层对场外衍生品市场监控的准确性和及时性。增设场外期权个股集中度指标，是基于证券公司避免流动性风险的需求。但是目前由于各家券商无法了解到其他同行存续交易的情况，所以无法掌握到这一指标，希望该指标能够有统一发布的渠道。

2. 为提高信息披露的及时性，建议固定行业数据发布的频率和时间

由于信息披露制度是场外衍生品市场基础设施的重要组成部分，对提高场外衍生品交易

市场的透明度、预防系统性风险具有重要的作用。为进一步降低市场参与者获取官方信息的成本，建议通过设置行业数据报告的固定发布时间和频率，例如每月第一周的周五公布上月度市场数据情况，以及增设临时信息披露机制，保证投资者及时了解市场信息并进行评估。

（九）业务清算

逐步探索并建立场外衍生品业务集中清算体系，设立第三方独立机构进行场外衍生品业务的主动清算，建立统一的场外期权清算与交收标准，有效防范清算风险、信用风险的冲击，保障投资者合法权益。

证券公司场外业务监测监控研究

中国证券业协会场外市场委员会专题研究小组[*]

场外证券市场是我国多层次资本市场体系的重要组成部分,承担着拓宽融资渠道、为非上市证券提供流通转让及提供个性化风险管理工具等职能。2012年以来,证券公司场外证券业务进行了一些新的尝试,在完善多层次资本市场体系方面发挥了积极的作用。但由于场外证券业务刚刚起步、交易场所分散、业务个性化程度高等特点,需要通过加强监测监控工作来服务于场外证券业务的监管,实现场外证券业务规范发展、防范系统性风险以及保护投资者合法权益。本文在介绍美国场外市场业务发展经验的基础上,梳理我国场外证券业务发展及监测的现状,就如何监测监控证券公司场外证券业务提出相关建议。

一、美国场外业务发展情况

场外证券市场即OTC市场,又称柜台交易市场,通常指买卖双方在交易所之外以议价方式成交的市场。场内市场(交易所市场)为投资者提供标准化交易产品或合约,而场外证券市场满足了投资者对非标准化产品或合约的投资需求,或为无法在交易所上市交易的证券提供交易。回顾证券市场发展历程,场外证券市场的诞生要早于场内证券市场,传统的场外证券市场是一个分散、无形、没有固定集中交易场所的市场,经过发展,慢慢演变成为场内交易市场。初期场内证券市场与场外证券市场界限相对清晰,可以从组织形式、交易机制等特征加以区分,然而随着信息技术与网络技术的发展与交易机制的革新,场外证券市场的组织形态发生了显著变化,场内市场与场外市场的边界也逐渐模糊。本文选取场外市场最发达的美国市场作为案例介绍海外场外市场的情况。

(一)美国场外市场结构

基于产品特性与监管框架的差异,美国场外证券市场可以划分为两个大的市场,即由美

---

[*] 研究单位:中证机构间报价系统股份有限公司。

国证券交易委员会（Securities and Exchange Commission，SEC）监管下的场外证券市场（以下简称"美国场外证券市场"）及由美国商品期货交易委员会（Commodity Futures Trading Commission，CFTC）与 SEC 联合监管的场外衍生品市场。

1. 场外证券市场

按照 SEC 对证券市场层次的划分，美国证券市场包括注册交易所、另类交易系统（Alternative Trading System，ATS）、柜台市场（Over-the-Counter Market）以及非标权益市场和私募市场。注册交易所即传统的场内市场，其他交易场所均可以视为场外证券市场。

2. 场外衍生品市场

传统的场外衍生品市场主要参与者往往是大型机构投资者，主要在金融机构柜台完成交易，其交易额大、合约灵活度高，往往不愿意公开交易数据。2008 年金融危机后，为了控制场外衍生品市场的系统性风险，G20 匹兹堡峰会提出了更为严格的监管要求。在这一趋势下，美国《多德-弗兰克法案》于 2010 年发布，规定场外标准化的衍生品须在互换执行设施（SEF）和指定合约市场（DCM）交易，以提高互换市场的透明度，其中指定合约市场（DCM）是传统意义的场内衍生品交易所市场。

2013 年 6 月，CFTC 发布最终规则，要求美国所有符合标准的场外互换产品从 2013 年 10 月 2 日开始必须通过 SEF 平台交易。至此，美国场外衍生品市场可以划分为 SEF 平台与传统柜台交易。

（二）美国场外证券市场监管框架

2008 年金融危机之后，《多德-弗兰克法案》颁布，美国变革金融监管框架，主要改革包括：成立金融服务监督管理委员会、消费者金融保护局、保险监管局，并赋予美国证券交易委员会（SEC）更大的权力。金融服务监督管理委员会主要负责宏观审慎监管，而 SEC、CFTC、消费者金融保护局与保险监管局负责微观审慎监管。

改革之后，美国的场外证券市场处于双头监管格局，即由 SEC 及 FINRA（The Financial Industry Regulatory Authority，美国金融行业监管局）监管美国场外证券市场，由 CFTC（美国商品期货交易委员会）为主，并与 SEC 联合监管场外衍生品市场。

1. SEC 监管职能

SEC 的监管职能主要表现在监管立法、行政管理与司法三个方面。立法是围绕联邦所立相关法律，进行解释性的立法，制定相关规则；行政管理包括对自律组织进行再监管、证券的注册与信息披露、及时发现和处理欺诈性交易；司法即对违法活动进行调查、起诉。

SEC 与自律组织之间的基本分工是：对上市公司、证券公司和证券交易的日常监管主要由自律性组织负责，而 SEC 主要对自律性组织进行监管，但是仍然保留有限的对证券公司、上市公司和证券交易直接监管的权力。只有在自律组织没有尽到监督管理的责任时，SEC 才会进行干预。SEC 不但扮演监督证券自律机构的角色，更扮演与自律组织合作的角色。

2. CFTC 监管职能

CFTC 主要职责和作用是负责监管美国商品期货、期权和金融期货、期权市场，保护市场参与者和公众不受与商品和金融期货、期权有关的诈骗、市场操纵和不正当经营等活动的侵害，保障期货和期权市场的开放性、竞争性和财务上的可靠性。

2008 年金融危机以后，CFTC 加大了对场外衍生品的监管力度。被监管的机构主要包括两大类，即市场交易主体和市场基础设施提供者。前者主要包括互换交易商（Swap Dealer）和主要互换参与者（Major Swap Participant，MSP）等（以下简称"互换机构"），后者主要包括互换执行设施（SEF）、衍生品清算机构（DCO）及数据存储库（SDR）。互换机构面临强制注册、资本与保证金要求以及商业行为标准三方面的监管要求。市场基础设施提供者通过集中交易、清算或信息存管，可以向市场提供交易前后的数据，提高市场透明度，从而有利于发挥价格发现的功能。

《多德-弗兰克法案》首次将场外衍生品交易纳入监管范围，确立了对场外衍生品市场的"双头"监管架构，即CFTC监管非基于证券的互换市场，SEC监管基于证券的互换市场，二者共同监管混合互换。具体而言，CFTC负责监管利率、货币、商品、政府证券、天气、能源、金属、排放量和宽基证券指数的互换；SEC负责监管单一证券、窄基证券指数和单名信用违约的互换；综合两类特征的混合互换则由CFTC和SEC共同监管。

3. FINRA自律监管职能

FINRA是场外交易市场的主要自律监管机构，前身是全美证券交易商协会。FINRA作为自律监管组织，在SEC注册并接受SEC的监督与管理，依据法律赋予的权力对其会员进行监管，并负责主办和管理场外交易商自动报价系统，以促进柜台交易市场按公平原则运作。作为场外交易市场的直接监管者，FINRA制定场外交易与会员自律规则，负责对会员日常经营活动进行监管，对场外证券交易进行信息收集、发布与实时监控。FINRA负责对场外交易市场及市场上交易的产品的监督。FINRA对场外交易市场的监管主要通过对会员的监管实现，其主要监管活动有：贯彻执行证券管理部门政策，制定场外证券交易法规、规范及会员行为准则；检查、监督会员的日常经营活动，对违反协会规章或联邦证券法的会员公司及注册的雇员进行惩处；连续不断地对市场上的证券交易活动进行监督，防止不正当交易的发生。

二、我国证券公司场外业务发展与监测监控现状

（一）我国证券公司场外业务发展现状

1. 我国场外证券市场

我国场外证券市场发展处于起步阶段，不同场外市场从交易品种、投资者结构到监管框架不尽相同。目前，证券公司参与的主要场外市场包括银行间市场、区域性股权交易市场、报价系统、证券公司柜台市场。

（1）银行间市场。全国银行间债券市场成立于1997年6月6日，是依托于中国外汇交易中心暨全国银行间同业拆借中心和中央国债登记结算有限公司、银行间市场清算所股份有限公司，面向商业银行、农村信用联社、保险公司、证券公司等金融机构进行债券买卖和回购及衍生品交易的市场。银行间债券市场目前是我国债券市场的重要部分，并主导我国利率衍生品的交易。全国银行间债券市场提供银行间外汇交易、人民币同业拆借、债券交易系统并组织市场交易，提供外汇市场、债券市场和货币市场的信息服务等。

（2）区域性股权交易市场。区域性股权交易市场主要由地方政府负责日常监管，其交易品种以私募股权为主。2008年起，为破解中小微企业融资难题，各地陆续设立了一批区域性股权市场。2011年11月和2012年7月，针对地方各类交易场所出现的违法违规行为，

国务院和国务院办公厅相继出台《关于清理整顿各类交易场所切实防范金融风险的决定》（国发〔2011〕38号）和《关于清理整顿各类交易场所的实施意见》（国办发〔2012〕37号），决定对包括区域性股权市场在内的各类交易场所进行清理整顿，并明确底线要求。此后区域性股权市场发展近于停滞。2013年8月，国务院办公厅出台《关于金融支持小微企业发展的实施意见》，首次提出要在清理整顿的基础上，将区域性股权市场纳入多层次资本市场体系，激发了区域性股权市场活力。2017年1月20日，国务院办公厅印发《关于规范发展区域性股权市场的通知》，明确了区域性股权市场监督框架，由中国证监会制定监管规则和指导地方监管工作，由地方政府履行日常监管职责。

（3）报价系统。为了实现证券公司柜台市场等私募市场互联互通，在中国证监会的统一指导下，中国证券业协会借鉴国际经验建立了机构间私募产品报价与服务系统（简称"报价系统"）。2014年6月4日，中国证监会批复中证资本市场发展监测中心有限责任公司变更经营范围，专门负责建设和管理报价系统。报价系统产品类型十分丰富，包括资产管理计划、收益凭证、私募债券、ABS等固定收益类产品，以及私募股权融资和场外衍生品。

（4）证券公司柜台市场。证券公司柜台市场是多层次资本市场的重要组成部分。为完善我国多层次资本市场体系，拓展证券公司基础功能，提升证券公司服务实体经济能力，根据中国证监会统一部署，中国证券业协会于2012年10月启动证券公司柜台市场业务试点专业评价工作。2014年，根据《关于进一步推进证券期货经营机构创新发展意见》（证监发〔2014〕37号），中国证券业协会加快推进业务试点组织工作。经中国证监会批准同意，目前共有42家证券公司开展该类业务试点。为进一步促进证券公司柜台市场业务规范发展，经中国证监会同意，中国证券业协会于2014年8月15日发布《证券公司柜台市场管理办法（试行）》，明确了柜台市场私募产品的负面清单管理制度，同时建立了柜台市场发行、销售与转让、账户、登记、托管与结算、信息披露等制度。

2. 我国场外证券业务发展情况

依据中国证券业协会2015年发布的《场外证券业务备案管理办法》，证券公司开展的场外证券业务包括场外证券销售与推荐，场外证券资产融资业务，场外证券业务的技术系统、登记、托管与结算、第三方接口等后台和技术服务外包业务，场外自营与做市业务，场外证券中间介绍业务，场外证券投资咨询业务，场外证券财务顾问业务，场外证券经纪业务，场外证券产品信用评级业务，互联网非公开股权融资业务，场外证券市场增信业务，场外证券信息服务业务，场外金融衍生品业务，证券监管机构或自律组织根据场外证券业务发展认为需要备案的其他场外证券业务。2012年以来，随着证券行业的创新发展，我国场外市场得到了一定发展，且规范程度大幅提高，其中主要的场外证券业务包括：

（1）场外证券销售业务。场外证券销售业务属于各项场外证券业务中开展场所较多、涉及产品种类范围较广、实际开展业务规模较大、发展现状较为成熟的场外证券业务种类。其中，业务开展场所除交易所外，包括证券、期货、基金、银行经营机构的柜台市场，银行间市场，区域股权市场等经监管部门认可的场外市场；销售的产品按照销售规模的大小排列，大致包括：以非公开形式募集的债券（包括企业债、公司债、短融、中票等），以非公开形式募集的资产管理计划、收益凭证、基金专户、银行理财产品、私募基金、信托计划等。根据场外证券业务开展情况报告统计，2017年全年场外证券销售业务合计业务规模达到13 754.63亿元。

（2）场外衍生品业务。经中国证监会与中国证券业协会批准，证券基金期货经营机构于 2013 年正式相继开展 SAC 主协议下的收益互换和场外期权业务。近 5 年来，场外衍生品业务在产品结构、挂钩标的等不同维度有所创新，体现了证券公司在金融工程技术及风险管理能力方面的进步，但在业务发展过程中也暴露了一些问题，具体集中于杠杆融资、通道业务等方面。2017 年全年，场外衍生品业务合计新增交易规模 7 489.47 亿元。其中，收益互换全年新增 2 478.11 亿元，场外期权全年新增 5 011.36 亿元。

（3）非公开发行公司债券。自 2015 年《公司债券发行与交易管理办法》发布以来，非公开发行公司债券的发行业务在沪、深证券交易所和报价系统正式开始开展，并形成了以沪、深证券交易所为主、报价系统为辅的市场格局。非公开发行公司债券自诞生以来，为服务实体经济、解决中小企业融资难问题起到了重要的作用。截至 2017 年 12 月底，累计接收非公债备案 3 391 笔，备案金额达 4.34 万亿元。

（4）场外债券交易。由于我国目前分机构监管的现状，场外债券交易业务涉及面较广，牵涉的业务场所较多，业务形式也较为复杂。具体来看，业务开展场所包括但不限于银行间市场、交易所市场、商业银行柜台市场等场所；业务形式包括但不限于现券买卖、债券回购、债券远期、债券借贷等；交易标的包括但不限于利率债、信用债、ABS、同业存单等。正由于此业务的纷繁复杂，为了形成有效监管，2017 年央行牵头原中国银监会、中国证监会、原中国保监会联合发布《关于规范债券市场参与者债券交易业务的通知》，对债券交易业务做出了明确规范。中国证监会随后也单独下发了《关于进一步加强证券基金经营机构债券交易监管的通知》，对证券基金经营机构合法合规开展债券交易业务做出了具体要求。

（5）场外证券登记托管业务。根据《证券登记结算管理办法》，托管被定义为："证券公司接受客户委托，代其保管证券并提供代收红利等权益维护服务的行为。"托管本质上是一种服务，包含保管、结算、资产服务、基金服务、支付代理等，是一种契约行为和商业行为。根据统计数据分析，目前，私募基金产品的托管规模远大于公募基金的托管规模，占登记托管服务产品总数的 83.13%。

此外，目前证券公司开展私募基金综合服务主要包括平台化、一体化、综合化服务，具体职责包括 PB 证券交易、产品估值清算、份额 TA 登记注册、投资监督、风险监测、代理清算、产品设计、资金划拨、信息披露、资产保管等。

（二）我国证券公司场外市场监测监控情况

1. 监测监控的依据

法律规章及自律规则是监测监控工作的基础依据。目前我国场外证券市场中法律基本空白，主要以部门规章、规范性文件及自律规则为主。

（1）基础规则。场外证券业务备案。为配合监管转型，推动场外证券业务规范发展，经中国证监会同意，中国证券业协会于 2015 年 7 月发布了《场外证券业务备案管理办法》，要求开展场外证券业务的证券公司等机构及其控股子公司报送业务信息和数据，并授权报价系统建设场外证券业务报告系统，从制度上明确了中国证券业协会场外证券业务备案工作事后自律管理的性质，统一了现有 13 项场外证券业务备案事项的基本业务要求、备案基本内容与程序，明晰了中国证券业协会责任及自律管理方式、手段和权限，切实落实事中、事后监管理念，规范了中国证券业协会的相关自律管理工作，是当前中国证券业协会涉及场外证券业务领域的基础性自律规则。

（2）主要市场规则。一是报价系统业务规则。报价系统为规范业务、降低风险，发布了《机构间私募产品报价与服务系统管理办法（试行）》《机构间私募产品报价与服务系统参与人管理规则（试行）》《机构间私募产品报价与服务系统发行与转让规则》《机构间私募产品报价与服务系统私募产品注册规则（试行）》等自律规则和业务规则。

二是证券公司柜台市场业务规则。为规范证券公司柜台交易行为，保护投资者合法权益，防范证券公司风险，中国证券业协会于 2012 年 12 月 21 日发布《证券公司柜台交易业务规范》。之后，为进一步促进证券公司柜台市场业务规范发展，经中国证监会同意，中国证券业协会于 2014 年 8 月 15 日发布《证券公司柜台市场管理办法（试行）》，明确了柜台市场私募产品的负面清单管理制度，同时建立了柜台市场发行、销售与转让、账户、登记、托管与结算、信息披露等制度。

三是区域市场业务规则。根据《国务院关于清理整顿各类交易场所切实防范金融风险的决定》（国发〔2011〕38 号）、《国务院办公厅关于清理整顿各类交易场所的实施意见》（国办发〔2012〕37 号）文件精神，省级政府要制定本地区各类交易场所监管制度，明确监管机构和职责，加强日常监管，建立长效机制，持续做好各类交易场所统计监测、违规处理、风险处置等工作。联席会议成员单位和国务院相关部门做好交易场所监管工作的监督检查和指导工作。由于国发 38 号文、国办发 37 号文主要是解决清理整顿问题，不是解决区域市场监管问题的，所以，尽管明确了区域市场的监管责任主体，但如何监管问题悬而未决。所以，从现实情况看，区域市场监管长效机制多数没有建立起来。中国证券业协会于 2013 年 2 月发布的《证券公司参与区域性股权交易市场业务规范》，对证券公司参与区域性股权交易市场进行规范。

（3）专项规则。场外衍生品业务规则。2013 年 3 月，中国证券业协会发布《证券公司金融衍生品柜台交易业务规范》《证券公司金融衍生品柜台交易风险管理指引》，规范证券公司金融衍生品柜台交易行为。

2. 监测监控的现状

现阶段，开展场外证券业务监测监控工作是随着我国场外证券市场监管体系逐步建立发展起来的，是在"边实践、边摸索"的基础上逐步建立起来的。目前的具体做法是：以行政监管作为整体把控和指导，以自律管理为具体实施方式，从初期的事前准入把控为主，逐步实现向事中事后备案报告、风险监测过渡。中国证券业协会在中国证监会的指导下，已初步形成了一套以自律管理为主的监管规则体系和场外证券业务报告系统，为场外证券业务报告、监测、评估等后续监管工作奠定了初步基础。主要包括：

（1）事前把控。对场外证券业务准入资格的事前把控管理经历了三个主要阶段：中国证监会行政审批，中国证券业协会全面专业评价以及通过报价系统试点。第一，行政审批阶段，主要由证券公司向中国证监会机构部报送创新方案，机构部委托中国证券业协会组织行业内专家对证券公司提交的业务方案进行专业评价，业务方案通过评审后，由机构部通过批复或复函形式同意证券公司开展业务；第二，专业评价阶段，由证券公司向中国证券业协会报送业务方案并申请专业评价，通过评审的业务经由中国证券业协会报请中国证监会同意后，可以进行试点；第三，报价系统试点阶段，中国证券业协会不再组织相关创新业务试点的专业评价，前期未通过专业评价取得场外证券业务试点资格的证券期货经营机构可通过报价系统开展业务。

此外,对于证券公司参与银行间市场等场所开展相关业务,通常由证券公司获得中国证监会批复或复函形式后,向银行间市场申请并按银行间市场自律规则开展。

(2)事中事后管理。场外业务试点以来,中国证券业协会对场外证券业务的自律管理从业务跟进、信息了解、数据统计、风险监测逐步推进,从简单到复杂、专项到整体,逐步建立了场外证券业务的备案和交易报告、日常风险监测和定期检查评估机制,不断完善事中和事后管理。

3. 监测监控的具体工作

场外证券业务监测监控是服务于证券行业非现场监管的重要措施,通过对证券公司等机构报送的各类场外证券业务的各类业务信息,对证券公司场外证券业务的经营状况、风险管理状况和合规情况进行分析,以发现证券行业场外证券业务中存在的问题,评价证券机构的风险状况。场外证券业务监测监控的主要程序包括:一是采集数据;二是对有关数据进行核对、整理;三是形成风险监控指标体系;四是监测分析。监管部门可以根据监测分析的情况,进一步了解并确认相关情况,对于监测工作中发现的主要风险信号和存在的疑问,合理分配监管力量,从而提高监管效率和质量。

(1)发布数据采集标准。业务数据报送是场外证券业务监测监控的基础,主要依据为中国证券业协会发布的《场外证券业务备案管理办法》《非公开发行公司债券备案管理办法》等自律规则。自律规则通常原则性地规定了证券公司报送数据的内容,具体报送数据的详细要求通过场外证券业务报告内容与格式准则细化。为了规范数据报送行为,提高报送效率,中证报价起草了5项场外证券业务报告内容与格式准则,包括《场外衍生品报告内容与格式指引》《非公开发行公司债券备案内容与格式指引》《收益凭证内容与格式指引》《场外证券销售业务报告内容与格式指引》和《登记、托管和结算报告内容与格式指引》,并于2017年5月22日随《关于加强场外衍生品业务自律管理的通知》一同发布。场外证券业务报告内容与格式准则应当跟随业务发展情况适时变化,才能满足监测监控工作的相关要求。

(2)建立场外证券业务报告系统,采集、整理场外证券业务数据。为了满足加强场外证券业务监测监控的要求,中证报价依据中国证券业协会授权建立了场外证券业务报告系统,通过不断完善场外证券报告系统建设,持续提高场外证券市场监测监控水平。场外证券报告系统的建立,一是改变了原有通过电子邮件报送业务数据的途径,二是将原有分散报送的业务实现集中业务数据报送。目前,场外证券业务报告系统已涵盖了场外衍生品、非公开发行公司债券、收益凭证等场外证券业务的数据报送。

(3)提供数据统计分析与数据共享服务。中证报价以场外证券业务报告系统的数据为基础,进行多维度的数据统计分析,并形成定期数据报表或业务报告,为中国证监会与中国证券业协会提供场外证券市场数据信息服务。截至2018年9月底,中证报价为中国证监会机构部、债券部、私募部、市场部以及中国证券业协会、中国期货业协会、中证监测统计中心等提供各类场外数据专项支持超过1 000次。

根据中国证监会的统一安排,场外证券业务报告系统作为场外证券业务的数据源,通过系统直连的方式向中央监管信息平台报送数据。

(4)依托场外证券业务报告系统,为监管机构监测监控服务。中证报价以场外证券业务报告系统的数据为基础，通过定期报告及专题研究报告形式，深度挖掘场外市场的动态，为中国证监会与中国证券业协会提供场外证券市场监测监控服务。综合业务监测分析：中证报价月度定期发布关于场外业务整体开展情况的《场外证券业务开展情况报告》，上报中国证监会，同时向全市场发布；专项业务监测分析：对于场外衍生品、场外期权、非公开发行公司债券等重点场外证券业务领域，中证报价通过日报、周报、月报、季报等形式进行深入的监测情况分析；深度专题研究：中证报价紧跟市场变化与监管动向，立足于场外证券业务备案优势，通过专题研究或专项报告的形式针对场外市场业务进行深入研究与分析，上报中国证监会及中国证券业协会。

三、完善我国证券公司场外业务监测监控的建议

场外市场是多层次资本市场的重要组成部分，对于服务实体经济、防控金融风险、深化金融改革具有重要作用。证券公司作为场外市场的重要参与主体，开展场外业务有利于证券公司突破五大传统业务、寻找盈利新增长点和开展全面风险管理，证券公司场外业务的规模和结构也将影响整个场外市场发展的规模与结构。总体来看，证券公司场外业务还处于发展初级阶段，规模和结构还有巨大的发展和改善空间，需要进一步制定场外业务法律法规，规范证券公司创新场外业务发展，健全相应的监测监控制度。

（一）夯实场外证券业务规则体系，为监测监控工作提供制度保障

首先，建议利用《证券法》修订机会，明确证券公司场外业务法律地位，鼓励证券公司在风险可识别、可衡量、可管理的情况下，在自身可承受范围内，积极创新服务实体经济、防范系统性风险、完善多层次资本市场的业务类型或业务模式，为监管机构、自律组织提供审慎监管法律依据。

其次，建议制定《证券基金经营机构场外业务管理办法》，从原则上确定包括证券公司在内的证券基金经营机构场外业务范围，制定场外业务开展的基本原则和框架，提升场外证券业务法律层级。

最后，根据各项场外业务发展成熟程度分步制定业务规则的职责，明确证券基金经营机构申请开展场外业务的流程、内部控制、信息披露等方面要求，明确证券基金经营机构履行各场外业务数据报送义务，为监测监控工作明确依据。

（二）完善场外业务监管体系，明确监测监控职责

2008年金融危机后，欧美等各国纷纷加强包括场外证券业务在内的市场报告和监测体系。对国内证券公司场外业务而言，搭建和完善层次清晰、分工明确、与场外市场发展相适应的监管框架和监测机制也是非常重要的。

监管机构负责场外业务行政监管，负责制定场外证券交易场所、参与机构准入政策，明确新产品、新业务的监管要求，划定场外证券业务底线要求，监管场外证券业务的总体发展。

自律组织发挥贴近市场优势，配合行政监管，制定证券公司开展场外业务的具体业务规范，统计分析各业务数据和信息，监测监控业务风险，向监管机构定期报告，对发现的问题

及时采取自律措施。

场外证券交易场所加强自律管理,制定具体的场外证券业务开展规则,在符合监管要求的前提下自主安排产品非公开发行、交易,对各类市场主体参与市场的相关活动进行日常管理,对市场内的各项交易活动进行日常监控监督,对发现的问题及时向监管机构报告。

加强场外证券市场基础设施建设,完善场外证券业务报告系统(场外证券业务领域的交易数据库),明确场外证券业务报告系统运营主体,并赋予相应的监测监控服务的职责。通过场外证券业务报告系统建立信息共享机制,在监管机构、自律组织等领域内共享信息,减少市场主体多头报送情况。

(三) 统一场外业务数据报送标准,全口径报送业务信息

按照功能监管原则,将所有开展场外证券业务的证券基金经营机构纳入监管和自律范围,依托报告系统,强化场外证券业务开展主体的备案和报告管理责任,提高报告的准确性、完整性和及时性。明确划分场外证券业务的范围、类别以及统计数据口径,加强业务报告管理和风险监测力度,进一步细化场外证券业务报告信息,提高信息针对性,全面收集场外证券业务的产品、交易、投资者、登记结算等业务信息。

(四) 建立完善场外证券业务编码体系,为监测监控分析工作提供基础保障

由于场外证券业务分散、报告主体分散、交易对手分散、产品信息分散,在缺少统一编码基础的情况下,数据难以合并、穿透,对后续监测监控的分析工作造成重大影响。建立完善场外证券业务编码体系,对于场外证券业务监测而言,就是一项"书同文,车同轨"的工作。

一是建立统一的产品编码,将证券公司场外业务相关的权益类、固收类、衍生品等产品统一编码,跨越银行间市场、交易所场外市场、区域性股权市场、报价系统、证券公司柜台市场,保证同一产品指向唯一编码,同一编码指向同一产品。

二是在产品统一编码基础上,建立场外业务产品基础信息库。产品基础信息库包括产品的统一编码、全称、简称、存续期限、评级、募集规模、含权情况、发行人信息、相关中介机构信息等字段内容。基础信息库可以采用循序渐进、逐步建设的思路,成熟一块,推出一块,从场外业务交易的债券入手,逐步覆盖场外衍生品、收益凭证、权益类产品等。适用领域也采用由点到面、逐步推广的方式,先在场外业务报告系统试验,成熟后由备案业务规范逐步上升为行业规范。

三是在场外证券市场参与者统一编码基础上,建立场外证券市场参与者基础信息库。场外证券市场不同于场内交易场所,场内交易场所通常开设专用账户,可以通过账户区分,但场外交易所参与者往往不存在账户,因此在跨机构、跨业务类型时识别同一参与者往往比较困难,因此有必要建立场外证券市场参与者统一编码。场外证券市场参与者包括法人、非法人产品和自然人三大类,在行业内信息共享基础上,加强投资者适当性管理,通过与其他监管机构对接,不断完善场外证券市场参与者管理体系。

四是在场外证券市场实现参与者统一编码基础上,着力建立场内与场外等多层次资本市场的统一账户体系。通过类似中国结算公司"一码通"的账户,打通场内与场外账户,有助于促进多层次资本市场的有机联系和融合,加大跨市场数据整合与共享,提高统计分析与监测监控能力，实现跨市场交易行为的统一识别和监控，有效监测并及时防范跨市场风险传导。

（五）深化数据分析与运用，按业务流程逐步构建场外证券业务监测监控指标系统

由于场外证券业务种类繁多，不同业务的风险监测指标体系必然不同。各类业务发展成熟程度不同，其对于构建风险监测指标体系的迫切程度也不尽相同。可以依据业务发展程度，分类逐步建立场外证券业务监测监控指标系统，最终实现风险指标对场外业务的全覆盖。可以跟踪标的、主体、区域等业务集中度，计算单只场外证券产品、单家机构或者整个市场的风险暴露情况，设定业务风险管理阈值，分析一致行动人，分析是否有内幕交易，为监管机构、自律组织监测监控提供参考依据。

（六）丰富报备技术手段，提升监测监控效率

当前证券公司在报告系统的报备工作是通过人工操作在网站中上传数据文件完成，效率有进一步提升的空间。场外证券业务报告系统可对证券公司开放数据报备的统一接口，证券公司内部整理规范数据后，定时调用相关接口同步数据到报告系统，可减少人工参与的工作量，并可提升报备频度，从而提升报备数据的及时性，提升监管科技水平。

（七）结合现场监管工作，提升监测监控工作效果

证券公司场外业务监测监控工作属于非现场监管范畴，通过信息技术、互联网技术、大数据技术、人工智能技术、分布式账本技术可以提升数据收集、数据处理、数据分析的能力与效率，但限于非现场特征的不足，对于个别复杂情况仍需要通过现场检查的方式进行进一步的分析与判断。通过现场检查发现、处理问题，一是能发现监测监控工作的不足，以便不断完善监测监控工作；二是可以对证券公司漏报业务数据等行为进行处罚，达到震慑目的，从而提高监测监控工作效果。

证券公司场外衍生品业务监测监控研究

中国证券业协会场外市场委员会专题研究小组*

一、证券公司场外衍生品业务发展现状

(一) 证券公司场外衍生品业务发展历程

我国证券公司场外衍生品业务始于 2012 年。中信证券率先向中国证监会机构部申请开展权益类收益互换业务。2012 年 6 月 28 日，中国证券业协会（以下简称"协会"）受中国证监会机构部委托，组织了对中信证券权益类收益互换业务的评价工作。2012 年 11 月 27 日，中国证监会机构部向中信证券发送无异议函，同意中信证券开展收益互换业务，中信证券成为首家可在柜台开展权益类收益互换业务的证券公司。随后，协会再次受中国证监会机构部委托组织了对中投证券、银河证券等 7 家公司的专业评价。

2012 年 12 月，为规范场外衍生品业务，经中国证监会同意，协会发布《证券公司柜台交易业务规范》（中证协发〔2012〕244 号），规定衍生品交易由协会实施自律管理。2013 年 1 月开始，中国证监会机构部不再受理金融衍生品创新方案，由协会接受证券公司金融衍生品创新方案申请，并组织专业评价。截至 2014 年 8 月底，协会共组织 11 次金融衍生品业务专业评价，共 28 家证券公司通过了场外衍生品交易专业评价，其中 28 家证券公司可以开展权益类收益互换业务，15 家证券公司可以开展场外期权业务。

2013 年 3 月 15 日，协会发布《证券公司金融衍生品柜台交易业务规范》（中证协发〔2013〕35 号）、《证券公司金融衍生品柜台交易风险管理指引》（中证协发〔2013〕35 号），将证券公司开展金融衍生品柜台交易纳入自律管理范畴。

2014 年 8 月，协会发布《机构间私募产品报价与服务系统管理办法（试行）》（2015 年 6 月修订，中证协发〔2015〕132 号），明确机构间私募产品报价与服务系统（以下简称"报价系统"）参与人可在报价系统开展金融衍生品业务。2014 年 9 月以后，根据私募产品

---

* 研究小组成员：中证云股份有限公司：肖华，杜悦，陈慧宇，丁潇。

实行事后备案安排，协会暂停了金融衍生品业务专业评价工作。此后，通过专业评价的证券公司可以在本公司柜台开展场外衍生品交易，满足相关要求的证券公司可在报价系统开展场外衍生品交易。2015年7月，协会发布《场外证券业务备案管理办法》（中证协发〔2015〕164号），明确规定备案机构在报价系统开展场外证券业务的，视同已在协会备案并完成报告义务。

2015年11月，中国证监会下发通知，要求证券公司不得通过场外衍生品业务向客户融出资金，供客户交易沪、深证券交易所及新三板上市、挂牌公司股票，并对5种情形作出规定，叫停融资类收益互换。

2018年5月8日，中国证监会向各地方局、沪、深证券交易所及协会发布《关于进一步加强证券公司场外期权业务监管的通知》（证监办发〔2018〕40号），明确证券公司开展场外期权需经中国证监会认可或在协会备案，取得交易商资格，并明确了参与场外期权对手方的适当性要求，证券公司场外期权业务进入规范化发展阶段。截至2018年9月底，共7家证券公司获得中国证监会认可成为一级交易商，共14家证券公司通过协会备案成为二级交易商。

（二）证券公司场外衍生品业务制度建设情况

目前证券公司场外衍生品业务暂无立法层面支撑，中国证监会主要以下发通知的形式对业务进行规范和监管，在中国证监会的指导下，协会逐步建立并完善了自律管理规则体系。

2012年12月21日，协会发布《证券公司柜台交易业务规范》（中证协发〔2012〕244号），其中明确规定证券公司柜台交易产品包括金融衍生产品。

2013年3月15日，为推动证券市场金融衍生品业务规范发展，协会发布《证券公司金融衍生品柜台交易业务规范》（中证协发〔2013〕35号）、《证券公司金融衍生品柜台交易风险管理指引》（中证协发〔2013〕35号），规定证券公司拟开展衍生品交易业务的应当通过协会组织的专业评价，证券公司交易对手方应限于机构，同时明确了衍生品交易风险管理的基本原则和内容。

2015年7月29日，经中国证监会批准同意，协会发布《场外证券业务备案管理办法》（中证协发〔2015〕164号），将场外金融衍生品交易报告纳入场外证券业务报告系统管理，并由协会授权中证机构间报价系统股份有限公司（以下简称"中证报价"）对该系统进行管理。

2017年5月22日，协会发布《关于加强场外衍生品业务自律管理的通知》（中证协发〔2017〕123号），进一步完善了场外衍生品业务备案及数据报送机制，并要求各证券基金经营机构加强场外衍生品业务合规管理和风险控制。

2018年5月30日，协会下发《关于进一步加强证券公司场外期权业务自律管理的通知》（中证协发〔2018〕119号），强化场外期权业务自律管理，进一步明确交易商需按照要求报送业务信息，中证报价需加强对场外期权业务的监测监控工作。

同时，协会发布了一系列规范化协议、定义性文件以保障证券公司场外衍生品业务健康有序开展。2013年3月15日，协会发布《中国证券市场金融衍生品交易主协议》（中证协发〔2013〕35号）及补充协议，作为证券公司金融衍生品柜台交易业务的规范性文件。2014年8月22日，中国证券业协会、中国期货业协会、中国证券投资基金业协会共同发布了《中国证券期货市场场外衍生品交易主协议》（中证协发〔2014〕143号）、《中国证券期货市场场外衍生品交易权益类衍生品定义文件》（中证协发〔2014〕143号）。2015年8月11日，为进一步完善证券期货市场场外衍生品交易主协议配套文件，满足市场参与者对场外商品衍生品交易的需求，经中国证监会同意，中国证券业协会、中国期货业协会、中国证券投资基金业协会联合制定发布《中国证券期货市场场外衍生品交易商品定义文件（2015年版）》（中证协发〔2015〕173号）。

2014年8月，协会发布《机构间私募产品报价与服务系统管理办法（试行）》（2015年6月修订，中证协发〔2015〕132号），明确报价系统参与人可在报价系统开展金融衍生品业务。

2017年5月16日，中证报价发布《机构间私募产品报价与服务系统场外衍生品交易业务指引（试行）》（中证报价发〔2017〕20号）、《机构间私募产品报价与服务系统场外衍生品格式化合约交易业务指引（试行）》（中证报价发〔2017〕20号），对报价系统参与人通过报价系统进行场外衍生品协议签署、询报价、清算交收等具体交易行为进行规范。

（三）证券公司场外衍生品业务整体交易情况

2018年1—7月，证券公司场外衍生品市场（证券公司柜台和报价系统）累计新增初始名义本金为5 020.52亿元，包括收益互换业务累计新增初始名义本金1 404.80亿元，场外期权业务累计新增初始名义本金3 615.72亿元。截至2018年7月底，存续初始名义本金为2 973.54亿元，其中收益互换业务存续初始名义本金539.54亿元，场外期权业务存续初始名义本金2 434.00亿元。与此同时，2018年1—7月，银行间市场人民币利率互换累计成交129 695.56亿元，截至2018年7月底，存续交易名义本金为176 612.74亿元。不论是从市场规模还是交易活跃度来看，证券公司场外衍生品市场整体规模都偏小。

从交易对手方来看，商业银行、私募基金、期货公司风险管理子公司是证券公司场外衍生品市场的主要买方机构。期权合约标的主要包括以沪深300、中证500、上证50为主的股指，A股个股，黄金期现货以及部分境外标的。

目前证券公司场外衍生品业务集中度较高，每月收益互换业务新增规模排名前5位的证券公司新增规模占当月收益互换业务新增总量的比例在90%左右，场外期权业务新增规模排名前5位的证券公司新增规模占当月场外期权业务新增总量的比例在80%以上。

目前开展场外衍生品业务的证券公司基本建立了较为完备的业务制度体系、风险控制体系，证券公司交易能力初显，未发生过重大风险事件。但与此同时，市场上以套期保值、风险管理为目标的业务规模较小，场外衍生品在风险管理方面的基础性功能未得到有效发挥。个别证券公司存在为客户提供变相融资，为商业银行提供通道，对非专业交易对手风险揭示不到位，交易报告错报、延报等合规性问题。

二、证券公司场外衍生品业务监测监控现状

（一）现阶段证券公司场外衍生品业务监测监控体系

1. 证券公司场外衍生品交易组织形式

目前证券公司开展场外衍生品业务的场所包括证券公司柜台市场和报价系统场外衍生品

市场，其中证券公司柜台为主要交易场所，在柜台开展场外衍生品交易的名义本金占全市场名义本金规模的 90% 以上。

在证券公司柜台的交易组织形式下，证券公司主要通过线下渠道挖掘客户，不同的证券公司柜台形成了多个独立的市场，彼此之间客户及交易信息互相隔离。证券公司获得交易商资格或通过专业评价后，在柜台与客户一对一开展场外衍生品交易，主要通过电话、邮件、即时通信工具等传达交易意向，并进行纸质化签约。交易达成后由证券公司作为主要的交易报告主体登录场外证券业务报告库，对交易数据进行手工报送，并按照《证券公司风险控制指标管理办法》等要求定期向各监管机构、自律组织报送各项业务报表，履行数据报告义务。

不同于证券公司柜台市场，在报价系统的交易组织形式中，报价系统是场外衍生品市场的组织核心，联通了多个证券公司柜台市场，不同类型的参与机构可以通过报价系统场外衍生品交易平台开展业务，并逐步形成两个层次的市场结构（见图1）。第一层次是参与人市场，报价系统参与人可在报价系统场外衍生品核心交易平台开展询报价、在线签约、合约管理、交易报告等。第二层次是参与机构的类柜台市场，符合条件的参与机构可通过报价系统场外衍生品交易服务系统与其客户进行一对一电子化交易。报价系统通过运营管理平台对上述所有参与机构进行统一的参与机构管理，并对所有的场外衍生品交易进行交易监察、合规管理、风险管理、数据分析与报告等。报价系统已与协会的场外衍生品交易报告库完成系统对接，由报价系统进行统一、实时的交易数据报送，可切实满足监管机构以及自律组织的要求。

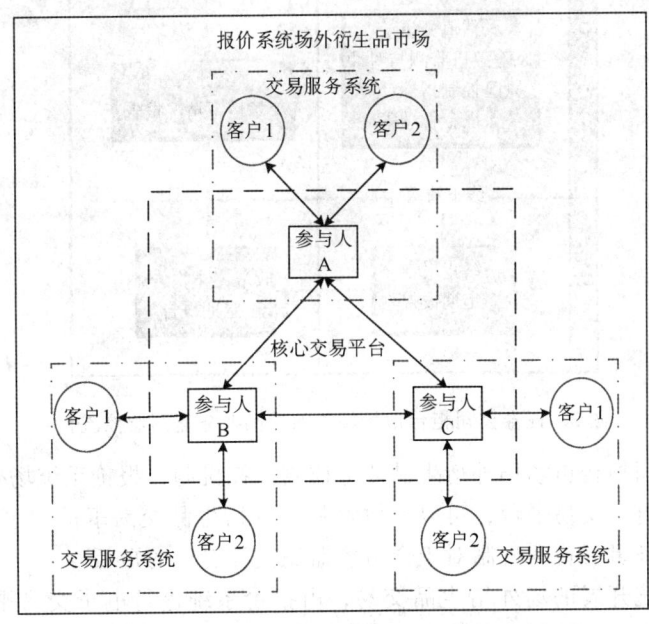

图 1　报价系统场外衍生品市场交易组织形式

2. 现阶段证券公司场外衍生品业务监测监控模式

在证券公司柜台开展的场外衍生品业务以证券公司层面的监测监控为主，交易报告库根据事后收集的交易报告数据，辅之以事后检查，进行全市场层面的监测监控。证券公司根据内部规章制度，在交易的前、中、后全流程对客户适当性、业务模式、估值定价、风险控制指标、履约保障品、资金交收等进行监测监控,若超出设定的指标阈值,则相关部门启动处置和报告机制。达成交易后证券公司向交易报告库进行交易的持续报告与定期报告,交易报告库基于报送数据进行数据统计与分析,并公布市场整体运行情况,包括名义本金规模、证券公司业务排名、对手方分布、标的分布等统计指标。证券公司柜台市场场外衍生品业务监测监控流程如图2所示。

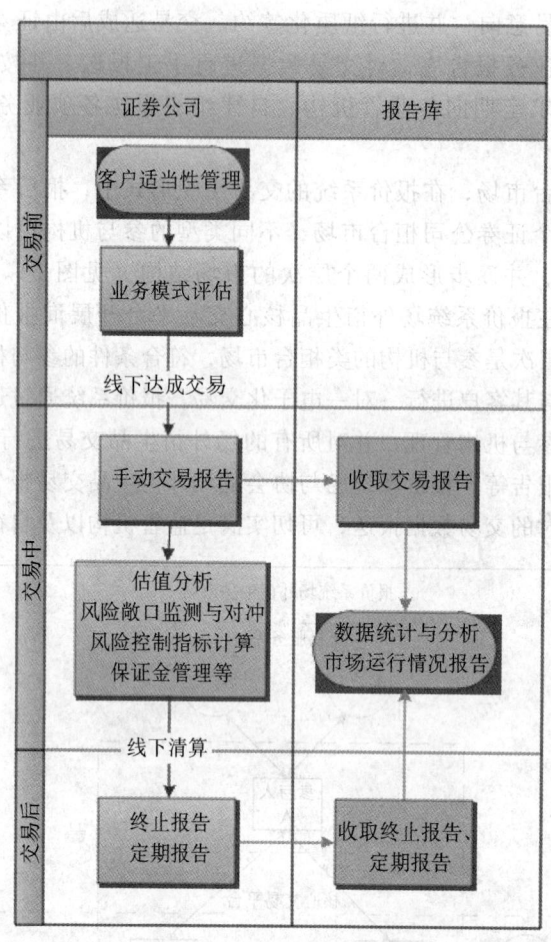

图 2　证券公司柜台市场场外衍生品业务监测监控流程

不同于证券公司柜台市场场外衍生品业务监测监控机制,报价系统场外衍生品市场监测监控机制中引入了电子交易平台,可以有效增强场外衍生品交易事前和事中的分析与管控,弥补场外衍生品业务事后备案机制对于全市场监测监控造成的短板。

对于在报价系统开展的场外衍生品交易,由报价系统进行电子交易平台层面的监测监控,主要包括交易前业务计划沟通、参与人资质核查、业务模式评估,以及交易中的交易核查、合规性分析、风险指标监测、交易数据的实时电子化报送。

系统功能方面,报价系统市场运营管理人员通过运营管理平台对参与人及交易信息进行统一的电子化管理与控制,可对不同的参与人进行相应的业务权限分配,并对交易对手方、交易规模、标的类型、业务模式类型进行电子化控制。交易数据的全生命周期均有电子化留痕,对于签约中的交易可实时监测,一旦出现异常交易可实施冻结签约操作。

工作流程与机制方面，报价系统制定了非证券公司参与人进行场外衍生品交易的准入标准，严控涉嫌场外配资机构和涉嫌从事非法证券期货期权机构进入场外衍生品平台交易，并持续开展报价系统场外衍生品业务参与人的准入核查工作。

同时，报价系统建立了针对个股期权的风险监测指标体系，对个股期权的交易要素进行事中监测并制定了相关指标阈值。对于存在合规性问题或超出风险监测指标阈值的交易，及时进行提醒、问询、向监管部门报告相关情况等。事后针对特殊合规事项、热点问题进行重点合规分析并形成合规专报，保障在报价系统开展交易的合规性、交易数据的准确性和交易报告的及时性。报价系统场外衍生品市场监测监控流程如图3所示。

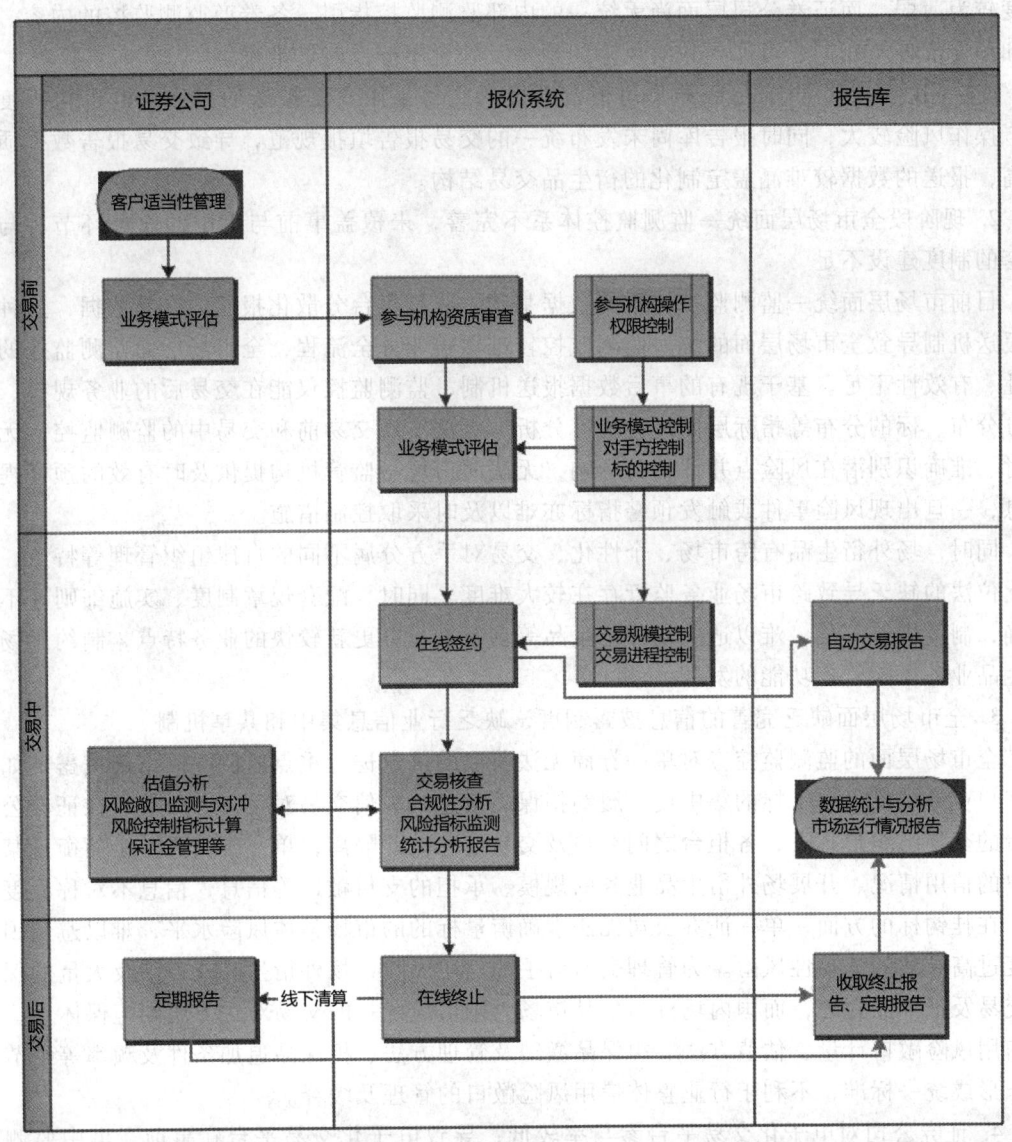

图3 报价系统场外衍生品业务监测监控流程

综上可知，由报价系统场外衍生品市场监测监控、证券公司内部监测监控、交易报告库事后监测三个维度共同构成的监测监控体系可以全面覆盖证券公司场外衍生品业务流程,较证券公司柜台市场场外衍生品业务监测监控机制更全面,时效性和精准性更高。

(二) 证券公司场外衍生品业务监测监控面临的主要问题

1. 事前与事中监测监控主要集中在证券公司层面,缺乏统一的证券公司内部监测监控指引,人工报送交易数据导致数据质量较低

由于证券公司场外衍生品主要的交易场所为证券公司柜台,且场外衍生品业务实行事后交易报告,因此目前的事前与事中监测监控主要集中在证券公司层面,市场统一的监测监控力度较为薄弱。而证券公司层面尚无统一的内部监测监控指引,各券商监测监控的内容、指标和预警值各不相同,可能导致对风险的预警及处置不够及时、准确。

交易报告方面,目前在证券公司柜台开展的交易采用人工报送的方法,电子化程度较低,操作风险较大,同时报告库尚未发布统一的交易报告填报规范,导致交易报告数据质量不高,报送的数据较难涵盖定制化的衍生品交易结构。

2. 现阶段全市场层面统一监测监控体系不完善,未覆盖事前与事中的业务环节,与之配套的制度建设不足

目前市场层面统一监测监控体系的数据基础主要是柜台分散化报送的交易数据,这种数据报送机制导致全市场层面的统一监测监控较难覆盖业务全流程,全市场层面监测监控的时效性、有效性不足。基于现有的事后数据报送机制,监测监控仅能在交易后的业务规模、对手方分布、标的分布等指标层面进行统计分析,无法实现交易前和交易中的监测监控,无法及时、准确识别潜在风险点并评估其影响,无法向市场、监管机构提供及时有效的预警提示信息,一旦出现风险事件或触发预警指标亦难以及时采取控制措施。

同时,场外衍生品有跨市场、个性化、交易对手方分属不同的自律组织管理等特点,统一上位法的缺乏导致跨市场业务监管存在较大难度。同时,配套规章制度、实施细则等不够明确,制度供给不足,难以适应场外衍生品等创新型业务更新较快的业务特点,制约了场外衍生品业务风险管理功能的发挥。

3. 全市场层面缺乏完善的信息披露制度,缺乏行业信息集中和共享机制

全市场层面的监测监控应对单一券商无法获取的信息进行重点监测并向市场披露,如单一客户业务规模、单一标的集中度、履约担保品信息、失信交易对手方名单等。在证券公司柜台的交易组织形式下,各柜台之间客户及交易信息彼此隔离,单一券商无法全面衡量某一客户的信用情况、开展场外衍生品业务的规模、承担的支付敞口等信息,信息不对称程度较高。在挂钩标的方面,单一证券公司无法准确衡量标的的市场整体风险水平,难以避免因集中度过高导致的流动性风险。为管理交易对手的信用风险,场外衍生品业务涉及大量的保证金交易及抵押品管理,而国内场外衍生品市场尚未形成统一的交易对手方履约担保体系,对于信用风险敞口计量、估值方法、担保品缴纳及管理方法、担保品追加条件及频率等细节内容未形成统一标准,不利于行业整体信用风险敞口的管理及缓释。

4. 证券公司对电子化交易平台参与率较低,导致电子化交易平台在事前、事中监测监控和交易数据报送方面的优势难以发挥

由于证券公司及其交易对手对传统线下交易的模式形成了路径依赖,以及在线下交易中自行开展事前事中监测与监控、合规与风控管理环节相对薄弱给交易带来的便利,导致证券

公司对通过电子化交易平台开展业务积极性不高。在缺少政策引导的环境下，证券公司更倾向于采用线下交易、事后报告的方式。

报价系统场外衍生品交易平台可实现从参与机构适当性、询价报价到交易了结的全流程实时监测，同时建立了参与人管理、交易监察、合规管理等一系列配套机制，可及时响应监管和自律组织的要求，对交易规模、对手方、标的、业务模式类型进行电子化控制，对于异常交易等可及时采取系统控制措施，有效弥补全市场层面事前、事中的监测监控缺位问题。数据报送方面，目前不同监管主体之间存在多个报备系统且数据口径不同，互不联通，券商需多次手工报送数据，而报价系统电子化交易平台可实现交易数据在多个报备系统之间的电子化共享，提高报送数据的时效性、准确性，便于不同监管机构之间数据的互联互通、统一监管。

三、国际场外衍生品业务成熟经验借鉴

2009 年 9 月，G20 领导人在匹兹堡达成一致意见：所有标准化的场外衍生品合约应该通过交易所或者电子化交易平台进行交易，并在 2012 年底前通过中央对手方（Central Counter Party，以下简称 CCP）清算。场外衍生品合约应该向交易数据库报告。对于非中央清算场外衍生品合约，应该有更高的资本要求。2011 年，G20 要求制定关于非中央清算场外衍生品合约保证金的国际标准。以下从电子化交易平台、中央对手方清算和资本金及保证金要求、数据报送这三个维度对国际场外衍生品业务的监测监控过程进行分析。

（一）场外衍生品电子化交易平台

1. 场外衍生品电子化交易平台的类型

金融稳定委员会（FSB）在 2010 年《实施场外衍生品市场改革的报告》中提及，场外衍生品交易可以通过多种方式进行，这些方式可以根据交易是多边还是双边进行分类。在多边模式下，场外衍生品交易主要通过明确的规则来进行指令的交互，一般通过注册交易所运营的平台达成交易，这些交易所运营的平台可以对交易所会员进行监管；在双边模式下，市场参与主体可以对交易内容以及交易如何执行进行双边谈判，交易能否达成的唯一约束就是双方能否协商一致，一般通过报价机构、交易商间经纪商等运营平台达成交易。在二者之间，还存在混合了多边机制以及双边机制的交易模式，比如单个交易商提供的交易平台，虽然可以允许其多个客户参与其中，但无法提供多个市场参与者之间的竞价和交互，交易前的透明度较低。

不同类型的电子交易平台满足不同市场参与者的需求，但也存在一些问题。例如单个交易商平台，其所提供的透明度是有限的，这种模式有利于那些买入或者卖出多头的交易商，对于客户却是不利的。在这些平台透明度有限的情况下，交易透明度的监测是监测监控工作的重要内容。

根据运营主体的不同，场外衍生品交易平台可以分为交易所运营的交易平台，交易商间经纪商（Inter-Dealer Broker，IDB）运营的平台，报价机构（Price Reporting Agencies，PRA）运营的平台和交易商（Dealer）运营的平台。根据交易主体的不同，场外衍生品交易平台可以分为交易商间（Inter-Dealer）交易系统和交易商-客户（Dealer-to-Customer）交易系统。

2. 不同场外衍生品交易平台的特点（见表1）

表1 不同场外衍生品交易平台的特点

运营主体	运营特点	国际实践平台及特点	交易品种
交易所	1. 语音沟通→电子交易 2. 优秀的经纪人或做市商为平台运营提供流动性 3. 与清算系统对接，实现即时清算	1. 美国芝加哥交易所（CME）的互换交易执行设施（SEF）：通过交易平台 CME direct 可以进行场内和场外衍生品的电子化交易；CME clearport 提供集中清算交易，CME repository 提供互换交易数据、为监管需要而储存的机密交易和头寸数据，CME clearing 是进行场外衍生品清算的机构	金融类互换，包括利率互换、CDS 等；商品类互换，包括能源类互换、农产品类互换、金属类互换和商品指数互换
		2. 伦敦金属交易所（LME）平台：电子交易平台（LME select），伦敦时间凌晨1点至下午7点可以交易 LME 所有合约，交易所一类和二类会员可以直接进入该系统与客户进行交易；机构间电话市场、LME 会员之间的电话市场，每天24小时运行	期货和期权，包括铝、铝合金、北美特种铝合金合约、铜、铅、镍、锡、锌等金属品种
交易商间经纪商	1. 强调价格发现功能。不从报价中获利，仅收取交易手续费 2. 可同时支持现货及衍生品交易 3. 可以直接接入主要交易所 4. 不同的产品种类匹配不同的交易平台	德利万邦（tpSEF Inc.）的 SEF：提供语音、混合和电子经纪业务、交易量匹配、算法匹配和风险缓解平台，核心是对报价信息的检测、筛选和整合并发送至客户端。交易产品及对应的执行设施包括 tpSWAPDEAL 和 tpMATCH 利率平台，tpCREDITDEAL 信用指数平台，tpFORWARD DEAL、tpMATCH NDF 和 tpMATCH FXO 外汇平台，tpEQUITYTRADE 股票衍生品平台，tpENERGYTRADE 大宗商品平台	互换及远期，包括利率、贷款指数、外汇、股票、商品
报价机构	1. 第三方报价机构 2. 其信息终端在全球金融机构及其他领域中拥有广泛的客户群体 3. 在现有平台上增加买卖功能	彭博的附属公司 Bloomberg SEF LLC 运营的 SEF 平台：全球超过1 000家企业使用；为彭博专业服务用户提供深度的跨资产流动性，提供价格查询及买卖功能	利率掉期、信用违约掉期、外汇及商品衍生工具
交易商	1. 交易商运营自己的平台，为其客户提供服务 2. 部分平台可以实现自行清算	巴克莱的 BARX：多资产、24小时交易的电子平台，可以通过第三方平台为客户提供服务	外汇衍生品交易

（二）CCP 清算及资本金、保证金要求

在资金清算方面，国际上对于标准化场外衍生品合约实行中央对手方清算，对于非标准化合约实行更高的资本金和保证金要求以减少风险。

CCP 清算机制主要是为了降低双边清算的风险与成本，由中央对手方作为每一个卖方的买方、每一个买方的卖方，完成继竞价撮合的交易环节与交收履约的结算环节之后的清算环

节,确保在一方交易对手违约的情况下,交易仍能正常进行。CCP 清算机制主要通过缴纳初始保证金、实时盯市制度、清算基金以及违约处置等制度对资金及风险进行监测监控。

对于非标准化合约,2015 年国际证监会组织(IOSCO)公布了《非集中清算场外衍生品的风险减缓标准》(*Risk Mitigation Standards for Non - centrally Cleared OTC Derivatives*),从覆盖范围、交易定义文件、交易确认、交易对手估值、投资组合对账、投资组合压缩、争端解决、交易执行以及跨境交易 9 个方面提出了减缓非集中清算场外衍生品合约风险的措施及标准。

(三) 数据报送

现以掉期执行平台(Swap Execution Facility, SEF)举例说明如下:

1. SEF 的基本报送内容

美国商品期货交易委员会(CFTC)要求,掉期交易在创立掉期交易和掉期交易存续期间,以及最终结束或期满都要向数据存储库(SDR)进行电子报告,并且每一个阶段都可以分类为创建数据(Creation Data)或后续数据(Continuation Data),上述所有数据都必须经由 SEF 向 SDR 报告。具体包括:

(1) 基本经济条款报告(PET):包括交易对手方、掉期种类,或单位、价格,或比率、期限、重置频率等。该部分数据从交易执行的一刻立即报告,且报告后可以随时进行修改,所有修改的内容也必须即刻向 SDR 报告。

(2) 确认报告:收到并确认更多"具体"的数据后立即由 SEF 向 SDR 报告。

(3) 公开报告:SEF 必须向 SDR 提供的将要"实时"公开的衍生品交易数据。

衍生品交易报告信息通常按以下顺序从 SEF 送到 SDR:基本经济条款报告、确认报告、公开报告。鉴于交易过程中会出现数据增加、修改、调整等情况,因此,交易信息可能进行多次报告。

2. SEF 的数据报送流程

对于非清算衍生品交易,SEF 向交易双方生成并传达单一掉期标识符(USI);SEF 向 SDR 输送实时数据和创建数据;报告的对手方向 SDR 传送后续数据和评估数据。清算的掉期交易较为复杂,主要是增加了在掉期交易过程中的"衍生品清算机构"(DCO)(见图 4)。

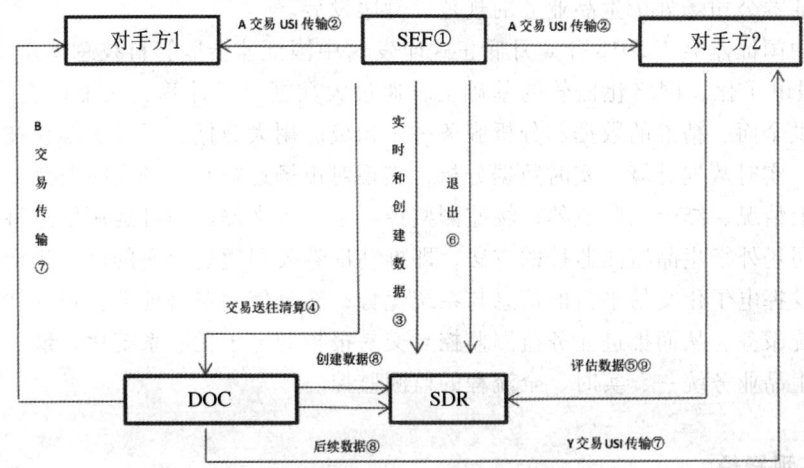

图 4 清算的掉期交易数据报送流程图

（四）对国内市场的启示

1. 推动证券公司场外衍生品电子化交易平台的发展

境外衍生品市场具有类型各异、成熟的大型电子化交易平台。从市场组织形式来看，有为多个参与者（大于一个买方和卖方）提供的买卖、报价、执行掉期交易的交易平台，表现为"多对多"；同时也存在为一个参与者及其客户（一方固定）提供相关服务的交易平台，表现为"一对多"。两种类型的电子化交易平台均是场外衍生品市场不可或缺的组织形式。此外，由各大投行担任交易平台的做市商来保障充沛的市场流动性。

电子化交易确认能够有效地解决纸质化交易确认带来的交易流程冗长、交易报告不及时、人工操作风险高等问题，便于实时采集标准化的数据，提升数据质量，深度挖掘数据信息，帮助监管机构更加全方位地掌握业务情况。目前，我国证券公司场外衍生品交易平台在市场规模、市场组织形式、交易商参与程度、市场监测监控等方面仍有较大的发展空间。

2. 增强场外衍生品报送数据的时效性及颗粒度

目前，部分国家已经实现交易数据的实时报送，包括初始创建数据以及交易存续期的后续数据。实时报送数据能够更加及时准确地反映市场动态以及风险情况；同时，国际上对于衍生品交易的数据报送，不仅包括单笔交易的成交要素，还包括其估值定价、履约保障品变动等内容。因此，应该强化交易存续期的数据报送工作，增加关于估值定价、抵押品相关的数据报送。

四、通过信息科技加强证券公司场外衍生品业务监测监控

证券公司场外衍生品业务具有产品结构复杂、对手方类型多元、业务需求多样、产品创新快速、信息高度不对称以及对挂钩的基础资产市场有溢出影响等特点，应对场外衍生品业务进行统一、实时、覆盖业务全流程的监测监控。但由于目前证券公司场外衍生品业务整体制度供给不足、监测监控体系尚不完善、电子化平台使用率较低等原因，导致目前大部分监测监控标准不统一、不及时、不全面，无法真实反映场外衍生品市场运行情况及业务整体风险，不利于证券公司场外衍生品业务的规范、健康发展。

同时，中国证监会于2018年8月底正式印发《中国证监会监管科技总体建设方案》，要求："在加强电子化、网络化监管的基础上，通过大数据、云计算、人工智能等科技手段，为证监会提供全面、精准的数据和分析服务……积极应用大数据、云计算等科技手段进行实时数据采集、实时数据计算、实时数据分析，实现对市场运行状态的实时监测。"

针对以上情况，结合国际成熟市场监测监控经验，本文提出一种运用信息科技手段加强我国证券公司场外衍生品监测监控的方法，即推动证券公司通过统一的电子化交易平台开展业务，充分发挥电子化交易平台的信息与系统优势，充分使用覆盖证券公司场外衍生品业务全流程的系统服务，从而推进业务监测监控与交易报告的电子化、系统化，最终实现对证券公司场外衍生品业务统一、实时、全流程的监测监控。

（一）实现路径

运用信息科技手段加强证券公司场外衍生品业务监测监控的实现路径为：由监管认可的

第三方电子化交易平台提供场外衍生品交易意向达成、交易确认、交易簿记、定价与估值、交易报告等覆盖场外衍生品业务全流程的服务，证券公司通过监管认可的第三方交易平台开展业务，由第三方交易平台承担事前事中的全市场监测监控、事后交易报告职能，充分发挥信息系统在合规与风险管理方面的前置作用，实现风险早预警、早处置。

电子化交易平台的主要功能模块包括询价报价、估值定价、在线签约、交易簿记、清算、交易报告等。具体业务流程如下：证券公司与对手方通过电子化交易平台进行询价报价达成交易意向，并通过电子化交易平台完成合约签署、变更、终止等一系列操作，交易存续期间可通过估值分析、交易簿记模块进行风险敞口计算、盯市及损益管理，交易后可进行在线清算与交收，所有操作内容均有电子化留痕。电子化交易平台配备运营管理平台，采集从询价报价到交易确认、终止等全流程数据并进行实时、自动化监测，在业务开展前通过系统控制证券公司能够开展的场外衍生品业务类型、对手方类型、标的类型等核心要素，自动拒绝要素异常交易（如期限过短、价格偏离过大）；事中从市场层面统一对业务实时规模、挂钩标的、参与机构、价格变化、风险敞口、担保品等情况进行监测，同时平台可发布必要的市场监测信息及业务风险提示，避免各证券公司由于信息不对称或缺少市场统一业务数据导致业务拥堵，实现覆盖业务全流程的监测监控。电子化交易平台与证券公司场外业务报告系统进行互联互通，通过系统对接的方式完成场外衍生品交易数据的实时、自动报告。

（二）通过电子化交易平台加强业务监测监控的优点

1. 可执行市场统一的合规与风险管理标准

由于现阶段证券公司场外衍生品业务事前、事中的监测监控主要集中在证券公司层面，而各证券公司彼此之间信息隔离，监测监控的内容、标准亦各不相同，缺乏统一的监测监控指引，难以从市场整体层面准确识别业务风险，更难以进行统一的风险控制。

电子化交易平台可以执行统一的合规与风险管理标准并对全量业务进行监测，既能体现单一证券公司的业务情况，又能掌握证券公司场外衍生品市场整体的运行情况以及业务风险；电子化交易平台可按照统一的控制标准自动识别并拒绝异常交易，进行有力的风险控制，加强市场统一监测监控的有效性。

2. 有效增强证券公司场外衍生品业务事前、事中监测监控

证券公司场外衍生品市场规模不断扩大、规范性标准逐步提高，对业务的监测监控提出了更高要求，监测监控不能局限在事后发现、事后处置。电子化交易平台可采集业务全流程数据并进行实时监测和系统化控制，将业务范围管理、特殊交易识别、异常情况处置等流程前置至事前和事中，并及时向市场发布预警、提示信息，增强监测监控的时效性，实现事前、事中、事后全流程有效的监测监控。

3. 提高报告数据的时效性、准确性、完整性

首先，电子化交易平台通过与场外证券业务报告系统互联互通，实现电子化交易数据报告，极大提升了报告数据的时效性、准确性，降低了人工操作风险。其次，相较于国外成熟市场"全流程数据报告"的要求，我国证券公司场外衍生品业务报告主要集中在交易达成后的相关数据，数据完整性较低。电子化交易平台可采集从询价报价开始至交易合约终止的全流程交易信息（包括每一次询价报价价格变化、合约要素修改等）并实时向报告库报告，提高报告数据的完整性，为各类业务分析报告提供有力的数据支持。同时，电子化交易平台

采集的全量数据，可为监管机构、自律组织进行现场检查、机构资质持续管理等提供数据比对支持，协助监管工作开展。

五、相关政策建议

场外衍生品是证券公司切实服务实体经济，满足市场风险管理、资产配置等需求的重要金融工具。场外衍生品市场是场内交易所、商品期货市场的重要补充，可有效满足客户个性化、定制化的风险管理需求，且对场内交易所、商品期货市场价格冲击小，能有效解决场内市场产品供给不足的问题。经过几年的发展，证券公司场外衍生品业务从无到有，市场已经初具规模，合约标的与交易对手类型逐步丰富，业务体现出增长快、集中度高等特征。同时应看到，整个证券公司场外衍生品市场仍处于发展初期。与境外成熟的场外衍生品交易商相比，国内证券公司在金融定价模型、产品设计、组织管理、信息化建设等方面仍存在一定差距；与银行间市场相比，证券公司场外衍生品市场在电子化、统一交易、统一市场监测监控等方面，仍有较大的提升空间。为了稳健发展证券公司场外衍生品市场，借鉴国际成熟市场以及国内市场的监管与发展经验，应充分发挥场外衍生品市场基础设施的作用和功能，推进统一的电子化交易，通过全市场统一的监测监控保障证券经营机构合规展业，并构建防范系统风险的屏障。

报价系统已经建立了覆盖场外衍生品询价与报价、交易确认、电子化签约、估值、清算、风险管理、交易报告等较完善的电子化交易平台，已为证券公司、期货风险管理子公司、私募基金等机构提供了场外衍生品交易相关的产品与服务，还为监管机构与自律组织提供了市场监测监控、数据统计与分析、报告等服务，提高了证券行业场外衍生品市场的透明度，增强了市场风险防范能力。为了加强证券公司场外衍生品业务监测监控，防范场外衍生品业务的市场风险与系统风险，避免基础设施重复建设，建议充分发挥报价系统作为监管抓手的作用，鼓励并支持证券公司统一通过报价系统电子化交易平台开展场外衍生品业务，由报价系统对通过平台开展的交易进行事前、事中统一的监测监控，并由报价系统完成交易数据报告，与交易报告库、证券公司形成三维立体的场外衍生品业务监测监控体系。

美国、中国香港证券投资咨询业务发展现状及经验借鉴

中国证券业协会证券分析师、投资顾问与首席经济学家委员会专题研究小组

一、美国证券投资咨询业务发展现状及经验借鉴

美国证券投资咨询业务是全球规模最大、最成功的市场之一。完善的法律法规体系、强大的机构投资者队伍以及美国金融市场的发展壮大催生了美国投资顾问行业的蓬勃发展。与国内对投资咨询的定义不同，美国的投资咨询主要是投资顾问业务，发布研究报告与投资顾问属于不同的业务牌照。根据美国1940年《投资顾问法》，其将投资顾问业务定义为"以获取报酬为目的，直接或通过出版物形式提供证券价值分析或证券投资建议的商业行为"。在业务种类上，美国投资顾问业务主要包含投资咨询、账户管理和资产管理业务。在客户结构上，美国投资顾问业务主要以机构客户为主，投资公司和私募基金是主要的机构客户类型。在盈利模式上，美国投资顾问基本以管理费收入为主，同时也有部分固定付费。在机构态势上，美国形成了强大的独立投资顾问机构，截至2017年第一季度，美国有1.2万余家投资顾问机构，其中独立投资顾问机构占比超60%；另外行业集中度水平高，资产管理规模（Asset Under Management，AUM）在1 000亿美元以上的投资顾问机构数量仅占行业总机构数的1%，但所管理的客户资产占投资顾问行业所有客户资产的50%以上。在法律监管上，《投资顾问法》要求投资顾问机构须践行勤勉尽责义务以保护客户利益最大化，一方面用严格的准入监管和惩罚机制来提升投资顾问行业的质量，另一方面通过自律监管与行政监管相结合，形成较好的行业发展生态。

（一）美国投资顾问业务发展历程
1. 行业发展经历了三个主要阶段

20世纪30年代经济大萧条带来市场规范期，投资顾问行业正式成型。针对股票提供投

资建议的投资顾问制度的起源最早出现在20世纪初的美国。当时美国股票市场的繁荣吸引了众多个人投资者，但制度的缺失导致市场上投资顾问证券欺诈、操纵市场等行为频频出现。20世纪30年代经济大萧条之后，美国股票市场进入一个重要的规范期，期间美国开始建立联邦证券法律体系，强化证券市场管理。1934年美国颁布《证券交易法》，同时建立美国证券交易委员会（SEC）负责美国证券交易的监督和管理工作。为防范投资顾问活动中的欺诈、操纵市场等行为，1940年美国颁布《投资顾问法》和《投资公司法》，分别对投资顾问、投资基金两个行业进行规范，标志着投资顾问行业正式成型。

第二次世界大战后经济复苏与此后的金融自由化支持了行业拓展。20世纪中后期美国投资顾问业务主要经历了两大冲击。首先，战后美国经济发展持续加速，并在20世纪70年代初达到顶峰。在这一阶段美国经济增长强劲，美国居民财富迅速增长，推动了跨领域的投资需求（见图1）。到21世纪初，美国投资顾问机构数量已经接近8 000家，其中独立投资顾问机构数量超过7 000家。其次，金融自由化下混业经营的兴起进一步促进了投资顾问业务的发展。1975年美国开始推进佣金自由化改革，导致证券行业价格竞争加剧，佣金收入占比持续下降，依靠通道业务模式盈利难以生存。20世纪80年代里根政府时，金融自由化浪潮到来。金融管制的放松促进了证券公司进行业务变革和创新，推动证券公司拓展资产配置、账户管理、理财规划等业务。例如，20世纪80年代后期，在《格拉斯－斯蒂格尔法案》逐渐放松管制之际，高盛开始发展新的业务。1986年高盛创立资产管理部管理共同基金与对冲基金，并于同年成立了专门从事私募股权投资的高盛资本合伙部，开始涉及直投业务。

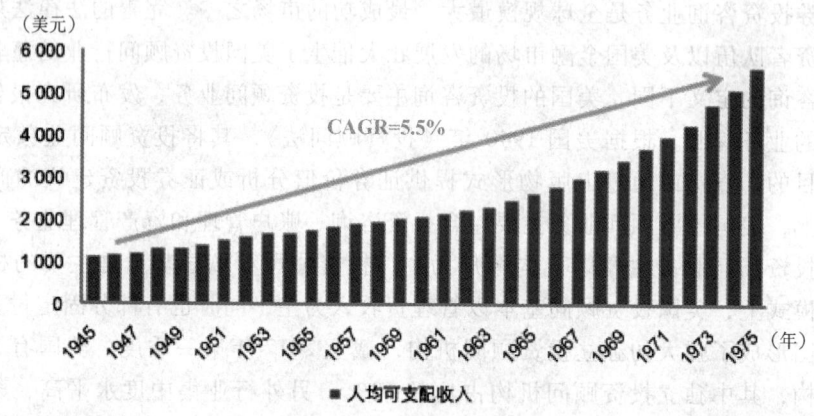

图1 战后美国经济复苏

资料来源：Wind，申万宏源研究。

世纪之交金融监管加强带来业态变迁。1940年《投资顾问法》中对投资顾问机构的注册要求中，豁免了私募基金的管理人。20世纪末的长期资本管理公司（LTCM）危机触发了监管者的介入。由于在俄罗斯市场投资失败，这家管理资产规模一度达到1 250亿美元的私募基金被迫清盘，在造成46亿美元损失的同时几乎引发了系统性危机，迫使纽约联储行长出面协调各大金融机构救助才得以使事件平息。事后，美国的金融监管机构发起联合调查，最后决定对对冲基金加强监管，投资顾问行业的监管也相应逐步强化。

2. 投资顾问业务功能定位

第一阶段：投资顾问服务内容主要涵盖提供证券投资建议和投资分析意见。1940 年的《投资顾问法》将"投资顾问"定义为"以获取报酬为目的，直接或通过出版物形式提供证券价值分析或证券投资建议的主体"。[①] 根据该定义，投资顾问的基本要素包括以获取报酬为目的、从事商业活动、提供证券投资建议或者投资分析报告三个方面。其中，"获取报酬"可体现为接受任何经济利益，包括顾问费、佣金、与多种服务相关的其他费用等多种形式；"商业活动"覆盖范围较广，不一定体现为专门机构或个人的商业活动或者一个机构的主要商业活动；"证券投资建议"包括对具体股票、债券、共同基金、有限合伙和商品工具等的投资建议。

在这一阶段，投资顾问业务主要偏重证券投资建议，即整合市场各方最新提供的投资建议，制作多种多样的资讯产品，通过投资顾问提供给不同需求的投资者，以作为投资决策支持，属于卖方业务。

第二阶段：投资顾问服务向多元业务扩展。在这一阶段，投资顾问向资产管理、理财规划等业务拓展，从而具体涵盖提供投资建议、账户管理、资产管理以及理财规划。投资顾问的服务内容在这一阶段延伸到各类金融理财产品选择、理财规划以及全方位的资产配置建议。其中提供投资建议主要针对机构客户，而投资顾问主要针对个人客户。

另外，账户管理、资产管理和理财规划等在功能定位上属于买方业务。账户管理指除向客户提供涉及证券及证券相关产品的投资建议服务之外，还负责管理委托人的账户，全权代理客户操作。资产管理是通过充分挖掘客户的投资目标与限制条件，为客户建立战略资产配置方案，满足客户需求。理财规划的核心内容是以客户为中心，通过现代投资组合理论构建动态战略投资组合，生产和创新投资产品，在客户人生的不同生命阶段提供理财规划，实现客户利益最优化。

第三阶段：金融监管加强导致私募机构以及客户数量较少的"私人顾问"纳入监管范畴。2003 年美国证券交易委员会（SEC）完成了"职员报告"［*Implications of the Growth of Hedge Funds*：*Staff Report to the United States Securities and Exchange Commission* 3（2003）］，标志着将私募基金纳入投资顾问范畴进行监管的开端。2004 年 12 月，SEC 颁布"《投资顾问法》下对冲基金顾问注册规则"，要求对冲基金管理人服务的客户达到或超过 15 位，则须依《投资顾问法》注册。在计算客户人数时，注册规则修改了以往安全港规则，把对冲基金的投资者（如有限合伙人）都列为客户，而不再只统计对冲基金的个数。在这种监管方式下，绝大多数对冲基金管理人都将被迫进行注册，因而其报酬安排将受《投资顾问法》限制，SEC 也将有权检查其账目。2008 年金融危机后，2010 年美国对 1940 年的《投资顾问法》进行了专门的修订，取消了其中对 12 个月内客户数量少于 15 人的"私人顾问"的注册豁免，监管进一步加强。

[①] 1940 年的《投资顾问法》中对投资顾问的定义在 Sec. 202（a – 11）中，原文如下："Investment adviser" means any person who, for compensation, engages in the business of advising others, either directly or through publications of writings, as to the value of securities or as to the advisability of investing in, purchasing, or selling securities, or who, for compensation and as part of a regular business, issues or promulgates analyses or reports concerning securities.

(二) 投资顾问客户以机构投资者为主

美国金融市场客户结构的三大趋势直接影响美国投资顾问行业的业态：一是股票市场参与者数量激增，且投资结构较为多元；二是机构持股比例上升，投资者专业化趋势明显；三是高收入与高净值家庭财富增加，并且家庭持有高流动性金融资产意愿提升。从客户数量来看，行业客户的最大类别是个人客户，截至 2017 年第一季度，51% 的顾问表示他们的客户中有一半以上是个人；从客户的管理资产规模来看，行业客户的最大类别是投资公司，截至 2017 年第一季度，在行业 70.7 万亿美元的管理资产中，投资公司占据 24%。

1. 美国投资者结构较为多元，催生投资顾问差异化需求

据美联储资金流动数据（Flow of Funds）显示，美国股票市值于 2017 年末达到 45.8 万亿美元，而股票市场账户数由 20 世纪 90 年代的不足 5 000 万户激增至 2013 年的 1.15 亿户，期间年复合增长率接近 10%。随着股票市场参与者数量的增加，投资顾问业务的需求随之提升。按照持有股票的市值来看，个人投资者（包含非营利机构）、共同基金、养老基金以及海外投资者是几个最大的持有主体，其中最大的三个持有方是个人投资者（包含非营利机构）、共同基金以及养老基金，养老基金包含私人养老基金以及联邦、州级和地方政府的退休基金。三大持有方在 2017 年持有的股票市值占比分别为 39%、23% 和 13%（见图 2）。除此之外，海外投资者和交易所交易基金（ETF）持股比例也达到 15% 和 6%。不同投资主体的收益期待、风险偏好等投资诉求不同，催生出投资顾问的差异化需求。

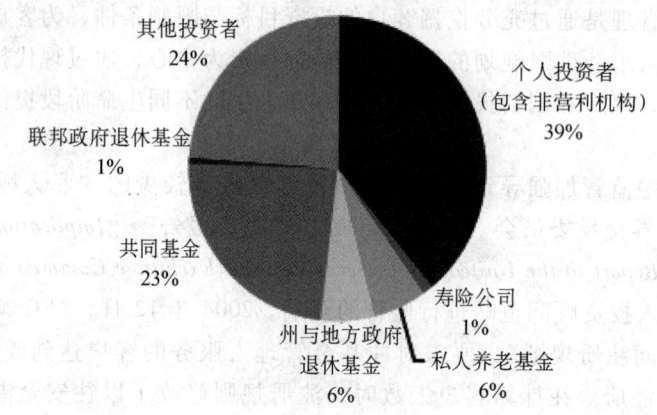

图 2　美国 2017 年股票市场投资者结构

资料来源：美联储 Flow of Funds，申万宏源研究。

2. 机构投资者占比提升，增加了专业性投顾需求

据美联储资金流动数据显示，个人投资者（包含非营利机构）的持股占比由 20 世纪末的超过 50%（50.4%）降至 2017 年的不到 40%（39.0%）。相比之下，机构投资者持股占比虽然在金融危机后有小幅回调，但仍基本处于高于 60% 的水平（2017 年为 61.0%），投资者结构显示出专业化趋势（见图 3）。机构投资者持股占比提升的原因是共同基金及养老基金体系的日渐成熟。一般来说，共同基金与养老基金对投资研究、投资顾问、账户管理等服务规范性和专业性的要求高于个人投资者。机构投资者占比的增加是美国投资顾问行业发展的另一大推动力。

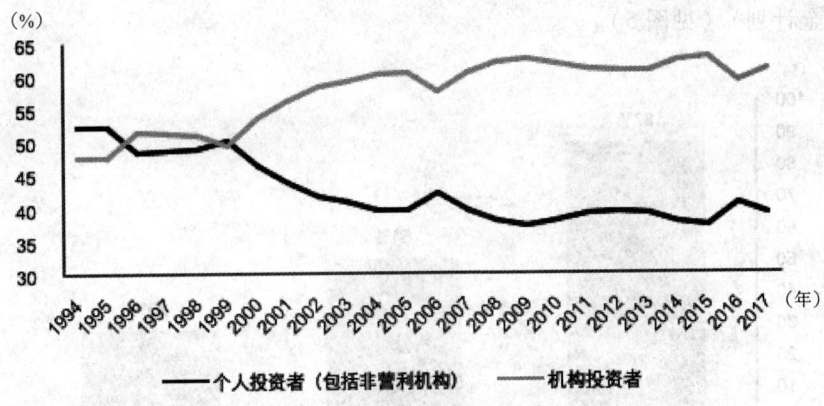

图 3　机构与个人投资者持股占比

资料来源：美联储 Flow of Funds，申万宏源研究。

3. 高净值家庭投资能力与意愿提升，利好零售端业务

据美联储 2016 年消费者金融调查报告（Survey of Consumer Finance）数据显示，全美收入和净值前 1% 家庭的收入与净值占比均达到了 1989 年以来的最高水平（分别达到了 23.8% 与 38.6%）（见图 4）。与此同时，一方面，金融资产在美国家庭中的渗透率（98.5%）与每户金融资产价值中位数（34 万美元）也较此报告上一披露期（2013 年）数据有大幅上升；另一方面，根据美联储资金流动数据计算，美国家庭持有的股票、共同基金、货币市场基金等流动性资产规模在 20 世纪的前 10 年以 4.5% 的年复合增长率增长，而这一增速在近 7 年达到 7.8%。随着高收入和高净值家庭财富以及对高流动性金融资产持有意愿的持续增加，美国投资顾问业务在零售端的空间也十分广阔。

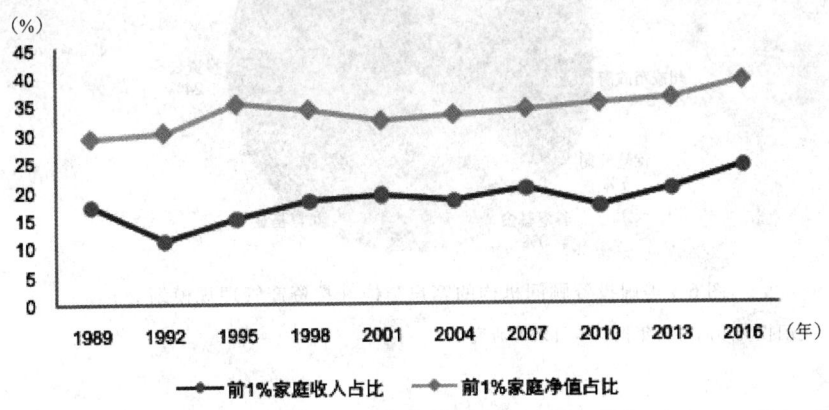

图 4　高收入、高净值家庭的收入与净值占比

资料来源：美联储 Survey of Consumer Finance，申万宏源研究。

4. 从数量来看，行业客户的最大类别是个人，其次是养老金计划

近 4 年投资顾问行业的总客户数增长了近 40%，超过 87% 的投资顾问报告他们的大多数客户属于单一的类别。例如，截至 2017 年第一季度，51% 的顾问表示，他们的客户中有一半以上是个人；近 61% 的理财顾问服务于高净值人士、非高净值人士或二者皆有；45.6% 的顾问报告称，至少有一个客户是养老金或利润分享计划（不包括计划参与者、州或地方养老金计划）（见图5）。

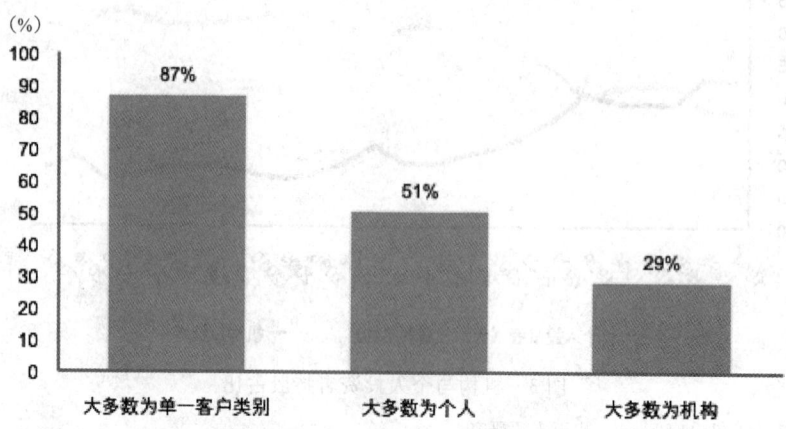

图5 美国投资顾问机构的客户结构（按数量划分）

资料来源：美国投资顾问协会年报，申万宏源研究。

5. 从资产管理规模来看，行业客户的最大类别是投资公司和私募基金

截至2017年第一季度，在行业70.7万亿美元的管理资产中，13%属于个人客户，其中超过一半来自高净值客户；投资公司和私募基金分别占比24%和18%，是客户结构中最大的两个部分；养老基金、保险公司、州或地方政府也是重要的构成部分（见图6）。

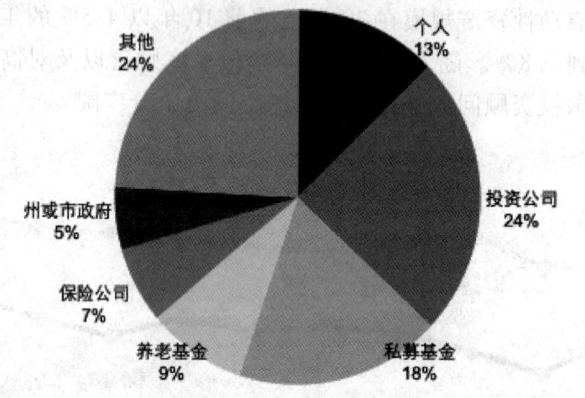

图6 美国投资顾问机构的客户结构（按资产管理规模划分）

资料来源：美国投资顾问协会年报，申万宏源研究。

（三）投资顾问业务模式正在向多元化方向发展

1. 业务类型包括投资咨询、账户管理和资产管理

投资顾问机构的业务形态较为多元，主要包括提供投资建议、账户管理和资产管理等。从具体的服务种类看，针对个人投资者和小型公司的理财规划和投资组合管理两类服务是占比最大的业务。此外，投资咨询公司的服务还包括提供养老金咨询、为投资公司提供投资组合管理等。对个人客户的投资顾问服务主要由私人财富管理部和零售经纪服务部完成，其中私人财富管理部门主要针对高净值个人客户，为其提供全方位的资产配置服务。而零售经济服务部门按照个人客户的需求，其提供的投资顾问服务又存在多种形式：一是除经纪佣金外

不再单独收费的作为经纪业务附带的投资建议,在此情形下,经纪人员豁免注册为投资顾问;二是经纪人员提供的超出附带投资建议范畴的理财规划建议;三是经纪人员提供的账户管理服务(包括全权委托和非全权委托服务),采取按照资产规模、按服务期限、按客户资产市场表现等方式收费。在第一种情形下,经纪人员豁免注册为投资顾问;在后两种情形下,经纪人员需同时注册为投资顾问。账户管理可分为集合管理的账户、单独管理的账户等多种类型。账户管理服务始自20世纪80年代,该项业务是通过推出基于固定费用的账户(Fee – based Account)和基于资产收费的账户(Asset – based Account)两种账户提供服务,在一个账户中提供理财规划、组合管理、交易执行、清算交收等一揽子服务,每年收取固定费用或者按照客户账户资产规模的一定比例(一般为1%—3%)收取费用。

2. 盈利方式以收取基于资产规模的管理费为主

以管理资产为基础收取管理费是投资顾问机构获利的主要方式。根据美国投资顾问协会发布的2017年年度报告显示,95.2%的投资顾问机构按照管理资产规模的相应百分比计费,42.3%按照固定管理费计价,38.2%与管理资产的表现挂钩,28.5%按照小时计费,14.5%按照其他收费方式计费,4.1%收取佣金,0.9%收取订阅费用。其他方式包括与私募相关的其他费用,如12b – 1费用等。从收费形式来看,同一家美国投资顾问机构存在多种收费方式,这一方面是基于产品结构的差异,另一方面也是为了更好地满足客户差异化的需求。但从整体来看,按资产管理规模计提一定比例的管理费还是最常见的收费方式(见表1)。

表1 管理费收取方式较为稳定 (单位:%)

年度	按管理资产规模的一定比例收费	收取固定管理费	与管理资产表现挂钩	按小时收费
2013	95.0	41.5	38.9	27.8
2014	94.8	41.5	38.5	28.1
2015	95.0	41.5	38.5	28.1
2016	95.2	42.1	38.3	28.2
2017	95.2	42.3	38.2	28.5

注:由于美国投资顾问机构同时存在多种收费方式,所以上述收费方式的百分比加总超过100%。
资料来源:美国投资顾问协会年报,申万宏源研究。

(四) 投资顾问机构集中度高,独立投资顾问机构占主导

1. 机构生态多元,行业集中度较高

总体来看,美国投资顾问行业体现出体量大、多层次、多样化的特征。从资产管理规模来看,根据在SEC注册的投资顾问机构情况统计,截至2017年第一季度,资产管理规模在1亿到10亿美元之间的投资顾问机构数量占比超过50%,但所管理的客户资产仅占投资顾问行业所有客户资产的3.3%;资产管理规模在1 000亿美元以上的投资顾问机构数量仅占行业总机构数的1%,但所管理的客户资产占投资顾问行业所有客户资产的50%以上(见图7)。从管理的资产规模看,少量大型机构占据投资顾问行业的相对主导地位。大多数投资顾问机构专营主业,少数同时拥有证券经纪牌照。

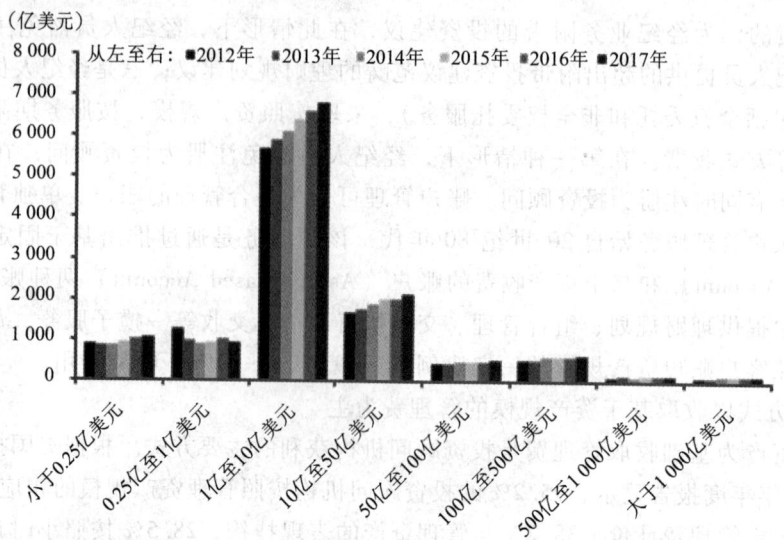

图 7 美国投资顾问行业结构（按照资产管理规模划分）

资料来源：美国投资顾问协会年报，申万宏源研究。

2. 投资顾问机构数量及规模不断增长

截至 2017 年第一季度，美国证券交易委员会注册的投资顾问数量增至 12 172 家，较上年同期增长 2.7%。这些投资顾问机构的资产管理规模总额于 2017 年第一季度达到 70.7 万亿美元，高于 2016 年的最高点（见图 8）。同时，该行业在投资顾问职位上的数量持续强劲增长。截至 2017 年第一季度，行业中非文职员工数量为 77.8 万名，在过去 4 年内增加了 10%。在这些员工中，有 40 万人提供投资顾问服务（包括研究），较上年同期增长了 1.4 万人。

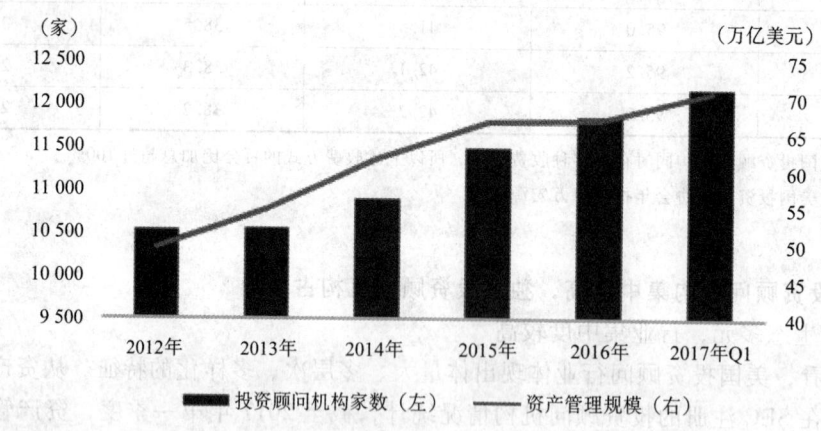

图 8 美国投资顾问机构数量与规模

资料来源：美国投资顾问协会年报，申万宏源研究。

3. 多数投资顾问机构规模较小

在 SEC 注册的投资顾问机构中，绝大多数是小企业。从员工规模来看，在 2017 年第一季度，56.78% 的咨询公司（6 911 家）披露称他们雇用了 10 名或更少的非文职工作人员，87.42%（10 641 家）报告雇用了 50 名或更少的员工。在整个行业，雇员的中位数是 9 人。

从客户数量来看，超过半数以上机构的客户数量在100个以下，其中客户数量在1—10个左右的机构数量达到3 313家，占比最大，部分原因是共同基金和私募基金等集合投资工具被视为单一客户进行申报。在客户数量超过500个的1 656家机构中，客户数量在501—1 000个和1 001—10 000个的机构占比大致相同，约6%；只有8家机构的客户数量超过100万个（见图9）。

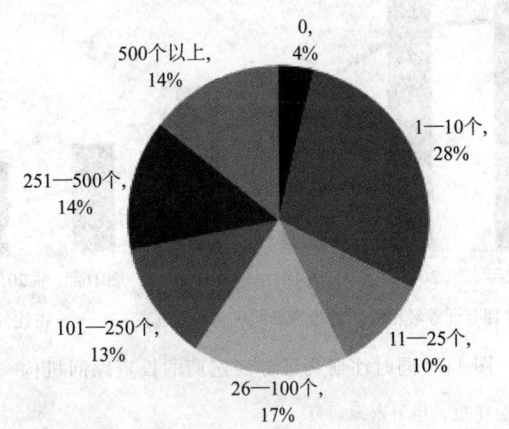

图9　2017年美国投资顾问行业结构（按照客户数量划分）

资料来源：美国投资顾问协会年报，申万宏源研究。

4. 行业服务的私人基金的数量正在增长

截至2017年第一季度，4 574位顾问报告称，为34 409只私人基金提供咨询服务，其资产管理规模为11.5万亿美元。顾问人数、服务私人基金数量和对应的资产管理规模（2016年第一季度分别为4 448位、32 445只和10.5万亿美元）较2016年均有上升（见图10）。

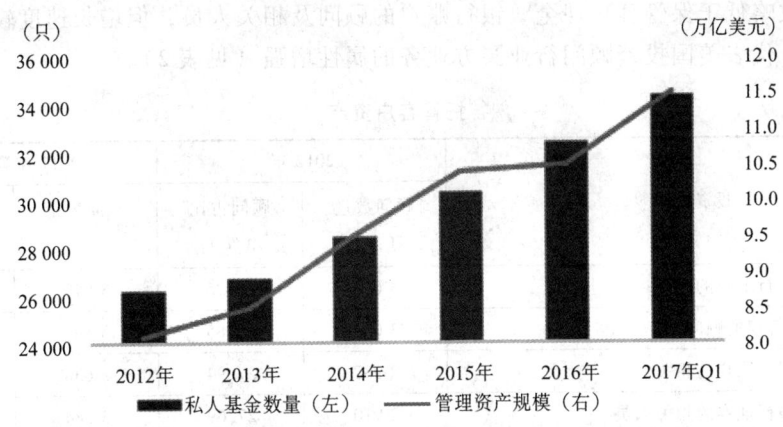

图10　美国投资顾问机构服务的私人基金规模

资料来源：美国投资顾问协会年报，申万宏源研究。

5. 多数投资顾问机构专营主业，少数同时拥有证券经纪牌照

据美国投资顾问协会年报披露数据显示，截至2017年第一季度，1.2万家投资顾问机构中，有超过60%的机构专营投资顾问业务。在同时运营其他业务的投资顾问机构中，仅

有440家机构同时注册为证券经纪商,占所有投资顾问机构数量的比例仅为3.6%,占所有证券公司数量的比例也仅为11.5%。另外有些证券公司不持有投资顾问牌照,通过与投资顾问合作的方式为客户提供投资顾问服务(见图11)。

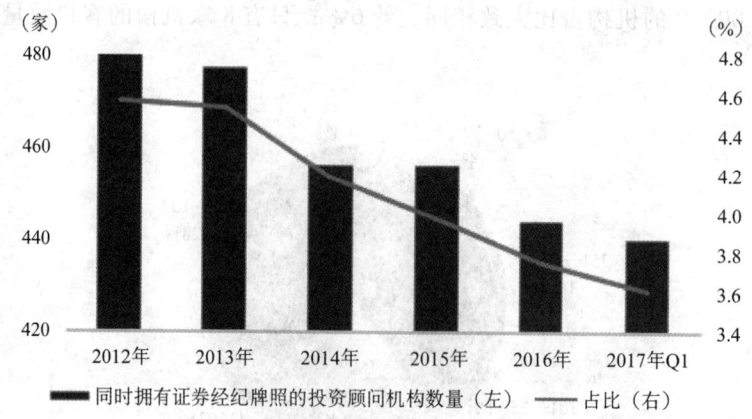

图11 同时注册为证券经纪商的投资顾问机构

资料来源:美国投资顾问协会年报,申万宏源研究。

6. 行业的账户托管行为有所上升

据美国投资顾问协会年报显示,拥有客户资产托管权的投资顾问数量由2012年第一季度的4 456人增加至2017年第一季度的5 289人,同期占比略微增长(由42.39%增长至43.50%)。从托管客户资产来看,2017年约有1/3的投资顾问(3 919人)表示保管客户的现金、银行账户,较2012年增加了843人。保管客户现金、银行账户的相关人员也从2012年的2 937人(占比27.9%)增加到2017年的3 638人(29.9%)。保管客户证券账户的顾问及相关人员数量分别由2012年的3 032人和2 910人发展到2017年的3 881人和3 584人,总体人数略低于保管客户现金、银行账户的顾问及相关人员,但增长速度较快。账户托管行为的上升代表美国投资顾问行业买方业务的属性增强(见表2)。

表2 托管客户资产

投资顾问	2012年		2017年第一季度	
	顾问数量(人)	顾问占比(%)	顾问数量(人)	顾问占比(%)
保管客户现金/银行账户的顾问	3 076	29.26	3 919	32.20
拥有客户证券保管权的顾问	3 032	28.85	3 881	31.90
保管客户现金/银行账户的相关人员	2 937	27.94	3 638	29.90
保管客户现金/银行证券的相关人员	2 910	27.69	3 584	29.40
拥有咨询客户资产托管权的顾问	4 456	42.39	5 289	43.50

资料来源:美国投资顾问协会年报,申万宏源研究。

7. 从从业人员的角度看,投资顾问机构与其他金融机构联系紧密

根据美国投资顾问协会2017年年报披露,截至2017年第一季度,行业雇员中共有400 163位提供投资顾问业务的雇员、386 413位证券交易商的注册代表、282 027位在不同的州均注册

为投资顾问代表、19 818 位在不同州的不同投资顾问机构注册为投资顾问代表以及 247 420 位持牌保险营销员。由此看来，行业与证券经纪交易以及保险等行业紧密相连（见图12）。

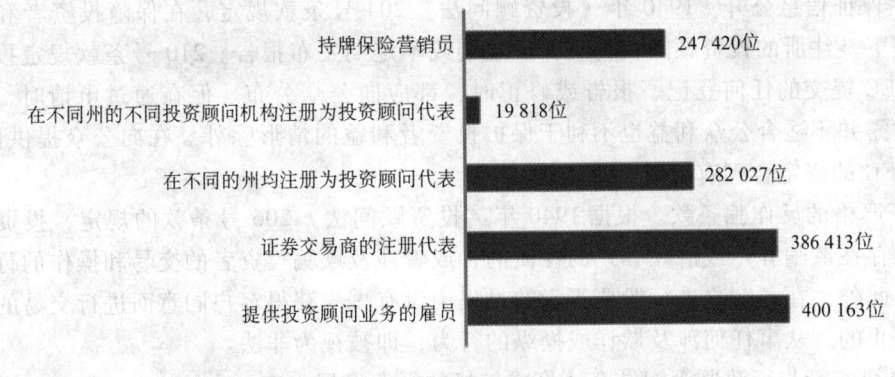

图 12　行业雇员的资质

资料来源：美国投资顾问协会年报，申万宏源研究。

（五）对投资顾问业务监管是自律管理与行政监管相结合、联邦监管与州监管相结合

1.《投资顾问法》保障投资者利益优先

以勤勉尽责义务为核心、以保护客户利益最大化为原则，《投资顾问法》规定了投资顾问机构须践行信义义务以保护客户利益最大化。勤勉尽责义务是《投资顾问法》的基础。作为勤勉尽责义务的承担人，投资顾问公司必须避免与客户产生利益冲突，并且禁止投资顾问机构过度或不公平地利用客户的信任。为了做到这一点，投资顾问公司需要履行诸多职责：一是充分披露材料；二是所有的建议需要有合理的基础，即投资顾问机构必须要有独立且合理的判断基础；三是全力执行，即投资顾问机构有责任尽全力为客户寻找最佳的交易机会。1940 年《投资顾问法》及 1985 年的修正法案中保护投资者利益的监管逻辑主要包括四点：一是规避利益冲突；二是信息传达属实；三是信息披露；四是反诈骗。

（1）限制投资顾问机构收取业绩费，规避利益冲突。1940 年《投资顾问法》205 号条款规定，禁止注册的投资顾问机构以客户全体或者部分资金的资本获益或以资本增值为收费基础。对收费方式限制的初衷是避免投资顾问机构为了追求业绩而选择承担过多的风险，进而使投资者利益受到损害。1985 年，SEC 采纳了对 1940 年《投资顾问法》的增补条例 205—3，同意投资顾问机构在特定条件下收取业绩费（客户投资额在 50 万美元以上，或者至少有 100 万美元净值，保证向客户披露信息）。虽然限定有所放松，但是规避利益冲突的监管逻辑没有改变。

（2）保证消息传达属实且无歧义。1940 年《投资顾问法》207 号条款规定，任何根据 203 号条款（投资顾问机构注册条款）和 204 号条款（保证定期发布报告的条款）向 SEC 提交登记申请或报告时，故意披露不实消息或故意遗漏信息的均属于非法行为。208 号条款规定，注册的投资顾问，不得向客户表示或者暗示其已经受到资助或者具备受国家任何机构或其官员的资质认可，并且要避免一切形式的可能导致传达信息出现歧义的行为。在跨境投资顾问服务上，美国针对研究报告的发布模式是直发模式，即相关研究产品及信息的发布必须经由美国本地机构进行，美国政府对海外产品（包括 IPO）都有着极为严格的管理。而相

比机构客户，个人客户、企业客户的受保护程度要高得多。所以，任何投行、资管、研究产品，只要未获授权，在美国的销售和推广都将面临较高的合规风险。

（3）保证信息公开。1940年《投资顾问法》204号条款规定，在保障投资者和公众利益的前提下，注册的投资顾问机构应保证定期或不定期发布报告。210号条款规定投资顾问机构向SEC提交的任何登记、报告或修正时，都应向公众公布。但在通过申请时，SEC发现信息披露并不适合公众利益也不利于保护投资者利益的情形除外。在向公众提供信息时，应按照SEC的规定合理有偿或合理设限。

（4）严格的反诈骗条款。根据1940年《投资顾问法》206号条款的规定，投资顾问的任何方案存在欺骗客户或潜在客户的性质的，或者涉及欺骗投资者的交易和操作的行为都是违法的。此外，在与客户进行股票买卖的过程中没有事先获得客户同意而进行交易的行为同样是被禁止的。从事任何涉及欺诈或操纵的行为，即被视为非法。

2. 自律监管与行政监管相结合，形成较好的行业发展生态

借助对投资顾问的强监管来约束卖方机构，形成较好的市场发展环境。从监管权限及监管重点来看，美国证券交易委员会（SEC）重点对账户管理及资产管理等买方类的投资顾问业务进行重点监管，对证券公司及提供投资建议等卖方类业务实行行业自律管理。在信息披露得到保证、市场竞争充分的情况下，投资顾问机构专业能力、管理水平和合规风控能力得到提升之后，会提高对外提供投资建议等专业性卖方业务的要求。借助专业的买方机构发展进而对卖方服务机构形成有效的约束，市场主体之间构建相互制约、共同发展的良好生态环境，以及对买方机构的强监管在很大程度上保障了投资者利益优先。

3. 严格的准入监管和惩罚机制提升投资顾问行业质量

美国金融机构可以根据其自身业务发展需要向SEC申请相应的业务牌照，但从准入门槛来看，美国投资顾问牌照的申请门槛较高，从国际比较来看，美国投资顾问牌照在一定程度上可能是世界上最难拿到的金融牌照之一。此外，SEC还规定机构不可以通过购买公司的方式去获取牌照，如果SEC发现投资顾问公司的大股东变更，很有可能会取消其原先发出的牌照。

与此同时，美国对投资顾问行业违规行为的处罚也十分严厉。近年来即使有部分外资机构在美国申请获准投资顾问牌照，但由于对美国相关法律的了解程度有差异，在实际业务开展中很容易因为合规性问题被SEC处罚，甚至是被竞争对手举报。新兴国家的公司（如印度等）在过去几年都有公司被处罚的案例，处罚最直接的影响可能是在未来的5—10年内，这家公司都无法进入美国市场。借助严格的准入制度安排及处罚机制设计，美国在对境内投资顾问机构形成较好保护的同时，也有效推进了投资顾问行业的高质量发展。

4. 探讨联邦与州之间的监管合作及协调机制

在垂直监管体系的分工上，SEC与州分享监管权。在注册投资顾问机构数量不断增加的情况下，SEC和州之间的分歧和摩擦不断显现。相较SEC，州的监管机构拥有更高的灵活性，更方便为投资顾问机构设计有效的监管方案。尤其在2008年金融危机后，美国实行了金融监管体制大改革，推出《多德-弗兰克法案》，进一步强化对大型或系统重要性金融机构的监管，有效防范系统性金融风险。在2013年的投资顾问监管文件（Regulation of Investment Advisors of the U. S. Securities and Exchange Commission）中，美国重新划分了SEC及州对投资顾问机构的权限，确定将SEC监管的投资顾问机构管理资产规模的门槛从2 500万美元提升至1亿美元，即管理资产规模在1亿美元以上的投资顾问机构归属SEC监管，管理资

产规模在 1 亿美元以下的投资顾问子机构的监管下沉至州监管，当时约 4 000 家投资顾问机构监管主体由 SEC 改变为州。此次监管机构范围的重新划分，一方面较好地强化了对大型投资顾问机构的监管；另一方面借助监管权的下沉也缓解了 SEC 的监管压力，激发了州层级监管的活力。当前我国金融监管体制改革也正在积极探索中央与地方监管统筹及分工机制，美国在投资顾问机构监管分工上的尝试在一定程度上值得借鉴。

5. 多级托管间接持有模式有利于账户统一管理

美国证券市场采取"美国存管信托公司—托管人—实际投资者"多级托管间接持有模式。美国投资者持有的证券如需交易，操作方式是与金融机构签订托管合同，通过后者将证券交存至美国存管信托公司（DTC）。DTC 与参与人（金融机构）签订存管结算合同，申请开立证券账户，办理其客户（实际投资者）或其自营证券的送存、提取和证券交收划付业务。同一参与人名下的实际投资者之间发生证券过户时，参与人在 DTC 处存管的证券并不需要办理变更登记，只需在其系统中借记/贷记对应双方客户的证券账户即可，从而提高结算效率，降低成本（见图 13）。

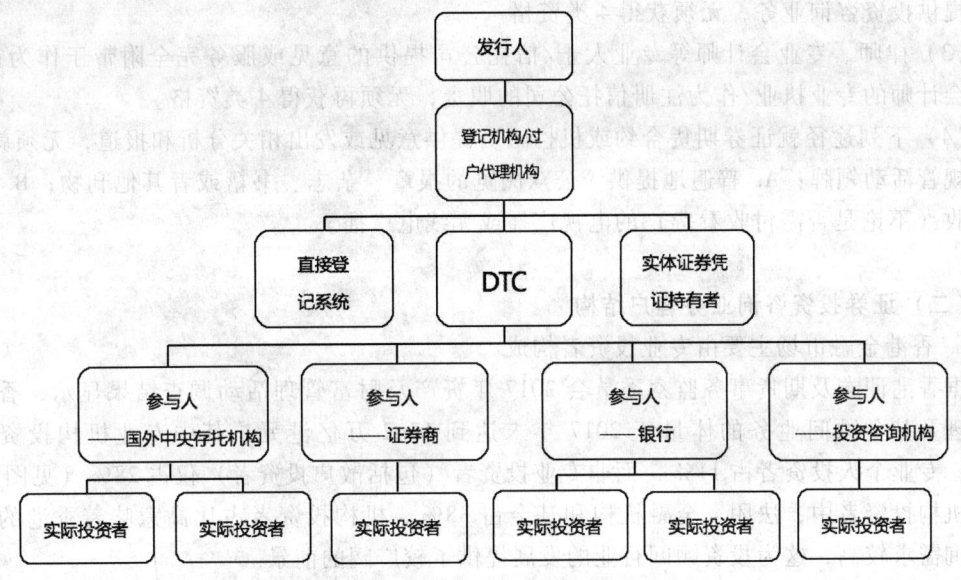

图 13　美国证券市场多级托管间接持有体系

资料来源：dtcc.com，申万宏源研究。

间接持有体系有助于投资顾问机构对托管账户实行统一管理。美国的投资顾问对账户进行管理的方式是账户托管，《投资顾问法》对投资顾问机构如何管理客户账户进行了说明。由于美国存管信托公司主要负责美国市场大部分股票、公司债券、政府债券、ETF 基金和存托凭证的证券存管和结算服务，投资顾问机构可以对其托管的账户进行统一管理。相比之下，我国对不同种类金融产品设立不同的登记托管机构，如理财登记托管中心、中国证券登记结算有限责任公司、中央国债登记结算有限责任公司等，这样托管机构难以对账户实现穿透和统一管理。在美国的多级托管间接持有体系下，实际投资者和其证券托管方（投资顾问机构）之间的法律关系清晰，责、权、利界定明确，有利于市场参与各方主张自身权利，同时也使得整个市场的交易、结算效率大幅提高，推动了投资顾问业务的加速扩张。

二、中国香港地区证券投资咨询业务发展现状及经验借鉴

（一）中国香港地区证券投资咨询业务发展概况

根据《证券及期货条例》，证券投资咨询业务对应4号牌照（就证券提供意见），持牌中介人可进行的受规管活动包括：

（1）向客户提供有关沽出/买入证券的投资意见。

（2）发出有关证券的研究报告/分析。

香港证券及期货事务监察委员会发布的《发牌手册》（2017年4月更新版）对具体操作中是否需要申请4号牌照的情况进行了界定：

（1）针对"提供属事实的一般市场咨询的活动""链接到其他金融财经网站的超链接""提供分析工具"等具体情况有着对应的详细规定（详见《发牌手册》"2.4进一步指引"）。

（2）向全资附属公司、持有全部已发行股份的控股公司或该控股公司的其他全资附属公司提供投资咨询业务，无须获得4类资格。

（3）律师、专业会计师等专业人士/信托公司提供的意见或服务完全附带于作为律师、专业会计师的专业执业/作为注册信托公司的职责，无须再获得4类资格。

（4）下列途径就证券期货合约或机构融资提供意见或发出相关分析和报道，无须就第4类受规管活动领牌：A. 普遍地提供予公众阅览的报章、杂志、书籍或者其他刊物；B. 供公众接收（不论是否需付收看费）的电视广播或无线电广播。

（二）证券投资咨询业务客户结构

1. 香港金融市场主要由专业投资者构成

据香港证券及期货事务监察委员会2017年资产及财富管理活动调查结果显示，香港资产管理及基金顾问业务的体量于2017年末达到17.2万亿港元，其中专业机构投资者占61%，专业个人投资者占11%，而非专业投资者（包括散户投资者）仅占28%（见图14）。专业机构投资者中，法团、金融机构和基金占38%。机构投资者占比高意味着香港的专业性咨询需求较高，这为投资顾问行业的发展提供了较广阔的前景。

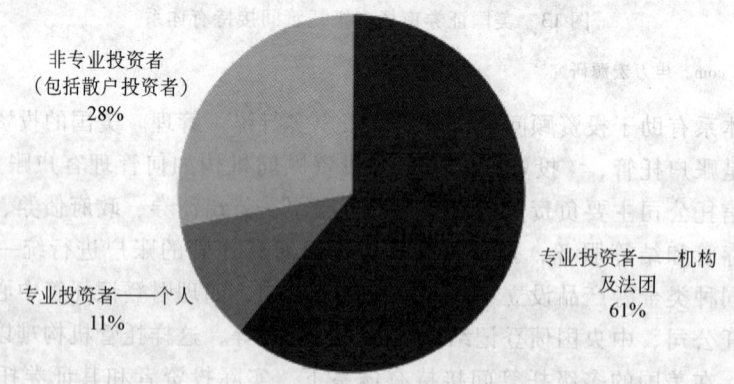

图14 资产管理及基金顾问业务按客户类别划分

资料来源：香港证券及期货事务监察委员会。

2. 海外投资者占比较高

据香港证券及期货事务监察委员会 2017 年资产及财富管理活动调查结果显示，截至 2017 年末，香港的资产及财富管理业务达到 24.3 万亿港元，其中海外投资者是主要资金来源。数据显示，2013—2017 年，非香港投资者的市场占有率分别为 72%、71%、69%、66% 和 66%。香港作为全球化的离岸市场，吸引了大量海外投资者，为投资顾问业务的发展提供了活力（见图 15）。

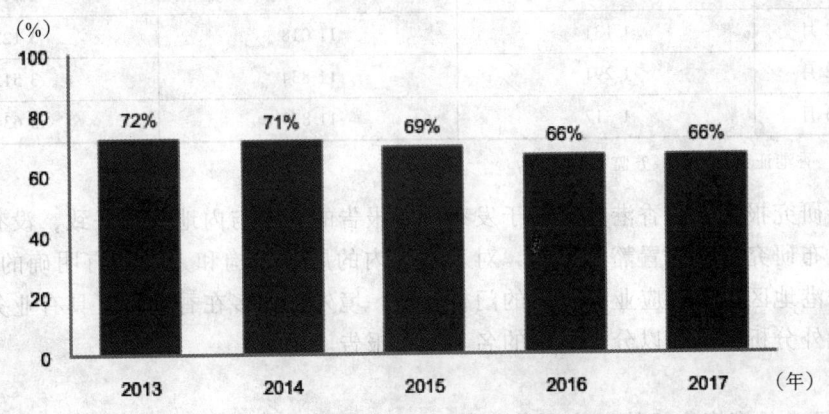

图 15　非香港投资者的市场占有率

资料来源：香港证券及期货事务监察委员会。

3. 港股通后香港将开辟内地市场

2018 年 6 月 27 日，中国证监会发布《证券基金经营机构使用香港机构证券投资咨询服务暂行规定》，允许内地券商或者其从事发布证券研究报告业务的子公司向客户转发香港机构发布的就港股通股票提供投资分析意见，允许内地证券基金经营机构委托香港机构为证券基金经营机构管理的参与港股通的证券投资基金提供关于港股通股票的投资建议服务。随着内地与香港股票市场互联互通机制的逐步深化，港股通交易规模不断扩大，内地投资者将成为香港投资顾问行业的重要客户。

（三）证券投资咨询业务模式包括投资顾问业务和发布研究报告业务

香港投资顾问业务可分为从事投资顾问服务（仅持 4 号牌）、同时从事交易服务（兼持 1 号牌）和同时从事资管业务（兼持 9 号牌）三类。第一类业务包括向客户提供有关沽出或买入证券的投资意见以及发布有关证券的研究报告或分析。第二类业务在第一类业务的基础上还包括为客户提供股票及股票期权的买卖或经纪服务、为客户买卖债券、为客户买入或沽出互惠基金及单位信托基金和配售及包销证券等业务。第三类业务在第一类业务的基础上还包括以全权委托形式为客户管理证券或期货合约投资组合、以全权委托形式管理基金等业务。

香港地区相关规定明确，证券经纪商提供与证券经纪业务密切相关的投资顾问服务，但不为此顾问服务行为收取特别报酬的，不需要在第 1 类证券经纪牌照的基础上，再取得第 4 类证券投资咨询牌照。在香港地区，有大量的投资顾问机构同时取得第 4 类证券投资咨询牌照和第 9 类资产管理牌照，也有一些投资顾问机构仅取得第 4 类牌照。从实践看，仅取得第

4类牌照的机构,只为客户提供投资建议服务,其生存及发展也面临困难(与境内市场的证券投资咨询机构类似)(见表3)。

表3 香港持有证券投资咨询服务(4号牌照)资格机构及人员数量

时间	持牌法团(家)	持牌代表(位)	核准人员(名)
2014年12月	928	9 603	2 569
2015年12月	987	10 462	2 745
2016年12月	1 131	11 018	3 123
2017年12月	1 291	11 834	3 513
2018年03月	1 317	11 879	3 634

资料来源:香港证券及期货事务监察委员会。

在发布研究报告上,香港地区对于发布研究报告的要求与内地较为一致,没有针对境外机构跨境发布研究报告设置豁免机制,对于辖区内的展业机构和人员均有明确的资质要求。但实际中香港地区申请相应业务资质的门槛较低,境外机构多在香港设立具有业务资质的分支机构,境外分析师进而以分支机构的名义发布报告。

(四)证券投资咨询机构以大型兼营投顾业务的金融机构为主

1. 机构及代表数量稳中有升

香港从事投资顾问业务的机构由持牌法团(获证监会发牌从事顾问业务的法团)和注册机构(从事投资顾问业务的银行)构成,二者在2018年6月分别达到1 358家与94家,合计1 452家,较2008年上升75%。同时,持牌代表数近年保持较为平稳的态势,2018年6月末达到11 879人(见图16)。

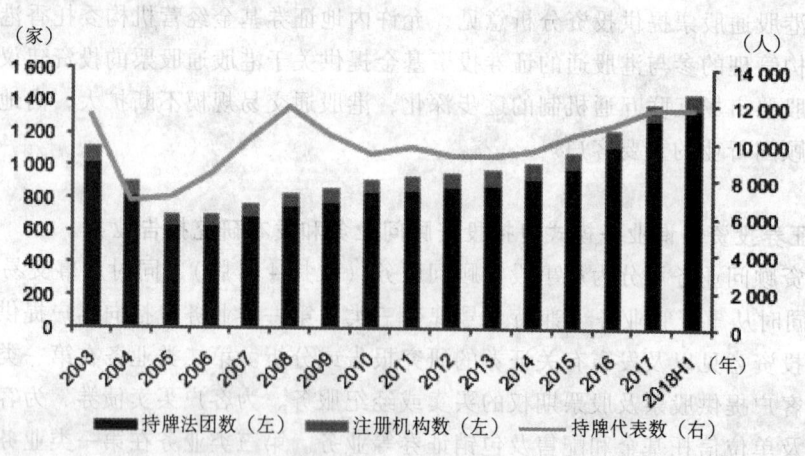

图16 香港持牌法团、注册机构及持牌代表数

资料来源:香港证券及期货事务监察委员会。

2. 投资咨询牌照由大型金融机构兼营的特征较突出,持有这些牌照的机构有银行、证券公司和第三方机构等

在香港,银行可以全面参与证券经纪业务,但银行由于咨询研究力量不足,一般不能提供很好的投资咨询服务,仅提供通道服务,客户主要是散户,市场份额并不大。证券公司不

仅可以代理股票交易，还可代理债券、期货和金融衍生产品等，代理的产品较多；既有做空机制，也可开展融资业务，业务范围较广，盈利业务较多。根据香港证券及期货事务监察委员会公布的信息，截至 2018 年 3 月，持有证券投资咨询服务（4 号牌照）资格的共有 1 317 家法团、11 879 位持牌代表和 3 634 位核准人员。

（五）对证券投资咨询业务按照业务模式实行差异化监管

1. 针对不同盈利模式的投资咨询机构监管重点有差异

根据提供的业务不同，投资咨询业务的收费方式可分为佣金模式和管理费模式，二者对应不同的监管重点。

佣金模式下，"适当性"（Suitability）是遵守准则，即把合适的产品销售给合适的客户，投资顾问提供的产品或服务不一定是最好的，而是最合适的。

管理费模式下，"受托责任"（Fiduciary Duty）是核心准则，即投资顾问必须把客户的利益放在首要位置，而不是自己或所在机构的利益，给客户提供最好的产品或服务。

佣金模式容易产生利益冲突。在佣金模式下，投资顾问的收入与销售的金融产品佣金直接挂钩，投资顾问更具有"销售"属性，从而可能产生和客户的利益冲突；管理费模式下，投资顾问收入取决于管理的客户资产规模大小，因此会努力让客户资产增值进而吸引客户更多的资产追加，与客户的利益一致。

2. 针对投资咨询业务的法律法规逐步完善

经过多年发展，香港投资咨询业务的相关法律已比较健全。《证券及期货条例》是香港迄今为止最重要和最全面的证券监管法规，2002 年 3 月由香港特区立法会表决通过，并于 2003 年 4 月 1 日正式生效。该法规合并整合了之前 10 部监管证券期货市场的条例，为香港证券市场提供了清晰且易于执行的监管框架。

在最高上位法《证券及期货条例》之外，香港证监会还从市场准入、行为监管和投资者教育等方面制定了具体的法规，做出了一些限定，以保护投资者利益。

在市场准入上，香港市场执行的是金融牌照管理制度，满足资格的金融机构可以同时申请多类牌照，为境内外各类机构与个人投资者提供特定领域的金融服务。根据香港《证券及期货条例》，目前共有 10 类受规管活动需要向香港证券及期货事务监察委员会（SFC，简称"香港证监会"）申请牌照。其中，4 号牌照是香港证监会批准机构提供证券投资咨询服务，可以向客户提供有关沽出或买入证券的投资意见，还可以发出有关证券的研究报告或分析。而针对投资顾问及交易服务和投资管理业务，还需要获取 1 号和 9 号牌照。

此外，香港比较强调行为监管。为保护投资者合法利益，促进金融市场的快速发展，香港证监会还制定了《持牌人或注册人操守准则》（以下简称为《操守准则》）等规章和指引，规定了持牌人或注册人应履行的投资者适当性义务，规范了持牌人或注册人的业务行为。

（1）香港证券市场投资者适当性原则。持牌人或注册人在履行投资者适当性义务时应遵守三大原则：一是客户最佳利益原则，即持牌人或注册人在向客户推荐产品或提供服务时，应以客户的投资收益最大化为最终目的；二是"了解你的客户"原则，即持牌人或注册人应采取一切合理的方式，了解客户身份、财务状况、投资经验及投资目标；三是产品适当性原则，即持牌人或注册人在建议客户购买投资产品时，应对产品进行尽职调查，确保做出的投资建议适合该客户。

(2) 香港证券市场投资者适当性制度。香港的投资者适当性制度主要由投资者分类、产品适当性评估和适当性匹配等组成。

在衍生产品的适当性评估上，持牌人或注册人首先应根据客户对衍生产品的认识将客户分类，然后履行适当的风险揭示义务。根据《有关投资者分类及专业投资者规定的指引》规定，持牌人或注册人向对衍生产品没有认识的普通投资者推荐衍生产品时，应充分揭示产品风险；向专业投资者或对衍生产品有认识的普通投资者销售衍生产品时，则无须揭示相关风险。最后，持牌人或注册人应严格按照"产品适当性原则"，将合适的衍生产品推荐给适合的投资者。

在高息投资工具的适当性评估上，根据有关规定，持牌人或注册人向投资者销售高息投资工具时，应采取以下措施，以履行适当性义务：①持牌人或注册人应采用合理的方式了解客户的财政状况、投资经验和投资目的等信息；②持牌人或注册人应确保客户已全面了解投资高息投资工具所面临的风险以及可能出现的亏损情况；③持牌人或注册人应向客户揭示投资风险，并由客户签字确认。

在结构性产品的适当性评估上，香港结构性投资产品由上市结构性产品和非上市结构性产品两部分组成。上市结构性产品的销售适当性主要由《上市结构化产品营销材料指引》来规范。《上市结构化产品营销材料指引》规定：上市结构性产品的营销材料应真实、全面，不应出现误导或欺骗投资者的内容。风险揭示的详细程度取决于风险的复杂程度以及该材料的性质及形式。但无论内容是否详细，所有营销材料都应至少告知投资者以下警示信息：应自行评估风险或必要时可向专业机构寻求建议；结构性产品的价格可能会波动；该项投资可能带来的损失。

对于非上市结构性产品，也要进行适当性评估。香港证监会要求持牌人或注册人要了解拟向客户销售的投资产品，包括产品性质、投资策略及投资风险。持牌人或注册人向客户提供投资建议时，不得单纯依靠产品资料提供的信息，应对投资产品进行独立评估。发行人必须赋予投资者一项与产品相关的平仓权利。在符合条件的情况下，投资者可取消其交易指令，向发行人或其代理人售回产品或以其他方式了结交易，并收回退款或付款。

(3) 投资顾问应履行的投资者适当性义务。投资顾问在履行投资者适当性义务时，首先要了解客户的财务状况、投资经验及投资目标等相关信息。如果客户没有向投资顾问完全披露其个人信息，投资顾问应向客户说明所提供的投资意见是依据不完整的信息而做出的。

其次，投资顾问应对产品进行尽职审查。香港证监会要求投资顾问不应向客户推介其本身不了解的投资产品。在投资顾问审查产品特性时，投资顾问除了将投资产品发行章程、发售公告或销售数据作为推荐产品的依据之外，还应书面记载他们推荐该投资产品的原则和思路，并要求投资顾问每隔一段时间就对有关投资产品的性质、特性及风险进行后续的产品尽职审查。

最后，投资顾问向客户提供的产品和服务必须符合客户的最佳利益。投资顾问在提供服务过程中应记载和保存相关的信息和资料。除书面记录外，监管机构还要求所有销售金融衍生品的机构应对整个销售过程进行录音，确保备存完备的销售过程记录。

证券公司科创板业务的风险点分析与防范研究

高 玮 王 西 张丽英 徐大为 赵 岩*

在世界各国对高科技领域竞争日渐白热化的背景下，2019年3月1日中国证监会发布并实施《科创板首次公开发行股票注册管理办法（试行）》和《科创板上市公司持续监管办法（试行）》，我国资本市场科创板正式落地。科创板定位于服务符合国家战略、突破关键核心技术、市场认可度高的科技创新企业，此举是国家实施创新驱动发展战略、深化资本市场改革的重要举措。从2019年1月中央全面深化改革委员会第六次会议审议通过《在上海证券交易所设立科创板并试点注册制总体实施方案》《关于在上海证券交易所设立科创板并试点注册制的实施意见》，到3月1日规则正式落地，速度之快，表明了我国以资本市场助力高科技产业发展、深化资本市场改革的决心和信心。

科创板的正式开展，以及预期未来该业务模式经验在其他板块的复制推广，将引导证券公司业务模式的深层变革。本文将对科创板业务存在的特殊风险点进行梳理分析，并结合实践，提出新形势下证券公司风控工作的一些思考。

一、科创板企业估值定价

《上海证券交易所科创板股票上市规则》（以下简称《上市规则》）对拟上市企业规定了多重标准，引入了"市值"指标，放宽了对盈利的要求。由于板块定位的特殊性，以及拟上市企业在生命周期、行业等方面的多样化，科创板企业估值方法的选择往往需要主观判断，估值定价难度较大，易引致估值不准确，导致发行失败或损害投资者利益。

---

* 作者简介：高玮，浙商证券股份有限公司副总裁、首席风险官、党委委员；王西，浙商证券股份有限公司投资银行内核办公室，风控专员；张丽英，浙商证券股份有限公司投资银行内核办公室，主任；徐大为，浙商证券股份有限公司投资银行内核办公室，高级业务副总监；赵岩，浙商证券股份有限公司投资银行内核办公室，高级业务副总监。原载于《中国证券》2019年第4期。

（一）科创板的三套上市标准

科创板《上市规则》设置了多重不同维度的上市标准，按企业类型，大体可分为三类：

一是尚未在境外上市的红筹企业，应当至少符合下列标准中的一项：（1）预计市值不低于100亿元；（2）预计市值不低于人民币50亿元，且最近一年营业收入不低于人民币5亿元。

二是存在表决权差异安排的企业，同上述尚未在境外上市的红筹企业标准。

三是其他拟上市企业，预计市值指标分"不低于人民币10亿元""不低于人民币15亿元""不低于人民币20亿元""不低于人民币30亿元""不低于人民币40亿元"几个档次递增，配套其他上市指标，如净利润、营业收入、研发收入占营业收入比例、经营活动净现金流、核心技术等，发行人可自行选择上市标准。

（二）企业估值中可能存在的风险

企业市值预估无疑成为考验保荐机构专业技能的重要关卡，亦是券商风控工作的重点和难点。

一是企业估值的主观性，可能会造成估值的随意性。科创板试点旨在发现优质企业的未来价值，但在实务操作中，有些券商可能会为了达成业绩，预设企业估值水平，通过人为调整估值模型假设条件或参数选择等方法，倒编估值数据，即由"价值发现"沦为"数字游戏"。而这种人为调整估值的行为，往往在初期难以发现和管理。

二是券商专业技能不过关，可能导致中止发行甚至发行失败，引发市场和监管机构质疑，声誉受损。根据监管规定，初步询价结束后，如出现发行人发行后预计总市值不满足其在发行材料（招股说明书）中明确选择的上市标准的，将中止发行。如仍不符合任一市值标准，则可能导致发行失败。如预计发行后总市值与申报时市值评估结果存在重大差异的，保荐机构应当向交易所说明相关差异情况，保荐机构的执业质量将可能会受到市场和监管机构质疑，声誉受损，严重的可能会被质疑券商存在主观利益输送，甚至引发监管处罚。

三是企业估值不准确，可能会使券商遭受成本损失、投资损失，使其他投资者遭受投资损失。企业估值不准确引发中止发行或发行失败，可能会使券商遭受前期投入成本损失。如已上市，在现有跟投机制下，若企业后续盈利未及预期，可能会使券商遭受二级市场投资损失，而其他投资者利益也一并受损。

（三）科创板企业估值方法的应用

目前市场上通用的企业估值方法主要有三大类。一是资产估值法，即以现有资产为基础对企业进行估值，具体包括账面价值法、重置成本法、清算价值法。二是相对估值法，通过与同类可比公司、历史数据等对比，估算标的企业的价值，相对估值模型中主要有市盈率法（PE = P/EPS）、市净率法（PB = P/BPS）、市销率法（PS = P/SPS）、PEG 法（PEG = PE/年盈利增长率）、企业价值倍数法（EV/EBITDA）等。三是绝对估值法，也称"收益折现法"，即通过将企业的未来收益（现金流）通过一定方法折现，估算企业的本期价值。绝对估值法主要有三种：股利现金流模型（DDM）、自由现金流量模型（FCFF）和剩余收益模型（RIM）。其他的价值估计方法基本上都是以这三大类方法为基础。

从企业生命周期来看，科创板鼓励较为早期即成长期或成熟期的科创型企业上市。而上述资产估值法和部分相对估值法（PE、PB 估值法等）要求企业具有较为稳定的资产规模、盈利能力等，未充分考虑科创型企业未来的发展潜力，不宜采用。绝对估值法（收益折现法）在理论上较为合理，但实际操作中未来现金流、未来收益等的估算均较为困难，易发生偏差，实际操作难度较大。

基于科创板的市场定位和制度安排，海外资本市场对独角兽企业的估值方法更具借鉴意义。整体来看，独角兽企业的估值方法综合考虑了企业发展阶段以及行业特征两个标准，重点在于找到企业未来发展价值的内在和外在影响因素，加入估值模型。

一是根据企业发展阶段选择估值方法。具体有以下四个阶段：

（1）符合"市值＋技术优势"标准的初创阶段企业，企业可能尚未盈利，但具有市场认可的研发技术，需要继续投入大量资金继续研发以及扩大投产，未来发展不确定性较大。对此类企业，可采用期权定价模型进行估值，即把企业拥有的生产研发技术和成长机会当作期权，求出各项期权的价值并加总得到企业价值。

（2）对于研发成果已投入生产，收入稳定增长，但盈利未稳定的企业，一般采用基于收入指标的估值方法，如 PS、EV/Sales、EV/EBITDA、EV/EBIT 等。

（3）对于收入和利润均较为稳定的成熟期企业，可采用 PE、PEG、DCF 等基于盈利指标以及现金流指标的估值方法。

（4）当企业无可靠的财务数据时，需分行业选择适当的非财务数据，或通过可比交易、情景法等进行估值。

二是分行业灵活选择估值方法。处于无收入无盈利阶段的早期企业或部分收入未能代表价值的企业，可根据行业本身特征进行估值。如互联网服务行业采用平台流量估值（P/MAU），电子商务行业采用交易流水估值（P/GMV），创新药行业采用管线估值等。

目前国内投行业务多为通道业务，实务中多采用单一的利润体系标准，预计未来券商将针对科创板拟上市企业采用多维度指标进行估值，尤其是深挖所属行业特点及本企业所处研发阶段，选取特定指标和权重，对传统财务指标进行补充和修正，来预判企业市值。未来券商的行业研究能力和专业沉淀将成为券商新的竞争力。估值方法的差异化和复杂化也将对券商风控工作提出新的挑战。

（四）高估值引发高商誉，商誉减值问题值得关注

科创板企业的高估值，相对自身较低的净资产，必然会引起投资的高商誉。在 2014—2015 年的 A 股并购浪潮中，传媒、医药、游戏、电商等新兴行业发展热度高，受资本追捧，并购普遍估值较高，商誉迅速累积，而后受行业政策、发展周期等影响，部分业绩承诺难以实现。2019 年 1 月，财政部下属会计准则委员会对商誉减值改摊销问题进行了讨论，大部分咨询委员认为，相较于现行的商誉减值，商誉摊销更为合理。该事项引起市场的广泛关注。为避免后续年份商誉摊销造成连续亏损带来的退市风险，诸多拥有大量商誉的上市公司于 2018 年底进行一次性减值，从而引发 2019 年初的 A 股集中"爆雷"现象。以此为戒，若科创板企业估值过高，在新一轮的科创企业并购重组中，将可能产生新一轮的商誉大规模减值问题。

二、券商跟投机制

科创板率先在国内引入保荐机构跟投机制,要求参与战略配售的机构必须为"保荐机构依法设立的相关子公司或者实际控制该保荐机构的证券公司依法设立的其他相关子公司"跟投比例为2%—5%,锁定期为24个月。券商跟投机制将增加券商的资金管理难度、市场风险,倒逼投行与行业研究及投资联动。

(一) 券商跟投机制改变了投行的业务模式

券商跟投机制拓展了投行业务线。跟投使投行从侧重项目承揽、文件制作和发行事务,即传统的通道业务向风险定价、技术研判和投资联动延伸,增加了投行的买方角色,使券商可以分享科技创新成果,享受科创公司股价上涨红利。

同时,券商跟投机制改变了竞争格局,资本实力将成为券商新的竞争力。跟投机制强化了券商职责,传统投行业务的风控工作主要在于保证勤勉尽责的履职,防止操作风险,而投资子公司的风控工作则需测算风险敞口,结合其他指标做出投资决策。该机制形成了资本约束,使得券商、高管(核心员工)和投资者共担风险,引导投行从源头上更谨慎选择推荐标的。创业板侧重价值发现,要求将企业发展前景、潜在投资价值作为重要考量因素,提高资本市场发行主体质量。

(二) 券商跟投机制可能引发的风险点

券商跟投机制可能引发的风险点主要在于多部门协同发展背景下的风险管理工作复杂化,以及该机制下新增的违反信息隔离的风险、资本金不足的风险及市场风险。

若投资子公司与其他部门协同效应未能有效发挥,将影响项目申报,或者造成发行失败、子公司投资损失。主要基于以下原因:

1. 不同部门之间存在潜在利益冲突

传统投行业务模式下,券商仅扮演中介机构角色,收入来源于收取保荐承销费;跟投机制下,券商收入来源多元化,包含投行的保荐承销费及子公司的投资收益。受利益驱动,投行部门不倾向于低估市值,以期保证成功发行上市及获取更多承销费;投资子公司则不倾向于高估市值,以期市值增长,未来获取投资收益;期间行业研究部门就企业估值亦会给予技术支持。各部门之间需要沟通协调,达成共识,项目方可进一步推进。

2. 不同部门之间组织结构及流程设计存在差异

如何在贯彻统一风控理念的前提下,在投行部门、行业研究部门及跟投子公司的组织架构、人员、制度、流程安排等方面进行安排,使得各部门各司其职、协同配合,值得深思。例如现行《证券公司投资银行类业务内部控制指引》规定,券商在对外报送发行、上市申请材料前,必须通过内核程序,且"证券公司应当设立常设或非常设机构履行对投资银行类业务的内核审议决策职责"。传统的投行内核程序侧重对项目本身合规风控事项的审核、讨论。而从理论上说,投资子公司对科创板跟投项目的审核则更倾向于投资决策,投资子公司的决策程序与传统内核程序如何协同,需在决策机制、介入时间、人员等方面进行明确,以保证落地执行。

以上事项若不妥善处理,有可能会影响项目申报,严重的可能会造成发行失败或子公司投资损失。

跟投需要子公司对科创企业进行调查。子公司虽然可以通过跨隔离墙的方式获取投行关于企业的尽调信息，但鉴于投资与投行业务侧重点不同，子公司工作人员可能会采取其他方式对科创企业进行调查，从而增加了信息隔离管控的难度。

跟投需要子公司投入自有资金，充足的资金也成为券商在科创板业务中的竞争力之一。现有规则规定科创板全面采用市场化询价，代替原直接定价方式。企业跟投限额为2%—5%，且有24个月的锁定期。基于此，子公司应根据科创板企业所处行业特点，计算风险敞口，并结合自身资金状况、压力测试指标及监管规定等审慎测算、综合运用资金，以确保在跟投机制中提升券商的市场竞争力。在风险可控的情况下应充分运用资金，尽量避免资金闲置造成过高的机会成本。

较为宽松的涨跌幅限制及未来盈利的不确定性，使投资者面临更大的市场风险。科创板交易规则规定的涨跌幅限制较主板更为宽松，上市后的前5个交易日不设价格涨跌幅限制，之后每个交易日的涨跌幅比例为20%。且企业估值较为复杂，最终估值较账面净资产有大额溢价，而企业未来的盈利能力存在一定的不确定性，这使得二级市场投资者持有创业板股票会面临更大的市场风险。

三、严格的信息披露追责制度

过去几年里，保荐与持续督导机构、资本市场发行人因信息披露工作不及时或披露信息错误等，受到监管机构处罚的案例层出不穷。科创板对信息披露工作的核心定位、延长的持续督导期和诸多细化要求进一步增加了券商信息披露方面的工作难度，使操作风险的管理面临更大的压力。

科创板对上市公司的发行承销定位市场化，监管则以信息披露为中心。《公开发行证券的公司信息披露内容与格式准则第41号——科创板公司招股说明书》第十节"投资者保护"对信息披露提出了明确要求，《科创板首次公开发行股票注册管理办法（试行）》第七章"监督管理和法律责任"对因信息披露不适当的情形及追责进行了详细列举。券商承担的信息披露职责重大，专业能力不过关、尽职调查、后期监督工作不深入易造成被监管处罚的风险。具体表现在以下几个方面：

一是券商在进行上市推荐时，应对发行人是否符合科创板定位进行专业判断，谨慎做出推荐决定。券商、律师事务所等中介机构在发行文件中就发行人是否符合发行条件应逐条发表明确意见，且具备充分的理由和依据。

二是券商应当在上交所受理发行上市申请文件后的十个工作日内，报送保荐工作底稿和验证版招股说明书。此举要求券商在项目申报阶段即完善工作底稿，督促券商勤勉尽责地履行尽职调查程序并在一定范围内对所做核查工作进行披露。论证工作将作为上交所对保荐机构、保荐代表人执业质量的考核依据。

三是科创板首发上市公司的持续督导期为上市当年剩余时间和其后3个完整会计年度，较主板有所延长，信息披露内容更加广泛。相关规则明确券商应督促上市公司建立健全信息披露和规范运作制度，应关注上市公司日常经营和股票交易，应督促公司披露重大风险，并就公司重大风险发表督导意见。内容涉及行业发展动态、企业经营风险、股权质押高风险情形、重大交易与关联交易等多个方面的信息披露。

四、券商风险防范措施

通过对科创板业务的估值定价、券商跟投机制和严格的信息披露要求等特征进行总结,并分析其可能带来的风险点,我们认为券商在相应风险管理工作的组织构架、跨部门协作、技术管理、考核与问责等方面均需做出变革,以应对科创板业务带来的风险,保障业务的可持续发展。

(一)顺应角色转换,建立有效运行的风控体系

传统投行股权相关业务无自有资金参与,风控工作主要是保证合规性,防止操作风险。科创板规则下增加了子公司以自有资金参与上市企业投资,增加了对资金管理要求和市场风险,风控工作任务更加艰巨,内容更加复杂。应综合考量各种风险因素和预期收益,在把控风险的同时挖掘价值投资机会。在新形势下应顺应市场化交易者角色的转换,调整风险管理架构,设置更高决策层级,对投行、投资、研究、机构服务等多个业务板块基于不同激励机制的不同决策做出统一协调。针对不同风险类别和不同的业务条线,应分别设置风险管理机制和责任人,调整风险管理的层级和分工,形成有效运行的风控体系。

(二)增强跨部门合作,全流程把控风险

科创板业务的风险管理,涉及投行、投资、研究、机构服务等多个业务板块,需要多方面专业知识的支持。应当加强对科创板相关行业的深度研究,跟踪行业发展动态,将行业研究成果作为风控工作的重要辅助,贯穿业务流程始终。此外,应从各业务流程所面临的风险点出发,细化指标,建立完善的"风险监测、排查—风险信息传递—风险跟踪—风险处置"的风控体系。风险管理前置,全流程介入把控项目风险。

1. 估值定价方面

(1)估值定价不准确可致发行上市失败或投资损失,券商应借助于专业的行业研究团队,谨慎、中立地选择估值模型,加强历史市场数据的收集和整理,加深对项目的了解。(2)接触客户初期即应对其是否符合科创板定位做出初步判断,从源头上把握项目质量。可结合行业研究成果、监管部门窗口指导意见、市场案例,来对项目客户的初步尽调及公开信息等进行综合分析。不符合条件的客户应不予立项或建议转其他板块,以免造成时间和成本浪费。(3)在发行阶段结合机构投资者(包括战略投资者、券商跟投子公司、发行人高管和核心员工)等的认购意向,以及各方投资者对估值定价的共识和认可度,建立定价模型,确定初步估值范围,以求较为准确地发行定价。

2. 信息披露方面

(1)现有科创板规则对行业信息、企业经营风险、股权质押高风险情形、重大交易与关联交易等多个方面的信息披露做出了细化的规定,同时也规定了对盈利预测不准确的罚则。并且,考虑到科创板重大事项的不确定性,规则允许科创公司在做好内幕信息知情人保密措施情况下,暂缓披露相关信息。上述事项的判断均基于扎实的专业能力。券商在信息披露的风控工作中应认真研究监管要求,紧跟行业动态(可考虑行业分组),甄别对企业造成重要影响的事项和影响程度,制定标准,把控对外披露文件的撰写质量,向市场披露有价值

的信息。(2) 信息披露的诸多指标难以量化，券商应建立稳定的信息披露审批流程（可考虑审批流程采用研究部门分析结果或增设行业研究人员审批节点），在精准分析判断的同时，兼顾信息披露工作效率。若不加专业研究判断，事无巨细进行披露，则会干扰投资者决策，券商的专业性将遭受质疑。(3) 投行应与行业研究和投资方协同，及早收集和跟踪投资决策所需信息，应增加对科创板企业的现场调研频率和深度，以准确了解上市公司实际情况，但需注意符合信息隔离的要求。(4) 科创板规则要求在上市申请阶段即需要报送工作底稿，项目组在承做阶段即应完善工作底稿的编制工作，且将自查工作前置，后台合规风控部门做好底稿验收和复核工作。

3. 自有资金跟投方面

由于科创板发行基于市场化定价，实际支出资金存在波动的可能性，又必须符合监管跟投比例。在保证资本尽量充足的前提下，应在适当阶段进行压力测试，压力测试方法与指标应认真设计，结合市场资金状况、项目客户资质状况、同类公司历史发行数据等全面考虑，以防止出现极端情况。

（三）指标选择与时俱进，灵活开展风控工作

针对科创板业务风控指标体系的建设应充分考虑细分行业特征，做差异化处理，且应紧跟行业发展动态，及时对可能造成风险的影响因子做出判断，更新到指标体系中，提高风控工作的时效性与灵活性。以此为基础，券商可针对科创板业务进行风险预警，以及计算风险敞口，进而结合公司自有资金额度情况、执行授信等方面管理。另外，合理利用信息技术手段，进行数据收集、信息计算处理、信息传递等工作，可提高风控的工作效率。

（四）完善风险考核与问责机制

科创板项目涉及多个部门合作，各部门的利益诉求、风险偏好不一，在设置风险考核机制时应多元化考虑。因岗位职责和激励不同，不同岗位人员的考核应有差异，如风险考核结果是否与单一项目的风险挂钩等。

由于科创板上市企业持续督导时间较长，跟投项目有一定的锁定期，券商应完善业务人员薪酬递延机制，且延长风险问责期间，形成提前约束，防范从业人员道德风险事件。

参考文献

[1] 王君，徐驰. 华创证券策略研究报告：科创板估值映射深度，龙凤翱翔破苍茫 [EB/OL]. Wind 资讯，2019.

[2] 孙金锯，陆忆天. 新时代证券科创板和注册制系列三：从生命周期角度探讨科创企业估值方法 [EB/OL]. Wind 资讯，2019.

[3] 左欣然. 方正证券：科创板，打开券商长期空间的牵引力，行业专题报告 [EB/OL]. Wind 资讯，2019.

[4] 田良. 中信证券非银——科创板如何影响券商投行 [EB/OL]. Wind 资讯，2019.

[5] 王维逸. 中银国际科创板规则影响点评：科创板规则正式落地，龙头投行具备专业优势 [EB/OL]. Wind 资讯，2019.

当前证券经营机构风险管理面临的主要问题与对策研究

吴承根　王青山　盛建龙　浙商证券股份有限公司战略企划部课题组[*]

证券公司是市场组织者、产品创设者与流动性提供者,核心是经营风险。因此,有效管理证券经营机构的风险,一直以来是学界和业界的重要研究课题。从当前证券行业发展的宏观环境看,国际与国内经济仍然充满不确定因素,证券行业在此环境中若想实现持续发展,必须直面风险,在经营风险中做大做强。基于此,本文从当前证券经营机构的风险管理现状入手,找出面临的主要问题,并提出相应的应对策略。以此,试图为证券经营机构的风险管理和控制以及行业可持续发展提供参考和借鉴。

一、风险管理现状梳理

证券行业经过数年发展,已初步建立以净资本为核心的风险管理体系。随着市场发展和证券公司管理水平的提升,对各类风险进行全面管控的需求逐步迫切。如《证券公司风险控制指标管理办法》修订时,将"流动性"指标提升到了核心位置。2018年,上市公司频繁"爆雷",信用债违约不断。防范信用风险,进而上升到防范系统性金融风险,已然成为监管和市场关注的重要课题。根据《证券公司全面风险管理规范》,金融风险主要分为市场风险、信用风险、流动性风险、操作风险和声誉风险。

(一) 五大风险梳理
1. 市场风险 (Market Risk)

---

[*] 作者简介:吴承根,浙商证券股份有限公司董事长、法定代表人;王青山,浙商证券股份有限公司总裁;盛建龙,浙商证券股份有限公司财务总监。浙商证券股份有限公司战略企划部课题组成员:张子胜,战略企划部负责人;倪燕飞,战略企划部二级部门负责人、战略研究人员;潘秋玥、陆帅、王雨凡,战略企划部研究人员。原载于《中国证券》2019年第4期。

市场风险是指由于基础资产未来价格的不确定性而导致衍生工具价格波动的不利影响，因此市场风险又称为价格风险。

世界上主流的期货交易所都出现过期货品种短时间内快速上涨或下跌的情况。2018年，由于合约的设计和交割环节存在漏洞，苹果期货一度连续几个月单边上涨，而现货市场却无动于衷，引发巨大的市场风险。2018年10月，监管层及时大幅修改苹果期货的交割规则，引导期货价格缓慢回归，实现市场风险软着陆。

站在证券公司的角度，基础资产价格的不利变动会给公司产品的定价、营销、预期收益等带来一定风险。由于基础资产价格的变化具有周期性，市场风险也遵循一定的周期规律，因此，要管理市场风险，应建立对各个资产价格的有效监控，并根据周期规律对未来价格进行预判，在投资策略、定价机制上做出及时调整。

2. 信用风险（Credit Risk）

信用风险，又称违约风险，是指签订涉及合约的某一方违约而造成的风险。2018年，以民企、上市公司为主的信用违约事件集中爆发，P2P公司也先后"爆雷"，信用风险全面爆发。有的证券公司由于"踩雷"违约债券被起诉，也有的因股权质押回购违约损失惨重。

一般来说，信用违约一个重要的因素是企业内部经营状况恶化，如企业合规风控、信息披露等存在问题，或因投资风格较为激进、债台高筑导致内部现金流出现问题等。因此，证券公司在信用风险管理上，应着重对合作企业的基本面进行全面核查，而不应只是一味赌博式地追求高利润。尤其涉及场外衍生品交易的合约，应完善并严格执行保证金制度和逐日盯市制度，降低非标准化衍生品合约潜藏的信用风险。

3. 流动性风险（Liquidity Risk）

流动性风险是指金融机构清偿能力有限，而无法及时通过自身资产变现或第三方融资的方式支付到期债务的风险。

目前证券公司存在流动性风险的根源在于高负债经营，其优点是可以用有限的资金得到可观的收益，但同时，过高的杠杆率可能会带来流动性风险。尽管总体来说，我国券商的杠杆率比国际投行小，但由于国内证券经营机构的资产配置结构中，自营业务占比较大，在市场暴跌、金融资产因缺乏对手方难以变现的情况下，流动性问题会相对突出。因此，证券公司在管理流动性风险时，应根据自身经营情况及时调整杠杆率和资产配置结构。

4. 操作风险（Operational Risk）

操作风险是指由于人为操作错误、技术故障等原因，导致公司意外损失的风险。比如，它可以存在于简单的开户业务中，也可以存在于相对复杂的信用和交易类业务中。2013年光大证券的"乌龙指"事件、2018年2月美股的闪崩事件，皆因操作风险控制不当所致。因此，针对决策类操作风险，证券公司应加强制度建设；针对技术类操作风险，证券公司应加强技术投入，开展系统性培训，提高员工素质等。

5. 声誉风险（Reputational Risk）

声誉风险主要指对公司不利的市场舆论造成的风险。部分案例中，由于金融机构违规操作（比如投资顾问违规代客理财等），或者由于有心者恶意制造谣言，当事件被媒体曝光并在市场扩散后，金融机构的声誉受到负面影响。有时，声誉风险爆发会触发挤兑潮，并引发流动性风险，进而带来难以估量的危害。

（二）建立全面风险管理体系

从以上对五大风险的介绍可以看出，各个风险是相互影响的。因此，只有建立全面风险管理体系，才能有效降低各类风险产生的概率。近年来，监管机构严抓证券行业的全面风险管理，修订《证券公司全面风险管理规范》，并颁布《风险控制指标动态监控系统指引》等一系列风险管理法律法规。同时，监管层也进一步聚焦当前市场上风险频发的重点业务，强化业务方向上的内控要求。如2018年初连发严控债券杠杆的302号文和89号文，正式颁布投行最严内控新规，就资产支持证券存续期信用风险管理指引公开征求意见等。迄今，监管机构梳理证券行业逾百项风险点，聚焦公司监管、市场运行、业务运行、技术系统、行政等业务条线，全面排查风险。在精准判断风险隐患的基础上，持续跟踪证券经营机构风险管理水平，强化对重点公司、市场热点、异常情形的协调跟进和联合监管，加强风险的全面统筹管理，逐步提升上市公司监管、交易行为监管、会员监管三位一体的自律监管体系运作。

对此，有不少券商也纷纷修订公司内部的风险管理办法，完善风控信息系统建设和相关专业的人员配置，加强项目风险管控能力，有效提升流动性风险、操作风险、信用风险的预见性和应对能力。而就当前形势看，证券公司的风险管理主要按照业务条线来进行风险监控与管理，多数经营机构仍未形成统一的风险管理体系，且存在管理交叉和管理真空地带，比如对流动性的管理尚缺乏明确的部门职责、流程和技术保障等。因此，对于《证券公司全面风险管理规范》的融会贯通尤为重要，该规范从风险管理组织架构、风险管理政策和机制、风险管理信息技术系统和数据、自律管理等方面对证券公司搭建全面风险管理体系做出全方位的指导规定。总结起来，应遵循以下主要原则：

1. 合规性原则

合法合规是公司各项业务正常开展的前提。

2. 适应性原则

公司应根据自身的业务范围、经营情况制定相应的风险偏好和管理政策，并随着当前局势的变化适时加以调整。

3. 全面性原则

由于风险存在于每一项业务、每一个产品、每一个流程中，风险管理应覆盖公司所有的业务、部门、分支机构和子公司。

4. 制衡性原则

明确各级部门和岗位的权利和责任，实现协同并互相监督，同时要兼顾运营效率。

在此基础上，保障证券公司的风险可测、可控、可承受，促进经营工作的稳健开展。其中，风险可测是指各类风险可以通过量化指标随时随地被监测；风险可控是指公司在检测到风险有扩大趋势时，能及时采取有效措施遏制风险的扩大；风险可承受是指公司有足够的资本金和应急预案来应对已经爆发的风险，或能够承受该风险所造成的损失，以保证公司的正常发展。

（三）巴克莱银行的风险管理案例

在风险管理发展史上，英国的巴克莱银行，凭借结构清晰、权责分明的风险管理体系而闻名于世。其对内部风险的分类早已超出巴塞尔新资本协议要求，但核心仍围绕传统的信用风险、市场风险、操作风险三大传统风险的管理展开。

1. 对信用风险的管理

巴克莱配置约60%的资本应对信用风险，通过不断完善客户历史数据管理系统，自主开发风险计量模型，提升对客户违约风险的预判能力。

2. 对市场风险的管理

巴克莱有单独部门负责市场风险。部门总监制定市场风险偏好和其他战略目标，其团队每天通过监测和计算日风险价值（DVaR）、年风险收益（AEaR）等量化指标，上报风险管理最新动态，并由总监判断相关应对政策是否需要做出针对性的变动。

3. 对操作风险的管理

巴克莱打通了自上而下的风险沟通渠道，所有业务部门和职能部门的负责人都作为操作风险的第一责任人，参与到操作风险框架的搭建工作中。目前，巴克莱银行的关键风险指标、损失数据库和情景分析等操作风险管理工具，在国际各大金融机构中得到普遍的应用。

在对主要风险的管控上，巴克莱严格遵循"可测、可控、可承受"的宗旨。针对声誉风险，巴克莱银行还自创了"9A"原则，因此其极少发生重大风险事件，它的风险管理经验对于金融行业具有重大的借鉴意义。

以上部分主要从理论和实践应用的角度，探讨了当前证券行业全面风险管理的现状。随着金融工具的创新和证券公司业务的多样化，建立全面风险管理体系的必要性和迫切性不断增加。然而，滴水石穿非一日之功，当前证券行业风险管理仍存在诸多问题需要被正视和解决，本文将对此作进一步讨论。

二、当前主要问题

随着监管要求的不断提高和行业风险管理意识的不断加强，证券经营机构风险的管理水平得到显著提升。特别是在监管层面明确提出证券公司要逐步建立全面风险管理体系的要求后，多数证券公司从组织架构、制度安排、风险指标、信息技术、人才队伍、风险应对机制等多方面加强管理，也强化了从系统性的角度对各类风险因素进行统筹管理，有效加大了对传统五大风险的管控力度。但与此同时，我们面临的市场环境也较之前发生了较大变化。新风险不断涌现，传统风险也有了新的变化，这就给证券经营机构风险管理提出了更高的要求，也带来了新的挑战。总的来看，当前存在以下两个亟待解决的问题：

（一）宏观风险的应对问题

从宏观层面来看，风险管理面临的主要问题是行业通行的风控体系导致券商行为一致性，容易对风险产生叠加效应，从而加剧行业波动。证券行业属于强监管行业，基本上每个业务类型都有明确的风控合规要求。特别是近年来，金融监管不断加强，业务标准逐渐明确。各家券商基本都是围绕行业通行标准，结合自身情况进行微调，以此设立风控阈值。这种制度设计的优势在于：一方面可以满足监管要求；另一方面可以避免踏空，落入不利的行业竞争境地。但与此同时，劣势也比较明显，就是对于整个行业而言，容易引发系统性风险，从而加剧行业波动。比如，2017年底债券市场爆发的流动性风险、2018年接连不断的信用违约事件以及股权质押业务风险等。几乎每一次局部风险的爆发都会引发整个行业的剧烈波动。即使风险事件本身仅是某一家券商机构的问题，或仅是少数证券机构的风险暴露，同业其他券商也无一例外会受到牵连，最后使得原本可控的局部风险演变为系统性风险。这也从侧面证实了市场认为证券机构之间具有较高的行为一致性。

当前券商通行的风控体系中，主要就五大风险进行监控。从监测的指标设置来看，一般是对各类风险独立监控，且各家券商监测指标大体相同。这样的体系设置容易忽略两方面风险：一是各类风险之间的互相传导；二是大体相同的风控体系导致券商行为一致性，由此产生的风险。而这种风控体系本身带来的风险，已经多次在市场中有所体现，并开始对风险起到加速和叠加作用。特别是当经济周期、金融周期、监管节奏与证券公司的经营策略取向一致时，这种加速与叠加作用会更加明显。这也是证券行业一直难以减少高波动性并导致行业难以做大的原因之一。

（二）风险管理的绩效评估问题

从某种角度讲，绩效管理是企业经营发展最关键的抓手，而风险管理的绩效评估则是行业通行的难点。问题主要体现在以下两个方面。

一是风险管理属于"反向"性质的工作，评估标准难以量化。即，不同于业务一般是由收入或利润的增加来体现业绩水平，风险管理工作是以不发生风险事件为标准，没有表现就是最好的表现，或者以风险损失为标准，风险损失越低，风险管理业绩越好。对于这类"反向"性质的工作，最大的难点就是绩效评估。因为没有可量化的标准，所以在实操层面很难具体把握。一般来讲，不发生风险事件或风险损失低，并不一定说明风险管理水平的提升，可能是由于市场环境整体向好，导致风险暴露的概率较低；相反，发生风险事件或出现风险损失，也并不一定说明风险管理水平的下降，可能是受市场环境影响，导致风险集中暴露。因此，对风险管理工作的评估不能简单地依靠风险事件或风险损失等数据指标，还要从构建风险管理制度、提升风险管理意识等相对主观的方面进行评价。然而，一旦涉及主观评价，如何设立标准就成为最核心、也是最有难度的工作。

二是如何看待风险管理与业务发展的相互关系。这一问题在证券行业尤为突出。因为我国资本市场的建立时间较短，很多制度还未完善，加上市场结构不均衡，机构占比较小，导致非理性投资现象时有发生，容易出现"一抓就死、一放就乱"的情况。在这种市场环境下，风险管理与业务发展之间的矛盾容易激化。从业务考核角度来看，风险管理要求高，严控项目出口，业务板块业绩就会受限；反之，风险管理要求低，放宽项目出口，业务板块就能实现业绩增长。但从风险管理角度来看，其要求的高低直接关系到公司的长期稳定发展。业务角度更注重短期市场份额的提升，风控角度更关心相关风险的可控，从本质上讲，二者并没有孰优孰劣之别：哪些业务需要建立高于行业通行标准的风控要求，哪些业务可以适当放宽；哪些业务即使同业可以做，但自己也要严控、甚至不做，哪些业务只需要保证合规底线即可大胆展业……这些对于证券公司而言，风控标准的选择实质上是公司战略发展方向的选择。即，证券公司的战略定位也会对风险管理的绩效评估产生影响。

三、相应对策讨论

通过前文对风险种类、全面风险管理系统的梳理，以及对证券经营机构当前风险管理亟待解决的两大新问题的剖析,可以发现当前证券机构风险管理发展面临着明显挑战。如何应对行业宏观风险以及如何完善风控绩效评估,都要求企业构建高效的管理模式和战略管控予以应对。

(一) 通过战略来应对宏观风险

战略是企业立足当前、洞察和把握未来发展趋势而制定的发展方略。战略管理的本质是解决企业的发展问题,这一命题的回答主要围绕着企业"可做什么""能做什么"以及"拟做什么"三个子问题,其核心内容主要体现为业务选择与发展、竞争优势和竞争互动三大战略。

而解决以上战略核心问题,恰恰能应对宏观层面证券经营机构主要面临的行业波动和竞争风险。"可做什么"需要企业洞察外部环境,对国家政策、经济运行、市场风险进行有效的分析;"能做什么"需要企业审视自身,具备怎样的资源和能力组合,具有多大的风险承受能力;而"拟做什么"是企业要面对的业务选择,需要有效衡量决策制定和执行的风险。同时,企业的业务选择和发展、竞争优势的构筑和互动战略的执行,也对企业相配套的风险管理措施起到指导作用。不断解构企业"可做""能做""拟做"三大核心命题,明晰企业具体的业务拓展领域、差异化/成本领先的优势构筑,以及与市场和竞争者的互动策略等战略执行路径,为应对宏观风险指明了方向。

宏观风险不仅对企业造成业绩波动和经营影响,更会减缓、阻滞整个行业的发展,证券经营机构迫切需要有效的实践方法予以应对。从操作性上看,本文提出通过战略视角,构筑4道防线以应对宏观风险,这4道防线互为补充、逐层深入,为企业应对宏观风险提供强有力的保障。

1. 强化基础管理

除了组织、制度、体系与文化等通用性基础管理外,还需要强化运营、数据、协同等。运营方面,需要合理合规地对业务开展的全过程做好记录与支持,防止"跑冒滴漏"的日积月累,从而形成风险。数据方面,要对各项业务开展的全过程进行数据积累,从而能够真正实现风险监控的全覆盖,为高效的风险研究提供基础。协同方面,要实现"风控中开展业务、业务中自觉风控",通过业务与风控的高效协同甚至融合,不断提升风险管理水平。基础工作做好了,在宏观性风险中可以保持相对稳健,降低被行业淘汰的概率。

2. 推进风险研究

风险管理的前提是可测,可测的内涵不仅体现在对风险的测量上,更要体现在对风险的预测上。要做好风险预测,就需要对风险发生的机理、概率、强度等进行研究。风险研究可为风险规避或处置提供有效的支撑,从而为风险的可控、可承受打好基础,以减少宏观风险带来的冲击。

3. 做好战略布局

证券公司是经营风险的行业,所以,在风险可控中追求公司的发展是长期主题,需要在业务体系、资产配置与战略布局等方面进行平衡,构建可以抵御或消化宏观风险的经营管理体系。在业务体系方面,需要平衡新老类业务、买卖方业务的结构;在资产配置方面,需要平衡不同周期、不同收益类资产;在战略布局方面,需要平衡利润中心与成本中心,需要考虑创收、创利、创能、创效与创誉的平衡。

4. 做强战略研究

加强战略层面研究，强化对经济、金融风险整体大周期的把握，并综合行业系统性风险预研，统筹谋划，引领公司整体上顺应趋势、把握机遇、规避风险，有效减少宏观风险，甚至能够借助宏观风险不断提升竞争优势。

（二）通过管理手段提升，做好风控绩效评估，并提升绩效表现

风险管理贯穿于企业经营管理的全过程，因此，证券经营机构在关注风控成果的同时，必须高度重视风险管理的成本。风险控制的成果主要体现为企业的风险得到有效控制；风险管理的成本主要指在风险管理中所有人员、系统、信息等成本。根据大量企业管理实践，风险管理绩效评估可以根据证券公司的战略发展阶段以及实际管理水平，逐步确立四大目标。

1. 可控型风控

核心做到"两率"的可控，能够控制风险发生概率和损失率。加强风险管理的相关数据库建设，定期进行自我比较和行业比较，通过与自身历史数据和行业水平进行对比，不断提升自身的"两率"水平。总结经验并不断完善应对策略，降低风险发生概率和损失率。

2. 协同型风控

核心是做到风控助力业务发展。风险管理应充分体现公司管理和战略的要求，能够保障公司各项业务开展的灵活性，在严控风险的同时，保证业务策略和投资策略具备竞争力，实现风控和业务的协同发展。真正做到在业务中提升风控水平，在风控中助力业务发展。

3. 效率型风控

核心是做到风险管理效率的有效提升。在风险可控、政策灵活的基础上，整体风控运作效率不断提升，如"两融"业务的放款进度、投行项目审批速度以及投资业务的决策时效等。作为经营风险的行业，风险管理的效率真正决策了经营机构的业务与服务效率。因此，效率型风控，应该作为市场追赶者基本的战略与管理目标。

4. 效益型风控

核心是风险管理效益成为公司重要的竞争优势。要在保证前三项目标的基础上，消耗较少的公司成本和资源。具体来讲，在做到效率型风控的基础上，按全成本核算口径来核算风控体系消耗的成本及其他资源占比，逐步优化并保持行业优秀水平。

从绩效管理的角度看，管理手段提升可以在目标设立的基础上，建立风险数据库，明确风险控制的指标和风险的对比标准，并最终实现战略与风控的动态平衡。企业要结合自身的战略发展阶段以及整体的管理水平，循序渐进，合理选择一个风险管理的绩效目标。不断提升风险的"可测"能力，持续加强风险的"可控"水平，在风险"可承受"的范围内，全力服务好公司的战略发展与经营管理目标。

（三）树立"战略—管理—风控"系统性风险管理理念

企业的风控、管理和战略的根本落脚点，都是发展。这三者是层层递进、不断深化的。战略是根本，起统筹全局的指导作用；管理是基石，是基于战略层面思考后的执行力体现；风控是战略和管理指引下的具体表现形式，是企业在以总体发展为准绳的基础上，强化风险的识别、估测、评价、控制和绩效评估的全流程管理。

企业基于总体发展目标，在风险度量的基础上，对企业经营运作的各个环节推进全面风

险管理,有利于动态匹配企业发展战略与风险偏好,优化资本分配,为前台业务管理决策提供保障等,对管理层高效地实现全面管理起到关键的作用。而管理认知的提升,背后也是基于公司战略的思考,是企业如何面对未来、如何选择发展方向、如何有效分配资源等一系列决策的集合。因此,风控和管理的本质都回归到企业的战略上来。

企业的战略是统筹全局的核心要素。证券经营机构根据自身发展战略,在控制风险管理尺度的基础上,结合外部市场环境、内部发展现状和核心业务特点,确立风险偏好和承受度,并设计风险预警及应对策略。通过定期和不定期总结风险管理经验教训,提升全员风险意识,持续完善风险管理架构,保障企业高效执行发展战略。

因此,在企业战略的统领下,企业通过管理举措的调整完善,在具体决策中对风控的重点方向、效率、绩效评估等方面更具针对性。与此同时,风控和管理过程中体现的问题,为企业战略的动态调整提供启示和借鉴。"战略—管理—风控"形成循环往复、不断发展的闭环,实现企业发展这一最终使命。

参考文献

[1] 胡杰武,万里霜. 企业风险管理 [M]. 北京:清华大学出版社,2009:78—84.

[2] 魏江. 企业战略管理——理念、方法与案例 [M]. 杭州:浙江大学出版社,2008:17—22.

[3] 罗书章. 金融监管制度演变与金融机构风险管理 [J]. 金融经济学研究,2013 (3):78—87.

[4] 刘向民. 我国金融机构风险处置的思考 [J]. 中国金融,2018,881 (11):44—46.

[5] 陈志明. 证券市场风险分析的基础结构 [J]. 现代商业,2017 (21):120—122.

[6] 王宇航. 浅谈我国证券公司经营风险及其控制 [J]. 集团经济研究,2006 (5):130.

完善证券公司合规及风控体系研究

李守伟　张　哲　陈宝如　关益众　曾伟强*

一、引言

合规风险是指金融机构由于没有遵守相关法律、法规、监管政策及行业协会制定的行为规范而受到处罚、制裁进而引发声誉受损的风险。合规管理则是指金融机构通过建设合规文化，完善合规管理体制机制来防范合规风险的行为。巴塞尔协议（1997）拉开了合规风险管理的序幕，巴塞尔协议Ⅲ（2010）中制定了净稳定资金率、核心资本充足率等监管标准，COSO委员会和国际标准化协会为有效应对这种复杂风险做了前赴后继的努力，催生了目前在国际投行中盛行的全面风险管理理念。2014年我国也颁布了《证券公司全面风险管理规范》，对各类风险类型进行全员、全流程管理。

二、证券公司合规风险管理面临的困难与挑战

近年来证券公司创新业务十分繁荣，直投、另类投资、融资融券、场外市场业务等资本市场的创新业务层出不穷（王殿祥，吴强，肖永泼，2017）。证券公司通过设立境内与境外子公司、并购重组及交叉持股等方式来开展创新业务，激发市场活力（黄辉，聂昕晖，2012）。随之证券公司出现了集团化与国际化经营的趋势。证券公司的集团化与国际化经营是一把双刃剑，既满足了证券公司业务创新的需求，又给证券公司的风险管理带来了巨大的挑战。例如风控指标难再准确、及时地识别风险，难以适应动态风险监控的需要（吕祥友，孙永文，胡开南，2015），且风险衡量指标多样化，各风险类型之间难以直接比较风险大

---

* 作者简介：李守伟，申万宏源证券有限公司风险管理总部总经理助理；张哲，任职于申万宏源证券有限公司风险管理总部及博士后工作站；陈宝如，关益众，任职于申万宏源证券有限公司风险管理总部；曾伟强，任职于申万宏源证券有限公司博士后工作站。原载于《中国证券》2019年第11期。

小，没有成熟统一的风险计量方法。风险管理的难度不断加大。经过创新后的业务和产品结构复杂，没有具体的法律法规依据，在缺乏明确法律依据的背景下，创新业务和产品的市场、信用、流动性及操作风险管理难度不断上升。此外公司集团化、国际化经营给信息系统的整合也带来了巨大的压力，降低了既有风险管理体系的有效性。证券公司的合规风险管理面临前所未有的挑战，这些挑战包括但不限于以下十六个方面。

（1）准确评估公司创新业务的风险敞口较为困难。金融监管催生了证券公司金融的创新需求，然而这些新产品结构复杂，风险影响因素众多。准确分析这些新产品的影响因素，精确计量证券公司的风险敞口将变得更加困难（黄辉，聂昕晖，2012）。

（2）准确计提抵御风险的经济资本，提高资本利用效率将变得较为困难。融资融券等新业务的开展，需要计提经济资本来缓冲风险，这会导致经济资本稀缺。因此在一定风险总量下如何准确计提分配经济资本，提高经济资本利用效率，为股东创造更多价值是摆在证券公司面前的一个挑战。

（3）关联交易加快了风险在母子公司之间的传染速度，如何做好风险的有效隔离，建立有效的防火墙制度是摆在所有集团化证券公司面前的难题。即使子公司的独立性较强，母子公司之间不存在关联交易，但子公司一旦发生风险，也会损坏母公司的声誉。

（4）如何在母子公司之间建立统一的风险管理模式。无论境内子公司是新设成立，还是通过增资扩股成立，其与母公司的业务模式，风险管理制度总存在诸多不同之处。更遑论境外子公司与母公司在市场环境、监管政策、风险评估指标、风险对冲工具上的存在的诸多差异。此外外部救援在母子公司之间分配的机制不清晰，公司灾备机制也没有建立完善的子公司灾情应急方案。

（5）尚未实现公司集团层面风险的统一汇总度量，难以从整体上把握集团风险的大小。风险并表缺乏及时性和有效性。母子公司风险管理系统缺乏有效对接，风险并表的频率和自动化水平有待提高。此外国际投资银行集团化，国际化运营实践较早，风险并表管理技术成熟，在我国资本市场对外开放的过程中，国内证券公司风险并表管理体系将会面临较大的竞争压力。

（6）操作风险管理难度增加。极少有证券公司建立完善的操作风险数据库，进行操作风险的专项压力测试及风险计量。随着证券公司集团化与国际化趋势不断加强，券商的业务条线更加繁多，境外的监管政策与境内差异较大，加大了操作风险的识别、监控难度。

（7）流动性风险的管控难度上升。集团化证券公司不仅需要管理母公司的流动性风险，还需要管理子公司的流动性风险，提供流动性支持，以减少证券集团总体风险暴露。此外集团化证券公司尚未进行多种压力情景下母子公司整体流动性风险计量。这些都加大了流动性风险的管理难度。

（8）信用风险管理难度增加。在证券公司集团化与国际化运营的背景下，券商的交易对手分散在更多的行业与更广的地域，交易对手可能与集团内的多个机构同时发生交易，这些都增加了证券公司的信用风险暴露。

（9）市场风险识别、计量难度上升。不仅境内市场的不利因素会引发价格风险，境外其他市场价格的波动也会引起或加剧国内市场的风险。证券公司难以同时准确识别和计量是由境内还是由境外因素引发的市场风险。

（10）数据的收集及整合管理难度增大。近年来，证券公司境内外子公司及分支机构不断增加，然而子公司及分支机构的信息技术和数据治理机制相对落后，其信息系统、数据标准、统计口径、数据质量等方面和母公司都存在较大差异，难以和母公司有效对接。

（11）证券公司集团风险管理工作量及任务量加大。随着证券公司创新步伐的加快，涌现了大量新业务。风险管理部门既要防控传统业务的风险，又要监测、计量、分析、应对新业务的风险。此外信息技术发展日新月异，子公司信息系统更新换代慢，应用范围缩小，子公司风控系统接入母公司耗时耗力。这些都增加了证券公司集团风险管理的工作量（王殿祥，吴强，肖永泼，2017）。

（12）证券公司所担负的风险管理责任增加。在证券公司集团化与国际化运营的趋势下，风险日益复杂，事中和事后监管力度不断增大，事中检查频率增加，违规事后从严惩罚。证券公司需承担的风险责任不断增加。

（13）信息系统风险严峻。近年来互联网技术和证券公司新业务日益融合，然而随之而来的欺诈、黑客攻击、客户信息外泄风险也与日俱增。随着信息系统的更新换代和信息系统参数化水平的提高，客户和员工操作信息系统的难度也在增加，导致失误率上升，风险层出不穷。信息系统升级的速度低于证券业务创新的速度，伴随证券业务创新而来的快速增长的交易量，不断挑战着信息系统的承受能力。此外我国证券公司信息技术相对落后，软硬件开发能力不足，核心信息技术严重依赖外部供应，供应来源一旦被切断，将会对我国证券行业带来严重的打击。

（14）证券集团母公司风险管理的成本上升。在设立子公司之前，其大多是证券公司的事业部，接受同一个风险部门的管理。在新设子公司之后，还要成立子公司的风控部门，建设风控平台系统，风控部门的调整成本上升。此外协调各个子公司风险管理部门的协调成本也会增加。

（15）国内证券公司人才激励机制不完善，承受了较大的国际竞争压力。国外投资银行经历上百年的发展，人才激励和绩效考核机制完善，而国内证券公司激励机制欠缺，效率低下。随着我国对外金融开放的步伐加快，高层次风险管理人才会不断流向国外投资银行，造成我国证券公司高级风险管理人力资本不足。

（16）合规风险管理部门的独立性较弱。合规风险管理部门与业务部门级别相同，都向经理层报告，独立性较弱，难以协调各部门进行全面、全员风险管理。

三、完善证券公司合规风控体系的建议

证券公司应建立健全合规风控管理模式，完善公司治理结构，对公司各部门植入合规风控意识，建设根深蒂固的合规风险管理文化，制定风险合规问责机制。证券公司应落实《证券公司全面风险管理规范》的精神；贯彻主动管理风险，实现经风险调整后收益最大化的管理风险理念。制定相对完善的风险管理基本制度以及各类风险管理办法。结合公司自身发展战略，推进公司集团化、国际化、穿透式的全面风险管理体系建设。

证券公司的全面风险管理体系应能够实现各业务条线（尤其是创新的业务条线）、分支机构、子公司、风险类型及人员全覆盖。建设有效的风险预警机制，包括完善的风险指标体系、先进的动态风险监控系统，实现对同一业务条线、同一客户风险的集中统一监控。此外公司还应根据业务、行业、监管政策及宏观经济环境的变化对全面风险管理体系进行动态评

估、调整和完善，增强全面风险管理体系的科学性。

证券公司应开发科学的、覆盖范围广泛的风险计量模型，健全压力测试机制，对集团内融资类、自营和资管等业务条线的市场风险、信用风险、流动性风险进行量化管理，以便能够有效地对风险进行测量、分析和报告。例如通过在险价值（VaR）、贝塔（Beta）、波动率（Sigma）、基点价值（DV01）、久期（Duration）、希腊字母（Greeks）等指标对市场风险进行量化管理；通过违约率、预期损失、非预期损失、风险加权资产和股票质押折算率等指标对信用风险进行量化管理；通过流动性覆盖率、净稳定资金率、现金及现金等价物余额、融资余额和短期融资能力指标等指标对流动性风险进行量化管理；通过建立风险事件损失数据库，计算风险点的风险概率，评估操作风险及剩余风险。

证券公司应建立完善多服务器分布式部署的风险管理系统，涵盖市场风险、信用风险、流动性风险、综合风险和监管报表等多个风险管理子系统。

证券公司集团对多样化收益的执着追求致使证券公司集团规模不断扩大，监管难度日益增加。证券公司集团在分析专业风险，研究风险之间相互影响机制的同时，还需评估整体风险，不断改善风险并表管理体系，积累高质量数据，提高风险加总模型的科学性，做好境内外子公司的风险整合工作，提升国际化环境下的风险管理能力。

证券公司应积极优化公司治理结构，保证合规风险管理部门的独立性。建立健全员工持股、股权激励等绩效考核机制，培养、留住和引进高层次风险管理人才。

监管机构应建立完善的风险数据库，持续研究汇总不同类型、业务条线及子公司风险的方法，提高风险相关性及传染效应评估的科学性。建立功能强大的、兼容母子公司的风险监管系统，支持监管各个层次风险加总的需求。

监管机构在设计证券公司的合规风险监管规则时，应考虑市场参与主体的目标和客观功能，制定简单的规则，实施复杂的、强有力的监管，同时建立风险过大时的市场自我纠正机制（Estrella，2001）。

深化改革背景下的股票质押风险防范研究

施怿垠　吕阅通　齐　琳*

2019年9月，中国证监会在北京召开全面深化资本市场改革工作座谈会，围绕"打造一个规范、透明、开放、有活力、有韧性的资本市场"这个目标，提出了全面深化资本市场改革的12项重点工作，资本市场改革的路线图也浮出水面，未来资本市场将沿着市场化、法治化方向进行全方位的改革。① 改革将使得证券公司的牌照优势弱化，倒逼证券公司全面夯实专业能力，通过更加市场化的方式，依靠为客户提供专业的服务而赢得市场。会议同时提出要"敬畏市场、敬畏法治、敬畏专业、敬畏风险"，要"切实化解股票质押、债券违约、私募基金等重点领域风险"。2018年以来，股票质押回购业务违约事件频发，成为市场关注的焦点。在资本市场全面深化改革的背景下，股票质押回购业务模式转型与风险防范也是新形势下证券公司向专业化、市场化转型的重要方面。

一、股票质押回购业务发展情况

（一）市场发展现状

场内股票质押回购业务始于2013年，自2017年下半年以来，因股票市场波动加剧和交易双方风险控制等因素导致股票质押回购业务风险迅速累积，融资方违约事件频发。

从股票质押回购业务规模看，沪、深证券交易所场内股票质押回购融资余额自2018年2月以来持续保持下降趋势（见图1）。截至2019年6月底，沪、深两市股票质押余额约10 694亿元，较2018年初的峰值已经减少逾30%。

＊ 作者简介：施怿垠，吕阅通，齐琳，就职于申万宏源证券有限公司风险管理总部，从事信用风险管理工作。原载于《中国证券》2019年第11期。

① 参见《证监会主席易会满发表讲话：明确资本市场深改12条》，新浪网站，时间：2019-9-11，网址：http://finance.sina.com.cn/stock/y/2019-09-11/doc-iicezueu4941014.shtml，最后访问日期：2019年10月31日。

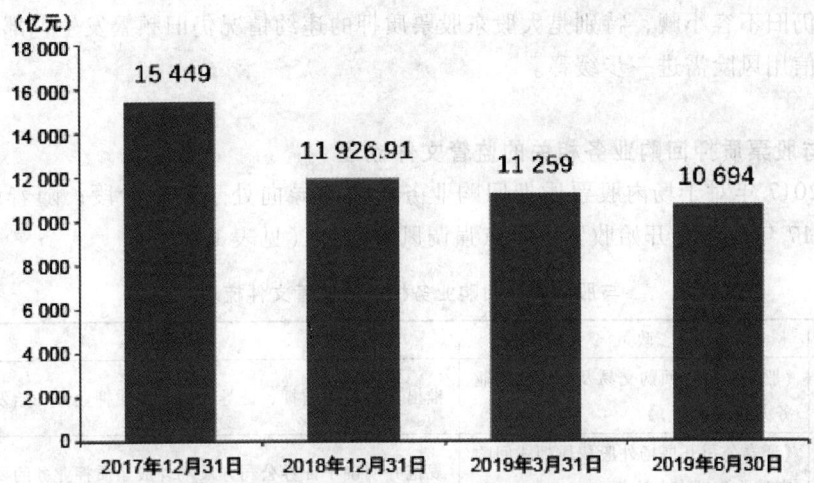

图 1　2017 年底至 2019 年 6 月底场内股票质押回购业务规模统计

资料来源：中国证券登记结算有限责任公司；根据公开资料整理。

从沪、深两市高质押比例的质押股票数量看（见图 2），质押比例超过 50% 的质押股票数量自 2018 年底达到峰值后逐渐回落，至 2019 年 10 月 15 日降至 98 只。

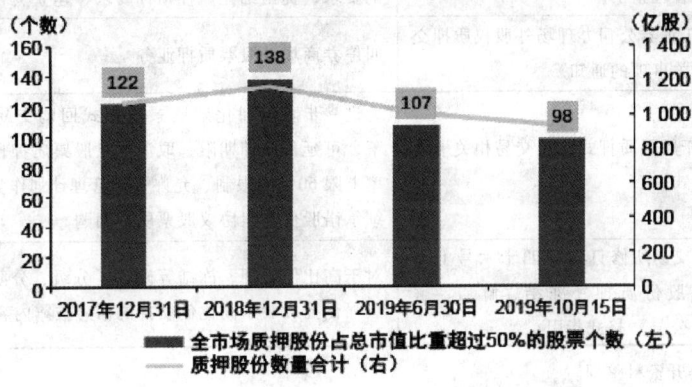

图 2　2017 年底至 2019 年 10 月 15 日高质押比例股票情况

资料来源：Wind。

从沪、深两市股票质押回购业务整体履约保障比例看，根据深交所发布的报告，2019 年第一季度，股票质押回购存量合约的加权平均履约保障比例达到 300%，相比 2018 年底增加约 40%。其中低于合约规定履约保障比例的质押市值 2 231 亿元，履约保障比例低于 100% 的质押市值约 1 302 亿元，较 2018 年底均有较大的改善。

从大股东股票质押的比例来看，根据深交所发布的报告，截至 2019 年 6 月底，两市共 206 家上市公司控股股东的股票质押回购因低于履约保障水平面临违约，154 家上市公司控股股东被证券公司申报违约处置或被法院冻结质押股票，但是其中 85% 的股东在 2018 年底已被采取相关措施。2019 年上半年，上述 154 家上市公司股价平均下跌 4.3%，与市场整体上涨行情相背离，违约金额由 2018 年底的 45 亿元增加至 2019 年的 151 亿元。

从上述市场数据分析可知，在各方的努力下，2019 年以来交易所场内股票质押回购业务规模呈现下降趋势，履约保障比例出现回升，总体风险的扩大趋势得到了遏制，但是存量项目的风险仍旧不容小觑,特别是大股东股票质押的违约情况仍旧频繁发生,部分上市公司控股股东的信用风险需进一步缓释。

(二) 与股票质押回购业务相关的监管文件梳理

2013—2017年对于场内股票质押回购业务,监管导向处于鼓励阶段;随着风险的不断累积,自2017年底至今开始收紧,重点强调风险防范(见表1)。

表1　　　　　　　　　　与股票质押回购业务相关的监管文件梳理

时间	政策	主要内容
2013年5月	《股票质押式回购交易及登记结算业务办法(试行)》	推出场内股票质押,证券公司股票质押业务开始发展
2015年7月	《证券公司开展场外股权质押式回购交易业务试点办法》	规范并明确了证券公司开展场外股票质押业务的要求
2018年1月	《股票质押式回购交易及登记结算业务办法(2018年修订)》	股票质押新规正式落地,对融资人、资金用途、集中度及整体质押比例、质押率上限、单一证券公司和单一资管产品接受单只股票的质押比例进行了严格规定
2018年1月	《证券公司参与股票质押式回购交易风险管理指引》	从融入方准入管理、质押股票管理、存续期管理等做出了细化的要求,提出细化风控指标要求、建立黑名单制度等
2018年5月	《关于证券公司办理场外股权质押交易有关事项的通知》	叫停券商场外股票质押业务
2019年1月	《关于股票质押式回购交易相关事项的通知》	为进一步防范和化解股票质押式回购交易,在满足一定条件下,可延长质押期限、取消单只股票质押比例上限、取消质押率上限60%的限制、允许资产管理计划作为融出方参与涉及业绩承诺股份补偿协议股票质押回购
2019年10月	沪深交易所修订《第四十六号上市公司股份质押(冻结、解质、解冻)公告》格式指引	对于高比例质押、冻结等设置了分级、分阶段式披露要求,逐级强化控股股东高比例质押的信息披露内容

资料来源:根据公开资料整理。

二、证券公司开展股票质押回购业务情况分析

截至2019年9月30日,共有100余家证券公司开展了股票质押回购业务,考虑到数据的可获得性及代表性,本文在上市的证券公司中,选取按照截至2019年6月30日净资本排名前20位的券商作为代表,对其开展的股票质押回购业务现状进行分析。

从业务规模看(见表2),2017年底、2018年6月底、2018年底及2019年6月底,20家证券公司股票质押回购业务的规模分别为5 959.60亿元、5 576.11亿元、4 383.70亿元及3 674.37亿元,总体规模呈现下降趋势;从降幅来看,2018年底比2018年6月底下降21.38%,2019年上半年比2018年底下降16.18%。因此,从20家证券公司总体来看,从2018年开始普遍都收缩了股票质押业务规模,2019年上半年,随着股票市场指数的整体回暖,有小部分证券公司股票质押业务规模有所增加,大部分证券公司的业务规模仍在收缩,但是整体降幅相比2018年下半年有所放缓。

表2　　　　　20家券商开展股票质押的业务规模及计提的减值准备统计

年份	规模（亿元）	
	存续业务规模	减值准备余额
2017年底	5 959.60	-34.93
2018年6月底	5 576.11	61.21
2018年12月底	4 383.70	96.09
2019年6月底	3 674.37	131.32
年份	增长率（%）	
2018年1—6月	-6.43	75.73
2018年7—12月	-21.38	56.98
2019年1—6月	-16.18	36.66

注：表中"减值准备余额"的统计口径为根据各家证券公司在年度和半年度报告中披露的"买入返售金融资产－减值准备"作为来源，"买入返售金融资产－减值准备"除了股票质押回购外，还包括债券质押式（约定）回购的减值准备，但由于债券质押式（约定）回购通常计提的减值准备金额较小，故此处仍旧以"买入返售金融资产－减值准备"作为分析基础，结果供参考。

资料来源：Wind；根据公开信息整理。

从20家证券公司对买入返售金融资产计提的减值准备的情况看，2018年6月底比2017底增长75.23%，2018年底比2018年6月底增长56.98%，2019年6月底比2018年底增长36.66%，计提金额达到131.32亿元，减值准备的余额自2018年以来出现快速增长。从单个证券公司看，20家证券公司中，2018年6月底、2018年底、2019年6月底，买入返售金融资产减值准备下降的公司分别为5家、4家、4家。粗略估算，上述20家公司股票质押回购业务平均减值准备的计提比例在2017年底、2018年6月底、2018年底、2018年6月底分别为0.56%、0.96%、2.08%及3.78%，中位数分别为0.50%、0.81%、1.89%及4.50%。从上述情况看，20家券商的买入返售金融资产减值准备金额及占比在2018年、2019年上半年持续攀升，股票质押回购业务的风险对证券公司的影响还未消除。

从利润角度看，20家证券公司2018年和2019年上半年度利润总额合计为1 377.28亿元，买入返售金融资产减值准备净增加额合计为96.39亿元，占利润总额的比例为7%，但是20家公司中位数为6.11%。可见上述减值准备对不同公司利润影响的程度差距较大，其中最大值达到37.06%，这也从侧面反映出各家证券公司风险控制能力的不同。

从股票质押回购利息收入与减值的关系来看，根据Wind的统计数据，20家证券公司2018年、2019年1—6月股票质押回购利息收入金额合计分别为319.47亿元及126.97亿元。如果按照对应期间的买入返售金融资产减值准备净增加额占同期收入的比例来看，2018年、2019年1—6月上述比例的均值为19.14%和27.74%，如果考虑融出资金的资金成本因素，证券公司股票质押回购业务条线的"毛利率"情况并不乐观。

综上，通过上述20家证券公司作为样本的分析可知，股票质押回购业务对上述资本实力较强的证券公司也产生了一定的负面影响，减值准备计提金额对净利润产生了一定的影响，目前大多都处于业务收缩期，股票质押回购单业务条线盈利情况不容乐观。

三、股票质押回购业务模式转型探讨

（一）股票质押回购业务供需分析

1. 股票质押回购业务需求分析

股票质押业务的需求方主要为上市公司的大股东（持股5%以上的股东），且多为民营企业的股东。上述股东受限于自身信用状况、市场风险偏好等因素，较难以传统信贷的方式从银行获取资金；又受限于减持规定的影响，股票的流动性受到一定的限制，故股票质押成为大股东获得资金流动性的优良渠道之一。而根据深交所的统计数据，超过80%的融入资金用于生产经营、补充流动资金等实体经济的用途。

从2013年放开证券公司场内股票质押业务起，场内股票质押因为其标准性、便利性、高效性、规范性的特点获得了广大股东的青睐，故虽然场内股票质押业务回购业务的起步时间较晚，但根据Wind统计，截至2019年第一季度末已经占全市场质押比例的45%。深交所在发布的《2018年股票质押回购风险分析报告》中指出："深、沪交易所的股票质押回购自2013年启动以来，在服务实体经济，缓解中小企业特别是民营中小企业融资难、融资贵等方面发挥了积极作用。"截至目前，中小民营企业融资难、融资贵一直是市场着力解决的痛点。受到近些年中国经济结构深化转型、供给侧结构性改革、金融去杠杆、中美贸易摩擦等内外部情况交织的影响，导致民营企业经营状况的波动性加大，民营企业的融资环境受到挑战，故股票质押式回购对民营企业及其股东仍旧有着较强的吸引力。

2. 证券公司开展股票质押回购业务的动力

各大证券公司目前都已经在着力培养为优质客户提供综合金融服务的能力，而上市公司的股东及上市公司本身无疑是证券公司最大的潜在优质客户之一。股票质押业务能够迅速和上市公司的大股东建立起业务联系，故成为证券公司获取优质客户的突破口，有望成为证券公司为客户提供综合金融服务、开辟业务增量空间的重要环节。因此，证券公司也有意愿接触有股票质押需求的客户。

综上，从市场需求端和供给端来看，场内股票质押回购业务仍旧有着其发展的内在动力。

（二）股票质押回购模式转型建议

场内股票质押业务仍有其发展空间，但证券公司发展股票质押回购业务的逻辑发生了变化。中国证监会机构部2019年8月向各家证券公司下发最新一期机构监管情况通报中指出，个别证券公司仍将场内股票质押交易当作一项交易性业务看待，忽视了信用风险管理，业务定位不清。要求证券公司重新审视业务定位，不能盲目扩张业务规模、忽视风险管控要求。从市场宏观角度看，2017年下半年以来，受各种因素影响，股票市场波动加大，由于前期部分股东质押比例较高，在资金链收紧、股票价格大幅波动的情况下缺乏追加担保的能力，同时部分券商在质押股票的流动性出现问题时，也没有及时加强风控，原有的风险防控手段被削弱，导致较容易发生违约。放眼未来，随着注册制的推行、加速对外开放、建立上市公司优胜劣汰机制等一系列资本市场改革措施的推行，资本市场将变得更加市场化，也会更加考验券商的风险控制能力。2018年以来股票质押业务风险又一次提醒证券公司，风控实力将是证券行业务发展和规模拓展的关键决定要素之一。未来风控能力更为有效的证券公司，有望在更加市场化的资本市场中取得一席之地。

因此，对于股票质押回购业务而言，如果证券公司从业务上把其看成是为优质客户提供全业务链服务的抓手，那么与其对应的，从风险防范的角度看，应该将股票质押业务及其融资方放在全业务链的角度来考虑其给证券公司带来的风险敞口的情况，以保证总体风险敞口在可控的范围内。

建议未来证券公司的股票质押回购业务，可从信用风险控制角度、从证券公司全业务链风险敞口角度来重新审视，不追求业务规模而以风险调整后的利润最大化为目标，实现风险与收益的平衡。

四、股票质押回购业务风险防范建议

以下将从证券公司全业务链风险管理的角度出发，探讨如何对股票质押回购业务的风险进行防范。

（一）顶层设计方面

1. 建立合理的风险政策体系

证券公司综合金融服务和业务协同的背后需要证券公司风险管理能力的提升，建议证券公司应首先站在公司层面明确公司的风险偏好，风险偏好的确定应结合外部宏观环境及公司自身资源禀赋情况，并做好压力测试。建立"风险偏好—风险容忍度—风险限额"为主体的风险政策体系，在整体风险限额的约束下，通过定量和定性的分析合理制定股票质押业务的具体风险限额。业务部门根据具体风险限额，合理选择自己的目标客户，制定质押率、质押期限等。

2. 建立"同一客户"体系

2019年7月中国证券业协会发布了《证券公司信用风险管理指引》，总结了过往经验，明确要求证券公司对于融资类业务，应对跨部门或跨主体的同一业务制定相对一致的风险管理流程和标准，并遵循"了解你的客户"原则制定同一客户的认定标准，对同一客户的融资类业务进行汇总和监控。

建议证券公司应该站在同一客户高度对信用风险业务的敞口进行统一的管理，防止同一客户风险在公司各个业务条线之间的传导，方便控制同一客户的风险敞口总额，同时也为当某一客户股票质押业务敞口达到风险限额时，能够灵活调整其在公司开展的其他业务的风险敞口，以便继续为客户提供服务。

3. 合理分配经济资本

股票质押业务对于证券公司而言是重资本的业务，因此建议证券公司在整体风险偏好确定的基础上，建立经济资本管理机制，根据各类资产的风险调整后资本回报率及经济增加值来合理地分配经济资本，并与风险容忍度及限额指标进行挂钩，从而从公司层面平衡股票质押回购业务所占用的资本以及风险与收益之间的关系，优化公司资源配置。

（二）具体业务执行方面

《证券公司参与股票质押式回购交易风险管理指引》《股票质押式回购交易及登记结算

业务办法（2018年修订）》中对股票质押回购业务的融入方尽职调查、质押股票管理及存续期管理等有了较为明细的规定。结合上述制度及业务发展的实际情况，建议股票质押回购业务执行层面的风险防范措施参考表3。

表3　　　　　　　　　　　　　股票质押回购业务风险防范措施

管理方面	具体要求
融入方准入管理	1. 关于尽职调查 （1）建立健全融入方尽职调查制度，建议以实地调查方式为主，辅助以其他必要的方式。 （2）尽职调查内容包括融入方的财务状况、信用状况；融入资金用途、还款来源等方面。 （3）建议业务部门统一制订尽职调查的模板及必须采集的附件。 2. 关于准入要求 （1）对融入方设置准入要求（可结合信用评级情况），并不断累积证券公司个性化的准入要求和禁止准入的名单。 （2）融入方不得为金融机构或者从事贷款、私募证券投资或私募股权投资、个人借贷等业务的其他机构，或者前述机构发行的产品，创业投资基金除外。 （3）融入方为上市公司董监高、控股股东、5%以上的股东以及其他持有上市公司首次公开发行前股份、上市公司非公开发行股份的股东，要充分考虑流动性的限制。
质押股票管理	1. 质押票准入 需要审慎评估质押该股票的风险的情况包括但不限于：质押股票所属上市公司上一年度亏损且本年度仍无法确定能否扭亏、质押股票近期涨幅或市盈率较高、质押股票的股票市场整体质押比例与其作为融资融券担保物的比例合计较高、质押股票对应的上市公司存在退市风险、质押股票对应的上市公司及其高管、实际控制人正在被有关部门立案调查等。建议证券公司可以结合信用评级情况等，设置个性化的质押票准入标准。 2. 质押率管理 （1）质押率上限确定：根据质押股票种类、交易场所、流动性、估值水平、已质押比例等因素确定。 （2）质押股票质押率进行动态管理：风险定价是证券公司的核心竞争力，股票质押的风险定价能力体现在对质押率的控制上。建议可以根据融入方资质、质押股票种类、交易期限、近期价格涨跌幅、估值情况、流动性情况、所属上市公司的行业基本面等因素进行管理。 （3）对同一质押股票质押率进行差异化管理：有限售条件股票作为质押股票的，原则上质押率应当低于同等条件下无限售条件股票的质押率；交易期限较长应当低于同等条件下交易期限较短的质押股票的质押率。
后续管理	1. 分类管理 应根据待购回初始交易金额、风险大小等因素对具体交易项目进行分类持续管理。 2. 建立盯市机制 重点关注质押股票对应上市公司的主营业务或盈利情况等发生重大变化的情况。 3. 根据融入方、质押股票的不同情况，设置差异化的履约保障比例。 4. 关于融入方的资金用途管理： 根据《证券公司参与股票质押式回购交易风险管理指引》的要求，资金存放于融入方在证券公司指定的银行开立的专用账户，明确约定融入方有义务定期或不定期报告资金使用情况，并采取切实措施对融入方融入资金的使用情况进行跟踪。 在实际工作中，建议要通过专户银行查询到资金流向的对手方，并结合融资方具体申报的资金用途来综合判断资金流向是否异常。

续表

管理方面	具体要求
违约处置管理	1. 指定专人负责违约处置事宜。 2. 违约处置完毕后，证券公司应当将处置结果及时通知交易各方并报告相关交易场所。

（三）风险处置多样化

目前对于化解存量股票质押回购业务的风险，主要通过以下几种方式进行：场内减持处置、诉讼仲裁、制订纾困计划。其中，场内减持处置、诉讼仲裁固然是最为常见的方式，但是在民营企业融资陷入困境的情况下，证券公司可考虑发挥综合金融业务的协同优势，制订更加合理的风险处置方案。例如将风险处置与提升上市公司质量相结合，发挥投行资本中介的作用，为上市公司提供并购重组、资产注入等一揽子服务，既提升了上市公司的质量，又处置了大股东的信用风险。

参考文献

[1] 深圳证券交易所综合研究所.2018年度股票质押回购风险分析报告[R].深圳证券交易所，2019.

[2] 深圳证券交易所综合研究所.2019年第一季度股票质押回购风险分析报告[R].深圳证券交易所，2019.

[3] 深圳证券交易所综合研究所.2019年第二季度股票质押回购风险分析报告[R].深圳证券交易所，2019.

[4] 沈娟，陶圣禹，王可.华泰证券研究报告：券商业务模式深度研究系列之二——探寻券商股票质押转危为安之路.Wind资讯，2019.

证券公司资产托管业务的风险与应对

资产托管业务风险与应对课题组*

近年来,随着国内私募基金行业的快速发展,证券公司资产托管业务取得了较好的开局,16家获得公募基金托管资格的证券公司托管外包业务规模达4万多亿元。但由于展业经验不足以及问题私募基金管理人风险传导、融资主体违约、基金产品持有人不理性行为等多因素影响,证券公司资产托管业务在快速发展过程中阶段性地暴露出一些问题。本文从证券公司资产托管业务的准入管理、合同管理、管理人失联的处置经验及诉讼案件分析四个方面,梳理风险、分享案例并提出应对措施,为行业开展托管业务和防范相关风险提供参考。

一、准入管理

(一)风险分析

从行业发展看,私募基金的风险主要取决于私募管理人的自身情况和股东情况(包括实际控制人),私募基金管理人及其股东的不合规不合法经营,会引起管理人的管理能力及风险处置能力下降,甚至导致管理人无法正常履职,进而导致基金资产和投资者权益受损。

而托管人从知名度、公司规模上远远超过大部分私募基金管理人,这就造成投资人在投诉、维权时,非理性地将托管人与管理人一道列为被投诉人、被维权人,甚至可能是主要的被投诉人、被维权人。同时,法规和监管政策对于私募基金管理人及托管人之间的职责界定不清晰,导致了实践中托管人特有的被传导风险,托管人可能因管理人的以上情形而深受牵连。这不仅大大增加了托管人的运营成本、合规法律风险和商誉风险,同时也造成托管人在承接业务时为了规避风险而过于谨慎,导致部分私募基金无法寻找到托管人,反而不利于保护私募行业规范发展。

---

* 课题组成员简介(以下排序不分先后):周国庆,国信证券股份有限公司资产托管部总经理助理;张晨曦,原国信证券股份有限公司资产托管部内控管理岗;张志斌,招商证券股份有限公司托管部总经理助理;王子皿,华泰证券股份有限公司资产托管部合规风控负责人;廖凌波,华泰证券股份有限公司资产托管部风控经理;谢小华,中信建投证券股份有限公司托管部投资监督主管。原载于《中国证券》2019年第7期。

(二) 风险防范措施

鉴于目前私募基金行业的情况，建议托管人在管理人准入、产品准入环节，制定相应的管理办法和管理流程，拟定相应准入标准，选择优秀、守法合规的管理人合作，规避因管理人风险引起的托管业务风险。具体风险防范建议如下：

1. 制度先行，明确标准

建议托管人所在机构及从事托管业务的部门对管理人准入阶段的工作高度重视。建立完善的内部制度，明确管理人准入和产品引入的标准、审批流程和监督体系，充分发挥合规、投资监督以及风险管理的价值，建立及时有效的反馈机制。对于管理人标准，建议按照管理人资质背景、高管团队、公司运作状况并结合产品类型予以区分，分级管理、重点关注、采用定量和定性管理方式。针对不同的管理人，可采用多项指标叠加使用的方式。

（1）管理人资质背景。管理人自身或其控股股东为持牌金融机构的，准入标准可与非金融机构进行区分，审核标准可主要考虑：资产管理业务相关资质有效存续，且不存在可能影响其资产管理业务的重大违法违规记录或重大负面消息。管理人自身或其控股股东不是持牌金融机构的准入标准应更严格，建议关注点包括但不限于：一是合法设立并有效存续；二是未被中国证券投资基金业协会取消私募基金管理人资格或列入失联私募机构、虚假填报、重大遗漏、违反八条底线等名单；三是管理人及其高管无重大违法违规记录，或重大违法违规记录已经整改；四是管理人及其高管无严重负面媒体消息或严重不良信用记录；五是不存在可能影响其开展资管业务的其他情形。

（2）高管团队。如果高管团队都出自金融持牌机构，可优先考虑；如果高管团队原工作单位为非金融持牌机构，应严格深入调研，如发现该高管团队涉及 P2P、非法集资或其他失信行为的，应谨慎引入，甚至建议不引入。比如，高管团队来自于一家被中国证券投资基金业协会取消资质的私募管理人，要防止出现高管团队"换马甲"的行为，应对其之前的行为进一步尽调，谨慎引入。

（3）公司运作状况。可从办公场地、经营时间、员工构成、场地更换频度、场地纠纷等现象进行考察，如出现场地频繁更换、员工频繁流动、场租违约等情形，应谨慎引入。

（4）产品类型。如果证券类管理人发行证券类产品，建议侧重关注产品，应确保合同条款不存在违反法律法规及监管规则规定的情形，不存在严重损害投资者合法权益或对投资者有重大误导的情形；产品的投资范围与投资限制、费用收取、收益分配、核算估值、信息披露等条款合法合规、清晰可执行，风险揭示充分、会计估值公允，且与公司提供托管服务的范围相匹配；合同条款不得导致托管人法定义务实际无法履行。

如果是股权类、其他类管理人发行股权类、其他类私募基金，建议针对以上设定的标准严格执行；同时，建议对产品进行准入内部评审。评审过程主要是审查管理人对于项目是否做了尽调、公司内部的审批是否符合其规定、是否涉嫌自融、项目是否属于监管明令禁止的，以及关注项目所在区域等。特别是对于部分地区频繁发生项目违约的，尤其是 PPP 项目违约、政府增信失效等情形，应谨慎引入。

2. 严控流程，关注实操

托管人在引入管理人时建议对其进行尽职调查，尽职调查可采取现场调查和非现场调查相结合的方式，对于私募股权投资基金管理人及其产品、业务风险较高的管理人和复杂产品建议采取现场尽职调查的方式。尽职调查的内容建议考虑以下方面：

（1）管理人的基本信息，包括但不限于：注册资本、实缴资本、成立日期、经营期限、经营范围等。

（2）管理人的综合实力，包括但不限于：实际控制人和股东的状况，管理人的实力（实缴资本、业务重心、经营模式、主要盈利来源、管理规模等），以及内部治理状况。其中，股东结构情况需明确股权结构及股东出资占比，如为有限合伙，需明确普通合伙人（GP）与有限合伙人（LP）的占比情况，同时需提供大股东及实际控制人的简介。

（3）管理人合规、风险控制能力及信用情况，包括但不限于：信用评级及管理人最近一期信用报告（如有），是否在中国证券投资基金业协会备案，是否有违法违规或诚信问题（如涉嫌场外配资、洗钱、被中国证券投资监管机构采取过行政处罚或监管措施、被中国证券投资基金业协会列入黑名单或采取纪律处分等）。

调查方式包括但不限于查询管理人营业执照、中国证券投资基金业协会备案信息、全国企业信用信息公示系统、征信系统等各类公开可查询的资料，也可通过访问管理人官网，与管理人电话沟通或访谈等方式。

托管人在引入产品时，建议托管人首先了解私募基金的基本信息：如产品规模、产品结构、投资范围、是否聘有投资顾问、管理人是否自有资金认购、是否存在增强资金以及产品是否备案等。其次，综合考虑私募基金的各方面，包括管理费和投资顾问费是否符合市场正常水平，是否从事或变相从事场外配资，是否涉及子账户分账户及伞形结构、条款是否符合新八条的规定，投资顾问是否满足条件以及是否执行投资指令等。调查方式包括但不限于查询私募基金、投资顾问协议、中国证券投资基金业协会备案信息等资料，或与管理人电话沟通或访谈等。

3. 持续关注，随时待命

建议托管人对管理人和产品进行持续的跟踪管理，除准入条件外，还应包括产品的宣传情况、兑付情况、投资标的出现风险情况等。在首次完成准入后，对管理人和产品存续期间内的风险事项进行提示和监控。

跟踪预警机制的指标由各业务的关键控制点组成，在托管人内部评估后固化，之后依照该指标进行风险提示。在托管人执行管理人的指令以及进行其他的业务操作前，首先对该指标进行复核。

4. 分级管理，差异服务

建议托管人对不同的管理人进行分级管理，提供差异化服务。私募基金行业有很明显的"二八"原则：百分之二十的管理人创造了这个行业百分之八十的收入。托管人因人数和精力有限，无法对所有的管理人都提供尽善尽美的服务以及全方位的监督，所以只有差异化服务才能实现有限资源的充分配置。托管人应加强对优秀管理人的服务，提高响应速度，适当简化处理流程，提供更多增值服务，在监控方面主要以日常的监测为主。同时将野蛮生长的管理人拒之门外，严准入，拒绝风险的传导。对风险较高的管理人和复杂产品除日常的监测外，应加强专项检查以及不定期检查，及时发现和控制风险。在此基础上，托管人应找到私募基金托管业务的风口，对某一类业务深耕细作。例如FOF及MOM等新型产品，其作为未来私募基金发展的方向，托管人当下可进行基础设施的建设，搭建买方和优秀投顾交流的平台，进行母子基金联动的设计，缩减管理人的处理流程，提高其用户体验。因私募证券投资基金比私募股权投资基金的风险低，可在服务私募证券投资基金管理人及其产品上下功夫，同时发现和钻研未来私募基金业务发展的蓝海,并练好内功。

(三) 案例

在实践中,建议托管人努力践行上述风险防范措施,建立相关的制度,对于管理人、产品准入标准及审批流程等进行明确规定,进行持续管理和分级管理,同时不断完善内部操作,做好管理人和产品准入。在管理人引入和持续管理中,遇到下面案例中的某些异常情况,建议本着合规是底线的原则,要求管理人进行整改,甚至拒绝引入。

1. 管理人公示信息与实际情况不符

管理人××资产管理有限公司,在中国证券投资基金业协会备案的某高管人员已离职,截止报告日尚未更新在中国证券投资基金业协会备案的高管人员,亦未在中国证券投资基金业协会提交变更申请。

2. 管理人法人、高管、实际控制人等存在违法违规记录

管理人××资产管理有限公司,在中国证券投资基金业协会备案的高管之一存在失信记录且性质恶劣。

3. 管理人内控不健全

管理人××资产管理有限公司,在尽调报告中陈述其合规风控人员同时担任投资类职务。

二、合同管理

随着资管行业托管、外包业务规模的持续增长,托管人签署的产品合同等文本协议数量亦逐步增长。产品合同是基金管理人、托管人及投资者在从事基金活动过程中订立的用以明确基金当事人各方权利义务的书面文件。有效的合同管理是规范证券投资基金活动,保护投资人及相关当事人合法权益,促进证券投资基金和资本市场健康发展的良好保障。托管人作为合同等重要法律文件的签署方,有妥善回收并保存重要法律文件原件的责任。

(一) 风险分析

1. 合同管理面临的问题

在托管业务开展过程中,大部分托管人在回收合同文件时面临如下困难:

(1) 托管业务涉及的产品合同数量巨大,且托管人并不直接面向投资者,导致产品合同未能及时有效地全量回收。

(2) 托管业务面临的客户群体较大,尤其对于部分私募管理人客户,由于受到专业度和规范性等多方面因素限制,很难及时有效的配合托管人完成产品合同的回收工作。

(3) 基金管理人和客户分散在全国各地,导致整个产品募集以及合同签署周期持续时间较长,增加了托管人及时完成合同回收工作的难度。

(4) 管理人和投资者素质参差不齐,导致部分合同未能规范签署,增加了合同回收工作中的校验负担并影响合同回收效率。

(5) 合同数量大且页数多,托管人对于回收的纸质合同很难准确核对文件的全部内容。

2. 合同管理存在的风险点

在托管合同管理的工作中,产品合同未及时回收、回收的合同版本不一致以及回收的合

同签署不完整等因素会导致如下风险：

（1）缺少履行职责依据。根据《合同法》规定，合同一般自成立时生效，当事人对合同效力有约定条件的，自条件成立时生效。基金合同自签署时成立，并且满足投资者交付认购或申购资金，获得基金份额及基金已满足成立生效条件时基金合同生效。因此，三方签署的合同不仅是基金成立的依据，也是托管人履行托管职责的依据。未及时回收合同会导致托管人缺少法律及合同依据。

（2）未良好履行托管职责。根据《证券投资基金法》及《证券投资基金托管业务管理办法》规定，托管人需要保存基金托管业务活动的记录、账册、报表和其他相关资料。基金合同规定了合同当事人的权利义务，是托管人在开展托管业务的重要资料，未及时回收合同，存在着未良好履行托管职责、未能勤勉尽责的风险。

（3）合同被篡改导致投资者利益受损。由于投资人、私募基金管理人和托管人在签署合同时不在一地，存在着时间和空间上的脱节，管理人擅自篡改定稿版合同，会导致投资者利益受损。如果托管人不及时回收合同并且细致比对，很难及时有效行使托管人监督职责，且容易产生一系列纠纷。

（4）在诉讼中处于不利地位。以书面形式签订的合同，其原件作为书证，具有原始的证明力，若未收回合同原件，在诉讼中将导致托管人处于极其不利的地位。《最高人民法院关于民事诉讼证据的若干规定》第二条规定："当事人对自己提出的诉讼请求所依据的事实或者反驳对方诉讼请求所依据的事实有责任提供证据加以证明。没有证据或者证据不足以证明当事人的事实主张的，由负有举证责任的当事人承担不利后果。"由此可知，在证据缺失的情况下，托管人在诉讼中将承担极大的风险。

（二）案例

20X5年，G证券公司作为托管人与Y投资公司签署托管协议，并向其提供多份盖有公章的空白基金合同文本。Y投资公司擅自将基金合同文本中原募资托管账户页替换为Y公司自有银行账户页，并与投资者签署合同，将投资者的投资款挪用于民间借贷。该案件发生的主要原因是投资人、私募基金管理人和托管人在签署合同时不在一地，存在着时间和空间上的脱节，Y投资公司正是利用这一点，擅自篡改合同内容，与不知情的投资者签署了所谓的"三方协议"，并大胆挪用基金资产。

（三）风险防范措施

1. 建立有效的合同催收机制

为防范合同未能及时回收的风险，托管人应建立一套有效的催收机制，从系统搭建、催收人员配置、催收时点安排、催收流程设计等方面不断完善，保证合同的高效快速回收。

（1）搭建合同管理系统。托管人应当根据自己的业务开展情况，搭建一套合同管理系统，涵盖合同打印邮寄、合同催收、合同回收以及合同归档各个环节，并实现打印记录、邮件催收、回收记录等各项功能。

（2）设置专门的合同催收岗。托管人需要配置专门的催收人员，并进一步细化催收岗的工作规范。如电话催收可以根据合同回收的实际情况采用不同的催收话术，并做好催收反馈记录。

（3）催收工作覆盖产品成立全阶段。自合同打印寄出起，合同催收的工作就应开始进行，针对产品成立的不同阶段，托管人采取的催收方式和侧重点也相应不同，这就需要实行一套事先预防、事中控制、事后处理的标准催收流程。例如，在产品合同打印邮寄阶段，托管人寄出合同文件时可以在邮件内附上合同回寄提醒的便利贴。产品成立时，通过系统自动触发邮件，提示管理人将归属于托管人的一份寄回。产品成立后，催收岗定期开展电话催收，并组织产品经理、业务推荐人协助催收，直至合同全部回收归档。针对管理人自行销毁合同、遗失合同等造成合同无法回收的特殊情形，要求管理人补签或出具合同作废遗失说明，并提供签署合同的扫描件。

（4）按月递进，多岗位轮流催收。托管人要按照文件协议的种类、成立时间等进行系统性的有序回收，形成"系统邮件催收—催收岗催收—产品经理—推荐人催收"的日常滚动催收机制，具体如下：

一是根据系统平台的合同邮寄信息形成待回收记录；二是对于不同种类的合同协议，在各自规划的应回收时间点后仍处于待回收状态的，则在系统平台催收界面形成一条催收记录信息；三是在系统形成"催收"清单后，月初由合同管理岗先对待催收记录批量发送催收邮件，再由催收岗对规定时间（例如2个月）内仍未回收的合同进行电话"催收"（期间可以电话和邮件进行多轮交替催收）；四是对于催收岗催收后仍未回收的合同，下月起需由产品经理或者推荐人协调进行催收处理；五是回收期限控制，为了避免合同回收工作的积压，当月成立的产品合同争取在合同成立完成后的规定时间（例如3个月）内清收完毕。

合同回收整体流程步骤如图1所示。

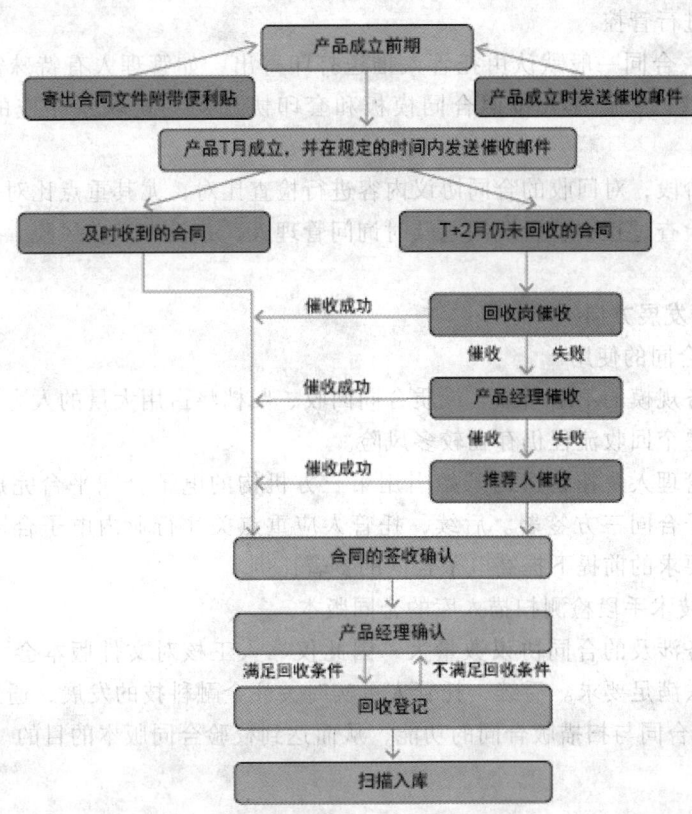

图1　合同回收整体流程步骤

2. 完善合同回收归档步骤

为了避免回收的合同可能存在资料缺章、破损等达不到回收条件的情况，托管人各业务线需要在合同回收、归档、交接的各个环节对合同质量进行严格把关，对扫描合同的流程、规范及系统进行改造，增加扫描的信息核对机制，做到扫描信息与归档信息一致性匹配的检查；同时形成问题件处理的机制，及时发现问题，解决问题，具体如下：

（1）产品经理在收到合同后，首先查看合同是否已经具备扫描归档条件（查看合同种类、签署情况以及明显的资料破损缺失情况等）。

（2）产品经理将合同交给回收岗，回收岗在系统平台对合同的归档回收情况（包括产品名称、回收份数及日期）进行登记。

（3）回收岗每日将登记后满足扫描入库条件的合同放置到分类（按归档文件类型分类）制订的扫描回收箱，在系统平台标注出箱号并于每日固定时间将回收箱交接给归档岗。

（4）归档岗每日根据系统平台登记的回收信息结合回收箱里的合同情况进行核对确认，如两边信息一致无误，则交接完成进入扫描入库阶段，如果不一致则和回收岗确认修改并待信息确认一致后进入扫描入库阶段。

（5）归档岗在核对数据无误后对合同文件进行扫描，并在系统平台填写归档数量、归档日期等信息以及上传扫描影像，完成扫描归档。

3. 加强回收合同版本的管控

为避免回收的合同与托管人法审过的定稿版本不一致的合规风险，托管人应在打印源头和回收阶段分别进行管控。

在打印阶段，合同一般默认由托管人推送打印寄出，如管理人有特殊需求需要签署合同模板及套印协议的，管理人按照合同模板和套印协议的约定联系相应的打印机构套印打印。

在合同回收阶段，对回收的合同协议内容进行检查比对，尤其重点比对账户、费用等关键要素信息，在检查过程中若发现问题及时询问管理人，并排查潜在风险。

（四）未来的发展方向

1. 探索电子合同的使用

随着托管业务规模的不断增加，纸质合同回收、归档将占用大量的人力资源，加大了合同管理难度，且整个回收流程仍存在较多风险。

目前，部分管理人及托管机构开始引用第三方机构的电子合同平台完成管理人、托管人、投资者的电子合同三方签署。后续，托管人应重点关注行业内电子合同的推广使用情况，在满足监管要求的前提下提高电子合同的签署比例。

2. 探索使用技术手段检测扫描入库的合同版本

由于托管业务涉及的合同协议数量大，因此仅靠人工核对文件版本会占用过多人力资源，且效率上无法满足要求。后续，托管人可实时关注金融科技的发展，通过技术手段实现比对定稿版 Word 合同与扫描版合同的功能，从而达到校验合同版本的目的。

三、管理人失联处置

（一）管理人失联处置过程中的现实问题

1. 基金财产无法得到有效保全或处置

在基金管理人无法或未能履行管理人职责情况下，现行法律框架未赋予相关主体代表基金对投资形成的资产或其他基金财产进行保全或处置的权利。

一是法律未明确规定托管人具备管理、运用基金财产的职责或权利。首先，《基金法》第36条对托管人的职责进行明确列举，未包括管理和运用基金财产的职责或权利。其次，托管人也不能接受份额持有人委托，作为其代理人代为提起诉讼。《民事诉讼法》第58条第2款规定，当事人、法定代理人可以委托的诉讼代理人限于律师、基层法律服务工作者，当事人的近亲属或者工作人员，当事人所在社区、单位以及有关社会团体推荐的公民。依据程序法的约定，基金托管人也不能接受份额持有人委托，代为提起保全申请，《民事诉讼法》规定诉前保全需当事人提出申请。

二是法律未明确规定份额持有人具备直接管理、运用基金财产的权利。《基金法》第46条对份额持有人的权利进行了列举，未包括在基金管理人缺位的情况下对基金财产进行直接管理和运用的权利。此外第49条还规定基金份额持有人大会及其日常机构不得直接参与或者干涉基金的投资管理活动。从救济手段方面来看，《基金法》向份额持有人提供的救济手段主要包括向基金管理人就损害其合法权益的行为提起诉讼，以及通过份额持有人大会提请更换基金管理人，而未将直接管理和运用基金财产的权利作为救济手段。因此，份额持有人、份额持有人大会及常设机构和份额持有人选举出的代表，均无直接管理、运用基金财产的权利。

2. 风险信息无法有效披露

私募基金托管人缺乏直接接触份额持有人的渠道，无法获取份额持有人有效的联系方式，也无权通过公开渠道发布与私募基金运作相关的信息，因此客观上也无法向份额持有人披露风险处置过程中的信息。

一是无法获取份额持有人有效的联系方式。首先，基于基金管理人在产品运作中处于关键链接点，实践中基金合同一般先由托管人用印签章后，再由基金管理人主导后续的签订过程，基金合同中留有的份额持有人基本信息及联系方式常常出现缺漏或不真实的情况。其次，基金服务机构开展份额登记工作，也只留有份额持有人的账户信息，未保有投资者有效的联系方式等信息。究其原因，是基金管理人出于对其客户信息的保护或份额持有人对自身隐私的保护。基于上述原因，托管人无法取得份额持有人有效联系方式，因而在风险事件发生后，无法有效通过邮寄或电话等联络方式进行信息披露情形。

二是无权通过公开渠道发布与私募基金运作相关的信息。基金业协会发布的《私募投资基金信息披露管理办法》第11条规定信息披露义务人披露基金信息不得存在公开或变相公开披露情形。

因此，客观上基金托管人无法向份额持有人有效披露相关风险信息或风险处置过程中的有关信息。

3. 份额持有人大会无法召开或无效用

一是份额持有人大会召开条件无法达成。《基金法》第 86 条规定基金份额持有人大会应当有代表 1/2 以上基金份额的持有人参加方可召开。低于此比例的，可以在 3 个月以后、6 个月以内就原定审议事项重新召集，应当有代表 1/3 以上基金份额的持有人参加方可召开。实践中，由于托管人无法获取份额持有人有效的联系方式，参加份额持有人大会的人数通常难以达到法定或约定要求，故召开条件无法达成。同时，由于基金投资者个人理性和集体理性的矛盾，造成部分投资者"搭便车"的心理，陷入整个集体行动的困境，从而也进一步阻碍了份额持有人大会的召开。

二是份额持有人大会无法提出可行的议题。在管理人缺位的情况下，在现行法律体系中，份额持有人自行或者要求托管人召开份额持有人大会，其现实要求是相关法律主体能够代表基金管理基金事务，发起法律诉讼、保全及处置基金财产。而现行的法律法规未赋予基金托管人或份额持有人代表管理和运用基金财产的权利，因此份额持有人所提出的议题在现行法律框架下不具可行性。

4. 更换基金管理人但少有人愿意接洽

在现行法律框架下，较为可行的救济路径是结合份额持有人大会方式更换基金管理人，但由于基金相关投资本身就已有较大的兑付风险，存在诸多不确定因素，势必面临大量诉讼及纠纷，通常没有新的管理人愿意接洽和介入。

5. 管理人缺位时清算小组决议效力问题

实践中，在管理人缺位的情况下，通过份额持有人大会决议由份额持有人代表及托管人组成清算小组，但清算小组决议的效力常常得不到产品证券、期货等账户经纪商的认可。经纪商产品证券账户是以管理人的相关资料开立，相关资产变现指令须由管理人作出或要求清算小组提供管理人失联或涉刑的确实证据，但实践中难以获得监管机构或有权机关出具的相关证明，导致基金清算变现受阻。

（二）案例

2018 年，某产品管理人涉及刑事调查，投资者无法联系管理人的联系人，遂向托管人反映情况。托管人根据了解到的情况，立即启动管理人失联风险事件处置程序，主要分为三个阶段：

第一阶段是核查阶段。事发后，立即派员进行现场核查，同时通过书面邮件方式向管理人核实相关情况，并持续通过电话尝试联系管理人的相关联系人。

第二阶段是披露与报告阶段。一是向产品投资者通过多种方式披露情况，二是向监管部门报告相关情况。

第三阶段是持续沟通与处置阶段。主要是召开份额持有人大会及后续清算工作。实践中面临的主要问题包括：一是份额持有人大会的召开需要 2/3 以上出席，存在部分份额持有人无法取得联系的问题；二是在管理人缺位的情况下，清算小组如何组成的问题；三是在变现过程中，经纪商不认可清算小组的决议问题。

在本案例中，对于部分份额持有人无法联系的问题，托管人穷尽各类方式，最终通过信息披露和分支机构走访的方式联系到了相关投资者，并通过书面通信方式召开了份额持有人大会；对于清算小组如何组成的问题，托管人通过份额持有人大会决议，由份额持有人选择是否参加清算小组，最终由部分份额持有人及托管人组成清算小组；对于经纪商不认可清算小组的决议，要求提供管理人失联或涉刑证据的问题，由清算小组前往经纪商处进行现场沟通，并向监管机构报告，通过监管机构从中协调经纪商进行变现。由于管理人所涉及的刑事案件还处在调查过程中，托管人将持续跟进和协调，积极保护份额持有人的合法权益。

（三）风险防范措施

1. 搭建基础设施

托管人通过搭建私募基金管理人信息采集系统，对互联网信用信息资源进行提取、筛选、分析和判断，及时定位异常管理人；通过搭建内部风险管理系统，整合管理人及相关产品信息，为风控决策提供可靠依据。

2. 完善管理措施

托管人应完善各种管理措施，提高风险事件应急处理能力。第一，建立管理人分类管理机制，针对不同的异常等级管理人，采取多层级的应对方案；第二，在基金合同等协议中明确托管人权利义务边界，为采取风险管理措施提供依据，发生风险事件后积极履行托管人义务和信息披露义务，同投资人保持充分沟通；第三，完善风险事件汇报机制，根据潜在损失大小对风险事件评级分类，制订针对各类风险事件的应急预案；第四，确认风险事实后，按基金合同约定施行各项风险管理措施，如停止估值和信息披露、停止各项交易划款、做好基金清算准备等。

3. 强化组织领导

托管人应建立危机处置领导小组，风险事件发生时第一时间组建处置小组，迅速查明风险产生原因，排除潜在隐患，避免损失扩大；在风险事件处置过程中，应坚持统一领导，集体决策，加强对处置方案落实情况的跟踪，并做好信息披露工作。

4. 提高责任意识

通过案例学习、警示教育，强化员工对各类风险的感知；同时，加强风险管理考核，明确在风险事件中相关人员的责任，以提高员工对风险的主动防范意识。

四、涉诉案件分析

伴随近几年私募基金产品的数量和规模的快速扩张，私募基金托管人在分享私募基金行业快速扩张红利的同时，也不可避免地面临被投资者起诉（含仲裁）的潜在风险。

（一）托管人常见涉诉情形及主要涉诉点

1. 托管人因管理人履责瑕疵而受牵连

管理人未严格按照基金合同约定履行管理人职责，存在履职瑕疵，一旦产品出现亏损，极易引发投资者诉讼。同时，由于对托管人的权责理解存在偏差，投资者在起诉管理人时同步起诉托管人。常见的管理人履职瑕疵包括：未按基金合同约定及时或未向投资者披露基金月报、季报、年报等相关信息；募集过程未对投资者进行风险测评、未严格履行冷静期；临时开放日未履行相关程序；未严格执行预警止损机制；管理人超标进行投资等。

投资人起诉托管人的理由一般为管理人未严格履行职责，托管人作为合同一方当事人应负有监督义务，但该要求扩大了托管人的监督职责边界。

2. 投资者因亏损而同时起诉管理人和托管人

由于私募基金产品（尤其是债权类产品）出现违约、投资亏损，部分非理性投资者要求管理人刚性兑付，在管理人未满足其诉求的情况下，同时起诉管理人和托管人。常见私募基金产品出现违约的情形包括：债权私募基金的融资方、担保方及其他相关方未履约；股权私募基金所投资标的被新三板市场摘牌或标的流动性不足，导致产品无法退出；证券私募基金所投资债券或其他资产出现违约无法兑付等。

起诉托管人的理由一般为托管人负有保证融资项目和各类担保措施真实性的义务及追债义务，此要求混淆了管理人和托管人的职责分工。

3. 管理人存在违法行为，托管人一同被起诉

管理人由于主、客观原因在基金运作过程中存在违法行为，当被发现或基金出现亏损时，投资者就前述违法行为起诉管理人，而托管人作为基金合同的一方当事人通常会被同时起诉。常见管理人违法行为包括：虚构项目、恶意欺诈、挪用资金、代签合同等。

起诉托管人的理由一般为托管人作为基金合同一方当事人，理应有义务确保基金合同签署的真实性和有效性，并能发现基金管理人的恶意欺诈行为。

4. 投资者认知偏差或其他原因导致托管人被诉

在托管人和管理人已严格按照基金合同履职的情况下，投资者因为认知问题或其他原因起诉管理人和托管人。常见的投资者认知问题或其他原因包括：将基金合同中业绩比较基准等同于保本保收益承诺；投资者不满意管理人的服务；投资者不满意销售机构的服务，进而归咎于管理人等。起诉托管人的理由通常为基金托管人未勤勉尽责。

（二）案例

[案例一]

A 私募基金合同中有条款约定基金管理人可以自主设定临时开放日，但是由于管理人的疏忽，设置临时开放日时未按照合同约定通知投资者或及时进行公告。后续由于基金亏损额较大，个别投资者以未收到临时开放的通知为由，否认临时开放的有效性而要求退款。最终管理人和投资者未就分歧达成一致意见，因此投资者将管理人和托管人同时告上法庭。托管人被起诉的理由为未对管理人设置临时开放的行为进行监督，不应按照管理人的指令将其无效的购买款进行投资，并要求托管人对共同行为导致的损失承担连带责任。

该起诉涉及的相关法律条文为《私募投资基金募集行为管理办法》第 12 条，"募集结算资金从投资者资金账户划出，到达私募基金财产账户或托管资金账户之前，属于投资者的合法财产"；《证券投资基金法》第 100 条，"基金销售机构、基金销售支付机构、基金份额登记机构应当确保基金销售结算资金、基金份额的安全、独立，禁止任何单位或者个人以任何形式挪用基金销售结算资金、基金份额"；《证券投资基金销售管理办法》第 5 条，"基金销售结算资金是基金投资人的交易结算资金，涉及基金销售结算专用账户开立、使用、监督的机构不得将基金销售结算资金归入其自有财产。禁止任何单位或者个人以任何形式挪用基金销售结算资金"；《私募投资基金监督管理暂行办法》第 23 条，"不得将其固有财产或者他人财产混同于基金财产从事投资活动"。

该案例反映了临时开放日设置以及信息披露责任的问题，具有一定代表性。日常业务中，由于私募基金存在运作不到位的情形，投资人即以此为由起诉管理人，并认为托管人负

有监督责任，从而无限放大托管人责任。

［案例二］

B私募基金主要通过信托计划向融资方发放信托贷款，产品到期后，融资方未完全支付融资本息，导致基金出现亏损。因此，个别投资者同时起诉管理人、托管人、信托公司、融资方、担保方等，起诉托管人的理由为作为基金托管人，未对融资方开展核保以及尽职调查工作。

该起诉涉及的相关法律条文为《证券投资基金法》第36条，"（一）安全保管基金财产；（十）按照规定监督基金管理人的投资运作"；《证券投资基金托管业务管理办法》第21条，"基金托管人应当根据基金合同及托管协议约定，制定基金投资监督标准与监督流程，对基金合同生效之后所托管基金的投资范围、投资比例、投资风格、投资限制、关联方交易等进行严格监督，及时提示基金管理人违规风险。当发现基金管理人发出但未执行的投资指令或者已经生效的投资指令违反法律、行政法规和其他有关规定，或者基金合同约定，应当依法履行通知基金管理人等程序，并及时报告中国证监会，持续跟进基金管理人的后续处理，督促基金管理人依法履行披露义务。基金管理人的上述违规失信行为给基金财产或者基金份额持有人造成损害的，基金托管人应当督促基金管理人及时予以赔偿"；《私募投资基金监督管理暂行办法》第4条，"私募基金管理人和从事私募基金托管业务的机构管理、运用私募基金财产，从事私募基金销售业务的机构及其他私募服务机构从事私募基金服务活动，应当恪尽职守，履行诚实信用、谨慎勤勉的义务"。

该案例反映出投资人对债权项目风险认识不足，对相关基金合同中各方当事人职责认知不清的问题，进而要求托管人承担管理人责任。

［案例三］

C私募基金主要投资二级市场，产品设置了预警止损线，在基金单位净值跌破止损线时，托管人已提醒管理人进行产品止损和清盘处理，但基金管理人通过代投资人签署补充协议的形式取消了预警止损。后续，投资者起诉管理人和托管人因违约导致其损失，起诉托管人的理由为在止损线下未尽到托管人的督促和监督职责，并要求管理人共同承担损失。

该起诉涉及的相关法律条文为《证券投资基金法》第36条，"（一）安全保管基金财产；（十）按照规定监督基金管理人的投资运作"；《证券投资基金托管业务管理办法》第21条，"基金托管人应当根据基金合同及托管协议约定，制定基金投资监督标准与监督流程，对基金合同生效之后所托管基金的投资范围、投资比例、投资风格、投资限制、关联方交易等进行严格监督，及时提示基金管理人违规风险……基金管理人的上述违规失信行为给基金财产或者基金份额持有人造成损害的，基金托管人应当督促基金管理人及时予以赔偿"。

此案例反映了基金合同签署方面的缺陷，管理人作为基金销售方主导与基金投资者的基金合同签署工作，其理应履行投资者身份鉴证等相关工作，但如果管理人未履职，托管人则因缺乏手段核实签字的真伪而受到质疑和牵连。

［案例四］

D私募产品主要投资股票市场，产品在运作过程中曾触及预警线，管理人严格按照合同约定进行了股票仓位控制，并于产品到期后按照约定进行了清算，但基金产品仍出现部分亏损。因投资者对产品亏损和销售机构售后服务不满，起诉了管理人和托管人，理由为该产品在预警线以下交易不频繁，且未单独建账，管理人和托管人未勤勉尽责。

该起诉涉及的相关法律条文为《证券投资基金法》第36条，"（三）对所托管的不同基金财产分别设置账户，确保基金财产的完整与独立"；《证券投资基金托管业务管理办法》第21条，"基金托管人应当根据基金合同及托管协议约定，制定基金投资监督标准与监督流程，对基金合同生效之后所托管基金的投资范围、投资比例、投资风格、投资限制、关联方交易等进行严格监督，及时提示基金管理人违规风险……基金管理人的上述违规失信行为给基金财产或者基金份额持有人造成损害的，基金托管人应当督促基金管理人及时予以赔偿"；《私募投资基金监督管理暂行办法》第4条，"私募基金管理人和从事私募基金托管业务的机构管理、运用私募基金财产，从事私募基金销售业务的机构及其他私募服务机构从事私募基金服务活动，应当恪尽职守，履行诚实信用、谨慎勤勉的义务"。

该案例反映出在投资者出现亏损时，基金管理人的后续合理沟通和处理十分必要，若投资者非理性利用法律武器起诉管理人，托管人通常会受到牵连。

[案例五]

E私募基金主要投资股权资产，但产品到期后资产无法变现和退出。投资者把业绩报酬计提基准等同于保本保收益条款而要求管理人进行赔偿，由于沟通多次未果，投资者同时起诉管理人和托管人，要求返还其本金和收益，但无具体起诉托管人理由。

该案例反映出管理人在销售基金产品时未做好投资者适当性管理，因此投资者进行非理性维权起诉管理人和托管人，即使无法找到托管人违约的具体条款，仍要求托管人返还本金和收益。

（三）风险防范措施

1. 建立管理人准入制度，降低托管人涉诉风险

大部分涉诉案件是由管理人的不专业行为或不合规运营引起的，所以托管人通常会受到牵连而被起诉。基于此，私募管理人的专业能力、合规意识、投资水平和资本实力对于托管人防范和减少潜在诉讼事件十分重要。由于不同类型的产品面临的涉诉概率及涉诉风险点存在差异，托管人应根据不同类型管理人建立不同的准入制度，通过设定管理人准入门槛严格控制基金管理人的准入，从而有效降低托管人的涉诉风险。

2. 通过完善基金合同相关条款，降低法律诉讼风险

针对托管人主要涉诉点，在基金合同设计中，建议通过严谨、明晰的合同条文明确基金管理人和托管人的职责边界，有效降低和防范潜在诉讼风险。比如，在合同中明确冷静期处理和临时开放日等募集行为由基金管理人负责，且基金托管人不承担监督职责；基金触及预警止损线时，明确所有操作由基金管理人控制和承担责任，托管人不承担因管理人未执行预警止损操作而导致损失的责任；合同中明确托管人在年报、季报等信息披露中的职责；对于债权类产品的增信等措施，在合同中明确由基金管理人自行控制，且托管人不承担监督职责等。

3. 推进电子合同签约工作，避免合同签署环节带来的诉讼风险

鉴于涉及托管人的诉讼案件中存在投资者未签署或被管理人代签署基金合同的情况，建议私募基金行业推动电子合同签约进程，通过电子合同签约有效完善基金投资者的基本信息审核和身份识别，减少投资者未签或被代签合同等情况的发生，避免合同签署环节带来的诉讼风险。

证券公司买方业务联合风控实施探究

闫晓华[*]

随着资本市场的快速发展和证券公司各类业务对交易系统专业性的差异化需求，证券公司买方业务逐渐出现了多种业务使用多个交易系统、甚至同一品种在不同交易系统均有交易的情形。在这一背景下，传统的单业务、单系统的买方业务风险控制模式已不再适用于现阶段的业务发展特点，取而代之的是风险控制需要跨系统、跨业务联合进行。这种跨系统的风控模式不仅可以提高风险管理效率、降低风险管理难度，而且可以使指标额度在不同部门之间灵活分配，提高资源使用效率。

一、买方业务与联合风控的概念

（一）买方业务

资本市场的"买方业务"（buy-side）并非严格的规范术语，业内通常将证券公司从资本市场上购买产品或服务的业务统称为"买方业务"。根据证券公司业务现状，从是否使用公司自有资金的角度来划分，买方业务可划分为广义和狭义。广义来讲，凡是证券公司在资本市场购买产品或服务的业务，如自营、做市、资产管理、私募基金、另类投资等均为买方业务；狭义来讲，买方业务只包括以自有资金投资为主的业务，如自营、做市、另类投资等。因证券公司利益冲突识别和管理涉及多类购买产品或服务的业务，故本文所称的买方业务为广义概念。

（二）联合风控

联合风控是指证券公司在集团体系内，针对各业务条线、交易品种使用不同交易系统的情况，构建跨业务条线、跨交易平台系统的控制机制，实现公司层面的事前、事中、事后全流程风险管理功能。有效的联合风控机制应建立在风控策略、数据和IT系统实现基础之上，

---

[*] 作者简介：闫晓华，山西证券股份有限公司总裁助理。原载于《中国证券》2019年第4期。

不仅能进行业务数据的事中预警、事后分析，而且能够对购买产品或服务的交易行为进行统一的事前控制。

二、证券公司实施买方业务联合风控的必要性

证券公司买方业务联合风控，是单条线、单业务的独立风险控制机制在新环境下的延伸与拓展，不仅是证券公司全面风险管理的必要解决途径，更是业务安全发展的重要保障。

（一）建立联合风控机制，是构建全面风险管理的重要手段

根据中国证监会《证券公司风险控制指标管理办法》（2016 年修订）规定，证券公司应当根据中国证监会有关规定建立符合自身发展战略需要的全面风险管理体系。中国证券业协会《证券公司全面风险管理规范》进一步要求，证券公司应当建立与业务复杂程度和风险指标体系相适应的风险管理信息技术系统，覆盖各风险类型、业务条线、各个部门、分支机构及子公司，对风险进行计量、汇总、预警和监控，并实现同一业务、同一客户相关风险信息的集中管理，以符合公司整体风险管理的需要。证券公司在集团体系内建立联合风控机制，实施对子公司、各业务线的买方交易的全覆盖，符合中国证监会从严监管、风险管理全覆盖的政策要求。

（二）完善的买方业务风控机制是证券公司持续健康经营的根本保障

目前，由卖方业务向买方业务进行转型是整个证券业的发展趋势。根据近三年的数据统计，买方业务的收入占券商营收的比重逐年上升（见图 1）。

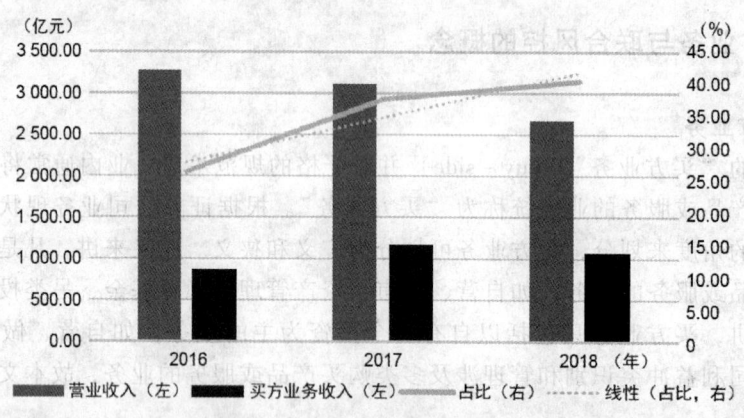

图 1　2016—2018 年券商买方业务占比变动情况

买方业务收入权重提升的同时，是券商买方业务交易品种的不断拓展、交易结构趋于复杂。除传统的股票和债券外，近年来各类股、债的金融衍生品，大宗商品及其衍生品，场外非标品等陆续成为券商买方业务的投资标的。在交易标的增加的同时，量化对冲、高频、杠杆等交易策略和技术广泛运用，对券商的风险管理能力提出了新挑战。相对于卖方业务，买方业务作为市场的直接参与者，其风险具有很强的传导性，单一证券公司的买方业务风险在极端情况下，会放大为全市场的系统风险。2008 年法兴银行越权交易案、2013 年光大"乌

龙指"等风险事件,都反映出如果风险管理能力与业务经营不匹配,风控软肋最终会成为证券公司买方业务的"陷阱"和"黑洞"。

(三) 证券公司买方业务交易行为的市场监管趋严

金融危机后,为降低金融资产的风险,增强金融系统的稳定性,美国率先实行了金融监管体系改革,颁布了金融监管方案。金融监管法案强化金融机构及金融投资的监管。我国在2015年资本市场出现剧烈波动后,中国证监会也通过一系列部门规章加强了对投资行为的管理,其中对证券公司的买方业务的监管不断细化,具体表现在以下方面:

1. 证券公司自营业务的风险控制指标体系 (见图2)

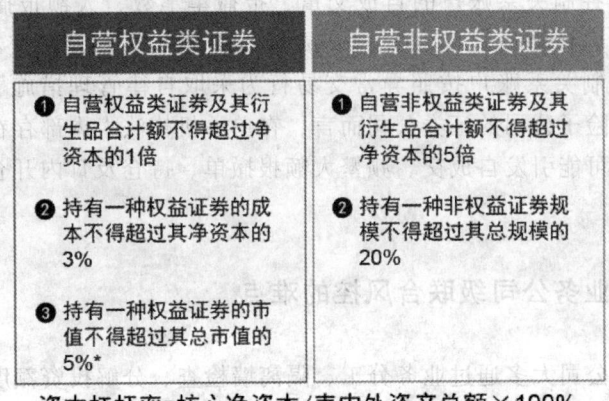

图2 证券公司自营类风控指标

注:另类子公司投资境内证券交易所上市交易和转让的证券的,另类子公司与母公司自营持有同一只证券的市值合并计算,合并计算后的市值应当符合《证券公司风险控制指标管理办法》的规定。

2. 利益冲突的有效管理

证券公司买方业务的拓展,增加了公司各业务部门之间、自有资金与客户资金之间利益的潜在冲突。监管部门高度重视对利益冲突的管理,2016年以来相继出台了一系列法规,要求证券公司建立健全利益冲突识别和管理机制,及时、准确地识别证券公司的投资银行、自营、资产管理、投资咨询、私募基金等业务与另类投资业务之间可能存在的利益冲突,评估其影响范围和程度,并采取有效措施管理利益冲突风险。

2019年2月15日出台的《期货公司风险管理公司业务试点指引》规定:"期货公司应当建立健全利益冲突识别和管理机制,识别期货公司业务与风险管理公司业务之间可能存在的利益冲突,评估其影响范围和程度,并采取有效措施防范利益冲突风险。"因此,对于证券公司控股的期货公司及其下属子公司,同样面临证券公司买方业务与期货风险子公司之间利益冲突管理的要求。

3. 证券交易资金前端风险控制业务规则

为防范因技术故障、操作失误等造成的交易异常风险和结算风险,维护交易结算秩序,保障证券市场安全稳定运行,2018年沪、深证券交易所与中国证券登记结算有限公司联合实施证券交易资金前端风险控制,对交易参与人(含证券公司)相关交易单元的全天净买入申报金额总量实施额度管理。其中将证券公司的自营、资产管理业务在实施竞价交易且为净额担保结算的交易品种和交易方式纳入资金前端控制范围。证券公司自营总量控制额度为净资本的 2.5 倍。公司要实施对资金前端风险的实时动态控制，就必须建立跨自营权益、非权益条线的联合风控系统。

4. 衍生品交易中的持仓限额与异常交易控制

衍生品相较于股票、债券有其特殊性，属于国务院《期货管理条例》专项规定的金融工具，其交易、管理、监督均有着高于一般股票、债券等普通金融工具的监管要求。《异常交易行为管理办法》及《实际控制关系账户管理办法》中规定，"交易所在执行持仓限额、交易限额、异常交易行为管理等制度和规定时，对一组实际控制关系账户的交易、持仓等合并计算"；"一组实际控制关系账户的自成交量、报撤单笔数、大额报撤单笔数、日内开仓交易量、持仓量等合并计算后达到《异常交易行为管理办法》异常交易行为处理标准的，交易所对该组实际控制关系账户按照异常交易行为采取自律管理措施"。根据这一监管口径，对于控股期货风险子公司的证券公司而言，在单一机构法人内部存在两个主体同时开展衍生品交易的行为，可能引发自成交、频繁大额报撤单、持仓及日内开仓超限额等一系列合规风险。

三、实施买方业务公司级联合风控的难点

目前，我国证券公司大多通过业务分工、隔离墙检查、分解投资额度等管理控制的手段进行买方业务的联合风险控制，只有少数几家证券公司建立了联合风控系统，通过信息系统的方式实现了公司级的联合风险控制。

在业务模式逐渐复杂的环境下，传统的管理控制方式在效果上略显薄弱，不但会使业务发展受限、资源配置失衡，而且在极端条件下很难进行有效的利益冲突防范和异常交易监控，使公司的买方业务存在较大风险。完善的联合风控机制依然需要建立在信息系统的支持上，是风控策略、数据和 IT 系统充分结合的产物，这也就是实施买方业务公司级联合风控的难点所在。

（一）买方业务交易系统分布散乱，需要在不影响业务格局的前提下，实现对各业务系统的兼容与联通

随着证券业务的快速发展和各类业务对交易系统专业性的差异化需求，证券公司资产管理、自营投资业务项下的权益类、固定收益类、商品、衍生品等交易品种均使用不同厂商提供的交易系统，证券公司买方业务系统"九龙治水""诸侯割据"的现象极为普遍，导致证券公司信息系统运维和风控管理难度都大幅增加。建立有效的联合风控机制的前提条件是实现联合风控系统与各业务系统的兼容与联通，而这也是实现公司级联合风控的技术难点。

（二）业务条线、内控部门对联合风控系统的性能及安全性有着极高的要求

随着交易标的的极大丰富，量化交易、高频交易等对系统、网络性能有着较高要求的交易模式也逐步出现，并在证券公司买方业务中占据一席之地。联合风控作为可以实现买方业务事前控制的风控体系，势必会在业务系统前端对报单数据进行审核、再报送，对业务交易

速度产生一定的影响。对于传统的低频交易，交易速度的略微延迟并无太大影响，但对量化、高频交易业务，由于联合风控行为产生的交易速度影响，则是必须考虑的一点，需要确保联合风控的前端控制能够满足业务申报、成交的效率需求。

另外，在业务运行过程中增加风控节点的控制行为，有可能在极端情况下带来新的风险，轻则导致交易失败，重则影响市场秩序、产生系统风险。联合风控作为证券公司风险控制中较为前沿的发展方向，市场上并无充足的实施经验与案例，对于因系统运行不稳定或存在漏洞（BUG）而诱发风险的情形，也缺乏相关研究可供参考、借鉴。

（三）供应商风控规则的开发速度及适用性很难满足更深层次的风险控制需求

除基本的监管要求及指标外，证券公司公司层面及业务部门层面的自设指标是监管要求的拓展及细化，是控制买方业务风险管理的真正工具。除少数几家研发实力较强的证券公司外，其余证券公司的联合风控只能依托外部系统供应商的协助实现，而外部供应商无法做到对公司的完全了解，且其满足客户独立需求的研发投入不会太大，很难满足各家证券公司的特定需求。而且，联合风控系统的构建应该以金融数据为中心，建立可以进行数据整合、分析的完善体系，需要具有较强的延展性及适应性。

四、证券公司联合风控解决方案及可实现程度

为探究构建证券公司联合风控体系的解决路径，笔者针对前文所述需求及难点，考察了市场上目前较为主流的三家系统供应商，依次对其所提供解决方案的特点及适用性进行判断，寻找最适合目前证券公司联合风控体系构建的解决方案。最终，G 公司所提供的联合风控系统有着较为完整的技术解决方案，能够满足现阶段证券公司的联合风控需求，并在技术及业务层面拥有较高的拓展性和可用性。因此，本文以 G 公司联合风控为例，阐述其技术解决方案，并对其系统特点进行分析，论证现阶段我国证券公司买方业务联合风控的可实现程度及路径。

（一）联合风控系统的技术解决方案、特点及风控指标构想

1. 技术解决方案

G 公司联合风控系统（以下简称"联合风控系统"）为实现对证券公司多种投资交易系统的联合风控，针对不同的交易所接口，开发了对应的交易通道代理服务，将订单转发给联合风控管理系统进行风控检查，检查通过后将订单报送给交易所。由于其实现途径的特点，联合风控系统对国内主流交易系统均可实现"零改造"对接，无须对证券公司现有业务系统体系进行调整。

2. 联合风控系统的特点

（1）支持跨系统、跨平台风控。联合风控系统可以实现跨业务系统、跨操作平台的联合风险控制，对多套交易系统中公司级别的风险控制指标进行统一监控管理并实时更新，与监管要求保持一致。

（2）支持全业务品种。联合风控系统支持股票、基金、债券等现货业务品种，以及股指期货、商品期货、期权等衍生品业务竞价交易的对敲检查、限额控制功能，可实现一套系

统全业务覆盖。

（3）联合风控系统可以实现风控检查全内存化，能够满足套利、做市、高频交易等自动化快速交易的需求。同时，系统采用全程消息通信推送的方式，提升了消息传递效率。

（4）支持统一配置多种策略，可针对不同的风控级别自定义不同策略。联合风控系统支持对接国内所有主流厂商的交易系统，并且可以实现第三方系统零改造对接联合风控系统。

（5）支持分布式部署，符合未来多交易中心统一管理需求。联合风控系统可对指定系统进行跨系统实时事前风险监控、联合事中风控检查。系统实现风控集中管理、集中监控，并提供多元化风控报表的支持，且可对风控系统分类管理。

（6）风控指标的自定义开发。联合风控系统支持风控指标的自定义开发，可以将相关权限赋予证券公司进行独立开发，或在供应商的协助下，建立定制化的风控指标体系。

3. 联合风控指标与风控点构想

根据联合风控系统特点及证券公司风控需求，结合现阶段该系统的可开发程度，笔者对在该系统下可实现的风控点进行列举（见表1）。

表1 联合风控系统可实现的风控点

类型	风控点	控制目标	控制范围	节点与控制
冲突检查	反向交易	防范公司各买方业务账户之间发生同一个交易日内进行的与起初成交品种、数量完全相同、但方向相反的操作	A股竞价 期货合约	事中—预警 事后—分析
	防对敲	防范公司各买方业务账户之间发生一方做出交易委托，另一方做出相反交易委托，疑似约定交易，意图影响证券市场行情的行为	A股竞价 期货合约	事中—预警 事后—分析
	自买自卖	防范公司各买方业务账户之间可能发生的通过自买自卖，影响交易品种量、价的行为	期货合约	事前—拒单
集中度检查（限额管理）	全天净买入申报金额控制	监控公司自营全天净买入申报金额的总量超过自设额度，通过设置公司级事前控制和部门预警，保证申报金额整体控制不超出交易所限额	沪、深交易所竞价品种	事中—预警、拒单
	自营持仓占总股本（规模）持仓比例	防范公司证券买入持仓超过监管规定的额度，包含场内场外数据	A股	事前—拒单
	自营持仓占净资本的比例	防范公司证券持仓超过监管规定的净资本控制比例，包含场内场外数据	权益与非权益及其衍生品	事中—预警
	交易所限额管理	防范公司各买方业务账户之间发生超过交易所开仓、持仓限额的情况	期货合约	事中—预警
异常交易	委托撤单比	防范公司各买方业务账户之间发生超过交易所委撤比限额的情况	期货合约	事中—预警
	单位时间单个股东交易金额、交易数量统计	单个股东在某个时间段内，每分钟买、卖成交金额、成交数量	A股竞价	事后—分析
其他	证券池	设置公司级风控证券池，根据公司准入规则设定标准，实施投资准入管理	权益及非权益	事前—拒单

（二）现阶段联合风控的可实现程度及建议

经过前文分析可以看出，通过构建证券公司联合风控信息系统，可以较为完整地实现证券公司买方业务对监管指标的联合风控需求，并实现部分自设指标的事前、事中、事后风险管理。但就各证券公司的个性化风控需求来说，该系统却难以提供丰富的指标体系可供选择，仍然需要证券公司在后续的工作中进一步完善。

结合前文所述的联合风控实施难点及现阶段的可实现程度，本文从以下三个方面提出了证券公司构建完善买方业务联合风控体系的建议。

1. 单系统与跨系统风险控制相结合，维护风控体系安全性

联合风控系统通过交易代理通道的模式实现跨系统之间的风险控制，其系统运行的不稳定或因 BUG 导致新的风险的可能性虽然很小，但依然存在。证券公司在联合风控体系的构建过程中，不应全盘摒弃单系统、单业务的风险控制模式，而可以将其转为对联合风控系统的补充，对个别可能导致系统性风险的指标更严格的管控方式，杜绝出现风险管理系统成为风险来源的可能性。另外，对单系统与跨系统相结合的交易规则审核留痕，可以在监管部门检查时起到关键作用。

2. 提高风控点开发能力，确保其可维护、可更新，能够适应业务的发展

通过外部厂商提供成熟系统的形式构建联合风控系统，能够充分借助第三方的充足实施经验，在性能及安全性上获得较高保障。然而，在系统的后续使用过程中，风控点的适时、及时更新，是整个系统保持活力的关键所在。在实际实施中，证券公司应尽力提高自身对风控点的开发能力，通过获取联合风控系统源代码、成立专门技术小组的方式，提高风险管理与信息技术的结合程度，使整个指标体系能够与公司买方业务的复杂程度相匹配。

3. 围绕联合风控系统，构建全面风险管理系统体系

目前我国证券公司风险管理系统大多为事后分析系统，主要功能为业务数据的定时抓取、风险状况的事后分析，在取数、监测、分析方面有一定的时滞性。证券公司可利用联合风控系统的联通性、兼容性等优势，围绕其建立全面风险管理系统体系，将原本相互独立的业务系统与风险分析系统结合在一起，做到对风险管理指标的实时计算与监测，全流程落实全面风险管理。

国际投行风险管理之道对我国的启示

刘 嫣 阴彦博[*]

防止发生系统性金融风险是金融工作的永恒主题。资本市场在金融运行中具有牵一发而动全身的作用，一旦发生系统性金融风险，影响的不单单是金融机构，对社会经济造成的损失也将是难以估量的。在 2008 年全球金融危机中，美国金融业也遭到重创：雷曼兄弟申请破产保护；美林证券被美国银行并购；高盛、摩根士丹利转型商业银行接受美联储的监管。风险管理的缺失可以说是美国部分投资银行遭受重创的重要原因之一。我国证券公司发展历史上不乏因风险意识和风险管理能力匮乏而付出惨痛代价的公司，21 世纪初期一大批证券公司集中关闭或被重组：万国证券因为"327 国债事件"被申银证券合并；君安证券因违规 MBO 事件被国泰证券合并；南方证券因违规挪用客户个人保证金等引发信用危机而破产……不难得出，加强风险管理是证券公司基业长青的重要基石。

"他山之石可以攻玉"。历史的教训、现实的机遇、经验的不足，突显了进行风险管理研究为我国证券公司提供风险管理指导的重要性。本文拟尝试从风险管理文化、风险管理架构等方面进行剖析，借此探讨对我国证券公司风险管理的借鉴意义。

一、他山之石

（一）风险管理文化——经营根基

风险管理文化是公司内控的极端重要的组成部分，体现在公司风险管理的具体过程中，公司自高层至员工普遍认同并一以贯之的风险管理理念。

风险管理与业务拓展自始至终都是相伴相生的。追逐利润是商人的本性，面对巨额投资回报的诱惑时，投资银行家们难免会将风险考量抛之脑后，仅仅短视地关注即刻取得的业务收益。而对风险的忽视势必招致业务发展的根基不稳。著名投行贝尔斯登、美林就给我们上

---

[*] 作者简介：刘嫣，渤海证券股份有限公司合规总监；阴彦博，现就职于渤海证券股份有限公司合规管理总部。原载于《中国证券》2019 年第 4 期。

了生动的一课。

原华尔街五大投行之一的贝尔斯登是由犹太裔创立，推崇个人主义，企业文化中淡化风险意识。主席兼行政总裁凯恩即集中体现了这一风格。回顾2008年金融危机，次贷危机初露端倪时，凯恩仍在高尔夫球场；在公司即将承受灭顶之灾的周末，凯恩离开纽约总部，去底特律参加一场桥牌联赛。2007年7月，当贝尔斯登旗下的两只对冲基金面临清盘时，直接负责的前联席总裁兼证券业务主管斯佩克特同样在参加桥牌比赛。①

美林证券向来秉持稳健的运营策略，直到奥尼尔担任公司的CEO，公司整体风险意识逐步下降。奥尼尔是交易员出身，风险偏好性较强，其上任后，公司于2006年解聘了克朗索，转而聘任同是交易员出身的较为激进的交易员罗伊。"这位美林的前高管曾对美林持有的CDO头寸设定了30亿—40亿美元的非正式上线，并设定了每天7 500万美元的CDO潜在损失风险上限，但这与奥尼尔的风险发生了冲突。"② 直到美林新任首席执行长塞恩上任，他希望通过加大风险管控力度以求得投资者的重新信任，将具有高度风险意识的克朗索再度请出山。

反之，高盛之所以能够平稳度过金融危机，与其先进的风险管理理念息息相关。风险管理理念全面贯穿于高盛的各个业务运营、管理环节，并成为公司全体员工日常工作的首要内容，任何级别的员工都有权利并被鼓励随时质疑有关做法是否符合风险管理政策。高盛致力于寻求长期利益，避免发生短期行为。高盛CEO Blankfein在一次访谈中曾提到，尽管小概率事件不常发生，但每天都会出现，因此最好的应对方法就是为这类事件做好充足的准备。他认为，对于资产管理而言，最重要的是提前进行风险管理，而不是去胡乱猜测。因此，即便抛售资产过早导致利润不是那么高，也没有关系。③

上述三个例子向我们生动展示了风险管理意识的加强、风险管理文化的构建，对于证券公司可持续发展的重要作用。风险管理信息系统、计量工具等都只是作为主体的人进行风险管理的手段，如果主体无法树立并贯彻正确的风险理念，再完善的系统、再高级的工具都无法真正帮助企业规避风险。

（二）风险管理架构——必要前提

纵观国际一流投行的发展历史，其经历了原始管理、分散管理、集中管理到全面管理的发展历程。全面风险管理（Enterprise Risk Management Framework，ERM）这一概念由内部控制专门研究委员会发起机构委员会（即COSO委员会）于2003年提出。根据COSO的定义，"全面风险管理是一个过程（process）。这个过程受董事会、管理层和其他人员的影响，从企业战略制定一直贯穿到企业的各项活动中，用于识别那些可能影响企业的潜在事件并管理风险，使之在企业的风险偏好之内，从而合理确保企业取得既定的目标。"④ 这表明，有效的公司风险管理架构是全面风险管理的内生要求。

---

① 华尔街孤狼：贝尔斯顿哀歌，新浪网，2008年4月7日，网址 http://finance.sina.com.cn/j/20080407/17084715041.shtml，最后访问日期：2019年3月17日。
② 姚远，张金清：《对于美国投资银行风险管理缺陷的思考》，载《现代管理科学》2009年第12期，第18页。
③ 高盛需要什么样的人？2017年5月23日，网址 https://wallstreetcn.com/articles/3011234，最后访问日期：2019年3月17日。
④ 尹蘅，孔维成：《美国投资银行风险管理架构对我国的启示》，载《海南金融》2007年第5期，第54页。

国际投行普遍建立了三道防线式的全面风险管理架构。董事会及其下属风险管理委员会是公司风险管理最高决策层，承担最终风险管理责任；下属风险管理委员会负责组织落实董事会风险管理决议的最终落地实施；风险管理部门是日常风险管理工作的执行部门；业务部门构成风险管理的第三道防线，负责本部门的风险管理指标落实。以高盛为例，公司董事会负责确定公司的风险偏好；而管理委员会是风险管理框架中最高执行机构，负责审批公司所有经营活动、风险政策等。管理委员会下设公司关于操作风险、财务风险、创新产品评审等专项委员会。前述委员会系由各部门的高级管理人员担任，既保证了决策的及时性，又保证了决策的准确性（见图1）。

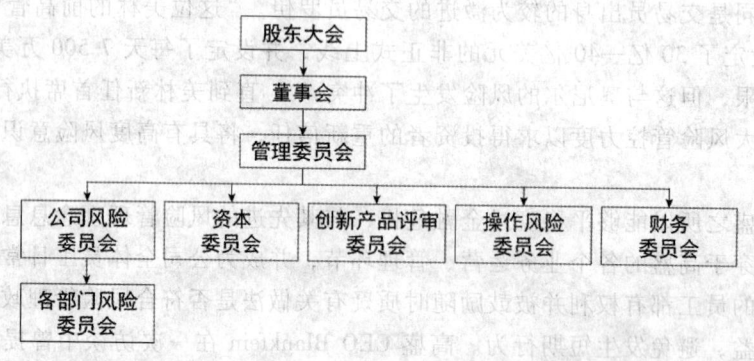

图1　三道防线式的全面风险管理架构

美林等国际投行的风险控制结构与其大同小异。可以看出，国际投行的风险管理多为扁平化结构，管理委员会将收悉各环节的风险控制信息报告，并通过直接或间接形式进行授权、审批，由各分支委员会在各领域开展风险管理工作。同时这种结构下各业务部门也与风险管理部门随时沟通、协调风险管理指标，实现对公司总体风险的更为高效的全面管控。

另一方面，国际投行在公司治理机制上的教训也值得我们深思。国际投行的股权结构相当分散，以至于法理上应当由公司股东行使的控制权，实际上基于相对分散的股权结构而通常无法通过股东大会落地行使。而事后监督对公司贯穿始终的风险管理而言意义甚微。加之如雷曼兄弟、贝尔斯登等国际投行普遍采用"一元董事会"的公司治理模式。该模式下公司得以高效运转的益处自不必多言，但其带来的弊端也不容忽视。

"一元董事会"下，董事会担负对公司的监督职能。而董事会成员往往与公司实际经营层成员高度重合，公司董事长通常与CEO重合，且独立的外部董事往往由于欠缺金融领域相关业务经营、不掌握公司实际运营状况也难以实现有效监督。同时，"一元董事会"将董事会置于公司治理的核心，一旦董事会监督职能失灵，整个公司都可能出现颠覆性的风险。以雷曼兄弟为例，公司董事长和CEO均为福尔德，在他的领导下，雷曼曾顺利渡过若干次危机，取得辉煌成绩并最终问鼎"债券之王"。福尔德被视为雷曼的英雄，也助长了他的独断专行，权利的过度集中必然导致风险的集中放大，一旦福尔德出现决策判断失误，必然给公司带来巨大震荡。据报道，在美国次贷危机前夕，尽管已有风险管理人员的预警，但福尔德却并未给予重视，反而完全依靠自己的经验做出商业判断。可以说雷曼的轰然倒塌，与由于"一元董事会"机制导致福尔德的独断专行难脱干系。

(三) 风险管理工具和应对机制——技术机制保障

国际投行深谙行业的高风险性,因此其运用信息技术水平建立了较为先进的风险监测工具和模型。一是国际投行充分利用并发挥诸如 VaR 等风险计量模型的作用;二是利用先进的信息化系统和全球性的资料系统及时地对公司在全球范围内的主要交易活动的风险状况进行监督和评估,适时地启动风险预警机制。以高盛为例,"高盛全球所有交易业务均采用统一的交易系统进行交易簿记、定价分析,每个交易员都可以通过该平台实时掌握其交易仓位及相关风险指标。"[①]

当然,再完美的模型和计量手段也无法完全杜绝风险的发生,因此及时有效的风险应对机制就显得至关重要了。美国次贷危机发生前夕,"高盛的风险控制系统发出了预警信号,于是高盛决定减持抵押贷款相关债券并进行卖空操作,同时购买高价的保险,作为抵抗进一步损失的保护性举措"。[②] 这一举措虽然饱受诟病,认为高盛一边向客户推销债券,一边借用客户之手卖空,违背"客户利益至上"的原则,我们暂且搁置对高盛措施的道德评价,但其整个公司自下而上的汇报路径、到自上而下的决策制定与执行,其及时性、有效性确实值得我们学习。

二、攻玉之路

(一) 树立风险管理优先的理念

不可否认,国内不少证券公司的风险管理系统建设甚至可以比肩国际一流投行,但是风险管理先行的理念并未彻底的深入人心,风险管理在证券公司各领域的业务发展过程中并未引起足够的重视。在国外投行,风险管理岗位是令人艳羡的高薪且极其有价值的工作,这是数百年风险管理文化在公司积淀下来成果的具体体现。反观国内证券公司,风控部门权威性不高、风险管理让位于业务发展、业务人员风险意识淡薄、业务考核与收益未有效地与风险管理绩效挂钩等问题频频出现。

因此,国内证券公司亟待营造有效的风险管理文化,进一步完善风险管理架构,参与风险管理的高级管理人员必须具备相应的风险管理经验、业务风险类型的相关知识,提高风控部门的权威性,树立自高层至普通员工的风险意识,风险管理要求尽可能量化,倡导个人责任制理念,让责任切实落实到个人,而不是统一由部门负责,让每名员工明确自身承担的风险责任。

同时还应注意到,风险管理人员的人才储备问题也是目前亟待解决的重要问题。人才是证券公司竞争的核心要素,高盛 CEO Lloyd Blankfein 曾在访谈中指出:"迄今为止,我们最大的成本就是对人才的支出。我们给股东带来的产出,全都是基于人才。"目前囿于重业务、轻风控的现状,具有精通证券业务风险管理知识和能力的专业人才仍不足。证券公司应当加大风险管理的资源投入,改变"重业务、轻风控"的旧思路,提高风控部门的权威性,向风控部门适当倾斜相应资源,培养、吸引并留住称职的风险管理人员也是证券公司需要重

---

① 黄浩荣:《我国证券公司风险管理研究:基于光大"8.16"事件的案例分析》,厦门大学论文,2014年。
② 张斌:《化"危"为"机"的高盛之道》,载《中国城市经济》2011年第4期。

视的。

构建风险管理文化难以毕其功于一役,需要公司自上而下在各个领域的不断探索和完善,但应当坚信,风险管理与业务并非此消彼长的关系,有效的风险管理势必为证券公司的长远发展保驾护航。

(二) 建立完善的风险管理架构

近几年来,证券公司的风险管理环境已得到很大的改善,特别是《证券公司全面风险管理规范》等系列自律规则发布以来,证券公司内部风险管理逐步与国际接轨,在组织架构、制度建设、业务覆盖等方面趋于有序、规范,风险管理能力大幅提升。目前,国内证券公司已逐步建立了董事会、监事会、经营层、各部门的全面风险管理运行机制,并从职责分工、人员配备、薪酬管理等方面对首席风险官、风控部门提供了履职保障。然而从国外投行的教训及国内风控体系的运行状况来看,证券公司的风险管理架构仍有进一步完善的空间。在公司内部治理层面:

一方面,如上文所言,国际投行的外部独立董事存在难以有效履职的困境,国内亦是如此:一是内部董事占比较大,也就是高管与董事会成员重合度较高,包括风险控制内的权力掌握在公司内部人手中;二是独立董事占比略小,存在流于形式的可能性。尽管《证券公司监督管理条例》对独立董事进行了规定,但独立董事由证券公司内部履行流程后选聘,往往难以有效发挥制约的作用。针对此问题,要切实防止现代公司治理理念被"信任关系"所取代,致力于建立更为透明的信息披露机制,保障独立董事能够及时知悉公司的各类经营、风险信息,同时建议从监管层面要求增加独立董事占比,切实通过独立董事的机制形成对公司内部控制人的监督和制约。

另一方面,尽管内部风险管理架构已然初具模型,但是囿于风险管理文化薄弱等众多因素,国内证券公司风险管理工作更多地依赖于首席风险官和风控部门。如何进一步明晰负有风险管理职责的层级,确保相应层级由具有相应风险管理经验、决策权限的人员构成,切实实现公司的全面风险管理工作的系统性和权威性,是证券行业需要思考的突出问题。

(三) 建设有效的风险管理系统及应急机制

市场风险、信用风险等各类风险始终与证券公司的业务相伴相生。先进的技术手段是实现风险管理的重要办法,高盛、美林等国际投行运用量化工具等对风险进行了监测、评估,取得了良好的风险管理业绩。国内证券公司应当积极与国际一流投行借鉴,结合本公司业务开展的规模、复杂程度等,探索适合风险管理的模型和系统。

与此同时,一旦出现风险事件,有效的应急机制也是不可或缺的。以流动性风险的应急机制为例,高盛在公司内部建立了风险应急机制和预案,高盛的应急方案充分考虑并分析了流动性风险等级及其对应策略、流动性风险处置人员及其岗位职责等内容。为减少风险事件对公司的冲击,国内证券公司应当积极探索完善风险应急机制的建立,包括触发条件、应急处置组织体系、应急处置程序等,并通过压力测试、应急演练等机制持续改进优化。

金融科技在美国资本市场的运用实践
——美国金融科技发展与监管培训报告摘要

中国证券业协会"美国金融科技与监管"培训组

一、美国金融科技在资本市场的最新运用

美国作为金融科技（FinTech）的诞生地，技术与金融的融合创新不断发展，以技术优化金融业务流程、推进金融产品创新、变革金融服务模式已蔚然成风。2018年全球金融科技领域的投资金额达396亿美元，其中美国投资额75亿美元，2014—2018年年均复合增长率12.3%，持续引领全球。

（一）金融科技在资本市场运用概况

金融科技在美国资本市场应用的价值链有五个区间，分别是一级市场、交易前、执行、交易后、交易支持。其中，人工智能和机器学习应用于产生交易信号和处理交易，区块链应用于交易后的抵押物管理、证券租赁、现金权益清算和结算等，大数据技术应用于定价、风控、征信、评级等。

1. 关于人工智能（AI）应用

主要应用方向包括：投资组合管理、智能投顾、风险评估、监管和合规等领域。在投资组合管理领域，AI支持的投资系统可以完全自主识别和执行交易，分析包含市场价格、交易量、宏观数据、企业财务报表等大量数据并自主做出市场预测，选择最佳交易策略。在智能投顾（Robo advisor）领域，智能投顾1.0主要是传统人工投顾服务在资产配置环节的自动化，一般拥有投资者风险测评、投资组合购买等功能，底层资产以分资产类别的、静态配置ETF指数追踪基金为主，实现自上而下的资产配置策略。智能投顾2.0则在1.0基础上，获取并分析客户及全市场产品大数据，机器服务与人工服务进一步深度结合，为客户提供全面的、全生命周期的金融服务，基于客户目标及市场变化进行客户资产组合的动态优化、个

性化定制。

2. 关于区块链应用

区块链技术凭借去中心化、不可篡改和加密安全性等特点，在数字货币、资金清算、金融资产交易、证券发行、智能合约等领域体现出巨大的应用潜力。在数字货币方面，如金融机构间结算币 J. P. Morgan Coin、稳定加密货币 USD Coin 以及脸书（Facebook）的 Libra 项目，应用于即时结算客户间的支付交易，降低交易对手风险和结算风险。在交易清算结算方面，区块链分布式记账的特点，被应用于减少中介环节、简化结算流程。如 R3 公司引入联盟链、共识机制增强信用，其区块链平台 Corda 舍弃了全网广播模式，仅要求每一笔交易的参与方对交易进行验证和记录，提高了交易的吞吐能力。如纳斯达克交易所与区块链技术公司 Chain 合作开发区块链股权交易系统 Linq，将股权交易市场标准结算时间从 3 天降至 10 分钟，结算风险降低 99%，大幅降低了资金成本和系统性风险。据奥纬咨询公司（Oliver Wyman）估计，全球金融业每年清算结算的总成本约在 650 亿—800 亿美元，运用区块链技术有望在 2020 年减少约 200 亿美元。

3. 关于大数据应用

主要集中在风控、定价、营销、监管等方面。如美国信用评分公司 ZestFinance 以大数据技术为基础，采集了社交网络信息、用户登记信息，甚至用户的写作习惯、阅读习惯等非传统数据信息，用以考察借款人借款行为背后的线索及线索间的关联性，最终给出消费者信用评分。如美国金融业监管局（FINRA）利用大数据技术对美国 100% 的股票交易实时数据、90% 的债券数据、70% 的商品交易数据进行电子化分析处理，达到监督会员、防范风险的目的。

（二）中美金融科技发展情况对比

一是创新主体不同。美国金融科技创新主体是初创企业。全球 30 家估值 10 亿美元以上的金融科技初创公司，美国有 19 家，尽管公司规模相对较小，但数量众多、创新能力强。我国金融科技创新的主力是互联网巨头企业，如阿里巴巴、腾讯、京东等，凭借其技术、人才、数据、资金等优势介入银行、证券、保险等细分市场并取得领先地位（见表 1）。

表1　　　　　　　　　　　中国及美国细分领域参与者对比

细分领域	美国	中国			
		蚂蚁金服	腾讯	平安	京东
支付	PayPal Stripe	支付宝	微信支付	E钱包	京东金融（支付）
财富管理	Wealthfront	余额宝	理财通	陆金所	京东金融（理财）
融资	LendingClub SoFi	蚂蚁借呗/花呗	微粒贷	平安银行	京东金融（白条）
保险	Oscar Metromile	众安在线	众安在线	平安保险 众安在线	
数字银行	Ally Bank	网商银行	微众银行	平安银行	
信用	Credit Karma	芝麻信用	微信支付分	陆金所	京东信用

二是分布领域不同。美国金融科技的领域分布比较广，对企业和客户的服务也相对较为均衡，在支持传统业务领域提升效率的同时，覆盖了传统金融体系遗漏的客户和市场领域。我国传统金融服务本身供给不足，金融科技主要在支付、消费信贷等传统金融机构难以覆盖的领域抢占先机。

三是核心优势不同。美国金融科技发展表现为在大数据、云计算、区块链和人工智能等核心技术上的领先优势，以及依托技术创新带来的业务模式及产品创新。我国金融科技的优势则是依托互联网公司的导流和场景化应用以及具有巨大增长潜力的市场需求，使金融产品和服务得以规模化发展，市场范围不断拓展。

二、金融科技正在改变传统投资银行发展生态

2008年金融危机后，美国政府为防止金融机构"大而不倒"，收紧金融监管，以较强的资本约束和杠杆标准限制投资银行无限扩张发展。以高盛、摩根士丹利、美银美林等为代表的传统投资银行，另辟蹊径走上了一条与金融科技深度融合发展之路，广泛运用大数据、云计算、区块链等技术，重新塑造金融服务价值链，打造出更加有活力和有韧性的综合金融服务生态，相比金融危机前，金融业态发展更加"大到不倒"。

（一）大幅增加投入，以多种模式参与金融科技

根据美国 CIO 杂志对全球著名投行和资产管理机构的调研，金融科技投入占行业总收入的比重大致在 3%—7%，头部机构的投入大大超过行业平均值。在科技人员配备上，头部机构的人员占比亦明显高于行业平均水平，高盛超过 30%，摩根士丹利约为 10%。在参与模式上，投资银行等传统金融机构主要通过内部自主开发、与金融科技公司合作、投资并购金融科技公司等模式参与金融科技（见表 2）。

表 2　　美国主要投资银行金融科技参与模式及应用案例

参与模式	高盛	摩根士丹利	美银美林
内部开发	• 推出 Marquee 开源平台，可进行大宗股票、结构化产品、外汇衍生品的电子交易，并提供市场价格信息、投资研究、交易监测服务 • 推出网贷平台 Marcus，拓展无抵押零售贷款业务 • 推出抵押贷款平台 GS Select，为零售客户提供以投资组合作为抵押的贷款 • 推出最新暗池交易平台 Sigma X2，实现客户下单和高盛自营下单的交易流互动	• 推出智能投顾服务，为投资资产低于 5 000 美元的客户提供资产配置建议 • 推出线上抵押贷款申请 APP • 设立多元文化创新实验室，对种子期后期至 A 轮的项目进行资助和孵化，重点关注人工智能、大数据分析、医疗健康等领域	• 推出全自动化零售银行分支机构，客户可使用 ATM 及远程视频系统自助办理柜台业务 • 推出智能投顾 Merrill Edge Guided Investment，提供智能投资组合建议，客户可在银行、经纪、智能投顾等账户间自由切换

续表

参与模式	高盛	摩根士丹利	美银美林
合作	• 使用区块链技术公司 Axoni 智能合约平台进行股权互换合约交易 • 与 Kensho 公司技术人员开展编程马拉松合作，将 Kensho 数据分析产品与高盛的 Marquee 平台对接	• 与财富管理软件提供商 LifeYield 合作，为投资顾问提供税务筹划支持 • 与即时通讯公司 Twilio 合作，允许投资顾问通过手机短信形式与客户沟通 • 与 Addepar 合作，为投资顾问提供客户数据分析工具 • 与花旗、摩根大通、美银美林等 18 家机构联合推出免费 P2P 支付服务 Zelle	• 与 MANA Partners 合作，测试在《金融工具市场指令Ⅱ》下合规的算法模型 • 与 Medallia 合作，利用其云平台上的全球客户行为数据，深入理解客户需求，加强客户关系管理 • 利用 Microsoft 云平台提高客户服务效率 • 与 High Radius 合作，将人工智能应用于应收账款处理
投资并购	并购 37 家公司，涉及跨国转账、在线支付、网络安全、贷款发放、移动支付、区块链、数据分析、算法交易等领域	并购 14 家公司，涉及另类资产在线投资平台、融资解决方案、云技术即时通讯、大数据分析等领域	并购 9 家公司，涉及云存储、区块链技术等领域

（二）加快科技化转型，提高运营效率、提升客户体验

一流投行以科技为驱动力的发展理念全面贯穿内部决策和运营，将"科技"作为各项业务发展的中心点，内化于现有业务并拓展新的业务领域。通过科技应用实现了业务运营和业务模式的转型和创新，为客户提供量身打造解决方案，真正实现以客户为中心，提升客户体验。主要表现在以下两方面：

一方面，通过科技为业务赋能，实现内部工作流程自动化，提高运营效率。以高盛为例，在交易业务流程中，其纽约总部在 200 名电脑工程师的协助下，大部分交易由算法自动完成，"1 名计算机工程师取代了 4 名交易员"。在投行业务流程中，75 名数据科学家开发的"Deal Link"平台，将 IPO 业务分解为 127 个步骤，把包括法律合规审查、填表、生成报告等在内的 50% 以上业务流程自动化。并购业务中利用机器学习分析美国证券交易委员会（SEC）的监管文件、帮助理解客户股东之间的复杂关系；利用 Reorg Research 平台实现尽职调查智能化。

另一方面，通过科技实现业务模式创新，提升客户体验。如高盛通过多个金融科技应用平台创新业务模式，实现了从产品业务模式向平台业务模式的转型：Marquee 平台提供市场价格信息、投资研究、交易监测服务；Symphony 数据与通信平台为客户提供基于云计算的加密即时通信，帮助机构客户进行安全沟通、定价和报价；Zephyr 平台实时进行债务资本架构分析，提升与客户互动解决复杂问题的效率。

（三）改变投资银行职业生态

从岗位削减的角度来看，重复性、标准化、程序化的岗位数量大幅减少。在华尔街，机

器正在取代大量高薪人士的工作：高盛股票交易员从 2000 年的 600 名减少至 2 名，2019 年前 9 个月员工的平均收入为 24.6 万美元，不到 2009 年同期 52.7 万美元的一半；花旗宣布在 5 年内用人工智能代替近 1 万名投行部门员工，占投行员工总数的 50%。从对员工技能要求的角度来看，擅长沟通、逻辑与创造的专业服务人才以及人工智能技术人才受到投行的欢迎。如高盛机构客户证券部门的量化团队在十年前招聘的仅仅是擅长风险建模与定价的分析师，现在则更为关注擅长机器学习等人工智能技术人才。

三、金融科技推动财富管理向综合金融服务转型

（一）智能投顾成为财富管理新业态

智能投顾是金融科技在财富管理领域的最新运用，体现在两个方面：一是通过线上化的手段形成透明化、操作便捷的人机交互，降低了人工交互的成本，整合了客户交互的渠道、数据和信息；二是将分散化投资、现代投资组合理论等财富管理的实质理论应用于大数据和机器学习，从而获得比人更快、更精准的投资组合决策能力。

智能投顾分为机器人投顾和人机结合投顾。一是机器人投顾，其全部决策和交易过程由机器进行，人工只在必要时进行有限干预或完全不干预，通常以 ETF 为底层资产，通过智能算法提供更动态、更准确的投资组合构建、税收损失收割[①]和自动交易与再平衡等服务。由于技术有效替代了人力，大大降低了服务成本，机器人投顾管理费率仅为 0.25%，约为传统投顾费率的 1/4。二是人机结合投顾，其通过智能算法形成投资组合，但在交互环节可选择人工服务进行咨询和调整。资产管理规模最大的先锋基金主打人机结合模式，结合自动化咨询平台与持有国际金融理财师（CFP）资格的人工顾问的双重优势，让人工顾问服务于财富管理全流程，提供专业判断，吸引了大批高净值客户。目前美国智能投顾公司数量超过 200 家，2019 年资产管理规模达到 7 497 亿美元，同比增长约 125%。智能投顾市场较为集中，前五大智能投顾公司资产管理规模分别为：先锋基金 1 150 亿美元、嘉信理财 370 亿美元、Betterment 160 亿美元、Wealthfront 110 亿美元、Personal Capital 85 亿美元。

根据 SEC 监管指南，智能投顾是注册投资顾问（RIA）通过基于算法的在线程序为投资者提供的全权委托资产管理服务。全权委托模式无须客户同意即可直接对账户资产进行投资交易，一方面有利于实现全自动智能化交易，另一方面却为保护投资者权益带来了困难。为此，SEC 设置了准入门槛和监管规则，要求智能投顾遵守 1940 年《投资顾问法》对注册投资顾问的相关规定。具体监管要求包括三方面：重要事实披露、提供合适建议、制订合规计划。在此基础上，需同时遵守现有投顾相关法律和规范，并进行充分的投资者教育。FINRA 对智能投顾的监管重点是审查智能投顾嵌入的算法是否合理，要求机构对算法、模型、程序等环节进行管理和评估。

（二）注册投资顾问（RIA）成为财富管理核心平台

随着金融与科技的深度融合，并受 2008 年金融危机的影响，美国资本市场投资者生态

---

① 指当某个证券出现亏损时，智能投顾的服务可以用确认的损失来抵消所获得的收益，从而达到节税的目的。

专业化趋势更加凸显,为注册投资顾问发展带来了新的机遇。自 2001 年以来,注册投资顾问资产管理规模增长了 279%（同期标普 500 指数和美国 GDP 分别增长 118%、94%）。截至 2018 年底,在 SEC 注册的注册投资顾问公司共 12 993 家,管理资产 83.7 万亿美元,客户数量 4 300 万户,90% 以上资产为全权委托管理模式,并有以下特点:一是市场集中度高。资产管理规模在 1 000 亿美元以上的投资顾问机构数量为 148 家,占行业总机构数的 1.1%,但所管理的客户资产占比达 59.7%;资产管理规模在 10 亿美元以下的投资顾问机构数量占比 71.5%,但所管理的客户资产仅占比 3.1%。二是以管理资产为基础收取管理费是主要获利方式。95.5% 的注册投资顾问按照管理资产规模的相应百分比收费。三是行业的账户托管量稳定上升。拥有客户资产托管权的注册投资顾问由 2012 年的 4 456 家增加至 2018 年的 7 162 家。从托管资产类别来看,44% 的注册投资顾问托管客户的现金、银行账户;41% 的注册投资顾问托管客户的证券账户。

美国注册投资顾问监管制度较为完善,以投资者利益最大化为原则。首先,注册投资顾问有严格的准入和惩罚机制。投资顾问牌照的申请门槛较高,且无法通过购买公司的方式获得。监管部门对投资顾问违规行为的处罚十分严厉。其次,构建了垂直监管体系,以资产管理规模为限,1 亿美元以上的由 SEC 监管,1 亿美元以下的由州政府监管,SEC 与州政府在分享监管权的同时亦有监管协调。最后,1940 年《投资顾问法》及 1985 年的修正法案规定了注册投资顾问需践行受信义务以保护客户利益最大化,具体要求包括:充分信息披露;所有建议需有合理基础;需尽全力为客户寻找最佳交易机会。

(三) 向综合金融服务转型成为财富管理新趋势

2008 年金融危机后,随着机构客户服务收入的持续下降,一流投行积极利用金融科技,由传统投行向投行与财富管理业务均衡发展的综合金融服务机构转型。

1. 高盛利用科技赋能向综合金融服务转型

高盛于 2016 年成立 Marcus 数字化金融服务平台,并随后收购许多涉及借贷领域的金融科技创业公司,拥有了消费借贷、小企业贷款、房地产、信用卡四大领域的科技团队。高盛通过 Marcus 开展个人贷款、储蓄和养老金等综合金融服务,借助金融科技将不断增长的零售客户群体与其丰富的服务资源结合,大力发展多层次的数字财富管理业务。当前 Marcus 客户总数已超过 300 万户,消费者存款超过 460 亿美元,消费者贷款接近 50 亿美元。按计划,Marcus 未来将涉足包含智能投顾、信用卡、汽车贷款、保险等在内的 12 个业务领域,预计 2020 年实现 10 亿美元利润。高盛正在通过将 Marcus 打造成一家面对大众消费者的综合金融服务公司,逐步实现自身的综合化转型。

高盛的机构客户服务收入从 2009 年的 327 亿美元降至 2018 年的 135 亿美元,占总收入比重由 72% 降至不足 40%。投资银行、投资管理收入保持稳定,占比维持在 20% 左右。投资和借贷等零售业务收入大幅提升,2018 年较 2016 年增长超过 1 倍,形成了包括投资银行、机构客户服务、投资与借贷、投资管理在内的四大业务链条,由金融科技赋能的线条清晰、结构多元的综合金融业务体系基本成型（见表 3）。

2. 摩根士丹利注重科技赋能财富管理业务实现战略转型

摩根士丹利开发运用财富管理核心业务系统——"下一步最优行动系统"（NBA）和"目标规划系统"（GPS）。下一步最优行动系统（NBA）作为摩根士丹利财富管理业务的核

表3　　　　　　　　　　2016—2018年高盛收入结构

收入结构	2016年		2017年	
	收入（亿美元）	占比（%）	收入（亿美元）	占比（%）
投资银行	63	21	74	23
机构客户服务	145	47	119	36
投资和借贷收入	41	13	72	22
投资管理	58	19	62	19
合计	307	100	327	100
收入结构	2018年		2019年上半年	
	收入（亿美元）	占比（%）	收入（亿美元）	占比（%）
投资银行	79	21	37	20
机构客户服务	135	37	71	39
投资和借贷收入	83	23	44	24
投资管理	70	19	30	17
合计	366	100	182	100

心平台及16 000名投资顾问的主要工作平台，具有三大功能：提供投资建议、提供操作预警、辅助解决客户日常事务。该平台利用分析预测、大数据、人工智能等技术，显著提高了投资顾问与客户的沟通能力。目标规划系统（GPS）则用于为客户提供一整套涵盖全生命周期的财富管理服务，满足客户在每个生命阶段的财富管理需求。具体内容包括：第一，财富管理计划，基于不同人生目标提供个性化财富规划；第二，财富增值与保值，旨在帮助客户抵御市场风险，实现财富增值；第三，财富使用和分配，打理财富并合理分配使用；第四，财富传承，为客户创造持久价值并传承财富。通过以上四步，真正将客户全生命周期财富都"管"了起来。

目前，摩根士丹利在美国财富管理市场有300万名客户，管理2.5万亿美元资产。财富管理利润率从2013年的18.5%提高至2018年的25.5%，财富管理收入从2007年的66.25亿美元大幅增长至2018年的172.42亿美元，收入占比从2007年的25.0%显著提升至2018年的43%。科技助力摩根士丹利实现了从传统投行向全面财富管理业务的转型。

四、金融科技对行业文化带来新的挑战及应对

（一）金融科技对行业文化带来的新挑战

以大数据、云计算、人工智能及区块链等技术为代表的金融科技具有降低信息不对称、易于甄别风险主体等弱化传统道德风险的效果。但由于金融科技自身属性，其在金融市场运用的过程中也可能产生新型道德风险。

1. 金融科技技术端可能发生新型道德风险

鉴于金融科技本身的技术性和专业性，如果金融科技技术人员试图在金融科技工具中设置漏洞，非专业人士将难以察觉。金融科技技术人员对于技术的高度控制可能在两个方面产生道德风险：第一个方面是设置不公平算法；第二个方面是窥探客户隐私，未经许可收集

数据。

2. 金融科技业务应用端可能发生新型道德风险

如在智能投顾领域，网络的虚拟性、不同算法产生投资组合的复杂性，形成了新的信息不对称。由于信息披露不到位，智能投顾运营者可能会利用这些信息差异从事违反受信义务的活动。在交易领域，金融科技的广泛应用对传统金融交易标的、定价、流程和对价等产生巨大冲击。披着金融科技应用外衣下的新型交易方式存在巨大道德风险。在借贷领域，一旦借贷平台方为了吸引投资者资金而构造虚假标的，或是隐瞒、修改项目的真实信息，那么投资者很难获得投资保障。

（二）国际一流投行应对道德风险挑战的实践

高盛、摩根士丹利等一流投行高度重视金融科技发展对公司文化、员工道德规范的冲击，经过多年的摸索，形成了比较成熟的经验。

1. 在完善规则体系方面，各公司均建立了完善的道德风险防范规则体系

核心规则是《道德守则》（各公司道德规则名称不同，仅以此名称为例），明确董事会成员、高级管理人员和全体员工在履职时应遵循的具体行为标准。各公司大多在《道德守则》中承诺：开展业务时，在遵守所有适用法律、法规和规章的基础上，将遵循最高的诚信和道德标准。各公司《道德守则》具体内容不尽相同，但普遍涵盖了以下六个方面：一是利益冲突。明确规定了在公司与客户之间、客户与客户之间、公司与员工之间等关系中潜在利益冲突的解决方案和具体措施。二是反腐败。明确规定了禁止一切形式的贿赂和腐败。要求员工在与外部商业伙伴和政府官员交往中，如涉及礼物、招待时，必须履行严格的程序。三是机密信息。明确员工对在业务过程中接触到的合作公司、客户、潜在客户、监管机构的未披露信息负保密责任，即使离职仍需履行保密义务。四是信息披露。要求所有涉及向监管机关、公众提供信息的人员，必须保证信息的准确、公正、完整、及时、可理解。五是公司资产。明确员工有义务合理使用与保护公司及合作方的有形和无形资产（包括现金、证券、业务计划、客户和员工信息、知识产权等）。六是政治活动。要求员工保证个人合法参与政治活动且不与公司业务挂钩。

各公司要求员工在遵守《道德守则》的基础上，必须同时遵守所有适用的法律、法规和规章，包括与内幕交易、财务报告、利益冲突、反洗钱、反欺诈、反贿赂和反腐败有关的法律、法规，以及公司相关业务规则、合规办法、员工手册、保密办法等相关规定。通过建立完善的制度体系，对员工基本执业行为进行规制。

2. 在公司文化建设方面，为传承公司精神和建立良好声誉，一流投行十分重视公司文化建设，形成明确核心价值观要求员工遵守

各公司的文化各具特色，但都视客户为公司生存之本，将客户利益置于首位。摩根士丹利的公司文化体现为四个核心价值观：客户为先、为所应为、卓尔不群、回馈社会。高盛的公司文化体现为14条"高盛经营原则"：客户利益永远至上，最重要的三大财富是员工、资本与声誉，违反保密原则及不当利用机密信息是不可原谅的，公正诚信是立业立身之本等。打造核心价值观是公司文化建设的关键，统一的价值观使公司员工在判断自己行为时具有统一的标准。在具体业务中，当遇到法律法规及公司制度无明确规定的情况时，公司文化成为员工判别正误、决定自己行为、防范道德风险的重要准绳。

3. 在健全组织体系方面，形成两个方面的最佳实践

一是健全员工教育培养体系。从员工招聘环节开始，即注重严把道德关；谨慎考察每一名候选人，不仅关注其技能、业绩和潜力，更看重其处事原则和价值观，以及以往诚信和道德记录；通过开展入职培训、后续职业培训以及个人承诺等方式，要求员工必须确认知晓并承诺遵守《道德守则》，以及所有适用的法律法规和公司制度；在人才培养相关规则中，明确将员工的诚信、道德情况作为重要的考察指标。在薪酬制度中偏重长期激励方式，避免员工短期化行为；对于违反职业道德的员工，根据《道德守则》及相关规定从严处罚。

二是健全道德风险监督管理体系，形成行之有效的"责任到人"机制。首先，注重明确员工责任，要求员工开展业务时遵循"三层决策法"：第一层是"对照规则"。要求员工严格对照《道德守则》、适用法律法规和公司相关业务规则进行业务决策，确保决策符合各项规则要求。第二层是"对照文化"。随着金融科技的高速发展，公司与员工在快节奏、复杂的创新环境中，随时面临各种前所未有的独特的情况，《道德守则》及其他规则无法预测性地涵盖可能遇到的全部问题。员工在无法基于规则作出业务决策时，应对照公司文化，根据公司文化的价值观及"与公司文化一致"的原则作出决策。第三层是"报告求助"。如员工"对照规则""对照文化"仍难以作出业务决策，或发现存在道德风险问题时，应立即向直接主管或合规法务人员报告求助。员工如未及时报告，则可能会承担隐瞒道德风险的责任，甚至负监管和刑事责任。其次，注重明确主管责任。公司各级主管除负责业务工作外，还负有监督所管理人员的业务活动和业务行为的责任，以确保其所管理人员遵守适用的法律法规和公司制度，并在有问题时及时采取适当的措施。没有合理采取适当措施的监督者会因未适当监督而承担责任，甚至负监管和刑事责任。最后是明确其他相关人员责任。各公司规定了道德风险监督管理体系中其他相关人员的责任，主要涉及风控、合规、法务人员以及与道德风险问题直接相关的委员会、办公室等工作人员。如摩根士丹利，在业务部门设置了冲突管理官，成立了全球冲突办公室，负责处理利益冲突问题；成立了反腐败小组，负责处理涉及腐败问题等。健全道德风险监督管理体系，实现了对道德风险的标准化、流程化管理，让员工易于理解执行，公司便于监督管理，使道德规范和公司文化在员工履职过程中切实得以落实。

（三）加强对公司文化建设和道德风险防范的自律管理

公司文化建设是公司发展的"软实力"，自律组织可以发挥声誉约束作用，倡导形成良好的行业文化。FINRA作为美国证券行业权威自律组织，制定了《商业荣誉标准和交易原则》（Rule2010号，以下简称《原则》），作为会员公司及从业人员道德及职业行为管理的总规则。《原则》全文仅有由22个英文单词组成的一句话，即"会员在开展业务时应遵守高标准的商业荣誉以及公正和公平的交易原则"。此规则是FINRA规则中最短但却最强大、适用范围最广、影响最深远的万能规则，具有"包罗万象"的特点，其并非为解决某种特定类型的不当行为专门设计，而是全面覆盖了会员公司及从业人员不直接违反任何其他规则的不道德行为，这对于保护投资者、维护行业利益、维持公平公正的市场秩序至关重要。

FINRA根据检查与日常监测发现的问题，以及客户投诉、匿名举报、其他机构移交线索、新闻报道等渠道获得的信息，对有关会员及从业人员是否违反了《原则》开展调查。调查过程客观、保密，在发现会员或从业人员存在违反《原则》的情况并给予处罚时，有

关信息即会向公众公开，作为反面案例予以警示。《原则》在处罚裁决中是逐案应用的。FINRA 仲裁小组、SEC 和法院在对每一桩被指控的不当行为进行全面评估后，确定是否确实违反了《原则》。总结过去几年的案例，被视为违反了《原则》的行为主要包括：下载非公开客户信息并发送给竞争公司、泄露客户机密信息、挪用公司或客户资金、伪造客户签名、修改客户文件、不当的募捐捐款活动等。

FINRA 通过建立强大的道德与执业行为自律规则体系、开展严格的文化道德与执业行为检查调查、对违反职业道德行为采取严厉的处罚措施，推动行业形成良好的公司文化、行业文化，有效防控行业道德风险，推动行业良性发展。

证券行业的金融科技演进及其风险分析

胡开南 李 滨 王 雯 肖晓超*

一、金融行业的金融科技演进

在金融业发展的历史进程中，科技始终是金融的重要创新甚至变革的力量，推动着金融业发展。金融1.0时代，即金融电子化时代，是金融科技的起点，以计算机替代手工记账，极大提升了工作效率；金融2.0时代，即互联网金融时代，互联网技术驱动了金融服务模式的变革，突破了空间距离、物理边界，将金融产品（服务）与供需双方相连接，科技逐步渗透到传统金融非核心业务中，成为传统金融的有效补充（乔海曙，王鹏，谢姗珊，2017）；金融3.0时代，即智能金融时代，大数据、云计算、人工智能、区块链等新兴技术引领金融业全方位变革，通过虚拟方式替代物理方式，使得金融业的边界日益模糊（中国人民银行广州分行课题组，2017），科技真正渗入金融核心业务，解决了传统金融的痛点，引领金融业全方位变革。科技推动资本市场发展的历程大致可分为三个阶段（见表1）。

表1　　　　　　　　　　金融科技发展进程

类别	1.0 金融电子化	2.0 互联网金融	3.0 金融智能化
业务模式	数据外包	纵向合并	深度融合
技术驱动	计算机核心软件系统	互联网移动支付	大数据、云计算、人工智能、数字货币、区块链等
主要业态	移动金融、电子票据、ATM	P2P网贷、第三方支付	大数据风控、智能投顾、量化交易
代表公司	Bankrate	Paypal	Betterment、WeathfrontR3联盟、Nasdaq – Ling
普惠程度	低	较低	高

资料来源：根据公开资料整理。

* 作者简介：胡开南，中泰证券风险管理部首席风控经理、副总经理；李滨，博士，中泰证券风险管理部副总经理；王雯，博士，中泰证券风险管理部经理；肖晓超，硕士，中泰证券风险管理部助理。原载于《中国证券》2019年第9期。

二、证券业金融科技发展进程

(一) 国外证券行业科技革命史

细数证券业科技革命的历史进程,国外演进路线大致如下:

1. 交易电子化阶段(20世纪90年代以前)

受益于计算机和电讯技术的发展,该阶段交易电子化的普及逐步放弃了传统的开放式人工喊价交易模式。1969年是全球证券业电子金融元年,全球第一个金融交易系统——奥特斯(AutEx)出现。20世纪70年代开始,电子股票交易在交易所交易大厅进行。1971年2月8日,纳斯达克证券市场成立,它是全球第一家自动报价证券市场。1978年,美国跨市场交易系统正式投入运营,将纽约证券交易所、波士顿交易所等多个市场连接在一起。

2. 互联网金融阶段(1990—2008年)

20世纪90年代中后期,互联网技术的高速发展使互联网经纪业务的开展成为现实,互联网证券公司陆续出现。1992年第一家互联网经纪商E-Trade成立,网络证券公司逐渐替代了以电话、柜台驱动的传统证券公司模式。这一阶段,金融行业在网络借贷、电子支付、金融大数据、互联网门户等多个创新领域均有较大突破。

3. 金融科技阶段(2009年至今)

该阶段,金融与科技的融合发展进一步深化,美国成为金融科技发展的领头羊。美国的Future Advisor、Wealthfront、Betterment开创了智能投顾产品的先河,即通过优化程序为客户"量体裁衣",设计组合配置策略。2015年12月30日,纳斯达克首次使用区块链技术来完成和记录私人证券交易,该交易是区块链技术应用领域的一大进步(见表2)。

表2 国外证券行业科技革命标志性事件梳理

交易电子化阶段(20世纪90年代初期)	
1866年	横跨大西洋的海底电缆铺设完成,为金融的全球化交易提供了最初的基础设施
1960年	Quotron Systems开发了第一个电子系统,可以通过桌面终端给股票经纪商提供所选股票的市场报价
1966年	全球电话传真网络投入使用,为下一阶段的金融科技发展提供了必需的通信网络
1969年	全球证券业电子金融元年,全球第一个金融交易系统——奥特斯(AutEx)产生
1971年	纳斯达克电子交易系统——美国证券交易商自动报价系统正式投入运营,标志着证券交易固定佣金的终结
1978年	美国跨市场交易系统ITS正式投入运营
1987年	"黑色星期一"的股市大崩盘迅速波及世界,反映了技术已经把世界金融市场连接成一个统一的市场
互联网金融阶段(1990—2008年)	
1992年	全球首家互联网经纪商E-Trade成立
1998年	更新的Best电子交易系统架构成为世界主要证券交易所采用的电子交易解决方案
1999年	美林推出交易网站ML Direct和Unlimited Advantage网上经纪业务

续表

金融科技 3.0（2009 年至今）	
2009 年	电子加密货币 Bitcoin1.0 发布
2010 年起	美国相继推出机器人投顾 Future Advisor、Betterment、WealthFront
2015 年	纳斯达克交易所发布全球首个区块链平台 Linq；7 月，Overstock 成功销售首个区块链上的加密债券；9 月，最著名的金融区块链联盟 R3 成立，全球排名靠前的 40 多家金融机构均加入该联盟
2017 年 4 月	瑞银集团通过使用微软 Azure 云解决方案完成数字化转型
2017 年 12 月	澳洲证券交易所（ASX）成为全球第一个宣布实践基于区块链技术的清算和结算系统，以替代现有清算和结算系统的证券交易所

资料来源：根据公开资料整理。

（二）我国证券行业金融科技发展进程

对应于金融科技发展的三个阶段，我国证券行业也大致经历了交易电子化、互联网金融、智能金融三个阶段。

1. 交易电子化阶段（20 世纪 90 年代初期）

我国证券行业在传统金融领域出现相对较晚，20 世纪 80 年代以银行证券部、信托投资公司的形式出现雏形。我国证券行业产生时间恰逢计算机技术大发展阶段，20 世纪 90 年代，上海证券交易所和深圳证券交易所均建立了无纸化电子交易平台。

2. 互联网金融阶段（1997—2013 年）

国内网上证券交易历史起步于 1997 年，其后在 2000 年 4 月，中国证监会颁布《网上证券委托暂行管理办法》，部分证券公司开始尝试建设网上交易系统。2008 年，网上交易已成为市场投资者的主要委托方式，占整个市场交易的 65%以上。但证券账户开立仍必须到证券公司网点现场进行，彼时的证券业可以称为半互联网化。2013 年 3 月 25 日，中登公司发布《证券账户非现场开户实施暂行办法》，允许实行见证开户、网上开户等非现场开户形式，放开了"现场开户"限制，网上开户业务得到监管部门认可并有多家证券公司全面实施。而后，多家证券公司纷纷进驻"淘宝网"，开卖理财咨询产品，提供业务咨询，迈出了证券产品（咨询和资讯产品、资产管理产品等）与互联网的合作步伐；光大证券、银河证券等客户保证金实现消费支付功能；国金证券与腾讯合作，推出"佣金宝"（李东亮，2014）。

3. 金融科技阶段（2014 年至今）

基于互联网的模式创新越来越难以满足日益广泛、复杂和个性化的金融需求，网贷监管落地标志着金融科技正加速从 2.0 转向 3.0 时代，从简单业务撮合进化到深度融合阶段，从分立颠覆走向协同共赢，以实现从底层架构到运营到业务全面渗透与革新，聚焦金融服务提效增质。这些年证券行业在云计算、大数据领域开展了大量前沿探索和应用，主要证券公司均上线了机器人智能投顾模块（见表 3）。这类机器人基于各种数字标签，通过大数据分析客户的交易偏好，把大量传统服务于机构的方式，例如量化模型、组合策略、资产配置等，通过算法提供给客户（曲艳丽，2017）。

表3 国内证券行业科技革命标志性事件梳理

交易电子化阶段（20世纪90年代初期）	
1990年9月28日	经中国人民银行批准，全国证券报价交易系统成立。这是第一家全国性证券交易系统
1991年	上海、深圳证券交易所建立电子化簿记系统
互联网金融阶段（1997—2013年）	
1997年	华融信托湛江营业部首次推出了网上证券交易委托
1998年	中国银行第一笔网上支付得以实现
2013年3月	方正证券进驻电商平台——天猫商城，证券公司首次试水互联网金融
2013年3月	中登公司发布《证券账户非现场开户实施暂行办法》，允许实行非现场开户。随后，国泰君安、中泰证券等数十家券商获得中登公司网上开户资格，并陆续开展了网上开户业务
2013年6月	阿里巴巴与天弘基金合作的余额宝上线，用户在支付宝网站内就可直接购买基金等理财产品，获得相对较高的收益
金融科技阶段（2014年至今）	
2014年2月	国金证券携手腾讯推出证券行业首个"1+1+1"互联网证券服务产品——"佣金宝"
2014年4月	中国首个区块链联盟中国分布式总账基础协议联盟（China Ledger联盟）成立
2016年6月	金融区块链合作联盟成立，31家中国企业加入，计划开发证券交易平台的原型、数字资产登记等
2016年6月	广发证券推出业内第一个证券公司领域的机器人投顾——"贝塔牛"
2017年8月	百度金融上线了国内第一个基于区块链技术研发的交易所资产证券化产品"百度长安新生ABS"
2018年8月	中国证监会正式印发《中国证监会监管科技总体建设方案》，明确了监管科技1.0、2.0、3.0内容，进入全面实施阶段
2018年11月	中国证监会副主席李超首次就行业数字化发表专题讲话，国泰君安证券、中泰证券等陆续展开数字化流程优化等数字化转型项目
2019年1月	海通证券混合金融云面世

资料来源：根据公开资料整理。

三、证券行业金融科技应用现状

金融科技在证券行业的应用范围大致可以从交易前、中、后三个阶段进行区分。交易前环节，包括认识客户、反洗钱、信息披露等；交易中环节，包括股票、债券、集合债务工具、衍生品的发行、转让；交易后环节，包括登记、存管、清算、交收、数据共享、股份拆分、股东投票、分红付息、担保品管理等。金融科技在证券行业的全过程应用如图1所示。

具体来说，金融科技在证券行业的应用场景重点在于以下几个方面。

（一）客户金融科技应用情景

1. 线上服务

采用地理位置服务（LBS）、虚拟现实、生物识别等先进技术，将服务嵌入各类业务场景，打破区域边界，突破时空限制，实现线下服务体系的网络化迁移。截至2019年1月，

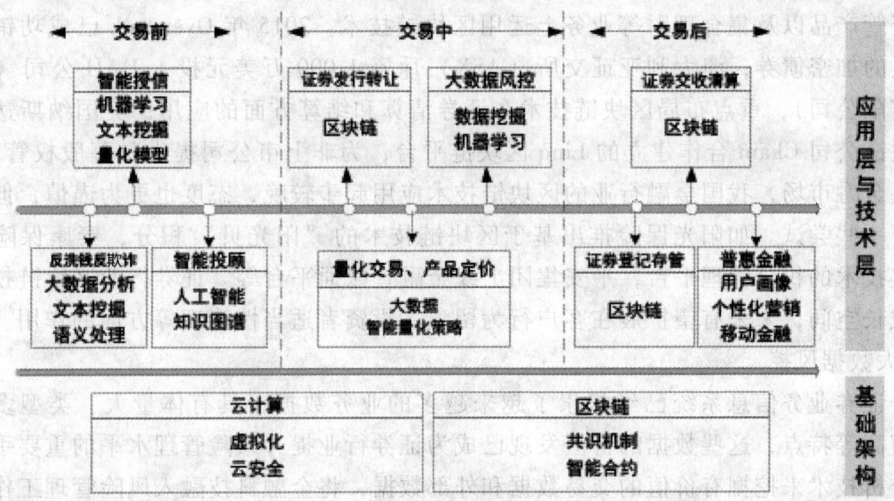

图 1　金融科技在证券行业的全过程应用

大部分持牌证券公司均已上线智能 APP，如中泰证券推出的 APP 客户端"中泰齐富通"、广发证券的综合服务平台"易淘金"、东吴证券的"东吴在线"。

2. 智能投顾

智能投顾基于大数据、人工智能技术对客户进行全景画像，精准匹配吻合客户需求与偏好的产品，给出个性化投资交易决策建议。如美国银行基于客户资产、经营利润和信用评分等大数据设计合理的产品定价策略；西班牙毕尔巴鄂比斯开银行通过与第三方社交媒体合作，拓宽数据源，以更全面地分析客户偏好和行为。国内证券公司也纷纷展开智能投顾的应用，如中泰证券的"中泰智投"、广发证券的"贝塔牛"、长江证券的"iVatarGo"、华林证券的智能投顾机器人"Andy"等。随着大数据、人工智能技术的逐渐成熟，智能投顾势必迎来新的增长势头。

（二）证券公司金融科技应用情景

1. 数字化转型

如今，数字化正在颠覆原有的模式，降低了行业准入门槛，传统的经营模式已经呈现出越来越多的局限性，传统基础设施、系统架构、流程等均面临着较大压力，加速数字化转型成为证券公司顺应科技发展的关键。早在 2012 年前后，国外投行瑞银、摩根士丹利等便与金融科技公司合作，着手于数字化转型项目，提高业务敏捷性，优化业务和员工的工作方式；2018 年 11 月，国泰君安证券、中泰证券、中金公司等陆续开展了数字化流程优化，并探索通过与阿里、腾讯等金融科技公司合作，以云端金融科技提升业务运营及创新效率。

2. 共享交易

作为一种信息技术的新型模式，区块链技术具有共识机制、不可篡改等特性，能够实现互联网从中心化信任到弱中心化的转变，因此它的适用场景应具有多源、共享、非中心化、高透明性等特征，这给证券行业带来了新的可能。证券发行公司可运用区块链技术生成智能合约，实现私人定制化证券发行，买卖双方能够通过智能合约实现自动配对，并通过分布式数字化登记系统，自动实现清算、结算。目前，证券公司主要在公募基金、私募基金、收益凭证、资管产品以及集合理财等业务上运用区块链技术。2015 年 Overstock 已成功销售首个区块链上的加密债券；澳大利亚证交所（ASX）斥资 1 000 万美元投入 DAH 公司（数字资产股份有限公司），重点布局区块链技术在证券清算和结算方面的应用；美国纳斯达克交易所与区块链公司 Chain 合作建立的 Linq 区块链平台，为非上市公司提供私募股权管理服务。相比国外金融市场，我国金融行业的区块链技术应用起步较晚，态度也更为谨慎，但近年来也做出了一些尝试。如阳光保险推出基于区块链技术的"阳光贝"积分，泰康保险上线基于区块链技术的积分管理平台，平安集团上线金融壹账通平台等。证券行业区块链技术仍有较大的成长空间，未来有望扩展在客户行为留痕、投资者适当性管理等方面的作用。

3．大数据风控

如今证券业务信息系统已经积累了越来越多的业务数据，具有体量大、类型多、变化快、价值高等特点，这些数据的价值发现已成为证券行业提升风险管理水平的重要手段。利用数据分析技术来挖掘有价值的交易数据和外部数据，将金融科技融入风险管理工作，能极大地提高工作质量和效率，实现科学治理、利润最大化目标下的风险管控。

（三）监管机构金融科技应用情景

金融科技依托于互联网和信息技术，其特殊环境使新形势下的有效监管更需要科技的支持。监管科技正是金融科技与风险监管的有机结合，其通过大数据、人工智能等创新技术应用，能够有效降低信息不对称，提高风险定价与管理能力，促进传统监管方式的同步转型与升级。作为金融科技先驱，监管科技最早起步于英国与美国。英国于 2014 年 10 月设立了创新项目（Project Innovate），并增设创新中心（Innovation Hub），其中，"监管沙箱"（Regulatory Sandbox）作为支持金融科技企业发展的重要监管模式创新，引起多国金融监管机构纷纷效仿。美国纳斯达克交易所早在 2015 年底试水开发基于区块链的私人证券交易平台 LINQ，发挥交易所的一线监管功能。成立于葡萄牙的 Feedzai 通过机器学习帮助银行和企业发现并预防支付诈骗。丹麦的 New Banking 公司以监管合规为基准，为电子支付和游戏公司提供 KYC 及反洗钱服务。此外，还有其他监管科技企业在各自领域中发展进步。国内监管部门与行业在监管科技运用方面已开始追赶海外发达市场。央行于 2017 年 5 月成立了金融科技委员会，旨在利用丰富的金融科技监管手段，提升风险防范和化解能力。2018 年 8 月中国证监会发布《中国证监会监管科技总体建设方案》，完成顶层设计，各地证监局和金融监管局，尤其是深圳、北京、上海、广东、苏浙等金融发达地区，高度重视信息系统的建设与监管科技的运用。

四、金融科技面临的风险问题思考

金融科技、金融创新与风险监管三者间具有正向博弈关系。金融科技、金融创新与风险监管三者相互约束、相互促进，以螺旋式上升的方式不断进步（见图 2）。金融科技在证券行业的应用总体来讲还处于初级阶段，除自身的多重风险外，还存在较多处于法律和监管边缘的无法界定的行为。证券行业应用金融科技所面临的风险主要表现在投资者风险、证券公司风险以及行业风险三个层面。

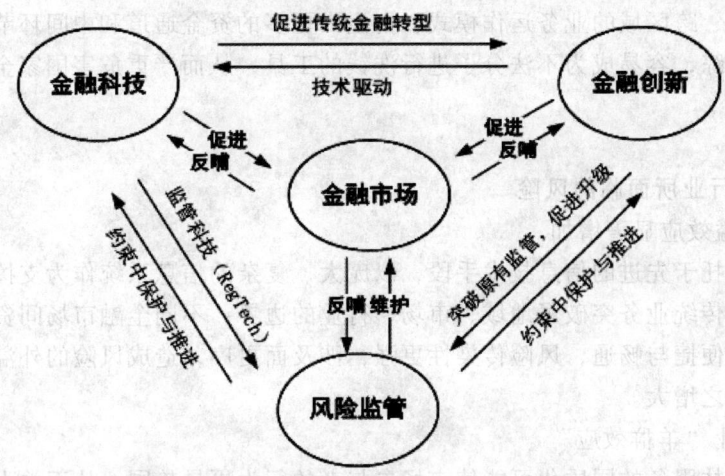

图 2　金融科技与风险监管逻辑关系图

（一）投资者所面临的风险

1. 金融排斥

随着金融科技的发展，数字化产品和服务种类繁多，业务复杂多样，然而市场上大量金融基础知识不足、抵御风险能力差的"长尾"投资者无法完全了解产品、服务的属性和风险程度，使风险投资模型的有效性降低，导致投资者"羊群效应"发生，整体风险水平提高。

2. 投资者信息保护及数据安全

金融科技环境下，金融机构每天均会产生和传输海量的客户交易信息，这也就给数据造假、数据泄露等创造了客观条件，具有价值的信息数据正面临诸多威胁。另外，一些依托金融科技从事违法犯罪行为的现象，如金融诈骗、云数据窃取、数据库攻击等事件日渐增多，对投资者的数据安全造成了极大的威胁。

（二）证券公司所面临的风险

1. 商业模式无法落地

金融科技入行门槛相对较高，需要投入大量的人力、物力进行系统建设，因此需要企业高层进行宏观策略的部署，找到合适的金融应用场景，防止理想的商业模式因无法落地造成资源的严重浪费。

2. 技术可靠性无法保证

金融科技业务的发展对新兴技术和系统平台产生了较深的依赖。然而，在技术层面上，其蕴含的技术故障、重大差错等风险，会对交易市场造成非常不利的影响，甚至对市场秩序和交易安全造成冲击。另外，人工智能、大数据等技术需要大量的交易数据作为基础，其数据的广度、深度、质量及算法模型的可靠性在短期内也无法得到保证，由此产生的可靠性问题或将直接影响市场参与者的决策，造成错估成本与误判等风险问题。

3. 有可能成为洗钱工具

我国金融科技创新产品和服务门槛低、升级换代快，一些结构复杂的创新型产品形成了跨市场、跨行业、跨区域的业务运作模式，衍生出更多的资金通道和中间环节，资金来源和资金去向很难追踪，容易成为不法分子进行洗钱的工具，从而严重危害国家金融安全和社会稳定。

（三）证券行业所面临的风险

1. 风险外溢效应显著增加

金融科技依托于先进的信息技术手段，以庞大、复杂的信息系统作为支撑，使得证券公司等市场主体的传统业务突破了地域、市场、行业的边界，不同金融市场间资本流动与资产转换的渠道更加便捷与畅通，风险传染性更强，涉及面更广，造成风险的外溢，系统性风险发生的可能性随之增大。

2. 引发行业"羊群效应"

部分金融科技服务的同质化可能使市场参与者的行为更易趋同，从而放大金融市场的波动风险。以智能投顾为例，系统若对客户采用相似的评价指标与交易策略，或将造成"同买同卖、同涨同跌"现象，强化"羊群效应"。另外，规模经济的发展依赖于强大的IT应用作为支撑，然而市场上能够提供金融行业解决方案的大型开发商寥寥无几，或将导致市场上少数大型开发商独大的现象发生，证券公司也只能使用相同或者类似的IT技术方案，造成证券公司服务竞争的"同质化"，易引发"羊群效应"。

3. 监管模式适用性降低

监管科技（RegTech）往往滞后于金融科技的发展，从而造成监管人员与技术无法有效匹配的问题。另外，分业监管体制严格划定了监管活动的界限，无法捕捉金融科技带来的跨市场、跨行业、跨区域风险。

五、金融科技风险防范对策

金融科技依托于互联网和信息技术，鉴于其特殊环境，金融科技新形势下有效防范金融科技风险急需科技支持。为持续应对金融科技高速发展带来的风险，建议健全并完善金融科技监管体系，重视传统金融监管创新及转型升级，以深度技术创新和基础设施建设支撑监管效能提升，实现对金融科技领域风险监管的全覆盖。

首先，构建多方合作的监管平台。借鉴英国金融行为监管局（FCA）监管经验，整合监管部门、金融机构等社会主体及其相应科技力量和资源，建立多方有效合作的监管平台，实现对银行、证券、保险等传统金融机构和互联网金融服务公司的综合行为监管；完善金融科技行业监管标准，建立监管机构与金融机构、科技企业的双向沟通机制；加强国际监管协调与合作，实现标准统一、数据与信息公开、科技知识共享等多维度监管目标。

其次，完善数据基础设施建设。建议制定统一标准的数据规范，推动金融数据标准化，破解数据封闭化、分割化格局；建设高效新型数据库，自动化采集和存储经济、金融、商业活动、社交媒体等多地域、多领域的海量数据资源，通过模式识别和数据挖掘分析工具实现数据集成、分析与共享，形成碎片化数据聚合效应；加强数据分析、应用等领域人才的培养，推动传统信息技术改造升级，以扎实的基础设施支撑监管科技应用。

最后，加强监管科技应用，优化金融科技监管。进一步加大对金融监管科技方面的投入，建立一体化、安全、高效、便捷的监管业务综合平台，继续推进大数据平台建设，为金融科技监管提供快速准确的数据支持；充分发展和利用大数据分析、人工智能等监管科技手段，强化交易行为分析、异常交易识别等功能，优化风控合规监控指标体系，提高风险监测识别能力；遵循穿透式监管理念，基于产品功能、业务本质和法律属性明确监管主体和适用规则，有效实施对创新产品、业务和行为的全流程监管。

参考文献

[1] 乔海曙，王鹏，谢姗珊. 金融智能化发展：动因、挑战与对策[J]. 南方金融，2017（6）：3—9.

[2] 中国人民银行广州分行课题组. 中美金融科技发展的比较与启示[J]. 南方金融，2017（5）：12—15.

[3] 李东亮. 互联网金融促券业转型 经纪业务加速分级收费[N]. 证券时报，2014.

[4] 曲艳丽. 券商转战金融科技，顶层设计变了，不只是一个APP[J]. 财经，2017（11）.

[5] 廖岷. 全球金融科技监管的现状与未来走向[J]. 新金融，2016（10）：12—16.

[6] 薛洪言. 从英国"沙盒实验"看金融监管的演变[EB/OL]. http://www.zgxxb.com.cn/jsdk/201703010009.shtml.

[7] Mark Walport, 2015. FinTech Futures: The UK as a World Leader in Financial Technologies, Government Office for Science.

[8] 胡滨，尹振涛，郑联盛. 中国金融监管报告2017[R]. 2017.

证券精准智能化服务平台探索与实践

肖 钢 李剑戈 陶 昆[*]

一、引言

随着大数据、金融科技理念被行业广泛认可,数字化浪潮在行业内创新应用领域的持续深化以及数据产业链的不断完善,传统客服模式与数据化服务模式如何共同发展、融合发展?定义服务新形态成为业内服务创新的新战场。

在证券行业,以互联网金融为代表的互联网证券公司的崛起,已经从根本上改变了金融的运营模式;线上数据的海量化、多样化、传输快速化和价值化,已经具备了改变传统证券行业的市场竞争环境、营销策略和服务模式的必要条件。金融科技无疑为这种转变点燃了引擎,大数据、云计算、人工智能等技术日益成熟,金融与科技的碰撞迸发出了新的力量,证券公司服务边界已经被突破,构建更为全面的客户服务全景视图、改变传统的客户服务模式、紧紧围绕长尾客户需求开展客户个性专属服务、定制产品营销、供给侧业务创新等新业态,已经开始全面提高行业服务的下限。

二、证券公司客户服务发展阶段

证券公司客户服务模式的发展过程大致可分为以下三个阶段:

(一)营业部线下服务

在过去高佣金和行业壁垒保护下,证券公司的发展主要靠开设线下营业部和拓展客户规模,因此针对客户的服务主要依托线下营业部完成。这个阶段客户的拓展、维护、跟踪、产品

---

[*] 作者简介:肖钢,中信建投证券首席信息官、信息技术部董事总经理;李剑戈,中信建投证券信息技术部总监;陶昆,中信建投证券信息技术部副总裁。原载于《中国证券》2019年第9期。

营销等服务都是通过总部制定任务目标、营业部执行任务的方式开展。由于客户数量众多,营业部客户经理能够服务的客户数量有限,只能覆盖高净值客户,其余大量的长尾客户实际上无法得到精准服务;线下客户经理成为证券公司发展的最大资产,同时也是最大瓶颈。

(二) 互联网线上服务

自 2013 年以来,随着移动互联网技术的发展,移动互联网成为证券公司新的客户服务模式。各家证券公司纷纷推出自家的 APP,把全部的传统业务逐步迁移到线上 APP,完成了传统业务移动化的蜕变。移动互联网线上业务的开展,使得证券公司有了新的方式触达和服务客户,打破了服务的地域和时间限制,极大地拓展了证券公司服务客户的空间。诚然,互联网线上应用为证券公司带来了提速发展,有效扩大了长尾客户服务覆盖面,带来了互联网证券公司模式近年来不可阻挡的发展红利。但是,随着全行业互联网红利逐步退潮,客户服务开始面临移动应用同质化、碎片时间严重压缩、服务成本上升、转化率衰减等新的问题。

(三) 精准智能化服务

互联网线上业务开展的数据,包括用户的行为、客户的需求、客户的偏好等为精准服务提供了数据;GPU、流计算、分布式、微服务为精准服务提供了算力;图谱技术、机器学习、神经网络等人工智能技术为精准服务提供了核心算法。构造一个基于数据驱动、智能化、自动化的客户服务运营体系,已经成为证券公司解决线上运营效率不高、获客成本逐年增加、客户注意力难以集中、转换周期长等问题的金钥匙。

精准智能化服务对前两个阶段的客户服务的继承和发展,具体特征包含以下几个方面:

一是以客户为中心,打通各个应用系统之间的数据孤岛,形成客户全链路数据,深刻洞察客户,完善客户画像,构建统一客户视图,实现个性化、差异化的服务。

二是智能化的客户需求预测和产品服务匹配,能够根据客户的信息、交易记录、行为偏好等历史数据,借助人工智能技术对客户需求进行预测,挖掘客户潜在需求,为客户提供更匹配的服务和产品。

三是服务的主题化、自动化、智能化。通过机器执行提前设计好的运营流程,自动化地进行营销策略分发、执行。实现"线上+线下"全渠道融合,实现对全量客户的精准服务覆盖,改变目前"不平衡不充分"的现象,提升服务质量和运营效率,降低运营成本。

四是客户反馈交互式推进即时响应,自动实时抓取和分析客户的交易和行为等数据,并根据客户特征和行为时间自动推进运营动作、多层多维度立体服务。

五是及时运营效果可评估,利用运营过程中的数据对运营的绩效和过程进行评价和分析,指导运营模式优化、蜕变。

三、证券公司客户服务面临的问题

(一) 洞察客户容易,服务客户不容易

目前,证券公司提供的业务越来越多,业务种类不同导致客户的各类业务数据分布在不同的系统中,各大头部证券公司都在如火如荼地开展客户画像、客户标签的建设工作,其中积累了大量的客户交易、行为数据和外部数据等,但这些数据多呈现为客户全景画像的形

态。身处移动互联时代,客户各类需求和行为每天、每时都在发生变化,需要实时捕获客户画像的变化并与客户、市场、交易数据进行融合,形成一种统一规范的客户服务驱动能力,这已经成为证券经纪业务服务的强需求。

(二)精准运营容易,场景化服务不容易

都说获客成本通常比留存高出 4—10 倍,不及时、非相关的互动甚至服务缺失会导致较差的客户体验,进而导致客户的静默或流失。而找到目标客户,进行推送、触达、营销的集中式覆盖和单触点"打击"的运营模式已经很难让客户感受到服务的诚意。客户服务需求呈现出更多高维性、统一性、跨触点性的特点。结合客户生命周期管理,做到合理有效地与客户进行交互,实现服务场景化:在合适的时间,对合适的客户通过合适的介质产生连续的交互、拉长客户体验成为线上运营的新需求。

(三)服务覆盖是容易的,服务温度是困难的

在自然人投资者中,50 万元市值以下的账户数占总账户数的 95% 以上,这部分投资者对于金融服务的需求不仅存在,而且多种多样,其差异化的、少量的需求会在需求曲线上形成一条长长的"尾巴",将这部分"非流行"的市场累加起来就会形成一个比"流行"市场还大的市场,投资者结构的长尾效应明显。

目前开展客户运营、产品营销等活动,越来越依赖于技术实现。技术手段解决了高效、精准的问题,但客户经理的经典服务经验却很难融入技术人员开发的程序化的服务流程中。让服务活动有温度,需要技术人员与业务人员的有机结合。

(四)运营效果的监控是容易的,持续改进是困难的

当前绝大多数证券公司在运营活动过程中和结束后,通过数据统计、数据分析监控整个运营过程,基本已经成为行业的标准运营手段。但评价效果的客观性、及时性,需要通过对运营过程的切片效果跟踪才能更准确地完成。同时,如果是一个多步骤、多触点的复杂运营场景,那么及时调整运营链路、提高客户转换率、压缩运营成本、实现服务闭环提升已成为证券经纪业务集约化管理的新痛点。

四、精准智能化服务的实践与探索

证券行业是人力密集行业,过往历程中人力是发展的第一引擎。近年来金融科技迅猛发展及广泛应用,已成为驱动效能提升的另一重要引擎。

基于大数据、流计算相关技术,结合机器学习及数据挖掘模型,构建集"数据整合加工、挖掘分析、客户细分、客户运营、运营分析"于一体的精准化、智能化、自动化的线上线下多渠道结合的证券精准智能化服务平台,形成运营闭环体系,实现客户自动化持续运营的能力。

(一)客户运营体系

秉承"数据驱动、流程闭环、自动运营、自主优化"的原则,证券精准智能化服务平

台的客户运营体系如图 1 所示。

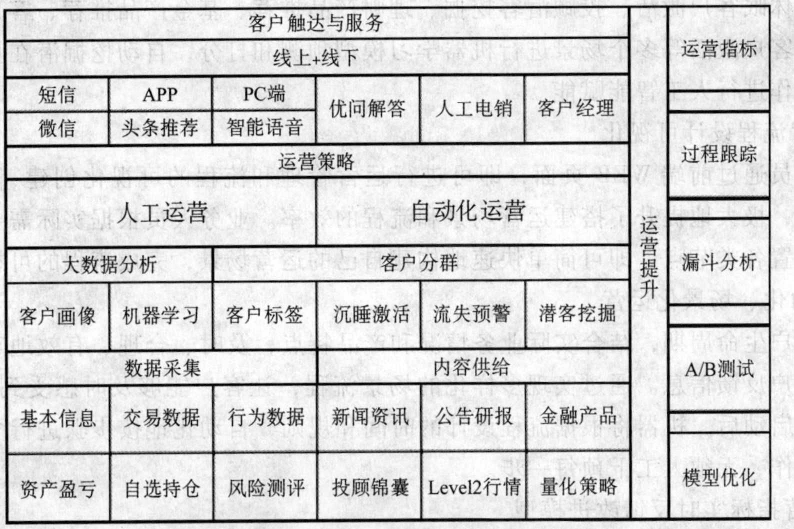
客户触达与服务
线上+线下
短信
APP
PC端
微信
头条推荐
智能语音
优问解答
人工电销
客户经理
运营策略
人工运营
自动化运营
大数据分析
客户分群
客户画像
机器学习
客户标签
沉睡激活
流失预警
潜客挖掘
数据采集
内容供给
基本信息
交易数据
行为数据
新闻资讯
公告研报
金融产品
资产盈亏
自选持仓
风险测评
投顾锦囊
Level2行情
量化策略
运营提升
运营指标
过程跟踪
漏斗分析
A/B测试
模型优化

图 1　客户运营体系

以“人工运营 + 自动化运营”为核心的运营策略，联通客户各类数据，整合公司内部各类产品资源，通过客户画像和机器学习，实现客户的精准分群和人工智能挖掘，通过可视化场景设计，最终通过线上和线下全渠道对客户进行立体服务。同时，通过运营指标、过程跟踪、A/B 测试等进行数据分析，提供客户运营的自主优化能力。

（二）系统主要功能

系统实现以客户标签画像和机器学习模型为基础发现目标客群，业务人员可视化编排运营流程，流程自动按策略执行，自动进行“线上 + 线下”多渠道全方位触达目标客户；通过及时的过程跟踪和运营指标反馈，实现运营策略的持续优化。

系统主要集成了四大核心功能，如图 2 所示。

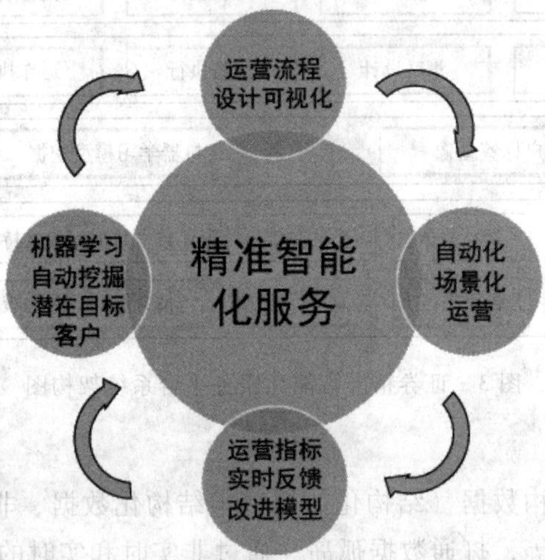
运营流程设计可视化
精准智能化服务
自动化场景化运营
机器学习自动挖掘潜在目标客户
运营指标实时反馈改进模型

图 2　系统核心功能图

1. 机器学习自动挖掘潜在目标客户

在历史休眠客户激活、投顾潜客挖掘、理财产品推荐、基金产品推荐、客户资产流失预测、零资产客户激活等多个场景进行机器学习模型预测和打分，自动挖掘潜在目标客户，为客户运营工作进行人工智能赋能。

2. 运营流程设计可视化

业务人员通过前端 WEB 页面，即可进行运营管理和流程的可视化创建、编辑、启动、停止等操作，极大地提升了搭建运营场景和流程的效率。业务人员根据实际需要，通过一步步添加和配置各类节点，即可简单快速地构建自己的运营场景，完成流程的可视化设计。

3. 自动化、场景化运营

根据客户生命周期，结合实际业务情况和产品特点，及时、合理、有效地与客户进行交互并获取用户反馈信息。通过实现多样化的场景流程，让客户能够及时感受到关怀和服务；同时，流程启动后，机器将根据流程设计的时间和规则，自动化地按步骤进行多日多渠道的连续运营工作，无须人工干预每一步。

4. 运营指标实时反馈改进模型

用数据指标说话，用数据来评价运营效果，用数据帮助业务人员及时快速地发现服务客户过程中存在的问题，帮助业务人员及时进行改进和完善。系统不仅能够快速地自动汇总关键指标，而且也支持业务人员自助查看和分析流程的各项指标。

（三）系统架构

证券精准智能化服务平台的系统架构如图 3 所示。

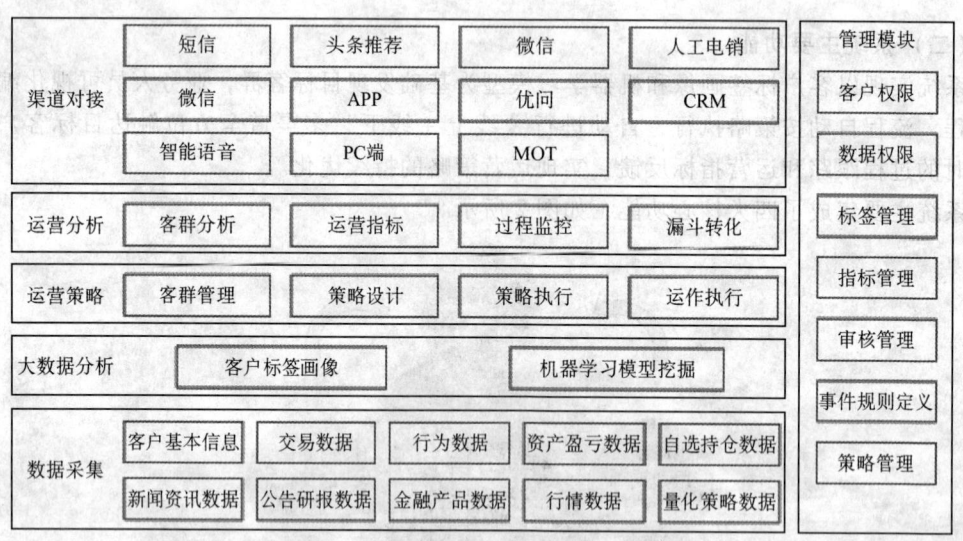

图 3　证券精准智能化服务平台系统架构图

1. 数据采集

整合公司内部各类异构数据（结构化数据、半结构化数据、非结构化数据），如交易数据、产品数据、行为数据等，打通数据孤岛。通过非实时和实时的方式进行数据采集，导入 Hadoop 大数据平台，供后续分析使用。

2. 大数据分析

基于 Hadoop 大数据平台，通过客户标签画像和机器学习模型挖掘两种方式，实现客户精细化分群管理及智能化客户需求预测。

（1）客户标签画像。基于 Hadoop 大数据平台中的相关数据，构建客户全景视图，给不同客户打上不同的标签，形成客户标签画像。客户标签画像主要包含客户基本属性、客户账户属性、客户资产属性、交易属性、投资偏好、理财偏好、行为属性等多个维度。通过丰富的数据维度构建 360 度立体画像，有利于对客户进行精细化分群管理，为提供个性化服务以及对不同的细分客群推荐不同的产品或资讯等提供支持。

（2）机器学习模型挖掘。与机器学习平台进行对接和整合，通过机器学习模型挖掘，智能化预测客户需求，并与公司内部的产品和服务进行匹配，进而推送给合适的目标客群。同时，根据客户的反馈数据，不断迭代、调整和优化模型。与机器学习平台系统集成架构如图 4 所示。

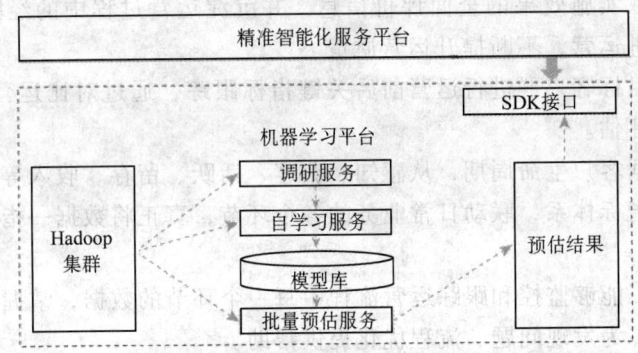

图 4　与机器学习平台系统集成架构图

3. 运营策略

运营策略描述了和客户交互的方式，包括几个要素：在什么时机（特定时间、行为事件触发），向什么人（客户分群），发布什么内容（包括短信、图片、卡券、产品等），以什么方式发送（触达渠道）。运营策略通常包含两种常见的形式：单波次策略和多波次策略。单波次策略，即一次性交互的方式，相对简单，人工运营的方式完全可以满足；多波次策略，即当客户交互比较复杂（比如涉及不同时间节点的多个环节和渠道），依靠单次交互并不能达成目标，需要考虑基于工作流（workflow）或其他关联规则，实现多次交互。多波次策略比较复杂，单纯依靠人工很难快速有效进行，因此需要借助自动化运营来完成。

自动化运营的核心在于策略引擎，主要包含策略设计、策略执行、动作执行三个部分，如图 5 所示。

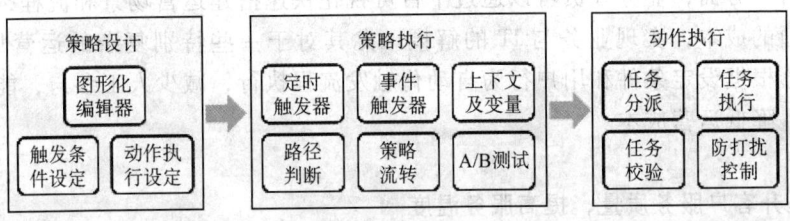

图 5　策略引擎架构图

策略设计：包含图形化编辑器、触发条件设定、动作执行设定。业务人员无须懂得编程即可通过可视化的编辑界面进行目标人群选择、运营周期时段设置、触点渠道接入等配置工作，便捷地完成运营场景和流程设计。当满足预设的条件，自动触发策略运行。

策略执行：支持人群定时启动方式和事件触发启动方式。既可以对已知目标人群进行周期性的运营动作，也可以根据接收到的实时数据，判断客户交易和行为的动态变化，触发满足匹配条件的运营方案的执行。客户进入流程后，当客户状态满足流程设定的条件时，系统能够自动进行匹配和路径判断，自动对满足条件和不满足条件的客户执行不同的分支。同时，还能够对目标客户进行 A/B 测试，帮助找到最优解决方案。

动作执行：执行具体的任务，如发送短信、进行 APP 推送等，同时能够对任务进行校验，对任务执行的目标对象进行防打扰控制，避免重复、过分骚扰客户。

4. 运营分析

运营分析是对运营策略实施效果的总结分析，是客户服务过程中一个重要的环节。通过分析与评估，可获取实施效果的全面评价信息，并沉淀运营过程中的经验和数据形成知识库，不断优化和改进运营，不断提升运营质量。

客群分析：对目标客户群进行运营前后关键指标跟踪，通过对比运营前后的关键指标，达到对运营效果的评估。

运营指标：根据客户生命周期，从感知、获客、活跃、留存、收入等方面，构建面向证券公司业务的运营指标体系，联动日常业务的各个环节，真正将数据—指标—收入关联，提升数字化运营能力。

过程监控分析：能够监控和跟踪运营流程中每一个环节的数据，掌握流程中每一步的状态数据和转化数据，为发现问题、流程优化提供帮助。

漏斗转化分析：通过分析流程中关键步骤关键指标的漏斗转换率，帮助业务人员快速发现问题关键点，进而指导并改进业务流程。

5. 渠道对接

将平台与不同渠道进行打通，将线上和线下的全部渠道资源进行整合，实现对客户的全方位触达和服务。同时，实时将不同渠道的客户反馈数据回流到平台中，进行实时状态判断和数据分析。

五、精准智能化服务平台价值

（一）提升运营效率，降低运营成本

一方面，将原本单纯依靠人力进行的费时费力的标准的、重复性的运营工作通过机器自动化执行；另一方面，业务人员可以通过平台可视化快速搭建运营场景和流程，降低和技术人员反复沟通的成本，实现业务与 IT 的解耦。尤其对于一些特别复杂的运营场景和流程，完全交由机器根据设定条件和用户行为自动化触发流程执行，减少人工参与，能够极大地提升运营效率、降低运营成本。

（二）提升客户服务质量，提高服务温度

通过用户标签画像和机器学习模型挖掘，实现精准化的客户分群，配合场景化的定向服

务，满足不同客户群体的不同需求；同时，根据客户的反馈数据，及时调整运营策略，能够极大地提升客户服务质量、提高客户满意度、增强客户黏性。将批量化、标准化的服务集中到平台统筹规划和管理，实现客户精准服务，彻底解决大量长尾客户需求无法得到满足的问题。

（三）数据让决策更有效

及时将运营过程数据进行收集和沉淀，对运营的过程和效果做到实时快速的分析和评估，实现运营过程和绩效的闭环管理，让数据帮助业务人员更好地进行决策，从而有助于制订更有效的运营方案。

回顾中国证券市场 20 多年的发展，通过技术提高效率、提升服务质量、降低成本是一条主线，尤其随着大数据、云计算、区块链、人工智能等金融科技核心技术的崛起，金融行业的各个领域、各个环节、各个角落都会受到深刻的影响而发生变革，证券业作为传统金融的重要组成部分，在金融科技的推动下，也将成为技术革新的主战场。我们身处其中，将不断探索和实践，为不断满足客户需求、为客户提供更好的服务而不断努力！

参考文献

[1] 黄河，刘冰冰，Nick Gardiner，张文琦. 顺势而为，在伟大的变革创新时代成功实现券商转型［R］. 北京，2015：20—32.

[2] 何大勇，陈本强，程轶，谭彦，张文琦. 智慧运营，银行业竞争的下一个决胜之地［R］. 北京，2017：8—22.

[3] 巴曙松. 中国金融科技发展的现状与趋势［N］. 21 世纪经济报道，2017 - 01 - 20 (004).

[4] TalkingData. 企业智能营销技术白皮书［R］. 北京，2019：20—40.

[5] Raymond Roestenburg. Akka 实战［M］. 北京：机械工业出版社，2018.

区块链在托管结算业务中的应用研究

中国证券业协会托管结算委员会专题研究小组*

一、金融同业区块链技术应用现状

区块链技术作为比特币的底层技术随之出现，并迅速在各个行业和场景中展现出巨大应用价值，正推动"信息互联网"向"价值互联网"演进，将对全球金融市场的发展产生重要影响。以下列举几个区块链技术在全球金融市场的应用案例。

（一）国际应用案例

1. 美国在线零售商 Overstock——tØ 区块链平台

Overstock 为最早尝试区块链证券项目的公司，于 2015 年 4 月率先公布了名为 tØ 的区块链项目平台，可实现证券交易的实时清算结算及证券发行等功能，同时宣称已经通过该平台进行了私募证券发行的尝试。

2. 纳斯达克——LINQ 区块链平台

2015 年 10 月，纳斯达克推出了基于区块链技术而建立的新平台 LINQ，该平台的服务覆盖私募证券市场的股票发行、转让和登记管理。2016 年初纳斯达克还宣布正在研究一种基于区块链技术的股东电子投票系统。

（二）国内应用案例

1. 微众银行——机构间对账平台

微众银行设计了基于区块链的机构间对账平台，利用区块链技术将资金信息和交易信息

---

* 研究小组成员：招商证券股份有限公司：邓曙光，闫颖超，孟凡飞；光大证券股份有限公司：孙秉珏；中泰证券股份有限公司：李晓戎，王传华；兴业证券股份有限公司：魏东晞，郑双阳；平安证券股份有限公司：何瑜，谢昕君；申万宏源证券有限公司：杨萍。

等旁路上链，建立起公开透明的信任机制，优化了微众银行与合作行的对账流程，降低了合作行的人力和时间成本，提升了对账的时效性与准确度。通过该平台，实现了交易数据秒级同步、T+0 日准实时对账，达到了提高运营效率、降低运营成本、增强透明度等目标。

2. 光大银行——泛资管阳光链

2017 年 8 月，光大银行与 IT 金融服务商赢时胜、泰达宏利基金以及英大基金共同发起建设了国内首个基于区块链技术的泛资管阳光链。泛资管阳光链将管理人和托管人业务与区块链系统进行对接，在划款指令入链后，可以实时接收并获取状态和进度。入链的数据不能篡改，链上分布式数据也可以支持各节点机构在本地查询。

二、区块链在托管结算业务中的应用

托管是一种业务功能，即投资人将一定种类和数量的资产交付托管人保管的行为。结算是指证券交易成交后确定和交付资产的过程。证券交易的达成一般需要多方共同参与，例如交易双方、证券经纪商、结算银行和托管银行等，相互之间存在大量的人工操作、信息交互、重复性确认以及清算对账工作。而区块链从参与方分开记账、对账演进到统一账本（DLT），从"增、删、改、查"到不可篡改，从单方维护到多方维护，从外挂合约到内置智能合约，从第三方信用背书到基于密码学的信任，不仅构建了全新的信任体系，而且通过统一账本的共享机制和智能合约的自动执行机制，使得"交易即结算"在部分证券业务细分领域更具可能性。因此，通过区块链技术在证券结算领域的应用可以提高交易结算效率并降低结算风险。

（一）场外开放式基金交易结算

1. 业务现状

以场外开放式基金代销为代表的场外业务，具有生态范围相对较小、交易频率适中、非集中竞价、多方共同参与、清算交收效率低下、存在结算风险等特点，因此，其对于降低信息交互成本、减少人工工作量、避免处理差错、提升清算交收效率、规避信用及交收风险有着强烈需求。而区块链技术可有效契合场外业务的现实需求，成为解决其痛点的利器。

2. 合规性分析

《基金法》第五十五条规定"基金份额的发售，由基金管理人或者其委托的基金销售机构办理"，同时第六十五条规定"开放式基金的基金份额的申购、赎回、登记，由基金管理人或者其委托的基金服务机构办理"。由此可见，《基金法》对基金发售及基金后续交易的责任主体进行了明确的规定，但是对办理方式给予了较大的自由空间，所以也给了区块链在基金交易结算方面发挥的空间。《基金法》第八十七条规定"非公开募集基金应当向合格投资者募集，合格投资者累计不得超过二百人"，因此对于非公开募集基金的合格投资者人数限制可由区块链智能合约进行控制。《基金法》第九十一条规定"非公开募集基金，不得向合格投资者之外的单位和个人募集资金，不得通过报刊、电台、电视台、互联网等公众传播媒体或者讲座、报告会、分析会等方式向不特定对象宣传推介"，因此可以根据区块链中上链投资者的类型（是否非公开募集基金合格投资者）实现定向推介。

3. 区块链技术应用分析

在场外开放式基金代销区块链中，代销业务的各参与机构通过认证后，组成可控的基于密码学信任的联盟链。参与节点主要包括基金管理人、基金托管人、基金代销人以及结算银行等。监管机构以特殊节点的身份加入联盟链，一站式地享有全局数据的访问能力，并可对历史数据进行追溯稽查，实现全局和穿透式的监管；普通客户通过各参与机构节点提供的基于区块链的柜台系统，进行开放式基金的申赎交易以及信息查询等典型业务。

区块链在开放式基金业务的实际运作机制相对复杂。以申购业务为例，其不仅涉及多个交易元素，例如申购金额、确认金额、基金份额、费用等，而且整个业务的完成是一组复杂有序的处理过程，即只有当满足某些条件的时候才会触发某个相应的处理过程。而区块链的智能合约以其共同签署、多方共识、不可篡改、自动执行等特点天然契合此类需求。以基金申购为例，大致过程描述如下：

首先，当客户发起一笔开放式基金申赎交易时，智能合约即由客户所属代销人节点与管理人节点、结算银行节点共同使用私钥签署，签署过程将冻结客户的申购资金，并以程序代码的形式约定各方的权利、义务以及触发条件和具体的业务处理过程。

其次，签署完成的智能合约会被上传至区块链网络，全网许可的验证节点均会收到该客户申购交易的智能合约，并通过对各参与方签名进行验签以及共识机制，实现对智能合约的合法性校验和全网见证。

再次，由于基金申购采用"未知价法"和"金额申购"，因此智能合约将约定只有当管理人完成估值并公布净值后，才能进行申购份额和确认金额的计算并进行份额登记。净值及其公布动作将被记录在区块链上，智能合约状态机以此作为清分的触发条件。区块链上的各验证节点对这一触发条件进行验证，等待大多数节点验证完成并达成共识后，申购清分动作即被触发。

最后，智能合约将按照预先定义和签署的条款代码，在净值公布的触发条件满足后自动执行预定义的动作，包括：根据申购金额和净值，综合计算确认份额、确认金额以及费用；解冻申购资金，完成确认后的金额和份额的实际交收。

4. 应用意义

区块链技术可以帮助基金代销业务通过统一账本实现共享记账，交易信息可追溯且不可篡改，能够有效节省参与方间清算对账的工作量。同时，通过引入智能合约，保证了资金、份额的自动转移，提高了清算效率，降低了交收风险，具体体现为：

（1）有效降低场外市场交易和结算风险。区块链技术可有效实现中央对手方承担的信用担保及强制执行功能，进而有效规避交易结算过程中面临的风险。

（2）简化场外市场交易和结算流程。区块链能够有效简化交易后的清算对账环节，通过智能合约的"交易及结算"，使得交易结算周期从数天缩减至 T+0 或数分钟。

（3）提高监管机构的监管效率和水平。监管机构作为特殊节点的身份加入联盟链，享有全局数据的访问和分析权限，实现穿透式监管，提升监管效率。

（二）资产托管

1. 业务现状

资产托管业务主要运作生命周期分为签订托管合同、开立账户、资金调拨、投资监督、信息披露、会计核算、资产估值、清算对账等环节。托管产品数量大、流程比较烦琐、业务人员水平有差异、人工参与度高以及存在系统问题等原因,使得资产托管业务面临着操作风险、法律风险以及声誉风险,具体体现为:

(1) 合同签署与实际运作割裂且存在恶意造假风险。[①] 以私募基金的资产托管为例,在合同签署环节,一是部分私募基金管理人可能并未严格按照先签署合同、后进行运作的要求进行管理;二是合同签署人的身份无法可靠验证,合同原件和印章存在恶意造假风险,从而形成"阴阳合同"。

(2) 未能及时按照客户的指令进行资金划拨。在资产托管业务的实际运作中,由于存在指令传递不畅、传递差错或操作失误,可能会造成托管人无法及时准确地进行资金的划拨,影响管理人的资金使用。传统指令传递方式还存在篡改风险,一旦发生纠纷,举证和追溯也将十分困难。

(3) 未能有效履行托管合同的约定并对管理人的投资行为进行有效监督。投资监督内容烦琐,在具体落实中可能存在执行不到位、通报不及时等情况,造成投资运作面临合规及履约风险。

2. 合规性分析

从市场需求方面来看,资产托管业务的各参与主体呈分布式零散结构,市场格局尚未定型,法律法规、业务方案还在不断完善中,引入区块链的创新理念进行业务协作方式的梳理或重构,各参与方均具有积极性。

从监管要求角度考虑,金融行业具有强监管属性,区块链技术的难篡改、可追溯、可审计、数据透明等特性为监管提供了技术保证。监管机构作为最高级别的"特权"节点接入区块链,只记录或监控信息,不参与业务,既不影响市场运作,又能及时掌握市场情况,以低介入的方式达成穿透式监管目标。

从组织信任方面来看,区块链以去中心化、去信任、开放自治的方式实现"信任的机器",提供多元协同的信任服务,有效降低了资产托管业务的信任成本。

从技术角度分析,区块链技术的核心功能是确保信息的真实性、完整性、安全性、不可篡改性、可追溯性,这些完全符合资产托管业务运作的要求。[②]

3. 区块链技术应用分析

区块链技术能低成本地解决金融活动中的信任难题,使得资产托管业务中面临的诸多问题迎刃而解:一是实现了全流程的自动化,将业务指令判断和执行规则封装到智能合约中,自动执行合约条款或进行风险提示;二是提升了流程效率,资产委托方、管理方、托管方、代销方对资产变动和交易明细等信息实时共享,免去了反复校验、确权的过程;三是通过密钥技术保证了交易的真实性和履约的安全性;四是确保了信息的不可篡改,将投资计划的合规校验放在区块链上,确保每笔交易都在共识的基础上完成。具体应用框架如图1所示。

---

① 京东金融、中国信通院:《区块链金融应用白皮书》,2018年4月。
② 邓维:《区块链技术在券商PB业务的创新应用》,载上海证券交易所《交易技术前沿》总第31期。

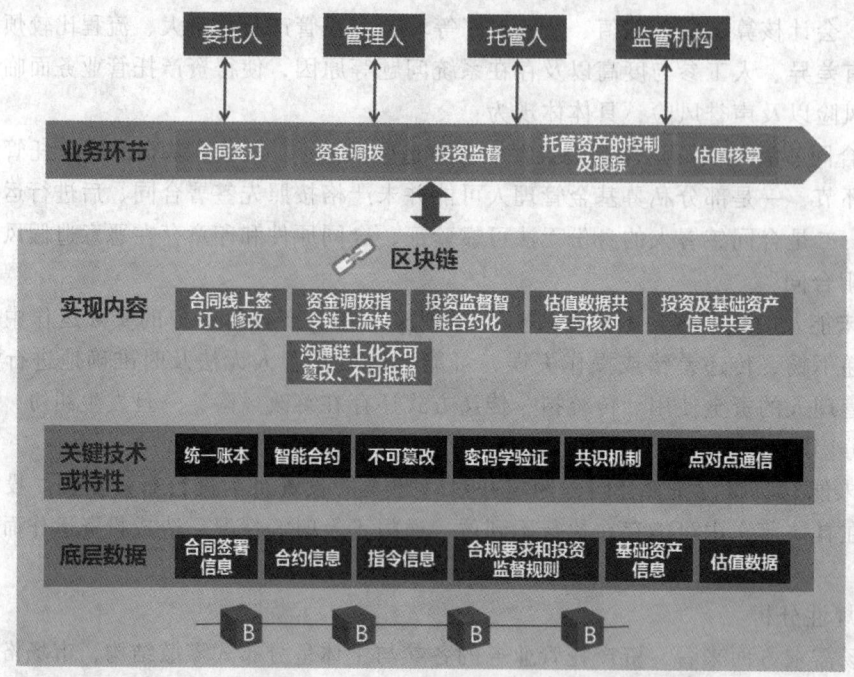

图 1　区块链技术的应用框架

（1）注册加入。① 经审核许可的参与方加入平台时，为该参与方生成一对基于椭圆曲线算法（ECDSA）的公、私钥地址。公钥作为用户在区块链上的账户地址，私钥作为操作该账户的唯一钥匙。

（2）共享数据。参与方将业务数据进行封装，使用私钥对其进行签名并存储在区块链上，然后生成区块信息。

（3）认证及存储数据至区块链。存储数据之前，先根据上传用户的公钥进行解密以验证数据的有效性。如果验证通过则生成交易的时间戳，将数据永久保存在区块链中。

（4）获取数据。当需要获取 PB 业务相关方的信息时，按照约定的协议查询区块链的数据即可，不需要额外的第三方通讯，技术实现简单、网络结构层次清晰。

（5）维护数据。利用区块链本身的数据安全机制和共识算法，对私募服务数据进行增、删、改等维护必须全网达成共识，解决了"中心化"强制更改和非法篡改数据的问题。

就具体场景举例而言，若采用区块链服务方案，基金合同签署难题、基金净值核算难题和监管难题将迎刃而解。

一是基金合同签署流程方面。各参与方可在区块链平台上利用智能合约实现合同签署及执行。基金管理人、投资者、托管人等参与方注册加入联盟链，根据需要共同商定合约条款，其中包含各方的权利和义务。这些权利和义务以电子化的方式，用编程机器语言实现。参与方分别用各自私钥进行签名，以确保合约的有效性。签名后的智能合约将根据其中的承诺内容，以 P2P 的方式在区块链全网扩散。通过这种多轮的发送和比较、共识和处理，所有节点均会对合约达成一致，并保存一份。如果参与方对合同内容有修改，则新起一项合

---

① 邓维：《区块链技术在券商 PB 业务的创新应用》，载上海证券交易所《交易技术前沿》总第 31 期。

约，重复上述过程。区块链平台保障了合同的真实性、唯一性，并实现了合同的自动回收及归档。

二是基金净值核算流程方面。首先，将经纪服务商从交易所和登记结算公司收取的场内交易结算数据、基金托管人的资金流水数据、基金销售机构和服务机构的 TA 数据、管理人的场外投资交易数据等均分别进行共享、验证并上传存储到区块链平台。其次，基金服务机构和托管人获取所需信息进行基金净值核算。最后，为了防止系统错漏，托管人和服务机构对净值进行核对，核对一致后，基金净值信息被发布至区块链平台上，所需参与方可自行进行查询。该区块链平台提高了信息共享和交互效率，解决了信息交叉验证难题，提高了各参与方的协作体验。

三是基金运作全程穿透式监管。一方面，针对联盟链上的各参与方，可利用智能合约实现相关合同条款的运行监督。例如基金托管人针对基金的预警止损条款建立一项智能合约，智能合约定期检查自动机状态和触发条件，实现投资监督的自动化和智能化。另一方面，监管机构作为"特权"节点，可定期或不定期地查询区块链平台上所有信息，掌握各参与机构和各基金产品的全貌视图，从而对基金运作的全程实现穿透式监管与行为追溯。

4. 应用意义

在应用区块链技术后，有望实现托管合同签订线上化、依照投资监督指标运行、对托管资产进行控制及跟踪智能合约化、估值数据存储及更新结构化和自动化等。资产托管业务应用区块链技术后会在安全、效率和流程简化上有所提升，具体体现为：一是实现了投资交易明细和基础资产信息的多方实时、快速共享，免去了重复校验、反复确权的过程，大幅精简了业务流程；二是实现了指令全流程的链上流转，并保证每笔交易或指令都在形成共识的基础上完成；三是通过密码学验证机制实现对身份的认证，保证统一账本信息和流程事件的受限可见性及可验证性；四是将业务指令的投资监督规则和合规要求封装到智能合约中，并自动给出风险提示或报告监管机构；五是将传统模式下通过 QQ、电话、传真、邮件等的联系方式转变为在区块链中完成，实现沟通的线上化，保障沟通信息的权威性和不可抵赖性。

（三）跨券商资金连通圈

1. 业务现状

公募基金采用券商结算模式后，结算机构由托管人变更为证券公司，相应的交易控制及结算职责由证券公司承担。

根据《关于完善证券投资基金交易席位制度有关问题的通知》（证监基金字〔2007〕48号）对于分佣的要求，在券商结算模式下，基金公司需要在多家证券公司开立资金账户，并动态分配仓位，以满足监管机构对基金公司分佣的要求。因此，实现同一基金产品在不同证券公司开立的资金账户之间的跨券商实时资金调拨成为亟待解决的问题。同时出于对资金利用效率的考虑，需支持当日证券卖出释放的可用不可取资金的跨券商可用。但由于现有证券市场交易交收制度和框架的限制，多数证券业务的资金交收周期为 T+1 或 T+N，当日证券卖出所得资金无法直接在 T 日进行跨券商的可用资金调拨或转账。

2. 合规性分析

区块链在同名客户资金连通圈的应用，仅为同名账户资金互通的实现形式问题。在现有模式下，为实现同名资金账户间资金划转的目的，必须依靠券商体系之外的银行体系才能完成，由证银转账→银银转账→银证转账三步完成。而借助区块链可以简化划转步骤，将原本的三步简化成一步，且仅在券商体系内就能完成。

同名资金账户管理源于客户对资金享有的所有权，资金账户中的可取资金归属于客户所有，同名资金账户统一管理属于客户行使资金占有权的表现。根据物权法原理，资金账户采取实名制，以客户名义单独立户管理，资金账户中的资金归属于客户所有。

同名资金账户统一管理属于广义取款的一种表现形式。《客户交易结算资金管理办法》第十六条规定："客户交易结算资金只能在客户交易结算资金专用存款账户和清算备付金账户之间划转，但客户提款等业务除外。"因此，资金账户具有资金划转和取款功能。由于证券公司没有现金柜，结合法规用语，资金账户的取款或者提款已不具有取款的含义，而是资金划转的意思。法规中的"取款"或者"提款"用词已经涵盖了资金划转。

此外，同名资金账户管理不改变资金封闭运行体系。

3. 区块链技术应用分析

不同于证券资产的二级托管方式，客户资金由证券公司统一交由各自支持的三方存管银行存管，证券公司仅记录客户的资金台账。即使是同一客户，在不同证券公司间的资金也是天然的分散和独立的，无法直接实现集中调度和统一管理，更无法做到当日卖出资金的跨券商可用，给公募基金分仓模式带来了诸多不便，严重影响到了其资金调拨以及使用效率。

证券市场同一证券账户当日卖出资金当日可用的基础是中央对手方作为信用中介的担保交收制度，但现有的担保交收制度是以结算参与人为单位运转的，信用担保无法跨越不同结算参与人。区块链技术提供了共识信用机制，让交易脱离传统的信用中介成为可能；而统一账本的特性，让信息和资产的共享和传递变得更为简单和高效。通过在跨券商资金结算业务中引入区块链技术，可实现同一基金产品在不同证券公司开立的资金账户间共享和传递可用额度，成为解决公募基金产品在分仓模式下资金联通和共享的全新解决方案，而且无须对现有系统和框架进行大幅改造。

以下重点论述可用资金的调拨和共享：首先，各证券公司以及存管银行作为节点加入跨券商资金调拨联盟链，并与各自的柜台系统实现对接。然后，某公募基金产品分别在多家证券公司开设资金账户，其中在 A 证券公司的账户为 W1，在 B 证券公司的账户为 W2，W1 和 W2 之间存在着跨券商资金调拨的需求。最后，T 日管理人通过 W1 账户卖出证券，获得一笔可用资金，出于分佣调仓的需要，管理人在联盟链上发起一笔智能合约，合约的内容为："W1 账户减去可用资金；W2 账户加上可用资金；T+1 日早上完成实际可取资金的划拨，过程类似于预约转账。"智能合约的参与方包括证券公司 A、证券公司 B 以及存管银行，由各参与方共同签署；加密的交易以及合约信息被全网见证和共识，一经订立不可篡改，并在满足触发条件的情况下可以强制执行。

4. 应用意义

由于区块链具有全网记账、密码签名、共识机制和不可篡改等特性，可以低成本地建立节点间的信用体系，从而解决了跨券商资金调拨中无信用中介的问题，尤其是在可用资金共享方面，极大地节省了维护中心信用中介的成本；通过智能合约的自动触发和强制执行资金调拨动作，避免了单边账的出现，降低了手工差错的可能；同时，借助于区块链的统一账本技术以及数据分布的一致性，相关节点实时共享记账信息，减少了清算对账的工作量。

（四）股票质押融入资金的监控

1. 业务现状

股票质押式回购是上市公司股东常用的一种融资方式，但是近年来股票质押回购业务风险屡次引起市场关注，沪、深证券交易所与中国结算公司于2018年修订了《股票质押式回购交易及登记结算业务办法》，有利于进一步聚焦股票质押式回购业务服务实体经济的定位，防控业务风险，规范业务运作。

在股票质押式回购业务中，证券公司一般会制定严密的后续管理制度，对业务进行持续的跟踪管理。目前，融入资金虽然已实现专户管理，但在实际运作过程中，对其使用情况的跟踪仍存在较大的难度。具体体现为：

（1）融入资金流动信息不透明。一旦融入资金通过银证转账进入客户银行结算专户，资金流向就脱离了证券公司的监控范围，无法实现透明化跟踪。

（2）跨机构信息传递效率低。目前，证券公司主要通过存管银行发送的定期账单邮件，或者通过授权网银手工查询专户信息以及资金流水实现对融入资金变动的监控，而证券公司和银行的业务拓扑关系往往是一对多的星状结构，造成监控效率和实效性低下的问题十分突出。

（3）黑名单管理方式松散。根据监管机构要求，证券公司应当建立股票质押式回购客户黑名单制度，目前黑名单的管理采取各家证券公司单独上报、中国证券业协会向全行业披露的方式，黑名单上报共享、禁入期限控制、信息披露的效率和及时性较差，容易形成管理盲区。

（4）业务监管难以穿透。股票质押客户融入资金的资金流向和使用情况离散地分布在各证券公司和银行，监管机构无法实现有效的底层信息穿透，无法真实掌握全市场业务开展的规范程度和风险状况，严重影响监管的效率和有效性。

2. 合规性分析

《证券公司参与股票质押式回购交易风险管理指引》（中证协发〔2018〕13号）第二十一条规定："证券公司应当在业务协议中与融入方明确约定融入资金用途，将融入方融入资金存放于融入方在证券公司指定的银行开立的专用账户，明确约定融入方有义务定期或不定期报告资金使用情况，并采取切实措施对融入方融入资金的使用情况进行跟踪。"指引中未对证券公司的资金使用跟踪形式做出限制，而是要求证券公司"采取切实措施"。所以，区块链技术在股票质押式回购业务资金跟踪方面的应用无合规性障碍。

3. 区块链技术应用分析

将区块链技术应用到股票质押融入资金使用情况的监控场景中，通过引入各证券公司、各存管银行、税务部门以及监管机构等作为联盟链的节点，融资方经由各证券公司节点提供的应用间接接入区块链网络中，从而达到了各方信息可信交互、资金使用情况实时监控的目的；通过统一账本技术实现了黑名单的全网维护和即时披露；同时，通过将资金使用情况监控的规则内置到智能合约中，可以实现使用情况监控和告警的自动化，提升监控效率，缓解跟踪的滞后性；后续，还可通过引入税务或其他第三方机构作为特殊节点，实现对凭证单据的真实性、合法性的线上验证或背书，真正保障资金使用的合规性（见图2）。

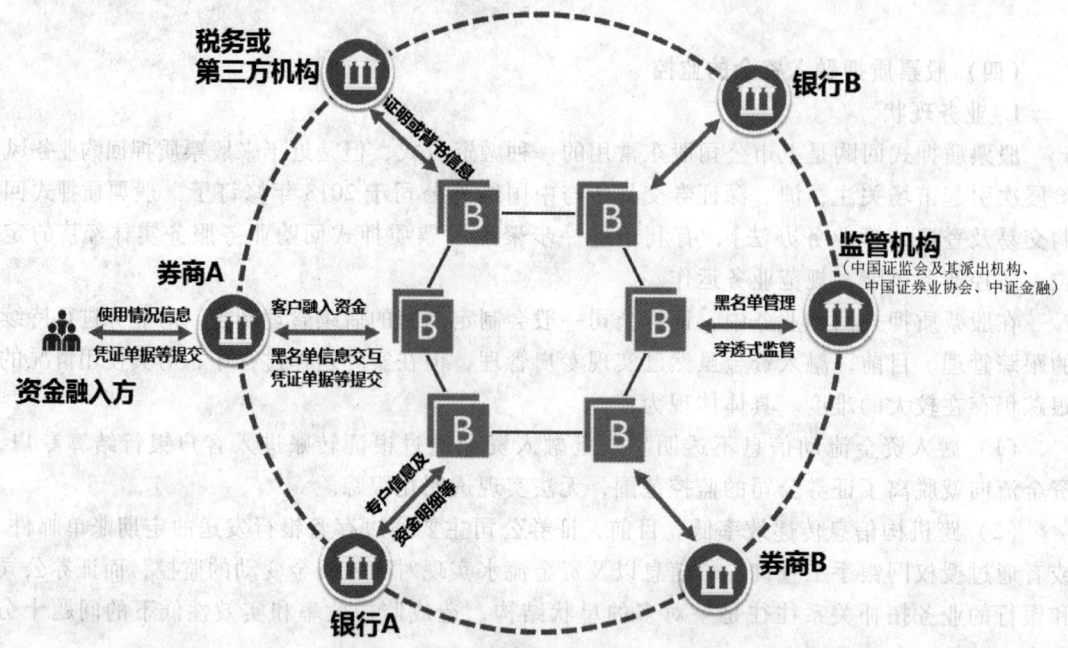

图 2 融入资金跟踪的基本运作模式

（1）证券公司：在对资金融入方进行资格审查时，证券公司通过区块链查询黑名单信息；初始交易发生后，提交资金融入方融入资金的相关信息；通过联盟链获取银行提供的融入方专户信息以及资金变动明细，并推送给资金融入方，由融入方对资金使用情况进行说明或提交相关单据、证明等，证券公司负责跟踪确认；依据监管要求将列入黑名单的客户及限制期限信息通过区块链提交至监管机构。

（2）存管银行：将股票质押专户的银行账户信息及资金明细同步至链上，并通过非对称加密技术和权限控制机制，保障相关信息仅许可的参与方以及监管机构可见。

（3）资金融入方：依据证券公司推送的资金明细，对使用情况进行说明，并上传单据及证明文件，文件的"哈希指纹"将被不可篡改地记录在区块链上，方便事后追溯以及监管稽查。

（4）税务或第三方机构：负责在区块链上提供自动验证工具，对单据、证明等材料的真实性、有效性进行验证和背书。

（5）监管机构：享有全局的数据访问权限，可高效、及时地对融入方的资金使用情况、证券公司的持续跟踪情况进行监控和稽查；通过统一账本技术进行黑名单的上报收集和期限管理，并实现黑名单信息的即时披露和全网实时共享。

4. 应用意义

通过区块链在股票质押融入资金流向监控和黑名单管理中的应用，提升了监控的效率，有利于规范股票质押式回购业务回归本源，更好地服务于实体经济：一是实现了各证券公司黑名单的实时上报及高效的披露共享，降低了黑名单信息不对称的风险；二是通过将股票质押融资后续管理所涉及的各证券公司、各银行加入联盟链，避免了一对多的系统重复性建设和维护；三是监管机构以特殊节点的形式加入联盟链中，实现了底层资金使用情况的穿透式监管，并可及时采取监管措施。

金融科技在证券公司风险管理领域的应用研究

中国证券业协会风险管理委员会专题研究小组*

新兴金融科技崛起于对传统金融行业痛点的捕捉,在政策支持、技术创新、资本青睐、行业拥抱和社会关注等因素的共同作用下快速发展。一些(互联网)科技公司凭借在监管、技术、获客及服务等方面的优势,不仅仅满足于为传统金融机构提供技术支持,而且试图在某些方面涉足传统金融服务,甚至在某些领域和传统金融公司展开竞争。一方面,科技公司带来了新兴技术,助推了金融科技的发展;另一方面,这也使得传统金融机构深切感受到了竞争压力,促使其积极拥抱金融科技。

影响金融科技场景融合深度和应用实践广度的因素很多,从技术角度看,金融科技的发展离不开底层技术的突破。

一、新兴金融科技技术成熟度

Gartner[①]每年发布"新兴技术成熟度曲线"(The Hype Cycle),提供了各种新技术、应用的成熟程度和运用情况的图表说明,根据分析和预测来推断各种新技术达到成熟所需的时间,以及这些新技术所处的发展阶段。曲线包括5个阶段:技术萌芽期(Innovation Trigger)、期望膨胀峰值期(Peak of Inflated Expectations)、泡沫破裂低谷期(Trough of Disillusionment)、稳步爬升的复苏期(Slope of Enlightenment)和生产成熟期(Plateau of Productivity)。

"人工智能、区块链、云计算和大数据"(ABCD)新兴技术都曾出现在Gartner的新兴技术成熟度曲线中,由于大数据技术和云计算技术的成熟和商业化应用,目前这两项技术已经不再出现在新兴技术成熟度曲线中。从金融行业应用来说,大数据应用较成熟;其次是人

---

* 研究小组成员:原光大证券股份有限公司:王勇;光大证券股份有限公司:李伟;中国银河证券股份有限公司:赵英翰、周一鸣;中泰证券股份有限公司:肖晓超。

① Gartner是全球权威的信息技术研究与顾问咨询公司。

工智能和云计算；区块链技术虽理论技术已较成熟，但应用场景相对最少。

（一）人工智能

在 Gartner 2016 年新兴技术成熟度曲线中，共有 8 项人工智能类技术首次进入成熟度曲线。在 2017 年新兴技术成熟度曲线中，人工智能类新兴技术正在经历快速移动，处于"期望膨胀峰值期"的人工智能类技术有 6 项。在 2018 年新兴技术成熟度曲线中，以虚拟个人助理、智能机器人和深度学习（深度神经网络）为代表的人工智能技术已处于"期望膨胀峰值期"，知识图谱尚处于"技术萌芽期"。总体上看，人工智能类技术都还处于"期望膨胀峰值期"（含）以前，仅有虚拟个人助理即将进入"泡沫破裂低谷期"。Gartner 认为，在未来 10 年人工智能将成为最具颠覆性的技术。

部分已经成熟的人工智能技术应用，比如 AlphaGo、人脸识别等，都是以解决特定问题、完成单一目的的具体应用，不能同时拥有深度（能否有效解决问题）和广度（解决哪些问题）。在大部分行业领域，包括金融领域，人工智能的应用程度较低，人工智能技术与特定金融场景的融合还处于早期探索阶段。当前，传统金融机构也主要是从服务智能的角度，通过购买智能金融技术服务公司产品或与科技公司合作的方式，试图提升服务效率和客户体验或提高用户黏性，比如智能客服、智能投顾等，有点"智能"但离"人工智能"尚远，服务的深度还有待提高，从服务智能到决策智能还有更长的路要走。国内某知名互联网公司认为，做智能客服不能忽视人工介入的必要性，缺少人与机器的配合，所谓的"智能客服"更多的只是一个"智能帮助"或者常见问题解答（FAQ）的查询引擎变种。

（二）区块链

在 Gartner 2016 年新兴技术成熟度曲线中，区块链技术处于"期望膨胀峰值期"的开端；在 2018 年新兴技术成熟度曲线中，区块链技术步入"泡沫破裂低谷期"的开端。总体而言，区块链（公有链）技术尚未成熟、基础设施不完善使应用受到局限，整体应用还处于一个非常早期的阶段。如共识算法等区块链的核心技术尚存在优化和完善的空间，区块链处理效率尚难以达到现实中一些高频度应用环境的要求，目前不能满足高频次和复杂的商用计算。此外，其他配套的基础设施如存储、隐私保护等，也并没有表现出比传统中心化解决方案更优越的性能。①

区块链的去中心化模式挑战了传统金融格局，且基于金融场景对实时、高并发、高吞吐、安全、数据隐私等维度的实际需求，弱中心化的联盟链是行业当前区块链应用探索的主流方式。区块链技术在证券领域的应用主要集中于对高频度要求低的私募股权与公募产品的发行交易，如国内百度携手佰仟、华能信托等合作方联合发行国内第一单联盟链技术支持的 ABS。

（三）云计算

在 Gartner 2015 年新兴技术成熟度曲线中，原来的云计算技术转变为混合云计算技术，

---

① 中国信通院，腾讯研究院：《金融区块链研究报告》，2018 年。

表示以公有云技术为主体的云计算技术已基本成熟,结合私有云的混合云计算已达到新兴技术成熟度曲线"泡沫破裂低谷期"的中点;在 2016 年以后的 Gartner 新兴技术成熟度曲线中,已不再包括混合云计算技术,表明混合云计算基本成熟,市场应用开始普及。

国内以阿里云为代表,国外以亚马逊 AWS[①] 为代表,占据了半数国内外公有云计算技术服务市场,云计算服务在公司总体收入中也占了一定比例。阿里巴巴财报显示,2017 年阿里云营收达到 16.73 亿美元(约合 111.68 亿元人民币),占阿里巴巴全部业务营收的 4.91%;亚马逊财报显示,2017 年 AWS 净销售额达到 174.59 亿美元,占亚马逊全部业务净销售额的 9.82%。

金融行业是一个高度监管的行业,数据隐私要求高,金融机构更倾向于采用自建云模式来使用云计算技术。在部署顺序上优先开发测试环境,其次是生产环境;在系统迁移上,也一般从外围辅助性系统开始迁移。

(四)大数据

大数据技术在 2014 年已经步入 Gartner 新兴技术曲线的下降通道,处于"泡沫破裂低谷期",且没有出现在 2015 年以后的 Gartner 新兴技术曲线中,说明大数据已经从概念热潮的峰值滑落,步入产业实施部署的"生产成熟期"。

在人工智能、区块链、云计算和大数据四类新兴技术中,大数据技术作为国家顶层战略最早重视和支持的技术,无论是在技术上还是场景应用上都较为成熟。大数据技术相对也获得市场的高度认同和资源投入,行业探索和应用较为广泛。大家对"大数据营销""大数据风控"已是耳熟能详。蚂蚁借呗、微众银行"微粒贷"和招商银行"闪电贷"等个人信贷产品,在贷前风控环节都使用了大数据,从借款申请、授信到放款整个流程可以在分钟级内完成。

二、新兴金融科技在证券公司风险管理领域的应用

人工智能、区块链、云计算和大数据等新兴技术正加速与金融行业融合,金融科技不仅可以推进金融产品创新、变革金融服务模式,也在优化风险管理手段、提升风险管理前瞻性方面展现出潜力。"精准营销""智能投顾""信用评估""适当性管理""异常行为识别"等,本质都属于 KYC(或 KYB)范畴。当前,银行、互联网金融行业成为"大数据风控""智能风控"的探索先驱,也为证券公司风险管理提供了新思维和新方式。

(一)云计算应用于全面风险管理系统建设

在风险管理实践中,各类风险管理系统独立开发,业务、技术和数据的标准不统一,系统功能、统计口径等方面既有重叠又有分歧,存在"应用孤岛"现象。基于云平台的架构,具有高扩展性,通过虚拟化技术将物理 IT 设备虚拟成 IT 能力资源池,以整个资源池的能力来满足计算和存储需求,可提高基础计算和存储资源的使用效率。基于云平台搭建微服务,

---

① 这是亚马逊提供的专业云计算服务。

通过统一平台，承载各类风险管理系统；通过搭建微服务，将核心重叠功能模块独立化，消除"应用孤岛"，有助于实现全面风险管理系统的整合，而且微服务可有效支持大规模复杂风险计量，使原先难以快速处理的复杂风险指标计算效率得到显著提高。

面向未来的 MtF（Mark-to-Future）风险管理方法通过生成风险因子所有可能的波动，继而得出既定组合及其工具的未来价值分布，支持按照不同维度进行细分轮廓的分析和应用。但 MtF 方法需耗费大量的计算资源，特别是当组合包含较复杂产品（如美式期权、复杂奇异期权等）且头寸数据量达成千上万时，计算瓶颈尤为明显。传统的风险管理系统架构往往仅能支持少量的并行计算，计算过程中会消耗大量的单服务器计算资源，使其无法再响应其他计算请求，造成整个系统运行瘫痪。

MtF 的计算流程可拆分为三个不同的部分，系统可以交替地执行多种方法。通过一系列的模型和分布假设，系统可以构建情景；在各情景下，利用多种模型，如解析方法和蒙特卡罗模拟方法，系统可以执行工具估值；最后，所有相关的信息都被存储在 MtF 立方体中，金融机构可以定制风险/回报分析，以满足特定的需求。MtF 是一个开放且可扩展的框架，它能够容纳新的情景生成技术、定价算法和后处理程序，适应不断演进的新增业务风险管理要求。新的要求可以被添加到 MtF 框架中，而这一添加操作不会破坏现存的工作流程和结果。由于生成和分析 MtF 结果（也称为 MtF 立方体）的必要步骤可被分配到多个分析引擎，因此，MtF 可以在整个组织内以分布式、并行、可扩展的方式被执行。另外，MtF 立方体可以被多次使用，每个 MtF 立方体都可以为多个风险/回报分析程序所用，这些分析程序适用于不同的分析需求，分布在组织的各个层面，如部门层面和整个公司层面。

基于上述特点，MtF 方法在实现过程中可以充分利用云计算处理方式，将情景生成、金融工具估值等封装成单一微服务，同时进行平行扩展（动态或者静态），在多个虚拟服务器中部署多个微服务，这样即使有大量的计算也可以分配到多台虚拟机中并行计算，而且利用云平台的高弹性还可以做到按需分配，大大缩短 MtF 计算的时间，提高效率。

（二）知识图谱和深度学习应用于舆情信息监控

人工智能技术的不断发展，为实现舆情分析的自动化、智能化、精准化提供了新的手段。通过知识图谱和深度学习等人工智能分析技术，可提供舆情监测、风险预警、智能报告，支持第一时间获取相关主体风险事件信息并评估风险严重程度，及时做好应对措施。

深度学习与知识图谱的结合在金融风险管理领域中的应用也得到了相关监管机构的高度重视。上交所、深交所等机构也在积极部署金融科技，探索构建上市公司画像图谱、公司与股东行为特征分析体系，利用深度学习结合知识图谱对上市公司风险进行监测预警。

利用深度学习与知识图谱进行舆情信息监测，实现风险事件识别，主要包括以下四个步骤：

1. 构建自营以及信用等业务相关主体的知识图谱

利用知识图谱技术，基于规则，对各业务相关的持仓主体、对手方以及关联方主体等进行画像，对主体各类型的数据进行抽象建模，构建相关主体的知识图谱。

2. 深度学习模型训练

搜集和维护风险信息数据集，并对相应风险事件进行分类标签，通过监督学习进行模型训练。监督学习方法运用于风险事件识别时，往往是训练样本规模越大，风险分类的效果越好,识别风险事件的准确性就越高。一般来说,标记样本的获取是比较困难的,需要领域内的业务专家和数据分析专家来进行人工打标签,所花费的时间成本和经济成本很大。而且,如果训练样本的规模过于庞大,训练的时间花费也会比较多。可通过加入基于主动学习的选择引擎,利用算法选择最有用的未标记风险信息数据样本集,并交由专家进行标记,然后用选择到的样本进行深度学习模型训练,使用较少的训练样本来获得性能较好的分类器。

3. 风险监测预警

基于相关主体的知识图谱,通过网络爬虫系统对相关主体有关的资讯、公告等互联网信息进行信息爬取,通过自然语言处理技术和深度学习模型输出相应的风险事件分类,对舆情风险信息进行监测预警。

4. 深度学习模型再训练

定期对深度学习模型的预测数据进行维护并标签,伴随样本数据的新增,对深度学习模型进行再训练,以进一步提高深度学习模型识别的有效性。

(三) 基于知识图谱和图挖掘的信用风险传导模型构建

目前,跨地区、跨行业和集团化经营使得企业之间越来越紧密地相互关联。当某一个企业出现问题、风险或危机,将沿着各种关联关系传导到其他关联企业,直至传染到整个关联企业群,从而形成多米诺骨牌效应。这种关联风险具有隐蔽性、突发性、连锁性、欺诈性等特征。现实中,一些企业还利用政策、法律和银行管理漏洞,频繁进行关联交易、资金串用和相互担保,客观上更是放大了关联企业的信贷风险,加剧了其易发性和严重性。

在信用风险管理中,公司实体违约,风险往往会传导至所在集团乃至上下游企业。而群体性甚至系统性风险发生时,需要进行复杂场景下的风险量化和计量,不能停留在仅仅分析单个企业的经营、财务、市场等指标上,必须充分利用大数据以考虑关联企业的关联关系,建立兼顾企业自身因素和关联关系的风险评价模式。

过去一段时间,很多金融机构开始着手基础设施建设,积累企业关联信息大数据,基于知识图谱和图挖掘开发风险传导模型,如某银行通过四步构建了信用风险传导计量能力,具体如下:

一是建立数据视图(DV),奠定信息基础。通过建立信贷客户标识特征库,提升行内外可用数据整合程度,进而更加全面地识别客户间关联关系;构建客户关系全网视图,进一步解决银行对客户的信息不对称问题。

二是构建知识图谱(KG),奠定知识基础。基于客户关系视图,综合考虑客户本身属性和客户之间关联关系,通过客群划分算法找出风险传导强关联的客户群体,形成客户风险传播的知识图谱。

三是实现知识发现(KD),奠定智慧基础。(1)核心客户识别:核心客户在客群风险传导中具有关键作用,是潜在信用风险的交织点,针对关系网的核心用户,提高预警的等级,能有效防范群体性风险。根据关联关系和风险传导特性,采用基于关系数量和传导系数的双因子聚合算法。(2)风险传导测算:基于客群子网及传导系数,构建客群风险传导概率矩阵,运用状态迁移算法,测算出子网中每个客户受其他客户影响的复合概率,由近及远,每层深度概率最大的客户形成风险传导路径。当客群中有客户发生风险事件时,及时发现最具可能的风险传导路径,指导客户经理分清主次先后、提前介入、有序防范,既能为风险处置赢得黄金时间，又能斩断风险蔓延路径。（3）客群风险测评：将客群子网视为风险共同体，通过信息整合、数据建模、整体评价得出客群整体风险等级。

四是知识全面应用（KA），提升风险管理效率。通过高性能图谱计算与展示框架，支持用户对海量客户关系信息、大规模复杂关系网络的图形化、差异化、定制化、简便化探查，支持百亿数据实时分组查询，从而覆盖所有新增业务探查客户关系及关联风险需要；或将信用风险知识图谱及客群风险洞察引擎全面应用于信贷管理流程，提升风险管理效率，助力防范客户及系统性风险。

（四）区块链应用于负面信息共享

区块链技术作为一种分布式账本技术，其保持各节点数据一致的共识机制和灵活的开放特性，天然具有信息共享功能。区块链中的密码算法对计算、通信、存储、隐私均进行加密保护，在技术层面不仅可实现用户的身份认证、隐私保护，保证数据的私密性、完整性和无法抵赖性，更能实现可管控的数据共享和验证，解决各个节点数据线上互换的信任问题。基于区块链技术，在合法、合规、保密的基础上探索建立不同层面的负面信息共享平台，打破数据孤岛，化解风险信息不对称问题，从源头上切实防范风险交叉传染，实现有效协同。

当前监管合规要求对证券公司用户敏感数据严格保护，对数据交换、传输严格限制。因此在利用区块链构建负面信息共享平台时，可从共享"黑名单"做起，仅将相关失信人的出险信息上链共享，主体身份信息经过脱敏处理后加密存储，负面项信息（如违约金额、逾期天数）经过标签化处理后保存到区块链上。共享机构实际并不能看到平台上有哪些负面信息，而只能通过查询操作将自己所关注的主体与平台上的主体进行匹配，匹配不成功，说明相关主体没有发生过负面信息。并且为保护共享机构的商业机密，鼓励机构共享自身所具有的负面信息，在负面信息发布上链时，可采用匿名发布查询机制，发布、查询数据的机构均为匿名操作。

上述负面信息共享解决方案中的关键点包括负面信息数据如何在授权机构间实现共享、数据如何存储、数据如何隐藏、发布查询机构如何匿名，而这些关键点的实现正是基于密码学的区块链技术的优势。首先，通过采用具有准入机制的联盟链模式，由共享机构共同发起并参与维护链，将数据共享使用范围限制在授权机构内，数据只允许链上的机构进行发布和查询，保证数据的保密性。共享机构想要作为联盟链上的节点，需要审核且进行身份验证。其次，需要解决在区块链上实现数据共享所需的数据资源存储问题。由于区块大小的限制，大规模数据存储和交互是区块链应用的难题。在负面信息共享应用场景下，仅将出险信息共享上链，数据量小且对系统吞吐量（TPS）要求低，因此可直接将数据存储在区块上，并且数据发布和查询过程亦完整记录在区块的交易中，保证交易的可信且可追溯。再次，对于数据隐私保护的要求是毋庸置疑的，所有的参与方都不能看到所有的负面信息数据。区块链技术带来优势的特点正是交易的参与方在使用"达成共识的同一个账本"的前提下，通过对交易数据加密，仅有交易相关方拥有解密所需密钥，保护交易数据的隐私，通过零知识证明实现隐藏交易验证，达成共识。最后，联盟成员在发布或查询负面信息时，为实现操作匿名，不让其他成员知晓自己发布了哪些负面信息、查询了哪些负面信息，可通过环签名或群签名实现身份的隐藏。

三、打破数字壁垒,关于金融科技实施的几点思考

金融科技势必会给证券行业带来巨大冲击,成为证券行业差异化竞争的有力武器。就证券行业来说,金融科技发展的广度和深度还需持续拓展,多数机构采取跟随策略或在与(金融)科技公司、同业的竞争压力中倒逼发展。行业内具有领先意识的证券公司也提出并制定各自的金融科技发展战略、数字化战略方案,或已进行前瞻性布局,以期在金融科技竞争的浪潮中抓住新机遇。

(一)夯实基础,循序渐进,勿盲从热点技术

金融科技的发展是一个不断积累、循序渐进、全面发展的过程,将金融科技作为核心竞争力,通过金融科技实现差异化竞争,在根本上还是需要提高自主的金融科技研发、创新和运营能力。在场景应用方面单点突破、急用先行,但不能盲目追从热点技术,而忽略金融科技发展的基础设施建设,金融科技应用不只是为解决某一个痛点。营造金融科技文化氛围、制定切实可行的金融科技战略方案、建立金融科技发展配套的组织架构和制度流程体系、夯实技术基础、开展数据治理等都是金融科技发展的基础建设环节,只有在合理把控技术风险、模型风险、操作风险的基础上,技术方能用起来得心应手。

(二)塑造金融科技文化,破除"唯短期效益论"观念

金融科技从业门槛和投入成本并不低,这也是阻碍传统金融机构金融科技起步的重要原因。公司迫于业绩压力或追求短期效益,对技术创新投入不足。金融科技实践需要一个过程,效力显现也不是立竿见影,但从长远看,风险和收益是匹配的,技术领域的差异性竞争一旦形成,会构造一条很难跨越的护城河。只有高层充分相信金融科技手段能长远促进企业发展并统一公司上下思想,才能在庞大的公司内部推进数字化转型升级。

拿数据治理来说,数据治理是一项基础性工作,数据价值体现是个长期过程。如国内某大型国有商业银行在数据治理方面积累了丰富的经验,在调研中,该银行表示数据治理工作开展的首要条件是领导重视,该行领导曾批示"数据质量问题的存在比没有数据更严重"。

金融科技文化鼓励协作,在数字环境中尤其如此。金融科技实施不是某一个部门的事,改进流程、服务可能涉及多个部门。考评和激励体系是文化的一个重要方面,在跨职能团队的协作文化下,成功一般是多个部门或团体共同努力的结果。金融科技实施相配套的考评和激励机制,应兼顾个人和团体、短期利益与长期利益,鼓励协作职能。

(三)注重金融科技配套组织架构,促进业务与技术的协作和融合

业务(泛指需求场景)与技术的深度融合,是证券公司金融科技建设的必经之路。金融科技的推进不是某一个部门的事,而是公司整体的事。问题的关键是如何实现二者的有机融合,实现跨职能协作。

例如,国内某大型国有商业银行在数据治理上强调"数据谁生产谁负责"。在岗位设置方面,总行设置专职数据治理岗位,各数据生产部门设置兼职数据治理岗位,各级分支机构、各专业条线设置兼职数据治理岗位。该行设置"1+X"的数据分析架构,弥补数据分

析师不熟悉业务的缺陷。"1"即在总行设置专职数据分析师，负责全行跨界数据挖掘与服务创新；"X"即在各业务部门、分支机构设置兼职分析师，专注于本领域数据分析工作，二者既有分工又有协作。该行还与 SAS 公司合作，对数据分析师进行培训、认证。在考核方面，"1+X"全部数据分析师一起参与考核。

再如，国内某大型金控集团银行子公司的零售网络金融部采取去行政化架构，将业务和 IT 划在一个大事业部，不仅有利于培养全面型人才，也很好地解决了协同问题。在事业部内设产品中心和技术中心，实行团队制（产品经理负责制），团队规模取决于业务量和产品规模。团队负责各自产品（业务）线的全周期管理，负责产品创造、系统落地、运营、线上线下销售和用户体验管理。技术管理由技术中心统管，在 IT 开发方面采取敏捷式开发，开发资源按产品线分到团队（运维资源是共享的），IT 开发的排期、优先级由团队产品经理来决定。物理办公上，也是采用开放的办公环境，按团队安排座位，促进团队合作。组织架构、团队职能灵活，业务敏捷性高。该行认为，金融科技应用和发展需要全员参与，IT 部门关注技术产品本身，业务部门关注应用场景的结合，通过实现 IT 团队的 BU 制，把 IT 团队垂直服务于业务部门，提升 IT 和业务的沟通效率，推广敏捷开发模式，通过持续的迭代和尝试，进行技术应用和探索。

（四）建设金融科技共享生态，合作共赢

"合"是金融科技的大势所趋。在自行研发金融科技应用上，证券公司在基础数据、技术、人才方面相对于互联网企业或金融科技公司都没有比较优势。合作的根本是优势的互补，不是简单地购买金融科技服务和产品，最重要的是通过合作打通大数据孤岛，提升基础技术水平和金融科技能力输出，实现互惠共赢。

对证券公司来说，大数据和人工智能应用的关键除了算法和模型外，还有内部核心小数据和外部大数据的有机结合。普华永道 2018 年《中国金融科技调查报告》的调查结果显示，在中国金融科技发展过程中，大数据风控被认为是继网络支付外有望引领全球的分支领域。但大数据风控面临的挑战也很明确，数据的可得性、全面性、准确性决定了大数据风控的有效性。因此，发展大数据风控不仅需要证券公司自己的努力，还需要行业、政府推动共性数据的共享。

对背靠综合型金控集团的证券公司来说，在监管合规、数据安全的底线上，一定程度实现数据共享生态至关重要。多元化经营的金控集团，接触的客户群体量大、维度广，在整体层面上具有天然的数据优势。如国内某大型金控集团在调研中表示，其在监管合规基础上，以集团业务合作的模式提供综合金融服务，同时实现一定程度的数据共享和打通。

从技术应用角度来说，证券公司风险管理还主要处于"技术支持风险管理"阶段，通过风险管理系统建设落地成熟的风险管理技术和方法。目前证券行业也一直在以"技术支持"方式来改善风险管理流程，改进量化评估手段。证券行业的风险管理系统或产品开发主要依赖外部供应商，"技术引领型"的风险管理产品一定是技术、算法、模型和业务的强融合，对技术和专业风险管理人才要求很高，单靠行业技术供应商也很难实现。

以大数据和人工智能为主的金融科技应用的最大痛点在于数据的质和量。目前证券行业大数据风控、智能风控应用的规模效应还不够显著。我们不应该拿着金融科技的锤子在公司到处找钉子，而应该根据钉子寻找合适的锤子。在当前证券公司风险管理应用场景较小的情况下，基于数据共享的场景或行业应用场景及平台，可能是以人工智能、区块链、云计算和大数据为代表的金融科技应用更合适的切入点。

证券公司客户信息安全防护体系构建研究*

恒泰证券股份有限公司　梆梆安全研究院联合课题组**

一、国内证券行业客户信息安全防护体系分析

（一）证券行业客户信息安全面临的主要风险

总体来看，证券行业面临的客户信息安全风险点主要包括服务端、客户端和通讯传输端的信息泄漏风险，以及来自生态系统信息安全漏洞等。

1. 证券行业服务端信息泄漏风险

恶意攻击者在扫描发现证券公司的服务器后，可以通过弱口令攻击获取到系统的登录账号密码，进而获得管理员权限，直接对服务器里存储的所有数据大肆盗取。除此之外，攻击者还常常会借助SQL注入攻击，把SQL命令插入相应表单或页面，欺骗服务器获取数据库里所存储的客户信息。

2. 证券行业客户端信息泄漏风险

证券公司官方网站在设计、搭建过程中存在的安全缺陷也可能被恶意攻击者利用。如权限漏洞、XSS漏洞等问题都能很容易让恶意攻击者通过简单的参数修改，即可获取注册客户的用户名、电话、邮箱、姓名等资料数据。

3. 证券行业通讯传输端信息泄漏风险

某些恶意攻击者还会对服务端与客户端之间的通信进行被动通道听取和信息包拦截，直接截取、修改关键信息，由此实现对相关系统的入侵，或者进一步展开中间人攻击等更为深入化、持续化的攻击。

4. 来自生态系统信息安全漏洞

还有一个需要重视的安全问题则是来自生态系统（即上下游合作伙伴、供应商等）信

---

* 本文为中国证券业协会2018年重点课题。
** 课题负责人：黄志鹏，恒泰证券互联网金融部总经理；课题组成员：霍瑞廷、杜雨泽、朱云鹏、方晶、陈曲、董峰、闫雅婕、张牧、李春蝶、李磊、董学飞、卢佐华、林凯。

息安全漏洞所导致的间接入侵攻击。例如，黑客在攻破供应商电子邮件系统后，能够发送冒充的业务沟通邮件，并在里面附带恶意链接、病毒木马等。当证券公司员工打开邮件时，即可实现攻击程序在证券行业内部系统的侵入潜伏，并伺机待发，以获取更高控制权限和更多敏感客户信息。

（二）国内证券行业客户信息安全防护体系

当前国内证券行业在客户信息安全保护方面已经普遍使用了网络保护、移动应用加固、身份认证等技术手段，对服务器安全、移动客户端安全和身份授权、鉴权等安全问题进行了针对性的安全保护。通过对当前国内证券行业发展面临的主要挑战和客户信息安全防护体系建设的现状分析能够发现，在静态防御方面，各家企业均已达到了较高的安全防护水平，但就总体而言，在恶意行为探测、内部数据防泄漏、行为管理等方面的安全管理方法和安全保护技术研究还需不断进行探索和完善。

下面结合对大型证券公司和中小型证券公司的信息安全防护建设调研结果，综合分析其安全体系构成，可以发现国内证券公司信息安全防护建设存在显著的差异性和阶段性。

1. 中小型证券公司：以基础安全建设为重点

国内中小型证券公司大多完成了基础的信息安全架构建设，在网络层部署了传统防火墙、入侵检测/入侵防御等产品，把网络划分为隔离区、办公网络、生产网络（管理和交易区），实现网络隔离，在办公网络和生产网络之间架设堡垒机进行连接。对关键业务数据和客户信息数据采用加密存储的方式进行保护，在 PC 终端安装了用于行为管理、数据审计的终端桌面管理系统，有移动应用的中小型证券公司还会对相关 APP 采取加固保护。值得注意的是，大部分中小型证券公司在进行上述信息安全防护建设时，其出发点更多是完成监管要求，并不是结合自身遇到的信息安全问题进行的主动性建设。同时，部分证券公司缺乏信息技术管理办法、信息安全保证管理办法、信息系统数据及保障管理办法、信息系统数据使用细则等内部管理制度规范，并且在安全防护的人才配备上也有所欠缺，往往是一人身兼数岗，这为相关管理工作埋下了很大的隐患。此外，中小型证券公司在信息安全体系建设上速度较慢，使得中小型证券公司在客户信息数据防泄漏体系建设上必然会有一定的局限性。攻击发现手段的缺失、内部管理制度与手段的不完善，使得中小型证券公司来自内部的客户信息数据泄漏压力更大，从而忽视了外部攻击所导致的客户信息数据泄漏问题。加上敏感数据全景管理等能力薄弱，使其无法有效评估采取新型数据防泄漏产品所能起到的价值作用。

2. 大型证券公司：探索新技术，逐步完善信息数据安全防护体系

国内大型证券公司在客户信息数据泄漏防护方面相对做得较好，其安全防护主体思想正在从网络安全升级到数据安全层面，数据安全保护已经成为大型证券公司信息安全建设工作的重要一环。

早在数年前，大型证券公司就已经开始规划实现对客户信息数据的全生命周期管理，与专业安全公司合作，从流程、制度、安全防御能力等几个方面进行安全评估，针对敏感文件制定使用规范，在使用中做到严格审批和使用留痕。同时加快相关基础设施的建设工作，逐步增加数据防泄漏（DLP）产品、移动数据管理（MDM）产品，升级传统堡垒机，引入完善的加密手段，尝试进行数据分类分级，推进数据治理，结合数据采集能力逐步提升数据安

全防护水平。

具体来说，多数大型证券公司在制度层面上，已经建立起安全内审机制和安全管理机制，形成了完整的管理规范；在管理层面上，已经落实了相关信息技术管理办法、信息安全保证管理办法、信息系统数据及保障管理办法、信息系统数据使用细则等；在技术手段上，侧重权限管理、上网访问控制、上网行为管理、即时通讯审计、端点数据防泄漏、应用级入侵防御系统、关键字段加密、传输加密、数据库审计、移动端数据管理、移动应用加固、移动应用安全软键盘、人工渗透测试等。不仅如此，大型证券公司还很重视安全态势的感知，建立相关安全情报网，进行内部的安全态势发布。对柜员端、移动办公端等使用虚拟运行手段进行安全管理，对各个部门的数据使用情况和数据管理规范执行情况进行报告输出，规范管理外包开发，严格限制外包人员对数据访问的权限。

目前，大型证券公司还在考虑进一步优化和完善权限管理和人员管理，通过大数据技术搭建安全运营平台，建立日志管理分析系统，对员工创建画像实施关联性分析，准确判断身份，以及推进展开数据评级工作等。

二、证券公司新型客户信息安全防护体系及行业标准构想

（一）证券公司客户信息安全面临的新挑战

1. 针对低密度数据的智能发现与识别

在信息数据不断增加的过程中，不仅有效数据变得更多，混杂于其中的冗余数据、垃圾数据、无效数据也会更多。大数据的数据规模远远超出了传统软件工具的处理能力，其数据流转速度很快，数据类型多样，同时还具有价值密度低的特征。

多样的数据类型，特别是大量非结构化数据的出现，也给数据防泄漏带来了难题。数据防泄漏过程中需要对数据进行识别，大量非结构化数据无疑大大增加了数据识别的工作量和识别的难度。而数据的快速流转，意味着数据的采集、传输、存储、分析这一流程的整体活性极高。高活性的另外一面就是高暴露性，系统的频繁运转必然会暴露出其中的隐患，给予攻击者更多机会，增加了数据泄漏的概率。另外，快速流转的数据在某些情况下会形成一定的规律与特征，恶意攻击者能够据此形成对目标数据的初步识别与判断。

而最为重要的就是大数据的价值密度低问题。信息安全防护体系建设过程中，成本是必须考虑的问题，在数据防泄漏环节必须对需要防护的数据提供安全保护。在海量、多样、快速流转的大数据中，发现有价值、需要提供安全防护的数据十分重要。如果无法做到，数据防泄漏的边界会变得极大，安全防护效能会被极大削弱。

2. 针对恶意攻击的感知和主动防御

防范数据泄漏最好的办法就是提前发现威胁、提前予以阻断。对于新兴的移动互联网领域，通过提前感知威胁、主动实施防御的方式实现对数据的有效防护依然是一个难题。

越来越多的商业变革围绕着移动化而展开，移动化业务承载的主体分别为硬件（各类智能终端）和软件（各类移动操作系统和移动应用）。安全情报显示，通过恶意移动应用窃取用户隐私信息、敏感数据的攻击正在显著增多。如今，移动应用已经成为恶意攻击者在移动端发起攻击的主要载体。恶意攻击者能够对正常移动应用进行破解分析，嵌入恶意代码实施二次打包、山寨模仿将恶意应用伪装成真实应用，借此诱骗用户使用，进而窃取用户敏感

信息数据。利用移动终端安全防御上的短板,恶意攻击者能够实现对互联网安全防御体系的突破,发起更具深度和广度的攻击和破坏,造成更为严重的数据泄漏。

3. 针对公司内部个人行为的管理

如今,人们已经习惯于通过智能移动终端上的即时通信工具沟通工作内容、传输工作文档,在移动版电子邮箱中接收发送工作邮件,使用移动业务应用进行办公,甚至直接通过智能手机拍摄工作用照片、录制工作视频音频、记录工作备忘录等。因此,公司内部人员的智能手机里或多或少都会留存有各类工作相关信息、数据。这意味着,一旦工作人员的智能手机被窃,或者工作人员无意中安装了恶意移动应用,都容易导致智能手机中的公司数据被泄漏。如何有效管控移动互联网领域公司内部人员的行为,防范来自移动端的数据泄漏,是证券行业必须面对的另外一个客户信息安全挑战。

(二) 新时代客户信息安全防护体系建设

1. 客户信息安全防护体系建设参考模型

在设计、建设证券行业客户信息安全防护体系过程中,可以将 WPDRRC 信息安全模型作为参考依据,让整个信息安全防护体系形成闭环,使得所建成的信息安全防护体系具备安全自适应能力。

在建设过程中,可以以滑动标尺模型作为指导思路,结合企业自身的技术实力、人员实力、网络安全体系、经济实力及安全投资回报率,尽量考虑从更为靠近回报比率高的依赖端展开建设工作,逐步向进化端完善发展,构建起完整的客户信息安全防护体系。

(1) WPDRRC 信息安全模型。[①] WPDRRC 信息安全模型包含 6 个环节和 3 大要素。6 个环节分别为预警、保护、检测、响应、恢复和反击;3 大要素则为人员、策略和技术。只有将这 3 大要素彻底融入 WPDRRC 信息安全模型 6 个环节的每个方面,才能把纸面上的安全策略变为可以真正发挥作用的安全现实。

(2) 滑动标尺模型。在建设新时代客户信息安全防护体系的过程中,需要参考用于保障企业网络安全建设进化及自我完善发展流程的滑动标尺模型,根据自身实际情况展开规划和建设工作。滑动标尺模型包含了架构安全、被动防御、积极防御、威胁情报、进攻反制这 5 个发展阶段。国内证券公司可以对照滑动标尺模型,明确自身在各阶段的能力水平,根据评估结果开展下一步的客户信息安全防护体系建设,实现叠加式的建设演进。

2. 客户信息安全防护体系建设

(1) 预防:首先进行漏洞扫描,发现 Web 应用层、系统层和移动应用层面的各类安全漏洞和安全风险,同时展开渗透测试工作,模拟黑客攻击行为,从实战角度进一步挖掘发现系统中技术层面和业务层面的安全漏洞,并及时予以补救。对证券公司内部的网络进行分区域的安全管理,为不同区域的网络设置不同的安全策略等。

对软件开发周期生命流程进行全面的安全管理,部署终端安全管理产品,进行终端合规检测、终端接入授权管理等,降低来自终端的数据泄漏风险。采用应用层和驱动层相结合的数据加密管理技术,实现对任意文件的智能自动透明加密,加强数据自身防护能力。采用系

[①] WPDRRC 信息安全模型是我国"863"信息安全专家组提出的适合中国国情的信息系统安全保障体系建设模型。

统漏洞扫描技术、安全补丁管理技术、VLAN 技术等自动化安全管理系统，逐步完善预防阶段的客户信息安全防护体系。

（2）保护：采用入侵防护技术、防火墙技术，从网络层进行恶意攻击的发现与阻断。对服务器进行安全加固，对业务应用进行安全加固，采用访问控制技术、终端安全防护技术，做好终端和服务端的基础安全保护工作。

使用数据防泄漏技术分别实现网络侧、终端侧、电子邮件侧等层面的数据泄漏保护。采用企业移动终端管理技术，在移动端还要加强对移动业务应用的安全加固。使用 VPN 技术，确保客户端与证券业务服务器之间数据传输的安全性。实施访问控制，采用数据脱敏技术、防篡改技术、多样的身份识别技术、存储介质保护技术、应急权限控制技术等，从多维度全面强化保护能力。

（3）检测：定期针对系统、服务、终端开展渗透测试工作，验证业务系统安全防护策略的实施效果，发现更具隐蔽性的安全隐患。借助入侵检测技术对证券业务系统中的关键点进行信息收集和分析，对重要数据文件的完整性进行评估。

使用数据防泄漏技术，周期性、自动化发现证券业务系统服务器、证券客户终端上敏感数据的存储情况、详细分布情况，绘制更新敏感信息分布地图，当有敏感信息被对外发送时，能够及时发现并采取恰当的保护措施。从网络层面对用户的数据流量进行监控过滤，通过授权与鉴权管理，及时检测发现越权访问。搜集整理终端环境、终端风险、终端行为等威胁情报并进行分析，结合威胁感知技术，对应用破解、模拟器、位置欺诈、域名欺诈、注入攻击、程序外挂、调试行为、系统加速等进行运行时检测。

（4）响应：应用运维管理技术、系统监控及响应技术，发现网络、系统、服务、应用、数据等层面的安全异常，及时发出警告，及时制定应急策略并第一时间执行。

借助数据防泄漏技术实施安全响应操作：根据不同安全模块、数据密级、终端位置等设置不同响应条件，每种响应条件还可以设置审计、阻断、上传敏感源文件及发起人工审批等响应动作。借助企业移动终端管理技术，当发生紧急安全事件时，采取远程擦除企业数据、清除锁屏密码、锁定设备、打开/关闭摄像头、打开/关闭蓝牙等操作。

（5）恢复：采用有效的备份恢复技术，及时对重要数据进行备份，发生问题后第一时间进行恢复操作。建设多运营商链路网络，保障网络通道的畅通，实现 7×24 小时不间断服务。建设多地多数据中心，采用热备份技术在业务系统运行过程中实施备份操作。

（6）反击：反钓鱼技术是当前比较成熟的反制机制，而在新时代下利用多种信息源的数据分析结果，能够让证券公司具有更有效的反制机制。威胁感知技术可以为事后追责提供举证数据支撑、为场景还原提供依赖数据。数据防泄漏技术在监测到敏感数据外发行为后，能迅速生成审计/阻断事件并上传至管理平台，由管理平台集中展示数据外发源地址/邮箱、目的地址/邮箱、人员名称、终端名称、所属部门、目的域名等信息。同时还会截取违规的敏感内容或源文件放在事件详情中，提供完备的事后追溯证据。其详细的日志审计功能，能够帮助管理员实现事件跟踪、事件溯源等。

三、证券公司新型信息安全防护体系实践

（一）大数据、人工智能时代信息安全防护体系实践方式

1. 中小型证券公司：以完善、强化为主要实践方向

国内大部分中小型证券公司陆续对其被动防御体系进行了强化建设工作，并逐步予以完善，同时还在探索建设更为主动的客户信息安全防护体系。

在被动防御体系建设上，中小型证券公司有效应用安全补丁管理技术、数据加密管理技术，在 PC 终端使用桌面终端安全管理系统，加强用户行为审计、数据审计等安全操作。对于移动终端，中小型证券公司对其业务相关移动应用进行了安全加固。

同时，中小型证券公司在小范围内应用了企业移动终端管理技术，建立了数据防泄漏测试系统，对公司内部的敏感数据进行管控。

着眼于未来，中小型证券公司已经开始进行威胁情报的搜集整理工作，逐步建立自己的安全情报系统，尝试通过审计技术对用户异常行为和数据泄漏事件进行安全取证。

2. 大型证券公司：主动迎战，前置客户信息安全防线

国内大型证券公司基本在被动防护方面都做得比较全面，同时加强主动安全防护体系的建设工作。在强化主动防御系统的过程中，注重对系统漏洞扫描技术的应用以及终端安全管理技术的应用。通过企业移动终端管理技术对移动终端的不安全环境进行监控和管理，执行设备管控安全策略、隔离终端上的企业应用与个人应用、进行终端存储与传输数据的安全保护。在后台依托安全策略、黑白名单等机制与客户端配合，进一步加强移动设备安全管控、移动应用安全管控、移动数据安全管控等。

借助数据防泄漏技术的网络监控、数据发现、邮件保护、终端保护等功能，对所有渠道中交互的数据进行安全检查和内容识别，对分布在服务器和终端各个角落中的客户信息进行有效监控，对碎片化数据进行有效管理。结合相关管理制度进行敏感数据的定义、数据秘密等级的划分以及不同人员对数据操作权限的界定，并分别部署了网络监控、网络保护、数据发现、邮件保护、终端保护以及管理平台等模块。

大型证券公司针对移动端建立了移动威胁感知系统，收集终端安全运行信息、风险环境信息、威胁操作信息、员工行为信息等，通过大数据分析创建用户画像，进行相对精准的用户身份识别，定位出潜藏的恶意攻击者。其在应用客户端集成威胁感知探针进行应用与环境威胁数据的采集和预处理，海量数据传输到后台后进行数据筛选和建模分析，形成威胁情报库，辅助进行威胁态势展示、威胁分析溯源。加上渠道监管监测的相关情报数据以及第三方安全情报数据，大型证券公司逐渐形成了有效的业务风险分析体系。大型证券公司还在探索通过使用人工智能的机器学习能力逐步矫正、优化识别模型，以期达到威胁发生时即可进行阻断的响应能力。

大型证券公司还在探索进行系统日志数据的搜集分析，利用数据防泄漏技术和企业移动终端管理技术的行为审计、网络监控和威胁感知搜集到的安全数据，对内部违规风险行为和外部恶意行为进行全面的审计和记录，实现客户信息数据安全威胁取证工作；再借助大数据技术，逐步达到全记录、可查询、可定位、可溯源、可举证的反击能力。

（二）大数据、人工智能时代信息安全防护体系实践成果

1. 中小型证券公司的实践成果

从 2017 年开始，国内某中型证券公司成立了信息安全防护委员会，并组织牵头制定了《证券公司信息安全保证管理办法》《证券公司信息系统数据使用细则》等一系列规章制度，其中明确规划了证券公司未来数年在信息安全防护体系建设上需要达到的目标：从保证架构安全、被动防御为主，逐步向主动发现潜在威胁、主动防御及反制的模式过渡。该公司自 2017 年起，陆续开始了一系列信息安全防护系统的升级和新建，这种通过公司层面制定相关制度从而自上而下推动技术升级革新的模式，对于很多系统建设而言，减小了来自内部的阻力。数据防泄漏测试系统建立之后，对网络中的敏感数据进行监控，从 2018 年第二季度开始的实验阶段，累计发现内部因安全意识薄弱、工作疏忽等行为造成的违规行为 900 余起，并全部予以阻断，有效降低了来自内部渠道的敏感信息泄露。

此外，该证券公司在小范围的公司资产设备中实施推广企业移动终端管理技术，实现了信息统一发布、移动终端安全防范和移动终端行为管理等功能。

2. 大型证券公司的实践成果

国内某大型证券公司通过应用数据防泄漏技术，有效实现了大数据时代下低密度数据的智能发现和识别，监控并阻断所有网络和终端的数据泄露途径，掌握敏感数据在服务器中的不当存储。

通过采用企业移动终端管理技术，实现了对接入的终端设备根据实际工作需要控制蓝牙、数据传输接口的开关，设置用户访问页面内容、截屏等操作权限。对于丢失的员工终端设备，可做出实时的应急控制（如锁定手机、禁止访问内部系统等），可以远程控制并擦除移动终端上的工作数据及应用，注销该终端设备，避免移动终端设备的非法尝试接入。在移动数据管理方面，该大型证券公司现阶段在逐步对电话监控、安全 U 盘、防钓鱼信息等加强建设工作。

同时，该大型证券公司逐步完善了人工智能风险模型。借助于移动威胁感知技术中的威胁监控、环境风险分析功能，获得了运行时的安全监控、溯源服务，以及注入攻击、调试攻击、位置篡改、设备信息篡改、猫池这些威胁点的利用时间、频率维度等详细的安全威胁数据。通过对身份信息的多维度识别进行用户画像，结合人工智能风险模型准确定位风险来源并进一步实现阻断，甚至能够挖掘发现休眠账户，针对这些客户制定任务奖励机制，实现对其的重新引导激活。

四、证券公司客户信息安全防护体系构建的建议

（一）法律法规层面建议

要想保障证券公司客户信息安全防护体系建设、运行的有效性，需要建立与之对应的监管机制。建议证券行业监管机构结合行业特点与行业发展趋势尽快出台相关的指导政策、管理规范以及证券行业数据分级标准，让证券行业的客户信息安全防护建设也能够有法可依。

（二）技术层面建议

建议证券行业尽快出台客户信息安全防护相关的技术能力指导基线，以此来指导中小型证券公司、大型证券公司根据自身现状和需求建设有效的客户信息安全防护体系，同时还可以适当引入数据防泄漏技术、企业移动设备管理技术和威胁感知技术。

（三）实践层面建议

结合实践成果，建议中小型证券公司可以优先考虑建设静态防御手段，逐步扩展主动防御手段，达到基础的防护能力，包括但不限于必须明晰所要保护的客户信息数据类型、分布、数量；加强系统安全补丁的管理工作，避免由于补丁安装工作的滞后而使得证券客户信息安全防护体系产生安全防御漏洞，给恶意攻击者可乘之机；注重对身份识别技术的优化，不能让当前已经被诟病的身份认证技术依然存在漏洞；部署并有效使用 Web 应用防火墙，加强应用层面的客户信息安全保护；对于敏感客户信息数据不仅要设置周密的访问权限，还需要进行恰当的脱敏。

而对于有能力的证券公司，建议可以适当开展情报搜集和反制能力的建设工作。在威胁情报搜集方面，需注重内部情报和外部情报、业务情报和产业情报的同步搜集，从大安全的层面对网络安全情报、业务安全情报、产业安全情报进行综合分析，结合对风险行为的感知，提前发现并防范勒索攻击、提前预警钓鱼攻击等。反制能力建设工作方面，考虑到证券公司的核心工作属性，建议以证据搜集、分析为主，同时引入专业的第三方网络安全公司力量、司法刑侦力量，配合制定、实施更为深入的反制机制。

此外，建议在公司内部建立高级别的决策团队，制定公司层面的规章制度来指导信息安全防护体系的建设，同时不断吸取国外和国内大型证券公司的建设经验，逐步开展面向新时代的客户信息安全防护体系能力建设，定期开展对投资人、终端客户的安全教育工作，从思想意识层面提升客户信息安全防护能力。

2018年证券行业人力资源管理研究报告

原中国证券业协会人力资源管理委员会专题研究小组

2018年中央经济工作会议指出，资本市场在金融运行中具有牵一发而动全身的作用，要通过深化改革，打造一个规范、透明、开放、有活力、有韧性的资本市场。资本市场在国家发展大局中的重要性得到肯定。作为资本市场的中坚力量，证券行业市场空间广阔，机遇与挑战并存，在国民经济建设和发展中发挥着重要作用。随着金融市场加快发展以及金融业供给侧结构性改革的深化，在新的宏观经济环境和监管环境下，证券行业对从业人员的综合素质与专业化程度提出了更高的要求，人才越来越成为影响证券公司核心竞争力的关键因素。

本文基于中国证券业协会从业人员管理系统数据（以下简称"中证协数据"）与2018年证券行业人力资源管理调研问卷数据（以下简称"调研数据"），对2018年我国证券行业人力资源发展的现状与问题进行总结，为行业人力资源发展提供参考。中证协数据为行业全口径数据，覆盖132家证券公司。行业调研共收回106份问卷，剔除无效问卷后，各分项指标有效反馈问卷数基本在90份以上，调查结果具有良好的代表性。

一、2018年证券行业人力资源发展概况

（一）2016—2018年证券行业人才资源概况

1. 人员总量增长放缓，2018年人员规模略有下降

2016—2018年，证券行业从业人员总人数、已注册人数[①]整体呈增长态势，行业总人数增长3%，已注册人员总数增长5%，但增幅逐年放缓。其中，2016年从业人员总数、注册人员增幅达两位数；2017年整体增速略有下降；2018年受市场环境影响，人员规模近几年同比首次呈负增长（见表1）。

---

① 已注册人员总数是指在中国证券业协会从业人员管理系统中提交申请、注册成功并取得执业证书的人数。

表1　　　　　　　　　　　　2016—2018年证券行业人员情况

人员	2016年		2017年		2018年	
	人数（人）	增长率（%）	人数（人）	增长率（%）	人数（人）	增长率（%）
行业总人数	348 085	12.18	371 853	6.83	359 582	-3.30
已注册人数	328 627	12.28	350 652	6.70	344 331	-1.80

资料来源：中国证券业协会从业人员管理系统，统计范围仅包括证券公司，不包括证券资产管理公司、证券投资咨询机构、证券市场资信评级机构。

2. 青年员工占比仍维持在较高水平，成熟人才占比略有提升

近年来，证券行业保持对青年人才较高的吸引力[1]，青年从业人员占比维持在较高水平：2016年青年人才占比66.54%；2017年占比66.03%；2018年由于证券公司从业人员整体负增长，35岁（含）以下从业人员，特别是25岁（含）以下从业人员占比略有下降，但青年人才占比仍达63.11%。

从统计数据看，1年（含）以下从业经验人员占比由2016年的53.95%下降至2018年的51.72%；6年以上从业经验的人员占比逐年增加，由2016年的21.73%上升至2018年的23.97%，行业人才成熟度有所提升。

3. 从业人员学历结构不断优化

近年来，证券行业保持对高学历人员的吸引力，硕士研究生及以上人员占比持续上升，2018年占比20.73%；本科及以上人员合计占比76.24%；大专及以下学历人员绝对数与占比均下降。

4. 从业人员专业化水平有待进一步提升

近年来，行业对专业人才的需求和吸引力持续增强。证券行业作为知识密集型行业，投行、研究、合规风控等条线对从业人员专业资质有较高要求。近三年行业内具备注册会计师、律师、保荐代表人专业资格的人员占比基本稳定，2018年分别为6.66%、3.98%、3.88%。另外，除了国内专业资格认证外，具备国际专业资格认证的从业人员增多，如获特许金融分析师（CFA）三级认证的人员占比逐年上升，2018年为1.23%。

5. 国际化人才储备有待进一步加强

近年来，证券行业对海外金融人才的吸引力不断提升，具备境外留学背景的人员已成为证券从业人员的重要组成部分，2016—2018年证券公司总部具有境外留学背景人员占比逐年增长，由2016年的15.07%增长到2018年的18.19%。但具备2年及以上境外工作经验的成熟人才仍然较少，近3年占比均未超过2%，证券公司国际化人才储备有待进一步加强。

（二）证券公司人员引进与人才培养

1. 新聘员工总数逐年减少，其中应届生招聘占比有所下降

受市场环境影响，近3年证券公司整体新聘员工数量持续下降，从人员引进渠道来看，

---

[1] 本文所指青年员工，依据中共中央、国务院印发《中长期青年发展规划（2016—2025年）》划定的年龄范围为35周岁（含）以下。

行业整体应届生招聘占比有所减少，社会招聘占比有所增加。另外，相较于分支机构，证券公司总部应届生招聘数占新聘员工数的比重更高（见表2）。

表 2　　　　　　　　　　　2016—2018 年证券行业新招聘员工数量及占比

年份	统计范围	新聘员工总数（人）	新聘员工数占年末人数比（%）	应届生招聘数（人）	应届生招聘占新聘员工总数比（%）
2016	公司总部	16 302	25.57	5 130	31.47
2017		15 842	22.20	4 431	27.97
2018		11 781	15.88	3 457	29.34
2016	分支机构	28 646	20.27	7 891	27.55
2017		27 885	19.66	5 996	21.50
2018		23 824	17.13	5 235	21.97
2016	公司整体	44 948	21.91	13 021	28.97
2017		43 727	20.51	10 427	23.85
2018		35 605	16.70	8 692	24.41

资料来源：2018 年中国证券业协会证券行业人力资源管理问卷调研，共 90 家证券公司有效反馈了 2016—2018 年新招聘员工情况。

2. 投行、研究、内控、信息技术、资产管理等人才需求增加

投资银行业务人才、研究人才一直是证券行业人才储备的重点；同时，在新的监管形势下，为进一步加强内控，证券公司积极推动合规风控相关人才的配置。另外，随着大数据、云计算、人工智能等一系列技术理论的创新发展，金融科技成为证券行业竞争的制高点，信息技术团队建设越来越受重视；资管新规的发布实施、行业准入门槛的逐渐放开，证券公司谋求向主动管理转型，对资产管理业务人才的需求也大幅提升。

3. 人员队伍整体稳定性有待提升

随着证券行业整体经营业绩的下滑，证券行业人员流动速度较快，证券行业员工离职人数与员工离职率均逐年上升。根据中证协数据统计，近 3 年行业年度离职人数增长 73.10%，2018 年行业离职率增至 16.37%，人员队伍稳定性有待提升。根据调研数据统计，总部业务人员中，投资银行业务、资产管理业务、研究业务等业务条线人员离职率较高；分支机构业务人员中，零售业务、投资顾问、经纪人等业务人员离职率较高。在离职原因分析中，职业发展、薪酬水平、不适应行业岗位是最主要的原因（见表3）。

表 3　　　　　　　　　　　2016—2018 年证券行业人员离职率

项目	2016 年	2017 年	2018 年
行业离职人数（人）	34 597	47 049	59 886
行业离职率（%）	10.51	13.07	16.37

注：离职率计算公式：离职率 = 期间内行业离职人数 / [（期初行业总人数 + 期末行业总人数）/2] ×100%。

资料来源：中国证券业协会从业人员管理系统。

4. 培训总人数有所上升，但培训投入略有下降

近年来，随着行业整体人数的增加，培训总人数有所上升，同时人均培训费用略有降

低。2016—2018 年，年度培训总人数增长 12.06% 至 222 530 人；行业整体培训总费用减少 9.53%，年度人均培训费用减少 19.24% 至 1 402 元。

二、2018 年证券公司各业务线人员构成变化

（一）总部、分支机构、子公司人员情况概述

1. 总部人数占比上升，分支机构人数占比下降

受外部市场因素、证券公司传统经纪业务转型和大力发展投行、资产管理等业务的影响，证券公司总部人员增速高于分支机构，分支机构人数占母公司人数的比重逐年下降，但分支机构人数占母公司整体人数比重仍保持在 60% 以上（见表 4）。

表 4　　　　　　　2016—2018 年证券公司总部、分支机构人员构成情况

年份	总部整体			分支机构整体		
	人数（人）	占比（%）	增幅（%）	人数（人）	占比（%）	增幅（%）
2016	71 956	32.38	—	150 249	67.62	—
2017	81 435	35.13	13.17	150 367	64.87	0.08
2018	84 729	36.61	4.04	146 732	63.39	-2.42

资料来源：2018 年中国证券业协会证券行业人力资源管理问卷调研，共有 100 家证券公司有效反馈了专业线人员构成情况。母公司口径含投行、资产管理、承销保荐、研究、互联网金融子/分公司，总部人员含投行、资产管理、承销保荐、研究、互联网金融子/分公司，分支机构人员不含经纪人。

2. 子公司整体人员规模略有增长，香港子公司增速较快

2018 年证券行业子公司人员规模增长约为 3.81%。子公司人员构成方面，期货子公司占比最大，超过 40%；其次是香港子公司，占比 23.28%。涨幅方面，随着行业国际化进程加快，香港子公司增长迅速，涨幅达到 7.82%；期货子公司涨幅为 4.63%，私募基金子公司、另类投资子公司人员规模略有下降（见表 5）。

表 5　　　　　　　2018 年子公司人员构成与增长率　　　　　　　（单位：%）

项目	私募基金子公司	另类投资子公司	基金子公司	期货子公司	香港子公司	境内其他	境外其他	子公司合计
人员构成占比	6.18	1.73	14.21	43.08	23.28	10.17	1.36	100
人员增长率	-3.92	-0.40	0.55	4.63	7.82	5.53	-16.74%	3.81

资料来源：2018 年中国证券业协会证券行业人力资源管理问卷调研，共有 71 家证券公司有效反馈了子公司人员构成情况。

（二）各业务线人员情况概述

为适应行业新的发展趋势与监管形势，2018 年证券公司总部大部分业务线人员呈现增长，但增速略有放缓，少部分业务线人员有所下降；分支机构人员呈负增长，导致母公司整体人员规模略有下降。

具体来看，国际业务从业人员增长最快，增速高达 25.64%；其次为内控部门，增幅达 16.15%；互联网金融、信息技术团队人数增幅分别为 18.98%、10.21%；柜台业务、战略

发展、资产管理、行政管理等业务线人员有所下降（见表6）。

表6　　　　2018年证券行业母公司各业务线人员构成与增长率

业务线	总人数（人）	平均人数（人）	人员占比（%）	人员增长率（%）
总部经纪业务	8 813	88	3.88	8.24
投资银行业务	26 345	263	11.59	1.78
自营投资业务	4 070	41	1.79	6.63
研究及机构销售业务	5 946	59	2.62	6.69
资产管理业务	6 369	64	2.80	-1.88
资产托管业务	1 222	12	0.54	3.21
互联网金融	1 887	19	0.83	18.98
柜台业务	962	10	0.42	-14.79
国际业务	343	3	0.15	25.64
信息技术	7 362	74	3.24	10.21
内控	4 812	48	2.12	16.15
运营、存管、清算	3 103	31	1.37	2.82
战略发展	319	3	0.14	-4.20
人力资源	1 219	12	0.54	1.16
财务、资金管理	3 651	37	1.61	1.76
办公室	1 477	15	0.65	4.90
董监事会办公室	414	4	0.18	11.89
党群、工会、团委、纪检	651	7	0.29	12.24
行政管理	1 603	16	0.71	-0.68
分支机构人员	146 732	1 467	64.55	-1.86

资料来源：2018年中国证券业协会证券行业人力资源管理问卷调研，各业务条线有效反馈问卷数根据公司实际业务开展情况略有差异。

（三）人力资源管理人员配置概述

在人员总量上，根据问卷调研，人力资源管理从业人员占母公司总人数的比例逐年增加，截至2018年底，证券行业注册从事人力资源管理业务的从业人员数为1 219人（占母公司人员总数比例约为0.54%），较2017年增幅1.16%，增速有所放缓，但仍超过行业整体增速。

在内部各模块人员配置上，人力资源各主要基础模块人员配置相对较为均衡，其中薪酬福利模块占比最高，达到19.20%；另外人事及员工关系（16.49%）、招聘（14.93%）和培训（12.80%）模块相比其他专业模块人员配置占比也较高（见表7）。

表7　　　　　　　　　　2018年专职人力资源管理人员配置情况

项目	组织发展模块	招聘模块	干部管理模块	薪酬福利模块	绩效考核模块	培训模块	人事及员工关系模块	其他
人员数（人）	112	182	96	234	133	156	201	105
人员构成占比（%）	9.19	14.93	7.88	19.20	10.91	12.80	16.49	8.61

资料来源：2018年中国证券业协会证券行业人力资源管理问卷调研，共有100家证券公司有效反馈了2018年专职人力资源管理人员配置情况。

三、2018年证券行业组织变革情况

（一）2018年证券公司组织变革概况

1. 组织架构调整较为频繁

近年来，在新的监管形势与市场环境下，证券公司组织架构调整相对频繁，以适应监管要求与业务发展需要。根据调研数据统计[①]，2018年共有91家证券公司进行了组织架构调整（仅指一级部门，下同），占比87.50%。其中，25.00%的证券公司调整4次及以上；12.50%的证券公司调整3次；15.38%的证券公司调整2次；34.62%的证券公司调整1次。

2. 组织架构调整以投行、经纪、风控合规条线为主

经纪业务与投行业务是证券公司主要的业务线，也是行业竞争最激烈的业务板块，为适应快速的业务创新与人才流动，组织架构调整较为频繁。为更好地满足监管要求，部分证券公司对风控、合规、投行内核进行分立设置。多家证券公司的经纪业务部门更名为财富管理部门，开始重点发力财富管理业务。根据调研数据统计，在2018年进行过组织架构调整的91家证券公司中，55家对投行业务板块进行了调整，占比60.44%；32家对风控合规板块进行了调整，占比35.16%；30家对经纪业务板块进行了调整，占比32.97%；此外，还有19.23%的证券公司对资产管理业务板块进行调整；19.23%的证券公司对党群、工会、团委、纪检职能进行调整；13.46%的证券公司对自营投资业务板块进行调整；12.50%的证券公司对互联网金融进行调整。

（二）2018年证券公司组织设置情况

1. 证券公司总部在按业务牌照划分部门的基础上，呈现多样化设置

（1）投资银行部门根据开展的大投行业务种类采用不同的组织架构模式。根据调研数据统计[②]，在投行业务的组织架构模式中，以按业务设置部门为主，"股、债、新三板均分设部门"占比达45.54%；其次是将投行业务进行整合后设置部门，占比为35.64%。

（2）根据调研数据统计[③]，92.63%的证券公司设立了一级部门开展研究服务。在研究所定位方面[④]，41.30%的证券公司将研究所定位为综合研究机构，30.43%定位为卖方研究

---

① 共有104家证券公司对该部分进行了有效反馈。
② 共有101家证券公司对该部分进行了有效反馈。
③ 共有95家证券公司对该部分进行了有效反馈。
④ 共有92家证券公司对该部分进行了有效反馈。

机构，19.57%定位为买方研究机构。

（3）在互联网金融部门定位方面①，47.13%的证券公司将互联网金融部门定位为业务管理部门，37.93%定位为业务部门，14.94%定位为职能部门。在互联网部门设置方面②，59.77%的证券公司设置为单独一级部门，31.03%的证券公司将互联网金融作为经纪业务内设部门或团队，6.90%的证券公司将互联网金融纳入信息技术部门。

（4）重视梳理公司战略客户，开始逐步尝试开展业务协同。根据调研数据统计③，已有29.81%的证券公司设立了战略客户部门。而在业务协同方面，34.62%的证券公司确立了集团业务协同牵头部门，主要为战略部或办公室负责。

（5）加强党建，落实扶贫工作，强化社会责任意识。根据调研数据统计④，66.29%的证券公司设立了党委办公室，53.93%的证券公司设立了纪检办公室，32.58%的证券公司设立了党委组织部，14.61%的证券公司设立了党委宣传部。

2. 分支机构在适应行业转型发展方向上进行组织架构设置

（1）总部与分公司、分公司与辖属营业部管理关系与证券公司战略和业务模式紧密相关。根据调研数据统计⑤，47.31%的证券公司分公司由总部经纪业务部门管理；38.71%的证券公司分公司由公司直接管理；也有少数证券公司的管理模式为根据分公司业务或分类分级，分别由总部、经纪业务部门或其他业务部门管理。在目前分公司与辖属营业部的管理关系上⑥，55.56%的证券公司授权分公司直接管理辖区营业部；27.78%的证券公司分公司对辖区营业部的管理权限较小，辖区营业部主要接受公司总部经纪业务部门的指导与管理；另有部分证券公司根据公司实际情况，对营业部采用个性化管理模式。

（2）分支机构后台职能集中支持传统业务转型，成为证券公司分支机构组织发展的重要方向。根据调研数据统计⑦，69.47%的证券公司对分支机构后台职能采用了总部集中模式，25.26%的证券公司采用了分公司集中模式，13.68%的证券公司采用了区域集中模式，还有7.37%的证券公司综合了以上几种集中模式。在后台职能集中方面⑧，92.63%的证券公司实施财务集中，63.16%的证券公司实施IT集中，57.89%的证券公司实施运营集中，48.42%的证券公司实施合规风控集中，42.11%的证券公司实施人力资源集中，个别证券公司采用了总部条线集中与分公司/区域集中相结合的形式。

（3）分公司建设处于稳步发展阶段。根据调研数据统计⑨，12家证券公司设置30家以上分公司，10家证券公司分公司数量在20—30家（含），36家证券公司分公司数量在10—20家（含），36家证券公司分公司数量在1—10家。其中，81.91%的证券公司设立了以经纪业务为主的区域分公司。在对区域分公司分类管理方面⑩，59.57%的证券公司对区域分

---

① 共有87家证券公司对该部分进行了有效反馈。
② 共有87家证券公司对该部分进行了有效反馈。
③ 共有104家证券公司对该部分进行了有效反馈。
④ 共有89家证券公司对该部分进行了有效反馈。
⑤ 共有93家证券公司对该部分进行了有效反馈。
⑥ 共有90家证券公司对该部分进行了有效反馈。
⑦ 共有95家证券公司对该部分进行了有效反馈。
⑧ 共有95家证券公司对该部分进行了有效反馈。
⑨ 共有94家证券公司对该部分进行了有效反馈。
⑩ 共有94家证券公司对该部分进行了有效反馈。

公司实施分类管理,按地区管理的证券公司有 33 家,按规模管理的证券公司有 18 家,按机构、零售业务类型管理的证券公司有 12 家,部分证券公司存在多种管理方式并行的情况。在新设分公司数量上,2018 年,有 47 家证券公司新设了分公司,其中有 9 家证券公司新设分公司数量超过 5 家,有 4 家证券公司撤销了 1—2 家分公司。

3. 业务类子公司成为证券公司业务板块的重要组成部分

根据调研数据统计①,79 家证券公司设置了子公司,其中 24 家证券公司设置了 5 家及以上子公司,45 家证券公司拥有 2—4 家子公司,10 家证券公司设置 1 家子公司。在控股子公司类型上②,证券公司控股子公司中以全资子公司为主,整体占比为 72.52%。

子公司对集团公司收入的贡献占比有较大的提升空间。从境内子公司业务收入占集团公司业务收入的比重来看③,47.14% 的证券公司占比为 10% 以下。从境外子公司业务收入占集团公司业务收入的比重来看④,82.35% 的证券公司占比为 10% 以下。

从子公司所处行业来看,主要集中在期货、私募基金、另类投资等方向。根据调研数据统计⑤,在 82 家设置子公司的证券公司中,61 家设置了期货子公司,57 家设置了私募基金子公司,49 家设置了另类投资子公司,37 家设置了基金子公司,24 家设置了国际子公司,15 家设置了资产管理子公司。在子公司管理上,43 家证券公司总部对全资子公司和控股子公司都参与管理,26 家证券公司总部仅对全资子公司参与管理。在业务协同机制上,有 46 家证券公司建立了母公司与子公司之间业务协同机制。在公司总部负责子公司管理的牵头部门方面,39 家证券公司有负责子公司管理的牵头部门,主要包括董办、战略、财务、办公室、人力等部门。

四、2018 年证券行业人才发展和管理存在的问题与建议

(一)证券行业人才发展和管理存在的问题

1. 受市场因素影响行业人才净流出,人才吸引力有所下降

2018 年,国内外经济金融形势风云变幻,国内证券市场深度调整,行业整体经营业绩有所下滑。受市场环境影响,全年证券从业人员净流出 12 271 人,下降 3.30%,行业人员队伍规模有所萎缩。作为现代金融服务业的支柱之一,证券行业在员工数量上与银行业、保险业等仍存在着巨大差距,证券行业成熟人才的引进相对于银行、基金等行业缺乏吸引力,行业人才整体仍处于短缺状态,尤其是投研、销售、合规风控、信息技术方面的成熟人才,人才吸引力有所下降。

2. 行业文化价值观建设及人才导向有待提升

近年来,越来越多的证券公司开始重视文化建设,"诚信""客户""稳健""合规""专业""创新"等成为反映证券公司经营理念和核心价值观的关键词。但在具体实践过程

---

① 共有 90 家证券公司对该部分进行了有效反馈。
② 共有 79 家证券公司对该部分进行了有效反馈。
③ 共有 70 家证券公司对该部分进行了有效反馈。
④ 共有 34 家证券公司对该部分进行了有效反馈。
⑤ 共有 82 家证券公司对该部分进行了有效反馈。

中，行业文化建设理想与现实存在差距，虽然这几年合规文化已经逐渐深入人心，但相比于其他领先行业，证券行业还缺乏客户导向的文化氛围，不论在人员行为、产品和业务流程的体验，还是在组织效率上都有一定的差距。另外，证券行业存在激励机制短期化、激励方式较为单一的问题，容易导致员工行为的短期化，无法使员工利益与公司长远利益相结合，不利于风险的管控，同时也容易诱使员工片面追求高比例提成和过度激励，引发行业对人才的恶性竞争。

3. 行业人力资源队伍和专业能力建设仍需强化

调研结果显示，证券行业专职人力资源管理人员占行业注册人员总数的比例逐年增加，人力资源管理的重要性日益显著。但在实际管理中，人力资源管理人员的数量占证券公司人员比例仍较低，特别是中小证券公司的人力资源管理人员配置不足问题较为突出，行业人力资源从业人员的专业素质仍有待提升。不同证券公司人力资源发展阶段差异较大，尤其是中小证券公司的人力资源管理体系较为薄弱，基础不扎实，仍处在传统的人事管理阶段，对公司战略和业务层面的支撑力度不够，自身专业价值得不到认可。行业整体人力资源自身专业能力建设需要加强。另外，人力资源管理职能范围还在扩充，部分证券公司人力资源部还承担企业文化、党建等职能，对行业人力资源专业能力建设提出了更高要求。

4. 国际化高端专业人才供不应求，外资挖角争夺加剧

当前中国证券市场的开放进程正在加速，政策举措持续出台，外资进场步伐加快，国际业务是未来几年最具增长潜力的业务大类之一。相较业务快速发展的需求，国际化专业人才缺乏的矛盾尤为突出，证券公司总部具有境外留学背景人员占比逐年增长，但具备2年及以上境外工作经验的成熟人才仍然较少，在总部人员中占比不到2%。行业内国际化高端人才稀缺，一定程度上制约了行业创新业务的开展，激烈的同业竞争致使行业国际化专业人才争夺加剧，总量的短缺导致出现人才向头部证券公司虹吸的现象，使得中小证券公司难以寻觅符合发展需求的专业人才，中小证券公司创新发展受到制约；外资的入场搅局有可能导致本土证券公司本就稀缺的国际业务核心骨干遭遇外部挖角的风险，熟悉客户网络、熟悉国内证券市场、熟悉业务模式的国际化业务人才将长期供不应求。

5. 投行业务发展两极分化，科创板对人才管理提出新要求

近年随着投行内控指引、再融资新规等一系列新政出台，证券公司投行也经历了几度洗牌。大环境的寒冷往往会让行业集中度上升，2018年，财务顾问业务交易金额排名前5位的证券公司共同拿下了近一半的市场份额，"强者恒强"或将成为未来证券公司投行业务的新格局，投行"冰火两重天"的现象或将长期存在。随着科创板试点与设立注册制的快速推进，市场化定价机制以及承销机构跟投机制将对投行的定价能力、销售能力以及人才管理能力提出新的要求，人才价值相较于牌照价值正在迅速升值。证券公司欲抓住科创板风口谋求转型，相关成熟人才资源的有效整合和运用是在竞争中突出重围的核心保障。

6. 金融科技队伍建设尚不能满足业务需求

当下金融科技发展成为证券行业竞争的制高点。2018年证券公司信息系统建设的投入情况首度纳入年度证券公司经营业绩考评，并且行业排名结果供证券公司分类监管工作参考。证券公司近两年来纷纷加大信息系统建设的投入并积极布局金融科技的前沿领域，信息技术队伍建设越来越受重视。2018年行业互联网金融人员数为1 887人，较2017年增长18.98%；信息技术人员数为7 362人，较2017年增长10.21%。互联网金融和信息技术人

员增幅均较高,但绝对数量仍较少,仅占母公司人数的 4.06%。超过 60% 的证券公司认为信息技术人才是未来 3 年公司总部迫切需要的人才。从行业层面看,行业整体的金融科技队伍规模较其他主营业务板块仍然存在差距,与国际先进投行相比,国内证券公司的信息技术人才队伍建设落后更多,人才数量与质量还无法满足业务发展和创新的需要,人才的引入培养需证券公司进行战略投入。

7. 风控合规人才队伍需要进一步充实

2018 年是行业监管持续加强之年,投行业务及债券投资交易业务内控指引的发布,要求证券公司进一步完善内控体系建设,加强合规风控人员配置,同时根据监管要求实行递延奖金制度,实现风险控制与人才约束。证券公司合规风控人员数量持续增长,但绝对数量仍较少,占比仍然不高。根据调研数据统计,截至 2018 年底,行业法律合规、风险管理、审计稽核等证券公司内控人员合计 4 812 人,较 2017 年增长 16.15%,但绝对数量仍较少,仅占母公司人数的 2.12%,专业人才队伍待进一步充实。各业务条线重发展、轻风控的现象仍存在,风险管理的穿透力度还不够,缺乏明确的授权管理体系和业务问责机制,内控人员独立性不强,正常履职的压力较大,内控工作的有效性不足,同时还存在内控专业人才发展不稳定等问题。另外,如何在当前监管形势下,通过合理的管理模式设置用好合规风控相关资源,在保证合规展业的基础上促进业务发展也是目前行业较关注的问题。

(二) 提升证券行业人才发展和管理的建议

1. 对行业监管部门及自律组织的建议

(1) 优化行业人才发展环境,打造高素质的人才队伍。作为资本市场的中坚力量,我国证券行业市场空间广阔,机遇与挑战并存,人才的吸引和培养是行业做大做强的核心竞争力。近年来,行业监管层通过制定、修订一系列制度与规范,对证券公司合规风控、信息技术、大投行、卖方研究、债券交易等业务条线人员的配置做出了规定和指导,从一定程度上规范了行业人才发展导向。建议监管部门和自律组织继续引导行业坚持专业化、市场化的用人导向,进一步完善能上能下、能进能出的用人管理机制,选贤用能、优胜劣汰。结合金融业务多元化、客户需求综合化的发展趋势,进一步深入贯彻专业化、复合化、年轻化的用人育人原则,重点关注并提升核心骨干的专业能力、管理能力与政治素养,引导整个行业扎扎实实做好人才选用育留的每个环节,切实优化行业人才发展环境,促进行业人才有序流动,打造一支高素质的金融人才队伍,为证券行业的长远发展提供坚实的人才基础。

(2) 引导构建行业文化与核心价值观,推动行业可持续发展。良好的证券行业文化首先要以习近平新时代中国特色社会主义思想为指引,深入贯彻党的十九大精神和中央经济工作会议相关决策,在党和国家的领导下,通过践行社会主义核心价值观树立证券行业的核心价值观;其次,需要监管部门和自律组织的指引、相关制度的建立和完善;再次,需要在证券公司内部组织建设上强调企业文化的落地,建立良好的微观企业文化。建立健康、可持续发展的证券行业文化与核心价值观,应当从行业战略高度全面规划,树立行业的愿景、使命和核心价值观,建立以客户为中心的行为导向,提高全面风险管理能力,建立良好合规风控文化,着力推进社会责任履行。

(3) 提高行业人力资源人员配置,加强人力资源队伍建设。人才作为证券行业的核心竞争力,人力资源管理的重要性日益显著。虽然当下行业人力资源管理人员占比逐年增加,但人力资源人员配置在证券公司中占比仍较低,中小证券公司人力资源人员配置不足问题仍较为突出。近几年行业监管层面对合规风控、信息技术、投行内控等后台支持条线的人员配置及薪酬等提出了制度方面的保障支持,建议行业监管部门对人力资源管理人员也能出台相关支持政策,从制度层面引导行业提高对人力资源管理工作的定位,加强人力资源队伍建设,推动人力资源管理工作在企业内部获得更有效开展工作的人员配置等保障、行业人力资源自身专业能力建设得到提升,从而能够更好地服务、支持公司战略和业务发展。

2. 对行业经营机构的建议

(1) 宣导行业文化,提升从业人员道德水平和综合素养。监管部门和自律组织引导构建行业文化与核心价值观,证券公司在重视流程规范、强调合规、稳妥创新的同时,在企业文化宣导上,要充分尊重员工个性、以人为本,在工作中充分发挥员工所长,重视人才的持续培养与成长计划,提高行业人员的综合竞争力。同时证券公司及员工要保持廉洁从业的价值观,严格遵守法律法规、中国证监会规定和行业自律规则,遵守社会公德、商业道德、职业道德和行为规范,公平竞争,合规经营,忠实勤勉,诚实守信,不向他人输送不正当利益或谋取不正当利益,提升从业人员职业道德水平和综合素养。

(2) 因地制宜、差异发展,加强人力资源自身专业能力建设。监管部门从制度层面推动提高行业人力资源人员配置,行业人力资源从业人员自身要不断学习并提升专业能力和战略思维,打造以客户为中心、以业务为导向的人力资源管理体系,以增强对战略和业务的有效保障和支撑。处于不同发展阶段的证券公司需要因地制宜、差异发展,中小证券公司重点夯实基础,梳理搭建基础人力资源管理体系,加强管理的专业性和规范性;大型证券公司在已有成熟人力资源管理体系的基础上,应积极推动人力资源管理模式创新转型,以及探索利用金融科技助力管理模式的创新、提高管理效率和客户满意度,为行业整体人力资源未来发展趋势提供经验参考。

(3) 储备国际化高端人才,助力行业国际化进程提速。近年来随着越来越多内资证券公司在香港站稳脚跟,以香港为核心的证券公司国际业务营业收入和资产占比正持续提升,证券公司国际化业务进入 2.0 时代。但是目前中资证券公司收入来源主要还是依托于境内业务,未能摆脱"靠天吃饭"的现状,需要通过国际化战略,积极海外布局,提升海外业务对证券公司集团盈利的贡献度,促使集团收入和业务结构的优化。下一步,中资证券公司应该放眼更广阔的世界,吸取国际先进投行经验,引进国际化专业人才,积极服务国家"一带一路"倡议,为中国企业"走出去"提供金融服务,全面提升中国在国际金融市场的影响力与话语权。

(4) 以科创板发展为契机,加强投行人才管理。科创板的推出为不同类型的证券公司投行业务发展提供了新的机遇,同时,科创板带来的不光是投行业务的机遇,而是证券公司整体的机遇。通过科创板的发展契机,加强集团协同,将各单位嵌入进来,使各单位的专业能力实现再造和提升。在人才管理方面,证券公司投行团队建设应改变旧模式,深耕细分产业,培养行业专家型投行人才,以实现投行人员精英化管理,提升为实体经济提供金融解决方案能力。另外,要加强投行人才管理顶层设计,抓住科创板的机遇,在积极引进、储备成熟优秀投行人才之外,还要用好分公司、子公司的平台和人才,以科创板为契机,探索业务整合、资源整合,进而达到人才整合的可能性,让相关人才在证券公司内部有效地流动起来,加强人才保障,助力业务发展。

（5）加快建设行业金融科技人才队伍，保障业务、引领业务。国际领先投行近年来对数字化转型和金融科技创新的投入占税前利润的近 20%，技术人才比例高达 30%，国内证券公司约 90% 的经纪业务通过线上渠道开展，移动端的使用已经超过 PC 端。高盛、摩根大通等国际投行已率先开始金融科技转型，平安等领先的金融集团已将金融科技作为主营业务，国内不少证券公司也已从战略高度布局金融科技，或斥巨资收购境外金融科技企业，或与国内互联网巨头在金融科技领域进行深度合作，或从国内外招聘大批科技人才进行自主研发，均已初见成效。在此背景下，证券行业要加快金融科技前瞻性布局，把金融科技建设提高到集团战略高度，借鉴行业内外先进经验，充分发挥体制、机制优势，加强引进金融科技人才，加强证券公司 IT 人才团队与国际先进投行、互联网企业、研究机构等合作互动，不断提升人员专业能力，加强信息技术能力建设，抓住金融科技发展机遇，找准投入方向和工作重点，加快布局和落实，实现从保障业务发展到牵引业务发展的战略性转型。

（6）合规风控队伍建设需继续加码，提升行业驾驭风险能力。在金融强监管将持续成为证券行业发展大环境的背景下，证券公司需重塑合规与风险管理文化，加强对业务本质的认识和把握，建立贯穿业务全生命周期的风险管理三道防线，加强授权管理体系建设，形成一套促进业务发展、分层管控风险、权责利统一的精细化授权管理体系，重视发挥问责机制的作用，进一步发挥审计、纪检、合规各部门职能，促进各项业务健康发展。证券公司一方面需切实引进、培养一批专业的高质量合规风控人才，建立风控和业务合作机制，让合规风控人员深度参与业务日常工作；另一方面继续优化合规风控人员的激励机制，以留存懂业务的合规风控专业人才。在高质量专业人才队伍的支撑下，以"防范风险、促进发展"为目标，全面提升证券行业驾驭风险的能力，在保证自身稳健经营的同时为保障国家金融安全、防范系统性金融风险发挥应有的作用。

证券行业投资顾问人才发展建设研究[*]

广发证券股份有限公司课题组[**]

一、国内证券行业投资顾问队伍的建设现状及问题分析

（一）国内投资顾问市场发展情况

1. 国内投资顾问的历史演进和制度环境

中国资本市场经过近30年的发展，目前已经成为世界第二大资本市场，托管证券市值超过40万亿元，个人投资者超过1.3亿人，从业人员超过35万人。其中，投资顾问作为资本市场的中坚力量，对资本市场和服务广大投资者发挥了重要作用和影响。

中国投资顾问及业务的发展大致经历了三个历史阶段：第一阶段是证券投资咨询探索期（1990—1997年）。该阶段中国资本市场刚成立，证券资讯相对匮乏，证券研究人员较少，股评家在早期的证券投资咨询活动中扮演了重要角色。第二阶段是证券投资咨询规范期（1998—2010年）。该时期由于商业股评"黑嘴"事件以及"抢帽子交易"操纵股价等损害投资者利益的违法行为频发，监管机构于2005—2006年连续出台严厉措施，打击商业股评和会员制。第三阶段是投资顾问专业分工期（2011年至今）。该时期标志性事件是2011年中国证监会发布《发布证券研究报告暂行规定》和《证券投资顾问业务暂行规定》，将投资咨询业务分为以证券公司研究所为载体的发布证券研究报告和以证券经纪业务为载体的投资顾问业务两种类型。

2. 国内投资顾问队伍规模概况

在证券公司传统经纪业务转型过程中，投资顾问被寄予厚望，打造专业化的投资顾问队伍已被各大证券公司作为经纪业务向财富管理转型的关键基础。

截至2019年4月，中证协数据显示，当前注册投资顾问人数为46 595人，较2010年底

---

[*] 本文为中国证券业协会2018年重点课题。
[**] 课题负责人：谢军，广发证券财富管理部执行董事；课题组成员：陈宝珍、陈闯、曾斯妮、张儒瞳。

的 4 268 人增加接近 10 倍，规模扩张迅速。目前证券公司中投资顾问人数排名前 5 位的为广发证券、中信建投证券、中信证券、中国银河证券和华泰证券，分别达到 2 917 人、2 483 人、2 346 人、2 330 人和 2 259 人。此外，前 8 家证券公司（CR8）投资顾问总人数在全行业占 36.46%。投资顾问也在向头部证券公司集中（见图 1）。

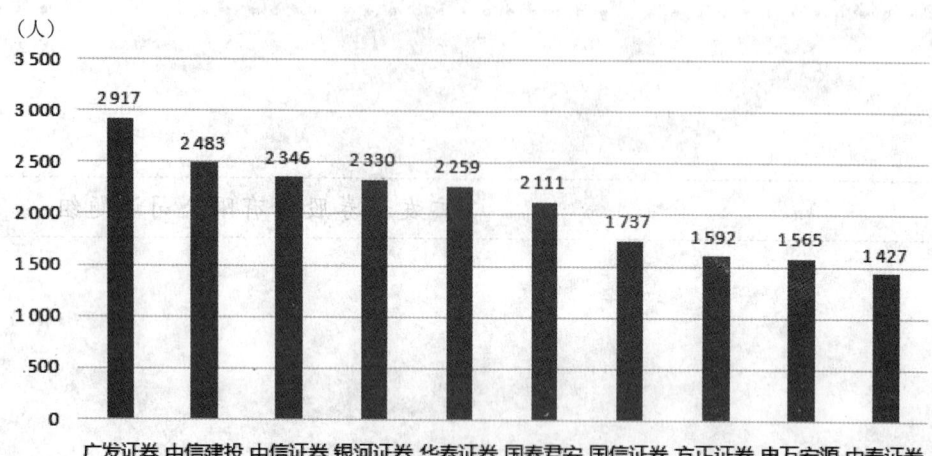

图 1 截至 2019 年 3 月底投资顾问人员数量排名前 10 位的证券公司

资料来源：中国证券业协会网站。

（二）国内主流证券公司投资顾问队伍的运作模式

国内典型的证券公司投资顾问队伍运作模式差别较大，各家机构对于"投资顾问"的岗位定位不尽相同，在投资顾问管理、人员培训体系等方面也存在较大差异。

1. 投资顾问管理模式

证券公司对于投资顾问队伍的管理模式大体有三种：垂直管理模式、扁平管理模式、混合模式。垂直管理模式下，当市场行情、政策发生变化时，总部的调整比较滞后，反应过于缓慢，同时也不能适应区域市场环境的变化，从而影响投资顾问团队整体能力的发挥。扁平化管理模式下，总部政策向下传达可能受阻或者执行不到位。部分证券公司探索对投资顾问队伍采取"扁平化 + 垂直化"混合管理模式，综合垂直管理和扁平管理各自的优势，这样可以在高质量的同时保持高效反应，但是对于证券公司的管理能力是一个考验。

2. 投资顾问岗位职责定位

大部分证券公司将投资顾问的职责定位为传统"大包大揽"全能型服务营销人员，部分证券公司开始在实践中尝试将投资顾问的工作职责分类定位，并且在此基础上将投资顾问分成几个类别，在各类别中继续根据能力不同又分成几个层面。近年来证券公司逐渐意识到投资顾问分类培养的重要性，纷纷提出发展投资顾问队伍的规划，并计划继续强化投资顾问分层分类管理、分层分类培养。

3. 投资顾问招聘与考核

由于投资顾问在传统经纪业务中的工作越来越混杂，没有一个清晰的工作定位，也没有相应的职业规划，因此招聘和考核传统投资顾问都是一个难题。但在行业中有系统重要性的几家证券公司依然对投资顾问给予很高期待，特别是在零售业务的财富管理转型中，逐步意识到投资顾问的重要性。

投资顾问的招聘门槛在逐步提高，证券公司更青睐于从业经验丰富、专业素质过硬的成熟投资顾问。而且，在绩效发放、内部晋升或者其他重要岗位的机会等都与是否具备投资顾问资格挂钩。投资顾问入职门槛的提高无疑有助于提升投资顾问队伍综合素质，同时加强投资顾问队伍资格认证管理也有助于投资顾问正本清源。证券公司均加速扩张投资顾问队伍，提升投资顾问能力是一个行业趋势。

4. 投资顾问认证晋升管理

证券公司投资顾问由于分类分层依然处在初级阶段，所以内部认证和晋升管理都比较粗糙，晋升也没有固定的规则可依循。绝大部分证券公司均未建立投资顾问分类培养规划，部分证券公司虽已提出投资顾问分层分类培养规划，但目前除了投资分析序列投资顾问以外，人数占比较高的资产配置序列、私人银行序列都尚未完成投资顾问职业晋升体系建设，大部分投资顾问尚无清晰的晋升通道。国内证券公司有必要尽快厘清、打造各序列投资顾问队伍晋升通道。

5. 投资顾问的培训管理

证券公司的培训体系各有特色，但是相比成熟市场对投资顾问的培养，依旧粗糙、不系统，并且把大量精力放在了所谓的营销能力培训上，对于专业能力的提升反而投入很少。国内证券公司有必要加强培训体系建设，提升培训效率。

（三）国内投资顾问人才储备的特征及问题

我国投资顾问经过近十年的发展，为资本市场的发展贡献了较大力量，但作为一项证券从业岗位，相比分析师、保荐人队伍，投资顾问队伍的发展及人才储备仍存在诸多问题和挑战。

1. 投资顾问服务价值低，且同质化严重

无论是推荐股票还是提供资产配置建议，投资顾问的投资咨询建议所创造的价值很难精确量化和变现，各大证券公司提供的投资顾问服务同质化严重。

2. 投资顾问职业定位不明，晋升路径不清晰

由于投资顾问难以通过投资咨询业务为客户创造价值和变现自身价值，投资顾问的工作重心就变为对新增资产、产品销售、"两融"业务开拓等各项营销任务和销售指标的考核，围绕客户资产保值增值为目标的核心竞争力打造更无从谈起，投资顾问的职业定位已经走偏。目前，多数证券公司内部未能根据投资顾问的资历及专业要求制定投资顾问职级评定标准，对投资顾问进行等级划分，并制定相应的分级薪酬，造成投资顾问对以后的发展路径感到迷茫，削弱了投资顾问提升专业水准和业务水平的积极性。

3. 投资顾问整体素质偏低，社会形象不佳

由于投资顾问多在基层分支机构工作，同时由于历史原因，整体学历素质相比分析师和保荐人要低。以国内某大型证券公司投资顾问数据分析，投资顾问队伍中硕博学历占比只有10%左右，而同期分析师和保荐人硕博学历占比高达98%和90%；同时，投资顾问来自重点院校的比例只有27%（见图2）。

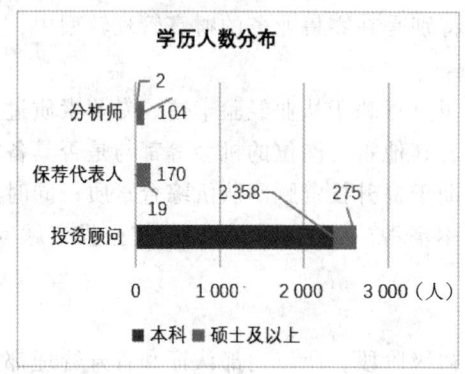 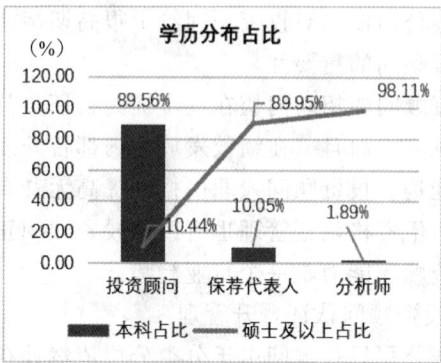

图 2 某证券公司从业人员学历分布情况

资料来源：根据调研数据整理。

相比较保荐人、分析师两个岗位，投资顾问的社会形象略显不佳。投资顾问背负历史负面包袱较重，在投资咨询业务第一和第二发展阶段，"股评黑嘴"将行业形象抹黑。国内市场波动大，传统荐股和市场分析等投资顾问服务让投资顾问的专业能力备受质疑。国内"卖方投顾"定位，使得投资顾问利益和客户利益难以一致，投资顾问推荐股票会被客户误认为为了证券公司获得佣金而过度交易，投资顾问推荐产品会被客户误认为为了完成销售任务和获得代销费。

4. 投资顾问人才储备缺口大，人才流失严重

证券行业投资顾问人才储备缺口大，中小证券公司尤其明显。中国结算数据显示，截至2019年3月，境内投资者数量为1.4752亿名，其中，个人投资者为1.4717亿人，机构投资者为35万家。这意味着每一个投资顾问需要服务3 031个客户。由于优质投资顾问存在巨大缺口，证券公司纷纷争夺优秀投资顾问。

在证券公司对优质投资顾问如此渴求的情况下，业内优质投资顾问流失情况依然严重，主要原因：一是证券公司投资咨询业务盈利模式不够清晰，与经纪业务绑定收取差别佣金是主流，投资顾问价值难以体现；二是在投资顾问人才的后续培养上，绝大部分证券公司的投资顾问人员职业晋升瓶颈明显，这些投资顾问赚取的不是提供投资咨询获得的酬劳，而是销售产品和服务获取的佣金，投资顾问人员泛"销售化"。

5. 制度方面存缺陷，政策框架待完善

现有政策框架下，投资顾问不能管理客户账户，只有建议权，且不能按照投资收益分成的方式收取费用，不能从客户资产规模和客户资产增值中获得收益与认可，只能倾向于短线交易来获取佣金。国内的投资咨询行业是一个非常典型的"劣币驱逐良币"的市场，具备资源背景和专业能力的持牌机构往往因为找不到盈利模式而无法打开局面。

二、国际先进机构的投资顾问队伍建设经验借鉴

在经历了单纯以佣金价格战为主的"初级阶段"与强调产品差异化竞争的"发展阶段"后，许多国际证券公司纷纷进入"成熟阶段"：通过投资顾问来定制金融投资理财方案，为

客户做全方位资产配置,以财富管理的形式推动业务创新,强调服务差异化。

整体来看,美国的投资顾问队伍建设水平走在世界前列,本文通过文献阅读,对比研究美国摩根士丹利、美林证券、嘉信理财等领先投行的投资顾问队伍建设模式后发现,美国"买方投顾"队伍建设模式有以下主要特征值得我国借鉴:

第一,"买方投顾"主要通过客户账户管理费实现盈利。直接管理客户资产,从客户需求出发,进行资产配置。

第二,美国投资顾问主要通过团队合作来满足客户财富管理需求。满足客户大类资产配置需求,需要如权益、债权、股权、另类、房地产、税务等方面专家。

第三,美国投资顾问有严格的招聘、培养、考核和淘汰机制。不管校园招聘新人还是社会招聘熟手,美国投顾的起点较高,保证了投顾人员素质高。另外,成熟的投行都有2—3年严格的培养计划,且淘汰率也非常高,3年培养后,只剩1/4的人能留下继续从业。

第四,美国投资顾问有清晰的晋升路径。从刚入职助理分析师、分析师、高级分析师,再到管理级的执行董事、独立董事等职位,有清晰的个人发展路径。

第五,美国投资顾问有成熟的监管法律体系。1940年发布的《投资顾问法》是美国投资顾问监管法律准则,一直沿用至今。监管边界清晰,可操作性强。

美国投资顾问的发展路径、盈利模式、培养机制、监管法律等都为我国投资顾问从"卖方投顾"过渡到"买方投顾"提供了很好的借鉴。

三、基于"买方投顾"的新型财富管理业务模式建议

投资顾问队伍的建设模式是以业务开展模式为前提的,在传统证券公司经纪业务模式下,投资顾问盈利模式是通过引导客户短线交易赚取佣金,或者是泛销售化,通过销售产品赚取销售手续费,由此引发的"过度交易、过度销售"等损害客户利益的问题屡见不鲜。而投资顾问人员大多以"卖方投顾"角色定位,国内投资顾问自身价值变现难以真正与客户利益、客户资产保值增值相挂钩。

证券公司传统经纪业务转型需求迫切。在2017年以前,我国证券公司以经纪业务收入作为主要收入来源,但是,近几年由于市场的开放、互联网的冲击、股票价格波动、基金交易量下降、佣金价格竞争等原因,代理买卖证券业务净收入占比持续下降趋势无法逆转。证券公司传统业务的利润空间被逐步压缩,经纪业务收入在证券公司营业收入中占比下降(见图3)。证券经纪业务"传统"盈利模式面临困境,不少证券公司开始寻求新的战略,纷纷喊出"向财富管理转型"的口号。

本文认为,在探讨国内"买方投顾"队伍建设体系之前,应该先明确证券公司新型财富管理业务模式。建议未来财富管理业务是指接受客户委托,以客户需求分析为前提,用先进的资产配置策略,对证券及相关产品投资或交易做出价值分析或投资判断,代理客户执行账户投资或交易管理,并根据财富管理的资产规模或资产增值来收取服务费的业务。因此,本文将未来财富管理业务定位于"买方投顾+全方位财富管理",并从目标人群、产品形态、业务流程等方面做出建议。

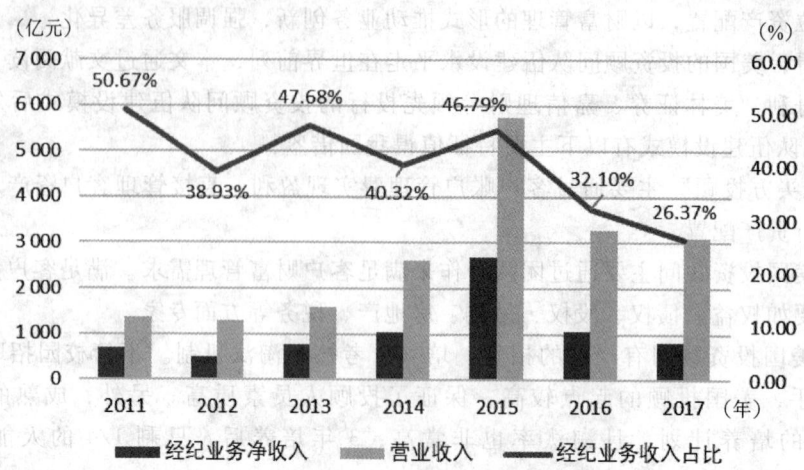

图 3 2011—2017 年证券经纪业务占营收比重

资料来源：公开资料整理。

（一）财富管理业务定位

1. 基于客户利益的"买方投顾"

财富管理业务从客户利益和客户个性化需求出发，定位于满足客户特定理财目标的"买方投顾"。"买方投顾"的核心竞争力不在于博取高收益，而在于与客户利益保持一致，能够从客户利益出发做出投资决策。而且"买方投顾"能够深入了解客户需求与特质，为客户打造符合个性化的、"千人千面"的财富管理方案。

2. 财富管理解决方案供应商

证券公司财富管理业务应从客户利益出发，致力于为客户提供全方位的财富管理解决方案。伴随居民财富的增长，客户的财富管理需求集中爆发。面对客户多种多样的财富管理需求，证券公司应提供包括各大类资产投资咨询、理财规划、财富传承、海外投资咨询等在内的财富管理解决方案。

3. 以资产配置为核心方法和工具

证券公司应从资产配置的理念和方法出发，追求稳定收益和风险可控的理财方案。资产配置的方法是公认的最为有效的投资方法，其特点是组合投资、收益稳健、风险可控。相比于专业的投资经理，零售业务投资顾问在投资能力上没有禀赋优势，在博取高收益层面表现乏力。但是通过资产配置的方式，可以大大弥补投资能力的不足。此外投资顾问人数较多、能够对客户深入了解的优势，为客户制订个性化的理财方案提供了基础。

（二）财富管理业务目标人群定位

建议将财富管理业务的核心目标人群定义为有特定理财目标、对财富管理和资产配置理念有较高接受程度的理财客户，而追求高风险高收益的投资型客户为次核心目标群体。财富管理业务基于资产配置的理念和方法开展，这种方法决定其在投资方面存在收益稳健、风险可控的特性，与追求合理收益、具备科学投资及理财观念的理财型客户是天然契合的。

（三）财富管理业务的产品形态定位

财富管理业务基于客户的理财目标，以"专属投资顾问＋专家服务团队"为实现路径，利用资产配置策略，通过配置证券及相关产品，为客户提供专业的财富管理服务，以满足客户资产增值保值的理财需求。财富管理业务定位于签约资产达到一定门槛的理财客户，依托证券公司多名专业投资顾问以及总部的策略和研究支持、专家团队，实行"1＋N"业务模式，为客户提供个性化、全方位的财富管理服务。

（四）财富管理业务流程

建议财富管理业务采取签约模式，在客户发起财富管理业务申请后，客服人员进行"全面了解你的客户（KYC）"流程，并对客户签约环节进行"双录"（见图4）。

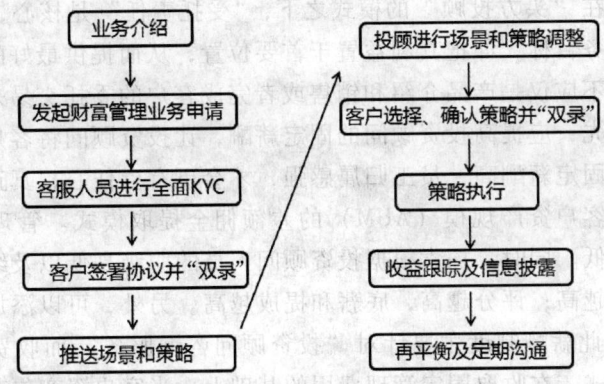

图4　财富管理业务流程图

四、新型财富管理业务模式发展趋势下的投资顾问体系建设建议

（一）实操建议

1. 明确投资顾问的服务内容

我国投资顾问业务起步晚，服务内容不甚明确，造成了投资顾问人员难以走出"被客户误解为经纪人员—无法明确解释投资顾问本质业务—继续提供产品销售服务—客户持续误解"的循环，始终以卖方的形象开展业务。通过对现有投资顾问队伍建设模式导致的问题进行梳理，以及对国外类似问题解决方式的借鉴，本文认为国内投资顾问队伍建设需要由现有的"卖方投顾"模式向"买方投顾"模式转变，"买方投顾"队伍建设可以从财富管理业务方向的投资顾问队伍培养来落地。

"买方投顾"意味着站在买方的角度为客户提供财富管理服务，具体而言便是完善客户KYC工作之余，结合具体市场配置机会，为客户进行量体裁衣的理财配置方案设计，同时择机对投资者进行理财教育，加深投资者对金融知识的印象，帮助客户更加了解投资顾问的实际业务，促使他们逐渐改变对投资顾问的刻板印象。

2. 根据业务需求完善分层分类投资顾问培养体系

投资顾问分层分类培养的重要手段是"投顾培训"。唯有进行专业的培训才能使投资顾问专业人员深刻了解到业务的特征以及需求，从而提高其工作能力。参考摩根士丹利和嘉信理财的培养模式，建议培训可分为一般通识性培训和专业方向性培训。前者着重于作为投资顾问需要积累的金融及产品知识，后者则是根据投资顾问具体的业务方向所设，旨在提升不同类型投资顾问实际理财能力，以达到由"卖方"转向"买方"的目的。

在行业层面，应推进投资顾问培训证书在业内认证，以协助不同证券公司的投资顾问之间可以横向比较。同时业内应制定统一的培训课程质量评定标准或推出细化的投资顾问考试资格认定标准，对通过符合标准质量培训或资格考试的投资顾问进行行业内统一资格认证，使投资顾问在执业过程中不断加强专业水平，鼓励更多的从业人员从事投资顾问业务。

3. 建立与"买方投顾"相适配的投资顾问薪酬体系

若不从薪酬体系上区分与规定佣金收入和财富管理服务收入标准，从业人员容易由于惯性陷入"卖方投顾"的业务范畴，继续此前所述的恶性循环，不理想的报酬更容易加速投资顾问人才的流失。在"买方投顾"的模式之下，"受托责任"是核心，投资顾问需要把客户的核心利益作为业务目标，即把其利益置于首要位置，从而提供最好的服务。因此，健康的财富管理报酬体系不应仅是产品介绍和销售或者完成客户的委托交易来收取佣金。

在实操层面，首先，应提高投资顾问的固定薪酬，让投资顾问将客户服务从原有的短期行为变为长期行为：固定薪酬高，员工归属感强，才会更有责任心，真正从维护客户利益出发。其次，探索基于客户资产规模（AUM）的差额佣金提取模式。管理资产规模越大，单位资产下的佣金可越低。同时，探索根据投资顾问人员的职级高低以及综合评价打分进行划分，级别越高，佣金越高；评分越高，底薪和提成越高。另外，可以添加区别于差别佣金的年费（月费）制度，此薪酬制度主要针对"投资顾问咨询服务"而收费。另外，还可以参考私募管理人收费模式，在收取固定管理费用的基础上，当客户资产包获取较高超额业绩时提成一定比例，就投资顾问业务而言，投资顾问从业人员可根据推荐的资产配置组合给客户带来的实际收益来进行提成。综上所述，建议构建一个比较全面且能够激发投资顾问工作能力的薪酬结构（见图5）。

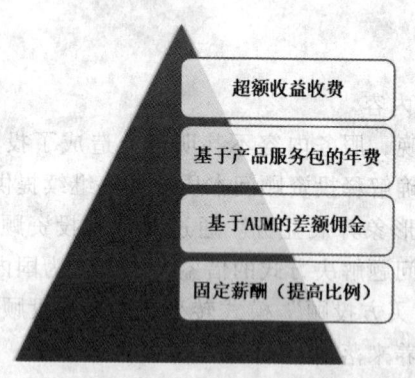

图 5　投资顾问薪酬结构建议

（二）政策建议

1. 逐渐放开全权委托制度

投资顾问要想从传统的"售卖产品"的角色中转变出来，最重要的是需要把自身从卖方的角度转向买方的角度,即从资产配置的角度去看待自身的业务。买方所涉及的两大方面任务主要是为高净值客户提供投资建议,以及替理财经验薄弱的客户直接进行理财,而后者正是欧美成熟财富管理市场中流行的。在我国大多数投资者理财知识缺乏、理财经验不足的情况下,逐渐放开全权委托制度是加速实现以上若干建议的必要条件。

在美国,对于投资顾问的业务能力有一套较为标准的评价体系,以信息比率(Information Ratio,IR)、信息系数(Information Coefficient,IC)、转换系数(Transfer Coefficient,TC)、幅度(Breath,BR)四个指标构建评价体系,根据理财效果对投资顾问进行评价,从而衡量其业务能力,并能够帮助客户选择优良的投资顾问。但此评价体系是建立在全权代客理财的基础上,若我国的全权委托制度得以放开,我国"买方投顾"队伍可借鉴美国此套评价标准。

在全权委托制度落实之后,投资顾问从业人员的评价标准将逐渐从内部体系转到外部公允体系,便于全行业相互比较,第三方客观评价机构也可随之建立。这有利于投资者选择良好的投资顾问人员,也有利于投资顾问人才相互比较,从而帮助投资顾问了解自身优劣,进而不断提高业务能力。

2. 完善相关投资顾问管理办法

目前国内没有对投资顾问进行单独立法,国内投资者投资理念及风险意识尚处于起步阶段,投资顾问提供咨询服务引发投资纠纷的事件时有发生。鉴于以上情况,建议在监管层面对相关法律法规进行修订,对投资顾问的角色定位进行重新定义,从而规定和保护投资顾问的义务和权利。在目前混业经营无法有效得到开展的前提下,建议有关部门在其余金融机构(主要是期货、基金等金融机构)相关的法律法规中加入投资顾问的业务范围,使得此业务在全金融行业有一个统一的界定。

综上所述,本文认为良好的人才引进及培养机制配合详尽的业务范围能够保证及促进从业人员的业务能力;完善的部门组织架构能够促使人才发挥最大能力,认清奋斗目标;标准且严格的效绩评价体系能够激活投资顾问人才的工作活力,助其找到阶段性的发展路径,进一步促进其个人能力与部门业务的长足发展;改进后的薪酬体系能够促使业务转型,使投资顾问人才能够有效开展业务并合理获得报酬,以增加对业务和对部门的归属感。相信在合理且严谨的业务管理框架下,我国财富管理业务能够逐渐向欧美成熟市场看齐,并由"卖方投顾"角色转向"买方投顾"角色,证券公司投资顾问人才的发展也能够获得阶段性的成功。

发挥 IOSCO 平台功能，加强评级机构合作与交流

裴永刚[*]

一、评级行业对外开放和国内评级机构"走出去"

（一）准入限制下的境内外评级机构合作形式

早期由于《外商投资产业指导目录》对于"资信调查与评级服务"的外资准入限制，我国评级行业对外开放主要通过合资形式。穆迪于 2006 年 4 月收购了中诚信国际信用评级有限责任公司（以下简称"中诚信"）49% 的股份，以合资公司的形式在中国债券市场开展评级业务。2007 年 4 月惠誉评级也收购了联合资信评估有限公司（以下简称"联合资信"）49% 的股份，成为其两大股东之一。而标普主要通过与上海新世纪资信评估投资服务有限公司签署技术服务协议，在培训、联合研究项目以及分享信用评级技术等领域进行合作。

（二）我国评级行业的进一步对外开放

随着我国金融行业对外开放的不断深入，评级行业对外开放的步伐也不断加快。2017 年 5 月，中美两国就允许在华外资全资金融服务公司提供信用评级服务达成共识。2017 年 6 月底，国家发展改革委、商务部发布了《外商投资产业指导目录（2017 年修订）》，在服务业领域取消了"资信调查与评级服务"的外资准入限制。同年 7 月 3 日，中国人民银行发布〔2017〕第 7 号公告（以下简称"7 号公告"），允许境外机构在银行间债券市场开展信用评级服务，标志着中国债券市场信用评级服务对外的全面开放。2018 年 3 月，银行间市场交易商协会发布《银行间债券市场信用评级机构注册评价规则》，正式接受境外评级机构注册。2018 年 5 月，银行间市场交易商协会发布《关于开展 2018 年银行间债券市场信用评级机构注册评价工作的公告》，评级机构的注册评价工作实质性展开。

---

[*] 作者单位：东方金诚国际信用评估有限公司。

(三) 国际三大评级机构先后成立独资公司进入中国市场

7号公告发布后,国际评级机构先后不同程度降低了其持有的国内评级机构股权。惠誉在2018年将其持有的联合资信全部股份出售给新加坡政府投资公司(Government of Singapore Investment Corp,简称GIC)。截至2018年7月,穆迪持股中诚信的份额也由原来的49%下降至30%。

随后,国际三大评级机构纷纷在国内成立独资公司。2018年6月15日,穆迪率先在中国设立穆迪(中国)信用评级有限公司;2018年6月27日,标普设立标普信用评级(中国)有限公司,并于2019年1月28日在中国人民银行营业管理部完成信用评级机构备案,中国银行间市场交易商协会也于同日发布接受其开展银行间债券市场信用评级业务注册的公告;2018年7月27日,惠誉设立惠誉博华信用评级有限公司。

(四) 中国本土评级机构"走出去"步伐加快

在我国金融行业对外开放的背景下,不仅境外评级机构开始寻求在中国债券市场独立开展评级业务,近年来中国本土评级机构也开始走出国门,积极开展国际评级业务,争取国际债券市场的评级话语权。

1. 积极参与国际评级协会事务

截至目前,中国10家主要评级机构有6家已加入亚洲信用评级协会。2017年12月,东方金诚国际信用评估有限公司(以下简称"东方金诚")董事长罗光先生当选为亚洲信用评级协会新一届理事兼培训委员会副主席。此外,中国评级机构还积极参与亚洲信用评级协会组织的技术研讨和人员培训等活动,被邀请就信用评级技术、中国宏观经济、"一带一路"倡议等主题进行演讲和讨论,倡导推动亚洲债券市场评级合作。

2. 设立境外子公司

中国评级机构近年来积极申请我国香港、欧盟等地区评级牌照,开展国际债券市场评级业务。中诚信于2010年设立中国诚信(亚太)信用评级有限公司,并于2012年获得香港信用评级牌照;鹏元香港于2012年正式获得香港评级牌照;大公香港和联合评级国际有限公司分别于2014年和2018年获得香港评级牌照。此外,大公国际资信评估有限公司和曼达林基金共同出资设立的大公欧洲资信评估有限公司于2013年6月正式通过欧洲证券和市场管理局(ESMA)的批准,获得欧盟信用评级机构执照。

3. 加强与国外评级机构合作与交流

近年来,国内评级机构先后与俄罗斯等国家主要评级机构建立了合作关系,如东方金诚与俄罗斯信用评级机构Analytical Credit Rating Agency(简称"ACRA")签订中俄信用评级战略合作协议,中诚信与俄罗斯Expert RA评级公司签署合作备忘录等。此外,东方金诚与ACRA还分别于2018年7月和10月组织了分析师互派等深入的交流活动。

二、IOSCO及其在推动评级机构合作与交流方面的作用

国际证监会组织(IOSCO)成立于1983年,是由各国各地区证券期货监管机构组成的专业组织,是主要的金融国际标准制定机构之一。中国证监会于1995年成为IOSCO正式成

员,上海证券交易所、深圳证券交易所等 7 家机构为其附属会员,并积极参与各类标准的制定。

IOSCO 的主要宗旨包括:致力于制定国际公认的监管准则和执法标准并推动其得到一致实施,以保护投资者,维护市场的公平、高效、透明;通过加强在执法、市场及中介监管方面的信息交流和合作,加大投资者保护力度,增强投资者对证券市场诚信的信心;为成员在全球和地区层面进行经验交流提供平台,以协助市场发展,推动市场基础设施建设,实施适度监管。

(一) IOSCO 确立了对评级行业实施监管的基本框架

2008 年金融危机后世界各国纷纷加强了对评级机构的监管,IOSCO 等组织也提出了多项具有普适性的共识、原则、建议等,推动协调各国监管标准的统一。

国际证监会组织在信用评级行业方面的监管主要体现在《IOSCO 关于信用评级机构行为准则的声明》(以下简称《声明》) 和《信用评级机构基本行为准则》(以下简称《基本准则》) 这两份重要文件中,主要内容如下:

1. 提出了信用评级监管的核心理念

《声明》首次明确了信用评级机构在资本市场中的角色和作用是"发表意见,减少信息不对称",明确了信用评级机构对发行人和投资者的责任,并从职责和责任出发提出了信用评级机构应遵循的三条基本规则:确保评级过程的质量和公正性、保持独立性和避免利益冲突、信用评级机构对发行人和投资者的责任。这三条基本规则构成了各国对信用评级机构进行监管的核心理念。

2. 提出了信用评级机构需要遵循的具体规则,构成了信用评级监管的基本框架

《基本准则》是对《声明》所规定原则的具体化,对信用评级机构的公司治理、独立性与利益冲突防范、信息披露、内部控制提出了完整的要求。

3. 在信息披露方面,《基本准则》对评级披露的透明度和及时性提出了明确要求

其包括但不限于评级机构应及时发布对于所评定机构和证券的评级结果;应公开披露其发布评级、报告和更新的政策;应公布有关其程序、方法和假设的充分信息;在可能情况下应公布与评级类别的历史违约率有关的充分信息以及这些类别的违约率是否随着时间推移而发生变化,以便相关各方能够了解每个类别的历史表现情况、评级类别是否以及是如何发生变化的,从而对不同评级机构的评级质量加以比较等。

此外,国际证监会组织在 2012 年和 2013 年还发布了关于信用评级机构风险控制和信用评级机构跨境监管合作的专项报告。

(二) 国际证监会组织的评级监管标准得到了广泛应用

2009 年 4 月,G20 领导人签署了《关于强化金融体系的声明》,同意通过国内监管当局实施基本行为准则。国际证监会组织所倡导的信用评级机构监管理念和监管框架得到了较为广泛的应用,各主要经济体均强化了对信用评级机构的监管,绝大部分都引入了信用评级机构的注册制。

美国证券交易委员会对"国家公认的统计评级组织"的监管遵循了基本行为准则;欧盟在基本准则的基础上建立了欧盟统一的信用评级机构注册和监管机制,并以对 IOSCO 基

本准则的遵循程度为主要标准来评估其他司法区域的信用评级监管机制是否可以被欧盟认可;中国香港证监会的《信贷评级机构操守准则》是对基本行为准则在香港的具体体现;我国证监会提出的《信用评级机构执业行为准则》也对基本行为准则做出了响应。

(三) IOSCO 致力于推动评级跨境监管合作与监管互认

1. IOSCO 在推动评级跨境监管合作中的优势

国际证监会组织为成员在全球和地区层面提供了经验交流平台,具有如下优势:(1) 专业性。IOSCO 的会员是来自世界 100 多个国家和地区的证券期货监管机构,有着专业的证券监管知识和多年的证券监管经验,在监管政策和标准制定方面具有显著优势。(2) 高效性。IOSCO 是在会员共识的基础上运行的,没有正式的投票程序,且 IOSCO 颁布的标准和准则等不需要各会员国内正式程序的批准,可以高效解决监管中的专业问题。(3) 非政治性。作为一个专业性的国际组织,IOSCO 强调会员与组织的非政治性,相关原则不具备强制效力,各成员可结合自身市场特点自主实施相应监管。

2. IOSCO 在推动评级跨境监管合作和监管互认方面的作用

IOSCO 一直致力于促进跨境监管合作,积极推动评级监管互认。《基本准则》中强调了监管合作原则。在其 2013 年发布的《评级机构监管联席会最终报告》(Supervisory Colleges for Credit Rating Agencies Final Report) 中,IOSCO 建议成立评级机构监管联席会作为监管机构之间的一种协作安排,促进信息共享,以加强对国际上活跃评级机构的风险评估和有效监督。

IOSCO 提出的评级跨境监管合作原则主要包括如下几个方面:(1) 监管机构应有权与国内 (区内) 外同行分享公开和非公开的信息;(2) 监管机构应建立信息分享机制,阐明何时、如何与国内 (区内) 外同行分享公开和非公开信息;(3) 外国监管机构为履行职责和行使权力需要进行调查时,监管系统应允许向其提供协助。

(四) IOSCO 为中国本土评级机构"走出去"、促进评级机构合作与交流提供了重要支撑

首先,IOSCO 评级监管标准及其应用在为各国监管部门加强评级行业监管确立基本准则的同时,也有助于提高评级信息披露的透明度和及时性,特别是评级结果、评级方法和评级标准、违约率及相关评级信息的披露,能够为不同评级机构之间评级质量的比较、评级技术交流与合作奠定良好的基础。

其次,评级跨境监管合作和监管互认为中国本土评级机构"走出去"提供了可行路径。由于国际三大评级机构基本垄断了国际债券市场评级业务,中国本土评级机构在国际债券市场的话语权很弱。而基于 IOSCO 评级跨境监管合作和监管互认的相关安排,在某一国家或地区获得评级牌照的评级机构所发布的信用评级结果将允许被直接应用于监管互认的另一国家或地区债券市场,而不需要在另一国家或地区取得评级牌照,这就为中国本土评级机构进入国际债券市场提供了便利。如中国香港特区政府已与欧盟就跨境监管合作和监管互认开展合作,近年来在香港获得执业牌照的中国评级机构所发布的信用评级结果将允许被直接应用于欧盟债券市场,从而为中国本土评级机构评级业务的国际化创造了条件。

最后,利用 IOSCO 国际平台功能,中国本土评级机构可以参与行业监管规则和国际标准的制定。IOSCO 作为金融监管部门的合作组织,其宗旨之一是为成员在全球和地区层面进

行经验交流提供平台,每年 IOSCO 年会和随后的各类公开论坛均会邀请行业代表和金融机构参加,同时 IOSCO 也会就部分专题组织问卷调查并发布相关经验分享报告。此外,在国际证监会组织理事会已设立了信用评级机构标准制定委员会,致力于信用评级行业国际标准的制定和实施。中国本土评级机构可以借助 IOSCO 国际平台功能,参与行业监管规则和相关国际标准的制定过程之中,促进评级机构技术交流与合作。

三、加强评级机构国际合作交流的政策建议

如前所述,IOSCO 国际平台为各国监管部门加强评级行业监管确立了基本准则,也为中国本土评级机构"走出去"提供了可行路径。在人民币国际化和"一带一路"倡议稳步推进的背景下,评级行业进一步对外开放是大势所趋,而坚持对等开放原则,推动和支持中国本土评级机构进入国际债券市场也尤为重要。对于中国本土评级机构而言,加强与各国监管部门、国际行业自律组织、国际三大评级机构和其他评级机构的沟通与交流,是提升技术实力和国际债券市场品牌影响力的重要举措。

(一)坚持对等开放原则,积极推动评级行业监管互认,推动和支持中国本土评级机构"走出去"

建议监管部门将打造全球影响力的中国评级机构上升为国家级战略和政策共识,坚持对等开放原则,积极推动评级行业监管互认,支持本土评级机构申请其他国家信用评级牌照,争取国际评级话语权,以助力国家"一带一路"倡议等的顺利实施。在具体实施方面,可以参照欧盟的评级行业监管互认机制,建立对其他国家信用评级监管效力的互认,在中国进一步开放债券评级市场的同时,其他国家或地区也应该认可中国本土评级机构的债券评级结果或支持其按照规定的程序取得评级牌照,助力中国本土评级机构的国际化发展。

在中国债券评级市场进一步开放方面,做好国际与国内评级标准的衔接尤其重要。国内评级机构的评级结果体系是以本国企业为参照,基于本地区的评级,经过评级市场 30 多年的发展,各监管机构和发行人已经形成了对国内评级机构评级结果的管理体系。而国际三大评级机构目前采用的是全球评级体系,其标准是基于全球评级体系进行制定的,与国内采用的区域评级体系相比差异较大。为避免信用评级结果的混乱,建议监管机构主要采用中国的区域性信用评级体系,全球评级体系下的评级结果供投资者自愿参考使用,要求至少选择一家本土信用评级机构的双评级机制,确保发行人和投资人有国内体系评级结果可供参考,确保满足监管用途,做好国际与国内评级标准的衔接。

此外,评级业务有时需要接触一些特殊行业,可能涉及国家或商业涉密信息,国内评级机构对国内企业运行的体制机制更为熟悉,对涉密信息也有更强的信息保护和保密意识。因此,建议监管部门在涉及军工、国防、资源、金融等重要国企选择评级机构时,适当将上述因素纳入考虑依据。

(二)加强评级监管和国际监管协调,进一步提高评级披露的透明度和及时性

基于国际证监会组织所倡导的信用评级机构监管理念和监管框架,各国监管部门可协调制定关于评级方法、评级模型和评级过程等信息披露的监管规则,加强对主权评级标准和评

级质量的监测和检验，提高各评级机构评级结果的可比性。同时，对全球市场信用评级行业的竞争因素和利益冲突情况进行梳理，并对各国信用评级机构的竞争行为进行评估，促进各国的自我约束和管理，提升行业透明度与市场稳健性。

对于中国本土评级机构而言，充分发挥 IOSCO 的平台作用，加强与各国监管部门的沟通和交流，为行业监管规则和国际评级标准的制定建言献策，不仅有助于提升其国际话语权，也可以通过公开研讨和同业经验分享等途径加强与国际三大评级机构及其他评级机构的技术交流与合作，不断提升技术实力和评级质量。

（三）充分发挥评级行业国际自律组织的作用，加强评级机构的交流与合作，提高评级话语权和国际影响力

亚洲信用评级协会、欧洲信用评级协会等作为评级行业的国际自律组织，在国际债券评级行业具有广泛的影响力。加强与这些国际自律组织的沟通与交流，不仅能够扩大评级机构自身的战略视野，也有助于加强机构与国际评级前沿的技术交流，推动评级机构的区域性合作，提升信用评级机构在全球范围的服务能力和影响力。

近年来，中国本土评级机构与上述国际自律组织的联系明显增加，未来可以从以下几个方面进一步深化沟通交流：

一是积极参加国际自律组织的培训活动，加强同业之间的技术经验交流，为潜在的国际商业合作奠定基础，拓展评级机构的国际化业务及战略布局。

二是与国际自律组织联合举办国际会议和论坛，借助其在不同区域内债券市场的影响力，宣讲中国债券市场的发展现状、发展前景和监管政策，以及国内评级机构的评级理念和评级方法，并发布全方位的研究成果，提升中国本土评级机构的市场认可度和品牌影响力。

三是积极参与行业自律标准制定和评级技术创新，尤其是关于加强评级国际合作机制的相关工作，以实践者的角色推动国际标准的衔接和评级技术创新。

（四）加强国际同行间的技术交流合作，不断提升技术实力和内部管理水平，为评级业务国际化打下坚实基础

进一步加强中国本土评级机构与其他国家或地区评级机构之间的技术交流合作，不仅能够促进中国本土评级机构提升自身技术实力和内部管理水平，也有助于提高中国本土评级机构的市场影响力，为其评级业务国际化打下坚实基础。

中国本土评级机构与其他国家或地区评级机构之间可以从以下几个方面加深技术交流与合作：

一是共同开展研究，包括全球评级标准和区域性评级标准、主权评级及针对具体行业的对比分析研究、信用评级技术和专项课题的联合研究。

二是在评级数据库建设和评级模型研究等方面加强技术合作，为不同国家或地区、不同评级机构的评级结果比较和评级质量检验提供支撑。

三是探讨业务合作和评级人员交流的可能性，以双方互相协助签发评级报告等方式推动跨国作业的完成，以互派分析师等方式进一步加强人员交流与技术合作。

四是合作举办评级相关国际论坛和研讨会，对债券市场发展、评级技术和其他方面进行专题深入研讨，提升品牌影响力和债券市场投资人认可程度。

新形势下中国信用评级行业的高质量发展

戴晓枫　陈文沛[*]

一、中国评级行业近年来保持快速发展

我国信用评级行业产生于20世纪80年代末期,并随着我国债券市场的发展而不断发展。经过20余年的市场考验,我国信用评级行业已经形成了较为稳定的行业格局。截至2019年1月末,我国债券市场信用评级机构共有15家[①],其中采用投资人付费模式的有5家。近年来,我国评级机构债券评级总体业务量保持快速增长,初始评级和跟踪评级合计数量不断增加,收入规模持续扩大。

银行间市场方面,根据非投资者付费评级机构提交银行间市场交易商协会的2017年度信用评级业务开展及合规运行报告来看,2017年新世纪评级、东方金诚、联合资信、中诚信国际和大公国际5家评级机构出具的初始评级报告涉及的债项数量合计6 292只,同比增长29.23%;初始评级报告涉及的发行人2 934家,同比下降5.20%;出具的跟踪评级报告涉及的债项数量合计8 851只,同比增长12.98%;跟踪评级报告涉及的发行人3 675家,同比增长7.90%。

上述5家评级机构2017年收入合计13.19亿元,同比增长15.41%,其中非金融企业债务融资工具占比最高,当年该类债券收入合计5.18亿元,占总收入的比重为39.28%。从整体收入结构来看,包括非金融企业债务融资工具、企业债等传统产品收入占总收入的比重仍然最高,但占比逐渐减小,而结构融资类产品的收入占比随着其爆发式增长而不断提升

---

* 作者单位:上海新世纪资信评估投资服务有限公司。

① 15家评级机构分别为(排名不分先后):上海新世纪资信评估投资服务有限公司、中诚信国际信用评级有限责任公司、中诚信证券评估有限公司、联合资信评估有限公司、联合信用评级有限公司、大公国际资信评估有限公司、东方金诚国际信用评估有限公司、中证鹏元资信评估股份有限公司、上海远东资信评估有限公司、标普信用评级(中国)有限公司10家非投资者付费评级机构;以及中债信用评估有限责任公司、中证指数有限公司、上海资信有限公司、北京中北联信用评估有限公司、四川大普信用评级股份有限公司5家投资人付费的评级机构。

(见图1)。

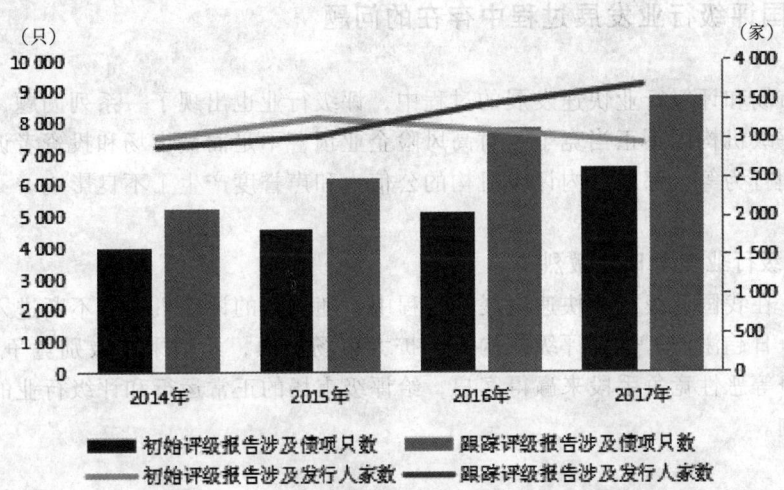

图1 银行间市场非投资者付费信用评级机构业务情况

资料来源:《信用评级业务开展及合规运行报告》,新世纪评级整理。

交易所市场方面,根据中国证券业协会出版的《中国证券业发展报告(2018)》来看,2017年7家非投资者付费评级机构①合计出具首次评级报告3 863份,同比减少0.92%;完成跟踪评级项目3 558个,同比增长34.06%。上述7家评级机构2017年收入合计13.50亿元,同比增长4.33%。若对在两市场均具有资质的信用评级机构进行去重,则2017年非投资者付费评级机构收入合计约为19.92亿元(见图2)。

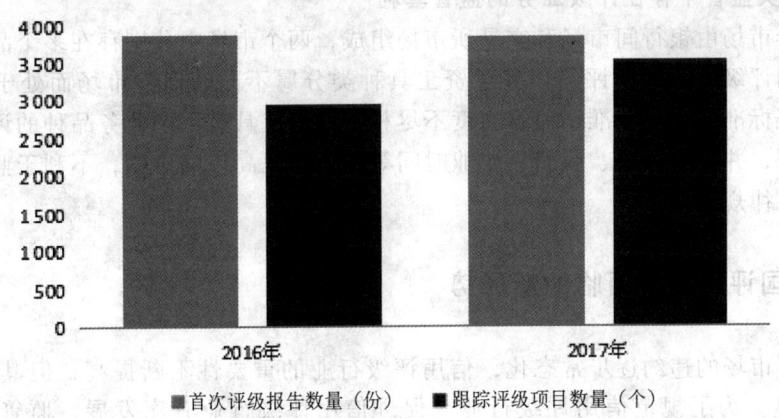

图2 交易所市场非投资者付费信用评级机构业务情况

资料来源:《中国证券业发展报告(2018)》,新世纪评级整理。

---

① 7家证券投资评级机构包括(排名不分先后):大公国际资信评估有限公司、东方金诚国际信用评估有限公司、联合信用评级有限公司、中证鹏元资信评估股份有限公司、上海新世纪资信评估投资服务有限公司、上海远东资信评估有限公司和中诚信证券评估有限公司。

二、中国评级行业发展过程中存在的问题

在债券市场和评级行业快速发展的过程中,评级行业也出现了一系列问题,如市场竞争日益加剧,评级机构因不正当竞争、对高风险企业预警不足而被市场和投资者诟病,多头监管带来的套利行为等,都对国内评级机构的公信力和声誉度产生了不良影响。

(一)评级行业竞争日趋激烈

近年来,在我国评级行业快速发展的过程中,随着新的评级机构的不断进入,评级机构间的市场竞争日趋激烈。个别评级机构为了扩大市场份额,不惜采用级别竞争、价格竞争、作业时间竞争等恶性竞争手段来赢得客户,给评级市场的正常运行和评级行业的健康发展带来了不良影响。

(二)违约数量增加下对评级机构的质疑增加

在个别评级机构仅注重市场份额的扩大、不重视评级质量和规范操作的恶性影响下,我国信用评级行业的公信力受到了质疑,市场上"评级虚高""评级泡沫"等批评声占据主流。同时,随着2014年后我国债券市场违约逐步常态化,特别是2018年债券市场违约事件密集爆发,在媒体和投资者注重评级机构对违约事件的反应的市场环境下,个别评级机构对受评客户的违约事件预期不足,进一步导致市场对我国信用评级行业公信力和社会形象的质疑。

(三)多头监管下存在评级业务的监管套利

我国债券市场由银行间市场和交易所市场组成,两个市场中分别存在多个品种的债务融资工具。信用评级行业因受评的债务融资工具种类分属不同的债券市场而处于多方监管状态。由于认证标准、监管标准、监管力度不尽相同,造成具有不同业务品种的评级机构可以进行监管套利,并通过级别、收费、作业时间等的竞争提高市场份额,不利于监管政策的落实和行业的自律规范发展。

三、中国评级行业面临的新形势

随着债券市场的违约逐步常态化,信用评级行业的重要性不断提高,但其中存在的问题也日渐凸显。为了规范信用评级行业,促进信用评级行业有序发展,监管部门对信用评级行业的监管力度也逐步增强,表现为依法从严监管趋势明显,以及统一监管推进步伐加快。同时,我国债券市场和评级行业对外开放不断深化,国内评级行业的发展面临着新的形势。

（一）评级行业依法从严监管趋势明显

2018年，银行间市场交易商协会、保险资管业协会先后发布评级机构自律规则①，加强评级行业的自律管理；中国证监会和银行间市场交易商协会首度对信用评级机构的联合现场检查，也开出了有史以来力度最大的罚单：2018年8月17日，双方同时对大公国际资信评估有限公司采取监管措施和自律处分，均暂停大公相关业务一年。监管部门、自律组织依法监管和处罚力度的不断加大，对信用评级机构合规开展评级业务起到了良好的警示作用。

（二）评级行业统一监管步伐加快

2018年，中国人民银行、中国证监会联合发布第14号公告、中国人民银行、中国证监会、发改委联合下发《关于进一步加强债券市场执法工作的意见》，在推进信用评级市场的统一监管、债券市场互联互通以及加强债券市场执法工作等方面，跨出了具有里程碑意义的一步。同时，中国人民银行会同发改委、中国证监会起草的《信用评级业管理暂行办法》将于2019年11月发布，意味着我国评级行业长时间以来的多头监管状态即将结束，进入统一监管时期。

（三）评级行业对外开放进一步扩大

2017年7月《中国人民银行公告〔2017〕第7号》发布，2018年国际三大评级机构已在北京成立分支机构并向银行间市场提交了注册申请。2019年1月28日，标普已获准正式进入我国评级市场开展业务，评级行业的对外开放进入实质性阶段。国际评级机构的进入将进一步加剧国内评级市场的竞争，将对国内评级机构产生较大压力。评级行业竞争格局将发生变化，行业内的优质资源面临整合，优胜劣汰的趋势将更加明显。

四、中国评级业高质量发展的建议

在评级行业对外开放不断深化、行业监管依法从严趋势明显、统一监管步伐加快的新形势下，我国评级行业现存的问题亟待解决，行业崛起势在必行。除了监管部门加强监管力度外，我国评级行业高质量发展的关键更在于评级机构的合规经营和自律，不断完善信用评级方法，提升评级质量和风险预警功能。

（一）恪守"独立、客观、公正"原则，强化合规经营理念

在评级业务实践中，信用评级机构既要为发行人服务，同时也要对投资人及其他评级使用者负责，在信用评级过程中应严格遵循信用评级"独立、客观、公正"的一般性原则，加强内部控制，防范和管理利益冲突，强化合规经营理念。

---

① 2018年3月27日，银行间市场交易商协会接连发布《银行间债券市场信用评级机构注册评价规则》《非金融企业债务融资工具市场信用评级机构自律公约》及《非金融企业债务融资工具信用评级业务调查访谈工作规程》三个自律规则；2018年8月31日，保险资管业协会发布《中国保险资产管理业协会信用评级机构自律规则（试行）》和《中国保险资产管理业协会信用评级机构评价规则（2018年第一次修订）》。

为了防范和管理实际或潜在的利益冲突，信用评级机构应当从构建合理的公司治理结构、加强评级从业人员管理等方面加强内部控制，同时完善内部控制制度，构建回避制度、防火墙制度、审查制度和信息保密制度等相关制度，并通过充分发挥公司董事会、监事会及合规部门的监督职能，确保信用评级机构利益冲突防范制度的有效实施。

（二）强化信息披露，提升评级透明度

缓解信息不对称是信用评级机构的重要功能之一，而信用评级机构信息披露的真实性、完整性、及时性和公平性将影响信用评级机构信息披露的质量，也将影响信用评级机构缓解信息不对称功能的发挥情况。

信用评级机构加强信息披露制度的完善，强化信息披露功能的实现，能够有效地提升评级透明度，使得发行人和投资者等信用评级结果的使用者更好地了解信用评级的过程、所采用的方法和得出相关级别的理由，从而从侧面推进信用评级的一致性和科学性，不断提高市场对信用评级的认可度。

（三）构建完善的信用评级方法体系，加强评级过程质量控制

完善的信用评级方法体系是信用评级机构核心竞争力的体现，是开展信用评级业务的基础，是信用评级分析师、信用评级评审委员会在对发债主体、发行债券进行信用分析和评价中的基本要求。信用评级方法的制定与实施，使得信用评级在一定程度上脱离了对单一分析师或评审专家的依赖，而更多地依赖于评级历史经验、知识和方法的集体性智慧，也避免了评级的随意性，保障了评级的持续性和长期可比较的一致性。

评级质量是评级机构生存的根本所在，应加强信用评级质量管理，规范评级流程，在充分调研和分析的基础上，给出独立、客观、公正的评级结果，提升评级质量，为投资者提供更为有效的服务。

（四）加强跟踪评级，提升风险预警功能

2018年债券市场违约事件频发，多数评级机构能够充分履行跟踪评级的义务，及时揭示企业存在的信用风险，但仍有部分评级机构未能充分履行跟踪评级义务，引起了市场和投资者的不满。

跟踪评级作为重要的评级流程，是对企业信用质量变化追踪的主要方式，加强跟踪评级可提高风险识别能力。跟踪评级主要有定期跟踪和不定期跟踪两种形式：定期跟踪规范程度高，对企业信用状况的了解全面且深入；不定期跟踪在对于高风险企业的信用风险揭示方面具有重要意义，通过与企业不定期的沟通交流，及时了解企业的信用动态，可在一定程度上提高评级机构对企业风险发生的预知能力。

在加强跟踪评级的同时，评级机构还应该积极构建评级预警系统，提升评级机构的风险预警功能。一方面，完善评级预警机制，加强对预警范围内企业信用风险变化的实时跟踪，提高信用评级的及时性，及时向市场揭示风险，提升评级预警能力；另一方面，增加预警筛选因子，扩大预警范围，降低突发违约事件发生的可能性。

(五) 进一步统一并完善国内评级监管制度

信用评级监管制度是通过外部力量对信用评级行为监管,有利于提高评级机构的公信力。统一的、完善的评级监管制度有利于评级机构提升工作效率,自觉加强自律行为,促进评级行业的健康、有序发展。目前,我国监管部门统一监管、依法从严监管趋势愈加明显,建议我国评级监管部门在目前统一监管、依法从严监管逐步加强的基础上,进一步统一并完善具体的监管规则,为评级行业的健康发展营造良好的监管氛围。

第一,应当坚持建立完善的法律法规制度。法律法规制度是信用评级健康、有序发展的基础,一个健康、有序的评级行业离不开严谨、完善的评级行业管理。建议监管部门注重对信用评级机构的管理工作,建立完善的信用评级法律法规制度框架,注重与信用评级国际监管的协调性,提高行业统一监管水平并加强行业自律管理程度。

第二,加快推动统一的评级监管体系,促进监管效率的进一步提升。未来,在针对评级机构和评级业务监管的具体措施方面,中国人民银行应予以进一步落实,完善"人行—各监管部门—行业协会"多层次的监管体系,提升监管的效率和一致性,并建立和完善与之相适应的多层次的立法系统,以促进评级行业的规范健康发展。

第三,完善事前、事中、事后监管。事前监管方面,建立评级业务的报备制度,以实现对具体评级业务的事前监管;事中监管方面,在评级机构向监管方报备具体评级业务后,监管方可对其中的业务进行抽查,即在报备的作业时间内,以电话形式或现场形式对该业务的具体进度进行合规审核;事后监管方面,加强现场检查,若发现存在不合规现象,按照相关法律法规采取一定的处罚措施,进一步规范评级机构的管理。

第四,坚持培育和监管相结合的原则。在我国信用评级行业市场地位较弱、竞争压力增加、外部监管加强的情况下,建议监管部门对我国信用评级机构坚持培育和监管相结合的原则。对于信用评级机构的基本原则,例如利益冲突、信息披露、评级质量控制等方面的问题,应坚持加强监管;而对于违约的常态化,建议监管机构以评级机构能否充分履行持续跟踪评级的义务、能否及时揭示企业存在的信用风险为监管目标,而不是将违约事件的责任指向提供评级服务的评级机构,这将不利于债券市场信用风险的防控以及评级机构业务的正常发展。

为了推动我国信用评级行业、信用评级机构国际话语权的形成,监管部门不仅要加强对信用评级的监管,同时也要注重对现有评级机构的培育,在可能的条件下,加强对国内评级机构的保护力度,保障国内评级机构在国际评级业务中的实践机会和主导权,为国内评级机构打造良好的发展空间。

证券经营机构私募资产管理计划非标资产投资研究

中国证券业协会资产管理业务委员会专题研究小组*

一、非标资产的定义、分类标准

（一）非标资产定义

2018年4月27日，为规范金融机构资产管理业务，中国人民银行、中国银保监会、中国证监会、国家外汇管理局联合印发《关于规范金融机构资产管理业务的指导意见》（以下简称《指导意见》或"资管新规"）。《指导意见》明确定义标准化债权资产，提出标准化债权类资产应当同时符合以下条件：（1）等分化，可交易；（2）信息披露充分；（3）集中登记，独立托管；（4）公允定价，流动性机制完善；（5）在银行间市场、证券交易所市场等经国务院同意设立的交易市场交易。中国证监会2018年10月22日印发的《证券期货经营机构私募资产管理业务管理办法》（以下简称《私募管理办法》）进一步定义了非标资产的概念，非标债权类资产、股权类资产、场外商品和金融衍生品类资产以及除公募基金和中国证监会认可的比照公募基金管理的资产管理产品外的其他资产管理产品均被囊括其中。

根据资管新规和《私募管理办法》的思路，本文认为，要确定"非标资产"的定义，其核心在于确定"标准化资产"的定义，而"标准化"的核心在于：第一，是否在国务院同意设立的交易场所进行交易；第二，是否有相对公允的定价方式和良好的流动性机制。不符合标准化资产定义的资产，则属于非标资产。

---

* 研究小组成员：华泰证券（上海）资产管理有限公司：席晓峰，叶晨；浙江浙商证券资产管理有限公司：方斌，王苗军；中信证券股份有限公司：张潜；上海东方证券资产管理有限公司：陈瑞，孙媛；申万宏源证券有限公司：张浩，刘晓峰；中银国际证券股份有限公司：饶晓，蒋涵琰；国元证券股份有限公司：邱必华；长江证券（上海）资产管理有限公司：刘泉，黄文秀；财通证券资产管理有限公司：王几高，汪世奎；太平洋证券股份有限公司：张远；天风证券股份有限公司：钱守中，宋磊；开源证券股份有限公司：赵东，熊萍。

（二）非标资产的分类及发展

1. 非标资产的分类

从广义上看，非标资产主要包括以下几大类：（1）非标准化债权；（2）非标准化股权；（3）非标衍生品；（4）非标资产管理产品。鉴于实际中非标债权类资产占整个非标资产总量的大多数，从狭义上看，非标资产通常作为非标准化债权资产的简称。

2. 非标资产管理业务的起源及发展

2005年11月1日，中国银监会正式颁布实施《商业银行个人理财业务管理暂行办法》和《商业银行个人理财业务风险管理指引》，从此商业银行个人理财业务成为其重要的业务。随后，随着银信合作监管政策密集出台，原本银信合作业务模式中的金融工具组合、资金来源、投资范围和交易场所都进行了升级和创新，进入结构化金融的大发展阶段。但是结构化金融发展的同时也带来了我国规模庞大的影子银行，影响了货币政策执行的信息传递和实际效果，给国家的宏观调控带来了潜在问题。中国银监会相继发布《中国银监会关于规范商业银行理财业务投资运作有关问题的通知》（银监发〔2013〕8号）、《关于规范金融机构同业业务的通知》（银发〔2014〕127号），给予非标投资正名，并进行疏堵结合的治理措施。2017年以来，监管从非标业务的资金方、融资方和通道方这三方面全面加强整治，2018年监管重点更是明确指向了地方政府债务和房地产，非标业务开始进入萎缩期。

二、非标资产的海外比较研究

对于海外非标资产的市场研究，本文主要选取美国资产市场作为重点研究和关注的对象。

美国资本市场并未存在与中国非标准化资产对应的概念和分类，美国银行系资管机构资产管理规模配置领域大体分为：权益、固定收益、现金类资产及另类投资，而另类资产类别可划分为对冲基金、私募股权、房地产、基建、商品、自然资源、低流动性债权、保险联接投资等。综上，美国资本市场中的另类资产可构成美国版的广义"非标"概念。

（一）海外非标债权资产市场的比较研究

中国广义非标准化资产的主体为非标债权，与美国另类投资中的"私募债权+房地产+基础设施"类资产有一定的相似性。

中美对比来看，有以下几个不同点：第一，美国私募债权市场中以养老金、保险资金为代表的长期投资者市场发达，交易结构单一，基本不涉及产品嵌套；美国私募债权市场中私募债权投资强调主动管理能力和风控能力，投资专业程度高。第二，美国《1933年证券法》以及1982年美国证券交易委员会（SEC）发布的《D条例》，确定了投资者范围及限制公开宣传原则。第三，较为完善的投资者利益保护机制，如债券契约对发行人规定了一些限制措施——抵押品、偿债基金、股息政策和继续借贷等。第四，较高的二级市场流动性和透明度，SEC对私募债权二级市场交易进行改革，除传统发行方式之外，创设了144A私募证券市场，引入承销商机制。

(二) 海外非标股权资产的比较研究

私募股权基金是美国私募基金中的一个重要类别。美国私募股权基金行业经过长期持续发展,运作体系较完备,产品模式成熟,是一种介于政府监管和自律监管之间的监管体制。私募股权基金监管的主要内容包括:(1) 美国《1933 年证券法》规定,如果私募股权基金以私募形式募集资金,则可以豁免 SEC 要求的内容和格式办理注册。(2) 对私募股权基金投资者的要求非常严格,主要表现在对投资人数限制在 100 人以内和只能向"有资格的买主"募集才能获得豁免。(3) 对私募股权基金行为的规制方面,禁止公开宣传发行等。

同时,美国风险投资协会(NVCA)是最主要的行业协会自律组织,它通过对成员资质和行为的监督与管理,实现对私募股权投资基金运行各个环节的自律监管。

尽管美国现有法律没有出台专门的私募股权投资基金管理规范和办法,但美国政府在修改《1933 年证券法》《1934 年证券交易法》《1940 年投资公司法》和《1940 年投资顾问法》的基础上,通过了全国范围的《1996 年证券市场促进法》,构成了美国私募股权投资基金的法律框架,并于 2010 年 7 月通过了《多德 - 弗兰克华尔街改革与消费者保护法》,形成了私募股权投资基金监管的法律框架。

(三) 美国股票市场的创新——144A 私募证券

为改善私募证券市场效率,SEC 在 1990 年发布了 144A 规则,按照该规则创设了在满足 144A 规则的豁免条件前提下转售不受持有期限和转售量限制的"144A 证券"。

144A 规则豁免条件主要由三部分构成:(1) 受让方必须是合格机构购买者;(2) 不可替代规则,出售证券与在全国市场上市交易的证券或纳斯达克上市交易的证券不属于同一种类;(3) 购买者通知规则,规则要求转让方采取合理措施确保购买者意识到转让方依据的豁免规则。

2007 年 11 月,高盛等主要华尔街投资银行与纳斯达克组成纳斯达克门户联盟(NAS-DAQ Portal Alliance),整合各自资源优势,合作共建纳斯达克运营的一个公开且具有标准交易程序、股东追踪和清算的行业标准单一平台——门户市场,为 144A 私募权益提供一个具有充分流动性的二级交易市场。

三、当前证券公司资产管理非标投资的现状及特征

(一) 当前证券公司资产管理非标投资的现状

根据中国证券业协会和中国证券投资基金业协会公布的数据,截至 2018 年末,证券公司资产管理共有产品 1.97 万只,管理资产规模 13.36 万亿元,同比下降 20.89%。2019 年第一季度证券公司资产管理规模 13.27 万亿元,同比下降 19.33%,下滑幅度明显。从业务类型看,定向资管业务的大幅缩水导致资管规模锐减,通道定向业务预计将持续萎缩,主动管理业务成为未来发展方向。

目前,证券监管体系下的资产管理计划可投非标资产主要为非标准化债权类资产、非上市股权类资产、场外商品及衍生品类资产、公募基金及参公产品外的其他资管产品。证券公司非标资产主要存在于存量通道业务之中,主动管理产品(集合计划/主动定向)中也包含

少部分非标资产,其中又以股票质押回购资产为主。

(二)证券公司资产管理投资非标的主要表现形式

1. 按照交易结构的分类

(1) "集合计划+集合资金信托计划"模式:该模式属于"证信合作"进行非标投资的典型方式之一。源于在《私募管理办法》正式颁布实施前,集合计划无法直接投资至底层非标资产,但可以投资于集合资金信托计划,且信托计划可以直接投资非标资产,证券公司资产管理先将集合计划募集的资金投资于集合资金信托计划,通过该信托计划将计划资金投向信托贷款、应收账款或者其他资产收(受)益权等非标资产,进而间接实现证券公司资产管理对底层非标资产的投资。

(2) "集合计划+基金子公司一对多专项计划"模式:此种模式亦属于"证基合作"进行非标投资的常见方式之一,交易结构与上一种"集合计划+集合资金信托计划"类似,不同点在于基金子公司一对多专项代替了集合资金信托的角色。

(3) 定向计划(集合计划)直接非标投资模式:该模式属于《私募管理办法》发布前证券公司资产管理进行非标投资的主要方式,一般通过证券公司定向通道业务开展。

《私募管理办法》发布后,鉴于集合计划直接投资非标资产的限制被放开,已有证券公司资产管理开始尝试以集合计划直接投资于其他类型的各类非标资产,并自行负责相关交易对手的尽职调查、质量控制、投后管理、争议解决以及风险处置等事宜。

2. 按照投资资产的分类

(1) 银行委托贷款:该模式中银行一般以理财资金投资证券公司资产管理或基金子公司设立的资产管理计划。由于委托贷款新规以及监管窗口指导要求,目前该模式已无法开展。

(2) 信托贷款:该模式是在传统银信合作的基础上嵌套了一层资管计划的通道,由于监管要求,目前该模式也已无法开展。

(3) 非标票据业务:该模式中银行直接委托证券公司成立资产管理计划,资产管理计划买断银行贴现票据,持有票据受益权,银行再持有资管计划收益权,同时银行到期收回并兑付资金。新设通道产品的禁止,对非标票据业务冲击较大,规模收缩明显。

(4) 资产收益权:该类业务中银行投资资管计划,资管计划向融资人购买融资人持有的一笔资产收(受)益权,融资人承诺在资管计划到期时回购该资产收(受)益权。《私募管理办法》在投资标的的形式方面提出新要求,后续无法再投资法律依据不充分的收(受)益权。

(5) "明股实债":"明股实债"是在实务中形成的,名义(明面)上是股权投资,实质为债权投资,多用于房地产企业、地方政府融资平台和PPP项目融资中。在房地产严监管环境以及资管新规下,基本封堵了通过"明股实债"方式向房地产企业放款的模式。

(6) 股票质押式回购:2018年初实施股票质押新规后,证券公司参与场外股票质押业务实际已经被禁止,目前仅剩场内股票质押回购一种方式。资管新规及《私募管理办法》落地后,对于定向开展股票质押回购业务影响相对较小,而对于集合计划面临组合投资"双25%"要求等问题,受限相对较大。

（三）证券公司资产管理投资非标资产的风险特征

目前，证券公司资产管理投资非标资产主要有以下风险特征：

1. 非标通道业务权责不明晰存纠纷隐患

在证券公司资产管理通过定向计划直接投资非标资产的业务中，基于目前存续的此类业务一般多为新规前的通道业务，定向计划的管理人不承担主动管理责任，尽职调查主要限于产品的形式合法合规性及投融资双方身份认定，对资金最终流向和企业生产经营缺乏了解，当融资主体发生违约情形时，委托人出于转移风险逃避责任的需要，可能会以管理人未勤勉尽责为由，要求管理人承担责任。

2. 非标集合业务信用风险管控较弱

由于历史原因，二级市场投资为证券公司资产管理的主要业务领域，非标尚未作为主动管理的主要投资标的，相较于其他专门从事非标投资的资产管理机构（比如信托），证券公司（特别是中小证券公司）对于非标资产信用风险管控的经验也相对薄弱。

3. 非标集合业务流动性风险管控难度大

资管新规前，部分证券公司集合产品底层投资的非标资产实际剩余期限可能存在与集合计划产品封闭期限并不匹配、存在错配的情形。在集合计划产品正常的开放期间，如底层投资的此部分非标资产无法及时变现返还，将导致集合计划产品开放期间可能难以满足投资者正常赎回需求，加大产品流动性风险。

四、资管新规及配套细则的非标投资限制及对比分析

（一）非标通道业务投资限制及对比分析

2018年4月资管新规出台，对金融机构开展通道业务进行了规范，提出"消除多层嵌套，抑制通道业务，加强监管协调，强化宏观审慎管理和功能监管"，明确金融机构不得为其他金融机构的资产管理产品提供规避投资范围、杠杆约束等监管要求的通道服务。2018年7月，中国人民银行出台《关于进一步明确规范金融机构资产管理业务指导意见有关事项的通知》后，信托公司、证券公司均根据监管要求梳理存量非标通道业务，严格准入新做业务。

在执行口径的细则层面，2018年10月中国证监会发布《私募管理办法》和《证券期货经营机构私募资产管理计划运作管理规定》（以下简称《运作规定》），明确证券期货经营机构应当切实履行主动管理职责。与此相对，2018年8月，中国银保监会下发的《关于加强规范资产管理业务过渡期内信托监管工作的通知》，明确："对事务管理类信托业务要区别对待，严把信托目的、信托资金来源及用途的合法合规性，严控为委托人监管套利、违法违规提供便利的事务管理类信托业务，支持信托公司开展符合监管要求、资金投向实体经济的事务管理类信托业务。"相比之下，中国银保监会的政策更为宽松，给通道业务留下了一定生存空间。

（二）非标债权、收益权的法律依据分析及确权登记

1. 非标准化债权的法律界定与分析

根据资管新规第十一条内容，标准化债权类资产应当同时符合以下条件：等分化、可交

易、信息披露充分、集中登记、独立托管、公允定价、流动性机制完善,同时在银行间市场、证券交易所市场等经国务院同意设立的交易市场交易。

资管新规以排除法反向定义的形式给出了"非标准化债权类资产"的宏观定义,即不属于资管新规标准化债权资产的就被纳入非标准化债权资产。

相对中国银监会2013年8号文而言,资管新规对标准化债权的认定标准更严格,其中交易场所增加了经国务院同意设立的条件,并在等分化、集中登记、定价、流动性等方面作了限制。简单理解,此前比较热门的银登中心流转信贷资产、北金所债权融资计划、中证报价系统私募债则在此原则下应属非标债权的范畴,在中国人民银行主管的票据交易所交易的票据资产也存在一定的不确定性。

2. 资产收益权的法律界定与分析

2018年10月,中国证监会发布的《运作规定》第十七条约定:"资产管理计划不得投资于法律依据不充分的收(受)益权。资产管理计划投资于不动产、特许收费权、经营权等基础资产的收(受)益权的,应当以基础资产产生的独立、持续、可预测的现金流实现收(受)益权。"所以,证券公司资产管理计划如投资"收(受)益权"则需要有充分的法律依据。我们理解,从《运作规定》不得投资"法律依据不充分"的收益权的用意出发,应是在一般承认可以投资资产收益权的前提下,以特殊承认证明具体收益权具有"法律依据"。

实践中的"收益权"可以大致归纳如下(见表1)。

表1　　实践中的"资产收益权"类型

收益权类型	简要介绍
物的收益权	指基于具体的物产生的未来收益权,以基础设施和公用事业项目收费权为代表,比如以不动产未来的稳定收益作为预期收益来源;以船舶与航空器等具有重大财产价值的动产为基础的收益权
信贷资产收益权	指基于金融机构开展信贷(贷款)业务所获得的金融债权,收益权指的是获得金融债权未来预期收益的权利,包括因贷款、保理、融资租赁等业务产生的未来收益权
票据收益权	指基于《票据法》规定的汇票、本票和支票的付款请求权产生的收益权。票据是一种兼具物权和债权特征的权利凭证。《票据法》将票据付款请求权人限定为"持票人",使基础资产持有人与付款请求人难以分离,便产生了票据收益权的交易需求
股权收益权	指基于公司股权产生,获得公司股东基于股权未来可能的投资收益
委托资产受益权	指以资产管理产品所管理的信托财产或委托资产为基础资产,由信托法律关系中的"受益人"(包括不含"受益人"的资管计划中的委托人)享有委托财产或信托财产的利益
收益权的收益权	此种交易实质是将相应的获得未来收益的权利(即已经是一种收益权)作为基础资产,在此基础上又再次创设收益权,比如基础设施收费权的收益权,实际上为收益权上的收益权

3. 资产收益权的确权登记

《运作规定》第十八条要求:"资产管理计划投资于《私募管理办法》第三十七条第(五)项规定的非标准化资产的,所投资的资产应当合法、真实、有效、可特定化,原则上应当由有权机关进行确权登记。"

如上文所述，如果将大部分资产收益权界定为应收账款，在无其他法律法规进行规范的情况下，从防范交易风险同时兼顾交易效率的角度考虑，我们认为，大部分应收账款属性的收益权适用现有的应收账款质押制度可以基本满足"确权登记"的需求，且具有公示性，而股权收益权和票据收益权可效仿信托登记制度，设立统一的资产收益权登记机构，解决资产收益权的"确权登记"问题。

五、证券公司资产管理投资非标的相关建议

（一）以统一监管为出发点，合理设定同质化业务的监管尺度和准入规则

目前非标业务的开展主体多样，因银行理财、信托和保险资管属于中国银保监会监管，而证券公司资产管理、基金公司及子公司、私募基金和期货资管属于中国证监会监管，所以监管政策和准入规则也存在不统一之处。

实践中，各地不动产登记机构均仅对银行、信托等机构开放办理不动产抵押权登记，这就导致证券公司资产管理在办理不动产抵押权登记和股权登记时都面临无法登记的困境。建议中国证监会与中国银保监会、自然资源部、国家市场监督管理总局等相关部门统一协商，通过规则修订形式，明确中国证监会与中国银保监会所依法批准设立的各类持牌金融机构均可以办理土地及不动产抵押登记；明确各类持牌金融机构及在中基协登记的私募基金管理人所管理的资产管理产品，均能以产品名义登记为股份有限公司、有限责任公司的股东或有限合伙企业的合伙人。

根据《最高人民法院关于人民法院办理财产保全案件若干问题的规定》第八条的规定，独立保函仅商业银行可开具，非银行资管机构须通过额外购买保单、担保等形式方可进行财产保全，存在不公平对待。建议中国证监会、中国银保监会与最高人民法院统一协商，讨论研究是否将非银行金融机构的财产保全方式进一步扩大，实现与银行业金融机构的公平准入。

（二）强化实质重于形式，细化资产运用方式

第一，资产管理产品投资于其他资产管理产品的再分类。《私募管理办法》第三十七条第六项规定："第四项（公募基金）以外的其他受国务院金融监督管理机构监管的机构发行的资产管理产品，为非标准化资产。"前述该类资产管理产品如底层投资于标准化资产，且为集合资管计划的形式并在证券交易所开通份额转让的，除流动性有所欠缺外，应基本具备《指导意见》所述的标准化债权类资产应当符合的条件，建议将其纳入标准化资产。

第二，资产管理产品的预期收益问题。《私募管理办法》第五十一条规定，披露资产管理计划信息，不得"对投资业绩进行预测，或者宣传预期收益率"。鉴于资产管理产品投资于非标资产的，基于底层资产的融资利率，一般情况下（最大）投资收益是可预见的，如预期收益率有明确合理的计算方式和依据的，建议在合同及宣传材料等文件中披露计算方式和依据后，可考虑作为业绩比较基准列示和向投资者介绍，同时加强风险提示。

第三，细化资产运用方式，明确收（受）益权投资要求。目前关于收（受）益权，在法学理论与立法方面存在不足。《运作规定》第十八条规定："资产管理计划不得投资于法律依据不充分的收（受）益权。"鉴于关于收（受）益权相关立法的缺失，前述规定对实际

操作缺乏指导意义。实际操作中，证券公司资产管理产品投资收（受）益权的形式繁多，本质上也是投融资需求的一种体现。资产管理产品投资收（受）益权，既形式灵活，又避免了办理抵押、质押担保登记等烦琐程序。建议在监管层面或自律组织层面，明确证券公司资产管理产品可投资的收（受）益权类别并规范名称，凡是底层资产属于现行中国证监会企业资产证券化业务中可以作为基础资产，且收（受）益权内涵可明确限定、价值易量化的，建议均纳入可投资范围；另外，为控制风险和有效监督，建议考虑建立跨市场统一的收（受）益权转让登记平台，用于登记确权。

（三）强化风险管控，进一步夯实非标投资制度指引（白名单或黑名单）

建议制订非标投资尽调指引和非标投资存续期管理指引，统一资产管理公司尽调流程的步骤和环节，统一存续期内风险监控和信息披露机制，并根据风险分类实行差异化投后管理。为降低项目风险，提高决策效率，简化备案流程，对于过往较为成熟的业务模式，建议行业内建立统一的非标投资白名单；对于不符合国家发展方向的"两高一剩"、不符合相关产业政策规定和宏观经济调控目标的行业，建议行业内建立统一的禁投行业黑名单。

私募资产管理业务投资者教育体系构建研究

中国证券业协会资产管理业务委员会专题研究小组*

一、私募资产管理业务投资者教育的概念界定及特点

(一) 私募资产管理业务投资者教育的概念界定

本文所述的私募资产管理产品主要是指证券公司、基金管理公司、期货公司以及前述机构依法设立的从事私募资产管理业务的子公司、在中国证券投资基金业协会登记的私募基金管理人等主体通过非公开募集的方式,发行的各类资产管理产品。私募资产管理业务的投资者就是通过给予一定货币、股票、债券等财产的形式,持有某一非公开发行的资产管理产品的全部或部分份额,从而成为资产管理产品的委托人。因此,对私募资产管理业务的投资者进行教育,就是以投资者作为受众主体开展传播投资知识、培养投资技能、传授投资经验、倡导理性投资理念、提示投资风险、告知投资者权利和保护途径以及提高投资者素质的一系列社会活动,目的是为了让私募资产管理业务的投资者充分理解和认识私募资产管理产品和市场的特点与风险,熟悉法律法规,增强风险防范意识,依法维护自身合法权益。其主要任务是要把"风险讲够、规则讲透、理性参与、自我防范",履行产品告知义务和风险提示义务,在此基础上使私募资产管理产品投资者充分理解"买者自负"的原则,对参与私募资产管理产品的结果负责。

(二) 私募资产管理业务投资者教育的特点

一是私募产品的非公开属性需要投资者教育具有针对性。国际证监会组织技术委员会(The Technical Committee of the IOSCO)曾指出,"万能适用的投资者教育方法可能更低效"

---

* 研究小组成员:兴证证券资产管理有限公司:郭小军、宋琳、叶炳华、张永征、王亚倩、刘金权;上海东方证券资产管理有限公司:马亮、施如画;湘财证券股份有限公司:杨克、傅雪松。

(A "one size fits all" approach to investor education programs may be less effective)。① 根据客户的特点制定不同的投资者教育策略和方法，方能达到投资者教育的目标。二是产品的多样性需要投资者教育的专业性。私募资产管理产品具有多样性和专业性，而专业性的产品必须有专业人士进行深入浅出的解读，这样才能达到对投资者进行良好引导和教育的目的。

二、构建私募资产管理业务投资者教育体系的现实意义与紧迫性

（一）行业发展及监管要求方面

私募资产管理行业快速发展，相关监管规则及标准不断完善，投资者教育的重要性得以凸显，必须跟上业务发展速度，不断更新知识，及时熟悉相关业务规则。在资管新规落实过程中，投资者教育大有可为，如引导投资者调整风险偏好进行理性投资，培养投资者"风险自担、买者自负"的理性投资意识。构建一个完善的私募资产管理业务投资者教育体系具有重要的现实意义。

（二）业务创新及投资者需求方面

私募资产管理业务在技术、策略、管理方式上的快速迭代以及智能投顾在私募业务领域的运用，都使投资者很难区分产品的金融属性、风险的大小边界、风险传递的链条渠道等，同时风险传递的速度也在不断加快。前所未有的资产管理业务创新给私募资产管理业务投资者教育带来新挑战，要求现有的投资者教育体系、方式、内容不断升级完善，才能满足时代变迁和技术发展背景下投资者的需求。

三、私募资产管理业务投资者教育境外实践与经验借鉴

以美国和中国香港投资者教育的总体框架为例，可以总结为"政府部门（如金融监管机构），自律机构（如行业协会、证券交易场所），市场成员，民间组织（如研究学会、民间协会）相互补位，有效协同"的模式，区分不同阶段、不同年龄、不同偏好情形，综合运用线上/线下课程，宣传投资者教育材料，以学界研究讨论、知识竞赛等方式，切实提升投资者教育实效。

（一）美国证券市场的投资者教育

1. 美国投资者教育的基本框架

美国证券市场投资者教育的基本框架主要由专门政府机构、自律组织及各种民间组织组成（见图1）。

---

① 参见 Discussion Paper on the Role of Investor Education in the Effective Regulation of CIS and CIS Operators – Report of the Technical Committee of the International Organizaiton of Securities Commissions, http://www.iosco.org/library/pubdocs/pdf/IOSCOPD117.pdf, 最后访问日期：2019年8月。

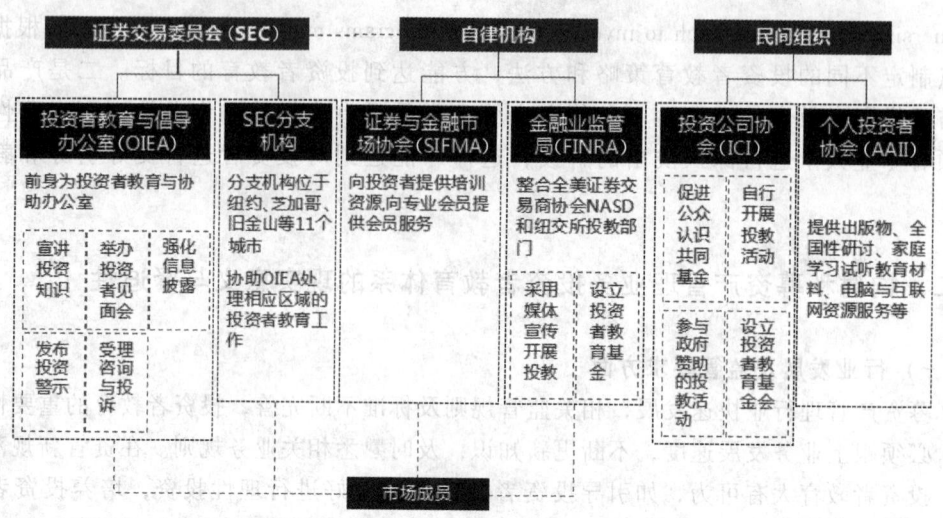

图 1　美国证券市场投资者教育基本框架

2. 美国投资者教育的实践特色

（1）美国证券交易委员会（SEC）及投资者教育与倡导办公室（OIEA）发挥主导作用，多维开展投资者教育活动。

第一，SEC 和 OIEA 在其网站刊发了大量书面资料，包括投资基本知识、投资者自身风险识别、各类投资工具风险收益介绍、金融产品重要条款释义、EDGAR①的详细使用方法、上市公司报告的读取方式、法规词汇释义、证券公司及经纪人的注册信息、投资者权益保护指南等。投资者既可以通过网站免费索取，也可拨打免费咨询电话获取人工帮助。

第二，SEC 与其他机构合作，在大中小学校开展投资知识的普及课程或社会实践活动，结合不同人群的特点，指导其更安全地进行投资。

第三，在 SEC 前主席阿瑟·莱维特（Arthur Levitt）的倡导和亲自实践下，OIEA 从 1994 年开始在全美举办投资者见面会。这种方式大大拉近了投资者与监管机构的距离，广泛普及了投资知识与理念。至今，SEC 主席仍会不定期主持投资者见面会，同时邀请私募基金、投资银行等机构人士与投资者进行交流。

第四，SEC 要求上市公司在编制和披露信息时要使用日常英语，句子结构简洁明了，避免技术性的专业词汇，大大增强了投资者获取信息和分析上市公司的能力。

第五，SEC 常年对监管信息进行披露，便于投资者掌握监管风险，也可以为投资者避免监管不一致带来的投资风险。OIEA 定期或不定期地发布各类投资警示，提醒公众投资者警惕市场风险和投资欺诈，警示内容往往涉及市场热点，旨在提示风险，便于投资者据此作出投资决策。同时，SEC 的下设部门投资管理部（Investment Management，简称 IM）设有风险审核办公室，主要负责通过数据分析，有效把握趋势，监测行业，帮助投资者更好地了解资产管理行业。②

---

① EDGAR（Electronic Data Gathering, Analysis, and Retrieval System），即电子化数据收集、分析及检索系统。1996 年，美国 SEC 规定所有的信息披露义务人（美国上市公司）都必须进行电子化入档。

② 参见中国证券投资基金业协会：《美国证监会 2015 年立法情况和 2016 年立法规划》，http://www.amac.org.cn/qqsy/gjtydt/390183.shtml，最后访问日期：2019 年 8 月。

第六,OIEA 受理投资者提出的几乎所有与证券市场有关问题的咨询和投诉,虽然不直接介入投资者争端解决过程,但为投资者提出诉求和依法维权提供完善的方案,有利于投资者形成自主维权意识和能力。

(2) 自律机构和民间组织大量参与,积极协同合作。在线下,SEC 与其他政府机构、消费者组织以及美国金融业监管局(FINRA)、证券与金融市场协会(SIFMA)、投资公司协会(ICI)等行业组织共同发起了多项投资者教育宣传活动,向大众宣传投资知识和技能。其中,较有代表性的活动包括 SIFMA 主办的"通向投资之路""股票市场游戏"及"投资写作竞赛";ICI 还主编了《为你的未来投资》《分散风险的好处》《投资者知识点滴》等手册①,公众可以随时阅读。

(二) 中国香港地区证券市场的投资者教育

中国香港地区作为重要的国际金融中心,同时也是国际证监会组织散户投资者 C8 委员会(The IOSCO Committee 8 on Retail Investors)的成员,其金融市场发展较为成熟,金融产品类型比较丰富,历来重视投资者保护工作,因而在金融产品投资者教育方面的有益经验值得借鉴。

1. 香港投资者教育的基本框架

从工作组织体系看,中国香港地区金融产品的投资者教育工作主要由作为金融监管部门的香港证券及期货事务监察委员会(Securities and Future Commission,简称"香港证监会"或"SFC")及其附属开设的香港投资者教育中心(Investor Education Centre,简称"IEC"),作为自律机构的香港交易所(简称"HKEX"),以香港投资者学会(Hong Kong Institute of Investors)为代表的民间非营利组织等各层级主体共同开展。

香港证券市场投资者教育的基本框架如图 2 所示。

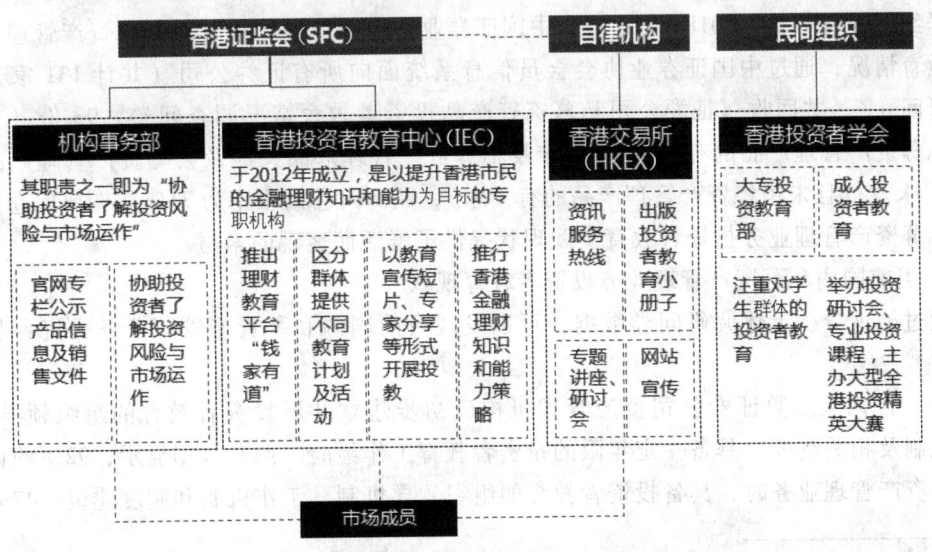

图 2 香港地区证券市场投资者教育的基本框架

---

① 参见 http://www.ici.org/。

2. 香港投资者教育的实践特色

香港投资者教育的鲜明特色是专职机构提供丰富的教育和宣传形式。香港投资者教育中心（IEC）近年来也与我国内地有合作，比如加强与中国人民银行以及中国证监会投资者保护局的联系。

IEC 的一系列投资者教育举措兼具生动性、多样性和针对性，形式新颖、内容生动，避免刻板说教，内容涵盖证券、银行、保险、基金等全金融行业的各色产品服务，结合线上线下形式、常规与专项活动安排，通过数码及传统媒体等各种沟通渠道，提供各式各样的实用贴士、工具和资源。针对青少年、退休人士、基层家庭等不同目标群组制订不同的教育计划，提供多元化的计划及教育资源，协助他们做出负责任的财务决定。

除 IEC 上述举措外，香港证监会在其官方网站"监管职能"栏目"投资产品"项下，设有一个载有所有向公众发售认可投资产品（包括基金）的数据库。① 除了产品的名称及发行人的资料外，数据库亦提供投资产品的整套销售文件（包括产品主要特点及风险）并定期更新。在该网页下部还提供了链接至香港投资者教育中心的网址，以便浏览者进一步深入了解不同投资产品的机制。

借鉴境外成熟市场的经验，一个相对完善的多层次私募资产管理业务投资者教育体系至少应该由监管机构、证券交易所、证券期货经营机构、民间投资者教育机构、投资者权益组织等组成，它们各司其职、互为补充、协调统一，共同发挥投资者教育的重要作用。

四、完善国内私募资产管理业务投资者教育体系的路径及建议

（一）国内私募资产管理业务投资者教育现状调研

由于私募资产管理产品的投资者教育工作面向特定客户进行，普通渠道较难获取统计数据和详细的案例分析。2018 年 11 月，中国证券业协会组织课题组针对私募资产管理产品投资者教育情况，通过中国证券业协会会员信息系统面向所有证券公司（共计 131 家）下发了调研问卷②，共回收《证券公司私募资管产品投资者教育情况调查问卷》93 份（其中仅涉及私募资产管理产品的有 37 家，既涉及私募资产管理产品又涉及公募资产管理产品的有 52 家，未发行且未销售资产管理产品的有 4 家），调研问卷回收率为 71%。调研问卷为研究国内私募资产管理业务投资者教育实践现状提供了鲜活而客观的素材。

1. 当前国内私募资产管理业务投资者教育现状

通过梳理分析上述调研问卷数据，可以发现目前国内私募资产管理业务投资者教育的全貌：

（1）国内大多数证券公司资产管理机构已初步建立开展投资者教育的组织领导体系、工作机制及相关制度，具备一定年限的投资者教育工作经验。调研数据显示，92% 的证券公司开展资产管理业务时，具备投资者教育的组织领导机制、工作机制和制度建设；47% 的证

---

① 详见香港证监会官方网站：https://www.sfc.hk/web/TC/regulatory-functions/products/list-of-publicly-offered-investment-products/，最后访问日期：2019 年 8 月。

② 相关调研问卷信息由各被调研单位自行填写提供，本文调研数据及分析结论系基于问卷信息整理所得，并不代表权威发布数据。

券公司具有 5 年（含）以上 10 年以下的私募资产管理业务投资者教育的工作经验；36%的证券公司具有 1 年以上 5 年（不含）以下的私募资产管理业务投资者教育的工作经验。

（2）证券公司开展私募资产管理业务投资者教育的工作人员配备参差不齐，专职从事投资者教育人员的配备普遍不足。调研数据显示，在配备私募资产管理业务投资者教育工作人员数量方面，有效样本共 82 家证券公司，其中区间在 1—10 人的占比 43%，在 21—50 人的占比 18%，而在 201—500 人的仅占比 6%，在 501—700 人的仅占比 1%。在专职从事投资者教育工作人员数量方面，有效样本共 84 家证券公司，其中 0 人占比高达 43%，1—10 人占比高达 46%，而 11—20 人占比仅 1%，21—50 人占比 4%，51—100 人占比 5%，101—200 人占比 1%。

（3）当前的私募资产管理业务投资者教育充分发挥了资产管理机构的"中心辐射"作用和"业务黏性"，具体开展形式丰富多样。调研数据显示，93 家证券公司中，采用过"讲座或定制公开课"形式的占比 64.52%，采用过"交流座谈会"形式的占比 90.32%，采用过"专题研讨会"形式的占比 51.61%，采用过"参观考察"形式的占比 5.38%，采用过"案例手册"形式的占比 40.86%，采用过"新媒体教学"形式的占比 34.41%，采用过"网上培训"形式的占比 45.16%。除此之外，证券公司资产管理机构采用过的其他投资者教育形式还包括：海报、单页、折页等纸质宣传形式，通过实体投资者教育基地开展现场培训形式，通过官方网站、微信公众号投资者教育专栏和微博宣导私募产品投资者教育知识形式，通过营销活动或产品推介过程在营业场所现场讲解或通过视频、即时通信工具、电话、邮件等沟通方式讲解的形式，通过针对高净值机构客户开展一对一宣导的形式等。

（4）在私募资产管理业务投资者教育内容方面，证券公司资产管理机构各有特色。经统计，基本涵盖六个维度：普及私募产品与市场的特点和风险（94.62%）；证券监管方面新的政策法规和合规要求（91.40%）；公司自身产品、业务知识和流程（92.47%）；投资者的维权和行权手段（74.19%）；防范非法证券活动、反洗钱（87.10%）以及投资技巧、投资策略和投资理念（76.34%）。

（5）证券公司资产管理机构开展投资者教育已有较广泛的受众群体，具有一定的投资者教育频率，但仍有完善和提升空间。经统计，受众群体数量级别以数百人、数千人居多，达到数十万人的较少。64%的证券公司具有一定频率的定期投资者教育培训，以每月一次居多；36%的证券公司开展不定期投资者教育培训，有些机构根据实际需要组织投资者教育，有些机构重点在发行产品时进行投资者教育，有些机构根据产品发行情况、资产管理产品相关法规发布以及监管规定出台等情形时不定期举行。

2. 当前国内私募资产管理业务投资者教育难点及不足

此次行业调研集中梳理了各证券公司反馈的私募资产管理业务投资者教育工作难点及不足，主要集中在以下七个方面：形式较为单一（61.11%），内容不够丰富（50%），培训针对性不强或差异化不够（37.78%），培训效果实效性不够（28.89%），资金投入不够（23.33%），人员投入不足（15.56%）以及培训不够及时（6.67%）。

3. 国内私募资产管理业务投资者教育的有益经验

经调研同业资产管理机构相关实践，如兴业证券、中泰证券、东证资管、湘财证券等，发现存在一些值得借鉴的有益做法。

（1）充分发挥投资者教育基地作用，丰富和拓展投资者教育的受众和内容。截至 2018

年 4 月,行业内共有以兴业证券、中泰证券、湘财证券等为代表的 18 家证券公司设立了国家级投资者教育基地。① 投资者教育基地秉持公益、专业、共享的理念,通过场景化、体验式的展示,实现了线上、线下投资者教育资源的深度融合。后续将对各类投资者需求分层,系统推送有针对性的、精细化的私募资产管理产品的投资者教育内容,丰富和拓展投资者教育的受众和内容,做好私募资产管理产品的投资者教育服务,保护投资者合法权益。

(2) 摸底私募资产管理产品潜力客户结构,充分挖掘调动合作渠道的投资者教育意愿。行业调研显示,充分借助资源合作,丰富完善投资者教育内容,能有效提升投资者教育活动的影响力和受众面。相较单独开展,联合开展的投资者教育活动更偏向于市场前沿、投资动态等,讲解内容偏向于特定金融产品,培训教育针对性更强。如加强与代销机构、私募管理人、(母公司) 投资者教育基地、上市公司、各类教育学院等外部机构的合作,充分借力各方优势,联合开展私募投资者教育活动。

(3) 精准定位客户,循序渐进、因材施教,突出机构的"陪伴者"角色。东证资管先就私募资产管理产品特点和客户定位与代销机构的客户经理团队进行交流传递;接着对客户经理团队邀约客户的基本情况进行了解和梳理,根据客户属性及时调整投资者教育目标;最后在开展私募资产管理投资者教育工作时,采用现场沙龙或一对一形式,私募资产管理机构配合客户经理一起向客户耐心讲解。

此外,还有一些实践做法值得借鉴。如产品投资主办人不定期参与投资者教育活动,与投资者直接面对面交流,在合法合规的前提下解答客户疑问,传授投资理念,极大地拉近了公司与投资者之间的距离,有助于提高投资者的风险识别能力,投资者教育活动切实发挥实效。

(4) 借助客户画像构建、多维度细分不同受众群体类型,区分不同方式开展精准投资者教育。中泰证券对于超高净值客户的投资者教育活动一般以小型沙龙形式举办,内容多涉及资产配置理念、投资策略、风险管理等专业性培训。普通合格投资者的培训多以小型会议为主,内容涉及单产品的策略、投资者权利和义务、反洗钱等方面。

此外,也可根据投资者教育主题的设定选择投资者,以交易制度、市场分析、投资技巧等为主题的投资者教育可不区分客户,以私募资产管理为主题的投资者教育在客户筛选上须满足私募资产管理产品适销要求。

(5) 定期评估投资者教育活动开展实效,细分评估因素,将评估机制制度化、常态化。海通资管制订了服务质量考评因素表,并通过投资者教育团队之间长期有效的沟通机制,共享最新的市场观点和最新动态,大大提高投资者教育的效率和及时性(见表 1)。

表 1　　　　　　　　　　海通资管服务质量考评因素表

序号	考评指标	考评内容	权重(%)
1	客户满意度	客户的满意程度	30
2	投资者教育完成率	销量增量完成程度	15
3	首问负责实现率	事件处理程度	10

---

① 参见中国证券业协会网站所载文章《证券公司国家级投教基地宣传活动》,http://www.sac.net.cn/tzzyd/wqbh/tjjdxc/201804/t20180411_134950.html,最后访问日期:2019 年 8 月。

续表

序号	考评指标	考评内容	权重（%）
4	教育差错率	反馈有效程度	10
5	需求响应完成率	有效反馈时间	10
6	服务客户市场占有率	客户保有量	8
7	客户有效投诉率	客户投诉受理	8
8	客户信息管理	客户信息完整性	5
9	客户服务内容改进建议	被采纳的改进建议数量	4

此外，比较常见的评估实践还有投资者调查问卷、投资者抽查、投资者访谈、投资者教育文章的阅读量和点赞数、风险事件发生频率等。

（二）完善国内私募资产管理业务投资者教育体系的实现路径及建议

1. 充分发挥各市场参与主体合力，集中资源补短板、补弱项

我国私募资产管理市场尚不成熟，监管机制、法律体系尚不完善，政府及监管机构需要完善政策制定和实施机制，在政策中明确投资者教育参与主体与职责。从监管层面统筹考虑，引导、鼓励和通过多种方式支持行业机构培育投资者教育专家队伍，提高投资者教育的整体水平。

建议由行业自律组织牵头组织统一投资者教育课件或课程，调动社会资源，通过与主流媒体、行业专家等合作，形成"协会—行业—社会"三位一体的合力，从而扩大活动影响力。

建议投资者权益组织收集、梳理并系统总结私募资产管理产品投资者的普遍教育需求，并以公开建议等形式反馈给各类资产管理机构，协同互动，共同增进和提升私募资产管理业务投资者教育服务的针对性与有效性。

各类资产管理机构等作为"具体执行者"的关键角色，在业务经营过程中直接面对投资者，对投资者的现状和需求十分了解，在开户、交易、服务及业务拓展过程中，向投资者充分说明不同私募资产管理产品的性质和风险特征，引导投资者根据自身的风险偏好和承受能力进行投资，引导投资者摒弃侥幸心理、从众心理和暴富心理，使投资者牢固树立"买者自负"的理念。

2. 完善私募投资者教育内容

一是资产管理打破刚性兑付的最基本要求就是落实"卖者尽责，买者自负"，资产管理机构需对私募资产管理产品投资者进行充分到位的风险教育，普及各类私募监管要求，协助投资者树立符合自身客观情况的风险意识，树立"卖者尽责，买者自负"的观念。

二是私募投资者教育需要把资产配置教育放在重要位置，向投资者普及资产配置的相关知识，引导其根据自身风险承受能力进行资产配置。

三是资产管理机构有必要通过投资者教育帮助投资者建立长期投资的理念，在做好资产配置的前提下长期持有，从而提高投资成功的概率，增强盈利体验。

四是投资者教育要在做好客户预期管理的同时，提高投资者的自我保护能力，利于投资者通过有效的渠道和手段维护自身正当权益。

对于资产管理机构来说，可以实行更为个性化的私募资产管理业务投资者教育。通过投资者教育需求问卷调查、实证分析等方式，分析各类投资者的不同情况和实际需求，在进行市场与客户细分的基础上，有针对性地对投资者进行宣传、引导和教育。根据客户特点有针对性地选择教育内容，例如对入市时间长、经验丰富的投资者应注重理性投资理念的培养；对于新手则帮助其掌握基本知识，增强风险意识，进行投资风险教育。

3. 构建完善的多层次教育体系

私募资产管理业务的投资者教育并不只是直接针对投资者的教育，更要发挥多层次的作用，将针对投资顾问的教育、销售机构的教育也纳入其中。一方面可以分摊成本到各个投资顾问和销售机构，另一方面由于投资顾问渠道和销售机构客户资源丰富，对高净值客户的覆盖面也会更广。资产管理机构对投资顾问、销售机构进行私募资产管理业务投资者教育是能够实现共赢的一套方案。

4. 做好投资者教育的后续评估

评估教育成效是投资者教育的重要环节，它能根据投资者教育项目带来的影响做出评价，并为制订其他投资者教育计划提供参考，需要做到可持续、易统计和标准化。评估主要分为两类：

（1）阶段性评估。阶段性评估指的是针对某一次的教育活动，采取问卷、访谈、网络调查等形式进行评估。评估的内容可以集中于投资者教育活动与投资者需求是否匹配、活动形式的可接受度、对投资者行为的改变程度等。单个私募资产管理产品的投资者数量远小于一般的公募产品，使得资产管理机构更容易对投资者接受教育后的态度、观念及行为变化进行统计，从而针对不足之处进行改进完善。

（2）定期全面评估。全面评估可借鉴中国香港的做法，每隔3—5年，相关监管部门委托专业投资机构对前一阶段的投资者教育进行全面评估。香港证监会委托专业市场调查公司对前三年的投资者教育情况进行调查，评估所有投资者教育活动的成效，从而对完善现有教育内容提出建议。

五、总结

私募资产管理业务正在回归本源、蓬勃发展，投资者群体的风险意识、规则意识以及理性意识也在不断强化，私募资产管理业务投资者教育势必将不断迎来新形势、新变化、新举措。投资者教育的机制、重点、内容以及形式丰富多样，因势所需但又殊途同归，相信只要坚守切实保护投资者合法权益这一核心宗旨，在资本市场各方的共同努力下，投资者教育工作的效果将逐步呈现，私募资产管理投资者的智识、辨识力、投资观以及风险观将日臻成熟。

私募资产管理机构培训体系构建研究

中国证券业协会资产管理业务委员会专题研究小组*

一、私募资产管理机构培训的概念界定及特点

(一) 私募资产管理机构培训的概念界定

私募资产管理机构培训是指从事私募资产管理业务的证券期货经营机构针对投资者、公司从业人员以及代销机构从业人员进行的有组织的投资知识传递、投资技能培养、正确投资理念树立、投资风险揭示等一系列行为,旨在培养投资者健康、理性的投资理念和习惯,提升公司及代销机构从业人员的职业素养,从而保护投资者的合法权益,促进资本市场的和谐健康发展。

(二) 私募资产管理机构培训的特点

一是培训形式多样,涵盖线上形式(如视频课堂、机构自媒体平台、媒体平台等)与线下形式(讲座、专题研讨会、情景模拟等)。二是不同的培训对象具有不同的培训需求,如面向投资者时应因材施教,根据投资者的持有资产、风险承受能力不同进行差异化投资者培训;而面向公司从业人员、代销机构时,培训内容则应注重以产品为导向,加强风险防范意识,提高风险管理水平等。三是培训内容丰富,除了涵盖私募资产管理产品的基础知识、资产配置、投资策略、权益保护、金融科技等内容外,还包括结合最新监管法规和政策以及市场热点开展的各类合规培训与专题培训等。

---

* 研究小组成员:兴证证券资产管理有限公司:郭小军、宋琳、林婷彦、石千里;东海基金管理有限责任公司:孙曼荣;中泰证券(上海)资产管理有限公司:王栓应。

二、构建私募资产管理机构培训体系的现实意义

(一) 符合监管要求,树立正确投资理念

私募资产管理机构通过主动对投资者、证券期货等经营机构及代销机构从业人员进行培训,有助于引导投资者树立正确的投资理念,打破投资者"只赚不亏"的心理定式,符合资管新规对金融机构向投资者传递"卖者尽责、买者自负"的理念与打破刚性兑付的要求,增强投资者的风险防范意识,保护投资者自身的合法权益,减少投资者投诉和纠纷,促进资本市场和谐健康发展。

(二) 有助于促进创新业务的发展

新产品、新业务的出现伴随着新的风险。投资者承担的风险不仅有证券市场本身的波动风险,还有不同产品类型、不同的投资策略及不同投资对象引起的特殊风险。当有创新产品出现时,私募资产管理机构通过培训,充分揭示产品风险,增强投资者对相关创新产品的了解,提高投资者识别及评估投资风险的能力,进一步将投资者适当性管理落到实处,也有助于创新产品的推广与发展。

(三) 金融科技培训的迫切性

证券公司资产管理业务高度依赖信息技术,但是由于各种原因,资产管理业务的金融科技及信息化建设基础比较薄弱、起步晚,基础设施整体相对落后,资产管理行业金融科技复合型人才储备不足,制约行业金融科技的有序发展。因此,当前迫切需要总结和提炼适合资产管理行业推进金融科技发展的模式和经验,建立行业金融科技人员交流互动、互相学习的培训体系和交流平台,推动全行业共同发展。

三、搭建私募资产管理机构培训体系的国外经验借鉴

(一) 海外私募资产管理机构的体系化培训工作

海外私募资管机构的培训体系,从培训对象来看,主要面向投资者、员工和社会大众,没有进行特别深层次的细分;从培训的载体来看,主要分为线上和线下两种形式。以下从培训的两种形式来细看国外私募资产管理机构的体系化培训工作。

1. 线上培训

以方便投资者及社会公众自主获取讯息为前提,国外私募资产管理机构在线上设置了丰富的投资者培训内容,主要是提供研报、投资类文章和视频等。如桥水联合基金(Bridgewater Associates)在官网上设置了一个"搜索图书馆"版块,投资者可以在此深入学习其投资理念和投资方法,分享创始人的投资思考所得。此外,桥水联合基金还在官网上发布了多个投资者培训视频、演讲及一些特别制作的课程。

2. 线下培训

美国的量化对冲基金——AQR基金(AQR Capital Management)在线下培训领域做了许

多有益的实践。① AQR 针对员工开办了一个名为 QU∀NTA Academy 的企业教育学院，专注于员工的智商和情商培养，鼓励员工终身学习，充分开发员工潜力。员工在这里培训专业技能，提高管理能力，增加自我价值。QU∀NTA 学院针对不同层次的员工开发了上百种课程，并定时展开学术辩论，探究新技术与前沿研究成果。

AQR 不仅在员工培训上精心安排，也为国家乃至世界层面的金融推广工作做了贡献：一方面面向哥本哈根金融学校学生设置"优秀金融毕业生奖"，鼓励在校学生为金融研究做出贡献，推动了社会对下一代金融知识与技能培养的充分关注；另一方面 AQR 还与伦敦商学院合作，成立世界资产管理委员会，项目汇集了学者、从业者、政策制定者和监管者，以解决全球投资界面临的重大挑战。AQR 不仅仅停留于面向机构投资者开展投资者教育阶段，而是以自身最大的努力，推动行业的学术发展，是更为长效、广泛、面向整个社会的培训工作。

（二）国外私募机构培训的行业性努力

仅凭单家私募资产管理机构的一己之力来推行培训工作，实际上是远远不够的，在全球范围内，众多国家的行业性监管组织、机构已建立起健全的培训体系，成立了国际及区域投资者教育论坛，定期举办行业论坛与大会，使投资者教育的效应最大化。通过资料收集研究发现，在成熟市场，与各家私募资产管理机构自发组织的培训比较而言，行业性的培训所占体量更大，且更体系化、多样化，针对的细分群体也更多。因此，从国外经验来看，无论是针对从业人员还是社会公众的培训，都更依赖于行业性组织的力量。

首先，培训形式的多样化如表 1 所示。

表 1　　　　　　　　　国外私募资产管理机构培训形式

形式	典型案例
线上学院	新加坡证券交易所学院为大众提供在线学习服务，围绕不同主题，组织面向零售投资者的常规的讨论会和讲习班 韩国投资者教育委员会致力于开展全面的投资者培训工作，提供大量便携式课程教育服务，包括视频和相关学术性研究资料，按投资目标/品种等区分开办财富学院、基金学院、新产品学院、退休计划学院
模拟交易	"点击赚钱"（Click2Win）栏目是泰国证券交易所和泰国期货交易所共同开发的模拟交易系统。投资者和公众可以在注册账号后，点击进入系统，根据真实市场的实时交易数据参与模拟交易
全国巡讲	巴西证监会（CVM）在全国各地巡回开展地方性会议，通过投资者培训工程，向大众传递证券市场信息，并在全国各大高校开展金融投资教育讲座 泰国证券交易所也在线下组织"投资遍全国"（Investment Nationwide）活动，将金融知识服务传递给身处各省的投资者
电视节目	巴西交易所与多家电视媒体合作，制作多档特色电视节目：比如 Cultura 频道每周六下午 2 点的金融教育电视节目，聚焦个人理财和股票、CDB、银行存款、国债、基金等各类投资主题

---

① 资料来源：https://www.aqr.com/。

其次，培训对象的多层次如表 2 所示。

表 2　　国外私募资产管理机构培训对象及内容

培训对象	典型案例
面向学校	欧盟委员会启动的欧洲消费者日记（The European Consumer Diary）项目，面向教师和学生，内容涵盖金融服务等教育工具。欧盟委员会还将教师金融培训的内容纳入日常工作中，以鼓励和帮助教师将金融知识教育融入日常校园生活 印度证券交易委员会（SEBI）先后与 600 多所学校合作开展了 Pocket Money 项目，通过现场讲座、小组讨论等方式开展金融知识普及教育，迄今培训教师已达 1 500 多人，参与学生超过 60 000 人
面向欠发达地区民众	马来西亚国家银行实施"移动长途车计划"，主动走入半城市化地区和农村等欠发达社区，免费提供金融知识宣讲与咨询，在不到一年的时间内服务居民即达数万人
面向妇女	巴西交易所组建"妇女在行动"网站（Women in Action），定位为服务女性的金融教育网站。女性用户可浏览关于个人开支控制和金融教育小窍门的视频、文本、Excel 表格等，以及关于金融教育的交易所课程等独家内容
面向儿童	巴西交易所设立"交易所大家子"网站（Exchange Crew），面向 7 到 11 岁儿童提供金融知识教育。儿童或家长可登录该网站，观看教育视频。目前，该网站注册儿童数量约 8 500 名，累计 12.2 万访问量

由各国组织所做出的努力可以看到，行业性的力量不可忽视，自上而下的组织与自下而上的投入相结合，更能使各机构的努力汇聚成川，让私募机构组织的培训影响更广泛，受益范围更广。

四、国内私募资产管理机构培训的有益尝试

（一）国内私募资产管理机构现存培训体系

2018 年 11 月，中国证券业协会向协会会员信息系统内所有证券公司发放调查问卷，共发出问卷 131 份，回收 78 份。问卷数据统计显示，参与问卷调查的 78 家机构（均开展私募资产管理业务）中，69 家具备投资者培训的组织领导体制及工作机制，77 家具备从业人员即员工的培训机制，54 家具备代销机构等渠道培训工作机制。

1. 针对多种对象设置不同的培训

（1）投资者培训。调研结果显示，私募资产管理机构开展投资者培训经常是基于投资者的分类服务：针对普通投资者，常见的方式是借助官方自媒体平台、电子或纸质材料、大型投资策略报告会等方式开展培训；针对资产规模较大的高净值投资者，则会组织小型投资者沙龙，例如兴证资管的"璞素"高净值投资者服务体系，会定期面向高净值投资者组织"璞素会"投资者沙龙，邀请投资、研究、资产配置方面的专家，与投资者进行面对面的培训交流。

从培训的内容来看，针对投资者的培训主要分为金融投资的基础知识、证券法律法规、投资风险、投资者的权利和义务、投资者维权、投资技巧、投资策略、防范非法证券活动等方面内容。

在培训的频次上,每周一次、半月一次、每月一次等高频次比例合计占样本整体33%,意味着私募资产管理机构对于投资者的培训总体频率较高,以保证一定的持续性效果。

(2) 员工培训。调研结果显示,私募资产管理机构员工培训对象包含高级管理人员和证券销售、交易投资及其他从业人员,其中各家机构对于证券销售、交易投资等业务人员的培训最为重视,占比97%。师资来源主要为公司内部人士或外聘职业讲师,培训结束后,通过理论考试、绩效考核、上级评价等多种形式对培训效果进行考察。从培训的频次来看,每周、每半月、每月等高频次合计占比51%。

从实践案例来看,兴证资管联合母公司兴业证券的企业大学——兴证财富管理学院,于2015年启动了"天元计划"系列培训项目。项目包括几大内部培训模块:一是业务能力培训,面向公司各业务岗位员工,旨在提升业务人员的实战技能和工作效率;二是管理能力培训,面向公司各业务管理岗及骨干员工,旨在培育现有及未来管理者的团队管理能力;三是风险管理培训,面向公司全体员工,旨在提高全员风险合规意识;四是基层员工培训,面向新加入公司的基层员工,帮助新入职员工了解公司的文化和业务;五是海外交流系列,将视线投向境外,捕捉海外市场的投资机遇,学习海外机构的先进经验。

(3) 代销机构培训。调研结果显示,私募资产管理机构对代销渠道的培训以产品、业务知识及流程方面的培训为主流,政策法规、投资风险等培训紧随其后;培训的形式以交流座谈会为主,辅以讲座、专题研讨会、网上培训等;培训的时机多挑选新产品发行期和公司举办营销活动时,配合业务推动的实务性考虑较强;但也有10%的私募资产管理机构意识到,需建立长期的、有规划的培训体制,并已付诸实际行动。

从实践案例来看,东证资管是开展代销机构培训的机构典范,其"东方红万里行"系列活动极具代表性。"东方红万里行"自2015年启动,在全国范围开展,深入其合作代销机构的分支网点,包括银行网点、证券公司营业部等,搭建管理人与代销机构各层级销售人员沟通的桥梁,主要围绕理性投资理念展开培训,通过强化对"中端"即代销机构的培训服务,来更好地实现"终端"即投资者的财富管理服务。据统计,截至2018年10月,该活动开展3年以来,已举办4 000多场线下培训,覆盖30多个城市,培训受益人数逾24万人。

(4) 其他培训。除了上述培训外,还有一些更丰富的培训内容,如兴证资管组织的"成长夏令营",为青少年群体提供财商培训;东证资管也将"东方红万里行"带进高校、企业、机关单位,金融培训的范畴变得更广,社会影响力也随之扩大。

2. 利用多种传播形式进行培训

除了按照不同的培训对象进行区分外,培训也可根据传播载体的不同进行划分,国内私募资产管理机构现有的培训形式已较为丰富。

(1) 线下现场培训。传统的培训大多以现场培训为主,更有利于直观高效地与主讲者交流。前文提到的兴证资管"天元计划"以及东证资管"东方红万里行"等培训活动,均为现场培训。

投资者培训工作除了投资理念的传导之外,还往往与产品工具的介绍密不可分,而由于私募资产管理机构的产品投资门槛较高,且受限于中国监管法规要求,现场培训是国内私募资产管理机构培训当前最主流的形式。

(2) 线上培训。一是电话培训。目前,私募资产管理机构面向投资者的定期产品投资汇报交流、解读市场突发事件的专题培训,多采取电话会议的形式进行。在受培训人员区域分布广、现场交流不易组织时，电话会议工具就显得较为重要。

二是微信群培训。通常用语音形式进行培训，配合 PPT、图片同步展示，还方便听众在培训后收藏重要内容、重复收听、随时温故。兴证资管从 2018 年开始通过微信群培训的形式开办"七分钟私房课"，每周一场，邀请不同领域的嘉宾进行分享，包括监管动态、市场分析、热词解读、产品工具等，使员工、代销机构人员只需用较短的业余时间，即可获取丰富的额外知识。

三是线上直播培训。还有一些私募资产管理机构采用线上视频直播的形式进行培训，如借助同花顺、大智慧等金融资讯软件的线上直播平台，或者优酷、微吼等专门的直播系统，进行在线培训。

（二）国内行业组织积极搭建培训体系

除了各家私募资产管理机构外，国内行业性组织已搭建多类培训平台，针对从业人员、投资者等受众展开培训工作。

中国证券业协会每年针对从业人员进行业务培训，在线上打造课程丰富的中证协远程培训系统，包含金融、历史、人文社科、心理辅导等共 600 余门课程。这些课程按业务类型，可分为综合性法规、运营管理、合规管理、信息技术管理、风险管理、投资银行、证券经纪、资产管理、信用业务、投资研究、投资顾问、托管业务、金融衍生品、投资者保护、信用评级、职业道德、其他等门类；按内容属性，涵盖概念理论、实务、案例等类型；按课程形式，可分为直播课程和在线课程等形式。中国证券业协会邀请各家证券、私募、投行、银行及协会内部讲师进行课程录制，内容丰富且覆盖面广。

上海证券交易所在官方网站上开辟培训板块，打造网络资本市场学院，提供沪港通、股票期权、融资融券、年报、ETF、权证、债券、风险教育、证券市场基础知识等与私募资产管理业务息息相关的多类主题培训课程。此外，还创设投资者问答、自测考试、模拟交易等板块用于巩固培训效果，形成了包含知识传授、互动问答、效果自测以及能力实操等方面的立体多元的培训体系。

（三）国内金融业在信息技术培训方面的实践

我国银行业金融科技发展及科技人才培养体系相对比较完善，基本形成了各银行自助培训、行业共同交流的完整的培训机制；证券业行业培训体系经过多年的建设和发展，形成了以中国证券业协会的后续执业培训体系为主，多层次、全方位[1]针对行业信息技术和金融科技知识及能力的线上、线下培训，但针对资产管理业务的信息技术及金融科技培训内容相对缺乏；基金业的金融科技培训得到监管层及中国证券投资基金业协会的高度重视，协会、基金同业、行业相关机构以及金融科技的服务厂商均会适时举办金融科技的专业培训。

我国保险业非常重视金融科技的交流与人才的培训，从行业到保险机构均设有培训机构以推进培训事宜。下面主要对保险行业在金融科技培训方面的情况进行介绍。

---

[1] 中国证券业协会每年会组织一次证券公司高管、信息技术负责人参加的金融科技及信息安全培训；组织两次信息技术及信息安全专项培训；不定期组织信息技术专项技术应用培训及研讨会。

1. 保险业金融科技培训相关组织

保险行业目前包含科技培训工作职责的行业组织包括信息技术专业委员会和教育培训工作部。中国保险业协会于 2015 年 4 月成立信息技术专业委员会，旨在依据相关法律法规、中保协章程，配合中国保监会和中保协，科学完善行业信息化基础建设，防范信息技术风险，建立行业信息技术交流沟通机制，加强信息技术培训，开展信息技术课题研究，有效服务于行业创新与发展。教育培训工作部立足于会员单位的实际需要，整合行业内外及国内外优秀资源，发挥全国协会的组织优势，创新发展现代网络教育平台，建立与完善行业人才培养标准，构建从业人员专业能力认证体系与继续教育自律机制，促进行业专业人才队伍的建设与快速发展。

2. 保险业金融科技培训模式

保险业金融科技培训主要分为线下金融科技交流和线上培训两种方式。线下金融科技交流培训主要由中国保险行业协会、中国银保监会发起，可分为国际同业交流（高峰论坛）、国内保险科技交流（交流峰会）、专题交流等；线上培训主要由中保协主办的中国保险网络大学等平台，为行业提供线上培训交流服务。

3. 保险业金融科技培训平台

中国保险网络大学是中国保险行业协会主办的，面向全行业开展以认证教育为核心、教育培训为主线，学历与非学历相结合，线上线下混合培养的首个全行业性的网络教育平台。截至 2018 年 7 月底，网站注册用户突破 170 万人，平均每周访问量达到 25 万人次。

2016 年，借助 H5 开发技术，网站实现了全面升级，不仅便利了手机等移动终端的访问，而且在功能与内容上进一步扩充，已形成新课速递、专题培训、制式培训、继续教育、保险大讲堂、入职教育、营销学院等多个内容板块，并在监管政策与行业知识在线分享、专题培训动态发布与在线答疑、制式培训报名和学历教育试点推广等方面发挥显著作用。

金融科技类培训目前是该平台专题培训板块的一个专题，线上培训内容包含医疗大数据在美国保险市场的方法和应用实例、互联网带来的产业革命、人工智能在保险业的应用、金融科技在保险业的应用、金融科技与保险创新发展、区块链基础知识、区块链与金融科技创新等内容。

五、完善国内私募机构培训体系的实现路径及建议

（一）聚力协作，搭建行业层面的培训平台

从培训类别划分，在私募资产管理机构的员工培训、投资者培训方面，行业性的努力已在进行中，然而目前国内各私募资产管理机构仍以独立开展为主，形式、内容各异，较少出现行业层面联合开展的培训，这样会产生培训的主题零散、水准不一、资源浪费的弊端。

因此，如果将私募资产管理机构培训上升到行业的角度来开展，通过行业监管机构或者自律组织的统筹组织以及各机构的通力合作，有分工、有步骤地开展行业性的联合行动，结合各家私募资产管理机构的禀赋、特色，相信能够更好地调动优势资源，节省人力物力，也能使培训惠及更广泛的人群。如协会搭建技术交流平台，不定期组织同业机构就投资、市场、风险管理实务等方面进行主题交流及培训活动；通过"陆家嘴金融城全球资产管理机构联合会"等主要由海外金融机构组成的行业性机构，邀请在境外私募资产管理业务方面

拥有先进理念和优秀成果的机构,为国内私募资产管理机构做境外经验分享;适时邀请"一行两会"监管机构的专家或行业资深人士,及时为行业机构提供针对私募资产管理业务监管政策的解读培训,传递监管动态,共同营造专业化投资的市场环境。

(二) 整合资源,使培训向体系化、差异化、专业化升级

国内私募资产管理机构开展的各类面向投资者及代销机构的培训,大多是从本机构业务推介和产品营销角度出发,以迎合当期业务发展目标为主,内容相对单一,在体系化、专业化方面仍有很大改进空间。

一是体系化方面。首先,着眼于中长期来制订私募资产管理业务培训计划,不局限于短期的产品营销、业务推动之效,致力于培育投资者的理性观念,推动全行业乃至全社会的金融市场及私募资产管理科普工作;其次,打造一个囊括投资者、从业人员、销售渠道、社会公众的几何立体式培训体系,理念一以贯之,目标各有侧重;最后,设计丰富多元的课程系列,包括且不限于理论基础、产品介绍、监管解读、执业规范、业务技能、风险管理等,从理论到实务,涵盖业务开展的各个环节,以满足各类培训受众的需要。

二是差异化方面,主要体现在培训内容和培训参与机构两个层面。首先,基于公募、私募业务的差异化特征,私募资产管理业务培训在培训内容和培训形式上,一方面应当充分汲取中国公募基金业逾20年来在投资者教育和行业培训方面积聚的精华,另一方面也应当体现一定的差异化,充分展现私募资产管理业务特色。其次,还应当运用各家参与机构的差异化优势,充实行业培训体系。各家机构可因地制宜、各展所长,建立行业定期现场培训机制,创设专业的特色培训体系。例如,证券公司系的私募资产管理机构可充分发挥证券公司从投资到融资的全产业链优势,整合证券公司的研究所、投行、托管等多方资源,为现有投资者、潜在投资者、代销机构提供成体系的培训课程,真正实现全面财富管理服务。

三是专业化方面。随着电子信息时代向智能制造时代迈进,证券资产管理行业也随之处在转型升级的关键时期。科技创新是发展的第一动力,整合行业内外及国内外优秀资源,发挥组织优势,建立与完善行业金融科技人才培养标准,推进人才培养的制度化和常态化,进一步快速推进金融科技在行业内的应用和发展。

(三) 牢记使命,以发挥资产管理机构社会责任为己任

私募资产管理机构作为投资者财富的受托管理人角色,其宗旨是通过创设资产管理产品、提供资产管理服务,帮助投资者实现资产的健康保值增值,发挥其作为资产管理机构的社会责任,培训活动也不应离开这一宗旨。比如,美国的AQR对冲基金围绕培训开展的一系列举措不仅是以增加自身管理规模为目标,而是放眼长远、放眼社会,力求推动监管与行业的一系列正向变化,培育正面的行业价值观与发展理念,为金融行业的健康发展贡献一己之力,可谓给中国私募资管机构的培训工作提供了很好的范本。

凝聚行业合力，发挥专业优势，证券业服务脱贫攻坚出实招重实效

中国证券业协会会员管理部[*]

一、凝心聚力，合力攻坚，引导行业扶贫结硕果

党中央、国务院高度重视脱贫攻坚工作。党的十九大把精准脱贫作为全面建成小康社会必须打好的三大攻坚战之一。习近平总书记对精准扶贫、精准脱贫作出系列重要部署，为打赢脱贫攻坚战提供了根本遵循。中国证监会出台了发挥资本市场作用服务国家脱贫攻坚战略的指导意见，从加强政策引导、着力机制建设、引导行业力量、推进定点扶贫等方面制定了系列帮扶举措。

中国证券业协会（以下简称"协会"）全面贯彻党中央、国务院关于脱贫攻坚的战略部署，坚决落实中国证监会关于扶贫工作的决策安排，充分发挥自律组织的协调和引导作用，把服务国家脱贫攻坚战略作为引导行业履行社会责任的第一要务，持续引导行业深化精准扶贫，着力完善监管部门、自律组织、市场主体"三位一体"的扶贫工作格局，引导证券行业服务脱贫攻坚取得显著成效。

（一）广泛调动行业力量，凝聚证券经营机构帮扶合力

为充分发挥资本市场在服务国家脱贫攻坚战略中的作用，调动市场主体积极性，2016年8月，协会率先发起"一司一县"结对帮扶行动倡议，号召每家证券公司至少结对帮扶一个国家级贫困县。

在协会的倡导下，证券公司积极响应、迅速行动，服务脱贫攻坚成为各公司的思想共识和行动自觉。截至2019年5月，101家证券公司结对帮扶283个国家级贫困县，覆盖了全国

---

[*] 原载于《中国证券》2019年第6期。

34%的国家级贫困县。其中,79家证券公司增至"一司多县",中泰证券、东方证券、方正证券各结对帮扶10个国家级贫困县。此外,证券公司还持续加大对"三区三州"等深度贫困地区的帮扶力度。目前,已有69家证券公司结对帮扶105个深度贫困地区。

"一司一县"结对帮扶行动广泛凝聚全行业力量,推动行业扶贫从"单打独斗"向"合力攻坚"转变,形成全行业促攻坚的良好态势,为国家脱贫攻坚增添了新的力量,为贫困地区经济发展增添了新的动力。截至国务院扶贫办2017年底开展的国家专项检查验收,在153个脱贫"摘帽"的国家级贫困县中,通过证券公司和社会各界的共同帮扶,35家证券公司结对帮扶的38个国家级贫困县实现脱贫"摘帽"。

(二)深挖行业优势,培育贫困地区产业"造血"功能

贫困地区金融产品及金融服务供给相对匮乏,产业发展的资金"瓶颈"、企业发展的"融资难、融资贵"问题较为突出。为帮助贫困地区开拓多元化融资渠道,2017年9月,协会再次发起"一县一企"行动倡议,号召证券公司发挥专业优势,综合运用承销保荐、并购重组、投资融资、财务顾问等手段,为贫困地区企业规范公司治理、改善融资状况提供专业服务,培育产业"造血"功能,产生了良好的帮扶效果。

经统计,2016—2018年,证券公司帮助贫困地区企业融资2 026亿元。其中,帮助贫困地区企业首次公开发行股票并上市融资64.70亿元,帮助贫困地区上市公司股票增发融资283.15亿元,帮助贫困地区企业通过全国中小企业股份转让系统股权融资114.31亿元,发行债券(含资产支持证券)融资1 090.54亿元,并购重组融资175.22亿元,设立产业基金65.04亿元,开展私募股权融资66.09亿元,通过资管计划、区域性股权市场等其他方式融资166.68亿元。

"一县一企"产业扶贫引导证券公司将精准扶贫与专业优势紧密结合,在严把质量关、严控风险的基础上,运用IPO、并购重组、公司债券等金融工具,把资本市场"活水"引入贫困地区,推动更多金融资源流向贫困地区,为贫困地区发展提供金融支持。

(三)完善脱贫攻坚成效考核评价体系,优化正向激励机制

考核评价是引导行业加强社会责任建设的指挥棒。为构建正向激励机制,发挥政策导向作用,结合证券行业扶贫工作特色,协会探索制定并优化完善了《证券公司脱贫攻坚等社会责任履行情况专项评价指标》,指标包括结对帮扶落实情况、服务贫困地区企业IPO、推荐贫困地区企业新三板挂牌、通过扶贫专项公司债券等方式为贫困地区企业融资、公益性支出情况等维度,引导行业持续加大对贫困地区的帮扶力度,不断增强行动自觉,提升责任担当。

经统计,2016—2018年,证券公司为贫困地区企业融资2 026亿元,公益性支出12.39亿元。截至2019年5月,证券公司在贫困地区派驻挂职干部121人,开展金融和资本市场教育培训430场,受众7.8万余人,推广销售特色农副产品1.01亿元,设立金融扶贫工作站54个。

考核评价体系激励证券公司从"被动帮扶"向"主动作为"转变,证券公司也不断发挥自身专长和优势,对贫困地区结对帮扶的覆盖面不断扩大,融资渠道不断拓宽,公益性支出大幅增长,在帮助贫困地区企业融资、促进贫困地区产业发展、带动贫困县域稳定脱贫等

方面发挥了重要作用。

（四）搭建金融扶贫综合服务平台，创新扶贫信息对接共享方式

为加强行业联动，交流经验做法，将政策优势、资源优势和信息优势相互叠加，最大限度地发挥协同效应，2016年9月，由协会指导中证报价搭建的金融扶贫综合服务平台上线运行，平台定位于信息展示、资源对接、扶贫宣传、数据交互等功能。

目前，平台已为中国证监会9个定点扶贫县以及新疆、西藏等贫困地区设立专门的展示板块，为220个国家级贫困县进行县域展示，为56个贫困地区的产业项目进行融资展示，对接产业扶贫基金8只，规模8.34亿元。同时，平台设有证券公司扶贫信息报送系统，目前，102家证券公司报送了3 855条扶贫信息。平台以此为基础，发布行业扶贫动态57期，积极传播行业扶贫正能量。

金融扶贫综合服务平台引导行业由"分兵作战"向"行业协同"转变，为推动证券行业扶贫信息对接共享、加强对精准扶贫工作的数据支持提供了有效支撑，也为证券公司了解行业扶贫最新动态、交流扶贫经验提供了良好的渠道，平台已逐渐成为行业扶贫的信息聚集区和经验交流阵地。

（五）注重宣传引导，强化责任建设，营造服务脱贫攻坚良好氛围

一是引导证券公司优化社会责任披露制度。借助证券公司年报信息披露制度，推动行业将社会责任履行情况纳入信息披露范围，引导行业持续加大扶贫投入力度。根据2018年年报显示，97家证券公司（母公司口径，共98家）披露了精准扶贫社会责任履行情况，占比达99%。

二是发布行业社会责任报告，展现行业责任担当。自2011年起，协会已连续8年发布证券公司社会责任报告，向公众披露行业责任履行情况，展现行业责任担当和责任文化建设。同时，引导证券公司将履行社会责任与行业形象建设相结合，形成责任文化，做有责任、有担当、有作为的投资银行。

三是丰富证券公司扶贫成果宣传方式。2018年10月，在中国证监会扶贫办指导下，联合期货业协会、基金业协会、上市公司协会，在金融街购物中心、中国证监会大厅举办"庆祝改革开放40周年资本市场扶贫成果展"，吸引了"一带一路"沿线国家核心媒体培训班、证监会机关及系统单位、西城区政府、中小学校、证券公司、期货公司等前来参观，生动丰富的成果展进一步彰显了资本市场服务脱贫攻坚的显著成效。

四是注重常态化宣传推广，形成示范引导。自2016年8月起，协会探索运用《证券行业扶贫工作简报》的形式，及时向公众、行业、监管部门披露扶贫动态。目前，已发布20期简报，对55家证券公司的120个典型案例进行广泛宣传。同时，在全国第五个扶贫日之际，开展了证券行业精准扶贫专题宣传，总结脱贫攻坚典型经验，宣传资本市场精准扶贫的优秀做法和突出成效。

二、发挥优势，精准施策，证券公司持续深化精准扶贫

近年来，证券经营机构在资本实力、发展理念、服务质量、规范水平、市场竞争力等方

面均有了明显改善，服务实体经济能力不断提升，参与国家脱贫攻坚的资本更加充足。证券公司把扶贫工作作为崇高的政治责任和使命担当，主动探索服务国家脱贫攻坚战略的有效路径，在金融扶贫、产业扶贫、消费扶贫、智力扶贫、公益扶贫等领域多措并举，取得显著成效。

（一）金融扶贫：利用专业优势，助力贫困地区企业缓解融资难题

在打好精准脱贫攻坚战座谈会上，习近平总书记指出，脱贫攻坚，资金投入是保障。要增加金融资金对脱贫攻坚的投放，发挥资本市场支持贫困地区发展作用。证券公司通过差异化、组团化、精准化的服务，带动更多金融资源流向贫困地区，2016—2018年，帮助贫困地区企业融资2 026亿元，进一步拓宽了贫困地区直接融资渠道。

一是服务贫困地区企业发行上市。贫困地区虽然经济发展滞后，但独特的自然资源优势和产业政策优势也孕育了一批要素禀赋较好、盈利能力较强、具有IPO潜力的企业。经统计，截至2019年5月，13家贫困地区企业通过IPO"绿色通道"发行上市，募集资金74亿元。

2017年11月，由中泰证券担任保荐机构和主承销商的盘龙药业在深圳证券交易所发行上市，募集资金2.17亿元。盘龙药业位于深度贫困地区陕西省柞水县，中泰证券通过帮助其登陆资本市场，促进企业扩大生产规模，创造更多的就业岗位，直接惠及柞水县贫困人口。同时，推动当地形成产业集合，帮助柞水县打造以中成药为核心的支柱产业，带动地方经济发展。

二是发挥债券特性和作用，拓宽扶贫资金来源。根据证券公司报送数据统计，2018年，证券公司帮助贫困地区企业发行企业债、公司债券（含资产支持证券）融资232.12亿元，发行人覆盖贵州、四川、广西、云南等多个经济欠发达地区，募集资金用途涵盖异地扶贫搬迁、产业扶贫、生态扶贫等，从不同领域支持了贫困地区因地制宜发展特色产业。

2018年12月，由华西证券作为计划管理人的"润银－华西通商小贷一期（扶贫）资产支持专项计划"设立，该资产支持专项计划是广西首单扶贫资产证券化项目。该项目基础资产为百色通商小贷小额贷款，发行规模1.8亿元，募集资金将重点用于支持百色市及周边城市贫困地区优质企业及项目的建设，进一步助推贫困县域经济发展。

三是推荐贫困地区企业在新三板挂牌并开展股权融资。根据证券公司报送数据统计，2018年，17家证券公司推荐22家贫困地区企业在新三板挂牌，26家证券公司帮助33家贫困地区企业实现新三板股权融资21.46亿元。

佰惠生为内蒙古自治区农牧业产业化龙头企业，其三个核心生产厂区分别位于林西县、商都县、太仆寺旗。佰惠生及其子公司坚持以发展甜菜种植为依托，带动农户增收，形成了富有特色的"甜菜扶贫"模式。2018年，佰惠生面临自身、行业等的重重压力，流动资金较为紧张。作为主办券商的宏信证券积极帮助佰惠生拓宽融资渠道，引进外部投资者，在较短的时间内完成一轮定向增发工作，募集资金0.37亿元，帮助企业在甜菜收购期结束后，及时向农户结算收购资金，确保农户稳定收益，企业平稳生产。

四是帮助贫困地区企业通过区域性股权市场开展融资。根据证券公司报送数据统计，2018年，证券公司通过区域性股权市场帮助贫困地区企业融资43.92亿元，进一步拓宽了贫困地区中小微企业融资渠道，为地方经济发展提供有力支持。

华创证券通过区域性股权市场发行可转换公司债券，募集资金 2.35 亿元，投入贵州省西秀区东屯乡八番村、梅旗村、山屯村、高官村的路网建设、河道整治、社区服务设施、旅游景区、小城镇基础设施、美丽乡村建设等项目，促进东屯乡基础设施的完善和品质提升，以"一村一品、一村一景、一村一韵、一村一业"为依托，转变农业产业模式，发展民族文化，打造可阅读、可识别、可记忆的西秀区新型小城镇。

五是借助金融组合产品实现保值增值。中央"一号文件"提出，要以"保险+期货"为工具服务"三农"，推进精准扶贫。2018年，多家证券公司联合期货子公司，探索在贫困地区开展"保险+期货"项目，有效利用期货市场价格发现和对冲风险机制，完善传统的再保机制，保障农户收入。

九州证券联合大地保险、九州期货在内蒙古自治区巴林左旗探索"保险+期货"玉米期货价格保险项目。该项目参保农户均为建档立卡贫困户，共计投保 8.8 万吨玉米。九州证券捐赠 80.8 万元扶贫资金，为贫困户支付保费，通过整合金融资源，为农民提供专业的金融服务和风险管理工具，有效降低价格波动对农民收入造成的损失。

（二）产业扶贫：提高贫困地区自我发展能力，确保脱贫效果的可持续

习近平总书记指出，发展产业是实现脱贫的根本之策。要因地制宜，把培育产业作为推动脱贫攻坚的根本出路。近年来，证券公司在结合贫困县资源禀赋和产业实际的基础上，从挖掘产业特色、设立产业发展基金、拓宽营销渠道等多角度出发，持续做好贫困地区及深度贫困地区产业帮扶，着力激发内生发展动力，推进扶贫工作从"输血"向"造血"转变。

一是深入挖掘产业特色，推动产业转型升级。证券公司在充分调研和科学评估的基础上，通过建立生产基地及专业生产合作社、帮助打造特色品牌、助力特色产业发展等方式，帮助贫困地区产业转型升级，从根本上提升贫困地区自身发展能力。

2017 年，东方证券联合生鲜电商将内蒙古自治区莫旗特产"东方菇娘"推向市场，带动 300 余户建档立卡贫困户脱贫。2018 年，除了为莫旗"东方菇娘"改进生产加工流程、捐建生产设备外，东方证券还将成功经验进一步推广，累计投入 320 万元，在深度贫困地区湖北省五峰土家族自治县建立茶叶产业扶贫基地，打造"东方红宜红茶"品牌，推动当地茶叶产业升级发展。东方证券发挥公司品牌整合能力，挖掘当地特产的独特优势，为当地茶叶产业建立持久的市场竞争力和溢价能力，探索出解决贫困户就业、增加贫困户收入、提高产品市场认可度的产业发展之路。

二是充分发挥产业基金引导作用，带动贫困地区产业发展。截至 2018 年底，21 家证券公司自主或参与设立 40 余只产业扶贫基金，为贫困地区及深度贫困地区产业发展带来活力。

国都证券在深度贫困地区河北省围场满族蒙古族自治县参与设立了兴围发展基金（有限合伙）政府产业引导基金。该基金发起设立规模 5 亿元，旨在通过"政府资金引导+专业投资机构管理"的模式，吸引更多的投资机构和上市公司关注围场优质企业，并通过国都证券的专业辅导，帮助当地企业建立健全内部控制制度体系，形成良好的公司治理结构，满足对接资本市场的基本要求，带动地方经济发展。

三是多渠道拓宽特色产品营销渠道。证券公司借助传统行业与互联网的融合，通过搭建扶贫电商平台、线上推广与线下销售相结合、组织消费认购等，帮助贫困地区及深度贫困地区拓宽特色产品销售途径，带动贫困县域产业发展及贫困人口增收。

为帮助贫困地区特色产品拓宽销售渠道，申万宏源证券积极协调中投系统各单位、扶贫馆经营企业、京东商城、京东物流等，全力推进在京东商城上线中投系统扶贫电商平台的项目建设，在不到 1 个月的时间里完成了开店申请，并推进线上店铺装修、网页设计、产品上架等。2018 年 11 月，中投扶贫电商平台"一区四馆"正式上线运营，中投公司对口扶贫的"三省四县"农产品得以全面对接京东商城覆盖全国的销售和物流渠道，成为推动贫困地区产业升级、打造产销对接"最后一公里"的关键一环。

爱建证券参与设计并采购了 20 台茶叶自动售卖机，捐赠给深度贫困地区湖北省英山县，并协助将机器在武汉地区的机场、火车站及上海陆家嘴区域的商务楼宇间完成网点布局，帮助拓宽英山县云雾茶的销售渠道。经过对机器的多次调试和改进，该智能售茶机具备了品牌宣传、大数据管理、在线支付等功能，实现了传统行业与互联网的融合以及线下销售与线上运营的同步进行。此外，售卖的每份茶叶收入中将有 0.2 元存入"英山大病救助基金"，在帮助英山县云雾茶打开销售渠道、提升品牌效应的同时，帮扶大别山区因病致贫、因病返贫人群摆脱困境，为贫困人口脱贫贡献力量。

（三）智力扶贫：坚持"志""智"双扶，持续普及资本市场发展理念和产业技术知识

习近平总书记在解决"两不愁三保障"突出问题座谈会上指出，要加强扶贫同扶志、扶智相结合，让脱贫具有可持续的内生动力。近年来，证券公司广泛开展资本市场教育培训、投资者教育和保护、产业技术培训等，帮助改善贫困地区及深度贫困地区金融环境，持续为贫困地区群众普及金融理念和技术知识，逐步从注重外部投入向注重外部帮扶与激发内生动力并重转变。

一是广泛开展资本市场教育培训。截至 2019 年 5 月，证券公司为贫困地区政府人员、企业管理人员等开展资本市场教育培训 430 场，培训人员达 7.8 万余人次。

中金公司注重提升贫困地区金融干部的水平和能力。一方面，把贫困地区金融干部请到公司业务部门，以在岗培训的方式，帮助金融干部了解资本市场融资和运作知识；另一方面，派出专家团队赴深度贫困地区湖南省古丈县，对金融干部开展资产证券化、私募股权知识和普惠金融能力建设的专题培训，帮助其有针对性地强化金融理念，增强运用金融政策和金融工具助推脱贫攻坚的实际本领。

二是着力开展投资者教育和保护活动。根据贫困地区金融消费者的需求特点，证券公司有针对性地设计开展投资者教育活动，传播理性投资理念，提高风险责任意识，配合有关部门严厉打击非法金融活动，维护贫困地区投资者合法权益。经统计，2018 年，30 余家证券公司在贫困地区开展了投资者教育和保护活动，参与的投资者达 7 万余人次。

东海证券将扶贫与扶智相结合，深入湖南省汝城县沙洲村"半条被子"革命老区，开展了以"不忘初心，牢记使命，坚决维护广大中小投资者合法权益"为主题的投资者教育和保护活动，内容涵盖投资者保护法规和制度、金融监管政策解读、证券新业务讲解、投资风险案例及风险警示、证券纠纷调解制度等，为贫困地区投资者普及理性投资、远离非法证券和合法权益保护等知识。

三是积极开展产业技术培训。根据贫困地区产业特点，证券公司积极对接高等院校、科研院所、农科院等，开展产业技术培训，为产业发展提供技术指导，提升产业技术专业程度，提高贫困群众的劳动技能和就业能力，实现稳定脱贫不返贫。

广发证券出资 100 万美元，捐助联合国粮农组织在华发展项目，通过农民田间学校的创新形式，运用"农业+金融+电商"相结合的农业扶贫模式，建设"联合国可持续发展目标示范村"，打造全国乡村振兴示范试点。项目推动贫困地区向生态农业和环境友好型农业转型，让小农户与现代农业发展有机衔接，帮助更多贫困农户脱贫增收。针对贫困地区有意向外出就业的年轻人和有意愿发展农业生产的农户，广发证券邀请当地人社局和农业局的技术专家，举办劳动力转移就业和农业种植技能培训，累计超过100人次，帮助农户掌握一技之长。

（四）公益扶贫：聚焦"两不愁三保障"，帮助贫困地区改善发展条件

证券公司对照"两不愁三保障"的标准，积极投入到贫困地区公益民生建设中。2018年，94家证券公司通过捐资助学、医疗救助、助残扶贫、基础设施建设等，帮助贫困群众解决特殊困难，公益性支出达5.21亿元，同比增长11%。

一是着力开展捐资助学，帮助提升教育水平。证券公司持续帮助贫困地区优化办学条件，加大对教师的培训力度，设立奖学奖教基金，建立对贫困家庭子女和贫困地区教师的激励机制，为贫困地区教育质量提升提供支持。

为奖励在教学工作中表现突出的一线双语教师，国信证券在深度贫困地区新疆维吾尔自治区麦盖提县设立了"国信园丁教育基金"，每年出资500万元对优秀教师予以表彰。截至2018年底，共有514名优秀教育工作者获得表彰奖励，进一步巩固了当地的师资力量。此外，2018年8月，国信证券选派6名优秀员工，分赴麦盖提县3所中小学开展为期一学期的支教活动，成为证券行业发挥自身才智服务贫困地区的又一探索。

二是开展医疗救助和助残扶贫，帮助贫困人口得到充分有效的医疗救治。证券公司加大医疗救助和助残扶贫的帮扶力度，通过捐赠医疗设备、购买补充医疗保险、建立医疗救助兜底保障机制、培训医护人员等方式，帮助贫困地区提高医疗水平，助力贫困人口实现基本医疗需求。

2018年，德邦证券依托股东单位组织的"乡村医生精准扶贫计划"，在贵州省习水县、江西省莲花县开展乡村医生精准扶贫项目。为方便村医行医出诊，德邦证券为两地捐赠600余只定制的医疗箱，并为每名村医购买意外及重大疾病保险。为进一步提升村医的诊疗效率，打造"智能化"诊所，2019年3月，德邦证券向莲花县捐赠电脑设备，以加强基层医疗服务能力建设。

三是完善基础设施建设，改善基础设施水平。证券公司通过公益捐赠、协调财政资金、筹措社会资金等，加大对贫困地区基础设施建设的投入力度，帮助提升基础设施水平，改善落后面貌。

东兴证券捐资130万元在新疆维吾尔自治区麦盖提县英也尔村修建村民活动中心，为村民开展文化活动、劳动技能培训、金融知识普及、党的政策宣传等提供便利条件和有效保障，积极助力自治区加强现代文化引领。

华宝证券捐资100万元，帮助云南省镇沅彝族哈尼族拉祜族自治县建档立卡贫困户进行危房改造及异地搬迁点民房修缮，为深度贫困地区云南省广南县四个脱贫出列村50户贫困户提供建房补助资金，为广南县三个深度贫困村无力建房的16户贫困户提供建房资金，助力贫困人口改善基本居住条件，住上安全住房。

三、精准把脉，务求实效，扎实推进协会定点扶贫工作

2018年，协会通过派驻挂职干部，开展公益扶贫、光伏扶贫、产业扶贫等，多措并举助力隰县脱贫攻坚，取得良好成效。

（一）公益扶贫

一是捐建图书馆。协会与中国扶贫基金会合作，在隰县开展了覆盖所有小学的图书馆项目，建设21个电子图书室，总计投入105万元。二是资助贫困学生。资助40名贫困大学生和40名贫困小学生，大学生每人资助5 000元，小学生每人资助1 000元，总计24万元。三是建设高中生自强班。协会与中国扶贫基金会在隰县第一中学捐建"自强班"，资助50名贫困生完成学业，并进行成才支持，总计投入30万元。四是发放爱心包裹。对隰县所有学校进行爱心包裹项目全覆盖，发放爱心包裹6 257个，总计86.47万元。五是举办"善行者"走进隰县活动。联合扶贫基金会在隰县举办"善行者"走进隰县活动，邀请行业单位约300人参加，筹集善款130多万元，用于隰县深度贫困户，将有300多户500多人由此而受益。

（二）光伏扶贫

2017年9月，根据隰县当地的实际情况，协会向全行业发起支持隰县光伏扶贫村级电站建设的倡议，证券行业积极响应，共有49家公司认捐45座电站，捐赠资金5 282.5万元。2018年6月，由证券公司捐建的村级光伏电站均已建设完毕，并网发电，预计可持续解决1 904户5 782人稳定脱贫问题。光伏电站建成后收益全部用于支持建档立卡贫困户脱贫，通过设置公益岗位、开展公益事业、直接补助等方式，对贫困户进行补贴，每户每年可补助3 200元，基本实现建档立卡贫困户稳定脱贫。

（三）特困帮扶基金

为解决隰县特困群体稳定脱贫问题，确保特困群体实现"两不愁三保障"，协会、扶贫基金会和隰县人民政府联合成立"隰县特困扶贫专项基金"，由协会出资1 000万元，行业扶贫专项基金出资600万元，基金运作方配套管理资金500万元，总规模2 100万元。专项基金由专业的基金管理人运作，产生的收益作为特困群体帮扶的补充。按照年收益4%—5%计算，每年收益约100万元，可解决300多人特困群体的稳定脱贫问题。2018年，特困帮扶基金已开始运作，预计2019年9月可产生收益。

（四）引入"善品公社"

善品公社是中国扶贫基金会建立的、专为贫困地区农产品合作社服务的公益性电商平台。协会于2017年将善品公社引入隰县，帮助当地合作社和农户加强合作社管理，指导农户科学种植，进行品质管控和品质塑造，带动贫困户持续增收。2018年，苏宁投入500万元用于发展隰县玉露香梨产业，发挥在产业运营、商业资源和品牌效应等方面的优势，全面扶持隰县玉露香梨产业。

（五）企业上市辅导

协会对当地符合上市条件的企业进行了摸底，协调证券公司对符合上市条件的企业进行专项辅导，帮助当地企业改善公司治理，优化财务管理，拓宽融资途径。大同证券出资5 000万元在隰县设立全资子公司——大证资本有限责任公司，利用金融资源服务当地企业。目前大象集团、京润泽公司、好乐佳食品公司、华豹涂料公司等拟在新三板、创业板上市的企业，已开始前期筹备工作。

四、周密部署，凝聚共识，不断开创资本市场服务脱贫攻坚新局面

2019年是攻坚克难之年，是脱贫攻坚"三年行动"关键之年。协会将继续探索建立更加有效的扶贫工作机制，持续引导证券行业立足精准扶贫、精准脱贫，在防范风险的基础上，加大对贫困地区，尤其是深度贫困地区的金融支持力度，做好贫困县退出后的持续帮扶和巩固提升工作，不断开创资本市场扶贫新局面。

（一）因地制宜，因县施策，发挥帮扶合力，不断巩固多元帮扶体系

证券公司积极参与脱贫攻坚，形成了多元帮扶体系，为贫困地区经济发展和贫困人口生活水平提高贡献了力量。协会将进一步引导行业精准施策、精准发力，找准阻碍贫困地区发展的短板，结合当地资源禀赋和地域特色，发挥行业合力，对症下药、靶向治疗，以更强烈的担当精神和更扎实的工作作风，推动证券行业服务脱贫攻坚更上新台阶。

（二）发挥专业优势，助力贫困地区产业发展，激发贫困地区内生发展动力

发展产业是贫困地区实现脱贫的根本之策。协会将进一步引导证券公司把自身发展与服务国家战略紧密结合，通过服务贫困地区企业IPO、发行债券、并购重组、新三板挂牌、设立产业基金等方式，帮助贫困地区企业缓解"融资难、融资贵"问题，将高效的金融工具和先进的资本市场理念带到贫困地区，做地方政府和企业的金融智囊团。

（三）聚焦深度贫困地区，不断加大投入力度，集中力量攻克坚中之坚、解决难中之难

攻克深度贫困堡垒是打赢脱贫攻坚战必须完成的任务，也是实现全面小康的重点和难点。协会将引导行业持续向深度贫困地区发力，集中优势资源，发挥专业特长，着力提高金融扶贫的针对性和精准度，多渠道探索解决深度贫困地区产业基础薄弱、产业项目较少、产业结构单一、抗风险能力不足等难题，带动更多金融资源更广泛地参与深度贫困地区脱贫攻坚。

（四）提高脱贫质量，保持脱贫攻坚定力，帮助贫困地区稳定脱贫、防止返贫

随着脱贫攻坚进入关键期，证券公司以更大的投入和更坚定的决心，助力更多贫困地区实现脱贫"摘帽"。协会将全面贯彻落实党中央关于贫困县"摘帽不摘政策"的决定，引导证券公司着眼于可持续脱贫和防止返贫，探索建立稳定脱贫的长效机制，着力提高脱贫质量，巩固脱贫成效，做好贫困县退出后的持续帮扶和巩固提升工作。

（五）营造良好氛围，汇聚行业力量，讲好扶贫故事，传递行业扶贫正能量

证券行业服务脱贫攻坚取得显著成效，涌现出一批优秀案例和先进典型。协会将深入挖掘行业扶贫的优秀案例，总结推广成功经验和典型做法，更广泛地传递资本市场服务国家脱贫攻坚战略的正能量。同时，激励市场主体以更加专业的服务、更加勤勉的态度、更加多元的产品，持续加大金融扶贫支持力度，更好地发挥在脱贫攻坚中的示范和引导作用。

到 2020 年如期实现脱贫攻坚目标，时间紧张、任务艰巨、责任重大。协会将坚持以习近平新时代中国特色社会主义思想为指导，更加自觉地贯彻落实党中央、国务院关于扶贫开发的决策部署，聚力当下、深耕未来，以时不我待、只争朝夕的责任和担当，引导行业深化精准扶贫，持续做好定点扶贫，为服务实体经济、打赢脱贫攻坚战增添动力，为全面建成小康社会提供有力的资本市场支撑。

精准扶贫中金融企业文化建设调研与思考

——以长江证券2016—2018年金融扶贫实践为例

长江证券股份有限公司*

企业文化建设是企业价值观的体现,是企业无形资产和可持续发展的动力。长江证券在推进业务健康快速发展的同时,对企业文化建设亦高度重视,通过系统性活动促进企业文化的落地生根,形成了以"追求卓越"为核心价值观的独具特色的企业文化体系。近年来在服务脱贫攻坚工作中,长江证券提高政治站位,牢固树立大局意识,以精准扶贫促进企业文化建设,建立并拓展了"责任券商"的文化内涵。

一、精准扶贫与金融企业文化建设的关系

习近平总书记指出,坚决打赢脱贫攻坚战,确保到2020年我国现行标准下农村贫困人口实现脱贫,贫困县全部摘帽,解决区域性整体贫困,做到脱真贫、真脱贫。扶贫工作关系到国家的战略和文化凝聚力,助力脱贫攻坚、履行社会责任是金融企业义不容辞的责任,也是打造企业文化、凝聚责任与担当意识的重要抓手。

(一)企业文化是金融企业持续发展的根本动力

企业文化对金融企业发展具有导向、凝聚、规范、激励、辐射作用,是金融企业持续发展的根本动力。现代金融业的竞争更多的是金融服务和人才的竞争,这就要求金融企业着力打造企业文化软实力。随着金融体制改革的深入,各种金融企业发展矛盾交织出现,导致各个集团或个人的利益必然受到影响,这就需要企业文化来调节各个利益体之间的矛盾冲突。因此,加强金融企业文化建设是提升其经营能力、竞争能力的需要,是企业适应金融竞争和

---

* 课题组成员:李启维,蔡廷华,周玫君,就职于长江证券股份有限公司办公室。原载于《中国证券》2019年第6期。

金融改革的必然路径，创建独具特色的企业文化是企业持续健康发展的动力源泉。

（二）企业文化建设是金融企业履行社会责任的集中体现

金融是现代经济的核心，金融企业的社会责任无疑为公众所瞩目。金融企业服务脱贫攻坚，是履行社会责任的集中表现。将企业文化建设贯穿金融扶贫过程，有利于从思想意识上重视扶贫攻坚的重要性，了解扶贫对企业存在和发展的意义和关系，从而更好地激发主观能动性。只有通过文化建设树立起大局意识，将责任意识融入扶贫实践，才能以精神力量促使企业在更高的水平履行社会责任。

（三）金融扶贫是企业文化建设的生动实践

企业文化落地的载体包括人员、规制、活动、器物、语言等方面。在金融扶贫中，企业以精神引领、人员投入、资金投入、活动组织、制度保障等多种要素为载体，传播致富观念、促进企业和群众增产增收、传递文化正能量。由此可见，扶贫工作深刻融入了企业精神文化、机制保障等企业文化要素，也促进了企业文化的展示、传播和创建。因此，金融扶贫亦是企业文化的生动实践。

二、长江证券金融扶贫的实践考察

近年来，长江证券积极推进金融扶贫、产业扶贫和公益扶贫"三位一体"的综合金融扶贫工程，全力服务国家精准脱贫攻坚战略，在扶贫理念、扶贫领域、扶贫机制、扶贫传播等方面做出了独具特色的探索。

（一）扶贫理念：坚持党的领导，树立大局意识

扶贫理念是扶贫实践所需要把握的指导思想和原则，对扶贫工作具有方向性、引领性的作用。长江证券坚持党的领导，树立大局意识投身扶贫事业。在思想意识上，把服务脱贫攻坚视为天然的使命与职责，主动提高政治站位，自觉从大局、全局看问题：不把扶贫当包袱，而是当作回馈社会、惠泽一方的责任和促进专业能力的重要机遇。在组织上，坚持党的领导，公司党委班子主要成员组成精准扶贫工作领导小组，广泛深入开展精准扶贫工作调研。在组织架构上，深入县镇一线，设立专门服务机构，扎根当地，提供长效服务。在湖北郧阳挂牌了行业首家金融扶贫工作站，在湖北红安设立"长江证券驻红安县金融服务办公室"，在宁夏海原县设立"长江证券驻海原县上市及股份制改造办公室"，专人专岗，贴身服务。在机制保障上，与扶贫县建立互派青年干部"双挂职"机制，对扶贫人员的津贴补助、生活设施、考核激励等方面给予优惠政策，充分调动积极性。

（二）扶贫领域：多方覆盖，产生联动效应

扶贫领域包括扶贫地区和扶贫行业：从地区上看，金融扶贫涉及面广，普惠千家万户；从行业上看，金融牵动着经济发展的神经。长江证券在扶贫领域方面已初步形成了多方覆盖、联动开发的格局。扶贫领域覆盖西藏、新疆、青海、云南、四川、甘肃、贵州、安徽、河南、湖北、湖南、江西、重庆13个省、直辖市，在46个县开展了各类金融扶贫、智力扶

贫和公益扶贫活动。截至目前，公司已与7个国家级贫困县形成"一司一县"结对帮扶，并在全国25个贫困县推进"一县一企"的落地。行业产生联动效应，参与创新跨界合作扶贫模式，参股"中证焦桐扶贫产业基金"，专注于投资832个国家扶贫开发工作重点县和集中连片特殊困难地区县的企业。立足贫困地区实际，帮助贫困地区融资，为江西修水县、湖北秭归县、重庆开州区等贫困县发行40亿元债券，助力农村基础设施建设项目。在行业内最早一批发起成立了专项运营公益慈善事业的基金会，累计投入1 800余万元开展赈灾、教育、环保、新农村建设等方面的持续帮扶。

（三）扶贫模式："融资+融智"，增强贫困地区内生力

内生力是一个国家或地区自我可持续发展的能力，要想通过扶贫增强地区内生力，就要改变扶贫模式，即围绕产业扶贫发挥专业优势，引导生产要素向贫困地区产业聚集，提升贫困地区自身长期、可持续的发展，实现由传统的"输血式"扶贫向"造血式"扶贫转变。

长江证券充分发挥专业优势，将"输血"与"造血"相融合，为结对帮扶地区提供股权融资、债权融资、产业基金、并购重组等形式的金融帮扶，引流"源头活水"。首先，充分发挥产业基金的杠杆作用，为实体经济引入资金。目前，已为湖北6个县域设立产业培育基金，基金总规模15亿元。其中，在国家级贫困县十堰郧阳、十堰丹江口，分别成立了规模5亿元的十堰长证郧阳产业投资基金和规模2亿元的丹江口长证产业培育基金，已向当地6家企业累计投资3 400万元，促进企业实现了连续2年销售额30%的增长，贫困户人均年收入超过3万元。其次，充分发挥资本市场的融资功能，帮助贫困企业解决融资难题，已通过IPO、债券发行、新三板挂牌与再融资等多种方式，为25个国家级贫困县的375家企业提供了金融帮扶，融资总额超过63亿元。企业通过对接资本市场获得资本补充，不仅实现了自身跨越式发展，也促进了当地的税收和就业。最后，多措并举开展"融智"服务，输出人才作为"造血干细胞"，帮助贫困地区激活自我发展动能。累计向7个国家级贫困县、2个定点帮扶村派驻扶贫干部17人，并安排了6名政府骨干到公司业务部门开展跟班学习，提升金融专业能力；为企业提供IPO、新三板、区域股权市场等分类辅导培训30余场，参训规模3 000余人次。

（四）扶贫传播：以人为本，传播社会正能量

扶贫传播是企业文化融入扶贫工作中最直接的体现。金融企业要参与式地传播促进精准扶贫，传播扶贫政策、技能知识等，帮扶贫苦地区增强自力更生的能力，传播脱贫致富的信心和勇气，与脱贫攻坚战略思想同频共振。

长江证券在扶贫传播过程中坚持以人为本，传播社会正能量。在对内传播过程中，注重"志智双扶"，既扮演"参谋员"为经济建设出谋划策，又扮演"辅导员"传播专业金融知识。同时，大力引导员工亲身参与到扶贫实践中。例如，"衣心衣意"公益助学活动连续开展4年以来，帮扶了50所学校、14 000名学生，期间20余家公司分支机构参与了活动的执行，300多名志愿者亲赴现场与贫困学生面对面、心连心。员工践行企业文化，用实际行动传播了爱与分享等理念，更彰显了企业以人为本的情怀，凸显了长江证券在"责任文化"引领下发挥的担当与实干精神，塑造了良好的企业形象。同时，长江证券积极发挥自媒体平台和公众媒体的力量开展对外传播，弘扬社会正气，获得证券时报、上海证券报、中国证券

报、证券日报、湖北日报、长江日报、新华网、新浪等媒体的高度关注，例如《长江证券：以大局意识做好券商扶贫》（上海证券报，2017年8月22日）、《长江证券：强化造血功能，聚焦贫困地区产业扶贫》（证券时报"资本市场精准扶贫在行动专栏"）等均对长江证券的扶贫理念、扶贫模式作了宣传报道，打造了良好的企业形象。

三、长江证券金融扶贫对文化建设的推进作用

长江证券精准扶贫的工作和成效，不仅获得了社会各界的广泛好评，也对公司企业文化建设起到了积极的推动作用。

（一）立足效益观念，实现经济效益与社会效益双赢

在扶贫工作中，一方面要把经济效益视为扶贫工作的成效，另一方面也要发挥扶贫工作在企业社会效益产出中的效用，实现社会效益和经济效益双赢。长江证券的精准扶贫不仅注重扶贫投入，还注重开发，将股东利益、投资者利益、企业收益作为重要目标，实现企业经济效益。同时在扶贫过程中还融入了经济意识与经济观念的传播，帮助扶贫对象树立自力更生的意识，实现了社会效益。

从企业效益来看，规范公司治理、追求经营业绩，重视股东权益；持续分红，注重回报股东；持续加大投入、完善制度保障，努力保护投资者的利益。从社会效益来看，长江证券践行企业社会责任，感恩回报社会：通过帮扶贫困地区政府和企业对接资本市场，撬动社会资本向贫困地区聚集，发挥专业优势为贫困地区融智、融资；通过发起成立公益慈善基金会，统筹运作公益慈善事业，运行机制走在行业前列；灾难面前伸出援手，捐款赈灾，快速响应；公益扶贫范围广泛，助学助教、帮扶老弱、健康扶贫，投身环保，兼济天下。

（二）塑造企业形象，拓展企业形象的深度与维度

随着市场竞争的不断加剧，企业形象已成为企业竞争的重要手段，企业只有按照社会公众的期望和要求，参照企业社会责任标准进行自我行为的修正，才能打造出一个具备社会责任感的企业形象。长江证券在金融扶贫中不仅仅展示了产品、员工、环境形象等物质实体形象，更塑造了自身文化形象，拓展了企业形象的深度与维度。

在责任文化的引领下，长江证券通过发挥专业特色、建立扶贫长效机制，在扶贫工作中打造了一个带来信心与智慧、传播专业知识和正能量的企业形象，不仅帮助贫困地区规划了脱贫发展路径，还增强了贫困地区运用资本市场增强自我发展的能力。通过各项公益投入和帮扶行动传递了负责任的企业形象和服务国家脱贫攻坚伟大事业的使命感，促进企业的形象和品牌影响力向更深层次、更多维度拓展。此外，长江证券的金融扶贫事业得到了社会各方的关注，多次作为证券公司代表交流分享经验，在业内树立起扶贫"排头兵"的正面形象，有效地传播了长江证券的企业形象，扩大了企业社会影响力的深度与维度。

（三）弘扬企业精神，激励员工践行企业价值观

企业精神是企业的灵魂，是企业全体人员活力的集中体现，是激励职工奋发向上的强大动力。企业精神标志着一个企业在其发展过程中所形成的带有特征性的价值观和战略眼光。

弘扬企业精神，对企业文化的建设具有巨大的促进作用，是企业解放思想和更新观念的重要体现，是激励员工凝聚力的重要力量。

长江证券在金融扶贫的过程中将企业精神带到扶贫地区，凝神聚力干实事，让员工在扶贫实践中去展现和进一步感知企业精神，以责任文化激励员工在每一份工作中勇于担当、踏实苦干，进而促进了企业文化的建设。公司肩负"汇聚财智、共享成长"的使命，在金融扶贫中以专业能力精心呵护、陪伴帮扶对象的成长壮大，与企业共享成长。例如帮助兰考县的瑞华股份通过新三板市场3次融资；帮助红安招商引资盘活企业，不仅将企业送上发展快车道，更是为兰考和红安的成功脱贫做出了贡献。公司公益慈善基金会招募了300余名员工志愿者，以"关爱、互助、坚持、感恩"为核心理念，开展"敬老孝亲""爱心捐书"等活动，奉献自我，服务社会。公司大力组织青年干部开展"双挂职"等扶贫实践，让员工体会到服务脱贫攻坚是作为企业员工的责任，更是作为社会人的责任。员工在扶贫中不仅深刻感受到公司的文化理念和文化氛围，更以自身行动诠释企业文化理念和扶贫善举，凝聚践行企业文化、履行企业社会责任的合力，形成企业积极向上的氛围，为公司发展带来持续动力。

（四）践行社会责任，打造"责任券商"品牌

国外学者认为："一个有责任的企业，其管理层应平衡多个利益主体的利益，而不仅仅为股东去追求更大利润；一个有责任的企业也要对员工、供应商、零售商、地方社区和国家都承担责任。"长江证券在金融扶贫过程中扎实推进对社会、客户、股东、员工负责任的"责任券商"企业文化，真正做到了内化于心、外化于行、知行合一。

长江证券在打造"责任券商"品牌的实践中积极践行社会责任，始终认为成功的企业追求的不只是自身的成功，更应该与社会、客户、股东和员工共同成长。通过提供专业、真诚的服务持续为客户创造价值，不负客户期待；通过合法合规经营切实维护股东和广大中小投资者权益，实现"忠实勤勉、不辱使命"的承诺；通过构筑充满希望的事业发展平台，实现员工的职业发展梦想；打造内生成长的用人、育人机制，成就员工；感恩回馈社会，扶贫济困，不忘初心。在责任文化的创建过程中凝聚了员工士气，提升了员工对公司的忠诚度。在公司上市10周年庆典活动中，员工积极参与"时光慢递——写给10年后的自己""奔跑，长江人"健康跑、公益献血等企业文化建设活动，表达了对公司未来发展的美好祝愿，并对公司未来发展充满了信心。

长江证券在扶贫过程中传播和建设了企业文化，夯实了"责任券商"的文化品牌，获得了社会各界的肯定：2017年帮扶贫困地区融资额排名第8位，并在专项评价中获得满分；被人民日报授予"2018中国普惠金融助力脱贫攻坚典型案例"；被证券时报评为"2018年度证券行业精准扶贫优秀融资扶贫奖、创新扶贫奖、优秀融资项目奖"，被新浪网评为"金融精准扶贫创新奖"。长江证券在精准扶贫中开展企业文化建设的实践与成效，无疑为金融企业打造企业文化提供了良好的经验与借鉴。

参考文献

[1] 袁胜洲. 以人为本建设中国特色的企业文化 [J]. 科学社会主义, 2006（04）:

22—27.

[2] 殷孟波, 徐加根. 金融企业文化建设与人才培养 [J]. 财经科学, 2001 (01): 79—83.

[3] 李婧. 习近平提"精准扶贫"的内涵和意义是什么 [EB/OL]. 中国经济网 http: // www. ce. cn/xwzx/gnsz/szyw/201508/04/t20150804_6121868. shtml. 2015 - 08 - 04/2018 - 08 - 05.

[4] 张道永. 论企业管理与企业文化及企业精神之间的关系 [J]. 现代商业, 2008 (09): 99.

[5] H. L. Johnson. Business in contemporary society: Framework and issues [M]. Belmont, CA: Wads worth. 1971: 145.